［増補版］

ロシア・アヴァンギャルド建築

ARCHITECTURE OF RUSSIAN AVANT-GARDE

LIXIL出版

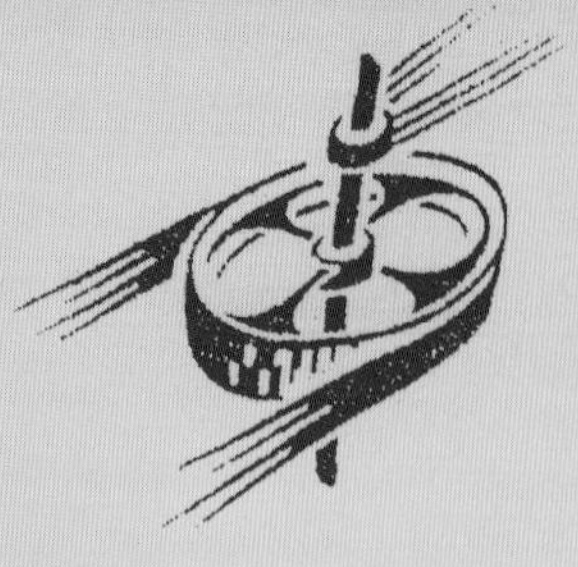

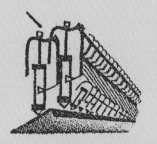

ロシア・アヴァンギャルド建築［増補版］

ARCHITECTURE OF
RUSSIAN AVANT-GARDE

八束はじめ

Hajime Yatsuka

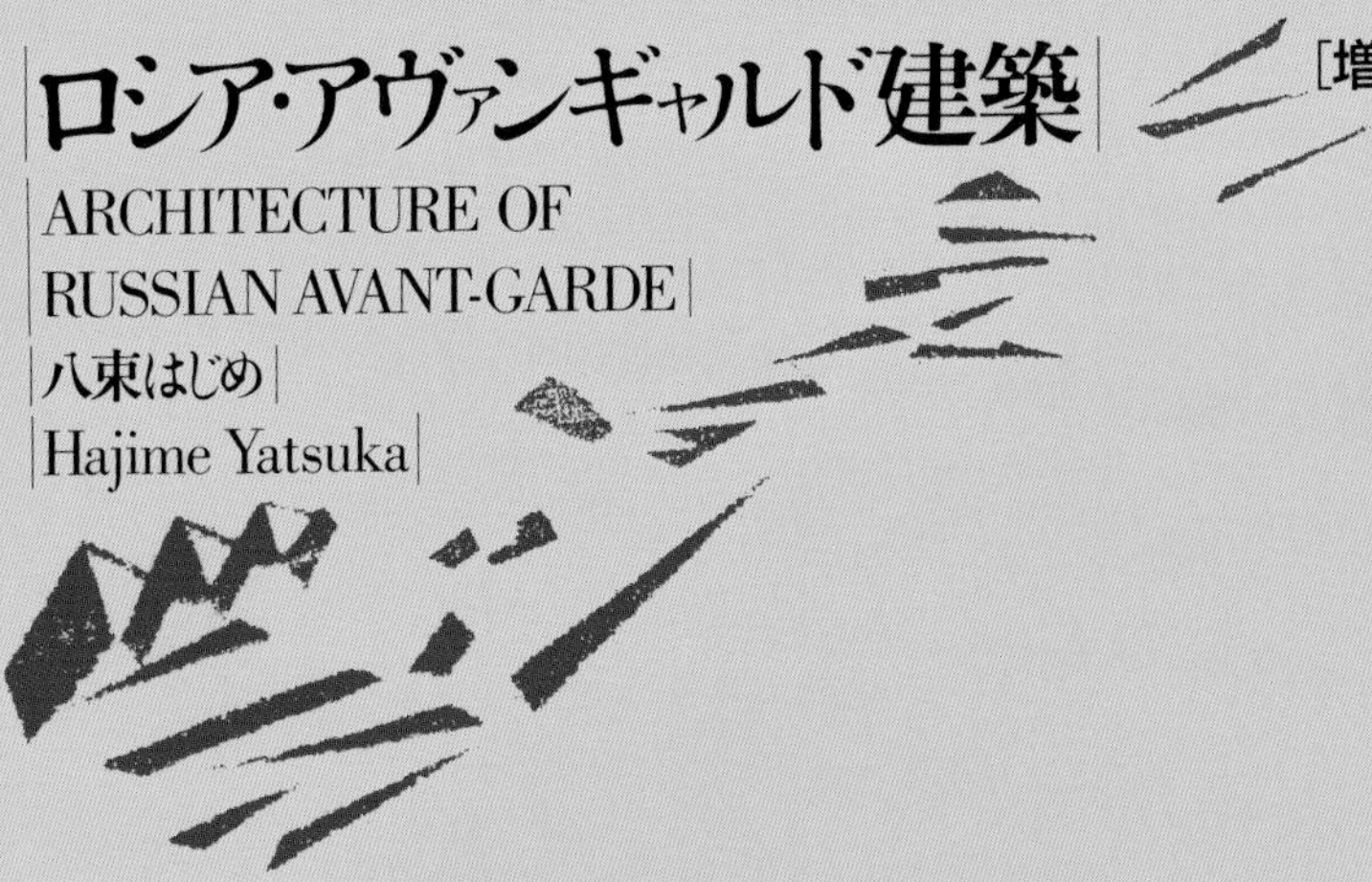

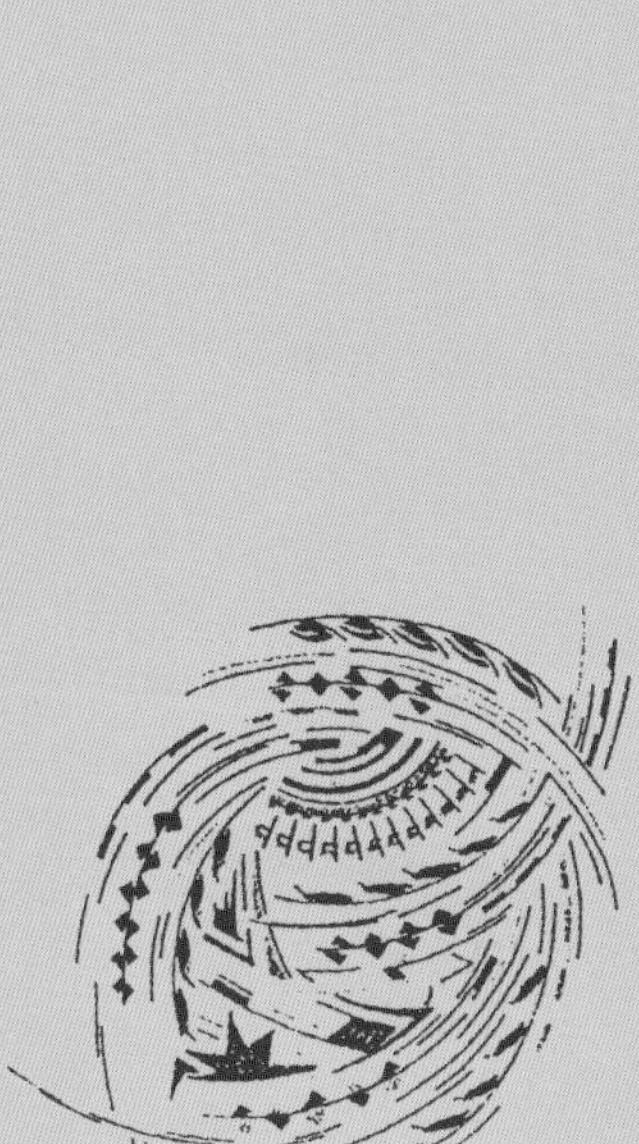

目次

第一章　ロシア・アヴァンギャルドの成立　1

1　アヴァンギャルドへの途　2
2　タトリンとマレーヴィチ　7
3　革命芸術組織から第三インターナショナル記念塔へ　14
4　構成主義の誕生　22
5　構成主義の周辺　32
6　リシツキーとヨーロッパ・コネクション　39

第二章　遅れ来るもの——アヴァンギャルド建築を目指して　55

1　世紀末から古典主義へ——ロマン的古典主義と民族主義　56
2　アカデミストたち　62
3　ロマン的古典主義からアヴァンギャルディズムへ　70
4　「赤のテルミドール」期のアヴァンギャルド——ステージの実験　76
5　全ソ農業手工業博覧会と労働宮殿コンペティション　85

第三章　生活様式の変革とコミューン　95

1　田園都市運動——ロシア近代都市計画の夜明け　96
2　革命の都市　100
3　新しい共同体へ——生活を変革せよ　110
4　都市コミューンから労働者住区へ　118

第四章　構成主義と合理主義　125

1　VKhUTEMAS　126
2　ヴェスニン兄弟と建築における構成主義の確立　135
3　ギンズブルグ——様式論から機械のパラダイムへ　142
4　OSAと機能的方法　147
5　ラドフスキーとASNOVA　150
6　シューホフと技師たち　157

第五章 コンスタンチン・メーリニコフ 163
1 パリ装飾博覧会 164
2 メーリニコフ邸——共産主義の中での個人主義のヴィジョン 173
3 語る建築 180

第六章 フォルマリズムのアポリア 189
1 イリヤ・ゴロゾフと構成主義のスタイル化 190
2 「新」世代と「旧」世代——「構成主義スタイル」のリミット 202

第七章 社会のコンデンサー 213
1 モニュメントから社会のコンデンサーへ 214
2 労働者クラブ——文化宮殿 221

第八章 ドム・コムーナへの途 229
1 ドム・コムーナの探究 230
2 STROIKOMチームの理念と活動 236
3 ドム・ナルコムフィンと転換期タイプ 241
4 ハウジング・コミューン 245

第九章 臨界実験 249
1 「アルキテクトン」 250
2 建築ファンタジア（1） 253

第十章 構成主義の星——イワン・レオニドフ 259
1 「レーニン研究所」プロジェクト 260
2 レオニドフの展開——都市の解体の萌芽 266
3 新しい社会タイプのクラブ 271

第十一章 地方都市の動向 279
1 イヴァノヴォ——ヴォツネセンスク 280
2 ハリコフ 283
3 中央アジアとアルメニア・グループ 290

第十二章 都市計画論争 295
1 第二次都市計画論争の発端——ユーリ・ラリン 296
2 「都市派」と建築的シェマ 299
3 「非都市派」とミリューチン 308
4 第一次五カ年計画とニュータウン 315

第十三章 ユートピアの風景 327
1 グリーン・シティ・コンペティション 328
2 ポスト・ドム・コムーナのヴィジョン 334
3 イカルスの翼 339

第十四章 国際的コネクション 349
1 ル・コルビュジェとソ連 350
2 中央コネクション 357
3 その他のコネクション 370

第十五章 アヴァンギャルドの転回点 375
1 VOPRAの成立と「文化革命」376
2 ソヴィエト・パレス・コンペティション 382
3 組織の再編と個人弾劾の開始 399
4 重工業省コンペティション 409

第十六章 終局の構図 421
1 一国社会主義の方へ 422
2 第一回全ソ建築家同盟総会 431
3 アヴァンギャルドの転向の諸相 441

第十七章 宴の後 447
1 「スターリンの建築」448
2 モニュメンタルな都市 452
3 地下鉄——「社会主義のショーウィンドウ」464
4 建築ファンタジア（2）470
5 スターリン・スカイスクレーパー 480

第十八章 ポスト・スクリプト——「意図せざる皮肉」485

補章 魔方陣に囚われたアヴァンギャルド 489
0 前口上 490
1 計画と政治 491
2 サブソウィッチ「左翼主義」の両義性 494
3 「磁力の山」のリアリティ 497
4 アオヒトヴィッチ文化革命の顛末 499

あとがき 501
参考引用文献 512
組織・団体・出版物索引 516
人名索引 525

V・シューホフ/
シャボロフカのラジオ・タワー,
モスクワ, 1922

G・バルヒン/イズヴェスチャヤ本社社屋,
モスクワ,
1927

A・ゲゲロ/
ナルヴァヤ街の
ハウジング,
レニングラード
(ペテルブルグ),
1925

V・ヴェリコフスキー/Gostorg,
モスクワ,
1927

M・ギンスブルグ/
ナルコムフィン集合住宅,
モスクワ,
1929

K・メーリニコフ/
自邸,
モスクワ,
1927

K・メーリニコフ/ルサコフ・クラブ, モスクワ,
1928

K・メーリニコフ/
ブレヴェストニック・
クラブ, モスクワ,
1929

セラフィーモフ, クラヴェッツ,
フェリガー/Gosprom,
ハリコフ, 1928

I・ゴロゾフ/
ツィエフ・クラブ（内部階段),
モスクワ, 1927

ル・コルビュジエ/ツェントロソユーズ,
モスクワ, 1936

P・ゴロゾフ/
プラウダ本社,
モスクワ,
1934

ヴェスニン兄弟/
リハシェフ・クラブ,
モスクワ,
1937

V・シチューコ, V・ゲルフレイフ/レーニン図書館,
モスクワ, 1941

N・ラドフスキー/クラスナヤ・ヴォロータ地下鉄駅入口,
モスクワ, 1935

V・ゲルフレイフ,
M・ミンクス/
外務省,
モスクワ,
1951

十月の最初の日々から、我々には以前のように仕事をすることは不可能だということは明確であった。人類の歴史の新しい時代が開始されたのだ。そして新しい生活を阻むものは、すべて革命の激しい波によって一掃されたのだ。建築家たちは、それが建築の領域にあてはまるべく、新しい生活の建設者と歩調をともにし、征服された立場を強化し、生活によって提起される新たな諸問題を解くという努力を、新しい生活過程の組織化と省察を通して行うという課題に直面したのだ。

……………………………………………………アレクサンドル&ヴィクトル・ヴェスニン

……………「創造の清算表」『建築SSSR』四号　一九三五年

第一章

ロシア・アヴァンギャルドの成立

1 アヴァンギャルドへの途
2 タトリンとマレーヴィチ
3 革命芸術組織から第三インターナショナル記念塔へ
4 構成主義の誕生
5 構成主義の周辺
6 リシツキーとヨーロッパ・コネクション

1. アヴァンギャルドへの途

ヨーロッパのデザインや建築の革新を記述するときにしばしばそのスタート地点として記述されるのがアーツ・アンド・クラフツの運動である。この運動は、モダニズムの先駆として語るには、多分に過去の方を向いていた気味があるが、ロシアにおいても美術の革新がこれと似た運動から始められたことは否定できない。この運動を主導したのは、アーティストや批評家ではなく、芸術運動のパトロンであり、ロシアの鉄道界の大立者だったサーヴヴァ・マモントフだった。彼の周りには、様々な芸術家や知識人たちが集まり、マモントフ・サークルを形作った。このサークルの美術面での大本をなしたのは、一八六〇年代の「移動派」の運動である。「移動派」は、ペテルブルグのアカデミーの支配に対してのアンチテーゼとして出発した。彼らの運動は、ナロードニキ的な民衆生活に密着した芸術を目指したもので、展覧会を官製のサーキットから脱して、地方に回していったことからこの名称がついた。人民主義の理論家チェルヌイシェフスキーの芸術論などの影響も大きく、またこの運動は上（ツァー体制）からの欧化に反抗するスラブ主義の高揚という側面ももっていた。

マモントフ・サークルは、マモントフ夫妻が、ローマでこの「移動派」の流れを汲む彫刻家のアントコリスキーと画家のポレノフの二人及び歴史家のプラフォフと出会ったことから始まった。ポレノフはトルストイやツルゲーネフとも交遊があった人物である。帰国したマモントフ夫妻はアブラムツェヴォの荘園を買い取り、ここを芸術、文化と人民の生活改良を目指す運動の拠点とした。ここに画家レーピンや作曲家セロフが加わって、共同生活に基づくアブラムツェヴォの骨格がつくられた。彼らは、それまで注目されてこなかったロシア中世のイコン画をはじめとする民俗意匠に関心をもち、その研究を行なった。それと共に、マモントフのサークルの始めたもうひとつの重要な業績は私的なオペラ団で、これはオペラの作曲家であったセロフの影響であろうが、美術の上では画家に舞台美術を担当させるという新しい方法を取り入れたことである。これは後のディアギレフにも受け継がれ、西欧に大きな反響を呼ぶことになる。やがてこのサークルにはもっと若いメンバーが加わって、次の時代の運動をリードすることになるが、その主たるメンバーとは、コロヴ

アブラムツェヴォの農民芸術博物館

バクスト《牧神の午後》のためのセットとコスチューム, 1912

ィン、セロフ（作曲家の息子）、レヴィタン、そしてヴルーベリなどである。スタイルの変化は急で、コロヴィンは印象主義的な作風をもちこんだし、ヴルーベリは師のレーピンのような絵には飽き足らず、もっと象徴主義的な作品をものしている。

この次の世代の運動の受け皿になったのは「芸術世界」グループである。このグループは、展覧会運営組織でもあり、また後には同名の雑誌をも発行した。とくに初期の中心人物になったのは、画家、ステージ・セット・デザイナー、プロデューサー、学者にして批評家であったアレクサンドル・ベヌアである。彼がレオン・バクストやドミートリー・フィロソフォフ、コンスタンチン・ソーモフらを糾合してこのグループの下地はつくられた。「移動派」やマモントフ・サークルが主としてモスクワ派であり、ロシア派であったのに対して、「芸術世界」の運動はペテルブルグ中心であり、コスモポリタンな国際派であった。といっても、それは全くロシアの東方性を捨て去ってしまうというのとも違っていた。典型的なのは、遅れてこの運動に参加してきたフィロソフォフの従兄弟、セルゲイ・ディアギレフである。彼の参加によって、いささかディレッタント的であった「芸術世界」の運動は、真の機動力を手にした。展覧会を組織し、雑誌を発行し、最後に有名なロシア・バレエ団を結成、運営するというのはディアギレフのみが、よくなし得たことであった。

ヨーロッパにとって、ロシアは常にミステリアスな「東方」に属していた。それは、ピョートル大帝以来の多くの欧化政策にもかかわらず、背後の広大な大地にその成果を吸収してなおかつ自己の独自性を失わない「異邦」の文化であった。二十世紀のモダニズム・アヴァンギャルドはすぐれて西欧近代的な現象のように見えるが、その実は多くの非西欧、例えばジャポニズムとかアフリカ文化のような異質な血の導入によって硬化した西欧文化に風穴をあける運動であった。したがって、それには常に東方性というコノテーションがつきまとったが、ロシアはそのうちで最も近く、それでいながら申し分のない異邦性を備えた文化圏であった。このことを典型的に示している文章に、一九〇九年にウィーンで開かれた〈建築及びインテリア展〉に際して、そのロシア・セクションに関して書かれたルートヴィッヒ・ゲヴェージによる批評記事がある。そこではこう述べられている。

「ちょっと前までは、ロシア人を一皮むいてみれば、野蛮人が出てくると相場が決まっていた。今や我々はこれが一層妥当であることを知っているのだが、その野蛮人の中には偉大な芸術的美点が見出されるのである。（…中略…）数

ヴルーベリ
《タマラの舞踏》
1890

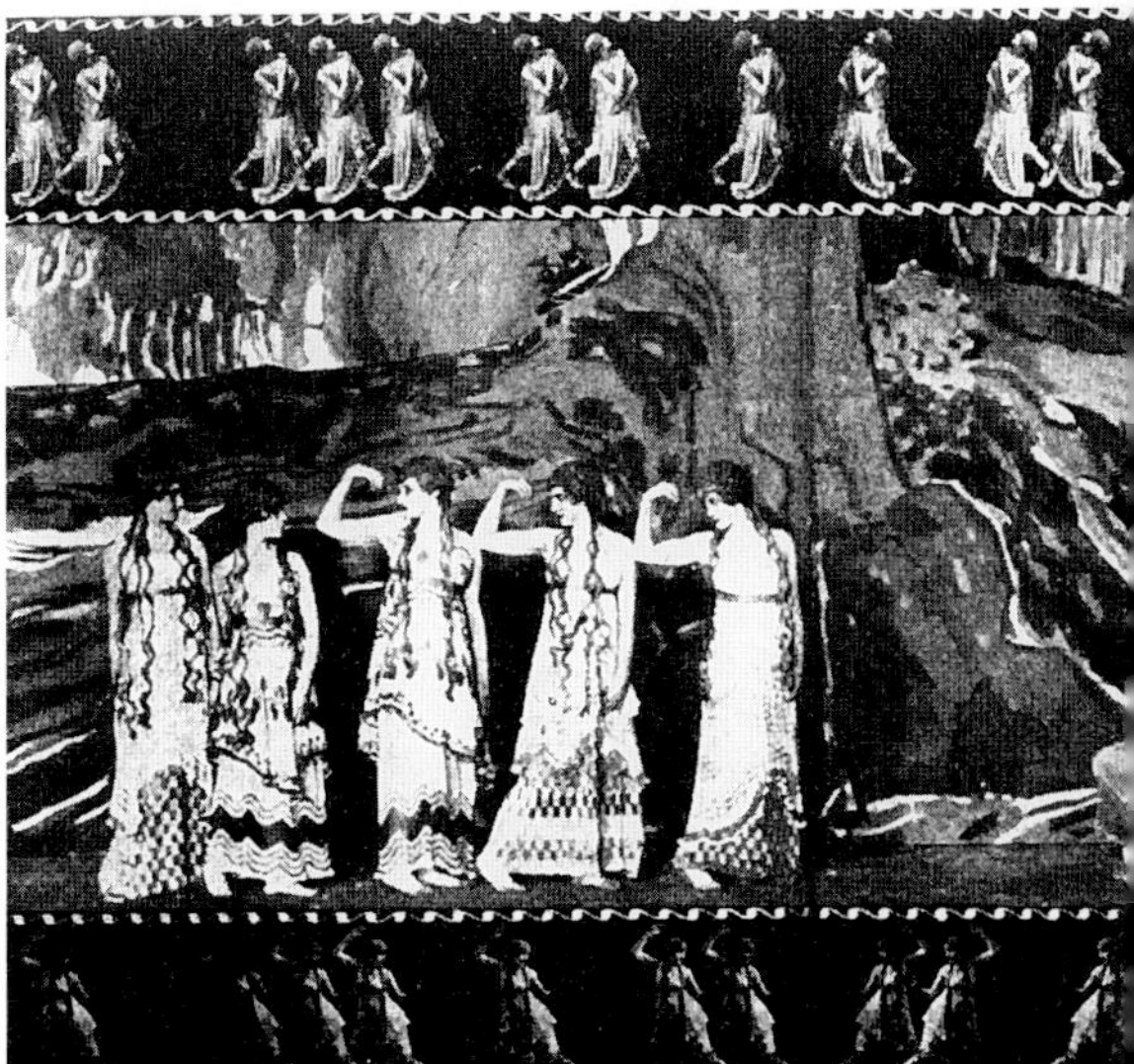

年前には、西洋の芸術は日本の進出を認めざるを得なかった。それが去年の建築展ではロシア人たちが語り、皆の耳目を奪ってしまったのだ。我々は、彼らが守りおおせてきた野蛮さを羨むしかないのである」。

そのロシアがモダニズムの文脈で最初に巻き起こした大きな東方の風が、ディアギレフの率いるロシア・バレエ団であった。ディアギレフは、また雑誌『芸術世界』（一八九八年創刊）を主宰して、美術の分野でも多大の影響力を手中にした。『芸術世界』は、文学における象徴派、美術における後期印象派やナビ派、さらにウィーン・ゼツェッションやアール・ヌーヴォーのロシアへの移入の窓口となった。世紀が変わって、ゴーギャンやピカソ、マチスの紹介もディアギレフのサークルから発したのである。ロシア・バレエ団は「芸術世界」の運動の最も華々しく成功した部分だといってもよく、舞踏そのものや、リムスキー・コルサコフ（ディアギレフの作曲の師。ただしディアギレフは彼に率直に作曲の才の無さを指摘されて、プロモーターの道に転じた）やストラヴィンスキー（前者の弟子だからディアギレフとは同門）の音楽だけではなく、ベヌア、バクスト、コロヴィンらの美術をも含む総合芸術として西欧に東方の神秘をデモンストレートし、一九〇九年のパリでの初公演以来スキャンダラスな成功を収めていた。とくに有名なのは一九一三年のストラヴィンスキー作曲の『春の祭典』の初演である。「芸術世界」はひとつの派をつくるに至ったが、それは、プリミティヴィズムやシンボリズムと結びついて、アヴァンギャルド芸術への途を——アヴァンギャルドが登場すると、相対的な「旧派」として彼らと対立はしたが——開いた。「芸術世界」の主催する展覧会では、西欧の印象主義絵画などが紹介されたし、また一九〇六年にディアギレフが企画したパリの〈サロン・ドートンヌ〉のロシア部門では、「青薔薇」グループの作品などが展示された。ここには初期のミハイル・ラリオーノフの作品などが含まれている。

ディアギレフ・サークルの西欧での成功のひとつの原因は、イコン（聖像）画を含むロシア的、あるいはビザンチン的な伝統を意識的に取り上げたことである。『火の鳥』、『ペトルーシカ』、『春の祭典』、『結婚』などのストラヴィンスキーの作品は、すべてこうしたディアギレフの路線自体のヒット作である。伝統への意識は、すでに述べたように「芸術世界」以前の「移動派」にもあったが、ディアギレフらは、それをもっと以前のものにまで溯ることによって、かえってアヴァンギャルド的なヴェクトルを手にすることができたのである。この流れは、ラリオーノフやゴンチャローヴァのネオ＝プリミティヴィズムやクーボ・フトゥリズム（立体未来派）にも受け継がれている。現にラリオーノフの影響下に、ロシア・アヴァンギャルド美術の双璧、マレーヴィチとタトリンが共に自らのスタイルを形成していったのだし、その初期の仕事には、

ゴンチャローヴァ
《エジプトへの逃避行》
1908 - 09

はっきりとしたロシア的なものへの関心がうかがわれる（ただし年齢的なことだけをいえば、一八七八年生まれのマレーヴィチは、共に一八八一年生まれのラリオーノフ、ゴンチャローヴァよりも年長である）。

もともとイコン画は、極めて平面的なグラフィックのセンスが強く、この点は、やはり「芸術世界」の主要人物の一人であったヴルーベリによって、三次元芸術と区別される「壁面の平板さを強調するフォルムの装飾的な処理」として指摘されているが、これが抽象化へとつながっているといったとしても、あながち牽強付会ではない。例えば、同じような民衆的テーマを取り上げたにせよ、シャガールの場合は、決してそのような抽象性に赴くことはなかった——アントニオ・デル・グェルチョが、ラリオーノフらのネオ＝プリミティヴィズムとシャガールの寓意性とは「根本的に異質」な動機によっていると指摘している。抽象性は、必ずしも、インターナショナリズムのみにつながっているわけではない。このことは、抽象化が全面化しているときには見えにくいことだが、いったんそれが背後に退き始めると、はっきりとロシア的モチーフとして現われてくる。例えば、後に述べるイワン・レオニドフの軌跡にはそれがはっきりとうかがわれる。ジョン・ボウルトが、ネオ＝プリミティヴィストやクーボ・フトゥリストの大半が、大都市の教養人階級ではなく、田舎の共同体の出身であったということは興味深い事実である、と述べているのはこの点に関わっている。

ネオ＝プリミティヴィズムは、ラリオーノフ、ゴンチャローヴァがダヴィッドとウラディーミルのブルリューク兄弟と出会ったことから始まるといわれる。ダヴィッド・ブルリュークはカンディンスキーを含むミュンヘンの「青騎士」グループ、マヤコフスキー（これはラリオーノフらと袂を分かってからのもの）、フレーブニコフ、キエフのアレクサンドラ・エクステルなど、様々な芸術運動を横断した人物である。結局は詩作の方に移っていくブルリュークの、文学的な発想にも基づいたロシアの民族的な主題の採用を、ラリオーノフらはもっと造形的な方向（ゴンチャローヴァにはイコン画を直接モデルにした宗教的なモチーフも少なくないが）に展開した。つまりそれは新しい造形運動であると同時に東洋的な運動でもあった。これはいささか両義的なモメントといえるが、ロシア・アヴァンギャルドの運動には常にこの両義性がまとわり続ける。一九一〇年に結成されたプロトキュビストの「ダイヤのジャック派」が、すぐにロシア派（ラリオーノフらの「ロバの尻尾派」）とフランス派（「ダイヤのジャック」を名乗りつづけた。「セザンヌ派」とも呼ばれる）に分裂したのも、この問題に関わる。この分裂に際してラリオーノフは、ブルリュークをデカダンのミュンヘンの追随者といってののしったのだが、タトリンのように両方の展覧会に出品している作家もいるから、この違いはリーダーたちが強調していたほどに絶対的であったわけではない。例えば、マレーヴィチの初期のプリミティヴィズム的な作品には確かにゴンチャローヴァとのつながりが大きい。だが、その先にセザンヌの影響を無視することは——譬え彼自身が、ゴンチャローヴァ同様に、社会的関心をもってプリミティヴなかたちを表現していた点がセザンヌ派とは違っているといったにせよ——不可能だろうし、マレーヴィチの抽象性と同じくらい、タトリンの「物質主義」がロシアの民衆的なものとのつながりを背後に抱えていたことも疑いない。アレクサンドル・

シェフチェンコは、ネオ＝プリミティヴィズムに関して、それは「東洋と西洋の形式の混合から生み出されたのだ」と書いている。

つまり、ロシアとパリ（ないしミュンヘン）は、この時代のアヴァンギャルドたちの仕事のパースペクティヴの両極を形づくっていた。どのアーティストたちも大なり小なりその両方に関わっていたのである。ピカソに会うためにディアギレフの楽団員としてパリに赴いたタトリンのような例だけでなく、ポポーヴァやウダリツォーヴァのようにパリ（彼女たちは共にパレット・アカデミーでル・フォーコニエらに師事した）で修業したアーティストも珍しくはない。ロシア派であったはずのラリオーノフやゴンチャローヴァもまた、ディアギレフとの関係はずっと続けていて、結局は一九一五年には彼のいるスイスに向けて出国してしまう。ゴンチャローヴァは、つい二年前の一九一三年の個展のカタログで「今や私は足の塵をはらい、西洋を去ろうとしています。西洋の卑俗な価値を瑣末で無意味なものと考えるからです。私の道はすべての芸術の源泉である東洋を目指しています」といっていたのだが。

実際のところでは、「ロバの尻尾」のグループだけがロシアの民族的なものに注目していたわけではない。彼らが目の敵にしたミュンヘンの「青騎士」の展覧会でも十七世紀の農民の版画などが展示されていたし、マチスなどにもそれの影響は見られる。しかし、ラリオーノフは、一九一一年になるとネオ＝プリミティヴィズムから次の様式レイヨニズムへと移行していく。ここでは、対象は、ほぼ輪郭も定かではないような光と線とに解体される。光も印象派のように穏やかに満ちているようなものではなく、反射光も含むもっと激しいものである。この抽象的な様式も、ラリオーノフらによれば、依然として「東洋的」で「ナショナリスティック」なものだが、彼と袂を分かったブルリュークの未来派が、キュビズムの影響を受けながら形成していったクーボ・フトゥリズムと共に次の時代のアヴァンギャルド芸術への道を用意した。

ギレア派とも呼ばれる（ギレアは黒海地方のブルリュークの領地で、ラリオーノフやフレーブニコフもここに滞在した。ネオ＝プリミティヴィズムはここ

マレーヴィチ《木こり》1911

で着想されたものである）未来派とレイヨニズムとの関係は、その意見の上での対立にもかかわらず、並行的でもあった。論集『ロバの尻尾と標的』の中で、ラリオーノフらは、「我らレイヨニストと未来主義派は……」と書き出される「レイヨニストと未来主義者」というテクストを発表しているし、フレーブニコフやクルチョーヌイフの本のイラストレーションも手がけている。それ以前に未来派の詩人たちの「超意味的言語（ザウームヌィ・ヤズィク）」とレイヨニズムの絵画との間には手法的にも密接な関連性が見られる。しかし、ラリオーノフらはそれ以上の展開を見ることなく国外に出たため、この新しいアヴァンギャルド軸は、別の人物たちの手に委ねられることになる。

1.2. タトリンとマレーヴィチ

隆盛期におけるロシア・アヴァンギャルド美術は、二人の人物によってリードされた。タトリンとマレーヴィチである。この二人は、その後の美術から建築に至るまでの言語革命において見られる二つの大きな傾向、つまり構成主義（生産主義）とフォルマリズム（シュプレマティズム）の二つを各々代表した。正確にいえば、括弧に入れたイズムともう一方のイズムとは、同じものではないし、「父」との関係も一様のものではなく、それは追って述べることになるが、アヴァンギャルド運動は、とくに一九二〇年前後には、次節で述べるように様々な分派が行なわれ、その中でこれらの「父」に対しても批判が行なわれるので、いずれにしてもこのような位置付けは相対的なものでしかない。

この二人のうちでは、マレーヴィチとシュプレマティズムとの関係の方がはる

ラリオーノフ《赤のレイヨニズム》1911 - 12

かに揺るぎないもので、マレーヴィチがそれを実践的にも理論的にも「創始」したことは疑う余地がない。マレーヴィチはネオ＝プリミティヴィズムから「ロバの尻尾」グループの〈標的展〉（一九一三年）の後にはラリオーノフらと別れて、むしろギレア派と接近し、クーボ・フトゥリズムへとより抽象性を強めていくが、さらにシュプレマティズムの絶対零度にいき着く前に、一時的にピカソやブラックの影響下に具体的な要素をコラージュした作品を描いている。それはほぼ一九一三年に限定されるといってよいほど短期間のことである。それらの作品は、以下に述べるタトリンのコラージュ作品と比べると、明らかに、はるかに絵画的で、物質－素材的な関心はずっと薄い。同じ非対象（非具象）であっても、タトリンのような具体性に比べてマレーヴィチの純抽象志向は、この比較でも明らかである。しかし、この頃すでにマレーヴィチはシュプレマティズム的な作品を描き始めていたらしく、《黒の正方形》、《黒の円》、《黒の十字架》などの極端に単純化された連作群などはこの時期にまで遡れると彼自身は主張している。しかし、それがはじめて公衆の前に出品されたのは、一九一五年暮れから翌一月にかけてのペテログラードの〈0.10最後の未来派絵画展〉であった。

マレーヴィチが抽象化の起源として主張する一九一三年は、奇しくも後述のようにタトリンが最初の〈絵画的レリーフ〉を制作した年であり、タトリンにとっても〈0.10展〉は重要な展覧会であった。この「最後の」という呼称は、それまでの未来派とは違ったアヴァンギャルド運動が始まるという意味合いがこめられており、いわばここで各派のヘゲモニー争いが始まったのである。マレーヴィチの方の日付けは、自身の主張以外にははっきりと特定化する根拠には今ひとつ欠けているが、これは逆に、この時代のアーティスト、とくにマレーヴィチが、展覧会での披露までできるだけ自

右上：
マレーヴィチ
《モスクワのイギリス人》
1914
上：
マレーヴィチ，
《黒の正方形》
1913 - 15

マレーヴィチ
《ダイナミックなシュプレマティズム》
1916

分らの「発明」を他人に秘そうとしていたことにもよっている。それはともかく、彼のこの種の試みは、この頃から一九二〇年のモスクワでの回顧展まで体系的に展開された。形や色は全般的には複雑化していったが、一方有名な《白の上の白》のシリーズが一九一七～一八年にかけて制作された。

〈0.10展〉でもマレーヴィチはシュプレマティズムのパンフレットを発行したが、以後理論的な著作と実作は緊密に関連づけられ、あるいはむしろ理論の方が実作に優先する。少なくとも絵画といわれるようなものは一九一八～二〇年にかけて徐々に減少し、理論の説明のためのイラストレーションのようになっていった。一九一六年にはグループ「シュプレムス」を結成、同名の雑誌『シュプレムス』の出版準備をすると同時に、その前後に重要な論文「キュビズム及び未来派からシュプレマティズムへ」を書いている。この雑誌の周辺に集まったアーティストたちには、ポポーヴァ、クリュン、ローザノヴァ、ウダリツォーヴァ、ペステルらがいる。マレーヴィチの周りには何度かシュプレマティスト・サークルが形成されるが、これはその最初のものである。革命後、彼はIZO（イゾー＝教育人民委員会の美術部局）に属し、一九一八年にモスクワの国立第一美術スタジオで教鞭をとり始める。この年の十一月に、彼はメイエルホリド演出によるマヤコフスキーの『ミ

〈0.10展〉でのマレーヴィチのコーナー，1915

〈0.10展〉のポスター，1915

ステリア・ブッフ』の美術を担当した（これは失敗に終わったとされる）。翌年、マレーヴィチはシャガールの招請でヴィテブスクに移り、そこの美術学院で教え始めるが、間もなく彼の一派と他の人々との対立の激化のためにシャガールが退陣すると、ディレクターにおさまる。一九二〇年にはここでUNOVIS（ウノヴィス＝新芸術の肯定）グループを結成、これが二度目のマレーヴィチ・サークルで、メンバーにはリシツキー、チャシニク、スエチン、エルモラーエヴァらがいて、モスクワのクルチスもそれに加わっていた。一九一九年の暮れからこの年のはじめにかけてのモスクワでの回顧展にマレーヴィチは一五三点を出品、それをきっかけに《シュプレマティズム三四のドローイング》が、リトグラフとテクストを共にするかたちで制作出版された。これは系統的にシュプレマティズムの発展を追ったものである。

マレーヴィチの場合に比べて、タトリンと構成主義との関係はずっと曖昧である。ひとつには、構成主義という呼称自体がタトリンによる命名ではなく、別の人々によるものだった。曖昧さのもうひとつの理由として、彼らは確かにタトリンの影響下にあったという意味ではその追随者ということができるが、「父」に対してかなり独立的な立場にあったし、その独立性は、彼らとタトリンとの間には世代的な差がなかったこと（一八七七年生まれのマレーヴィチに対してタトリンは一八八五年生まれで、例えばロトチェンコやポポーヴァと比べても五、六歳の違いでしかなかったし、タトリンの助手を一時務めていたアレクサンドル・ヴェスニンに至っては逆に二歳年長だった）と、最も論争が激しかった時期にタトリンがモスクワにではなく、ペテルブルグにいたということにもよっている。しかし、構成主義に至る運動に対して起源を求めるとすれば、一九一三年以来タトリンが創作していた「非功利的なコンストラクション」に求めることの妥当性は否定し難い。それはマレーヴィチの純粋抽象とははっきりと違う方向

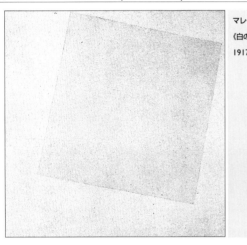

マレーヴィチ
《白の上の白》
1917 - 18

タトリン
《瓶》
1913

を志向していた。ところで「非功利的コンストラクション」とはタトリン自身の呼称ではない。『ロシア構成主義』と題する優れた著作を書いているクリスティーナ・ロダーの言い方である。これはその後の構成主義の歩みを思うとき、なかなか意味深長な名称である。何故なら「非功利的」とは、ただ功利的でないという意味ではなく（それであれば美術作品一般が非功利的であるのは当然である）、むしろ「功利的」に見える（が実はそうではない）という点が肝心だからだ。この両義性は結局構成主義全体のものとなるのだが、それはそれとしてタトリン自身はそれらを「総合力学的（synthostatic）コンポジション」あるいは「絵画的レリーフ」とまず名付け、次いで内容の進展に伴って「反レリーフ」と呼んだ。最初の「絵画的レリーフ」は《瓶》と名付けられた一九一三年の作品である。これはそれ以前のタトリン自身のキュービズム的絵画の延長上にも位置付けられるし、当然タトリンが心酔していたピカソのコラージュやブラックのパピエ・コレ（共に一九一二年に始まる）の影響ともいえる。「絵画的レリーフ」は一九一三年に彼がパリに赴いてピカソと会ってから帰国して直後に制作されたと考えられている。先に書いたように、マレーヴィチのコラージュと比べると、タトリンの方は用いられた素材やそのテクスチャーへの関心がずっと強いものである。それは彼が「反レリーフ」などの試みを「素材の選択」と呼んだことからも証拠立てられる。その「素材」とは美術とは関わりない日常の用に供されたもののいわば

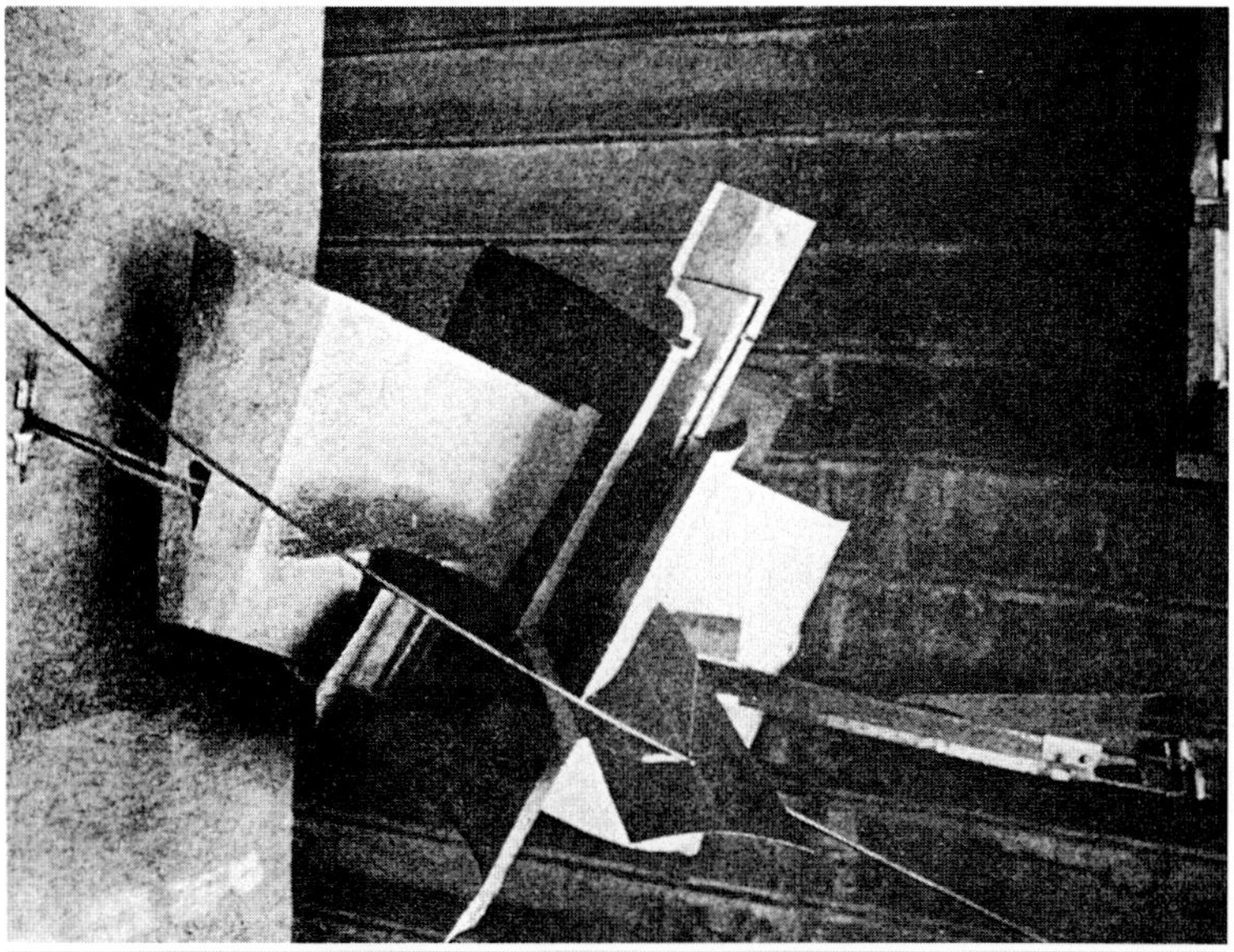

タトリン「コーナー・レリーフ」1914 - 15

残骸で、タトリン自身はそれを「生」のままで最小限の加工のみをほどこしてアセンブリーした。《瓶》の場合にはまだ生の素材でつくられた静物画という趣があったが、その後のシリーズではもはや対象性や連想性は消えて、素材そのものへの関心が全面化し、かつ有名な「コーナー・レリーフ」（一九一四〜一五年）に代表されるように、キャンバスの枠組さえ飛び越えるようになった。この時点での作品は、もはや西欧のピカソやボッチオーニの作品と

一線を画する独自のものである。

「反レリーフ」は前述の〈0.10展〉に出品され、あるいは展覧会の終了後もタトリン自身のアトリエに展示されていたために、ただちに多くの追随作品を生み出した。ただ、マレーヴィチとの確執の中でタトリン自身が〈0.10展〉の直後に自分はいかなるグループにも属さないと宣言してしまったために、ネーミングのうまさも含めてマレーヴィチのグループの方が一時的なヘゲモニーを取ってしまった（一九一八年くらいまで）が、影響としては拮抗するものがあった。

タトリンに最も酷似した作品をつくったのはイワン・プーニだが、彼の一九一五年の《絵画的彫刻》と呼ばれる作品には同時にシュプレマティスト的なコンポジションも透けて見える。この展覧会でプーニはシュプレマティズム風の宣言を行なっているし、先に書いたようにこの展覧会自体、シュプレマティズムの旗揚げのような趣があった。プーニはそのオルガナイザーである。少なくともこの時代にはシュプレマティズムと後の構成主義とは、二人の領袖のこの年の後半以来の激しい諍いにもかかわらず、人的な事柄も含めて交差する部分が多々あったのである。例えば、リュボーフィ・ポポーヴァも、一九一二〜一九一五年にタトリンのスタジオでヴェスニンと共に助手を務めた後には、マレーヴィチのサークルに深くコ

プーニ《絵画的彫刻》1915

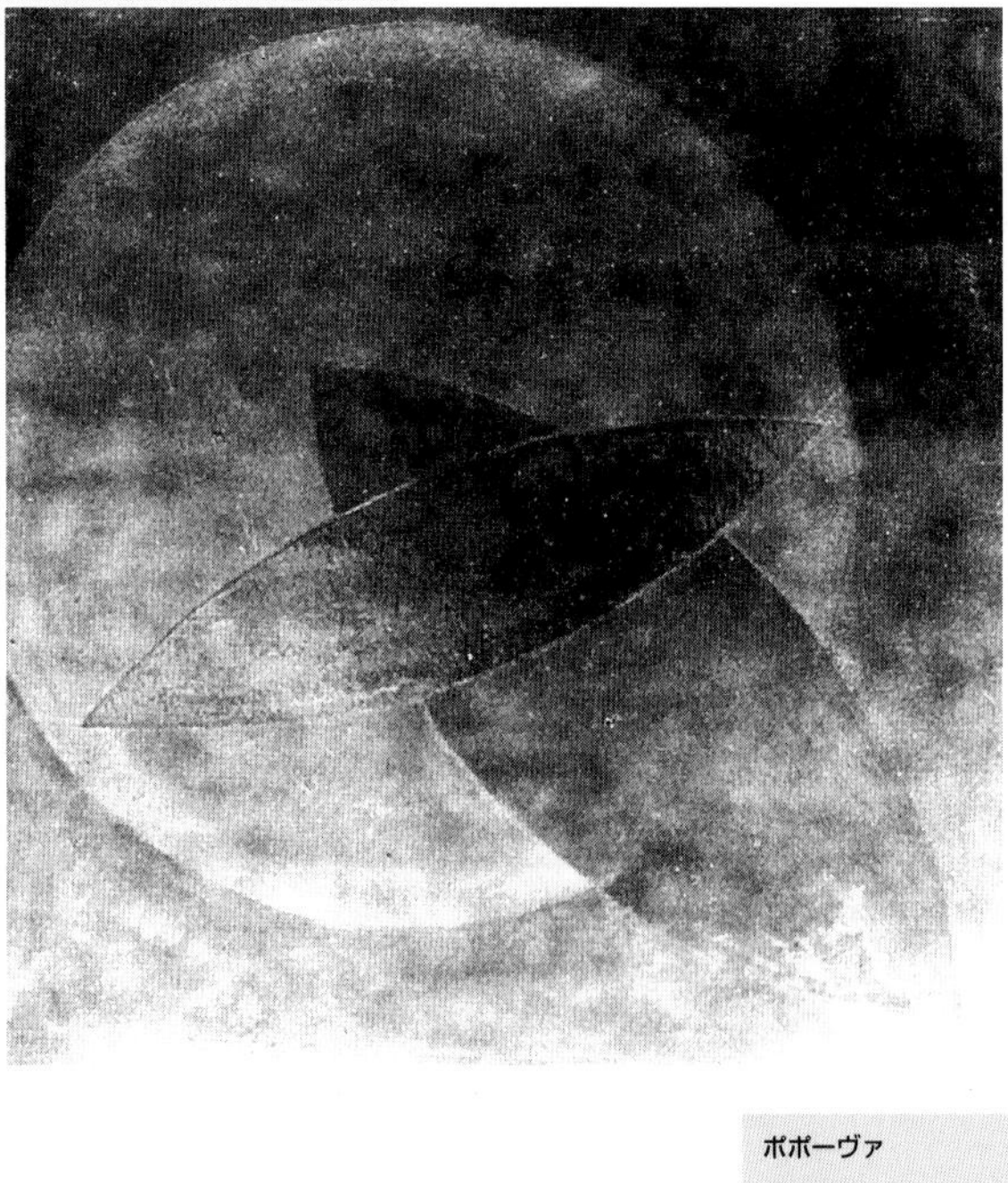

ロトチェンコ
《黒の上の黒》
1918

ポポーヴァ
《絵画的
アルキテクトニクス》
1917

ミットして、雑誌『シュプレムス』のためのデザインなどを行なっていた。ポポーヴァは、さらに〈0.10展〉にはレリーフ的な絵画（タトリンのよりはずっと絵画的な作品）を展示していたし、同年終わりの〈ダイヤのジャック展〉には《絵画的アルキテクトニクス》を出品している。

ポポーヴァのこの作品やロトチェンコの《黒の上の黒》（一九一八年）などの作品では、色彩やコンポジションに加えて、テクスチャーへの関心が強く、ロトチェンコの作品は、同じ黒でもテクスチャーの違いによって図形を浮かび上がらせるといった趣向だし、ポポーヴァは「テクスチャーが絵画の表面の内容である」と明言している。この関心を募らせていけば、テクスチャーがタトリン的な「素材の選択」へと置き換えられていくのは論理的な筋道であるとはいえる。マレーヴィチのシュプレマティズム絵画も必ずしも平滑なものではなく、むしろはっきりと手の跡を残したものであったが、少なくとも論理の上では（それはマレーヴィチ本人にとっては、作品以上に重要であった）テクスチャーは二義的以下の重要性しかもたず、《三四のドローイング》のようにリトグラフになれば、消えていってしまうものだった。この他に、マレーヴィチとタトリンの間にあった作品には、イワン・クリュンの、例えば一九一四～一五年の《過ぎ去っていく風景》と名付けられた、タトリン風だがもっとコンポジショナルなレリーフ作品や、一九一六年の《コンストラクション》と名付けられている、しかしむしろシュプレマティズム的な作品、さらにオリガ・ローザノヴァ（未来派の詩人クルチョーヌイフの夫人）の《自転車のり》とか《自動車》（共に〈0.10展〉に出品された）などがある。これらの作品は、正確にはタトリンとマレーヴィチの間にあったというよりは、マレーヴィチが彼のフォロワーに対して奨励したシュプレマティズムの三次元化という課題（マレーヴィチ自身もまだ

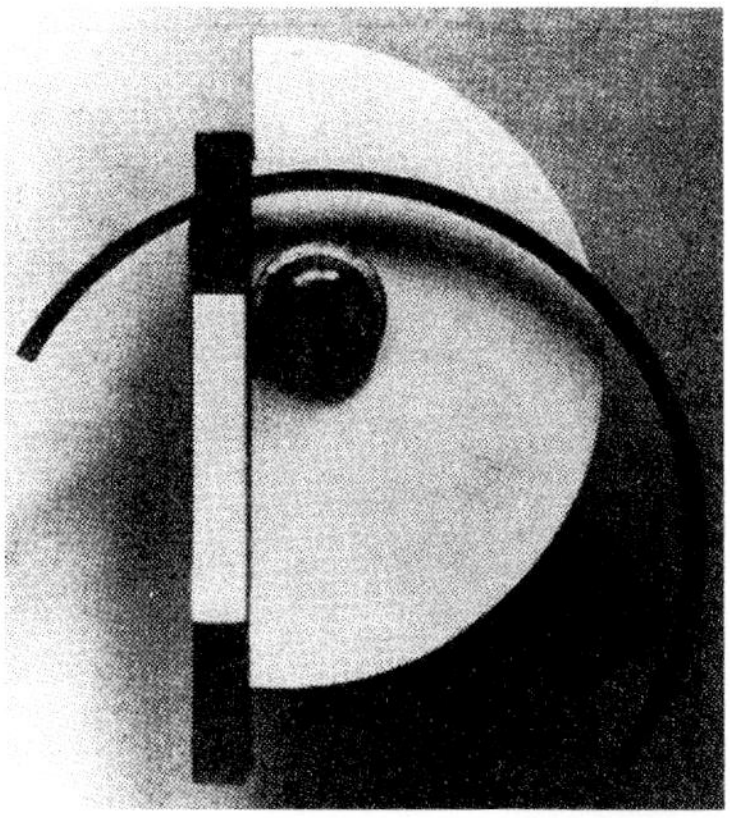

クリュン
《コンストラクション》
1916

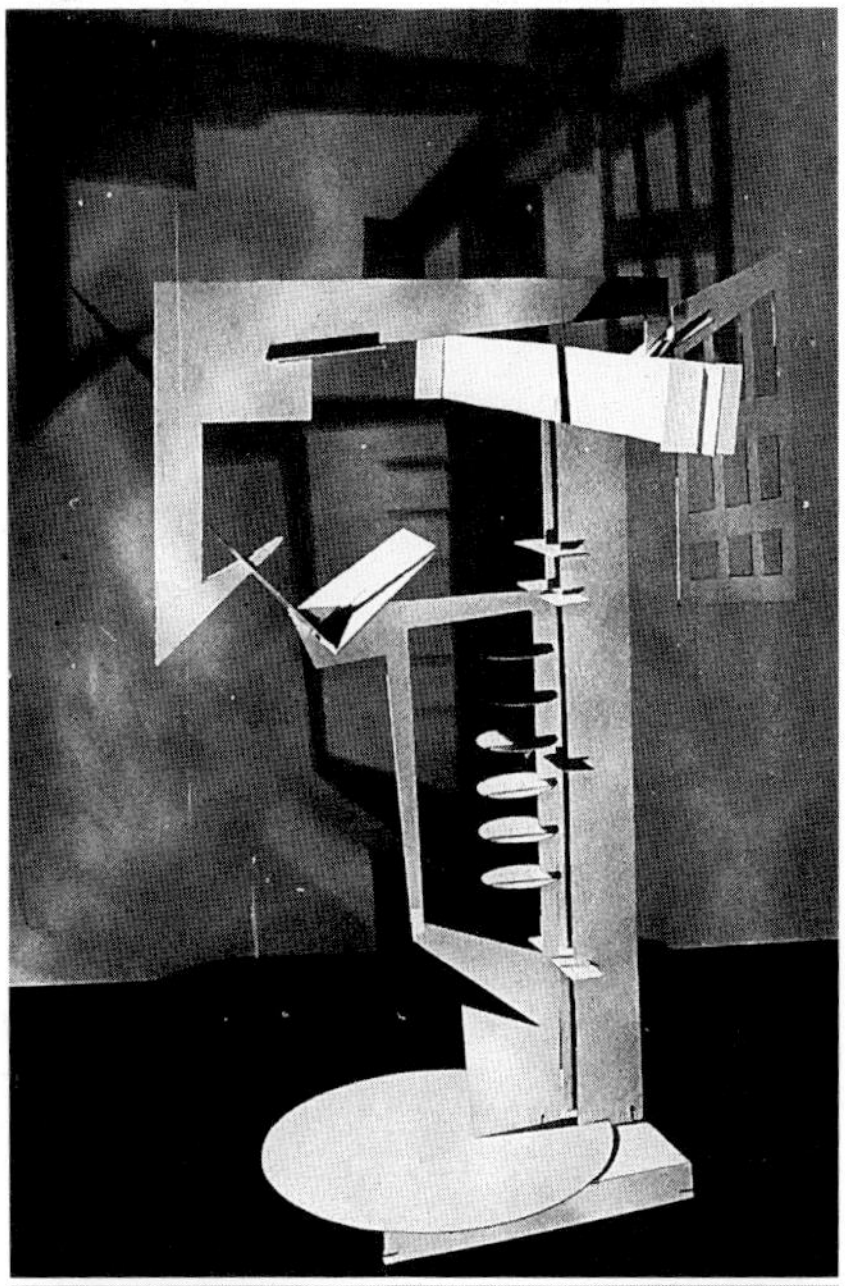

ロトチェンコ《白い非対象彫刻》1919

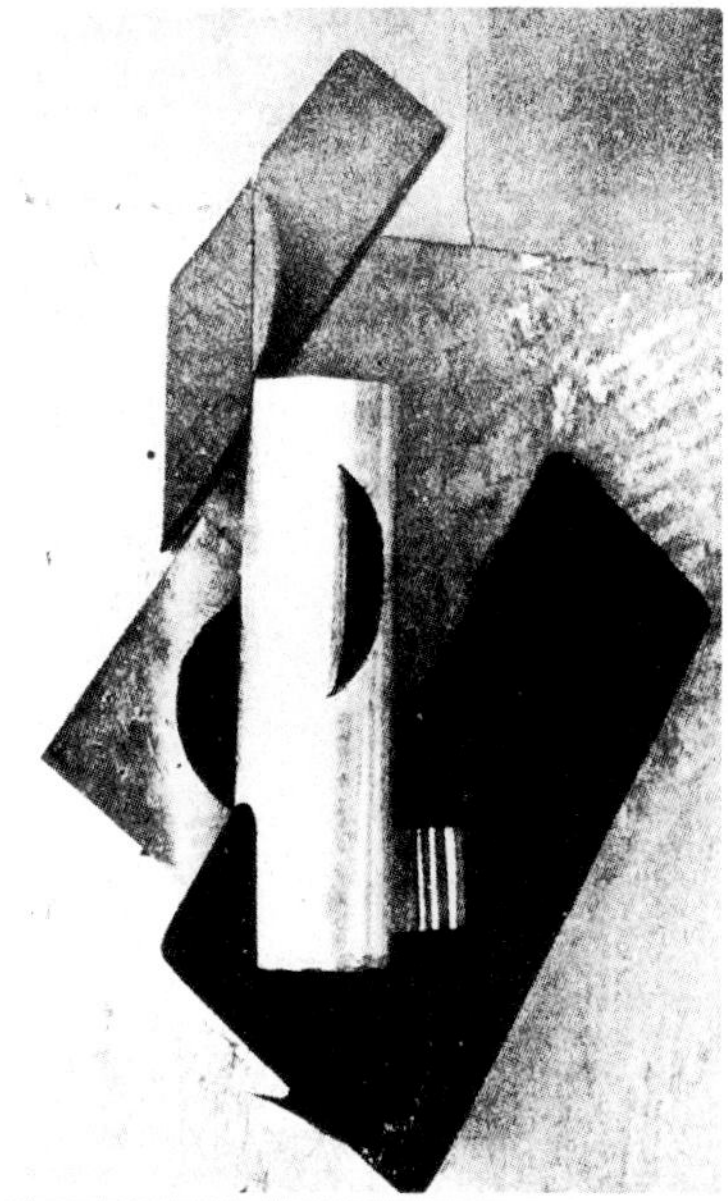

ブルーニ《素材による絵画的作品》1916

具体的には展開していなかった）に応えたものである。「反レリーフ」は、明らかにマレーヴィチ・サークルにとっては、先にしてやられたという印象を与えたに違いないし、マレーヴィチが三次元の「アルキテクトン」（九章一節参照）に手を染めるのが一九二二年頃まで遅れたのは、そのためもあったかもしれない。

もっとはっきりタトリンの影響下にあった作家にはレフ・ブルーニ（《素材による絵画的作品》と名付けられた一九一六年の作品）、テヴェル・シャピロ（一九二一年の《素材の選択――ガラス、鉄、木》）などがいて、実際、彼らは第三インターナショナルの記念塔モデルの制作にあたってタトリンの助手を務めた。アレクサンドル・ロトチェンコは、《黒の上の黒》と同じ一九一八年に三次元の作品をつくり始めた。一九一九年の〈第一〇回国営自由展〉に出品されたそれらの作品は《白い非対象彫刻》と題されている。これらに対してロトチェンコ自身は「私はもっぱらフォルムのコンストラクションとそのコンストラクションのシステムに関する作業を行なっており、平面においてはコンストラクションの新しい要素として線を導入した」と言っている。面ではなく、線という手法は、ロトチェンコのこの時期の平面作品のみではなく、一九二三年の《線のコンストラクション》などアレクサンドラ・エクステルの作品にも見られる。

1.3. 革命芸術組織から第三インターナショナル記念塔へ

ボルシェヴィキ党の政権奪取は、少なくない数の（とはいえそれを強調しすぎることは危険であろう）アーティストたちに「我らが革命」として受けとめられたが、そうした個人の受けとめ方とは別に、新政権が体制として着手すべき事柄は二つあった。ひとつは組織面での改革であり、もうひとつは芸術をいかに新体制に奉仕させるのかという課題を具体的に政策として打ち出すことである。ボルシェヴィキ政権の確立以前にも、二月革命の直接的な影響としてペトログラードでは「芸術労働者組合」が結成された。これは革命前の芸術アカデミーの独占体制を壊そうとするものだったが、内容的には呉越同舟的な組織でしかなかった。現にその保守層は、十月革命後にソヴィエト政権による芸術コントロールがなされることに強い危惧をもち、教育人民委員ルナチャルスキーにソヴィエト組織（このころはまだ各派のにらみ合いの上で政権が固まっておらず、ソヴィエトの方が執行力があった）からの独立を要求している。もっとも左派のアーティストたちにも警戒心はあったようで、マヤコフスキーのような無条件の革命支持派ばかりであったわけではない。多くの保守派は、「古代保存及び博物館部局」という、いわば前線とは関わりのない「安全地帯」で働くことを選んだ。

これに対してもっとアクチュアルな事柄を扱う組織として真っ先につくられたのは、Narkompros（ナルコムプロス＝教育人民委員会）の美術部局であるIZO（イゾー）であり、この組織は一九一八年のはじめにつくられた。これもまた折衷的なメンバー構成で、その運営にあたった芸術部は、シテーレンベルグ（部長）のもとでアリトマンやプーニン、マヤコフスキー（ごく短期間だったが）のようなアヴァンギャルドや、チェホーニン、シチューコやルドネフのようなアカデミスト建築家も含んでいた（シチューコは一九二〇～二四年にかけてレニングラードのスモリヌイ宮に新古典主義的なゲートをつくっているが、これはこの宮殿にしばしば滞在していたレーニンのお気に入りであったらしい）。またモスクワのIZOにはタトリンが局長となり、これもマレーヴィチやカンディンスキー、ローザノヴァらと共に、アカデミスト建築家の最高峰であったジョルトフスキーなどが加わっていた。IZOの具体的な仕事は展覧会の組織で、それらは〈国営自由展覧会〉と題された。「自由」というのは、それらが参加資格に制限を設けなかったためである。また国家が作品を買い上げるための選択もIZOの仕事であった。構成の上からも立場の上からもIZOは全方位的なかたちをとらざるを得なかったが、一般的な社会的認知度との比較からすれば、アヴァンギャルドにある程度優遇があったことも確かで、ルナチャルスキーは買い上げ作品にアヴァンギャルドが多いのは、彼らが貧しく援助を年長の大家よりも必要としているからだ、と弁解せざるを得なかった。といってもそれはあくまで一般的認知度との対比においてであって、全体からすれば、逆に現在の評価からすれば意外なほどアヴァンギャルドに光があたることは少なく、タトリンですら、この時期に自分の作品を出品しているのはただの一度（後述の記念塔を制作していたからでもあると思われるが）、ポポーヴァでも三度という程度であった。この時期に最も活動的であったのはロトチェンコで、一九一九年の〈第一〇回国営自由展〉は、彼の肝入りで「非対象創造とシュプレマティズム」と題して開催された。これは明らかに、すでにはっきりとしていたシュプレマティスト・グループに対して、後の構成主義、つまりタトリン派をもうひとつのトレンドとして対比せしめようとする試みである。ジョイント展を好まぬマレーヴィチを引き入れ、それに《黒の上の黒》をぶつけたり、あらゆる「イズム」の解体を主張したりしたロトチェンコの意図は明らかで、この時期にはまだコンストラクティヴィズムという名称はなかったのだから、どう見てもマレーヴィチへの嫌がらせである。この出来事は、マレーヴィチが孤立を感じ、ヴィテブスクに移るきっかけをつくった。

IZOのもうひとつの仕事はアジテーションのための仕事である。革命後のロシアは世界最大の国土に膨大な文盲の人々を抱える国家であった。彼らに革命の理想を広めなければならないが、文字メディアはその最適な手段ではない。このために視覚メディアとしてのアジテーションないしプロパガンダ・アートが注目されたのである。さらにこの目的のために多くのマス・イヴェントが組織されたが、アートはそのためのインスタレーションにも動員された。これらの仕事にアヴァンギャルドたちもまた動員された。しかし、これらの仕事の大部分には視覚的な資料が残されていない。ポポーヴァが一九一七年のメイデーにおいてモスクワ・ソヴィエトの建物のデコールに携わったとか、ロトチェンコが翌年のメイデーの赤の広場のデコールのための委員に指名されたり、一九一九年の革命二周年記念祭の仕事に関与したりということはあったらしいが、それがどのようなものだったかは、不詳である。一九二〇年にはヴィテブスクでマレーヴィチのグループが街頭（市電や塀、広告塔など）をシュプレマティスト的なサインで飾ったという記録もある。これらのデコールの仕事ではっきりと記録が残っているものは、IZOの指導メンバーでもあったナターン・アリトマンによるペトログラードのウリツキー広場で演じられた革命一周年記念のスペクタクル『冬宮襲撃』（一九一八年十一月七日）でのそれで、ここではアレクサンドルのコラムをクーボ・フトゥリズム風の図形でおおって、広場空間を新しい視覚環境に置き換えようとする実験が行なわれた。ヴィテブスクでのそれとは違うかもしれないが、マレーヴィチのデザインによるアジプロ電車の写真も残されている。計画案としては、ポポーヴァとヴェスニンによる一九二一年の大スペクタクルの『闘争と勝利』のためのそれが有名だが（二章四節参照）、これは実現されずに終わった。しかし、大イヴェント自体はかなり行なわれており、とくに一九二〇年には数千の出演者に数万の観衆というクラスのイヴェントがいくつも行なわれている。前述の『冬宮襲撃』のイヴェントでは観衆は十万に及んだという。

これらのイヴェントにおいてアヴァンギャルドの果した役割を過大評価するのは危険だろう。「街路は我らの絵筆。広場は我らのパレット。時代がかった書物では千ページを費やしたって革命の日々は歌えない。街頭へ出ろ、未来主義者たちよ、太鼓を打ち鳴らせ、詩人たちよ！」とうたったのは確かにマヤコフスキー（「芸術軍への指令」一九一八年）だったし、ベルリンで出版された“Veshch”（ヴェシチ）誌（一章六節参照）も、「古いアカデミストたちは『ノーマル』な日々に戻ることのみを念じていたが、若い人々は彼らに取って代わろうとした。（…中略…）ロシアの未来主義者たちは、画家も詩人も一様に、革命の初期の日々に『あらゆるものを街頭へ、絵の具のバケツをもち出し、周り中を塗りたくれ』と叫んでいたのだ」というような文章を載せていたが、それはアヴァンギャルドたちの抱負であっても、ことがその通りに運んだと考えるのは早計である。ひとつにはあくまで大衆教化を目的にしたこれらのイヴェントでは、あまりに前衛的な手法よりも因習的な手法の方が効果的であったということは容易に想像できる。教化のための街頭パフォーマンスなどには古いロシアの民話や宗教劇を革命風に模様替えしたものが素材として用いられた。アヴァンギャルドにもそれらの「遺産」が多大なヒントを与えたとしても、それは彼らの専売特許ではもとよりなかった。また、アヴァンギャルド的なデコールが、街頭にもち出したときに意外に貧弱で、思ったほどの効果を上げないことが多かったという証言もある。

アジテーションのための仕事にはポスターの制作も

ある。この仕事は革命直後ということのみでなく、その後もずっと一九二〇年代に続くものだったので、アヴァンギャルドのデザインによる多くの作品が出回るが、しかし、これもまた彼らの専売特許であったわけではない。IZOが赤軍の求めに応じて左派から三人（スミルノフ、マレーヴィチ、ロトチェンコ）、右派から三人派遣したというような記録が残されているが、その結果については残されていない（赤軍のためのポスターで有名なものは、リシツキーの《赤の楔で白を打て》だが、これは別の機会のものであろう）。この時期のもので残っているのはポポーヴァによる文盲追放のキャンペーン・ポスターなど少数しかない。これらの中で有名なものはロスタ（ロシア電報局）の広報ポスターで、これはマヤコフスキーが一時責任者として自ら制作にあたっていたこともあって、斬新なものが多いが、ここでも大衆を意識して民俗的な主題をマンガ的ないしカリカチュア的なタッチで取り上げる傾向が少なくなかった。もちろんそれはアヴァンギャルドもよく用いた手法であったが、このようなものになればなるほど、アヴァンギャルドとそうでないものの区別（これまでは前者の正統性を強調するために、その線引きがあまりに神経質に行なわれてきたきらいがある）は難しくなる。少なくともアヴァンギャルドのみが革命に熱狂し、それに奉仕したというような言い方は明らかにひいきの引き倒しというべきだろう。このような活動の一環として知られるものには、アジプロ列車やアジプロ船、つまり動くメディアが有名だが、これらに関してはむしろアヴァンギャルドの関与はごく少ない（担当の部局によって指名されたアーティストのリストには三〇人の名前があるが、そのいずれもがアヴァンギャルドではない、とクリスティーナ・ロダーは述べている）。

最後に重要な仕事は、モニュメントの建設である。これはすでにあったツァー時代のモニュメントの除去ということをも含んでいた。旧体制の遺構は当然速やかに新体制をセレブレートするものと置き換えられなければならない。

マレーヴィチ／アジプロ電車のデザイン，1918

シニャフスキー《ラサールのモニュメント》1918

チクソノフ／アジプロ列車のデザイン，1928

アリトマン『冬宮襲撃』のデコール，1918

このモニュメントの後続の仕事についてはまた七章でも触れるが、一九一八年にレーニンの直接のイニシアティヴによって始められたモニュメント・プロパガンダは、しかし当初は政治経済状態の不順のために必ずしも順調ではなかった。旧来のものの除去は速やかだったが、それに置き換えるべき作業は同様とは言い難かった。多くつくられたのは歴史上の革新的な人々の彫像である。後年のマルクス、エンゲルス、レーニン、スターリンの四点セットというようなステロタイプと比べると、レパートリーとしては、ガリバルディありハイネあり、また社会主義者としてもラサールやチェルヌイシェフスキーもあったりで、ずっと豊富であった。しかしその表現性としては昔ながらの手法であって、この点で革命的なところはほとんどない、というのが実態であった。

タトリンのあまりに有名な《第三インターナショナル記念塔》がつくられたのは、このような状況の中においてであった。もっと正確にいえば、そのような状況の中に、意識的に、このとんでもない代物が投げ入れられたのである。これは社会的な事件であった。少なくともこれに関する限りは、アヴァンギャルドはマージナルな部分などではなかった。完成以前にすらマスコミはこのタワーの作業の進捗状況を報じた。それが一層期待を煽ったのだから、模型が制作され、ペトログラード、次いでモスクワで展

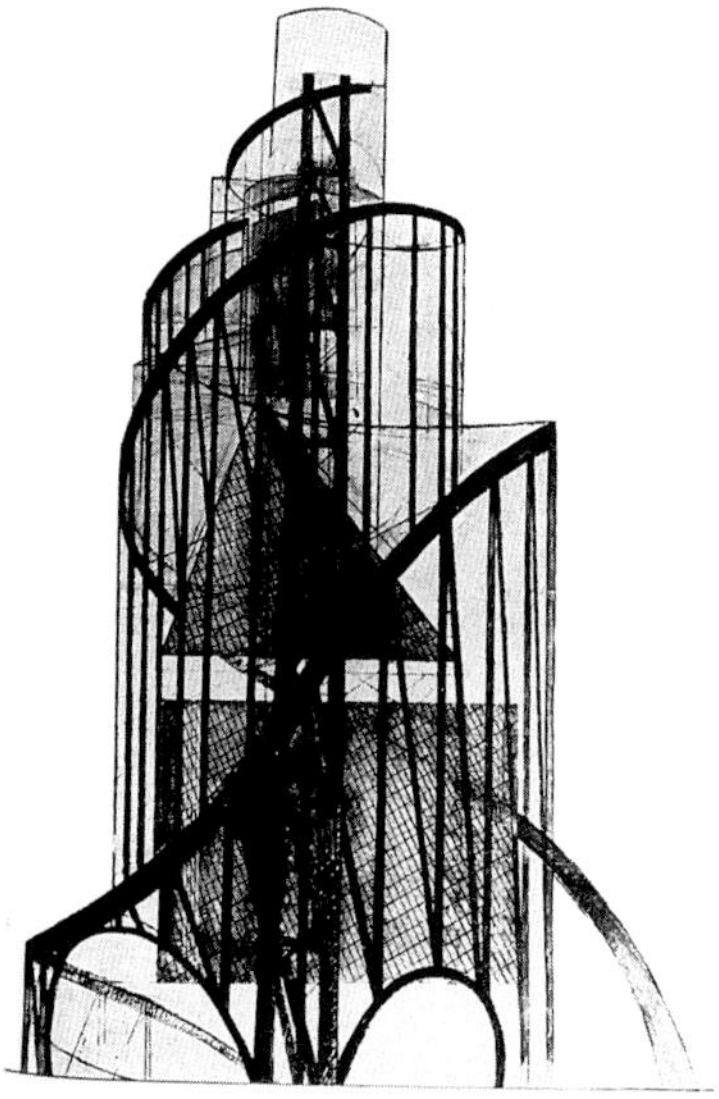

タトリン
《第三インターナショナル記念塔》
立面図，1919

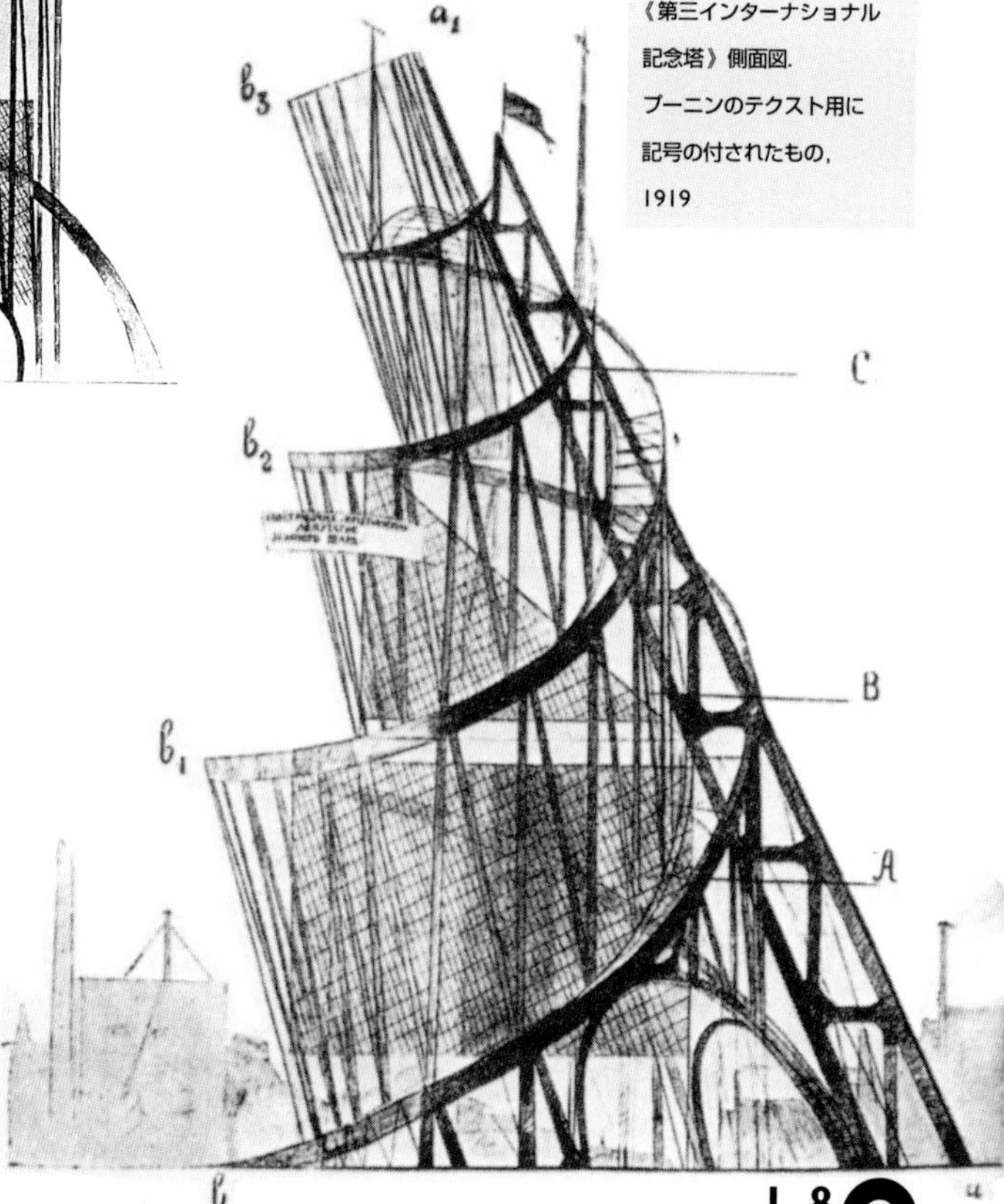

タトリン
《第三インターナショナル記念塔》側面図.
プーニンのテクスト用に記号の付されたもの，
1919

タトリン《第三インターナショナル記念塔》
モスクワでの展示風景，1920 - 21

示されたときの効果は絶大であった。この仕事は、正式にモスクワのIZO（彼がその局長ではあったにせよ）からの依頼として行なわれたものである。まずタトリンはレーニンの綱領ができると、すぐにSOVNARKOM（ソヴナルコム＝人民委員会評議会）に対して、モスクワのモニュメント・プロパガンダ・プランのレポートを送った。ここでタトリンは仕事に時間をかけるべきだと力説した。拙速はモニュメントの質を損なう、と。これはテンポラリーなイヴェントが必ずしも芸術的効果を上げなかったことを思えば、すこぶる賢明ないき方であった。「現在のそれのような国家は悪趣味の創始者になり得ないし、またなってはならない」。

もうひとつ彼の論拠の中で特筆すべきことは、モニュメントが特定の個人にではなく、革命それ自体のために捧げられるべきだとした点である。それは同時に、モニュメントが個人の具象的な彫像などになってしまうことへの批判であった。以下に取り上げる批評家ニコライ・プーニンの二つのテクストでも、そのような彫像がいかに見すぼらしく（プーニンに言わせれば、「そこここにできたイボ」のように）、また手法として使い古されたものであるかが再三強調されている。対象が個人から理念に向かうということは、当然モニュメントも抽象的な性格を帯びる傾向を示唆する。

タトリン《第三インターナショナル記念塔》レニングラードのメーデーの際の簡略化されたモデル，1926

タトリン《第三インターナショナル記念塔》ペテルブルグのスタジオでのモデル，1920

クリスティーナ・ロダーはタトリンが当初からかなり具体的なアイデアをもっていたのではないかと推測しているが、いずれにしても、発注が決まったのは一九一九年早々である。そして当初は、これはロシア革命のモニュメントとして構想されたものであって、第三インターナショナル（コミンテルン）のためのものになったのはもっと後のことである。この年の中頃に、タトリンはペテルブルグの自由工房の「ヴォリューム、素材、コンストラクション・スタジオ」の責任者として転出し、ここでモニュメントのための作業を続けている。一九一九年の三月に早くもプーニンがタトリンに構想を聞き出して、『コミューンの芸術』誌にそれを掲載している。それには、まず伝統的な形象性のあるものではないこと、そしてモニュメントは建築、絵画、彫刻といった既存のカテゴリーを横断したものとなるだろう、ということが明らかにされ、ダイナミックなアジテーションとプロパガンダ的な質をもつことによって革命をセレブレートするであろうということも述べられている。この時点でプーニンの記述は完成後の姿をかなり正確に描写している（それが前述のロダーの推測の根拠と思われる）。

デザインはほぼ一九一九年のうちか遅くとも一九二〇年の三月頃には完成したらしく、次いで模型の作成に取りかかっている。この制作にはタトリン一人ではなく、フォーマルに署名したものだけでも、シャピロ、メイエルソン、ヴィノグラードフが助手として関わっている。この他にも例えばブルーニ兄弟なども、制作現場の隣に寝起きしていたので塗装を手伝ったりしていたらしい。いずれにせよ、エッフェル塔を超える（シクロフスキーの形容ではイサク寺院の倍）高さとされている実物（？）が到底実現されるはずもないとすれば、タトリンにとってはこの三次元オブジェこそはモニュメントそのものであったといえる。図面の方は、もちろん模型制作上からもなかったはずはないが、残されているのはプーニンの論文にイラストレーションとして添付された二枚の立面図でしかない。模型はほぼ六、七メートルに及ぶもの（正確な数値は模型の方も計画の方も記録がない。エレンブールグは四百メートルだといっているが、根拠のある正確な数字とは思えない。三百メートルを超えるものとなれば模型は五十分の一か？）であった。完成された模型は一九二〇年の十一月八日から十二月一日までペテルブルグの旧芸術アカデミーの制作現場で展示され、政治集会やモニュメントをめぐる討論会なども開かれた。次いでモスクワにも送られて第八回ソヴィエト会議のホールで展示された。

このタワーは主として六つの構成要素から成り立っている。立面図のひとつにはそれが記号化して書き込まれている（おそらくプーニンによる書き込み）ので、それに従うと、a—a_1と記されている斜めのトラス柱、bとb_2、b_1とb_3と記されている同じくトラス構造の二組（二重）の螺旋構造物、そして後はこれらの主要構造部の中に吊された、A、B、Cと大文字記号を付されている三つの幾何学立体である。このモニュメントに関しては、プーニンが再び一九二〇年七月づけの解説を書いており、ある意味ではタトリン公認のスポークスマンとして書かれたものといえる。そこでプーニンは、主要構造部に関しては、それが直線斜めの運動（a—a_1）と螺旋運動（b、b_1、b_2、b_3から各々a、a_1へと向かう）の衝突からできていると形容している。そしてこのダイナミックな緊張性を生み出す螺旋こそは、「我々の精神の最良の表現」であり、「解放された人間の運動の軌跡」なのだというのだが、注目すべきはただの螺旋ではなく、このコンポジション全体が傾きながら上昇していることで、スイスの美術史家アドルフ・マックス・フォークトは、リシツキーのレーニン演説壇やそれ以後のアヴァンギャルドのプロジェクトにこうした傾斜がしばしば現われることを指摘しながら、それを地軸の傾きと関連づけている。

一方、これらの構造の中に吊されている三つの幾何形態（主要構造物がいかにも「構成主義風」であるのに対して、こちらはタトリンには珍しくむしろシュプレマティスト風で、両運動の統合であるかのように見えるところが興味深い）だが、いずれもガラス張りとされていて、Aは立方体で立法のための大会議場とされており、Bはピラミッド形で行政機関（インターナショナルの執行部や書記局）のオフィス、Cは円筒形で情報関係のセンター（プーニンはそう記してはいないが、シクロフスキーはロスタだと書いている）となっている。これらの機能については、プーニンはその実用性が肝要なのだと指摘しているが、一九一九年のテクストの方を見ると、様々な考えられる機能のサジェスションはあるが、これほど明確に絞られてはいないから、それは目的を第三インターナショナルのためと決めた後で整理されたことと思われる。破天荒なのは、これらの巨大立体（どう見ても各々が二〇階建て以上の高さがある）がキネティック・ストラクチャーであることで、Aは年に一回、Bは月に一回、Cは毎日一回主軸上で回転するとされていることである。つまり、このモニュメント全体がコズミックな運動系であるというわけだ。もうひとつ指摘しておいてよいことは、これが巨大なメディア装置としても構想されていることで、その後のヴェスニンの労働宮殿のプロジェクト（次章五節参照）をはじめとして構成主義者の計画にオブセッションのように出てくる大アンテナや、その日のニュースを報じる映像の投影のための大スクリーン（a_1からb_3にかけわたされる）などがそれである。後者は、さしずめ巨大な空中のロスタの窓といったところか？　しかし、これらの構想に対する技術的な裏付けに関しては、ガラス張りのブロック（その後の構成主義者たちがくり返し非難された事柄）は二重ガラスで、その間を真空化する（プーニンの説明だと魔法瓶と同じ要領――しかしどのようにして真空化するのか？）ことで断熱を図ること、そして回転する立体とは、「その速度に同調した複雑な構造の電動エレベーター」（どのようなものか不明。おそらく彼らにもわかっていなかったに違いない）で結ぶという記述以外には何も残されていない。「すべてのブロックの設備やその統合の実現性についていちいち指摘する必要はない」。つまりそれは先送りにしたということであろう。シクロフスキーはこれを「実現よりもむしろ課題としての性質を帯びている」と巧みに形容している。リシツキーは、「この運動の指導者（タトリン）は――テクノロジーに関する合理的かつ科学的な方法とは全く独立的ないき方で――素材を本能的かつ芸術的にマスターすれば、オブジェの建設のための基盤に関する発明性へといき着くと考えた。彼はこの理論を自分の《第三インターナショナル記念塔》で証明できると考えた。彼はこの仕事をいかなる技術的な知識もなしに成し遂げ、それを証明した」と後の『ロシア――世界革命のための建築』（公刊は一九三〇年）で書いている。このモニュメントはそうした意味では、作者側の功利性への強調にもかかわらず、むしろシンボリックなモニュメントである。「鉄とガラスと革命からつくられた」モニュメントとシクロフスキーは言ったが、それは「鉄とガラスとその構築のための技術」とでつくられたわけではない、という含意を、シクロフスキーの意図とは別にもっている。それはアートのリミットを、構成主義芸術の成立のまさにそのとば口で、すでに体現してしまっている。リシツキーは最初からこのモニュメントについて留保を感じていたらしいし、前述の『ロシア――世界革命のための建築』の中でも「当今の職業的な建築家の構成主義者の世代は、この作品をフォルマリスティックもしくは象徴主義的とも見なしている」と記している（ここではとくにギンスブルグらの批判を指していると思われる）。もちろん保守派にとってはこれが驚天動地のとんでもない代物と映ったであろうことは容易に想像できるが、ルナチャルスキーのような人でも最初の感想は「エッフェル塔の方がまし」であったし、トロツキーもその非現実性に関して批判的であった。

しかし、後から見てその限界がどうであろうと、多くのアヴァンギャルドにとっては、このモニュメントはそれまでの運動を格段にヴォルテージをあげたかたちで実現したものと見えたはずだ。マヤコフスキーは、これを十月革命の「髭のない最初のモニュメント」だと彼らしい言い方をして熱狂的に支持したといわれるが、それは国外においても同様であった。一九二〇年八月のベルリンでの〈第一回ダダ・インターナショナル〉のスローガンはこうである。「芸術は死んだ。タトリンの新しい機械芸術万歳！」おそらくこれら内外のアヴァンギャルドたちにとって、それは初めて眼前にした目標地点のように映じたのではないか？　芸術言語（ヴォキャブラリー）の上でもそれが後の建築家たちに与えた影響の大きさは計り知れない。彼らはこの時点で圧倒的に遅れを取っていた。次節に取り上げるラドフスキーらのこれと連動したと思われるプロジェクトにしても、タトリンには完全に後塵を拝していることは否定できない。ヴェスニン兄弟の労働宮殿のプロジェクトが建築における構成主義の具体像を打ち上げるには、その後なお三年を要するのである。この時点での三年は途方もなく大きいと言うべきであろう。

4. 構成主義の誕生

構成主義は、タトリンの「反レリーフ」以来の様々な流れに対して最終的に与えられた名前であるとは言える。しかし、それがシュプレマティズムのように最初から創始者によって与えられた名前ではないということ自体、運動にかなりの幅があったことを示唆している。実際に、正確に言えば、構成主義とは、この渦中から生み出されたひとつの流れの呼称でしかなく、多くの集散離合があったのである。

これと近い呼称には生産主義があった。構成主義と生産主義とは、その時々に応じて、人に応じて、意味も違ったが、おおむね近い間柄であり、ときに同一視されたといってもよい（逆に厳然と区別し、一方を排撃しようとする人もいたが、それはこの手の「主義」の常である）。後に述べるアルヴァートフやタラブーキンのように生産主義を理論化しようとした人々もいたが、後者あるいは「生産芸術」は、むしろ一般的かつ曖昧にも用いられ得たので、短期間に集中した運動及び議論の結果として生まれた構成主義と違い、初期からそのプロパガンダのようなものは存在していた。「生産芸術」という幅広い現象から生産主義や構成主義が結晶化していったといってもよい。その主な担い手は、前節で言及したタトリンのモニュメントに関するプーニンの最初のテクストが載った『コミューンの芸術』誌である。これはペトログラードのIZO（イゾー）の機関誌として、一九一八年十二月から一九一九年四月という短期間に一九冊が出版された。オシップ・ブリーク、ボリス・クシネルそしてプーニンがその理論的指導者である。彼らは、ブリークの「芸術――これは単に作品＝仕事である。知識、クラフト、熟練」ということばのように、芸術から精神的な価値やロマン派的なインスピレーション概念を剥ぎ取ることを目指した。あるいは、プーニンのことばを借りれば、「ブルジョワジーは芸術を神殿のようなものとする考え方を始めた」「プロレタリアートにとって、芸術は我々を瞑想にのみ限ってしまうような神殿ではなく、すべての人々にとって有用なオブジェを生産する工場である」（『神殿か工場か？』一九一八年）。この「神殿から工場へ」という隠喩は、建築の分野では文字通りの直喩的なパラダイム変換を示すものとなるが、マヤコフスキーもまた「我々は芸術の神殿の息を止めることしか知らない。我々の望むのは、人間精神の息づいた工場である」と同様な隠喩を用いていた。クリスティーナ・ロダーは、この『コミューンの芸術』の誌上でドミトリエフが最初に「コンストラクター」ということばをはじめて用いたと書いている。しかし「コンストラクション」、ロシア語では「コンストルクツィア」ということば自体は、もっと前から、例えばマレーヴィチなども頻繁に用いていた。ただしコンポジションと大して違う意味においてではない。

しかし『コミューンの芸術』はその短命もあって、芸術と産業の関係の問題を俎上には載せ得たとしても、それ以上には進まなかった。またIZOは一九二一年に『生産における芸術』という文集を出版したが、これはまだ時期尚早で後の議論ほどには結晶化していないと評価されている。この作業を進めたのは、IZOに結集した実作者たちの議論と作品である。IZOの中では様々な小組織もしくはグループが自発的につくられていったのだが、我々の文脈にとってとくに重要なのはINKhUK（インフーク＝芸術文化学院）、とくにそのサブ・グループ「オブジェクティヴ分析（ob'ektivnogo analizia――オブジェクティヴには客観的という意味と対象＝物体の両方の意味があるので、ここでは日本語化しないでおく）作業グループ」と、彫刻部局の中につくられた彫刻と建築のSinskulptarkh（シンスクルプタルフ＝彫刻と建築の統合問題解決委員会）である。後に見るように、この二つのグループは結果的にかなり重複するメンバー構成となる。

Sinskulptarkhは彫刻部局の中につくられた組織ではあったが、メンバー構成はボリス・コロレフを除いては彫刻家ではなく、ニコライ・ラドフスキー、ウラディーミル・クリンスキー、ウラディーミル・フィドマンら建築家たちであった（これらの建築家たちは、後に構成主義と並び立つフォルマリスト・グループ、ASNOVA［アスノヴァ＝合理主義建築家同盟］を結成する）。一九一九年の終わり頃、これにロトチェンコとシェフチェンコという二人のアーティストたちが加入して、Zhivskulptarkh（ジフスクルプタルフ＝絵画・彫刻と建築の統合問題解決委員会）に改組した。彼らに対して最大限の刺激を与えたのは、マスコミの報じるタトリンのタワーの進捗状況であった。一九二〇年十～十二月に〈第一九回国営自由展〉の一部として開かれた彼らの展覧会についてはまた述べる（二章三節）が、それらの作品が強く社会的モニュメントのような性格をもっていたのは、タトリンのタワーをめぐって先に言及したプーニンのテクストに明らかであったような、アヴァンギャルド内部にあった古典的なモニュメント形式への反発意識である。彼らのグループの呼称自体が、タトリンが記念塔の作業で標榜していたようなものである。つまり遅ればせながら建築家たちがここで戦線の前衛にはじめて登場したといえるが、それでも後の構成主義建築家グループはまだ現われていたわけではなく、アレクサンドル・ヴェスニンがアーティストとして活動していたにとどまる。ロトチェンコのキオスクのプロジェクトのような実用的なデザイン（もう少し後の一九二二年頃の仕事）もこうしたグループ議論の中から生まれた方向性だったが、彼のこのグループへの加入は、INKhUK内での議論の飛び火である。

INKhUKは一九二〇年の三月につくられた。これは学校ではなく、アーティストたちの共同理論研究機関である。そのイニシアティヴをとっていたのは一九一四年にドイツから帰国し、芸術文化博物館のディレクターを務めていたカンディンスキーである。カンディンスキーのプログラムによれば、「INKhUKの作業の目的は、個々の芸術のみならず、全体芸術の基本的要素を分析的・総合的に研究する科学である」。そしてその課題は、一に個々の芸術相の理論、二に個々の芸術相の相互関係の理論、三にモニュメント芸術あるいは全体芸術の理論の三つだというから、要するに芸術に関する総合的科学の樹立を目的にしたといってよい。「科学性」は言うまでもなく、ソヴィエト新体制の合言葉のようなものではあったが、これはカンディンスキーの従来からの傾向でもあった。これはカンディンスキーのプログラムでも言及されていた作曲家シェーンベルグからの影響などもあったかもしれない。INKhUKでも音楽は重要な分野で、バッハやスクリヤービンの和声を色彩に置き換える試みなどがなされていた。それは芸術の表現手法のみならず芸術の受容の心理をも分析対象としていたが、それ以上のこのプログラムの特徴としては、三つめのアイテム、つまりタトリンのモニュメントでも試みられていたように、様々なジャンルのアーティストの共同作業によって社会的モニュメントをつくるという課題を目的としていたところにある。

カンディンスキーのプログラムでは、このモニュメントのところで「コンポジション」と「コンストラクション」ということばが共に出ているが、これは後に構成主義者たちが自らの立場を明らかにしていく過程で厳格に対概念化されていくことばである。カンディンスキーでは対ではない。「コンストラクション」がテクノロジーや生産と結びついたかたちで定式化されていくことの最初の兆候を、ロダーは、一九二〇年九月のフランケッティが行なった、ニジニ・ノヴゴロド芸術スタジオのアーティストたちとエンジニア、ネステロフの共同理論作業に関する報告に見ている（ただしこれに関しては、カンディンスキーの書いたプログラムの中にも肯定的に取り上げられているが）。フランケッティの要約によれば、ニジニ・ノヴゴロドのチームの研究の主題は「コンストラクションの力学とコンポジション法則の形成」であった。おそらくこれは（技術的）コンストラクションの合理的法則性を（芸術的）コンポジションに関して応用しようとするものであろうから、構成主義的な理論というわけではない。しかしまもなくそれがもっと拡大していくのは不可避であった。同年十一月二十三日には「オブジェクティヴ分析作業グループ」が最初の会合を開く。それがペトログラードでのタトリンのモニュメントの公開の時期（十一月八日～十二月一日）と重なっているのは意味深長である。これはINKhUKの創設時からカンディンスキーに反発していたもっと若いロトチェンコを中心にするグループの公式の旗揚げとみなすことができる。このグループはまた同じ頃できたVKhUTEMAS（ヴフテマス＝国立高等芸術技術工房）の教師陣の中核をなした。このグループの方針とされている短い文書が彫刻家バビチェフによって書かれているが、それ自体はカンディンスキーの方針と衝突するような文面ではない。しかし、一九二三年のINKhUKの広報部の公式活動記録にはこう書かれている。「やがてカンディンスキーと研究所の一部所員との間に根本的な齟齬があるのが明らかになった。カンディンスキーの心理主義は、物質的で独立自存の『事物（Veshch）』が創造の本質であるとの立場を守った人々の見解と激しく対立した。カンディンスキーは去り、再編成された理事会にはロトチェンコ、ステパーノヴァ、バビチェフ、ブリューソヴァが加わった」。カンディンスキーがINKhUKを離脱したのは一九二一年の一月である。

しかしこれは事態の安定化を意味しはしなかった。今やINKhUKの主流となった「オブジェクティヴ分析作業グループ」は、この一月から四月にかけて構成主義の誕生には決定的となった論議を巻き起こしている。それは「コンポジションとコンストラクションの概念及びその相違に関する分析」と題されたもので、このセッションに参加したのは、画家のブブノーヴァ（後に来日）、ドレヴィン、その夫人のウダリツォーヴァ、イヨガンソン、クリュン、メドゥネツキー、ポポーヴァ、ロトチェンコ、その夫人のステパーノヴァ、ステンベルグ兄弟、アリトマン、それに彫刻家（今や画家と彫刻家の区別は大して用をなさないが）のバビチェフ、コロレフ、ラヴィンスキー、建築家のクリンスキーとラドフスキー、音楽家のブリューソヴァ、最後に歴史家のタラブーキンである。前に見たZhivskulptarkhのメンバーがほとんど加わっていることがわかる。

さらにここには新顔としてメドゥネツキーとステンベルグ兄弟が加わっていることが注目される。メドゥネツキーとウラディーミル・ステンベルグは共に一八九九年生まれ、ゲオルギー・ステンベルグに至っては一九〇〇年生まれである。ポポーヴァ、ロトチェンコよりも一世代後の彼らは、ストロガノフ応用芸術学校、次いでそれが改組されたSVOMAS（スヴォマス＝国立自由芸術スタジオ［一九二〇年からはVKhUTEMASに再々改組］のヤクロフのスタジオ）での修業を終えると、同窓生たちとOBMOKhU（オブモフ＝青年芸術家協会）を結成した。彼らの関心はもはや絵画ではなく、アジテーション芸術であり、「芸術の新しい消費者の関心からの生産という課題」であった。彼らは街頭でのインスタレーションなどに精を出し、メドゥネツキーとステンベルグ兄弟は、一九一八年のメイデーではミヤスニツカ郵便局のデコールを行なったといわれている。彼らは同時に同人の展覧会も開催しており、とくに有名なものは一九二一年の五月のものである。これは普通〈第三回展〉と呼ばれているものだが（ストリョガレフによれば第三回ではなく、〈第二回春期展〉と呼ぶのが正しい）、これにはメドゥネツキーやステンベルグ兄弟たち会員以外にイヨガンソンとロトチェンコが招待作家として参加していた。これは「コンポジション－コンストラクション」論争の直後の展覧会であり、濃厚にその結果を反映している。あるいは論争の総決算といってもよい。

では、その論争とはどのようなものであったのか?すでにこのグループでは、功利的なストラクチャーの重要性は自明なことであったとは言えるので、「コンポジション」にしても従来のようなものが考えられることはなかったが、「コンストラクション」概念をそれから明確に一線を引いたものとしようとすれば、それを芸術そのものの文脈から離脱させる方向にいかざるを得なかった。それは、さすがにこのグループにしても自明の結論というわけにはいかない。これらに関しては参加メンバーの各自が概念定義やそれを説明するドローイングを提出しているのでかなり正確なフォローが可能である。例えばブブノーヴァとポポーヴァのテーゼによるとこうである。

「合目的的な組織としてのコンストラクションの目的とは、芸術としての建築に取って代わることである。技術者の用いる手段と建築家のそれとは違っている——技術者は所与のエネルギーの消費に対して最大限のものを得ようと素材を組織化するが、建築家は審美的な目的のために素材を用いる。コンストラクションは組織化の目標であり、必然性であり、目的である。コンポジションとは適切に秩序立てられた素材の処理だが、それは趣味の判断なのだ」。

しかし、ラドフスキーやクリンスキーなど建築家勢

OBMOKhU〈第二回春期展〉1921

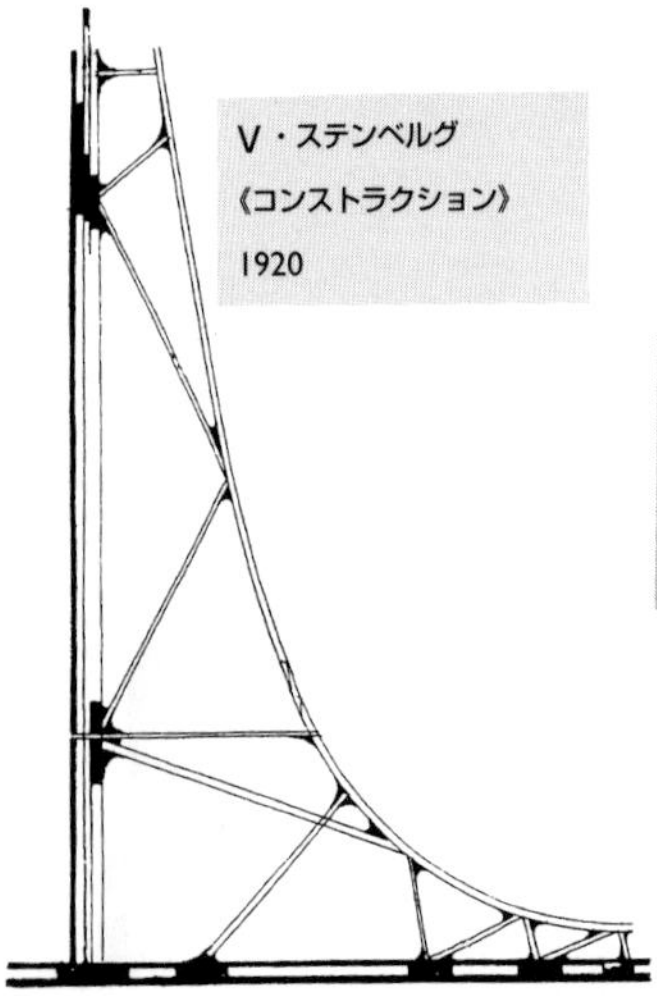

V・ステンベルグ
《コンストラクション》
1920

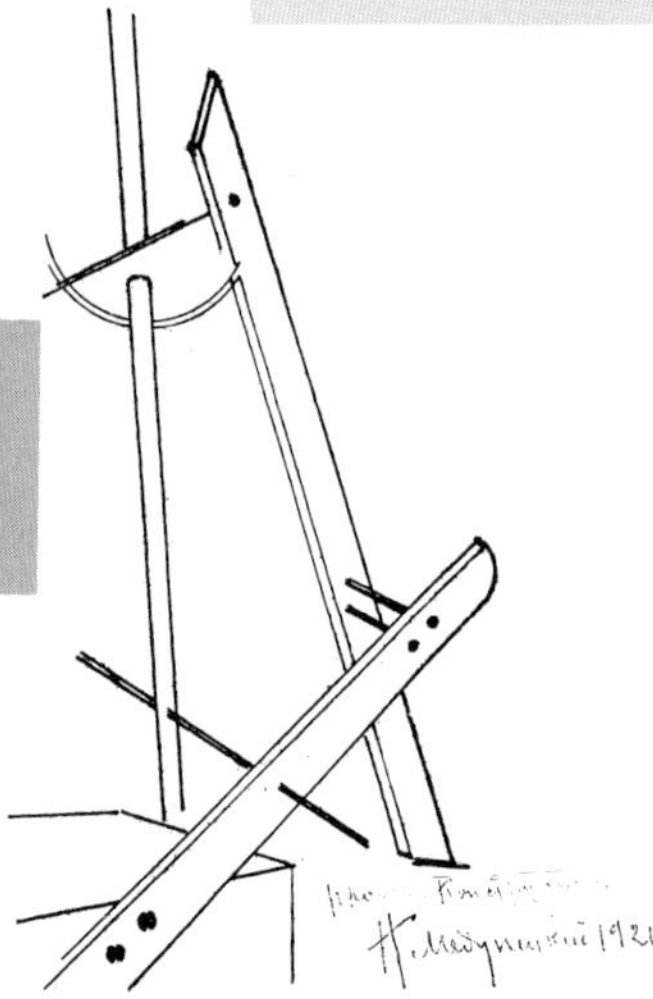

メドゥネツキー
《コンストラクションのための計画》
1920

にとっては、技師との距離がアーティストたちよりも近いために、かえってこのようにストレートに言うわけにはいかなかった。「技術的なコンストラクションとは――多くの形成された要素が、特定のプランとなるスキームと結びついて、力の効果を達成することである。（…中略…）素材や要素の過剰ないし過剰な素材があってはならない」（ラドフスキー）、「コンストラクションとは、線によってダイアグラムとして表わされる動きや力や方向性を前提とするものである。線のシステムは、すでにその最も基本的な形態においてコンストラクションである。そして各々その動きの中で表わされる空間的な形態もしくは表面のいかなるシステムも、コンストラクティヴな構造である。構造的なシステムは、コンストラクションの諸要素の相互作用を支配する法則を胚胎する。建築的なコンストラクションは重力や均衡の上にのって建てられるが、それはいかなる構造においてもコンストラクションの諸要素の相互作用を決定するものである」（クリンスキー）。

ラドフスキーが例示したドローイングでは、共にキュービックな立体が置かれており、「コンポジション」の方では、面がプロポーショナルな矩形によって分割されているが、相似矩形だから分割はいか様にも可能である。しかし「コンストラクション」では、対角線と円弧によって、厳密に二分の一の相似矩形が得られている。恣意性のない分割であり、そこが「コンストラクション」であるというわけだ。ここではあくまで技術的なコンストラクションの規範性を、建築（ポポーヴァらのことばを借りれば「芸術的な建築」）に移し替えることが目指されているように思える。それはラドフスキーやクリンスキーが最終的に構成主義者とは一線を画した「合理主義者」となった所以である。

アーティストにとっては、もはや従来の規範が大幅に侵されている以上、それでは合理化（もともとアートにはこのことばは馴染まない）というよりは、不十分ないし中途半端な革新としかならない。「一致点／技術的なコンストラ

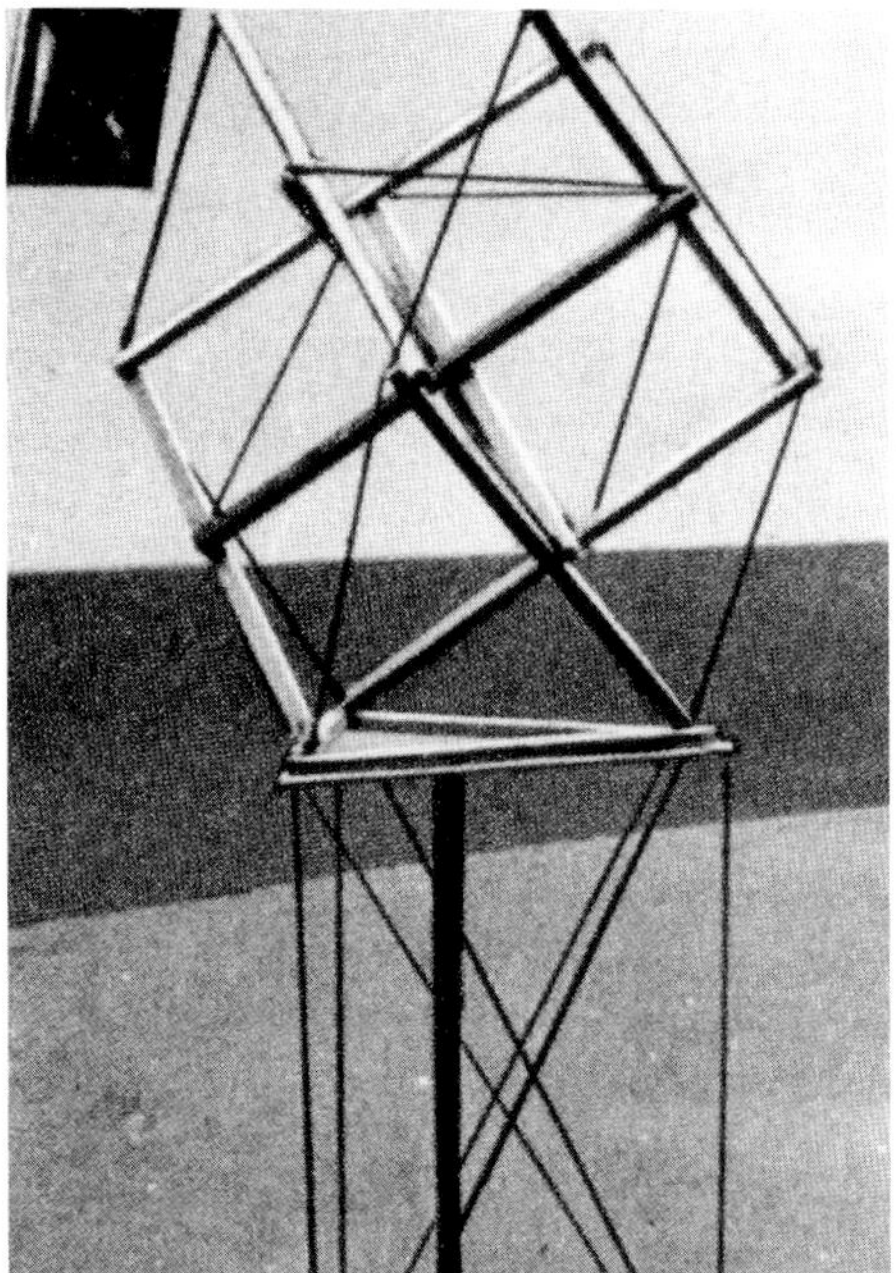

イヨガンソン
《コンストラクション》
1920

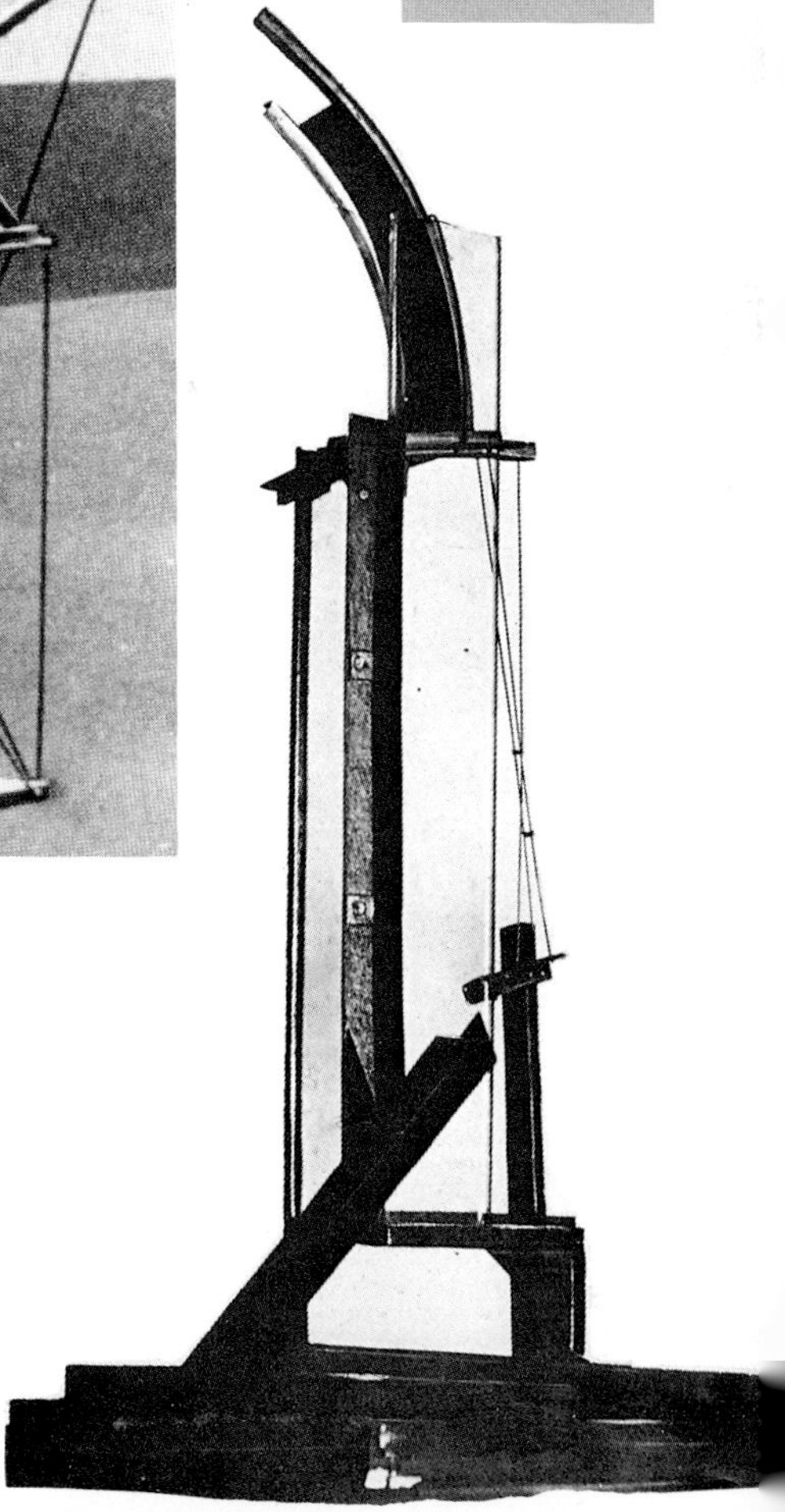

G・ステンベルグ
《空間構造のための
コンストラクション
No.11》
1920

クション／コンストラクション・メディア、素材、その資質（重さ、二重性、可塑性、抵抗その他）。絵画的コンストラクション／加えてその適切な用法。相違点／技術的コンストラクション／コンストラクションのシステムが功利的な目的に従って組織される。絵画的コンストラクション／コンストラクションのシステムが趣味の判断としての個々のコンストラクティヴな形態の処理に従って組織される。結論／絵画的なコンポジションが構造システムを構成するかぎりにおいて、それは厳密な意味でのコンストラクションではない」（G・ステンベルグ）。つまり、絵画をコンストラクティヴにしようとすればそれは絵画でなくなる。建築はコンストラクティヴな建築になるだけだ。この臨界点をめぐってグループ内では意見の対立が続き、結果として様々な、ほとんど二、三人単位の小グループが生み出された。まず一九二一年三月八日に「構成主義第一作業グループ」が、同二六日に建築家作業グループ（これは後のASNOVAの母体である）が、四月八日にコロレフの彫刻家作業グループが、同一四日に「オブジェクティヴィスト作業グループ」が、各々名乗りをあげた。

オブジェクティヴィストを構成したのは、ドレヴィンとウダリツォーヴァ夫妻そしてポポーヴァとアレクサンドル・ヴェスニン（ただしヴェスニンがINKhUKのメンバーになったのは五月になってからであり、従って彼はこの論争の後にオブジェクティヴィストに加わったことになる）であった。このグループは、その後構成主義者のヘゲモニーが強化されると、ドレヴィン、ウダリツォーヴァがINKhUKから脱退し（この年の秋よりは前といわれている）、一方ポポーヴァとヴェスニンが前者に合流するという経緯にも示されるように、少なくともこの時点では「絵画」の意味を認めようとする中間派であったといってよい。といっても、彼らの『プログラム』に「このグループは、要素の表象化の上にたってではなく、空間及び表面のオブジェクティヴかつ具体的なコンストラクションの上にたって作業を行なう」とあるように、彼らも伝統的な意味での絵画を問題にしようとしていたわけではもちろんないが。

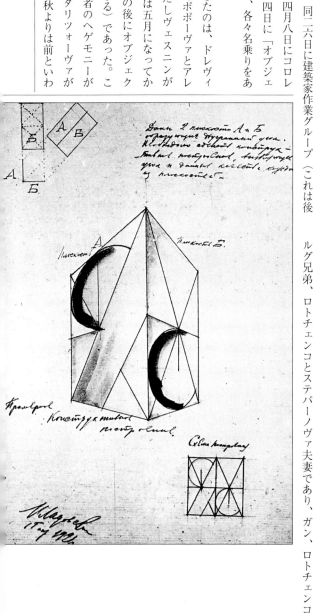

最も過激であり、それ故にヘゲモニーを握ったのは、「構成主義第一作業グループ」であった。ここではじめて「構成主義」という呼称が登場したのであり、ヘゲモニーはその呼称のタイムリーさということもあったかもしれない。そのメンバーはアレクセイ・ガン、イヨガンソン、メドゥネツキー、ステンベルグ兄弟、ロトチェンコとステパーノヴァ夫妻であり、ガン、ロトチェンコ、

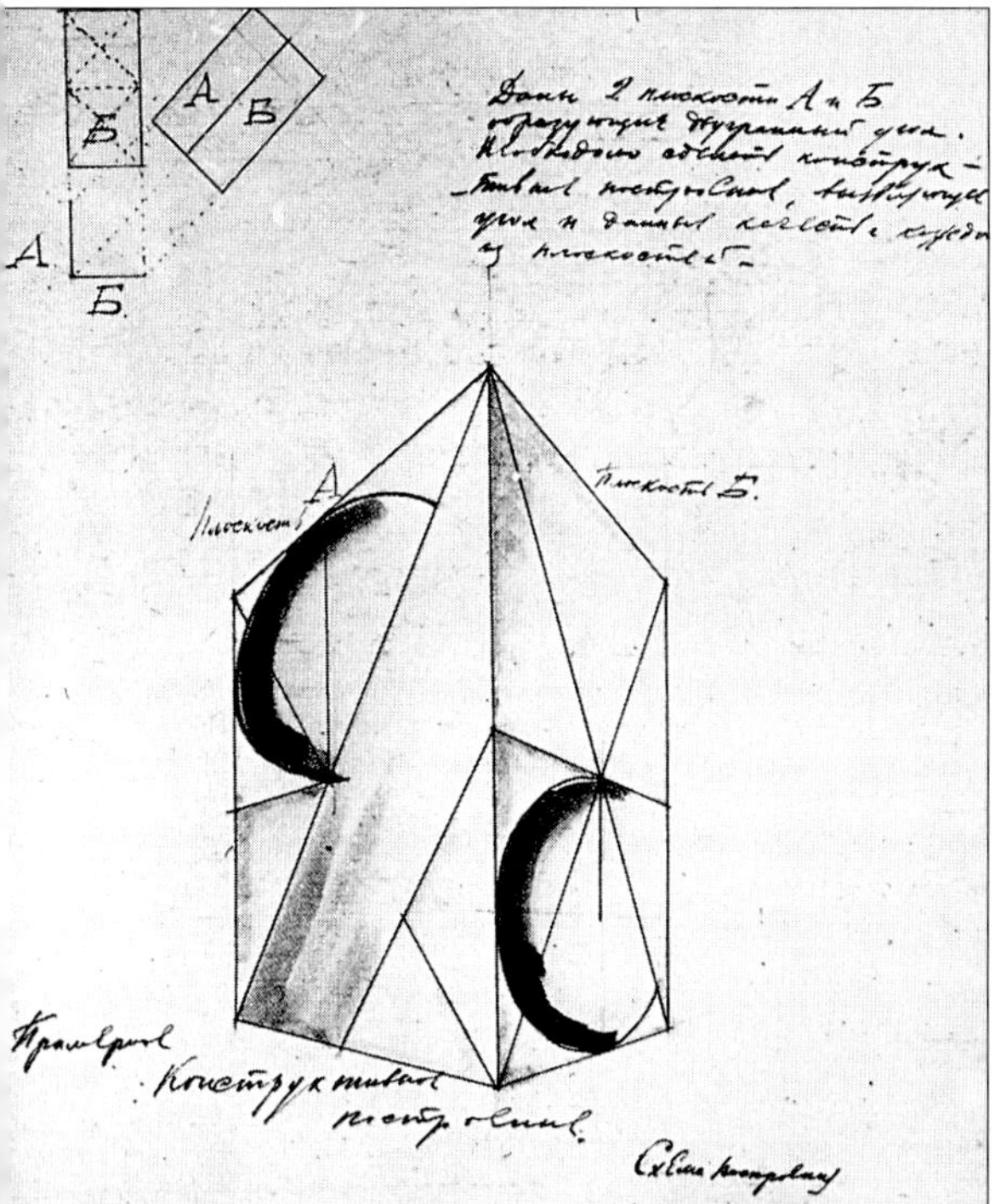

ステパーノヴァの三人が書記局を形成した。正式な旗揚げに先立って、この後者三人が前年の十二月にコア・グループを結成していたらしく、ガンのテクストなどにグループの誕生を一九二〇年としていることがあるのは、そのためである。メンバーの間では分担があって、プロダクションはロトチェンコ、ステパーノヴァ、メドゥネツキー、組織はステパーノヴァとガン、出版とプロパガンダがガン、ステパーノヴァ、メドゥネツキーという担当である。それにVKhUTEMASのロトチェンコのスタジオの学生たちによるサブ・グループも結成された。

ガンが「コンポジション－コンストラクション論争」にどのように関与したのかは実は明確でなく、前に挙げたリスト（ハーン・マホメドフによるもの）にも、ロダーのリスト（マホメドフのリストからアリトマンとブリューソヴァを除いたもの）にも彼の名はない。しかし、少なくとも初期の構成主義の理論面を担当したのはこの人物であった。彼は様々な分野の芸術活動に顔を出した、いわばマルチ・タレントだったようだ（実現されなかったが、彼の戯曲『我々』の衣装をロトチェンコが担当する計画もあった）が、グラフィックなどを除けば、彼の残した歴史的な仕事は、まずこの構成主義のイデオローグとしての仕事であった。彼はグループの一連のミーティングでペーパーを用意し、これは一九二二年には編集をされて一巻の本として出版された（ロダーは、実際の出版は一九二三年だったのではないかと言っているが）。これは一九二七年には、おそらく世界に先駆けて『構成主義芸術論集』（原題はただ『構成主義』）と題して邦訳が出ている（この頃にはブブノーヴァが日本に滞在していて、訳者黒田辰男にいろいろと助言している）。この論集には、緒言として「構成主義は、我らの時代の現象である。それは一九二〇年に左翼画家、及び「集団行動」のイデオローグの間において生まれ出たものである」と書かれているし、同じ一九二〇年という日付けで「我らは芸術に対して和解することなき戦いを布告する」という有名な宣言もなされているから、あるいはINKhUK外で、このグループ結成前の一九二〇年からガンを加えた討論がもたれていたのかもしれない。ガンの本は、何よりも構成主義の理論を純然たる左翼理論としようとしている。「我等が芸術に還ると、我等はマルクス主義者たることを止めてしまうのである。この意識のギャップを埋めることが目指されなければならない」、「芸術なるものは、神学、形而上学的神秘学と分離しがたく結びつけられたるものである」、「芸術に死あれ！」、「芸術は――『没落』種族の社会生活の産物である」。

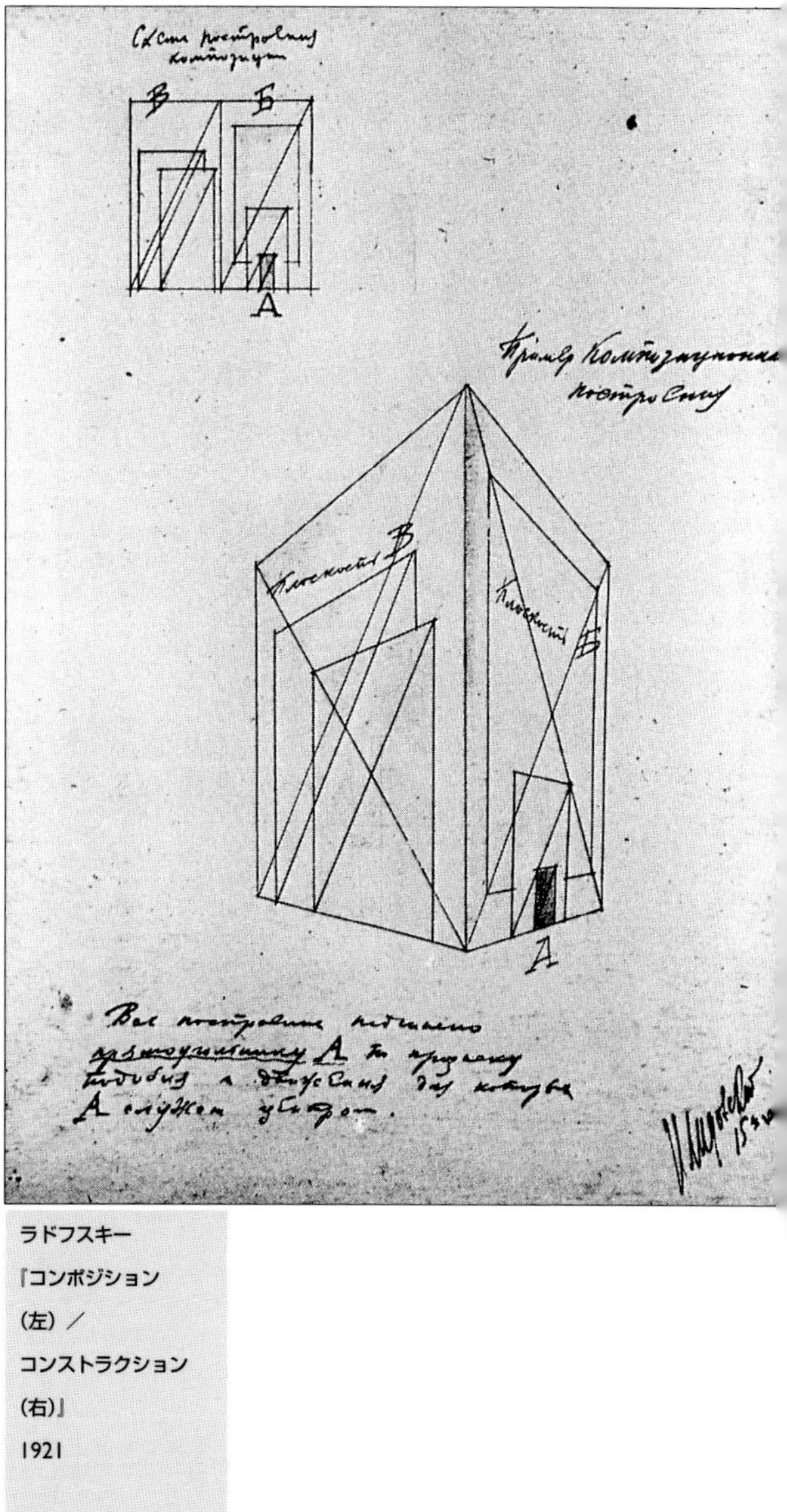

ラドフスキー
『コンポジション
（左）／
コンストラクション
（右）』
1921

ガンは歴史を概観しながら、いかに各時代の芸術が社会関係から導かれてきたかを叙述している。つまり、唯物史観としての芸術史を組み立てること、そしてその上で新ソヴィエト体制における「芸術の死」を宣告し、その上に「構成主義」の営みを定置すること、これがガンの目的である。「我々の時代は産業の時代である。彫刻術は、動体の空間的解決に場所を譲らなければならない。絵画は、写真術すなわちフォトグラフィアと競うことはできない。劇場は「集団行動」の暁光が現代の産物として現われるときには、滑稽なものである。建築術も、この発展しゆく構成主義を押し止めるべくには無力である。構成主義と、集団行動とは分離しがたく、我等の革命的生活の労働の方式と結びついている」、「芸術は終わった！　芸術にとっては、この人間の労働装置の中には場所はない。労働と、技術と、組織化と！」。構成主義を形成する三つのファクターとして、ガンはこれも有名な三つのキャッチフレーズを掲げる。「テクトニカ、ファクトゥーラ、コンストルクツィヤ」である。「ディシプリンとしてのテクトニカは、構成主義者を実際の上での新しい内容と新しい形式の総合に導くべきはずのものである。構成主義者はマルクス的に教養された人間であらねばならぬ。芸術の最後まで到求し、現実的に、産業的唯物論を敢行させるものであらねばならぬ。彼のテクトニカは道を導く星であり、実験的、実際的活動性の脳髄である。テクトニカのない構成主義は、色彩のない絵画と同じようなものである」、「そして制作の功利的性質はファクトゥーラなのである。より正確にいえば、ファクトゥーラは制作される物質のオーガニックな状態、あるいはその物質のオーガニズムの状態である。（……中略……）意識的に取り上げられ、かつ功利的に利用され、かつ構成の運動を立ち止まらせることのない、しこうしてかつテクトニカを局限しないところの材料、これがファクトゥーラである」、「コンストルクツィヤは、構成主義の集合的な機能として理解すべきである。もし、テクトニカなるものが、その中

ガン『構成主義』の表紙，1922

にイデオロギーと形式の関係を蔵し、そしてその結果として、一致せる企図を与えるものであり、しかしてファクトゥーラなるものが材料の状態であるならば、コンストルクツィヤは、建造のプロセスそのものを展開するところのものである」、「物質的建造の共産主義的表現よ栄えあれ！」、「共産主義文化の理知唯物的生産のために、我々の構成主義は戦っているのである」。

すでに述べたように、論争の直後のOBMOKhUの展覧会で、構成主義グループは、その実作面での最初のデモンストレーションを行なった。その模様は今日二枚の写真として残されている。それは展覧会場というよりは、まるで美術学校か建築学校の実習室のような有様である。壁にも平面はかかっているが、多くはまるでイーゼルそのもののように見える立体であり（それは陳列台の上に置かれた三次元の「コンストラクション」である）、中には空中に吊されたもの（ロトチェンコの《空間的コンストラクション》）も見える。これらは、本章六節に述べるベルリンの"Veshch"誌を含めて、内外のメディアに取り上げられ、大きな反響を呼んだ。もうひとつの重要な展覧会は、同じ一九二一年の九月に開かれた〈5×5=25展〉である。これは五人のアーティストたち、つまりエクステル、A・ヴェスニン、ポポーヴァ、ロトチェンコ、ステパーノヴァが各々五点ずつの作品を出品したものだったが、これらは〈OBMOKhU展〉に比べれば、むしろ伝統的な絵画作品である。ポポーヴァが説明しているように、「今回の実験のすべては純然と表象的なものであり、具体的な物質的コンストラクションに向けての、一連の準備的な実験としてのみ解されるべきである」。この頃には、

A・ヴェスニン〈5×5＝25展〉のカタログの表紙，1921

前述したように、クリュン、ドレヴィン、ウダリツォーヴァらはINKhUKを後にしている。ヴェスニンとポポーヴァはオブジェクティヴィスト・グループからこちらの方に残ったというわけだが、クリュンらの脱退の理由は、絵画の価値を認めようとしない構成主義派への反発にあったわけだから、この展覧会は、作品としての重要性とは別に、むしろ脱退組の方が開いて然るべき、奇妙に妥協的な内容であった。

同じ月にはINKhUK内での会合で、新たな院長となったオシップ・ブリークが『表象から構成へ』と題した、各メンバー（マレーヴィチをも含んだ二四人）の三枚のスケッチと信条文（それはほとんど自分が構成主義をいかに定義するかというようなものである）を添付した本の出版を提案、結局これは資金不足のために企画倒れとはなったが、一九二二年の一月には〈構成主義者たち――メドゥネツキー、ウラディーミル・ステンベルグ、ゲオルギー・ス

テンベルグ展〉が行なわれ、また前述の本の企画のための信条文などもこの頃まとめられたり、ガンの本などもあいまって、構成主義という呼称は急速にポピュラーなものとなっていった。

5. 構成主義の周辺

一九二一年秋のINKhUKの人事では、ブリークが院長になったばかりではなく、ラドフスキーとババチェフが評議員になり、タラブーキンが書記となった。さらに二人の新メンバーが加わった。ボリス・アルヴァートフとボリス・クシネルである。熱心なマルクス主義者であった彼らは理論家、批評家であり、生産主義の理論を広めた。一九二三年に創刊された〝LEF（レフ＝芸術左翼戦線）〟の中心的かつ最もラディカルな理論家でもあった。アプローチこそ違え、この傾向はブリークやタラブーキンも共有していたから、INKhUKはさながら構成主義と生産主義及びマルクス主義芸術理論の牙城であった（最後の点に関していえば、クシネル、ブリーク、アリトマンなど多くのメンバーが、一九一九年にファシズムとのコミットを強めるイタリア未来派に対抗して結成された「コムフートゥイ（共産未来派）」のメンバーでもあった）。十一月にはブリークは、メンバーに対して伝統的な絵画に最終的な見切りをつけ、実際の生産ラインに入るべきだとアピールして受け入れられたが、そのときの言い方では、「絶対的な価値としての生産芸術とその唯一の表現形態としての構成主義」という位置付けであった。構成主義者の間では、ガンのイデオロジカルなアジテーションの傍ら、他のメンバーも反主観主義、反芸術主義的な傾向を強めていった。

例えばイヨガンソンは、一九二二年の五月に発表された「コンストラクションからテクノロジーと創意に」と題したペーパーでは、タトリニズムによる「偽りのコンストラクション」、つまりコンストラクションを芸術的な手段として用いているケースと区別された真のコンストラクションを主張している。前出の〈OBMOKhU展〉での立体作品もそうであったが、イヨガンソンのこの頃の仕事はそれに対応して急速な簡素化がなされており、実用物の説明書（例えば《電気の循環》と題された作品）のようですらある。《冷たいコンストラクション》と名付けたこれらの仕事でイヨガンソンは「直角」的な構成の必要性を強調している。ロトチェンコの立体（一九一九年位からこの頃に至る《空間的コンストラクション》と題されたもの）も同様で、工業の標準化の先取りとして、できるだけ同じ部材を用いてそれを組み合わせていくという方向性である。これらは確かにタトリンの複雑で「独創的」なオブジェと比べると、いわれなければただの実用物としか見えないようなものである。

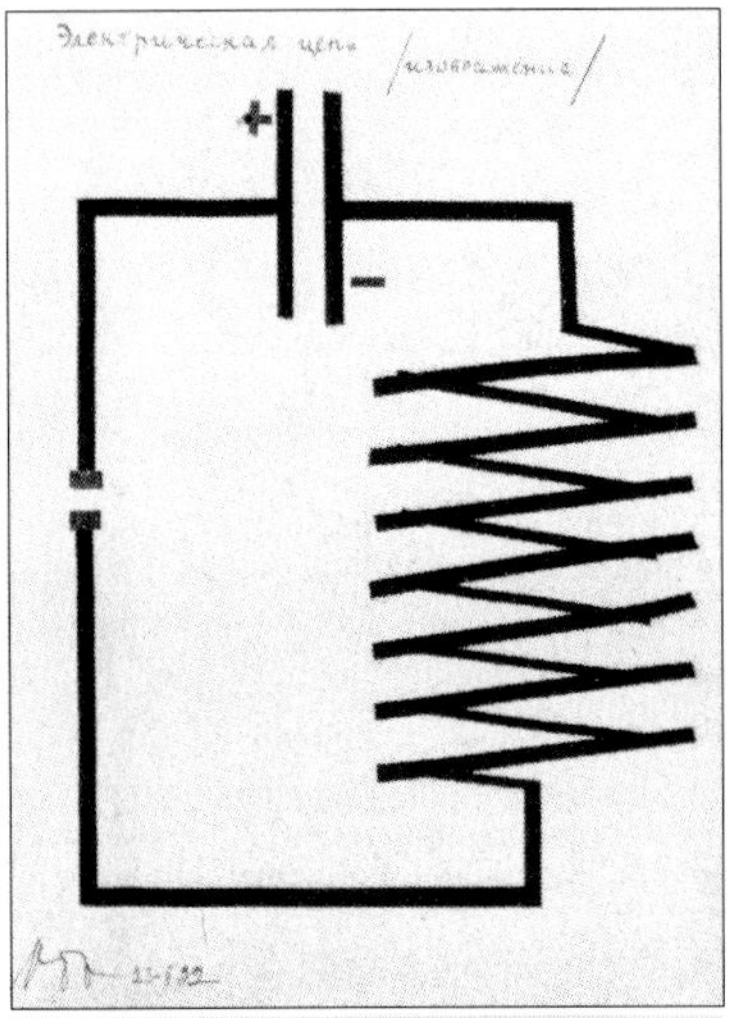

イヨガンソン《電気の循環》1921

ロトチェンコ《空間的コンストラクション》1920

さらに一九二一年の暮れにINKhUKで開かれたセッションでは、ブリークやステンベルグ、メドゥネツキーらOBMOKhUが、そこに招待されていたタトリン本人に対して、彼の仕事がユートピア的であり、真に実際的ではないと批判を加えた。明らかにこの論争は、シリアスだが多分に観念的なイデオロギー上の分派闘争の様相を呈している。その時点でいえば、このセッションでラドフスキーが述べた、OBMOKhUグループは芸術に対して否定的なことはいっているが、結局はアーティストであり、生産ラインと直結しているわけではないという批判や、バビチェフが述べた、タトリンもOBMOKhUも本当に功利的なものを生み出しているわけではなく、その違いは主としてかたちの違いでしかないという批判はともあれ当を得ていたといえる。しかし、であれば、違いは実際彼らが生産ラインと直結し、本当に功利的な分野に転換するかたちでしかなし得ない。「芸術に死を」というガンの宣言は、言い換えれば、芸術家としての構成主義者たちの自殺宣言でもあった。事実、そうなれば我々はこの転換に対しての評価の軸を、少なくとも「芸術」の中に見つけても意味がなくなる。〈5×5=25展〉の成果が芸術的には重要なものとみなされているのは、こうしてみれば皮肉な結果である。何故なら、それは彼らの新しい評価軸でいえば関心事ではないということになるし、それ以後の構成主義者たちの作品に対して「芸術的」には重要性を失ったという評価が仮にあったとしても、それもどうでもよくなるからだ。だが、本当に問題となるのは、では芸術を捨てた彼らアーティストたちのステータスを保証するものとは何かということである。ブリークが一九二四年の「絵画からテクスタイルへ」というテクストで言っているように、絵画の手法を生産に持ち込むのは主客転倒である（従って絵画的な手法はもはや無用の長物である）としたら、何が残されるというのか？

INKhUKの中ではこれ以後、いかに生産ラインと対峙するか、それと理論的

な仕事（それはもちろんこの学院の主目的である）をどう位置付けるかが問題とされ、先のブリークの発言のようなかたちで生産主義の理論が介入してくるわけだが、ブリークにとっては構成主義と生産主義の間に立場の矛盾はない。「タブロー絵画技法と永久に袂を分かち、実際の生産的な仕事を芸術労働と同等な形式としてだけではなく、唯一可能な形式として認めた芸術家だけが、現代の芸術文化の問題の解決に取り組んで成功し、成果を生み出すことができるのである」（『絵画からテクスタイルへ』一九二四年）。こうした芸術家としてブリークが認めているのは、ロトチェンコらの名前である。しかしここに前記の設問に対する答はない。彼が具体的な例として挙げたのは、ポポーヴァとステパーノヴァが国立第一織物捺染工場と提携して行なった服地のデザインであったが、それはほとんど技術的な事柄とは関わらないし、グラフィックの延長であったにすぎない。つまり、それはアルヴァートフが純粋芸術と変わるところはない、といった応用芸術ではなかったろうか？　ステパーノヴァは一九二一年のINKhUKレポート「構成主義について」で、「構成主義は一般美学を特殊な工業美学に移す試みとしてではなく、美学に反対する動きとして、また人間行為の様々な部門におけるその動きのあらゆる事象として現われるのだ」と述べているが、「美学に反対する」としたら、彼女のテクスタイルの評価はいかなる観点からなすのか？　後に述べるように、構成主義の最も有名な作例のひとつとされるポポーヴァの『堂々たるコキュ』の装置においてすら、彼女が実施において示した三次元構築における限界（これは職能的トレーニングの違いによる限界であろう）のようなものには、アーティストや理論家たちも必ずしも十分に気がついていなかったように思われる。彼ら構成主義者の仕事は、ポスター、ステージセット、タイポグラフィ、テクスタイルなどの限られた分野を除けば（しかもその大部分は、彼らのそこまでの道程が三次元化によって導かれたにもかかわらず、平面である）その理論の確立と共にむしろ背景に退き始める。立体としてはいくつかの「キオスク」や家具などの仕事が残されているが、量的にはさして大きな比重を示すものとはいえない。ひとつだけはるかに遅れてこの分野に参入してきた建築だけが、一九二〇年代の中頃から後半にかけてむしろ全面的な展開をしていくのは、建築家が、もともと技術的で三次元的なものを手がけるトレーニングを受けていたからに他ならない。

この頃の構成主義内部での集散離合、あるいは生産主義者との関係が、外部からではその一致と不一致の境目がほとんど理解し難いようなかたちである

ポポーヴァ / テクスタイル・デザイン, 1924

ステパーノヴァ / テクスタイル・デザイン, 1924

のは、結局は個々のアーティストによるその臨界点の見極め方によっていたと思える。ロダーはこの頃のINKhUK内部での生産芸術に関する諸議論を追いながら、そこには大きな混乱があったとして、「この一連のエッセイから出てくる結論は、『生産芸術』ということばは、特定のものではなく、その最も広い意味においては、工業や日常の用に供する現実の物品の生産に芸術が関わっていくという思想への極めて全般的なコミット以上には用い得ない、ということである」と述べている。生産主義とは、構成主義と違ってほとんど理論上のものであったといってよい。これはアルヴァートフなども認めていたことだが、構成主義者のアーティストはいても、生産主義者のアーティストは事実上いなかったのである。

理論家としてのブリークの他にクシネル、タラブーキン、アルヴァートフの四人が代表的な論客であったことはすでに述べた。生産主義はいわばこの時期の科学志向の産物であって、構成主義がイズムであり、イデオロギーだったのに対して、生産主義はもっと全般的な理論として自らを位置付けていたように思われる。例えばタラブーキンの仕事は、フォルマリスト理論に近く、美術史に対する「形態学（モルフォローギヤ）」的な観点から、つまりタラブーキン自身の言い方を借りていえば、『植物の形態学』や『機械の部品』といった」アプローチから生産芸術への道程をたどろうとするものであったが、アルヴァートフの仕事はもっと社会学的なアプローチであった。彼のテーゼとは、「左翼芸術は（それが終わりであろうと、死であろうと、崩壊であろうと、終わりそのものであろうと、またそうでなかろうと）、労働者階級がその独自の芸術という岸に達するために、必ず渡らねばならない歴史的な橋である」というものであった。「現代の芸術家や知識人が工芸学校から工場にやって来る、つまり、技術者になるとすれば、それは最初の歴史的前進となるだろう。——だがこれは最初にすぎない。組織家と製作者は相変わらず分離したままであろう。製品のデザインは相当程度に偶然で、断片的なものとなるだろう。そしてプロレタリアートだけが、これを克服するのである」（『プロレタリアートと左翼芸術』一九二二年）。これは社会主義が最終的な共産主義段階に達していないということの認識にも似た現状認識だが、タラブーキンもまたそれと同様な見解をもっていた。「しかし、ロシアの構成主義者たちは意識的に自分たちを画家とは見なさず、典型的には美術館的な形態を取る『芸術』へのアンチを唱え、テクノロジーや工業技術、産業などへの連帯を語ったのだが、しかしながら、それに対しては特定の知識をもたないままであったので、本質

右のテクスタイルでつくったドレスを着るステパーノヴァ

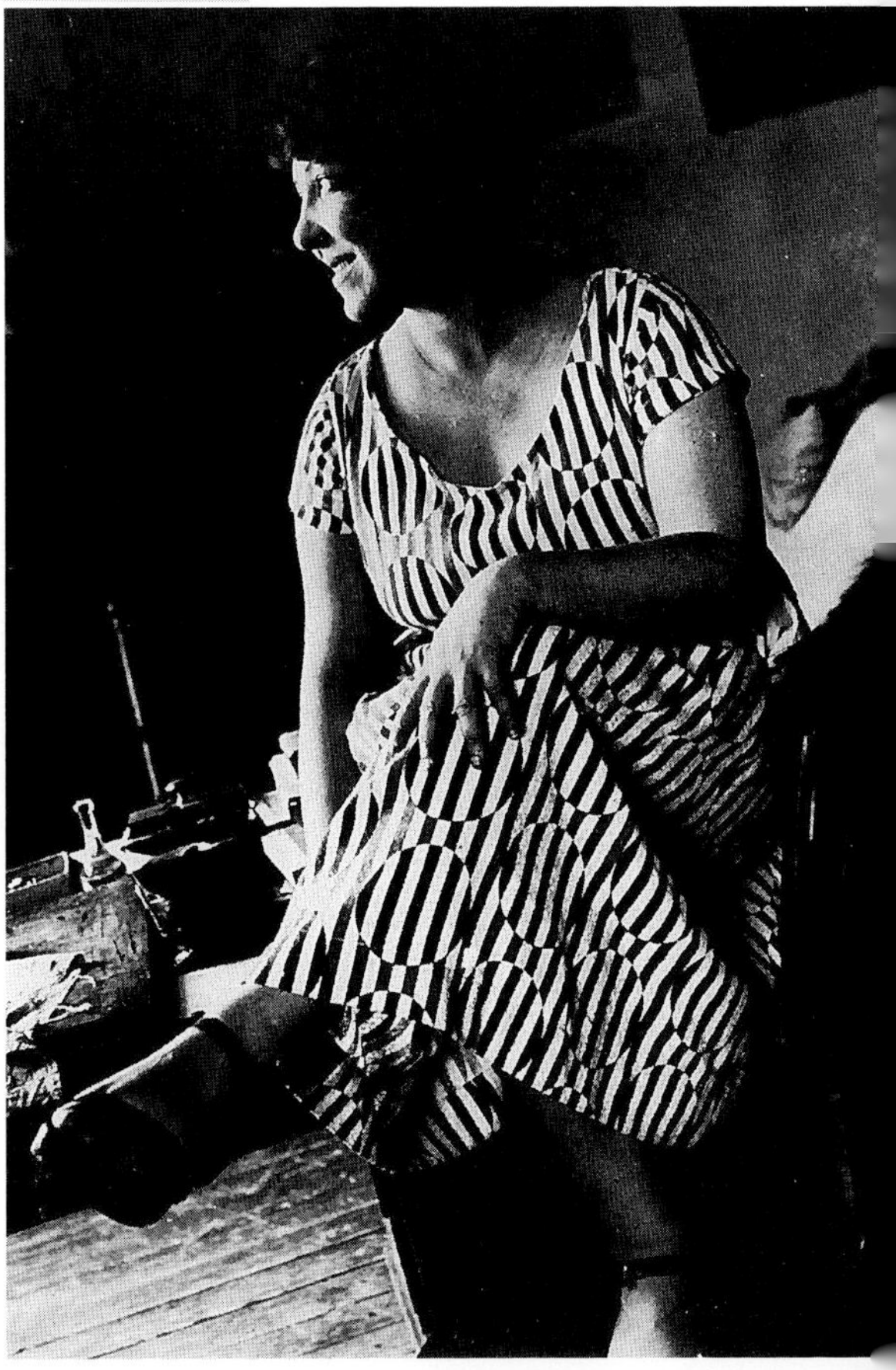

的には芸術家そのものでありつづけたのである」（『最後のタブロー』一九二三年）。だから、生産主義はいまだ到来することなき状態への理論であるという点で、共産主義理論と似ているし、逆にその点で過度の理論主義は現今の指針を提供しない、と構成主義の実践を尊ぼうとするニコライ・チュジャク（同じく普通“LEF”の生産主義者といわれる批評家）のような人もいた。

実践という点で最も一貫していたのは、ロトチェンコである。それは彼が最も技術的な事柄に詳しかったからだと思われる。その故に、彼は自らを多分に観念的なラディカリズムのみによる生産主義的な「芸術の死」の実践の意味し得た、無限定な現実への埋没の危険から注意深く回避し得た。写真を含む横断領域的な仕事に深くコミットし得たのはそのためであるし、また一方標準化、モデル化のような生産ラインやマーケットとの結びつきの上で造形をなし得たのもその強みである。ロトチェンコがこのような仕事を実際に展開したのはVKhUTEMASのMetfak（メトファク=金属工房）においてで、ここで彼は家具や工業オブジェのデザインを手がけたが、それらは機能主義的といってよいエレメンタルなスタイルによっていた。ここではタトリンも加わっており、基本的には同様なアプローチを行なっていたが、ロトチェンコが真正の構成主義といってよいような方向性だったのに比べると、タトリンにはもっと本来のプリミティヴィスト的、未来派的な体質が残っており、これは一九三〇年前後にもっとはっきりと別のかたちでのオルタナティヴを示すようになるのだが、この点は十三章三節で取り上げる。

この生産主義的な時代のINKhUKは、他の組織とも精力的な協力関係にあった。いわば中央の理論研究所としての性格上、それをより広い文脈で実践、ないし啓蒙していくことは必須であったからだ。この点に関しては、よく引用

クルチス「全国土の電化」ポスター，1920

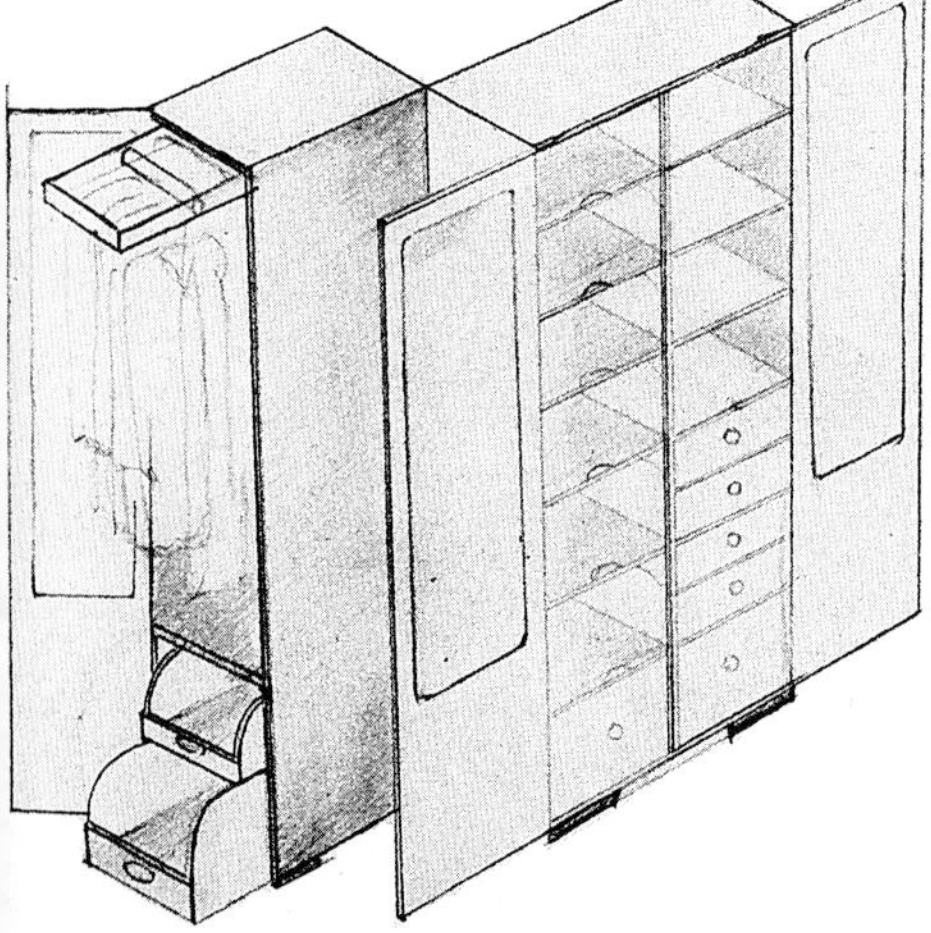

ロトチェンコ
《ワードローブ》
1929

されるINKhUK広報部の一九二三年のレポートの一部をそのまま挙げておくことにしよう。

「三、INKhUKは生産主義綱領のために立ち上がったので、当然のこととして、生産とその科学的位置付けという問題の討究を自らの課題としている、ありとあらゆる組織と交流することを目指している。

a　例えば、アルヴァートフはINKhUKの公式代表者として、VTs SPS（全連邦労働組合中央評議会）とMOSPS（モスクワ市労働組合評議会）の文化部付属生産委員会において作品を制作した。

b　ブリークは、VTs SPSの中央・科学クラブにおいて作品制作。

c　クシネル——VSNKh（国民経済最高評議会）付属の科学的組織に関する発議委員会において作品制作。

四、新しい生産基盤に基づくプロレトクリト（プロレタリア文化連合）の再編成に、INKhUKは、アルヴァートフ、ブリーク、クシネルを通して極めて積極的に参加した。INKhUKのメンバーの多くが、新生プロレトクリトに活動家として加わった（タラブーキン、講師としてはクシネル、ペトログラードにおいてはタトリン）。

五、モスクワ以外でもINKhUKは影

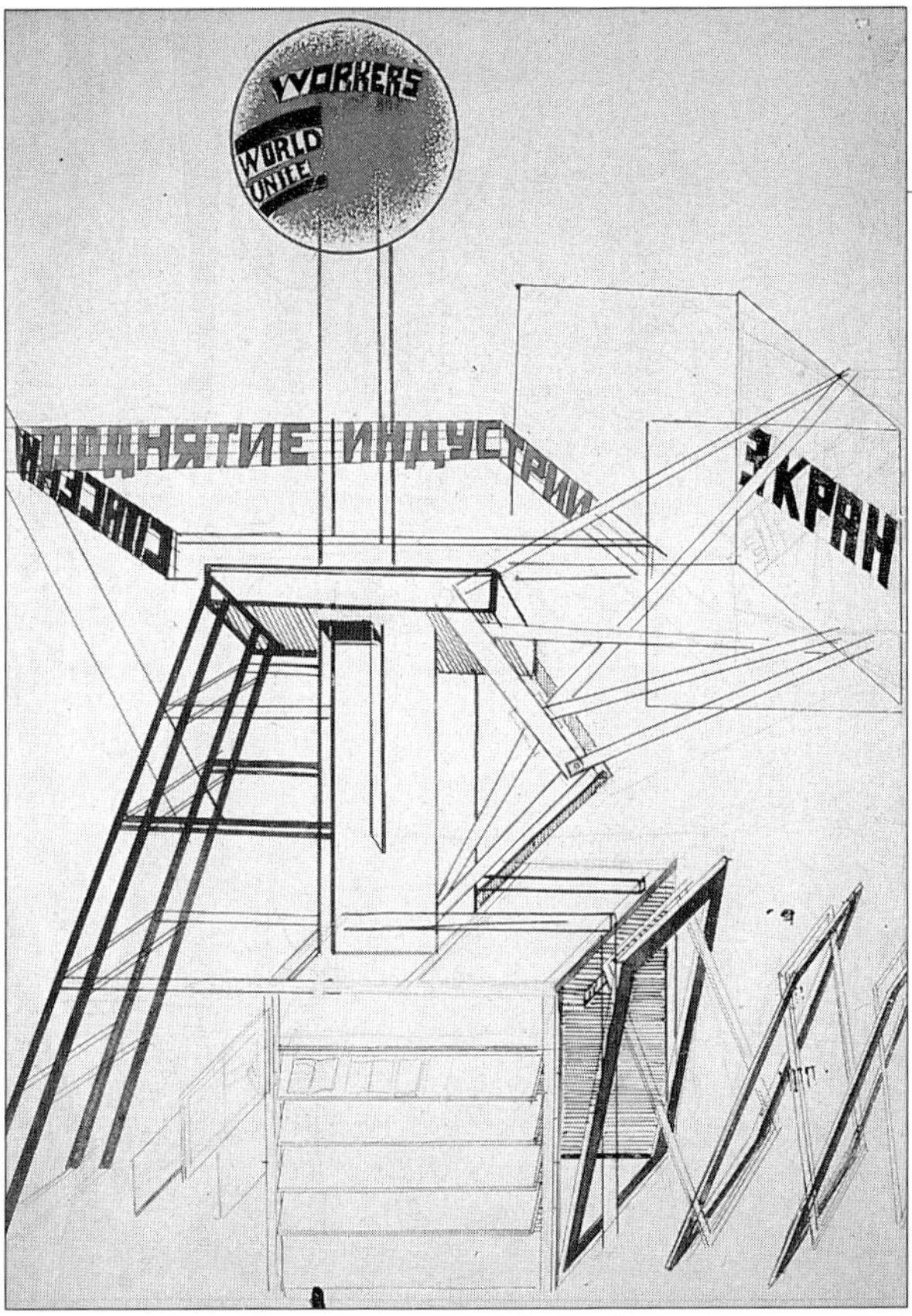

ロトチェンコ『キオスクのデザイン』1922

クルチス「キオスク」1922

ガン「キオスク」1923

響力を広げた、また以下の地でも交流を結んだ。

a ペトログラードにおけるアカデミーの再編成は、INKhUKの代表者として活動したアルヴァートフとタトリンの直接の影響と参加のもとに行なわれた。アカデミー付属の建築・技術学部が設立されたが、その長にはINKhUKの準会員であるタトリンが就いた。

b 「新レスネル」工場には、アルヴァートフとタトリンによって付属の生産試験場が設立された。

c タトリンによって、ペトログラードの左翼芸術家たちを統一する大掛かりな作業がなされた。この作業について、彼は芸術家マンスーロフとともに一九二一年十二月一日、INKhUKにおいて報告を行なった。この報告の結果、タトリンを首班とする、INKhUKのペトログラード・グループが組織された。ペトログラードに当研究所の公式の支部を設置するという問題は、そのような援助をするための資金がINKhUKにないため、未解決のまま残さざるを得なかった。

d 同じく一九二一年十二月、INKhUKにおいてUNOVIS（ウノヴィス）のメンバーと共に報告を行なったマレーヴィチを頭にいただく、INKhUKのヴィテブスク・グループについての問題も同様であった」（以上、相沢直樹訳）。

しかし、このような組織化とは裏腹に、もともと我の強いアーティストや理論家たちのことでもあり、またすでに述べたような芸術と非芸術の臨界点をめぐっての個々の判断にもよって、むしろ分派化も進行していった。例えば、一九二四年の〈第一回行動的革命美術協会問題提起展〉には八つの小グループが出品していたが、そのうち二つは構成主義グループで、一方はOBMOKhU派のメドゥネツキーとステンベルグ兄弟だったが、一方ガンを中心とする「構成主義第一作業グループ」は本来のメンバーとは違う（つまりこの頃にはガンは他のメンバーと袂を分かっていた。他のメンバーにしても、OBMOKhUグループとステパーノヴァらは、もはや一緒ではなかったらしい）チチャコーヴァ姉妹、ミレル、サーニナ、スミルノフ、ミロリョーヴァ、といったマイナーな構成（チチャコーヴァ姉妹とミロリョーヴァは「後になっていくらか認められた」とジョン・ボウルトは書いている）で、しかもそのマニフェストで「構成主義の詩人たち、カーネルヌイ劇場の構成主義者（これはエクステル、ヴェスニン、ステンベルグ兄弟らを指す——引用者、以下同）、メイエルホリド劇場の構成主義者（ポポーヴァとステパーノヴァを指す。次章参照）、"LEF"の構成主義者、〈ツィト〉の構成主義者などのような、構成主義を自称している他のあらゆるグループはすべて、我々のグループの見解では、似非構成主義者であり、単なる芸術制作に従事しているのである」と述べる始末であった。彼らの出品作は、タイポグラフィ、日常品、作業衣、児童書など非芸術品ばかりで、思想的な一貫性はあるものの、このラディカリズムのために、ガンは、その著作での知名度にひきかえ、INKhUK内での立場も含めて、さしたる影響力をもち得ないままになってしまった。もうひとつ、先に挙げたINKhUKのレポートで注目しておくべきは、UNOVISグループとの結びつきである。マレーヴィチは構成主義者の功利主義には背を向けて純粋抽象に向かったというようなことがよく書かれているが、これは必ずしも完全にあたっているわけではなく、応用美術的な食器のデザインなども手がけている。しかし、それは結局装飾のレベルを出ることがなかった。

1.6. リシツキーとヨーロッパ・コネクション

「芸術世界」のベヌアたちの頃からずっと、パリを中心とするヨーロッパに在住するロシア人アーティストたちは増えていった。この人達の中には革命が勃発すると急ぎ帰国して、やがてまた出国していった人々もいる（パリから帰国し、その後は国内に留まったダヴィード・シテーレンベルグ――IZOの長となる――のような人も、もちろんいる）。ミュンヘンで修業したカンディンスキーもまたその例だが、その他のメジャー・ネームとしては、ナウム・ガボとアントン・ペヴスナーの兄弟がいる。彼らは別々に国の内外でキャリアを積んだ（ガボはもともとミュンヘンで医学を学びながらヴェルフリンの講座に通って美術への道を歩み始めた。ペヴスナーは一九一一年から一九一四年までパリに住んでいる）が、一九一五年にノルウェーで落ち合い、一九一七年までそこに滞在した。ガボはそこで有名な《構成された顔》を制作している。これは例えばウラディーミル・ブルリュークの《ベネディクト・リヴシッツの肖像》（一九一一年）やタトリンの《水兵》（一九一一～一二年）などのような、人の顔をクーボ・フトゥリズム風に翻案した作品の立体オブジェ化といった趣があるものだが、それは彼らが革命後に帰国する前のもので、いずれにせよこの兄弟のアーティストとしての形成はむしろ西欧において行なわれたものであった。彼らは後の「リアリスト宣言」などをも通して西側ではロシア・アヴァンギャルドの代表格のように考えられてきたが、それはむしろロシア国内の事情が西欧では十分に知られていなかったためにすぎず、彼らの国内での影響はその滞在期間の短さ（帰国は一九一七年で、一九二二年にはガボ、翌年にはペヴスナーが出国している）に比例するようにむしろ小さかったといってよい。

ガボはこの顔の連作から徐々に抽象へと移っていき、帰国後の一九一九年には非形象的なコンストラクションを制作している。これらが同時期のタトリンやロトチェンコの仕事と響き合う部分が多いことは否定できないが、ガボ自身はタトリンの物質志向や「カオティック」な部分には馴染めないものを感じていたらしく、また構成主義の反芸術志向なども彼らの共有するところでは必ずしもなかった。ガボとペヴスナーはしばしば構成主義者と呼ばれたし、ときには自称もしたが、後年のガボははっきりとこの呼称が自分にはあてはまらないと述べている。この混同は、「構成＝コンストラクトされた」という形容を最初からガボが用いていたことにもよっている。「構成主義」の方は、急激に左翼的なイデオロギーに基づく反芸術（それは反ブルジョワというコノテーションを伴う）志向を強めていったが、それはガボ、ペヴスナー兄弟の求めるものとは違っていた。ガボが一九二〇年八月五日の日付けをもつ彼の信条宣言（ペヴスナーは共に署名しただけであった）を「リアリスト宣言」と名付けたのはこのためである。当然そこで述べられた多くのことは構成主義者の仕事とも重なる部分が少なくはないが、同時代的にはむしろ彼らとの違いを表明すべく書かれたと思われるこのマニフェストが、西側では構成主義の宣言のように受け取られたのである（ガンの本などは、西欧ではなかなか翻訳されなかった）。とはいっても、アーティストたちはむしろささいな違いに拘泥する傾向があるから、実際の作品ではさらに類似性が認められることは否定できず、例えばガボの一九一九〜二〇年のラジオ・タワーのプロジェクト（スケッチのみ）は明らかにタトリンのモニュメントやロトチェンコのキオスクのデザインに酷似している。ハーン・マホメドフなどは「リアリスト宣言」を構成主義に至る転換期のものと位置付けているが、ガボは少なくともそれ以上には進もうとはしなかったように思える。ただ、後にバウハウスでいわゆる「バウハウス・スタイル」をめぐる論争が、ちょうどロシアでの「構成主義スタイル」をめぐる論争と同様に起こったときに、「スタイル化」を批判したのがこのガボであったことは特記しておくに値する。

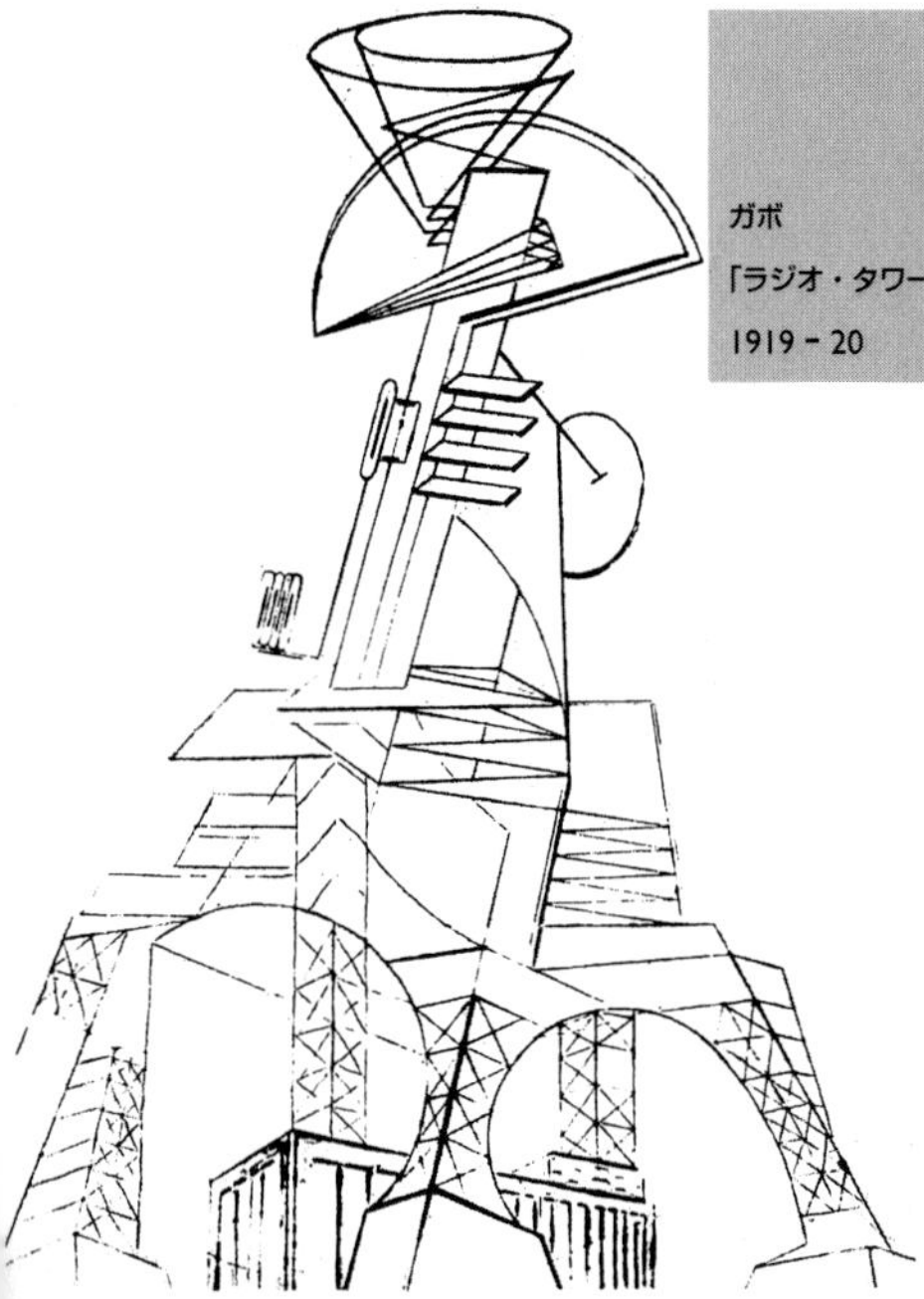

ガボ
「ラジオ・タワー」
1919－20

こうしてラリオーノフ、ゴンチャローヴァやカンディンスキー、シャガール、そしてガボとペヴスナー兄弟などが西側に出ていったときには、彼らは亡命者ないし、少なくともロシア国内にはもはや基盤を持たず、活動の拠点を移すというかたちであったのに比べて、ロシアから派遣されたようなかたちでやって来たのはエル（ラーザリ）・リシツキーであった。前者が大なり小なりロシア国内の政治的、芸術的状況に馴染めないで出国してきたのに対して、リシツキーの場合は全き左翼芸術家として資本主義社会に乗り込んできたのである（ただし、ガボの場合はリシツキーと同じベルリンでの展覧会の組織のための出国という名目はあった。しかし彼の西欧での行動はリシツキーのようなものではなかった）。そして彼は単なるアーティスト個人としてのみならずロシア・アヴァンギャルドのスポークスマン、オルガナイザーとしても活動した。といっても彼は、現在歴史的にそう考えられているようなロシア・アヴァンギャルドの代表的なアーティストとして、その実績を片手に乗り込んできたというわけでもない。むしろリシツキーのアーティストとしての重要な業績の最初のものは、西側で認められたのである。

ヴィテブスクのユダヤ・コミュニティで育ったリシツキーは、他のアーティストたちと同様に民衆芸術に影響を受けたという。ヴィテブスクの民衆的なものに影響を受けたもう一人のアーティストはシャガールである。リシツキーはシャガールと共通の師をここでもった。ペテルブルグの芸術アカデミーの入試をユダヤ人であるという理由で落とされた後、彼はドイツのダルムシュタットに行き同地の工科大学で建築を学んだ。ヨーロッパ中を旅して、ヴァン・デ・ヴェルデ、ベーレンスなどの新時代の建築の動向を瞥見したり、ラヴェンナでビザンチン文化に深い印象を受けたりした後、リシツキーはロシアに戻り、リガの工科大学で学位を取り、卒業後はイラストレーションや子供の絵本のデザインなどを手がけたりしながらあちこちを旅していたが、一九一九年にシャガールの招請でヴィテブスクに戻り、教職につく。ここでマレーヴィチに出会ったことがその後の彼の途を決定づける（ただしその前から面識はあったようだし、シュプレマティズムに強い印象を受けてはいたらしい）。マレーヴィチは自分のグループUNOVISを組織して美術学校を彼流に変えてしまい、シャガールに取って代わるが、それがどんなに急激な変化を彼にもたらしたかは、この一九一九年にリシツキーが一方でまだ象徴主義的、ネオ＝プリミティヴィズム的なイラストレーションを作成しているのに並行して、その後にも続けられる連作「PROUN（プロウン＝新しきものの定立）」が始められたことからも知ることができる。また有名な《赤の楔で白を打て》のポスターもこの年である。「PROUN」はマレーヴィチのシュプレマティズムのリシツキー流の発展形態だったが、リシツキーではそれがグラフィックから建築、はては都市までをも

ガボ
《構成された
顔》
1916

含む横断的な造形原理として考えられていた。このことは《町》とか《橋》とか題された「PROUN」作品の存在によっても証立てられる。マレーヴィチの場合はシュプレマティズムは絵画というよりも精神的な原理のようなものだが、リシツキーはそのような原理主義者であるよりもはるかに応用的であった。マレーヴィチのように絶対的なイデーを提示すること自体が目的なのではなく、新しい造形原理によって様々なレベルの環境に変革をもたらすことの方がリシツキーの関心だった。一九一九年のマレーヴィチ宛ての手紙で、リシツキーは、「PROUN」のお陰で世界中の住民が住み得る一枚岩的な共産主義の街がつくられるのだと言っている。建築家としての彼のトレーニングにもよっていると思われるが、プログラムをもたない場合でも、「PROUN」はほとんど常に三次元的な構成をもっていた。マレーヴィチもやがて都市らしいドローイングをものしたり、さらに「アルキテクトン」と呼ばれる三次元連作に手を染めるが、この場合は三次元化で随分質が違ってしまっており、むしろ装飾的にも見える。リシツキーの方が二次元と三次元のつ

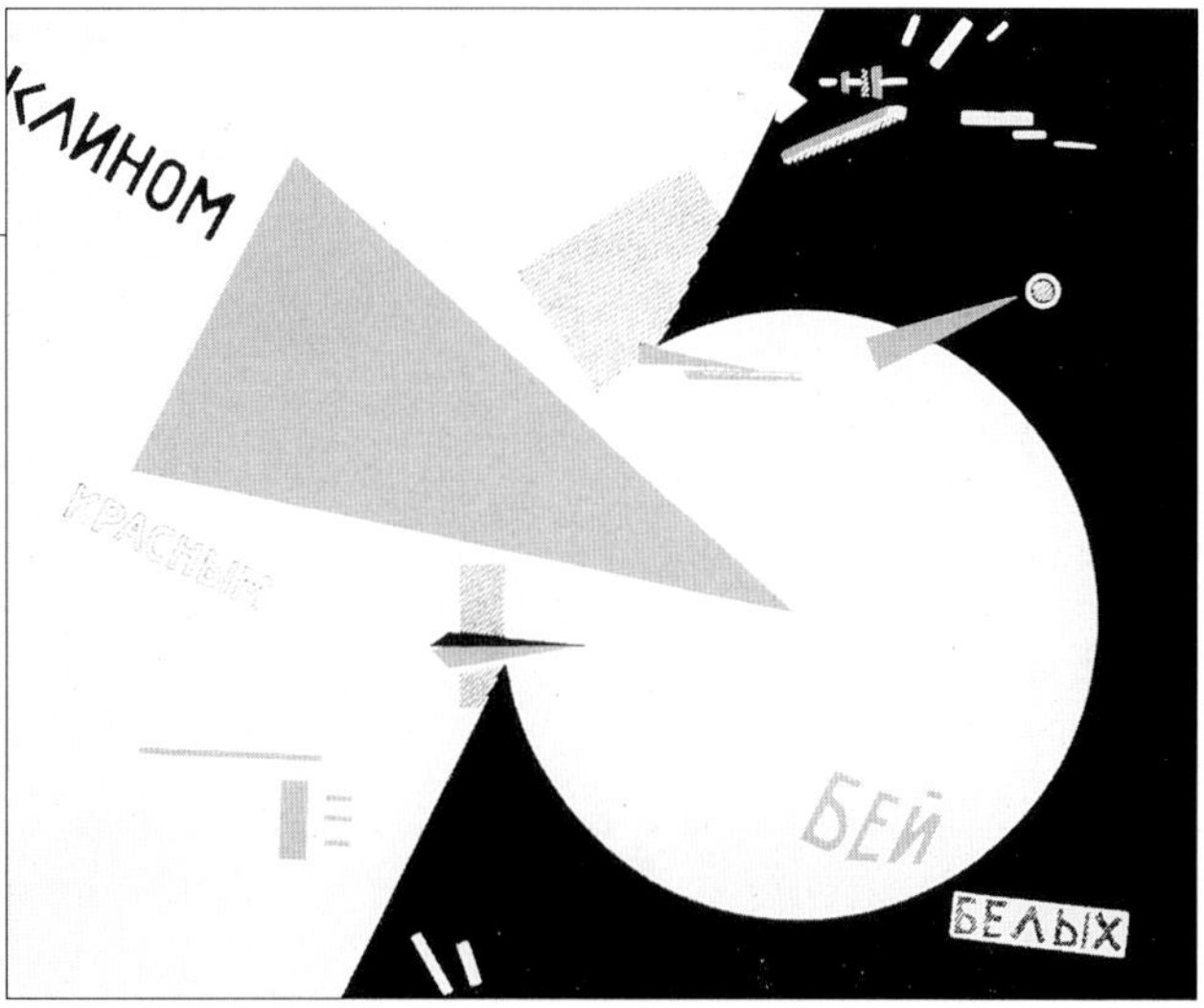

リシツキー
《赤の楔で白を打て》
1919

リシツキー「PROUN R.V.N」1923

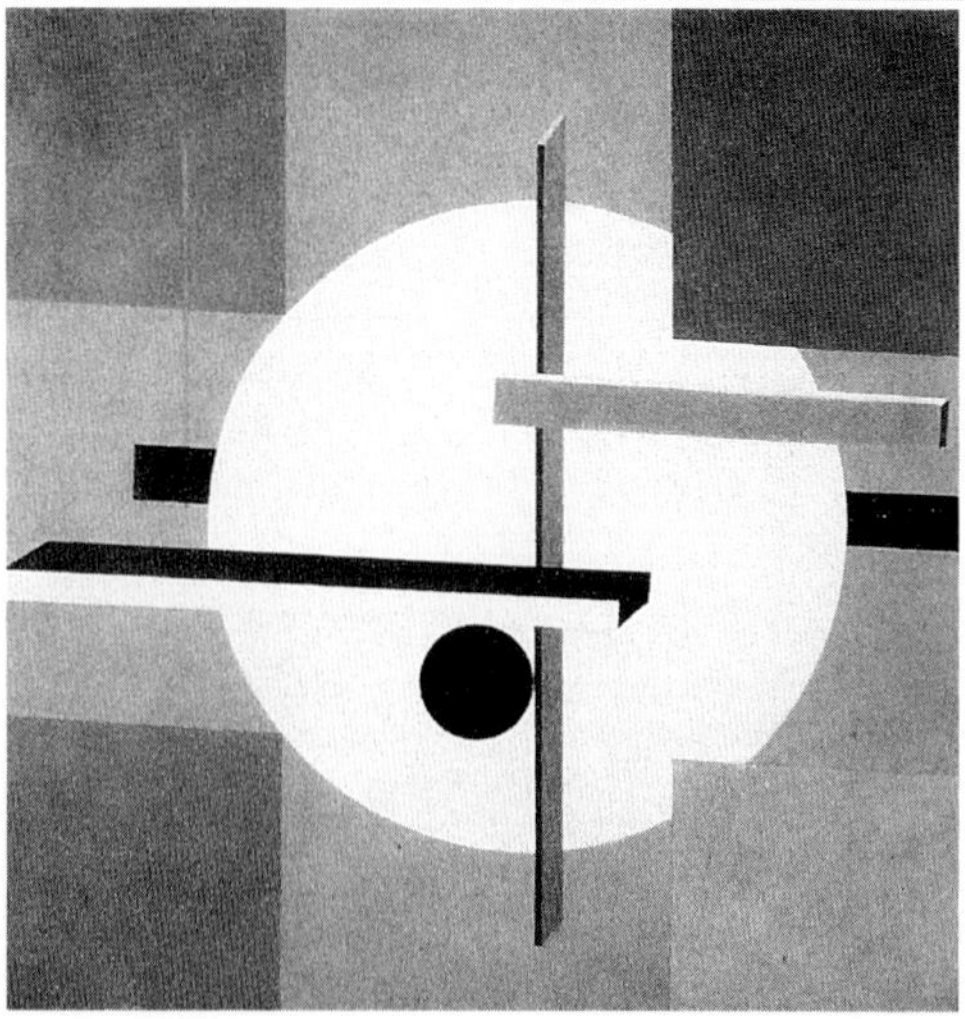

リシツキー
「PROUN 1E」《町》
1921

ながりははるかにスムーズである。その三次元化は常に実際の環境の中で意味をもつように、社会的なプログラムとの結びつきを考えられており、有名なレーニン演説台のプロジェクトもこの頃学生たちとの共同で始められたもので、最終的にはずっと後の一九二四年にスイス滞在中に学生の案を元に仕上げられた。リシツキーは、一九二一年にモスクワの新設のVKhUTEMASの教鞭を執るべく招かれたが、この年にエレンブールグと共にベルリンに赴くことになる。これは翌年に計画されていた大規模な〈第一回全ロシア芸術展〉の組織のためだった。

敗戦後のドイツは、帝政の崩壊と社会の疲弊、革命の待望という点では、ロシアと全く同じような状況が存在していた。結果的に革命は、スパルタクス団による挫折に終わった蜂起以上のものにはならなかったが、革新的な左翼でなくとも、その漠然とした変革への待望感は芸術の分野にもインパクトを与えないではおかなかった。それを担っていたのはまず「芸術労働者評議会」や「ガラスの鎖」などの表現主義のグループ、次いでダダイスト・グループであった。表現主義者たちの要綱にしても、ダダイストたちのプログラムにしても、前者は中世主義的かつ民衆主義的な色彩が強く、後者はより個人主義に力点を置いたものであったとしても、共に著しく左翼的であった。とくにはっきりと共産主義を標榜したのはベルリン・ダダの特徴である。ロシア・アヴァンギャルドに対する関心は、こうした意味でパリとベルリンとでは違う空気のもとに高まっていた。

リシツキー・スタジオ（チャーシニク，リシツキー）「レーニン演説台」初期案，1920

リシツキー「レーニン演説台」最終案

一九二〇年にはコンスタンチン・ウマンスキーによる『新しいロシア芸術、一九一四年から一九一九年まで』と題する紹介的な著作が刊行された。この同じ年、ゲオルグ・グロスとジョン・ハートフィールドがダダ・インターナショナルにおいて「芸術は死んだ。タトリンの機械芸術万歳！」というプラカードを掲げたのは、こうした状況下においてであった。これは、そのすぐ後に発生する構成主義とダダイズムとの一時的な連携関係の最初の兆候である。

しかし、そこにはダダイスト側からの勝手な思いこみもあった。確かにベルリンのダダイストたちには共産主義への強い共感があったことは疑いがないが、彼らにはタトリンのモニュメントから機械の王国の到来を無邪気に信じてしまったようなところがある。ステファン・バンがこのことをハウスマンの《家でのタトリン》という同年のコラージュに見ている。そこではタトリンとは似ても似つかぬ人物が登場し、彼の頭の中が機械で詰まっている様子が描かれているわけだが、後にロシアでタトリンを訪問したゲオルグ・グロスが、当のタトリンがいかにも農民のような格好をして（ゴーゴリの本に出てきそうな、とグロスは書いている）、バラライカを奏でるのを見て驚いたというのである。この手の誤解はその後もロシアと西欧の間には存在し続けるが、それはともかく、他にもユスフニーが率いるキャバレー「青い鳥」が、アヴァンギャルド的な言語とロシアの民族的なものを共に取り入れて、トゥホルスキーなどのダダイストたちに受けていたのである。そしてこの国際都市には次々と東方のアヴァンギャルドたちがやって来た。一九二〇年にはイワン・プーニと妻クサーナ・ボグスラフスカヤが、そして翌年にはリシツキーとエレンブールグが到着する。

プーニは一九二一年にベルリンのデア・シュトルム画廊で自分の個展を開いているが、これはシュプレマティズムとダダイズムの両方の特徴を示していた。それは単に芸術作品を展示するにはとどまらず、会場全体を「総計的なオブジェ」として構成しようとするもので、その意味で後のリシツキーの「PROUNルーム」を先駆けている。すでに〈0.10展〉においてもそうであったが、プーニの立場には、常に最先端の部分を取り入れながら、そのいずれにも完全には肩入れはしないというところがあった。マレーヴィチともタトリンとも等距離にいた彼は、芸術と功利性というロシア・アヴァンギャルドにとって最も踏み絵的な問題についても必ずしも一貫した立場を取っていたわけではない。本国の生産主義者たちから見ればプーニは「右翼」であったし、遅れてベルリンにやって来たリシツキー（彼もまた生産主義者ではない）などにとっても、プーニはスノッブな芸術貴族

〈第一回全ロシア芸術展〉の組織者たち/左からシテーレンベルグ，マリアノフ，アリトマン，ガボ，ルッツ（画廊の主人）

グロス，ハートフィールドとベルリン第一回国際ダダ祭における「芸術は死んだ。タトリンの機械芸術万歳」のプラカード，1920

として映っていた。だが、革命後のロシアの空気を十分に浴びてヨーロッパに現われたほぼ最初のロシア人アーティストとしては、プーニの存在や交友範囲の意味は小さくはなかった（彼のアトリエはベルリンのダダイストやロシア人たちのたまり場となっていた）。

一九二二～二三年にかけてはロシア人たちの数は、亡命組か政府による派遣組であったかは問わず飛躍的に増大した。だいたい亡命組と派遣組といっても、少なくともこの時点では前者の多くはロシアに帰らないことを決心していたわけではなかったし、そして派遣組の方も自称であったりしたこともあるから、あまりあてになる区別ではない。クリスチーナ・パスートの言い方を借りれば、「ロシア人たちは自分を亡命者とは見なしていなかった。たいてい彼らは、公に承認されたソヴィエト芸術の代表者だった」。このオープン・エンドの東西回廊が閉じられ、ロシア・アヴァンギャルドの姿が西欧知識人の目の前から消えるのは、一九二五年くらいである。とにかくこの頃のベルリンでのロシア人の繁茂ぶりについては、エレンブールグが「どこの街角でもロシア語が聞こえたくらい」の人数であったと書いている。例えば、シクロフスキー、アセーエフ、パステルナーク、ベールイ、リーリヤ・ブリーク、エルザ・トリオレ、ガボとペヴスナー兄弟、アルヒペンコ、シテーレンベルグ、アリトマン、ヤコブソン、ブリークなどがそこにはいた。一七歳も年上のイサドラ・ダンカンと結婚したばかりのエセーニンも新婚旅行にやってきた。メドゥネツキーやステンベルグ兄弟もタイーロフの劇団と共にベルリンを経由してパリに赴いた。彼らはカフェ・ノルデンドルフ・プラッツやカフェ・リオンにたむろしたり、リシツキーやプーニの仕事場で定期的に集まったりしており、例

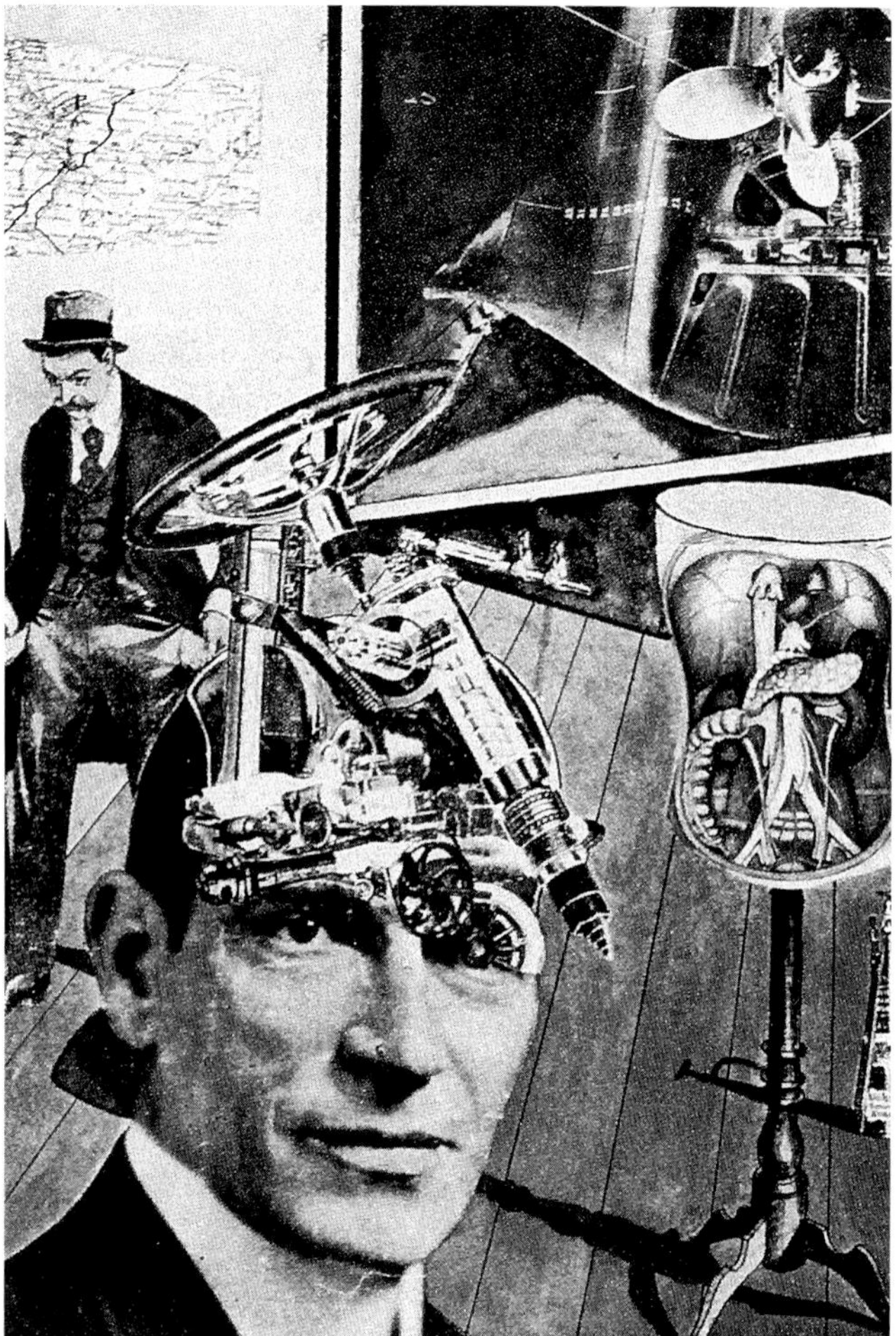

ハウスマン《家でのタトリン》1920

えばカフェ・ノルデンドルフ・プラッツにエセーニン夫妻が現われると、一同がインターナショナルを歌うといった具合であったらしい。

派遣組に関していえば、NEP（ネップ＝新経済政策）による経済の回復がボリシェヴィキ政府の関心を、国内から西側にも、その革命含みの情勢をも加えて、向けさせたことによっていることは間違いない。後述する“Veshch”が、その一号で、「ロシア包囲網は解体されつつある」と述べているのは、内戦への西欧諸国の干渉＝革命の封じ込めという状況を文化的な面から打ち破ろうとする、レーニンの政府にも共通した思惑を示している。しかし、だからといって政府の首脳が全面的に彼らアヴァンギャルドに信を置いていたというわけでもない。レーニンは未来派に懐疑的であったし、アヴァンギャルドのシンパであり、後援者であったといわれる教育人民委員ルナチャルスキーにしてもその支持は常に限定づきであった。レーニンがマヤコフスキーの叙事詩・戯曲『150000000』が五千部（当時の出版事情からすれば異例の量）出版されたことに関して、ルナチャルスキーを批判したのは有名だが、そのルナチャルスキーにとっても、海外の展覧会でアヴァンギャルドが全面的な成功を博してしまうのは当惑の種であった。彼はベルリンでの展覧会の成功を「悦ばしいもの」とはしながらも、そこで最も注目を集めたものがロシアの今日と未来を代表しているとは認めず、一時的な特殊例だと言っていた。プロレトクリトの後援者でもあったルナチャルスキーは、アヴァンギャルドが人民の理解の限界を越えて既存の芸術規範を破壊してしまう「疑似進歩主義」（彼自身の形容）には常に懐疑的だった。してみればリシツキーの派遣などは全権代表というようなことではあり得なかったはずである。さらに、この時点でリシツキーは国内的にはさしたる評価を確立していなかった。国外に長期滞在することは、国内的なキャリアからいえば遅れをきたすし、例えばマヤコフスキーのような「大物」にとってはあり得ないことであった。彼もまた一九二二年にベルリンとパリへ、そして“LEF”の発刊された翌一九二三年にベルリンに来ているが、共にせいぜい二カ月いたにすぎない。リシツキーは相対的にまだ「小物」であったが故に行動の自由を確保されていた。有り体にいえば、さしたる期待をされていなかったのかもしれない。実際に、〈第一回全ロシア芸術展〉でのリシツキーの関与については、近年では本人が主張するほどのものではなかったのではないかという見解も出てきているし、ガボがそれを裏書きするような発言をしている。おそらく最も中心的だったのはシテーレンベルグで、これはIZOの長という彼の立場からいって自然なことである。他にアリトマンとガボ、マリャーノフらも関わっていた。マンフレッド・タフーリは、ロシア・アヴァンギャルドのうちでマヤコフスキーにせよリシツキーにせよ、西側に赴いた人々は西側での成功によって国内でのアヴァンギャルドの立場の強化を意図していたのかもしれないと書

リシツキー“Veshch”の表紙，1920

いているが、そうなれば彼らの立場は極めて微妙な政治的な意味をもつことになる。

いずれにしてもリシツキーはこうした状況の中で徐々に自分の位置を確立していった。先に述べたような理由で、ロシア政府の肝入りによる一九二二年の十月のファン・ディーメン画廊での〈第一回全ロシア芸術展〉は、左右両翼の作品（約一六〇人のアーティストによる七百を超える作品――建築の分野からは、ラドフスキーらのZhivskulptarkh［ジフスクルプタルフ］での仕事などが出品された）を同時に展示する（ただし階を別にして展示された）という、ルナチャルスキー路線風に折衷的な構成であったが、西欧知識人の関心をアヴァンギャルドの方に向けていったのは、プーニやそれ以上にリシツキー、エレンブールグらの功績だったといえる。西欧のアヴァンギャルドにとっての驚異は、彼らが、表現主義者にせよダダイストにせよ、個人や少数のグループとしてしかもち得ていなかった芸術の社会化のプログラムが、ここには具体的には国家レベルのものとして全くポジティヴなかたちで現われていたことにあったのではないか？　もちろん、先にも記したように、ロシア国内では実情は必ずしもそうではなかったのだが、西側の知識人たちには東方の野蛮人たちがすでにずっと先にいっているという幻想が見えてしまったということはあり得る。それが過大な期待や評価であったとしても、ロシアではアヴァンギャルドの理論を発展させ、また教育するIZOやINKhUK、VKhUTEMASなどの公立の機関があったし、デザインから生産までを結ぶシステムがあった（それはバウハウスが試みようとすることであったが、明らかにロシアの方が先鞭をつけていた）ことは厳然とした事実である。それに、ロシア・アヴァンギャルドのように国家レベルでの組織性と結んだかたちで一貫したテクノロジー主導のユートピアを提示した運動は、他にはイタリア未来派しかなかっ

たが、後者はそれをロマンティックなかたち以上に引き上げることはできなかった。このようにして、ロシア・アヴァンギャルド紹介は様々な雑誌メディアや展覧会で広まっていった。動員数だけからいえばさしたることは無かったにせよ（二週間で千七百人程度という数字が残っている。パリでの「芸術世界」の展覧会は同期間で一万五千人を動員した）、アヴァンギャルド=知識人たちに与えた影響は大きかった。ヨーロッパ人たちの驚きと共に、ロシア人たちの方でも、西側に自分たちの関心と共通の運動を見出していた。リシツキーはファン・ディーメン画廊での展覧会について「我々は全く新しいものをもってきたつもりだったが、ここでも同じようなことが行なわれていたことを認めなければならない」と言ったと伝えられる。これには本当にそう言ったのか怪しいという説もあるが、その共通性の発見が、リシツキーのその後数年に及ぶ滞欧と様々な運動や個人との交流を促したものであったことは疑いない。

しかし、同時に、少なくともこの時点でのリシツキーの立場が、ロシア国内の尺度でいえばどちらかといえば中間派的であったこともまた否定できない。ファン・ディーメン画廊での展覧会自体、マヤコフスキーは（正しくも）こう書いている。「この展覧会からロシアで何が起こりつつあるかを判断することはもとより不可能だ。我々の主たる力の注がれているのは、絵画ではない。それも悪くはないにせよ」。そしてリシツキーがエレンブールグと共に出版した（日程的には展覧会に先立っている）三カ国語の雑誌“Veshch/Gegenstand/Objet”（いずれも「物体-もの」を意味する各ロシア、ドイツ、フランス語。ただし大部分のテクストはロシア語で、完全に三カ国語雑誌であったわけではない）は、一方ではドイツに色濃く残されている表現主義者（それにはリシツキーと同時期に出国してきたカンディンスキーも含まれていた）のロマン性やダダイストの否定性を「時代錯誤的」であると極めつける「左翼性」を示したが、本国の生産主義者の路線からは、むしろ右翼的な芸術路線と取られていた。例えば、生産主義路線が支配的になってからのINKhUKの広報部のレポート（一九二三年）には、「この雑誌は、今日のINKhUKではすでに廃れたいわゆる『事物主義（ヴェシチズム）』というイデオロギーを反映している」と書かれている。

“Veshch（オブジェ）”自体は、INKhUK内でのロトチェンコ・グループらがオブジェクティブ作業分析グループを名乗って以来、いわばアヴァンギャルドの共通のキーワードである（ちなみにリシツキーはINKhUKのメンバーだが、エレンブールグはそうでなかった）。しかし、一九二二年三、四月の日付けの“Veshch”の第一、二号（後は五月の三号までしか出ていない。つまり実質的には一冊のみが出版された）には、「新しいオブジェの創造としての芸術……しかし、だからといってそれは、我々が日常的な使用のためのオブジェを意味するということにはならない。もちろん、我々は工場で製作された功利的なオブジェや飛行機、自動車などに純然たる芸術を見る。しかし我々は芸術家の生産を功利的なオブジェの生産に限りたくはない。あらゆる組織的な作品——住宅にせよ詩にせよ絵画にせよ——は便宜的なオブジェであり、人々を生活から逸らせるのではなく、それを組織することを助けるものである。……基本的な功利主義は、我々の思想からは遠いものだ」と書かれている。これは少なくともガン的な意味での構成主義やラディカルな生産主義とは一線を画した立場である。リシツキーは師のマレーヴィチの精神主義に完全には同調することがなかったように、観念的な構成主義とも一線を画した。これを裏書きするように、リシツキーやエレンブールグは渡欧する際にガン・グループのドキュメントをもって出たらしいが、それを彼らの雑誌には紹介しなかった（ただし、結局はガンとは袂を分かったロトチェンコやステパーノヴァとは、三〇年代を通しても近い立場にあったが）。構成主義のイデオロギーのハード・コアの部分は、こうして西欧には同時代的には紹介されずに終わったのである。

この実質二号で終わった雑誌には、シクロフスキーからヤコブソン宛の手紙やプーニンのタトリンのモニュメントに関するテクスト、リシツキー自身の論文などのみならず、ヨーロッパ中のアヴァンギャルドが登場している。当時パリで『エスプリ・ヌーヴォー』を公刊していたジャンヌレ（ル・コルビュジエ）とオザンファンあるいはオランダのデ・スティール運動の指導者ドゥースブルグ、ダダのハウスマンなどがそのメンバーである。この雑誌はどちらかといえば滞欧ロシア人に西欧芸術を紹介するというニュアンスの方がかっていたが、いずれにせよロシアと西欧のアヴァンギャルドの邂逅と交流は急速に広がっていった。それを最も包括的かつ精力的に横断していったのはリシツキーである。レイナー・バンハムは『第一機械時代の理論とデザイン』でこのことを「少なくとも西欧では、彼が受け取るものよりも与えるものの方がはるかに多かった」と書いている。この意味で、彼が文字通りのキー・パーソンであったことは疑いを入れない。もう一人のキー・パーソンはデ・スティールのリーダー、ドゥースブルグで、彼とリシツキーの間柄もまた親密なものだった。ドゥースブルグは、リシツキーのヴィテブスク時代の仕事を本にした『二つの正方形について』を『デ・スティール』誌に紹介していたりしていた。しかし、この二人によるアヴァンギャルド文化の横断線を何と呼んだらよいのか、適当な名称はない。無難なのは「国際的構成主義」ないし「構成主義インターナショナル」という言い方である。確かにリシツキーが触媒となることで、その周りには西欧の「構成主義」的なサークルが形作られた。しかし、すでに述べたように、リシツキー自身は本国の構成主義者のようには反芸術路線を採らなかった。バンハムもまたこの呼び方を採っていない。それはいささか違った理由からで、構成主義がガボやペヴスナーの路線（それを観念派とバンハムは言っている）とリシツキーらの反観念派－反芸術派の二つがあったので混乱するからだ、と言うのである。彼は後者の傾向をリシツキー自身が一九二二年に「構成主義」と称したのではないか、という観測を行なっているが、すでに見てきたように、リシツキー自身は「構成主義」の命名者ではない。ここでバンハムが述べているのは、後に触れるワイマールとデュッセルドルフでの「構成主義者会議」とその「国際構成主義インターナショナル」のことと思われる。確かにこの名称はリシツキーの立場（バンハムのいう二分法が不正確であることも加えて）を考えると、いささか便宜的であったことは否定できない。そこでバンハムは、さらに「一九二二年の議論や著作に関する限り『エレメンタリズム』という語の方がはるかに的を得ている」と述べているが、これではかえって逆にリシツキーをフォルマリストの方に追いやってしまう。ただこの認識が利点をもつとしたら、バンハムがそれを「デ・スティールの国際期」と、これもしっくりと馴染まない名称に置き換えるために援用しようとした『デ・スティール』誌の第四号に掲載の「エレメンタリスト宣言」に、リシツキー自身こそ名を連ねてはいないものの、彼のコネクションに連なる面々、つまり、ダダイストのハウスマンとアルプ、そして

リシツキー
「雲の鐙」
1924

イワン・プーニとハンガリーのモホリ＝ナジの名が見られることにある。つまり、「インターナショナル」の中核メンバーが。ただ、この宣言は、編集言としてドゥースブルグが、その内容に自分たちが賛同するかどうかは今後の展開次第というようなコメントをつけており、ヨースト・バリューは、「デ・スティール」と構成主義＝機能主義路線との不一致の初期的な兆候としている。だから、リシツキーによってより構成主義的な方向、つまり社会イデオロギーと結びついたかたちに転換される前のリストであったといえる。この意味で、最もハード・コア的なかたちで言うのでさえなければ、やはりこれを「構成主義インターナショナル」と呼ぶのは妥当なところだろう（クリスチーナ・パスートが「第二構成主義」ないし「装飾的構成主義」という呼称を用いているが、これも今ひとつ冴えない）。

この「構成主義インターナショナル」という構想は、ラズロ・モホリ＝ナジを中心とするハンガリーのアヴァンギャルドの〝MA〟（今日）〝グループ（ケメヌイ、カサック、カライ、ペリら）によるものだった。モホリ＝ナジがリシツキーに会ったのは、一九二二年のかなり早い時点であったらしい。失敗に終わった革命からの亡命者であった〝MA〟グループとリシツキーとでは、共に左翼イデオロギーが傍らにあったという点も共通している。リシツキーがベルリンに来て早々出会ったもう一人の重要な人物は、弱冠二三歳のオランダの建築家マルト・スタムである。彼はこの年にマックス・タウトの下で働くべくベルリンに赴いてきていた。一九二二年には、すでに述べたように、少なくとも集まった顔ぶれからいえば重要な会議が二つ開かれている。まず五月にはデュッセルドルフで国際進歩的芸術家会議が開かれた。これには表現主義者たち中心のノヴェンバー・グループとリヒター、アルプ、シュヴィッタースらのダダイスト・グループ、ドゥースブルグ、エーステレンの「デ・スティール」グループ（リヒターとリシツキーもそのメンバーとして名を連ねている）、リ

リシツキー『PROUNルーム』1924

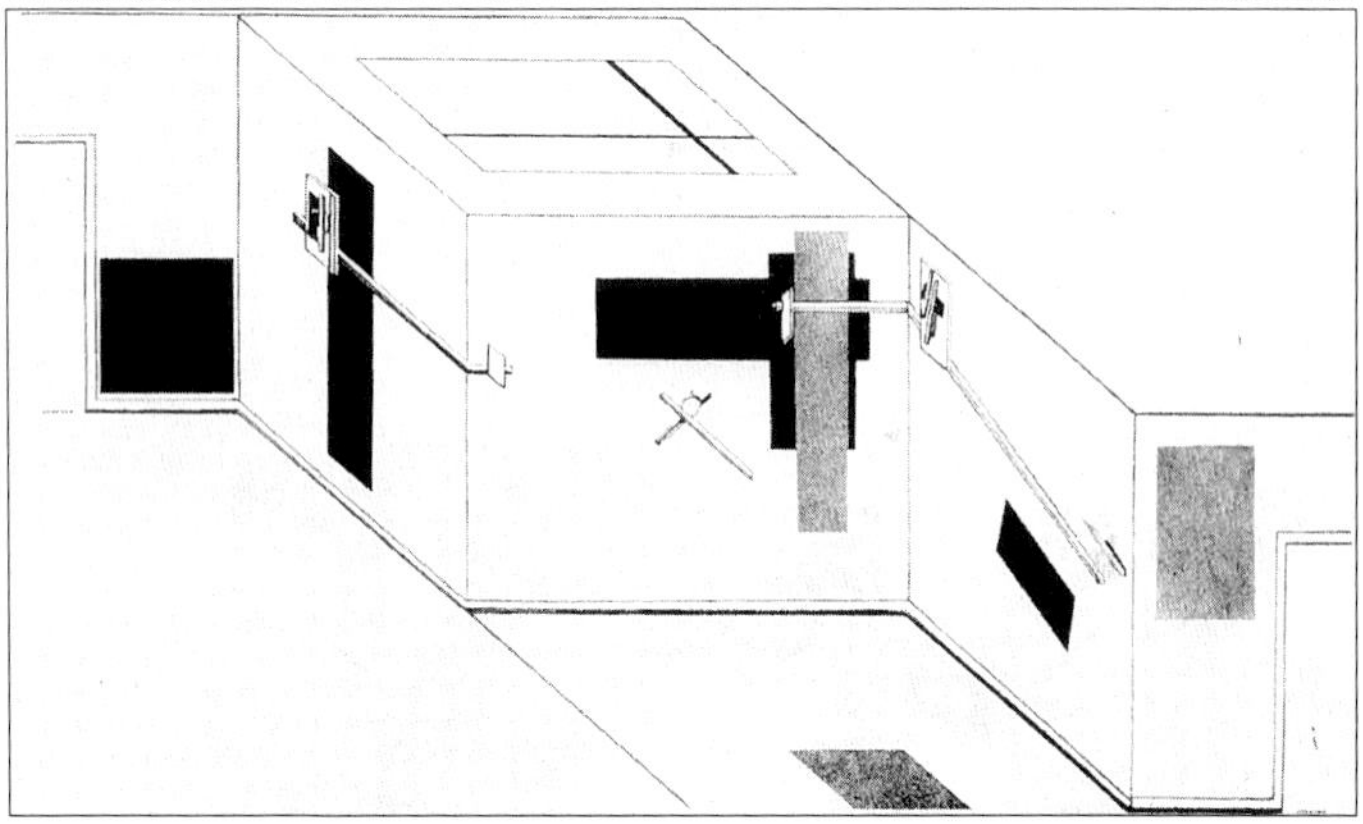

スタム
「雲の鐙」
1924

ヒターと並んで翌年に発行される"G"の中心人物の一人のグレーフ、さらにカサックやモホリ＝ナジなどの"MA"グループ、そしてリシツキー、エレンブールグの"Veshch"勢が、他のイタリア、ベルギー、スイスのアーティストたちと共に参加した。ノヴェンバー・グループが報酬レートなど職能団体的な議題を出してきた（グレーフに、この連中は国際的でも進歩的でも芸術家でもないと毒づかれる始末であった）ために会議は失敗したが、ドゥースブルグとリシツキー、リヒターが「構成主義インターナショナル」の宣言を出した。ここでは個人主義（明らかに表現主義のことを指している）に対する国際的な進歩派の連合が呼びかけられている。この「構成主義」の呼称については前述したが、『デ・スティール』誌にこの会議の特集が行なわれた際のドゥースブルグのコメントは、表現主義と区別をつけるためというものであって、やはり極めて便宜的でしかない。

これを積極的な構成主義インターにまとめあげようとしたのが、先に言ったように、ハンガリーの"MA"グループである。彼らは七月になると、"MA"や「デ・スティール」、"Veshch"などの共同戦線の必要性をアピールした。このアピールに応えて、ワイマールで十月に「構成主義者会議」が開かれる（これはベルリンでの〈ロシア芸術展〉の開かれた月である）この会議はドゥースブルグやモホリ＝ナジの招請を巡って、バウハウスに圧力をかけようという狙いももっていた。しかし、これは結局実質的な会議にはならなかった。会議にトリスタン・ツァラやハンス・アルプなど他のダダイストたちが、半ば飛び入りのようなかたちで加わってきたためである。これはしばらく前のパリのダダ会議でのツァラ・グループとブルトン・グループの決裂の余震であったらしいが、一人の例外を除いて、構成主義者たちにとってはツァラたちは明らかにプログラムをもたぬ個人主義者でしかなかった。

この例外とは他ならぬドゥースブルグである。この時点では知られていなかったことだが、ドゥースブルグはI・K・ボンセットという他の名前でダダイストとしての活動も行なっていたからである。ツァラたちの導入も彼の手引きであった可能性もある。もっとも、この会議には一八〇度逆の見方もあって、本来それはダダイスト会議であったのを"MA"グループ、とくにカライが構成主義者会議に変えてしまったというのである。いずれにせよ、構成主義者たちは結局ダダイストたちとは折り合いがつかず、失望して去ったが、「構成主義インターナショナル」がリシツキー、ドゥースブルグ、リヒター、ブルヒヤルツ、マース（ベルギー）の署名付きで創立を宣言された。

ベルリンと並んでリシツキーが密な関係をもったもうひとつのドイツの都市は、ハノーヴァーであった。ここで彼は、ケストナー協会を切り盛りしてアヴァンギャルド芸術の紹介などを行なっていた前ディレクターの未亡人ゾフィ・キュッペルスと知り合い、やがて結婚した。この都市で大きかったのはダダイスト、クルト・シュヴィッタースの存在で、シュヴィッタースはリシツキーが最も大きな信を置く友人となった。シュヴィッタースの方もベルリンでのロシア人たちの展覧会に深い印象を与えられた。彼は一九一八年頃からリシツキーの「PROUN」にあたる「MERZ（メルツ）」という造形原理を展開してきた。一九二〇年頃の彼のコラージュは、タトリンの「反レリーフ」のようなものとよく似ているし、後の有名なメルツ・バウもモスクワでヤクーロフ、タトリン、ロトチェンコが手がけたカフェ・ピトレスクのインテリアに似ている。一九二三年に発刊された雑誌〝MERZ〟もまたリシツキーやドゥースブルグが登場することとなった。

「構成主義インターナショナル」の宣言に署名したメンバーは、事務局ということであったらしいが、結局は実質な機能はしなかった。この理由のひとつは、一九二三年になると、彼らが各々別の場所に移ってしまったことにある。例えばドゥースブルグはパリに行き、モホリ＝ナジはバウハウスの教授として迎えられ、リシツキーは体を壊して二四年のはじめからスイスで療養生活を送るはめとなった。ベルリンのロシア人コミュニティも洪水の後のように引いていった。エレンブールグも、リシツキーがスイスに移るのと前後しモスクワに戻った。とはいえ、それは構成主義路線の退潮を意味したわけではない。戦線の分布の変化であった。この年に創刊された〝G〟（Gは「形成」を意味する〝gestaltung〟の頭文字で、これはリシツキーの発案だった）は、リヒター、グレーフ、ヒルベルザイマー、リシツキー、キースラー、そしてミース・ファン・デル・ローエを加えて、ラディカルな反美学路線を展開した。政治的には無色ではあったが、もはや絵画や彫刻は問題ではなく、映画（リヒター）、タイポグラフィとグラフィック（リシツキー）、建築（ヒルベルザイマー、ミース）へと力点が移っていた。これは結局ドゥースブルグが建築までは赴いたものの（彼は一九二一〜二三年にかけて「デ・スティール」の建築モデルを作成している）それ以上には踏み込めなかった生産主義路線である。これはリシツキーにおける変化でもあった。彼はかつての師マレーヴィチのシュプレマティズムをこの頃から批判しはじめる。ガンのような観念的な芸術否定ではなく、もっと自然なかたちで芸術からデザインへと彼は移っていった。この転換は、本国におけるロトチェンコのそれに最も近いように思われる。さらにリシツキーは、〈大ベルリン芸術博覧会〉で「PROUN」を室内空間に三次元化した『PROUNルーム（プロウネン・ラウム）』をつくり、それは〝G〟にも掲載された。これは〝G〟のイデオロギーからすれば、いささかフォルマリステッィクな傾向の仕事であるとは言えるだろうが。これが示すように、リシツキーは美学的な価値に対して決して否定的ではなく、その点で決してハード・コアな構成主義者や機能主義者ではなかったが、その活動の幅の広さと適応性の広さによって、ドゥースブルグよりも実践において社会的な仕事をなし遂げることができた。

リシツキーの最後のヨーロッパ・コネクションは療養先のスイスにおいて形成された〝ABC〟である。これは、〝ABC〟の路線を踏襲するような雑誌（創刊一九二四年）であったが、前述のような分野のシフトを示唆するように、リシツキー以外は建築家ばかりのメンバーである。つまり、エミール・ロート、ハンス・シュミット、ハンス・ヴィットヴァー、そしてハンネス・マイヤーで、これにリシツキーに同行したスタムが加わっていた。このメンバーは多くが思想的にも左翼であり、この点でも〝ABC〟とは異なっていた。実際に、このメンバーのうち、スタム、マイヤー、シュミットは、一九三〇年前後に渡ソすることになる。〝ABC〟のグループ、とりわけマイヤーは、後には最も過酷な機能主義者となるが、それは一九二六年くらいから始まり一九二七〜二八年に完成されるもので、〝ABC〟誌には、彼のそのような論文やプロジェクトは発表されていない。唯一彼が責任編集した一九二六年の二号は、「造形美術」の特集だったのだから、基本的にはこの雑誌は、リシツキー的な構成主義路線であったといってさしつかえない。現にリシツキーの帰国後も含めて、多くのロシアの情報が紹介されていた。徐々にABCグループが反芸術路線に転換するのは、思想的なものというだけではなく、むしろ時代に沿った建築の方法自体の発展も寄与している。

リシツキーはスイスで前述のレーニンの演説台のプロジェクトをまとめると共に、スタムとの共同で有名な「雲の鐙」と題されたプロジェクトを構想した。これはいわば「PROUN」の建築版として構想されたもので、巨大な水平キャンティ・レバー（片持ち梁）として構想されたオフィス建築である。これは「水平のスカイスクレーパー」として考えられており、スカイスクレーパー（雲をひっかくもの）が、資本主義社会では深刻な土地問題の歪みを、床を上に積んでいく形式で解決しようとするものであるのに対して、社会主義社会では土地の問題は存在し得ず、従って縦に積む必要はないという理屈によった社会主義のモデル・オフィスの計画である。これは、しかも、モスクワの環状と放射の両幹線道路の結節点に置かれて、いわば都心部へのゲートのようなかたちをとっている。このデザインには二つのヴァージョンがあって、ひとつはリシツキーのものだが、他はスタムとの共働である。『PROUNルーム』に比べてこの計画ではフォルマリスティックな要素ははるかに後退している。より構成主義的といってもよい。この移行は、明らかに一貫したものと見なし得る。

こうして、リシツキー自身の仕事の分野や彼のコネクションがそうであったように、構成主義インターナショナルは、ロシア本国の構成主義者たちよりは遅れてではあったが、おそらくはより自然なかたちで「デザイン」や建築に力点が移っていった。環境のトータルな刷新を目指すからには、建築こそがアヴァンギャルドの終局点であるというような見方は、〝MA〟グループにおいても、〝G〟のグループにおいても強まっていた。「デ・スティール」においては、モンドリアンの《ネオ・プラスティシズム》は画布の上にとどまらず、建築や都市に拡張されていくべきものとして考えられていた（ただし、一時は建築の絵画への優越を表明したモンドリアンも、全体状況がその方向に傾斜していくにつれ、「絵画は本当に建築に劣るのか？」と反転する）し、ドゥースブルグが建築モデルをエーステレンの協力のもとに制作したことは前述したとおりである。この戦線の交替は当然ロシア本国においても妥当するものであった。

第　二　章

遅れ来るもの アヴァンギャルド建築を目指して

1　世紀末から古典主義へ──ロマン的古典主義と民族主義
2　アカデミストたち
3　ロマン的古典主義からアヴァンギャルディズムへ
4　「弥のテルミドール」期のアヴァンギャルド──ステージの実験
5　全ソ農業手工業博覧会と労働宮殿コンペティション

1. 世紀末から古典主義へ

ロマン的古典主義と民族主義

二十世紀モダニズムの言語革命においては、どの国においても建築は他の分野、とくに密接な関係にあった造形芸術に遅れをとるのが通例であった。それは、ひとつには一般的にいっても、経済や技術など、言語外的要因に依存する度合いが建築においてはより高いからでもあるが、この場合、とくに造形芸術の革新が、すぐ後に第一次世界大戦や革命という社会的大変動に曝されたという特殊事情が、この遅れにより一層の拍車をかけたということができる。もちろんこれらの大変動は、建設活動の一時的な空白をもたらさないではおかなかった。しかし、この変動は、当然突発事件ではなく、以前からの社会的な地盤の動揺の最終的な帰結であったわけで、それを反映するかのように、建築言語においても余震的ないし徴候的な変化が世紀の変わり目前後から見られたのである。西欧諸国の場合、それは例えばペヴスナーの本などに述べられているように、アーツ・アンド・クラフツであったり、反発を含みながらもその後身であるアール・ヌーヴォーであったりしたのだが、ロシアではいささか事情が違っている。その原因は、従来常に西欧のスタイルを「輸入」する立場にあったロシアにおける「伝統」のあり方の違いである。すでに前章で述べたように、アヴァンギャルド芸術において、ロシアの民族的伝統は必ずしも対立的なものではなく、むしろそれに滋養分を与えるものであったが、もちろん、伝統は（とりわけソヴィエト・ロシアのように広い国においては）一意的なものではあり得ず、狭義の意味での反動的なナショナリズムの形態をとることもあり得た。ポスト・モダン以降のそれも含めて、インターナショナルなものとナショナルなものとの対立図式は、往々にして二者択一図式に従いがちである。例えば、前者に「革新」を、後者に「反動」を割りふるモダニスト的な見地や、逆に前者に「侵略性」を、後者にそれへの「抵抗」を割りふる民族主義的な見地（それは左翼と右翼とを問わない）がそれである。しかし、この選択の両義性を含めて、両者の絡みは、もっと微妙なミクロポリティクスを現出させるものであった。

ロシアでは、十九世紀の終わりから急速に資本主義が流入しはじめた。それが大都市における不動産の投機現象となって現われた。この現象は、ロシアにおける産業ブルジョワジー層の未確立性から、旧来の支配層であった貴族階級にとっても、下層階級にとっても由々しい問題となり得た。ここでは、ナロードニキを含む十九世紀の反体制運動の担い手には多くの民族主義的な貴族が入っていたことを忘れるわけにはいかない。とりわけ、彼らのエリート的な性格からいっても、文化面での貴族たちの影響力は、絶対数の問題とは別に大きかった。下層階級にとっての問題が住環境条件の物理的、経済的悪化であったことはいうまでもないが、貴族ないし知識人階級にとっては、この投機主義と共に流入してきた折衷的な様式は、例えばペテルブルグのような伝統的な都市の、純正なルネサンスないし抑制されたバロックの整った街並みを「汚染」する文化的な危機でもあった。

この文化的危機には、当然民族主義的な反発が起こってくる。これはちょうど明治時代の日本が、西欧文化の輸入をひとしきり終えた後に、日本の文化的アイデンティティを求め出して、「我が国固有の様式」への模索を始めたことと似ている。あるいは、古い文化をもちながらも、工業化=資本主義化という点では遅れをとった国々が共通して抱えた現象であったというべきであろう。この遅れが、ロシアにおける（あるいは日本における）様式的アイデンティティの特殊性を形作ったということは、意外に注目されていないが、重要なポイントである。西欧においては、十九世紀の半ばにすでに新興の産業主義の粗悪な様式（鋳鉄製の折衷様式の家具など）がはびこっており、やや遅れてそれに抗するかたちでアーツ・アンド・クラフツが勃興するという現象が起こったというのがペヴスナーなどの説明の仕方である。十九世紀的な折衷様式が、結局は新興ブルジョワジーが自らの様式をもてぬまま、過去の様式を取っ替え引っ替え（リヴァイヴァリズム）、あるいは混在させて（折衷主義）用いたものであったとするなら、アール・ヌーヴォーを含む世紀末の新様式は、それを固有のものと置き換えていこうとする企図の現われと見なすことができる。もちろん、この中には多大な矛盾があった。例えば、ウィーンにおいて、アドルフ・ロースはリングシュトラッセやその周辺に建ち並ぶ十九世紀の建物を、実質を欠いた（ブルジョワジーが貴族の様式を仮面として借りている、という）「ポチョムキン都市」だと揶揄したのだが、彼にとっては、一方のゼツェッションもまた、その歴史的退廃を克服するものではなかった。この問題は、通例考えられているように、ロースがライバルのホフマンたちよりも「革新的」であったということだけを意味してはいない。ある意味ではロースは、より保守的な建築家であり、「古典主義者」であった。有名な「装飾は罪悪である」という論文は、この古典主義的な精神と矛盾するものではない。ロースにおいては、古典主義は十九世紀の折衷主義の対極にあるものだった。

ロシアにおいては、この折衷主義も世紀末様式も西欧から遅れて、しかも相互にあまり時をおかずに到着した。だから、西欧においては後者が果たし得たそれなりの革新的な意味は、ロシアではいささか曖昧にならざるを得ないところがあった。日本においてヨーロッパの十九世紀折衷主義に基づく明治建築が、むしろ近代化の尖兵として機能してしまったことほどではなかったにせよ、タイム・ラグが意味の変質を引き起こしたことには違いはない。このような西欧からの「侵攻」に対する世紀末の、あるいは世紀はじめの文化的な反動には二つの種類のものがあり得た。ひとつは民族主義的ないき方で、これは結局のところでは、日本の場合が多くそうであったように、折衷主義には違いないのだが、もちろん外来ではないオリジンを採用するという意味があった。モスクワでシェフテリ（革命後もしばらくMAO［マオ=モスクワ建築協会］の会長の地位にあった）、ペテルブルグでヴァシーリエフらがアール・ヌーヴォー風を持ち込んだとき、それは確かにこうした民族主義的な折衷に対するもっとピュアな、西欧モダン・スタイルをもちこんだというニュアンスもあった。しかし、それはどちらかといえば富裕な新興ブルジョワジー（彼らのうちには印象派のコレクションに熱を上げるシチューキンなどがいた）のスタイルであり、西欧に比べると彼らの階層としてのアイデンティティは厚みがなかったのと、彼らでは本質的に貴族主義的なロシアの伝統へのコミットが希薄たらざるを得なかったから、一九〇三年にはマッキントッシュとオルプリッヒらが訪露しているにもかかわらず、もうひとつへゲモニーを確保しきれないままであった。実際に、建築サークルや新興知識人たちの間では、この動きが、西欧と同じように、新しい個人の自由の表現であるとして歓迎されるということはあった。ペテルブルグの建築家協会の機関紙でもパーヴェル・マカロフなどがそれを社会の変革に結びつける論陣を張ったりした。しかし、それは社会変革との結びつきという点ではともかく、明らかにより貧しい階級には結びつかないという点も含めて、ブルジョワジーの層の薄さを越えたものとはなり得なかった。

もうひとつのいき方は、折衷ではない、より伝統的で純正な様式に帰ることである。それがロシア古典様式であった。すでに述べたように、ペテルブルグにはヨーロッパにもましてヨーロッパ的な街並みがあった。もちろん、オリジナルはカレンギのようなイタリア人その他の外国人によって輸入されたことには変わりがないが、もはや一国の伝統として血肉化していたし、貴族階級にとっては自らのアイデンティティであるといえた。リヴァイヴァリストたちがペテルブルグの景観を守るための規制を市当局に承知させたのも、この時期である。この場合の古典主義とは、多くイタリアの後期バロック、つまり隆盛期のそれに比べれば古典主義化したバロックである。ただし、その中には「古典」的とは単純に言いにくいピラネージやユヴァーラのロマン的なスタイルもあったわけで、これはまた後に述べるようなインパクトをもったのだが、それを別とすると、ロココか、それを通り越してもっと抑制されてくれば、もはや同時代のフランスの古典主義とも区別はつきにくいものであった。ロシアの建築家はこうして、イタリアやフランスの「純正」な古典主義的建築のアカデミックな研究（留学を含む）からそのキャリアを始めるという伝統によって育てられてきたのである。それは、本書の主役でいえば、「アカデミスト」のジョルトフスキーから「アヴァンギャルド」のギンスブルグまで変わりがない。次節に述べるように、このアカデミズムのバックグラウンドはその後も重要な意味を持ってくる。

この内で、とくにアヴァンギャルド建築にとって見過ごせないモメントとして、十九世紀のはじめに、フランスから始まった「革命様式」、即ち「新古典主義」とその更新されたヴァージョン——ブレやルドゥのそれ——がロシアには

シェフテリ／ヤロスラブ駅，モスクワ，1902 - 04

移入されていた。ペテルブルグのネヴァ河の中州につくられた、ルドゥ門下のトマス・ド・トモンによる証券取引所（現在は海軍博物館）は、単体としては革命様式で実現された最大の建築物といえる（様式的に師のルドゥの作風そっくりそのままである）が、その後にもドイツ新古典主義の建築家として、ベルリンのシンケルと並ぶ存在であったミュンヘンのクレンツェが、エルミタージュ美術館の見事な新館をつくった。西欧において、とくにフランスの革命様式が、その後エミール・カウフマンが一九二〇年代の後半になって取り上げるまで、ほぼ一世紀近く忘却されてきたのに比べて、ロシアではこの伝統は生き続けていた。ロマン的古典主義とも呼ばれるこの様式は、カウフマン以前の西欧の一般建築史では、ほとんど空白期扱いであったが、ロシアでは、例えば一九一〇年のイーゴリ・グラバーリの著作に、十九世紀初めのロシアにおけるその面での活動がブレらのプロジェクトの図版付きで論じられているといった具合であった。ちなみに、このグラバーリの本の専門的な建築コンサルタントとして協力していたのが、次節で取り上げる代表的なアカデミスト、シチューセフである。シチューセフのもとには将来のアヴァンギャルドたちが多く出入りしており、本書の主役の一人メーリニコフなどもグラバーリと知己を得ていた。

スイスの建築史家、アドルフ・マックス・フォークトの『革命建築』と題した著作がある。ここではフランスとロシアの二つの大革命期の建築の比較検討が行なわれており、いかに通例の古典主義からその時期に極端な幾何学的純化へと昂進していき、また古典主義へと回帰していくかがフォローされている。この幾何学的純化のピークをなすのが、球形建築、つまりブレの「ニュートン記念碑」やルドゥの「畑番の家」（以上フランス）であり、レオニドフの「レーニン研究所」（ロシア）である。この議論は前述のカウフマンの兄弟弟子、ハンス・ゼードルマイヤーの有名な『中心の喪失』ですでになされていたものだが、必要以上に類似性を強調するのは危険としても、ロシアのアヴァンギャルド建築に特有な、機能をそれに対応した幾何形態に割りふって分節するという手法が、フランスの前例にある程度似ていることは確かである。実際、レイナー・バンハムが『第一機械時代の理論とデザイン』で指

ド・トモン／
証券取引所，ペテルブルグ

フォークト／フランス，ロシア両革命の球形建築とその後の古典主義への回帰を示す挿図
a：ブレのニュートン記念碑，b：シャルグランの凱旋門，c：レオニドフのレーニン研究所，
d：ジョルトフスキーのアパート

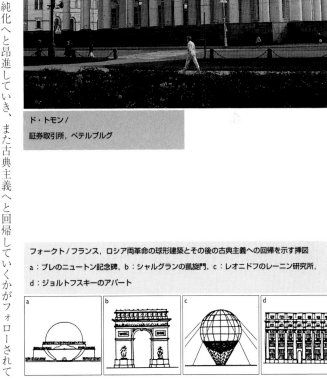

摘しているように、古典主義的なコンポジションのアカデミックな分析の作業が、近代建築のそれにインパクトを与えたことは事実であり、個別的にもル・コルビュジエがアンリ・プロヴァンサル（実証主義的というよりは観念的な議論であったようだが）の影響下に有名な「建築とは、光の下に集められたヴォリュームの壮麗、正確かつ巧緻な戯れである」というようなプラトニズム的なテーゼを生み出したことや、ロシアの例でいえば、メーリニコフの師イワノフ・シッツもまた、ロマン的古典主義への関心から幾何学的分析法を導き出していたというような例が挙げられる。ハーン・マホメドフはこの古典主義復興についてこう説明している。

「美学的見地からすれば、これらのトレンドは、西欧におけるようにモダン・スタイル（この場合はアール・ヌーヴォーのこと——引用者註）が『合理主義建築』に移行していく発展の結果などではなく、『モダン・スタイル』の原理への反抗であり、その美学への否定であった。このことは初期の構成主義の様式的純正さを説明するものであり、古典主義の段階を経たことによって、それ自身をアール・ヌーヴォーの影響から守り得たのである。構成主義と合理主義の将来のリーダーたちは、自分たちの革新的営為に赴く以前には、古典主義に熱烈に帰順したのである」。

この点で興味深いテクストとして、すでに前章で触れたものだが、『エスプリ・ヌーヴォー』誌のためにエル・リシツキーが用意した「SSSRソヴィエト建築」中の一節がある。この中でリシツキーはフランス革命の建築への言及を行なっている。つまり、「新しいロシア絵画文化の隆盛を可能にしたメティエ、それが今後の建築の目標となる。『装飾やモールディングなし』というところにだけしか近代的な精神を見ないとしたら無残というべきだ。コンクリートを打つことだけに依存する

ソロヴェフ／女学校，モスクワ，1913

アビシュコフ／シャエフ邸，ペテルブルグ，1906 - 07

ことは危険だろう。ロダンはブロンズだけで鋳造することが可能になったときに彫刻から逸脱したのだ。四角のブロックとの戯れではなく、構築的な概念、空間的な思想が問題なのだ。この点でのエネルギーが建築において結晶化すべく費やされたフランス革命やナポレオン期からやっと百年経ったに過ぎない。それらのプロジェクトは、今のロシアと同じように、大部分紙の上にとどまったので、それは問題性として一言で形容できるようなものでしかない。ブレのニュートン記念碑は、装飾やモールディングなしの巨大な半球以外の何物でもない。あるいはルドゥの作品もそうだ。しかし、この問題は、かの北方では実現されている。ペテルブルグでの海軍省（ザハロフ）や証券取引所（トモン）がそれだ。芸術の目利きたちは、これらの作品を今日メガロマニアと呼んでいる。それにはそれなりの理由がある。単なる手段を越えたものは躁狂（マニー）なのだ。聞くところによると、ロシアの芸術に対してメカノマニーという言い方があるという。しかし辛抱が肝心。我々は我々の仕事の環境以外にはいないのだし、この時期のための正しい振る舞いをすれば望外の幸福なのだ」。

これはリシツキーのテクストがル・コルビュジエの委託によったものであること、そしてこの当時ではカウフマンの他ならぬ『ルドゥからル・コルビュジ

ジョルトフスキー / タラソフ邸，モスクワ，1909 - 10

エ』までという、西側ではエポック・メーキングであった著作が現われるには、まだ十年近くの年を要したことを思えば注目に値する。しかし、リシツキーが気がついていなかったこと、また、両革命の「革命前」→「革命様式」→「革命後の秩序への帰還＝反動」という変遷を見事に分析してみせたフォークトも（おそらく）気がつかなかったことは、この変遷が、どんなに激しい振幅を包含しているにせよ、結局は不連続（革命／反革命）線ではなかったということである。このことは、しばしばアヴァンギャルドの不倶戴天の敵であるかのように取り上げられる、いわゆる「アカデミスト」たちを考えるときに、とりわけ重要な意味をもつ。

もうひとつ、様式史的な観点とは別に、世紀の変わり目頃には、プログラム的、経済的にプロト合理主義とも言うべき建築がロシアでも増えてきたことは、見逃してはおけない点である。工業的な建築物がそうであり、都会の中のさして富裕ではないアパート建築などもそのカテゴリーに属する。これらの建物ではプラスターなどで仕上げられないむき出しのレンガや鉄、ガラスなどが使用され、多くはアール・ヌーヴォーや新古典主義のモチーフを伴った折衷的なかたちではあったにせよ、大勢として見れば歴史主義的な装飾などは後退していった。それらを現出させたのは建築家による意図的な「デザイン」では必ずしもなかったが、それが建築家たちにも浸透していったのは当然の成り行きである。とくにイヴァノヴォ－ヴォツネセンスクなどの新興工業地帯にはこのような傾向が多く、シェフテリや初期のヴェスニンの建物にこの傾向を認めることができる。これらを含めて、新興の実業家などのヴィラにプロト合理主義の傾向が見られることが多いのは、それが歴史的な定型をあまりもたなかったためである。ヴィラというプログラム自体がルドゥなどの新古典主義の言語と親近性をもっていたということもあるかもしれない。V・P・アピシュコフがペテルブルグの実業家シャエフのために一九〇七年に建てたヴィラには、簡素化されたゼツェッション風の装飾パターンと共に、大胆なガラス張りの円筒形階段室をもつが、これは新古典主義を通して、後のゴロゾフやメーリニコフの作品をもうかがわせる。

2. アカデミストたち

ピョートル大帝の欧化＝近代化政策以来、ロシアには西欧とくにフランスのアカデミーに倣った制度が取り入れられていた。アカデミーに属するエスタブリッシュメントが美術学校、つまりフランスでいえばエコール・デ・ボザールにあたるものを指導していたことも同じである。アヴァンギャルドも、この教育を受けてきたことには変わりがない。その点では、フランスにおいてル・コルビュジエがエコール・デ・ボザールに一貫して逆らいつづけたのとは違う。ル・コルビュジエが、その敵愾心を例えばジュネーヴの国際連盟本部のコンペティションを彼らに簒奪されたというような、露骨なかたちでキャンペーンしつづけたために、アカデミズムとモダニズムは終始相容れない仲のような印象が一般にある。確かに、ロシアにおいても、いわゆるスターリン期の反動で結局社会主義リアリズムの柱になったのがアカデミズムのスタイルだったためもあって、同様な図式が成立しているが、この関係はもう少し入り組んでいる。もちろん、一九二〇年代においてもこの両陣営には敵対関係はあったが、必ずしも固定したものではなかったし、何よりも、アヴァンギャルドの第一世代（おおむね一八八〇年代生まれ）がアカデミストたちと直接の師弟関係にあったということは、ル・コルビュジエの場合などとの決定的な違いであり、初期のアヴァンギャルドにその影響が少なからずあったことは、前節に引用したマホメドフのテクストに述べられている通りである。彼らの作品がスターリン期のスタイルのもとになったということは、ポスト・モダンがプレ・モダンにつながっているという、表層としてしか考えられていないが、実は意外に根深い図式を半世紀以上も前に体現しているのだ。アカデミストたちは、我々の記述の対象を時期的に完全に横断しているという点でも、またこの密やかな連続性という点でも、紛れもなく、本書の一方の主役なのである。

この世代の建築家として我々の記述にとって重要な人物は、イワン・ジョルトフスキー（一八六七年生れ）、イワン・フォーミン（一八七二年生れ）、アレクセイ・シチューセフ（一八七三年生れ）、そしてアレクサンドル・タマニヤン（一八七八年生れ）であり、そのうち具体的にスターリンの時代の確立まで生きながらえたのはジョルトフスキーとシチューセフの二人である。彼らは革命前から尊敬と評価を集めた大家だった。ただ、アール・ヌーヴォーから表現主義（このフェーズはロシアにはほとんどなかった）、ノイエ・ザッハリッヒカイトへと至る近代建築のオーソドキシーのラインの埒外にいたすべての建築家たちと同様、彼らの名声はその国と時代を出ることはなかった。これは実際には、必ずしも珍しいことではない。日本の建築においても例えば、前川國男や丹下健三のようなモダニストが広く国外でも知られていたのに対して、村野藤吾、白井晟一、谷口吉郎、吉田五十八のような、日本趣味も含めて大なり小なり折衷的な様式に拠った人々は、国内での知名度の十分の一も外国に知られてはいない（美術でも似た例はいくらでも探すことは可能だろう）。スターリン時代にヴェスニン兄弟のようなすぐれたモダニスト建築家（それに間違いはなかろうが）が仕事の場を著しく狭められ、ジョルトフスキーやシチューセフのような「二流の模造的キッチュ」を生み出す建築家（それも間違いないかは後に述べる）が高い評価を得ているのは、全く理解に苦しむ時代の歪みとしか言いようのない事柄だと西欧の人々は戦後ずっと（そして今もなお）考えてきたが、必ずしもそれは、大粛清がそうであったように狂気じみたことでも、あるいは政治的圧力や情報統制なしには考えられぬことでもなく、事の当否はともあれ、それ自体は（かつての？）丹下流のモダニズムにオルタナティヴを与えるものとして、村野がほとんど別格的扱いを受けるという日本の一九八〇年代の状況とさして変わらぬものであった。そしてこの場合も、問題は必ずしも情報（紹介）の上のそればかりではない。筆者の知見の中でも、ある高名なイギリス人のモダニスト批評家は、村野の作品を常に失望的な「モデルヌ」（一九三〇年代のモダン風を加味した折衷を指す）以上ではないと評したし、他のアメリカ人建築家に至っては、白井の作品とラス・ヴェガスとどう違うのかと語ったが、それが日本人（の多く）にとっては椅子からとび上がるような評価であるとしたら、スターリン時代のロシアにおいても彼らの作品を二流のキッチュ呼ばわりすることは同様以上の効果――政治的なものを別としても――をもたらしたであろうことは間違いない。

まず「評価」以前に、これらの「アカデミスト」を十把ひとからげにグルーピングしてしまうこと自体が粗雑な議論であり過ぎる。前述の四人にしても各々違ったバックグラウンドとスタイルのもち主である。ジョルトフスキーは、真の意味で「アカデミスト」の形容にふさわしい建築家であり、終始一貫イタリア・ルネサンス（とくにトスカナ・ルネサンス――アルベルティとパラディオ）をベースにしていた。建築家としての教養のベースにイタリアをおくという考え方は、当時の旧世代にとっては一般的なことで、アヴァンギャルドの理論的中心となったモイセイ・ギンスブルグもイタリア帰り（の最後の一人）だが、ジョルトフスキーはその素養・知識の深さからいってもこうした「アカデミズム」体系の頂点に位置していた。革命後の一九一八年から一九二一年にかけて、彼は途中でVKhUTEMAS（ヴフテマス＝国立高等芸術技術工房）と改称された絵画・彫刻・建築学院で教鞭を執る傍ら、一連の建築史会議を主催し大きな成功を収めた。一九二三年から数年イタリア外遊に赴くまで、彼は大きな権威としてNarkompros（ナルコムプロス＝教育人民委員会、文部省にあたる）の建築部会やVKhUTEMASの指導的立場にあると同時に、次章で触れるように、モスソヴィエトで新しいモスクワの計画を練るためのアトリエを主宰している。このアトリエにはメーリニコフ、ラドフスキー、ドクシェエフ、パンテレイモンとイリヤのゴロゾフ兄弟など後のアヴァンギャルドの中核がアシスタントとして集まっていた。彼らはVKhUTEMASの前身であるモスクワの美術学校で、ジョルトフスキーの薫陶を受けた人々である。新古典主義がアール・ヌーヴォーや折衷主義に対して勝利を収めたのはちょうど革命と重なる頃だが、当時ジョルトフスキーは若い学生たちにとってのアイドルだった、とマホメドフは書いている。彼の教育はルネサンスを中心とした古典主義建築のコンポジションを客観的な法則性として抽出、分析すると共に、形態を功利的機能と構法から還元していくことも教えるというものであった。ここには、十九世紀の後半に隆盛してきた実証＝唯物主義的なアプローチが関わっている。つまり、諸々の社会的営為の変遷を技術や物質的な基盤から説明しようという傾向で、ロシアでは一八八〇～九〇年代に鉱物学者フォードロフがこのようなアプローチでの理論的成果を挙げ、他分野にも多大の影響を与

えた。

建築の分野ではB・N・ニコラーエフが、形態の生成を従来の様式史的な説明ではなく、構法や材料からアプローチするいき方で『建築における物理的基盤の役割』と題された著作を一九〇五年に出版している。あるいは同じようないき方をした人物にO・R・ムンツがいるし、一九一〇年代には技術史的な観点から芸術的営為を説明しようとしたエンジニア（本来は機械技術者）のP・K・エンゲルマイヤーなどが登場した。エンゲルマイヤーの「技術主義」は、必ずしも機械的な技術観ではなく、あくまでそれを人間の創造的行為として理解しようとするものだったといわれる。もともとルネサンスにはダ・ヴィンチやミケランジェロのように芸術家であると同時に技術的な発明をした人物が多く出たわけだし、事実この時期にはロシアでは、同様な観点から見た彼らの業績に関する著作が出始めていたから、ジョルトフスキーの先述のようなポジションは別に異とするにはあたらない、むしろ正統的なものであった。したがって、こう見てくると、それが単に懐旧的な歴史模倣というだけではなく、むしろ姿勢としてモダニズムの合理的分析方法と変わらないものであることに気づく――もちろん、モダニズムがそれを引き継いだというかたちでだが。実際、ユーリ・ヴォルショクは、ニコラーエフやムンツの業績に触れながら、それをバフチンの文学研究と結びつけ、バフチンの以下のような言葉を引用している。「芸術科学の基盤から、芸術形態を素材及びその自然科学的、言語学的条件と合法則性と結びつけて理解しようとする傾向が生じる」。ラドフスキーやドクシェエフは、ある意味で師ジョルトフスキーのこのような部分を敷衍し、それに西欧の視覚心理学や精神工学の影響を接ぎ木していくかたちで「合理主義＝フォルマリスト」グループASNOVA（アスノヴァ＝合理主義建築家同盟）を結成していくし、それと対立するはずの構成主義グループの理論的リーダー、ギンスブルグの、イタリア滞在中や中央アジアでのサーヴェイ経験をもとに、古典及びヴァナキュラー建築の発展をコンポジションにおける法則性を通じて辿るといった仕事も、明らかに同様にジョルトフスキーの方法の延長上にある。現にギンスブルグはこの前後にジョルトフスキーの主宰する会でペーパーを読みあげたりしていた。それは、一方で歴史的遺産の批判的摂取というレーニンのテーゼを受けとめたものだが、ギンスブルグは、さらにヴェルフリンの理論を加味した一九二四年の『様式と時代』でより総合的な様式理論を、新しい時代のダイナミズムとの関係の上に、構成主義の理論的バックグラウンドとして打ち出した（四章三節参照）。これも

フォーミン
「新ペテルブルグ計画」
1912

物質的、生産的な基盤の上にたった建築分析という、マルクス主義的なアプローチを意識したものではあるが、前述のジョルトフスキーの方法の後半部を発展させたものとも見なし得るものだ。メーリニコフがジョルトフスキーの薫陶こそが一九二〇年代のアヴァンギャルドたちのベースをつくったのだと言っているのはこうした意味においてであろう。

立て役者のもう一人、ペテルブルグのイワン・フォーミンのスタイルはロシア帝国の古典主義のリヴァイヴァルという、前記のモデルに適合したものだったが、革命前のそれがイオニアやコリントなどより複雑で優雅なオーダーを基本にしていたのに対して、革命後のフォーミンはもっぱら、本来最も単純で非装飾的なドリス式を基にし、それをさらに簡素化するといういき方を選んだ。フォーミン自身が「古典主義をやり直すこと、単純化すること、コストを下げ、スタンダード化し、そのぜいたくさ、華美さを削り落とし、それが包含し得るあらゆる貴族主義的な面を取り去ること、一言でいえばプロレタリア化することが必要である」と述べている。つまり、イオニアやコリントが「貴族主義」的であるのに対して、より根源的なドリスはプロレタリアに適わしいという図式である。この意味でより「貴族主義」的なジョルトフスキーに比べて、フォーミンのスタイルははるかに洗練の度合いが少なく、より直截であり、時に粗野といってもよいほどである。そこで目論まれているのは、明らかにポピュリズムの一形態としての「プロレタリア古典主義」であり、それがフォーミンの作品を「赤のドリス」と呼ばしめた所以である。このコメントにしても、ジョルトフスキーの古典主義に関わる次のようなそれと比べると両者の差がはっきりと見える。「我々はソヴィエト古典主義の新しい建築様式の創造に等しく責任がある。(…中略…)我々のスタイルはモニュメンタルなもの、重いという意味でなく、建設の力と軽さという意味でモニュメンタルなものでなくてはならない」。ジョルトフスキーのそれは、基本的に洗練された趣味と教養に裏づけられ、知的な構成分析に基づいたエリーティズムであり、本来の意味でのアカデミズムである。「軽い」モニュメンタリズムなどという言い方がその知的スノビズムを端的に要約している。フォーミンの方は、同じ古典主義といっても抽象的な構成法則とはかかわりなく、ヴォキャブラリーとしてのそれであり、故に分かりやすい。彼は、政治的な発言は一貫して極めて少なかったジョルトフスキーに対して、『革命と新しい構築の課題＝共同住宅』など、アヴァンギャルドにも通ずるような、共同化、女性の解放などについての著作ものしている。二人を比べると、一

シチューセフ／
カザンスキー駅とコスモールサカヤの整備計画，モスクワ，1913 - 26

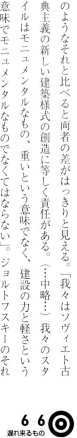

九三〇年代のメガロマニアックな社会主義リアリズムの原型に近いものを提出したのは、フォーミンの方であり、それは例えば、同時期のベーレンス（彼が一九一二年にペテルブルグに建てたドイツ大使館など）や一九二〇年代後半以降のペレ、さらには一九三〇年代にイタリアのファシズム建築の中核となった「アカデミスト」ピアチェンティーニにも近い。

二十世紀前半のモダニズム・アヴァンギャルドが、その反アカデミズム、反古典主義という外貌にもかかわらず、実は古典の構成を脱色化したかたちで引きずっていたということは前にも触れた。これはレイナー・バンハム（ボザールのジュリアン・ガデの構成法の講義とアヴァンギャルドの原理比較）やコーリン・ロウ（パラディオやシンケルとアヴァンギャルドの比較）などの歴史家によっても指摘されているが、ソヴィエトにおけるこの辺りの事情は、幾多のアヴァンギャルドが、「生ける教科書」であったジョルトフスキーに育てられただけでなく、十年を経て彼らの後継者たちがまたこの大家に帰順するかたちを導くというシナリオを用意するものだった。このことはまた後に触れるが、それを単純な反動とか転向だとか、外的な力学のみに帰してしまうことが正しくないのはそのためである。アヴァンギャルドたちの「帰順先」として、フォーミンやシチューセフのポピュリズムよりもジョルトフスキーのエリーティズムは、彼ら自身の知性主義に一層体質的に合っていたとは言えるのではないか？　実際、ジョルトフスキーのアトリエでの弟子たちとの建築論議をメーリニコフは「すばらしい夕べ」であったと述懐している。

だが、師と弟子たちの関係は、後者の先鋭化によっていったんは断ち切られることになる。一九二一年にモスクワ絵画美術館でのシンポジウムで、生産主義の理論家タラブーキンが新旧の両傾向を代表する作品の比較論を提唱、ジョルトフスキー（＝旧）とラドフスキー（＝新）を並べて、「明白に左翼芸術の推移が見てとれるだろう」とコメントした。この時期、電話をかけてきたジョルトフスキーが、出た相手がラドフスキーだとわかって電話を切ってしまったというエピソードがある。そして一九二三年、後述の労働宮殿コンペティションでヴェスニン兄弟の記念碑的な応募案を三等にとどめたのは、他ならぬジョルトフスキーその人である。このコンペティションを共催した団体のひとつMAO（マオ）の当時の会長は、三人目の「アカデミスト」シチューセフだが、彼は「私は一九二三年が建築での転回点となったと記憶している。憶えているのはジョルトフスキーが、我々はヴェスニン兄弟に労働宮殿の賞を与えるべきでない。彼らの建築は道を誤まろうとしているのだと言ったこと

だ。賞を与えられたのはトロツキーだったが、建築が新たな道を歩むことは止められなかった」と一九三四年に述懐している。

そのシチューセフは、ジョルトフスキーと並んでモスソヴィエトにアトリエをもち、前記アヴァンギャルドたちと指導的立場から協働していた人物である。レーニン廟の設計を委ねられたことからも知れるように、彼は終始体制から重視・重用されていた建築家であり（アヴァンギャルドのドローイングを含めて多くの資料を持つモスクワの建築史博物館は彼の名を冠している）、またジョルトフスキーよりもはるかに状況主義的な人物でもあった。ジョルトフスキーやとりわけシチューセフのアトリエの仕事の中核をなしたのは、首都モスクワの再建計画である。メーリニコフやゴロゾフ、ラドフスキーらはシチューセフ家に起居するようなかたちでこの計画をまとめた。この計画については後でまた触れるが、フレデリック・スターは彼のメーリニコフに関するモノグラフの中で、若い「熱狂者」たちの「不つりあい（unlikely）なリーダー」は、「才能」と「穏健さ」の割り合いで「彼らを反転させた人物、つまりシチューセフだった」と述べている。この評価はかなり妥当なところであったと思われる。アカデミズムといっただけで「凡庸」と冠してしまうのは、モダニズム的な「偏見」であるとしても、例えばジョルトフスキーやフォーミンと比べても彼の作品には印象的なものが少ないし、一貫性も欠けている。スターは、シチューセフの初期の作品を「今日から見るとスターリン・ロココの最悪の部分の予兆として以外の関心を呼ばぬ」といっているが（しかしレーニン廟は悪くない出来だ、とつけ加えておきたい——筆者）、その一方で彼の若い人々へのパトロンとしての貢献は評価している。

実際、ハーン・マホメドフもシチューセフを、「熱中のできる人間であり、良いと思ったものはすぐにとりこむ性質」の人物で、「旧世代の誰よりも太っ腹かつ客観的な新建築の擁護を行なった」とこれと相応した評価を述べている。メーリニコフが「パパーシャ」と呼んだこの人物は、革命前の実績も十分なものがあり、かつ考古学の知識もあったことから古い建築の保存問題の権威でもあった——それがモスクワ計画を手がけるひとつの理由でもあった——が、同時に、この時期に大きな仕事を取ってくることのできる唯一の建築家でもあった。つまり世俗的とはいえぬジョルトフスキーと違って、マネージメントの才能にも恵まれていた。

アナトール・コップはこのシチューセフに対して最もシビアな評価をしている。シチューセフは前記の二人と違い、本来は民族主義的な折衷様式で知られて

タマニヤン／農業省，バクー，1928

バイエフ／バクー駅，1926

いた。革命以後は、以下に述べるエピソードにも見られるように、構成主義から古典主義まで、様々のスタイルを時に応じて使い分けた。これをコップは典型的な政治的日和見と見なしている。一九三〇年代の御用アカデミストの最たるものだというのである。彼はまた協働者を影に追いやり功績を独り占めするような人物であったとも（レーニン廟の協働者に言及しながら）述べているが、どうであろうか？

シチューセフに関しては、若き日の今井兼次が一九二五（大正一五）年に最初のヨーロッパ旅行の途中でソヴィエトに立ち寄り、彼に会っている。たまたまではなく「モスクワでレーニン廟の作家のシュッセフ《ママ》先生に会いたかったからです。レーニン廟（この頃は木造の仮のものであった——引用者）も見たいし、カザンスキーの停車場の作品も見たいということで」あったらしい。会見の折りにシチューセフが今井に語ったという言葉はこの大家の立場を典型的に示したものである。つまり今井のパラフレーズによれば、「私は、もともとスラブの国土を大切にしています。それは、単なる伝統を守るのではなく、土は人間感化の母であり、建築の母でもあるから、自分はスラブ民族の厳しい気候、風土、条件に根ざした建築をこそ求めたいと願っているものです。だが今日の若い世代の人たちは、全然それを抹殺するひとつの運動に出ているのです。私はソ連建築界の指導役の立場にもあるから、若い建築家のことも考え、コーカサスにこんなデザインもやっていますよ」と言って全く構成主義風のデザインを示したというのである。カザンスキーの停車場は、帝政期からすでに建設の始まっていた建物で、これも今井の表現では「ダッタン・スタイル」ということになり、いずれにせよ構成主義とは似ても似つかぬ、しかし（スターの言ったように）スターリン期の建物を予兆するデザインである。このデザイン及びコメントにも見えるように、シチューセフの本質的なスタイルはやはりスラヴの民族色の濃い折衷主義である。ジョルトフスキーのルネサンスともフォーミンのロマン的古典主義とも違うもので、十九世紀末のナショナリズムの高揚に関わっている。それはスターリン期の民族主義路線に、よく言えば鷹揚で包含的、悪く言えば（コップの言うように）日和見主義的な意味で合致していくもので、そのために別格的に神格化されていくジョルトフスキーとは別の意味で重要なポジションを占めつづけた。

最後のタマニヤンは、シチューセフと同様に「ナショナル・スタイル」の推進者として一九三〇年代路線の先鞭をつけた人物である。しかし、シチューセフがロシアであったのに対して、彼はアルメニアのそれを代表していた。この

ブニャーチャン／農業銀行，イェレヴァン，1927 - 30

建築家もまた革命前からのキャリア組で、モスクワで富裕階級のための仕事を、ロシア化したタマコフという名前で行なっていたが、革命後は帰郷し、一九二〇年代の中頃から活動を再開した。ロシアと比べてアルメニアは豊富な石材を産出し、また民芸的な分野を含めて、独特の装飾文化を誇っていた。タマニヤンは古典主義の上にこうした地方的な装飾を加味したネオ＝アルメニアン・スタイルを考案し、重要な公共建築をそれによってデザインしている。一九二八年のNarkomsen（ナルコムセン＝農業省）の建物などが代表作である。同じような時期には、他の南の地方でもN・ブニャーチャンのイェレヴァンの農業銀行（一九二七〜三〇年）、N・バイエフのバクーの駅（一九二六年）のような類似例が見られる。これらは後進国のナショナリズム建築としてはよく見られるかたちのもので、その意味でわが国の「帝冠様式」と同じカテゴリーに属している。その帝冠様式が、明治期に国会議事堂計画をめぐる議論で最初のナショナリズムの表現として浮上してきたものを再度ナショナリズムの高揚する昭和一〇年代の開戦前後に焼き直したものであることを考えると、これらのアカデミストの仕事が一九三〇年代の途を用意したという構図はそれとよく似ている。タマニヤンの場合は中央から遠ざかっていたわけだから、全ソ的なレベルで見れば他の三人よりもマイナーな存在だといえるが、一九三〇年代の政治的ヘゲモニーをとるのが、多くアルメニアやアゼルバイジャンなど中央アジア出身者であったという事実によって、それは民族主義的折衷様式としてモスクワやキエフにも逆に流入していく（レニングラードには、興味深いことに、構成主義の建物もこうした「スターリン・デコ」と呼び慣わされる建物もごく少ない）。コップは、一九三〇年代以降の古典主義の隆盛が、国家遺産、伝統の継承と結びつけて語られるが、ロシア古典主義とは、もともとピョートル大帝のロシア欧化政策（フランス語化の推進、サンクト・ペテルブルグの建設に始まる）の一貫して、軍隊主義的なアカデミーの組織化により果たされた「力業」であり、その点でスターリン期とも通じていると述べているが、コップ自身にもそのきらいがあるように、このことを単純にリヴァイヴァリズム＝権力の専横と結びつけてしまうだけでことが済むとは思えない。後進国として、様々なそして極めてワイド・レンジな伝統や慣習的システムを重層的に抱え込みながら、多くの移入を経て「近代化」を果たそうとしていった巨大な国が、革命という急激な切断面によってそのミクロポリティクスを——決して単純な善玉と悪玉のマクロポリティクスのみでなく！——ほつらせていったか、それを辿ることが我々にとってのプロブレマティックである。

3. ロマン的古典主義からアヴァンギャルディズムへ

アカデミスト、とりわけジョルトフスキーやフォーミンの古典主義がアール・ヌーヴォーとの闘争に勝利を収めたのが革命と重なったと前節に述べたが、これは単なる偶然の一致ばかりではない。何故ならアール・ヌーヴォーは西欧では革新的であり得たとしても、どう見てもブルジョワ的なスタイルであったには違いないから、ソヴィエト・ロシアではもはやそれを受け入れる社会的、心理的基盤がなかったとも考えることができるのだから。レーニンは革命のすぐ後から、後の社会主義リアリズムの確立への過程の中で大々的に蒸し返される「歴史的遺産」の継承（全人類的遺産の継承者としてのプロレタリアートという位置付け）というテーゼを打ち出していたから、古典主義の方はこうした社会的カテゴリー上のバリアーに引っかかることはなかった。しかし、すでに他の分野、とりわけ近接する美術ではすでにはるかにラディカルな革新が政治革命以前から開始されていたし、しかもそれが「建築的」、「構築的」な方向を向きつつあった以上、遅れていた建築家たちがそれに合流しようとするのは、むしろ当然の流れであった。

だが、この短期間の転換期の現象を見ることは、後のスターリン期の現象を考え合わせる上で興味のないことではない。例えば、構成主義のリーダーとなるヴェスニン兄弟、とくに最も造形の才に恵まれていた末弟アレクサンドルの革命前後の仕事を見ると、古典主義とアヴァンギャルディズムへの関心は、少なくともこの頃の彼に両立し得るものだったことがわかる。建築と同時に絵画の修業も積んだアレクサンドルは、建築での学位を受ける一九一二年前後からタトリンの工房にも出入りしていた。この頃の同僚の一人にポポーヴァがいる。ハーン・マホメドフは、この頃の彼がジョルトフスキーらに率いられた古典回帰に対して同調しかねており、そのために美術の方へ関心を向けていったと書いているが、確かに一九一三年頃の彼の絵画作品は明らかにタトリンを経由したクーボ・フトゥリズム的な特質を示しているし、一九一七年には完全に純抽象的な作品を描いている。しかし、兄たち（レオニードとヴィクトルはもはやプロフェッショナルな建築家としてスタートしていた）との共同作業による同時期の建築作品はこうした傾向とは無縁のものであり、他の建築家の仕事と同様にロマン的古典主義（国立博物館のコンペティション案）であったり、スラヴ風の民族主義（カトゥンキの教会）であったりした。当然この時期には兄たちにイニシアティヴがあったとも考えられるが、一九一三年の冬から一四年にかけて、アレクサンドルはヴィクトルと共にイタリアに出かけて、とくにパラディオの建築に深い印象を受けており、この影響は同時期の設計によって一九一六年に完成したニジニ・ノヴゴロドの市長シロトキンの住宅にはっきりと現われている。この邸宅の天井画をアレクサンドルが手がけているが、でき上がったものはほぼイタリア・ルネサンスの伝統に従ったものである。しかし、面白いことにそのための下絵は明らかにセザンヌからマチス、キュビズムの影響を示している。アレクサンドルは当時のことをこう書いている。

「あの天井画における私の目標は、近代絵画の問題に取り組む前に心構えを固めるべく、昔の巨匠たち——ティツィアーノ、ティントレット、ヴェロネーゼ、エル・グレコ——をその色彩や形態において研究しようというものであった。私はすでにセザンヌやピカソを好んでいたし、タトリンのスタジオで新しいスタイルに取り組んでいたのである」。

この事例は、前にも述べたアヴァンギャルド・モダニズムとアカデミックな古典主義の間に密かに通底している命脈についての興味深いエピソードではあるが、アレクサンドルは一九一七年以降は五年間、前述のアーティストとしての活動に専念をして、再び建築に戻って労働宮殿のコンペティション案でほぼ完全な構成主義のスタイルを提示するまでは、この分野での活動を行なわなかった。従って革命直後の建築表現の革新は、別の人たちによってなされることになった。

タトリンのタワーをはじめとするアーティストたちの仕事を除けば、建築的な分野での実験的な試みの最初のものといえるのは、一九二〇年の秋に開かれたモスクワでのZhivskulptarkh（ジフスクルプタルフ＝絵画・彫刻と建築の総合問題解決委員会）のメンバーによる展覧会である。この組織は前章でも述べたように、INKhUK（インフーク＝芸術文化学院）の中でカンディンスキーのつき上げをやっていたロトチェンコ・グループとの関わりでNarcompros（ナルコムプロス）のIZO（イゾー＝美術部局）の中につくられた、絵画、彫刻、建築の統一のための研究会で、かたちの上では彫刻部の下部部会だが、実際にはメンバーの大半は七人の建築家たち、即ちラドフスキー、クリンスキー、フィドマン、ルフリャデフ、ドムブロスキー、イシェレノフ、ラッチュで、他には彫刻家のゴロレフが委員だった。すぐ後で建築家のマプーと二人のアーティスト、ロトチェンコとシェフチェンコが加わっている。Narkomprosにはジョルトフスキーの率いる建築・美術部門があったのに、彼らがこれに加わらず、彫刻部門にいわば「間借り」するようなかたちをとったのには、当然彼らの間にあったジョルトフスキー的な真正古典主義には飽き足りないという思いが、美術の革新に近づこうという意識を駆り立てたからであろう。これらの建築家たちのうち最初の四人は、一九二三年に発足するASNOVA（アスノヴァ）の創立メンバーだが、そのリーダーとなったラドフスキーは師のジョルトフスキーの影響（彼がいかに古典主義の信奉者であったかをクラスメートのメー

ヴェスニン兄弟／郵便局，モスクワ，1911

A・ヴェスニン《ヌード》1913

ヴェスニン兄弟／カトゥンキの教会，1913

ヴェスニン兄弟／国立博物館コンペ案，1913

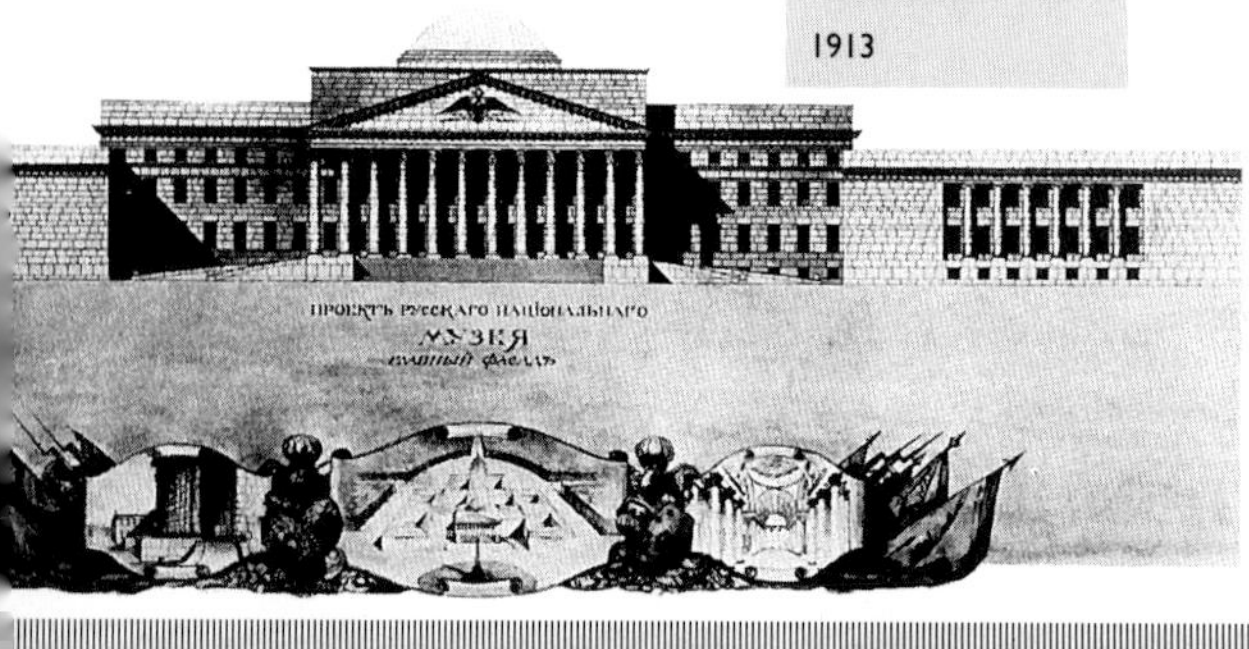

リニコフが書いている）を脱するものとして、この新しい、最初の革新派の集結組織をつくったのである。一九二〇年の展覧会等に示された彼らの作品は、近代的なコミュニケーションの手段と新しい形態、そして新しいプログラムとの結合を目指すものであった。当然、この戦時共産主義の混乱期に具体的な建築の仕事があるはずもなく、プロジェクトは実験的なものであった。それらには「人民の友愛のための神殿」とか「諸国の同盟の神殿」というようなロマン的な、そしてフランス革命期の建築プロジェクトを思わせる名前がついているものが多い。ラドフスキーが一九二〇年の展覧会に提出したプロジェクトはこれよりも具体的で、共同住宅のプロジェクトとなっているが、これも平面、断面と揃ったものであるにせよ、実際的なプロジェクトではない。これらが示すのは、形態上の実験と新しい社会的内容への熱狂の混在である。形態上からいったら、それはクーボ・フトゥリズムの影響や、一種のプリミティヴィズムの色彩の濃い主観的なもので、もう少し後のASNOVAや構成主義者たちの言語とは違っており、ちょうど同時期のドイツのタウトらの表現主義にも近いいき方である。スタイルとしては同じものではないが、ロマン的なポピュリズムあるいは、シンボリズムという言い方をしてみれば、両者は同じ平面上に並べることができる。革命（戦争）の熱狂が社

A・ヴェスニン／シロトキン邸天井画完成作

ヴェスニン兄弟／シロトキン邸，ニジニ・ノヴゴロド，1913 - 16

A・ヴェスニン／シロトキン邸天井画習作

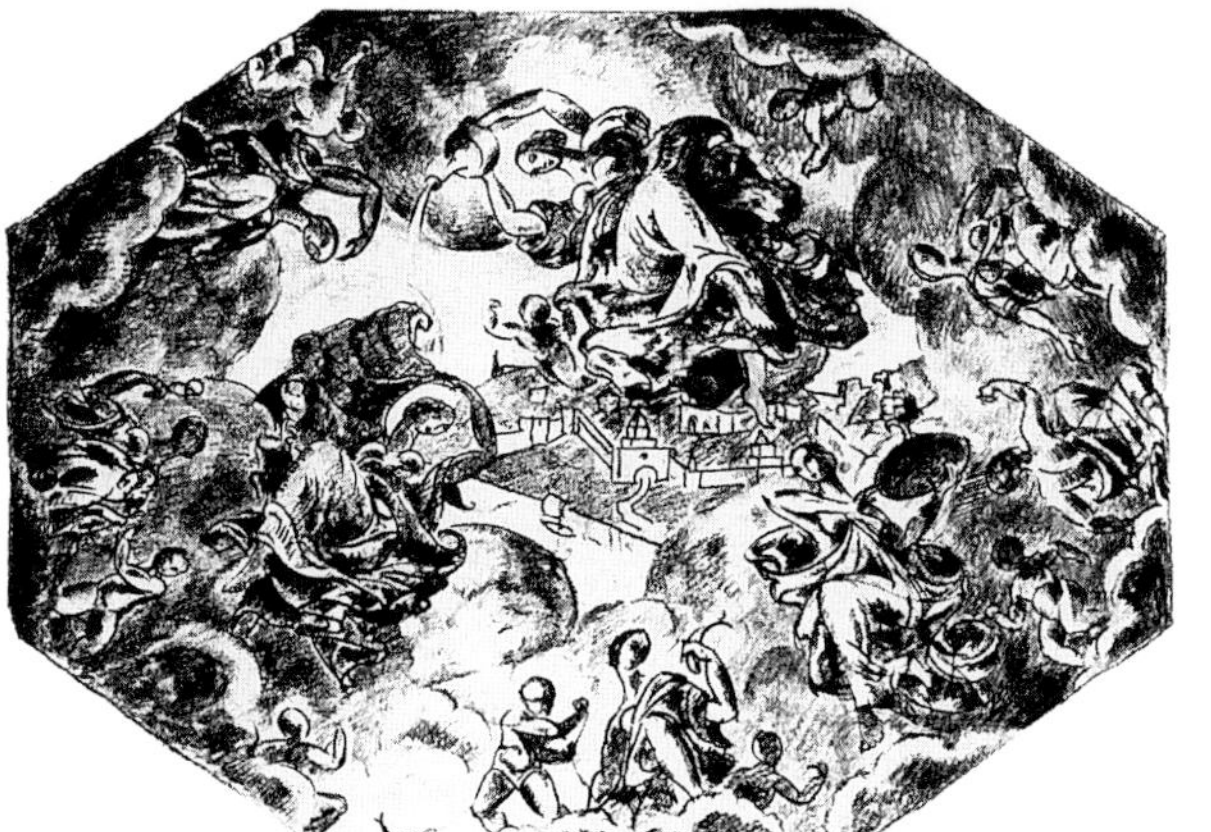

会の安定化に変わっていく中で、やがてもっと冷徹な言語に取って代わられたところまで、両者は似ている。それは、ロマン的古典主義からアヴァンギャルディズムへと変わっていく過程での中間的な生成物と見なすことができるという意味では未だアヴァンギャルディズムの胎児であった――ニューヨークのMoMAでの、いわゆる〈デコンストラクティヴィスト展〉のカタログで、批評家マーク・ウィグリーがこれらの未完結なプロジェクト群の方に、もっと構築的、合理的な後のアヴァンギャルドよりも、一層デコンストラクティヴィスム的な萌芽が見られるといっているが、これはこのような歴史的な文脈を無視したいささか皮相な観察のように思える。

この点では、一九一九年にZhivskulptarkhの会合でラドフスキーが述べたテクストが興味深い内容である。

「新しい建築の形態は、文化と接触した野蛮人によってもたらされる。ゴシックはこうして生まれたのだ。野蛮人は来て、彼らにとって未知の建築を目にする。彼らはそれを理解し損ない、新しい形態をつくってしまうのだ。ローマ人たちは、多くの完璧な形態をもっていたためにそれ以上にはいけなかった。問題は知識の程度である。偉大な文化はこの点で有害であり得る。我々は今有利な立場にある。我々はあまり多くを知らない。しかしこれまでのところ、研

イゼレノフ
「人民の友愛のための神殿」
1919

究はしてきた。我々は過去のことを知らねばならないが、虫よけ玉を嗅ぐようなやり方ではない」。これは明らかに、ジョルトフスキーのもとを離れようとしている人間の言葉である。とはいえ彼もまた、この頃シチューセフ家で泊まり込みをしながらモスクワの計画をまとめるメンバーの一人であったのだが。このシチューセフ・チームに加わっていたラドフスキーのもう一人のクラスメート、イリヤ・ゴロゾフ（ゴロゾフ兄弟の弟）の革命直後のスタイルもまた、後の彼の二度にわたる転身を含めて、興味深いものである。彼の一九一九年頃の作品にはロマン的古典主義の昂進が最も顕著に見られる。それは明らかに、ピラネージ、ルドゥやとくにジリーのような様式をもっと土俗的にしたようなスタイルで、ロマン的ポピュリズム（シンボリズム）に極めて近接した古典主義である。典型的なのは一九一九年のクレマトリウム計画で、これは古典古代の神殿を半分以上地面の下に潜らせたもので、かつての革命様式にはよく見られた古典モチーフのデフォルメである（後に、やはりクラスメートであったメーリニコフがこの手法をモスソヴィエトのガレージに採用して実現している）。ジョルトフスキーは基本的に洗練されたパラディアンであったから、このような「異形」な古典主義とは遠いし、フォーミンのスタイルはこれにもっと近いが、やはりもっと素朴で、異様ではない。ゴロゾフの強い表現性、シンボリズムへの傾斜は、その後も言語そのものは変わっても一貫して保たれる。彼は、一九三〇年代の「反動期」にその強度を一層高めつつ、かつての言語に回帰するのである。ゴロゾフの例は、アカデミストの古典主義とアヴァンギャルディズムとの最も微妙な交差点を形成している。この十年後の「転向」のストーリーの伏線としてもうひとつ興味深いのは、後のレーニン図書館の建築家であり、ソヴィエト・パレス・コンペティション決定案のパートナーでもある「アカデミス

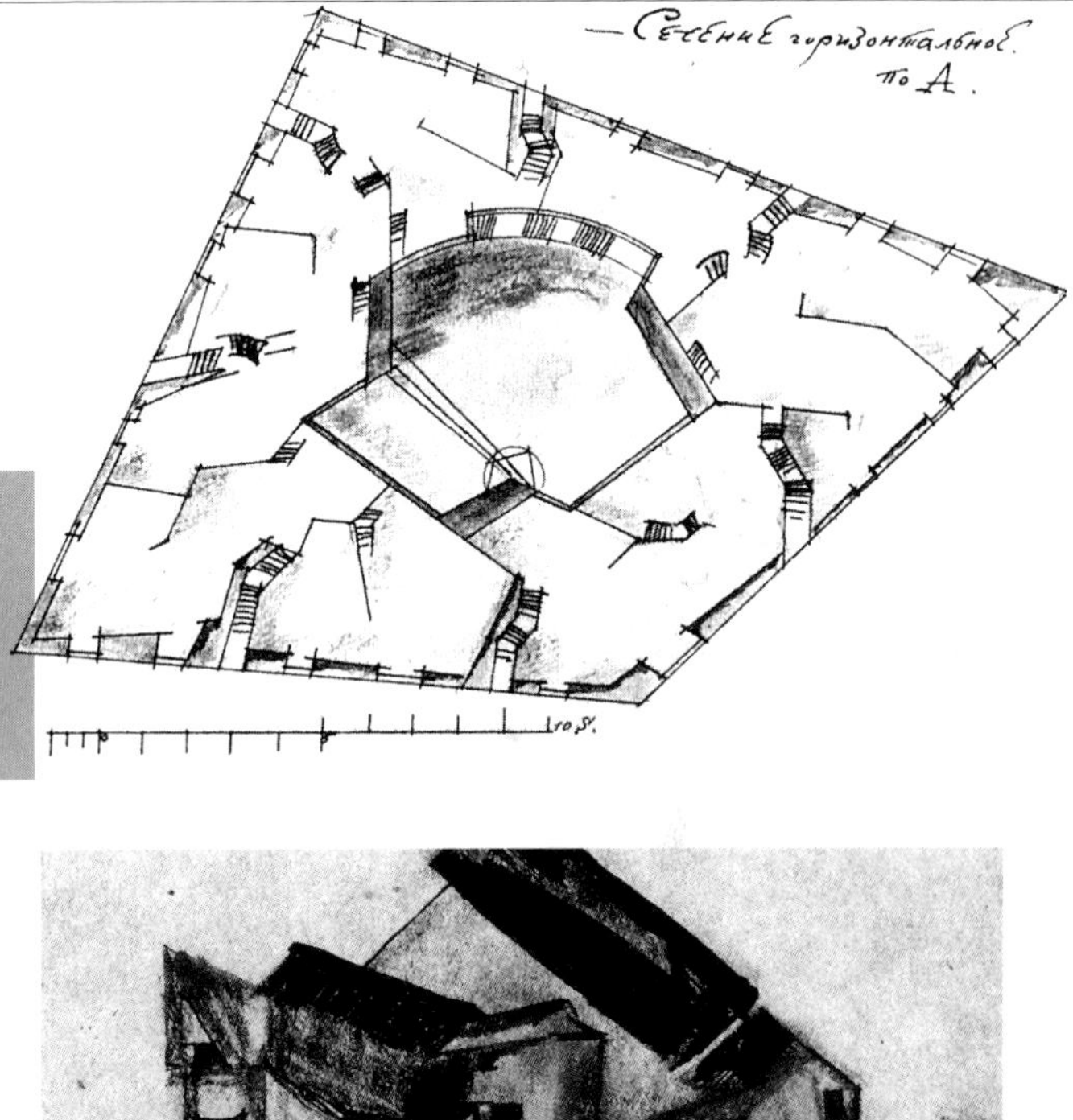

ラドフスキー／共同住宅プロジェクト，1920

ラドフスキー／共同住宅プロジェクト，1920

ト」、シチューコのプロジェクトにもこれに類似したものが見られることで、それはソヴィエト・パレスを冠飾する巨大なレーニン像の原型をなす、一九二四年のレーニン・モニュメントにも直結している。ゴロゾフは、しばらくはロマン的シンボリズムといえるこの様式を推進していった。彼の影響下にあったのは、VKhUTEMAS（ヴフテマス）だけではなく、MIGI（モスクワ土木学院＝MPI［モスクワ工学院］が一九二二年に改組されたもの。後にMVTU［モスクワ高等工科大学］）の学生たちも同様であった。ゴロゾフのこの時期のプロジェクト中で典型的なのは本章五節で触れる一九二三年の労働宮殿のコンペティションの応募作品であり、あるいはもっと軽いものだが、全ソ農業手工業博覧会における極東館のプロジェクトである。そしてゴロゾフは、その前者において、後の彼のスタイルをほぼ一変せしめるインパクトを与えた他の応募案、つまりヴェスニン兄弟のそれと出会うことになる。

4. 「赤のテルミドール」期のアヴァンギャルド

ステージの実験

戦時共産主義の時代が終わり、一九二一年以降NEP（ネップ＝新経済政策）期になると経済は一転して

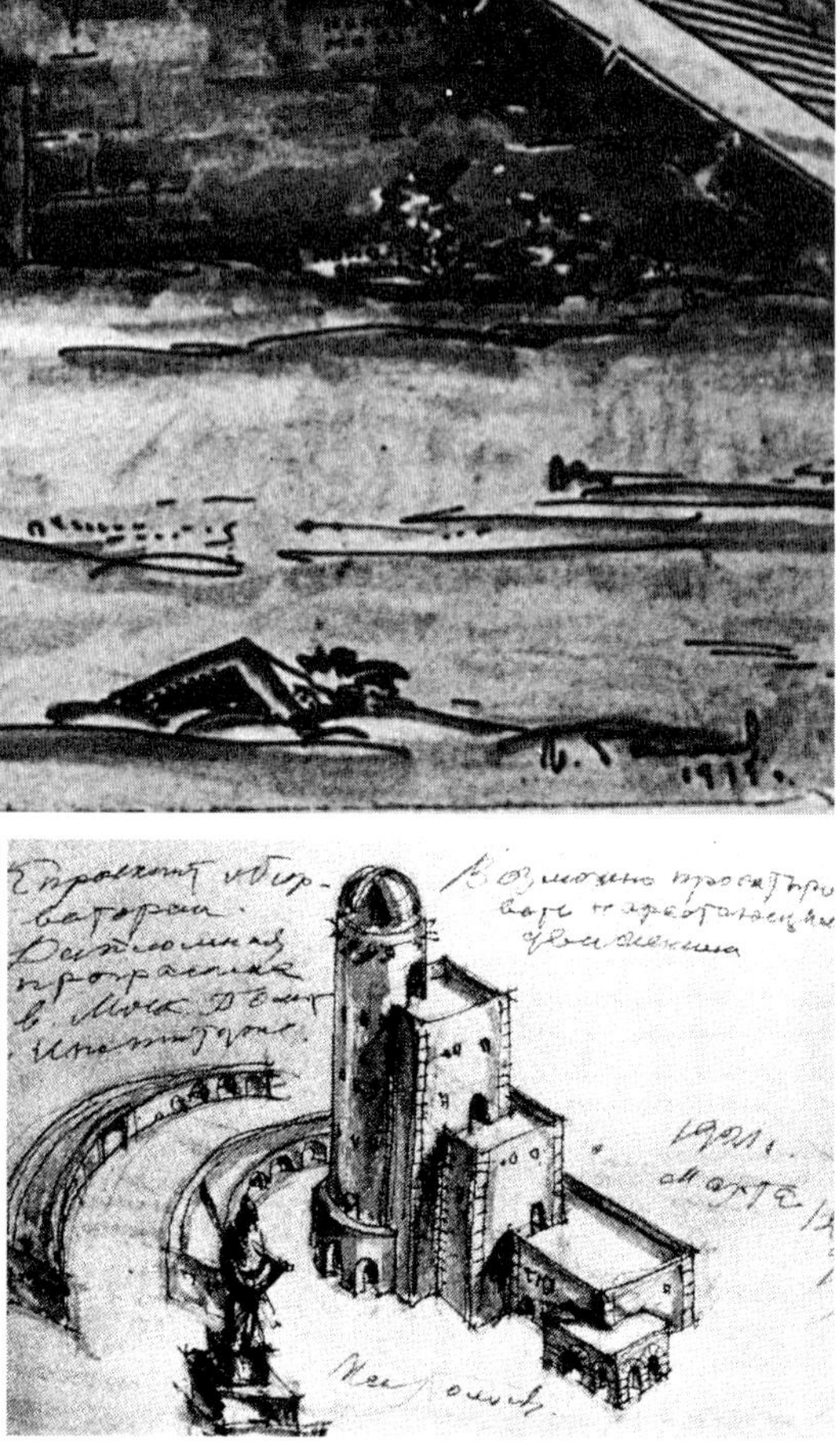

I・ゴロゾフ／クレマトリウム計画，1919

上向きの状態となった。街には活気が戻り、政治的にはボルシェヴィキの独裁が確立したにもかかわらず、自由な空気が溢れた。トロツキーはこの時期を「赤のテルミドール」と呼んでいる。紙の上の出来事でしかなかった建築にも、僅かながらも実現の機会が回ってきたり、あるいは結果的にはそこまでいかなくとも実施を前提にしたコンペティションが行なわれるようになった。またアーティストたちの仕事もいよいよ建築的、構築的なものとなっていった。一九二一年頃にはINKhUK（インフーク）でのヘゲモニーは、ロトチェンコ派が握っていた。そして彼らの構成主義的な、あるいは「事物=客観的（オブジェクティヴ）」な方法論は、新たにつくられたVKhUTEMASに移されてその教育、創作の原理に据えつけられた。

この時期に空間的、構築的創作の実験の場になったのは、劇場である。もともとルネサンス以来、劇場のデコールは建築家にとっての重要な場であり、それはロシアも例外ではなかったが、今やそれは新しい秩序のプロパガンダという共通の目的を背負い込んだ。ここでもアヴァンギャルドのみではなく、ロマン的古典主義のデコールの伝統があったことを忘れるわけにはいかない。シチューコの一九二三〜二四年頃のデコールはその例で、シンケルの舞台デザインを思わせる。しかし、この場面においてはアーティスト

I・ゴロゾフ/
クレマトリウム計画，1919

I・ゴロゾフ/
観測所計画，1921

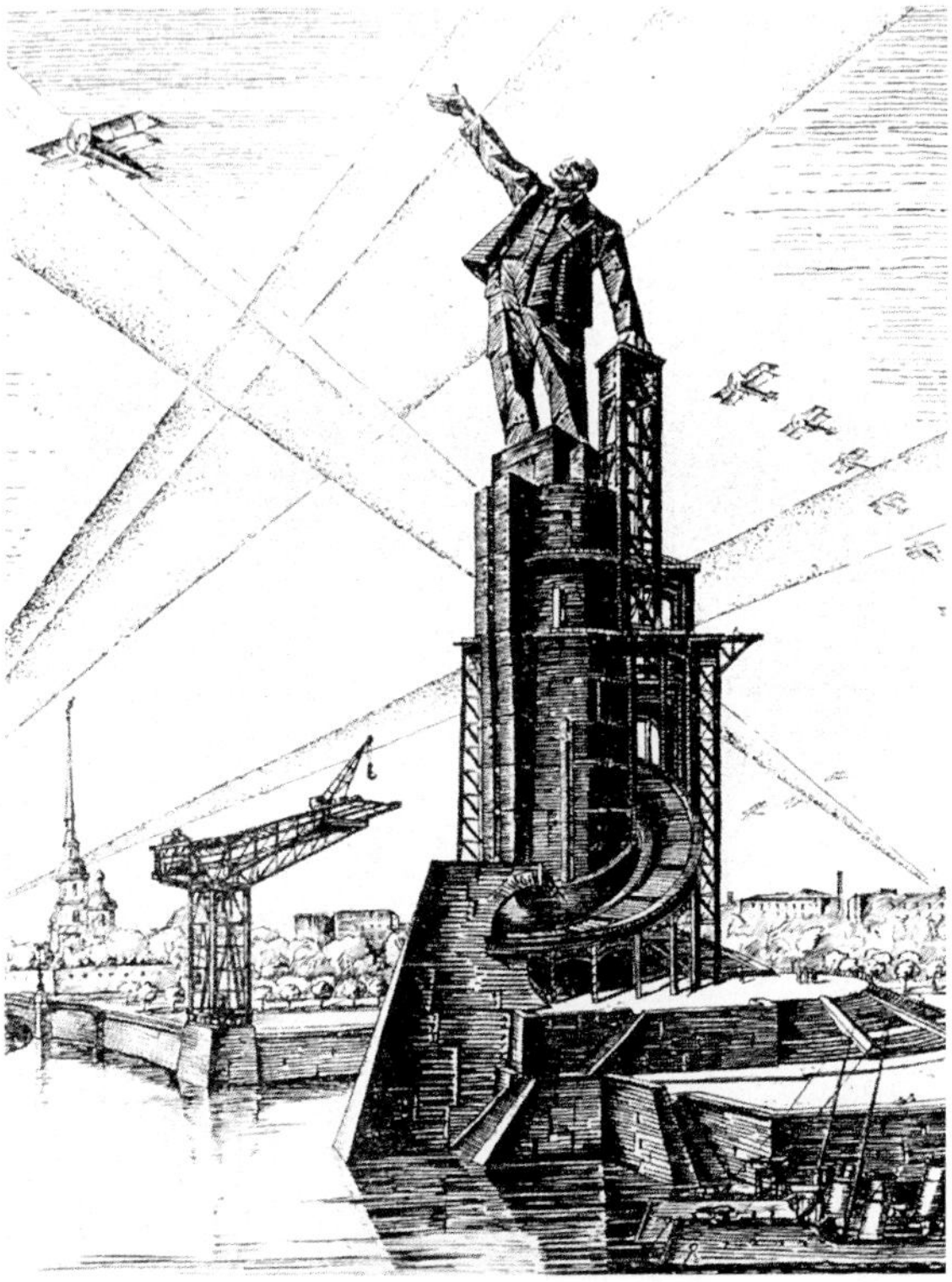

シチューコ/レーニン・モニュメント計画，1924

たちが建築家たち以上に自由に振る舞うことができた。彼らによる「構成主義のステージ・デザイン」が登場するのは、一九二二年から一九二三年にかけてのモスクワにおいてである。これらの展開は極めて急なもので、立て続けに新しい舞台がかけられた。主要なものを初演の日付けで辿ると、一九二二年の四月二五日に『堂々たるコキュ』（俳優劇場／演出＝メイエルホリド、デザイン＝ポポーヴァ）、十一月二十四日に『タレールキンの死』（GITIS国立演劇芸術学院／演出メイエルホリド、デザイン＝ステパーノヴァ）、二三年三月四日に『大地は逆立つ』（メイエルホリド劇場／演出＝メイエルホリド、デザイン＝ポポーヴァ）、十一月七日に『リューリ湖』（革命劇場／演出＝メイエルホリド、デザイン＝シェスタコフ）、十二月六日に『木曜日だった男』（室内劇場／演出＝タイーロフ、デザイン＝A・ヴェスニン）という具合である。

それらはすでに述べたような、アーティストたちの功利的なオブジェのデザインの領域への進出の一環であり、ある意味ではその総決算的なモデルともなり得るものであった。何故なら、「その中で『新しい生活様式』とそれに合致した環境との実験的な統合を実現できる創造的な努力の活動舞台とは、劇場であった」（クリスティーナ・ロダー）からである。アヴァンギャルドの実験が、単にひとつひとつの美術作品をものすることにもはや向いているのでなく、全感覚環境の革命を思考するものであったとするなら、確かに舞台はその格好なモデルとなり得た。それまでも、例えばマレーヴィチ（マヤコフスキーの『ミステリヤ・ブッフ』／演出＝メイエルホリド、一九一八年、ただしヴィジュアルな資料は残されていない）やタトリン（これは幾つかの例がある。何故かオペラが多く、一九一三～一四年の『イワン・スサーニン』、一九一五～一八年の『さまよえるオランダ人』など）も舞台装飾を手がけてはいるし、それ以上に重要なものとしては、タイーロフと組んだアレクサンドラ・エクステルの一連の仕事（一九一六年の『ファミラ・キファレッド』や、一九二一年の『ロメオとジュリエット』）があって、アレクサンドル・ヴェスニン（同じタイーロフと組んだ一九二二年の『フェードル』）に影響を及ぼしている。だが、共に、いささかキュビスト化された古典主義といった趣をもっており、従って、ここでもシチューコのそれなどにも何処か通じている（この意味で『フェードル』がパリ公演で、コクトーら新古典主義者に好評だったというのはよく理解できる）。しかし、それがトータルな環境のモデルとして構想され得たのは、構成主義の舞台をもって最初とすべきであろう。その最初のもの、つまりポポーヴァの『堂々たるコキュ』のセットについては、

シチューコ『アントニーとクレオパトラ』1923

タトリン『さまよえるオランダ人』1915 - 18

演出家のメイエルホリド自身が「この上演においては、ポポーヴァ教授の仕事が重要であったことを指摘しておくことが自分の義務であると考える。つまりそのセットは芝居の計画の前に私の受け入れるものとなり、上演のトーンの多くは、この構成主義のセットから取られたものである」と書いている。

「芝居の計画の前に」とあるのは、この上演の前にメイエルホリドが拠点としていたロシア共和国劇場が閉鎖され、「我々は劇場の無いままに放り出され、いわゆる舞台で演じられるのではない芝居を考え始めた」（メイエルホリド）ことを指している。そこで彼は一九二一年に計画した野外でのアクショーノフの群衆劇『闘争と勝利』の構想の再現を思い立ち、そのときのデザイナーだったポポーヴァに委託をしたのである。

ところで、『堂々たるコキュ』を取り上げる前に、この『闘争と勝利』の構想に触れておく必要がある。というのも、ポポーヴァとアレクサンドル・ヴェスニンのこのデザインには、はっきりと従来のものからの言語上の意識的な転換が見られるからである。ポポーヴァにしてもヴェスニンにしても、これを経過して初めて前記の革命的なステージ・セットへとたどり着き得たことは間違いない。この野外劇は第三インター（コミンテルン）の開催を記念して構想された（結局は予算の不足で実現はされなかった）ものだが、ここでは飛行船によって吊されるスローガンの垂れ幕などを前にして、左と右に「資本家の砦」と「未来の都市」とおのおの名付けられたオブジェ群が配されている。これらは、明らかに内容を意識して、異なるスタイルが割りふられている。即ち、「資本家の砦」の方はクーボ・フトゥリズム的、ないしロマン的シンボリズムによっており、一方、「未来の都市」の方ははるかに構成主義風で、『堂々たるコキュ』でも『木曜日だった男』でも登場する風車のようなオブジェも見える。これは同時期の彼らのステージのデザイン（ヴェスニンの場合は、一九二一〜二二年のタイーロフ演出の室内劇場のための『フェードル』、ポポーヴァは後述の『ロメオとジュリエット』）と比べてもはるかに前進している。

そしてこのいき方がほぼ（この限定の理由については後述）全面化したポポーヴァの『堂々たるコキュ』の装置は、全く素っ気ない建築の仮設の足場のようなもので、この時期の構成主義のアーティストたちの作品群に共通な、機械としての環境モデルである。主人公のブルーノが粉挽きであったから、彼の持つ風車とその粉挽き小屋が変形（デコンストラクト？）されてこの舞台を形作っている。それは象徴的には新しいソヴィエト社会が工業＝生産の現場をモデルとするということを示唆するし、一方、具体的には役者たちがそ

エクステル
『ロメオとジュリエット』
1921

A・ヴェスニン
『フェードル』
1922

の上やあいだを動き回る（工場での労働者たちのように）ための装置であった。タラブーキンのように、この装置の「絵画性」を指摘して「実用的な構造かどうかという観点から見た場合、厳しい吟味にはとてもたえないところがいくつかある。例えば、二階のドア、あるいはその裏にあって、役者が出ていく、居心地悪い踊り場がそうだ」と批判している向きもあるが、メイエルホリドのビオメハニカにとっては、この仮設性が少なくとも全体的には、当を得た道具立てであったことは確かである。

この有名なセットは、この当時の構成主義アートの転換として興味深いモメントを形作っている。ポポーヴァの業績を減じるものではないが、とただし書きをつけながら、クリスティーナ・ロダーは、この三次元オブジェとしての骨組み構造は、もともとステンベルグ兄弟とメドゥネツキーが始めたもので、この『堂々たるコキュ』のセットも、最初はステンベルグ兄弟に委託されたが、何らかの理由でポポーヴァに再委託されたものだと指摘している。ステンベルグの原案は似たようなものであったらしく（残っているのはウラディーミル・ステンベルグの記述のみで、ヴィジュアルなものは無い）、ポポーヴァがそれに影響されたことは極めてありそうだ、というのがロダーの推測である。ポポーヴァが例外的な才能に恵まれたアーティストであったことは確かだが、実

ポポーヴァ
『堂々たるコキュ』
1922

ポポーヴァ
『堂々たるコキュ』
ドローイング

際一九二一年にカーメルヌイ劇場の委嘱で彼女がデザインした『ロメオとジュリエット』のセット（実現はされず）はもっとクーボ・フトゥリズム風、ないしダダイズム（シュヴィッタースの「MERZ」のような）風であったから、オリジンの問題はさておいても、先の『闘争と勝利』も併せて、ポポーヴァ個人のレベルでもここにきて急速なスタイルの転換があったことは間違いない。もうひとつの重要な事柄は、これが三次元のモデル「環境」オブジェであるということだが、これについても、ポポーヴァのスケッチは二次元で、これを三次元化するには彼女単独では難しく、『闘争と勝利』での協働者、ヴェスニンが呼ばれて、それを補佐したということをロダーが指摘している。平面を多く対象としてきたアーティストが、立体、それも建築的な機能性やスケールをもった仕事にはすぐに適応しにくいのは確かだから、これは、後に述べるように、アートが三次元環境化していく中で徐々にヘゲモニーがアーティストから建築家へと移っていくことを先触れしているという意味で、見落とせないエピソードといえる。『タレールキンの死』では、ステパーノヴァが起用され、彼女は、これも有名になった「肉挽き器」と渾名されるオブジェを舞台に持ち出した。ステパーノヴァの意向では、それはサーカスの小道具のように二次元にも三次元にも使えるようにしたというのだ

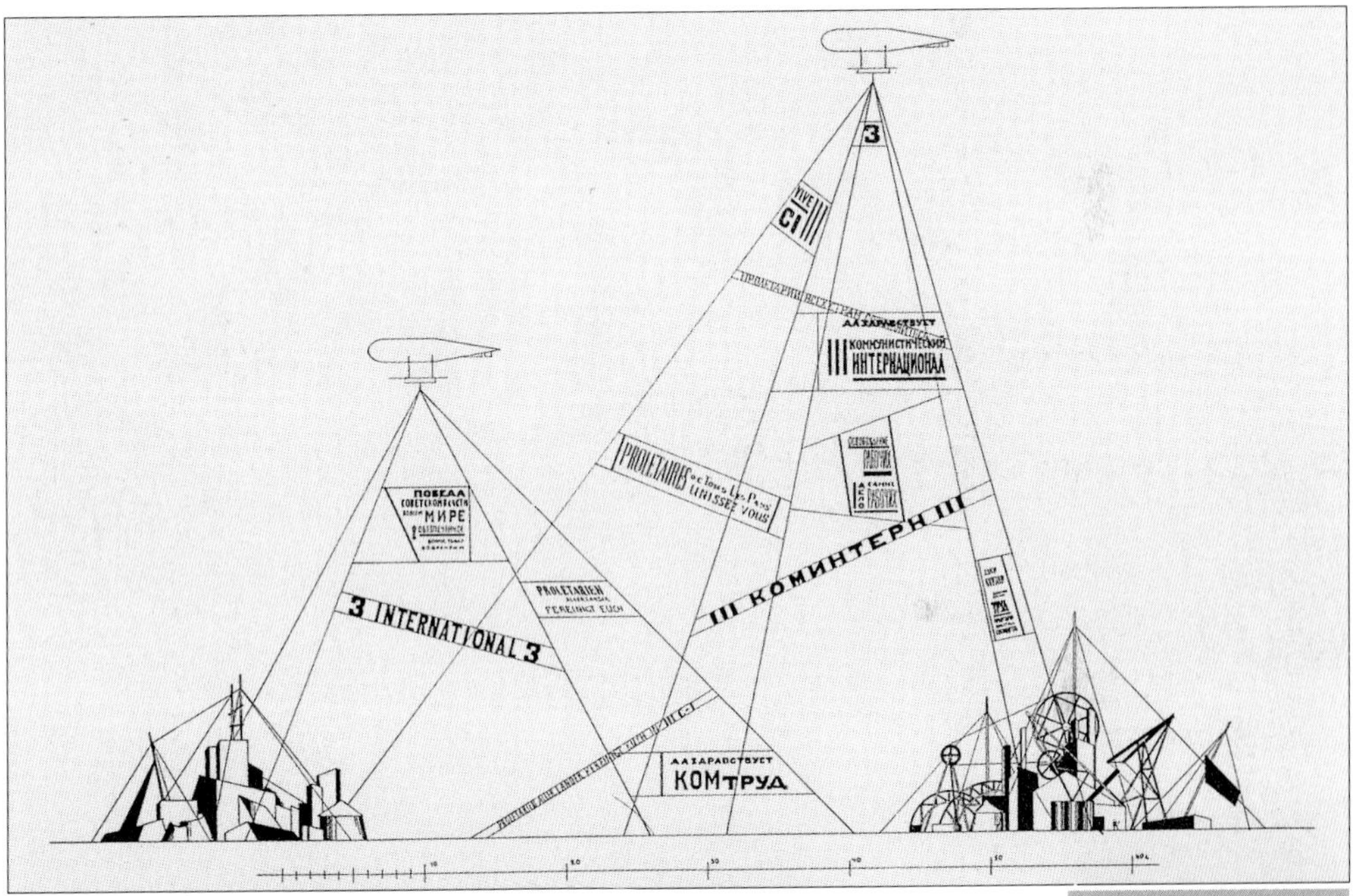

ポポーヴァ，A・ヴェスニン
『闘争と勝利』
1921

『闘争と勝利』
「未来の都市」の
部分

『闘争と勝利』「資本家の砦」の部分

が、現実には、ポポーヴァのときにも問題になった機能性の点で、さらに使いにくいものとなる結果を生んだ。役者たちはその使いにくさと危なさをこぼした。ポポーヴァの装置には満足したメイエルホリドも、今度は極めて批判的であった。「肉挽き器」が役者の身体を苛む、あるいはその不完全性を暴き立てるのでは具合が悪い、というわけだ。ここには、構成主義のステージ・セットのもつ根本的な矛盾、ないしアポリアが現われているとも見なし得る。それは単にポポーヴァのセットの方が、ステパーノヴァのそれよりも「機能」したとかいうことを超えた問題である。これらのセットは、いずれにしても役者の身体の背景をなす添え物ではなく、はるかに深く舞台上での彼らの所作を左右する。つまり、工場のアセンブリー・ラインのように、である。根本的にこれらの舞台の前提には、テーラー・システムのモデルがある。マンフレッド・タフーリがいうように、「構成主義の劇場は、これから以降、人間と機械とのポジティヴな関係のモデルとなる。しかし、それは疎外の原因が消えたからではなく、むしろ疎外がルールとなっていたからである」とすれば、それが『モダン・タイムズ』や『メトロポリス』のような悪夢機械となる可能性はあらかじめ排除されているわけではない。このことは、デザイナーの意向を超えたことであり得るし、またより良く「機能」しさえ

ポポーヴァ『大地は逆立つ』1923

ポポーヴァ
『ロメオとジュリエット』
1921

『タレールキンの死』「肉挽き器」の部分スケッチ，1922

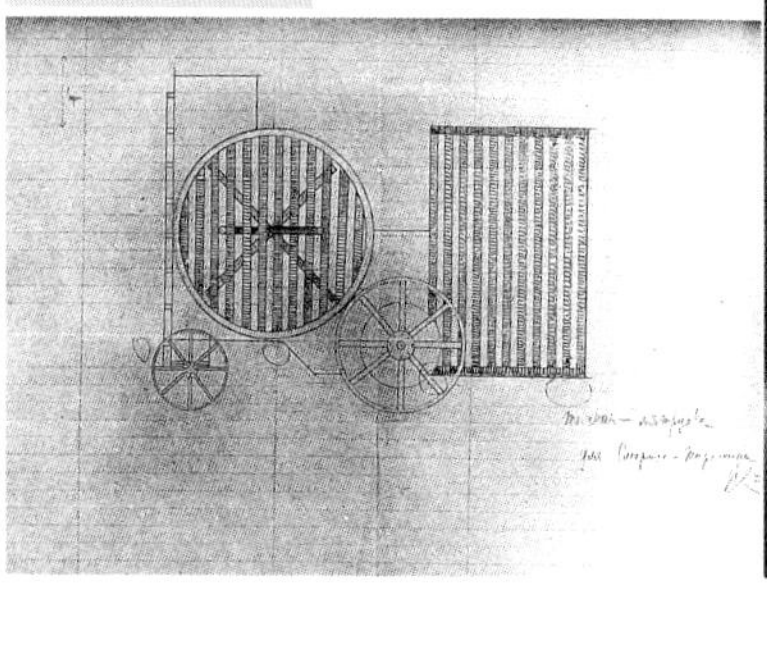

ステパーノヴァ
『タレールキンの死』

すればこの疎外が克服されるというわけでもない。この問題は、劇場という象徴的なイヴェントにのみ関わることではなく、建築から都市、果ては経済に至るまでの「計画」の論理自体に関わる問題である。もうひとつの問題は、これらのモデルにおいて、例えば、ポポーヴァの言うように「課題を美学的な平面から生産主義的な平面に移し替えること」が完全に可能なことなのかどうか、という問題である。構成主義のステージ・セットは、しばしば構成主義の修正であり、そのスタイル化、「ほとんど装飾的な手法」（アクショーノフ）、「小児病」（フェヴラリスキー）に過ぎないという批判をかった。ポポーヴァに対するタラブーキンの批判もまた、その方向からのものであった。しかし、これは「功利性」と「象徴性」ないし「審美性」を区別するクライテリアが確立されない限り、原理的な議論とはなり得ない問題である。そして劇場のように象徴的な事柄を扱う場所においては、この両者の区別はもともと不可能であった。むしろ、それらの「革新的な舞台」が「機能」し得たのは、それが現実ではなく、象徴的だったからである。タフーリが、メイエルホリドの目標が「ユートピアから新しい『生活の構築』を創出することにあったのは確かだが、にもかかわらず、劇場の構成主義とは、それが現実から隔絶されていることのみをセレブレートし得る。（…中略…）構

A・ヴェスニン
『木曜日だった男』
1923

『木曜日だった男』スケッチ

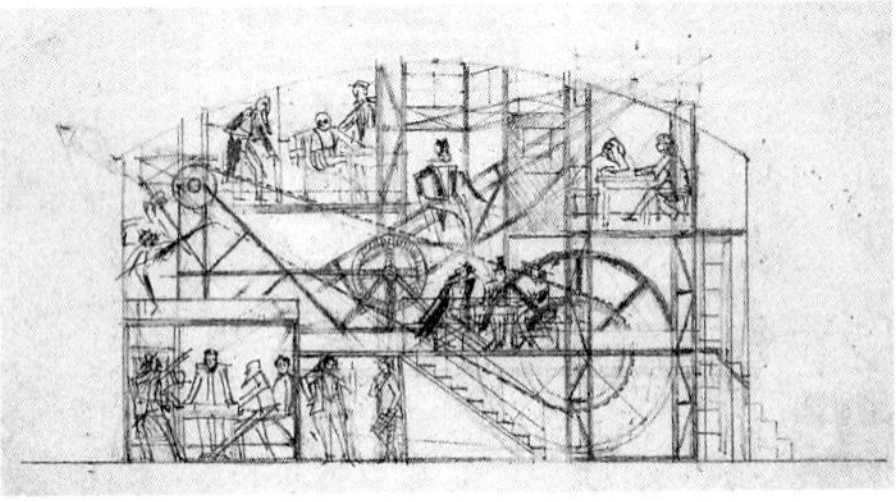

A・ヴェスニン
『木曜日だった男』

成主義の建築家や画家たちが全面的に計画化された都市の宇宙の再建への憧憬を、当の計画からは『解放』されたかたちで、劇場に注ぎこんだのは偶然ではない」と述べたのは、この辺りの事情に関わっている。批判する側もされる側も、「充分」に功利化ができているかどうかということを疑うことなき基準として議論する限り、それは常に現実の受容において裏切られる結果を生まざるを得ない。ポポーヴァが自分のセットの非美学的性格をいくら強調しようとも、観客の方はそれを新しい「芸術言語」として見たし、それは間違っていたわけではない。皮肉なことに、役者や演出家の不評をかったステパーノヴァのセットが今日まで作品業績として記憶されているのも、同じ理由からなのだ。

メイエルホリドとポポーヴァによる二つ目のプロダクション、『大地は逆立つ』は、新手の装飾としての構成主義風スタイルという批判に答えるべく、工業的なオブジェは背景に退き、「美におもねる危険を避け、実用一点張りのオブジェにたちかえった」（エドワード・ブローン）。このオブジェとは巨大なプラットフォームのついたクレーンで、それからアジテーション・ボードを吊す（この劇はアジプロ劇であった）など、確かに今度はより機能性に密着した使われ方をした。ポポーヴァは他にも様々な小道具を用いている。それは、飛行機や自動車から野戦用の厨房や電話、そしてタイプライターまで、近代的テクノロジーの産物のモンタージュ的なオンパレードというわけだ。つまり、同じ機械としての舞台ではあっても、抽象的、象徴的な『堂々たるコキュ』よりもはるかに具体的で実際的な機械なのである。

これが前記の批判に答えたものであることは疑いないが、そうなると、結局は通常の小道具とどう違うのか、という問いが不可避的に生ずる。実際に、ある批評家は「『大地は逆立つ』は、古い劇場とのあらゆる種類の妥協を含んでいる」と書く始末であった。

シェスタコフの『リューリ湖』とヴェスニンの『木曜日だった男』は、共に『堂々たるコキュ』の線上にある立体的な舞台利用を足場のような構造物で構成するものであった。とりわけ、後者は完成度の高さにおいて、この傾向のピークを形成する出来映えであるが、これは前に書いた事情に関わる問題を提起してくる。つまり、オブジェが空間的に実用的な機能をもつ限りにおいて、建築家としての修業を積んだヴェスニンが、アーティストたちに対して一日の長以上のものをもつのは当然の成り行きであったからである。これが時期的に最も後だったから、他のデザインの欠点を知り、是正するチャンスがあったというのは、間違いではないにせよ、額面通りには受け取れない。というのは、この上演は、本来もっと早くから予告されていたので、おそらくポポーヴァの作業とさほど遅れず進行したと思われるからだ。いずれにせよ、かなり肩入れをした『堂々たるコキュ』からの影響（や逆に彼のそれに対する貢献）はともかくとして、ヴェスニンの構成は、ポポーヴァの装置よりはるかに複雑かつ立体的である。この複雑さが、芝居の舞台が都市的なものだったから（『堂々たるコキュ』の方は風車が出てくるくらいだから、村の話である）、というのは必ずしも外的な事柄とはいえない。ヴェスニンの方に、都市的な構造物モデルをつくろうという意志があったことは確かだからである。そのために彼が行なった三次元的な考察（立面のみならず、断面をも一緒に考えるやり方）は、職業的な訓練を要する建築的な方法であった。それと比べると、ポポーヴァのは、あくまで風車の翻案されたスケルトンであって、都市構造物というにはあまりにも平板である。この点で、明らかにポポーヴァのものは、功利的な空間構成に関わるアーティストの限界を示している。これは一人ポポーヴァのみの問題ではない。伝統的な絵画や彫刻の枠を廃棄して功利的なオブジェへの進出を望んだのは彼らアーティストであり、その言語の革新において、彼らは建築家に一歩も二歩も先んじていたのだが、現実のプログラムへ、とくに大きなスケールでのアプリケーションという仕事の段になって、この関係は逆転をし始めるのである。

しかし、ヴェスニンのデザインの完成度は、上に述べたような劇場の特殊性からいって別の問題を提起するものであった。機能的に言えば、それはタラブーキンの言うような欠点をポポーヴァよりも巧妙に処理していたとしても、そのことは、この機能的なオブジェが完全に（ステパーノヴァの場合のようにではないとしても）役者の動きを規定してしまうことを意味する。テーラー的な機械とは、本来そのようなものでなければならず、風車小屋では、工場都市のモデルには不足である。その点でヴェスニンのデザインは完璧なモデルだった。しかし、不完全な機械ならばかえって生じ得た役者の身体と演出家の自由は、今度はむしろ、この完全な機械にどう追いつくかという問題の中で見失われることになりかねない。もちろん、原理的にはこれは次の引用文に表わされるような、メイエルホリドのビオメハニカの理論に矛盾するものではない。つまり、この演出家の解説によれば、「これからの役者は、さらに一歩進んで、彼の演技を生産状況に合わせていかなくてはならない。何故なら、役者は、労働がもはや呪詛ではなく、喜ばしい、生命にとって欠くべからざるものとして感じられる条件のもとで仕事をすることになるのである」。

しかし、現実には、この完全なる機械としての「生産状況」を支配し、管理するのは誰かという問題は、常に、デザイナーと演出家の間ですら軋轢となり得たのではないか？　現にこのヴェスニンのセットの場合でも、役者たちは動きの困難さについて不平を唱えたのである。そして、これはひいては、ソヴィエト・ロシアという、計画のユートピアとなるべき新生社会主義国家全体のアポリアの隠喩ともなり得る問題ではあった。その成功にもかかわらず、この仕事はヴェスニンのこの分野での最後の仕事になった。その理由を、ヴェスニンのモノグラフの中でハーン・マホメドフは、先に書いたような理由で、セットが全体の舞台の中であまりに重要なものとなり過ぎてしまい、芝居を支配してしまったからだと言っている。つまり演出家タイーロフとの仲がうまくいかなくなったのである。だが、ヴェスニン自身にとってこれは充分な実験であった。用意は整った。本来の領域に帰るときが来たのだ。

5. 全ソ農業手工業博覧会と労働宮殿コンペティション

一九二〇年代のソヴィエト・ロシアの建築的イヴェントのうちで最初の重要なものが、共にモスクワで一九二三年に行なわれた。全ソ農業手工業博覧会と労働宮殿のコンペティションである。デザインとして興味深いのは後者だが、博覧会の方も、実際に（革命後ほとんどはじめて）建築物がつくられたという点で特筆に値する。後述のシチューセフは、「展覧会建築を通して、都市としてのモスクワは計り知れないものを得た」と書いている。このイヴェントは、諸外国との通商をアピールをするというNEP期らしいイヴェントであり、レーニンも非常に熱を入れたものだったが、この会場の訪問が、すでに病床にあった彼の最後のモスクワ行きとなった。都市計画的にも、同時期に推進されていたモスクワ計画との関係で重要なイヴェントであった。これを取りしきったのは、そのシチューセフらアカデミストたちである。シチューセフとジョルトフスキーがモスクワ計画の中心人物であったことも含めて至極当然の人選といえるが、シチューセフは、MAO（一九二二年に彼はシェフテリの後任としてその会長に就任している）の指名で建築家グループのまとめ役となり、全体計画の取りまとめもジョルトフスキー、シチューコ、フォーミンといわば「常連」の大家たちが行なった。少なくとも建築の分野では、アヴァンギャルドは、この頃ライバル勢力として形成されているというよりも、むしろ彼らの助手のようなものだったから、これも当然の成り行きである。しかし、アカデミストたちの仕事が保守的であったのは当然としても、シチューセフはすでに触れた彼一流のバランス感覚の故か、多くのアヴァンギャルド・アーティストや自分の助手を務めていたこれらの建築家たちにも仕事を割り振っている。予算の逼迫から、また一カ月の会期であったことからも、基本的にはどれも木造のバラック建築である（しかし、いくつかのパヴィリオンはその後一九三〇年代までも残存し、ジョルトフスキーの機械－道具館は今日まで残されている）。このバラック小屋の壁面にロトチェンコ、ポポーヴァ、エクステルなどのアーティストたちが抽象的なデコールを加えた。エクステルとグラドコフなどは、小さな、しかし最も構成主義の色彩の濃厚な、キオスク風のパヴィリオンをつくっているし、メーリニコフ、ゴロゾフ、ギンスブルクらも様々な企業や共和国のパヴィリオンを建てるチャンスを与えられた。

つまり、ここではアヴァンギャルドは、アカデミストと対立しているというよりは、むしろそのもとで仕事をしている、といったニュアンスが強く、このイヴェントに関する論文を書いているマルガリータ・アフタフェヴァ・ドゥルガスは、むしろより古典的なペテルブルグ勢とより民族色の強いモスクワ勢という色分けの方に注目しているくらいだ。この後でパリに亡命するアレクサンドラ・エクステルのロシア時代の最後の作品になったデコールがつけられた

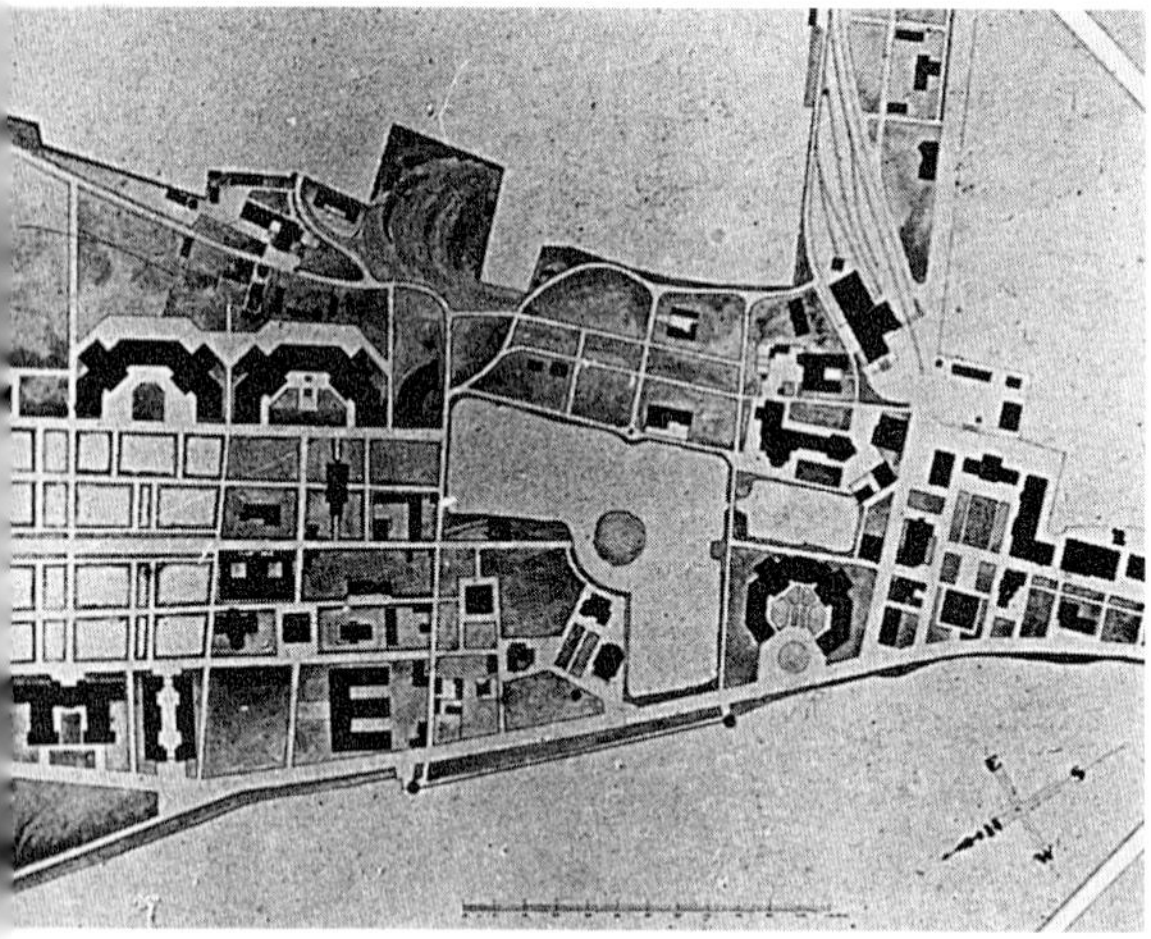

全ソ農業手工業
博覧会
全体計画全景

のは、ジョルトフスキー設計のパヴィリオンにであった。フレデリック・スターは、ローコストであったので大家たちには興味のもてない仕事が若手に回ったのだと示唆しているが、別に若くて仕事が無い人々はアヴァンギャルドに限った話ではない。彼らの何人かは、一九二二年の十月に開催された各施設のオープン・コンペティションの結果の人選（一等のコリ以下、P・ゴロゾフ、ブロフ、コジン、ノルフェルト、オルらが選ばれた）でもあるが、その案自体はいずれも実現されていないし、審査のイニシアティヴもアカデミストたちが握っていたはずだから、やはりシチューセフは、結果の予想がついていたかどうかに関してはともかく、彼らにも仕事の機会を与えようとしたに違いないし、ジョルトフスキーも、よりによってナショナル・イヴェントを飾る自分の建物の壁面を飾る内容に無関心であったとは思えない。

もうひとつ面白いことには、仮設のローコストであったためにジョルトフスキーの仕事なども構成だけが露になっており、彼が他の機会に建てた本建築のように石造などの質感によっていない。いわば、スケルトンや面だけに還元されて、装飾的なディテールなども省かれている。そのために、一見したところ、むしろ抽象的なコンポジションの様相を呈している。すでにギンスブルグの『建築におけるリズム』

全ソ農業手工業博覧会全体計画，モスクワ，1923

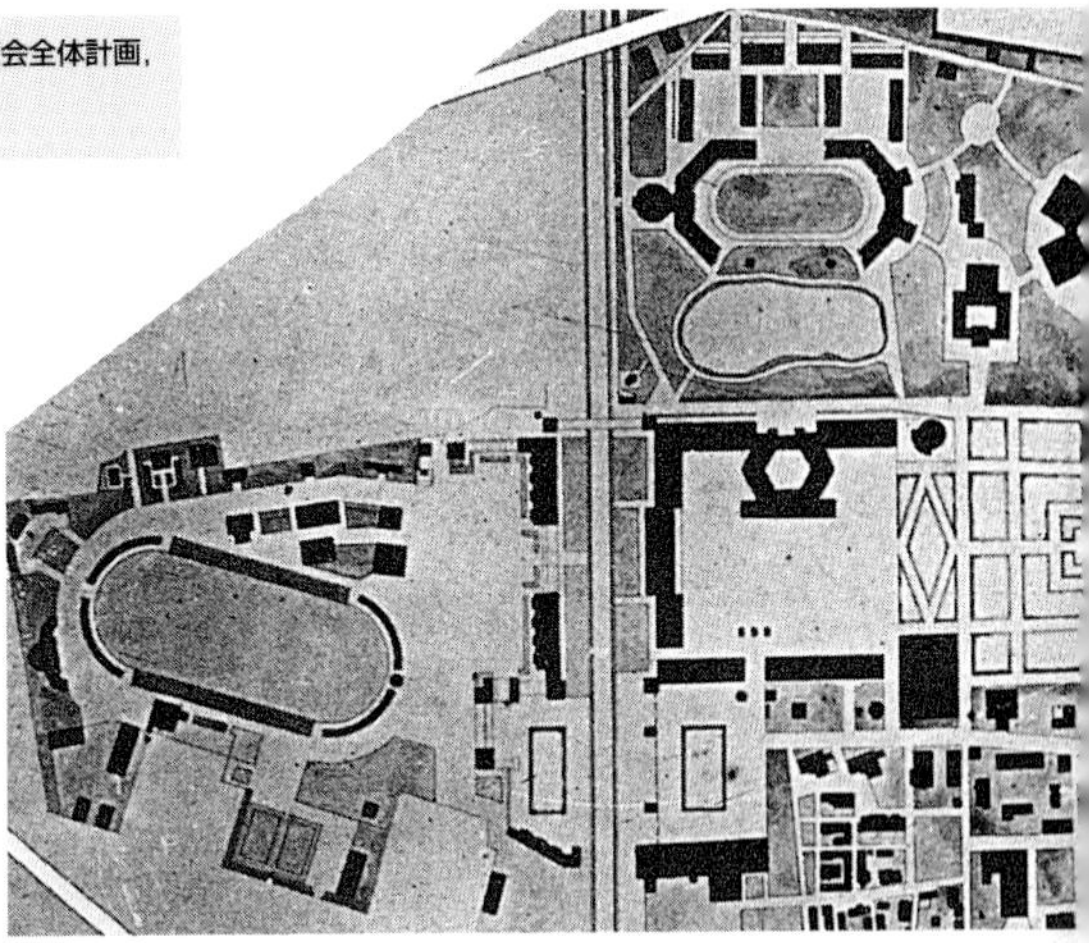

グラドコフ，エクステル／イズヴェスチャヤ CIKSSR 館

ジョルトフスキー／機械 - 道具館（デコール＝エクステル），1923

などの分析的な仕事とジョルトフスキーの方法との親近性に注目しておいたが、この博覧会の仕事では、偶然の条件によるとはいえ、それが理論のみならず、実体としても透けて見えるようにも思える（この点は、後にギンスブルグの著書『様式と時代』を取り上げる箇所で再論する）。この接近が古典主義とモダニズムのコンポジションの根底での響き合いであるとしたら、アカデミストたちが後に一時的にモダニズムに近づいたり、逆に一九三〇、四〇年代にかつてのアヴァンギャルドが古典的な装いに赴いたとしても、単純な政治力学（オポチュニズム）だけに帰するわけにはいかぬ問題と見なせるのではないだろうか？　事実、ジョルトフスキーのメイン・パヴィリオンやゲートは共に後のアヴァンギャルドでル・コルビュジエの助手を務めることになるニコライ・コリがアシストしていたが、「最も安価な木造といえどもハーモニアスなプロポーションと、古典的なオーダー感にしてしまう彼の才能を打ち負かせないことを示す」（キャサリン・クック）出来映えだった。

他には「アカデミスト」シチューコの海外部門のカフェ・レストランはむしろアヴァンギャルド的な言語に近いものを用いた建物で、後に彼が手がけるロストフの劇場を予告するものとして注目に値する。

後のアヴァンギャルド勢の中で、最も注目される建築的成果を残したのはメーリニコフである。彼の手がけたのは大衆用（輸出向きが主だったこの博覧会としては、従ってマイナーな仕事）の煙草のためのマホルカ国営専売公社のパヴィリオンで、もちろん木造だが、その範囲内で大胆な鋭角を活用したデザインで、屋根は穀物サイロのような形で斜めに断ち切られている。スターは、メーリニコフがル・コルビュジエの『建築をめざして』をいち早く入手していて、そこでサイロの写真を見た可能性があるとしているが、いずれにしても、メーリニコフのこのパヴィリオンは、彼の出自

ジョルトフスキー／全ソ農業手工業博覧会メイン・ゲート，1923

メーリニコフ／
マホルカ・パヴィリオン，
1923

シチューコ／
カフェ・レストラン，
1923

を物語るかのように、またプログラムと連動するかのように、都会的な言語というよりはもっとポピュリズム的な表現主義に傾斜している。後の回想録で、彼は自分の実現した建物のベストと呼んでいる。これはオーバーとしてもメーリニコフらしさがよく出ていたことは間違いない。メーリニコフはこの成功に次いで、モスクワのスクレフカ市場の再開発に起用された。小さな切妻屋根を雁行させて並べたこのデザインは、一九二三年のセルプルホスカヤ街の住宅計画を思わせるもので、商業建築でNEPらしいプログラムと言いえるが、これもロシアの村の気分が濃厚である。この両計画によって、メーリニコフの名前はかなり有名になった。

土俗的なポピュリズムという点では、イリヤ・ゴロゾフの極東共和国のパヴィリオンも、クーボ・フトゥリズムの言語とそうしたヴァナキュラー性を結びつけたデザインであったし、ギンスブルグのクリミヤ・パヴィリオンもまたヴァナキュラー言語の翻案を行なっている。ただ、ここでも後の彼らの違いを予告するように、ゴロゾフの仕事はよりスタイリッシュないしフォルマリスト的で、ギンスブルグのはもっと構法に根ざした合理主義的ないき方である。他にも実現したのかどうかははっきりとしないが、ゴルツやラムツォフ（共にこの当時はVKhUTEMASの学生で、ラドフスキーの門下であった。その後ゴルツはジョルトフスキーの助手を務め、ラムツォフはASNOVAのメンバーとなる）らの実験的なキオスクのデザインが残されている。これらの仕事の重要性を強調し過ぎることは慎むべきだろうが、それでも、メーリニコフの仕事が思ったよりも大胆なのにシチューセフは気分を害したというから、そろそろ古典主義アカデミズムのもとからアヴァンギャルドが離陸し始める時機が到来していたのである。

実際、この博覧会に対して最も挑発的な見解をもっていたのは、ヨーロッパにいたリシツキーだった。彼は前にも触れた『エスプリ・ヌーヴォー』のための論文に、この博覧会の模様のコラージュを《ゾッとするもののタブロー》と題して添付している（ただこれは結局同誌の廃刊によって棚上げになり、ドイツの『クンストブラット』誌に一九二五年になってから掲載された）。リシツキーはこの展覧会が、「パラディオの堕落した弟子たちと無能な建築家た

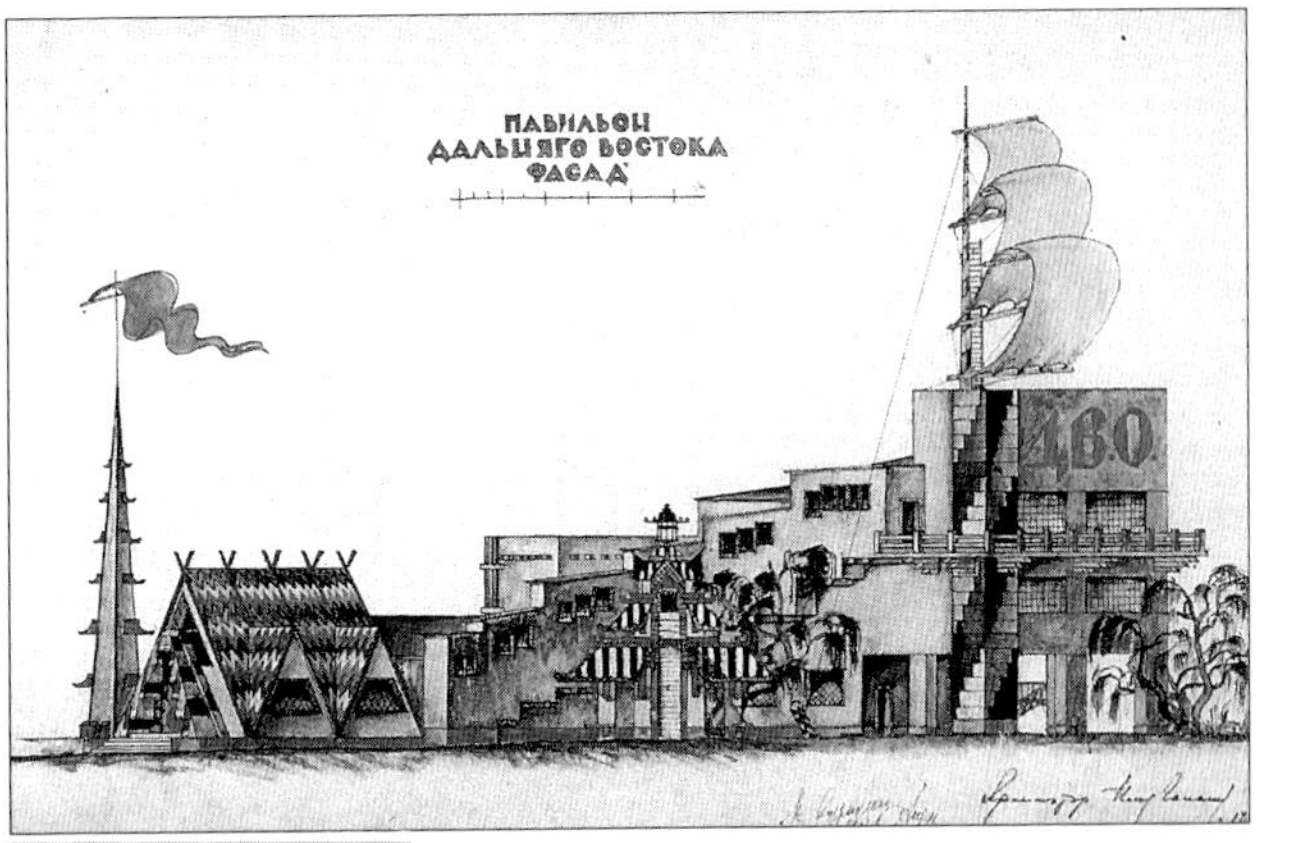

I・ゴロゾフ／
極東共和国パヴィリオン・
ドローイング

ギンスブルグ／クリミヤ・パヴィリオン

ち」によってなされたといい、「ロシアにおける近代建築？　そんなものは無い。あるのは近代建築のための闘争である。世界の何処でもそうであるように。まだ何処にも新しい建築文化などというものは無いのだ」と言っている。明らかにジョルトフスキーを念頭に置いたコメントだが、彼のコラージュには、それ以外にゴロゾフの建物なども含まれている。しかし、そのリシツキーにしても認めざるを得ない成果を生むイヴェントが、すでに一九二二年の終わりから進行していた。労働宮殿のコンペティションである。

このコンペティションもまたMAOのイニシアティヴによるもので、一九二二年の秋に新体制の象徴としての建物を、赤の広場の北側（現在はシチューセフの設計によるホテル・モスクワが建っているところ）につくろうとするものだった。この建物の意図について、後にその暗殺が大粛清の引き金となるキーロフは、それは「我々が、敵には夢見ることすらできぬような偉大な建築でこの罪深い大地を飾ることができることを」示そうとするものだと語った。これは、明らかに西欧での蜂起の失敗や国内経済の揺れ動きに対して、プロレタリアートに「革命党の戦略の正しさ」をアピールするという政治的動機によるプロジェクトである。当時モスソヴィエトの議長職にあって、シチューセフ以下のMAOにこのコンペティションの組織を命じたのはカーメネフで、このこと自体、労働宮殿が国家プロジェクトとして重要な意義をもっていたことをうかがわせる。実際、それは、十年後のソヴィエト・パレス程ではないが、八千席の議場（演壇も三百席を収容する）と二千五百席のモスソヴィエトの集会場、一千席の小ホール、五百席のオーディトリウム、社会学習のための博物館と図書館、それに千五百人の宴会場をもった巨大な建造物である（当然、当時のソヴィエト経済の状態では、こちらの方が「夢見ることすらできぬ」プロジェクトで、何も実現することなく終わった）。

審査員にはジョルトフスキー、シェフテリらに加えて、これもすでに言及したフランス革命期の建築に造詣が深い歴史家グラバルが加わっていた。コンペティションは、一九二二年の十一月の初めに『イズヴェスチヤ』紙に公布され、一九二三年の二月に締め切られたが、ラドフスキー一派はボイコットの挙に出た。この審査員の顔ぶれでは、アヴァンギャルドの案は選ばれないであろうという見込みに立ってのことで、彼らはその意見書を一九二二年の暮れに『プラウダ』の編集部に宛てて送付している。このことはこの時点で最もラディカルと見なされていたのが、一九二三年にASNOVAを結成した

彼らであったことを示している。また、シチューセフのもとでモスクワの計画をやっていた助手たちがほとんど博覧会に顔を連ねていたにもかかわらず、一人だけ関与していなかったのがラドフスキーであったことも、リシツキーの前記のテクストの調子も、それを彼が書いたときにはASNOVAのメンバーであったことを考え合わせると、このボイコットと全部符合する（ただしラドフスキーの生徒たちは、前記のラムツォフのように私的には両イヴェントに参加している）。しかし、他のアヴァンギャルド、つまり後のOSA（オサ＝現代建築家同盟）に結集される構成主義グループからは、ヴェスニン兄弟やギンスブルグ、ゴロゾフなどがこれに参加したし、メーリニコフもまた案を寄せている。

応募案は意外に少なく、四七であったが、その主流はロマン的シンボリズムといい得るスタイルである。このスタイルの総決算といってもよい。メーリニコフの回想によると、このコンペティションのときに彼らが参照していたのは、ペルツィッヒのコンスタンチノープルの友愛の家のコンペティション案や、タウトの「都市の冠」のプロジェクトだったというから、これは共通した時代の気分（様式というよりは）だったということかもしれない。どれも重厚なヴォリュームをもとにしたモニュメンタルな表現であることには変わりがないが、もうひとつの特徴は、アンテナ（ヴェスニン＝三等）、空中の飛行場（クズネツォフとトポロヴァ＝二等）、ラジオ・タワー（ゴロゾフ＝五等）、クレーンと太陽集熱装置としての花の形をしたアンテナ（ルートヴィク＝六等）などの工業的な要素が、大々的な表現上のアクセサリーとして登場していることである。明らかにタトリンのタワー以来の工業的シンボリズムがここでも継承されているわけだが、それが必ずしもアヴァンギャルドではない人々の案にまで浸蝕していることが興味深い。あるいは、このことをも含んで、まだアヴァンギャルドとそうでない潮流の違いははっきりしていない。それらは、ルドゥの建築がそうであったように「語る建築」を志向しているのである。アルカイックなフォルムと機械のレトリックは必ずしも相容れないものではない。この点で一際目を引くのは、ゴロゾフ案に出てくる発電機のようなメイン・ボディであり、またその連想はヴェスニン案にもうかがわれる。メーリニコフの案（選外）は、朝顔形をした二つのホールを円形の二層コロネードでつなぎ、それらが農民の鎌を模した広場を囲い込んでいる。この二つの案では、ナショナリズム的な雰囲気がとりわけ濃く、メーリニコフのプレゼンテーションのやり方には、一部シャガールを思わせるところすらあるが、それはもっと冷徹な

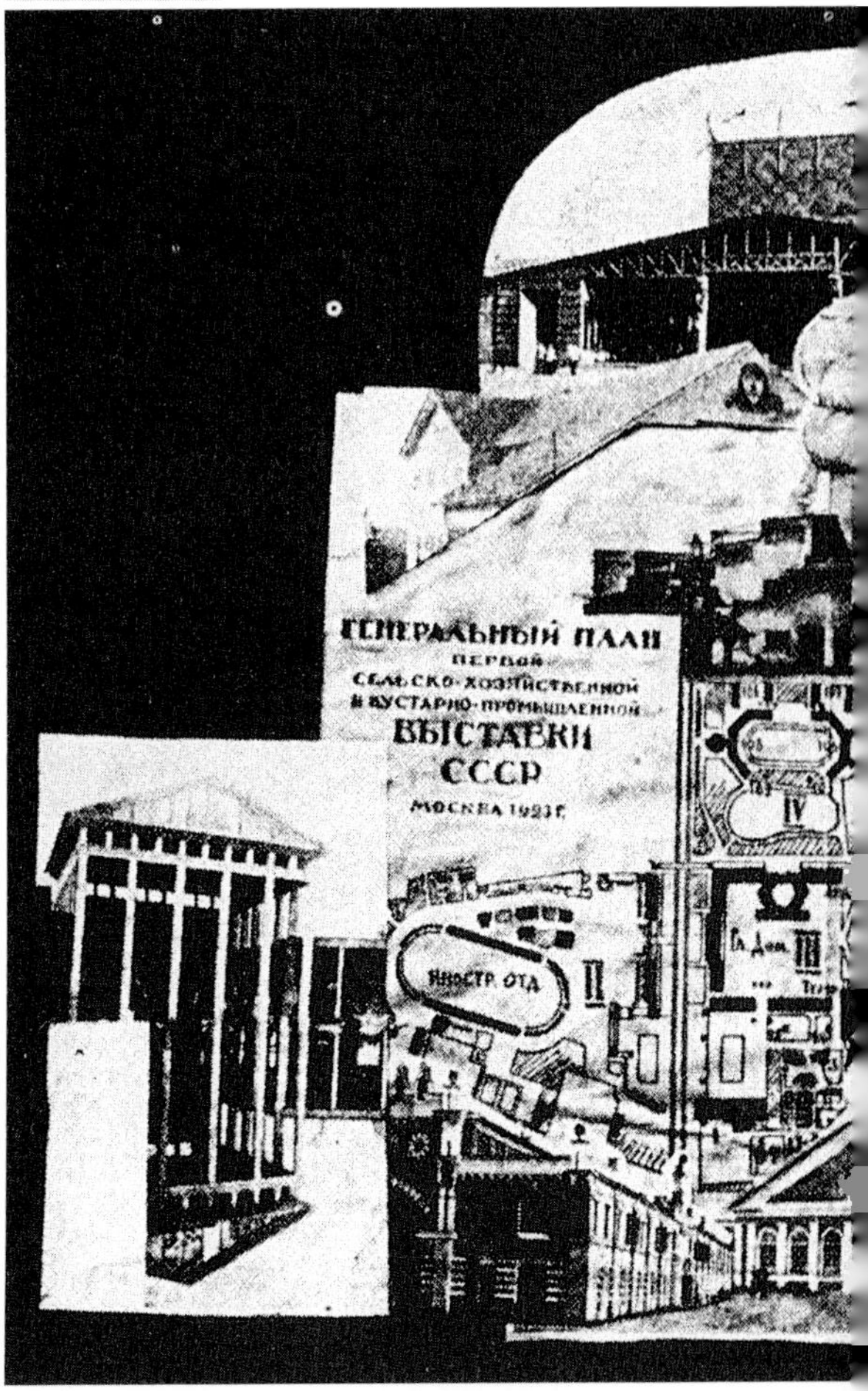

リシツキー
《ゾッとするもののタブロー》

クズネツォフ，トポロヴァ / 労働宮殿コンペ 2 等案

トロツキー / 労働宮殿コンペ 1 等案，1923

ヴェスニン兄弟 /
労働宮殿コンペ
3 等案

ヴェスニン兄弟 /
労働宮殿コンペ
3 等案

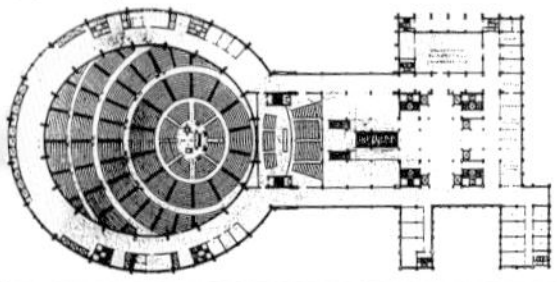

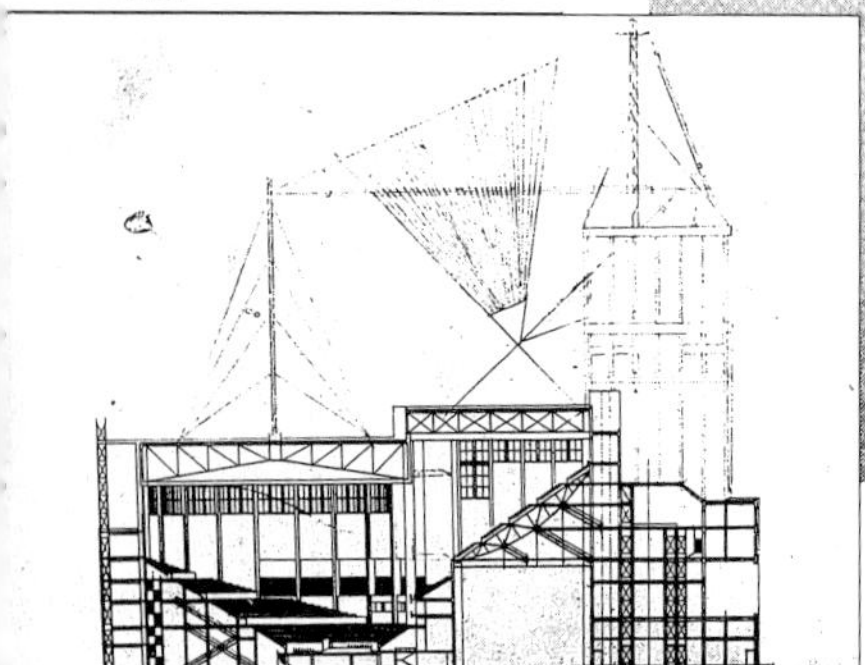

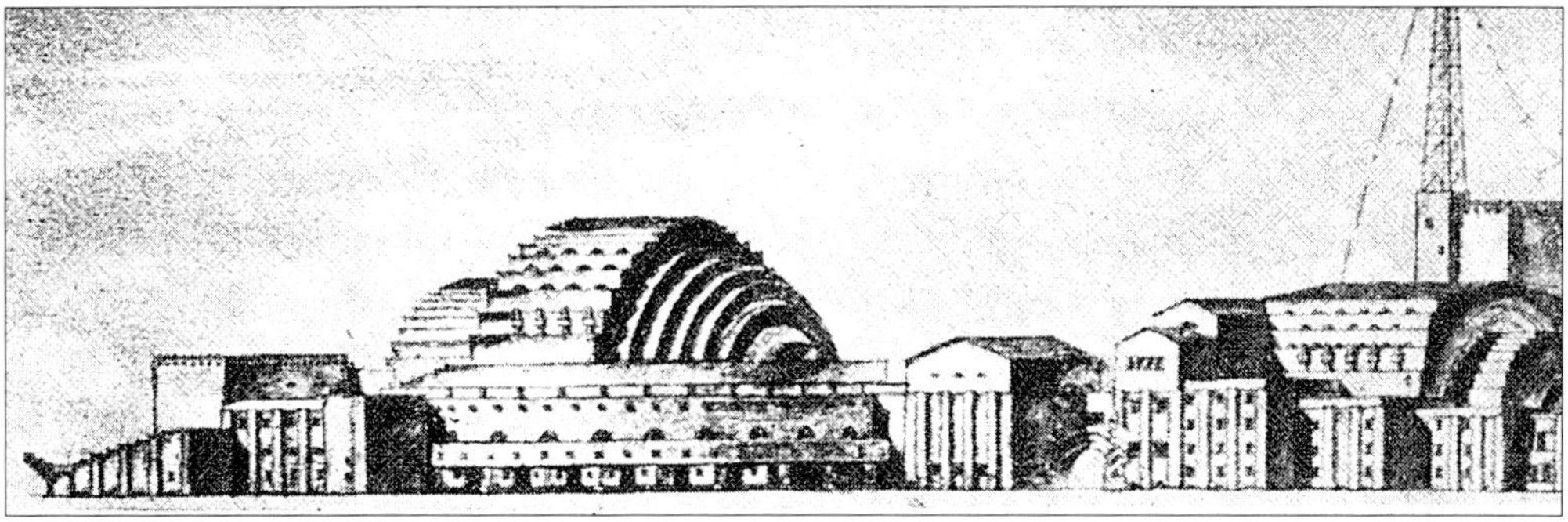

I・ゴロゾフ／労働宮殿コンペ5等案

ヴェスニン兄弟／
労働宮殿コンペ
3等案

ルードヴィク／労働宮殿コンペ6等案

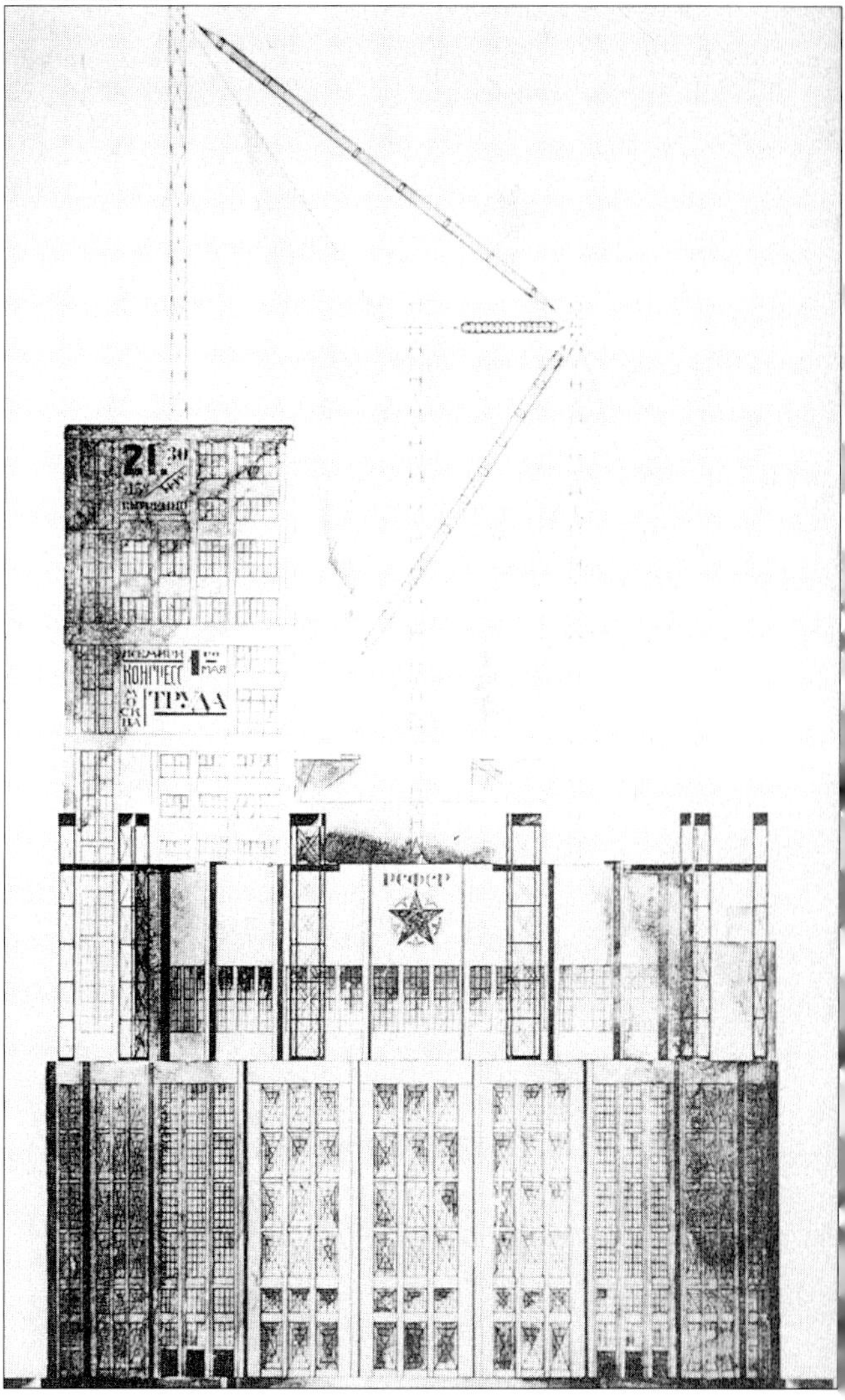

ギンスブルグ,
グリンベルグ／
労働宮殿コンペ
佳作案

メーリニコフ／
労働宮殿コンペ選外

機能主義者になっていくギンスブルグとグリンベルグとの協働案（佳作＝買い取り）でもいえることで、この時期のロシアが早くも民族主義路線をとろうとしていた気分の反映とも見なし得る。――スターリンが一国社会主義路線を言い出すのはその翌年である。ゴロゾフも前年の講義で「西欧の文化は常にロシアの文化を妨げてきた」と講演している。しかし、建築の表現としてはこの後逆に国際化が強まっていくのは皮肉である。

興味深いのは、ちょうど同じ時期に開催されたシカゴ・トリビューンのコンペティションの応募案（こちらの方がやや締切が早く、一九二二年の暮れだった）と比べてみることで、ここでも有名なロースの案などいくつかの案が「語る建築」としての性格を示している。しかし、シカゴ・トリビューンの案（とくに地元アメリカからの案）がほとんど全く旧弊のボザール・アカデミー風であったのに比べると、ロシアの場合はもっとずっと高揚している。似たところはもうひとつある。シカゴ・トリビューンのコンペティションではひとつの案が飛び抜けてモダンな案として記憶されている。ワルター・グロピウスの案である。この案をもって、グロピウスは初期のバウハウスの表現主義的な傾向に訣別し、ノイエ・ザッハリッヒカイトのスタイルを確立したとされている。それとヴェスニン兄弟の労働宮殿案（後側のオフィス部分）がこれまたファサードの割り付けなどが全く偶然の一致とはいえ、酷似している。しかし、グロピウスのデザインは、中は均質なオフィス空間だからファサードの問題でしかないが、ヴェスニンの案でははるかに複雑なプログラムの分節＝組織の中でそれが成立している。最も大胆なのは、大ホールが前側の楕円筒のみでなく、後ろのオフィス・タワーとの間をつなぐブリッジ部分にまで侵入しているという構成である。ここをブリッジにしたのは、革命広場とオホトヌイ・リヤド広場の間の流れを疎外しないというアーバン・デザイン的配慮によるもので、このブリッジ部分はモスソヴィエトのホールに当てられ、緊急時には可動壁を除き、また中ホールの演壇床を上げ、大ホールとつなげて総計一万二千席のホールとして使えるようになっていた。

リシツキーは一九二九年にこの案に対して「いまだに至るところに柱的なオーダーが見られるし、『ラジオ・ロマンティシズム』が全体を冠飾しているが、しかし、これは社会的目標を心に留めながら新しい形態を創造した我々の最初の試みであった」と述べているし、より端的には、ギンスブルグが「構成主義の最初の一里塚」と言っている。このコンペティションの結果について、ジョルトフスキーの反対でヴェスニン案が三等に留め置かれたことはすでに述べたが、一九二三年の三月の入選作品展で、この案は広く知られることになった（入選順位決定はもっと遅れて五月である）。マヤコフスキーの率いる〝LEF（レフ＝芸術左翼戦線）〟誌もこの案を賞賛している。コロセウムを巨大にしたようなトロツキーの一等案は、とくに凡庸な案というわけではないにせよ、到底この革新的なヴェスニン案に匹敵する評判を獲得することはできなかった。

ヴェスニンの仕事としては、時期的にこの発表は『木曜日だった男』の上演に大分先立っているが、前にも述べたようにこの上演は延び延びになっていたもので、デザインとしては、労働宮殿の方が後に来るものとみなされている。長兄レオニードのこの頃のハウジングのデザインにとくに特徴がないのを見ても、『木曜日だった男』とのつながりを見ても、この案は明らかに三兄弟のうちでもアレクサンドルの手が大きいことを物語っている（彼らのキャリアから、レオニードがプラン、ヴィクトルが技術、アレクサンドルがデザインという分業があったと言われる）。そしてこのコンペティションを皮切りにした一連のコンペティションでヴェスニン兄弟は、リシツキーの指摘した若干の古い残滓も捨て去り、新しい道、つまり建築における構成主義を確立していくのである。

第三章

生活様式の変革とコミューン

1　田園都市運動——ロシア近代都市計画の夜明け

2　革命の都市

3　新しい共同体へ——生活を変革せよ

4　都市コミューンから労働者住区へ

1. 田園都市運動

ロシア近代都市計画の夜明け

定説では、近代都市計画は十九世紀にイギリスのパトリック・ゲデスによって始められたということになっている。つまり、彼以後、都市計画が、社会的、経済的基盤の上に展開されるようになったというわけだ。それはいうまでもなく、十九世紀になって、資本主義の発展がもたらした急速な都市化に対応して、地理学や都市社会学、統計学などが発達したこととリンクしている。いわば都市への機能的アプローチであるといってもよい。ロシアにおいても、貧富の差の拡大、都市と農村の差の拡大によって、後にも述べるような社会思想や運動が十九世紀以来盛んになっていたし、ウェーバーやゾンバルトのようなドイツ系社会学の文献が一九〇〇年代の初頭に盛んに翻訳されている。また一九〇七年には、国立統計局中央委員会がロシアの都市状況のアンケートをまとめ、またゾンバルトの翻訳者でもあるクルチンスキーが、統計に基づいたこの領域への科学的アプローチである『地方自治社会主義と都市生活の発展』と題した著作を公刊している。

具体的な計画という点では、何といっても国際的に大きなインパクトを与えたのは、これもイギリスのエベネザー・ハワードが始めた田園都市運動である。ハワードの理論的著作を基にして、イギリスに次いで各国に田園都市協会がつくられ、実際の田園都市の造営に乗り出した。ハワードの理論はロシアでも大きな反響を呼び、その紹介者たちは、その後のロシアの田園都市計画運動に中心的な役割を果たしたばかりでなく、ウラディーミル・セミョーノフのように一九三〇年代に至るまでソヴィエト都市計画の重鎮になった人物もその中にはいる。セミョーノフは『ヨーロッパ・ロシアにおける都市と田園』や『都市の整備』などの著作をこの頃に公刊しているが、実際にイギリスのアンウィンのもとでレッチワース田園都市の造営にタッチするなど、実務経験も豊富なヴェテランであった。もう一人の主要人物は『解決すべき社会的実験と住宅問題』の著者ディカンスキーである。

田園都市論は、都市における人口の集中過多を、郊外に田園都市を建設することで緩和しようとするマクロな社会－住宅政策的な面と、この田園都市を経営していくという経済面まで含む地方自治的な側面が表裏一体的にあった。それが実際には、地方自治（いうまでもなく帝政下では大きな制約があった）と都市問題への意識の高まりと結びついた。この問題を取り上げる媒体として『都市問題』誌が創刊されたが、その編集にあたったドミートリー・プロトポポフが、前記の人物たちに並ぶこの分野での指導者となる。

これらの人物は、セミョーノフを除けば実務家というより啓蒙家というニュ

セミョーノフ／『都市の整備』の表紙, 1912

アンスが強いが、建築の分野でも、『建築家』誌が一九一〇年にリガのエンシチュによる「田園都市（未来の都市）」という連載を始めて以来、より総合的、合理的な都市問題へのアプローチに関心を深めていった。建築家としてもペテルブルグのアカデミストの重鎮、イワン・フォーミンはこの分野への関心が深く、この頃からランドスケープなどをも含めた実務面での論考などを述べ始めているし、革命直前の一九一六年にはクリミアのラスピのニュータウンのための計画に携わっている（このプロジェクトは戦争で中断された）。アカデミストというと、アヴァンギャルドとの対照で機能的な面には関心が無いかのような印象があるが、ここでのフォーミンのアプローチはディカンスキー＝ハワード流の理論に基づいたものであった。少なくとも、この頃には行政と建築家たちの関心の切り結ぶ地点をつくり出そうとする動きが顕在化し始めていたのである。そのためプロトポポフは『都市問題』誌で一層領域横断的なアピールを強めていった。帝政の最後期には資本主義的な経済が勃興していたから、住宅は投機の対象となり、それが既存の大都市の住宅事情を悪化させていただけではなく、この頃にはすでにウラルの炭鉱地区などに出稼ぎ労働者によるニュータウンや住宅地ができ始めており、ここでも同様なことが問題となっていた。従って公共からの住宅への補助を含む財政システムの改革やゾーニングなど規制の強化を通じて、その改善を図っていくことは重要な関心事であった。この問題に関心をもつ人々は、イギリスへの視察団を組織化するなど積極的に西欧の事情の摂取に努めたばかりでなく、政治体制や地理上の違いを含めたロシアの特殊事情においてこの問題をどう考えるかというようなことにも考察を深めた。後者の問題は結局、あらゆる関連分野に通暁した専門職としてのプランナーというステータスを要求するもので、この部分を定式化したのはセミョーノフである。彼は造形的な問題から統計的なアプローチまでをカバーし得る数少ない人材であり、それ故に以後のソヴィエト都市計画を長期的にリードしていくことになる。

このセミョーノフを中心に、ロシアで最初の田園都市の造営を実施するチャ

セミョーノフ／プロゾフスカヤ・モデル都市, 1912 - 13

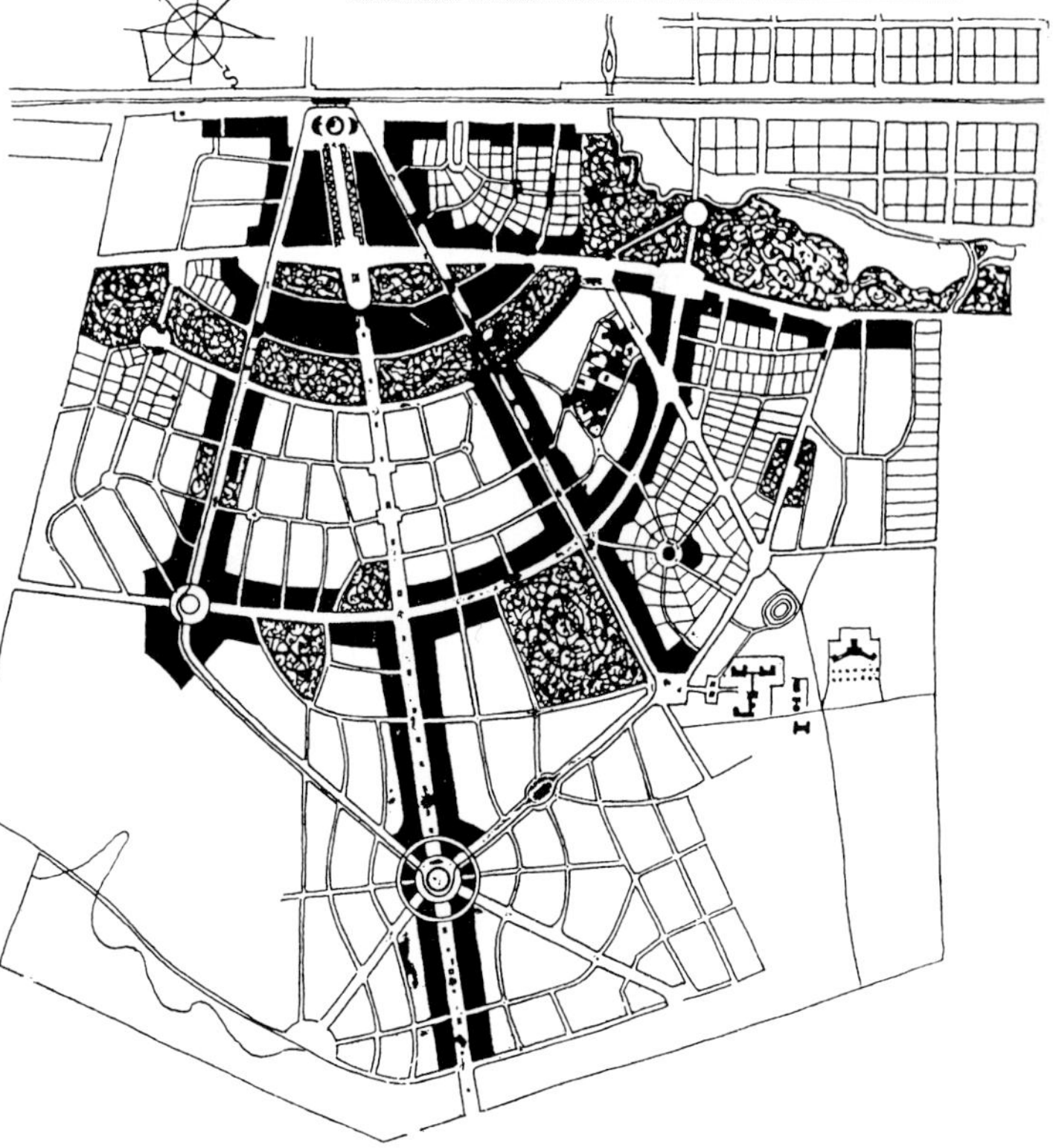

ンスが一九一二年にめぐってきた。これはモスクワからカザンまでの鉄道敷設工事に伴ったもので、プロゾフスカヤ駅及びその周辺を、工事労働者のための住宅基地として整備しようとするものであった。これは結局は戦争によって一部しか完成されることはなかったが、後にまでモデルとして参照されることの多いプロジェクトになった。もちろんデザインとして特筆するようなものが生まれたわけではないが、セミョーノフは緑地による通風の確保など、近代的な計画手法を導入している。これは、モスクワと鉄道で結ばれるが田園的な居住環境を確保する、という明らかにハワード流の理想に従った計画であった。劇場をフォーカスにした軸線をもち、並木道をつくっていくというかたちである。日本の田園調布のように鉄道会社が沿線開発をしていくというパターンは実は欧米ではあまり無いが、この場合、同じ鉄道会社が、他にもこのような田園都市の雛形の造営を行なっている。少し後の一九一六～一七年には、交通技術者のV・A・ガラズリンなどを中心に、このような沿線開発プロジェクトの包括的なものが立案されている。そこでは、例えばニコラエフスク（ノヴォシビルスク）、ハリコフ、ノヴォ・ファルフォロフスキー、セヴェロードネスク、アマラーズラトゥスト、リャザーウラル、トムスク、オルスクなど全国の広範な地域に二万戸もの住宅供給が構想されていた。

この頃には主要都市には田園都市協会が生まれ、一九一三年の終わりないし一九一四年のはじめ頃にはロシア田園都市協会がつくられた。このようなローカル組織に関しては法的規制が強く、そのためこれらの組織はオフィシャルなものにはならなかったが、プロトポポフが国際田園都市協会の実行委員になるなど、精力的な活動が展開された。しかし、この頃のロシア田園都市運動は、他の国のそれに比べて、古典的なハワード・モデルを追求するというよりは、より広範囲に住宅問題も含んだ都市問題一般を取り上げるという構えに傾斜していた。

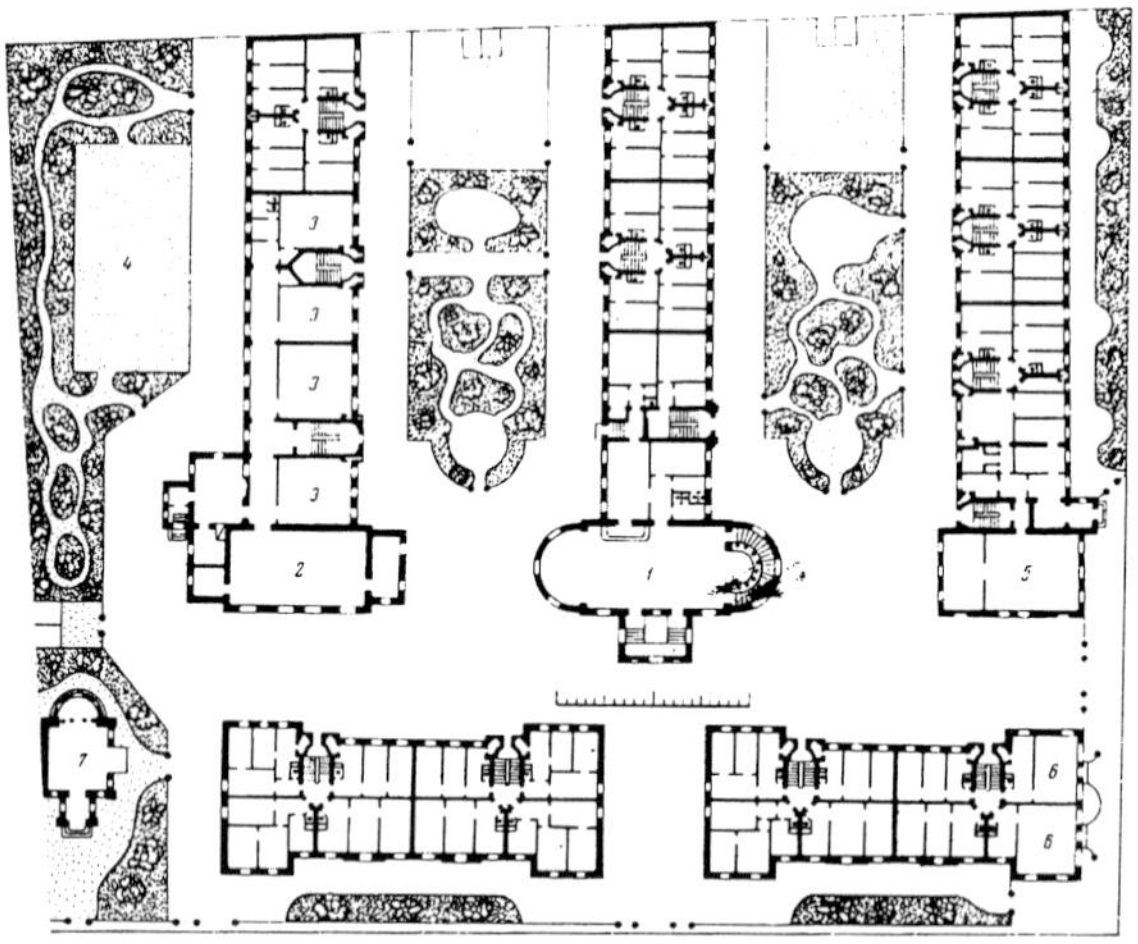

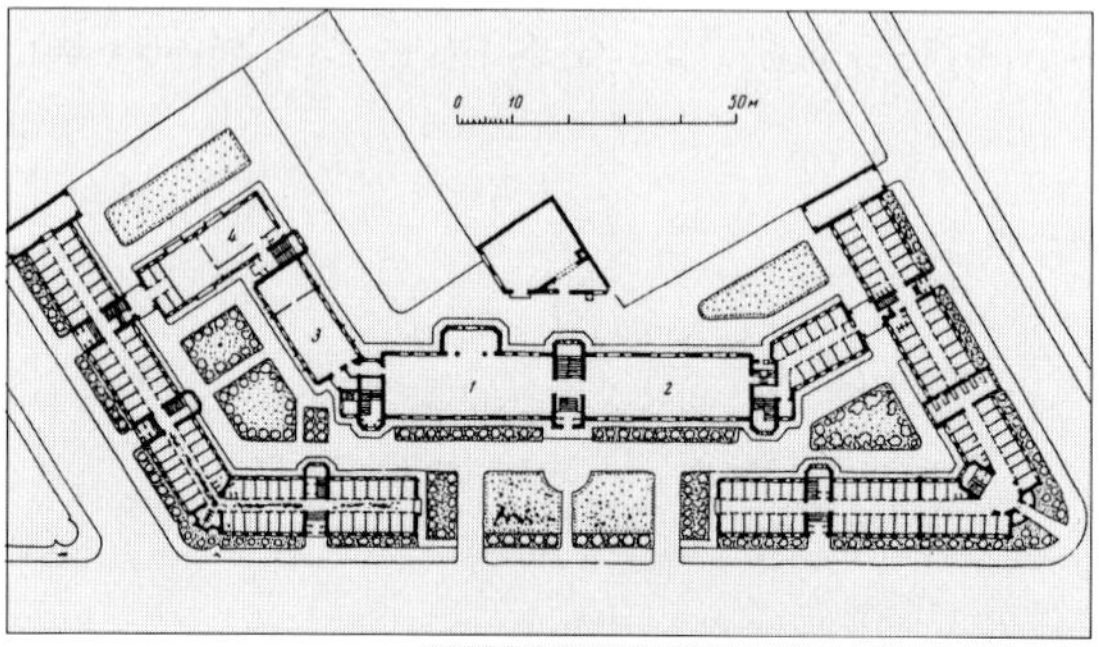

上：ドミトリエフ, フョードロフ／
ガヴァンスクー・ゴロドク計画, ペテルブルグ, 1904 - 06
下：ベレチャコヴィッチ, リヤレヴィッチ／
クレストフスカヤ門地区住宅コンプレックス計画, モスクワ, 1906 - 1909

これはロシアには、他にそのような問題を取り上げる機関が存在していなかったことと、西欧の田園都市運動が下層階級のニーズよりは、むしろ中流階級の方を向いていたことに対して、ロシアの運動は、ブルジョワ的改良主義とはいい得るにせよ、土地の共有システムの模索など、より社会主義的な色彩が強かったことによっている。マルクス主義文献の援用などもよく行なわれていた。とはいえ、セミョーノフたちは土地が豊富であり、秩序ある都市の発展という点では西欧よりも有利な条件を備えているロシアの特殊事情に気がついていたが、前記のような実施例では、結局個別の改良主義的実験という域を出ず、経営的、法制的裏付けを伴ったわけではなかった。しかし、これらの住宅地計画が、最初は個人住宅地の拡張にすぎなかったのに対し、地域やインフラストラクチャーとの関係から構想されるようになったことは明らかな前進である。また土地供給制度とも関わるが、組合方式の住宅供給も盛んになってきており、これらはかなり家父長的色彩が濃いもので、中にはホスピスのような施設計画もあったし、より大規模なものでは、後のコミューンなどにも結びつくフーリエ主義的なものもあった。例えば、ペテルブルグのガヴァンスクー、ゴロドクの計画（N・ドミトリエフとV・フォードロフ［一九〇四〜〇六］）は、二百戸の家族向き、もう一一〇戸の単身者向き、

フォーミン／
ラスピ計画,
クリミヤ, 1916

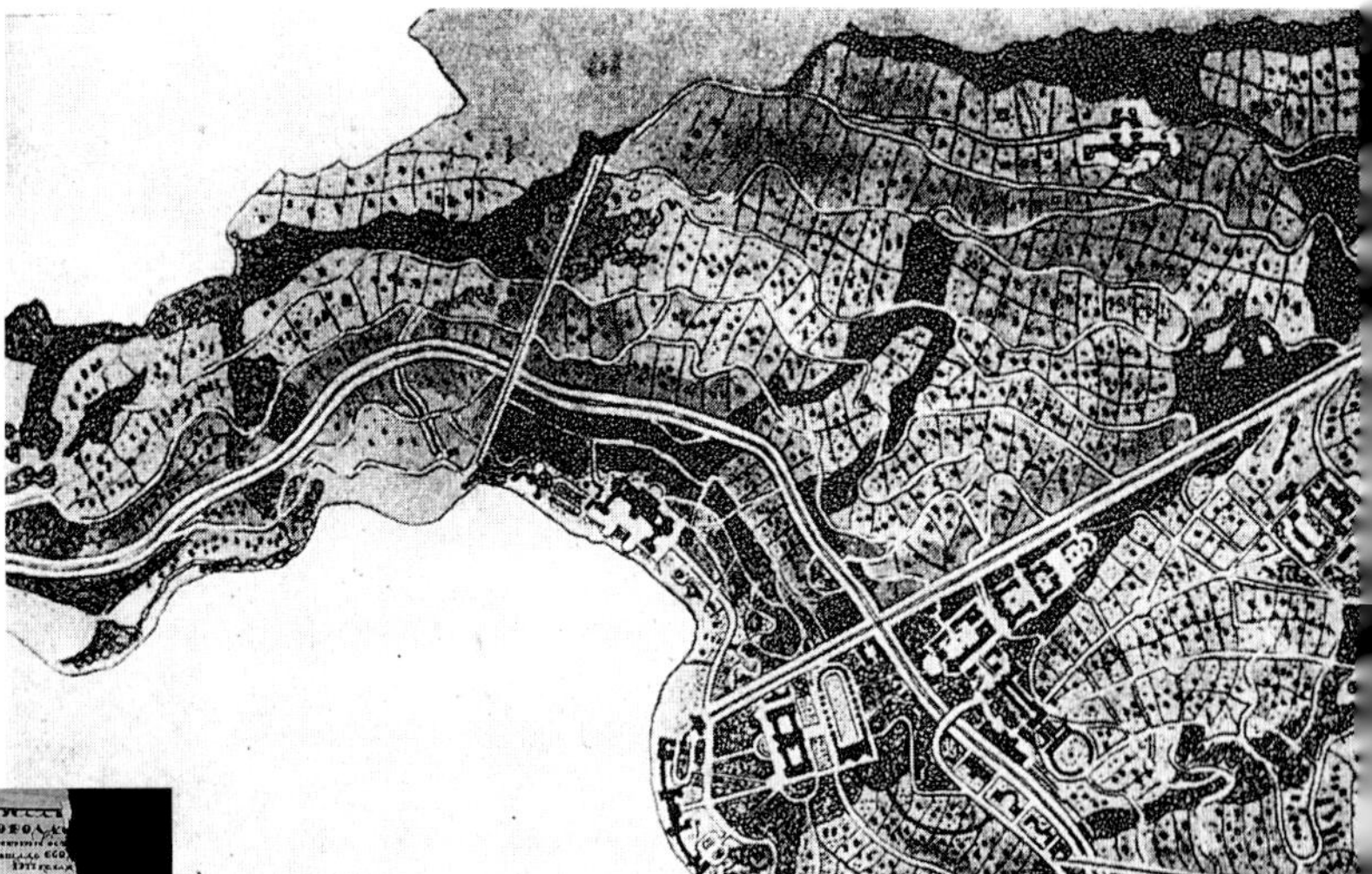

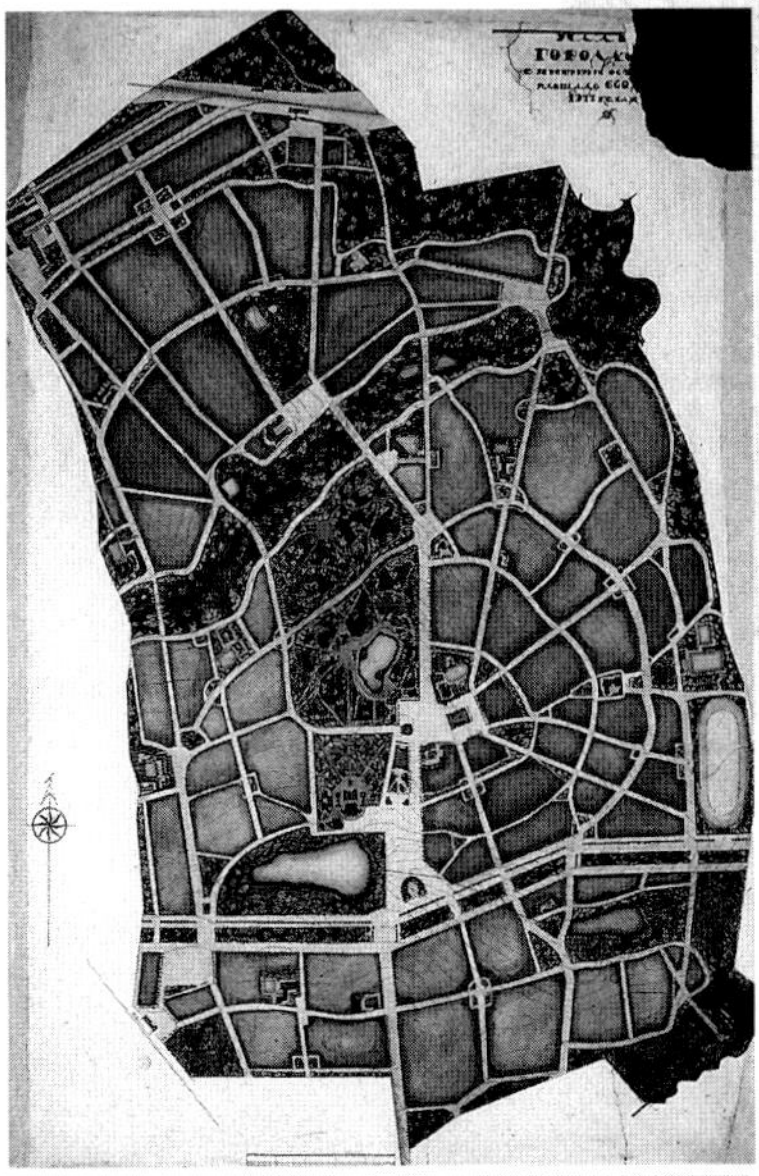

ゴルツ／オスタンキノ計画（卒業計画）, モスクワ

ヴェスニン兄弟／ニコルスコエ計画, モスクワ, 1908

百人の学生宿舎に食堂、図書館、会議室など共同施設を含むものであったし、モスクワのクレストフスカヤ門地区に富裕な篤志家のソロドフニコフがつくったローコストの住宅コンプレックス（建築家はコンペティションの勝者、M・ペレチャコヴィッチとM・リヤレヴィッチ［一九〇六～〇九］）などもその例である。一九〇六年には土木技術者協会が同様なテーマでコンペティションの開催もしている。また後の構成主義のリーダー、ヴェスニン兄弟もこの頃（一九〇八年）にモスクワの郊外のニコルスコエに田園郊外住宅地（一戸建てによる）の計画を行なったりしている。

第一次大戦の開戦後も、ディカンスキーの『都市の建設、その計画と美』（一九一五年）と題されたアンソロジーなど、この関係の著作の出版は盛んであった。前述の鉄道沿線の開発構想に加えて、クリミヤ、北コーカサス、黒海沿岸地方の温泉地帯にも田園都市の構想が展開された。すでに言及したフォーミンによるラスピの計画は、そのようなものの一例である。もちろん、遠隔地のみならず、田園都市本来の構想のように、モスクワやペテルブルグの周辺にも多くの計画が実施に移されている。ペテルブルグ近郊のタヴリド、ファヴォリフ、ゼレヌイ・プリゴロド、ミロリーノ、ミャグロヴォ、モスクワ近郊のプリヴォリエ、オスタンキノなどがその例である。このような流れからすると、社会主義革命によるソヴィエト政権の成立は、田園都市運動にとっては必ずしも矛盾する条件ではなかった。従って、それはソヴィエト初期の都市計画、地域計画の中心的作業仮説となったのである。

ソヴィエト政権は一九一八年の一月と二月には土地の公有令を発した。これは、前年の革命直後に発された様々な綱領を改めて整理したかたちでつくられている。一月十三日の『被搾取労働者人民の基本的権利に関する憲章』では、「土地の私的所有は廃絶され、すべての土地は全人民のものであることが宣せられ、保証無しに人民に預託される」とされ、次いで出た二月十九日の『土地の社会化に関する綱領』では、「土地、水面、森林、地下及び天然の資源の私有財産は永遠に廃棄される」とされた。「社会化」とあるように、この時点では、よくいわれるような国有化とは違ったものであり、ボルシェヴィキは農村部に基盤を置くエスエル党の主張に妥協して、土地に対する国税の徴収を伴わない共同所有という形態をとった。企業にしても最初から全面的国有化が行なわれたわけではない。それは戦時共産主義期に加速され、NEP（ネップ＝新経済政策）期ではまた揺り戻すなど、道は必ずしも一直線ではなかったのである。いずれにせよ土地の非私有化によって、社会主義国家の基礎ができたわけだが、これが久しく田園都市運動が望んでいた基盤を一挙に用意するものであったのはいうまでもない。ソヴィエト政権にしてもこの分野での専門家を抱え込んでいたわけではないから、田園都市運動の経験者は貴重な人材であり、彼らを取り込む努力が行なわれた。また、革命前から名声を博していたアカデミストたちもまた、政権の建築・都市計画の責任者という立場についた。例えば、ペテルブルグではフォーミンが、モスクワではシチューセフやジョルトフスキーが地方ソヴィエトの計画セクションのリーダーとなっている。

革命後も農村の社会的不安もあって、都市に流入する人口は、減少するどころか増大の一途を辿った。モスクワの人口は一九〇〇年頃には約百万であったが、革命時には倍の二百万近く、そして一九三〇年にはさらに倍の四百万にまで膨れ上がった。当然この流入人口に対応する十分な居住床の確保は追いつくわけもなく、彼らはかつての貴族や富裕なブルジョワジーの館も含め利用できる建物はすべて利用したが、一室を複数の家族で分かち合うというような生活の仕方がむしろ普通といった有様であった。

こういった状況に対してモスソヴィエトの建築部は一九一八年から一九年にかけて、ジョルトフスキーのもとでモスクワの拡張計画を急遽立案したが、その骨子のひとつは都心から一〇～一五キロの所に田園都市住区を設け、都心への集中を緩和しようとするものであった。ジョルトフスキーはNarkompros（ナルコムプロス＝教育人民委員会）のIZO（イゾー＝美術部局）でもこの分野での研究を行なっているが、この期に彼がつくった理想のコミュニティのモデル計画がある。これは中心から都市の周辺に向かって、都心部、中心的公共建築群、共同体の施設や官庁、日常的なサーヴィス施設群（学校やクラブ、図書館、店舗など）、そして住宅地を配するというシェマを示すものである。当たり前のものに見えるかも知れないが、郊外住宅地というカテゴリー自体が田園都市運動の発明とは言わないまでも（それはアメリカでのオルムステッドに帰せられるべきであろう）、それが一般化したカテゴリーのようなものだから、ジョルトフスキーのシェマは、この原理の確認の上でソヴィエト都市計画が推進されていたことを示すものである。しかし、この時点では、まだ田園都市をも含め、モデルが十九世紀的なものから取られていたために、例えば前記のジョルトフスキーの抽象モデル・シェマにせよ、また具体的なモスクワ拡張計画にせよ、生産基地の計画的分散の問題などは考慮に入れられていず（それは後述するように、一九二〇年代の終わりのテーマとなる）、そうした意味で、マルクス主義＝社会主義的ヴィジョンというよりも、むしろクロポトキン的なイメージの方に近い。マンフレッド・タフーリは、このモスソヴィエト・プランを、同時期にブルーノ・タウトが、明らかに直接的なクロポトキンの影響下でつくった『都市の解体』と比較しながら、それがすでに一九一九年にブハーリンとプレオブラジェンスキーによって、経済的退行を志向する非プロレタリアート的かつアナーキーな行為であると批判されている（『共産主義のＡＢＣ』）ことを指摘している。この『都市の解体』のヴィジョンは、十年ほど後の「非都市派」によって、今度は生産力の分散というテーマを機軸にして再編成されることになる。

この場合の問題は、社会主義政権の成立によって、全国土や地域の合理的、包括的コントロールが理論的には可能になったとしても、あまりにも過去の負債が重くのしかかっていた現実にはどうなのか、ということである。この理念と現実の距離の問題は、後にも触れるような革命の都市への熱狂とヴィジョンが高まるにつれて、もうひとつアーティストたちの間で起こることでもあるが、レーニンのこの問題における立場は現実主義的なものだった。

ジョルトフスキーの回想によると、レーニンは彼とシチューセフに対して、モスクワの計画は緑地や地下鉄などの共同施設や拡大すべきゾーンの問題だけに限るようにという指示を出している。革命の父のこの問題に対する態度をもっとはっきり表明しているのは、古参のボルシェヴィキで、後の『ソツゴロド』（十二章三節参照）の著者であるミリューチンに関して、彼がクルチザノフスキー（Goelro［ゴエルロ＝ロシア国家電化委員会］の長で、後にはGosplan［ゴスプラン＝国家計画委員会］の長にも就任）に宛てた手紙である。そこでレーニンは、ミリューチンが全体の計画の集中管理を望んでいるが、それは国家経済を官僚化する危険を見落としたものであり、我々は貧しく、飢えているのであって、完全な統合的プランなどという官僚的ユートピアに走るべきではない、と書いている。これは、ある意味では前記のブハーリンの主張と共々に、十年後の都市派－非都市派の論争に対してスターリン政権がつけた決着の仕方（十五章参照）に一見似たロジックである。ただし、スターリン政権の方は、官僚主導であることは間違いない五カ年計画の邪魔物としてアヴァンギャルドの論争を葬りさったのだが。

戦時共産主義の時代を経て、ボルシェヴィキの独裁体制が固まり、NEPの時代に入る一九二一～二二年頃になると、政府内での計画体制の整備が進行する。元々田園都市運動は地方行政の改革を志向するというモメントがあったから、この両者はかなりな程度に人的にも連動していた。一九二一年の夏には建設部が「住宅地の整備」に関する綱領の準備に入ったが、翌年にはそれが、内務人民委員会（内務省）の地方経済のための中央行政を推進するセクションのGUKh（都市部）、及び公共衛生人民委員会（厚生省）のNKZdraf（住居部）に引き継がれることになった。建設部の都市計画局の長になったのはデユベリール、GUKhの都市計画部長になったのはセミョーノフ、そしてNKZdrafの衛生住居部長になったのは田園都市協会の書記を務めていたゲルマンである。その結果、各々の都市は向こう二十五年間の成長プランを三年以内に提出すること、そしてGUKhの承認を取ることを求められた。この頃、こうした二十五年プランの必要性に加えて、一〇パーセントの緑地率の確保、サーキュレーションやヒエラルキー的なゾーニングなどの考え方の必要性について『プラウダ』紙がキャンペーンを張っている。田園都市協会も一九二二年に装いを新たにして発足し、その創設大会では、セミョーノフが「田園都市の大原則」、ゲルマンが「現在の都市と未来の都市」、そして法律家コジャヌイが「労働者田園都市」と題する基調講演を行なっている。行政側にも田園都市局がつくられ、セマシュコがその局長となった。協会はその理念に関する様々なキャンペーンを繰り広げ、後述のVKhUTEMAS（ヴフテマス＝国立高等芸術技術工房）などでも、このテー

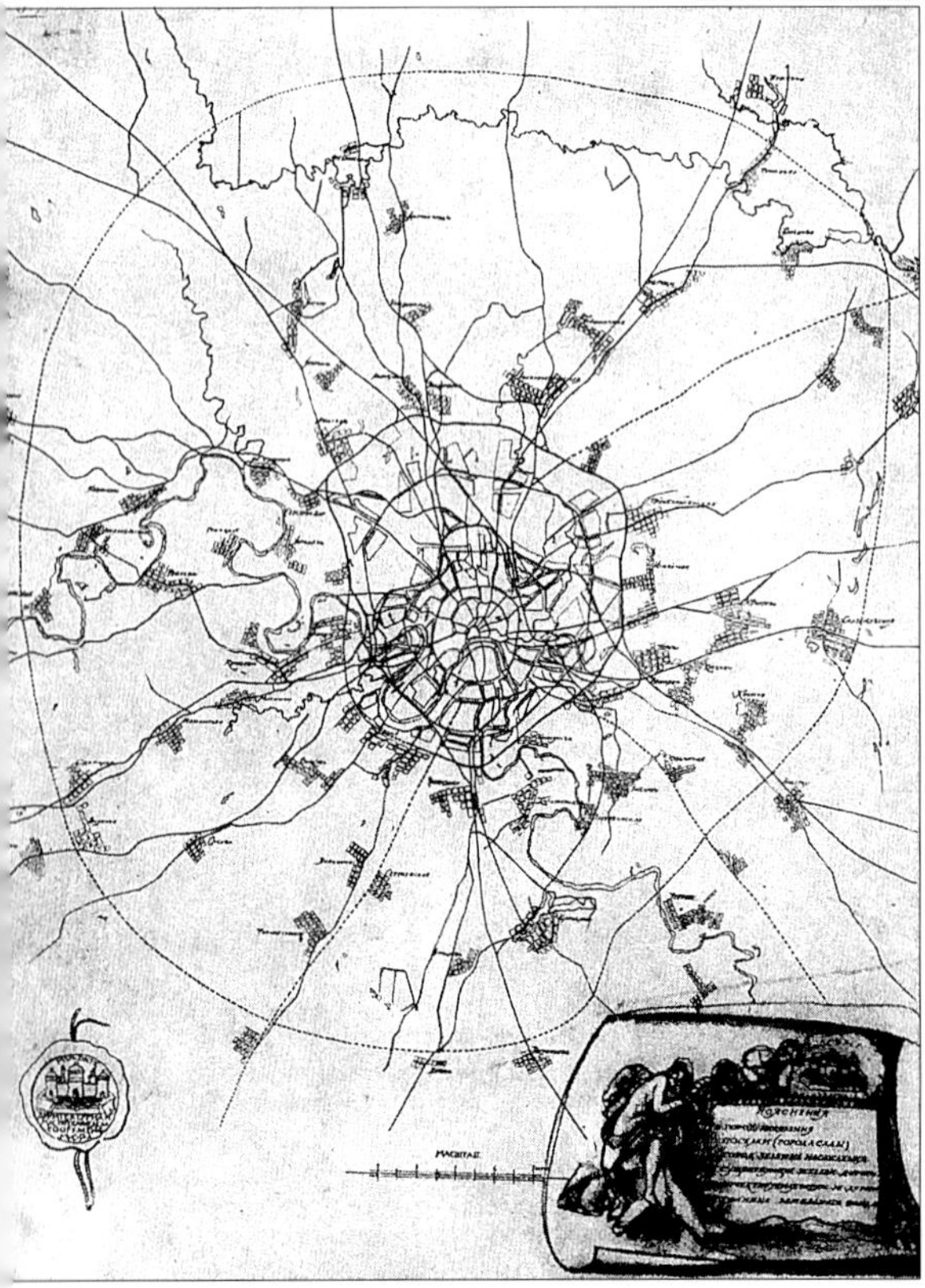

モスソヴィエト建築部／モスクワの拡張計画, 1919

マが学生のプロジェクトとして取り上げられたりした。前述の人たち以外にも、イヴァニツキ、マルコフニコフやバルヒンなどがこの議論に加わった。バルヒンは『労働者住宅と労働者田園都市』と題する著作を一九二二年に公刊している。

田園都市協会自体はまもなく解消されるが、人材的にはとりわけセミョーノフのようにその後もソヴィエト都市計画の重鎮として重きをなしていくわけだから、運動自体としては歴史的な使命を全うしたといえる。実際、革命後も、少なくともしばらくは、田園都市ないし田園郊外といったコンセプトがソヴィエトの都市計画の主流を占めていたことは、先に触れたモスソヴィエトのジョルトフスキーらのプランでも明らかだが、当然ながら、それは必ずしもアヴァンギャルド的な新しい方向性を示すものであったとは言い難い。タフーリは先に挙げたレーニンの「官僚のユートピア」に対する警句に言及しながら、レーニンは都市が国土戦略に対して特定の役割を果たすことを期待していなかったが、これはアヴァンギャルド的な都市計画家にとっては耐え難いものであったはずだと述べている。しかし、この時期に重要な仕事をした計画家たちは、結局アカデミズムをバックグラウンドとした人々かテクノクラートであったが、後者の中にはすでに田園都市構想を超えるヴィジョンを打ち出した人材もいた。

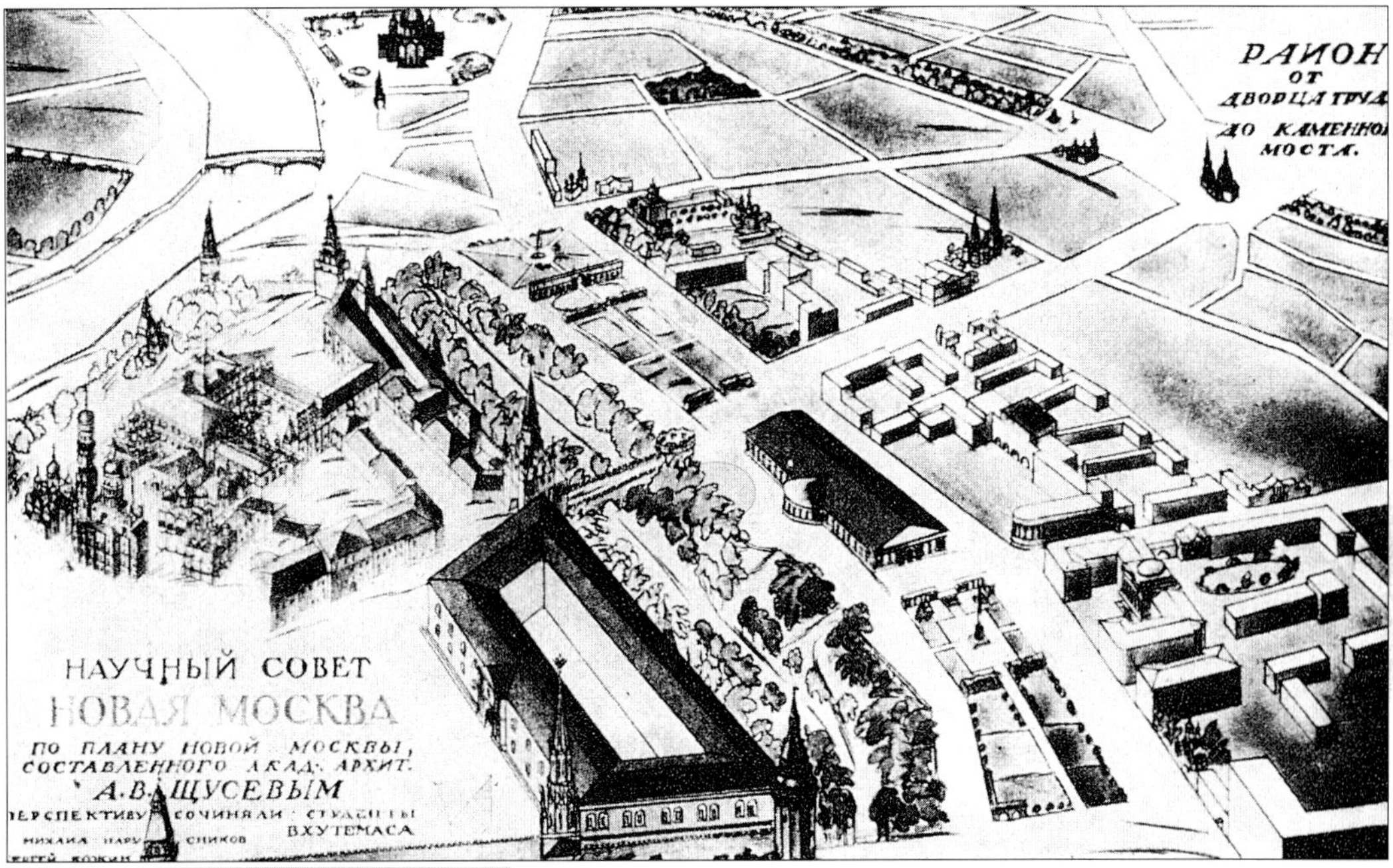

シチューセフ, コルシュノフ［モスソヴィエト建築部］/
モスクワ都心部計画, 1918 - 20

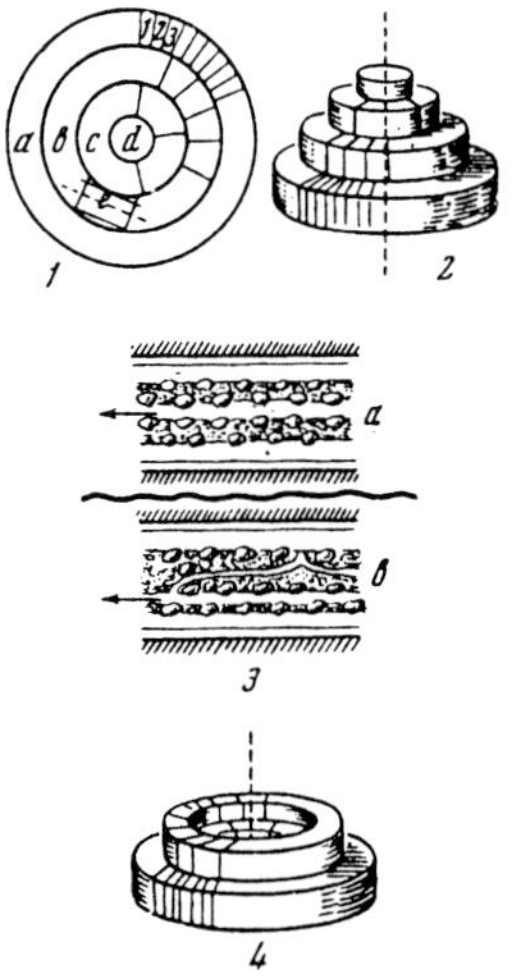

ジョルトフスキー /
モデル・
コミュニティ計画,
1921

重要なのは、一九一八年当時ウゴルセルストロイの都市計画局員であったボリス・サクーリンである。サクーリンはこの頃二度にわたってモスクワの将来計画を私案というかたちで立案している。一度目のプランは、ジョルトフスキーとシチューセフの最初の案（一九一八年）に数週間だけ先立ってモスソヴィエトに提出されたもので、「モスクワの未来都市としての再建」と題されたレポートである。このプランは、モスクワを三重の衛星都市のリングで取り囲み、工業地及び住宅地を稠密インフラストラクチャー網に取り込むかたちが示されている。環状の鉄道路の外側に広大な緑地帯（農業用地、森林、余暇のための公園等）を設け、都心部とは放射状の鉄道路で結ぶというこのプランは、一見ハワード的な分散案に見えるが、むしろインフラストラクチャー網によってメトロポリスを整備していくという方向である。このメトロポリスは、都市経済の全体戦略の中で確定されていったもので、ジョルトフスキーらの素朴なアカデミズム・アプローチよりもはるかに近代的である。サン＝シモン的な「産業体としてのメトロポリス」のイメージといってもよい。彼の計画には、ドイツの社会民主主義者による都市経営戦略、地域分析の方法等が影響を及ぼしている。次いで一九二一年につくられた計画では、より広範なエリアを対象にしてはっきりと地域計画の中での都市の位置付けというかたちが打ち出されている。つまり、モスクワをスモーレンスク、クルスク、ニジニ・ノヴゴロドなどの周辺都市と鉄道、道路、水路で結ぶという構想である。このプランは、Goelroによる一九二〇年の電化プラン、そしてそれに基づく地域経済計画に立脚したもので、NEP期の「都市経済と農村経済の両極の組織的な競合」（クィリーチ）の戦略に乗ったものであった。一九一八年案と比べると、前者がまだ分散に重きをおいており、地域バランスのとれた有機的な計画だったが、一九二一年案ではもっと不確定でダイナミックな計画イメージが根底にある。「電化＋ソヴィエト＝共産主義」というテーゼからいけば、それはレーニンの考えたであろう計画のイデオロギーであるし、実際イタリアの建築・都市計画史家ヴィエリ・クィリーチはGoelroこそが、近代的なテクノクロジーによって国土を全体として産業化し、農村と都市の差異を解消するという、生産主義の歴史的な第一ページを記すものであったとしている。しかし、前述のレーニンの手紙にあるように、革命の領袖は、少なくともこの時点では必ずしもその先行を良しとはしていなかった。アヴァンギャルドと時の政治的情勢なり指導者の

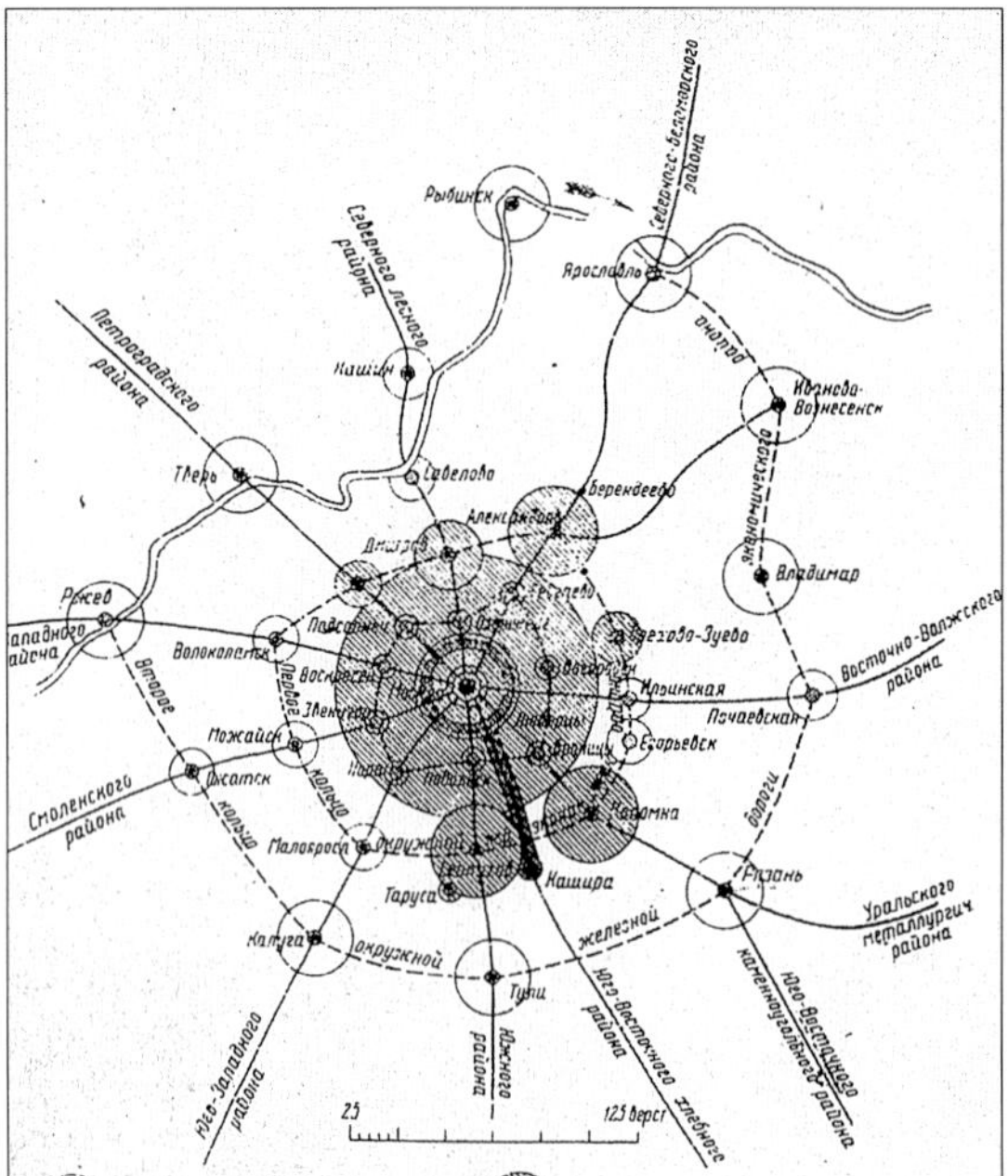

サクーリン「モスクワの未来都市としての再建」1918

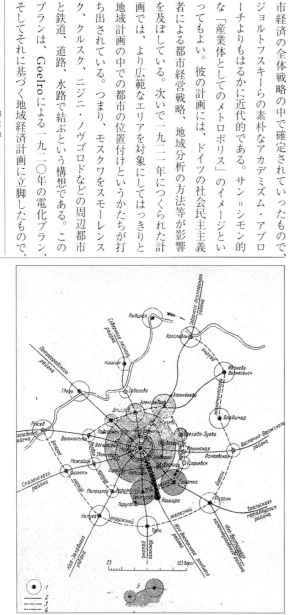

思惑なりの間のズレは、我々の問題としている領域において常に存在する問題であったが、この場合はそれがテクノクラートのレベルにも及んでいたことになる。クィリーチもまた、このサクーリンの第二案について、「しかし、『組織化された競合』の両極の間の心もとない均衡は、その放縦な等価物を、単に地域主義的なユートピアへの逸脱や、真に具体的な可能性を欠いたままで推進された都市モデルの地域への拡大にのみ見出したわけではない。つまり、問題の内的特殊性にアプローチしようとするそのやり方自体に、計画上の勇み足ともいえるような渇望、つまり規範を生真面目に精緻化していくという要求を踏み越えていってしまうそれを示すものであった」と述べている。これは、部分の実体的な検証を踏まえて地域に延長していった計画というよりは、理念的、実験的に地域モデルを組み立てたというニュアンスが強いということを意味している。

これと並行にスタディされたモスソヴィエトのジョルトフスキーとシチューセフ率いるチームのプランは、すでに述べたような田園都市分散理論に基づいたもので、当初はそれ以上の長期的な展望をもった計画ではなかったが、工業化の必要の高まりと共に徐々に軌道修正を行なって規制誘導的な側面も強めていった。即ち、住居と工業の分離、緑地の確保などゾーニングの整備、斜線制限などの建物の高度規制が導入されていった。だが、それと同時に部分的な拠点に対するもっと建築的、つまり伝統的な意味での都市の景観整備計画も行なわれて、これには前にも述べたように若き日のアヴァンギャルドたち、メーリニコフやゴロゾフが参加している。といっても、この時期には彼らもまだアカデミズムの伝統の中にいたので、造形的にはとりわけ前衛的なものが見られるわけではないが、この中にはゴロゾフによる劇場地区の軸線を強調した整備計画や、レオニード・ヴェスニンによるレーニン地区の低密度ハウジングの計画（これを含むモスソヴィエトとMAO［マオ＝モスクワ建築協会］の共同による一連の住宅地の計画については後述。また前章の最後に取り上げた労働宮殿のコンペティションもこの全体構想の一部として開催されたものである）などがある。ある意味での例外として注目しておいてもよいのは、一九二三年の「新モスクワ計画」で見られる三つの巨大な楔状の緑地が環状

サクーリン／モスクワ大都市圏地域計画, 1921

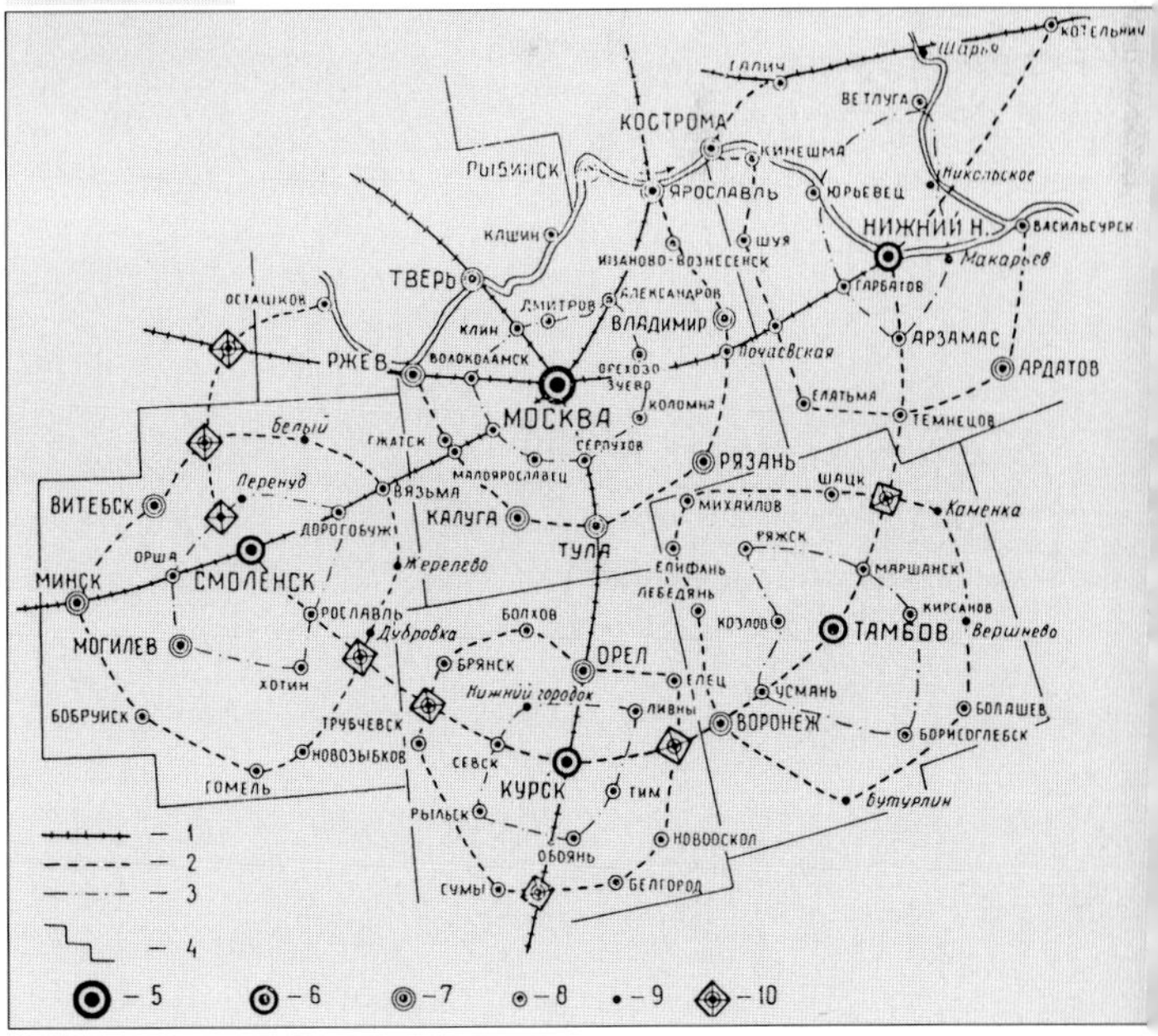

鉄道に沿って設けられるというシェマで、これはメーリニコフのアイデアと言われるが、例えば一九一八年のコリによるモスクワのモニュメントの計画「赤い楔」や、一九一九年のリシツキーの有名なポスター《赤い楔で白を打て》と同じレトリック、つまり資本主義的あるいは帝政的な旧秩序に共産主義の新秩序の楔を打ち込むというアイデアの翻案である。メーリニコフ自身の言い方に従えば、それは「革命の視覚的な象徴化」であるという。後年のメーリニコフによく現われる直喩的でロマンティックなシンボリズムの初期の例といえるが、実際には後で述べるシェスタコフの「大モスクワ・プラン」と比べるとシチューセフ・チームの案では緑地は三分の一（前者が二〇万ヘクタール、後者は六万ヘクタール）にすぎず、明らかにこの楔は図面上の意味しかもたぬフォルマリズムであった。この点で、アカデミストたちは視覚上の事柄にしか関心をもっていなかったというよくなされる批判は、少なくともアカデミズムか否かとは別のことであるといっておくべきであろう。フレデリック・スターは、このシチューセフ・プランがロシアの都市発展の合理的な規制という点で、画期的なものであったことは確かであるという評価を下している。しかし、この計画の根本には、歴史的な行政、文化都市としてのモスクワの性格及び実際の街区の保全、あるいは再構造化という姿勢があり、こ

シチューセフ，ゴロゾフ［モスソヴィエト建築部］／
「新モスクワ計画」のうち
ソヴィエト広場再整備計画，モスクワ，1923

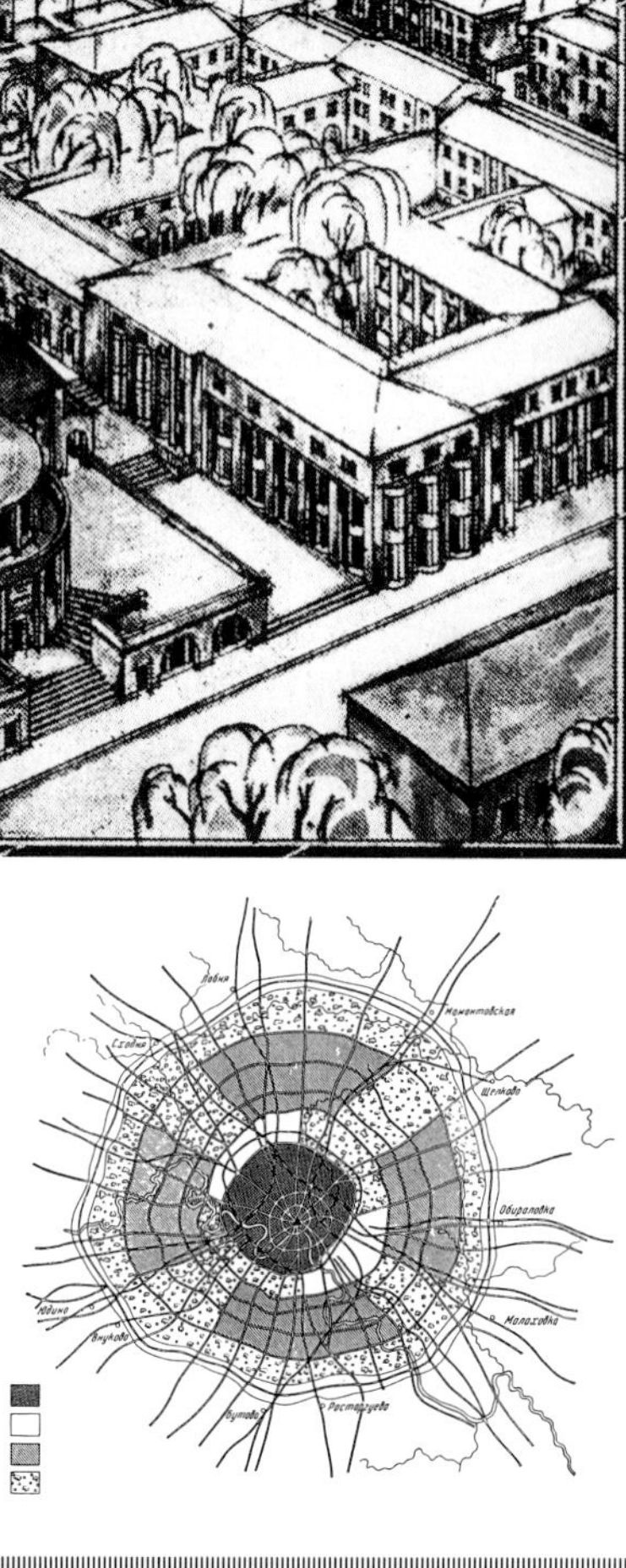

シェスタコフ
「大モスクワ・プラン」
1921 - 25

の点で一九二五年の十一月の『イズヴェスチャヤ』紙に、MUNI（モスクワ不動産委員会）の責任者ポポフが、「新しいモスクワは古代の博物館ではない」と題する批判を展開している（シチューセフは「新文化の中心としてのモスクワ」という反論を寄せた）。

もうひとつのモスクワの計画として先に述べたシェスタコフの計画は、幾何的に単純化されたゾーニングに基づいた計画で、クィリーチなどはNEP後の計画のオプティミズムを示すものとしているが、ここでの新機軸は比較的長期間（一九四五年まで）の人口予測に基づいてゾーニングを位置づけている点で、これはサクーリン（彼はシチューセフ・チームにもこのシェスタコフのチームにも関わっていた）のシェマを発展させたものといえる。ここでは都心から四〇～八〇キロと九〇～一二〇キロの区域に衛星工業都市のリングを整備している。シェスタコフ自身の説明によると「大モスクワの平面上の性格は、環状及び放射状の道路の歴史的な発展に従ったもの」であった。都心部は通例の都市的なタイポロジーを踏襲している（ただしかなりの不良地区の取り壊しを含む）が、周辺部では田園郊外と緑地というのはいわばお定まりのシェマである。いずれにせよ、サクーリンの計画が地域計画モデルのニュアンスが濃いのに比べて、他の二つの公式計画はより実体的にモスクワを計画誘導していこうというものであったことは確かである（しかし、後にも触れる一九三一年の党大会――反動の開始をしるしづける――でラーザリ・カガノヴィッチは、このプランを「いかなる社会的、経済的条件にも考慮をしていないただの紙の上の計画」と片づけている）。こういった計画は当然、全体としては実現されたわけではなく、あくまで作業仮説モデルであったが、モスソヴィエトとMAOの両方を押えていたシチューセフが様々な地区での実施計画やコンペティションを推進したことは前に述べた。それらの計画では、これまで述べてきたような田園都市郊外的なものや、以下に述べるようなコミューンないし、労働者住区的な性格をもったものなどが混在していた。

L・ヴェスニン［モスソヴィエト建築部］/
「新モスクワ計画」のうちレーニン地区再整備計画, 1922 - 24

また、これとは別に（あるいは一部は重複しながら）、具体的な計画や建設活動は行なわれていた。その推進母体として重要なもののひとつには組合組織がある。これは、例えば住宅の建設組合というようなかたちでつくられるもので、土地の「社会化」（国有化ではなく公共体やそれに準ずるものによる土地の取得）というような形態からいっても、一定の自立的、私的な建設活動を行なわせるという意味で相応しい形態とされ、モスクワなどでもかなりの数にのぼる住宅供給の主体となった。法制レベルで見ても、一九一九年の八月の布告ではソヴィエトの所有地の五五パーセントの私有化が認められ、一九二二年には小企業の活動の許可やかつての凍結処置の解除が行なわれているし、その私企業が地域を建設目的で利用することも認可されている。組合組織による建設は、その中間形態を目指すNEP期の社会主義的方向性を示すものといえるが、当然それは実験的な意味合いの強いものではない。ただ、そうではあってもモスクワに建てられた組合施工の住宅には、モダンといえる形態のものも少なくはないし、中にはイリヤ・ゴロゾフなどによる野心的なデザインもある。建設ベースでは組合施工はむしろ国や大トラストよりも効率的で、相当量の実績を残した。

その初期の成功例としては、モスクワの郊外に造営されたソコル田園都市がある。これは、ロシア田園都市運動の最も典型的な実現例であると同時に数少ない経営上の成功例といってよい計画で、MUNIの建設組合による施工であった。この計画には、シチューセフが例によって監修的な立場で関わっており、実務をまとめたのはニコライ・マルコフニコフである。住戸形式としては、最も伝統的な庭付き一戸建て（後に述べるコッテージ・タイプ）とプリミティヴな構造（レンガや木や塗壁）による低層の集合タイプ（テラスハウス）の混在であり、デザインとしては同時期のドイツの田園都市のテセナウや初期のタウトのそれを思わせるが、もっとコンヴェ

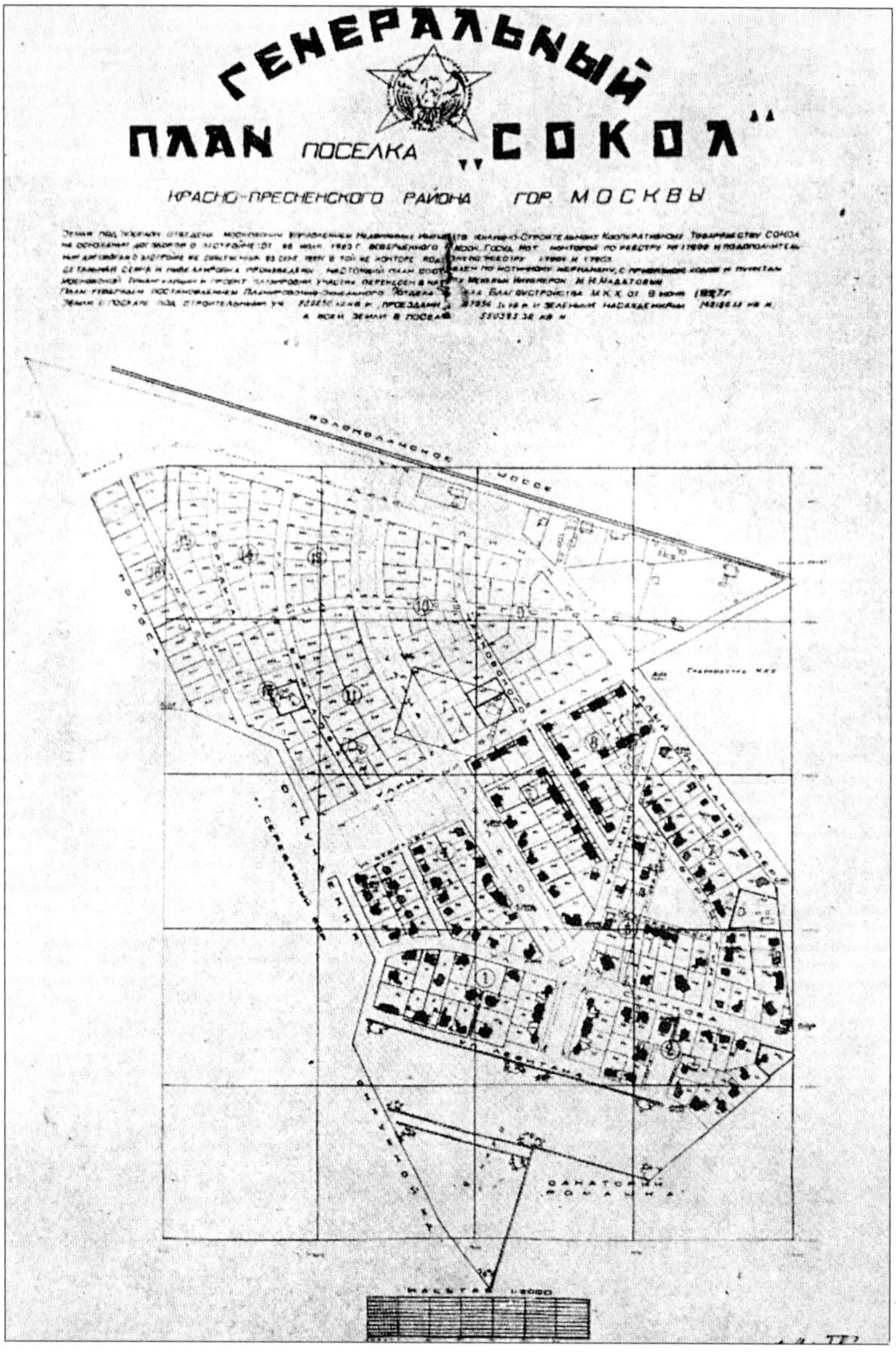

ンショナルなもので特徴に乏しい。テセナウらのものは単に質素であるだけではなく、切り詰めた中にも「貧しさの美学」のようなものがあったが、ソコルのものはもっと単純にプラクティカルでしかない。とはいえ、曲がった街路など、ピクチャレスクな美（といってもいたって慎ましいものだが）の取り込みを行なうなど、田園都市のイメージをパイロット的に提示し得たという点では、このプロジェクトの意義は少なくない。しかし、これはサクーリンたちがメトロポリスとしてのモスクワの外縁部にそれを補完する立場で位置づけた衛星都市などに比べると、はるかに内側に建てられた（今日ではほとんどモスクワの市街地に呑み込まれている）もので、サクーリンらの考えたような、経済戦略と結びついた広域の地域計画的な意味はない。ジョルトフスキーとシチューセフ・チームの構想には、確かに都市から一〇～一五キロくらいとずっと近い区域にこの種のものを設けるという考えがあったから、それには合致したものではあったが、同時に、すでにこうした低密度の田園都市では根底的な問題解決になり得ないことは明白であり、ある意味では最初から時代錯誤的なところは隠し難かった。

シチューセフ　マルコフニコフ／ソコル田園都市全体計画, 1923

この前後から、ソヴィエトにおける最初のまとまった都市計画論争が展開された。建築家、計画家、法律家、社会学者、政治家、ジャーナリストたちも巻き込んだこの論争での焦点は、田園都市やその典型的建築的タイポロジーであるコッテージ・タイプの一戸建ての功罪である。ソヴィエト政権がとりあえずは受けとっておいた、本来プロレタリア集産主義とは合致しない田園都市の理念の最初の問い直しであった。田園都市は、その頭に「労働者」という接頭辞を頂いたとしても、所詮労働者総体の量を扱えるものではなく、である以上、資本主義的な土地－家屋保有形態の延長としかならないという議論が、例えば一九二三年の三月に開かれた田園都市協会の組織委員会などで行なわれた。ここではすでに大勢は田園都市には背を向ける方向であった。それは基本的に小ブルジョワ的であり、反動的ではないかという議論が主流化していったのである。この問いは、量的な問題と同時に、その集住形態のイデオロギー的な内容にまで遡行しないではおかない問いだったが、この一九二三年には田園都市協会への反対提案として「合理主義的都市計画推進協会」の設立が議論されるに至った。

マルコフニコフ／ソコル田園都市の住宅, モスクワ, 1923

3. 新しい共同体へ

生活を変革せよ

これまで述べてきたのは、基本的には実際的な都市に対するアプローチだといってよい。そこにいかにレーニンの言ったような官僚的なユートピアへの傾斜があったとしても、テクノクラートはテクノクラートである。革命という条件がとらえられたのは、あくまで土地の所有形態から計画のフレームに至る彼らなりのカテゴリーでしかない。しかし、実際には、新しい都市や生活形態に関する議論は、当然もっと思想的あるいは情念的なレベルにまで及んだのである。それは特に革命直後の混乱で、戦時共産主義というフェーズをはさんだことで一層加速された。このボルシェヴィキの独裁政権確立までの、様々な反乱や農村での食料強制調達にいたる時機に生じた諸々のイデーは、その後も長い尾を引いて、本書の扱う主題に恒常的な通奏底音を響かせている。こういった動向を、フランスの建築史家アナトール・コップの著作のタイトルを借りて、「都市を変革し、生活を変革せよ」と要約することができる。ボルシェヴィキだけではなく、様々な潮流と様々な立場の人々が新しい共同体への予感と期待をもった時代である。長い圧政の続いたロシアには、十九世紀からこうした変革へのポピュリスト的な期待があった。それはマルクス主義の流入よりもはるかに前からのものですらあった。レーニン自身も『人民の友』の中などで、このナロードニキの伝統を形作ることになる「古いロシアの農民社会主義」にしばしば言及している。ロシア革命には、フーリエ主義の伝統から無政府主義をも含めて様々の底流が潜んでいる。これは、芸術におけるアヴァンギャルディズムが西欧からの圧倒的な影響から成立したように見えて、その実はロシア的な伝統を強く抱えていたのと似ている。

十九世紀のポピュリストあるいは「ユートピア社会主義者」（マルクス主義者は自らの科学性を誇るためにこう彼らを呼んだが、いささか不当な言い方であろう）ベリンスキーの「新しい人間」というような標語は、この待望感をすでに予告するものだった。ただ個人のレベルでの解放や変革が問題であったわけではない。個人が集まったところで営まれる新しい共同体、つまりコミューンこそが関心事であった。一八四九年に検挙によって壊滅した初期のプロト社会主義者の結社ペトラシェフスキー党（フーリエの強い影響下にあった）のリーダーたち、ペトラシェフスキーやゴロヴィンスキーは、その起訴審理の陳述において、農村の貧窮の解消のための決定的な手段は、当時もあるかたちでは行なわれていた、耕地の共同利用をより推し進めること、つまり共同体（ミール）による共同所有を行なうことであると述べている。

コミューンのテーマを描いたものとして有名なのは、もう一人のポピュリスト、チェルヌイシェフスキーの小説『何をなすべきか?』で、レーニンも愛読したこの作品では、新しい労働コミューンの創出を夢に見ながらモスクワとペテルブルグを股にかけて奔走するヒロイン、ヴェラ・パヴロヴナの姿が描かれている。彼女の夢見る未来社会の宮殿は、フーリエのファランステールのように自然の中に置かれ、そこで人々は農業や工業などの生産の営みに従事しながら、この自然の中で憩うのである。この小コミューンの成立によって都市の人口は減少し、もっとずっと小規模なセンターになってしまう。明らかにこのヴィジョンは、田園都市や後の「非都市派」の議論に近いものである。実際、アナトール・コップはヴェラ・パヴロヴナのこの夢を、レオニドフの一九二八年の「新しい社会タイプのクラブ」（十章参照）のイメージに比較している。ロバート・ウエッソンは、ソヴィエト・ロシアにおけるコミューンの起源を辿りながら、その二つの根の存在を指摘している。ひとつは本来的な意味でのコミューン、つまり「多少とも共有財産をもって耕作し、生活したグループで」、もうひとつはオプシチナと呼ばれていた村落共同体である。オプシチナはどちらかといえば農協的な性格ももった組織で、「土地を割替えしていたけれども、構成員には比較的自由に耕作するに任せていた」（ウエッソン）。それがトルストイ的な、あるいは家父長的な性格をもつコミュニティであったことは明確だが、もうひとつの意味でのコミューンにせよ、「耕作し」という語句が入っているように、両方とも基本的には農業を主軸にした共同体であることには変わりがない。事実コミューンの共有財産の最も基礎的なものとして見えやすいのは土地であるから、ソヴィエトにおいてもコミューンの大部分が都市よりも農村に基盤を置くものであったのは、当然の成り行きなのかもしれない。しかし、これが結局ソヴィエト政権にコミューンをいわば「継子」扱いさせる要因になった。なぜなら、すでに述べたように、ボルシェヴィキは基本的に都市プロレタリアートを代表する政党であって、前記のようなコミューン的伝統を含め、農村に対して基盤を置いていたのはナロードニキの伝統を背負っていたエスエル党だったからである。

ウエッソンは典型的な農業コミューンが辿ったと思われる経過をモデル・ストーリー的に叙述している。それによると、まず内戦期に一〇人足らずの農夫たちと都市を食いつめて追われた労働者が放置された土地と古い建物に住みつき、コミューンを自称し、地方ソヴィエトに貸与されたわずかな金と家畜によって農業生産を始める。ソヴィエトに加担した彼らは、最初は低い生産と反ソヴィエト勢力（多くの農民及び白軍）によって攻撃され苦難の道を辿った。NEP期になるとコミューンは生産上の自由は得たが、そのイデオロギー性は低下していった。この傾向は一九二五年以降、再びソヴィエトとの関係が良好になってからも進んだが、一九二七年以降、農業の集団化がスターリン政府によって語られるようになると、彼らは再びイデオロギーの先駆者の位置に押し出された。多くの農民が、その農場や作物の輪作法、納屋や機械、さらには奇妙な生活様式を観察するために群がり、集まってきた。周囲がコミューンやアルテリ（より共同化された度合いの少ない形態）化していく中で、集団化は加入ばかりか、移住までをも含む強力な政府の管理下に推し進められた。しかし一九三〇年のはじめ（因みに、これは後で述べる「生活様式の改革」をめぐる党中央の決定がでた時点に重なる）にスターリン政府は「気違いじみた極端すぎる農業集団化」を停止し、アルテリ的な形態に多くを引き戻した。このアルテリはソヴィエト集団農場、すなわちコルホーズの原型をなした。この過程でコミューンは自発的な性格を失い、ソヴィエト行政管理下の普通の生産単位となって消滅した。

これは結局農業コミューンがソヴィエト政府に振り回されて終わったというストーリーである。話を元に戻すと、労働者と農民、兵士の連合というかたちでソヴィエトを位置付け、革命初期のソヴィエト政権の両輪をなしたボルシェヴィキ党とエスエル党の関係は、すぐに都市と農村の利害の違いをめぐり軋み始めた。もともと労農同盟などは成立していなかったのだと説く研究者もいる程である。この問題は、食料難にあえぐ都市プロレタリアートによって、食料の供出を拒む農村への強制的な調達が行なわれるという事態に及んだ（戦時共産主義はこのようにして開始された）。エスエル党の反ボルシェヴィキ反乱と鎮圧、ボルシェヴィキの一党独裁化が確立して始まるNEP期には、それが農村経済の市場化を認めるというかたちで緩和されたが、その後のスターリン時代で再び同様な農村の強制的集団化が起こる）。それに反抗する農民たちは有名なマフノーの反乱をはじめとする抵抗に及んだから、これはもはや都市と農村の戦争関係である。マフノー自身がアナーキストであったことも、前記のような農村ベースのコミューンが必ずしもボルシェヴィキ党の方向性と折り合わなかったことの理由を示唆している。

ソヴィエト型社会主義と国家社会主義（ナチズム）を比べてみると、この点も興味深い類似性がある。共に十九世紀的な資本主義のカオスに抗することに基盤を置いていたこれら左右の「社会主義」では、農村の問題は理論上は重視されてはいたが、前者における「都市と農村の対立の止揚」というキャッチフレーズ、後者における反都市的な「血と大地」の理論にもかかわらず、現実にはこの両方とも結局大都市志向だったのである。共にある種のコミューン志向を胚胎していたにもかかわらず、それは主流化せず、ときに弾圧の対象にすらなったところも同じである。これは、アヴァンギャルド芸術に関しても同様なことが言える。

先にも書いたように、ロシア・アヴァンギャルドはマヤコフスキーやリシツキーに代表されるように、インターナショナルな大都会志向が主流をなしたのであって、ロシア的な農村志向は底流の方にあって必ずしも顕在化はしなかった。アヴァンギャルドは、だから、本質的に都市プロレタリアートに、そしてそれを代表するものとしてのボルシェヴィキのイデオロギーに共振したことは確かなことであると思われる。だが、後者のエレメントも、様々なフェーズにおいて間歇泉のように噴出したり、あるいは無意識のうちに滲みだしたりしてくる。それがロシア・アヴァンギャルドの歴史的パースペクティヴに立体感を与えている。ロシア革命をめぐる諸現象の中にはこのような、一見副次的に見えるが、実際には公的な側面と同様な重みをもち得るような要素が少なからず存在している。

コミューンの問題もこれと同様に、公式的なボルシェヴィキ・イデオロギーでは底流に押しやられたものであることは先にも述べた。しかし、このことは都市にコミューン的なものが存在していなかったとか、党の指導者が全くこの問題に無関心であったとかいうことを意味するわけではない。むしろ、生活様式の問題は、革命勢力としては当然重視せざるを得ない中心的な命題であった。ブハーリンも権力の消滅を基に人間が自らを取り戻す社会のヴィジョンを説いていたし、トロツキーもこの問題を一九二三年に「生活様式の問題」としてまとめている。一九二八年に公共衛生人民委員ニコライ・セマシュコによって書かれた『新しい人間のために』（先に触れたベリンスキーのタイトルとの類似性に注目）では以下のように書かれている。「革命の前にはすべての生活様式、国々とその数百万国民の振る舞いのすべての再構築の問題が課せられている」。ここで述べられている「生活様式」にあたるロシア語はブイト（Byt）という独特のニュアンスをもったことばであり、セマシュコの定義によれば、ある個人や社会集団にあらわれる意見、習慣、用法、衣服、信仰などの総体を指している。ブイトの変革を目指したものは、極めて多岐にまたがっていて、土地の社会化や教育、医療体系の変革など制度的なものから、後進国のロシアにとって深刻な問題であった文盲やアル中の追放といった実際的な問題にまで及んでいた。トロツキーも「我々には労働の中に文化があるのではなくてはならない。生活様式の中での文化が。我々は永らく逆の用意をしていたのだが」と言いながら、長い自己教化の道――宗教、飲酒、文盲、文化偏見等に関わる――の必要性を説いている。また、一九二四年の、作家・芸術家たちの宣言では「新しい生活様式、それこそが我々の新しい戦線である」というようなことがうたわれている。

しかし、最も核心的で避けて通れない共産主義の中心的命題としてあったのは、家族制の問題、及びその一部としての女性の家事への隷属からの解放という問題である。何故ならば、それらは資本主義から社会主義へのパラダイム変革を、その経済構造の変動に深く関わりつつ体現するものであったからだ。ブルジョワ的家族形態は、私有財産、生産手段の保有単位として経済、支配秩序の確固たる因子となっていた。歴史家である関曠野は、資本主義は封建体制の経済的核心をなしていた自給自足的な家産共同体を消滅させたが、市場経済は必ずしも経済活動の基礎単位を個人にまでは解体せず、核家族を保有し、「結婚と家族の扶養を事実上の万人の義務」とすることによってその高成長のインセンティヴとした、と書いている。それは家族共産制の幻想なのだ、と。だから、社会主義はそれに対するオルタナティヴを打ち出すことを求められていた。それがマルクスにもレーニンにも結局のところでは読めていなかったことから党幹部の家族の特権階級化などにつながっていったというのが、関の批判である。それはともかく、少なくとも革命の初期にはこの問題は真摯な課題として論じられていたことは確かである。特に労働者階級の女性においては、搾取・疎外の形態は労働と家庭の二つの面に重複していた。『何をなすべきか？』のパヴロヴナが、結婚後も夫と別々の個室をもっていたということは、女性のこうしたあり方についての束縛を一気に取り除こうとする姿勢の原型をなしている。そして、それは後述するドム・コムーナ（共同住宅）の原型ともなっている。

女性の解放、ブルジョワ的家族形態の解体について用意されたプログラムは、もとより過激なものから穏健なものまで様々であった。レーニンやその夫人クループスカヤの立場は穏健派に属するものであったが、逆にラディカルであったのは、党の女性幹部アレクサンドラ・コロンタイで、彼女は一九二一年に『何をなすべきか？』のパヴロヴナの後身ともいうべき女性ヴァーシャをヒロインとした小説『自由な恋愛、働き蜂の愛』を公刊している。ヴァーシャは、もはやパヴロヴナと違って思想と愛情を自分と分かち合う男性とも結婚という形態は取らず、自由なカップルとして同棲生活を送る。この関係はもとより永続的なものではなく、やがて各々の責任において解消される。各々が自由であり、属するとしたらそれは国家にであり、すべての人民にであるというのである。この中では離婚の合法化、男女の賃金の平等化といった実際的なヴィジョンも描かれている。これはすでにサド侯爵においてヴィジョン化されていたものであったが、バスティーユに幽閉されていた侯爵とは違って、コロンタイは党の幹部であり、当然その影響力は大きい。コロンタイにとって経済の改革は家族形態のそれと同時に起こるべきものであり、このことを彼女は『家族と共産国家』や『新しい道徳性と労働者階級』のような著作で明らかにしようと試みた。後者の中で彼女は「労働者階級の間で性的危機が起こす劇的な状況とは、洗練されたブルジョワたちの心理的な軋轢に劣らぬ暴力的かつ悲劇的なものである」と書いている。実際に一九一七年十二月十九日と一八年十月十七日の党綱領では、家族における男性の特権の廃止、女性の権利の認知がうたわれており、結婚後の姓もどちらのものを名乗ってもよいこととされたが（この法令は一九三〇年代に廃止された）、コロンタイら急進派の意見はその枠を大きくはみだしたものであった。

このヴィジョンは当然西側においてはスキャンダラスな受け取られ方をした。いわゆる「自由恋愛」の問題である。悪意ある言い方ではそれは女性の共有化であり、心理学者ライヒなどの用語では「性革命」という言い方のできるこの問題は、もとより実態でいえばごく散発的かつ自発的に試みられた周縁的な出来事でしかない。だが、ブルジョワ的婚姻関係のもつ経済的束縛からの脱却と両性間の対等というテーゼから、コロンタイの考えていたようなヴィジョンが浮上してくるのは当然の成り行きであり、コロンタイによれば、それは、西欧で中傷されたような動物的な結合などではなく、「二つの魂の高貴な連合」なのだ。コロンタイは、「社会はすべての（異性間の）関係性を、例え見慣れぬものであっても、受容することを学ばねばならぬ」と主張した。つまり、女性は子供をもつことを経済的理由から恐れることはないし、子供も親のエゴや家政の犠牲になることもない、そのような家族性の束縛を共産主義は解放する、というのである。

だが、現実のロシアはといえば、都市は農村からの人口流入によって居住床も食料も圧倒的に不足し、農村はその食料の収奪に悩むという事実上の、都市－農村の戦争状態に近い有様だった。一家族一戸の家というブルジョワ的家政の単位は、もとより望むべくもないような状態であった。確かに前述のペトラシェフスキー等の言い分のように、だからこそ生活の共同化をという主張もあり得たが、まずはそうした条件の整備をという現実路線もまた当然の選択肢である。この問題は、結局後進国ロシアにおいて西欧の先進資本主義国を通り越して社会主義革命が起きたときにすでに迫られていた基本的な選択肢であった。性的自由、子供の社会扶養といったラディカルなテーゼは、それが社会の成員のかなりの部分に共有される思想とならずに、突出した部分のみのいき方となってしまうと、そうでなくとも生産レベルの極端な低下と内戦の圧力に苦しんでいた国家にとっては必ずしも歓迎できる材料ではなかった。

実際、このことは『新しい生活様式と性の問題』（一九二六年）を書いた前述のセマシュコによって明言されている。セマシュコは離婚や堕胎の合法化といった一連の進歩的施策を行なった人物ではあるが、徐々にその「行き過ぎ」を見直す方向に転じた。彼は性的禁欲は悪どころか善であり、国家はそのような放蕩のための諸経費を負担する財政的余裕はないと断じている。彼はそれ以前のレーニンの存命中から、自由恋愛はその当時の国家財政にとって負担を大きくするような人口増を招くから抑制すべきであるという主張を行なっていたが、この時点では、傷痍軍人と戦災孤児の補償を計算した上で、敢えて戸籍上の夫婦とそうでないカップルとの間に国家補助の上での差をつけるという、コロンタイ的観点からすると反動以外の何物でもないような施策の奨励を行なっている。セマシュコにとっての共産主義的モラルとは、性的な引力のみによってではなく、深い親愛の情や同志愛のような集団への従属というかたちでこそ発揮されるものであった。その観点からすれば、「自由恋愛」はむしろブルジョワ的夫婦関係の廃絶という見せかけの背後に、しばしば女性の隷属化として進行する頽廃である。ブルジョワ的家族における一夫一婦制とは、実は見せかけのものでしかないではないか、彼らはむしろ性の放逸化を行なっているとセマシュコは主張した。これではもちろん、西側の市民（ブルジョワ）道徳的な捉え方と本質的に変わるところがないが、本来的に革命ロシアといえど大部分の人民は生活慣習に関しては保守的であったから、そのような見解の方が現実性の問題も含めて支配的であったことは否めない。コミューンが大部分の農村に営まれたのは、もともと農村の社会・経済にそれに類した慣習があったからで、何も基盤がないところにそれをつくり出すことはやはり「革命的」な企てなのだ。そして、ボルシェヴィキ政権は何から何まで革命的であったわけではない。セマシュコの見解を補強するように、心理学者のツアルキンドもまた、人間のエネルギーの総量は一定のものであるから、性生活に振り向けられる「神経液」は社会主義建設に転用されることで相対的に抑制されるという、いささか滑稽な性の階級的管理理論を打ち出している（同じ心理学者といってもライヒの関心といかに隔たっていることか）。彼にとっては新しい人間の資質のひとつとは禁欲なのだった。

これは単にコロンタイら急進派とセマシュコら保守派の対立としてだけとらえることはできないだろう。セマシュコにしても一九二八年に書かれた『労働者の生活の光と影』というようなテクストの中で、資本主義の中では束縛でしかなかった労働が社会主義のもとでは喜びに転化するはずであったが、実際にはそうはいかず、男女平等化を推進させるために取られた施策も根本的な不平等を駆逐し得るどころか、むしろ離婚の増大による社会の放逸化を招き、自殺やアル中なども同じように増してきているという指摘を行なっている。こうした中で何が正しい選択であり得たのかを論じるのは極めて難しい。そして、これは生活様式の問題と密接に結びついて展開された都市計画やアヴァンギャルド建築、ひいては芸術一般の抱えることになるアポリアでもある。コロンタイのようなラディカリズムよりはセマシュコのような現実主義の方が、レーニンやクループスカヤをも含めた党の指導部の大部分にとっては受け入れやすいものであったことは疑い得ない。しかし、そのクループスカヤも一九二八年、つまり夫レーニンの死後天下をものにしたスターリンが、その基盤を固めるべく第一次五カ年計画を始めた年に、「経済の建設は社会主義の建設の一要因でしかない」。そして、「率直にいって我々はこのことについてはかなり遅れている」と述べている。これは、スターリン体制がそれまではともかく矛盾や軋轢を含みながらも進行してきた社会－文化革命を、経済（それも重工業）に圧倒的な比重を乗せながら収束させるかたちに踏み切った時点のことを語っているが、それはまた、アヴァンギャルドの活動にとっても完全にひとつの分岐点を形成する時期であった。そしてこの二つの現象には明らかに相関関係があった。クループスカヤが言った「このこと」とは具体的には生活様式の問題であったが、芸術、文化の問題もまたそれに含まれ得る問題であり、我々の対象はこの両方にまたがっていたのである。

レーニンもクループスカヤも、アヴァンギャルド芸術にことのほか理解があったわけではない。革命のアンファン・テリブルであったマヤコフスキーについて、レーニンがしばしばもてあましていたり、苛立っていたことが伝えられているが、夫妻がVKhTEMAS（ヴフテマス）に赴いて学生との対話を行なったことがある。その際に学生たちは革命の父に向かって、「あなたはきっと未来派になるでしょう、ウラディーミル・イリイチ」と学生たちは語った。それに対して、レーニンは「そのことはルナチャルスキーと話してくれ給え。それは彼の専門だから」と答えたという。その教育人民委員ルナチャルスキーは前述のクループスカヤの発言の前年に彼女と同じようなことをいっている。「革命の目的は経済のみにはない。究極的な目的は国家の消滅であり、生活様式の改変である」。しかし、アヴァンギャルド芸術の庇護者であった彼にせよ、文化面でしばしばプロレトクリトとアヴァンギャルド間でそうであったように、この戦線でもコロンタイのようなラディカルな試みに与することにはためらいを感じざるを得なかった。

「家族の新しい見方、それはしばしば価値あるマルクス主義的なものとも考えられるが、我々はその危険も認めなくてはならない。夫、妻、子供というような家族形態をブルジョワ的というが、しかし自由恋愛のようなものは何故の革命なのか？　虚勢のために離婚するようなものは破壊者であり建設者ではない。生活様式における反革命分子なのだ」。

このような生活様式の変革の議論に並行して、実際に新しい共同体のモデルを模索するコミューンがつくられ出した。その大部分は本章二節で述べたような都市計画上の動きと関係のない自発的な動きであったが、やがていくつかの点で都市計画と切り結び始めるものも出てきた。ここでいうコミューンは、後者に関わるものを取り上げるという観点で、主に農村で進行していたコミューン（数の上ではむしろずっと多い）よりも都市の中でつくられていったものの方を中心にする。こうしたコミューンは一九二〇～三二年に生活様式の探求が公的に逸脱とされるまでは、相当数のものが様々なレベルで進行していた。ただ、その自発的な性格上、はっきりとした動態が把握されていたわけではない。したがって統計上の資料には乏しいし、またあったとしても分類上の定義によっても違ってくるので、数の把握などは極めて困難である。この分野の理論家－計画家であるユーリー・ラリンは、レニングラードには一九三〇年頃には七七のコミューンがあったとしているが、成員は全部合わせてもたかだか一百人だというから、共同体というには程遠いものがほとんどであったと考えるしかない。コミューンといっても内実は休暇の集団処理といったサークル・レベルをいくらも出ていないものもあったようだから、過大評価は禁物だが、別の数値では一九二一年にはモスクワに八六五、一九二二年から二五年にはハリコフに二四二のコミューンがあったともいう。

この中には、単にサークルに毛が生えたようなものではなく、本格的に私生活の変革までをも企てたモスクワのAMO工場（ソヴィエトではじめての自動車工場）内での二四人の労働者によるコミューンのような例も存在している。『我々は生きる』と題されたグレゴヴィッチの一九三〇年のパンフレットが、このコミューンの様子を描いている。それによると二四人の成員は一七歳から三〇歳までの若年労働者で、国籍もロシア、アメリカ、チェコと様々、職種もまちまちであったが、過去の家族形態を廃して全員を一家族とみなし、賃金も共同でプール、家具や本なども共有していた。このコミューンはラディカルな互助性によって、物資や住空間の配分という点でもうまく機能したとされている。異性間の結びつきも通常語られているようにスキャンダラスなものではなく、文化的な相互向上を図るというような企ても行なわれていた。さらにはここでは、一九二〇年代の後半になると建築家たちのヴィジョンにも登場する厨房工場、セルフ・サーヴィスによる食事の共同化というアイデアも萌芽として登場している。因みに、学校を出たばかりのコンスタンチン・メーリニコフが初めて手がけた実施の仕事が、このAMO工場の諸施設の計画であった。メイン・ビルディングのファサードではアーチなども用いられており、工業的なデザインでは必ずしもないが、フレデリック・スターはそれを、ロシアにおいては元々工場が大家族的に住居やレクリエーション施設などを提供していた伝統に対応するものと述べている。メーリニコフの仕事と前記の労働者コミューンの間に直接的な関係があったかどうかは定かではないが、こうした伝統を媒介として考えれば、まんざら無縁ということでもないと思える。

政府の公式見解はこうした動きを一概に否定するものではなく、ときには極めて肯定的ですらあった。しかし、コミューン自体の性格が千差万別であり、かつまたときに大きく揺れ動いていたから、政府の政策と矛盾することもあり得た。その場合、程度の差こそあれ、批判は不可避である。前記のラリンは、「この種の青年たちの試みは、大多数の労働者たちの生活様式にまで動きを及ぼすことはできない。ある程度の豊かさにまで達してからでなければ、それは不合理な結果しか及ぼすことはできない」というコメントを残している。ラリンは終始一貫、百パーセントのラディカルな共同化の試みには批判的な人物であったが、その彼でさえやがて一九三〇年代には行きすぎを批判されてしまう。確かに下着の共有化まで主張し、それを嫌うとプチブル的である、と批判されるという極端な例もあったようだから、この種の実験に夢想的、戯画的なケースが付随した例は少なくなさそうだが、スターリン期の反動（ドイッチャーが第三革命と呼んだもの）はすべての芽をつぶしていくのである。一九三〇年代のコミューンは、生活というよりは生産管理のための単位でしかなかった。それは前節で述べた農業コミューンと同じ命運であった。そこでは新しい人間像や生活様式の確立という観念、理想上の目標は、ともかくも生産性の向上という下部構造の変革が整ってから、というそれ自体はもっともな理由によってではあるにせよ、結果的には無期限の延長に付されてしまう。しかし、我々はこの結論に帰着する前にその新しい生活の「容器」をめぐる展開に目を移さねばならない。

4. 都市コミューンから労働者住区へ

すでに述べたように、革命後のロシア、とくにモスクワをはじめとする大都市では、イデオロギーの問題とは別に切実な問題としての住宅供給、住環境の改善のための努力がつづけられた。しかし、新住宅の建設や既存の富裕な家屋の接収、分配にもかかわらず、事態は悪化の一途を辿った。建設数自体も需要の増大に追いつかなければ、建設された住宅も物資や労働力の不足のもとでの急増のために劣悪で、すぐにスラム化したものも少なくなかった。一人当りの可住面積は減少し続け、ようやくそれがもち直すのは一九三〇年代に入ってからである。法律で定められた下限は一人当り八・二平方メートルであったが、実際にはその八〇パーセントから下がっていき、一時は六〇パーセント以下にまで落ち込んでいる。これは当然、一戸ないし一室を数家族で分け合っているという状態を示している。一九二一年のNEP以降経済状態が一定度改善されてからも、例えばあるデータでは家族数の三一パーセントが一戸を保有しているが、五九パーセントは一室のみ、九パーセントは一室を他の家族と分け合っており、残りの一パーセントに至っては一室の片隅に辛うじて起居しているという状態である。これは全国平均だから、モスクワではるかに厳しい数字であったことは想像に難くない。こうした住宅の欠乏は旧都心部にもまして、既存住宅の転用のきかない新市街地ではより深刻であった。この地区に住んでいたのは当然プロレタリアートである。彼らはNEPによって中小ブルジョワジーが蘇生した後も、より悪化していく環境の中で生活を送らなければならなかった。一九二〇年には政府は各戸に二、三室プラス厨房、浴室を供給するという目標を定めたが、それは現実とは程遠いものだった。一九二一年にはモスクワで八六五のコミューンがあったという共同生活の形態は、ある意味ではイデオロギー的な理想主義からよりも、こうした現実から止むなく強いられたかたちで出発したものであるかもしれない。実際に前説で述べたようなロシアの工場の家父長的な慣習があってみれば、工場単位での生活施設の共同化や共同管理という発想が出てくるのはむしろ自明の理である。当然こうした需要に対応するのは、田園都市運動が目指したような一戸建てのパターンではなく集合住宅である。一九一九年の第八回党大会で定められた党綱領では、集合住宅の問題が、とくに食堂、厨房、保育園など、家政の共同化＝女性の解放の問題と関連づけられて述べられているし、同年のモスソヴィエトの建築政策に関する特別委員会でも、厨房からの機械化されたサーヴィス（ダムウェーターなどによる）などに基づく女性の解放、生活の近代化を図ることの必要性が主張されている。シチューセフもまた、この頃に共同施設を備えた住戸タイプの開発の必要性を説いている。一九二一年の五月には住宅の共同化のための法律が制定され、工場敷地内の居住可能建物の改修、増築などの措置を促進した。

こうした中から生まれた初期の住居コミューンの計画は、したがって、他の一般計画と明瞭に区別されたコミューンというかたちで識別できないものも少なくはないが、ソラトフ国立農業機械工場でのホテル・タイプのアパートの計画（一九一九年）、ヒツェロフ発電所の労働者仮住宅（一九二〇年）、ゴゼレフ発電所の同様なもの（一九二一年）――発電所関連のものはGoelro（ゴエルロ）の管轄なので、仮設であることも含めて実験的な試みができたのだと思われる。ただし住宅地の部分はVSNM（ソヴィエト国家経済最高委員会）の管轄下であった――、セラフィーモフによってデザインされた農業労働者のための小さなファランステール・タイプのもの（これは住棟間をギャラリーで結んだごく初期の例である）などがある。

一九一八年以来、ウゴルセルストロイの建設・規制委員会は、モスクワに八一二戸の共同サーヴィスを持ったモデル住区の建設を提唱しているが、その案ではブロック間がギャラリーで結ばれるという、ファランステール的な手法（後のドム・コムーナに引き継がれる）が見られる。同じようなタイプのものとしては、一九二一年にフォーミンに率いられていたペテルブルグのソフコムホーズが開催した、ヴィボルグ地区の郊外集合住宅地のコンペティションでのブルシュキンとトヴェルスコイの案（I・フォーミンが指導）があって、それは三〇家族が酒保や託児所、厨房などを共同利用するというものであった。

プランを見ると、中央に共通ホールをもち、両翼にパラディオ風に広がったかたちで居室等を配し、これで子供たちの遊戯グラウンドを抱え込むというもので、ファランステールによく似ている。ファランステール・タイプというのは、革命前からのロシア・ポピュリズムにおけるフーリエ主義の影響の伝統にもよっているし、この頃もフーリエへの関心は翻訳が相次ぐなどむしろ増していたから、かなり意識的なものである。これらの計画、建設は、しかし一般解というよりは（そのレベルではむしろなりふり構っている余裕はなかったはずだ）プロパガンダ・モデルとしての性格が強いものであった。前に述べたように、この頃にはこれらの集合タイプと一戸建てのコッテージ・タイプの建設が並行的に行なわれて、その中でどちらを取るべきかに関する都市計画上の論争が続いていたが、一九一八年に反田園都市、反コッテージ・キャンペーンが行なわれたように、徐々に前者の方に比重が傾いていた。一九二一年に出版された『新文化に向けて』の著者で社会学者のコルツェンツェフは、コッテージ・タイプに反対してこう書いている。「新しい住宅をつくらなければならぬ。ブルジョワ・タイプの閉じたものではなく、新しい社会関係に対応した新しい家の建設が必要なのだ」。これは、後のドム・コムーナの理論を明らかに先導している。

これらの初期の仕事にも、後のアヴァンギャルドたちは関与している。例えば、メーリニコフは一九一九年に集合タイプの共同建物、一九二〇年にコッテージ・タイプを各々デザインしているが（これらは一連のMAO主催のコンペに関わる計画案である）、共にデザインとしてはアヴァンギャルドなものというよりもむしろ十九世紀風にロマンティックなデザインである。ヴェスニン兄弟は二つの定住体、つまりイヴァノヴォ近郊のキシネマのブルナエフ科学工場の付属の集落（一九一五年）及びクリミアのコクテバル・セメント工場の付属のもの（一九一七年部分完成）を手がけているし、さらにレオニード・ヴェスニンもサトゥルスカ（一九一九年）やポドルスキー（一九二二年）などの工場に近接した労働者定住宅地の計画に携わっている。共に一戸建てとテラスハウスの混在するタイプである。ヴィエリ・クィリーチの言い方を借りると、この頃の住宅の一般的な表現は、「労働者の美徳（日常生活の慎ましさ）」を表面に立てる象徴的な形象性と、ロマンティックで同時に共同－集団的な友愛の精神を厳格なかたちで示すものとの間で揺れ動いていた。後者は基本的には、家父長的な伝統に則ったものということができるだろう。ごく初期のアヴァンギャルド風の表現といえば、一章で言及した一九二〇年のラドフスキーの住居コミューンのプロジェクトがあるが、これは確かに平面や断面は揃っているし、単にイメージとしてのみ考えられたものではないが、かといって現実化されるべきものとして構想されたわけでもない。

セラフィーモフ／農業労働者のための共同住宅計画, 1921

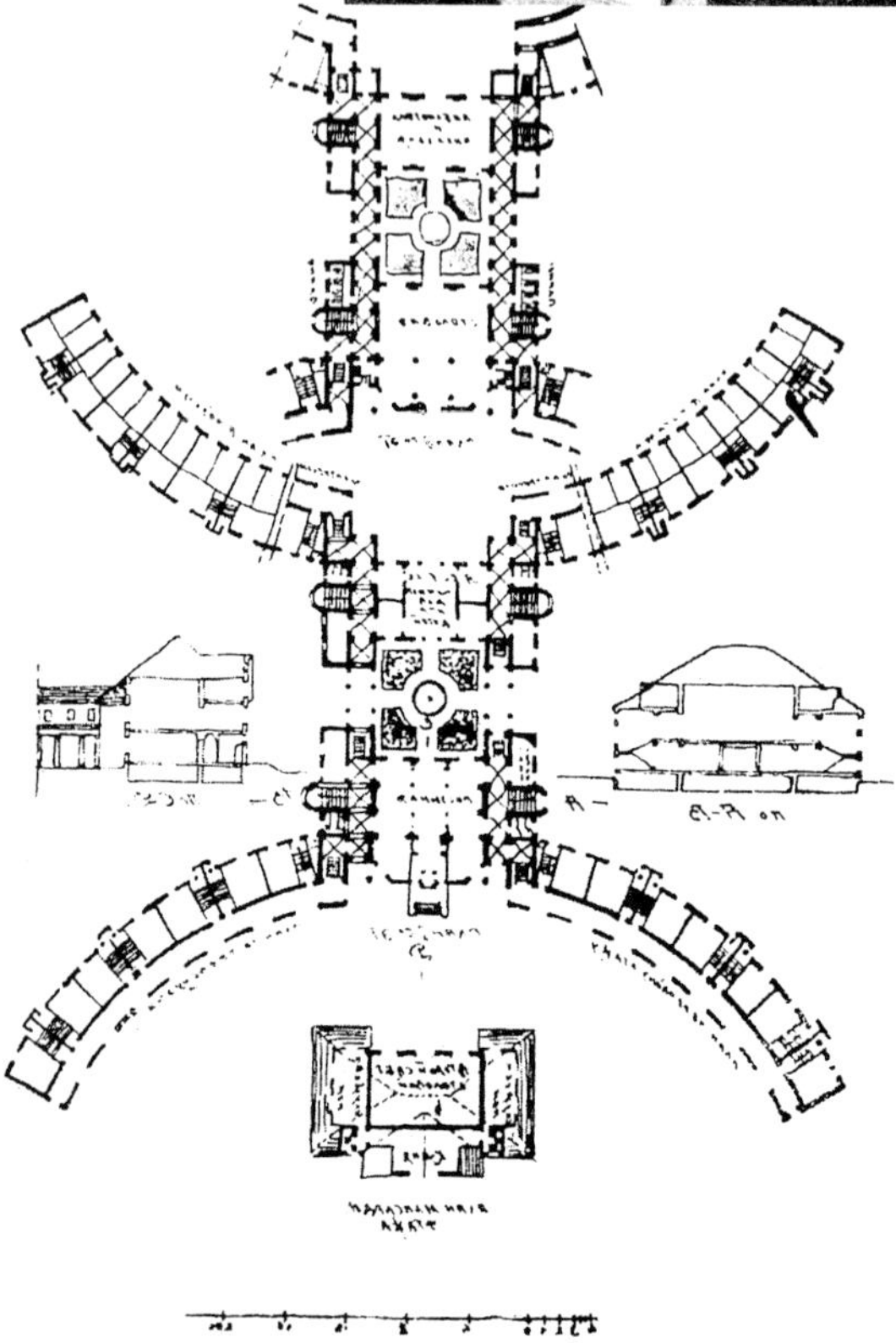

ブルシュキン，トヴェルスコイ（フォーミン指導）／ヴィボルグ地区集合住宅地，ソフコムホーズ・コンペ案，ペテルブルグ, 1921

現実の計画として注目すべき初期の重要なイヴェントは、一九二二年にモスソヴィエトとMAOの共催によって行なわれたコンペティション展覧会である。このコンペティションは旧シモノフ修道院の跡地（シモノフスキー地区）とセルプルホフスカヤ街の二地区を対象とし、組石造で二ないし四階建てであること、衛生や家政、メンテナンスへの配慮、保育園、図書館、薬局などの共同施設の付設が求められていた。建蔽率は三〇パーセント、四分の三が家族用で、二室用が五四・六二平方メートル、三室用が六八・二八平方メートル、残りの四分の一が単身者用で一三・六〜二〇・五平方メートルという細かい与件が出されていたが、これは当時の水準としては極めて恵まれた例外的な数字である。これはこのコンペティションが実際的というよりもパイロット的なデモンストレーション・プロジェクトという趣をもつものであったことを示している。このコンペティションでも、ゴロゾフ兄弟（パンテレイモンとイリヤのこの兄弟は、ヴェスニン三兄弟と違って、これ以降は別々に活動を行なった）やレオニード・ヴェスニンなどの応募案は、すぐ後の彼らのプロジェクトを思わせるものではない。むしろ別人の手になるかのように伝統的なデザインである。

デザインで見るべきものとしては、ベログルドの急な切り妻屋根を頂いたコッテージ・タイプの建物を雁行させた計画案（セルプルホフスカヤ街）がある。この建築家は、イタリアのトスカナ地方の中世様式を範にとるポピュリスト的なデザイナーで、アヴァンギャルドとは違うが、ここではそれを同時期のドイツやオランダの表現主義者たちの中世共同体風の村落デザインに近いかたちで提示している。ソコルなどの田園都市のイメージのヴァリアントだが、もう少しは踏み込んだデザインといえるもののそれ以上ではない。

唯一独創的な案を提示したのはメーリニコフ（セルプルホフスカヤ街）であった。彼の案もやはり田園共同体風のもので、ベログルドと同じ雁行状の平面配置（それが「ノコギリ」というニックネームのもととなった）だが、それらをさらに扇形に広げた上で、二階レベルをコミュニティ施設も含めてギャラリーで結ぶというものであった。表現のタイプとしたらベログルドと同じ表現主義風のポピュリズムが基調だが、ギザギザの断片的な性格には明らかにもっと前衛的なクーボ・フトゥリズムの要素が見られる。配置としてはファランステール風で、ドム・コムーナ的なデザインのはしりといってよいものである。このギャラリーは単なる動線ではなく、集会の場にも供し得るスペースで、フレデリック・スターは「最も貧しいものも、彼の宿舎を出て、冬には暖房を施され、夏には換気されている街路ギャラリーを通ってパブ・ホールや工房へと行ける。（…中略…）工房から厩舎、店舗、舞踏室、宴会所、集会室などへと行くわけだが、一月にも雨なのか、風なのか、熱いのか、寒いのかわからないほどだ」というフーリエの叙述に、このメーリニコフのギャラリーは酷似しているといっており、またタフーリはこの案を「断片とコラージュの詩学」であり、フレーブニコフやクルチョーヌイフの「超意味言語（ザーウムヌイ・ヤズィク）」が都市計画的なスケールにまで翻案された例であると言っている。

メーリニコフ／集合住宅計画，1919

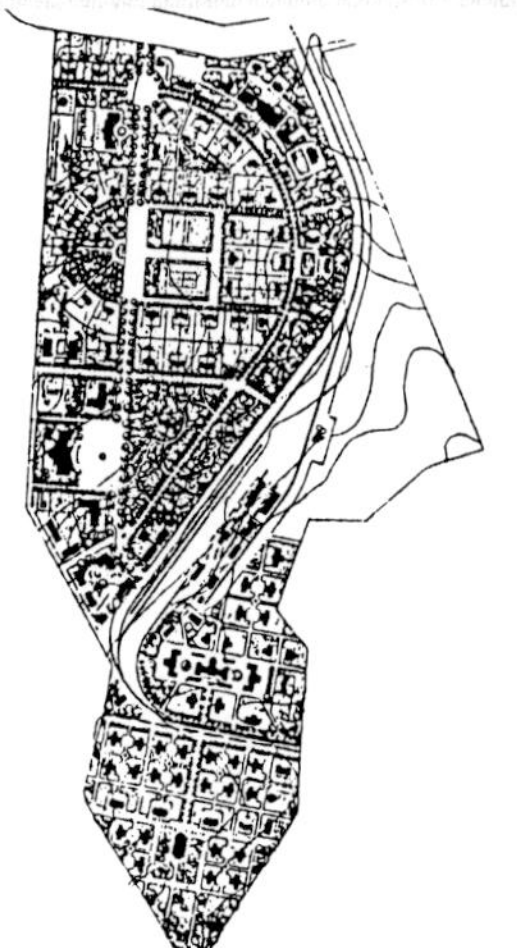

L・ヴェスニン／
サトゥルスカ
労働者定住宅地計画，1919

一九二三年の三月に発表されたこのコンペティションの結果は、シモノフ修道院跡地はヴェスニン、セルプルホフスカヤ街はチェルヌイショフとコリの案が各々一等となった。二等になったメーリニコフ案を除いて、当選案のいずれもが穏健なものであったことは先に書いたとおりだが、時期的に建築の分野が他の造形芸術に遅れをとっていたことと、この頃でももっと大胆なデザインを展開していたゴロゾフのデザインも大差なかったのを見ると、元々組石造が指定され、既存の街並みとの連続性を配慮することなどが与件であったように、とくに革新的なデザインが期待されていたわけではなかったからだと思われる。タフーリはこの問題について、「労働者住宅は、この時点においてすでに、労働者クラブや大公共建築の形態機械から喚起されるような作品の宇宙とは異なったところに位置していたのである」と書いている。そして、メーリニコフのみがこの宇宙を同一平面上に乗せようと試みたのだった。もともとこのコンペティションが周囲の泥沼的な現実とは隔離された宇宙をつくりあげようとする志向性をもっていた以上、それを、ちょうどシチューセフのもとで彼が行なった地域計画での楔状の緑地のように、侵犯性の強い言語表現のレベルにまで延長しようとするメーリニコフのような方向性はそれなりの正当性をもっていたはずだが、他の建築家たちはそこに踏み込みはしなかった。このことは、同時期の他の計画にもいえることで、例えばレオニード・ヴェスニンの一九二四年のモスクワのレーニンスカヤ地区のハウジングも同様である。これはシチューセフによる新モスクワ計画の一部をなすものとして構想されている。しかし、言語の点からいえば、すでにこのヴェスニン兄弟の長兄は、他の二人の弟と共にあの革命的な労働宮殿のコンペティション案を作成した後なのに、ここでは相変わらずその片鱗も見えない。

この初期の労働者住区の計画のうちで最も重要なものは、レニングラードのナルヴァヤ地区の計画である。この地区は、ロシア・アヴァンギャルド史上でも、かなりの規模の地区が丸ごと造営されたという点で極めて例外的な事業であった。この事業は、性格からいっても、スタイルからいっても、時期的にいっても、二つの異なったフェーズに分かれている。この節のテーマに関連するのはそのハウジングによる第一期で、次いで様々の公共建築群が一九二〇年代の後半に整備されていった。

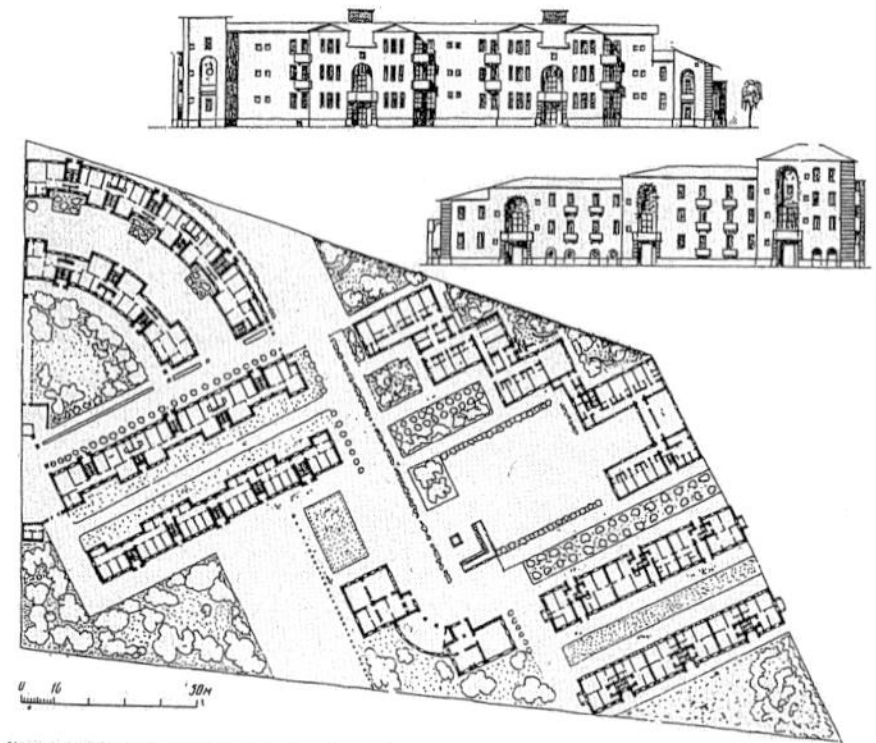

ゴロゾフ兄弟／シモノフスキー地区
住宅地コンペ案, モスクワ, 1922 - 23

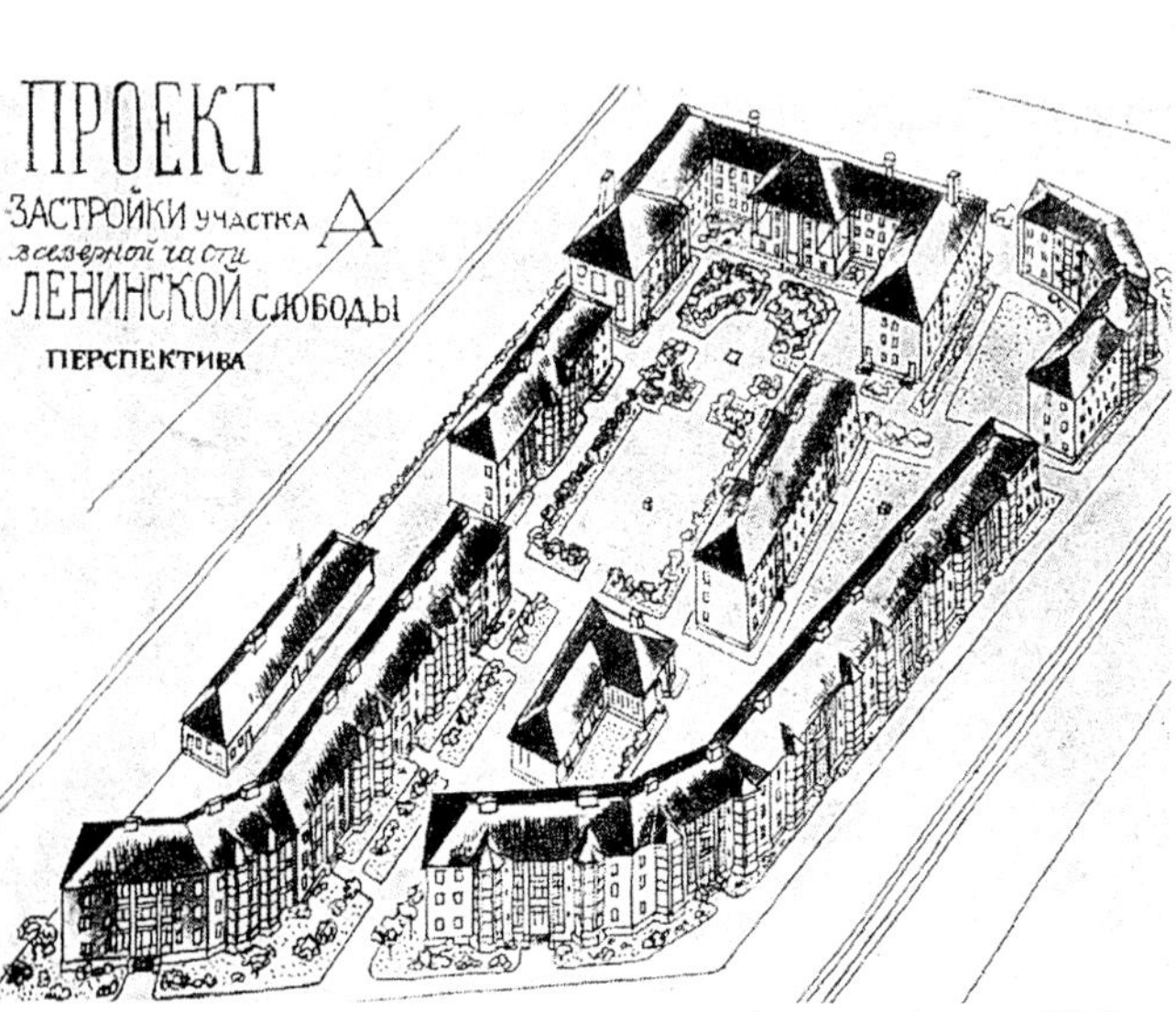

L・ヴェスニン／シモノフスキー地区住宅地コンペ案, モスクワ, 1922 - 23

元々この地区には古い凱旋門が歴史的建造物としてあり、その周辺が革命後何度も再開発計画やコンペティションの対象になっていた。モスクワでのシチューセフにあたるポジションを占めていたフォーミンは、一九一九年に市全体の計画との関連性の上に地区再開発計画のプレ・スタディを行なっているし、一九二〇年にはトヴェルスコイとトロツキーがそのコンペティション（デザインというよりは、ヴォリューム上の整備方針のコンペティション）に勝っている。これらの準備段階を経て、一九二五年には、レニングラード・ソヴィエトによるトラクトルナヤ街とスタチック大路にまたがる住宅ゾーンのコンペティションと、それに並行して別に一連の公共建築のコンペティションが開催された。例えば、後のレーニン図書館の建築家で、ソヴィエト・パレス・コンペティションの勝者の一人シチューコも住宅ゾーンのコンペティションの応募者の一人で、幾分クーボ・フトゥリズム風の案を提出している。アカデミストとしてはかなりアヴァンギャルド的な表現に傾斜した案といってよく、後のロストフの劇場でのさらに構成主義的なデザインへの転身を予告している。このコンペティションに勝ったのはニコルスキーやゲゲロなどの構成主義者グループで、当時のコンペティションとしては珍しく実施に移された。事業としては組合方式であった。量的には相当なヴォ

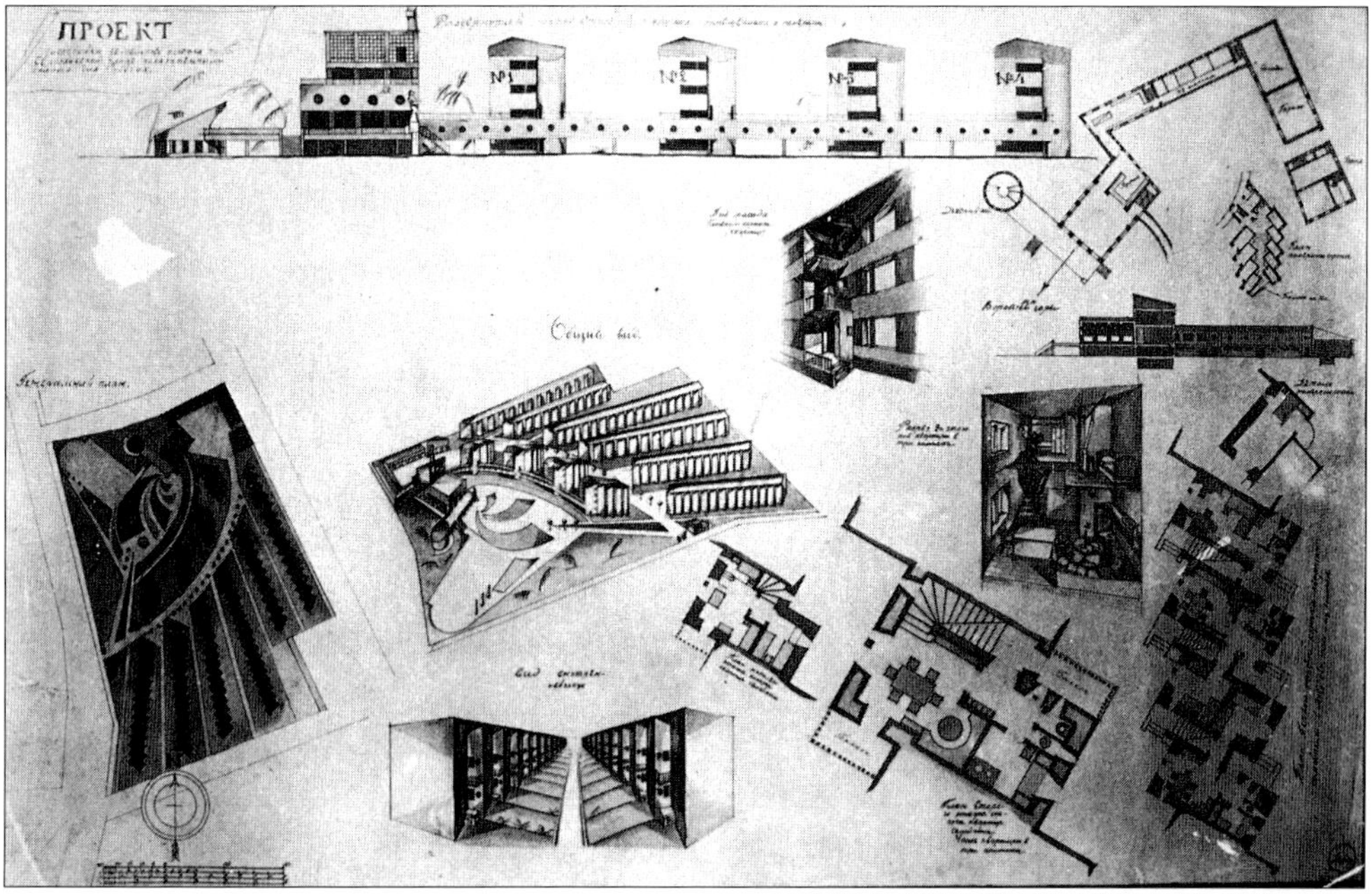

メーリニコフ / セルブルホフスカヤ街住宅地コンペ案, モスクワ, 1922 - 23

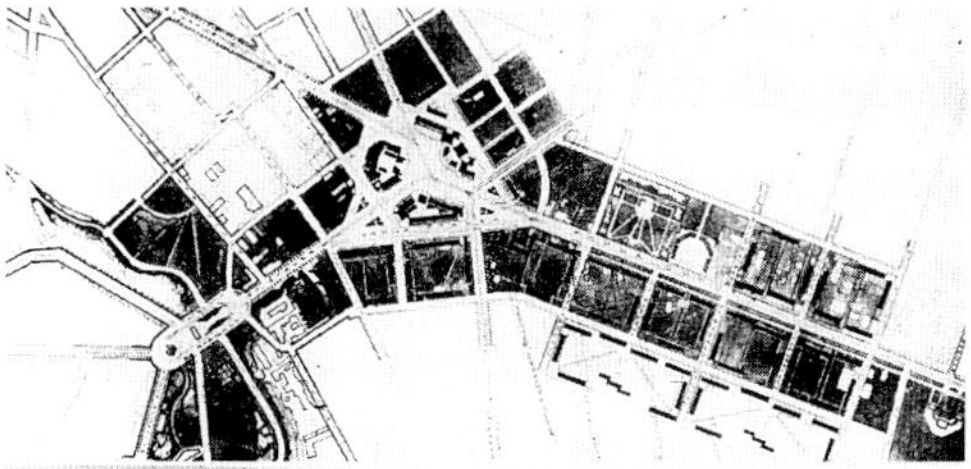

上：
レニングラード, ナルヴァヤ地区計画全配置図
下：
ブルシュキン, ゲゲロ, ニコルスキー, シモノフ, トヴェルスコイ / レニングラード, ナルヴァヤ地区コンペ案, 1925

ベログルド / セルブルホフスカヤ街住宅地コンペ案, モスクワ, 1922 - 23

リュームだが、デザインとしては、住棟間をつなぐクーボ・フトゥリズム風の円形の切れ込みをもったゲートを除いては、さしたる新機軸があるわけではない。タフーリの言い方では「ポピュリスト的アウラに頼った」ものである。これは、実施にあたって、コスト、広報、材料などの点でかなりの変更を強いられたことにもよっている。住区の方は一九二七年に完成したが、この地区全体が興味深いのは、次いで実現された一連の公共建築群の方で、これは住宅とははっきりと一線を画す紛れもない構成主義のスタイルによってつくられている。ここでも住宅は表現上の革新に遅れぎみであるが、その距離が縮まりだすのは、一九二〇年代の後半に足を踏み入れてからで、このコンペティションはその点でちょうど端境期に属すものだった。しかし、建築表現の問題とは別に、この住区全体が、単なる団地の域にとどまるのではなく、明快に社会主義的な自己管理に基づく労働者都市として位置付けられていたということは注目しておく必要がある。具体的にいうと、この住宅団地は、家族形態の改革、食事などの共同化（そのために前述の公共建築群の中には、厨房工場が含まれることになる）、児童の共同養育、文盲やアル中、宗教の追放などを目標に据え、規則化して自己管理を行なう真正の労働者コミューンだったのである。

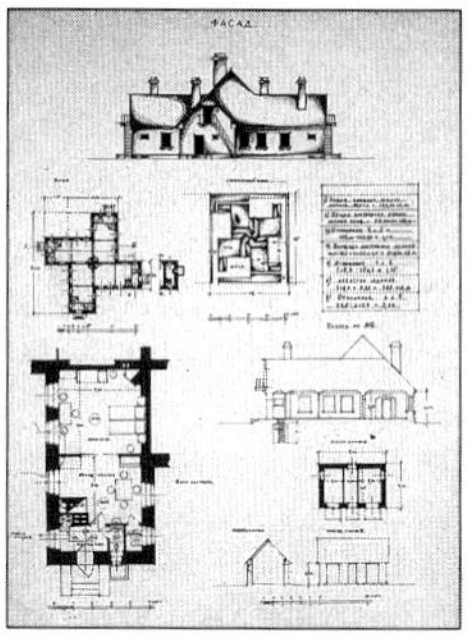

ゲゲロ / トラクトルナヤ街の住宅地コンペ案, レニングラード, 1925

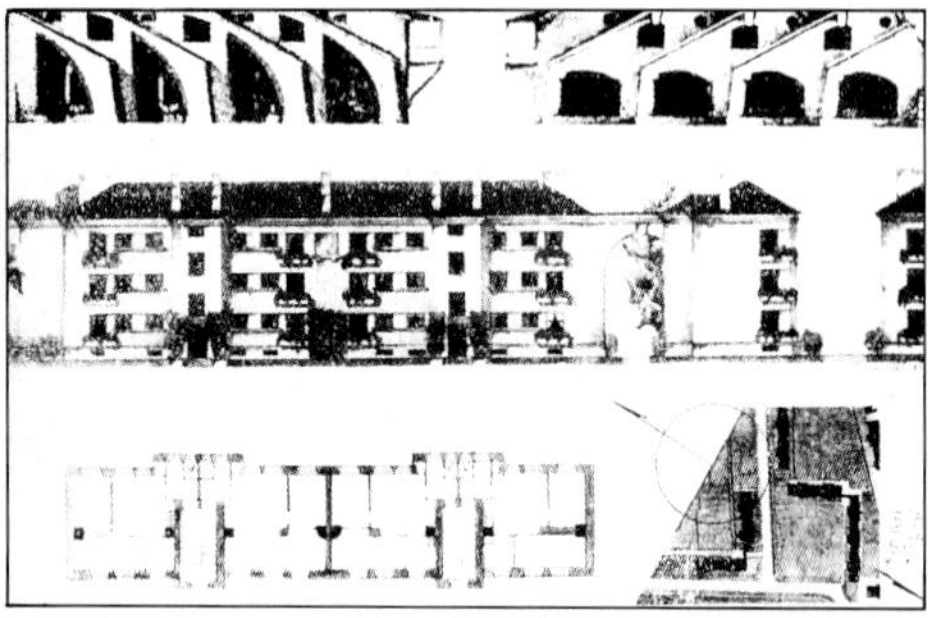

トラクトルナヤ街の住宅地コンペ案

トラクトルナヤ街の住宅地,
実現されたもの

第四章

構成主義と合理主義

1 VKhUTEMAS
2 ヴェスニン兄弟と建築における構成主義の確立
3 ギンスブルグ――様式論から機械のパラダイムへ
4 OSAと機能的方法
5 ラドフスキーとASNOVA
6 シューホフと技師たち

1. VKhUTEMAS

ロシアのバウハウスとも言うべきVKhUTEMAS（ヴフテマス）、つまり国立高等芸術技術工房は、一九二〇年に創設された。これは革命前のストロガノフ応用美術学校とMOUJVZ（モスクワ絵画・彫刻・建築学校）の二つが革命と共に廃され、SVOMAS（スヴォマス＝国立自由芸術スタジオ）とされていたものが再度改組されて成立したものである。この直接の前身の頭に冠されている「自由」という呼称は、旧アカデミーのお仕着せプログラムに対して、というニュアンスがあった。自由というくらいだからその中には旧アカデミーそれ自体も含まれていた。いわば呉越同舟といったところである。教官を決める初期の学生投票では、むしろ圧倒的に旧アカデミー派が優勢であった。ただし票数に応じてではなく、各派に平等にポストが割り当てられたことでアヴァンギャルドは得をしたといってよい。これは学生たちが旧学校からの継続であった以上、当然の成り行きであった。工房はそのマスターの色彩が圧倒的に強く、呉越同舟であるために、横の統一性は薄かった。この性格はVKhUTEMASとなってからも完全に払拭されたわけではないが、単なる傾向上の自由を認めるというだけでは革命後の新しい現実に対応し得ないのは当然で、それが学校の改組を導いたことも確かである。したがってこの改組においては、技術教育、生産との関連性などが強調されることになった。芸術と生産の問題は、当然IZO（イゾー＝教育人民委員会の美術部局）の「芸術と生産部会」（これはオリガ・ローザノヴァが主宰していた）やINKhUK（インフーク＝芸術文化学院）で活発に展開されていた主題である。この方向修正で、VKhUTEMAS自体が自由芸術スタジオよりもいわば左旋回したことは間違いない。INKhUKがすでにでき上がったアーティストや理論家たちの研究組織であったのに対して、VKhUTEMASの方は教育のための機関であったが、こうした事情もあって、INKhUKのメンバーとVKhUTEMASの教官とはかなり重複していた。

VKhUTEMASは、当初は四年間の教程だったが、一九二三年に一年間だった基礎コースが二年に延びたために、五年間に延長された（その後基礎コースは再び一年となったが、全教程は今度はそのままにとどめられた）。基礎コースの終了後は、絵画、彫刻、テクスタイル、セラミック、建築、木工、金

基礎コースの学生展，1920年代中頃

工、グラフィックの八つの専門学部に移行するシステムであった。この学部割は時折改革の声もかかったが、一九二六〜二七年期に木工と金工がDermetfak（デルメトファク）として合併された以外は、結局はそのままに維持されている。

VKhUTEMASはバウハウスをしのぐ構成主義路線を歩むラディカルな芸術ーデザイン学校という印象が強いが、実を言えばグロピウスのような強力なディレクターによって統率されたわけではないから、改組後においても、内情は先にも述べたような呉越同舟路線的なところを残していた。絵画や彫刻の学部は、定義からいっても構成主義路線からは「捨てられ」た部分であり、当初こそアヴァンギャルドが名を連ねてはいたものの、彼らはすぐに別の部門に転じていったから、残された部分は相対的には伝統的な路線をいかざるを得なかった。シテーレンベルグやウダリツォーヴァ、ゲラシモフ、クズネツォフ、シェフチェンコ、マシュコフらが絵画の、コネンコフ、チャイコフ、エフィモフなどが彫刻の教授陣に、各々名を連ねている。これらの画家たちの多くは「ダイヤのジャック派」であり、もちろん通常の意味で保守的な画家ではないが、もはや一層の革新をつづけるエネルギーには欠けていた。彫刻家たちの作風はもっとはっきりと伝統的であり、彼らがモニュメントを課題としていたこともあって、後の

絵画科基礎コースの学生たち

ラヴィンスキー・アトリエ
『単純な幾何学形態の貫入によるコンポジション』
1920年代初頭

スターリン期に頻出するリアルな労働者像やレーニン像をつくったりもしていた。グラフィックではこの混成ぶりは一層はっきりとしており、ブルーニやミチューリクのようなアヴァンギャルドとファヴォルスキーやノヴィツキーらもっと保守的な人々が共に教鞭を執っていた。テクスタイルやセラミックでも、例えばステパーノヴァ（彼女は元々服飾デザインの教育を受けていた）やポポーヴァの短期間の薫陶にもかかわらず、むしろ伝統的な生産体系に固執しているところがあって、かえってデザイン上の革新には踏み切れないところがあったらしい。これは構成主義革命がやはり基本的には意識的なアーティストの自己革命であって、決して職人－生産側の革命ではなかったことを逆に物語っている。ただ一九二七～三〇年には、タトリンがセラミック・セクションの指導にあたっていたことが注目される。

学部としてもっと活発であり、かつ質的にも他に抜きんでていたのは建築の学部（学生数という点では、絵画に次いでいた）である。それを、VKhUTEMASの「華」と呼んだのは教育人民委員ルナチャルスキーであった。ハーン・マホメドフは、このことを評して、「建築学科の年度終わりのプロジェクトや卒業制作が世界的なレベルでも革新的であったのに対して、絵画学科の学生たちは、師の作品をなぞっているという具合であった」と書いている。一九一〇～一五年前後のMOUJVZでは、画学生たちが政治的にも様式的にも革新に走っていたのに対して、建築学生たちは古典主義に目覚め始め、政治的にもゼネストに彼らだけは参加しないといった有様だったらしいから、著しい変化である。これはロシア・アヴァンギャルド運動自体が、造形美術から建築の方に比重を移していくのと軌を一にする現象といってもよい。とはいえ、呉越同舟的な現象はここではよりはっきりと成立していた。例えばIZOの人事などでもそうなのだが、建

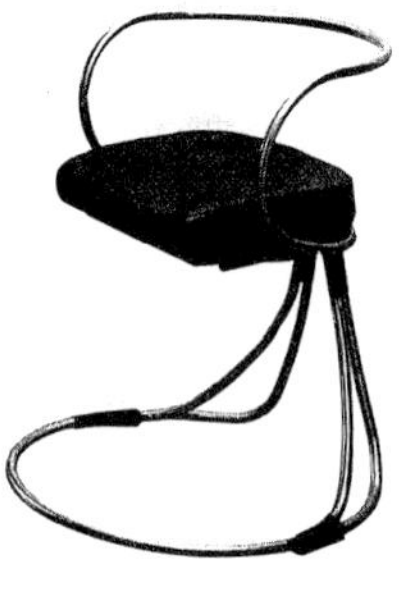

ボゴシン, タトリン
[Dermetfak]
『椅子』
1927

ソトニコフ［セラミック科＝タトリン・アトリエ］『ポット』1930 - 31

建築科基礎コース／
クリンスキーの
ヴォリューム探究,
1923 - 24

築におけるアカデミストたちが他の分野よりもはっきりと新体制に進んで協力し、その要職についていたことにも関わっていると思われる。ジョルトフスキーらは常にVKhUTEMASの中枢部を占めていたのである。しかし新旧両派、具体的にはジョルトフスキー派とラドフスキー派の軋轢は、この頃にはもはや調停不可能なところまで進んでいた。そのために一九二二年の十月には両派が完全に独立的なグループとして機能し、全体の運営のみ共同の理事会で諮る旨が決定された。ジョルトフスキー、シチューセフらアカデミストたちの「第一部会」(注目しておいてよいのは、その中にヴェスニン兄弟の長兄レオニードも入っていたことである)とアヴァンギャルドたちの「第二部会」(OBMAS［オブマス=合同左翼工房］とも呼ばれた。ラドフスキー、ドクシェエフ、クリンスキーら、後年のASNOVA［アスノヴァ=合理主義建築家同盟］のメンバー)がこうしてつくられ、さらには後者からメーリニコフとイリヤ・ゴロゾフの二人が、新アカデミーないし実験的建築工房なる部門を分派として組織してしまった。これは、アヴァンギャルドとアカデミストたちの古典主義との間のミッシング・リンクをつなぐものとして興味深い事件である。これらの中間的もしくは「右翼」的な傾向に対して、一九二三年頃には「左翼」つまり構成主義=生産主義の立場からの揺さぶりもかけ

ゲラシモフ
「都市の風景の中の
二人の人」
1920頃

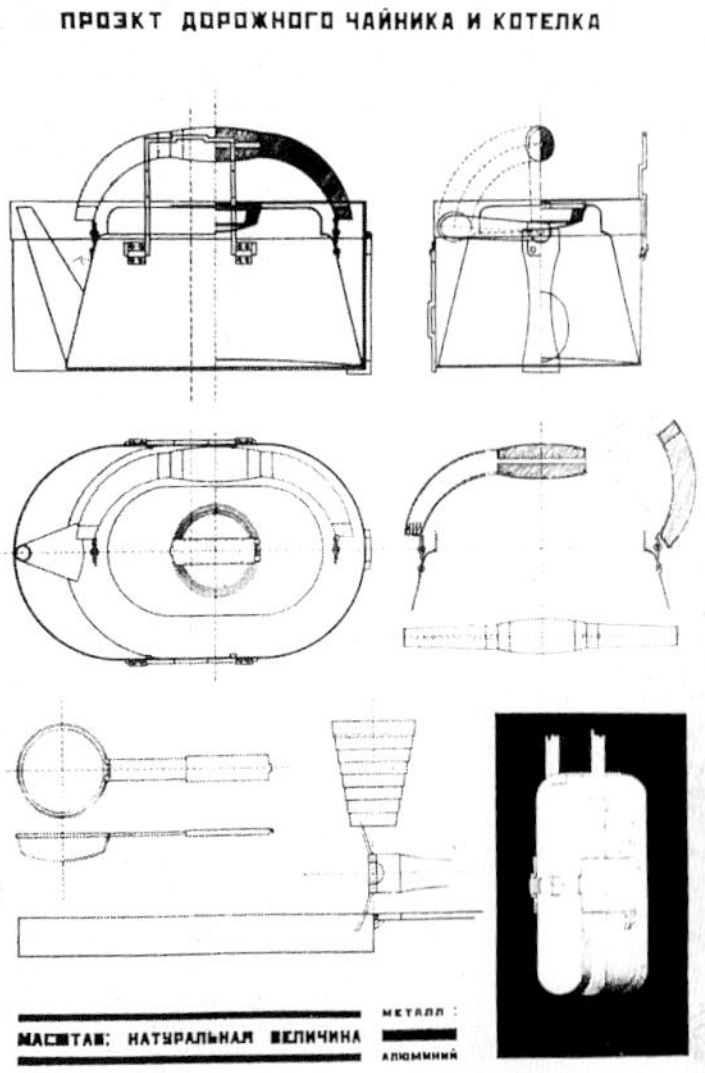

ブイコフ
[金工科=ロトチェンコ・アトリエ]
「ヤカン」
1923

コネンコフ/
全ソ農業手工業
博覧会での
カリアティド,1923

ルーチキン
[ウダリツォーヴァ・アトリエ],
コンポジション,
1923

彫刻科学生共同制作
「レーニン像」1927

チャイコフ
「戦う人」1927

木工科の学生たち
1925

られた。かけたのはLEF（レフ＝芸術左翼戦線）とINKhUKにも基盤を置いていた教授陣、つまりブリーク、ロトチェンコ、ラヴィンスキー、タラブーキン、ステパーノヴァ、アレクサンドル・ヴェスニン、バビチェフ、ステンベルグ兄弟、そしてメドゥネツキーらである。これは学部再編の要求などをも織り込みながら、純粋芸術路線をともすればキープしそうな部分に対して、ブルジョワ路線の復活を許さず生産主義路線を確立させようとするものであった。一九二二年にA・ヴェスニンが書いた「クレド（信条）」には「機械のあらゆる部分が、内部で機能し、また所与のシステムに対して本質的な力に対応する形態と素材とに物質化しているように、またその形態と素材とが、全体としてのシステムの働きに影響を与えずには恣意的に手をつけることができないように、アーティストによって構築されたオブジェにおいては、各々の要素とは物質化した力であり、所与のシステム、つまりオブジェの働きを阻害しないではおかない」と述べられている。機械のメタファーに基づいた典型的な生産主義の見解である。この反純粋芸術路線派は必ずしも十分な効果を上げたとはいい難いが、それでもVKhUTEMAS自体が、こうした路線闘争によって左右に揺れながらではあっても、世界的に見れば著しく革新的な業績をあげたことは間違いない。

この革新の原動力になったのは基礎コースである。前述の左派グループは、ここに横断的に結集することでVKhUTEMAS全体のヘゲモニーを握ろうとした。つまり、ここがINKhUK派の橋頭堡だったといってもよい。一九二一年の秋には、INKhUK派である院長のブリークが院内での教育部局を整備すると発表したが、これはVKhUTEMASへのてこ入れであったと思われる（一九二三年にはこの役割をLEFが引き受けて、VKhUTEMAS内の「職人」たちや「ピューリスト」たちへの攻撃を行なった）。ロトチェンコなどは、自分の学生をINKhUKのミーティングに出席させていたりした（もっとも、学生たちがINKhUKのメンバーは偽の構成主義者だなどと突き上げたりしていたらしい）し、それから進んで、構成主義グループ形成の後では、下位作業班と称して学生による予備軍の形成も行なわれた。このことは、とくに絵画と彫刻学科は専門課程に進んでしまうと基礎

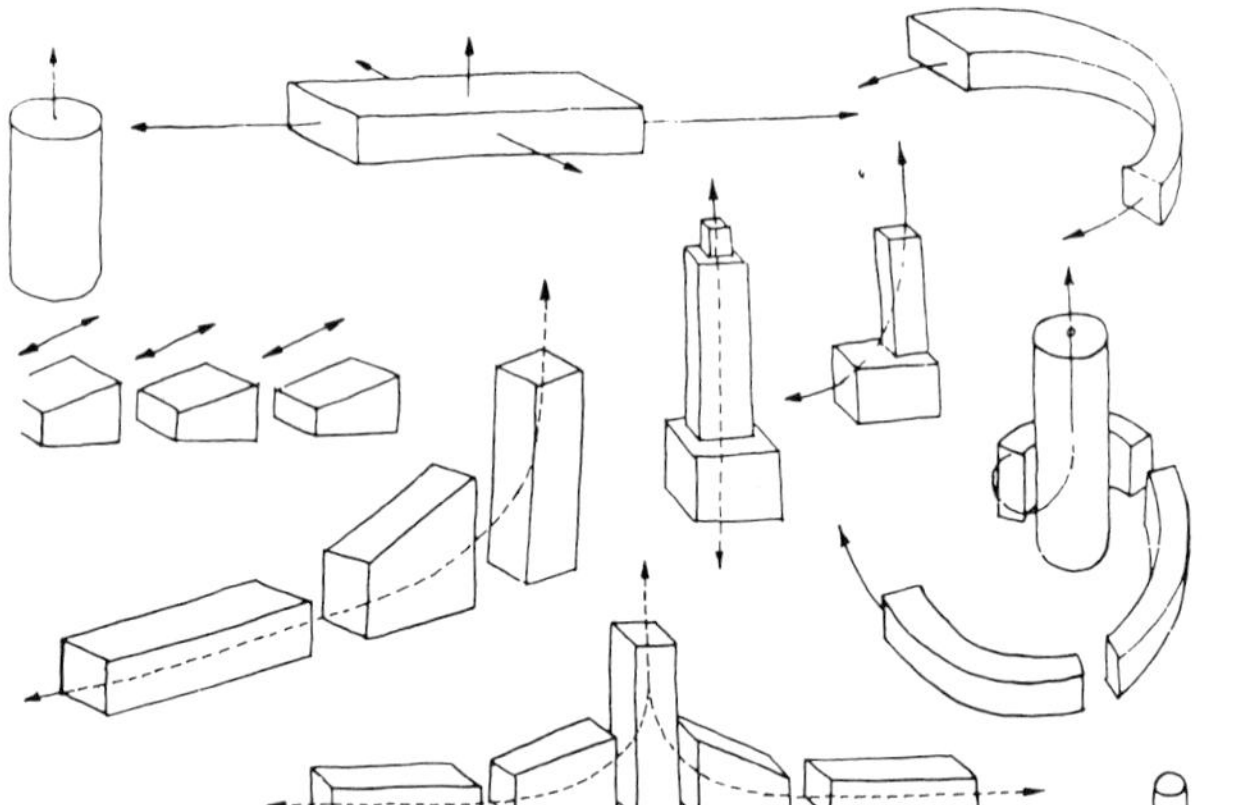

ゴロゾフ／建築的組織の理論のためのスケッチ，1920頃

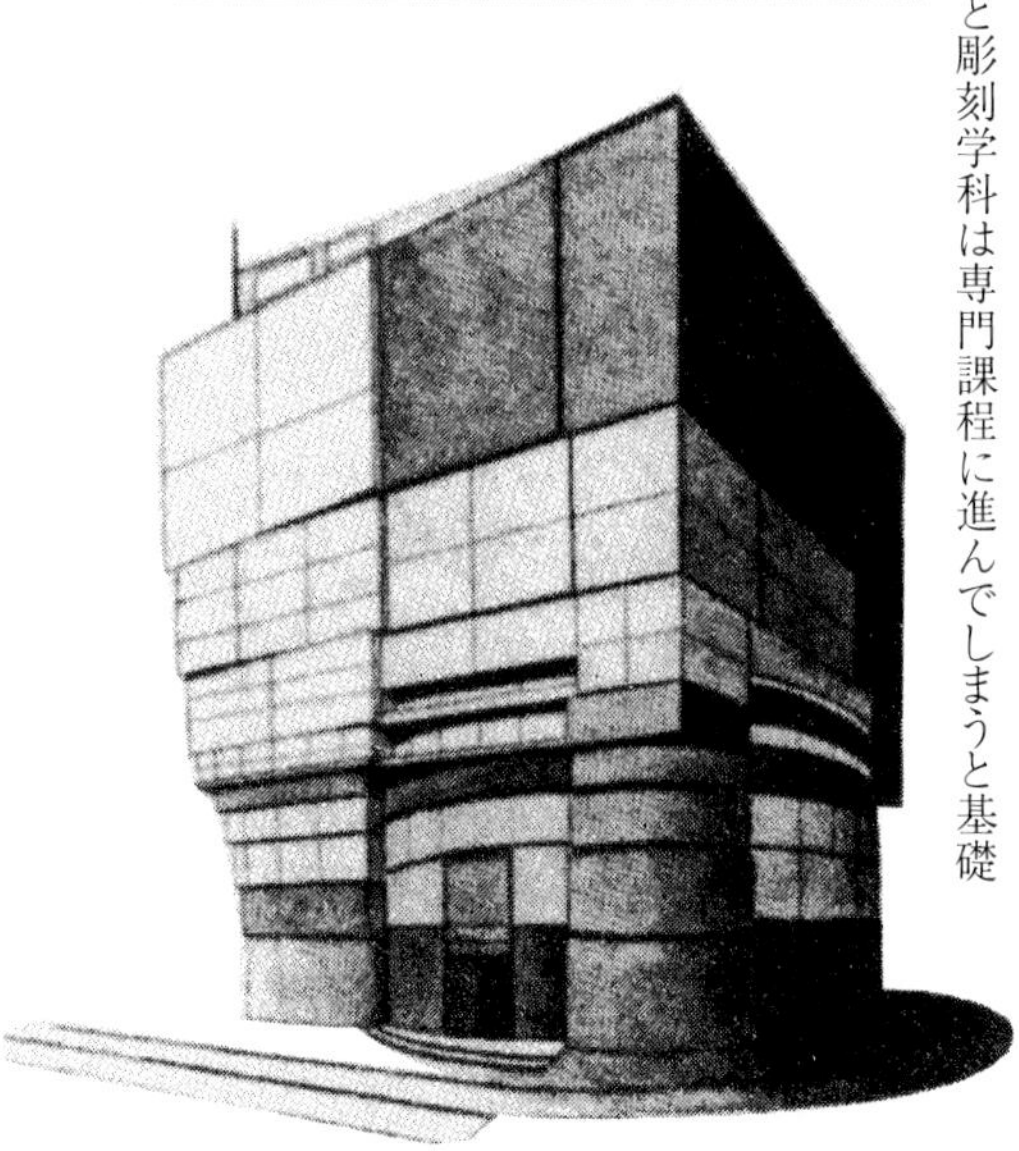

基礎コース
空間部門／
クリンスキー指導の
学生作品，
1925頃

コースの教育からかえって旧タイプのものに戻ってしまうこと、つまりアヴァンギャルドがここのヘゲモニーを握り切れなかったことへの対抗策でもあったらしい。この基礎コースはとりわけ変遷の著しい部門で、正確なフォローは難しい。基礎コース自体、絵画、彫刻、建築の三コースの革新派教授たちが教えていた部門が独立し、そこに他の応用部門の学生が加わって形成されていったというニュアンスが強いから、最初から明確なかたちでカリキュラムなり教授陣が整備されていたというわけではない。例えば、クリスティーナ・ロダーによれば、その最初期には五つのコースがあった。その内容と教授は、次のようである。

(一)色彩の深さの演習 [ポポーヴァ]

(二)色彩を通した形態の演習 [オスメルキンとフョードロフ]

(三)平面上での形態と色彩の同時性 [ドレヴィン]

(四)平面上での色彩 (シュプレマティズム) [クリュン]

(五)コンストラクション [ロトチェンコ]

(一)のコース以外の面々は、この頃のINKhUKのオブジェクティヴ分析作業グループによる「コンポジションとコンストラクション」論争に参加したメンバーであるが、ドレヴィンとポポーヴァは構成主義グループにはこの時点では与せず、オブジェクティ

基礎コース色彩部門の学生作品

基礎コース空間部門の学生展, 1925頃

ヴィストとなっていたし、クリュンはシュプレマティズムから徐々により形象的な方向に移っていった人だから、この段階ではいまだ（二）を最右翼、（五）を最左翼として、その間に中間派が入るという構成で、しかも基本的にはすべてのカテゴリーは絵画を基本としたものである。ロトチェンコのコンストラクションとは、この時点で彼が線、面、さらに色彩のコンストラクションを追求していたことに対応しており、その後の功利性への移行のモメントとは関わりがない（彼は一九二二年には絵画から金工の方に移ってしまう）。このロダーの挙げた陣容も、どの程度の期間維持されたものかは定かではない。おそらくごく短期間の一断面でしかないと思われるし、マホメドフなどはこれ以外にもエクステルによる「空間の中の色彩」やウダリツォーヴァの「空間の中のヴォリューム」の演習などを挙げている。

しかしこれらの内容と構成は、INKhUK内での論争の経過を反映して、一九二一～二二年にはよりはっきりと構成主義的な方向へと転換していく。新しい構成は、

（一）色彩コンストラクション［A・ヴェスニンとポポーヴァ］

（二）空間コンストラクション［ドクシェエフ、クリンスキー、ラドフスキー］

（三）グラフィック・コンストラクション［ロトチェンコ、キセリョフ、エフィモフ］

（四）ヴォリューム・コンストラクション［ラヴィンスキー］

である。これは、例えばポポーヴァがグラフィックかテクスタイル学科に移りたいと運動した（「色彩コンストラクション」というタイトルが示しているように、彼女の関心はもはや絵画における色彩ではなかった）のに阻まれたり、ヴェスニンやラヴィンスキーの建築学科への転入が阻まれたりした事態に対する暫定的措置でもあった。しかし、妥協ではあっても、このラインナップは、明らかにもはや絵画的な範疇から大きく脱却している。顔ぶれからしてもオスメルキンらセザンヌ派はいうまでもなく、アヴァンギャルドではあっても、結局は絵画を目指したドレヴィン、クリュンらは姿を消している。（一）のコースの二人はオブジェクティヴィストから構成主義へと移っていくわけだから、この時点での基礎コースでの生産主義への「左旋回」ははっきりとしている。この構成はその後も手直しされて、よりジャンルに対応したかたちに再組織化される。即ち、平

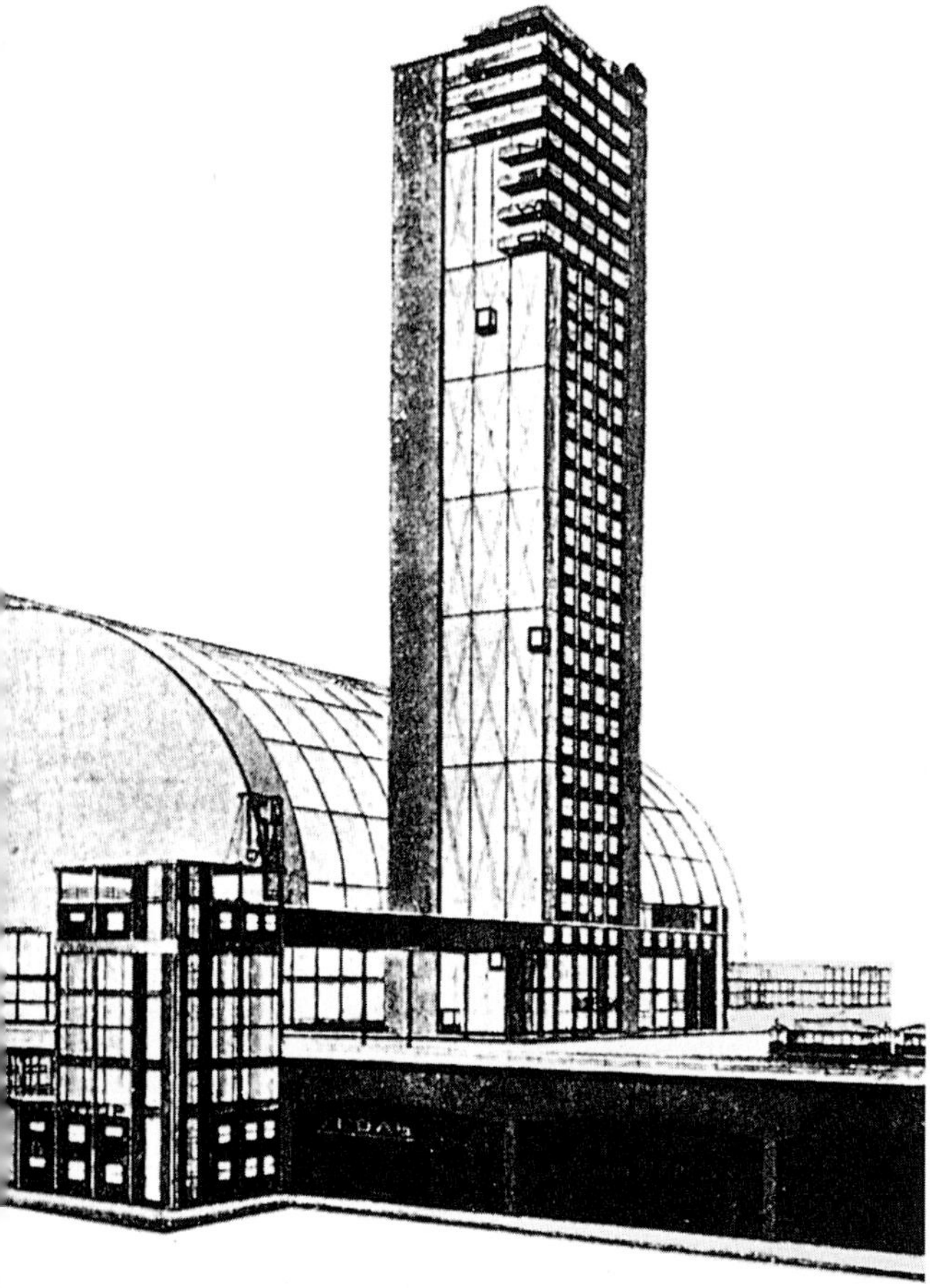

ブロフ［建築学部］／モスクワ中央駅計画（卒業計画）, 1925

面と色彩を扱う部門、彫刻や小規模の三次元のオブジェを扱う部門（「ヴォリュームと空間」）、建築スケールを扱う部門（「空間とヴォリューム」）というかたちである。あるいは後には後二者が一括りとされ、また平面部門からグラフィックが独立した。さらに一九二七〜二八年にVKhUTEMASがVKhUTEIN（ヴフテイン＝国立高等芸術技術学院）へと改組されると、これも空間、ヴォリューム、色彩、グラフィックというかたちに整理され直す。基礎コースが二年間とされた時期には、最初の一年間は全体的に、二年目は自分の専攻に合わせたものに絞るというかたちをとっていた。教授陣もこうなると膨れ上がり、専攻科のメンバーが兼任する割合が大きくなった。しかし、最初の方向づけはおおむね保持されたから、科学的な分析を行なうことでコンストラクティヴな方向を目指すということには変わりなく、そのために一定のジャンルの枠にはめられざるを得ない専攻科の作業よりも、より興味深いものが多く制作された。それは、この間、例えば一九二二年には、ポポーヴァ、ヴェスニン、ロトチェンコ、ラヴィンスキーが舞台美術を含む功利的なコンストラクションのための学科をつくろうとしたり、一九二三年には「革命芸術」アトリエの創設の動きがあったというように、とりわけINKhUKの構成主義者による様々な新学科創設の動きがあったのにもかかわらず、結局はDermetfak以外には実現しなかった部分をここが吸収していたためでもある。

このような左派からのマヌーヴァーが進行する動きの中で、建築学科の問題はいささか特殊であった。ある意味ではここは、革新派による基礎から専門課程までの一貫した体制が最も貫徹しているところであったからである。しかし、この革新派とは、ラドフスキーらのOBMASつまり、実質ASNOVAグループであった。INKhUK内での論争で、彼らが構成主義者とは一線を画することはもはやはっきりとしてきた。逆に構成主義－生産主義者たちは基礎コースから各専攻科に引き揚げて内部改革を狙っていた（金工科のロトチェンコなど）。INKhUK－LEFグループは、その傘下にいる絵画や彫刻学科の学生たちを他の学科へと「亡命（転入）」させていた。この「他の学科」には、建築学科も含まれていた。しかし建築学科には彼らの橋頭堡がなかった。初

バルシチ，シニャフスキー［A・ヴェスニン・アトリエ］／モスクワ中央市場計画（卒業計画），1926

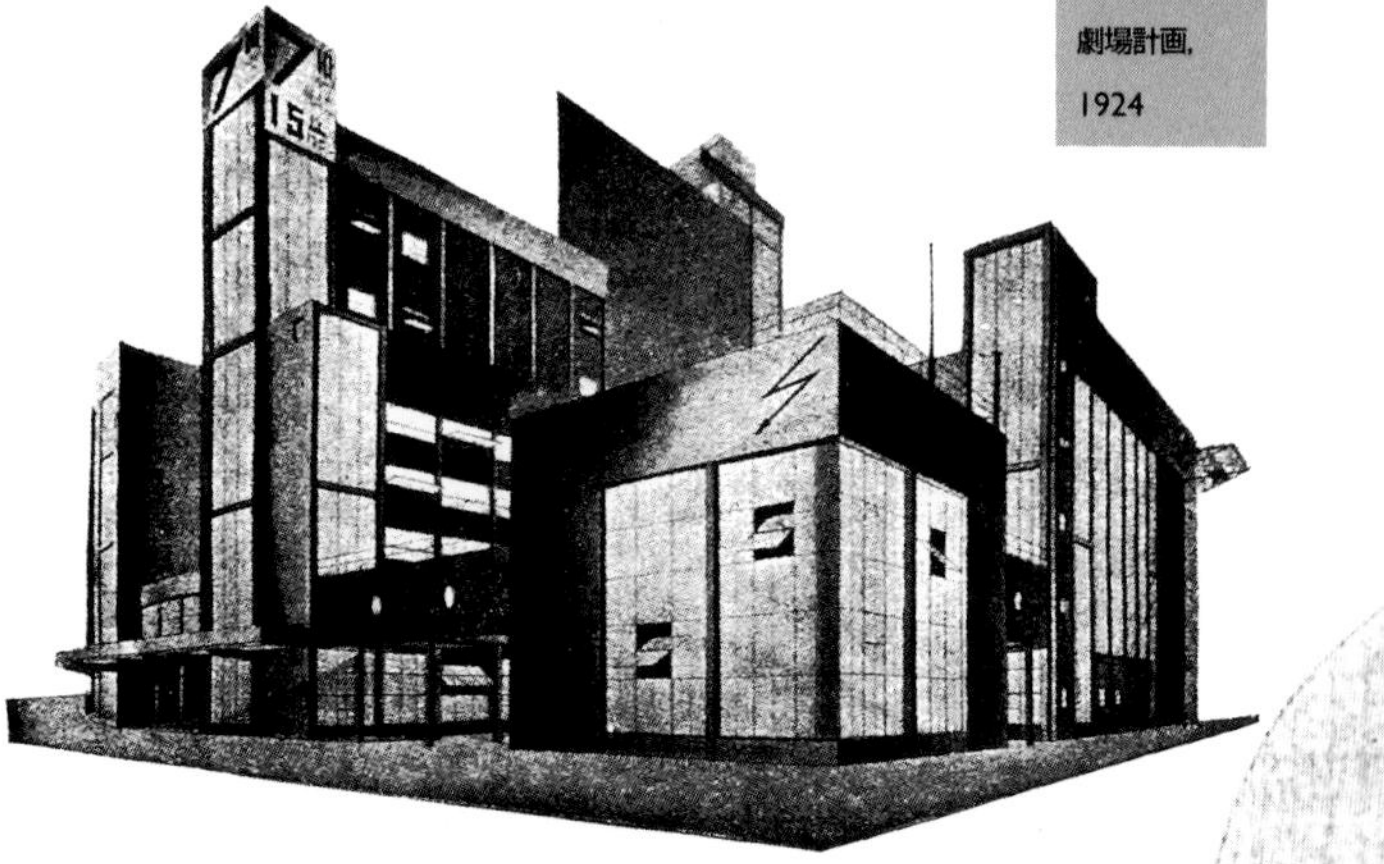

ブロフ［建築学部］2500席の劇場計画，1924

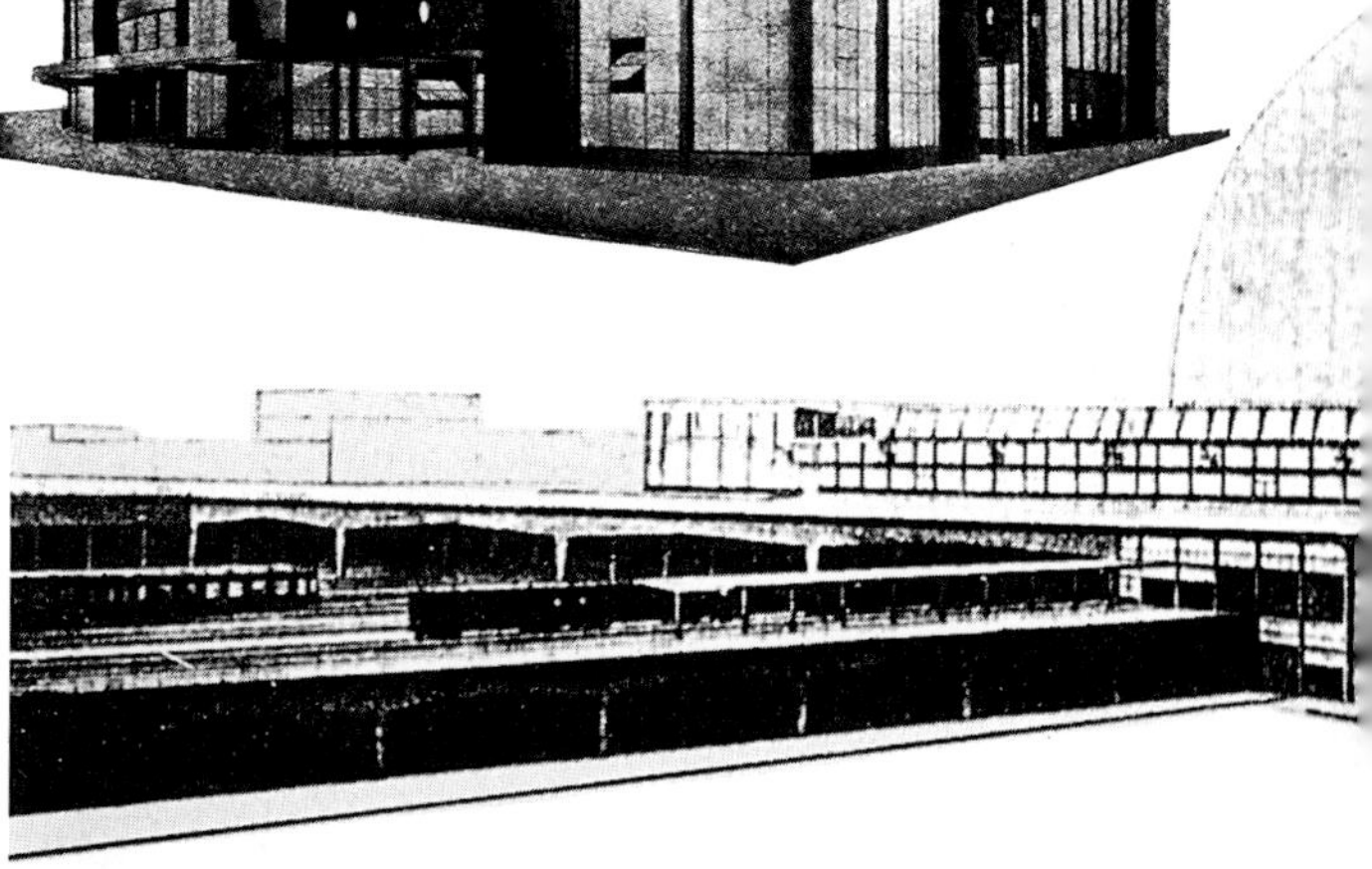

期にはラドフスキーらとロトチェンコらとの間には存在していなかったギャップが今や決定的に広がっていた以上、LEFグループの学内「亡命」作戦は逆効果になりかねなかった。

そうした中、一九二四年の“LEF”四号に、「VKhUTEMASの一学生」による「左翼形而上学」と題された文章が掲載された。これはOBMASの女子学生セミョーノヴァの文章であったらしいが、そこではラドフスキーらの教育の「抽象性」や、社会的関心からの遊離に対しての機能主義的な、つまり構成主義者の立場からの批判が展開されていた。これは建築の分野での構成主義者から合理主義者への最初の批判のひとつであったと思われる。建築学科内での構成主義学生グループは、この年のはじめ頃にINKhUK－LEF建築グループという名称で登場しており、事実INKhUK内では、一種の私塾のようなかたちで彼らに対する講義がヴェスニンとラヴィンスキーによって行なわれていた。この投稿事件の結果、セミョーノヴァや彼女の「同志」たちは憤激したラドフスキーによってアトリエから除名されてしまった。INKhUKでは、ブリークやヴェスニン、ラヴィンスキーらが、OBMASが他のアトリエにも増して「嘆かわしい状況」にあり、早急に「現実の建設」へと移行しなければならないというアピールを行なった。この前後の緊急集会には、ゴロゾフとメーリニコフのアトリエの学生たちや珍しいことにメーリニコフ自身も加わった。ここに参集したVKhUTEMASの学生たち、つまりバルシチ、シンビルツェフ、クラシルニコフ、フローロフ、キヴァエフ、コマローヴァ、セミョーノヴァらが、翌一九二五年のOSA（オサ＝現代建築家同盟）の結成時の若い中核をなすことになる。彼らが目指したのはVKhUTEMASの建築学科における第四のアトリエ、即ちヴェスニンのそれをつくることであった。その中間の措置として、第三アトリエ、つまりゴロゾフとメーリニコフのアトリエがラヴィンスキーとヴェスニンに開放された。学生の代表キヴァエフはヴェスニンを喜んで迎えたいとい

ヴェスニン兄弟／レニングラード・プラウダ・モスクワ支社コンペ案, 1924

う申し出をしたが、このときはラヴィンスキーの方には手がさしのべられなかったために、ヴェスニンもこの申し出を受けなかった。しかし、次節で取り上げるヴェスニンのアルコス・ビルのプロジェクトが発表されるとこれが大きな反響を呼び、学生のヴェスニン待望感は一層のものとなった。ラヴィンスキーが手を引く（彼は以後建築そのものへの関心から後退する）ことによって、今やヴェスニンには固辞する理由はなくなり一九二四～二五年期に自分のスタジオをもつことになった（興味深いことに、アルコス・ビル・プロジェクトでは協働したにもかかわらず、彼は長兄レオニードとスタジオを分かち合うことはしなかった）。こうして構成主義はVKhUTEMASの中に橋頭堡を築くことに成功したのである。

12. ヴェスニン兄弟と建築における構成主義の確立

労働宮殿のコンペティションの後、ちょうどINKhUK（インフーク）とVKhUTEMAS（ヴフテマス）において構成主義陣営の攻勢がかけられていた一九二四年から二五年にかけて、引き続きいくつかのコンペティションが開催されヴェスニン兄弟

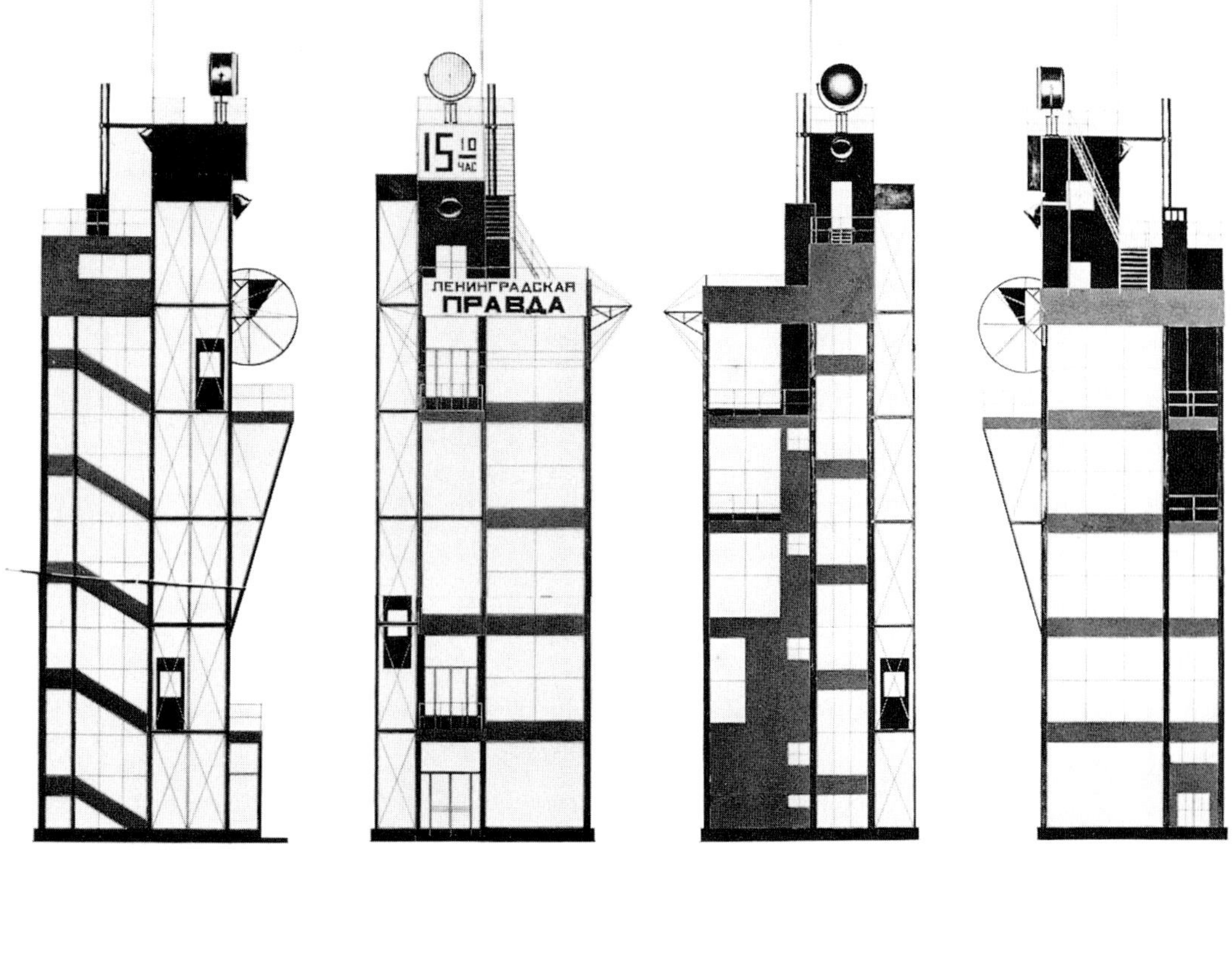

は目ざましい成果を収めた。この期の五つのプロジェクト、つまり、レニングラード・プラウダのモスクワ支社、飛行機格納庫、アルコス・ビル、中央電信電報局、モストルグ・デパートのプロジェクトは、ロシア構成主義の方法とスタイルを完全に決定づけ、多くの追随者を生み出した。この一連のコンペティションには他のアヴァンギャルドも応募しているから、比べてみるといかに彼らがヴェスニンのスタイルに接近していったかがはっきりとわかる。

ヴェスニン兄弟としても、労働宮殿には多少残っていたロマン主義的な色彩を払拭したのはこの五つのデザインの最初のレニングラード・プラウダの計画においてである。これは労働宮殿に比べるまでもなく極めて小規模な計画だが、ヴェスニン兄弟の案は多くの国で紹介され有名になった。一九二七年に構成主義の機関誌〝SA〟（エス・アー＝現代建築）が創刊されたときにも、その最初のページを飾ったのはこのプロジェクトである。これは敷地（今日のプーシキン広場の一角）がたった六メートル角しかないというペンシル・ビルである。エレベーターと階段だけで床の三分の一を取ってしまう。基本的には一階の売り場と玄関ホールを除くとあとは編集のオフィスで、労働宮殿の場合と違って内部空間の組織ということは問題にしにくい。後のヴェスニンの回

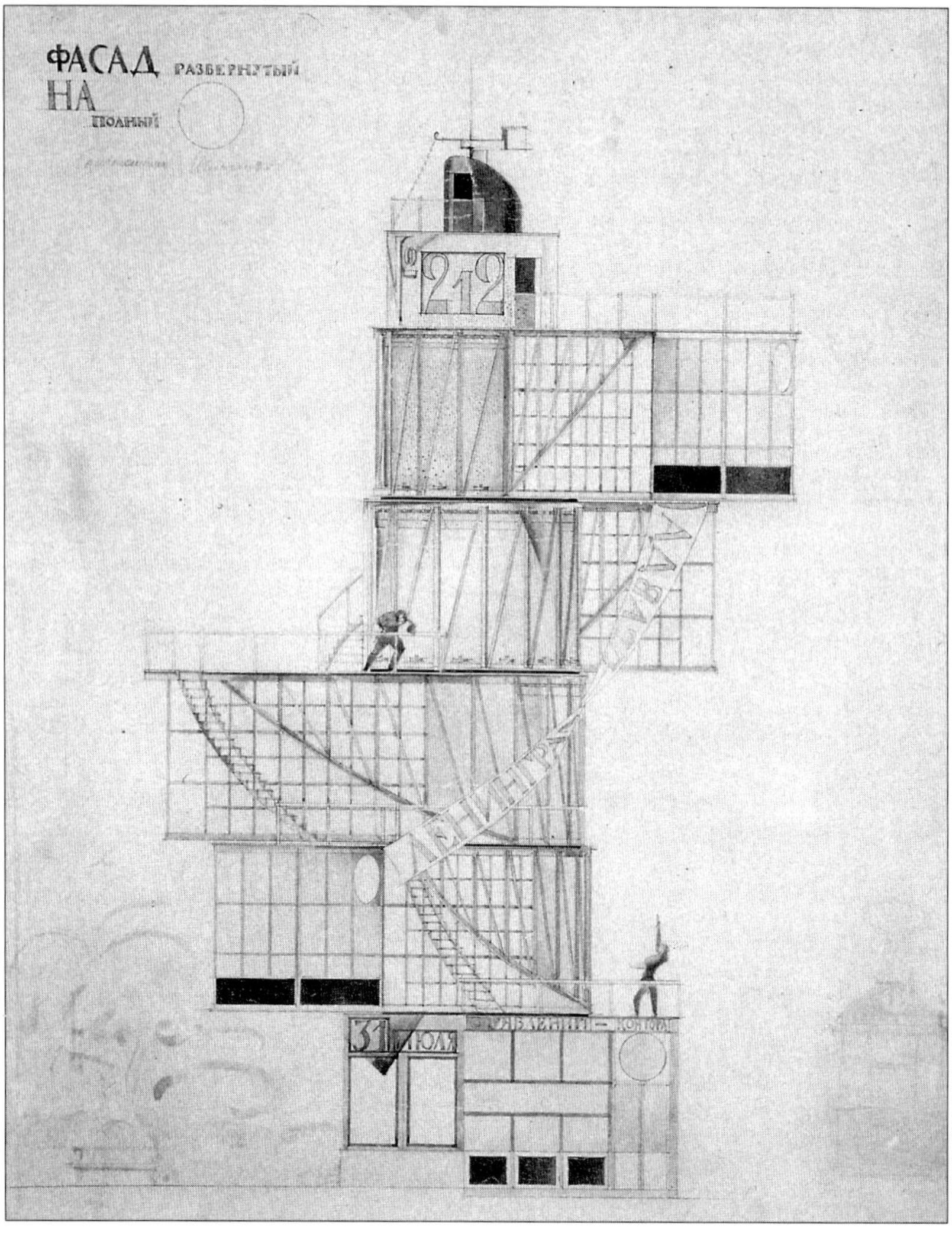

メーリニコフ/
レニングラード・
プラウダ・モスクワ支社
コンペ案,
1924

想では「我々の注意のすべてはその芸術的、イデオロギー的機能の問題に集中された」と述べられている。つまり、重要だったのは外観の表現だというわけだ。この小ビルは、プロポーションからいっても労働宮殿のような鉄筋コンクリート造ではなくスティール造と思われるが、そのために全面ガラス張りの繊細なボックスとなった。労働宮殿の重さに比べてはるかに洗練されている。しかし、後年のミース・ファン・デル・ローエのような単純な箱ではない。ペントハウスや中間階のはね出し（あまり機能的には意味があると思えない）などによって多彩なシルエットにしている。これは明らかに、形態的にはクルチスやラヴィンスキーのキオスクのデザインの発展形であり、また一九二三年の《木曜日だった男》のセットのタワー部分を直接参照している。しかし、より特徴的なのは、透明なエレベーター・シャフト（この頃ではほとんど前例が無かったのではないか？）と様々なサイン類（真ん中の「レニングラード・プラウダ」という社名のサインには輪転機を模した飾りがつけられている）、そして屋上のサーチライトである。これらの付属品とあいまって、全体は労働宮殿のときにも備わっていた船（正確には船橋）の隠喩を色濃くしている。

スイスの歴史家マックス・フォークトは、これを「労働–作動ARBEITの表現」だと書いている。つまり中の記者たちの動きからエレベーターの動き、果ては輪転機の動き（これは表現だけ）などを通して、労働–作動を「芸術的、イデオロギー的機能」の主題とすること、「語る建築」をつくりだすこと。このイデオロギーは、実は《木曜日だった男》のセットのイデオロギーと同じである。それが象徴的な舞台から実際の都市の中にもちこまれたかたちなのだ。確かにこのデザインは、リシツキーのいう「ラジオ・ロマンティシズム」をとどめている。という以上にこのレトリカルな面はむしろ発展され、さらに他の構成主義者もまた採用することによってロシア構成主義のトレードマークとなった。しかし、同じコンペティションでのメーリニコフやイリヤ・ゴロゾフの案（コンペティションの招待者はこの三チームだけ）と比べるとずっと機能的で、少なくともデザイン上での工夫が機能を圧迫しているわけではない。この両案は、共にスパイラル状に上昇していくようなダイナミックな表現をとっている。そのことでヴェスニンにも見られたような「語る建築」としての、つまり「プロパガンダ建築」としてのニュアンスは、一層強調されている。とりわけ、メーリニコフの案は、フレデリック・スターが書いているように、「技師には思いもよらないだろうようなフランボワイヤンなプロパガンダ」を目指したものである。メーリニコフはヴェスニンも敢えてやらなかったようなアイデア、つまりコア周りに各フロアを回転させるという、いわばタトリンのタワーの縮小版を構想している。中の機能のスペクタクル化は、こうなってくるとヴェスニン案以上にはっきりとしてくる。つまり、これもスターの表現

I・ゴロゾフ／レニングラード・プラウダ・モスクワ支社コンペ案, 1924

V・ヴェスニン, A・ヴェスニン／飛行機格納庫コンペ案, 1924

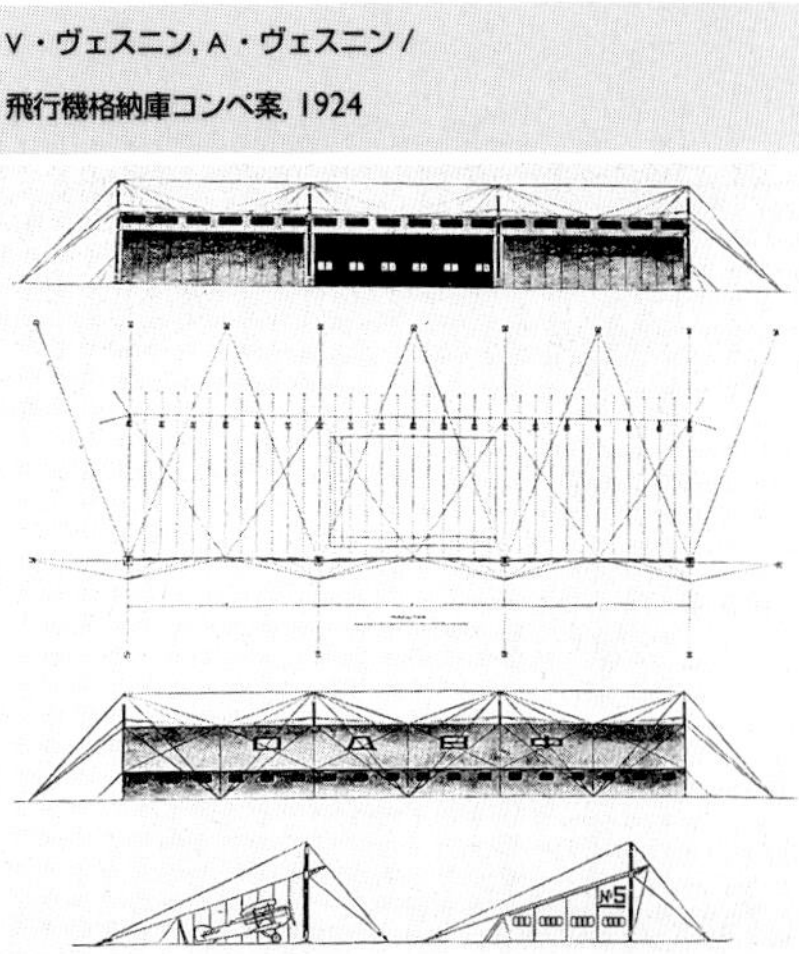

を借りるなら、オフィスワーカーたちは「自律的機械の振付け師」となってしまうのだ。「振付け師」ということばは、しかも容易に「歯車」とも化し得るという意味をも包含して受け取らねばならない。これは、すでに述べたように、ビオメハニカから構成主義のステージ・セットに及ぶ微妙なアポリアだが、メーリニコフはここでそれを実務性（機能やコスト）を越えて敢行している。このヴェスニンとメーリニコフの案のいわば「さじ加減」の違いが、構成主義とそうでないアヴァンギャルドを分けることになった。明らかにメーリニコフのデザインは「過剰」であり「逸脱」である。しかし、ではオーソドキシーの方はどう定義できるのか？　それは、間もなく始まる「構成主義のスタイル化」の問題に際しても、結局は答えられないままに終わった問題であるように思える。因みに、コンペティションの結果、審査員の判断はヴェスニンやや有利というものだったが、メーリニコフ案も差はないというものだった。しかしいずれにせよ案が実施に移されることはなかった。

これに比べると飛行機格納庫のプロジェクト（ヴィクトルとアレクサンドルのみ）はもっとプロブレマティックではない正当的な構造表現、つまり、これもロシア構成主義のトレードマークになった吊り構造の最初の導入として記憶されるべきプロジェクトである（ただ技術的な構造物では前例はある。しかし実際には、テンションケーブルといっても後述のプロジェクトもそうであるように、ほとんどはアンテナ類の振れ止め的なもので屋根を実際に吊っている例は意外に少ない）。これに関しては、プレゼンテーションも他のものほど洗練されていないことを含めて、アレクサンドルよりもヴィクトルによる部分が大きいのではないかと思われる。

三番目のアルコス・ビルのプロジェクトは、イギリスとの通商を行なういわば商社のモスクワ支社の建物のコンペティションで、ヴェスニンは今度は一等を獲得した（二等はアイヘンヴァリドとフリードマン、三等はフォーミン）。しかしこの頃のコンペティションの大多数の例に漏れず、このプロジェクトも実現されてはいない（一般的に当時のロシアのコンペティションの経緯は、実現されるか否か以前にひどく曖昧である）。プログラムとしてはオフィスの他に店舗、ホテル、ガレージなどを含んだ建物である。ヴェスニンの案は、デザインとしてはむしろ穏やかなものだが、レニングラード・プラウダのファサードを今度はコンクリート造で実施したという趣があって、労働宮殿よりはずっと洗練

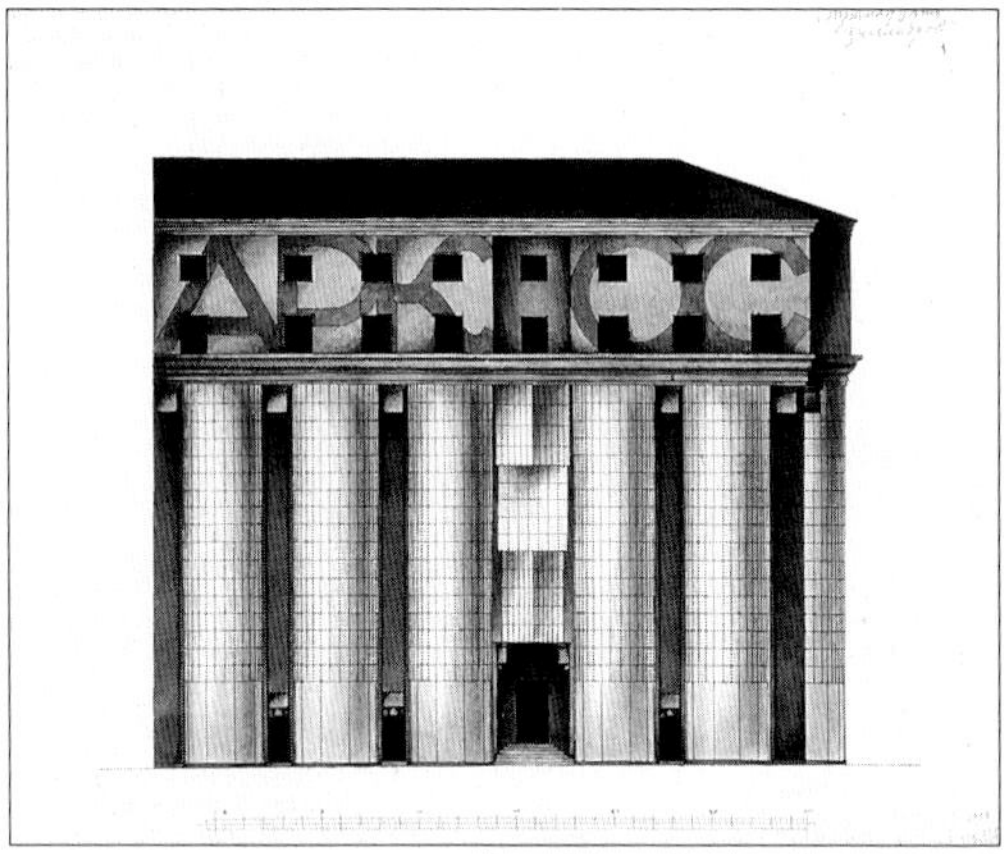

上：ゲゲロ／アルコス・ビル・コンペ案, モスクワ, 1924
下：ヴェスニン兄弟／アルコス・ビル・コンペ案, モスクワ, 1924

されている。構成主義者の陣営でヴェスニンと並ぶリーダーとなるモイセイ・ギンスブルグは、彼らの機関誌"SA"で一九二七年にこのプロジェクトについてこう書いている。

「労働宮殿こそが真の構成主義への第一歩と考えられるべきものであった。アルコス・ビルの方は水平垂直の二次元的な処理において、その明確なプロポーションといい、簡潔な単純さといい、見事に仕上げられてはいるものの、構成主義の革命的な負荷は欠いている。しかしながら、労働宮殿の方は正しく理解されなかったのに比べて、アルコスの方は同時代の建築家たちや学生たちの間で甚大な影響を引き起した。(……中略……)こうして、新しいスタイルの最初のフェーズが始まったのである。そのスタイルの主たるキャラクターとは、壁かガラス面で覆われる枠組をつくりあげる垂直と水平のシステムから成るものである」。

ギンスブルグのテクストはコンペティションの三年後、その「甚大な影響」即ち模倣が急速に広まった後の時点、「構成主義のスタイル化」への闘争が行なわれていた時点で書かれたものだ。ヴェスニン自身もこの見解を支持していたとマホメドフは推測している。これは要するに、労働宮殿では実験されていた内部空間の構成がここでは見られず、ファサードの扱いにとどまっていた(そのために容易に模倣の対象となった)ということを意味している。下の四層はオフィスなどの用途であることから最大限のガラスを取り、上のホテル部は小さい窓にし、というわけだから機能的な解法とはいえるが、ファサーディズムであることには変わりがない。中庭側を伝統的なガラス屋根をもつ「鳥籠」式にしたこともギンスブルグには気にいらなかった。結局それはアメリカのオフィスビルと似たタイプのものになってしまったからだ。この見解に対するヴェスニンたちの同意なり反省があったとしたら、それはこの点でのフラストレーションが彼らにもあったということだろう。これはプログラム上致し方ないものであったはずで、現に当のギンスブルグにしてもこの影響から免れているわけではない(例えば最も似

1・ゴロゾフ/アルコス・ビル・コンペ案, モスクワ, 1924

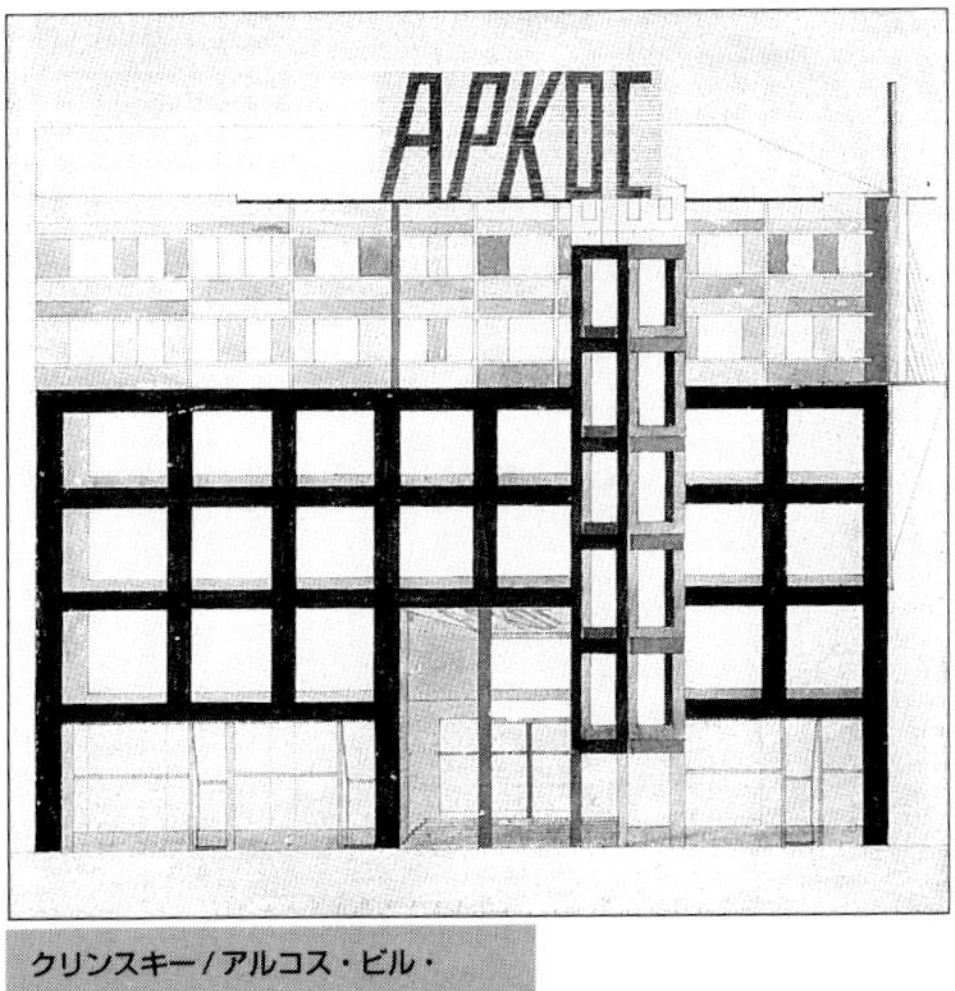

クリンスキー/アルコス・ビル・コンペ案, 実現された街の住宅地コンペ案, 1924

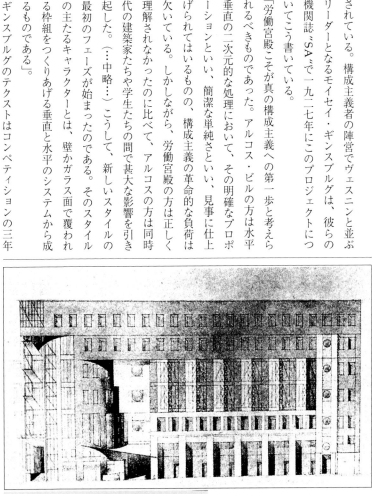

たプログラムとしては、一九二六年のルスゲルトルグ［独ソ通商協会］のオフィスビルのコンペティション案）。

このコンペティションでは、例えばI・ゴロゾフ（後の代表作ツィエフ・クラブに実現される角に円筒を用いる手法がはじめて登場したが、ファサードはいまだロマン的シンボリズムの風を払拭していず、洗練に欠ける）やメーリニコフ（大胆なところもあるが、折衷的でアール・デコ風ですらある）、ゲゲロ（クーボ・フトゥリズム風と師のフォーミン的な古典主義の折衷）、クリンスキー（ヴェスニン以外では唯一洗練されたモダンなファサードをもつが、グラフィズム的な性格はフォルマリスト陣営らしくもっと強い。キャサリン・クックは、ヴェスニン案と比べてみればただのダイアグラムでしかないと評している）も含めた他の案がまだ傾向としてばらばらであったのに比べて、これ以降の一九二五年の中央電信電報局と紡績会社の二つのコンペティションでは「すべての入選案が『アルコス・スタイル』（マホメドフ）という有様であった。アカデミストのシチューセフまでもがこの「アルコス・スタイル」の案で応募しており、広いガラス面の両側を縦長の狭いガラス面で押えたかたちを基本ユニットとする、ヴェスニン独特の割りつけパターンまでもが模倣されている——まるでかつてのパラディアン・ウィンドウ

L・ヴェスニン, A・ヴェスニン/
中央電信電報局コンペ案, モスクワ, 1925

シチューセフ/
中央電信電報局
コンペ案,
モスクワ, 1925

のように。後述するように、最も急な転身を遂げたのはゴロゾフで、もともとフォルマリスト－シンボリスト的な彼が構成主義グループに属したのは、前節の終わりに記述したVKhUTEMASでのヴェスニンとラドフスキーらの紛争にかかわる事情にも加えて、このためでもあったと思われる（ギンスブルグの前記のテクストの主たるターゲットは彼だったはずだが）。

この電信電報局のコンペティションでのヴェスニン案は、基本的にアルコス・ビルの躯体にプラウダのサイン類をつけたようなもので、機能上当然とはいえ、屋上にテンションケーブルで支えられた巨大なアンテナが人目を惹く様子で載っていた。「電報（テレグラフ）」というロゴを輪転機風のフレームで支えていることも同じである。要するにこの「スタイル」はすでに完成していた。

ネグリナーヤ街の六階建てのモストルグ・デパートの計画では、技師ロライトの協力を仰いで（理由は不明だが、これと電信電報局は、ヴィクトル抜きのレオニードとアレクサンドルの仕事である）、無梁版を用いてしかも柱を外壁から後退させたために、アルコス・スタイルを特徴づけていた垂直、水平のフレームが消え、完全なガラスのカーテン・ウォールの表現が可能となった。これは同時代的には、ミースのガラスのスカイスクレーパーなどの提案を除けば全く新しい表現である。この案自体は実現されなかったが、別の敷地（クラスナヤ・プレスニヤ）で三階建てのモストルグ・デパートが、規模はより小さいにせよほぼ同じデザインに従って建てられた。

ヴェスニン兄弟／モストルグ・デパート,
モスクワ, 1927

ヴェスニン兄弟／
モストルグ・
デパート計画,
モスクワ,
1925

3.

ギンスブルグ

様式論から機械のパラダイムへ

長らく西欧に滞在したリシツキーを除けば、ロシアのアヴァンギャルド建築家たちのうちで最も西欧の事情に通じた人物はモイセイ・ギンスブルグである。ル・コルビュジエとも緊密な親交があったこの人物は、そのキャリアもまたル・コルビュジエと似ている。後者がスイスからドイツ、フランス、果ては東方まで外国での知見を積んだように、ギンスブルグもまた第一次世界大戦と革命の前に西欧（パリとトゥールーズ、そしてとくにミラノ）で教育を受けた最後の世代に属している。そしてル・コルビュジエが、パリに落ち着いてからはまず『エスプリ・ヌーヴォー』誌などでの文筆活動で名をなしたように、ギンスブルグもモスクワに出てきてからは著述の分野に深くコミットした。それ以前の活動として重要なのは、一九一七年にリガの工科大学で学位を取った後のクリミヤでの四年の実務で、この間に彼は現地のヴァナキュラー建築の探究（いわばギンスブルグ版の「東方旅行」というわけだ）を行ない、「クリミヤにおけるタルタル芸術」という論文を書いている。全ソ農業手工業博覧会で彼がクリミヤのパヴィリオンを手がけたのは、この現地でのキャリアのためである。後年の回想によると「一九一七年から一九、二〇年頃の歳月は、私にとって古典主義的なカノンと伝統との内的闘争の時期であった」ということになる。この頃から彼の南方（旧ソ連のアジア部分）への関心は強く、一九二三年にVKhUTEMASの建築史と建築構成理論の教授になってからも（同時に彼はMVTU［モスクワ高等工科大学］でも教えていた）、中央アジアでのサーヴェイなどを行なっているし、それは一九二〇年代後半以降の建築家としての実務活動の場としても重要な意味をもってくる。

一九二五年以降ギンスブルグは、OSA（オサ）グループの機関誌“SA（エス・アー）”の編集長として活動を行なったが、それ以前にも一九二三年にMAO（マオ＝モスクワ建築協会）の機関誌“SSS（建築）”の編集長を務めている。MAOの性格上、アヴァンギャルド・カラーが強いというわけにはいかなかった（シチューセフやセミョーノフらも登場した）が、この頃すでにギンスブルグは新しい芸術形態の探究におけるソースとしてアメリカのサイロなどを掲載している。つまりル・コルビュジエの『建築をめざして』のやり口であり、直

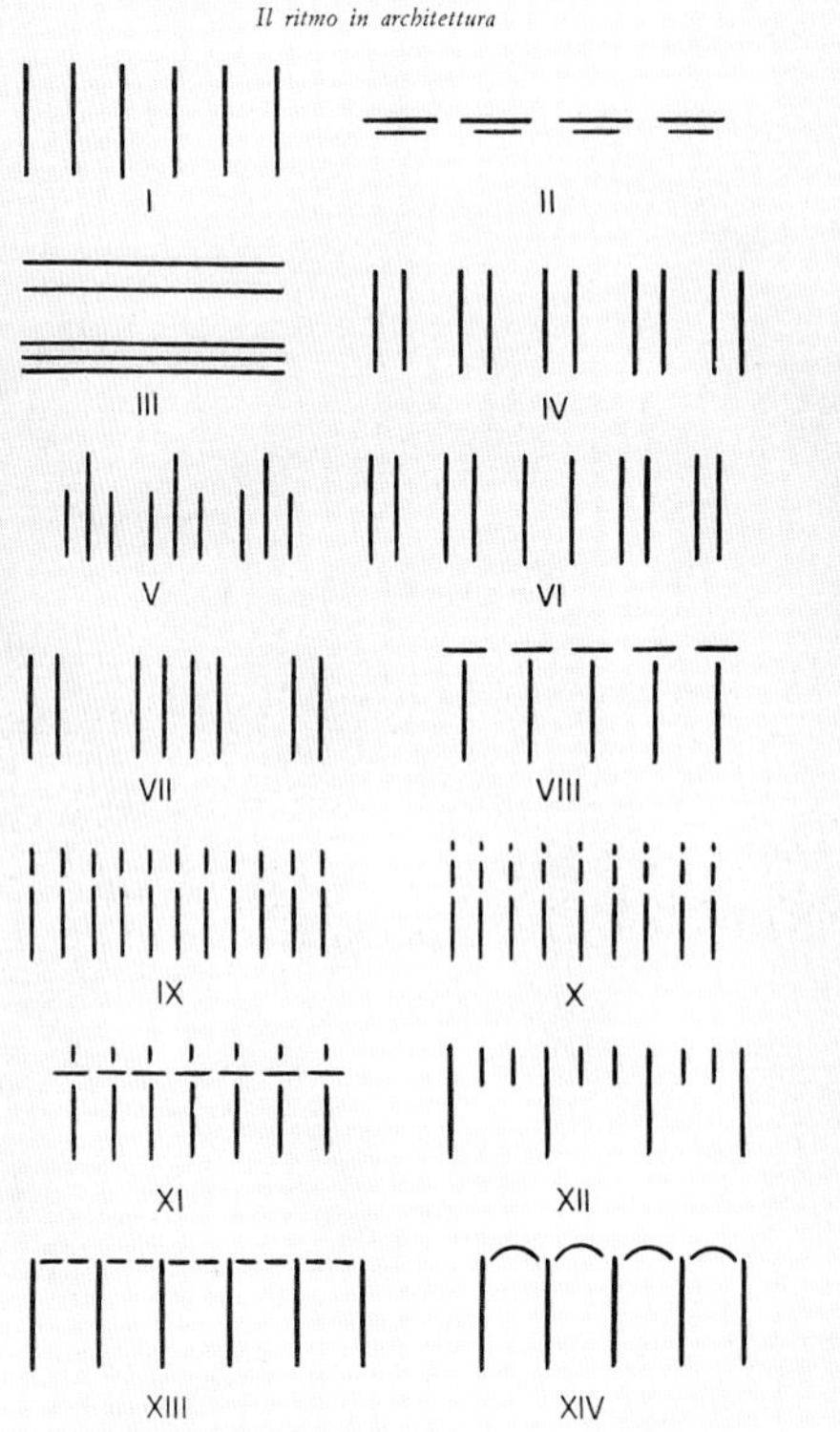

29. *Trascrizione dei ritmi: I, II, III ritmo semplice; IV, V ritmo con battute complesse; VI, VII ritmo composito; VIII, IX, X, XI ritmo complementare; XII, XIII ritmo di trasmissione; XIV ritmo connettivo.*

ギンスブルグ／分析図,『建築におけるリズム』より 1922

接の影響があったであろうことは容易に推測できるし、現に"SSS"誌には一九二三年に『エスプリ・ヌーヴォー』誌のレビューが載っている。すでに書いたように、ギンスブルグはジョルトフスキーのサークルなどでも、歴史的建築のコンポジションの分析などの研究ペーパーを読み上げていたりした。これは芸術アカデミーでの活動の一環であり、歴史的遺産に対する科学的な分析アプローチというわけだった。文学におけるフォルマリストのアプローチと似たものである。直接の影響があったかどうかははっきりとしないが、後者の知名度からいって当然考えられる事柄である。

一九二三年に彼は『建築におけるリズム』を、そして翌一九二四年には『様式と時代』を公刊している。前記の仕事のいわば総決算である。OSA結成以降のギンスブルグの理論的な仕事は、機能主義の一般理論とその応用編としての住宅問題の研究に移行するし、その時代のギンスブルグは、ミリタントな機能主義者であり、ASNOVA（アスノヴァ）のフォルマリズムはいうまでもなく、同僚のゴロゾフの「構成主義のスタイル化」にも極めて批判的だったが、この頃はもっとアカデミックである。二章二節にも書いたように、これは一見ジョルトフスキーの研究の延長上にも位置付けられ得るものであったし、実際、『建築におけるリズム』で引かれる具体例はすべて古典古代かルネサンス及びバロックでしかない。この本のアプローチは基本的に現象学的というよりは心理主義的な色彩が強いが、結局はほとんど立面のリズムの分析に終始しており、内部空間の三次元的な構成にまで及んでいるわけではない。この点ではパラディオの立面構成に近いソフィスティケーションを行なったヴェスニンのアルコス・ビルは、彼の分析に格好の対象を提供こそすれ、批判する観点は生じ得ない。むしろ、その批判の要点であった「スタイル＝様式」性こそが当時のギンスブルグの主たる関心事であった。『建築におけるリズム』の第二部の序で彼はこう書いている。

「建築の様式は自律的な世界であって、それを全面的に反映し、正当化するような諸法則の、特定かつ堅固極まりない体系である。様式を理解することとは、これらの法則に通暁し、形態のあらゆる要素、建築に関しての活き活きした言説の創造を可能とする構成の諸法則を理解することを意味している」。

中国やインドの建築は、自分たちにとってはその形態要素に目が慣れていないが故にその構成法則が把握できず、したがって謎めいた異質なものと映じてしまうのだ、と彼は言う。だから、肝心なのは、その法則の「芸術的－科学的分析なのだ」というわけだ。

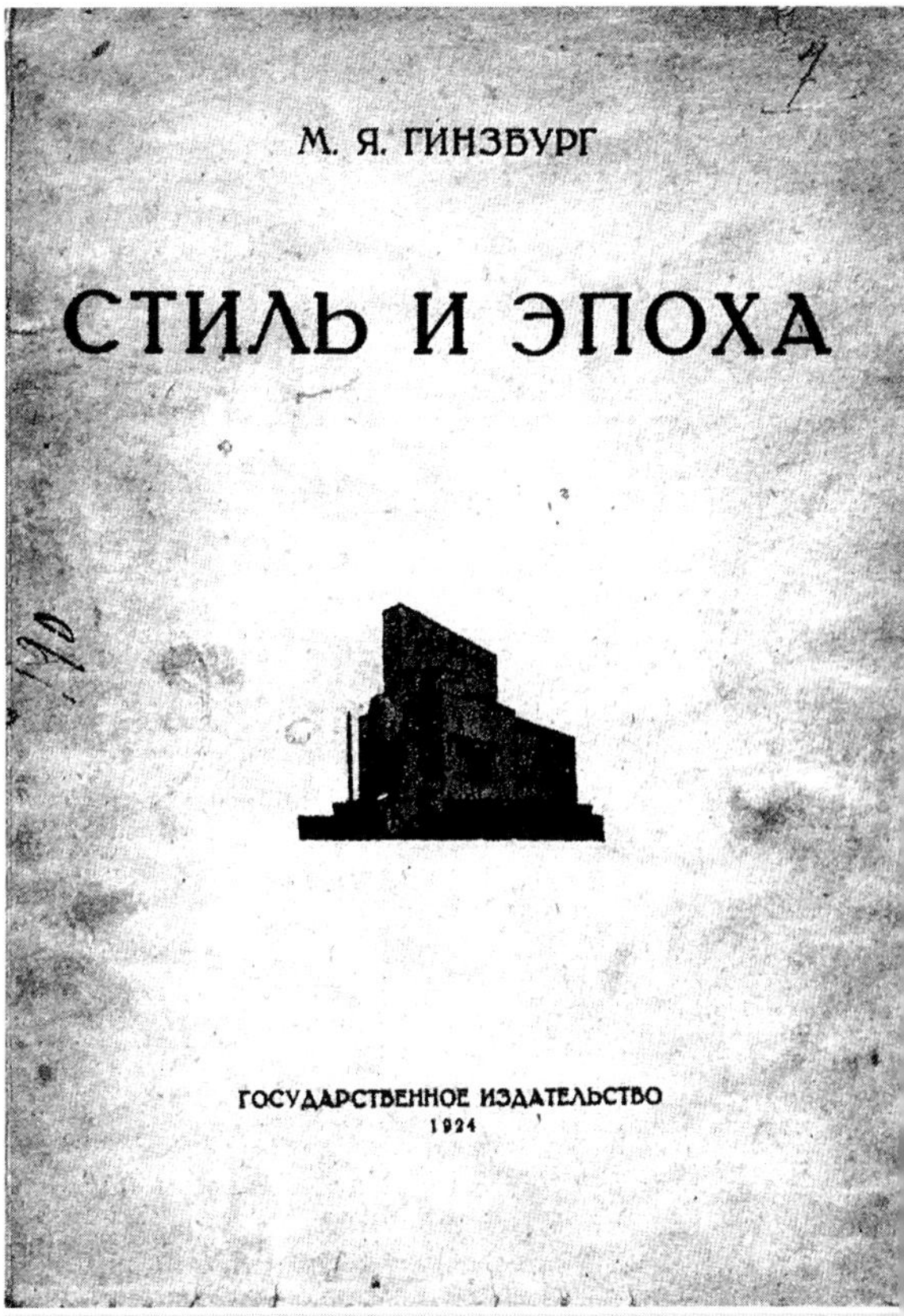

ギンスブルグ『様式と時代』1924

「これまでの様式史は建築形態の発展の歴史にすぎなかった。完全な芸術的モニュメントにおける諸形態を結びつける構成上の諸法則は二義的なものとされていた。しかしながら、これらの構成法則の特殊性を解読することこそ、様式の完全な理解を意味するのである」。

こうした見解は、確かにヴォキャブラリーではなく、法則の把握こそが肝心なのだという主張において、合理主義的であり、反歴史主義（この場合の歴史主義とは、ヴォキャブラリーとして歴史を理解し実践するリヴァイヴァリズムを意味している）ではあるが、そこまでであればアカデミズムの伝統の中にもある類のもので、アレクセイ・ガンのラディカリズムとは比べるまでもなくはるかに穏健な立場である。しかし、ギンスブルグは「そこまで」にはとどまらなかった。

次に刊行された『様式と時代』（この本は一九二七年に世界に先駆けたものではないかと思われる邦訳が出ている）ではこの「法則の理解」ははるかに拡大されていく。それは単に視覚的な法則にはとどまらず、社会的、技術的な枠組にまで広げて理解されている。それは建築を同時代的な条件の中で見ることを意味し、当然反歴史主義は一層強化される。実際に書き出しからして、アカデミズムへの挑戦的な姿勢を明らかにしている。

「約二世紀ばかり、ヨーロッパの建築創造は、寄生虫的に、自己の過去のお陰で存在していた。他の様々な芸術が、最近の革命的新人たちの中から、その『古典』を組織的につくり上げつつ、何らかの程度で前進しているときに、建築は、全く例外的な頑固さをもって、古代世界やあるいはイタリアのルネサンス時代の模範から自分の眼眸を離すことを欲しなかった。多くの芸術アカデミーは、新しいものへの要求を根絶し、若き者たちの創造的要求を地均しし、しかも、常にその世紀の生活体系の中から不可避的に流れ出してきて、ただこの地上でのみ、正しい意義を得るような合法的なシステムを過去の作品の中に見ることは教えない、というようなことにのみ従事していたように思われる」（黒田辰男訳、ただし一部改変）。その上でギンスブルグは、様式はその時代に固有なものであるから、もとより価値の比較は不可能であると論じる。

「ルネサンスの画家がギリシアの画家より優れていたとか、カルナック神殿がパンテオンより劣っているとか言えるだろうか？ もちろん言えない。ただこういうことが言える。即ちカルナック神殿は、それを生んだある一定の環境の成果として現われ、しかも、おそらく、この環境をまたその物質的、精神的文化を背景として到達され得たのと同じように、パンテオンの完璧性は、カルナック神殿の権威にはほとんど何の関連もない、同様な諸原因の結果なのだ」。

これは明らかに現代における新旧論争の様相を呈している。しかも彼に理論的枠組を提供しているのは、当時最新であったヴェルフリンらの様式史のみならず、明らかに唯物史観として様式史を見ようとする姿勢である。当然こうした姿勢からいけば、「『モダーン』『デカデンス』（この場合、共にアール・ヌーヴォーを指している――引用者註）のような傾向は、あらゆる『ネオ＝クラシック』『ネオ＝ルネサンス』と全く同様に、いかなる程度においても、その現代性の吟味には堪えない」ということになる。同時代性を強調するために、ギンスブルクは、ブラマンテが過去の遺跡を壊して新しい地区をつくり出したことや、パラディオが火災で消失したドージェ宮殿を新しい様式で再建することを主張したこと、ベルニーニがラファエロのパラッツオを壊して聖ピエトロのコロネードをつくったことなどを援用している。「人間文化の最も良き時代には、その独立した形式概念が正しいという極めて明瞭な意識をもつ時代が存在していた」。こうして建築は、同時代的な要因によって空間を組織し、構築する芸術としてみなされる。この要因とは、主として「力学」と「工法」つまりその時代のテクノロジーである。

ギンスブルグのこの『様式と時代』はしばしばル・コルビュジエの『建築をめざして』と比較されるが、実はもうひとつの本にも似ている。リガで建築を学んだ理論家、つまりナチス・ドイツの理論的指導者であったローゼンベルグの『二〇世紀の神話』である。この両書の共通の基礎は、文明のタイポロジー、とりわけ青春期から隆盛期そして衰退期への流れの周期として歴史を把握するいき方で、その祖型を与えたのは、直接的にはシュペングラーの『西欧の没落』であり、両者とも引用している（因みにアナトーリー・シェンケヴィッチはギンスブルグに影響を与えたもう一人として、マルクス主義芸術論としては当然だろうが、プレハーノフを挙げている）。ギリシア古典期に静的な調和の完成を、ゴシック期に動的な感情表現を見たこともまた同じである。世紀末のアール・ヌーヴォーの退廃を嫌ったこと、アメリカの新しい文化と卑俗さに対してのアンビヴァレントに至るまで、おそらくユダヤ人である共産主義者ギンスブルグと、反ユダヤの国家社会主義者ローゼンベルグは似ている。ギンスブルグがヨーロッパからの帰国後リガの工科大学を出たことは前述したが、ローゼンベルグもまた同じ学校を、しかもかなり近接した時期に出ていることは偶然だろうがなかなか興味深い暗合である。彼らの両方にとって（ル・コルビュジエにとってと同様に）、新しい時代様式の創造が待望されていたのだった。しかし、それがいかなる道を辿るべきかについては当然両者の選択は全く異なっている。

ギンスブルグにとっては、新しい条件を与えるものとは社会主義革命後の現実である。それは、例えば当時の労働者住宅の多くがいまだ過去の様式を引きずり、滑稽な時代錯誤をおかしていたとしてもなお、すでに集団的な需要の増大というかたちで変革の方向性への萌芽を示している。そしてこの新時代のパラダイムを与えるものとは機械である、と彼は言う。

「機械は、これまでの我々の概念においては、現実世界の卑俗性と粗雑性への拝跪であり、その世界の悲しい不可避性であった。そして芸術的に教養のある人間はそれから身を避けていたというのが、本当のところであろう。機械あるいはそれに結びついた工学的建造物が、芸術とくに建築の生産に対するアンチテーゼであったのは、「構築者《コンストルクトル》」という形容が「建築家」に相矛盾するものであったのと同様である。エンジニアと建築家との間には越えられない深淵があった」。

しかし「この機械が、今ではついに、この新しい生活を建設することを我らに教え得るのである」。このテーゼは明らかに、ル・コルビュジエのそれと並行的なものである。そしてヴィオレ＝ル・デュクにも。過去からではなく、合理的な原則のその時代なりの対応から生まれる様式という概念はかなり後者に負っているとシェンケヴィッチは推論している。すでにヴィオレ＝ル・デュクの時代にも機関車や蒸気船が新しいパラダイムをつくりつつあった。機械にギンスブルグが見出すのは、古典の完成された均衡性とは異なった、そしてゴシックやバロックのダイナミックスをすら「限りなく均整の取れた子供臭いものに思わ」せるほどの、新しいリズムの創造の可能性である。

「疑いもなく、歴史の周期は閉じられたのであり、古い周期は終わったのである。我々は美術の新しい処女地を耕し始めつつあるのである。そしてこのような場合にいつもあるように、実用と構造の課題は、この見解の首位に立つであろう」。

そして、結論。「しかし、生活の詩とロマンティシズムは、この機械化された地獄の一体何処にあるのか、と驚いた読者は聞くだろうか？　もちろん、やはりそこにあるのだ。新しい都市の喧騒と響音の中に、生々とした市街の突進性の中に、新しい生活の中に固く蝋付けされ、建築のモニュメンタルでダイナミックな作品の中に明らかに反映された、新しい形式の輪郭の中にあるのだ」。ギンスブルグの本には、文体からいってもル・コルビュジエの詩的な性格はないが、代わりに後者には欠けている一貫した歴史的視点がある。ル・コルビュジエにとっての歴史は詩的な素材でしかないが、ギンスブルグにとっては自らの社会をそのトータルな継承者と位置付けるための理論的な素材である。そこに、後年の親しい交流にもかかわらず基本的には解消しなかった、「個人主義者」ル・コルビュジエと「共同主義者」ギンスブルグのスタンスの違いがある。

こうして「構成主義建築の最初のマニフェスト」となった『様式と時代』だが、この本には巻末に一連のイラストレーションとして、同時代の作品が掲載されている。本文とは直接の関わりがないためか、邦訳では割愛されているが、マイナーなエピソードとしても注目される箇所がある。つまり、明らかに一九二四年のこの時点ではまだ多くの例がない（最新のものがヴェスニンのアルコス・ビルである）ためと、ギンスブルグ自身が断わっているように、できるだけ多くのグループの作品を集めようという意図のために、後の彼の本であれば収録されないと思われるような作品の選択がある。つまり、ゴロゾフ（労働宮殿と馬の養育公社の計画）とメーリニコフ（全ソ農業手工業博覧会のマホルカ館）がその例である。すでに述べたように、ギンスブルグはフォルマリストだとしてこの二人に批判的だった。OSAに加入してしまったゴロゾフには内部批判を行なっていたし、メーリニコフの作品は彼が編集長をしていた〝SA〟誌には決して掲載されなかった。しかし、それらもさることながら、全ソ農業手工業博覧会でのジョルトフスキーとシチューコの作品もまた同時に掲載されているのである。このアカデミストの作品掲載について、ギンスブルグはこう書いている。

「注意深い、公平な視点で見るなら、I・V・ジョルトフスキーの実質的に古典的な建築の中においても、構築的に明らかな、裸形の形態への傾向を見てとらなくてはならない。彼の凱旋門の、仮設で骨だけにされたオブジェのユーモラスなかたちの中にも、イデオロギーや形態言語の上では彼我の間には深

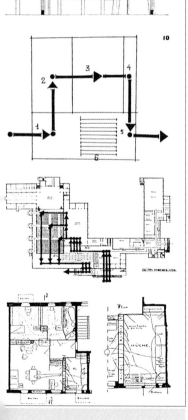

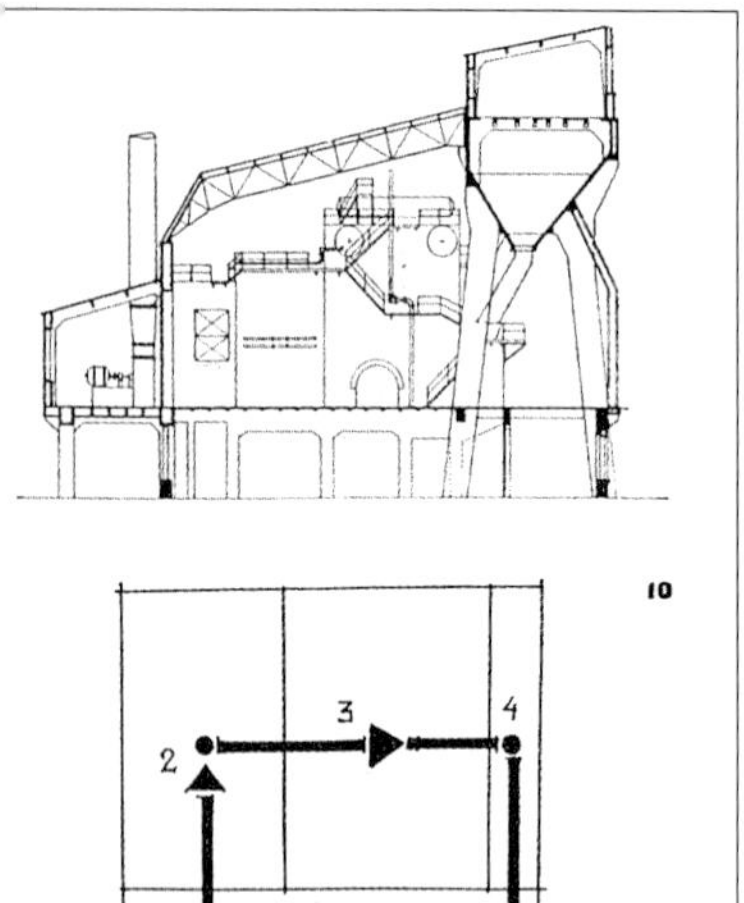

淵が横たわっているにせよ、構成主義の最近の信奉者たちの芸術上の禁欲主義や合理主義的な発明性のようなものが見てとれるのである」。

もちろん、ここでのギンスブルグの意図は、極めつきのアカデミスト、ジョルトフスキーの中にすら新しい方向性への萌芽が見られるというところにあったわけだが、これはすでに述べたように逆読みをしてみれば、構成主義の中の古典主義的な体質、ひいては後にアヴァンギャルドがジョルトフスキーの元に帰順していくときの後戻りの途が、無意識的に確認されていたということの証にもなる。

4. OSAと機能的方法

ヴェスニンがデザインの上で、ギンスブルグが理論の上で、建築における構成主義のクレドをほぼつくり上げたと思われる一九二五年に、彼らはOSAを結成した。議長にアレクサンドル・ヴェスニン、代表にヴィクトル・ヴェスニンとギンスブルグ、書記にオルロフが就任し、他の会員としては、バルシチ、ブロフ、ヒーゲル、ホロステンコ、フィセンコ、ガン、イリヤ・ゴロゾフ、セロフキン、コマローヴァ、クラシルニコフ、レオニドフ、ロライト、ニコラーエフ、ニコルスキー、ソボレフ、ソコロフ、ウェグマン、レオニード・ヴェスニン、ウラディーミロフらが創設メンバーとして名を連ねていた。以後各地にその支部がつくられ会員の数を増やしていった。シェンケヴィッチはOSAの会員を三つにサブ・グループ化している。ひとつはヴェスニンの率いるグループでこれはINKhUKサークル、及びVKhUTEMASでの彼の学生たち（バルシチ、ブロフ、ソボレフ、クラシルニコフ、コマローヴァ、ソコロフ）であり、二つめはギンスブルグとMVTUでの彼の学生たち（ウラディーミロフ、ウェグマン、ヴォロティンツェヴァ、オルロフ、ニコラーエフ、フィセンコ）、そしてアレクセイ・ガンの周辺のアーティスト・グループである。OSAは以後、一九三〇年にはMOVANO（モヴァノ）の一セクターとなり、一九三一年にはSASS（サス＝社会主義建設のための建築家センター）と改組するが、一九三二年に解散する。しかし、それまではロシア・アヴァンギャルド建築をASNOVA（アスノヴァ）と共にリードする二大潮流のひとつであり、数の上、人材の多彩さにおいてはASNOVAをはるかにしのいでいた。事実、会員たちの多くは、当時はVKhUTEMASやMVTUの学生であったにすぎないが、新生ソヴィエト・ロシア共和国の一九二〇年代の後半は彼らによってリードされたのである。

OSAは設立宣言といったものを独立しては出さなかったが、各方面に結成の報告のようなものを出している。これらは内容的に事実上の宣言と見てよい。そのうち、モスソヴィエトの行政部会に出されたものでは、「これからの組織は、既存の組織とは違って、建築家及び彼らと結びついた生産からの力とを、

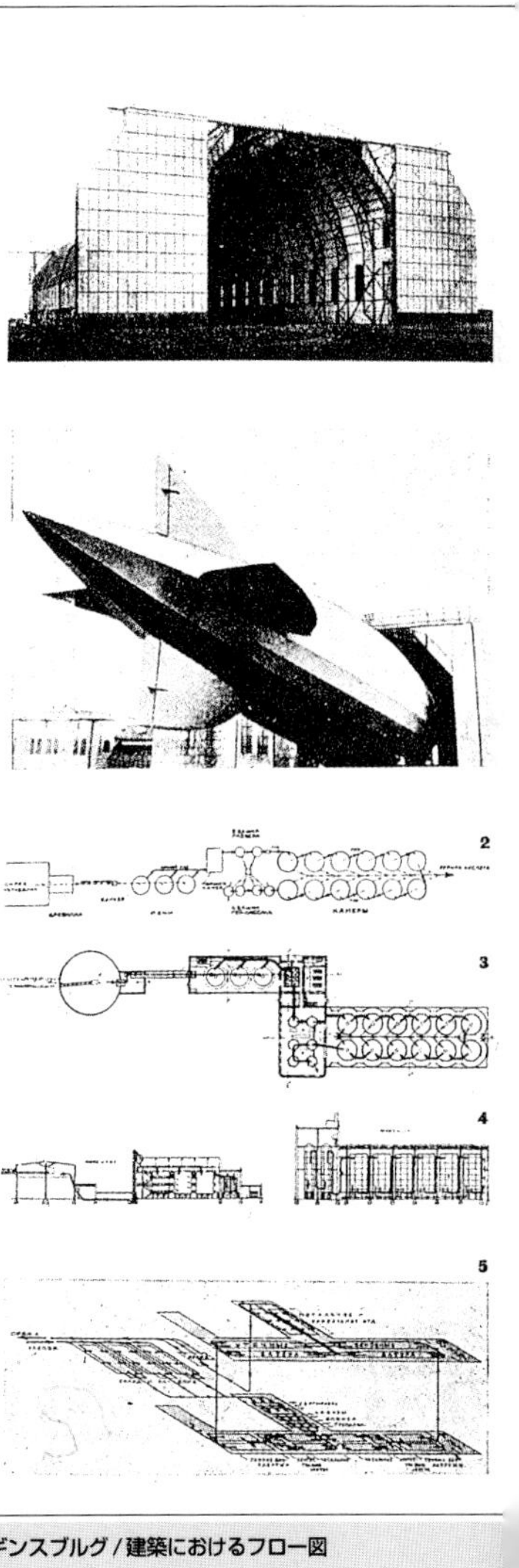

ギンスブルグ / 建築におけるフロー図

左翼建築戦線に結集するのでなければならない。同盟は、共和国の社会的建設及び国の科学的生活のテンポを通じて召還されるすべての建築の問題を、構築的明解さ、論理的単純性、機能的従属性のうちで解決することを提案するものである」と述べられている。人民教育委員会に提出された報告では、MAOは様々な傾向の寄せ集め所帯だから、「社会主義的課題を満たすべく求められるイデオロギーが現在のところでは不明確になっている」。それに対して、「OSAは一様なイデオロギーで固く結ばれている。それはある一定のプランに結びつき、集団的、理論的、科学的探究と実践を行ない、保守主義や過去の残滓と闘っている。ASNOVAは抽象的なフォルムへの探究において、純然たる美学的性格からなる一定のイデオロギーをもった建築家の小グループであるが、OSAは各々の建物の用途、材料、構造、その他の生産の条件によって与えられる機能に従って新しい建築形態を導こうとするものである」と書かれている。これは、とりわけフォルマリストとの対比で言えば、彼らの目指した路線が機能主義の路線にあったことを示している。しかもそれは、マヤコフスキー率いるLEFと列を同じくする「左翼」戦線でのそれである。このイデオロギーを最も鮮明に打ち出したのは当然ギンスブルグで、彼は自ら編集長を務めるOSAの機関誌“SA”で論陣を張った。一九二〇年代後半のギンスブルグの活動は目を見張るような精力的なもので、前半にはさほどでもなかった一般の設計活動も充実しているばかりか、メインのフィールドとして集合住宅の計画論的な研究及び設計を推進し、その傍らではこれらの一般理論のパブリケーションにもリーダーシップを取るといった具合だった。

ギンスブルグは、OSAの方法を最も端的なかたちで表明するものとして、“SA”の創刊号に「建築的思考の新しい方法」と題した論文を発表すると、以下同二号の「近代建築の国際戦線」、同四号の「機能的方法と形態」、一九二七年一号の「近代建築の目標設定」及び「USSRの人民の国民的建築」、同六号の「研究、教育における方法としての構成主義」、一九二八年五号の「建築における構成主義」などの諸論文を矢つぎばやに書いている。これらでは『様式と時代』と比べてもはるかに明確に同時代への焦点が定められており、体系的かつ具体的である。つまり、これまでの彼の著作では多少なりとも立面構成という伝統的なコンポジション概念が分析の主眼に置かれていたのに対して、これらではるかに総合的な空間の組織化としてパラメータが拡大されており、社会的に新しいプログラムに対応した機能的な平面構成から、生産のモデュールに基づいて標準化されたディテールに至るまで文字通り一貫した「建築的思考の新しい方法」が提示されている。そして、これは「彼の生活様式のみならず、新国家のあらゆる経済生活を組織化する労働者階級という「新しい消費者の登場」に結びついた方法論なのだ。そして「問題なのは、社会主義を建設する集団としての新しい消費者の特殊性に光をあてること」であり、「計画の原理を優先させること」である。これは全く冷徹な合理主義のクレドであり、例えば、『様式と時代』ではタトリンの《第三インターナショナル記念塔》を無条件に「新しいアプローチ」としていたのが、「建築的思考の新しい方法」では、具体的にタトリンに言及してはいないものの、一般論として「いかに輝かしいものであろうとも、テクノロジーの他の面からシンボリズムとして派生した形態によって置換しようとするナイーヴな企て」

への批判にまで徹底されている。

「建築的思考の新しい方法」においては、まず機能が空間的な組織の条件として分析され、次いでそれらが優先順位を伴った論理的なプロセスとして整理される。この組織関係が明らかにされると、次に建築家たちは「基本的な空間的解決の函数＝機能として」、適切な材料と構法を定め、さらにヴォリュームやマスのグルーピングとリズムを定める。最後に、個々の部材や、ユニット、仕上げを決める。ここで用いられたのはいわゆる「サーキュレーション・ダイアグラム」と「設備スキーム」である。前者が全体の構造を決め、後者がここにアタッチされる固定的（機能によってサイズ等が厳密に規定される）要素を与える。これらはすべてが各々の段階におけるタイプ別の分類、分析、評価を受けた上で決定されるから、全体のプロセスは合理的なアセンブリー・ラインにも比すべきものとなる。明らかにこれはテーラー・システム（当時のソヴィエトでは極めてポピュラーであった）あいはフォード・システムの建築への応用である。フォードの自伝は出版の翌年（一九二四年）にロシア語に訳されていたし、ギンスブルグは自分のテクストにそこからの引用を行なっている。タイプ化が有用なのは、ギンスブルグのことばで言うところの「特殊未知数」（つまりその時々の特殊条件）に対する定数を与えるからである。

“SA”一九二六年四号の「機能的方法と形態」では、形態の決定プロセスにおける視覚心理学的な要因（色彩やプロポーションなど）、つまり、ラドフスキーらフォルマリストの方法までもが取りこまれ、彼の体系はいよいよ包括的なものとなる。「形態と構築との二分法を廃しながら、我々の方法は、建築家に、構築の諸要素を絶えずマスターし、それによって最も応用可能な空間的な解法を確定することを義務づけるものだ」（「機能的方法と形態」）。


この方法上の革新は、単純に建築的な平面だけにとどまるものではない。正しい機能的解決のためには、問題設定そのものが正確でなければならない。これは、ル・コルビュジエ的な命題でもあるが、この命題が個人レベルでしか設定され得ない資本主義国の場合と違って、ギンスブルグのそれは社会の新しいプログラムと直接切り結ぶ。「慣習的な我々の概念では、生産あるいは労働プロセスとは工場や作業所に、社会的、日常的プロセスとは、公共建築や住宅に結びついている。社会的建設にあたっては、日常的プロセスとは、生産プロセスと同じように、注意深く探究されるのでなければならない」（「近代建築の目標設定」）。これは、二つのプロセスが実際には区別されるものではないと言っているわけで、かつてのガンがアーティストたちの仕事を「労働」と称したこととも対応しているし、先に述べたような、アセンブリー・ラインとしての機能的方法という事柄とも対応している。つまり、方法とその結果が相同のものとして現われる。実際、ギンスブルグは「機械のための建物」即ち工場のアセンブリー・ラインの流れと、一般建築における人の動線の流れとを比較する図解を行なっている。

ここでも、ステージ・セットの分野においてポポーヴァらのアーティストたちが示した三次元の空間化における限界をヴェスニンが超えたことと似た逆転が起こっている。つまり、アレクセイ・ガンは、観念的なラディカリズムのレベルではずっと先に行っていたにもかかわらず（何しろギンスブルグの『様式と時代』までの議論は、明らかに「コンポジション」のレベルにとどまっていたのだから)、そのラディカルな「コンストルクツィヤ」の議論を具体化、体系化するのは彼の手に余っていた。彼の議論はしばしば観念論的な唯物論でしかなかった。ギンスブルグの理論をまってはじめて、真の意味で「コンストルクツィヤ」=「構成主義」の理論が具現化されたといえる。「構成主義とは、新しい社会内容に最も対応し、最も正しい途を示す作業方法なのだ。フォルムに我々が至るのは、社会的目標から発展させての上のことである」(「建築における構成主義」)。構成主義は元々建築的な方法であり、その意味で、建築家たちがそれを方法的にも実践的にも完成に導いたのはむしろ当然の成り行きなのだ。

しかし、そればかりではない。ヴェスニンの構成主義のオブジェが、そこを「労働=行為の場」とする人間に対してもち得た両義的な意味はここでもまた同様であり、しかも議論の性格上一層拡大されていたのである。つまり、この議論においては、機能的な方法とは、建築家の作業を社会全体の生産=労働の一環として位置付けるための手段であった。ル・コルビュジエをはじめとする西欧の建築家が個人としてその責任を引き受けざるを得なかったのとは対照的に、ロシア人たちにはそれこそが社会主義のメリットであり、むしろ彼らのヴィジョンの必須の前提とすら見えていたはずの社会全体のフレームワークとの直結(の可能性)は、それが彼らの支持する政治権力に全面的に依拠させてしまっていたが故に、逆に彼ら知識人の労働を全体の歯車の一部とするテクノクラート的なものへと転換させる危険に対しては、無防備に開かれたままであった。このことは、一九三〇年代の反動に対するギンスブルグらの立場(八章二節参照)がある程度裏書きしている。それはロシア・アヴァンギャルド最大のアポリアである。

リシツキー
『ASNOVA通信』の
表紙, 1926

5. ラドフスキーとASNOVA

構成主義者のリーダー、アレクサンドル・ヴェスニンは教育者でもあったが、旺盛な生産性をもった実作者でもあった。それに比べると、ヴェスニンと対峙する、もうひとつのアヴァンギャルド建築家グループASNOVAのリーダー、ニコライ・ラドフスキーはむしろ理論家としての色彩の方が強かった。彼は優れたプロジェクトは残したものの、実現作という意味ではヴェスニンに比べるまでもなくごく僅かなものにとどまった。これはASNOVAグループ全体に対してもあてはまることで、このためにASNOVA自体は最初に成立したアヴァンギャルド建築グループであったにもかかわらず、後発のOSAよりもどうしても地味な印象を免れない。

またブルーノ・タウトも指摘しているように、その理論上の対立にもかかわらず、彼らのプロジェクトと構成主義者のそれとの間にははっきりした違いが認められるわけでもない。むしろ、今から見れば、彼らはアヴァンギャルド建築として括れる総体を、機能主義(構成主義)的な断面とは別のもうひとつの面から見たかたちであるととらえてもよいように思える。ラドフスキーは一八八一年の生まれで、ヴェスニン兄弟(レオニード一八八〇年、ヴィクトル一八八二年、アレクサンドル一八八三年生まれ)とほぼ同年代である。彼もまた多くの同僚たちと同様にMOUJVZに学んだが、何故か晩学でディプロマを取ったのは三六歳であり、そのため革命前からのキャリア組であったヴェスニンたちとは違い、むしろ一世代後のメーリニコフやゴロゾフとほぼ同門であった。ここでいう同門とはとりわけジョルトフスキーの薫陶を受けたという意味であること、また革命直後にシチューセフ・アトリエでモスクワの都市改造計画に加わったこと、そして一九二〇年代の初期にはINKhUKでSinskulptarkh（シンスクルプタルフ＝建築と彫刻の統合問題解決委員会）などを結成して造形上の改革理論の討議に加わったことなどは共にすでに述べた。この時点ではアレクサンドル・ヴェスニンはむしろ美術の方に専念していたから、ラドフスキーは建築の分野で最も前面に出ていたということができる。

このSinskulptarkhは、（次いで改組してZhivskulparkh［ジフスクルプタルフ＝絵画・彫刻と建築の統合問題解決委員会］）はいまだにロマン的な色彩は強くもっていたが、最初のラディカルな建築家グループであり、一九二三年七月に創立されるASNOVAの母体となった。Zhivskulparkhは建築家だけでのグループではなかったが、ASNOVA結成の直接的なきっかけを提供したのは、一九二一年の春にINKhUK内でエフィモフ、クリンスキー、ペトロフ、ドクシェエフ、マプーらとつくった研究グループである。彼らの研究のテーマは「技術的デザインの概念とコンポジションの分析」というようなものであり、彼らのプログラムによれば「建築の重要かつ基本的な要素とは、空間とフォルムとタイポロジー」であった。「これらに従い、表現手段となるものとは、ウェイト、ヴォリューム、色彩、プロポーション、運動そしてリズムである」。ここにはASNOVA的な命題がすでに明確に出ている。このグループ自体、当時INKhUK内で勢力を伸ばしつつあった構成主義グループに対抗するものとして組織されたものであるかもしれない。

ASNOVAは、OSAの構成主義者たちに比してフォルマリストと呼ばれるこ

とが多い。これはこの呼称のほとんどがそうであるように自称ではないらしい。それは、とりわけ機能主義の影響の濃い近代建築の歴史においては、非合理的な形態との戯れという位置付けをされることが多かったものだが、ASNOVA自体はこれとは逆に「合理主義」を標榜している。このことを端的に表明しているのは、一九二六年にただ一号だけ出版された彼らの機関誌『ASNOVA通信』にラドフスキーが書いた文章の次のような一節である。

「建築家は、ことばの普通の意味で技術的、功利的というのとは違う要素――それは建築的質をもったというべきだろう――フォルムを構築する。建築におけるこのような『質』とは合理的なものであらねばならず、人間が空間の中で自らを位置付ける高度な技術的必要性に奉仕するものであるべきである」。

つまり、ASNOVAは技術的合理性（ここに彼らは経済的合理性も含めている）と区別された建築的合理性というカテゴリーを提出しているのだ。それは技術的、功利的要素から導かれたものではあっても、空間認識の際の心理的ファクターを介在するが故に独自のカテゴリーとなる、というのが彼らの立場である。この同じ号で「建築の目安は建築である」という有名な標語が現われ、そのためにOSAなどから脱社会的な「フォルマリスト」と呼ばれたということのようだ。言語学−詩学の分野でのフォルマリズム運動との関係は、リシツキー（“Veshch［ヴェシチ］”にシクロフスキーのテクストが掲載された）を経由していても不思議ではないが、直接な影響関係は感じられない。むしろ心理主義的な方法論という意味ではカンディンスキーの方に近い。実際に建築の基本的要素が「線とヴォリュームである」というような定式化は、カンディンスキーが最初にもちこんだ理論である。ラドフスキーの理論に直接の影響を与えた人物には、ドイツ−アメリカの心理学者フーゴー・ミュンスターベルグ（実験心理学の祖ヴィルヘルム・ヴントの門下）がいる。彼は「サイコテクニック」を産業や広告の領域に導入しようとした人物であり、ラドフスキーはそれを建築に応用しようと試みた。実際、構成主義者たちが「機能」や「技術」から合理性をとらえようとしていたのに対して、ラドフスキーらは知覚心理の構造をも含む形態−空間認識のモードとしてそれをとらえようとしたと言ってもよい。このためにラドフスキーたちは、視覚の性能を試験するための様々な機械を考案した。平滑な面の広がりを測定するプロガツォメーター、所与のヴォリュームを測定するオグラツォメーターなどがそれである。これらの探究を通して、合理主義者たちは

オグラツォメーター

初期の多分にロマン的シンボリズムの強い（合理主義的とはいい難い）傾向を清算していった。確かに構成主義者に比べれば、合理主義者たちの方がフォルムの自立性や美学的な質に対してはより柔軟ないしラディカルではなかったと言うことはできる。帰国したリシツキーがASNOVAに参加した（あるいはスイス滞在時から加入していた可能性もある）のは、こうした事情に関係していたかもしれない。

ともあれASNOVAは最初のアヴァンギャルド建築家組織として当初かなり広いコネクションをもっていた。創設メンバーの主な者を挙げておくと、ラドフスキー、ドクシェエフ、ルクリェーデフ、エフィモフ、フィドマン、モチャロフ、バルヒン、ロライトとクズミンであった。その他に後になって参加したメンバーとして、ボルバチェフスキー、ボリソフスキー、ブド、ブーニン、ブイコヴァ、ゲルフェルド、コルシェフ、ワルグローヴァ、クルチコフ、ラヴロフ、ラムツォフ、リシツキー、メーリニコフ、ペトロフ、ポポフ、プローホロヴァ、サレスカヤ、シルチェンコ、スパスキー、トラヴィン、トゥルクス、ヴァレンツォフ、ヴォルドーコらの名があり、日本の村山知義も名を連ねていた。

ASNOVAの事務局は、ル・コルビュジエにも擬古典主義に対する国際的な戦線の構築を呼びかけたりもしている。この関連で『エスプリ・ヌーヴォー』の二五号（一九二四年）には、VKhUTEMASのラドフスキー・アトリエの学生のプロジェクトが掲載された（これらは“ABC”誌にも掲載されている）。ただし、ル・コルビュジエは、それに対して「ロシア構成主義（もちろんASNOVAが構成主義とは対峙するもう一方の潮流の仕事であることなどは、彼の視野には入っていなかった）は、あまりにも早く、あまりにも純粋造形の再形成をすることなしに歩みすぎる」と留保をつけてはいたが。

これらの学生プロジェクトとは、先に述べたようなラドフスキーの理論に基づいた様々の造形演習であった。トゥルクスの《ダイナミック、リズム、プロポーション関係の表現》と題されたもの、ペトロフの《形態的資質の幾何学的表現》と題されたもの、アルキンの《形態的資質の物理－機械的な表現――マスと均衡》と題されたものなどがその代表的な作品群である。これらのプロジェクトは、いずれもフォルムの質にかかわる演習だが、それは必ずしも美学的な探求ととらえるべきではないし、社会的、技術的ディメンション

プロガツォメーター

の欠如を意味するものではさらにない。むしろそれらの諸次元を補完し、基礎づけるものとしてフォルムや空間の資質の探究を行なっていたととらえるべきであろう。この意味で彼らを狭義の意味でフォルマリストと呼ぶことはできない。これは、例えば、クリンスキーが一九二一年にINKhUK内で行なったレクチャーでも「建物を純粋形態として認識することと住宅として認識することの間の均衡を断ってしまうことは、非現実的で、表面的、もしくはいわゆる形式的な美学思考になってしまう」と述べていることからも明らかだし、『ASNOVA通信』に掲載された「ASNOVA報告」では、「ASNOVAは誰のために働くのか？ASNOVAは大衆のために働く」というようなあからさまにポピュリスト風の一節さえ見うけられる。さらに、これらの学生の演習の中には、ラドフスキー自身のこれらに先行すると考えられるプロジェクトを含めてキャンティ・レバーの劇的な表現が採用された例がいくつか見られ、それもリシツキー（「雲の鐙」）との並行的な現象と見なされるが、この例

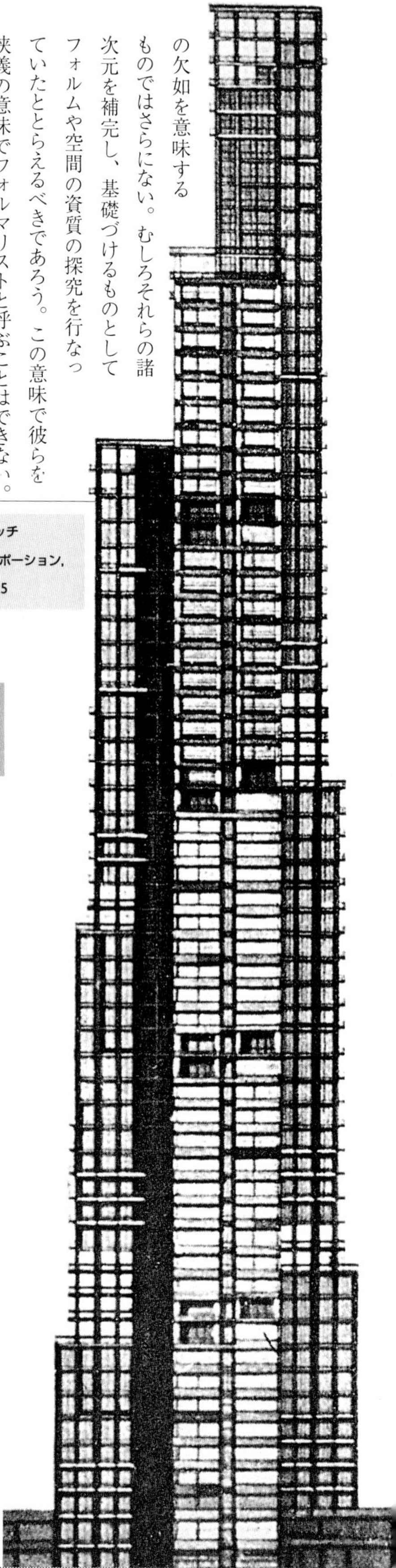

ヴォルドーコ, ラヴロフ, ヨゼフォヴィッチ
[OBMAS]「垂直軸に従った関係, プロポーション, リズム, ダイナミックの表現」1924 - 25

ペトロフ
[OBMAS]
「形態的資質の幾何学的表現の第一：直方体」
1920

グルシェンコ [OBMAS]
「ヴォリュームと均衡の表現」
1922 - 23

にも見られるように、フォルマリストは技術の形態表現に対する影響にはむしろ鋭敏であり、その点で構成主義者たちと変わるところはない。実際、ASNOVAには、ロライトやクズミンなどのエンジニアたちも参加していたし、一九二〇年代の半ばには、OSAのギンスブルグ・チームに対抗するかのようにモスクワやイヴァノヴォーヴォツネセンスクのためのプレファブ住居の研究などにも従事していることは見落とすわけにはいかない。

ASNOVAの第一世代でラドフスキーと並んで重要なのは、ドクシェエフとクリンスキーである。ドクシェエフは主に理論的、教育的な仕事において、そしてクリンスキーは理論と共に実践面でラドフスキーを補完した。すでに本章一節で述べたように、彼らは一九二〇年以来、VKhUTEMASでOBMASを指導した。ラドフスキー自身は一九二〇年代の中頃にはむしろ実作よりは教育活動の方に力点がかかっていた（前述のハウジング研究以外には、めぼしいところでは、メーリニコフが勝ったパリの装飾博覧会のソヴィエト・パヴィリオンのコンペティション案とモスクワのスモーレンスク市場の再開発コンペティション案くらいしかない）ので、この分はクリンスキーにかかっており、同じソヴィエト・パヴィリオンのコンペティションやイヴァノヴォーヴォツネセンスクのレーニン文化の家、アルコス・ビル

ロパーティン［OBMAS］
「構築の働きの表現」1921

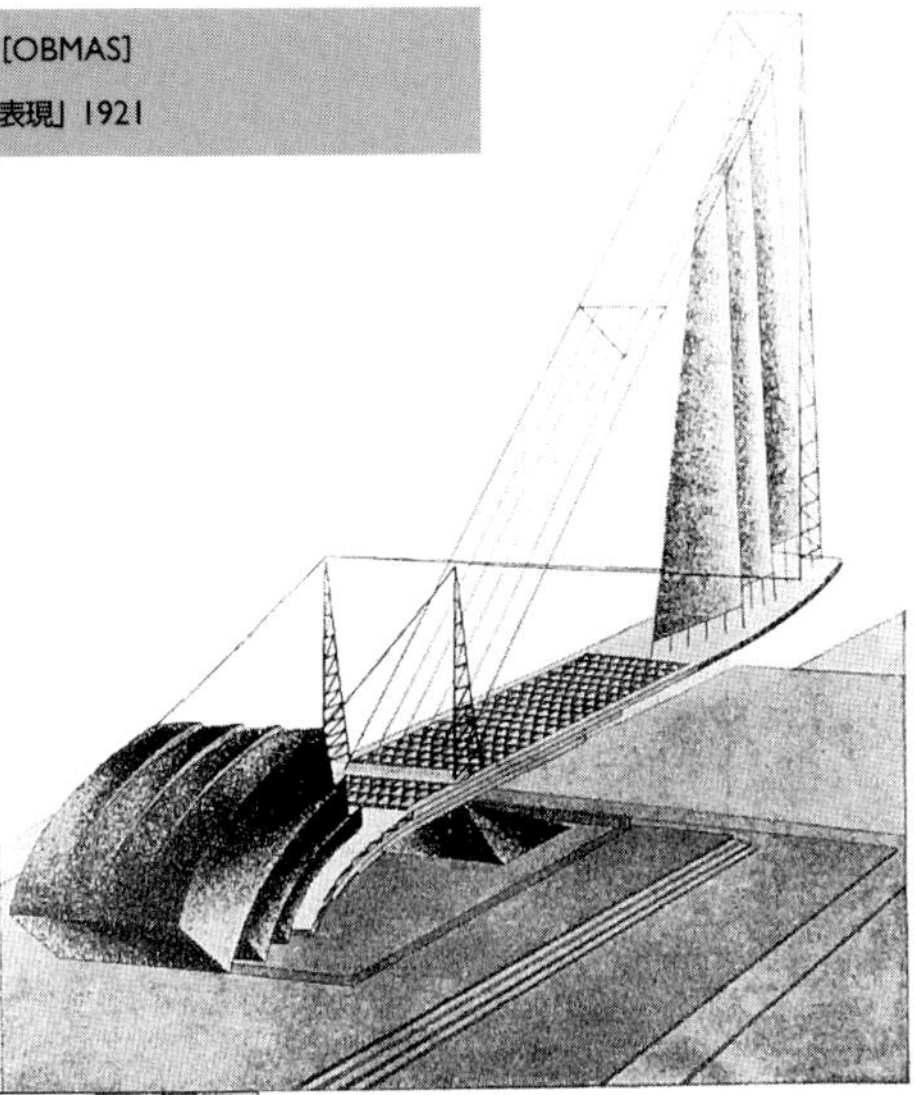

コマローヴァ［OBMAS］
「マスと重量の働きの表現」
1922-23

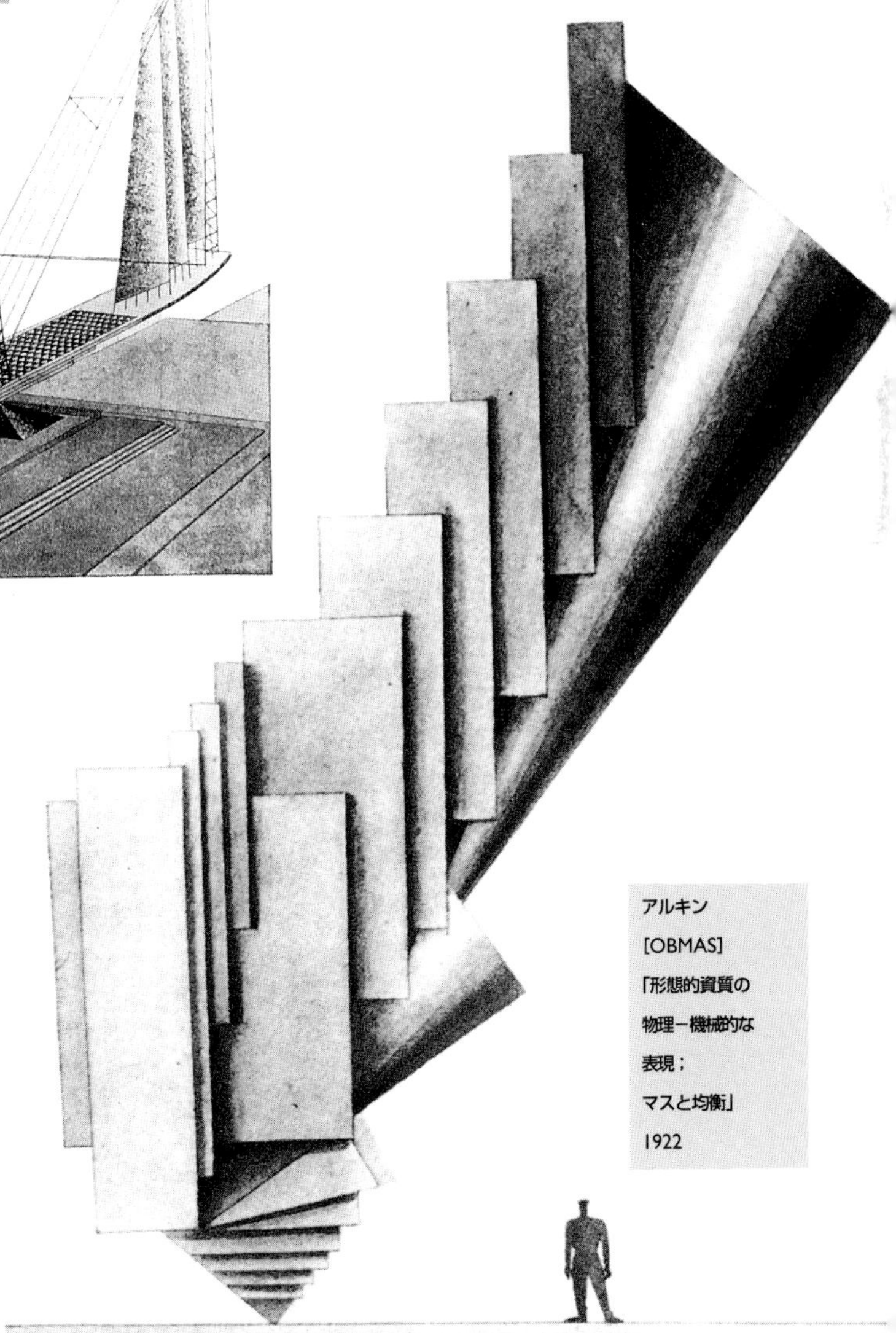

アルキン
［OBMAS］
「形態的資質の
物理ー機械的な
表現：
マスと均衡」
1922

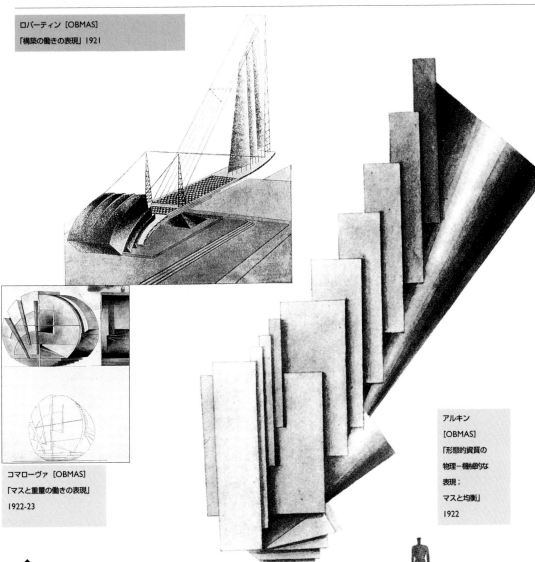

のコンペティション案などを手がけている。

しかし、これらでは、徐々にオーソドックスな構成主義の手法に近づいていく傾向が見られ、結局は敵陣営のはずのヴェスニンからの影響が明らかである。ASNOVAが先行して組織されながらも、結局はOSAのような影響力をもち得なかったのは、ひとつには、ラドフスキーが旧師ジョルトフスキーとの対立から労働宮殿のコンペティションをボイコットしたときに、ヴェスニン兄弟が革命的な案を提出してしまい、スタイル革新上のイニシアティヴをとってしまったこと、そしてつづく他のコンペティションでもヴェスニンとクリンスキーの力量差がはっきりとしたことにもよっていたと思われる。

もうひとつはASNOVAの理論がOSAのそれと比べてどうしてもマルクス主義的というよりは新カント派的な観念論と見えたことで、これはヒーゲルのような構成主義者によって批判される。ヒーゲルの言い方では「合目的な構築物を創造するに際してではなく、それを知覚するに際しての『経済的原則』に立脚している『建築上の合理性』は、最も典型的な観念的擬説である」というわけだが、このような見え方が、当時のソヴィエト社会においてはやはり不利に作用したであろうことは否めない。実際にラドフスキー自身の関心が狭義の意味でのフォルムだ

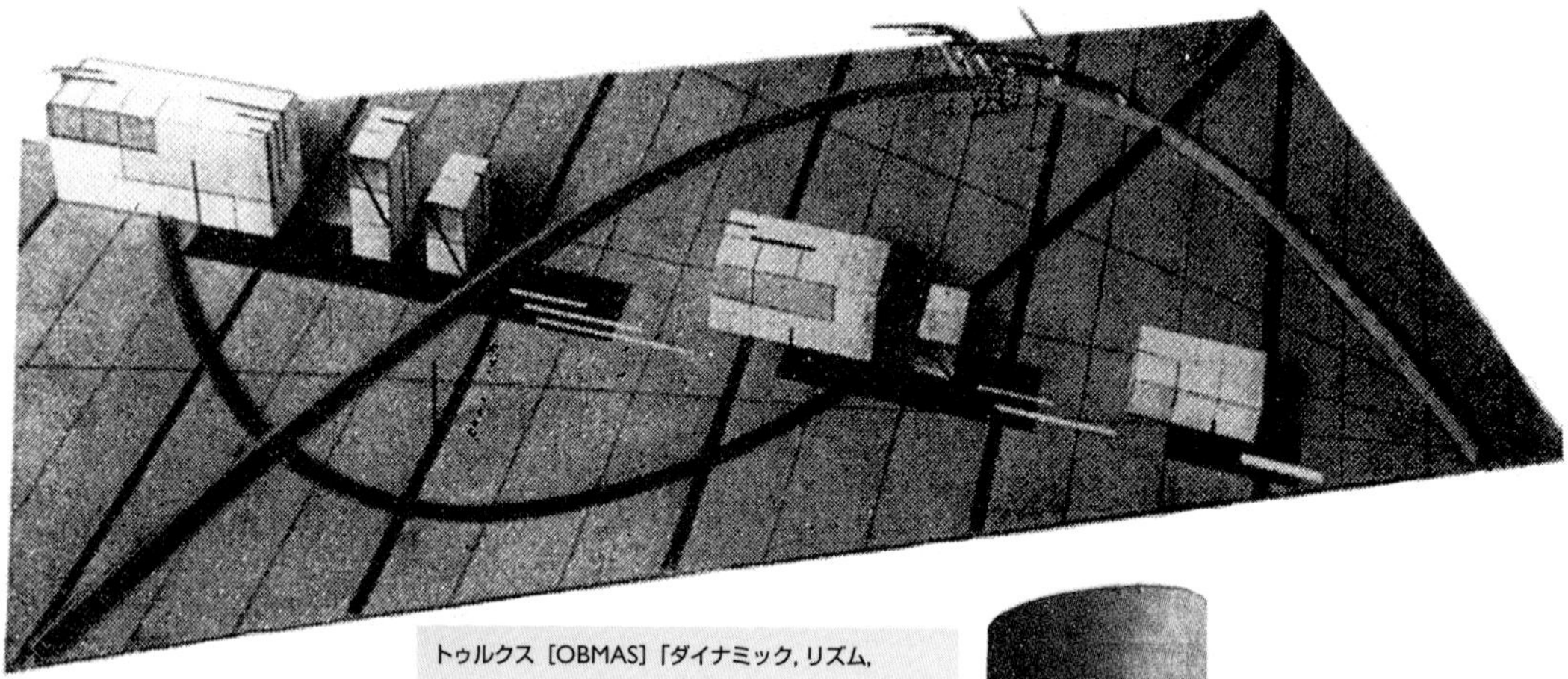

トゥルクス［OBMAS］「ダイナミック，リズム，プロポーション関係の表現」1923

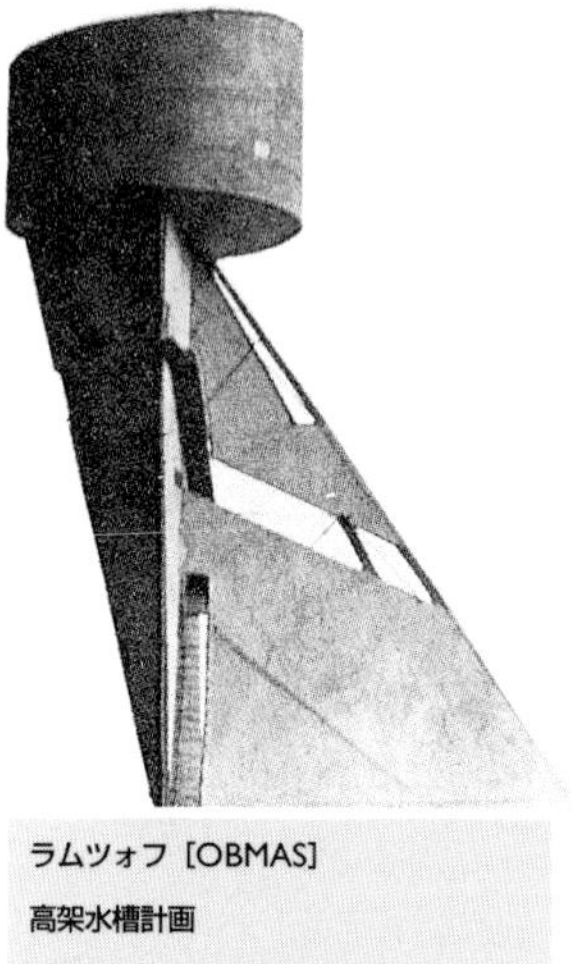

ラムツォフ［OBMAS］
高架水槽計画
「ヴォリュームと空間の表現」1921

シンビルツェフ［OBMAS］，崖上のレストラン計画
《形態的資質の物理－機械的な表現；マスと表現》，1922

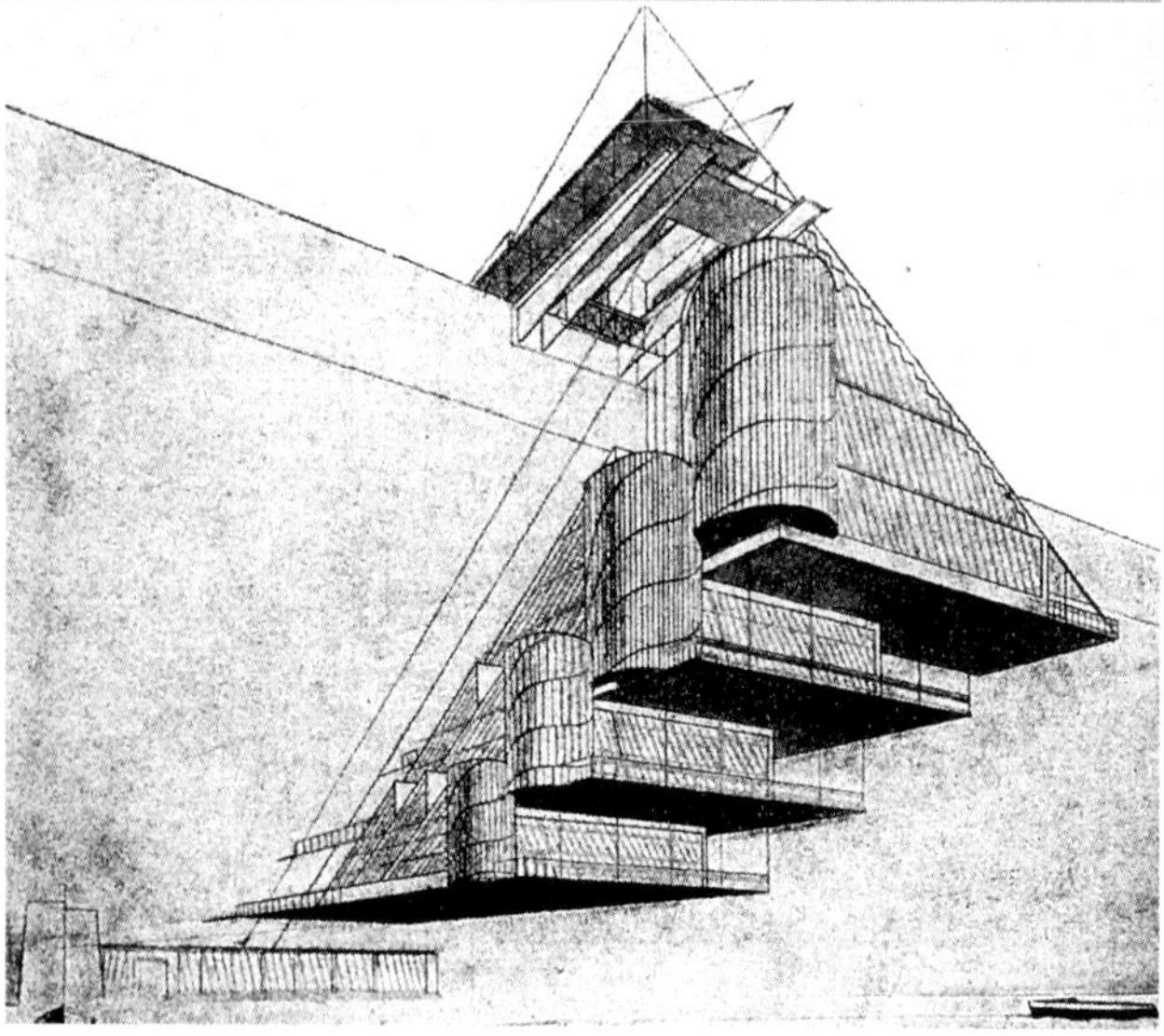

けにとどまっていたわけではないにせよ（前述のヒーゲルも「ただ少数のフォルマリズムの代表者たち――ラドフスキーその他――だけが、近年誤った理論的体系の影響を克服し、その実践的並びに設計的仕事において、建築物の唯物主義理解と現実的な設計との方向に発足し得た」と書いている）、このアプローチからすればもっと普通の意味での「フォルマリスト」が育ってきても当然ではある。そしてラドフスキー門下の俊英ヴィクトル・バルヒンが事実そのような傾向を強めていくことで、ASNOVAは一九二八年に二つに割れる。バルヒンがASNOVAを継承し、ラドフスキーの方はARU（アル＝都市建築家同盟）を結成する。

16. シューホフと技師たち

構造テクノロジーの新たな展開が主導的な役割を果たした近代建築の歴史には、エッフェル、マイヨール、トロハ、フレシネなど、この革新を担った天才的なエンジニアたちが名を連ねている。ロシアもその例外ではない。時折、ロシア・アヴァンギャルドにはイメージはあったがそれを実現化する技術が後進国の故に欠けていたというような記述があるが、それは必ずしも正しくない。革命前の建物にもいくつかの技術的な革新性を見せた事例を捜すことはできる。

ドクシェエフ「自由のモニュメント」モスクワ, 1918

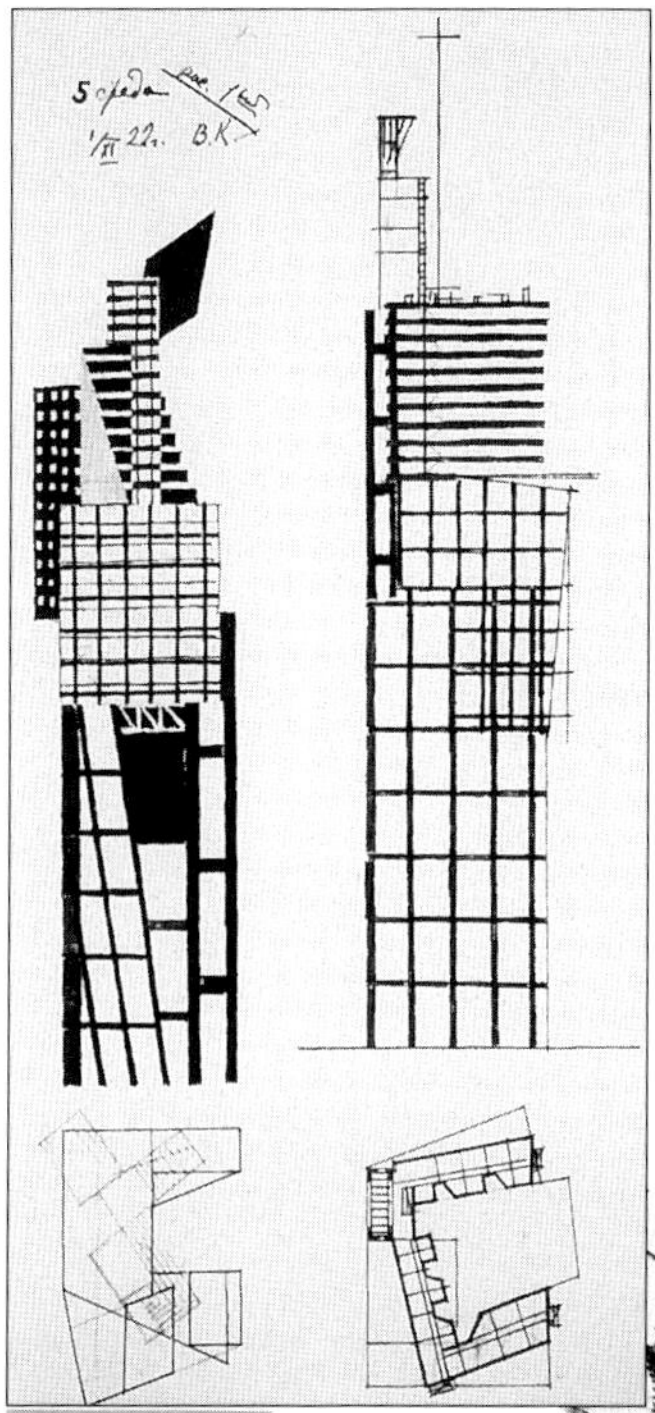

クリンスキー／ソヴィエト国家経済局計画, 1922 - 23

ラドフスキー・アトリエ［OBMAS］／崖上のレストラン《形態的資質の物理－機械的な表現；マスと均衡》1922

例えば、A・V・ボロトニコフは、一九一四年に中央にエレベーターをもつ四階建ての円筒形の立体駐車場のプロジェクトをつくっているし、一九〇九年にはV・I・シェーネはペテルブルグに四六メートルの巨大な木造ドームを頂いたパノラマ・シアターをつくっている（これは後年のバルシチとシニャフスキーのモスクワのプラネタリウムの計画との類似性を指摘されて

シェーネ/
パノラマ・
シアター,
ペテルブルグ,
1909

ボロトニコフ/立体駐車場計画, 1914

シューホフ/汎ロシア博覧会のパヴィリオン, 1896

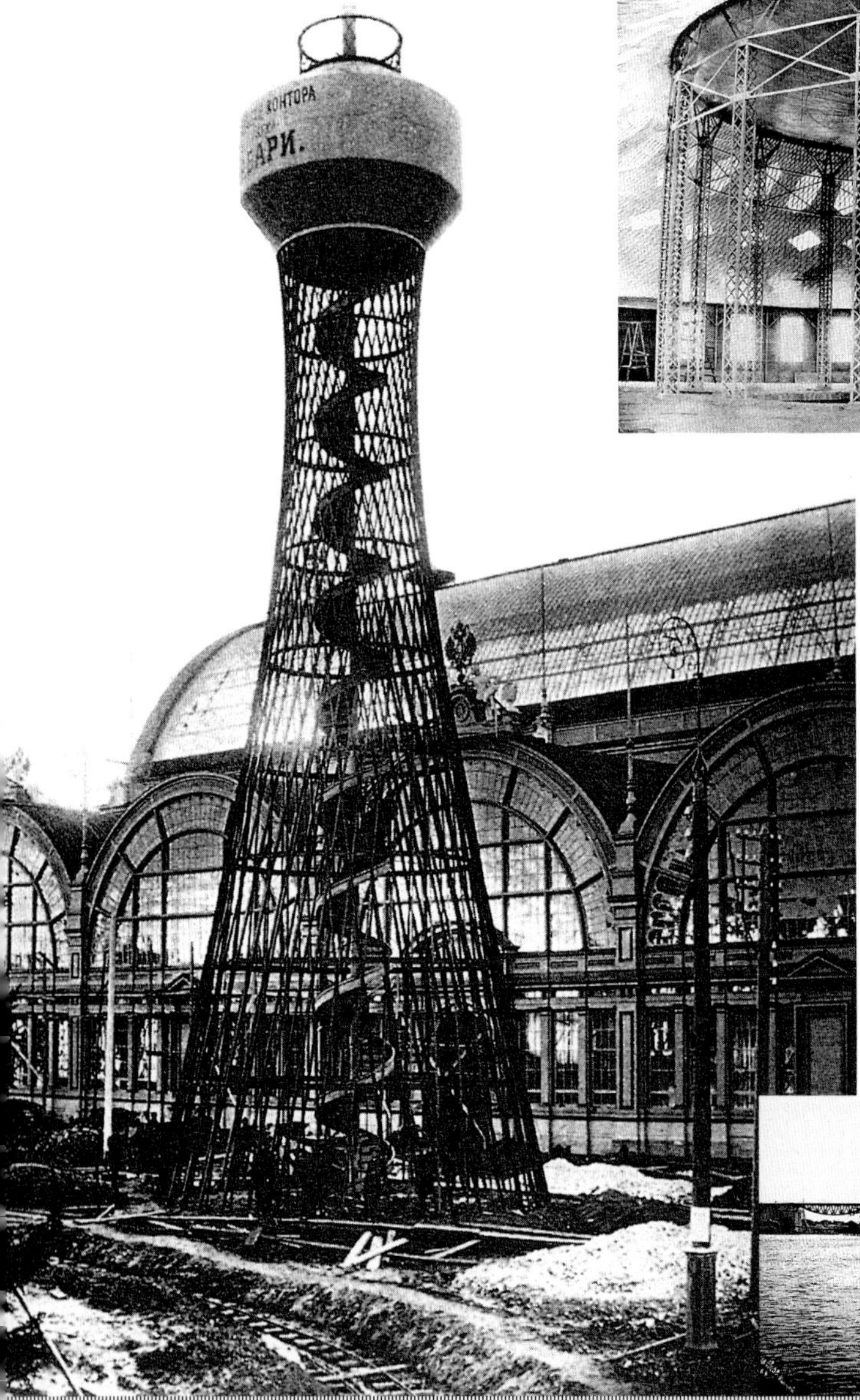

シューホフ/汎ロシア
博覧会の給水塔,
1896

シューホフ/
キトイ川にかかる
シベリア鉄道の橋,
1898

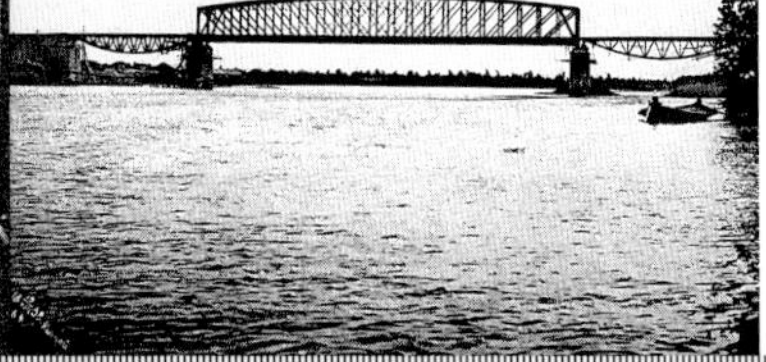

右2点：シューホフ／シャボロフカのラジオ・タワー，モスクワ，1922

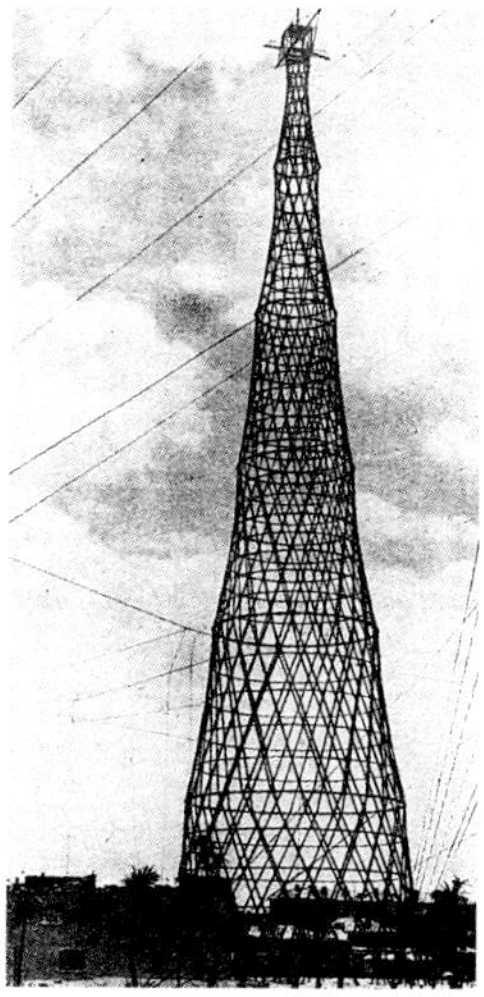

クリンスキー／ラジオ革命のポスター，1922

シューホフ／シャボロフカのラジオ・タワー，モスクワ，1922

いる)。

最も注目すべき存在はウラディーミル・シューホフである。シューホフは世代的にはずっと前の旧世代に属する一八五三年生まれである。モスクワの工科大学を卒業した後、彼は同大学の教授陣に随行してアメリカに赴き、そこで新時代の機械工学の成果（シンガーのミシン、ベルの電話など）に出会った。帰国して間もなく、この旅行中にフィラデルフィアで知己を得たロシアの技術会社の社長、アレクサンドル・バリの誘いでシューホフはアゼルバイジャンの油田地帯に赴き、石油輸送用のパイプや貯蔵タンクの設計などに従事している。それは多くの安全技術上、製作の標準化などの工夫を含んだものでシューホフはいくつもの特許を獲得している。

この成功で彼はバリの会社で首席技術者となった。その後も、石油の河川輸送用のタンカーからモスクワの水道システムの提案まで、シューホフの発明の才は極めて広範囲に及んだ。バリの会社が鉄道輸送事業に乗り出すとそれに伴う構造物の設計の仕事が彼のもとにまわってきた。一八九〇年代のはじめにシューホフは膨大な数の橋の設計、建設を担当している。これらでは、長大なスパンを確保するというよりもロシアには不足気味の鉄を他の材でカバーしたり、工程を短縮するための様々な工夫がこらされている。

この仕事と並行して、シューホフは大規模倉庫などの屋根の架構システムの考案を始める。これらは当然できるだけ軽量化し、工期と人員の軽減を図ることが目標であり、そのための彼の解法はエレガントなものとなっていった。それは小さいタイ・ビームを対角状につなぎあわせていくもので、これは従来のトラス構造よりもはるかに繊細なものであった。この頃の彼の仕事で重要なものは、モスクワの巨大な百貨店グムのガレリア式のガラス・ヴォールト屋根である。

しかし、彼が決定的に成功を収めたのは、一八九六年のニジニ・ノヴゴロドでの汎ロシア博覧会で、バリの会社はここで八つのパヴィリオンと給水塔などの建設を請け負ったが、前者ではテンション（吊り）構造を鉄のケーブルのみでつくり、それに金属シートを貼っていくという新しい手法を採用し、冬

シューホフ／ニーグル地方の高圧電流送電タワー, 1927 - 29

の積雪にもかかわらず十分な強度をもつことを証明した。この給水塔では後の有名なラジオ・タワーの原型がすでに提出されている。つまり細い線材のみで形成されたこのタワーは、重量鉄骨を用いたものと違ってずっと透明で、あたかも針金の檻を上に延ばしたような趣がある。この外側の輪郭には放射曲線が用いられているが、これで彼は特許を取った。この最初のタワーは二五・六メートルにすぎなかったが、上に百トンを越える水槽を持ち上げていたのだからこの軽微さは特筆に値する。それに彼のシステムはもっと安価で、かつ建造も容易であった。これらの業績は、広く内外のマスコミの取り上げることとなった。その後に彼は百を超える給水塔を建設することになり、これらの多くが用途上市街地の中であったのでその地区のランドマークとなった。それらはケースに応じて、中心に設けられた階段も含めて画一的ではない形をしていた。またそのヴァリエーションとして、灯台の設計なども彼は手がけている。

革命後にバリの工場は国有化され、六一歳のシューホフはそのディレクターに任じられた。そして彼の最大のプロジェクトの委嘱をされる。モスクワのシャボロフカのラジオ・タワーの建設である。当初の計画は三五〇メートルの高さに及び、エッフェル塔をしのいでいたが、当時のロシアにはそれを可能に

シューホフ／ニーグル地方の高圧電流送電タワー, 1927 - 29

クラシン／水力発電所のブリッジ シャトゥラ, 1925

するための鉄材が不足していた。このために実際に建設されたタワーは一五〇メートルでしかない。それもレーニンの命で軍の資材を回してはじめて可能になった措置であった。電化に対して異常な執着をしていたレーニンにとって、このプロジェクトの実現はデモンストレーションとしても重要な意味をもっていたのではないかと思われるが、実際に「電化＋ソヴィエト＝共産主義」というレーニンの有名な標語のポスターにはこの塔があしらわれている。

このタワーでは、放射曲線ユニットを一定の高さで分割し、それをひとつひとつ木造のクレーンで積み上げていく方式を採った。そのためにユニット毎の接合部で一旦シルエットがすぼまり、結果としてあたかも魚を入れるびくを逆さまにしたように見える。一九二二年の春に供用を開始したこのタワーは、高さでこそ世界一にはるかに及ばないことになってしまったが、給水塔のような重量を支えていないことによって、一層透明度の高い、ほとんど上を支えているのか、逆に天から吊り下げられているのかわからないようなエレガントなかたちとなった。エッフェル塔は八八五〇トンの総重量であったのに対して、オリジナルの三五〇メートル・ヴァージョンでのシューホフのタワーは、彼の計算だとたかだか二千二百トンであったという。

しかし、原構想の半分以下の高さとはいえ、モスクワ南部の住宅地に突然、新時代の到来を告げるかのように建ったそれは、現在もなお新鮮な驚異として映じる。四百メートルに及ぶタトリンのモニュメントの構想や、後のレオニドフのプロジェクト群のように、こうした新時代のメディア・タワーは明らかにアヴァンギャルドのヴィジョンに合致したものであったが、時期的にタトリンはともかく、この頃学生であったレオニドフがこのプロジェクトに印象を受けなかったはずはない。彼の卒業制作のレーニン研究所のプロジェクトには明らかにシューホフ的な構造のアイデアが見られる。シューホフとアヴァンギャルド建築家たちの直接の接触があったかどうかは定かではないが、ASNOVAのクリンスキーは完成時にこのタワーをあしらったモンタージュを制作している。一九二〇年代の終わりにシューホフはこのタワーの改良版をつくる機会に恵まれた。今度は都会の中ではなく辺境のニーグル地方の高圧電流の送電線で、高さは一二〇及び六〇メートルと前のものよりも低かったが、今度は一本限りではなくペアのものがシリーズで連なっており、軽量化は一層進んでいた。

シューホフ以外にも、鉄筋コンクリートの研究を行なったロライト、鉄骨構造のクラシン、木構造の近代化に力を注いだカールセン、ハイパボリック・パラロイドの吊り屋根の構造の実験を行なったマカロフなどすぐれた技術者は枚挙に暇がない。ヴェスニンやレオニドフのプロジェクトに偏用される吊り構造は、当然これらの成果とリンクし得るものであった。実際、ロライトとカールセンはOSAのメンバーだったし、ロライトはASNOVAにも名を連ねている（建築家ではこういうケースは、少なくとも主要メンバーに関する限りはない）。

とりわけ興味深いのはクラシンによるシャトゥラの水力発電所のブリッジで、中間が膨らんだ鉄骨トラスのヒンジ柱が斜めに立って上部構造を支えているこのアイデアは、最近のパリのフランス図書館のコンペティションでバーナード・チュミがコピーしたものである。こうした業績を見る限り、ロシアに技術が不足していたということは誤りと言わざるを得ない。しかし、シューホフのタワーのケースのように、それを実現化するに足るだけの資材と経済が不足していたことは確かである。何といっても当時のロシアにとっては重工業の生産性の向上が第一であり、技術的工作物もその範囲であれば優先されたが、それは必ずしも常に建築的なテーマあるいは建築家たちがタッチできる対象とはならなかった。

第五章

コンスタンチン・メーリニコフ

1　パリ装飾博覧会

2　メーリニコフ邸——共産主義の中での個人主義のヴィジョン

3　語る建築

1. パリ装飾博覧会

一九二五年にパリで開催された装飾博覧会は、いわゆるアール・デコ・スタイルという名称を生み出し、それによって博覧会場が埋めつくされたことで知られているが、もっとアヴァンギャルド的なパヴィリオンもいくつかあった。有名なのはル・コルビュジエによるエスプリ・ヌーヴォー館で、この建物が博覧会当局と軋轢を起こし、見えないように前に幕を張られたことはよく知られている。そしてこれと並んで話題を呼んだのは、メーリニコフによるソヴィエト館で、この建物はル・コルビュジエの不遇とは対照的に外国館のグランプリを獲得した。この成功はメーリニコフの名を決定的に高めた。いくつかのコンペティションや全ソ農業手工業博覧会での成功でメーリニコフの名は知られつつあったとはいっても、当時は建築メディアもほとんどなかった。MAO（マオ＝モスクワ建築協会）の機関誌は二冊だけでそれもメーリニコフの作品は掲載されなかったし、せいぜい『建設産業』誌と『モスクワの建設』誌に載ったくらいだったから、国際的には全くの無名といってよかった。それが一躍国際的なスターとなったのがこの展覧会においてであった。一九二〇年代の後半に彼が組織の後ろ楯をもたないにもかかわらず例外的な実施のチャンスに恵まれたのは、ひとえにこのプロジェクトでの成功のお陰である。

このデザインは前年の一九二四年のコンペティションの結果として実施に移されたものだが、革命後最初の国際舞台でのソヴィエトのプロパガンダの機会とあって、政府の側の力の入れようも並大抵ではなかった。教育人民委員（文部大臣に相当）であったルナチャルスキーはアヴァンギャルドたちの登用を考え、ディスプレイのアドヴァイスをマヤコフスキーに求めたりしている。パヴィリオンのコンペティションは招待で、招かれたのは、モスクワではヴェスニン兄弟（結局参加せず）、ギンスブルグ、イリヤ・ゴロゾフの構成主義勢（当時まだOSA［オサ＝現代建築家同盟］は結成されていなかったが）、それにクリンスキーとラドフスキー、ドクシェエフのASNOVA（アスノヴァ＝合理主義建築家同盟）勢、そしてメーリニコフ（彼も一応はASNOVAのメンバーということにはなっていたが）である。モスクワがアヴァンギャルドのみであったのに対して、レニングラードから参加したのは旧世代のシチューコとフォーミンであった。

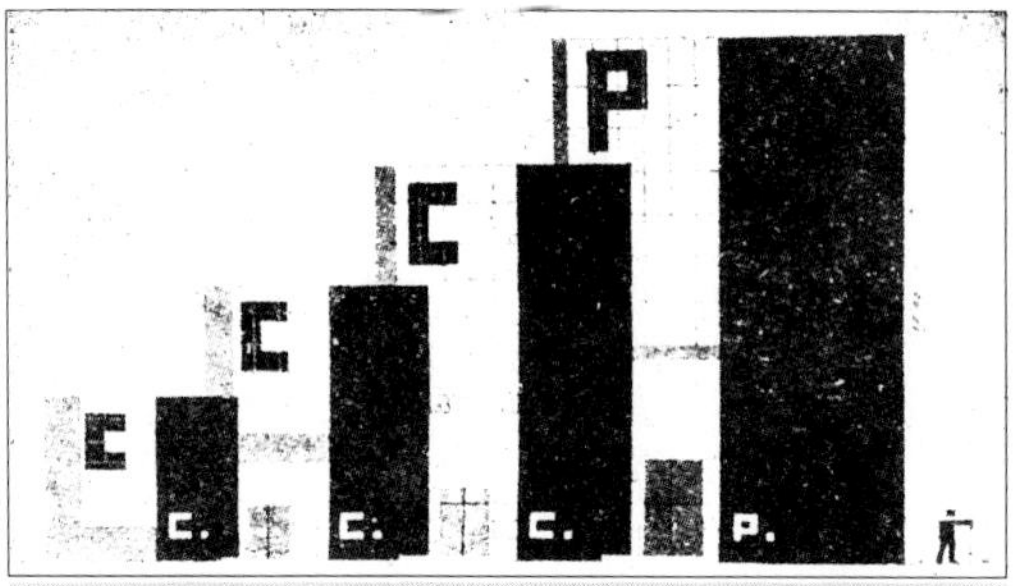

ラドフスキー／パリ装飾博覧会ソヴィエト館コンペ案（2等），1924

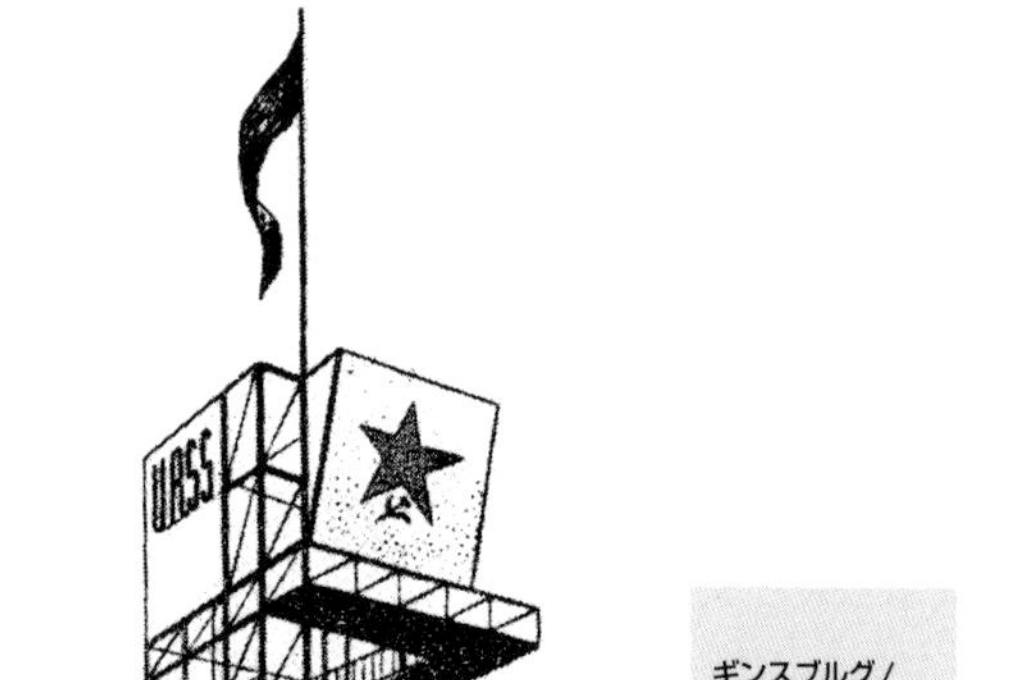

ギンスブルグ／パリ装飾博覧会ソヴィエト館コンペ案，1924

ラドフスキーの案（二等）は、シンプルな直方体をヴォリュームを拡大しながら四つ雁行させていったもので、一方ギンスブルグの案は明らかにヴェスニンの「レニングラード・プラウダ」の影響の強いガラス張りの塔をもったパヴィリオンだが、充分に洗練されたものではない。ゴロゾフの案は、キャサリン・クックの形容によれば「本来的に才能に恵まれたデザイナーの手による活気に満ちたモダニズム」ということになるが、ラドフスキー案のような直方体をベースにしているものの、クレーンのようなタワーが（多分装飾として）つけられていることと、外壁面につけられた鎌のエンブレム、赤を中心にした大胆な色彩の使用などが特徴的である。モダニズムであるには違いがないが、シンプルなラドフスキーの案などと比べるともっとレトリカルだし、エンブレムや色彩のせいで民族的な性格も出ている。本質的にスラヴ的なフォルマリストであったゴロゾフらしい案といえるだろう。興味深いのはフォーミンの案で、いわゆるアカデミストの中でも最もポピュリスト的であったフォーミンは、「この国が労働者と農夫の政府であるという性格を反映」した「新しいスタイル」をつくりたいという抱負をもっていたが、「現実に建てるのは困難で、安ピカの超未来派的なアプローチ」にはしたくないと考えたという。「超未来派的」というのは、この時期にはまだ構成主義という言葉が建築の分野では一般化していなかったので、アヴァンギャルドといえばマヤコフスキーの率いる未来派が代表的であったことを示しているし、まだその新スタイルでの実現例がなかったことが「建てるのは困難」という形容にもなっているが、このことはフォーミンの抱負が、アヴァンギャルドの生成期にそれへのオルタナティヴを提出することにあったことを示している。彼のデザインは常々の「赤のドリス」様式を一層単純化し、しかもそれを正面で割ってそこに巨大な労働者像をあしらうというものであった。デザインとしてはおよそ洗練には欠けるが、これは当時の非アヴァンギャルドの人々の感

I・ゴロゾフ／パリ装飾博覧会ソヴィエト館コンペ案, 1924

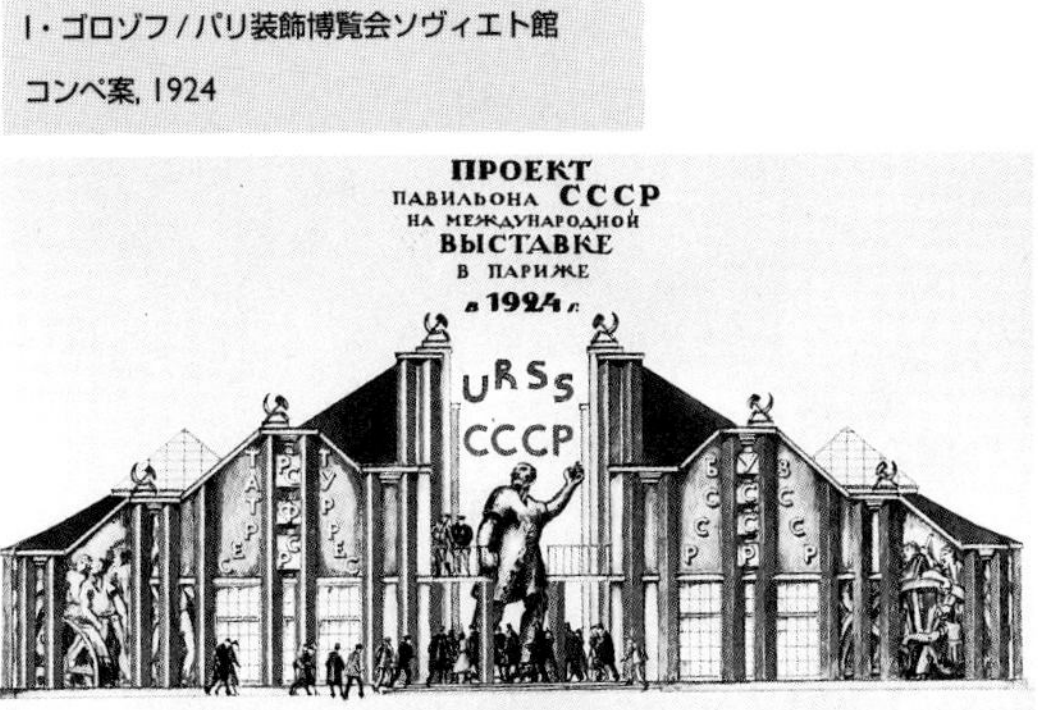

フォーミン／パリ装飾博覧会ソヴィエト館コンペ案, 1924

覚を誠実に示すものと受け取ることができる。つまりこのフォーミンの案は、まだ政治的な強制など存在しない状況での社会主義リアリズムの素朴な原型と呼び得るものなのだ。

これら大部分の案が、スタイルのいかんにかかわらず、必ずしもよく練れたものでなかったのは時間的な制約にもよっていたようだが、メーリニコフだけはこの限られた時間の中でいくつものヴァリアントを検討しており、かつその諸案はメーリニコフの典型的な志向性をよく表わしている。何故なら、明らかにこのパヴィリオンには機能性以上にプロパガンダとしての明快なシンボリズムが求められており、それはメーリニコフの建築の本質的な部分でもあったからだ。つまり、それは本来のブレやルドゥのロマン的古典主義の「語る建築」としての性格である。典型的なのは最初の案で、球が登場している。明らかに地球とその継承者としてのプロレタリアート階級（及びその革命）が象徴化されている。しばしばブレやルドゥのそれと並んで、レオニドフのレーニン研究所のプロジェクトが両革命の建築における球の登場例として挙げられるが（例えばゼードルマイヤーの『中心の喪失』）、メーリニコフのこの案は、時間的には、若いレオニドフのプロジェクトに先駆けている。——平面の中であれば、すでにリシツキーやロトチェンコのグラフィックの中に登場してい

メーリニコフ／パリ装飾博覧会ソヴィエト館初期案スケッチ, 1924

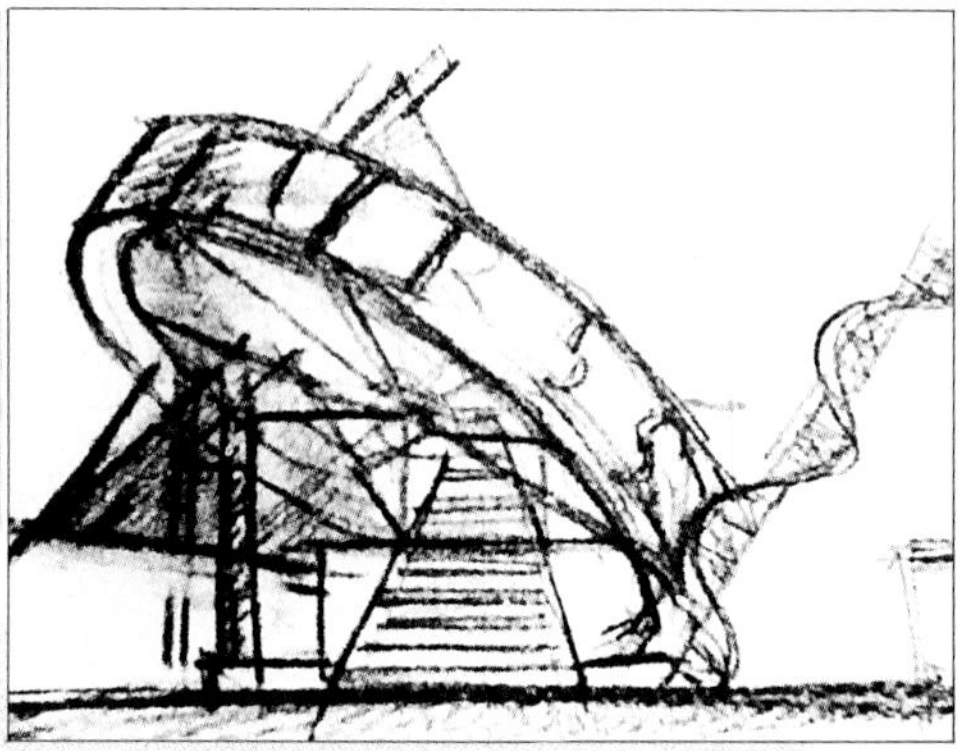

メーリニコフ／パリ装飾博覧会ソヴィエト館コンペ案, 1924

たが。しかし、この球はすぐに姿を消して、回転する帯状のエレメントとなり、それに三角形の楔状の階段（最終案まで残る）が貫入するというかたちに発展し、ピラミッドも出現したりしたが、次いで帯状のエレメントは曲線状のタワーとなり、結局垂直のタワーと再変形されて最終案にいき着く。途中の案はほとんど観覧車のような、しかしまたタトリンの第三インターナショナルのモニュメントのようでもある巨大キネティック彫刻の様相を呈している（似たようなスケッチは全ソ農業手工業博覧会のマホルカ・パヴィリオンの初期案ですでに出てはいた）。実現案ではこれらの過度にシンボリックな彫刻性（メイン・パヴィリオンはほとんど姿が見えなかった）は姿を消し、矩形のパヴィリオンを対角状に階段が横切るかたちとなった。角にタワーが残っていることと、この階段のアクセスの上部にはダイナミックなキャンティ・レバーがキャノピー状に張り出すことで、強い表現性はキープされているし、平面形自体も楔状に分割されたばかりか、棟が水平ではなく傾斜をもっていたために、立面的にも二つの楔が交叉するような動きの多い構成となった。それは明らかにヴェスニンやギンスブルグのようなオーソドックスな構成主義者たちのアプローチとは違ったもので、ずっと洗練されてきたとはいうもののやはりクーボ・フトゥリズム的に断片化され、デフォルメされた炸裂の美学を体現している。この構造設計はグラドコフによるものだったが、一見鉄骨造のように見えて実は木造になっている。明らかに経済的、技術的理由のためである。部材は国内で加工され、パリ現地では組み立てだけが行なわれた。

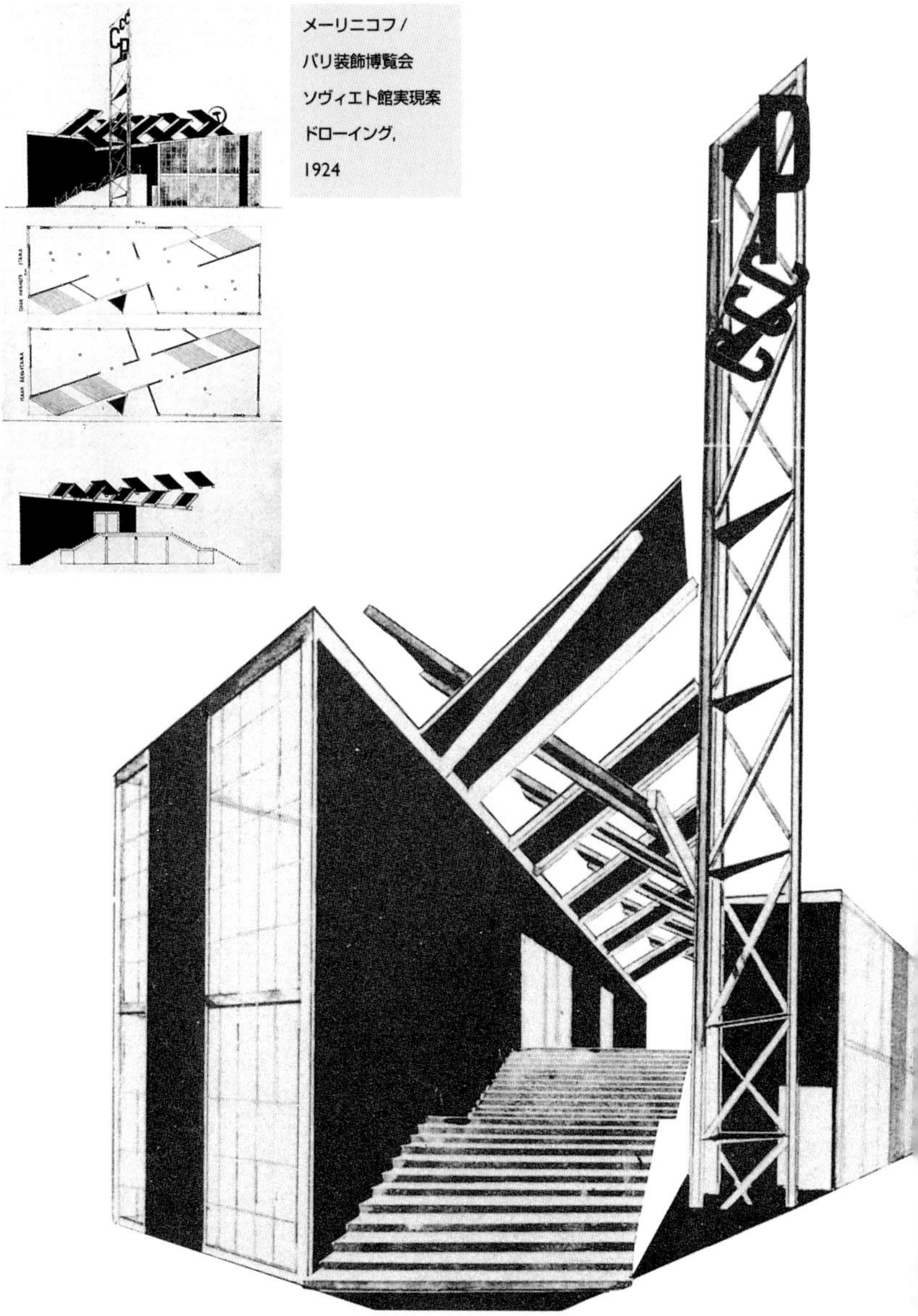

メーリニコフ／
パリ装飾博覧会
ソヴィエト館実現案
ドローイング，
1924

この案の決定にはローコストであったことが大きく寄与したと言われるが、合理的な構成主義のデザインはしばしば高くつき、メーリニコフの一見モダンとは見えるが実は伝統的な工法と素材によっている案が、その表現性にもかかわらず安くあがったというのは皮肉である。このことをも含めて、メーリニコフの立場はアヴァンギャルド運動の中での両義的な特異点を形成している。ひとつの問題はキャサリン・クックが指摘していることで、このパヴィリオンのシンプルさと非装飾性は、かえってアール・デコ・スタイルが猖獗を極めたパリの会場で公衆及び専門家の注目を集めたが、必ずしも母国では同じ様には受け取られなかったし、「この状況の根は党の思考の深部にあるものだった」というのがクックの考えである。つまりクックの説明を追うと、革命の前からプロレタリア芸術の路線をめぐっては二つの見解があって、ひとつはボグダノフの率いるプロレトクリトの路線で、彼らはプロレタリア芸術は「白紙（タブラ・ラサ）」としての過去の上に描かれるべきものとしたが、レーニンは逆に過去の遺産の批判的な継承の上にこそ築かれるとした（これは一九三〇年代の文化反動の際に最も使われた論点である）。これは建築においては、ジョルトフスキー、フォーミン、シチューセフらアカデミストの伝統主義（その中身はまちまちだったが）の立場を補強するものであった。「これらの人々の立場の非政治性にもかかわらず、彼らの保守主義は、新しい何かをつくりだそうとした政治的なコミットの強いモダニストよりも、レーニン主義の建築的プログラムにはより便利だった」（クック）。

アヴァンギャルドの起用を考えたルナチャルスキーですら、この問題の原則論に関しては必ずしもモダニスト一点張りではなかった。一九二一年の党大会での彼の演説ではこう述べられている。「プロレタリアートは過去の芸術を持続するだろうが、その健康的な過去、つまりルネサンスのようなものから始めるだろう。大衆のことを言うなら、彼らの自然な形態とは伝統的かつ古典的

上下：メーリニコフ／ソヴィエト館外部，パリ

なもの、つまり健全かつ確信に満ちたリアリズム、及び装飾的でモニュメンタルな形態にあるような雄弁にして透明なシンボリズムに合致したものであろう」。クックはこれを例えばフォーミンの立場を支持するような発言と見ているようだが、正確に見れば、ルナチャルスキーは「大衆のことを言うなら」といったのである。彼の頭にあったのは大部分が文盲状態にあった、つまり別の機会に彼が用いたことばでは「全く別の発展段階」にあったロシアの大衆であり、知識人たちのことではなかった。だから「別の発展段階」にあったパリでアヴァンギャルドを起用したことは矛盾ではない。しかし、ロシアでは状況は微妙であったし、一九三〇年代にルナチャルスキーがもう一度同じことを繰り返したとき、それは大衆イコールすべてであり、それ以外のものは切り捨てられるというようなニュアンスを明白に伴ったかたちに変形されるのである。

メーリニコフのパヴィリオンに関する限り、もうひとつ別の問題がある。つまり、それをモダニスト的と無条件に呼んでいいのかという問題である。メーリニコフの優れたモノグラフを書いているフレデリック・スターは、ヴィクトル・ブルジョアやイリヤ・エレンブールグを含む多くの人々に、このパヴィリオンが構成主義－機能主義の勝利の証と取られたのは驚くべきことであったと言っている。つまり、それ

ロトチェンコ／ソヴィエト館内部のクラブのモデルルーム, 1925

は例えばギンスブルグのクールでテクノロジカルな方法とイメージとは違って、あるいはグラフィックには印象的だがイデオロギー的にはずっとニュートラルなラドフスキーとも違って、はるかに抽象的なダイナミズムに基づいたシンボル（語る建築）としてのイメージである。ラドフスキーの抽象は目的であったが、メーリニコフのそれは「語る」ための手段であった。アカデミストとは違うという意味ではモダニスト的とはいっても、それは少なくともOSA流の構成主義ともASNOVA流のフォルマリズムとも違ったいき方であった。

この違いは、さらにテクノロジーそのものに対するアプローチにも現われている。メーリニコフのプロジェクトには、後に述べるように進んだテクノロジーを用いたものも少なくないが、場合によってはこのパヴィリオンや自邸の計画のように、土着ないし伝統的な工法や材料を用いることも彼は全く辞さなかった。ハイテックであろうが、ローテックであろうが、意に介さなかったといってもよい。フォルマリストであって、こうした問題に関心がなかったと言っては明らかに違っている。パリのパヴィリオンもモスクワの自邸もユニークな工法上の工夫があってはじめて達成されるデザインだからである。しかし、ここでも、抽象がそれ自体目的ではなかったようにテクノロジーも手段にすぎず、最新鋭の技術を用いるというオブセッションをメーリニコフがもたなかったことは確かである。実際に、このパヴィリオンの展示物自体も、意識的な選択であったのかどうかは定かではないが、アヴァンギャルドではあっても同時に民族的な色彩の強いもの、例えばポポーヴァのデザインしたテクスタイルやスエチンらのシュプレマティズム的なモチーフに基づいた陶製の食器類などが並べられた。ロトチェンコがクラブのモデルルームのデザインを家具共々に行なってもいるが、これもパリの人間には、アヴァンギャルドの言語と質朴なロシア・プロレタリアートの美徳の融合という風に映ったに違いない。

メーリニコフ／セーヌ河のガレージ・プロジェクト第一案

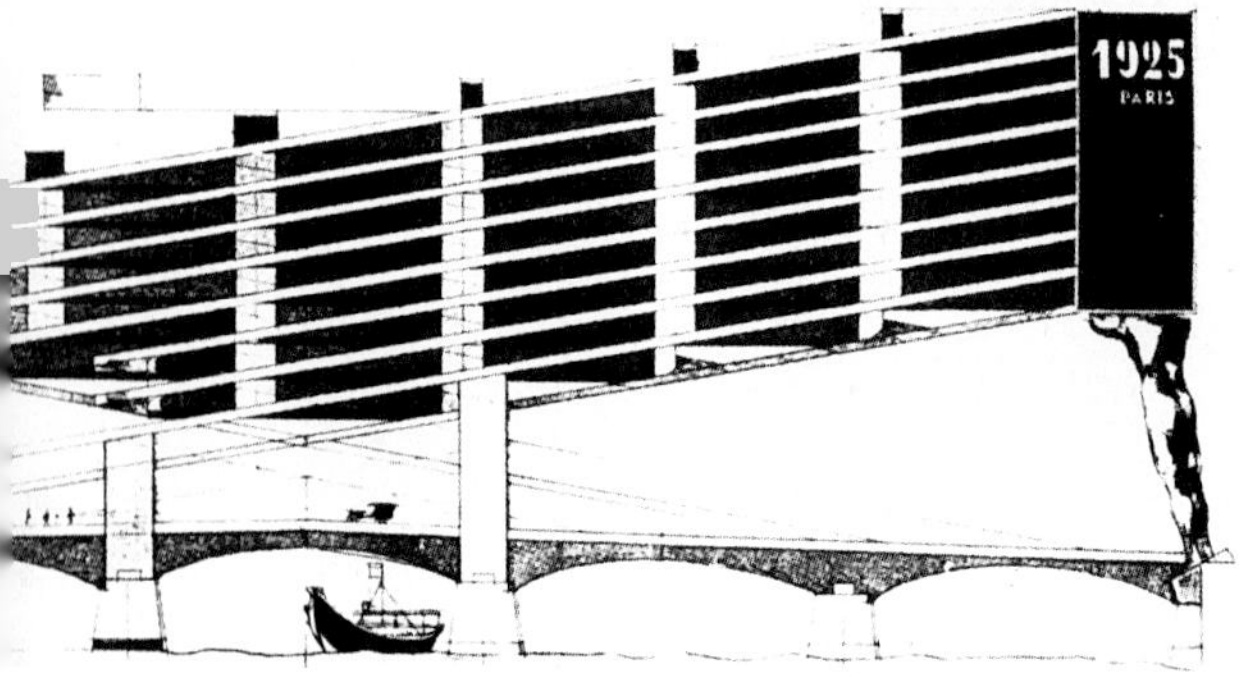

この博覧会の会期中には、グラン・パレの一階でロシア・アヴァンギャルドの建築展が開かれ一二〇ほどのプロジェクトが陳列された。モスクワでOSAの展覧会が開催されるのは一九二六年だから、これは極めて早い機会だったと言える。多くはパネルだがその中に二つのスパイラルの模型、つまり、ヤクロフの《二六人委員会のためのモニュメント》（七章一節参照）と、もちろんタトリンの《第三インターナショナルの記念塔》が置かれて人目を惹いた。他に出品されたのは労働宮殿やこのソヴィエト・パヴィリオンのコンペティション案、そして農業手工業博のパヴィリオンなどである。

また公式カタログにはニコライ・ドクシェエフが「ロシア建築の三つの方向」という論文を寄せ、アカデミズムと構成主義、それに彼の属するフォルマリズムの三潮流について記述している。ここでは、ドクシェエフが、構成主義を美学の絶対的否定の上にのった技術主義であり、西欧の例えばル・コルビュジエのごとき建築家と通じていると言っていることが興味深い。

メーリニコフは党最高幹部カーメネフの計らいで家族同伴でパリに現われた。ここでかねてからの知己であった外務委員のクラシンを通して新しい仕事を請けた。これはロシアの物産を売るためのキオスク群である。最初の案では例によって円環が空中に浮

メーリニコフ／キオスク，
パリ，1925

メーリニコフ／
セーヌ河の
ガレージ・
プロジェクト
第二案

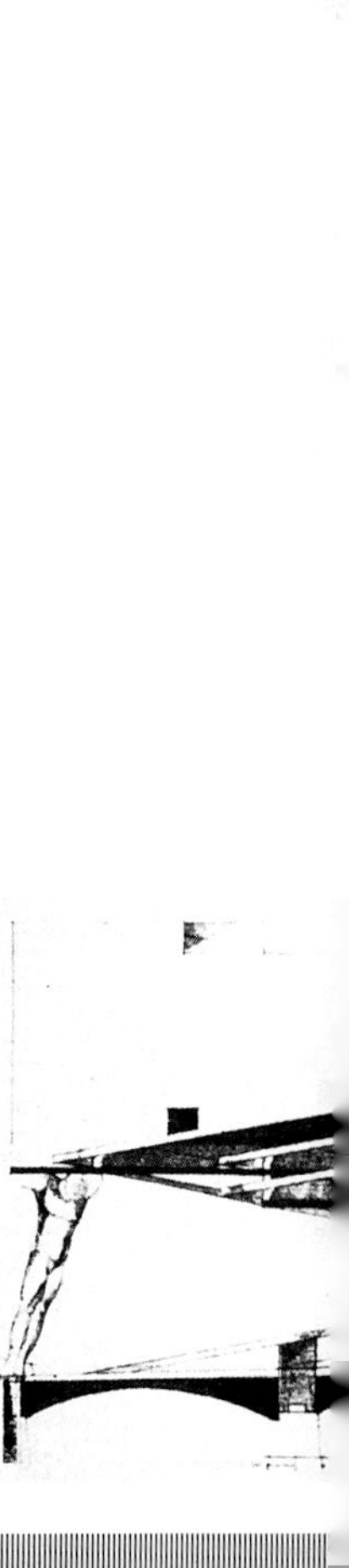

いているようなデザインがあるが、実現されたものはもっと慎ましく、よく見ると屋根とカウンターが片流れで上がっていく、パヴィリオンとも通じる構成をしたデザインである。メーリニコフは、パリのブルジョワたちのスノビズムに怖気をふるってホテルに閉じこもってしまったロトチェンコとは正反対に、パリの最新の文化には魅せられたらしくいたる所に顔を出した。亡命ロシア人の芸術家サークルなどでは、ラリオーノフがメーリニコフの「構成主義建築」の成功を祝すパーティを開催したし、他の芸術サークルでもメーリニコフは引っ張りだこになった。ル・コルビュジエやペレ、マレ=ステヴァンらはオザンファン邸などパリの新しい建物を見せてまわった。しかし、メーリニコフはル・コルビュジエの端正な建物にはさほど興味を示さず、むしろ彼の愛用した自動車の方に「世俗的な成功のシンボル」として強い印象を受けた（もちろん、ロトチェンコのように嫌悪の情をもってではなく）という。新聞でも、ソヴィエト館は大きく取り上げられ、中にはネガティヴな評もあったにせよ、おおむねは驚くほど好意的な評で大ヒットといってもよい。

この評判のお陰で、メーリニコフには思いがけないもうひとつの仕事が舞いこむことになった。それはパリ市当局からの依頼で、千台の車のためのガレージのプロジェクトである。車に強い関心をもったメーリニコフにはうってつけのプログラムといえる。彼はセーヌ河にそれを掛け渡すという破天荒なアイデアを提案し、当局の受け入れるところとなった。このアイデアに基づいて、メーリニコフは二つのヴァリアントを作成している。ひとつは河の上に巨大な立方体を載せ、その中にスパイラル状の斜路を走らせるというアイデアである。この斜路は、ファサードの一部をオープンにすることで外からも見えるようにされている。もうひとつの案はまさに破天荒なデザインで、全体を二重螺旋とし、走路の部分は外に露出、パーキング部分は斜めのヴォリュームとしてこれと対角状に配し、この両端をセーヌの両岸から巨大な人物像が持ち上げるというアイデアであった。この巨人像は明らかにアトラスないし、古典建築の人物柱を翻案したものである。フレデリック・スターは、この巨人柱は本来メーリニコフのアイデアではなかったもので、彼は大キャンティ・レバーでいけると踏んでいたのだが、フランス人の知己たちの忠告で不必要とは思いながらもユーモアとしてつけ加えたのだと言っている。メーリニコフはこのアイデアを後のソヴィエト・パレスのプロジェクトでも繰り返しているので、あながち強いられた解法というわけでもなさそうに思える。とすれば、ロシア・アヴァンギャルドにおけるモダニズムとアルカイズムの交

メーリニコフ／バフメチェフスカヤ街のバス・ガレージ，モスクワ，1926，撮影ロトチェンコ

メーリニコフ／ノヴォ・リアザンスカヤ大路のトラック・ガレージ，モスクワ，1927

錯をこれほどあからさまに示した例も少ない。スターはこの破天荒さをいかにメーリニコフがパリでリラックスしていたかの証であるといっているが、パヴィリオンの成功が自信を生んだことは間違いないだろう。しかし、あまりの極端さのために計画はそれまでで沙汰止みとなってしまった。メーリニコフにはその他の様々なお座敷がかかっていたようで、一時は帰国の取り止めも考えたようだが、結局十一カ月のパリ滞在の後、一九二五年の暮れに帰国の途についている。ヴェスニンやギンスブルグとは違って貧しい田舎出だったメーリニコフは、りゅうとしたパリ仕込みの最新ファッションを身にまとっていたという。

2. メーリニコフ邸

共産主義の中での個人主義のヴィジョン

パリから帰国したメーリニコフは、一躍ソヴィエトの建築家中、随一の国際的スターとなった。ブルジョワ的な風潮に染まって帰ってきたこともあって、同僚や学生たちからの反応は必ずしも好意的なものではなかった。彼は一九二七年のギリシアのサロニカでの国際博覧会のソヴィエト館の設計も委託された（ごく慎ましく作品としては特筆するところのないものだった）が、それも嫉妬をかう原因となった。パリでの成功が誘因になった仕事としては、モスソヴィエトの二つのガレージの設計がある。まずつくられたのはバフメチェフスカヤ街のバス・ガレージ（一九二六年）で、次いでより大規模なノヴォ・リアザンスカヤ大路のトラック・ガレージ（一九二七年）が建設された。前者はロトチェンコの撮影した素晴らしい写真が残されている。この主ファサードは明らかに構成主義からははるかに遠く、古代の神殿、それも半ば以上地中に沈んだそれのイメージをしており、これはロマン的古典主義（ブレやジリー）によく出てくるモチーフで、すでに書いたように、同じものが彼のかつてのクラスメート、イリヤ・ゴロゾフの一九一九年のクレマトリウムのデザインにも見られる。しかし、いまだアヴァンギャルドのスタイルが確立していなかったゴロゾフのときとは違って、この頃のメーリニコフにははっきりと自分の選択でそうしたという以外にはアルカイックな言語を採用する理由はない。この痕跡は同じガレージの背面や、トラック・ガレージのファサードにも見られる。後者の方は三つの部分に分

かれており、そのために断ち切られて断片状になった「神殿」モチーフは、おそらく偶然によるとはいえフォーミンのパリのソヴィエト館の案と似たものになっている。

しかし、メーリニコフが故国を離れてパリにいた期間を含めて、この時期には芸術、建築の分野での新たなイデオロギー、組織闘争が始まっていた。いわゆるアヴァンギャルドや「同伴」作家たちとプロレタリア派（一九二四年以来WAP［ワップ＝全ロシア・プロレタリア作家協会］がその組織となっていた）との抗争、それに伴って「形式」と「内容」を固定的に分離し、「内容」の部分は党が決定的なヘゲモニーをもつことなどが布告される（マヤコフスキーらLEF［レフ＝芸術左翼戦線］のグループは「形式」の革命なしに「内容」の革命はないと主張していた）など、即時的に建築家たちの仕事を規定するものではなくとも、やがてその首を絞めることになるようなレールが敷かれ始めた。一九二三年には、一時的にLEFとWAPの母体となったMAP（マップ＝モスクワ・プロレタリア作家協会）の協定が成立していたが、プロレタリア派からアヴァンギャルドや同伴作家たちへの攻撃は止まなかったし、前者がRAP（ラップ＝ロシア・プロレタリア作家協会）を結成した一九二五年前後からは一層激化し、“LEF”は廃刊にまで追い込まれた。厄介なことにはこの問題にはレーニンの死後の権力ヘゲモニー闘争が絡んでいた。トロツキーは一九二三年（第二版一九二四年）の『文学と革命』をはじめとする論考で性急なプロレタリア芸術論、及び芸術の政治路線化に反駁していたが、党内ではブハーリンやWAPのヴァールジンらがそれを批判する側にまわっていた。一九二四年五月の党大会におけるトロツキー派への偏向非難決議、トロツキーの軍事人民委員辞任、一九二五年十月のスターリンの一国社会主義建設論の発表という政治面での趨勢は、一九二〇年代前半の、経済的な限界にもかかわらず、アヴァンギャルドやその他の諸潮流が自由に活動していた時期から、急速にその自由な空気が冷たくなっていくというかたちで芸術面に波及しはじめた。

一九二三年のASNOVA（アスノヴァ）の成立、一九二五年のOSAの結成はこうした空気の中で行なわれたわけだが、一九二〇年代半ばからの総体的なアヴァンギャルド戦線の後退にもかかわらず、建築だけはむしろ一九二〇年代後半にその最盛期を迎える。遅れてきた建築だけが、他の分野が気息奄々としているのとは対照的に、盛んに活動を始めたという事実を象徴的に示すのは、共にパリの装飾博覧会に出かけた二人のアヴァンギャルド、つまりメーリニコフとマヤコフスキーの違いである。メーリニコフがパリの生活を満喫したあげく意気揚々として帰国し、その後も順調なスタートをきったことは前述したが、マヤコフスキーの方はそもそもモスクワでの対RAPの激しい権力闘争やLEFの内部崩壊に疲れきってパリに赴いた。そのパリについても詩人は「パリは、感覚がなくなり、吐き気がし、嫌悪を催すほど、うんざりさせられます」と書いている。建築家がいかに政治的、社会的に無感覚で、ナイーヴな詩人とは対照的であったかがここには浮き彫りにされている。

これは、一国社会主義路線にせよソヴィエト・ロシアにとっては、テクノロジーに基づいて近代化を図っていくことが必須であり、建築は他の芸術と違ってダイレクトにこの局面に関わっているということによっている。文学におけるRAPのようなイデオロギー至上主義的なプロレタリア派、つまりVOPRA

（ヴォプラ＝プロレタリア建築家同盟）が成立するのは一九二九年になってからであった。しかし、それ以前ではあっても、この分野でも政治的な抗争はASNOVやOSAの組織的対立を含めて激しさの度を加えていった。アヴァンギャルド内でのASNOVAとOSAの違いは、後にブルーノ・タウトが大同小異であるというコメントを述べたが、ロシア人たちにとっては自明で大きなものと見えていた。外部から見るとさしたる違いではないものが、当事者にとっては決定的なものと見えるのは党派闘争の常である。フレデリック・スターがこの違いを図式化して、しごく明解に（幾分明解にしすぎではあるけれども）整理しているのでここで紹介しておくと、ASNOVA（以下A）が「ユニークで表現的な形」を求めたのに対して、OSA（以下O）は「マスプロダクションの原型」を求めた。以下、同様にして、

A＝「芸術の科学」／O＝「クラフトの科学」、

A＝「美学的プライド」／O＝「美学的用語の忌避」、

A＝「政治的極左と結びつき、実用性よりも表現性を」／O＝「機械に基づいた機能主義により正統マルクス主義を主張するも、それが故に右翼との批判をかう」というような違いである。

メーリニコフはこの抗争に完全に乗りそこなった。彼は一応ASNOVAのメンバーとして名を連ねていたし、第一回の会合には顔を出したが、ラドフスキーらの科学―心理主義的ないき方が直観的な建築家であったメーリニコフに馴染めないものであったとしても無理からぬものである。しかし、もちろんOSAの体系的で分析的な方法論は一層彼の体質からは遠かった。メーリニコフとASNOVAの関係は幾分の「シンパシーを伴った疎遠さ」（スター）程度であったとしても、OSAとの関係はもっとよくなかった。OSAのリーダー、ギンスブルグにとってメーリニコフは方法の上で受け入れ難いばかりか、そうでないにもかかわらず、西欧で「構成主義」の建築家として先に名を売ってしまったという点で邪魔な存在だった。OSAの機関誌〝SA（エス・アー＝現代建築）〟はメーリニコフの存在を徹底的に無視したし、彼が教鞭を執っていたVKhUTEMASでもメーリニコフは浮き上がり、一九二七年に学生たち（その中心になったのは二年後のVOPRAの創設メンバー、アラビヤンとカラである）が『VKhUTEMASの建築』という回顧作品集を編んだときにもメーリニコフの存在は無視されている。一方メーリニコフ本人は、「ラドフスキーのASNOVAやギンスブルグのOSAの傾倒者たちは、何も建てていなかったくせにポーズを気取っていた」と言っている。つまり、メーリニコフにとっての唯一の拠り所は、彼が「建てて」いることであった。彼はパリでの実績やコネクションを武器にMAOやモスソヴィエトに接近して仕事の機会を得ようとしてそれに成功した。実際に一九二〇年代の後半にメーリニコフのように多くの建築を「建てた」建築家はアヴァンギャルド陣営の中では他にいない。ヴェスニン兄弟といえどもこの点では一歩譲らざるを得なかった。そしてこの時期にメーリニコフはプログラムからいっても形態からいっても特異な建物をつくっている。このクライアントは自分自身であった。つまり自邸の建設である。すでに書いたように、革命以来土地は「社会化」されたとはいうものの、私的な目的のためにそれを占有することは可能だったし、NEP（ネップ＝新経済政策）期以来一戸建ての個人住宅も必ずしも珍しいものではなかった。し

かし、モスクワ都心部でそれもアヴァンギャルド・デザインによってということになると話は別である。メーリニコフの土地の斡旋をしたのは党官僚のブルガーニン（スターリンの死後、フルシチョフと並び立ったあのブルガーニンと思われる）であったが、彼もそれが公共ハウジングの建設のための実験的試みであるという言いわけを必要とした。これはちょうど富裕なヴィラであるサヴォア邸の建設に際して、ル・コルビュジエがなしたのと同様なエクスキューズである。後に見るように、これは完全に根拠のないただの言いわけだけではなかったが、いずれにしても他のアヴァンギャルドからはその時代錯誤を批判された。しかし、同時にそれへのラディカルなオルタナティヴを提供していたのである。

この住宅は、ロシア・アヴァンギャルドの特異点であったメーリニコフの例外性を最も典型的に体現している。二つの円筒が相互貫入しあうかたちでつくられたこの小住宅は、彼をめぐる様々な論争や、モスクワで最も華やかなアルバート街の建物ひとつ分内に入った所という、都市的な文脈の一切の喧騒の只中に置かれていた。メーリニコフ自身、後の自伝の中でそれを「資本の無秩序な拡がりの中で轟く雷鳴と稲妻のような個性」であると形容している。「資本の」という形容はメーリニコフなりの精一杯の社会主義的なポーズであったろう。むしろ彼にとっ

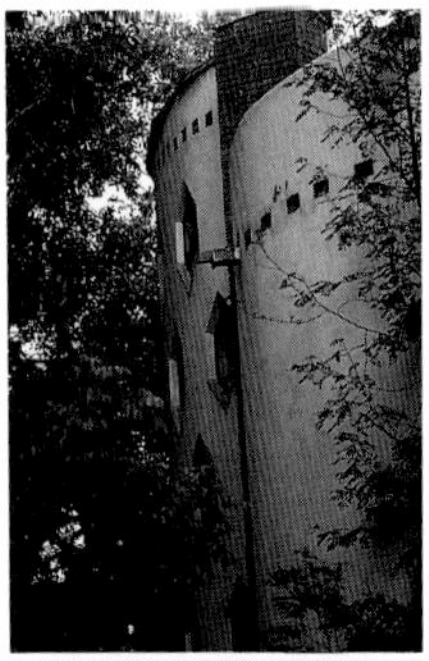

上・右：メーリニコフ/自邸, モスクワ, 1927

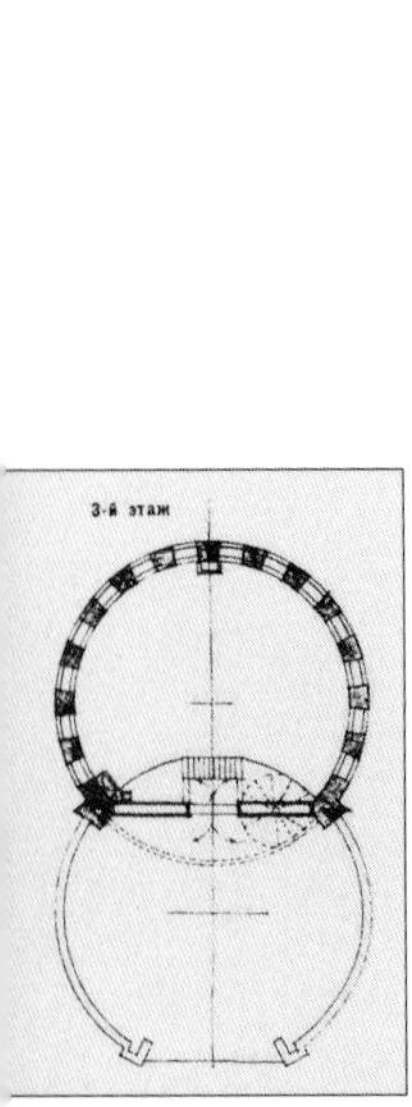

メーリニコフ/自邸ドローイング

ての問題は、周囲のカオスとの対立であり超克であったはずだ。この住宅は、フォルマリスト的な美学と照らし合わせても、OSA的な構成主義の方法と照らし合わせてみても、モダニズムのオーソドキシーからは考えられるかぎりほど遠いものであった。シンプルな基本形態（円筒）の組み合わせによっているとはいっても――スターはそれをル・コルビュジエの『建築をめざして』中の穀物サイロのイラストレーションと結びつけているが、それは同時に古いロシアの寺院などにも見られるモチーフではある――それ以外では、例えばそのル・コルビュジエの「近代建築の五原則」などに合致する箇所はひとつもない。それはひとつにはこの住宅に彼が使用した構造、つまり、少しずつずらしながらレンガを積み上げていくという方式によっている。いうまでもなく「五原則」の方はラーメン構造が前提である。このレンガの表面にはプラスターを塗って仕上げを施しているが、窓は六角形のものをほぼ均等に、しかも居間の方では大々的に穿っている。これも古い建物には似たようなかたちがあるが、多くはポインテッド・アーチの変形としての五角形だから、六角形はメーリニコフの発明かもしれない。これは前述のようなレンガの積み方からすれば力学的に合理的な開け方とはいえるが、ル・コルビュジエ流の水平なリボン・ウィンドウなどに比べると、ひどく異様とし

メーリニコフ／自邸, モスクワ, 1927

バルビエの
柱状の家

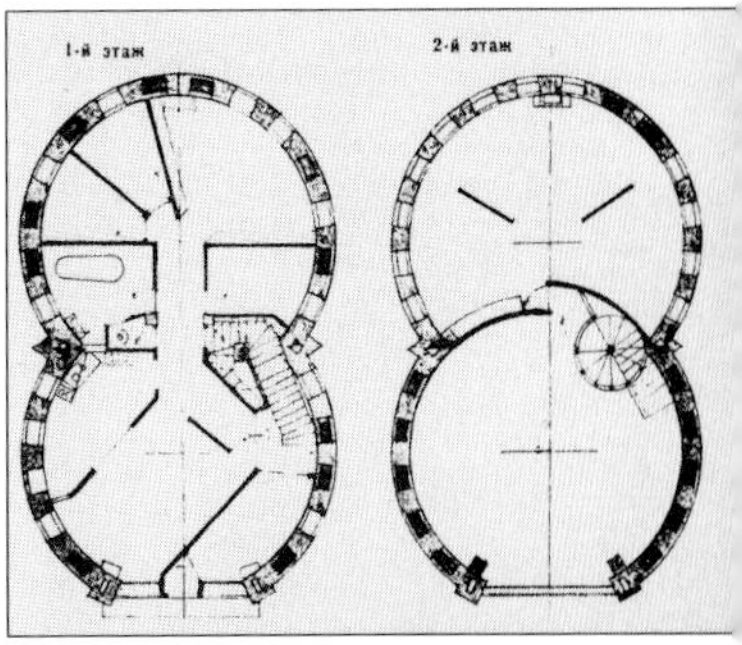

か言いようのないかたちである。床も木造で、角材ではなく厚板を切り口面を水平方向にして格子状に組み合わせ、その上に床板を貼っていくというやり方を取っている。パリのソヴィエト館と同じように、これもローテックな工法でつくられた革命的な形態であった。

この特異な形をした住宅は、それ以前の近代建築の歴史上でも比較すべきものをもたない。むしろただひとつ比べ得るものは、またしてもロマン的古典主義の中でも特異なエピソードとしてデゼール・ド・レの庭園の中につくられたフランソワ・バルビエの柱状の家である。このことと関係があるかどうかはともかく、ロマン的古典主義の歴史の権威であったイゴール・グラバーリ（一章一節参照）は、この住宅に関して「私は嫉妬深いたちではない。しかし私はこの住宅を辞去しようとしたとき、羨望の念を抑えることができなかった」と書いている。多くの窓による光の採り込みへのオブセッションは、近代建築のそれというよりも、むしろバルビエの頃のフリーメーソンや、もっと後のフーリエ主義者のそれと近いものであろう。スターは「彼は明らかに一八五〇年代のフーリエ主義の企業家、ジャン・バプティソト・ゴダンを知らなかったが（しかし、前述のロシアにおけるフーリエ熱を考えると、そう言い切れるかどうか？――引用者註）、彼はフランス人の『物質的秩序の中に光を採り入れることは、道徳的秩序における進歩の指標である』という金言には両手を挙げて賛成したことだろう」と書いている。

この住宅に関しては、当然ながら賛否両論が巻き起こった。レニングラードの理論家、コスマチェフスキーは、建築はすでに個人の仕事ではなくなりつつあるというヴィジョンのもとにメーリニコフ邸はアナクロニズムであると感じたし、同様にASNOVAのドクシェエフも、社会的にも、技術的にも時代遅れと批判している。一九二九年になってからだが、VOPRAのカラはこれを無原則的な実験と非難した。一方、ヤコブ・チェルニホフのようにこれをもっぱら美学的な理由から賞賛した人もいたし、『ソツゴロド』の著者で党幹部でもあったミリューチン（十一章参照）は、経済的であるばかりか、美しく、機能的であって他の公共建築で試されるべきシステムであると評している。要するに評価の機軸はばらばらであった。当時のアヴァンギャルドの主流は、ギンスブルグ率いるOSAのチームのように、先端の技術に基づいた共同化の実験を推進しようとしていた時期であった（八章参照）から、この特異な実験がアナクロニズムと映ったとしても不思議はない。

しかし、実際にはこの個人主義的な実験は、ある意味でその共同主義を超えた次元を示唆していた。この行く末については改めて十三章で取り上げることになるが、直接的なメーリニコフ個人の仕事のレベルでも、ミリューチンらのことばに勇気づけられたか、あるいはブルガーニンの言明にあったように、最初からその採算がメーリニコフの胸の中にあったのかは定かではないが、彼はこのシリンダーの増殖的結合という構成システムを他のプログラムにも応用していった。その中には一九二九年の集合住宅の計画や一九三〇年のフルンゼ軍事アカデミーの計画などがある。それらは自邸とは違って、規模のためにメーリニコフとしては珍しく表現的な異様さよりもシステムの明快さが勝ったプロジェクト群であった。前者（二つのヴァージョンがある）は確かに十三章で取り上げるより若いカルムイコフらの実験につながったもので、仮設的な性格の強い、標準化＝量産化に耐えるプロジェクトである。軍事アカデミーの計画の方も、ある意味ではチームXからメタボリズムやアーキグラムなどの一九六〇年代のプロジェクトにつながるようなリニアな発展システムを付与されたもので、特に実現されたルドネフのデザイン（十七章参照）が典型的なスターリン期のスタイルであっただけに著しい対照である。スターはこのような等価なエレメントの反復ではヒエラルキカルな組織の典型である赤軍のアカデミーには合致するまいと書いている。スターはこのことを常識的な意味で書いているにすぎないように思われるし、シリンダー・シリーズの別な展開（次節参照）の方に目を奪われているようだが、実はこのことにはたぶんメーリニコフ本人も十分自覚的ではなかったと思われるふしがある。つまり、それはこの均質化＝反ヒエラルキー性が「極端な個人主義」と呼ばれた自邸の計画から派生しているということで、ここに十三章で論じる「ポスト・ドム・コムーナ」と呼ばれるようなフェーズ、つまり工業主義にのった構成主義のオーソドキシーとは違った、個人の自由に立脚した社会のヴィジョン（今日であればノマディズムと呼ばれるような）の糸口が見てとれるのだ。これらは比較的に簡単なドローイングしか残されていないし、基本的にはレトリカルで大仰な身振りを能くするシンボリストとして見なされて

メーリニコフ／
集合住宅計画,
1929

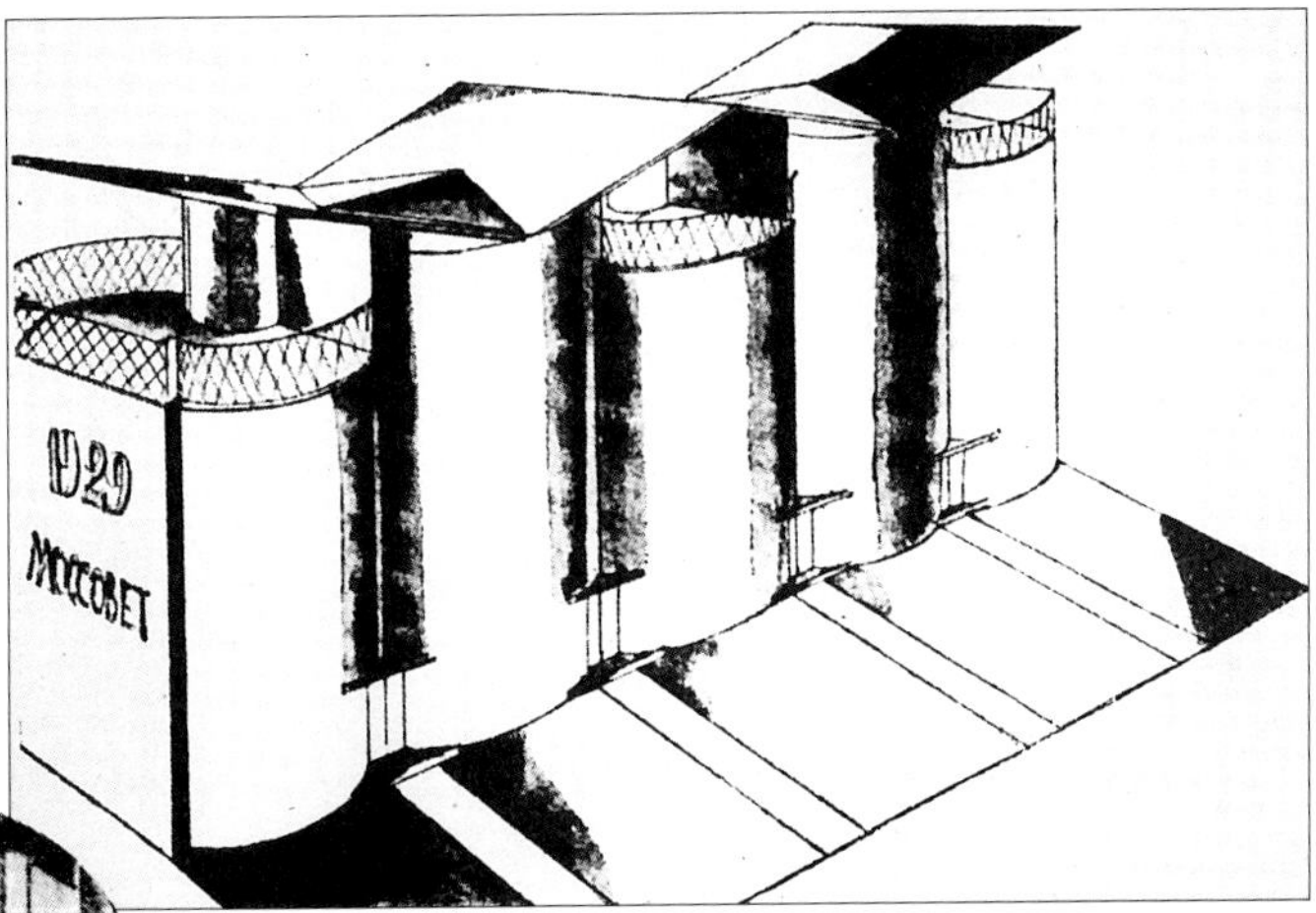

メーリニコフ／フルンゼ軍事
アカデミー・コンペ案, 1930

きたメーリニコフの作品の中では大きな注目を浴びることは決してなかったが、このような文脈の中において見る限りでは、極めて重要な「未完の実験」の発端だった可能性がある。

3. 語る建築

メーリニコフの一九二〇年代後半の作品の主流を占めるのは労働者クラブの建物である。これらのほとんどは、生産単位に属するもので、メーリニコフは化学労働者組合からは四つの、行政労働者（公務員）組合からは二つの、そしてなめし革の労働者組合からひとつのクラブの設計委託をされた。その全部が実現されたわけではないが、ルサコフ、ブレヴェストニク、カウチュク、フルンゼ、スヴォボダなどのクラブがつくられている。メーリニコフの言を借りれば、「ことは形式抜き、官僚的なバック抜き」で行なわれた。住宅の項（三章二節）で述べたように、組合単位の組織は、国の出先機関などに比べて効率が悪くなかったのである。メーリニコフのようなアヴァンギャルドへの委託も、組合組織の方が自由にできたということもあったに違いない。メーリニコフがこれらのプログラムに関心を示したことは

メーリニコフ/ルサコフ・クラブ, モスクワ, 1927 - 28, 撮影 ロトチェンコ

疑いない。彼は政治的にはナイーヴな人間でありアナーキスト的な個人主義者であったことは確かだが、それは必ずしも社会への無関心を意味するものではない。むしろ、この点ではポピュリスト的な人間であったというべきであろう。彼にとって労働者クラブは「人間の知的生活と人間の個性の最も高い大望を標す」ものであった。とりわけ厳しい住宅事情の中で、これらのクラブが労働者の生活に占める意義は小さくない（とメーリニコフは考えた）。それは「人々の相互交流を深める。しかし人各々に異なった性向のコンテクストの中に」、そして「都市の建物の全般的背景に抗する個人主義的なものとして」つくられる、と。こうしたヴィジョンにおいてこれらのクラブは基本的に自邸のコンセプトの延長上にある。

これらのクラブのうちで最初につくられたものはルサコフ・クラブ（一九二七〜二八年）である。これはメーリニコフの作品の中で最も有名になった建物で、ロトチェンコの撮影したその写真は地方からモスクワにやってきた人々に人気のある絵葉書にすらなった。この事実はアヴァンギャルド建築が一般の大衆に全く受け入れられないものでもなかった証と

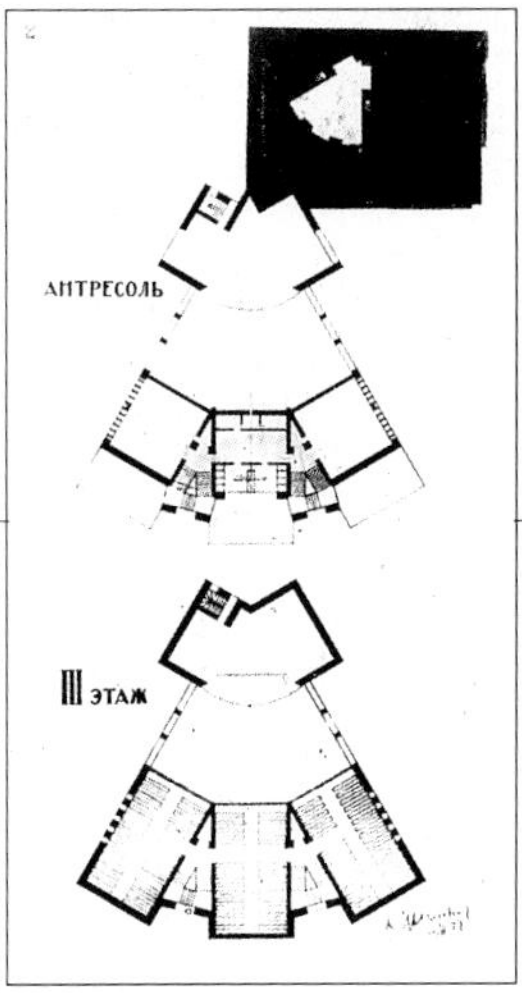

左：メーリニコフ／ルサコフ・クラブ，撮影ロトチェンコ，モスクワ，1927-28

右・下：メーリニコフ／ルサコフ・クラブ・ドローイング

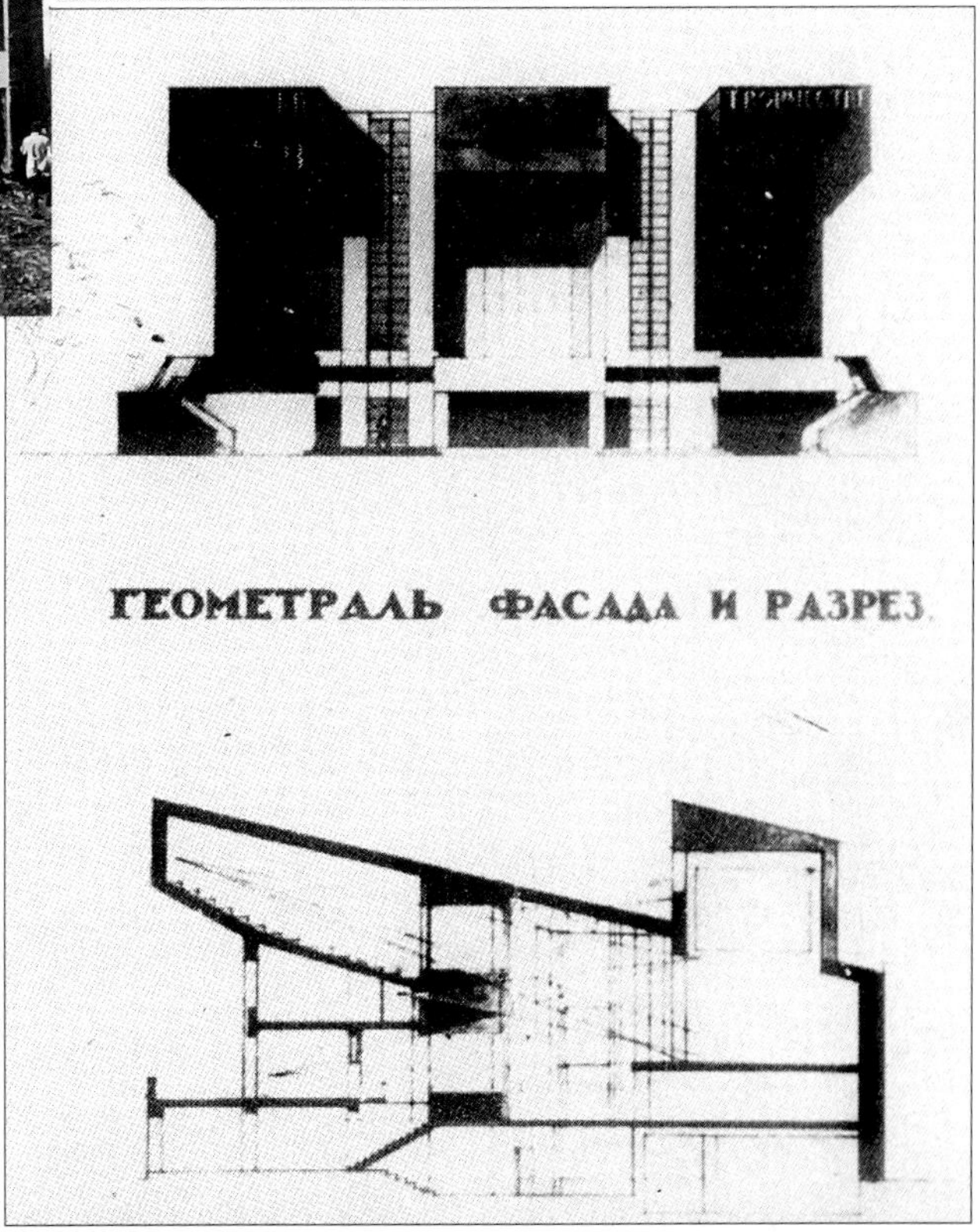

して興味深い。確かに、首都で何か珍しい新しいことが起こっているという印象を与えるのに、メーリニコフの異形の建築ほど格好なものはないだろう。全体は扇状の平面をしているが、最上階を占めている劇場が舞台から遠ざかっていくにつれて末広がりになっていくばかりではなく、最後の箇所が三つに別れて各々がキャンティ・レバーで街路の上に突き出るという形態を取っている。リシツキーが「雲の鐙」の計画で構想したようなキャンティ・レバーのダイナミズムの最初の実現例であるといってもよい。この千二百人収容のホールは、こうした平面形をとることによって機械化された防音間仕切りで細分化が可能であるように設計されているし、三角平面（彼はメガフォンに譬えている）が反響の豊かさを獲得するように計算されているなど、機能的にも注目に値する試みである。このような機能性とショッキングな形態の表現性のバランスという点で、ルサコフ・クラブが彼の代表作というに相応しい出来映えを示す作品であることは疑いない。その意味で、これはメーリニコフの中でも最も構成主義的な作品である。

自邸の計画において示されたシリンダーの連続という手法を、メーリニコフは前節の最後に述べたようなかたちとは別な方向つまり、もっと形態の構成手法としても展開した。それは二つの労働者クラブのコンペティションにおいてであり、ひとつはツィエフ工場のコンペティション案で四つのシリンダーが線状につながっている。といっても、この案そのものは、軍事アカデミーと同じ路線上にあるといってもよいようなシンプルな構成だが、もうひとつのブレヴェストニック工場のコンペティション案では、互いに重なり合った小円筒群が花びら状の平面を形作るというデザインにかたちを変えている。ツィエフ・クラブ・コンペティションに勝ったのはメーリニコフの級友イリヤ・ゴロゾフで、実現されたツィエフ・クラブ（次章一節参照）はメーリニコフのルサコフ・クラブと並んでクラブ建築の代表的な建物となった。これはコーナーに階段室を収めるガラス張りのシリンダーをもった構成で有名な建物である。表現性を抑えてシステムとして単位をつなげていくいき方ではないが、純然たる形態的なレトリッ

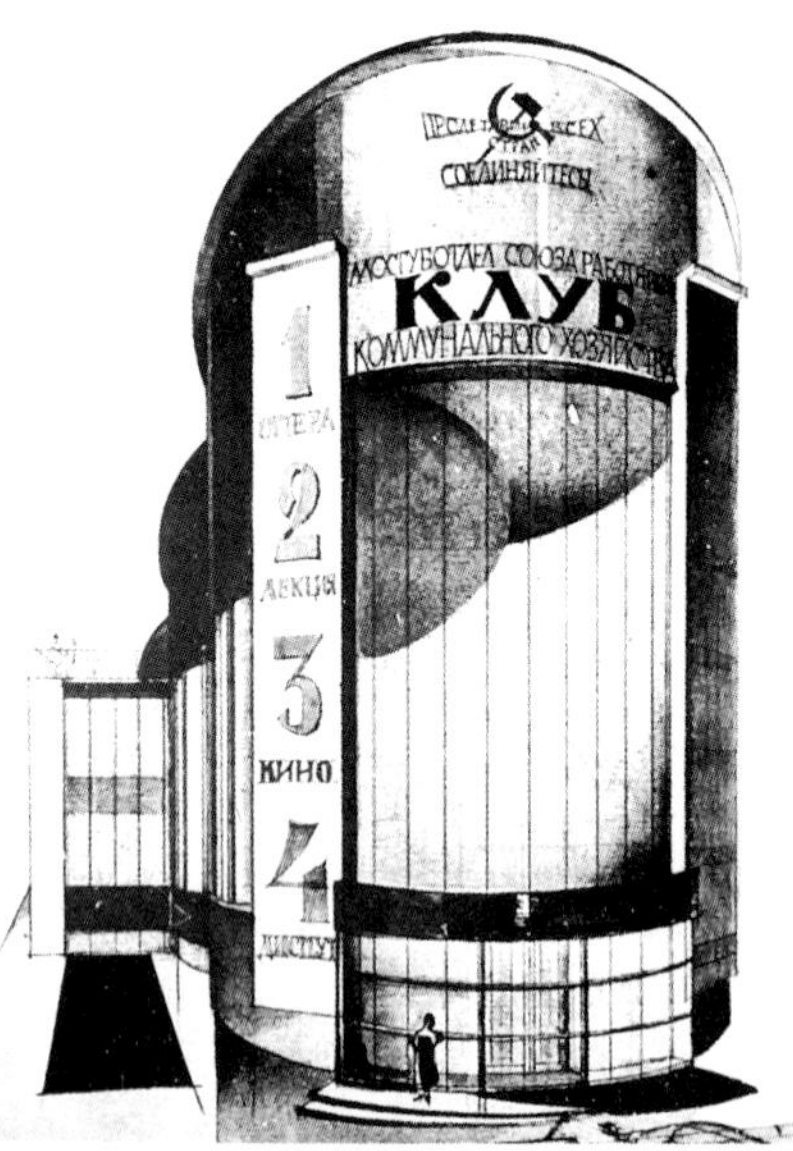

メーリニコフ/ツィエフ・クラブ・コンペ案, モスクワ, 1927

クとしてはまことに効果的なものであることは間違いないし、その点ではメーリニコフの案よりもドラマティックで見映えのするデザインであった。このある意味では主客転倒したようなコンペティションの敗北に、本来表現主義者であったメーリニコフが衝撃を受けたであろうことは想像に難くない。シリンダー・モチーフは、もともと自邸ないしそれ以前のレニングラード・プラウダ案（一九二四年）以来の彼のモチーフである。ブレヴェストニク・クラブではシリンダー（正確には、先に書いたようにその重ね合わせ）はちょうどゴロゾフのツィエフ・クラブのように矩形のコーナーにつけられ、それとコントラストをつけるためのレトリカルな装置となった。この部分には機能的にも小さなホールなど別にシリンダーに収められなくともよい部屋が取られていたり（それなりに面白い効果はあるが）、中央部に柱があったりして、一貫性や説得力にはいささか欠けたところがある。ブレヴェストニクよりは年代的に先行するカウチュク・クラブ（一九二七年）もまたシリンダーがある建物だが、それは並列的に同じ単位を繰り返すわけではなく、メインのヴォリュームは上下に重ねた大円筒（正確には四分の一円筒）で、その前に小さなエントランス・パヴィリオンとしてのシリンダーがもうひとつある。この円筒には左右に大階段が絡んでおり、この建物に著しくルネサンスないしバロック的な趣を与えている。カウチュク・クラブは現存しているが、かなり樹木が生い茂っており、竣工時の写真と比べると円筒の効果は損なわれている。しかし、本来のデザインの出来映えとしてはメーリニコフのクラブのうちでもルサコフにつぐ成功作と言えるし、ここでの円筒形の使い方が一番ロマン的古典主義に近いところも興味深い。

それと比べると、同年のフルンゼ・クラブは、全体が片上りのマッスとなってメーリニコフらしいダイナミックな印象は与えるものの、比較的には特徴に乏しい建物である。さらにもうひとつのクラブはスヴォボダ・クラブ（一九二八年）だが、これもフルンゼと似た矩形の建物で、中央の二股に分かれた大階段を除くとさしたる特徴はない。もともとメーリニコフはヴェスニンやギ

メーリニコフ／ブレヴェストニク・クラブ・ドローイング

メーリニコフ／
ブレヴェストニク・
クラブ，モスクワ，1927

ンスブルグのように洗練されたプロポーション感覚をもったタイプの建築家ではなく、ヴォリューム構成の操作に特徴がある建築家だから、これらのようなシンプルな構成になると力を発揮しにくいと言えるかもしれない。これと同じ一九二八年にはモスクワ郊外のドゥレーヴォでもメーリニコフはプラウダ工場のクラブを建てている。ここでのシリンダーはステージのヴォリュームを収める箇所に半円筒形として用いられているが、興味深い点はプランに明らかな人体のアナロジーが見られることで、シリンダーはその頭部にあたっている。これは、教会建築が神＝人体の姿をかたどる、いわゆるアントロポモルフィズムの翻案であり、スターはそこにメーリニコフ独特のスラヴ風の宗教的ヴィジョンと革命の現実との重ね合わせを見ている。

シリンダーはメーリニコフにとって、かつてルドゥがいった建築形態のABCのひとつであった。それは先に示唆したような別の意味をもち得たが、形態の要素として用いられる限りは結局レトリカルな機構となる。メーリニコフが採ったのは、基本的にはこの方向性であった。それは、要するに彼がフォルマリストであったということでもあるが、そのことばかりに帰せる問題ではないようにも思える。つまり、それはパリのソヴィエト館の項でも述べたように、メーリニコフにとっては「語ること」への欲

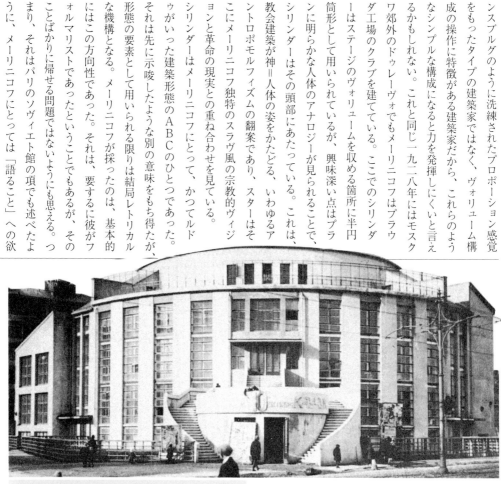

メーリニコフ/カウチュク・クラブ, モスクワ, 1927, 撮影ロトチェンコ

メーリニコフ/フルンゼ・クラブ, モスクワ, 1928, 撮影ロトチェンコ

メーリニコフ/プラウダ・クラブ, ドゥレーヴォ, 1928

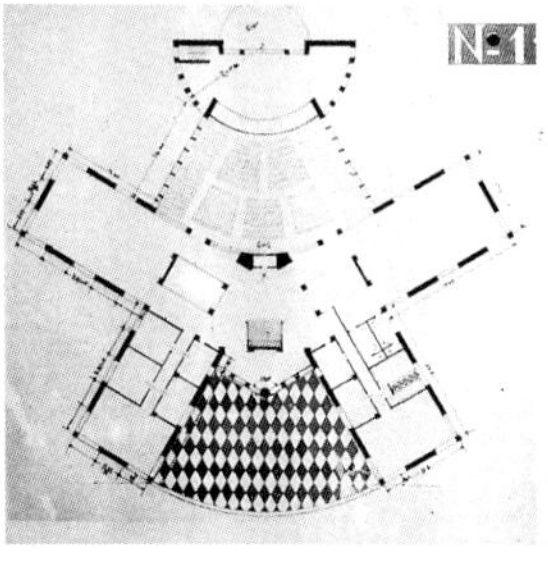

メーリニコフ/プラウダ・クラブ平面図

望と結びついたものであった。具体的に「何を」語るのかについては、彼の側に完備した説明が用意されていたとは思えない。しかし、何かを彼は語りたかったのである。それが個人（個性）と共同体との関係についての彼なりの熱望や期待感と結びついていたことは誰にも否定できない。彼は、この意味で、饒舌な革命建築家にして「王」（と王の寵妃）の建築家だったルドゥに極めて似た建築家であった。そしてこの「語ること」への熱望は、時代が第一次五カ年計画を梃子に、より明白な社会主義体制へのセレブレーションを求め出した一九二〇年代の終わりに至って再び強度の増幅に至る。

この傾向がはっきりと出ているのは前記スヴォボダ・クラブの第一案である。防水長靴工場のこのクラブの案では、シリンダーが扁平にされて空中で水平に寝かされている。それは明らかに散水車（当時だと馬車だが）の貯水タンクのメタファーであり、そればかりか、このシリンダーの中央に向かって上昇している斜路はそのタンクから吹き出す水流の有様を建築化したものである。直接メーリニコフの念頭にあったかどうかは定かではないが、ルドゥの有名な河川管理人の家（それもまた水平に置かれた半円筒形であり、実際に川の流れがそれを貫くという構成であった）との類似性は著しい。

一九二九年には、メーリニコフは二つのガレージを

メーリニコフ/
スヴォボダ・クラブ,
モスクワ, 1928,
撮影ロトチェンコ

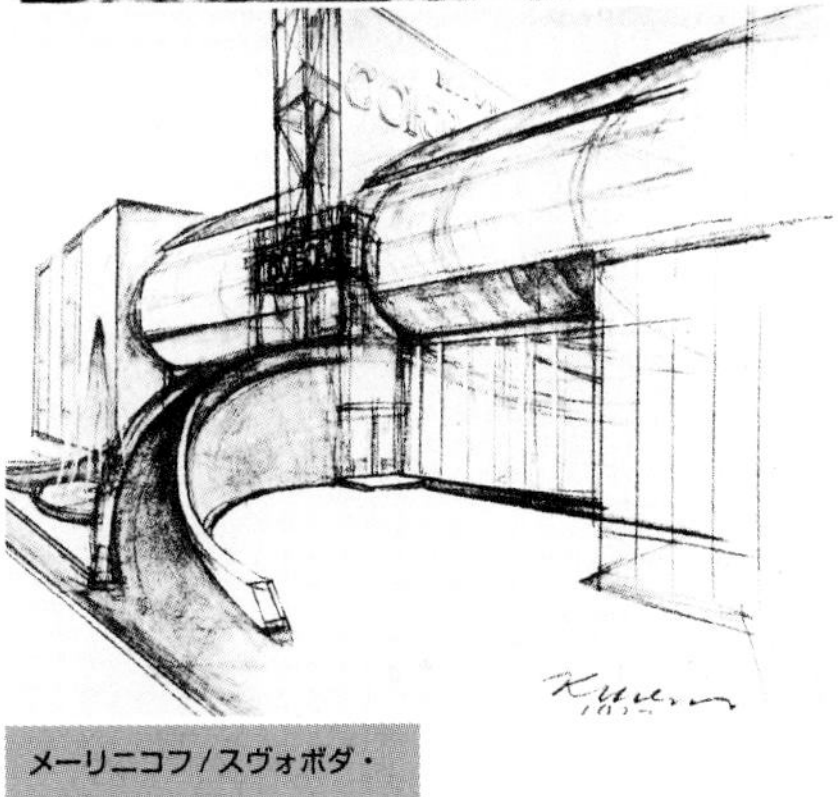

メーリニコフ/スヴォボダ・
クラブ第一案スケッチ

メーリニコフ/Gosplanのガレージ,
モスクワ, 1929

実現している。ひとつはGosplan（ゴスプラン＝計画国家委員会）の、もうひとつはイントゥーリストのガレージである。前者はまたしても「語る建築」的な性格を強くもった建物で、明らかに自動車のヘッドライトを模した巨大な円形窓を両側にもっており、それに挟まれた低層の中央部はフロント・グリルのようなプロポーションをしている。「語ること」への欲望はここではもはや隠喩的というよりは直喩であり、ほとんど滑稽すれすれの「ハイパーリアリズム」（スター）にまで高まっている。ある意味ではオルデンバーグの巨大ポップ・オブジェにも近いものだが、メーリニコフにはポップ・アートのアイロニーや逆説はない。イントゥーリスト・ガレージはセーヌ河のガレージ計画を思わせる斜路の表現を用いているが、実施案ではそれは装飾的な扱いにとどまっている。初期案では建物前面をそれが横断しているのに対して、実施案では一部にとどまったため説得力は著しく減退してしまった。

さらにこの年、メーリニコフはそのシンボリックな表現性を極限にまで拡大したデザインを行なっている。パン＝アメリカン・ユニオンの主催によるサン

右・下：
メーリニコフ／
クリストファー・
コロンブス・モニュメント
コンペ案

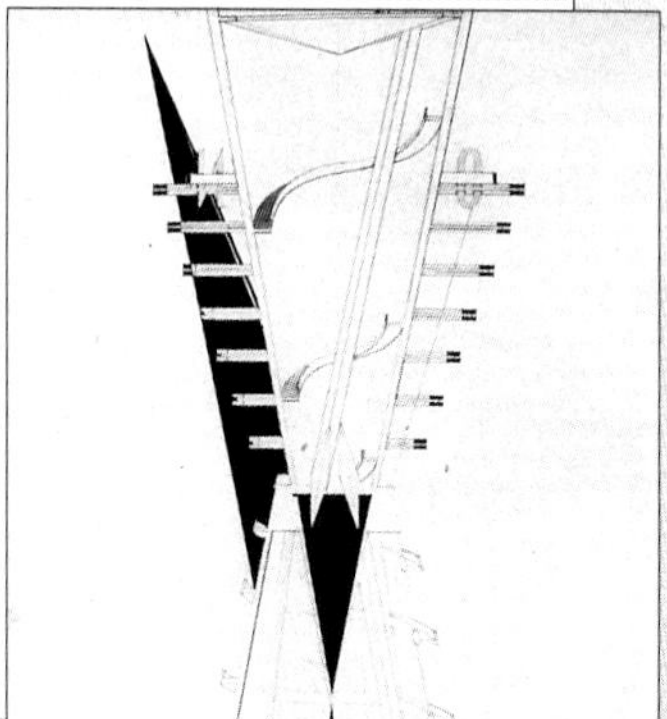

ト・ドミンゴ港のクリストファー・コロンブスのモニュメント（正確にはモニュメンタルな性格をもった灯台）の国際コンペティションの応募案である。これはシリンダーの代わりに円錐を用いた案であった。しかも巨大な円錐が正立、逆立と二つ相貫入し合うかたちで置かれるというファナティックなデザインで、この点ではセーヌ河のガレージの計画をはるかにしのいでおり、審査委員の一人が、この案は賞を与えるにはあまりに危険だと言ったのもうなずかれる。この二つの円錐は各々正立が旧世界、逆立が新世界を表わすとされ、その結節点にはもう一組の正・逆立円錐が置かれる（小逆立円錐は大逆立円錐の先端）。この小正立円錐はクリスタル製で頂部に「スペインの冠」と記されているが、その下に配されたバロック風の天蓋の中にコロンブス像が置かれる。つまり、個人としてのコロンブスが時間と空間を超えて新旧両世界をつなぎ、かつ支えるのである。ここではコロンブスという個人はほとんど擬神化されている。またしても想起されるのはフランス革命期のモニュメント、なかんずくブレのニュートン記念碑（正確には墳墓とされている）である。また、クリスタルの中に封入された新世界の主という意味では、彼がかつてデザインしたレ

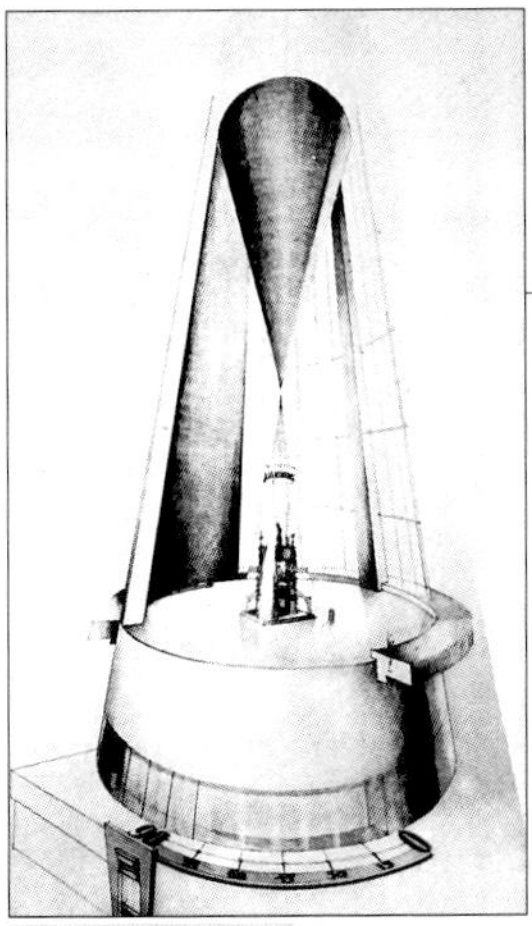

メーリニコフ/
クリストファー・
コロンブス・
モニュメント
コンペ案,
サント・ドミンゴ,
1929

ーニンの櫃（七章一節参照）をも思わせる。

二つの大円錐には、上の方には七つのリング（音階を示す）が、下の方には螺旋状のリングが各々取りつけられており、そこからはさらに巨大な風切りウィングがはね出している。このウィングは回転して「サント・ドミンゴの住民にその度ごとに新しい印象を与える」。クリスタルの小円錐には、上の逆円錐から何かの液（メーリニコフの英語の説明書には単に"Juice"とある）が注がれ、旧世界の方に流れ込んでいく。それだけではなく上の巨大円錐には雨水が溜められており、「ウィングが直径方向に合致したときには、ウィングがウォータータップを切って落とし、モニュメントの周りに水をほとばしらせる」。「もうひとつのウィングは下のウォーターウォータータップを回し、水圧の下限を切った全水量は床下のタービンに殺到し、モニュメントはゆっくりとゆっくりと……。このことは百年に一度起きる」（メーリニコフのテクストは要領を得ず、必ずしも何を言いたいのかはっきりとしない）。

このプロジェクトは、すでにソヴィエト社会が第一次五カ年計画の発足と共に、新たな大衆的熱狂（あるいはその演出）の時代に入っていたことを示している。単なる機能的な解決ではなく、イデオロギーの表現が求められる時代である。それは結局社会主義リアリズムという「解答」を見出すのだが、メーリニコフもまたそれに真摯に答えようとして一連の「メガロマニアック」（これもフランス革命の建築によく用いられた形容である）なプロジェクトに乗り出すが、このモニュメントはその皮切りであり、また典型でもある。この「語る建築」は結局は聞き取られることなしに終わってしまうのだが、それはまた改めて述べる。

メーリニコフ／MOSPS劇場コンペ案，モスクワ，1931

「語る建築」のシリーズでは、一九三一年のMOSPS（モスプス＝モスクワ市労働組合評議会）の劇場のコンペティション案がある。メーリニコフのテクストは、例によって個人と集団の切り結びについて語っている。「劇場の美学とは、美ではなく最大限の可能性にある。つまり人々がその日常生活の中で夢見得るだけのことが、劇場の中では具現化されるのである。人々に、おそろしい速さで移り変りながら、生命の危険などは冒さなくて済むようなイヴェントを見せることが、今日の劇場スペクタクルの目標となるだろう」。「劇場は道徳的な内実性を特別な力をもって表現すること、つまり観客がその個人的欲望にかかわらず、ひとつの求心的な思想に、一緒に並んで座している人々と共に貫かれるようなものである必要がある」。

このプロジェクトでは直喩性は一層はっきりとしてきて、劇場部分は誰の目にもはっきりと映写機のかたちに見える。スターによれば、それは具体的な「テロス」の内容抜きの「神学的な建築」なのだ。言い換えれば、「シニフィエ」を不在にしたままで「シニフィアン」の強度ばかりが高まっていったのである。メーリニコフはこの劇場で本物の水を使うことを考えていたらしい。こうした「ファンタスティックなリアリズム」によって、旧来のレパートリーが一新されて見えるだろうというのである。この「リアリズム」のナイーヴさは、そのままこの建築と建築家自身の性格をも物語っている。

第六章

フォルマリズムのアポリア

1　イリヤ・ゴロゾフと構成主義のスタイル化

2　「新」世代と「旧」世代――「構成主義スタイル」のリミット

1.

イリヤ・ゴロゾフと構成主義のスタイル化

OSA（オサ＝現代建築家同盟）のメンバーの中でイリヤ・ゴロゾフは特異な位置を占めている。彼はこの組織の創設メンバーであったし、一九二〇年代の後半にはギンスブルグやヴェスニンを凌ぐ人気を勝ち得ていたにもかかわらず、位置付けとしては常に傍系であった。この二つの事実は相関関係にある。つまりその二つは、共に彼の類稀な造形の才能によっていた。この点では、彼はむしろクラスメートであったメーリニコフに近い存在だった。

イリヤ・ゴロゾフには一年上の兄、パンテレイモン・ゴロゾフがいた。兄も、ロシア・アヴァンギャルド建築の代表的作品のひとつに数えられるプラウダ・ビルの設計者として名を残した。ヴェスニン三兄弟の場合、レオニードはプラニング、ヴィクトルはエンジニアリング、アレクサンドルは造形と、おのおの得意分野があって、それが協働関係を実りあるものとしたように思われるが——ヴィクトル一人のプロジェクト、例えば、イヴァノヴォ＝ヴォツネセンスクのIvsel銀行などではどうしても造形的に大分見劣りがする——、ゴロゾフ兄弟の場合は共に優れた造形家であり、そのためか彼らの協働はごく初期のプロジェクトに限られ、後は単独の仕事が続いた。兄のパンテレイモンもやや遅れてOSAに参加し、一九二〇年代の後半にはギンスブルグの影響下にハウジングに精力的に取り組んだ。間もなく、彼は「構成主義のアプローチのドライで感受性の欠如したところに批判的に」なって、より表現的な面に傾斜していった（キリーロフ）といわれるが、その頃のプロジェクト、つまり一九二七年のモスクワ映画工場の計画、鉄道労働者クラブ計画、ハリコフの郵便局のコンペティション案（勝者はモルドヴィノフ）、一九二八年のレーニン図書館のコンペティション案（勝者はシチューコとゲルフレイフ）などを見ると、見事に洗練されてはいるが、その「表現性」はあくまでオーソドックスな構成主義の域を超えて強烈なものではなく、同時期のギンスブルグのデザインと似ている。プラウダ・ビルはコンペティション（一九三〇年）の結果勝って実現された（一九三四年）もので、実現案とコンペティション案では主としてモスクワに高度規制ができたことによって高さに大きな違いが見られるが、低くなった実現案でも特異なところはないにせよ間然とするところのない、「ル・コルビュジエのツェントロソユーズに

P・ゴロゾフ／郵便局コンペ案，ハリコフ，1927

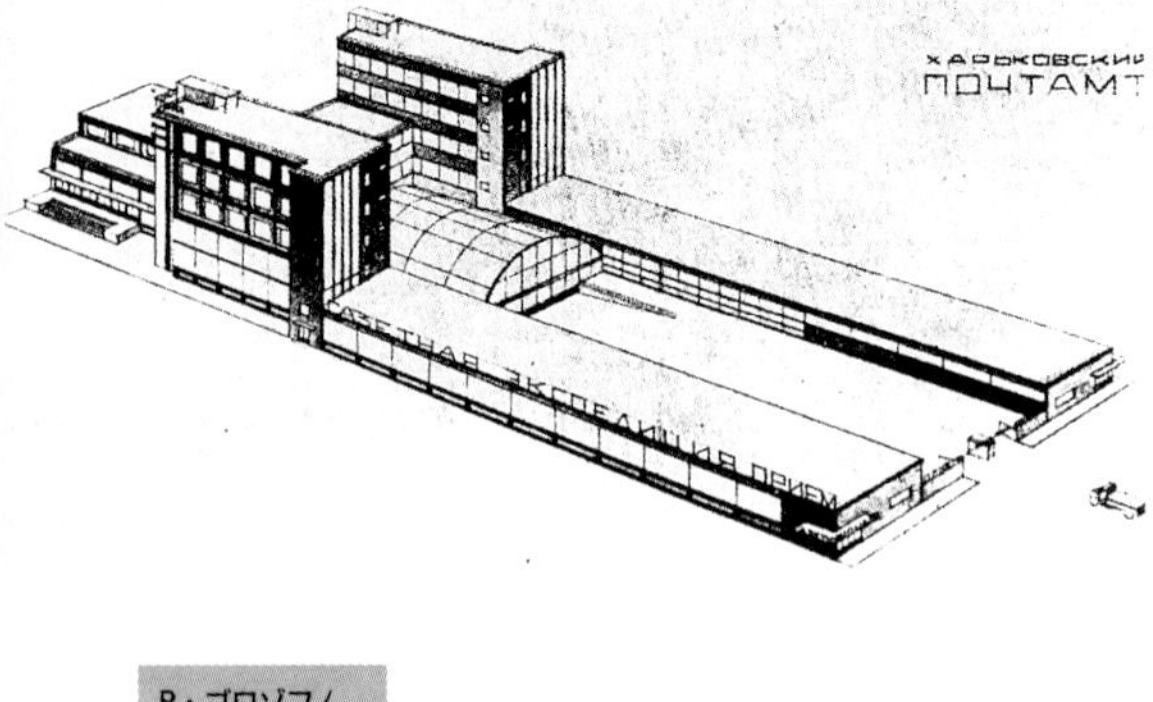

P・ゴロゾフ／モスクワ映画工場コンペ案，1927

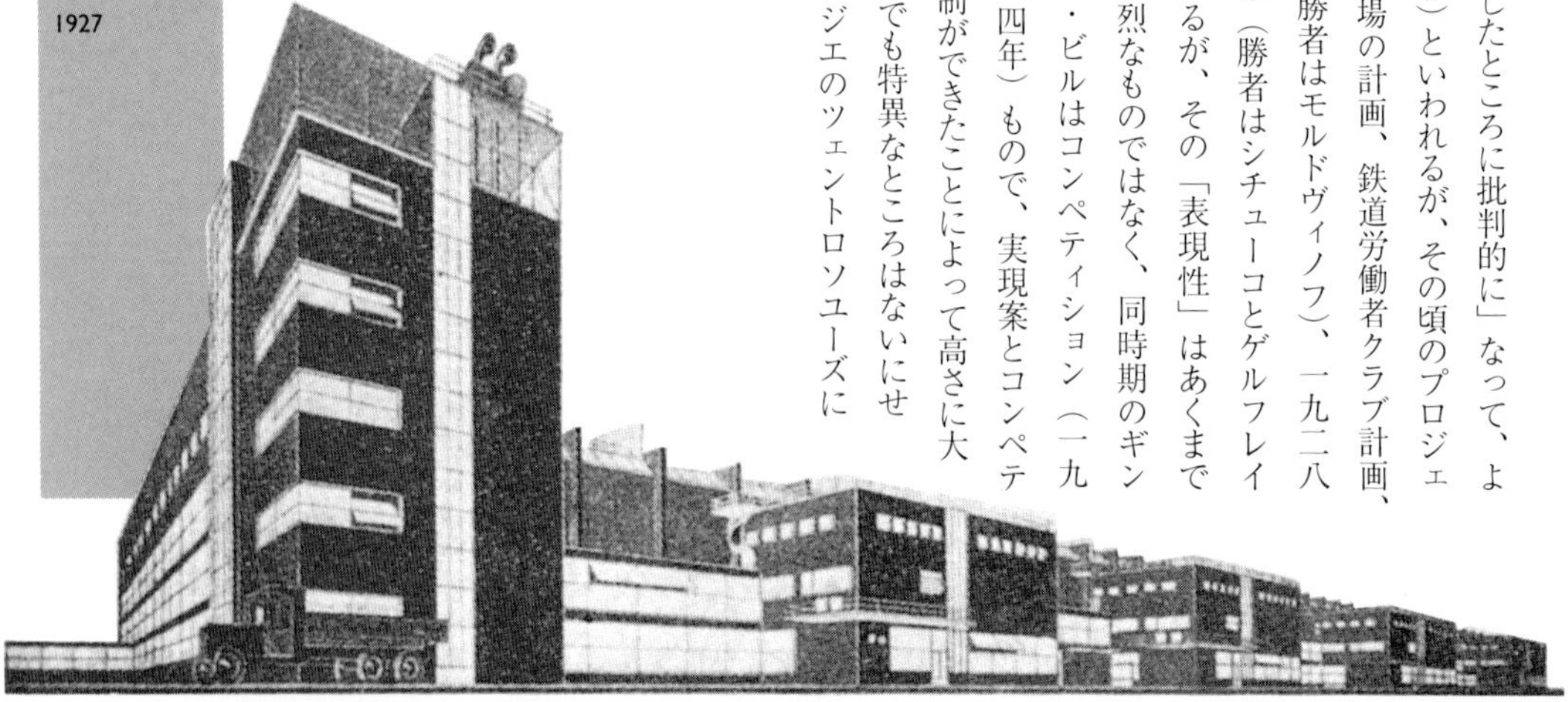

匹敵する構成主義の最もエレガントな作品」(キリーロフ)となった。

これに対して弟のイリヤの作品は、もっとはるかに個性の強いものであった。彼の革命初期の作品群がロマン的古典主義とスラヴ風のポピュリズムの色彩の強いものであったことはすでに述べた。一九二〇年代の中頃からゴロゾフは徐々にそれからの脱却を図るのだが、この転換期の最も興味深いプロジェクトはイヴァノヴォ-ヴォツネセンスクのレーニン人民の家のコンペティション案(一九二四年)である。ここでは明らかに「構成主義風」な工業的ヴォキャブラリーと神殿的なファサードの共存が見られる。この「神殿」は、翌一九二五年のモスクワの鉱山資源研究所のコンペティションではよりはっきりとしたかたちにおいて見られる。実際、このプロジェクトの主部は二年前に彼がシチューセフのもとで手がけたモスクワ計画の一部、ソヴィエト広場の焼き直しといってよいようなものなのだ。つまり、少なくともゴロゾフにとって「神殿」と「工場」は矛盾するどころか等価なものであったということができる。そして後から振り返ってみれば、これはゴロゾフがもっと純然たる「構成主義のヴォキャブラリー」が支配的となるしばらくの時期を経て、一九三〇年代には再びロマン的古典主義に回帰する筋道をすでに予告している。他の建築家たちと並んでゴロゾフにおける「構成主義」への転向のきっかけを与えたのがヴェスニン兄弟のアルコス・ビルのコンペティション案(一九二四年)だということはすでに述べたが、このコンペティションでのゴロゾフ自身の案は、ヴェスニン案と比べると明らかに、いまだ洗練され切らない立面の構成はともかくとして、注目されるのはコーナーに置かれた階段室を収める巨大なシリンダーである。それは、後のツィエフ・クラブ(一九二七〜二九年)ではじめて実現され、彼のトレードマークとなったヴォキャブラリーの最初の登場であった。このプロジェクトを含めて彼のコーナー・シリンダーは必ず上部を建物全体の矩形の延

P・ゴロゾフ/レーニン図書館コンペ案,モスクワ,1928

P・ゴロゾフ/プラウダ・ビル
コンペ案,モスクワ,1930

長で抑えて、全体との緊密な統合を図っていることが独自の工夫である。これは明らかに古典建築のジャイアント・コラムとコーニスの関係の変形された姿である。こうしたコンポジショナルな工夫の才においてゴロゾフは抜群の能力をもった建築家であった。

ヴェスニンの洗練されたモダンなファサードの影響は、早くも同じ一九二四年のブリヤンスクのソヴィエトの家のプロジェクトに現われている。それは、より大規模な一九二五年のエレクトロ組合の住宅とオフィスの複合建築のプロジェクトや繊維会館のプロジェクトなどにもっと明確に見ることができる。同年のロストフ・アン・ドンの労働宮殿のコンペティション案では、ヴェスニンの電報電信局のデザイン（このコンペティションでもゴロゾフ自身の案はヴェスニンの洗練に及ばなかった）のヴォキャブラリーが巧みに取り入れられている。つまり、「構成主義者」ゴロゾフへの転身は、瞬く間に完成したのである。翌一九二六年のエレクトロ・バンクプロジェクトでは、この「アルコス・スタイル」と自分のヴォキャブラリーつまり、コーナーに置かれたシリンダーとの融合が試みられる。しかし、同じシリンダーでもアルコスの案と比べると、洗練の度合いは全く違っておりヴェスニンからの影響の大きさがうかがわれる。もうひとつ、同年のルスゲルトルグのプロジェクトでは、このガラス張りのシリンダー状階段室はコーナーをややはずした場所で用いられているが、やはり効果的であるには違いない。これらは、ゴロゾフが構成主義に「帰依」した後も、後者がともすれば均質な反復に陥りぎみなところに対しては、意識的に彫刻的な手法で建築をよりドラマティックに仕立てあげることに怠りがなかったことを示している。これらの作品の系列のピークとして実現されたのが代表作のツィエフ・クラブである。ここでは、シリンダーはエレクトロ・バンク同様、建物最上階（巨大コーニス）の延長によって一旦抑えられているが、それをさらに突き抜けてよりドラマティックな効果を獲得している。この点で、確かにツィエフ・クラブはメーリニコフのルサコフ・クラブと並んで労働者クラブのイデオロギー的な宣伝性に最も強い表現性を与えた建物である。それにこのガラスの階段室は実際極めて美しく（カラー口絵参照）、現状では開口部が塞がれるなど様々な改変が行なわれてオリジナルの効果を損ねてはいるが、いまだに極めて印象の強い建物であることに間違いはない。

実際、一九二〇年代の後半から一九三〇年代の前半にかけてのゴロゾフの多産ぶりは群を抜いておりヴェスニンやギンスブルグをすら凌ぐほどだが、またその多様さもめざましい。プログラムとしても、モスクワのスモーレンスカヤ市場のプロジェクト（一九二六年）のように低く長いシステマティックな建物があったり、ロストフ・アン・ドンのソヴィエトの家（一九三〇年）、スターリングラードの文化宮殿（一九二八年）、モスクワのディナモ会館（一九二八年）、ハバロフスクのソヴィエトの家（一九二九〜三〇年実現、ただしコンペティション案よりも大分後退している）、ASSRの行政庁舎（実現）のように文化施設とオフィスの複合体をはっきりと機能別に割りふられた幾何形態によって分節する、構成主義に典型的な手法を採ったりしている。それもロストフの計画のように各ヴォリュームを分散させた上でつなぐいわゆるパヴィリオン方式を採ったり、スターリングラードの計画のようにひとつの巨大なシリンダーにヴォリュームを支配させたり（これはゴロゾフのプロジェクトの中でも最も印象的なもののひとつである）、ハバロフスクの計画のようにその中間的な解であったり、と多彩なやり方で展開している。

ゴロゾフもいつもレトリカルで彫刻的な建築のみを手がけていたわけではない。他の公共建築のデザインとしても、前政治犯協会会館の案（一九三〇年）は珍しくシュプレマティスト風のシンプルなデザインで、ヴェスニン兄弟の実現案よりもはるかに洗練されている。スヴェルドルフスクのホテル計画や同地の工業省のプロジェクト（一九三〇〜三一年）もごくシンプルな矩形の組み合わせだし、ミッテルマンとの共同のAsneftポンプ・ステーション（一九二八年）のような工業工作物では、当然外観はただの箱である。モスクワの映画工場の計画（一九二七年）は、兄パンテレイモンの案が構成主義風の通例のコンプレックスであるのに比べて、あるいは逆にレオニドフの案（九章二節参照）が逆にもっとシュプレマティスト風にほとんど具体的なプログラムをもたないようなコンセプト・プランであるのに比べて、彼の案はシステマティックな層状構成（明らかにプロダクションのシステム・ラインを空間的に図式化したもの）を採りながら、部分に特徴的なかたちを与えて単調になることを救っている。共同住宅の分野でもゴロゾフの造形家としての才は遺憾なく発揮されており、前述のモスクワのエレクトロ組合の住宅のような都心型のアパートから、イヴァノヴォ＝ヴォツネセンスクの水平に延びた共同住宅（一九二九〜三〇年実現）、そしてこれをもっと極端にしたスターリングラードの住居コンビナート（一九三〇年）といった様々のタイプに、おのおの問然とするところのない解を与えている。とくに、彼のトレードマークであるガラス張りのシリンダー状の階段室を、シュプレマティスト風の住棟にリズミックに配したスターリングラードのプロジェクトは、この種のものとしては、ギンスブルグの率いるSTROIKOM（ストロイコム＝ロシア共和国建設委員会）グループのバルシチとウラディーミロフによる「千人の住居コミューン」のプロジェクト（八章四節参照）と並ぶ、ユニークかつ独創的な計画ということができる。

このような圧倒的ともいえる多産な活動によって、一九二〇年代の終わりにはゴロゾフの名声はヴェスニンやギンスブルグをすらしのぐ勢いであった。こ

I・ゴロゾフ／レーニン人民の家のコンペ案，
イヴァノヴォ‐ヴォツネセンスク，1924

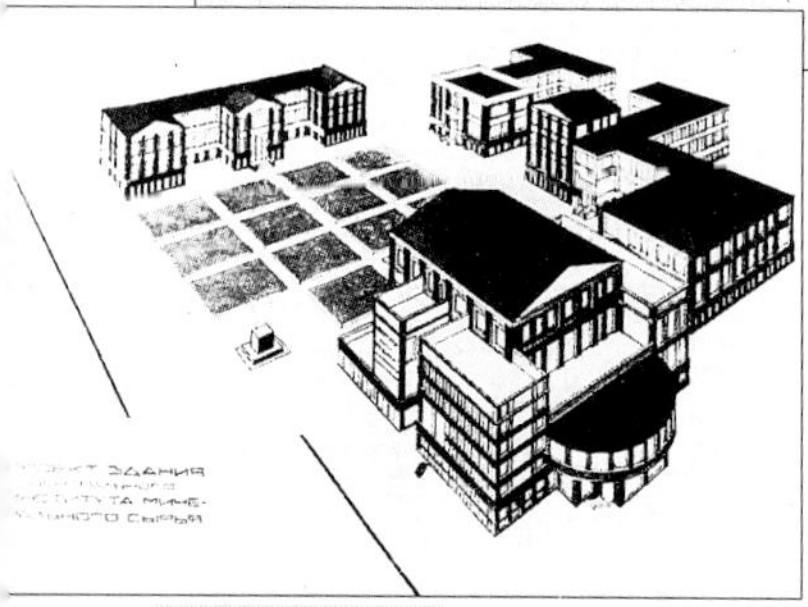

I・ゴロゾフ／
鉱山資源研究所
コンペ案，
モスクワ，1925

I・ゴロゾフ／ソヴィエトの家コンペ案，ブリャンスク，1924

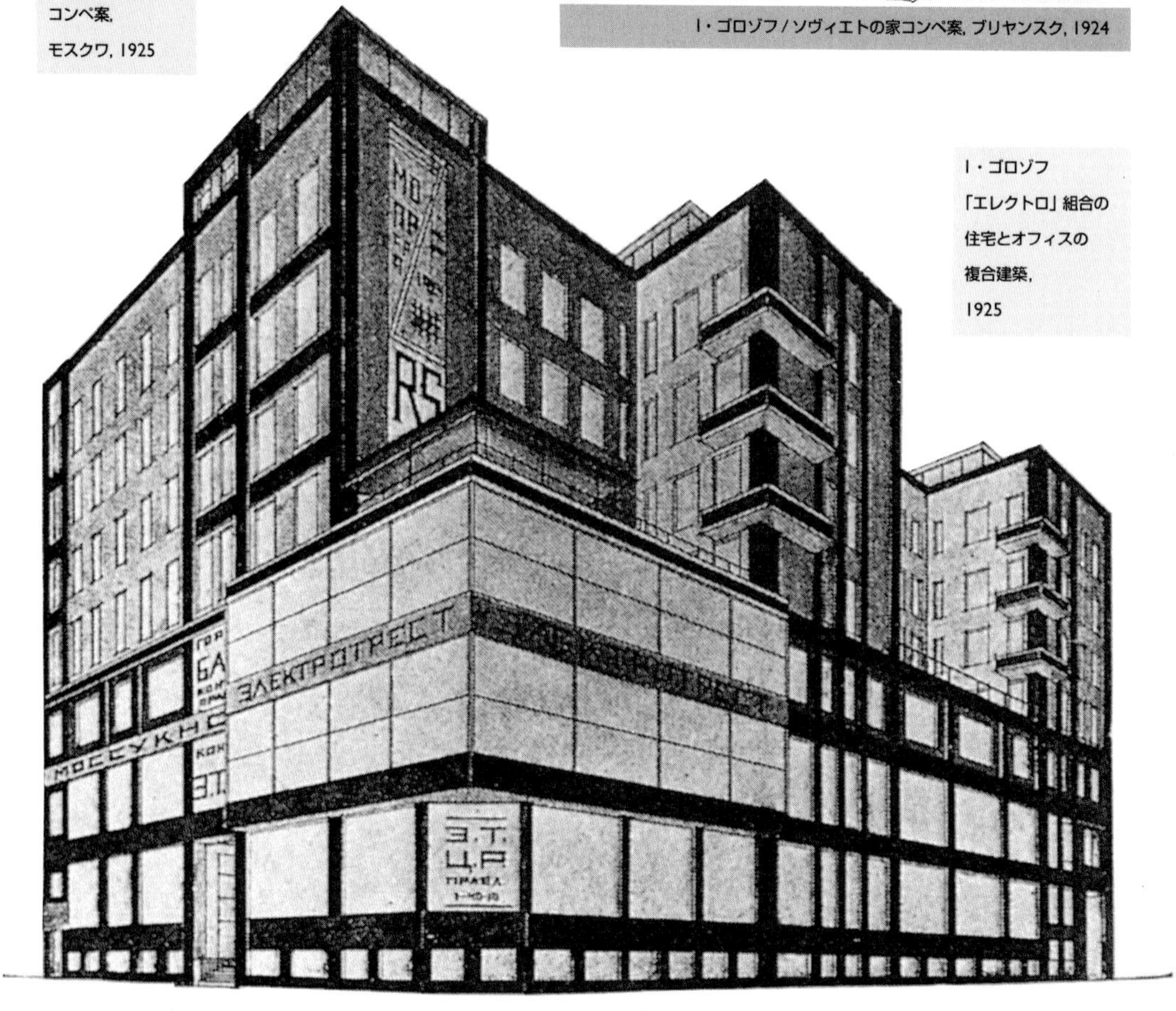

I・ゴロゾフ
「エレクトロ」組合の
住宅とオフィスの
複合建築，
1925

I・ゴロゾフ／繊維会館
コンペ案, モスクワ, 1925

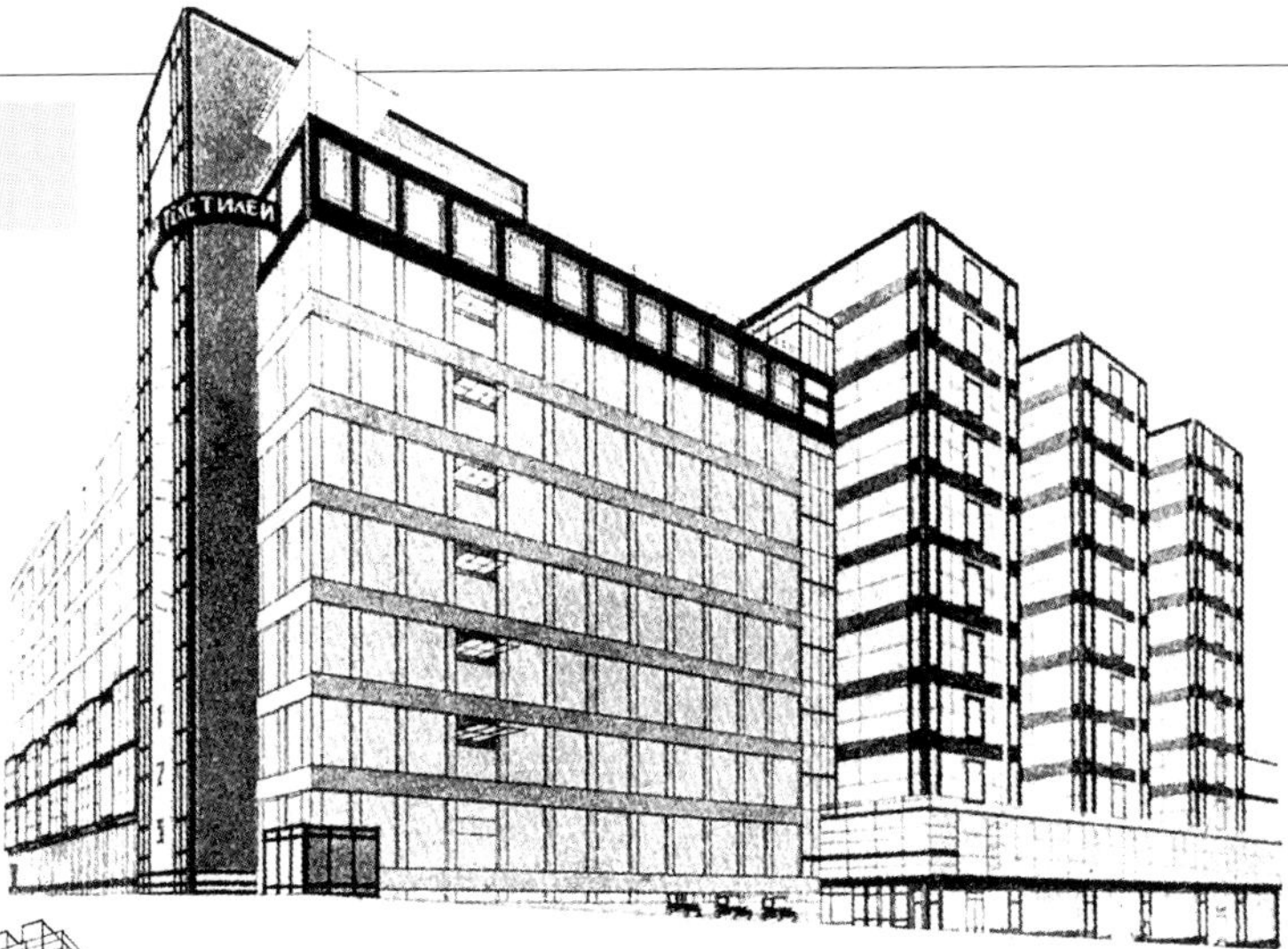

I・ゴロゾフ／
労働宮殿コンペ案,
ロストフ・アン・ドン,
1925

I・ゴロゾフ／ルスゲルトルグ・
コンペ案, モスクワ, 1926

I・ゴロゾフ／エレクトロバンク・コンペ案, モスクワ, 1926

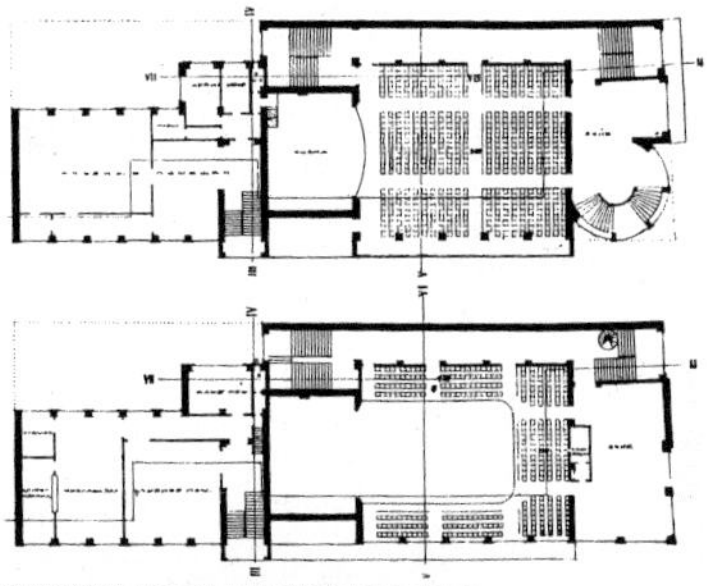

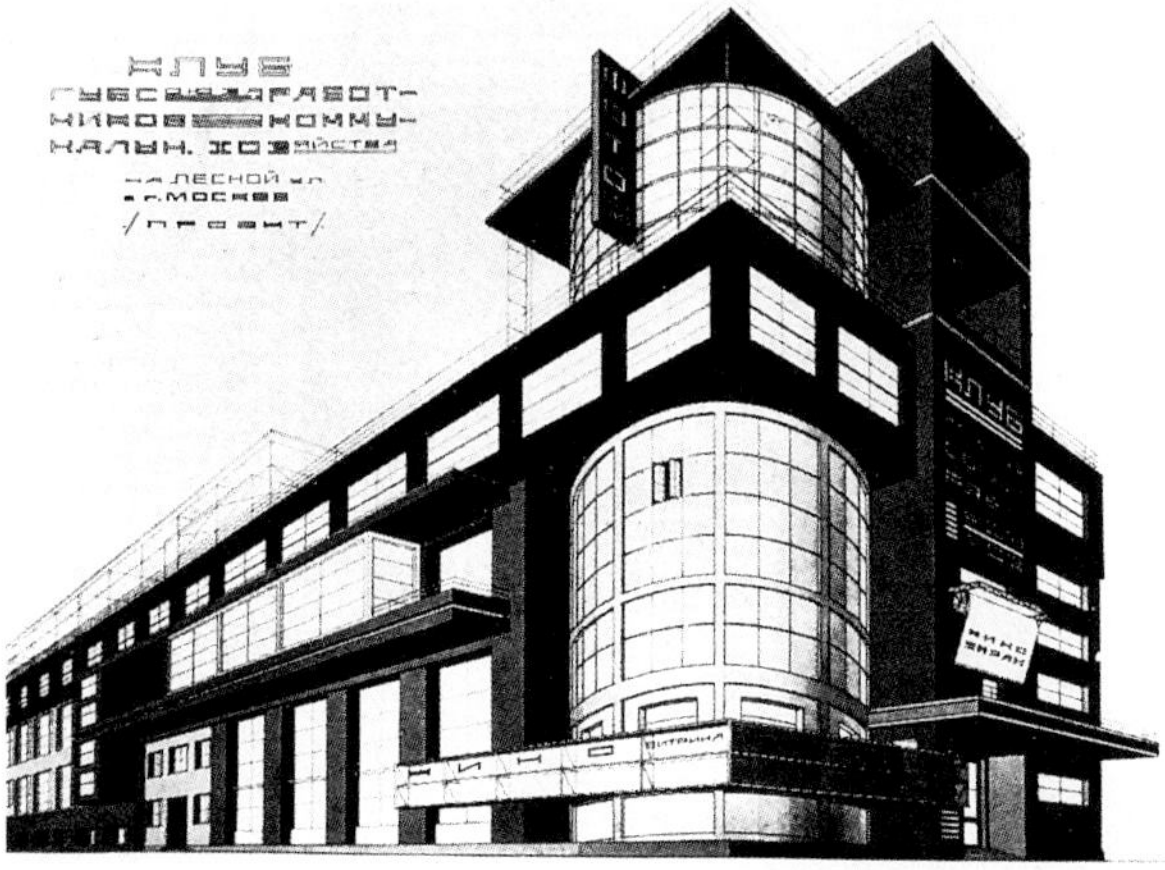

上・左2点：I・ゴロゾフ／ツィエフ・クラブ，
モスクワ，1927 - 29

ツィエフ・クラブとスターリンが
モンタージュされている工業化
キャンペーン・ポスター

I・ゴロゾフ／
ツィエフ・クラブ，
モスクワ，
1927 - 29

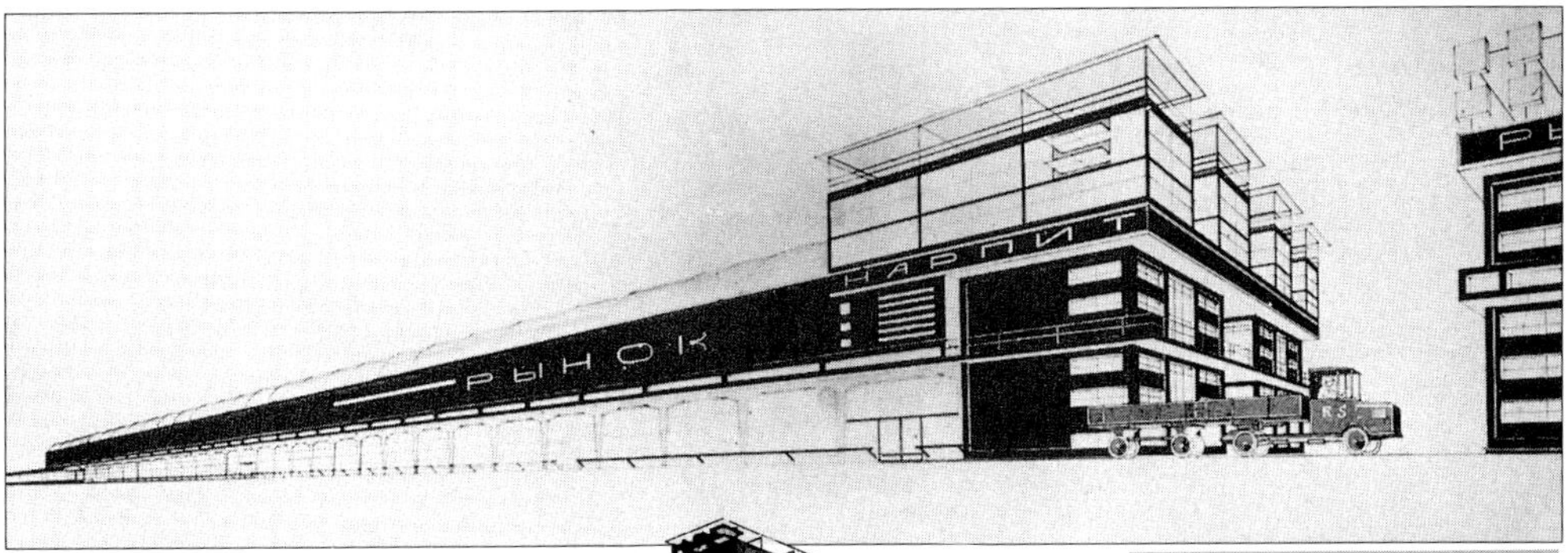

I・ゴロゾフ／スモーレンスク市場
コンペ案, モスクワ, 1926

I・ゴロゾフ／ソヴィエト庁舎コンペ案,
ロストフ・アン・ドン, 1930

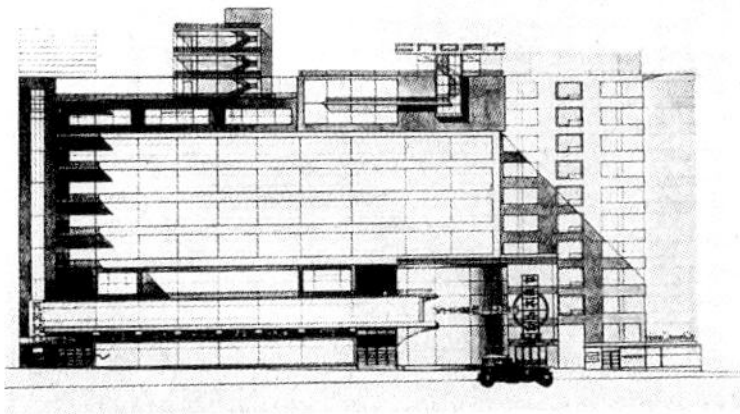

I・ゴロゾフ／
ディナモ会館
コンペ案,
モスクワ, 1928

下2点：
I・ゴロゾフ／
ソヴィエト
の家,
ハバロフスク,
1929 - 30

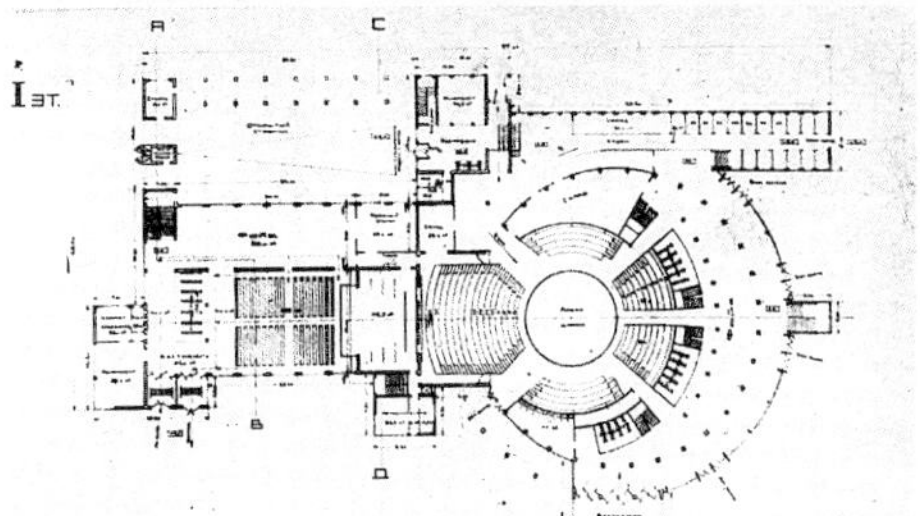

上2点：I・ゴロゾフ／文化宮殿コンペ案, スターリングラード, 1928

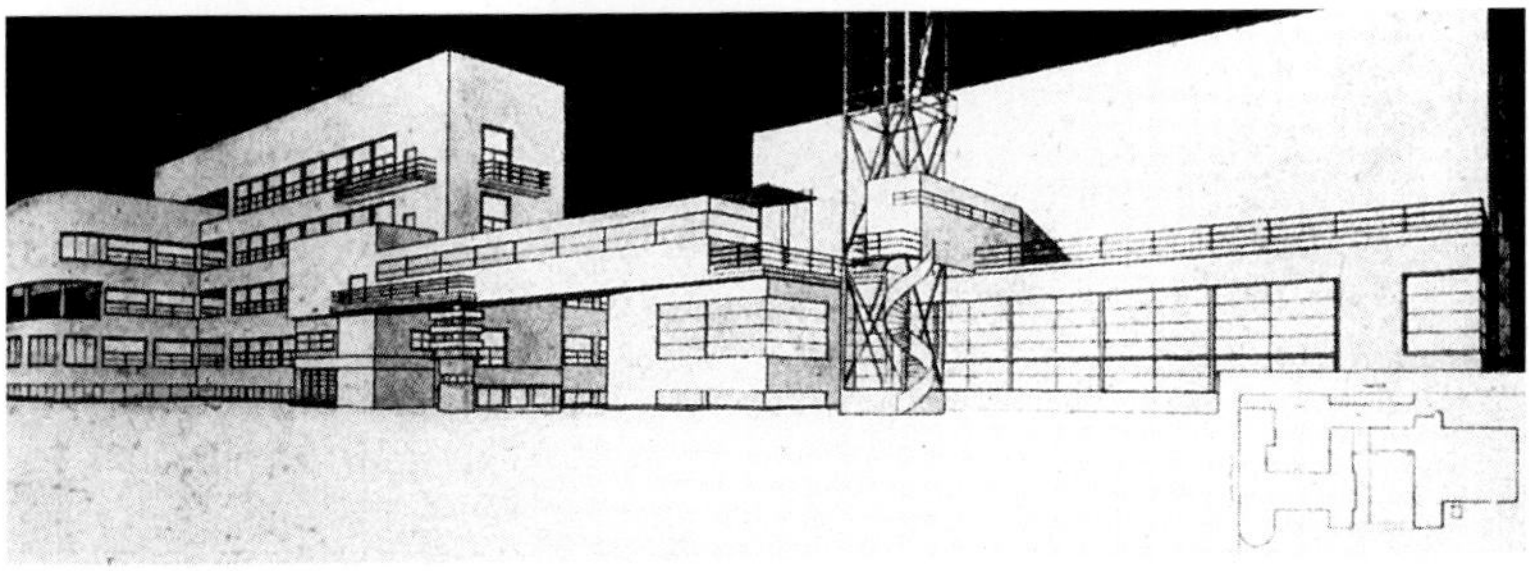

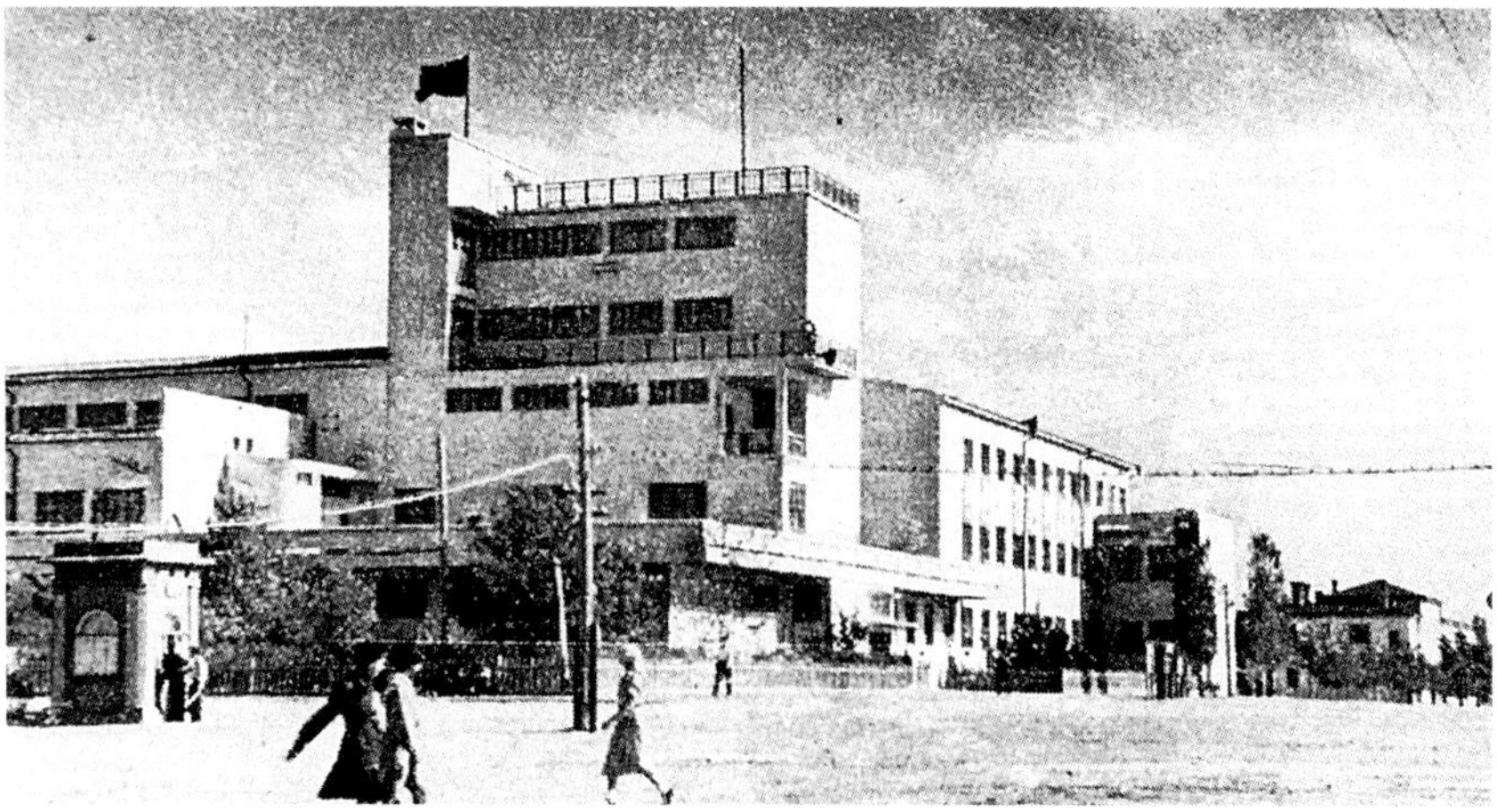

I・ゴロゾフ／
ASSR行政庁舎,
エリツィア

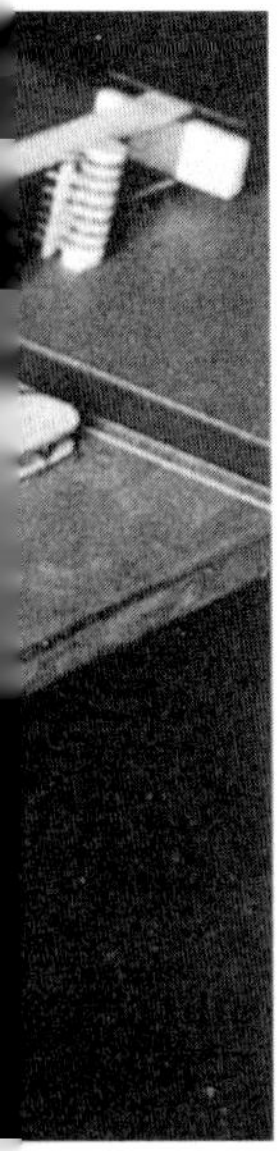

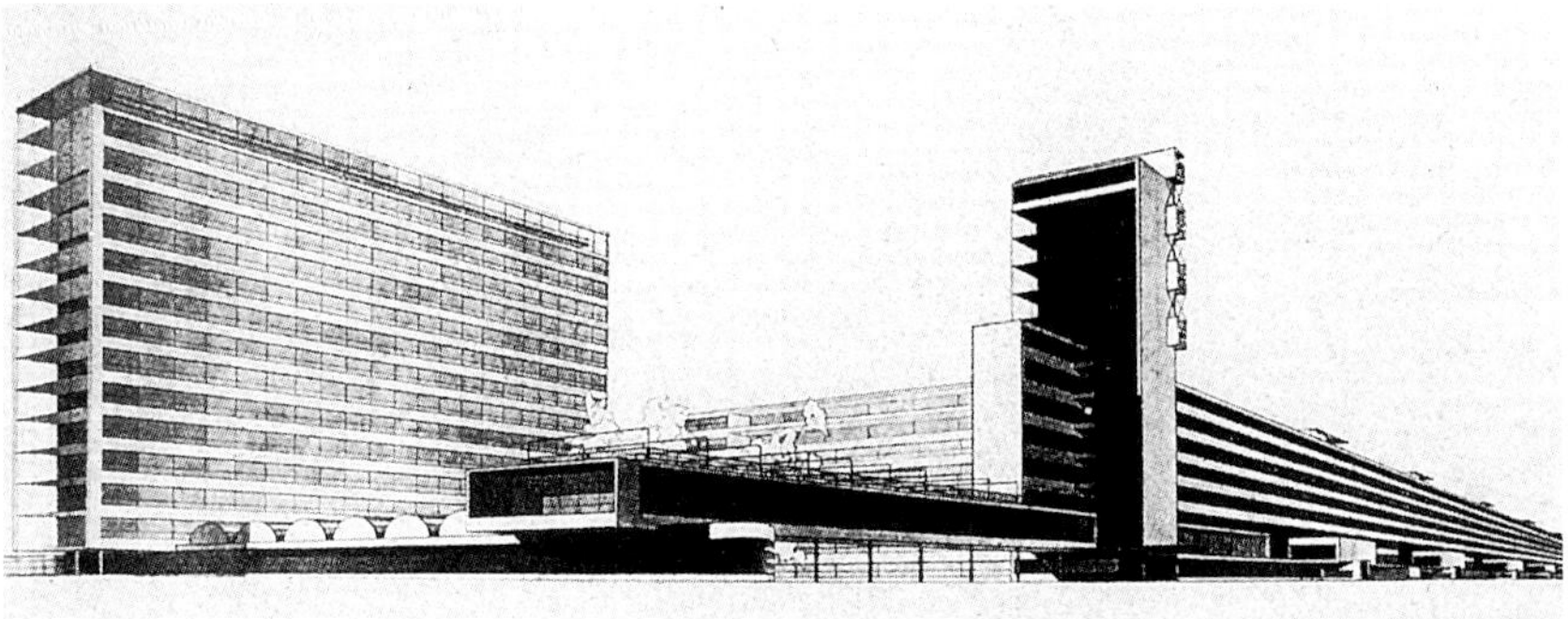

I・ゴロゾフ／ウラル工業省コンペ案, スヴェルドルロフスク, 1930 - 31

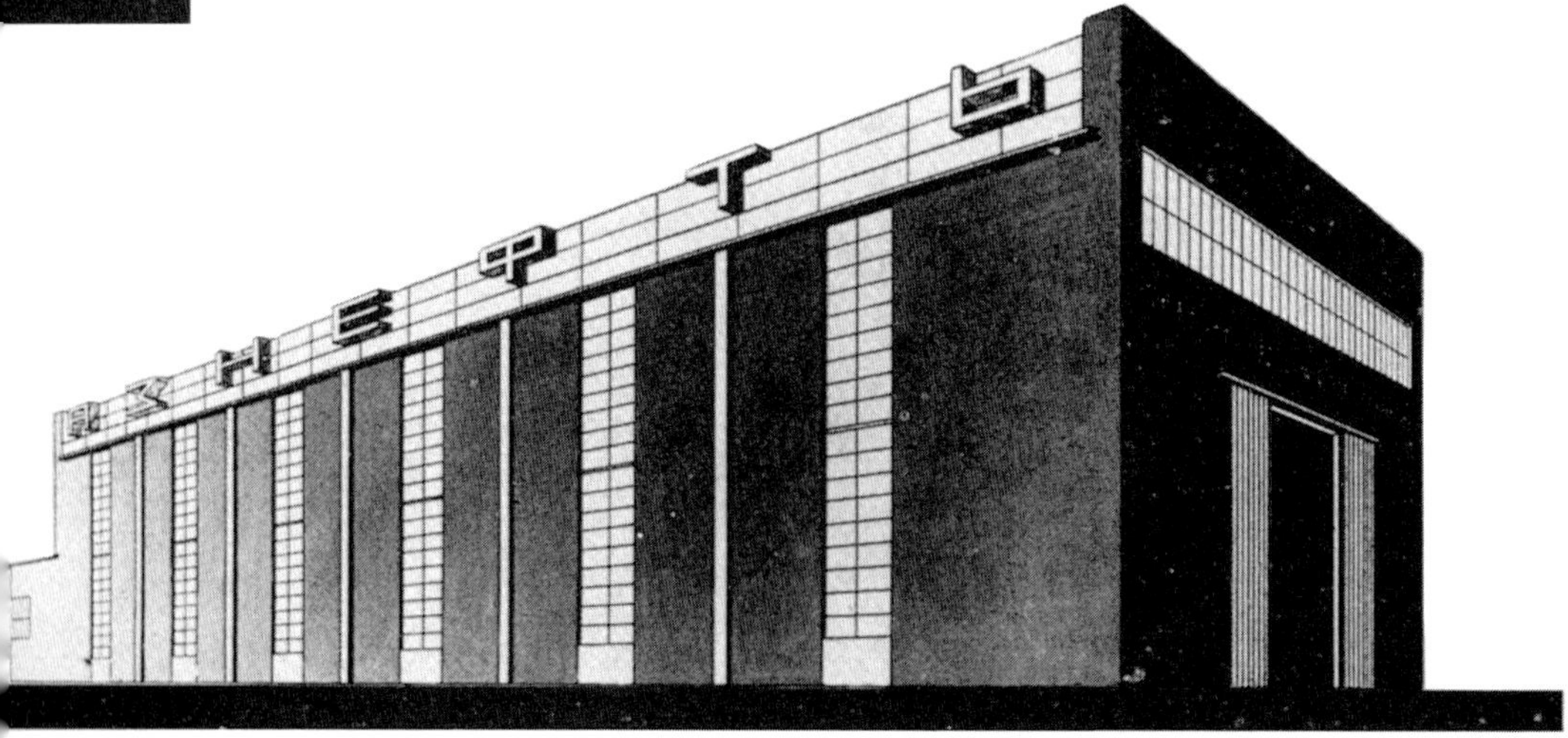

I・ゴロゾフ，ミッテルマン／Asneftポンプ・ステーション計画, 1928

I・ゴロゾフ/
前政治犯協会会館
コンペ案, 1930

I・ゴロゾフ/
住居コンビナート
コンペ案,
スターリングラード,
1930

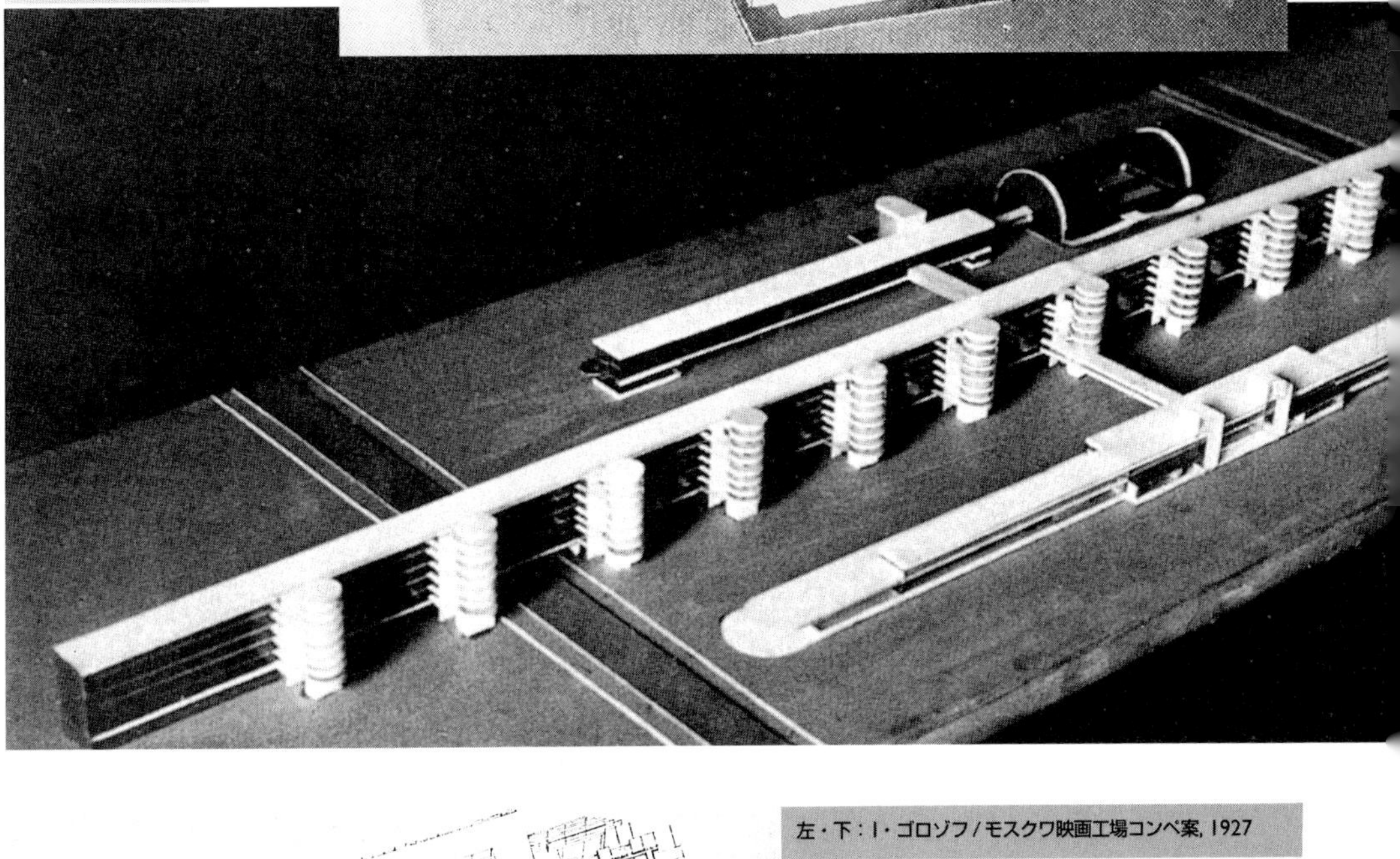

左・下：I・ゴロゾフ/モスクワ映画工場コンペ案, 1927

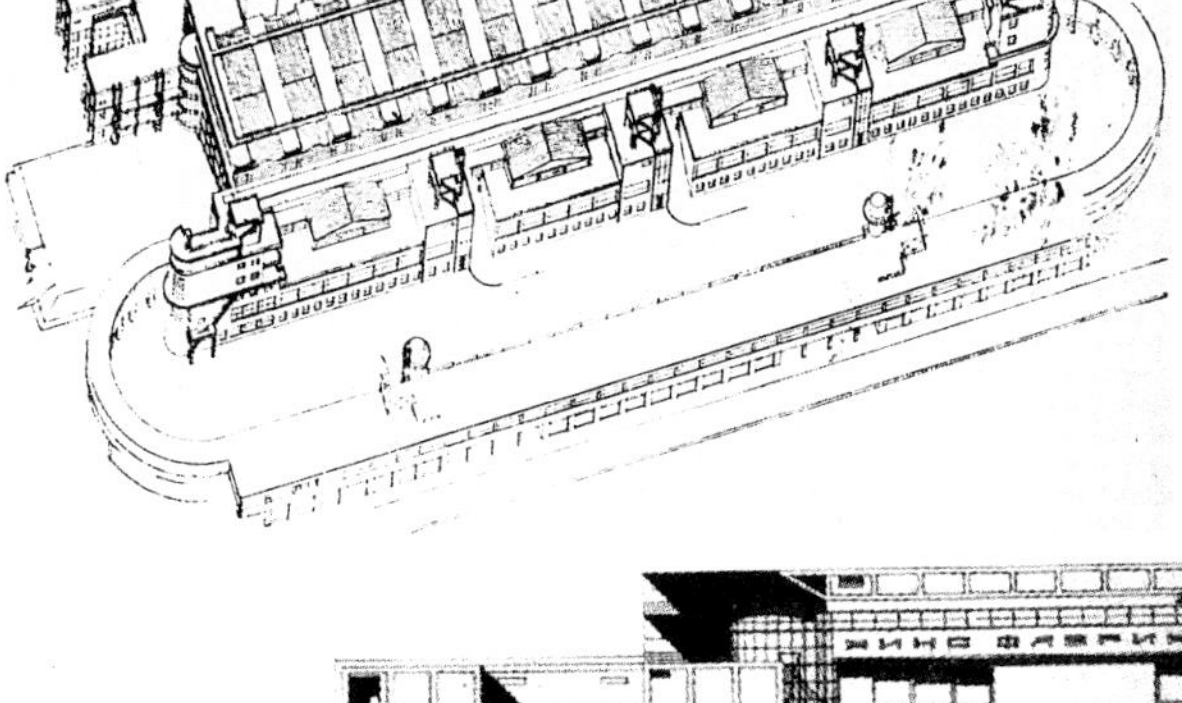

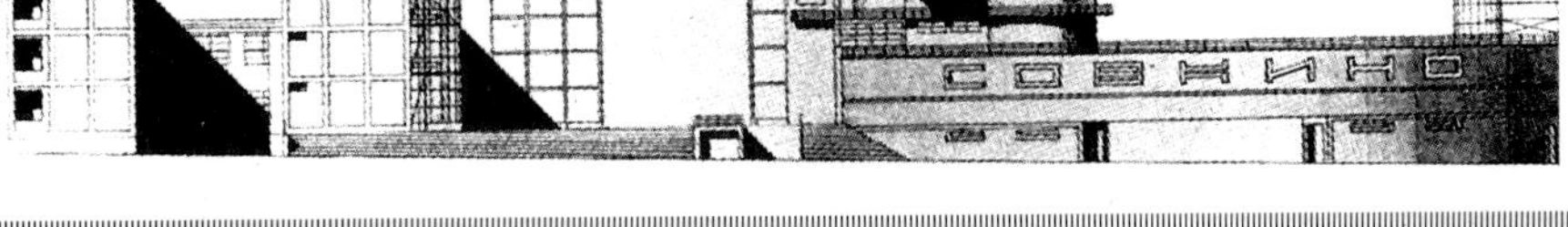

れは少なくともギンスブルグにとっては面白からぬ事態であったらしい。〝SA(エス・アー=現代建築)〟誌に掲載されたギンスブルグの論文には「構成主義のスタイル化」に対する警鐘のようなものが多く扱われているが、これは具体的にはゴロゾフとその影響に対する牽制であったようだ。例えば一九二七年の第四、五号に掲載された「現代建築の明細表とパースペクティヴ」では、すでに触れた「アルコス・スタイル」への言及と共に、外国からの情報の流入が、例えば「外壁の扱いや水平窓の原理その他のコンポジションの上でのディテールなど、ル・コルビュジエの建築の純粋形態を借りたりして、『新たなスタイル』への段階を記している。多くの建築家が問題の徹底的な更新を見ることなくこのモードを追求している」と指摘、構成主義者はこれらの外国の作品の分析にあたっても「形態的様相ではなく原理と方法」を見なくてはならないという主張がなされているし、次の号の「研究、教育における作業方法としての構成主義」では、「建築におけるどんな研究にも、自分自身のうちに建築家の実践作業のヴォキャブラリーの中で扱われる、特定のフォルムのカノン化という危険が隠されている。構成主義とは、こうした現象と闘い、建築の基本的要素をその他のフォルム形成の前提と関連する途切れることのない変化の中で研究するものである」とも書かれている。ギンスブルグからすれば、それまで違う途をとっていたゴロゾフがあっさりと自己の陣営に鞍替えして、それも自分が試みているような面倒な方法を飛び越えて似たような「スタイル」を次々と生み出し、挙句の果てに構成主義のスター然とおさまりかえるのは苦々しいことであったに違いない。

もともとこの二人は肌合いの違う人物であった。ゴロゾフは気質からいっても、ずっとメーリニコフに近いロマンティックなシンボリストであり、事実VKhUTEMAS(ヴフテマス=国立高等芸術技術工房)ではこのかつてのクラスメートと工房を分け合っていた(これもまたギンスブルグにとっては許し難いことであったはずだ)。ゴロゾフはメーリニコフ同様、ギンスブルグのような意味での理論家肌ではなかったし、著述も数は多くなかったが、それでもVKhUTEMASの教授として創作のための方法論はもっていたし、その線に沿って学生の指導も行なっていた。この方法論とは、概略的にいえば客観的なモメントと主観的、個人的なモメントの弁証法として建築創作を理解するというものであり、彼はそれをマスとフォルムの違いとしてとらえていた。マスは基本的でシンプルな空間形態であって、「それ自体は内容をもたず、いかなる思想をも表現しているわけではない」。それに対してフォルムは内面の表現であり、「内容をもたないではおれない」ものである(一九二〇年代はじめの手記による)。そこから彼は立方体や角柱、円錐など基本的な幾何形態の特性とリズム、動きなどからなる構成論(コンストラクションではなくコンポジション)を導き出そうとする。これは明らかにガデなどのボザール理論と基本的には変わらない。この意味でゴロゾフはジョルトフスキーの門下でありつづけたともいえる。二章でも述べたようにそれは初期のギンスブルグにもあてはまることであったが、後者と違ってゴロゾフの方はその理論的枠組を刷新することなく、形態のみの刷新に赴いた。彼のテクストを追っていくと、ゴロゾフの時代の変化に対する意識とは、建築が個々のフォルムから大きなマスの表現に移行していくというような理解であったにすぎない。この見方も客観的な表現としての時代の大原理を第一義とする見方であったには違いないが、個人的な表現を重要視するようなゴロゾフの立場からいけば、それは結局ギンスブルグのように合理的な分析プロセスの中に個人の表現などというものを融解してしまおうというのではなく、古典建築の厳密な枠組の中で、ルネサンスの巨匠たちが行なっていたような途をとるということにならざるを得ない。ルネサンス建築は皆共通の時代のマスの感覚をもっている。超個人的な時代のアイデンティティをルネサンスほどに強くもった時代は多くない。しかし、同時に巨匠たちは個性を奪われているわけではなくその逆であった。ソヴィエト・ロシアでもそうであっていけない理由はどこにもない、とゴロゾフは考えたのではないか？これは構成主義の発生期のアーティストたちの間でも見られたものと似たアプローチの違いである。当然ギンスブルグからすればこの「構成主義のスタイル化」は偽りの構成主義でしかない。興味深いことに、これと同時期に西側でも、バウハウスで「バウハウスのスタイル化」の論争が行なわれていた。それはそれとして、この「論争」（ロシアではそう呼べるようなものではなく、一方的な「仕掛け」ではあったが）の真の意味は、「スタイル化」という「逸脱」が行なわれたという問題よりは、その逸脱が見事な成果となってしまった方にあるのではないかと考えられる。つまり、本来スタイルとしての配慮とは全く別なところから生み出されたはずの、したがってそのような効果はもち得ないはずのものが、実は逆であったというところにあるのではないか？さらには、ギンスブルグはゴロゾフらのプロジェクトの非機能性を具体的にあげつらったわけではない。おそらく子細に分析してみればそのような不都合は見つけられようが、ギンスブルグのプロジェクトにしてもそれはあてはまらないわけではあるまい。「機能」は、結局のところ——ギンスブルグ自身が明らかにしているように——分析のパラメータとして拾いあげられるところでしか方法論としては評価できないが、現実には人によっていか様にでも取り上げることが可能である。できる限り体系的なパラメータ化とその組織化を目指したギンスブルグの方法が、より直観的なゴロゾフの方法よりも現実に機能的であるかどうかは、議論の枠組とはまた別の話であり得るのだ。それにゴロゾフとても、およそ機能主義者ではないすべての建築家にしてもそうであるように、機能を無視したわけではない。このことは、機能主義にもともと倫理的なモチヴェーションが潜んでいるだけに、ギンスブルグらにとっては看過し得ないジレンマであったはずだ。それこそは構成主義とその反対物と考えられたフォルマリズムとを通底させる最大のアポリアのひとつであった。しかし、もう一方では、ギンスブルグらの議論もまた、ゴロゾフが「真の構成主義者」ではないことを実際にその後の歴史的経過のうちで自ら実証していく（十六、十七章参照）ことによって、その正当性をある程度裏書きすることになった。ただし、その裏書きはギンスブルグら自身にもはね返っていくという苦い結果をも伴ってではあったが。

2. 「新」世代と「旧」世代 「構成主義スタイル」のリミット

前節で取り上げた「機能主義」をめぐるゴロゾフとギンスブルグの不一致は、ひとつは機能主義（構成主義）理論のもつ原理的な曖昧さに起因していた。つまり、それはよりフォルマリスティック（スタイリスティック）な逸脱に対してはある程度の特定化がなし得たが、そうでない、つまり形式やシンボリズムに関わらない厳密な機能主義が真に可能かどうかについては、最終的には説得ある答を用意し得な

ジョルトフスキー，コシン／火力発電所，モスクワ，1927

シチューセフ／Narkomsen，モスクワ，1929 - 33

かったのである。であれば、「スタイリズム」という概念は、決定的なリトマス紙にはなり得ない。それともうひとつ重要なこととして、最初はロマン的古典主義ないしシンボリズムから構成主義へ、そして一九三〇年代になるとその逆の方向への、二度にわたるゴロゾフの転身の背後に、これも二章で述べたような古典主義とモダニズムのコンポジションの響き合いがあるとしたら、こうした問題は、アヴァンギャルドの内部だけの問題ではなく、アカデミストとの関係でも起こり得ることになる。事実、一九二〇年代の中頃に構成主義の「スタイル」に傾いたのは、ゴロゾフだけに限った話ではない。以下に取り上げるようにもっと年長のアカデミストすら、そのようなカテゴリーの作品をいくつかものしている。『スターリン時代の建築』の著者、アナトール・コップのようなモダニスト歴史家にとっては、これらの作品は、ゴロゾフの比ではなく、字義通りの日和見でしかなかった。それは表層の意匠のみを借りた似非モダンでしかない、というわけだ。

しかし、本当のところでいうと、ヴェスニン、ギンスブルグとゴロゾフ、メーリニコフの間の線引きと、共にジョルトフスキー門下で、VKhUTEMAS（ヴフテマス）ではスタジオを分け合った後者グループとアカデミストの間の線引きとは、どちらがより本質的といえるのか？　実際、VKhUTEMASの節で述べたように、ゴロゾフとメーリニコフは、彼らのスタジオをアカデミストのスタジオとラドフスキーらのOBMAS（オブマス＝合同左翼工房）の間に置かれた「新アカデミー」と呼び、「歴史的モニュメント」の研究と「本能的創作」の重要性を主張したのだが。コップの例をもう少しつづけると、この歴史家は『都市と革命』で、メーリニコフについては、その業績を認めながらも、彼の労働者クラブなどは、「OSA（オサ）と違い、時代の要請であった規格等の問題に背を向けたという点で、彼とASNOVA（アスノヴァ＝合理主義建築家同盟）の限界を示すものであった」と述べている。これは、基本的にはOSAの観点からのASNOVA批判であった。つまりフォルマリスト批判である。しかし、だからといってコップはASNOVAやメーリニコフをアカデミストと同じように批判しているわけではない。後者の大立物の中に数えあげられる、ヴィクトル・シチューコとウラディーミル・ゲルフレイフのチームの一九二〇年代の代表作であるロストフの劇場（完成は一九三五年）は、

ジョルトフスキー,
ゴルツ, コシン,
パルイシニコフ／
国立銀行, モスクワ,
1927 - 28

「構成主義的」なスタイルによった建物の中でも最大級のもののひとつだが、それについてのコップのコメントはメーリニコフの場合よりも冷たい。つまり、ここでは「彼らが『モダンにする』ことの必要性を一九三〇年代の初頭にはまだ感じていたことを示している」というのである。このコメントの裏には、明らかに、その後この二人が後にも述べるようにソヴィエト・パレスのコンペティションの最終案をイオファンと協働するに至ったこと、そして彼らの代表作、レーニン図書館（ヴェスニン兄弟の全くモダンな案を抑さえてコンペティションに勝った）など、その後の作品がはっきりとアカデミズムの路線に回帰していったことが念頭にある。その時だけはモダニスト風に振る舞っておきながら……というわけだ。だが作者の節操（それを問うべきとしても）と作品とは本来別個のものであると考えられてもよい。「その後」をもって「前」の作品を単なる「見せかけだけの偽モダン」と断罪することは、少なくともメーリニコフ、ゴロゾフ・ラインと比べてもそうだというのであれば、スターリニストたちがそうであったと同じくらい政治主義的な発想であり、かつその断罪の仕方も同じくらいレトリカルな言い方ではないか？

アカデミストのモダン・スタイルの採用が全面的に節操を欠いた仕儀であったわけではない例としては、ジョルトフスキーによる火力発電所のガラスのカーテンウォールを用いたファサードが挙げられる。このプログラムのように歴史のレパートリーにないものである場合、それに「モダン」なヴォキャブラリーを用いることは、かえって節操があるというべき行為であり、日和見と見なす根拠はない。むしろ、この場合、当時のモダニズム建築がどんなプログラムに対しても、同じ工場のような外見をあてはめるという批判をされていたことも想起しておくべきだろう。そちらの方が、フォルマリズムであり、スタイリズムであるとだって言えなくはないのだ。

こうした両義性は、ロシアに限らず、この時代には類例を少なからず見出せる現象である。例えばウィーンの「アンファン・テリブル」であったアドル

フォーミン／ディナモ, モスクワ, 1929 - 31

フ・ロースは、プログラムによっては古典主義的なオーダー柱を用いることを辞さなかった(ただし、この事実が話題になることは——半ば巨大なジョークだったシカゴ・トリビューンのコンペティション案の場合を除いて——滅多にない)。また、拙著『未完の帝国』にも書いたように、ナチス・ドイツにおいて一時は反モダニズム・キャンペーン(とくにワイゼンホフのモデル・ジードルングに対する)の急先鋒として見なされていたパウル・ボナッツは、火力発電所と同じカテゴリーに属するダムやアウトバーンなどの土木構造物に「モダン」といってよいすぐれた造形を与える建築家であった。第一次大戦後、一九三〇年代の初頭までのハイ・モダニズムの全盛時代には、このような中間的な(つまりアヴァンギャルドというよりは幾分モデストな)モダニズムのかたちはいくらでもあった。アヴァンギャルド世代よりも年長だった世代の建築家がそこに手を伸ばしたとしても、それを「偽り」の日和見呼ばわりするのは必ずしも公正な判断とはいえない。

この「手の伸ばし」方は、当然、人それぞれであって、ジョルトフスキーは前記の例以外には、本来のパラディアニズムを守ったし、シチューセフは、**Narkomzen**(ナルコムゼン=農業省)のように完全に構成主義風のデザインの建物を建てた。その他にも、一九二〇年代の後半のシチューセフは、多くのこのスタイルによるデザインを行なっている。それらは、とりわけ傑出したというほどの作品ではないにせよ、だからといって、コップのように「見せかけ」だけのモダンと言い切るのは一面的であろう。

イワン・フォーミンはいくつかの「モダン」ともいえる作品をつくったが、常に彼独特の武骨な古典主義的な形式感は残したままであった。一九二九年から三一年にかけてのモスクワの巨大なコンプレックス、「ディナモ」や、一九三〇年にイヴァノヴォ－ヴォツネセンスクにつくられた**Rabfk**(ラブファク=労働者大学)の建物では、ペアになった円柱が「赤い古典主義」を示すべく

フォーミン/人民委員会本部, モスクワ, 1930

フォーミン/
NKPSのホテル,
モスクワ, 1931

採用されているが、その他の部分には装飾もなく、とり立てて「アカデミック」でも「アンチ・モダン」でもない。ディナモの円柱コロネードは、円い窓を連続的に穿った最上階をコーニスと見立てる一種のジャイアント・オーダーの簡略版で、ボナッツのシュトゥットガルト駅や松本興作の第一生命館を連想させる。

しかし、実のところ、この種のコンポジションは、構成主義の実現作の代表例のひとつとされるG・バルヒンのイズヴェスチャヤ本社ビル（一九二五～二七年、バルヒンとイズヴェスチャヤについてはまたすぐ後に述べる）にも見ることができる。考えようによっては、ゴロゾフのガラスのシリンダーの使い方すらその極端な変形例と見なし得なくもない。確かにイズヴェスチャヤではオーダーは、もはやよりニュートラルなフレームへと変形されてはいるが、しかし、コーリン・ロウが有名な論文「シカゴ・フレーム」で、近代建築のフレームの表現をかつてのオーダーと比していることを思い起こせば、これは決定的な断絶とだけ読めるものではない。それに、円窓やバルコニーの重層など、フォーミンがイズヴェスチャヤにヒントを得たということはあり得ぬ推量ではない。一九三〇年の人民委員会本部、一九三一年のNKPSのホテル（共にモスクワ）などでは、この簡略化は一層おし進められており、足元のコロ

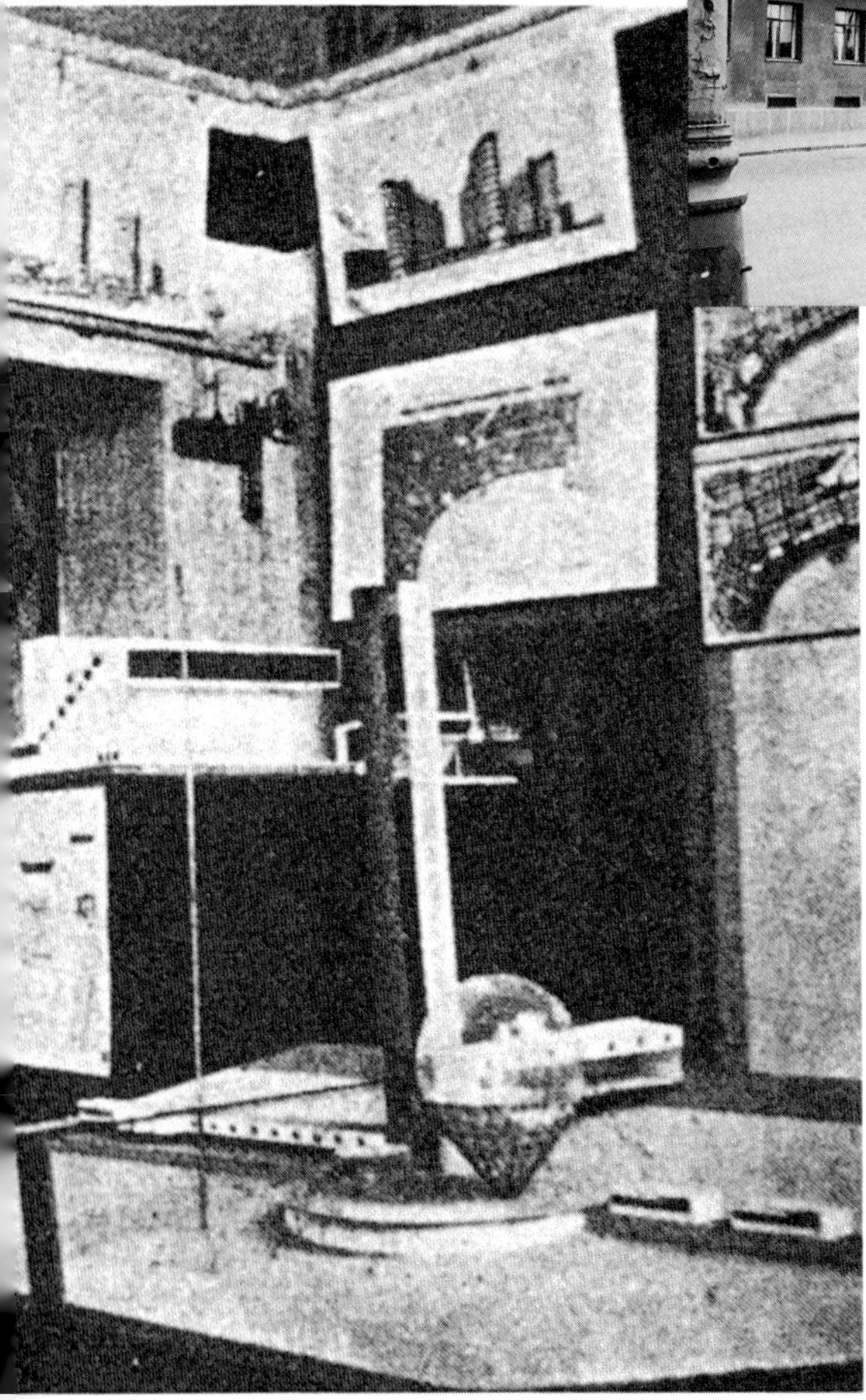

上下：イオファン/ウダルニクのコンプレックス，モスクワ，1928 - 31

ネードを除けば、ほぼ機能主義建築と変わるところがない。

最も問題とされるべき作品は、ボリス・イオファンが一九二八年から三一年にかけて建てたウダルニクの巨大なコンプレックスである。コップはこの建物について、イオファン自身がコンペの勝者となった「数年後のソヴィエト・パレスの『スタイル』を想起させるものは何もない」と言っているが、モスクワ河に面した主ファサードはシンメトリック、かつ列柱のコンポジションをもったもので、フォーミンの同時期の建物とよく似ている。このコンプレックスは一種の「住居コンビナート」であり、三つの中庭を囲いながら五百戸のアパート、それに託児所、洗濯場、図書館、スポーツ・ホール、大食堂、郵便局、クラブ・シアター、さらに千六百席の映画館やデパートまでがついている。つまり一種の住居単位(ル・コルビュジエのいうユニテ・ダビタシオン)である。設備的にもビルト・インのカップ・ボードやダストシュート、地域暖房など最先端のものを備えていた。つまり、単にうわべだけの「モダン・スタイル」どころか、アヴァンギャルドたちの共同住宅の構想の最大の実現例と言ってもよいようなものなのだ。「スタイル」としても、住宅部はオーソドックスなブロックでしかないが、映画館の部分は発電機のような屋根が載った「マシニスト風」のデザインで、メーリニコフやゴロゾフを思わせる。現にゴロゾフの一九二三年の労働宮殿のデザインには、これと酷似したホールが見られる。それと、こちらの方は見すごされがちだが、ゴロゾフのこの計画では他のブロックには神殿風のコロネードが施されたりもしているわけで、その点でもイオファンとメーリニコフ/ゴロゾフ・ラインは極めて近接している。ウダルニクがロシア・アヴァンギャルドの重要な業績に数えあげられることがない理由は、内容的なものというよりは、おそらく、むしろ政治的なものである。何といってもソヴィエト・パレスの一等案によってイオファンは、アヴァンギャルドの敗退を決定的にシンボライズする「敵」側の人物となってしまったこと、そしてこの住居コンビナートが立地(クレムリンと市街を分かつモスクワ河の中州)からいってもコストからいっても、労働者大衆のための住居ではなく、党高級官僚や文化人(イオファン自身もここに住んでいた)などエリート(ノーメンクラトゥラ)のためのものとなったこと、がその理由である。モスクワでは、「ウダルニク」は特殊な特権社会の象徴であり、そのため、後に小説の舞台としても取り上げられたほどである。それは挫折したアヴァンギャルドのイメージからは確かに遠い。しかし、フィジカルな内容は必ずしもそうではなかったの

OSA〈第一回近代建築展〉1927

である。

この関係で言及しておくべき重要なイヴェントが、一九二七年にOSAの主催で開催された〈第一回近代建築展〉である。この年にはドイツのワイゼンホフの〈ジードルング展〉を含めて、世界的に重要な建築の展覧会が開催されたが、この展覧会（第一回とあるが、結果的には唯一の機会となった）も、新生構成主義の成果を広く世に問うという意味ですこぶる重要な展覧会であった。会場は四つの部門に分けられていた。まず、「構成主義の部屋」で、主催者OSAのメンバーの作品が並べられたことは当然であり、ヴェスニン兄弟、ギンスブルグ、ゴロゾフ兄弟のこれまで述べてきたような作品群を中心にして、その周りに若い、学校を終えたばかりの構成主義者の作品が置かれた。とりわけ人々の目を惹いたのがレオニドフの卒業設計、レーニン研究所のプロジェクト（模型とドローイング）だったが、これは後に再論することにして、それ以外にも、ウェグマン、フファエフ、ソボレフ、ブロフ、ヴォロティンツェヴァ、クラシルニコフ、ニコラーエフ、フィセンコ、コルンフェルド、ウラディーミロフ、バルシチらの作品が並べられた。卒業したばかりの新人とはいっても、その作品群の中には、例えば、ここでもプロジェクト段階で発表されたバルシチとシニャフスキーのプラネタリウムがすぐに実施に移されている

左・下：G・バルヒン／イズヴェスチャヤ本社社屋実現案, 1927

G・バルヒン／イズヴェスチャヤ本社社屋コンペ案, モスクワ, 1925

ように、彼らはもはや修業中の身ではなく、OSAの中核メンバーとして多くの建物を実現していく一人前の建築家であった。第二の部屋は「建築学校の部屋」で、VKhUTEMASをはじめとしてMVTU（モスクワ高等工科大学）、LIGI（レニングラード土木技術学院）を主として他の地方（キエフ、オデッサ、トムスクなど）の建築学校の学生のプロジェクトが並べられた。面白いのはVKhUTEMASの部門はラドフスキーの門下、つまりラムツォフ、トゥルクス、コルツェフ、グルシェンコ、グラドコフ、ヴァレンツォフらの作品が主であったことで、これはASNOVAが参加に難色を示したための窮余の策であったらしい。他の部屋は「ハウジングの部屋」で、これは開催されたばかりのOSA会員コンペティション（八章参照）の結果が主なものであった。

次のものが本節の主題と最も関わりの深いコーナーで、「OSAと同じ平面で作業をしている人々」の部屋である。アロノヴィッチの評では「受け入れ得るものだが、OSAの観点から見るとオーソドックスとはいえない」作品群ということになる。ここではOSAでもASNOVAでもないがモダンな建築の展示が行なわれている。その建築家は基本的にやや年長の人々である。ここにはシチューセフの作品（モスクワ大学解剖教室やマセッツアのホテルの、共にコンペティション案——この頃、彼はまだ前述のNarkomsenの建物には取りかかっていなかった）や、やはりアカデミストと普通分類されるチェルヌイショフ（後のモスクワ大学の共同設計者の一人）の作品（Eksportkhleb［エクスポルトフレブ＝穀物輸出局」の増改築）が展示された。それだけではない。ここには、前述のグレゴリー・バルヒンのイズヴェスチヤビル（一九二五〜二七年、コンペティション案と高度制限のために低くなった実現案）や、同じバルヒンのイヴァノヴォ－ヴォツネセンスクの紡績工場のプロジェクト（一九二六年）、そし

ヴェリコフスキー／Gostorgコンペ案，モスクワ，1925

ヴェリコフスキー／Gostorg，実現されたもの，1927

てこれもイズヴェスチャヤと同様な位置付けを与えられているボリス・ヴェリコフスキーのGostorg(ロシア共和国貿易省、一九二五〜二七年、これも原案よりも高さをカットされてでき上がった)などが陳列されていた。

バルヒン(一八八〇年生まれ)もヴェリコフスキー(一八七八年生まれ)も従来のロシア・アヴァンギャルド建築を取り上げた書物では、アカデミストとは見なされてはこなかった建築家である。ジョルトフスキー、フォーミン、シチューセフらが一八七〇年前後の生まれであるから、それよりは一世代後、ヴェスニン兄弟(長兄レオニードが一八八〇年、ヴィクトルが一八八二年、アレクサンドル一八八三年生まれ)やゴロゾフ兄弟(パンテレイモンが一八八二年、イリヤが一八八三年生まれ)とはほぼ同じ世代、一八九〇年生まれのメーリニコフやギンスブルグよりは上の世代といったところである。彼らは革命前からすでにヴェスニンら以上にエスタブリッシュされた建築家であった。実際、ヴェスニン兄弟の下の二人は、一九〇八年から一〇年にかけてヴェリコフスキーの事務所で助手を務めていたくらいである。もちろんその頃の彼らの建物は古典主義に基づいたものである。しかし、このGostorgやセントロソユーズのコンペティション案は構成主義のデザイン以外の何物でもないもので、とくに前者はこれ以上に

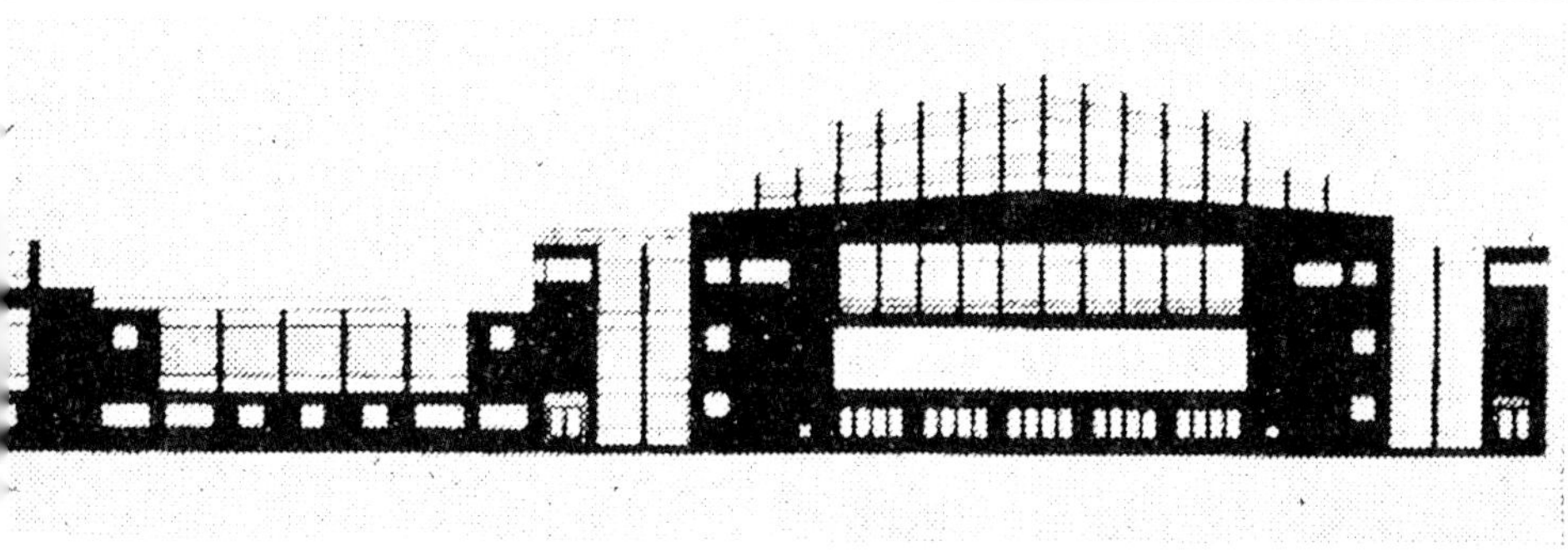

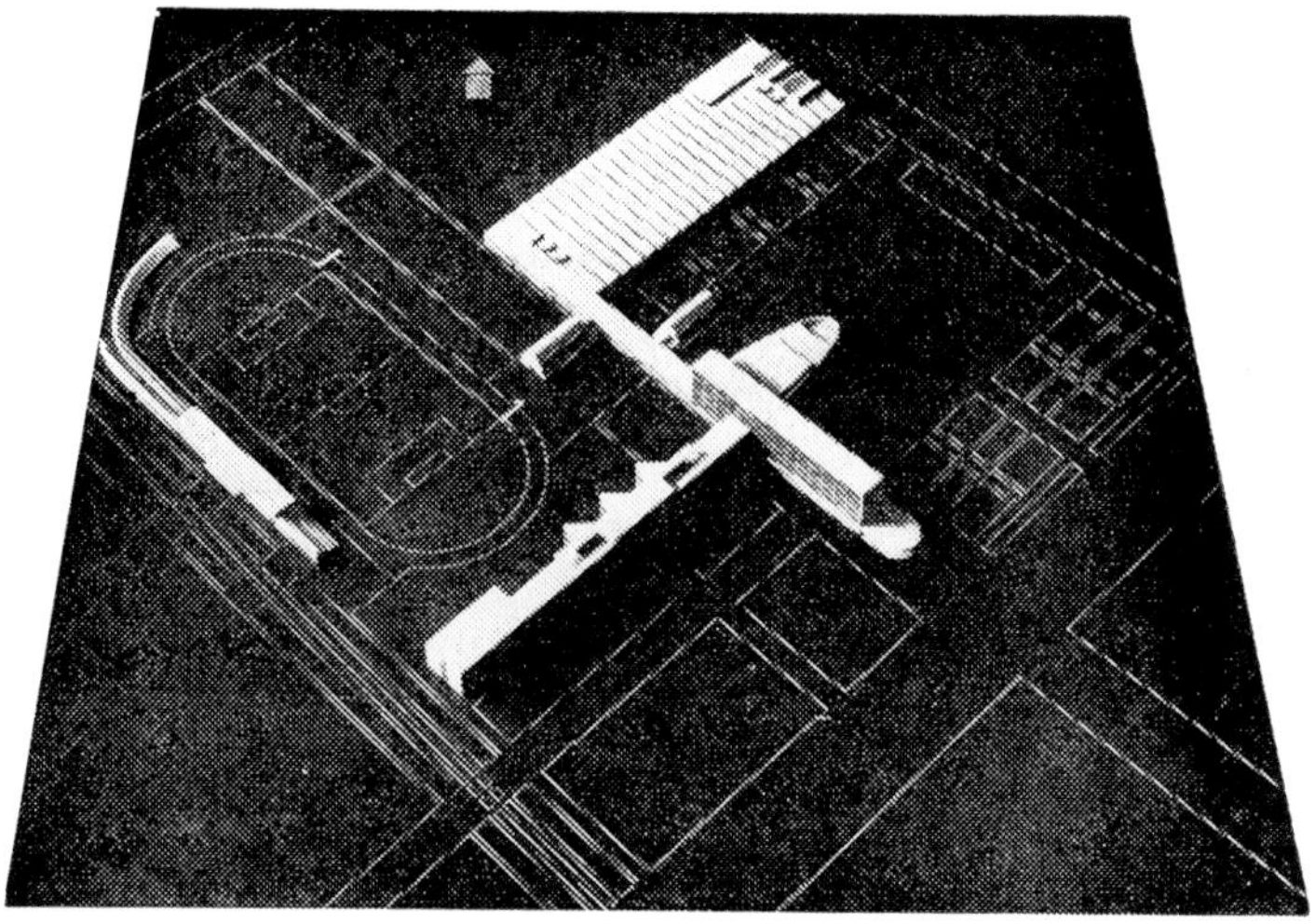

バルヒン/郵便局コンペ案, ハリコフ, 1927

バルヒン/印刷工場計画, ゴーリキ, 1928

はザッハリッヒになりようがないほどに匿名性が前面に出たデザインであった。ここには、ゴロゾフの構成主義スタイルの向こうにともすると透けがちな古典主義の輪郭は、その片鱗すら見えない。これにはバルシチ、ウェグマンら、若いOSAのメンバーが助手として協力していたことにもよっていると思われる。この建物でとりわけ注目を集めたと思われるのは、大きなガラス面を通して光が一杯に入ってくる、階段と通路が絡んだ吹き抜け空間で、これはそれまでの建築にはなかったモダンな空間の何たるかを人々に印象づけるような空間的デモンストレーションであった。

バルヒンの方は、一九二〇年代を通じてこの面ではヴェリコフスキー以上に多産であった。一九二五年のドニエプルペトロフスクの文化宮殿のコンペティション案は、ゴロゾフのこの頃のプロジェクトにも見られる神殿と工場の混淆といったところであり、イズヴェスチヤにすらジャイアント・オーダーの翻案が見られることはすでに述べたが、それ以後のプロジェクトは、ハリコフの郵便局計画（一九二七年）、ゴーリキの印刷工場の計画（一九二八年）、ロストフ・アン・ドンの劇場計画（一九三〇年）、スヴェルドロフスクの劇場計画（一九三〇〜三一年）、モスクワの労働宮殿計画（一九三三年）など一貫して構成主義のオーソドキシーをいくようなプロジェ

バルヒン／
文化宮殿コンペ案，
ドニエプルペトロフスク，
1925

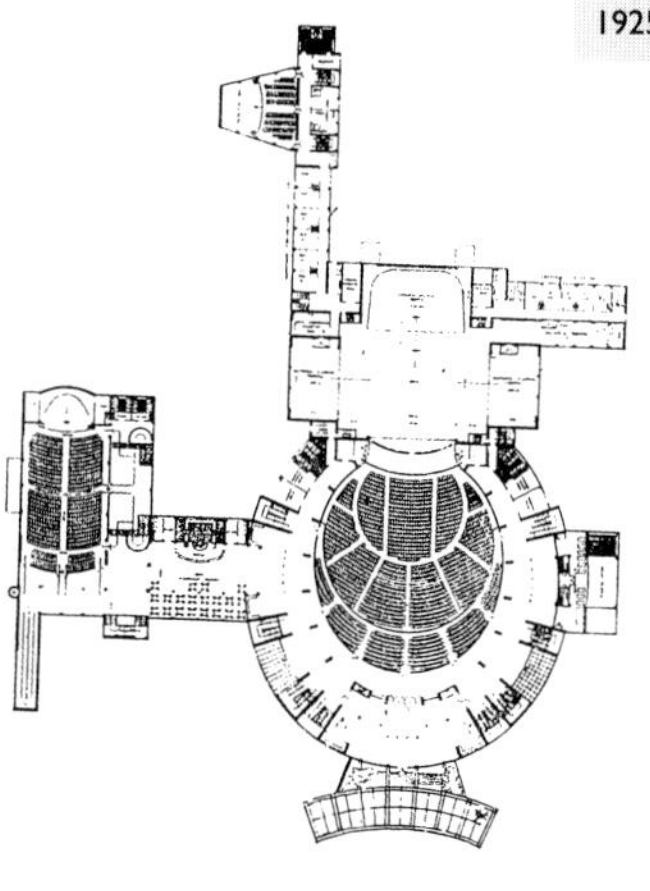

バルヒン／
大劇場コンペ案，
ロストフ・アン・ドン，
1930

クトを生み出し続けた。彼が早期に旧スタイルを刷新したのは、第一次大戦下で工場の造営に携わったことが原因のひとつであるともいわれている。また息子のミハイルとの協働であったことも、ミハイルが後に父とは離れて計画したメイエルホリド劇場のプロジェクト（一九三三年）を見ると、関係がありそうに思える。彼はMAO（マオ＝モスクワ建築協会）の熱心な会員であったし、「おそらくは決して自らを前衛主義者とは見なさなかった」（キャサリン・クック）が、彼のプロジェクトを「似非構成主義スタイル」呼ばわりすることは明らかに不可能で、さすがにコップもそうはいっていない。クックは、彼の現在的な実際性への強い関心に言及しつつ、バルヒンを「実践的モダニスト」と呼び得るのではないかと書いている。

しかし、このクックの指摘で面白いのは、彼女が、その「プラグマティズム」とは、シチューセフのアプローチの核心にあったものだとも述べている点である。コップならシチューセフのはプラグマティックというよりは日和見的というべきだと切り返すだろうが、これは、クックが引用しているシチューセフの一九二六年の講演の一節を見る限りにおいて、より錯綜した事態となる。つまりこのアカデミストはこう語っている。「スタイルとは、少数の人々の特定の趣味によって決まるものではない。スタイルとは、ものが装飾されるシステムのことをいうのだ。……現在の我々には贅沢は許されない。我々は最も単純なフォルムから直接由来するものに対してのみ形態を与えるべきなのだ。（…中略…）今日の需要から出発するならば、我々が計算に入れなければならない事実は、最も高価な材料とはレンガとガラスだということである。全く現代的なデザインでコンクリート、ガラス、ブロックでつくられた単純な形態とは、必ずしも経済的だというわけではない」。ガラスの大々的な使用とは、ソヴィエトの風土的な理由も含めて、OSAがしばしば批判された点であり、その反論の試みは十分説得的であったともいい難い。シチューセフのモダンな建物でも、アルコス・スタイル風にガラス面は大きいが、それを言行不一致というかどうかとは別に、シチューセフにとって、装飾の省略という理由に立っての構成主義スタイルの採用があったとすれば、その「プラグマティズム」は、ある意味でギンスブルグらよりも合理的だとは言えなくもないのだ。

装飾システムとして構成主義をとらえられるのはギンスブルグらにとってはとんでもないことではあったろうが、それは少なくとも経済合理主義の立場からは反論し難いという矛盾を抱えていたのである。こうして見れば、最も合理的な「真」の構成主義と、その表面的な剽窃にすぎず、したがって一貫した合理性を欠いた「構成主義スタイル」の違いなどという問題の定式化は、ヴェスニン、ギンスブルグ―バルヒン、ヴェリコフスキー―ゴロゾフ、メーリニコフ―シチューセフらアカデミストの間のどこで線を引こうとも、結局は相対的にしか成り立たないのである。そうなれば、問題は、原理的というよりは、その選択が時の情勢と相まっていかなる意味をもち得たのかという、広義な意味でのポリティカルな事柄として判断されるしかない。

バルヒン／労働宮殿コンペ案，モスクワ，1933

第　七　章

社会のコンデンサー

1　モニュメントから社会のコンデンサーへ

2　労働者クラブ——文化宮殿

1. モニュメントから社会のコンデンサーへ

革命後のボルシェヴィキ政府は数多くのモニュメントの計画を行ない、実際その少なからぬものを建てた。明らかに革命のイデーをプロパガンダする目的に沿ったものであり、レーニン自身のお声がかりによるプロジェクトである。タトリンの《第三インターナショナル記念塔》は、実際の建設予定があったわけではないから、その典型とは言いにくいが、最も究極のものであることは確かである。建築と彫刻の中間にあるこれらのモニュメントは、建築のような慣習的な形式が存在しているわけではないこと、機能的な制約がないこと、当時のロシアの絵画や建築がそのスタイルの新旧にかかわらずシンボリックなイデオロギーを求めていたこと、などの理由によって、ステージ・セットと並んで建築の実験的演習となり得た。

例えば、シンボリズムの探究という点では最も神秘主義的ないき方をしていたヴィテブスクでのマレーヴィチのアトリエなどでは、形象を宇宙的シンボリズムにあてはめようという試みがなされていた。正方形が宇宙を、円は地球及びその運行を、三角形は思考の力を、長方形は力の相互作用を、黒は悪で、白は善、赤は当然のこととして革命を表わす、というような、フランス革命時のフリーメーソンを思わせるシンボリズムを議論していたが、それは確かにこういったイデオロギッシュなプログラムに合致するものであった。彼らが計画した《思考の新しさの勝利》のモニュメントは、宇宙を表わす正方形のプラットフォームの上に地球を示す半球を載せるというようなものだった。これは、立方体や球は形態のアルファベットだといった、かつてのルドゥと同様な言語体系としての形態操作の試みである。

これはむしろ特異な例外としても、こうしたモニュメントにおいてもアヴァンギャルドと古典主義の言語の通底を見ることができる。例えば、一九二〇年代はじめのフォーミンのモニュメントのプロジェクト、《十月革命の犠牲者のモニュメント》やモスクワの《スヴェルドロフ・モニュメント》は、彼の特徴であったディテールの省かれた古典主義が一層徹底されているために、ほとんどクーボ・フトゥリズムと区別のつかないものとなっている。マホメドフなどは、はっきりとその影響だと言い切っているが、実はこの手のもの

フォーミン《十月革命の犠牲者のモニュメント》1917

フォーミン
《スヴェルドロフ・モニュメント》
コンペ案, モスクワ, 1921

はロマン的古典主義の中にも先例がある。別のさらに顕著な例は、シチューセフによるレーニン廟（一九三〇年）である。このデザインには三つのヴァージョンがある。最初の計画はかなり折衷的な奇妙なものだったが、結局つくられた木造のものは段状にセットバックした基壇の上にごく簡略化された神殿が載るというデザインで、これ自体がすでにロマン的古典主義の典型的様式である。しかし、これはあくまで物資不足の折の仮設物だったので、一九二九年から一九三〇年にかけて石造の本建築がつくられた。ここでは基本的な形態は同じながらさらにディテールが省略され、もはや頂上の神殿はそれと見極め難いものになってしまっている。ほとんどアヴァンギャルドの手になるものといってもおかしくないようなスタイルである。未来派のツェリンスキーがこれをペルシア風だといっているが、もともとブレやルドゥの計画にもペルシア風のところがある。ブルーノ・タウトのようにこの廟全体のデザインの保守性を批判する向きもあったが、むしろ一般のモニュメントと比べてもより広範な大衆のためのモニュメントとしては充分に革新的な

上：シチューセフ/レーニン廟，最初の仮設廟，モスクワ，1924
左：シチューセフ/レーニン廟，第二の仮設廟，モスクワ，1924

シチューセフ/レーニン廟，最終の廟，モスクワ，1929 - 30

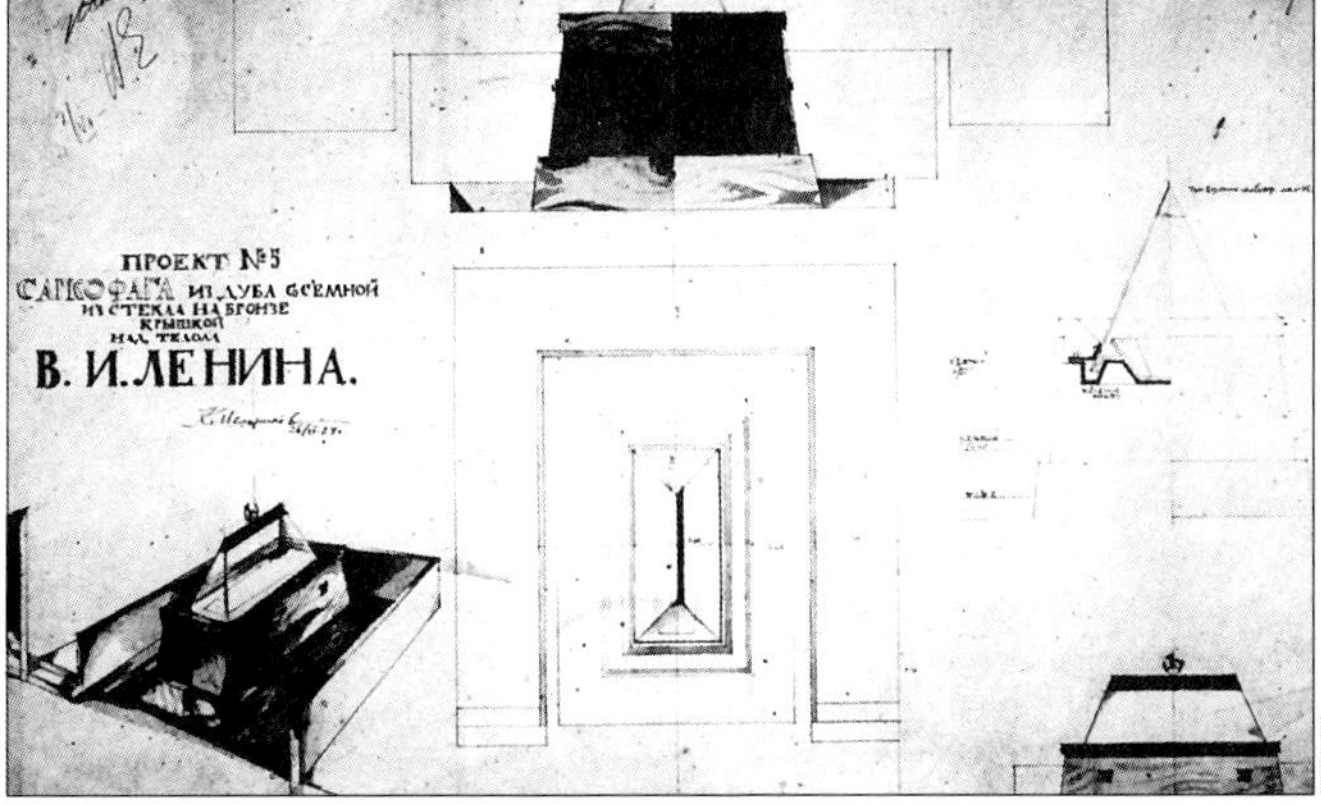

メーリニコフ/レーニンの柩，1924

試みであり、このことは、他ならぬ巨大なレーニン像を載せたイオファンとシチューコ、ゲルフレイフによるソヴィエト・パレス決定案（一九三四年）と比べれば明確である（因みにこの中に納められたレーニンの遺骸を安置する櫃は、コンペティションの結果メーリニコフのデザインによってつくられている）。

このソヴィエト・パレスの決定案については後述するが、ソヴィエトの建築界における全面的な反動のシンボルのように考えられているこの案が、十年前のモニュメント群の定型に似通っているという指摘はされておいてよい。この定型とは、つまりある種の抽象的なデザインを施された台座の上に写実的な彫像を載せるというパターンである。これは別にアカデミックかどうかを問わない。例えば、アレクサンドルとヴィクトルのヴェスニン兄弟のモスクワの《カール・マルクス・モニュメント》（一九二五年、コンペティションで決定し着工されたが、資材不足で中断）がその例で、彫刻家アレシンによる具象的なプロレタリアートを率いるマルクス像をクーボ・フトゥリズム的な台座が支えている。この低い台座はスパイラル状に上昇していくパターン、つまりタトリンのタワーと同じもの（ずっと平たいが）を踏襲しているが、それは他にも数多く採用されたパターンで、ヤクーロフによるバクーの《二六人委員会モニュメント》（一九二三年）や他ならぬシチューコの《レーニン・モニュメント》（一九二四年、二章三節参照）にも用いられている。この《レーニン・モニュメント》が後のソヴィエト・パレスの基本型を提供していることは明らかだ。ロシア・アヴァンギャルド建築全体が、これらのモニュメントに代表されるような一種の「カルト」的な性格を備えていたことは事実だが、モニュメントでは社会の建設は行なえないことも間違いない。タトリンのタワーは、巨大な「功利的」オブジェではあったが、それでもその「プログラム」は、あくまで象徴的なプログラムでしかなかった。「カルト」からもっと現実的な、しかし社会の変革の手段とはなり得るものを提出しなければならない。この概念を体現したのが、ギンスブルグによる「社会のコンデンサー」ということばである。

このことばは、すでに述べたような、ギンスブルグとOSA（オサ＝現代建築家同盟）の総合的な社会的要請としての機能の把握から由来するいわば論理的な帰結であると言っていいが、例えば一九二八年の四月に開かれたOSAの最初の大会でのイデオロギー部会の決議にはこうある。「古いタイプの賃貸住宅やヴィラや館など革命前の社会的、経済的、技術的諸関係を翻案したもの

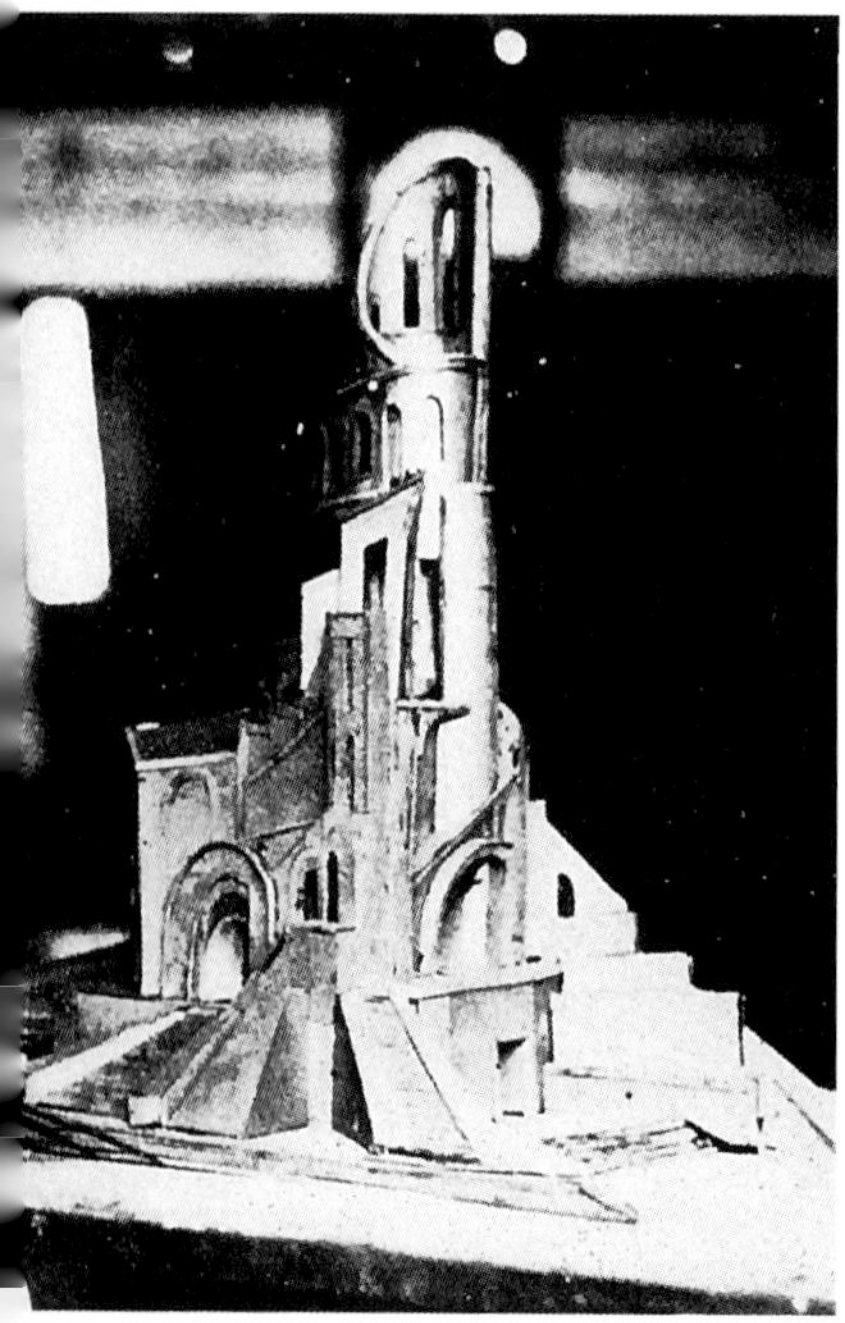

――しかし、それらは今日なおソヴィエト連邦の建築の基礎を形作っているのだが――に対抗して、我々は新しいタイプの共同住宅、クラブ、労働宮殿、工場等々を対置する。これらは、社会主義文化のコンデンサーであり、ベルト・コンヴェアとなるべきものだ」。ここで挙げられているようなカテゴリーに属するものこそが、構成主義者の計画の中核をなしていくわけだが、ここでも一九二三年の労働宮殿のコンペティションに形態の上で多く見られた「工業-機械」のメタファーがことばの上でも見られることは興味深い。すでに「テクノロジーのシンボリズム」自体は退けられているのに、である。ロシア・アヴァンギャルドにとって、この機械のメタファーは何処までつきまとうのだろうか？

これらの「コンデンサー」のうち、共同住宅に関しては次章に述べるが、もう一方の柱は公共のための行政、文化などの活動のための施設である。これらの建築は、一方においては新しい社会的機能を背負ったいわば触媒としての意味をもつが、他方においては、これらの機能をセレブレートする、つまり新体制のプロパガンダ・メディアとしての機能をも抱え込んでいた。この意味で、それはソヴィエト政権初期のモニュメント建設カルトを引き継ぐものでもあった。ギンスブルグらが「ナイーヴなシンボリズム」をいかに拒否しようと、この機能自体は建築家の意図を超えたところで成立していた。それは、アヴァンギャルド運動自体をかくも生気に富んだものとしたと同時に、やがてその芽を摘んでいく要因にもなるのだが。

公共建築といっても様々な種類がある。ひとつは厳密な意味での公共建築つまり官公庁の建物だが、ソヴィエト体制による社会-行政体制の再組織化はそれに納まらぬカテゴリーのものを数多く生み出している。後には形骸化していってしまうにせよ、ソヴィエト政権は必ずしも国家機関だけによって成立していたわけではない。党は党であったわけだし、ソヴィエト自体が国家機関とは別のものである。これに組合、レーテや様々の労働組織、さらに工場や農場など生産単位毎の組織がある。これらのうちで機能的に「社会のコンデンサー」と呼ぶにとりわけ相応しいものは、労働宮殿、ソヴィエトの家、そして各種のクラブである。これらは、管理組織がそれぞれ中核的労働組織、地区ソヴィエト、生産単位ないし職能別の組織というように別れているし規模も違っているが、機能的には似通っており、各組織の事務機能だけではなく各種の文化機能（集会施設、図書館など）が織りこまれた総合的施設である。つまり生産から行政という業務だけではなく、余暇に至るまでのあらゆる労働者のための活動の場であり、それ故「社会のコンデンサー」と呼ぶに相応しい。機能的な問題だけではない。ギンスブルグがヴェスニンのアルコス・ビルのプロジェクトに感じた不満は、それが内部空間の分節を伴わないパッケージでしかないという点にあったが、これらの建物で機能的な複合性が増していけば、それは建築の表現においても単純なパッケージにはとどまらず、その内部組織が外部にも現われるという結果になりやすい。先に触れたモニュメントを含めて、ロシア・アヴァンギャルド建築の多くが共通してもつ特徴、つまり立体幾何学の複合的な表現とは、こういったプログラム的な要請に応じたものでもあった。それは、建築自体が機械に近づいて

上：
V・ヴェスニン，
A・ヴェスニン
《カール・
マルクス・
モニュメント》
モスクワ，
1920 - 26
下：
ヤクーロフ
《二六人委員会
モニュメント》
バクー，1923

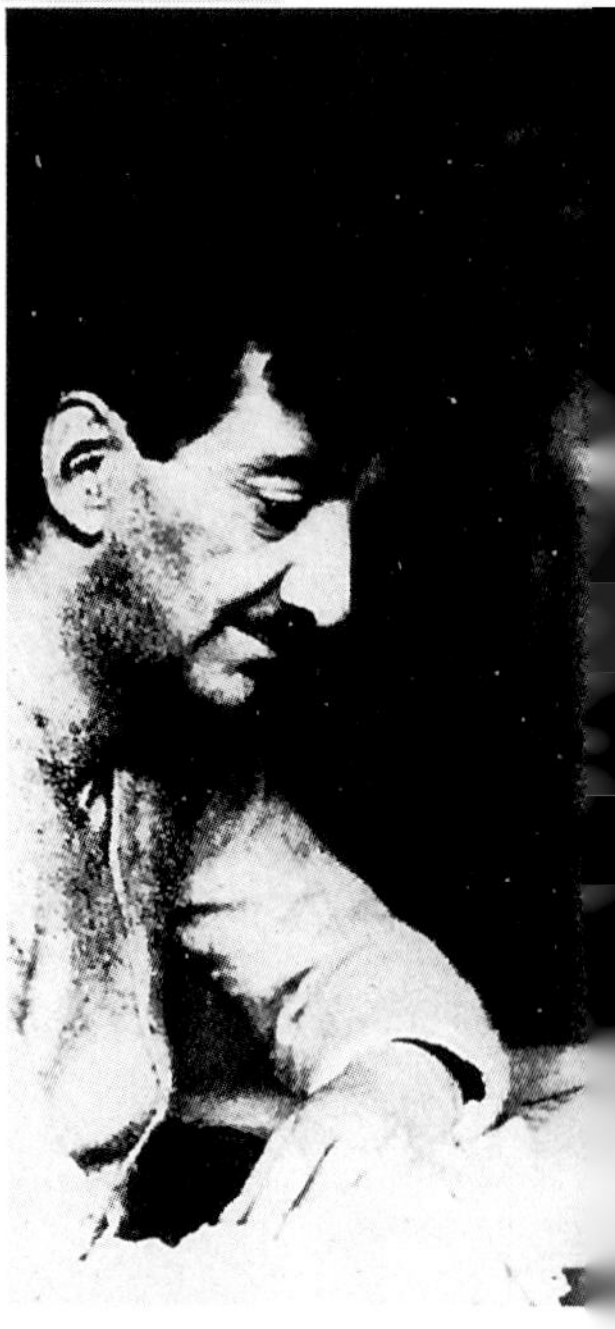

いくことを意味する。力学的な機械では機能に応じた部分をもち、それらが連結され、そして作動する。この力の伝播関係は目に見えるように「構成」されている。しかも、機械は当然「正確」に構成されなければならないが、この与件は機能が複雑になればなるほどに不可欠なものとなる。「社会のコンデンサー」の多くが、メーリニコフの短絡的な「語る建築」のようにあからさまに直喩的に機械の形態をしている場合でなくとも、強く機械のメタファーを帯びているのは、アヴァンギャルドたちがこうしたかたちで社会を組織化する必要を感じていたこと、その社会的機能が一層複雑かつ複合的なものとなっていった（と彼らには思われた）こと、そして彼らの公式の表面下にあった建築言語のシンボリックな次元への欲望にもよく応えるものであったことに起因している。このパラダイムに対する決定的なオルタナティヴを提出するのはイワン・レオニドフだが、それはまた後のストーリー（十章参照）である。

当然、これらの建物は公共的な性格上からいっても、コンペティションに付されるケースが多かった。ヴェスニンの項で述べた一連のコンペティションは、一九二〇年代の後半になるとさらに目白押しという状況を呈することになる。ヴェスニン兄弟、ギンスブルグ、I・ゴロゾフやOSAの若い建築家たちも、それに積極的に参加したことは言うまでもない。OSAの方法論が個人のインスピレーションに頼るという旧式なものを廃し、新しい科学的なアプローチを取るというものであったことからこれらのプロジェクトに多く共同設計が見られるのも特徴であった。他の建築家の作品にはおのおの適宜触れることにして、ここではギンスブルグのこの分野での仕事に焦点をあてて記述しておこう。

彼は、まず一九二五年には繊維会館のコンペティションに応募して三等に入賞している。これは基本的にはオフィス・ビルであるために、彼が批判した

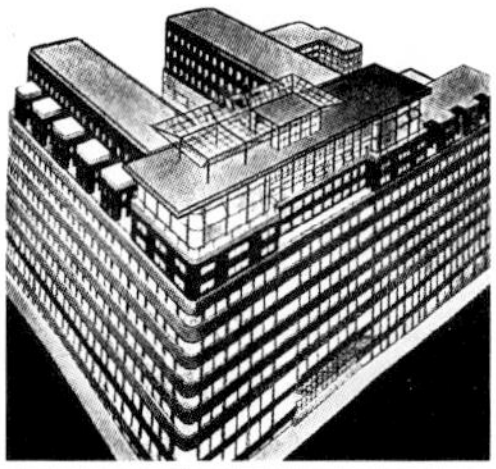

ギンスブルグ / 繊維会館
コンペ案, モスクワ, 1925

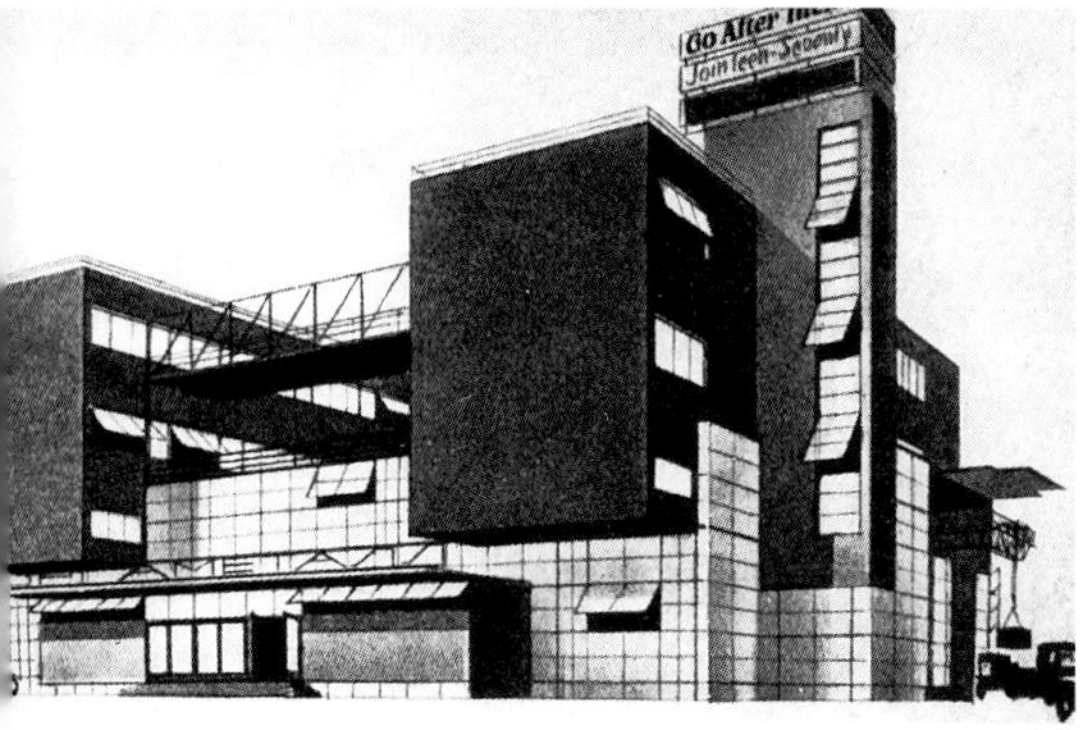

ギンスブルグ, ウラディーミロフ, バステルナーク / オルガメタル・コンペ案, モスクワ, 1926 - 27

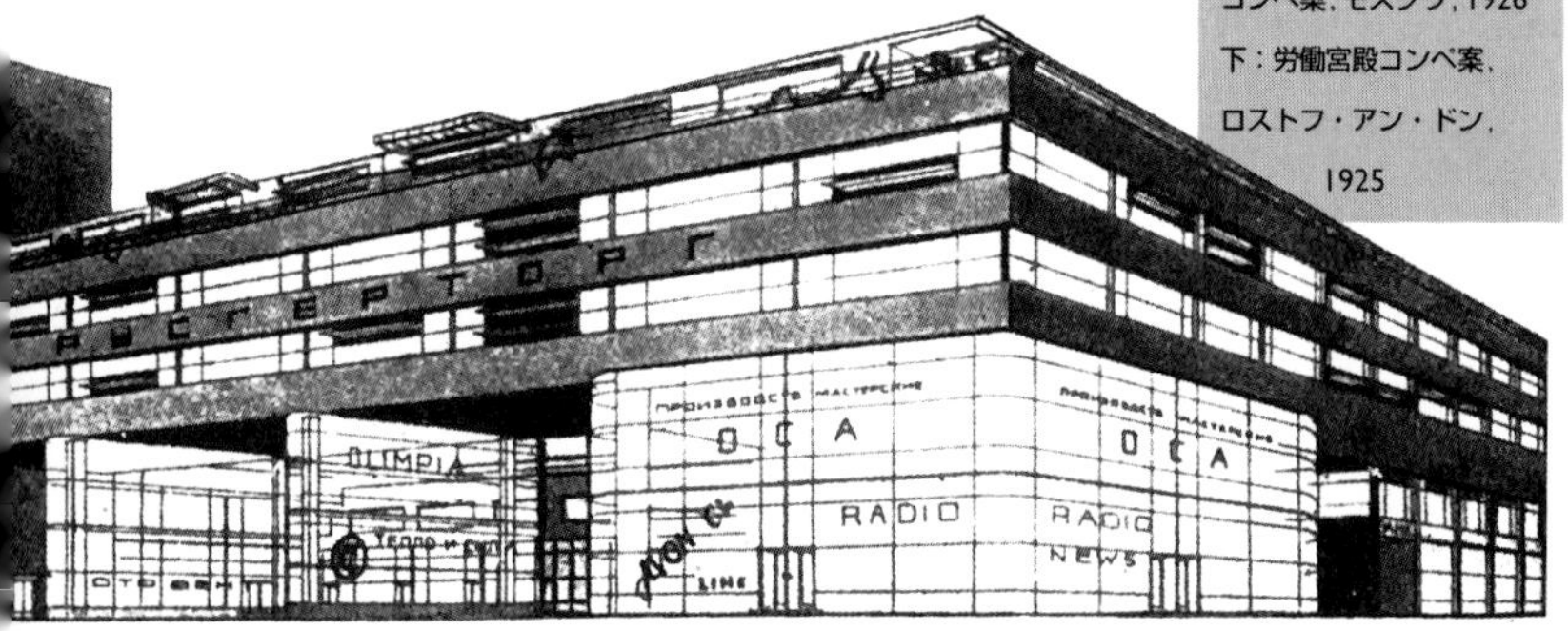

ギンスブルグ,
ウラディーミロフ,
バステルナーク /
上：Rusgertorg
コンペ案, モスクワ, 1926
下：労働宮殿コンペ案,
ロストフ・アン・ドン,
1925

ヴェスニンのアルコス・ビルと同様にパッケージであることは否めないが、連続窓を持つ下七層のオフィス部分に対して上三層の宿舎部門は窓を小さくし、最上階のレストランはガラスの箱とすることで表情的な分節を行なっている。次の計画はウラディーミロフ及びパステルナークとの協働によるもので、一九二六年のRusgertorg（ルスゲルトルグ＝独ソ通商協会）のコンペティションである。これもオフィス部分（中間階）は繊維会館と同様に連続窓、上の部分が宿泊とカフェテリアなのでセットバックしてバルコニーやガラス面での表情を出すことも同じで、下の部分のメインストリート側が、商店やショールームということで大胆にガラス面を取っているところが新機軸だったが、機能的分節という点ではこれ以上の踏み込みには限界がある。一九二六〜二七年の「オルガメタル」のオフィスのプロジェクトではよりダイナミックな構成が採用されているが、基本的な手法としては、機能に応じてソリッドとヴォイド（ガラス面）を使い分けるというものに変わりがない。

しかし、「アルコス・スタイル」への批判にもかかわらず、ギンスブルグのこの時代のデザインにはむしろ彫刻的、立体幾何学的な効果は少なく、控えめで洗練されたモダニズムが主流である。それが必ずしもプログラムのせいばかりではないことは同時期の

上：ギンスブルグ/フルンゼ工科大学コンペ案, イヴァノヴォ－ヴォツネセンスク, 1927

下：ギンスブルグ/ミンスク大学コンペ案, 1926

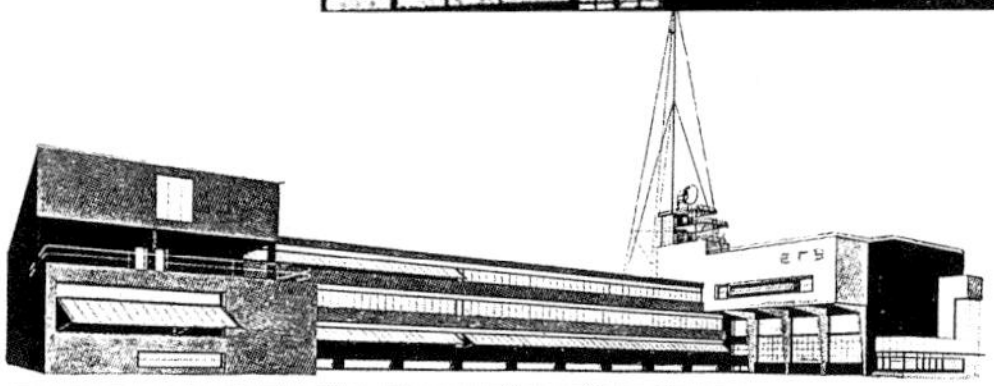

ウラディーミロフ, クラシルニコフ/ミンスク大学コンペ案, 1926

ウェグマン/ミンスク大学コンペ案, 1926

ギンスブルグ, ウラディーミロフ, パステルナーク/労働宮殿コンペ案, エカテリノスラフ, 1926

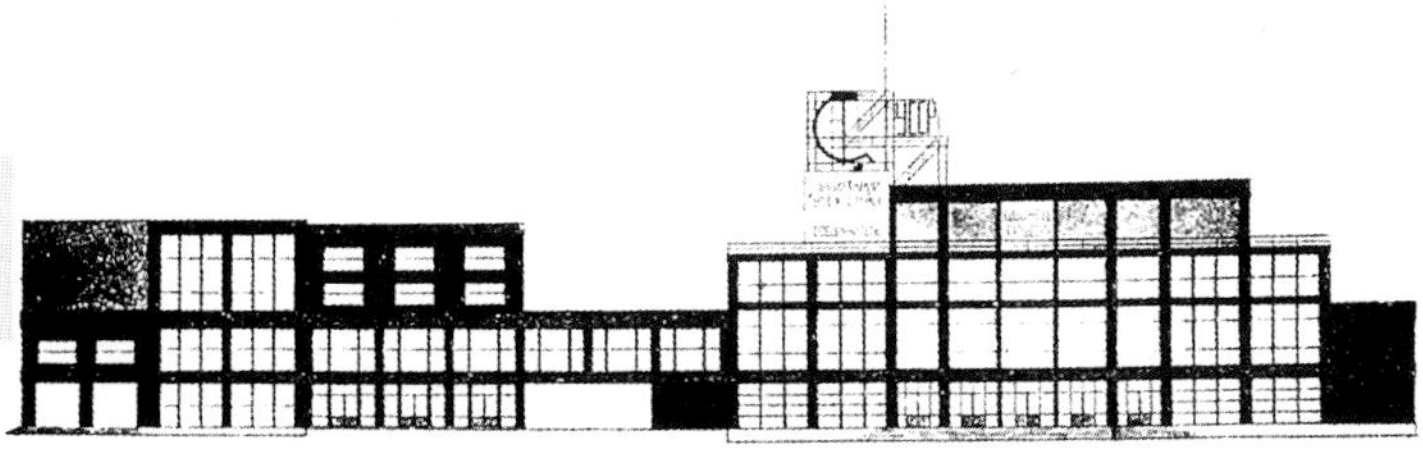

彼の他の作品、つまり、ロストフ及びエカテリノスラフの二つの労働宮殿のプロジェクトにも見ることができる。これらでは大きな劇場や図書館、会議場などが取り込まれているにもかかわらず、全体としてはむしろシンプルで端正なパッケージの中に収められている。もちろん、西側でのミース・ファン・デル・ローエのいき方のように積極的に中性的な表現を求める方向性もモダニズムにはあるので、これは逸脱ではないし、それ自体「構成主義のスタイル化」と断じることはできない。機能的、分析的ないき方が各ヴォリュームを表現的に際立たせるよりも、むしろそのスムーズで連続的な結合を志向させたとしても、当然のことである。おそらくギンスブルグは、単純さは結果であって最初からそこをパッケージングしてパスすることとは違うし、重要なのはそこに到達するまでのプロセスであると言うだろう。

さらに、「アルコス・スタイル」へのギンスブルグの懸念とは、ゴロゾフらのいき方への批判の糸口だったと言った方がよいかもしれない。前章に述べたようにゴロゾフはアルコス・スタイルによってスタイル上での刷新に成功した後、典型的な彫刻的、立体幾何学的表現に向かったが、ライバル意識が他方のスタイルを規定するということは十分あり得ることだから、ギンスブルグが、意識的にせよ無意識的にせよゴロゾフ的な方向とは反対の方向を選んだとしても不思議ではない。少なくともモニュメンタルな表現への傾斜は、本来この冷徹な合理主義者の性分にあったことではなかったはずだ。

これら以外に重要なギンスブルグのプロジェクトとしては二つの大学の計画がある。ひとつは一九二六年のミンスクの大学の、他は翌一九二七年のイヴァノヴォーヴォツネセンスクのフルンゼ工科大学の、共にコンペティション案である。とくに注目される前者のコンペティションでは、ギンスブルグ以外にもOSAからウラディーミロフとクラシルニコフのチーム、そしてウェグマンも応募している。彼らはギンスブルグの学生、助手であったが、それ以前の学生時代のプロジェクト（ギンスブルグはそれらを『様式と時代』の巻末のイラストに載せている）に比べると格段に進歩していることと、それらがギンスブルグ案とほとんど表現上での区別がつかないくらい似ていること、そしてその類似点が著しい工業的な性格にあること（事実どれも工場に見える）が注目される。これらの計画案はいずれも実現されていないが、アルマ・アタの政庁舎だけは一九二七年のコンペティションの結果、一九三一年に実現された。アルマ・アタはシベリア鉄道の開通で、中央アジアの田舎町から交通の拠点、地方中核

ギンスブルグ/
アルマ・アタの政庁舎,1927 - 31

都市に生まれ変わろうとしていた（現にこの建物の隣には、シベリア鉄道のトルキスタン管理局の建物がつくられた）。端正で、必ずしも機械主義的な美学を全面化させたようなものではないが、この地方の風土に合わせた回廊の取り方などすぐれた作品となっている。

2. 労働者クラブ

文化宮殿

「社会のコンデンサー」として最も典型的なプログラムは労働者クラブである。他の建物は伝統的にあるプログラムであったり、新しくとも西欧にもあったりするが、これは社会主義国らしいプログラムであり、現に相当数のものがつくられたからだ。これは「人民の家」と呼ばれたものとも実質的には重なるところが多い。ただ、新しいプログラムとはいっても、歴史的にその母体を提供するものがなかったわけではない。「人民の家」という名称そのものが、ツァー政府がフランスの**maison de peuple**（救貧院だったことが多い）を真似て革命直前につくったアルコール中毒患者の収容施設の名前から来ている。それもまた読書室や講堂をもつ施設であった。マホメドフの形容だと、このクラブ建築こそは社会主義の文化革命の最良の成果だということになるが、政府がこの整備に力を注いだことは確かで、一九一九年の党大会ではこの人民の家のネットワークの整備促進が決議されている。革命直後の極度に物資が不足していた二年間に、宣伝のための誇張もあるにせよ七千に及ぶクラブ、人民の家が整備されたという。この多くは既存の施設の転用、改装であったが、徐々に新規の建物も整備されていった。性格は様々で、単なる同好会サークルのようなものから「プロレタリア階級の文化を鍛える鉄梃」（トロツキーの『レーニン主義と労働者クラブ』に引用された当時のパンフレットでの形容）として構想されたものまであった。当然、共同住宅と並んで、社会主義的なイデオロギーからすれば極めて重要なプログラムではあったが、他の分野と同じように現実と理想との間にギャップが存在していたことは否定できず、労働者がそれに背を向けてしまうようなケースもままあったことはトロツキーも書いている。現実に建設され、運営されたクラブはその現実と理想の狭間に立つものであった。

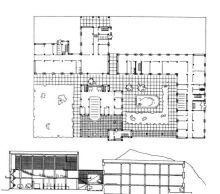

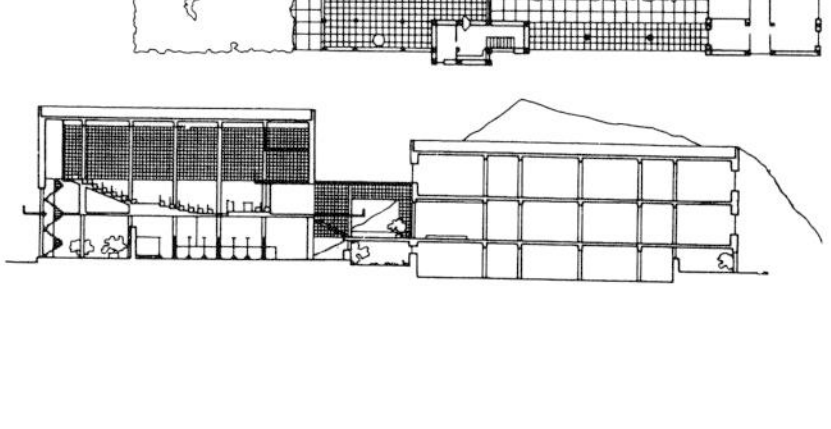

これらのクラブには、組織母体によって性格の違いがあった。それらは、大別すると生活単位に付属したものと、生産単位に付属したものとに分けられ

る。前者としてはハウジングと結びついたものと、より広がった地域（レーテ）に結びついたものがあり、後者には職場と結びついたものとその上位施設として生産領域（職種）に結びついたものがある。クラブという名称は総称だから、労働宮殿と呼ばれたもの（多くは生産領域や大工場に結びついたもの）や文化宮殿（多くは地域に結びついたもの）と呼ばれたものと比べて明確な違いがあるわけではない。一九二三年のモスクワの労働宮殿のコンペティションがプログラム的にも表現的にもエポック・メーキングな結果となったことはすでに書いたが、それについてリシツキーはこう書いている。

「このコンペティションは）この方向の新しい出発点を代表し、同様な宮殿、後には『文化宮殿』と呼ばれ、結局は単純に『クラブ』として知られるようになるものの多数のコンペティションの皮切りとなった」。

しかし、実際には、それに先立つ一九一九年にすでにレニングラードでは三、四千人の劇場を中心とした大規模な労働宮殿のコンペティションが行なわれているくらいだから、この建設プログラムに対するソヴィエト政権の取り組みは本腰かつ迅速であったといえる。一九二三年のモスクワでのコンペティションに次いで注目されるのは、一九二四年のイヴァノヴォ－ヴォツネセンスクの「レーニン人民の家」のコンペティションで、これにはI・ゴロゾフ、バリヒン、クリンスキー、バルイシニコフらが応募した。これは、実施という意味では実を結ばなかったが、以後多くのコンペティションが開催され、少なからぬものが実際に建設された。

その最初のもののひとつがレニングラードのナルヴァヤ地区のゴーリキー文化宮殿である。ここで大規模な労働者住区がつくられていたことは三章四節に述べたが、この文化宮殿はその住区の象徴的な存在として、あるいはそれを真に新しい労働者モデル・コミュニティとすべく構想、建設されたものである（一九二五～二七年）。コンペティションの結果、その設計を担当したのはゲゲロとクリチェフスキーのチームである。ゲゲロは住宅地区の方の設計者でもあった。この建物は、千九百席の劇場と四百席の映画館、他に図書館、講堂、クラブ室、スポーツ・ホールなどをもつかなり大規模なものである。表現としては特筆するほどのものはないが、このナルヴァヤ地区は、他にもすでにつくられていたマスタープランに基づいて、この文化宮殿の向かいにバルチェフとギルター、メイエルソンによる共同厨房工場（一九二九年／最大一日一万五千食を供給する能力があった。今日では生協のような店舗として使用されている）、さらにやはり住宅地の設計に関与

上：バリヒン　下：フォーミン／
レーニン人民の家コンペ案，イヴァノヴォ－ヴォツネセンスク，1924

上：フォーミン　下：ベログルド／
ナルヴァヤ地区の労働宮殿コンペ案，ペトログラード，1917

していたOSAの創立メンバーでもあるニコルスキー設計の十月学校（一九二五〜二七年）、一九二〇年のマスタープラン・コンペティションの勝者（トルベツコイとの協働）であったトロツキー設計の地区ソヴィエトの建物（一九三〇〜三四年）などが連続的に整備されていった。これらの「社会のコンデンサー」の存在によってそもそも大規模な労働者住宅コミューンとして構想されたナルヴァヤ街は、「地域全体が一体化された社会主義都市」（クィリーチ）になった。

ただ、マスタープランに従って一体化されて建設された地区といっても、財政的に見通しのつきにくい状況下でのマスタープランであるから、実際には計画の度に手直しされていく有様で一九二〇年のそれの後にも、一九二四年にイリンによる試案が出てコンペティションはそれが基になってはいるが、そのコンペティション自体、個々の建物ばかりか地区全体の計画まで提出するといった具合である。ゲゲロたちのコンペティション案（この段階では一九二〇年のマスタープランの協働者トルベツコイやニコルスキーも共同設計者として名を連ねている）にしても、文化宮殿のデザインは実施案とは全く違っている。おそらく少しずつ調整しながら設計も分担していったのだと思われるが、それに加えてちょうどこの時期は表現的にも転換期であった。

バルチェフ, ギルター, メイエルソン/
共同厨房工場, レニングラード, 1929

トロツキー/
地区ソヴィエト
事務所,
レニングラード,
1930 - 34

ニコルスキー/十月学校,
レニングラード, 1925 - 27

ゲゲロ, クリチェフスキー/レニングラード・
ゴーリキ文化宮殿（ナルヴァヤ地区）, 1925 - 27

住宅地区がポピュリスト風であったことは前述したが、本来が歴史的モニュメントであるナルヴァヤ門を中心にしているから、マスタープランにしても古典主義的な軸線構成などが先に立っている。そして、この上に接ぎ木された各建物は表現として明らかに住宅部分よりも新しい構成主義のスタイルによっている（文化宮殿の本来のコンペティション案はもっとポピュリスト風であった）という具合で、様式的には全体が一体化されているとは必ずしも言いにくい。しかし、全体の地区が計画されてなおこのようだから、単独のクラブや文化宮殿の建物がアヴァンギャルド・スタイルによって古い地区の中に埋め込まれた場合の異質性は当然一層大きかったと思われるし、それはかえって「社会のコンデンサー」が旧秩序の中に打ち込まれた楔として映る効果を呼んだとも考えられる。

レニングラードのコンペティションと同じ一九二五年には、ロストフ・アン・ドンでも労働宮殿のコンペティションが行なわれた。これはレニングラードのものよりはずっと大きなもので、三千五百人の劇場と千及び五百人収容の二つのホールに加えて千人収容の食堂、図書館、体育館を含むものである。コンペティションにはコルシェフ、ゴロゾフ（彼の構成主義化の完了した後の最初の作品のひとつ。六章参照）、ウルニッシュ、オフヤニコフ、グリンベルグ、ギンスブルグ（前述）、アリョーシンとミリニスらのチーム（まだロマン的古典主義の色彩の濃いデザイン）などが応募した。またエカテリノスラフ（現ドニエプロペトロフスク）でも労働宮殿のコンペティション

コルンフェルド/ゴルビュノフ
文化宮殿，モスクワ，1930

グリンベルグ/地区ソヴィエト事務所，ブリヤンスク，1924 - 25

グリンベルグ/
地区ソヴィエト事務所，
ゴーリキ，1930

が行なわれ、クレストフニコフ、フォイノフ、グリンベルグ、バルヒン、コーガン、ライヒ、フリードマン、コルシュノフ、ギンスブルグ（これも前述）らが応募した。これはもちろん時代の中心テーマであったから、VKhUTEMAS（ヴフテマス＝国立高等芸術技術工房）の学生の設計テーマにも採り上げられていて、一九二六年のA・ヴェスニンやI・ゴロゾフのアトリエでの学生作品（コジン、ソボレフ、テプリツキなど）を見ると、労働宮殿コンペティションから三年、アルコス・ビル・コンペティションからは辛うじて一、二年というのに、スタイルの上の刷新はもはや完全に達成されていて、学生の作品レベルが師たちの域に達していることがわかる。

実現作のうち、デザインとしてとりわけ興味深いものはメーリニコフによるいくつかのクラブとI・ゴロゾフによるツィエフ・クラブ、そしてヴェスニン兄弟によるプロレタリア地区のクラブ（リハシェフ・クラブ）だが、これらについては他の箇所（五章三節、六章一節、十六章一節）で述べることにして、他の作品を挙げると、ヴェスニン兄弟は一九二〇年代の終わり近くにこの分野でも重要な仕事をしている。これらの仕事では、ギンスブルグのいう「アルコス・スタイル」への反省からか、ひとつのパッケージとしての建物であるよりは複合建築を

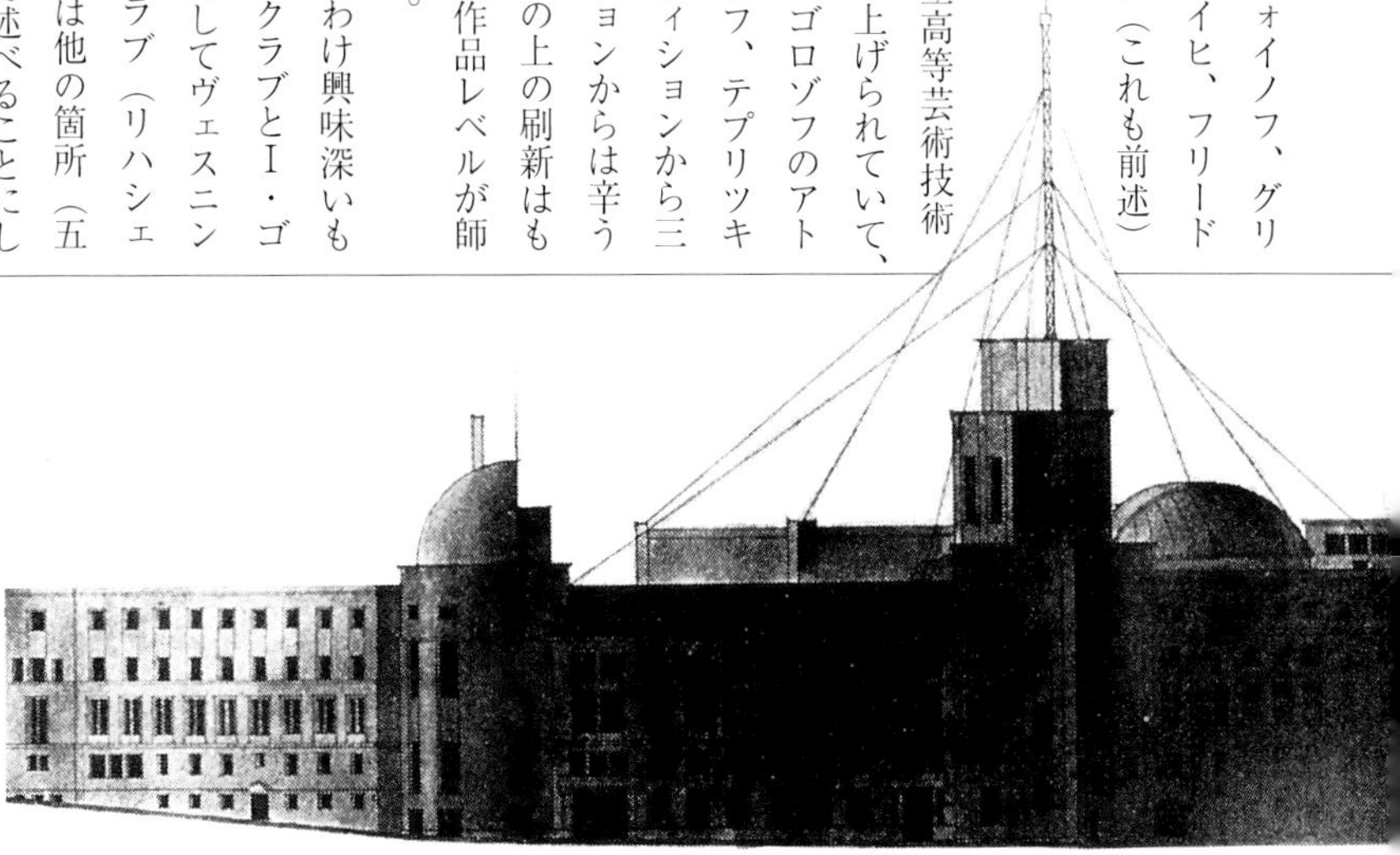

アリョーシン，ミリニス，サボロトヌイ，スムイク，トリスジュク，ユルシェンコ／労働宮殿コンペ案，ロストフ・アン・ドン，1925

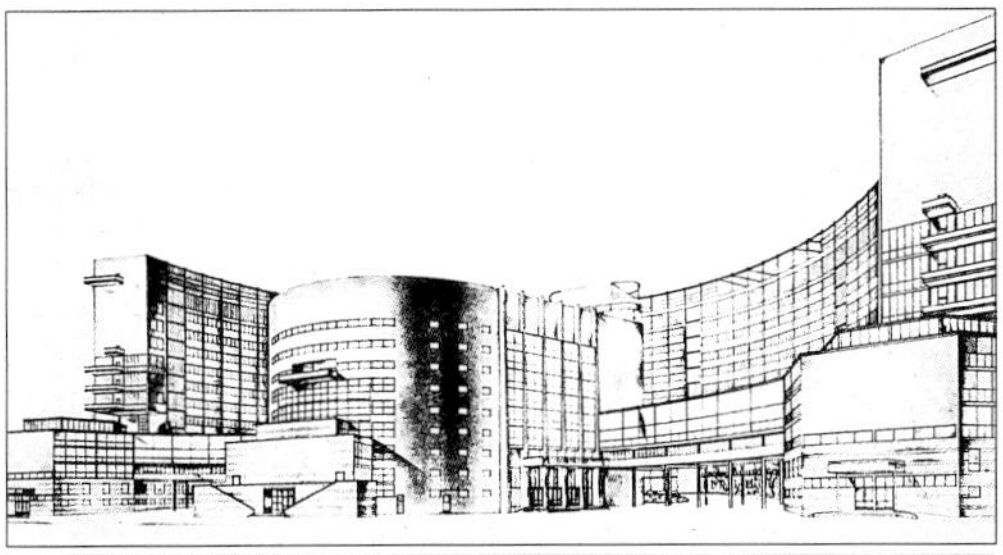

ミリニス／MOSPS労働宮殿コンペ案，モスクワ，1932

ゴルジェフ，ツルゲーネフ，クリャスコフ／地区ソヴィエト事務所，ノヴォシビルスク

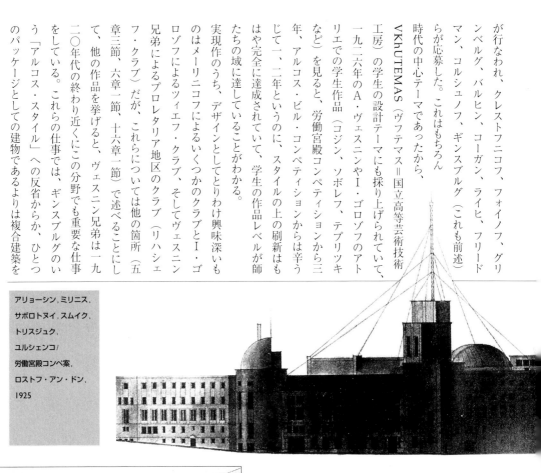

いくつかのウィングに分けてそれらをつなげていく、という解法が多くなってくる。

この「転換」を強調しているのはアレクサンドル・ヴェスニンのモノグラフを書いているセリム・ハーン・マホメドフで、彼はそれを長兄レオニードの機能的、実務的な能力が、アレクサンドルの造形能力とうまくかみ合うようになってきたからだと説明し、「今や、兄弟たちは、極めて表現的な建築イメージをもった断片から創造される、空間とヴォリュームの中でのコンポジションに移行するべく、平面からプロジェクトを始めた」と書いている。マホメドフの記述は、これに限らず幾分図式的に話の符丁が合いすぎる傾向があるが、確かにスタイルの上での変化が見られることは確かである。労働者クラブに関する限りは、この転換は、彼らのこの時期のクラブが多く中央アジアに計画された、つまりタイトな都心部の敷地ではなかったことと、風土への対応の違いにもよっている。

ヴェスニンが中央アジアに建てた労働者クラブは三つある。アプセロン（アゼルバイジャン共和国）のスラハヌイ・クラブ、バクーのバイロフ・クラブとチョールヌイ・ゴロド・クラブである。これらはいずれも一九二五年頃から始まった地域マスタープラン（ヴェスニンたちも参加）に基づいたもので設計は一九二八年、建設はそれから順次一九三二年くらいまでかかってつくられた。デザインとしてはむしろ控えめなもので、モニュメンタルな表現が意識的に避けられていることは明らかだ。全体としては低層かつヴォリュームの出入りが多く、バルコニーや屋上庭園があちこちに取られている。バルコニーにはキャノピーがかけられていて通風や遮光に気を遣っていることが見てとれる。また複数のウィングは中庭を囲うようにも計画されている。同時期のギンスブルグのプロジェクトと併せて、構成主義の地域性に関わりながらの展開の試みとして注目できる。ヴェスニンのこの地域でのクラブとしては、一九三二年のステパン・ラージンの大規模な住宅地のクラブの計画がある（実現されず）が、これはデザインとしてはモスクワのプロレタリア地区のものと酷似している。モスクワにはもうひとつ、前政治犯協会会館という建物が一九二九〜三〇年に建てられていた。これは後に映画

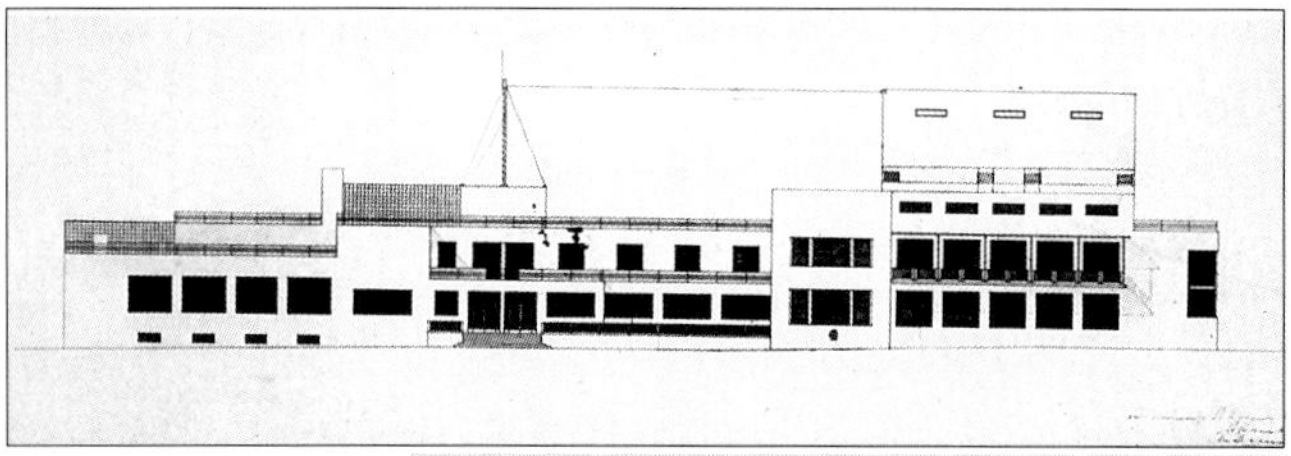

ヴェスニン兄弟/スラハヌイ・クラブ，アプセロン，1928 - 32

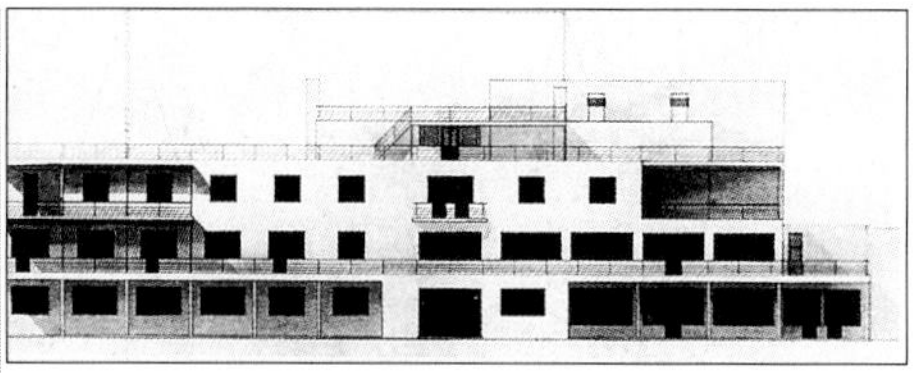

ヴェスニン兄弟/バイロフ・クラブ，バクー，1928 - 32

関係者のクラブに改装されて現在に至っている。これは正面にル・コルビュジエのラ・ショー・ド・フォンのシュウォッブ邸を思わせるブランクの壁面があるのが特徴だが、後にグラフィックをつけられて効果を損ねている。

前節で触れたギンスブルグのエカテリノスラフの労働宮殿は横に延びた水平性の強いもので、それを階段室で分節していくという手法を採っており、これはヴェスニンのプロレタリア地区のクラブや前政治犯協会会館など、他の建築家の作品にも少なからず見られるいき方で、同様に独立的なパヴィリオンをつないでいくという手法で興味深い計画案は、OSAの若いメンバー、アンドレイ・ブロフの生活手段労働者同盟のクラブ（一九二七～二八年）のプロジェクトで、ル・コルビュジエのラ・ロシュ＝ジャンヌレ邸を想起させるデザインである。ブロフはエイゼンシュテインに起用されて映画『全線』（一九二九年）で「ル・コルビュジエ風」の（サイロ状の工作物を伴った）コルホーズの建物のセットをデザインしているし、ル・コルビュジエの訪ソ時の写真にはこの巨匠と似ていなくもないブロフの顔が一緒に写っていることが多いので、彼がル・コルビュジエに強い影響を受けたということは十分あり得る（後述するが、このブロフは後の反動期に最も興味深いシニカルな「面従腹背」を行なった人物

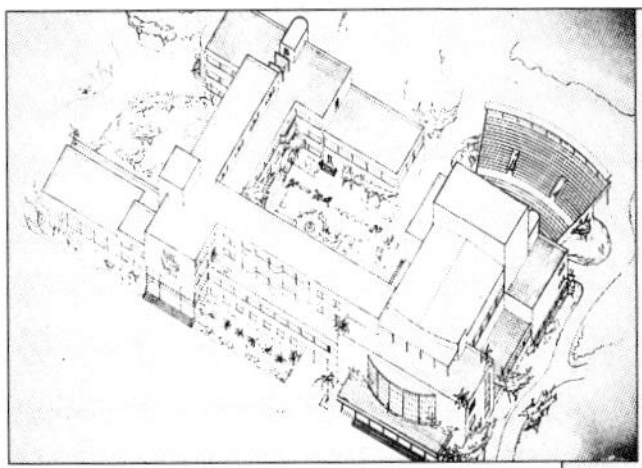

ヴェスニン兄弟/ステパン・ラージン・クラブ計画, バクー, 1932

ヴェスニン兄弟/前政治犯協会会館, モスクワ, 1929 - 30

ヴェスニン兄弟/労働者クラブ計画, チョールヌイ・ゴロド, 1929

である）。

アヴァンギャルドのデザインで実現されたものの他の例としては、ウラディーミロフの金属労働者のクラブ「プロレタリア」（一九二七〜二八年）、ローザノフの「赤い紡績工場」クラブ（一九二八年）、ペンの印刷工場労働者クラブ「赤い戦線」（一九三〇年）、ミリニスの「ハンマーと鎌」クラブ（一九二九〜三三年）などがモスクワに、他の都市でもレニングラードでライスマンの皮革労働者の文化の家（一九二九〜三一年）、クラマトルクでドミトリエフとグラドの劇場労働者のクラブ（一九二九〜三一年）、ハリコフでミリニス、マロゼモフ、ステンベルグの共同設計による建設労働者のクラブ（一九二七〜二八年）、ドミトリエフの鉄道労働者の文化宮殿（一九二七〜三二年）、イェレヴァンでは、後にアヴァンギャルド追い落としの中心的役割を果たすVOPRA（ヴォプラ＝プロレタリア建築家同盟）のメンバー、アラビヤン、コチャール、マズマニヤンの協働による建設労働者クラブ（一九二九〜三一年）などがつくられたがこのクラブは、全くアヴァンギャルド・スタイルによるものである。

ブロフ/映画『全線』のセット, 1927

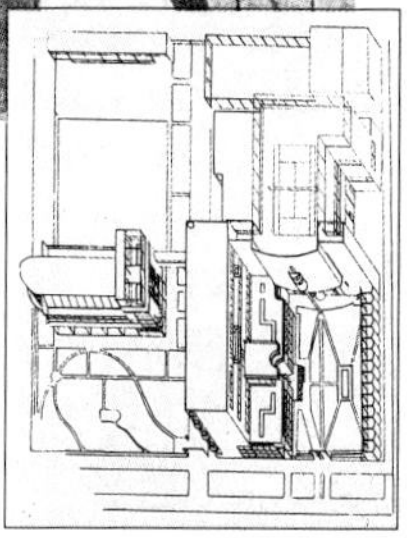

ブロフ/
生活手段労働者同盟のクラブ計画, モスクワ, 1927 - 28

ミリニス/ハンマーと鎌・クラブ, モスクワ, 1929 - 33

ドミトリエフ, グラド/
劇場労働者クラブ,
クラマトルク,
1929 - 31

ウラディーミロフ/
プロレタリア・クラブ,
モスクワ, 1927 - 28

第　八　章

ドム・コムーナへの途

1　ドム・コムーナの探究
2　STROIKOMチームの理念と活動
3　ドム・ナルコムフィンと転換期タイプ
4　ハウジング・コミューン

1. ドム・コムーナの探究

NEP（ネップ＝新経済政策）以降のソヴィエト社会がともあれ相対的には安定した基盤にのって、社会、経済の建設が始まると、再び都市への流入人口の増加に拍車がかかり、住宅不足は建設数の飛躍的な増大にもかかわらず加速化された。建設された住宅床面積の総量は一九二三年（二一・六万平方メートル）を一とすると、一九二六年には八、一九二七年には一七、一九二八年には二二という具合に増加したが、一人当りの床面積はかえって六平方メートル以上であったものが一九二六年には、五・七平方メートルくらい、一九二八年には四・五平方メートルくらいにまで落ち込むといった様子であった。集合住宅か田園都市＝一戸建て重視かという議論は、理論的にはかたがつかないまでも、実際的にはこの現実に対して田園都市を造営していくことは、もはやプログラムにはのりきれなかった。とりあえず住宅を供給するということは至上命題であり、集合住宅にとりたててイデオロギー上、プログラム上の意味を見出そうとするいき方にもプライオリティを与える余裕はなかったと考えられるが、マージナルな実験的モデルとして一九二〇年代の前半に始まっていたプログラム上の探究は中断されるわけにはいかなかった。

こうして、レニングラードのナルヴァヤ街のコンペティションが開催されて、建設への第一歩がしるされた同じ一九二五年には、モスクワではモスソヴィエト主催による二度にわたるコンペティションが開かれた。「労働者住宅第一回コンペティション」と銘うたれた最初のものは経済性、合理性に照準を合わせたプログラムで、ローカルな素材を用いるなどしたものだったが――それでも五〇パーセントが二室／戸、三〇パーセントが三室／戸、二〇パーセントがより大きなものという規定は時代の水準よりは大きいが、一人当りの床面積は六・七五平方メートル程度である――多くの案を集めた。しかし注目に値するのは同年秋に行なわれた第二回コンペティションの方で、ここでは曖昧なかたちでの（集合）住宅ではなくドム・コムーナ・タイプ、つまり単に集まって住むだけではなく共同して住むという、よりラディカルな共産主義的ヴィジョンの追求がはっきりとうたわれていた。これは後述のユーリー・ラリンの思想にも影響を受けたプログラムで、明確に「新しい生活は新しい形を要求する」と述べられて

ラムツォフ
[VKhUTEMAS＝N・ラドフスキー・アトリエ]，
労働者共同住宅計画，1923

いる。全体の規模は七五〇～八百人で既存の住宅と家賃は変わらぬこと、つくり付け家具を備え、防音構造であること、共同の洗い場や食堂、厨房を備え、図書室、クラブ、幼稚園なども将来的には含むようなものであることなどが要求された。個室は六平方メートル／人＋簡便なユーティリティが面積の標準とされ（これは一人当りグロスで九平方メートルになるから今日の日本の水準などから比べれば半分にも満たないが、当時の平均よりは一・五倍のレベルである）高さは三、四層で、構成としては一〇パーセントが単身者、三〇パーセントが子供のない夫婦、残りは家族用というものであった。これは明らかに共同生活を営む器であり（子供をもたない四〇パーセントの人々が共用の厨房を用いると仮定された）、家事を共同化するなど女性の解放というモメントが盛り込まれている。単に収容するのではなく新しい生活のプログラムが入っていなくてはならない、という思想である。ラディカルなかたちではないとしても、最初の具体的なドム・コムーナらしきものの提案であるといってよい。当選したヴォルフェンツォン、エイジコヴィッチ、ヴォルコフのチームの案は、住戸とコミュニティ施設を別の階に分けたデザインでU字形に中庭を囲ったものだったが、若干の変更を施された後に一九二六～二八年にかけてハフスカヤ街に建設された。デザインとして斬新なものとは言えぬにしても、プログラムとしてはレニングラードでのゲゲロらのものよりは明らかに新しいし、最初につくられたドム・コムーナとして記念すべき値打ちは十分ある。事実、この地区のすぐ近くにはシューホフのラジオ・タワーがあり、それと併わせて当時のこの地区のイメージは随分と斬新なものであったに違いない。

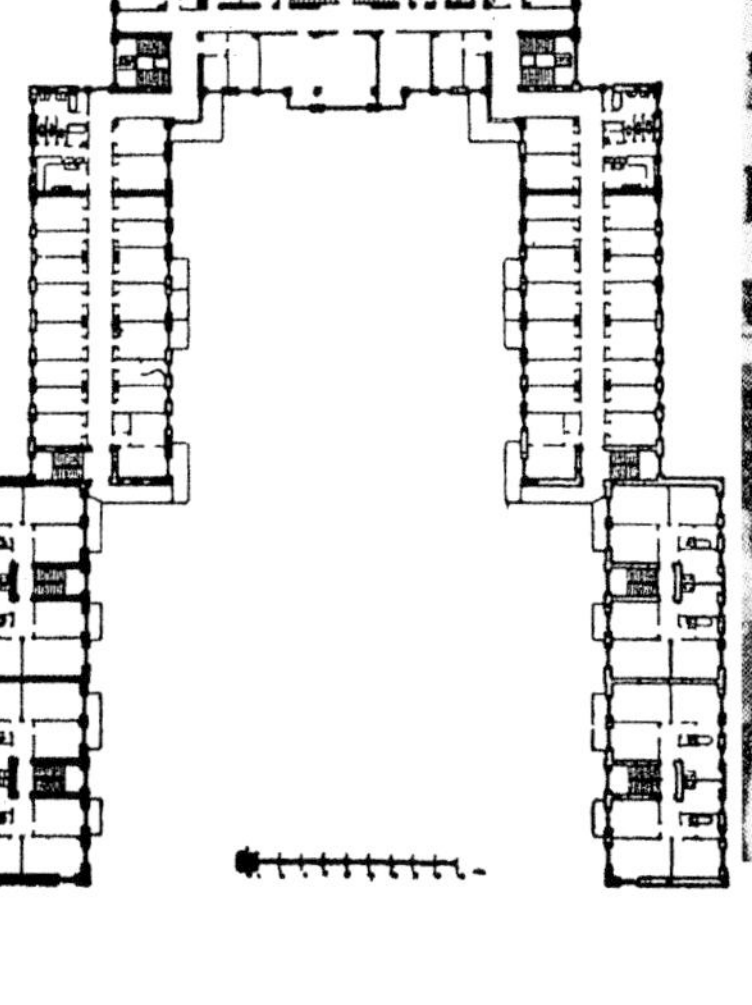

ヴォルフェンツォン,
エイジコヴィッチ,ヴォルコフ/
ハフスカヤ街の集合住宅,
モスクワ, 1926 - 28

最初に述べたように、これらの模索が、実際につくられた量（一九二三～二八年には二七万人を収容する住宅がつくられた）からすればほんの一部であり、この総建設量さえも焼け石に水であった——同じ期間にモスクワに流入した人口は八八万人である——としても、一九二五年という年はヴェスニンらのOSA（オサ＝現代建築家同盟）が結成された年でもあり、それは構成主義者とライバルのASNOVA（アスノヴァ＝合理主義建築家同盟）によるアヴァンギャルド建築戦線が整ったということを意味しているから、この辺りを機に本格的なドム・コムーナの探究が始まったといってさしつかえない。VKhUTEMAS（ヴフテマス＝国立高等芸術技術工房）のラドフスキーのアトリエでも一九二三年という比較的早い時点でドム・コムーナのテーマを取り上げており、ラムツォフやトゥルクスのプロジェクトは実施を前提にしたこの頃のコンペティションのデザインよりはるかに革新的なものであった。建築家サイドの取り組みだけではない。法制面でも、NEP下の一九二一年八月の綱領で公的なものとなっていた建物の五五パーセントが再度私有化され、家賃も自主的に設定し得るようになるなどの変化が見られた。私有といっても当然、資本主義のようなかたちでのデヴェロッパーが登場してくるというわけではないが、地方ソヴィエトや様々の組合が国や市と違ったかたちでの取り組みを始めた。これは若いラディカリストたちがユートピア的な集団＝共同化の企てを行なったりする余地がでてきたことを意味する。それらの中では、コミューンの運動とも絡んだ、一種の人民参加形態に基づいた計画内容の決定や管理が施行されたものも少なくない。例えばレニングラードのモスコフスキー、ナルフスキー団地（一九二四年建設）では計画、デザインに関わる事柄から食糧供給、教育などの共同管理に至るまでのことが議論されて成功を収めた。また一九二三年暮れの住宅組合の全国大会では共同施設の充実を決議しており、以後の多くの計画のドム・コムーナ化に拍車をかけた。

しかし、一方一九二〇年代の半ばには、住宅供給の主体の比重が組合や私的な企業から地区（レーテ）に移ることと、性急なコミューン化の弊害が明らかになってきたりすることでこの実験的な方向にブレーキもかかってくる。実際、NEPの下で一九二一年に登録されていた四七一の企業所有の集合住宅のうちで数年もったのは八〇に及ばなかったし、コミューンも人口が増えてくるとそれに対応できずに自滅的に解体していった。モスソヴィエトなどの地区（レーテ）の建物は組合などのそれよりも大なり小なり現実路線をとっており、イデオロギー的な側面よりはより大きくより安くという実際的な面に比重が置かれていた。一九二〇年後半には地区（レーテ）の比重が組合よりも高くなっていった。しかし、そうはいっても、単に思想的な面だけではなく現実の生産効率などでもビューロクラシー的な弊害は隠し難かったために、それは以後何回かの揺り戻しの過程を経験する。当時の組合施工の住宅における新建築の例では、ゴリュビエフ設計の皮革工業組合のアパート（一九二四年）、フファエフ設計のドゥクストロイ組合のアパート（一九二六～二七年）などがあり、計画案の中には前述のイリヤ・ゴロゾフ設計のエレクトロ組合のドム・コムーナのプロジェクト（一九二五年）のように、上四層に住宅、下三層にオフィス、地下にクラブという、組合の企画らしく職住接近を大胆にまとめたものなどもある。

とはいえ、これらの活動はあるにせよ、大勢は社会主義の建前からいってもむしろ官僚統制という上部計画優位の方向を向いており、これはとくに一九二六年の計画専門家会議で国家経済の枠組の中ですべてを計画化していくという、一九二八年からの五カ年計画のレールが用意されたことによって先鋭化された。つまりこのような統制経済的な枠組が完成していくと、実験的な試みの可能性は、全く排除されるというわけではないにせよ、個別の部分において「自発的」な実験が行なわれるということは原則的には、困難に遭遇しないではいない。つまり、それは次節でも触れるようにテクノクラートかアヴァンギャルドかという二者択一に遭遇するのだが、この選択肢に対しては建築家たちは必ずしも意識的であったとは思えない。しかし、この移行期にあっては、官僚機構自体がいまだ革新的であり得た。例えば一九二八年に中央住宅局が出した共同生活に関する教書では、教育の共同化、酔っ払いや宗教

ゴリュビエフ／
皮革工業組合のアパート，
モスクワ，1924

的イコンの追放、労働者の給与の八〇パーセントの共同体管理といったことがうたわれていたのである。

こうして、一九二〇年代後半の活発化していく動きに自分たちのヴィジョンの実現化のための最初のチャンスを見た建築家たちは、急速にスタイル（フォルム）と内容（生活）とのダイナミックな応答を増幅していく。彼らにとってのキーワードはギンスブルグのいった「社会のコンデンサー」である。新しい生活、新しい人間の鋳型としての建築、それがこのコンセプトの意味するところである。前章で述べたように、社会のコンデンサーの典型的なものは小劇場、映画館、図書館、遊戯室その他を備えた労働者の自由時間の活動のための施設である労働者クラブだが、ドム・コムーナもまたそうした機能を強く要請するものだった。単なる集合住宅と区別されたドム・コムーナは、それ自体「社会のコンデンサー」と呼び得るものであった。当時の状況下で求められた最も緊急な課題だった、伝統的なタイプのアパートをより安価ではやく建設し得ること、つまり標準化された新材料を新しい構法によって組み立てていくという実際的な目標と、こうした社会のコンデンサーとしての要請をいかにして融和させるか、それに建築家たちの努力は傾注された。基本的には、この目標に応ずるための具体的な手法とはスタンダード・ユニットを完成させること、そしてそれらのユニットを共同サーヴィス施設のまわりにグルーピングさせることであった。

構成主義者たちのOSAがとりわけこの分野に力を注いだのは当然である。OSAの機関誌"SA（エス・アー＝現代建築）"は一九二六年にこのテーマで会員のコンペティションを開催し、一九二七年にはその応募作がOSAの現代建築展（六章二節で取り上げたもの）に出品された。この企画は大成功で後に取り上げるSTROIKOM（ストロイコム＝ロシア建設委員会）チーム結成のきっかけとなるのだが、この頃のOSAの立場は必ずしも全面的に前ばかりを見ていられたわけではなかった。先にも言及したようにコミューンの実験は現実的な運用上の壁に突き当たっていたし、集合タイプ、共同タイプを問わず当時つくられつつあった住居が、実施にあたって当初の意図が守られなかったこともあって様々な問題を引き起こしていたからである。そのためドム・コムーナという名称自体に抵抗、警戒の意識が広まり、OSAコンペティションはこのために意図的にこの名称の使用を避けていた。応募案も多くは一挙にラディカルな共同化を目指すというよりは、ひとまず各戸がキチネットと浴室をもち、徐々に共同化をしていくという移行期タイプのものであった。パステルナークの「どのようなかたちを新しい生活様式がとるのか？ それに理

フファエフ／ドゥクストロイ組合のアパート，モスクワ，1926 - 27

論家も党則も答えてはくれぬ」という陳述はこの頃のOSAの拠り所への模索状態を示している。

しかし、OSAの基本的な方向性が共同型に向かっていたことは間違いなく、この点ではすでに実際の建設を進めつつあったモスソヴィエトの普通の（各戸が独立する）アパート形式の住宅などとは一線を画していたことは間違いない。OSAのコンペティション応募案では、移行期タイプであるとはいえ、その後の展開にとって重要なアイデアがいくつか提示されている。まず多くの案に共通したものとして、二層分の高さのスペースを含むいわゆるメゾネット・タイプの提案が見られた。この手法では中間階の廊下から入って、片側は上階ともう片側は下階とのメゾネットとなるから、一本の廊下が三層にサーブするというかたちも可能になる（ソボレフ案やオル案）。ウラディーミロフの案では中央の階段をはさんで両側に半階レベルのずれた住戸がつながり、各々がまた戸内の階段をもつという入り組んだ構成をしている。この構成ユニットが基本となって様々なかたちでの連続展開が可能となるというのがウラディーミロフの工夫である。ウェグマンの案は五層のフラットで、最上階を共同スペースとし、このレベルに隣の住棟とつなぐ屋内の空中歩廊を設けるというデザインである。この歩廊は並行して置かれる直線状の住棟を直角に串刺しにしていくという趣向になっている。

ラディンスキー, オル, イワノフ / OSAドム・コムーナ・コンペ案, 1927

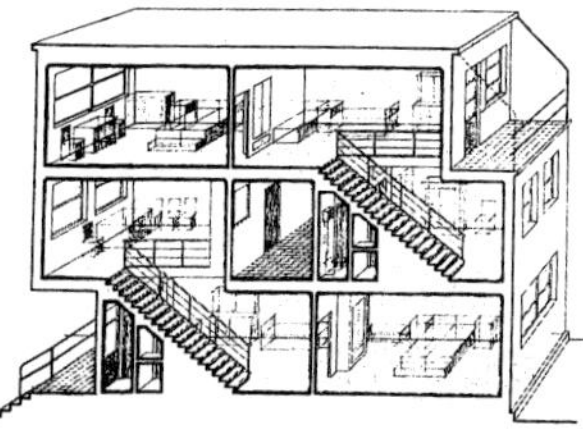

ソボレフ / OSAドム・コムーナ・コンペ案, 1927

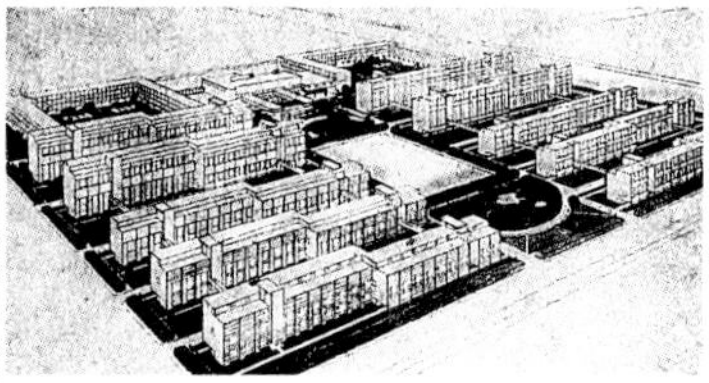

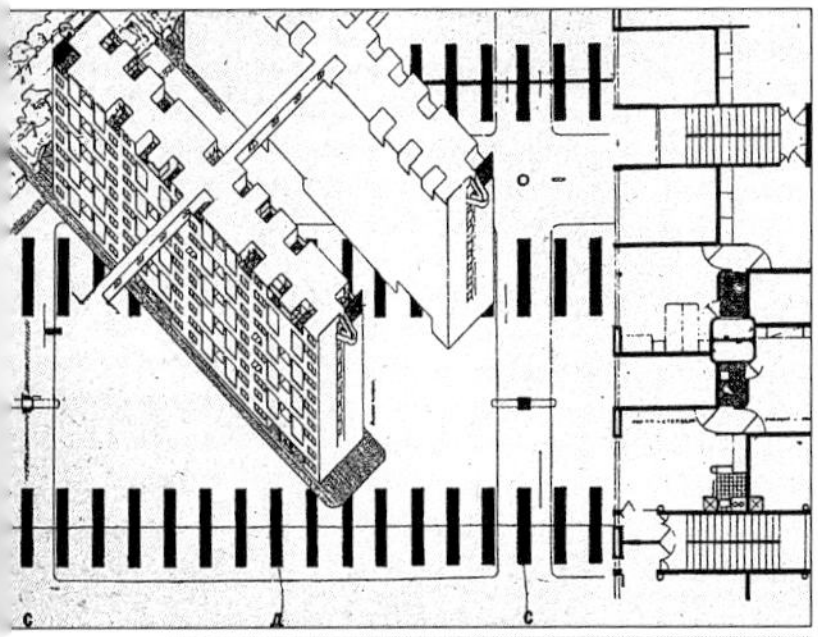

ウェグマン / OSAドム・コムーナ・コンペ案, 1927

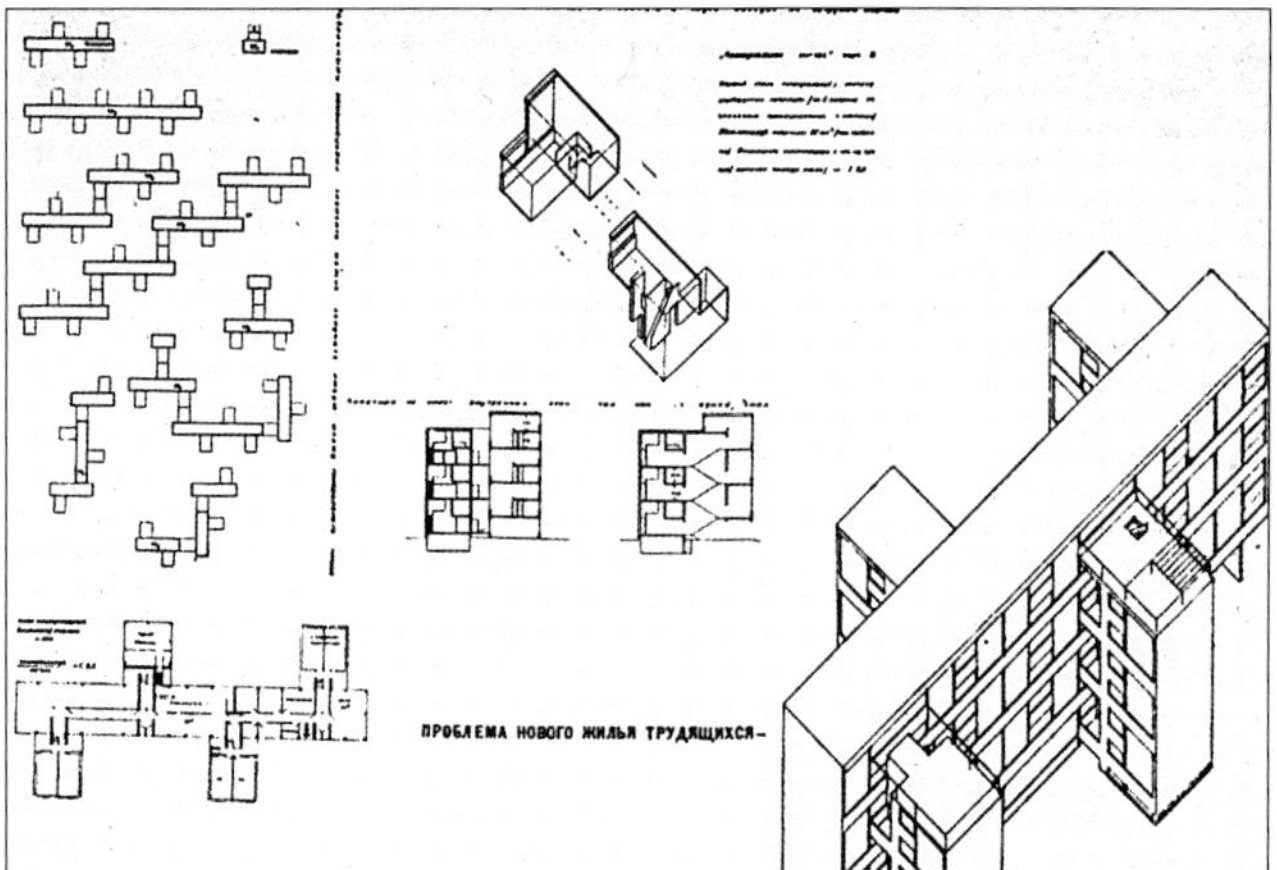

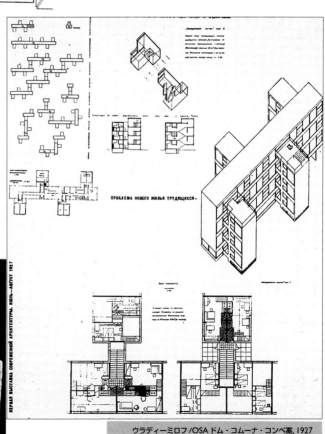

ウラディーミロフ / OSAドム・コムーナ・コンペ案, 1927

パステルナークの案は逆に一階をすべて共同スペースとしたもので、あとはオーソドックスなテラス・ハウス型である。レニングラードからの参加案のうちイヴァノフら学生チーム案では、クローバー型（三叉型）のプランが特徴となっていて、一階に食料庫、幼稚園などがとられていることではパステルナークの案と軌を一にしている。

このコンペティションの応募案のうちで最も重要かつ完成度の高いプロジェクトは疑いもなくギンスブルグの案で、これは二層にひとつ廊下をもつという断面構成で二つの六層住居をまとめたものである。オルやソボレフらのメゾネットが廊下の省略という空間効率の問題からきているのに対して、ギンスブルグのメゾネットはスタジオ・タイプ、つまり広いガラス面をもつ二層分の吹き抜け空間をつくり出すことを目指している。これは明らかにル・コルビュジエのイムーブル・ヴィラ（一九二二年）の影響である。前述のガラス面が途切れることなく水平に連続しているのも、他案に見られぬル・コルビュジエ風のデザインといってよい。これは次いで次節以下に取り上げるSTROIKOMユニットの諸提案、そして傑作ナルコムフィン・アパート（一九二八～三〇年）と受け継がれていくもので、この一連の仕事は、今度は明らかにル・コルビュジエを刺激してそのユニテ・ダビタシオンに影響を及ぼすに至っている。この案では二つの住棟の結節部に幼稚園、食堂、託児所、洗濯場、その他の共同施設を収容することによって、デザイン上でもアクセントを添え、集合住宅にありがちな単調な連続性を打ち破る工夫もなされている。洗練された解といってよいだろう。プランニングの上からいうと、この案では前述のように二層が一単位となっているが（一層二・六メートルの高さがある）、部屋にはA、B、Cの三タイプが用意されていて、メゾネットは二～四人用の大きなAタイプで、スタジオ・タイプのスペースがその居間である。B、Cは上階、つまり廊下に面した部屋で一～二人用の個室ユニットがある。それらは単独でもあり得るし、他のタイプと結合することもあり得る。それらの組み合わせがこの案を成り立たせているというわけだ。

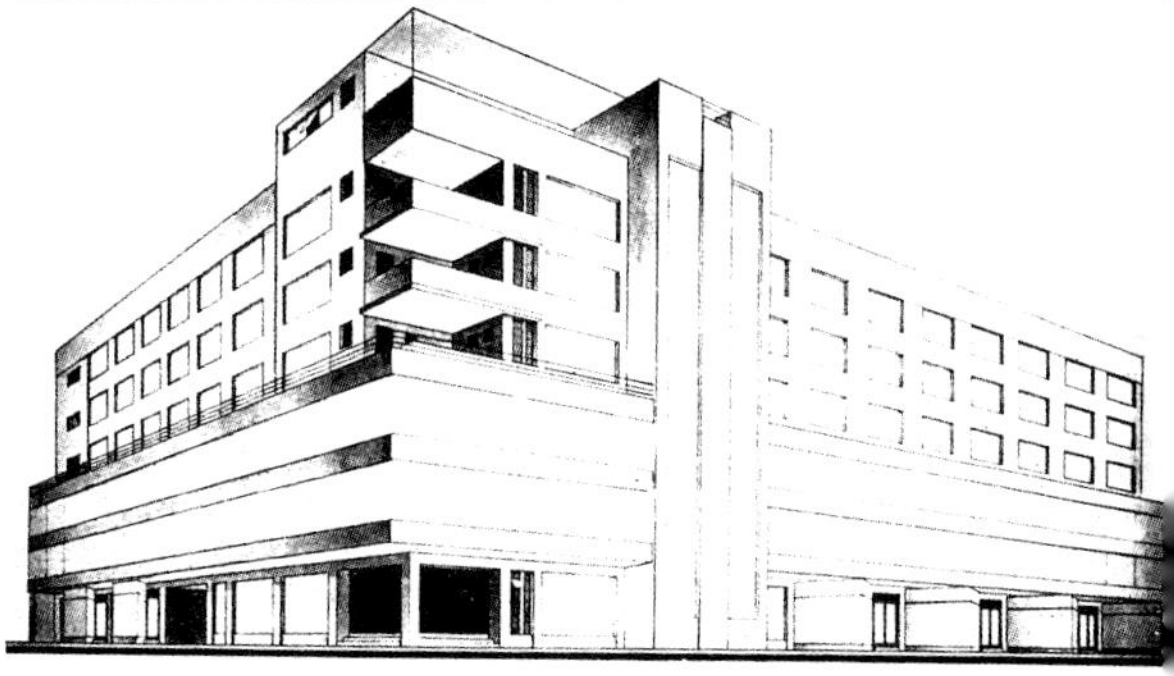

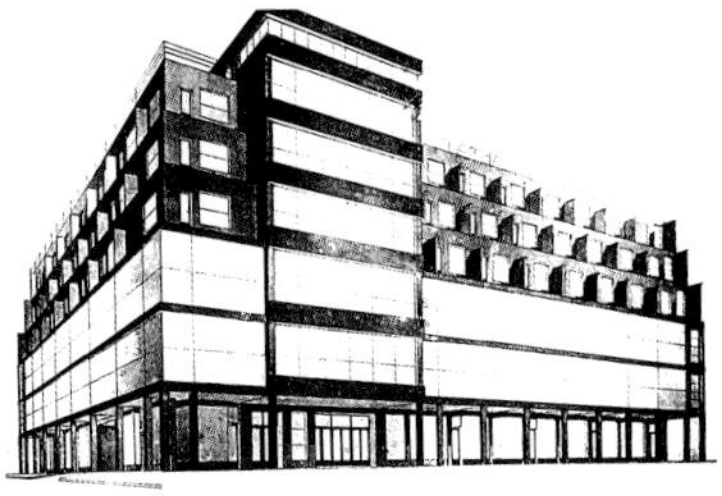

上：コチャール
下：アラビヤン
［VKhUTEMAS A・ヴェスニン・アトリエ］／
集合住宅，店舗，ホテルのコンプレックス計画，

"SA"誌はこのコンペティションの結果発表に先立って、一九二七年第一号（コンペティション発表は四・五号）にVKhUTEMASの学生のドム・コムーナのプロジェクトを掲載すると共に、ドム・コムーナに関するアンケートへの四つの回答をも併せて紹介している（因みに前記のウェグマンやウラディーミロフらも卒業して間もない二十代の少壮建築家で、学生たちといくつも違わない）。なおこれらのプロジェクトの作者の中には、後に構成主義者たちを

ギンスブルグ／
OSA ドム・コムーナ・コンペ案，
1927

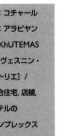

プチブル・フォルマリストとして批判するVOPRA（ヴォプラ＝プロレタリア建築家同盟）のメンバーとなったアラビヤンやコチャールの名が見られる。彼らのデザインはこの時点では全く「構成主義風」であった。

アンケートのなかでとりわけ興味深いのは、いずれも労働者側から寄せられた二通の回答である。一方の回答では、新しい生活様式についてもう長いこと語られてきたが、実際には昔ながらの個人のカゴばかりがつくり続けられている。一戸毎に厨房があって新しいところは何もない。そんなものはもう結構なので、我々が欲しているのは共同厨房なのだ、と語られている。「……しかし個人のカゴは建設され続けている。我々は新しい生活様式の必要性を宣言しているのに、同時に労働者を自分の入口と厨房をもつアパートに閉じ込めている。……労働者の欲するものを建てよう」とそれはしめくくっている。

もう一通の女性労働者からの回答はもっとはるかに具体的である。彼女が「新しい生活様式」の中で求めるものとは、まず共同的な要素と個人的な要素の区別であり、個々人の意志、個性を育むことが肝要である。そのためには共同の要素を物理的に組織化していく必要があり、そこで求められる要素とは「共同食堂、図書室つきのクラブ、映画館、電信、スポーツ室、託児所、幼稚園、遊び場、共同洗濯場、等」である。快適な家具、照明も含めて十分な明るさが必要で、知的労働者と肉体労働者とでは家具も違ったものであることが肝要だ。ラジオ、シャワー、電話も必要だがプチブル的なものはいらない。ラジオ、レコード、映画、新聞などが必要だし、そのためにも時間の合理的な使用を行なわなくてはならない。衛生や医療、教育にも力を入れて家族的、宗教的偏見も取り除いていかなくてはならない。共同生活による女性の相対的自由を確保せねばならず、もはや共同の仕事が重い軛とならぬことが必要である。生活は単純さとエコノミーをモットーとし、すべてが釣り合いのとれたものでなくてはならず、日常的休憩の他に遠足、旅行、スポーツなどを含めて休暇の問題にも配慮しなくてはならない、等々と書かれている。一般労働者の意識を代表しているかどうかはともかくとして、ここで述べられているのはまさに「社会のコンデンサー」のあり方そのものであり、こうした風土がOSAの探求のバックグラウンドをなすものであった。

2. STROIKOMチームの理念と活動

OSA（オサ）コンペティションの展覧会はすでに述べたように好評を博した。それは当局の注目するところとなり、一九二八年にロシア共和国の建設委員会STROIKOM（ストロイコム）で、ギンスブルグをリーダーとする共同住宅合理化の研究・作業グループがつくられることになった。他の主要メンバーはバルシチ、ヴァツェスラフ、ウラディーミロフ、パステルナークなどである。それはアヴァンギャルドにとっては両義的な意味をもつものではあったがとりあえずは大きな前進であり、実際には大きな成果を生み出した。ここでの研究は基本的に計画論的な作業に絞られている。つまり、最も効率的な平面を動線や厨房での主婦の作業の研究などを含めて追求したり、構法やコスト軽減のためのスタディなどを行なった。当時はこうした研究やデータがごく少なかったのだからそれ自体だけで革新的な意義をもっていたことは確かだし、さらには構成主義自体もまた芸術よりも科学的に日常（生活）空間を組織化していくことを目指すと公言していたわけだから――ガンの「芸術に死を！」的な極端主義はギンスブルグらのとるところではなかったにせよ――STROIKOMチームの路線はその本来の目的に沿ったものと言わなくてはならない。だが、それはイデオローグとしての立場からテクノクラートとしての立場への移行をも意味している。アーティストからエンジニアへという当時唱えられていた定式は、このように言い換えてしまうと微妙にニュアンスが違ってくる。ロマン主義＝ブルジョワ的な芸術家の主観への拒絶として積極的な意義をもっていたものが、この定式化の中では消極的な自主性の放棄へと姿を変えてしまう。テクノクラートは与えられた枠組の中でしか問題の解決を許されない。それより上部の構造（イデオロギー）にまで遡及することは彼の立場ではない。――それをブルジョワ主観主義の偏向として組織論で律してしまうのがスターリン主義の力学である。ギンスブルグらのSTROIKOMチームのポジションは、こうしてかつてマヤコフスキーがいった「政治生活万歳、そして政治から自由な芸術万歳」というようなそれからは

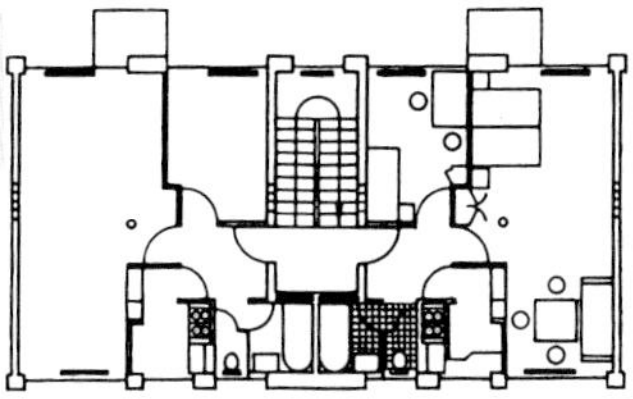

ストロイコム・ユニット／
A-2タイプ

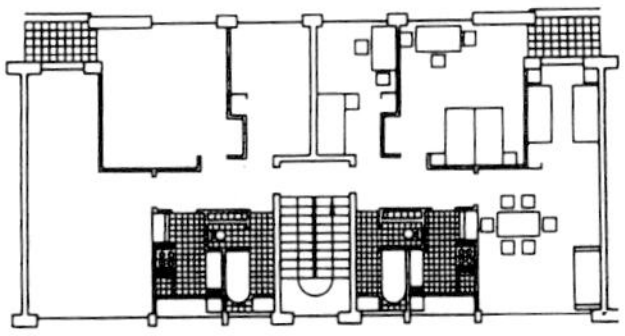

ストロイコム・ユニット／
A-3タイプ

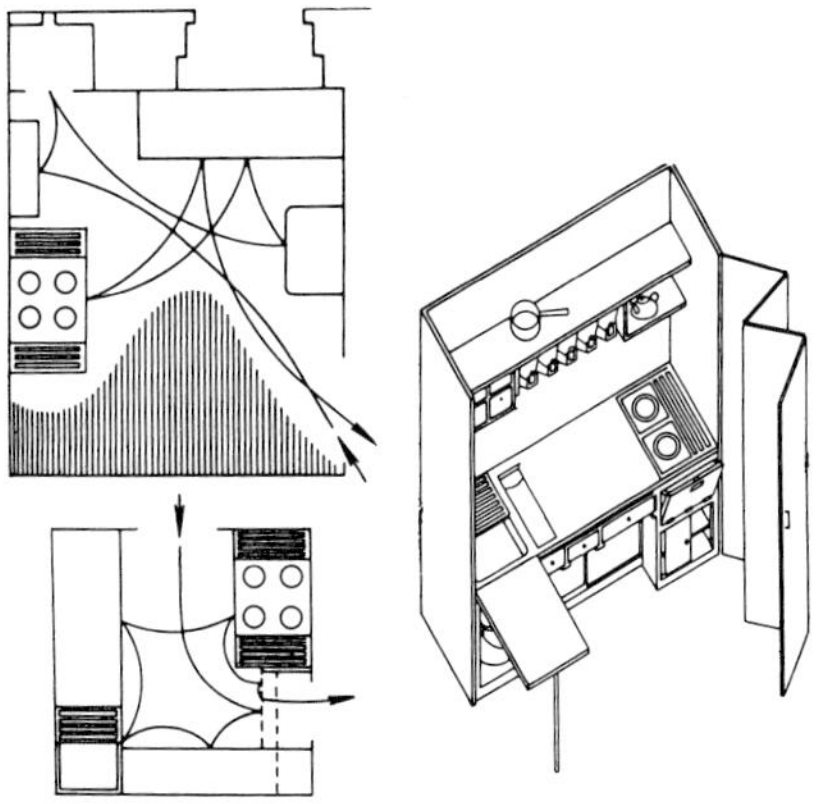

ストロイコム・チーム／
厨房のモデル・デザインとダイアグラム, 1929

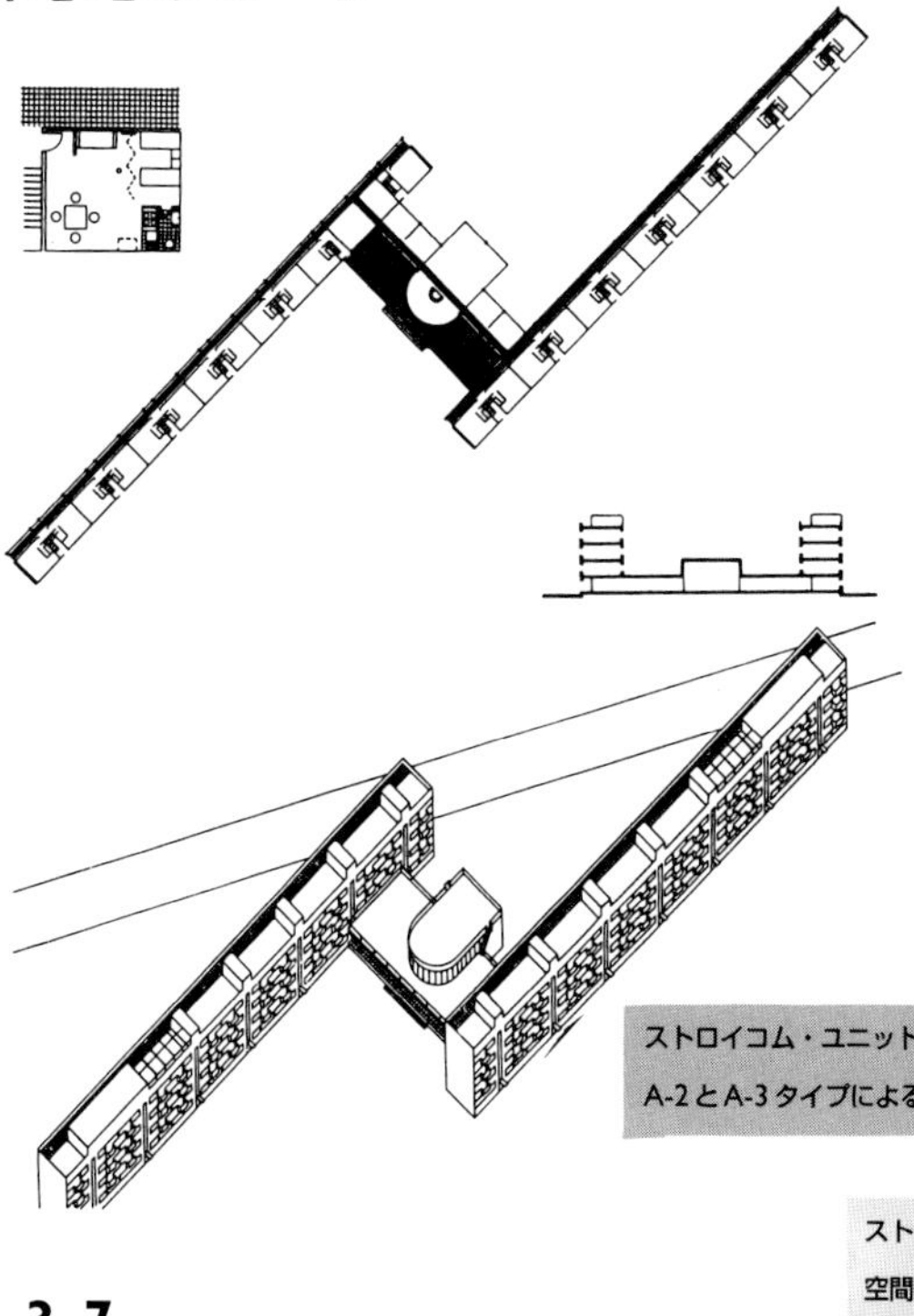

ストロイコム・ユニット／
A-2とA-3タイプによる集合住宅

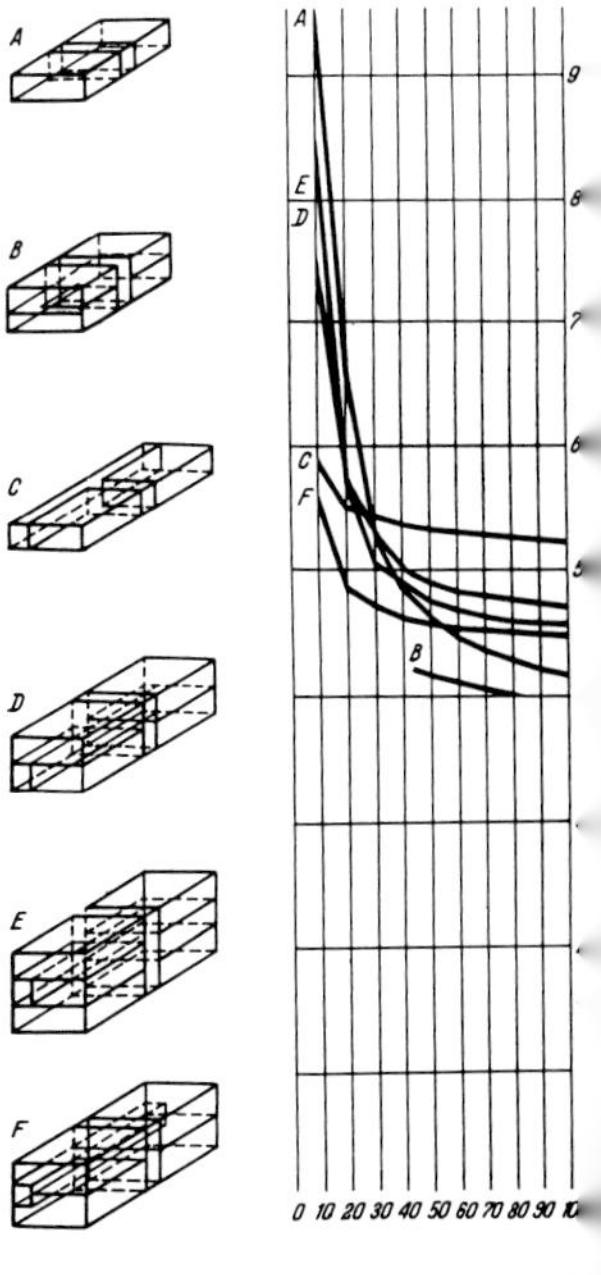

ストロイコム・チーム／
空間の
利用効率ダイアグラム

微妙にずれてしまう。この問題は、もちろん即時的に浮上してくるような性質のものではない。計画論的なスタディはいうまでもなく必要不可欠なものだったし、その結果もまた実りあるものだったことは否定できない。テクノクラートの問題は、内部批判が問題となり、枠組自体が揺らぐときになってはじめて目に見えてくる。

STROIKOMチームの研究成果は一九二九年に報告書としてまとめられた。厨房のモデル・デザインや空間の利用効率のダイアグラムに加えて、研究の中核をなすのはAからFタイプまでの住戸モデル・ユニットとそのヴァリエーションである。Aは標準的にアクセサリー的な部分を切り詰めて主に平面上の有効性を目指したもので、A－2、A－3というヴァリアント（前者は四人用の二室＋バス、トイレ、後者は三室＋厨房、バス、トイレ）が用意された。一人当りの床面積が九平方メートル——もちろん当時の実際の平均よりずっと大きい——、自然採光、通風などに配慮した平面である。これに断面的な配慮を加えて、ユーティリティ関係など高さを抑さえてもよい所と高く天井をとりたい居室関係を上・下階で互い違いに組み合わせ、全体の階高を節約しようとしたのがBタイプで、そのヴァリアントもつくられた。

C以下のタイプは廊下のとり方と住戸の平・断面が

ストロイコム・ユニット／E-1タイプによる集合住宅

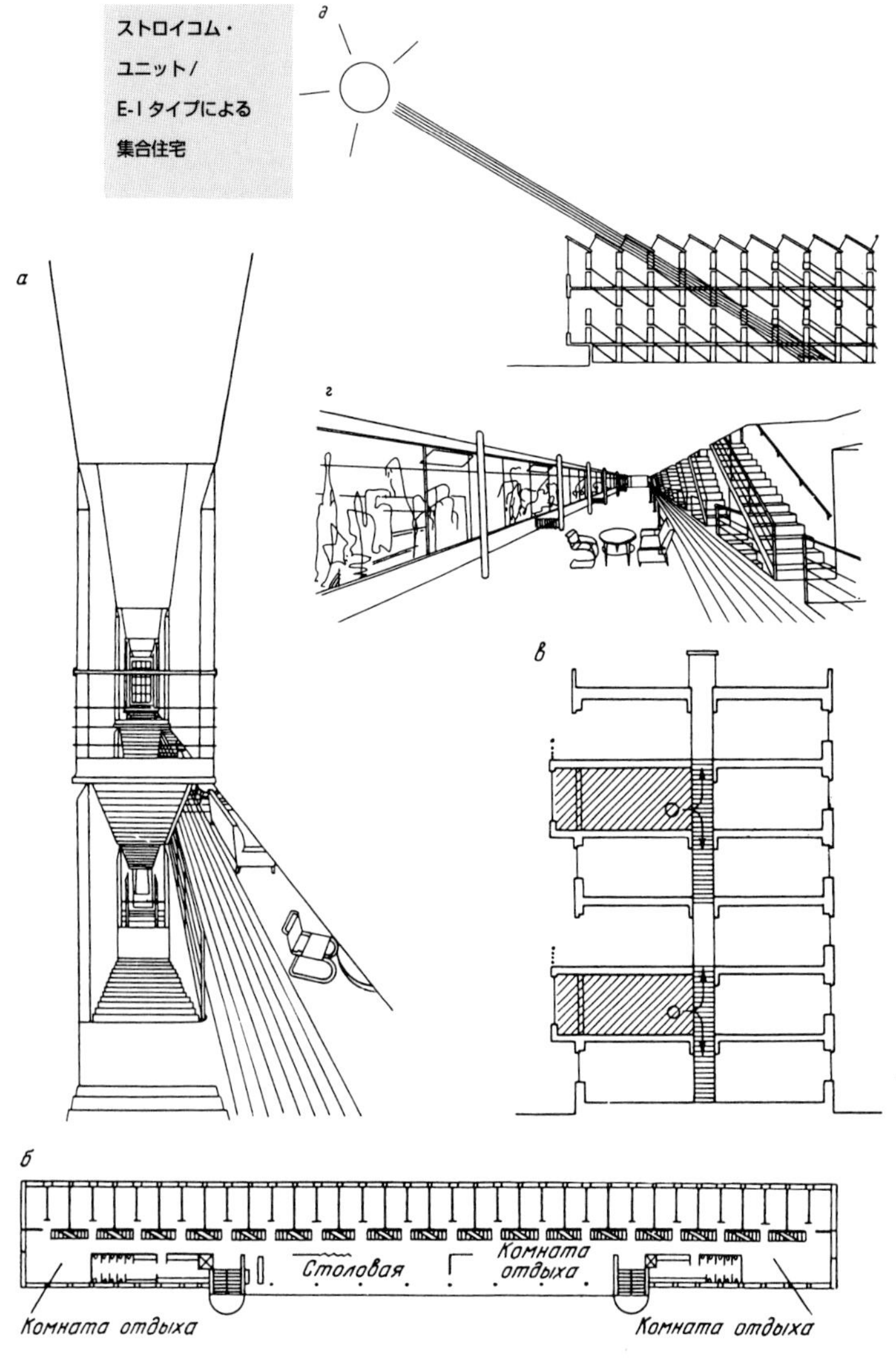

ストロイコム・ユニット／B-2タイプ

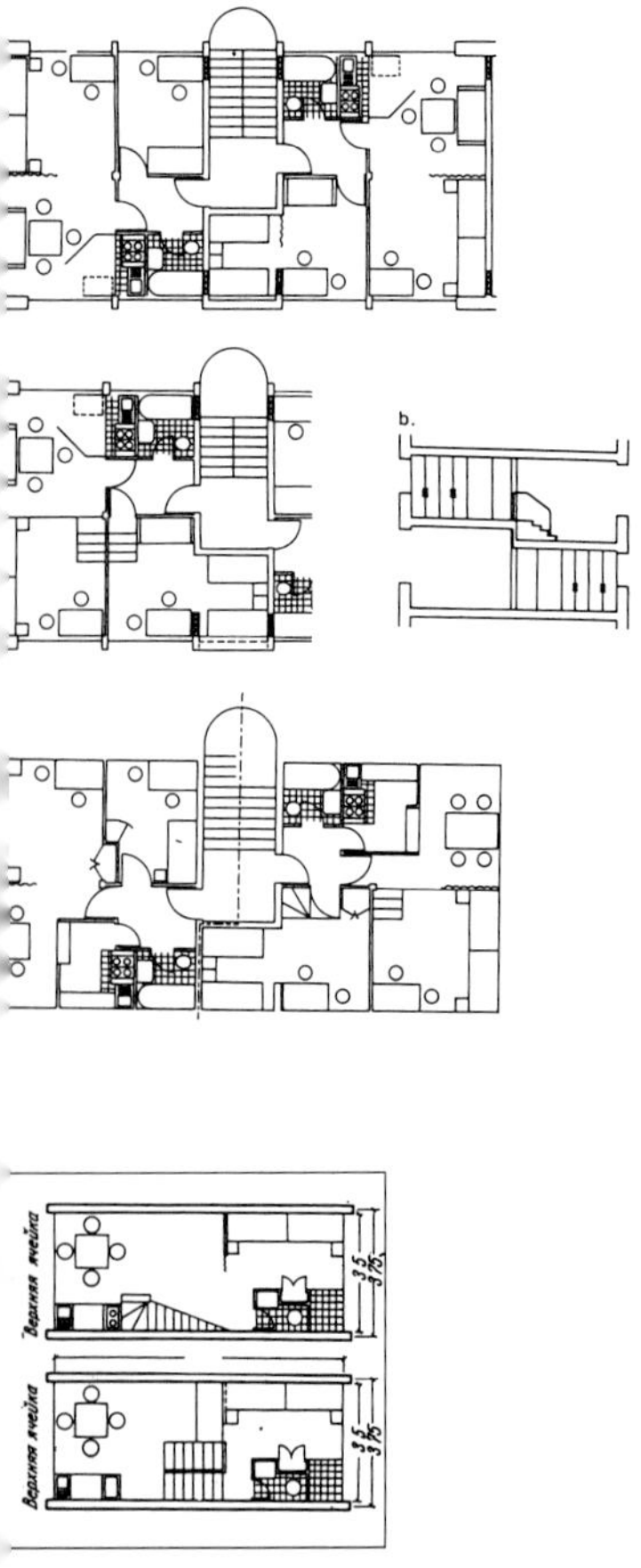

関わってくるもので、各階毎に中廊下のある通例のものがCタイプ、二階毎がDとEタイプ（Eはメゾネットが導入されている）、三階毎がFタイプである。これらのうち最も独創的とされているのがFタイプで、これは前述のOSAコンペティションの発展案だが、コンペティションのタイプがスタジオ・タイプの中に廊下を貫通させたものであったのに対して、STROIKOMのFタイプは一方にユーティリティと廊下という低くてもよい空間を廊下を中間にして三段に重ね、他方に居室部分を二層に重ねるという断面構成になっており、廊下も片廊下で外気に面することができる。スタジオ・タイプでは低い方の階高（それがミニマムの基準となる）に対して高い方が倍になるという贅沢なヴォリュームなのに対して、Fタイプでは一・五倍にとどまるので空間の省約が可能になるというわけだ。ギンスブルグらのスタディによるとA、Bタイプは面積が比較的たっぷりある場合は有効だが（彼らはブルジョワ・アパートを経済効率からおさえると五〇平方メートルの三室＋厨房＋バスというタイプ以上に省約化すると無駄という結論を得た）、ソヴィエトの現実では大きな住戸より、もっと小さな三〇平方メートル程度で成立するユニットが必要となる。Fタイプはこの規模に適しているだけでなく、同コストで三分の五の面積が可能になるという経済性ももつタイプとして構想された。

これらのタイプから住戸ばかりではなく、住棟全体のモデルも提示された。とりわけ注目してよいのはEタイプのもので、すべてワンルーム（個室）タイプで三六〇室をもつE－1タイプと、一、四階に共同室をとって四五〇人をおさめるE－2タイプがある。E－2タイプでは階段が住棟を二分するセンターにとられ、オープンで下から上まで折り返しなしの直進階段となり、中廊下型のもつ暗さの代わりに日光をダイレクトにスカイ・ライトから一階まで導き入れるというシステムを考え出している。この階段室の片側が三層にひとつ（真ん中の階）広い廊下兼ギャラリーになっていて、前述の直進階段はそこから上ないし下階にアクセスする仕組になっている（ギャラリーには別の階段でアクセスする）。共有の空間の充実というドム・コムーナの要求には最も近いタイプで、ある意味ではファランステール型といってよいかもしれない。住戸の平面を見てもEタイプは寄宿舎のようなベッドルーム・タイプで居間、寝室などの別もないし、バス、トイレも共同化されている。

Eタイプはかなりドム・コムーナ・タイプに近づいているとしても、STROIKOMユニットは基本的には移行型のタイプとして意識されている。F

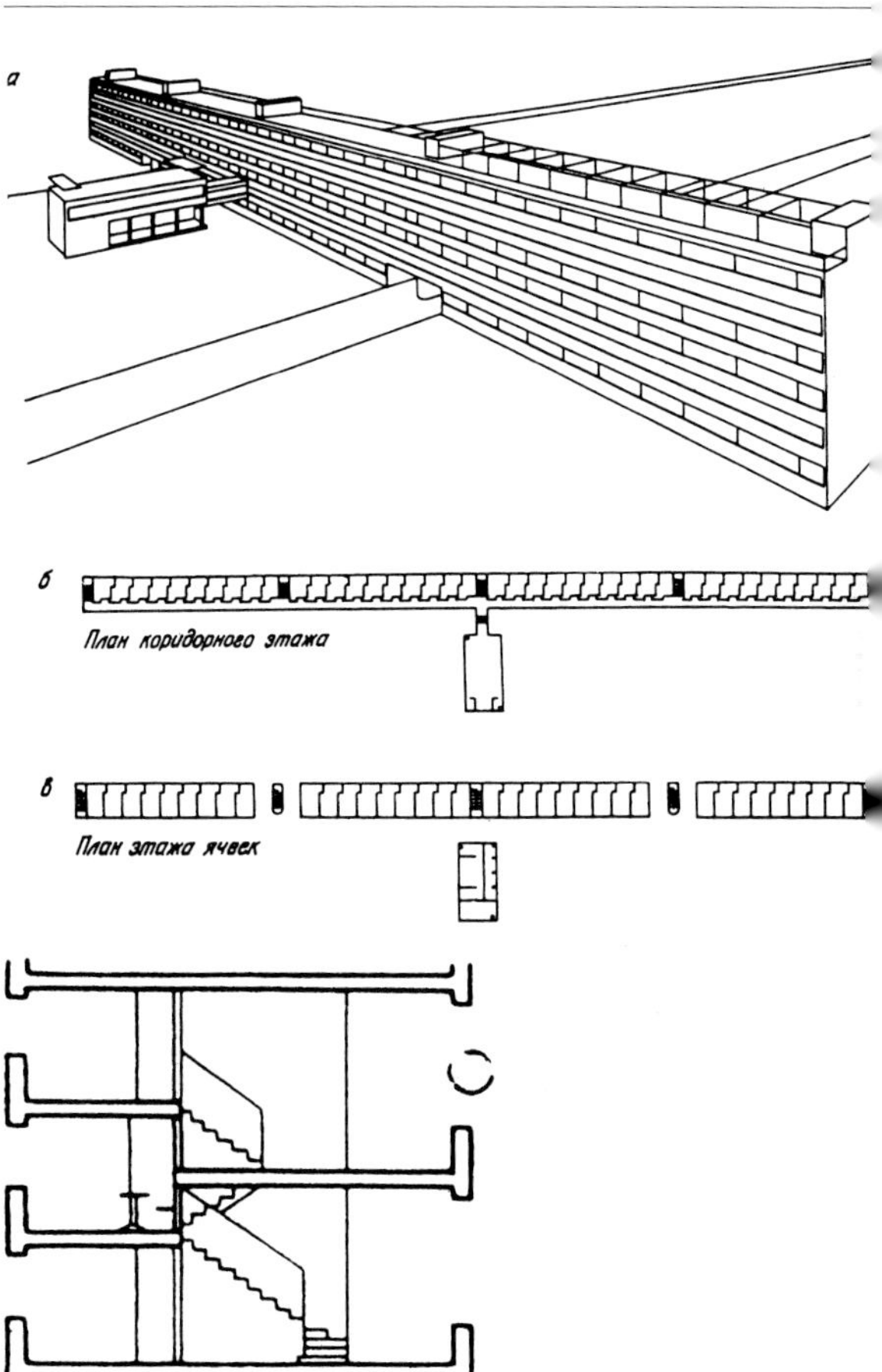

ストロイコム・ユニット/Fタイプによる集合住宅

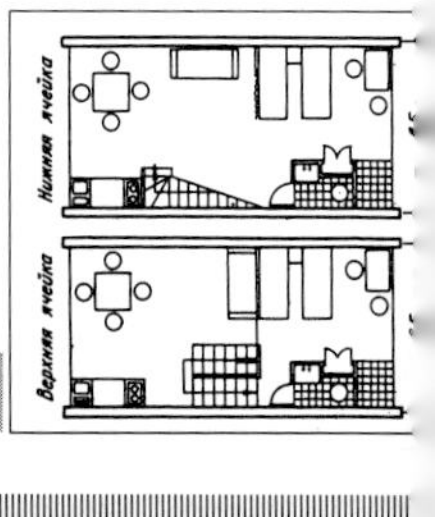

ストロイコム・ユニット/Fタイプ

タイプが推奨されたのも、それが家族形態はひとまず伝統的なかたちで保持してその最小限のニーズに応えながら、漸次新しい生活形態に移行することを可能としているからである。あくまでリアリスティックなテクノクラートとしてのポジショニングから離れてはいない。ドム・コムーナとしても通常の集合住宅としても有効な解である。アナトール・コップは、彼らの提案の何処にも家族の破壊や親と子の分離がうたわれているわけではないと指摘しながら、一九三〇年代の「リアリスト」たちは（比較的に大きい）数室住居に数家族を押し込むということをしたが、それとギンスブルグらの配慮と比べてどちらがより現実的であったかと問うている。

ギンスブルグらは、当然のことながらこれらの作業があくまで中間的な段階にとどまっていることを十分意識していた。STROIKOMチームのレポートでもギンスブルグははっきりと「我々の仕事が決定的なものでないことは明らかである」と述べている。そして「我々の計画の最初の成果をともあれ提示しようとするのは、我々の方法を討議の的になさんがためである」と明言している。単なる儀礼的、レトリカルな物言いというものではあるまい。

先に述べたSTROIKOMチーム・ユニットの両義性に関して、ヴィエリ・クィリーチはこう述べている。

「歴史的アヴァンギャルドからの離脱はすでにはっきりとしている。住居というテーマを厳格に計画的な質をもった試金石として考えることは、すでに完全な知的労働の分割の受容のしるしである。さらに言えば、ギンスブルグはこの点においては“SA”の最初の論文から明確であった。構成主義者たちの立場はすこぶる微妙である。彼らの作業仮説は公平無私な探究を実行していくことの可能性に立脚している。この意味で、彼らはもはや自らを歴史の解釈者ないし新しい『価値』の創造者としてさし出してはいない」。

「無私」というのは、社会的な要請の方をアヴァンギャルドとしての先行性よ

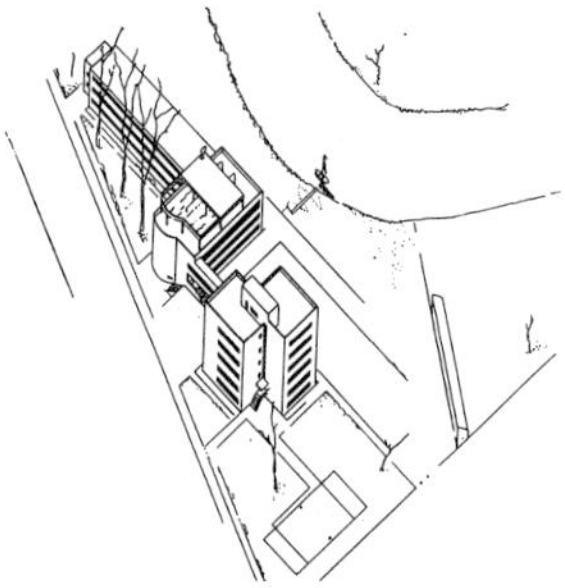

ギンスブルグ,リサゴール/ロストキノ集合住宅, モスクワ, 1928 - 1930

ギンスブルグ, パステルナーク/集合住宅, スヴェルドロフスク, 1929

りも優先させていくということを意味している。つまりアヴァンギャルディズムそれ自体の放棄である。だが、それでもなお、構成主義者たちの企図は妥協の上にたちながらもいまだに新しくかつ重要なものを生み出し得た。それは建築が本来社会的存在なるが故にはらむ両義性である。そしてそれが故に、実際のものとして具現化されたときに、いまだ社会の空間を切り裂く力を保持し得たのである。

13. ドム・ナルコムフィンと転換期タイプ

一九三〇年前後になると、つまりもはや一九二八年には第一次五カ年計画が開始され、また同時に後述するような構成主義者への批判が強まってくる微妙な時期であるが、STROIKOMチームの作業を受けてモスクワ、スヴェルドロフスクそしてサラトフに六つのモデル集合住宅が実際に建設される。完全なドム・コムーナとは言えないまでも、同時期につくられていたもっと一般的な住宅団地よりも実験的な色合いの濃いものである。その意味でこれらは「転換期」モデルとして計画されているが、そのうちの三つまでにはギンスブルグが関わっている。最も重要な作品はNarkomfin（ナルコムフィン）、つまり大蔵省にあたる財務人民委員会の職員用のもので、モスクワ、ノヴィンスキー街にミリニスとの共同設計で一九二八年から一九三〇年にかけてつくられた。残りの二つは同じモスクワのリサゴールとの共同設計によるロストキノ工場労働者の集合住宅と、パステルナークとの共同設計によるスヴェルドロフスクのものである。残りの三つはモスクワ・ゴーゴリ大路のバルシチとウラディーミロフ設計の集合住宅、同じモスクワでのウラディーミロフとゲルスタイン設計のもの、最後にリサゴールとポポフによるサラトフのものである。これらは基本的に同じSTROIKOMユニットのヴァリアントに基づいてデザインされ

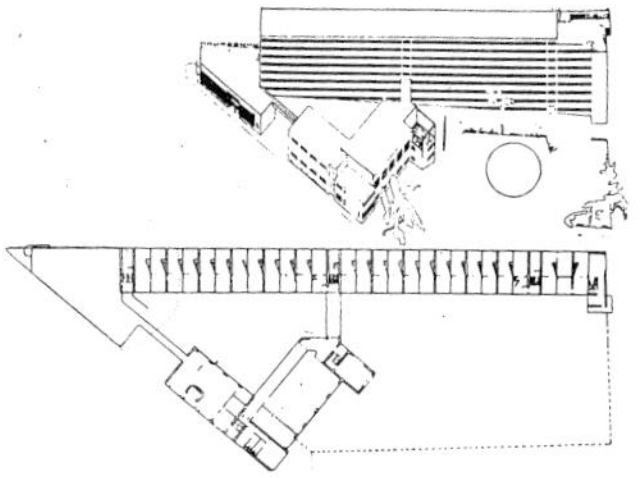

リサゴール, ポポフ, 集合住宅／サラトフ, 1930

ギンスブルグ／ブロンナーヤ街の集合住宅, モスクワ, 1926 - 27

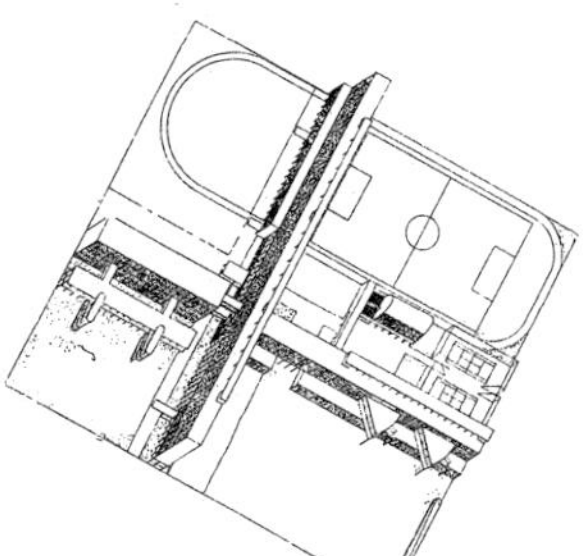

バルシチ, ウラディーミロフ／ゴーゴリ大路の集合住宅, モスクワ, 1929

た、いわば兄弟のドム・コムーナである。その点で同じギンスブルグのデザインにしても、やや以前に溯るモスクワ・ブロンナーヤ街の集合住宅（一九二六～二七年）が、外観のモダニティはともかく、計画論的には西欧のアパートと大差がないこととは区別されなくてはならない。

Narkomfinの集合住宅は五〇家族を収容するものとして計画され、六階建て（一部七階）の住棟と四階建てのサーヴィス棟によって構成されている。住棟の一階はほとんどがピロティとなって全体がその上に持ち上げられるという、明らかにル・コルビュジエ風の手法によっている。住棟は南北軸に沿う向きで建てられており、南、北共に端部から三スパンめを階段室としている。住戸は三タイプあって、階段室の間の中央ゾーンが二、三階で大家族用のKタイプ（STROIKOMのDタイプにあたるもの）、四～六階は小さいFタイプ、階段室より端の部分はいずれも二Fタイプ（後述）のアパートである。構造的にはコンクリートの三五センチ直径の丸柱が長手で三・七五メートル、短手で三・五もしくは四・五メートルというスパンで並べられ、さらに外壁はキャンティ・レバーで持ち出された床に非耐力壁として取りつけられている。ル・コルビュジエのドミノの原理に従っているわけで、当然窓は水平連続のリボン・ウィンドウである。色彩も壁や天井に用いられており、

ギンスブルグ／
ナルコムフィン
集合住宅,
モスクワ,
1928 - 30

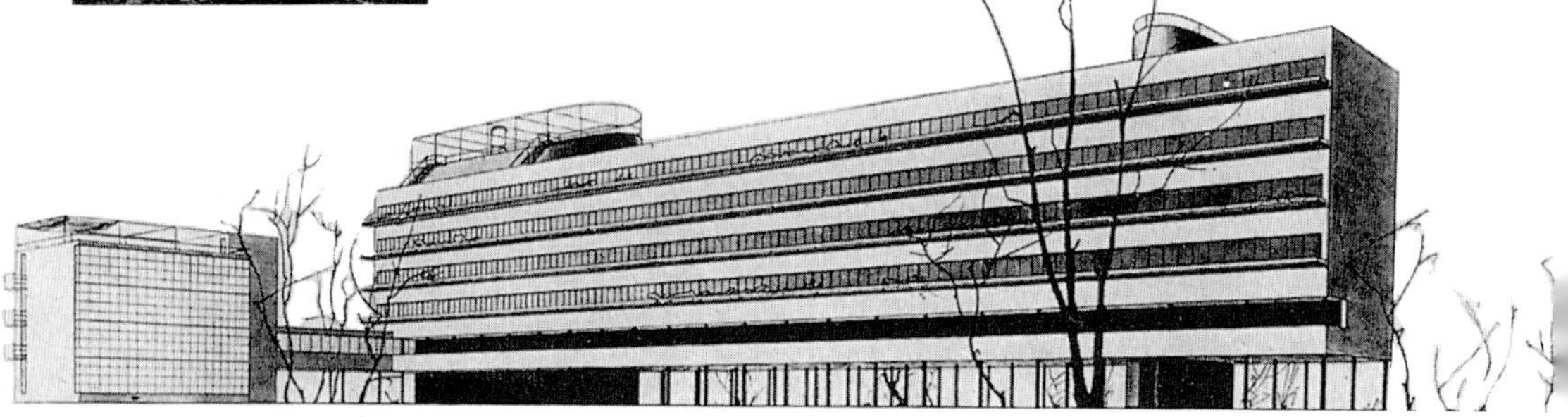

暖色と寒色とが部屋を広く見せるかどうかというような心理的な計算に基づいて様々に用いられ、ドアも白や黒で塗り分けられている。

Fタイプは入口の所に玄関室とトイレがとられて、廊下と共に上下階の低いスペースと重ねられている。高い方は三・六メートル、低い方は二・三メートルの高さである。このタイプにはリシツキーがスタディした模型が残されている。二FはFタイプを二つつなげたもので、三・六メートル高の二室、食堂、厨房、トイレ、バス及び玄関からなる。Kタイプは二層に分かれており（各階二・三メートル高）下階は廊下、テラス、玄関、厨房、上階はバス、トイレに居室が二つ（九・八八平方メートルと一二・一平方メートル）とられている。一人当りの床面積は九～一一平方メートルをスタンダードとしている。ほぼ一一メートル角の立方体に近いサーヴィス棟は、下階ではスポーツ、上階では食堂、図書館などが収められ、屋上には夏の間、食堂が開設されるように計画されている。その他には機械化された洗濯室、車庫、乾燥室などがつくられ、幼稚園や体育館も計画されたが実現はされなかった。サーヴィス棟と住棟の間は二階レベルの室内ギャラリーが結んでいる。廊下も柱列を中心にしてかなり広くとられており、STROIKOMのE－4モデルに近い。単なる水平動線空間としての意味を超えた共同スペースにしよ

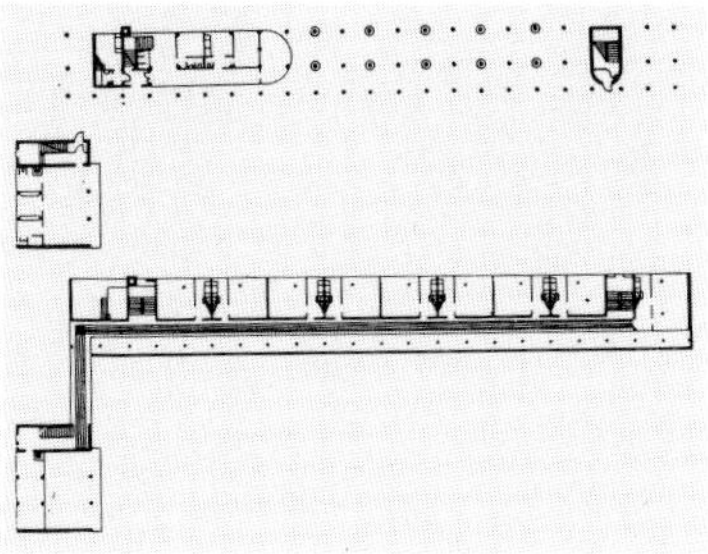
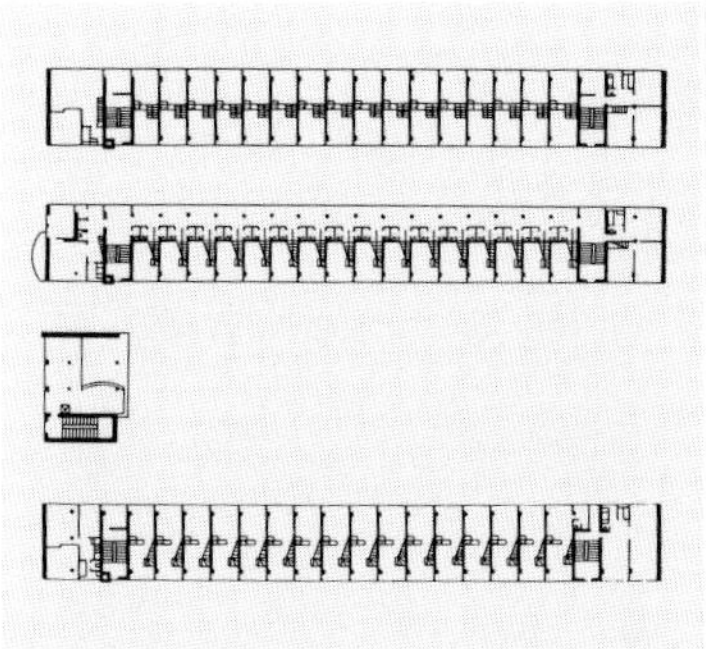
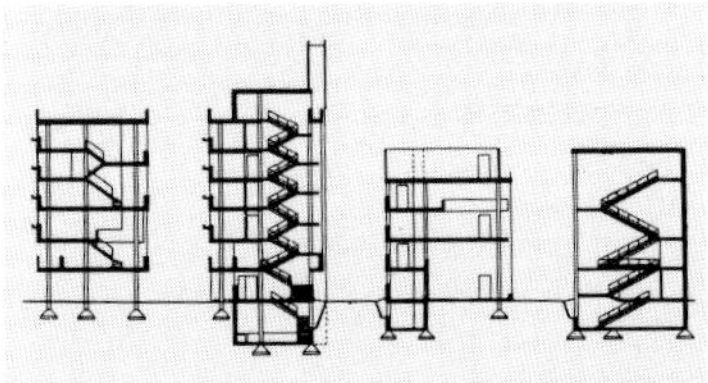

ギンスブルグ／
ナルコムフィン集合住宅,
モスクワ，1928 - 30

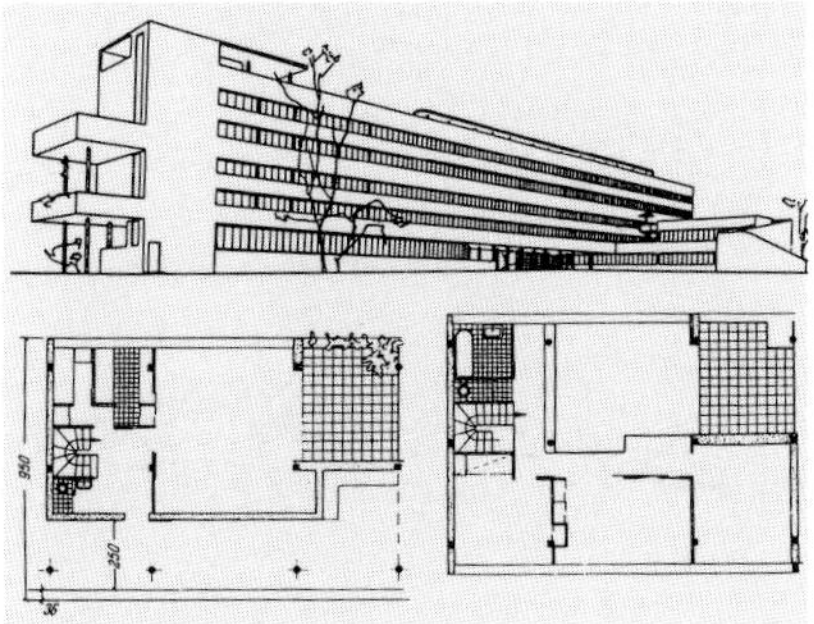

ギンスブルグ／第２棟計画，1929

うという意図が表われている。
〝SA〟は当然この「ドム・ナルコムフィン」を大きな成果として詳細に取り上げており、とりわけ構法（前述のものの他に部材の標準化、断熱処理、突き出し窓の使用など新しい手法が用いられた）に大きな比重を置いたことはSTROIKOMチームのスタンスからいって当然と言い得る。五、六階の一方の端部には半円形状のバルコニーがつけられているが、この二Fタイプのうちひとつには当の〝SA（エス・アー）〟の編集室が設置され、ギンスブルグは編集長として指令を送っていた。そして最上階のペントハウスには、財務人民委員（大蔵大臣）の地位にあり、この住宅の実現の労をとった、そして後に言及する『ソツゴロド』の著者でもあるミリューチンが自ら住んだ。このことはル・コルビュジエの『輝く都市』（一九三五年）にも記述されている。

この後にギンスブルグはこのDとKの二タイプよりなる第二棟の増築を計画したが、それは紙面上にとどまった。しかし実現されたものだけでも、ドム・ナルコムフィンはソヴィエト共同住宅の金字塔と言ってよい建物である。それは、すでに述べたようにあくまで中間的なタイプとして計画されており、ことばの十全な意味でのドム・コムーナと言い得るものではないが、その枠の中では見事な解という他はない傑作である。ヨーロッパにまで目を転じてもこの時期にこれだけのレベル、これだけの規模の集合住宅はほとんど実現されていない。ル・コルビュジエからの影響は確かに少なくないが、ル・コルビュジエ自身にせよこの時期にはこれだけの規模の集合住宅を手がけていたわけではない。〝SA〟は最初期からこのスイスの巨匠の作品を紹介していたし、ドム・ナルコムフィン竣工当時の評でも「そのル・コルビュジアニズムは広範かつ特殊なものである」と述べられているが、機能による異なった分節を幾何学的に処理する、例えばサーヴィス棟やペントハウス、バルコニーのような部分を強調するという手法は、ロシア構成主義に多く見られる手法でもある。

前述のメゾネット断面なども含め、このドム・ナルコムフィンは、ル・コルビュジエの手法に範をとりつつそれを一歩も二歩も先の地点にまで進めている。そしてその逆影響はユニテ・ダビタシオンに明らかに示されている。さらにそのベースにあった平面タイポロジー上での探究という点では、ギンスブルグの方がル・コルビュジエよりもはるかに組織的、体系的である。むしろ——厨房の合理的計画などを含めて——フランクフルトでのエルンスト・マイの仕事などにも比べられるのではないか、というのがエルンスト・パシーニの説である。その緊密な組織性においてこれはまさに文字通り「住居機械」と呼ぶに相応しい。モスクワにおいてこの建物を実見したル・コルビュジエ自身は、この建物に関して内部のしつらえがあまりにも切り詰められ、「建物を生気づけ得るような微妙な意図というようなものが全く欠如している」という点を批判している。これはレーニン未亡人クループスカヤが『プラウダ』に書いた批判とも軌を一にしている。彼女はこう書いた。「プランを見る限りにおいて、それはあらゆる贅沢さを備えたものと見えたが、結局はただ平板な『ソヴィエトの独身者たちのための家』としか見えない」。

確かに個人主義者ル・コルビュジエにとっては、ギンスブルグの共同主義的な切り詰め方はいささか「機械」に近すぎたかもしれない。何しろ同じアイデアに基づいてはいるが、彼の「イムーブル・ヴィラ」の計画は、一戸当りで三百平方メートルをはるかに超える大きさを想定していた。しかし、ル・

コルビュジエ的な豊かさとは違ったものであったにせよ、ドム・ナルコムフィンのもつその切り詰め方の故の緊迫感は、紛れもなく詩的に昂進された住居機械＝社会のコンデンサーのものであって、テクノクラートよりはアーキテクトに属している。様々な妥協を含み込んだ文字通りの「中途の家」であるにせよ、ドム・ナルコムフィンには社会的、芸術的な夢想の数々が注ぎこまれていて、それがこの建物を比類のないものとしている。

しかしそれはまた今日のものとは異なった夢想であることも否定し難い。今日、この傑作は残存してはいるがメンテナンスが非常に悪く、ほとんどスラムと化している（カラー口絵参照）。その老醜の中にも往年の凛々しい面影を見出すことは、想像力を働かせさえすればできなくはないし、おそらく注意深いリノヴェーションを行なえば、それが昔日の光を取り戻すことは間違いあるまい。だが同時にそこには取り戻し得ないものもあるように思える。現実に同時代の他の構成主義者による建物は理想的なかたちとはいえないまでも、リノヴェーションを施されて生きのびている。立地の点からいっても、作品としての出来映えからいっても、この建物がほとんど見捨てられているのは一見不可思議に見える。無論、その理由に関しては推測するしかないし、単純な所有、管理権限の問題かもしれないのだが、それとは別にこういう仮説は可能ではないだろうか？　つまり、その時代の共同生活様式へのイデーを、譬え「転換期」タイプにせよその限りにおいて完全に体現したこの共同住宅は、その厳格さの故に今日のソヴィエト市民には「住めない」のではないか、と。例えば、一戸当りの広さという点だけをとってもドム・ナルコムフィンは完全な共同住宅ではなく、エリート官僚向きのアパートであったが故に当時の標準よりもむしろ大きな数字を達成している。だが、できるだけ共同部分に面積を割き、個室部分を切り詰めていくという考えを共有しない限り、今日的なスタンダードには到底達さない不満足なものとしか見えざるを得ないはずだ。それは当時においてすらル・コルビュジエやクループスカヤの批判に見られるように、あまりにも観念的な切り詰め方と見えたのである。こうした問題は、この住宅だけではなくロシア革命がもたらしたものの今日的な意味全体に関して該当することであろう。そうした意味で、ドム・ナルコムフィンはロシア革命の建築全体の命運を象徴しているようにも見える。

4. ハウジング・コミューン

ドム・ナルコムフィンをはじめとする六つのSTROIKOMユニットに基づく実験集合住宅が建設されるのに並行して、一九二八年に第一次五カ年計画が開始されたことにも関わりながら、新しい定住体、新しい家族形態の議論が盛んになってきた。つまり、第一次五カ年計画の発動によってソヴィエト社会が新たな社会主義の建設段階に入ったという認識に応じて、より進んだ共同化へのパースペクティヴを切り拓こうとする議論である。その中で、例えば一日二四時間を細かくプログラム化した集団生活を提案するニコライ・クズミンのモデルなどが提出されていった。このモデルの中では、集団はエイジ・グループによって分類されるなどほぼ完全に従来の家庭形態は否定されている。——親子関係の維持は必要なものに限り認められてはいたが。クズミンによれば、この分刻みに近いスケジュール管理は資本主義社会内では不可能な合理的な時間の配分であり、生産効率をより高いものとして社会主義の優位を示すものだという。つまり、彼の構想の中では労働者も含んだ社会機構自体が効率性というパラダイムによって律される「機械」となっている。この構想では個室という領域すらもはや存在せず、男女は各々六人ずつに分かれた寝所で休み、限られた晩のみ二人きりの一夜を過ごすということになる。そして二人の子供は集団として養育され、「両親」も再び集団の中に戻っていくというヴィジョンである。

クズミンは、「搾取と抑圧の道具としての家族を即時的に解体せねばならぬ。私のいう共同住宅の中での家族とは同志たちの結合であり、歴史的、心理的に不可避的な男子労働者と女子労働者のそれである」と書いている。また、ヴィターリー・ラヴロフの一九二九年の提案では、生活機能を、（一）休息と睡眠、（二）レクリエーション・孤立、（三）レクリエーション・動き、（四）個人の孤立した労働、（五）集団労働、（六）育児、（七）食事、（八）共同体の仕事に分け、各々を空間に割りふろうとしている。これもクズミンのヴィジョンと同じように、社会機構－生活形態を緊密にプログラム＝メカニズム化しようという企てである。

こうしたヴィジョンは、当然建築家たちに対しても多大な刺激を与えないではおかないものだった。そこで中間的なSTROIKOMモデルを超えるプロジェクトが生み出されはじめる。その中では一層個人空間が切り詰められ、共同サーヴィスの空間の重視へと傾斜していく。つまり緊密に組織された「機械」のメタファーはさらに強化されていく。十二章でも取り上げるヴェスニン兄弟のクズネックの集合住宅計画（一九三〇年）は、単体ではなく街区全体に及ぶ計画だが、明らかに共同施設の方に比重が傾いているし（そのために共

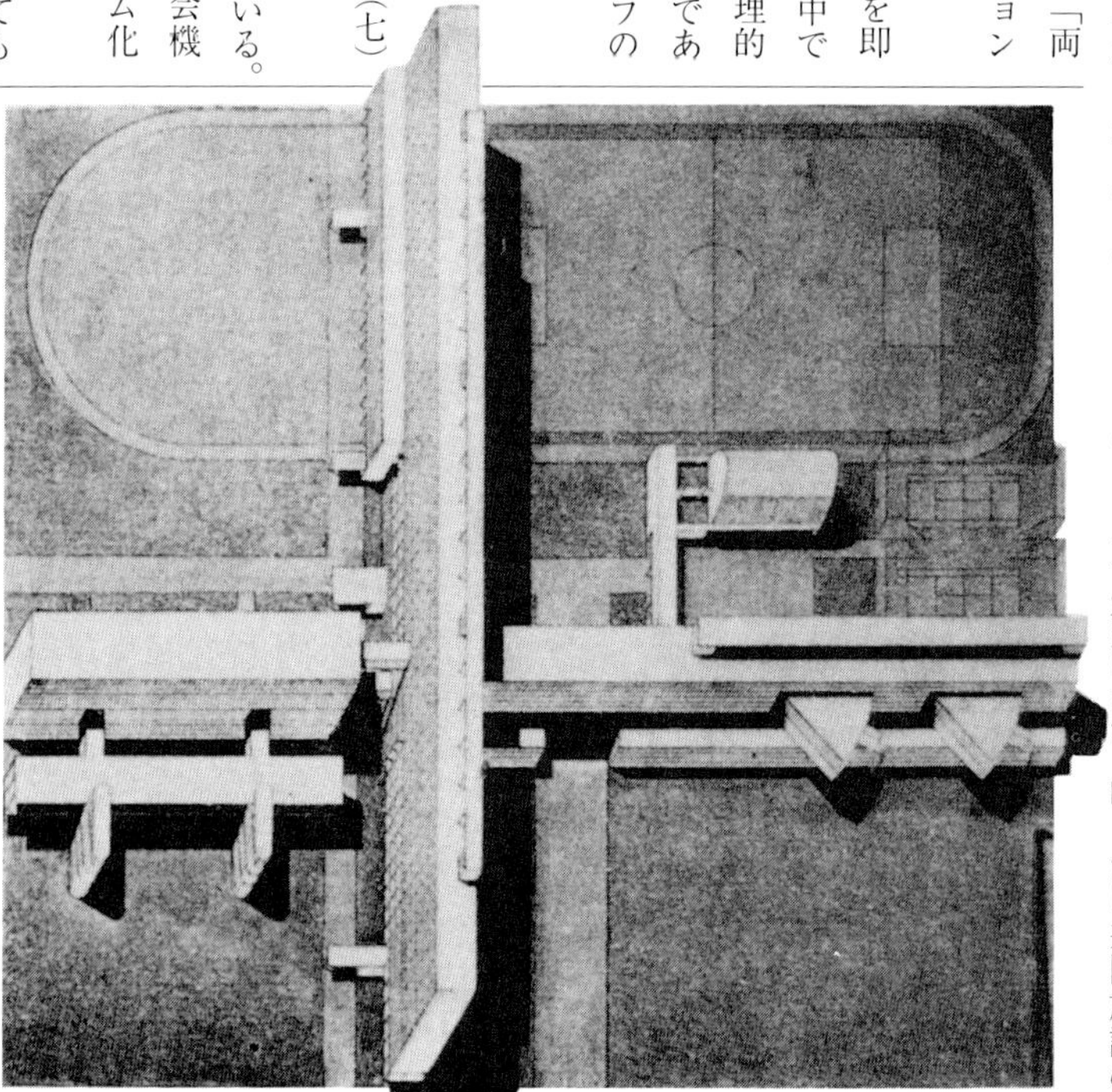

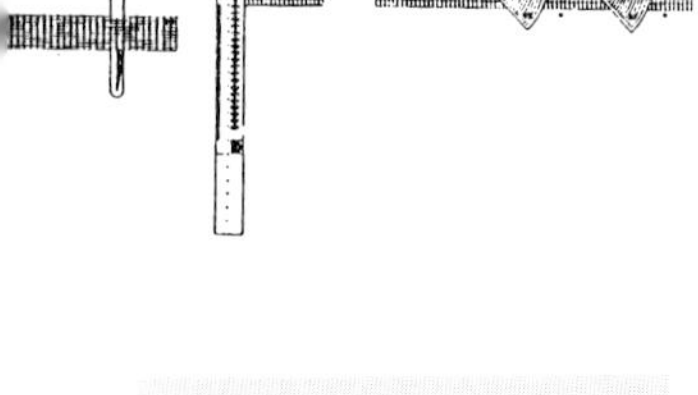

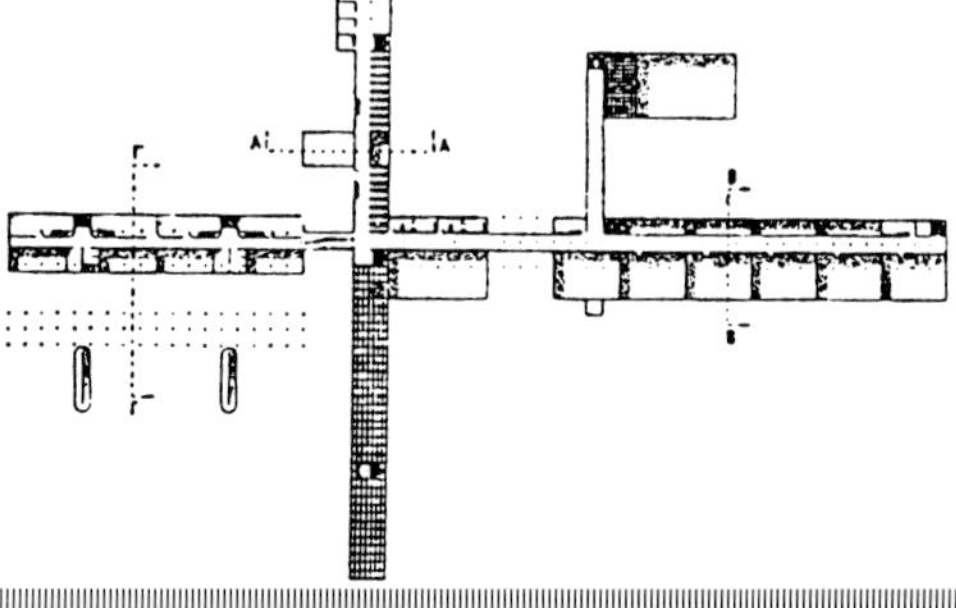

バルシチ,
V・ウラディーミロフ／
ハウジング・コミューン・モデル計画,
1930

同住宅思想の誇張と批判されている）、すでに言及したイリヤ・ゴロゾフがスターリングラードのためにデザインした見事なモデルでは、ほとんど文字通りハウジング・マシンとしての性格が一層強まり個人も家族も空間としては差のないところまできている。

一九二九年にOSAはクズミンの住宅テーゼに対応した会議をもち、閉じた住形態はプチブル的イデオロギーのかたちであるという決議を出しているが、その結果として構想されたバルシチとウラディーミロフのモデル計画は、中間タイプとは一線を画したドム・コムーナもしくはハウジング・コミューンの典型となった。

ギンスブルグの薫陶を受けたこの二人の建築家は共にSTROIKOMチームに加わり、実際に建設されたモデル住棟の設計にも携わっているから内部の考え方がその発展形であるのは当然で、このモデルは明瞭に中間型を一歩進めたタイプとして意識されている。十字形に構成された全体は基本的には三棟からなっており、各々がクズミン流のエージングに従う分類を受けている。つまり、一〇階建てのものが千人の成人、六階建てのものが三六〇人の就学前児童、五階建てのものが三二〇人の学童を収容するというかたちで、食事は中央の機械化された厨房から各所にサーモ・コンテナで配られ、学童はメイン食堂（一階）でそれをとるように設計されている。学童棟はその上階に教室とドミトリーをもつ、いわば寄宿舎つきの学校といった体裁で、スポーツ施設が別棟で設けられ、上の方の階には特徴的な三角形状のキャンティ・レバーによるホールが二つとられている。ドム・ナルコムフィンの項で述べた機能別に幾何形態を割りふっていくという分節の手法は、ヴェスニン、ゴロゾフのいずれの案にもはっきりと見てとれるが、このバルシチとウラディーミロフのドム・コムーナではそれが極限に近いところまで到達している。内部パースに見られるギャラリー状空間の断面の扱いなども明らかにSTROIKOMのE－1タイプのそれの継承だが、それも含めてこうした発展形の線上に置いてみると、ドム・コムーナというこの時代に典型的なイデーの表現という点で、これはロシア・アヴァンギャルド建築のひとつの極北をしるす見事な計画案である。

これらのラディカルな設計や提案を支えたのはすでに述べたような自発的なコミューンの動きである。その主たるものは若い労働者、学生のコミューンで、これは多くの青年労働者が新都市の建設に従事するなどして早くから家族と離れていたことにも起因すると言われる。とくに学生コミューンは他のものに比べて実現しやすい条件にあった。例えばレニングラードの電子工学院の学生コミューンでは、寝室という空間はカテゴリーとしては否定されていたし、すべての書籍も共有化されていたという。モスクワではニコラーエフのデザインによってこの手の学生コミューンに対応した二千人のための実験的ハウジング・コミューンがつくられた。前述のゴロゾフのデザインと同型のタイプで、八層の住棟（二人用の六平方メートルの寝室をベースとする）と三層の公共部分（スポーツ・ホール、千席の講堂・食堂、一五〇〇人の読書室、三百人の作業室、ソラリウム、洗濯場など）から成り立っている。デザインとしてはそれほどの新鮮味はないものの、規模的な意味では歴史的な意味は大きい。他にも学生住居コミューンはいくつかつくられており、モスクワのグラドコフ、ザルツマンらのデザインしたかなり大きな学生都市団地や、VOPRA（ヴォプラ）のアラビヤンらのイエレヴァンの獣医学校の寮などがある。

学生コミューンの建物は比較的テーマとしても取り上げやすいものであったようで、一九二九から一九三〇年にかけてはレニングラードでその学生コンペティションが開かれ、LIIKS（レニングラードの建築学院）やモスクワのVKhUTEMAS（当時改組してVKhUTEIN［ヴフテイン］）の学生の作品が応募された。この二つの学校の応募案ではかなり目立った差が見られる。LIIKSの作品はこれまで述べてきたようなドム・コムーナ・タイプのデザインが踏襲され、住棟＋サーヴィス棟というシェマで都市的な高密度タイプなのに対して、VKhUTEINの案はほとんどがもっと分散化された非都市的なタイプである。これはVKhUTEINの学生グループがイワン・レオニドフの指導下にあったためと思われ、そこには後述のレオニドフのマグニトゴルスクの計画の影響がはっきりと表われている。これらはレオニドフのプロジェクト共々に明らかに新たなフェーズの始まりを示しているのだが、それに入っていくには（十五章を参照のこと）、住宅の問題というレベルだけではなく、定住体ひいては都市全体の問題にまで立ち入っていく必要がある。

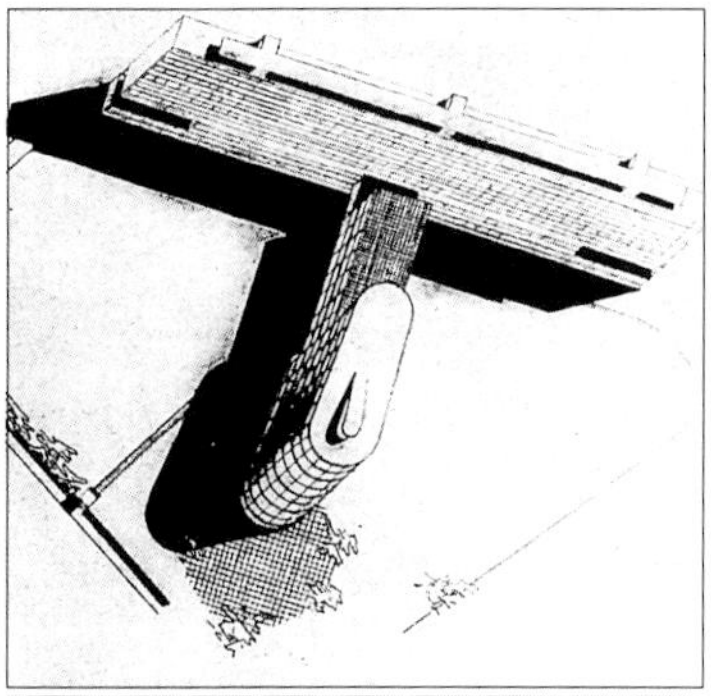

クニャセフ, ルバネンコ,
フロムセル, ハザノフ［LIIKS］/
学生コミューン・コンペ案,
レニングラード, 1929 - 30

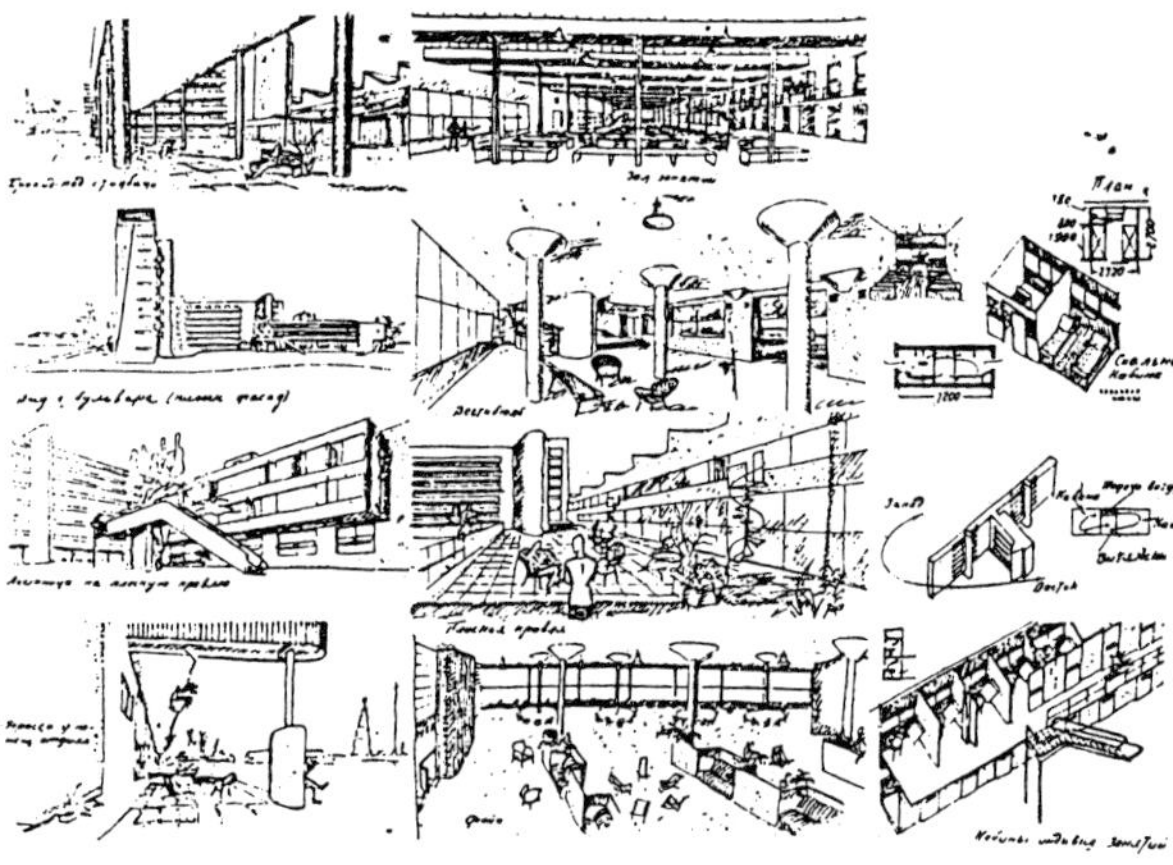

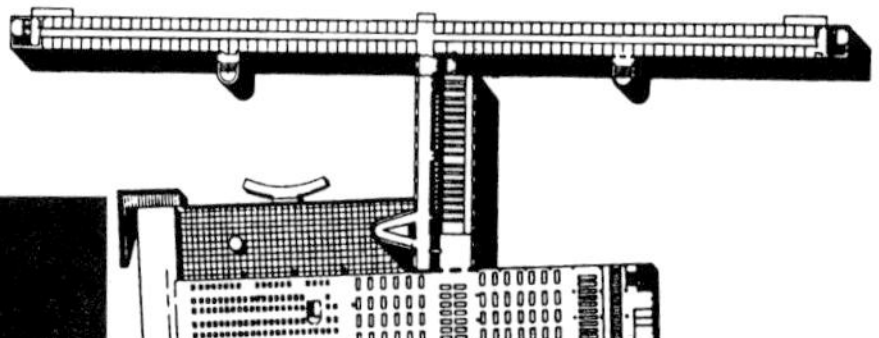

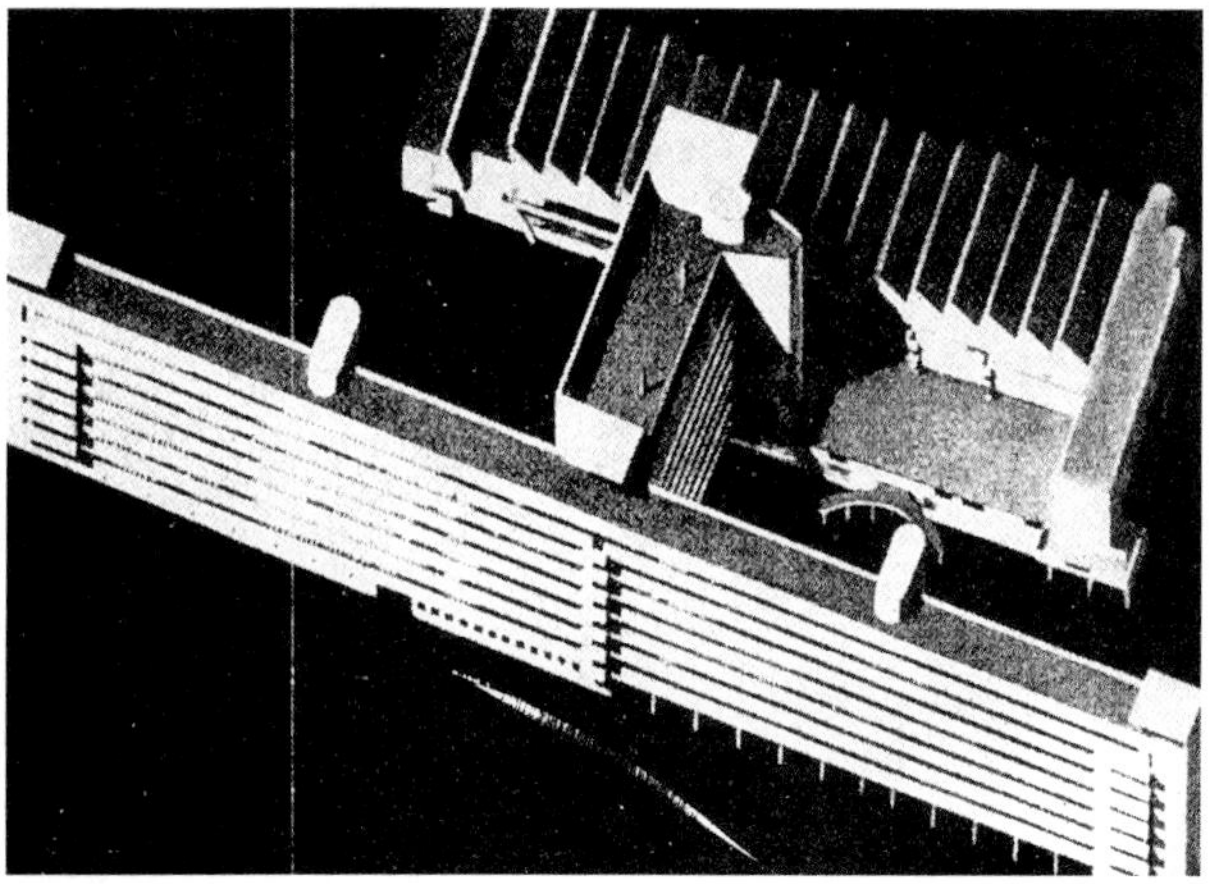

ニコラーエフ / 学生ハウジング・
コミューン, モスクワ, 1929-30

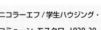

第九章

臨界実験

1 『アルキテクトン』
2 建築ファンタジア（1）

1.

「アルキテクトン」

構成主義とシュプレマティズムとを問わず、あらゆるアヴァンギャルドの構成上の実験が二次元にとどまらず三次元を目指した以上、それは大なり小なり「建築」を目指した。マレーヴィチのように、ある意味では二次元の画布という枠内での臨界を最も極めようとしたアーティストにおいても、その動向には変わりがなかった。「アルキテクトン」と呼ばれているマレーヴィチのこの方面での仕事は彼の一九二〇年代の中心的な仕事だが、一九八〇年にパリのポンピドゥ・センターで大規模な展覧会が開かれるまでは、比較的注目の外に置かれていた領域である。しかし、《白の上の白の四角》を描いた一九一八年以降、マレーヴィチには画布の上ではもはや残された領域はなかった。もっと正確に言えば、マレーヴィチの三次元上の試みは、さらに前の一九一五年くらいから始まっている。だが、この時点での仕事は、単純に画布の上でアクソノメトリックによる立体を描いたというにとどまる。「一九一五年以来、我々は三次元によるシュプレマティズム的形態の出現を目撃していたが、それは一九一九年までは全き展開には至らなかった。一九二三年になると、それは新しいシステムとしての建築形態あるいは建築的展開のモチーフというかたちにまでいき着いた」とマレーヴィチ自身は書いている。マレーヴィチの年代上の記述はしばしば信頼できないケースがあるが、いずれにせよ、マレーヴィチの建築上の試みが表面化するのはヴィテブスク時代である。

一九一九年の秋にマレーヴィチはリシツキーにヴィテブスクの美術学校の建築学科の指導を委ねるが、リシツキーは「PROUN」の制作をこの時期から始めている。一九二〇～二一年のヴィテブスクの〈UNOVIS展〉に出品されたマレーヴィチの「建築的」計画は、その刺激のもとに始められたということは十分可能性がある。しかし、造形的には、マレーヴィチのそれはリシツキーに比べてはるかに自由度が少なく還元的であり、例えば円などはごく稀にしか用いられず、ほとんどが直角的な秩序に従っている。一九二二年にレニングラードに移ってから、マレーヴィチはこの実験を画布の上での三次元の表現ではな

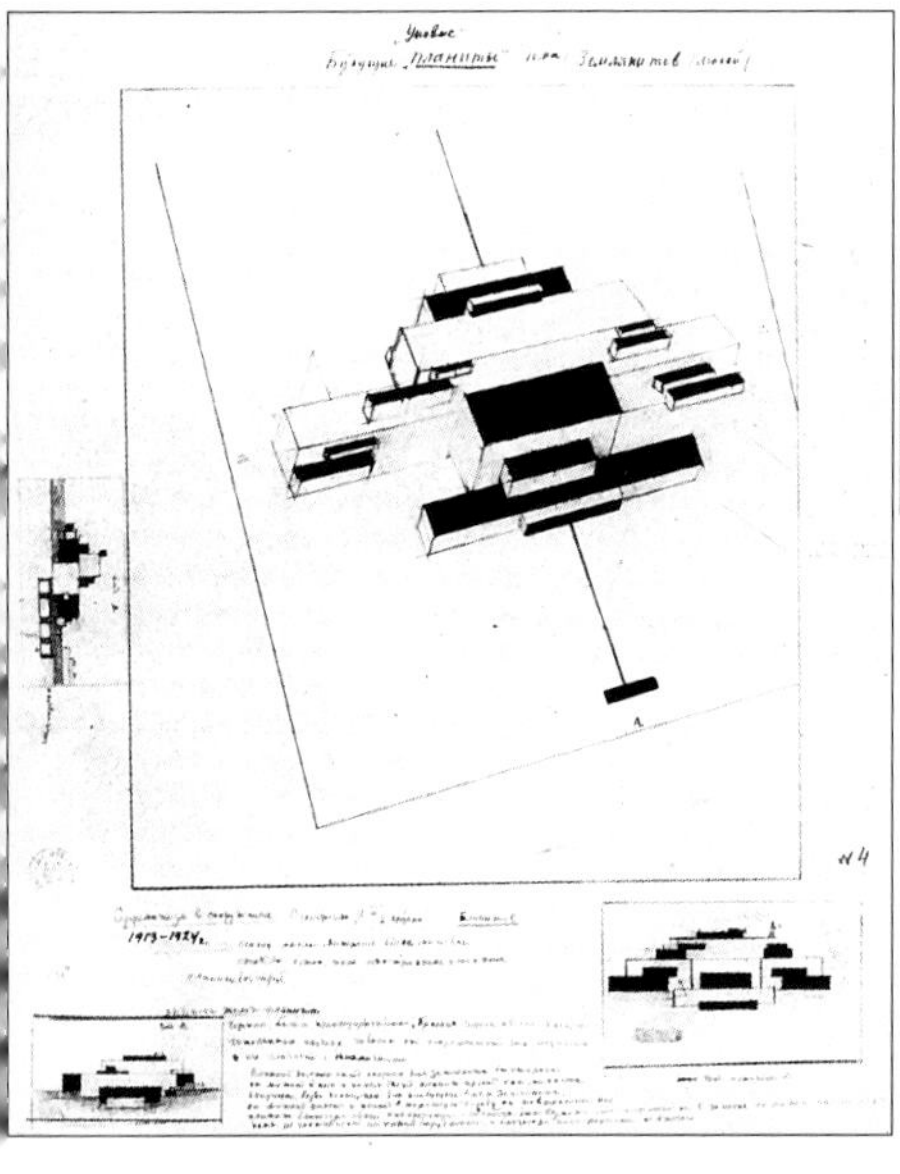

マレーヴィチ
「惑星」
1923 - 24

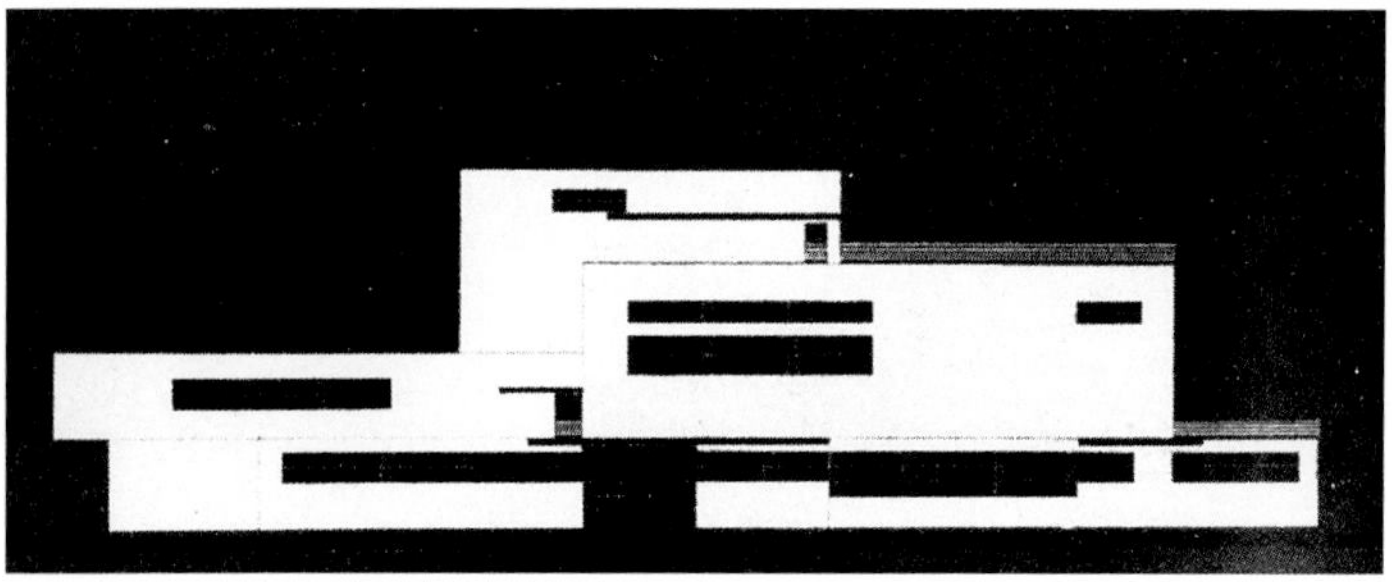

キデケル / 労働者クラブ計画, 1926

く、実際の三次元オブジェというかたちで展開し始める。「アルキテクトン」と呼ばれるものはこれを指す。一九二三〜二四年には、これとは別に「惑星」と名付けられた居住地の計画が、三次元オブジェではなく画布上のアクソノメトリックというかたちで制作されている。それは宙に浮かぶ一種の人工衛星のようなものだが、造形的には全くシュプレマティズムないし「PROUN」に近接したものだ。

この時期には作業は他の人々との協働作業というかたちをとっていたらしい。後に触れるキデケルやその他にもチャシニク、スエチンなどがその協働者で、一九二七年にドイツで出版されたマレーヴィチのシュプレマティズム建築に関する論文のイラストに用いられた労働者クラブのドローイングは、キデケルとの協働もしくはキデケル中心の仕事である。一九二七年頃から始められた「シュプレマティスト装飾」（「アルキテクトン」の中心的シリーズ）は、スエチンが主たる協力者であった。すでにマレーヴィチは《シュプレマティズム三四のドローイング》（一九二〇年）で「シュプレマティズムのシステムに向けての一定の計画を確立してしまったので、私は、建築的シュプレマティズムのさらなる展開を若き建築家たち——この語の広い意味での——の手に委ねたい」と書いている。同じテクストで「我々は、ペンによって達成され得るものは絵筆によって達成され得ないように思える。絵筆は粗雑なので頭脳の内的領域に入り込むことはできない」と書いたマレーヴィチにとっては、コンセプト付け以降の作業は自分以外の人間によっても差し支えなかったのかもしれない。しかし、この「若い」建築家たちは実際には、マレーヴィチの周囲にはさしたる数は現われなかった。後に触れるようにキデケルはマレーヴィチのドグマティズムから徐々に距離をとっていくし、「この語の狭い意味」での建築家たちは、そのような作業には関心がなかった。マレーヴィチがつくった「アルキテクトン」は奇妙な実験といえるものだ。それは、必ずしも絵画におけるシュプレマティズ

マレーヴィチ／アルキテクトン（アルファ），1923

マレーヴィチ／アルキテクトン（ゼータ），1923 - 27

マレーヴィチ／アルキテクトン（ゴータ），1923

ムのような徹底性を示すことはなかった。《白の上の白の四角》を立体化しても何ほどのこともないのは明らかだし、第一そのレトリックを可能にした白いキャンバスの地はすぐれて絵画的なものだったからだ。結局「アルキテクトン」は、現実に三次元化されると矩形の集合でしかなかった。これは必ずしもマレーヴィチだけの現象ではない。デ・スティールにおいても、ドゥースブルグやファント・ホッフがマレーヴィチに先立って同様の実験を行ない、しかもそれらは期日においてマレーヴィチを先駆けている。アメリカにおいてもストーズらの同様の実験があり、これらは「アルキテクトン」と似すぎているほど似ている。皮肉なことは、それらを建築的に翻案してイメージしてみると、アール・デコのセットバックしたスカイスクレーパーにも似て見えることだ。つまり、これらでは矩形の連なりが装飾にも見えてしまうのである。それがマレーヴィチの本意でなかったことは言うまでもない。彼は一九二六年に《シュプレマティズム的スカイスクレーパー》と題された作品をつくっているが、マンハッタンのスカイスクレーパー群（それは時期的にアール・デコより前のものである）にモンタージュされたオブジェは、確かに三次元には違いないかたちで示されてはいるが不思議に立体的な性格を欠いている。それは前年（一九二五年）のパリの装飾博覧会に出品されたフレデリック・キースラーの空中都市にも似ている。そしてキースラーの作品も二次元のコンポジションを立体直交軸上に展開しただけで平面的な展開である。

立体的に現実化したときに、キャンバス上ならばいか様にも展開できたコンポジションはたちまち重力の法則にさらされる。ヴォリュームは原則的には空中に他のヴォリュームから離れてとどまることはできない。「アルキテクトン」やそれに類似した実験は、この制約から免れていないように思える。しかし、シュプレマティズムを空間化することに成功した例がないわけではない。それはマレーヴィチの周辺ではなく次章に述べるレオニドフの作品においてである。レオニドフにおいては、建築的であり空間的、立体的でありながら、装飾性

スエチン/ソヴィエト館のシュプレマティストの柱，1937

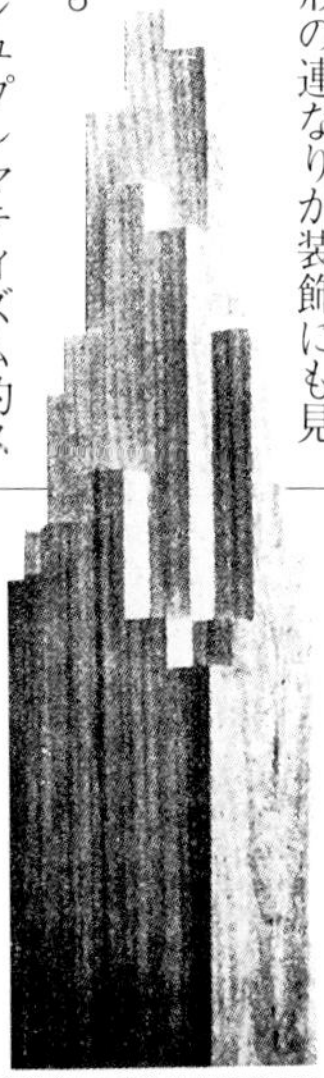

ファント・ホッフ/建築的形態のエチュード，1918

ストーズ/空間の中の形態，1924

に陥ることなく完璧なシュプレマティックなオーダーが実現されている。マレーヴィチにそれが叶わなかったのは、例えばリュボーフィ・ポポーヴァが舞台の実践で示したような画家の三次元への適応性の欠如の故であったかもしれない。

マレーヴィチの死後、一九三七年のパリの万国博覧会。すでにソヴィエト建築の右旋回はほぼ完了していた時期である。アルベルト・シュペールのデザインしたナチス・ドイツ館の向かいには、この右旋回の象徴となったソヴィエト・パレス・コンペティションの勝者、ボリス・イオファンの設計によるソヴィエト館が建てられた。イオファンのソヴィエト・パレスはある意味ではアール・デコ・スカイスクレーパーをアルカイック化したものと言えなくもないが、このパヴィリオンの入口にスエチンによるシュプレマティストの柱が数本建てられた。それは皮肉にもソヴィエト・パレスの抽象化された室内装飾と見える。

2. 建築ファンタジア(1)

ロシアにおける技術の美学の展開は、構成主義のオーソドキシーのような実際の技術や機能に基づいた探究のみによってなされたわけではない。一旦現実のものとして定着された新しい工業的な風景は、人々、とりわけアーティストたちのイメージの中で一層増殖されないではおかなかった。十九世紀の最後期から二十世紀の初頭において、すでにゴーリキーやブリューゾフ、アンドレーエフなどの文学の中にそれが反映していた。クプリーンの一八九六年の『モロック』などには工場都市や機械都市のイメージが語られている。これらは、明らかに未来派にも、あるかたちで引き継がれている。その特異な例として、詩人フレーブニコフのユートピア文学『家(ドム)と我々』(一九一四〜一五年)と題された作品があって、この中では未来都市のヴィジョンが語られており、チノヴェヴァなどによってイラスト化されている。美術においてもそのような「機械ロマン主義」と言うべきものが繁茂していった。典型的なものはアレクサンドラ・エクステルが美術を担当したSF映画『アエリータ』(一九二四年)だが、ローザノヴァやポポーヴァなどの絵画作品にもこうした機械の美学は色濃く投影された。それらは結局表層的なテーマとしてよりは、構成、さらには「コンストラクション」の問題として深化されて構成主義とな

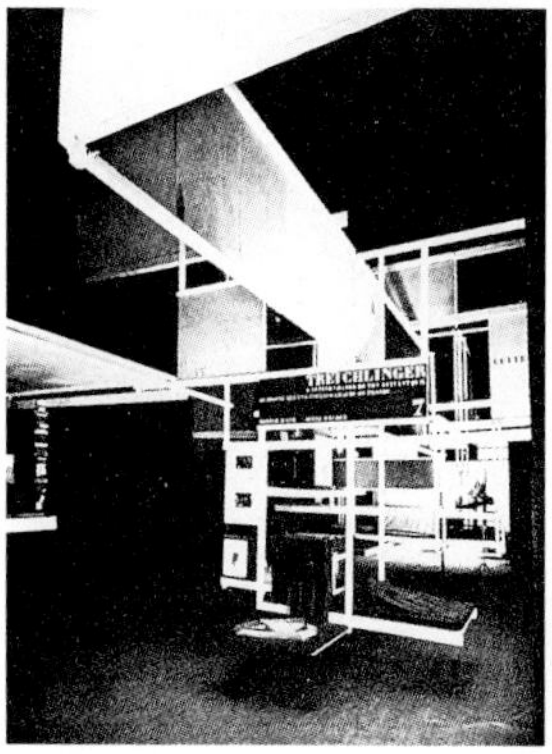

キースラー/空中都市計画, 1925

マレーヴィチ/《シュプレマティズム的スカイスクレーパー》, 1926

り、一九二〇年代のアヴァンギャルドのメインストリームを形作ったわけだが、その一方ではイメージの方が独り立ちして一種の機械のファンタジー作品と言えるようなものをも生み出していった。ヴェルヌやウェルズのSFの隆盛と共に、それらの未来都市をファンタジー画として視覚化する試みは多くの国々で生まれ、とりわけアメリカではH・M・ペティット、R・M・ランメルなどの初期の試みからヒュー・フェリスに至るまで多くの作品が生み出されている。今日ではサンテリアの都市のヴィジョンもまたこのような系譜の中での直接的な影響関係に位置付けられるようになったが、これらの多くが新時代のメディアとして急速に部数を伸ばしていた新聞のために描かれたものだったことは注目しておいてよい。ロシアでは一九一四年にこれらの系譜に位置付け得る「未来のモスクワ」と題された八枚組の絵葉書シリーズがつくられている。二十二ないし二十三世紀を想定したというこの作者不明の絵葉書には、高架の鉄道やおびただしい数の飛行機がモスクワの上空を飛びかっている光景が描かれている。それらは構成主義のようなメインストリームに比べればヴィジョナリーなイメージだけが肥大したものであり、それだけのものでしかないと片づけられたはずだが、実際には様々なかたちでこの種のファンタジーは引き継がれていった。

例えばラーザリ・キデケルの空中都市のヴィジョンもまたそのようなものとして位置付けることができる。キデケルはヴィテブスクや次いでレニングラードでマレーヴィチのサークルにいた人物である。彼は画家としてスタートを切ったが、マレーヴィチ自身も含めてUNOVIS（ウノヴィス＝新芸術の肯定）グループが環境－建築への傾斜をもちながらも、専門的トレーニングを欠いていたために、この分野での仕事に限界を示したので、レニングラードに移った後に土木学院の建築学

《中央駅》，「未来のモスクワ」より，1914

《赤の広場》，「未来のモスクワ」より，1914

科に籍を置いてディプロマを得た。この学業の間につくられたのが、明らかにシュプレマティスト風の《空中都市》のヴィジョンである。それはシュプレマティスト的ではありながらマレーヴィチの「アルキテクトン」よりも間違いなく「建築的」なヴィジョンを明らかにしており、その点で同じく元UNOVISグループであったリシツキーの「雲の鐙」の計画に通じている。

しかし、この分野でより多くの成果を上げたのは、同じレニングラードで活動していたヤコフ・チェルニホフだった。チェルニホフは、西欧では最近にいたるまでほとんど注目されてこなかった人物である。展覧会としては一九七三年に〈サンテリアとチェルニホフ〉と題された展覧会がイタリアで開かれたりしているが、実質的に注目を集めたのは一九七九年のポンピドゥ・センターの〈パリ―モスクワ展〉以来で、一九八〇年代の中盤以降になってロンドンやパリで回顧展が開かれ始めた。しかし、日本では一九三二年に『現代建築の基礎』（邦題『ソヴェート新興建築学のイデオロギー的原理』）が、そして一九三四年には『建築ファンタジー、一〇一のコンポジション』（これはOSA［オサ＝現代建築家同盟］の批評家ロマン・ヒーゲルの『ソヴェト建築思想』と抱き合わせの本として出版され、全体は『最近のソヴェト建築』と題されていた）がというように、同時代的に彼の本が訳されていたこともあって、名前とその若干の作品は早くから知られていた。チェルニホフのこの評価の遅れは、彼の立場が他の建築家たちからほとんど独立的であったこと、そして仕事としても構成主義やフォルマリズムのそれとは随分違った質のものであったことによっている。一言でいえば、チェルニホフの仕事は建築というよりは建築的グラフィックと言ってよいものであった。その意味で彼をピラネージあるいはヒュー・フェリスに比べることは当を得ている。

しかし、チェルニホフは専門の建築的教育を受けていなかったわけではない。

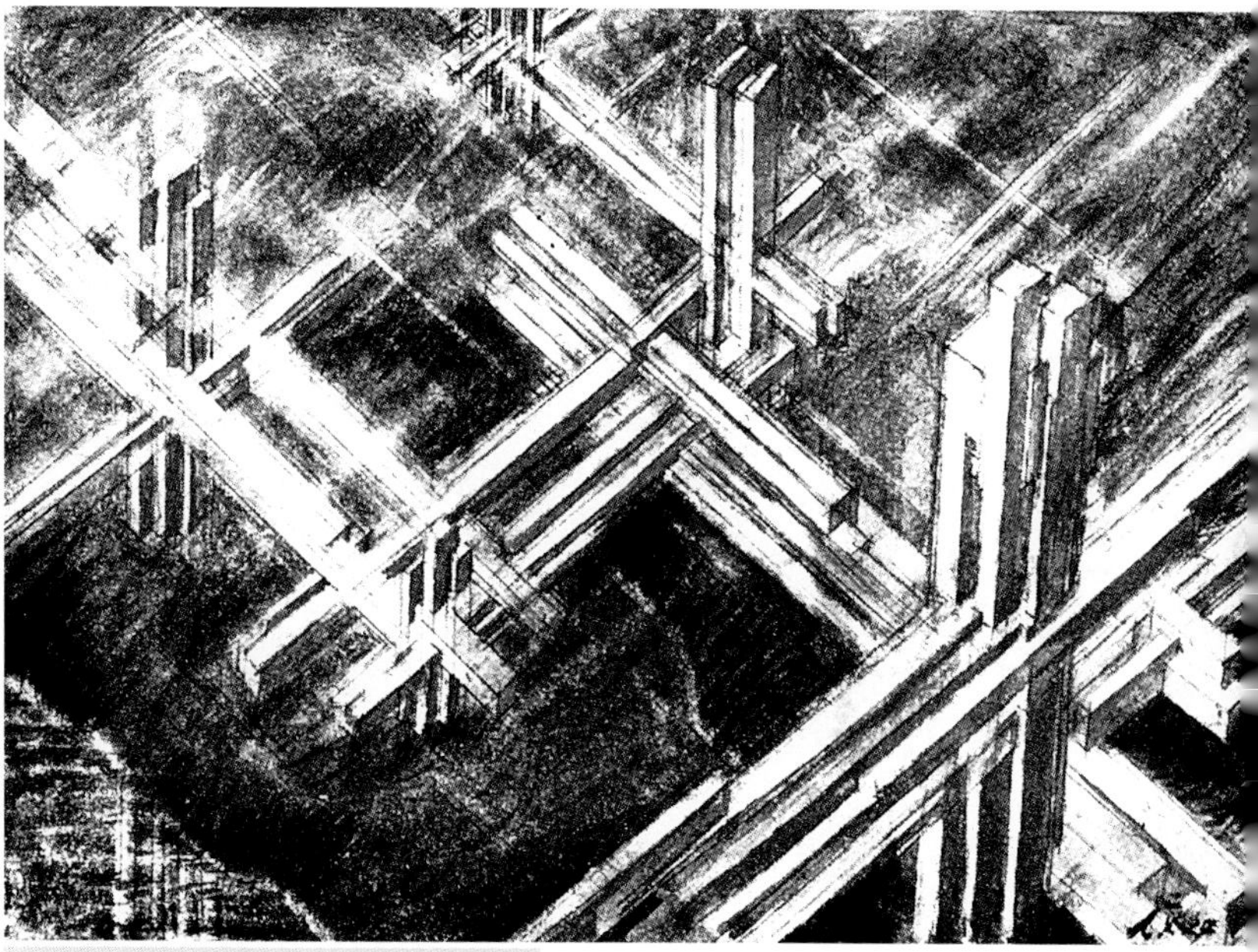

上下：キデケル《空中都市》

一八九〇年生まれのチェルニホフはリシツキー、ギンスブルグ、メーリニコフの世代である。しかしオデッサやペテルブルグの美術学校の絵画科を出て、後に入り直した後者の建築学科を最終的に卒業したのは一九二五年、三五歳の時である。以後のチェルニホフは国営の機関でいくつかの建築の実務についたとされている（孫のアンドレイ・チェルニホフの言によれば五〇以上の建物――鉄道駅、工場、ハウジング・ブロック、屠殺場など――が、ソヴィエト中につくられたというが、それらが彼の作品として記録され、後に残されることはなかった。むしろチェルニホフの活動の大部分は、レニングラード（レニングラード交通・コミュニケーション技術学院など）、次いで一九三六年に移ったモスクワのいくつかの学校での教育に向けられている。それは建築教育というよりは、図学や基礎デザインの教育が中心であったらしい。そしてその一環としてチェルニホフは少なからぬ本を出版した。それらの本のタイトルを時代順に並べておくと、『エクスプリマティカ』、『アリストグラフィア』（いずれも未公刊）、『グラフィックの表現』（一九二七年、『アリストグラフィア』の内容を一部含む）、『幾何学的製図法教程』（一九二八年）、『現代建築の基礎』（一九二九年）、『建築及び機械の形態のコンストラクション』（一九三一年）、『建築ファンタジー、一〇一のコンポジション』（一九三三年）、やはり未公刊の『建築的ミニチュア』、『工業の物語』、『工業建築』などである。さらに、「建築的童話」、「建築的ロマンス」、「古代の街」、「田舎の建築」、「未来の建築」、「建築的アンサンブル」、「橋の建築」、「共産主義の宮殿」、「第二次世界大戦のパンテオン」などのドローイングのシリーズが生産された。生涯を通じてこの練達のドラフトマンが生産したドローイングは、実におびただしい数に及んでいる。

本の方には、これも少なからぬ量のテクストも掲載されている。それは必ずし

チェルニホフ
『エクスプリマティカ』からの
ドローイング，1920年代中頃

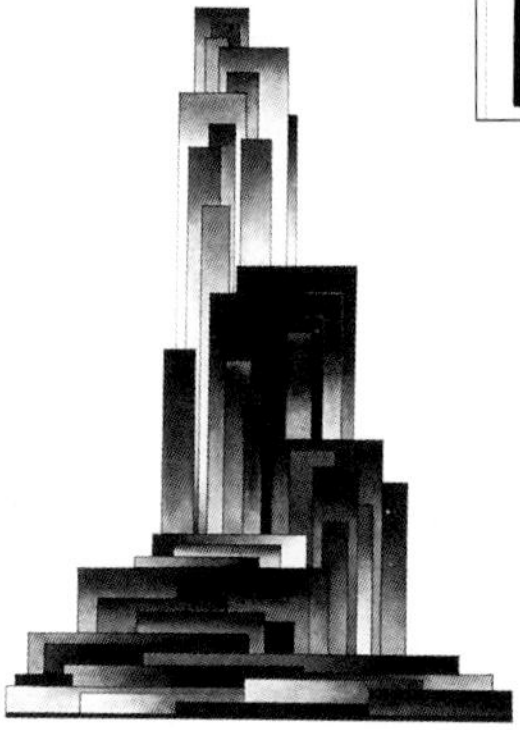

チェルニホフ/クリストファー・
コロンブスのモニュメント，
『現代建築の基礎』からの
ドローイング，1929

チェルニホフ/空間的コンポジション，
『現代建築の基礎』からのドローイング，
1929

も図版の添えものではなく、むしろチェルニホフの意図としてはテクストのイラストレーションとして図版をつけたという趣の方が強い。その総体として、彼の本の多くは教科書としての体裁を備えている。だからチェルニホフをグラフィック・アーティストとだけ考えるべきではなく理論家としても考えるべきで、その点でも、あるいは基礎考察的なものからファンタジーそのものを主にした本までの、多彩なレパートリーを示したことを含めて、チェルニホフをソヴィエトのピラネージに譬えることは的を外していない。『建築ファンタジー』のテクストなどは多く建築のコンポジションの諸原理を扱ったもので、方法として最も近いものはギンスブルグの『建築におけるリズム』だろう。後者の影響下にというよりは、そのギンスブルグに対するものも含めて、当時のドイツ美術史学の方法とマルクス主義的な史観の影響のもとに、チェルニホフは古典建築から現代のコンポジションへの移行を、「反復のリズム」から「関係のリズム」へというような言い方で説明し、非対称、自由でダイナミックなコンポジションの正当性を主張している。ドローイングに示されるそのコンポジションは、かなり明瞭なシュプレマティズムの色彩と、一方での構成主義風の、つまり工業的な美学の混淆を示している。彼の著した本の流れから見ると、最初期の、純粋にグラフィックに傾斜した

チェルニホフ『工業の物語』のドローイング, 1929

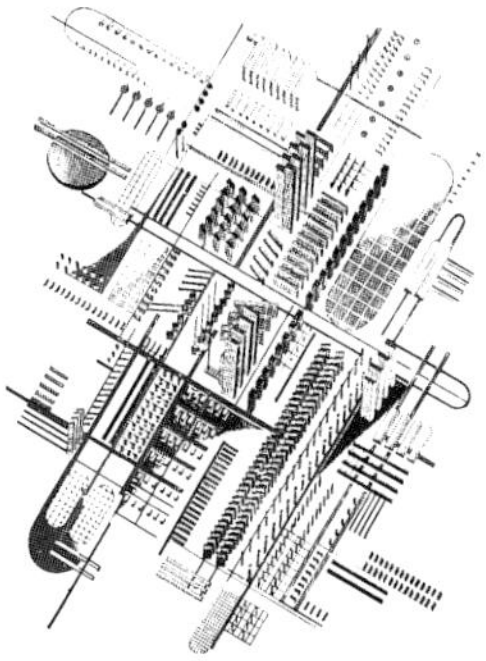

チェルニホフ『建築及び機械の形態のコンストラクション』より 1931

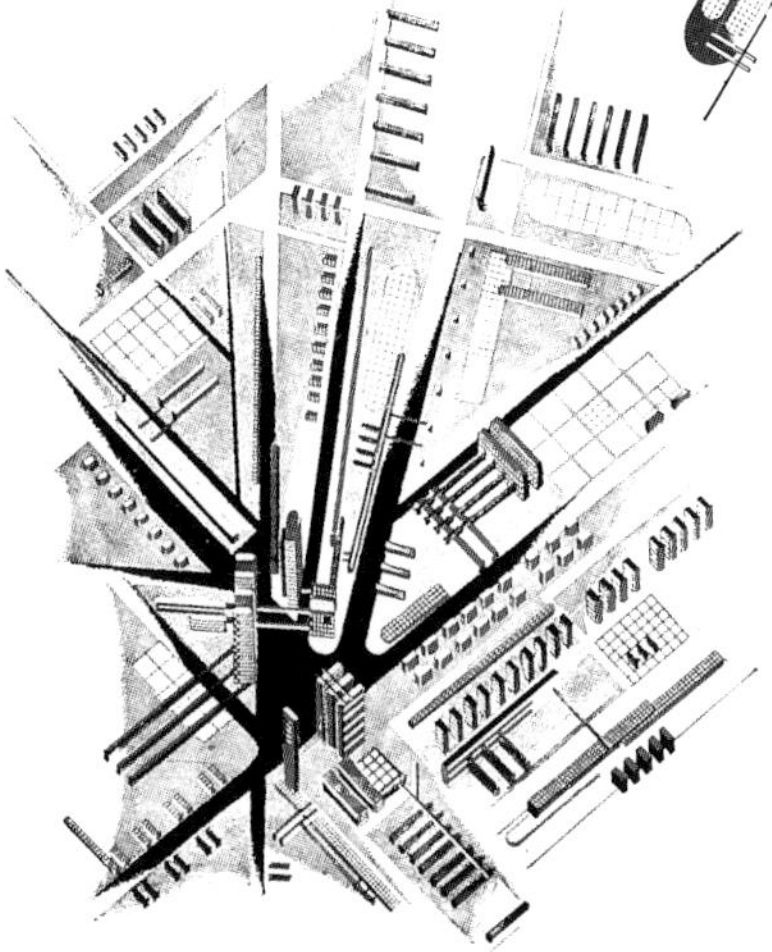

工業都市の誇張されたアクソノメトリック

チェルニホフ／技術センターの中央図書館, 1929

仕事はシュプレマティズム的な色彩が濃厚であり、それから徐々に具体的、建築的な画題を取り上げるに従って、機械と構成主義の美学に接近していったと言うことができる（しかし、その場合もシュプレマティズム風は残されている）。

例えば、『現代建築の基礎』などでのチェルニホフの記述の仕方は、いかにして建築的なものへと到達するかという教育的なプログラムだが、それは彼自身のドローイングの進展の過程にも重なる。この本でのドローイングが、基本的に面の立体的な構成によって形作られるコンポジションが多いのに対して、『建築及び機械の形態のコンストラクション』ではよりヴォリューム自体の操作となり、一部には単なる抽象的なヴォリュームではなく、建築的なディテールが登場し始め、それは『建築ファンタジー』で全面化されていく、といった具合である。それはシュプレマティズムから構成主義へのスタイル上のそれなりに一貫した展開であると言うことはできなくはない。しかし、彼の言う「コンストラクション」はあくまで形態的なカテゴリーとしてのそれであり、言ってみればかつてのコンポジション－コンストラクション論争の際のフォルマリストたちの理解に近い。チェルニホフは、いずれにしても、どの陣営からもアウトサイダーであったし、しかもメーリニコフのような一匹狼というよりは、あまり注目されない外側で、同時代の言語を吸収し、彼なりの咀嚼を行なっていったという位置付けがおそらくは正しいのではないか？

例えば、マレーヴィチがシュプレマティズムを精神主義ないし神秘主義化していったのに対して、チェルニホフはそれをあくまでコンポジションの原理にとどめている。彼はマレーヴィチとも面識はあったようだが、それが純粋抽象にとどまることに関しては批判的なコメントを残しているし、結局それはチェルニホフがより建築家的であったということ以外ではない。マレーヴィチ的な観点からすれば、チェルニホフのそれはシュプレマティズム風ではあっても、精神において異なったものだということになるだろう。同様に構成主義的な立場から見てもチェルニホフのポジションが異質なものであったことは、『現代建築の基礎』が出版された際に、〝SA（エス・アー＝現代建築）〟に掲載されたヒーゲルによる書評が示している。すでに述べたように、日本ではあたかも同傾向を代表するかのようにこの二人の本がまとまった一冊として翻訳、公刊されたが、おそらくはOSAのメンバーがこのレニングラードのアーティストに言及した例は、このときくらいであり、両者にはほとんど接点はなかった。そしてヒーゲルの評はかなりに厳しいもので、これは構成主義というよりはロマン的シンボリズムと言うべきものであり、「この本がここでシンボリズムの華やかなりし、そして『ダイナミックさ』があらゆる形態や現われ方で繁茂していた一九二一〜二二年くらいに現われたならば、この本はある種の役割を果たしていただろうが、今となっては、この本で論じられているような事柄は、あらかたアナクロニズムであり、所々でもちょっと気がきいているという程度のことだ」と片づけられている。

結論としては「チェルニホフの『理論的』議論のすべては、皮相でディレッタント的な美学で、非社会的な建築の理解を示す」ものだ、ということになる。これは、構成主義のオーソドキシーから言えば、かなり的確な批評であると言うべきであろう。しかし、例えばザハ・ハディドやバーナード・チュミのような現代の「デコンストラクティヴィスト」の仕事に見られるのが、しばしば言われるようにそのような意味での構成主義ではなく、もっとスタイル化したものであるとするなら、チェルニホフの仕事が近年別の関心事となったとしても驚くにはあたらない。しかし、実際には、チェルニホフの仕事は、一般に注目されてきたこの擬構成主義的なフェーズの後に、ある意味ではより注目すべき場面を一九三〇年代以降に迎える。これはまた後の十七章四節で触れるべき別の主題である。

第十章

構成主義の星

イワン・レオニドフ

1 「レーニン研究所」プロジェクト

2 レオニドフの展開——都市の解体の萌芽

3 新しい社会タイプのクラブ

1. 「レーニン研究所」プロジェクト

ロシア・アヴァンギャルド建築の第二のフェーズを切り拓くイワン・レオニドフは、一九〇二年に今のカリーニン地方であるスタリック地方のウラシカという村で生まれた。父は林野監督官であった。都会生まれで富裕な知識人階層出身というケースが大部分のアヴァンギャルドとは、この点で違っている。メーリニコフもまたそうであったが、より若いレオニドフの場合は革命後の教育環境の変化が幸いしたと言えるかもしれない。イワンは、幼少の頃から肖像画などをよくし、村のイコン画家の弟子となったりした。一二歳で学校を終えると、彼は一家の生計を支えるためにペテルブルグに働きに出たりしている。革命後の一九一八年に、一六歳のレオニドフは自分の育ったバビノの村のボルシェヴィキ党の執行委員会の書記を務めた。デザインや絵画を本格的に学び始めたのは一九一九年のことで、近くのまちで新たに組織されたSVOMAS（スヴォマス＝国立自由芸術スタジオ）に学んだが、一九二一年にはモスクワに移りVKhUTEMAS（ヴフテマス＝国立高等芸術技術工房）に入学した。一九一九年の七月の日付けで、彼がモスソヴィエトに提出した、芸術教育を受けるための上申書が残されているが、それにはこう書かれている。「この冬に私は描くことを始めました。この短い期間には教師というものがありませんでした。私は絵を鉛筆及び絵の具で描くことを学びましたが、それは悪くない体験でした。一言で言って私は芸術に飢えているのです。私の才能を芸術の確固たる大地に降ろし、その一端を学ぶために、私を国家の費用で芸術学校に送って頂くことはできないでしょうか？ 私の父は大家族を支えており、私を学校に送るどころか家族を養うのに手一杯なのです」。この手紙は、彼の貧しい家庭環境と芸術への願望を表わしてあまりあるものだが、もちろんそれ自体はどこにでもあるような話だ。しかし底辺で頂上に憧れていたこの若者が、十年も経ずして二十世紀の建築史で最も重要なプロジェクトをものするようになる。

VKhUTEMASでレオニドフは最初絵画学科に所属したが、やがて建築学科に移り、アレクサンドル・ヴェスニンのスタジオに入った。すでに述べたVKhUTEMAS校内でヴェスニン招請のために動いたLEF（レフ＝芸術左翼戦線）の建築学生グループ、バルシチ、ブロフ、クラシルニコフ、シニャフス

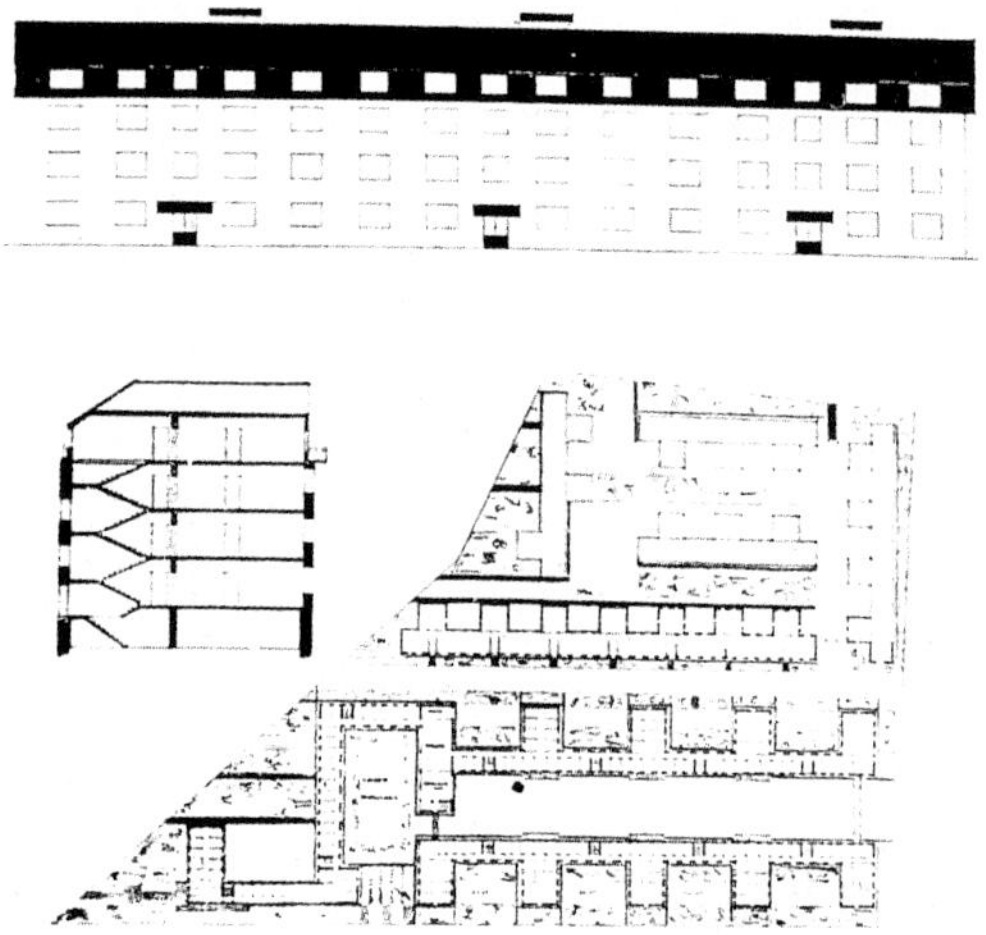

レオニドフ／労働者住宅コンペ案，イヴァノヴォ－ヴォツネセンスク，1926

レオニドフ／ミンスク大学コンペ案，1926

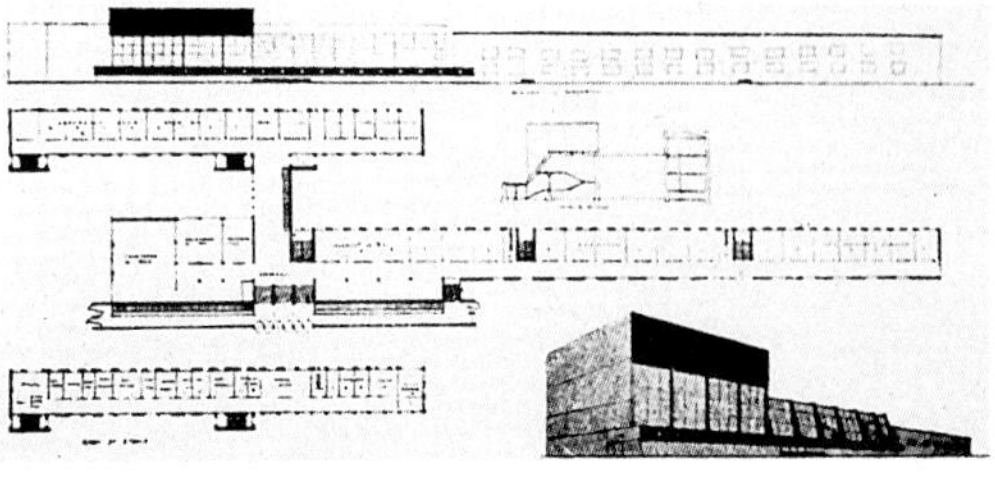

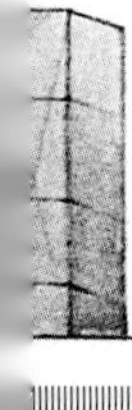

キーらはレオニドフと同世代である。このグループに彼の名が見られないことを考えると、ヴェスニン・スタジオの創設（一九二四年）をきっかけに学部を転じたのかもしれない。ディプロマ・プロジェクト（卒業制作）となったあまりにも有名な「レーニン研究所」のプロジェクトが一九二七年とやや遅い（一九二五年の卒業制作賞はブロフ、一九二六年にはバルシチとシニャフスキーが取っている）のも、この転部によるロスのためであったと考えられる。これらのこと、つまり革命後の教育しか受けていないこと、そして絵画の教育を最初受けたことは、その後のレオニドフのスタイルの特徴を形成するに寄与しているように思える。

レオニドフは一九二五年頃から様々なコンペティションに参加している。農家の改良モデルの計画、イヴァノヴォの労働者住宅、五百人と千人のための鉄道労働者クラブ、ミンスクのベルーシア国立大学、サマルカンドの病院というような計画案がそれである。これらでは農家モデルや病院の計画は資料が残されていない。イヴァノヴォの労働者住宅（一九二六年）やミンスクの大学の計画（一九二六年）は、いくぶんそれらしいところはあるもののギンスブルグらの影響が濃く、かつその洗練度においては手本にはるかに及ばない習作にすぎない。しかし、それでも前者は三等に、後者は「購入推薦」におのおの入賞した。彼の個性が出始めているのは労働者クラブの案（一九二六年）で、五百人用と千人用の両方の計画があるが、共にオーディトリウムを短辺部に収めたL型の平面をもっている計画でよく似ている。とりたてて傑出した案とはいえないが、ここではすでに後のレオニドフの特徴である図式的な単純化がうかがわれる。また、単純な主要ヴォリュームを階段室やバルコニーで分節していくという手法は師のヴェスニンなどの常套手法でもあった。注目しておくべきは、千人のクラブで、戸外のテラスに円形の窪んだ部分を設けていることである。これは討論や会話のためのスペースということになっているが、この戸外重視には、建築とランドスケープを一体的に扱うという後年の彼のプロジェクトの特徴の萌芽のようなものが現われている。後に彼の息子のアンドレイが回想において自然に対するレオニ

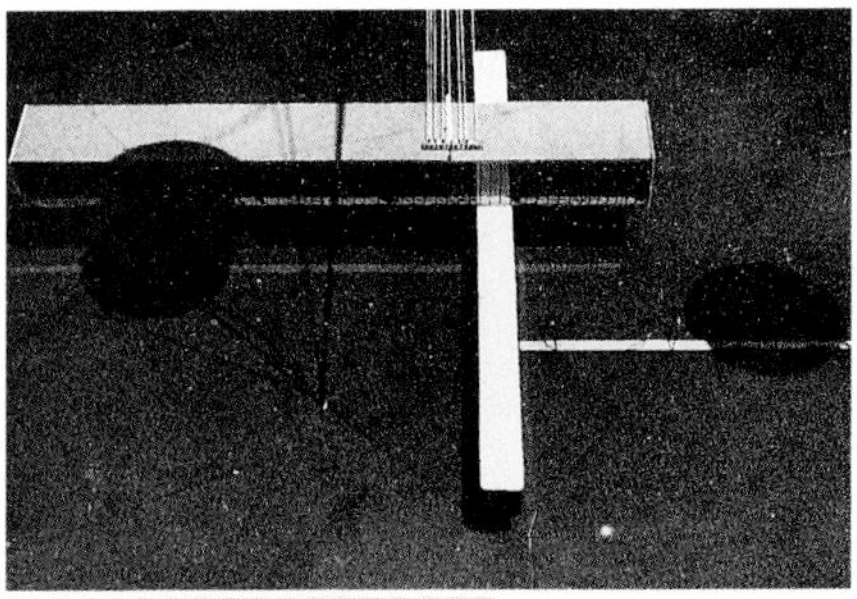

レオニドフ / 1000人のクラブ・モデル計画コンペ案, 1926

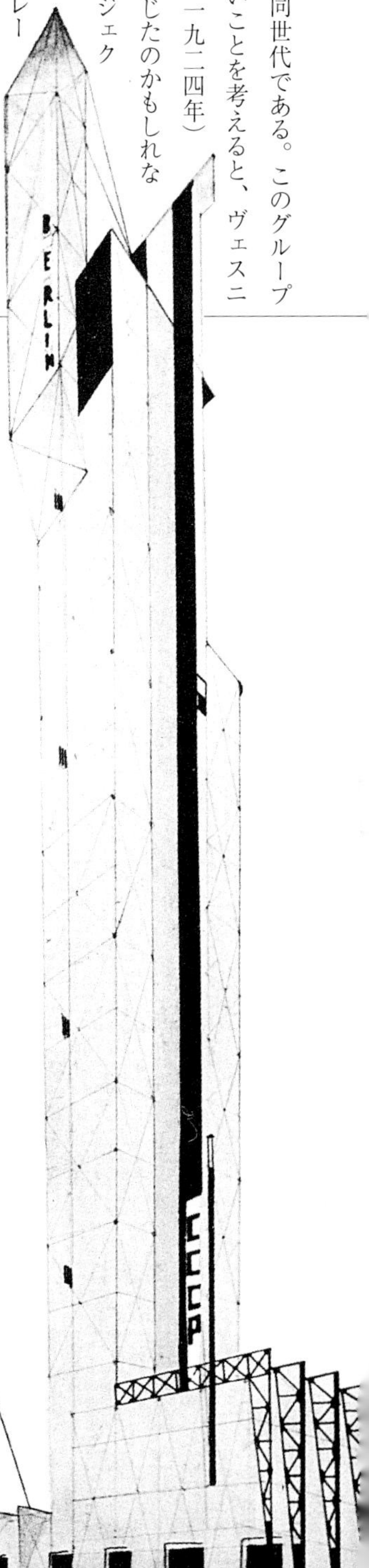

レオニドフ / イズヴェスチャヤ計画, 1926

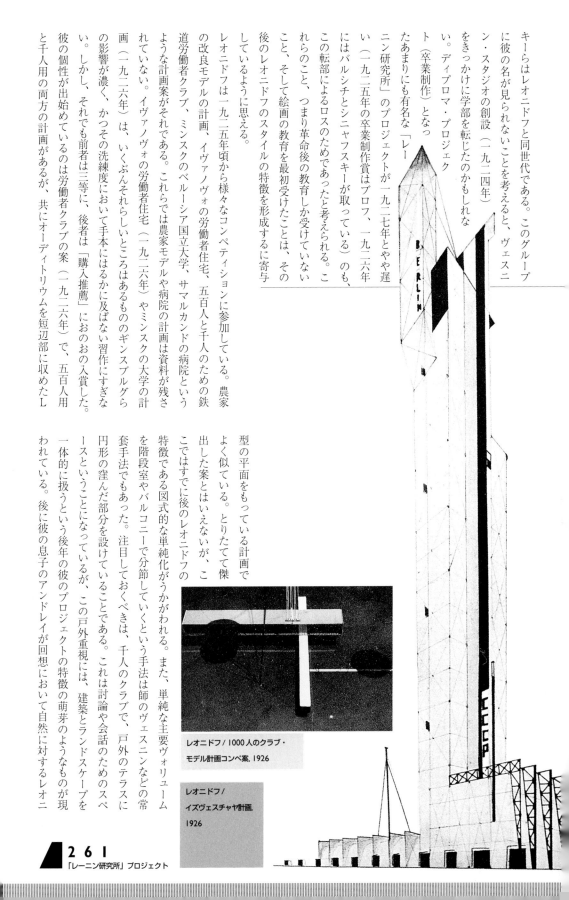

ドフの態度をこう述べている。

「自然こそが彼にとって最も意味のあるものでした。（…中略…）彼の意見では、重要なのは自然を従わせることではなく、上手にそれに身を委ねることなのです。（…中略…）父は快適さとは人々と自然との接触を阻ませるものであると考えていました。快適さが人々を弱くし、懐柔し、怠惰で自惚れを強くし、嫉妬深いものとしてしまうと考えていたのです。彼は快適さは人々を害し得るとさえ考えていました。彼の意見では快適さは最低限にして、人々に克服すべきものを残さなくてはいけないのです。そのために彼はパヴィリオン的な建物――その間を戸外の道でつなげる――を好んだのです。『雨が降ったら？』という質問もありましたが、それに対しては『傘をさすか、少し濡れたらいい』という答えが返ってきたのです」。

これは田夫野人としての彼の建築-自然観であったといえる。

この同じ一九二三年には、卒業の前年のプレディプロマ・プロジェクトとしてイズヴェスチャヤの計画がつくられている。これは前者よりもはるかに練れたデザインで、レオニドフの個性は早くも確立しているといってもよい。編集部を収めたタワー部と、印刷工場を収めた低層部から成り立っているこの計画には、確かにヴェスニンのレニングラード・プラウダの計画に見られる諸要素、つまり鉄骨のスケルトンによる透明な箱（エンクロージャ）による構成、エレベーター・シャフトの独立した扱い（後のNarkomtiazprom［ナルコムチャツプロム＝重工業省］の計画にも同じかたちが現われる）タワーのサイン（広告塔）によるレトリカルな冠飾の仕方、そして後のレオニドフのトレードマークになるテンション構造のアンテナの採用などが見られるが、それにしても他の構成主義者のプロジェクトがもっている彫刻的な彫りの深さや重厚さとは全く違った、クールでシンプルなヴォリューム構成と無限の延伸感などはレオニドフ独特のものである。

この翌年、一九二七年にレオニドフはVKhUTEMASの教程を終了するが、その卒業制作として先にも触れた「レーニン研究所」のプロジェクトをものする。これは単に優れたプロジェクトというにはとどまらず、「近代建築の一里塚」（ハーン・マホメドフ）というべき計画である。この計画は「ソヴィエト社会主義共和国の科学センター」として構想されたもので（テーマ自体は学生が選んだのではなく、この年の共通の出題である）、レオニドフ自身によれば「図書館-研究所（bibliotekvedenie）」と性格づけられている。

これは一九二四年に、モスクワの南西側の、レーニン丘と呼ばれるようにな

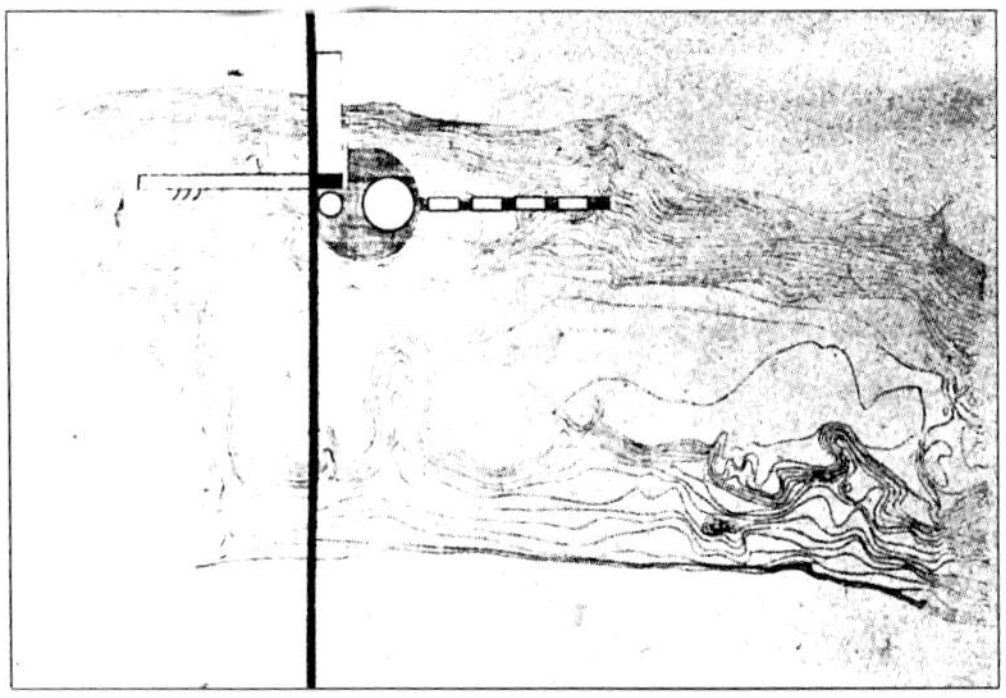

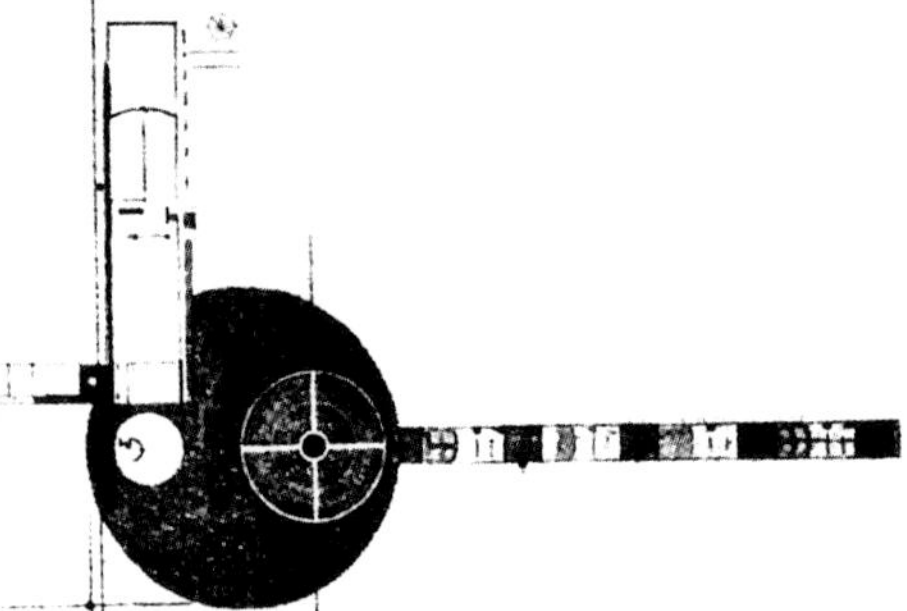

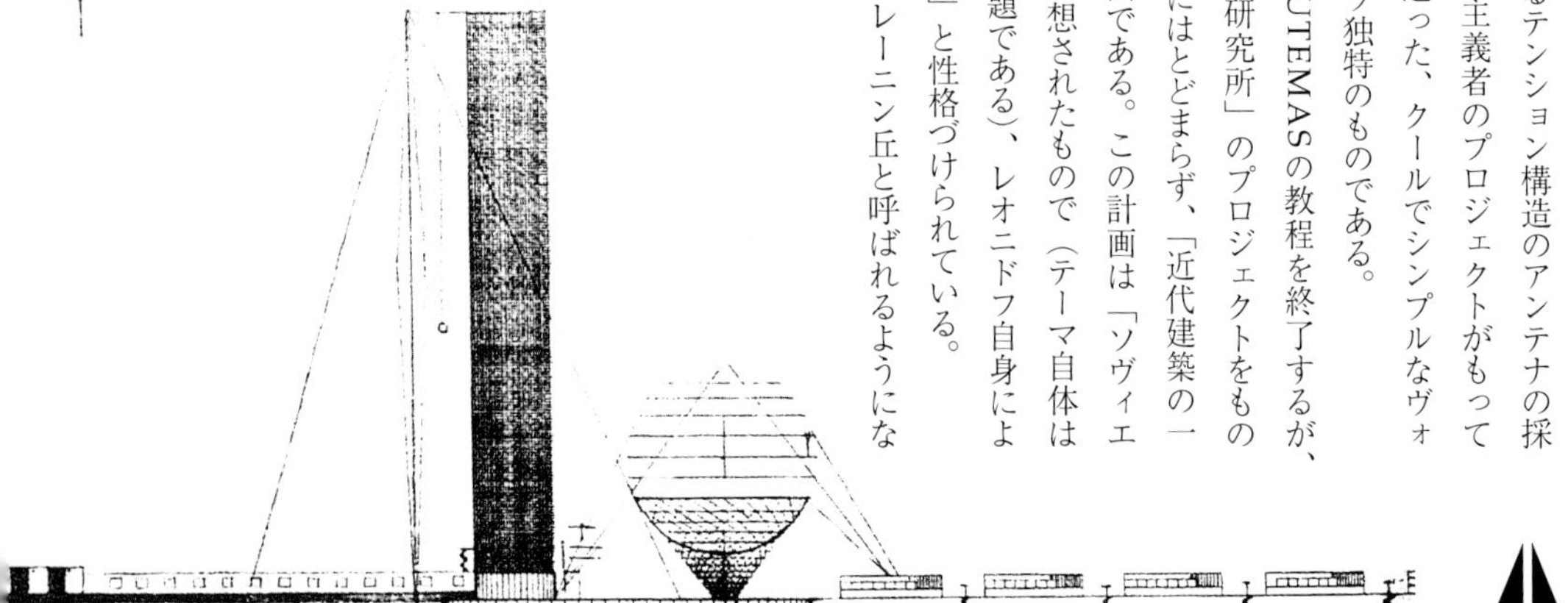

る当時の「つばめの丘」に、レーニンの名を冠した博物館、図書館、講堂、コンサートホールなどのコンプレックスの構想が発表されていたのを受けている（これは、後に述べるようにクレムリンの向かいの敷地に変更され、「レーニン図書館」として一九二八年にコンペティションが実施された）。レオニドフはこのプログラムを千五百万冊の書庫と五百～千席の五つの読書室をもつ図書館、司書の研修所、二五〇～四千席のオーディトリウム群、科学劇場（プラネタリウム）、個別研究のための研究所と翻案している。それは「USSRの知識の共同センター」であり、「テクノロジーの最大限の使用によって現代生活の要求に応える」ことを目的としている。これらの機能は、能うる限りシンプルな立体群が広大な空間の中に置かれるというかたちで配されている。それはちょうどマレーヴィチのシュプレマティズムのコンポジションやリシツキーの「PROUN」を完全に三次元化し、具体的な建築プログラムを与えたようなものである。しかも単なる画布上のコンポジションではない。同時代的に可能であったかどうかはともかく、技術上の解法（提案）も伴ってそれが提示されている。つまり、新しい造形原理－精神モデル（マレーヴィチ）として提示されたシュプレマティズムが、抽象的ではなく具体的な環境として構築されているのだ。

コンポジションを見ると、最も長い軸線が、丘の下からのエレベーターの垂直導線とつながった空中回廊である。これがメイン・アプローチであろう。水平軸は大きな円盤に接しており、接点に近いところに垂直軸としての高いタワーが建っている。これが書庫で、これは平面形が薄く扁平なために、全体の座屈を防ぐためのテンションと圧縮の鉄骨部材の構造がヴォリュームを挟み込むようなかたちで外に出ている。本の移動は完全にオートメーション化されたコンヴェア・システムによっており、人力を用いていないために、書庫を縦に積むことが可能になったというわけである。読書室及び研究部門は、水

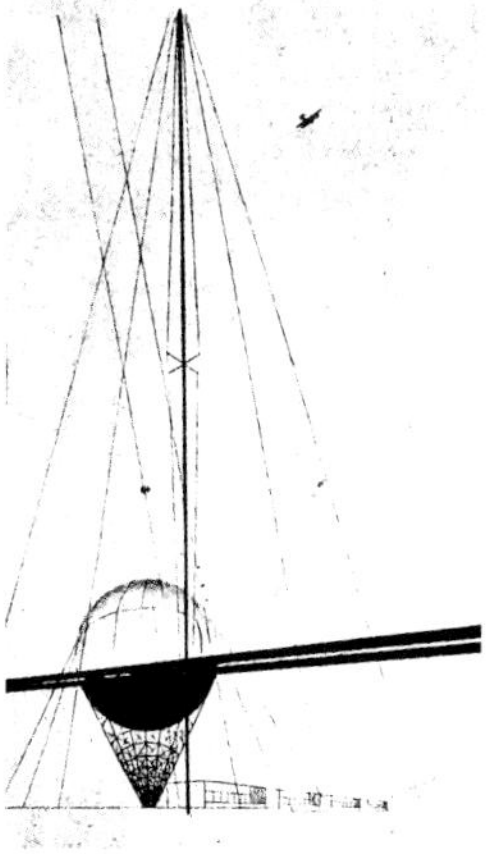

レオニドフ／
レーニン研究所計画,
1927

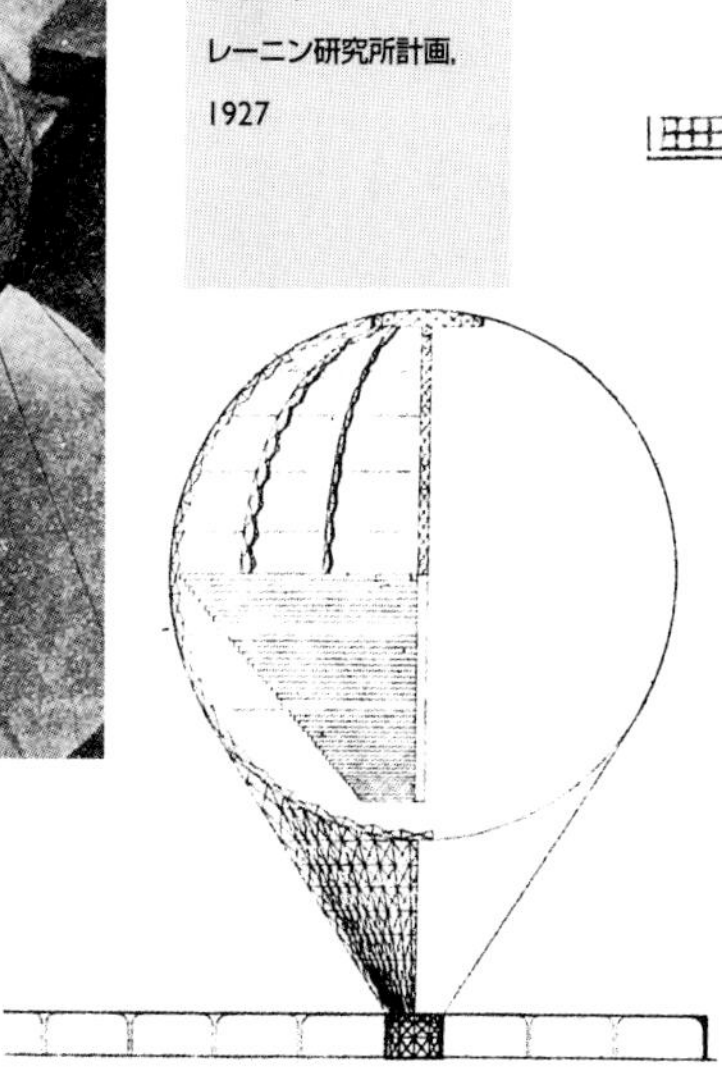

平軸（アクセス軸上の高いところと、これとは直角のより低い軸の二つ）上に展開される。円盤上のやや離れた所には空中に浮いた巨大な球体があるが、これがオーディトリウム兼プラネタリウムである。上部が開閉可能であり、また内部も必要に応じて間仕切りができるように計画されている。四千人がフル・キャパシティということになるが、それはガラスの上部にスクリーンをかけることでプラネタリウムとしても使うことができる。アクセスはエレベーターによるとなっているが、何処につけられているのかは定かではない。おそらく球の真下から建ち上げられているものと思われる。

この球はもちろんかなりの荷重があるから、気球のように浮いているわけではない。その下のラチス状の鉄骨構造によって支えられている。しかしこの構造は地盤面と接触するところでは一点（に近い所）に集中しているために、荷重を受けているというよりは浮かんでいるものをつなぎ止めているという印象が生じている（後は水平力に対抗するための振れ止めのテンション材を四周に張っている）。これはシューホフの給水塔やラジオ・タワーと似たやり方である。シューホフの工作物より重い上部を支えるものとしてこれで十分かどうかはともかく、彼がシューホフの仕事から可能性を探って、それをこのようなかたちで表現したことは充分にあり得る。レオニドフ自身はシューホフには触れていないが（もともと彼の書いたものはごく少ない）、息子のアンドレイはこう書いている。

「彼は同時代のロシアの技術的な可能性を考慮に入れていました。建物の計画には、建てられるものでなくてはならないという信念の裏付けがあったのです。当時は、御存じでしょうが、シューホフの有名なラジオ・タワーが建つのは難しいという頃だったのですが、あれはちゃんと建ったのです！ 概して父の提案には技術的に不可能だったり、ありそうもないようなものはなかったのです、経済的には難しかったかもしれませんが。『レーニン研究所』の案にしても、利用できる技術を超えたようなものはなかったのです」。

これは、過大な、ないしいささか身びいきな評価であったかもしれない（後に

レオニドフ／レーニン研究所計画, 1927

引用するギンスブルグのコメントが、この意見の下敷きになっているようにも思える）が、しかし、それでもこの計画が技術的な提案を含み込んだ上で、全く新しい空間的ヴィジョンを提示したことは誰にも否定できない。つまり、ここではもはや伝統的な建築のような正面性をもった箱という枠組が全く消滅している。ヴェスニンはこの点では明らかに箱的な建築が多かったし、ゴロゾフやメーリニコフは表現的な分節でそれを脱却しようとしたが、それでもレオニドフに比べればその彫刻的な表現は結局ファサーディズムの変形と見える。このような枠組は、前述した古典建築とも通じる様式的な問題と共に、都市的な敷地で建てるという条件にもよっている。レオニドフはそれを（以後も）完全に清算してしまうことによって、無限の自然の広がりの中での自由なヴォリュームの展開という新しいヴィジョンを提示したのである。それはほぼマレーヴィチが夢想した（がその具現化の手がかりすらつかめなかった）《惑星建築》のヴィジョンそのものですらある。

この研究所は、人、本を中心としたものの流れ、さらには情報のコミュニケーションの組織という点でも極めて新しいコンセプトによっており、前述のオートメーション化されたコンヴェアー・システムは縦のみならず横にも延伸されて、場内には通信網が敷かれている。さらにはモスクワ都心部とは最初に述べたアクセス軸とつながった高架鉄道や高架道路で結ばれ、世界各地とは電信網によって結ばれている。

このプロジェクトは直ちに多大の反響を呼んだ。それは六章の二節でも言及した〈近代建築展〉（一九二七年六月）に出品されたためでもある。そこでこの計画はとりわけ優れたものであるという評価を受けた。もちろん批判的な声もあったにせよ（例えば『建設産業』誌に掲載されたアロノヴィッチの評では、その図式性が批判されている）、この計画ひとつによって、レオニドフの名はたちまち「新しい星」として知られることになった。〝SA〟（エス・アー＝現代建築）〟誌（その編集に彼は最初からタッチしていた）をはじめとして、内外の多くの雑誌がこのプロジェクトを取り上げた。この成功によって、レオニドフは卒業後すぐにVKhUTEMAS改めVKhUTEIN（ヴフテイン＝国立高等芸術技術学院）の教員に採用される。この時の推薦状には師のアレクサンドル・ヴェスニンは当然として、兄のレオニード・ヴェスニンがサインしているだけではなく、ラドフスキーも、「建築家レオニドフは彼の卒業計画において大いなる才能と発明性を発揮した。彼の作品は、進歩的な芸術文化の精神と大胆な技術的着想を備えている。残念なことに、私は彼の卒業制作からの印象のみで私の判断を語る以上の行き届いた証言はできないが、彼がデザイナーとして卓越した能力の持ち主であるという私の判断に間違いがあるとは思えない」と述べている。OSA（オサ＝現代建築家同盟）とASNOVA（アスノヴァ＝合理主義建築家同盟）の関係からすれば、このラドフスキーの賞賛は例外的なものということができるだろう。

これに対して、〝SA〟の編集長ギンスブルグのコメントは、バランスの取れたものであった。ギンスブルグは、展覧会の他の作品群に比してもレオニドフのプロジェクトが「そのアプローチの独創性において際立ったもの」であると述べているが、それは「この作品が、技術的なシステムやシェマ、要素など、不可避的に我々にとってありきたりの慣習的なものとなりがちであり、最良の場合は方法の統一をもたらすが最悪の場合はステレオタイプな様式上のテンプレート定規になりかねないものに対して、カテゴリーとしてそれを打破しているが故に貴重なものなのだ」と評価している。これは明らかに、ギンスブルグが当時進めていた反「構成主義スタイル」キャンペーンを念頭に置いたものと読める。つまりギンスブルグは、スタイリッシュなものとなりつつあった構成主義に対するオルタナティヴを見出そうとしていたのだ。「我々の哲学的原理のうちにとどまりながらも、レオニドフの図書館は、同時に、伝統的な建物の概念からは外れた純粋に空間を志向した建築の扱いをつくり出し、そのような建物が建つべき公共空間や都市の概念それ自体を再組織化するような方向を示している」。これはすでに見た彼の建築の発想が既存の都市のそれを超えたところにセットされていることへの言及であり、そうして見れば、ギンスブルグたちが後の都市の解体をめぐる議論（十二章参照）でその最左派に立つに至ったのは、このプロジェクトからのヒントがあったと言うべきかもしれない。

しかし、同時にギンスブルグの賞賛は手放しではなかった。「同じように、レオニドフの作品にも『しかし』はある。彼は問題を構成主義的な手段、それも極めて大胆なやり方で解決し、しかもそれは技術的に可能で原理的にも応用可能ではあるが、同時にレオニドフのつくり出したのは、今日実現することが経済的に不可能なものなのだ。普通のものから大胆に足を踏み出した結果、彼はユートピア主義に陥ってしまった」。独創的な大胆さとユートピア主義、それは建築のような分野においてはほとんど常に同伴するものであろう。この先輩の批判は、しかし、後にははるかに多くの悪意をこめたかたちでレオニドフを襲うものとなる。

2. レオニドフの展開 都市の解体の萌芽

「レーニン研究所」の計画と前後して、レオニドフは「モスクワの映画工場（キノファブリカ）」のデザインを手がけている。これもまたレーニン丘を敷地としたもので、コンペティションの応募案である（ゴロゾフ兄弟の案に関しては六章一節参照）。プログラムとしてはアトリエ、オフィス、車庫、工房、電

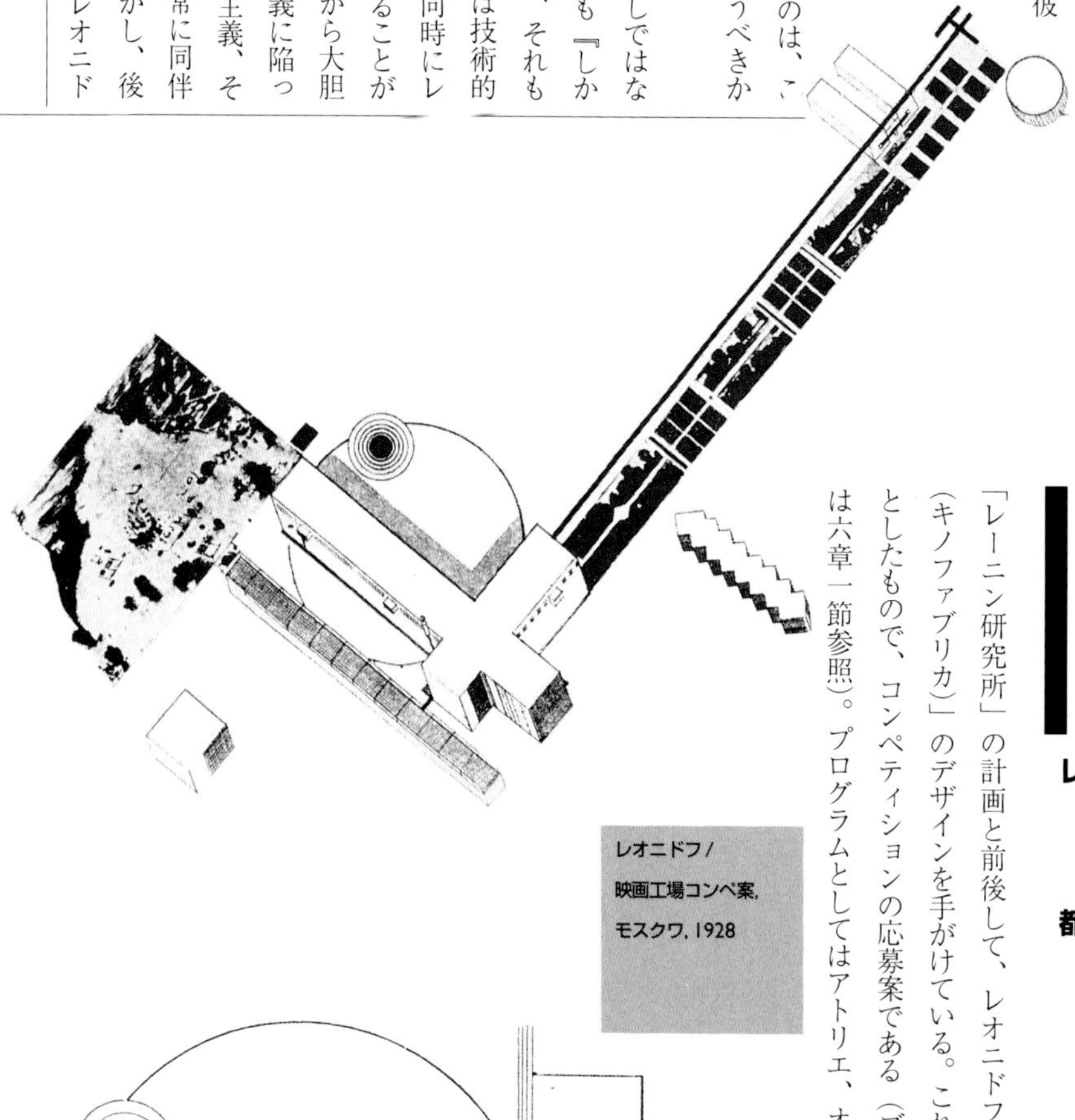

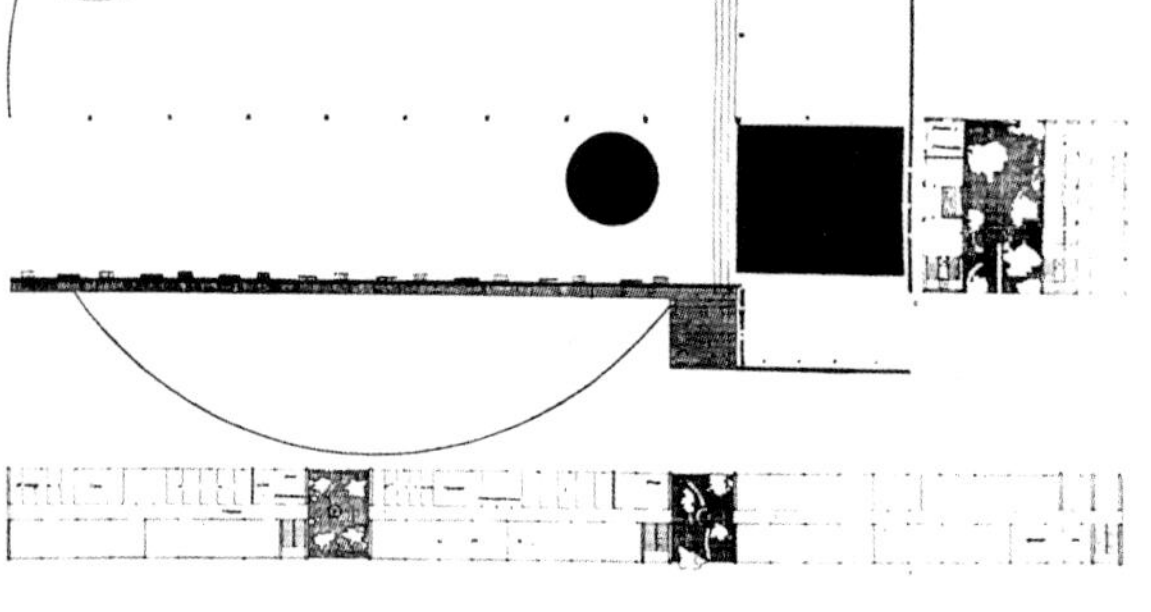

レオニドフ／映画工場コンペ案, モスクワ, 1928

力プラントというようなものであったが、ここでもレーニン研究所と同じように、機械化された動線を軸にすべてのコンポジションが組み立てられている。その中心は南北に走る長いレールの上に載せられた可動のプラットフォームで、これは物資の運搬や撮影のためにも用いることができる。このレールに沿って線状の公園が設けられ、これも撮影の際の様々なショットに利用される。レーニン研究所に続いて現われた大きな円盤は、回転するプラットフォームである。東西の短軸方向のスタジオの中にも、小さな回転プラットフォームが設けられる。その側壁は開けることができ、戸外とひと続きになるし、また内部は可動間仕切りで再分割され、個々のスタジオとして用いられるし、床も上下ができる。このスタジオの脇には地下の工房が置かれ、ここから大道具をウィンチで上げることができる。前記のレール以外にも空中にケーブルが張りめぐらされ、空中移動撮影が可能になっているが、移動カメラという手法自体が当時としては新しいもので、アベル・ガンスの『ナポレオン』(一九二七年)でこれが用いられた。レニ・リーフェンシュタールがそれを外部にもち出し、ナチス党大会ドキュメンタリー映画『意志の勝利』(一九三四年)や『オリンピア』(一九三八年)でこれを用いるのはもっと後である。こうして見ると、このプロジェクトはそれ自体が本当の仮設的なセットのようにつくられているといってもよいが、基本的なコンセプトはレーニン研究所と変わりがない。かたちの上だけではなく、コンセプトも含めたレオニドフの独自のスタイルはVKhUTEMAS(ヴフテマス)を出たこの時点ですでに完成されていたのである。

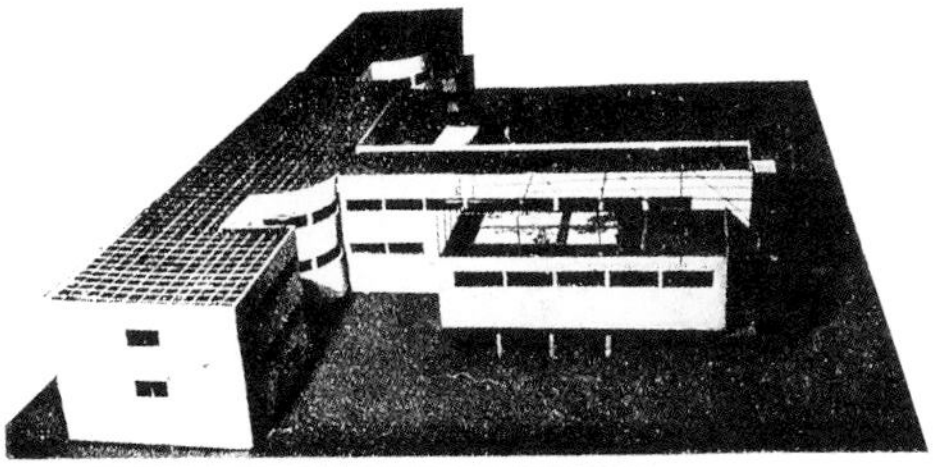

レオニドフ/政庁舎コンペ案, アルマ・アタ, 1928

一九二八年以降、レオニドフは精力的にいくつかのコンペティションに応募した。一九二八年にはアルマ・アタの政庁舎とツェントロソユーズ(組合総連合本部)の二つのコンペティションがあるが、これらは共に、前者はギンスブルグ、後者はル・コルビュジエが勝って、おのおのアヴァンギャルド建築の代表作といえるものが生み出された。アルマ・アタのコンペではレオニドフの案は三等であったが、このデザインは以前の鉄道労働者のクラブの案とよ

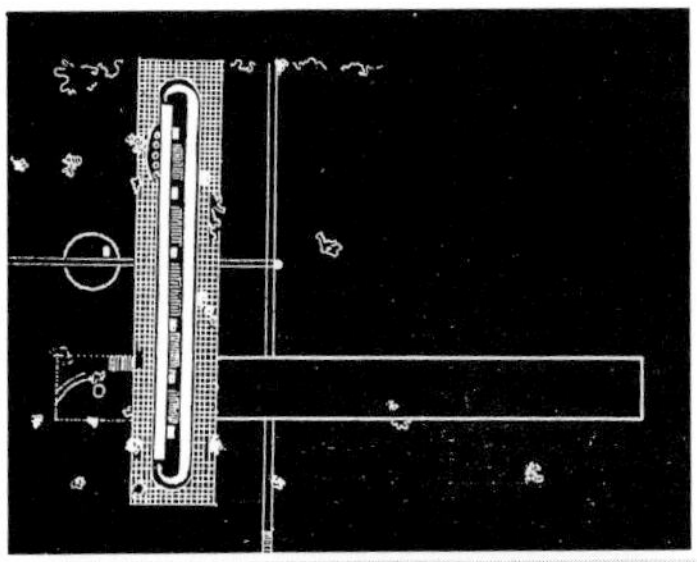

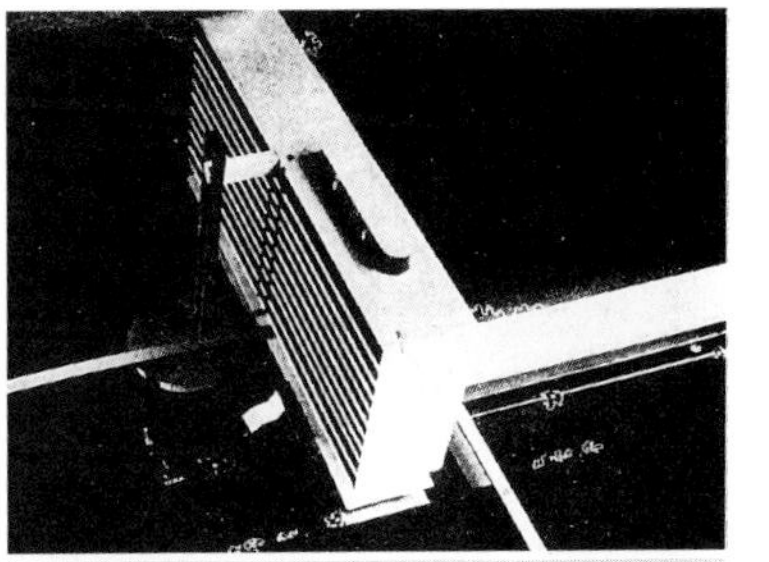

レオニドフ/ツェントロソユーズ・コンペ案, モスクワ, 1928

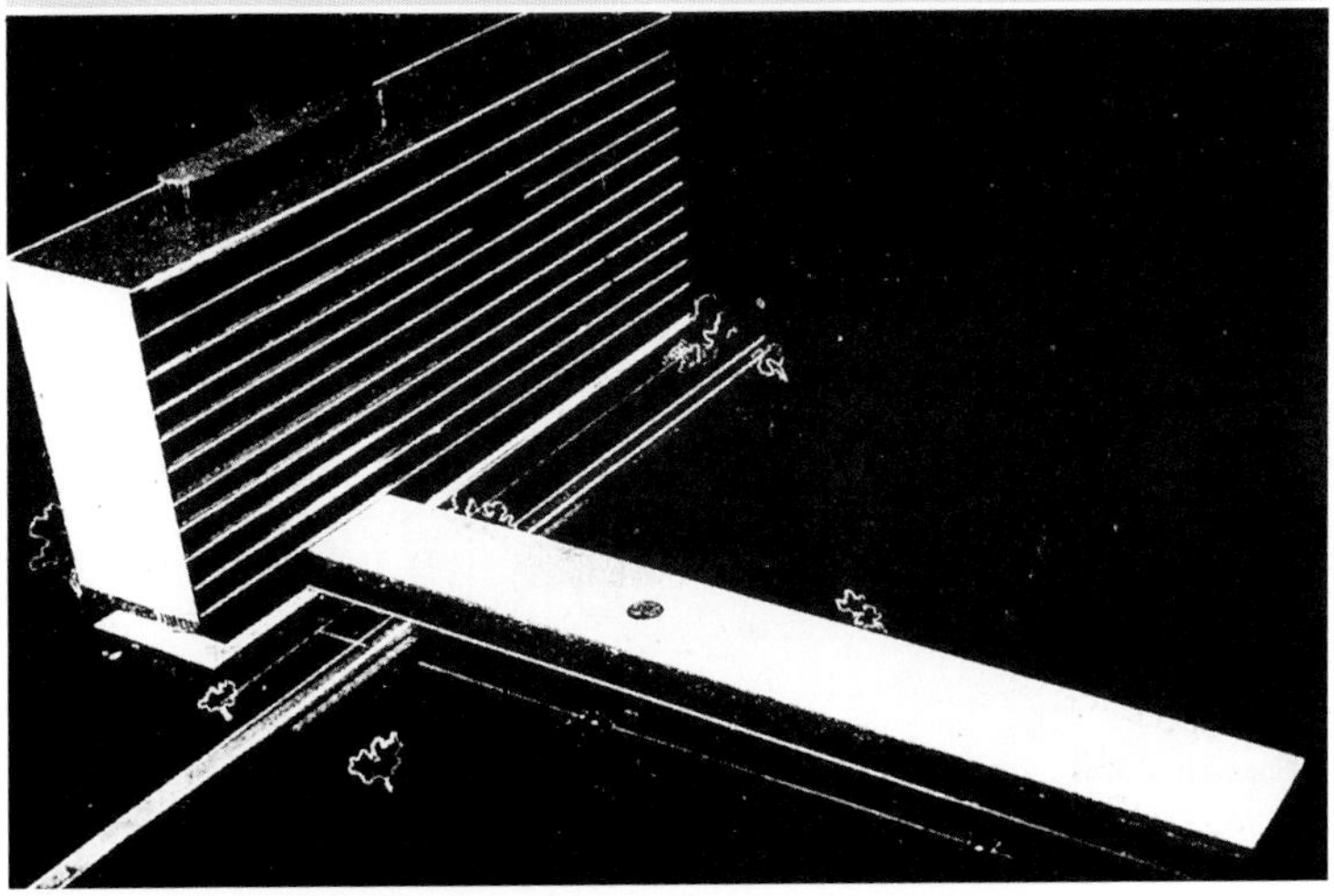

く似たL型のプランで、例によっていろいろなレベルでのランドスケープ屋上庭園（一部はガラスで覆われている）の取り込みが見られる。しかし、全体的にはレオニドフとしては比較的特徴に乏しい。ツェントロソユーズは、二千人のオフィスワーカーのための一万二千平方メートルに及ぶ大規模なオフィスビルのコンペティションだが、ソヴィエトのコンペティションによく見られるこみ入った経緯をたどり、三段階からなっている。最初のものはオープン・コンペティションで三二の案が集まり、うち一二案が入賞し、そばにGostorg（ゴストルグ＝ロシア共和国貿易省）を建てたヴェリコフスキーのチームが一等を獲得したが、それにとどまり、第二段階の招待コンペティションが行なわれた。

第一コンペティションは最初から実現案を求めるというよりも参考のためであったのかもしれない。第二コンペティションで招待されたのは、パリのル・コルビュジエとベルリンのマックス・タウト、ロンドンのバーネット&テートの三者で、これにツェントロソユーズ内部のチームが加わった。しかし、ル・コルビュジエ案の高い評価にもかかわらず、決着は第三段階めの招待コンペにもち越された。招待されたのは、第二段階からの引き続きとしてル・コルビュジエとツェントロソユーズ・チームに加えてベルリンのベーレンス、後は国内組でヴェスニン兄弟、ジョルトフスキー、ニコルスキー、オル、サモイロフとナフマン、それに二つのOSA（オサ）のチームである。OSAのチームのひとつは、パステルナークとウラディーミロフらのチームで、もうひとつがレオニドフである。レオニドフの案は例によって極めてシンプルなもので、基本的には高層と低層（ピロティに持ち上げられた一層のミュージアム）の二つのブロックが直交したかたちで成り立っている。高層棟は前面の道路（ミヤスニツカヤ通り）に直角に配置され、通りに平行なのは低層棟である。

『モスクワの建設』誌に掲載されたコンペティションのレポートでは、この案のことを「新ミヤスニツカヤ通りのファサード・ラインは全く完全に無視さ

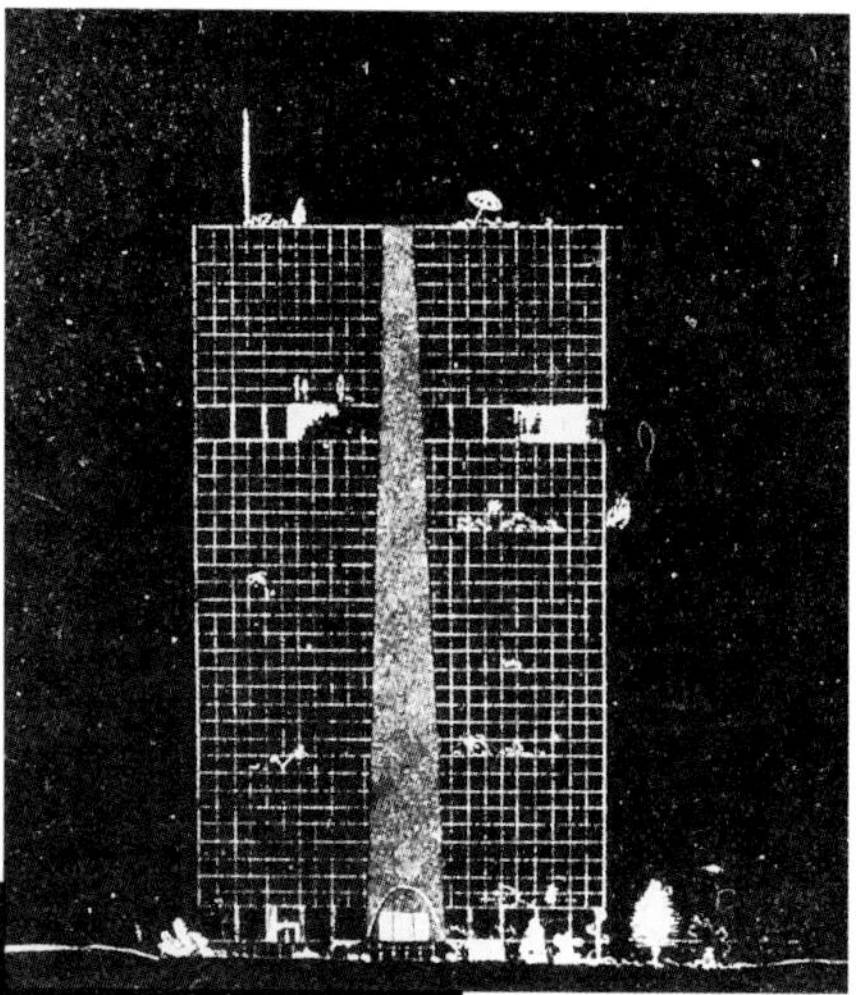

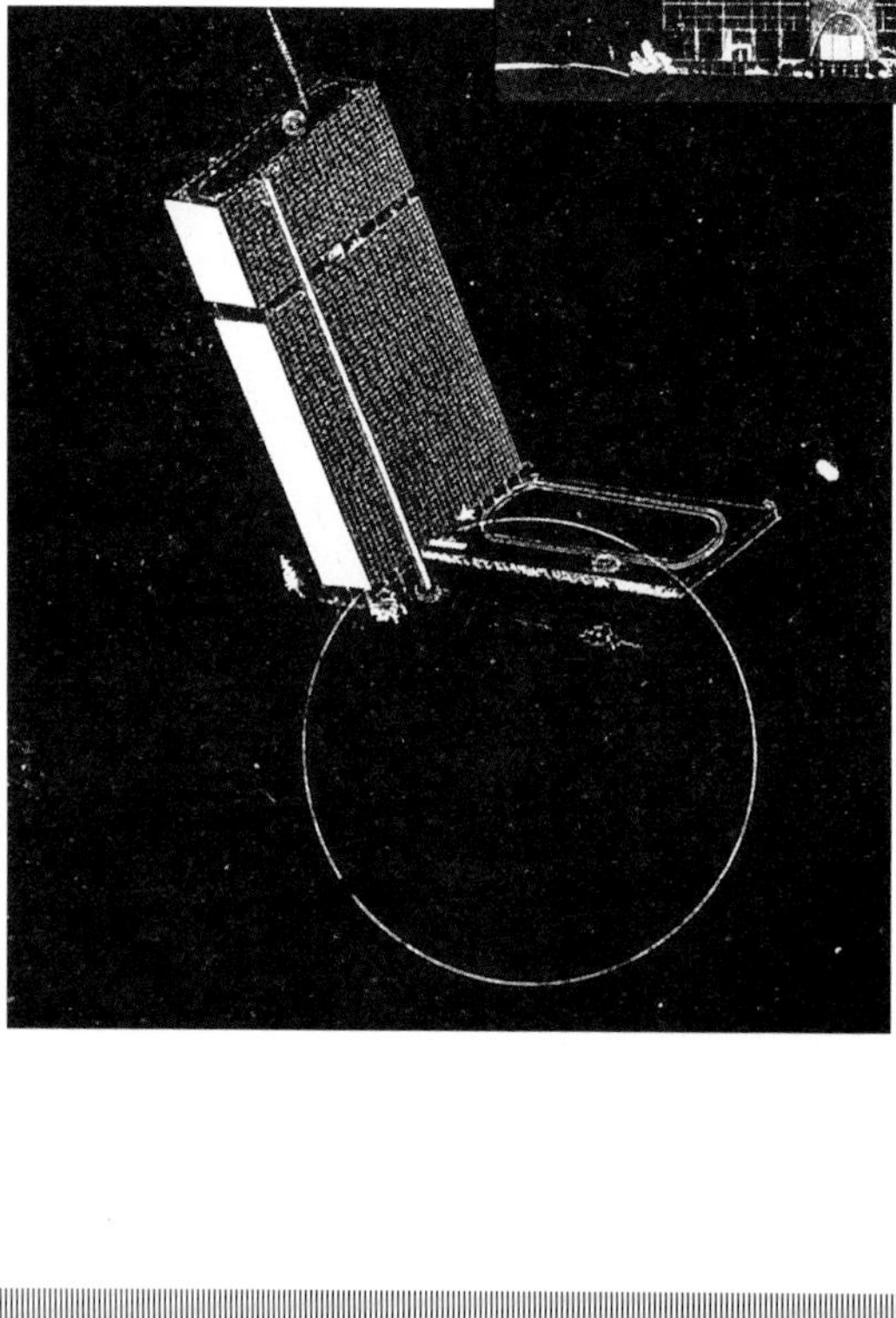

れている。それどころか、この建物は、周りのエリアの開発のパターンとは何らのつながりももっていない。建築はその単純さの故によい印象を与えるが、その極度の単調さが際立っている」と評している。ル・コルビュジエの当選案（十四章一節参照）ではこの都市的な文脈はむしろ劇的なかたちで生かされているが、レオニドフではまたしてもそれは意図的にはずされている。彼は執務部分をひとつのブロックに収めているから、ル・コルビュジエの案（八階）よりも高い（一二階）のに、この当時のモスクワでは他に例のない高い外壁面を街路に直角に配して（結局は設けられなかった新設道路に面している。そこにある円形の低層部がエントランス・パヴィリオン）あくまで正面性を排除してしまった。その結果、二つの大きな通りに面するこの敷地はそれにまたがる通り抜け公園のようになっている。これは明らかに都市を公園化するというル・コルビュジエ本人のコンセプトをよりラディカルに推し進めた案であった。それ以外に、外壁の取扱いもまたル・コルビュジエ案とレオニドフ案の共通点である。レオニドフの案は完全にガラスのカーテンウォールである。それに対してル・コルビュジエの最初のコンペティション時の案は水平連続窓で、印象的にはよく似ているが前者の方がより徹底している。これは最終案ではカーテンウォールとなったが、それはレオニドフからのアドヴァイス（水平性が強いと、見る者がやぶにらみになると述べたという!!）があったからだと言われている。実際、ル・コルビュジエは、コンペティターであったはずのレオニドフをアドヴァイザーにしようと思ったらしい。事実、この巨匠は若いロシア人のことをとりわけ高く評価していたようで「構成主義の詩人にして希望の星」と呼んでいるし、CIAM（シアム＝近代建築国際会議）に関してカール・モーザーに宛てた手紙では、「ロシア人たちはOSAという組織をつくっているが、それは大変強力で活発な組織である。彼らはヴェスニン、ギンスブルグ、レオニドフ（傑出している）らからなる編集委員会による偉大な雑誌を出版している」とレオニドフのことをわざわざ括弧付きで特筆している。

ツェントロソユーズと似たプログラムのプロジェクトに、翌一九二九年の産業省（ロシア共和国の最高経済ソヴィエト）のコンペティション案がある。これには七つの案が応募され、パンテレイモン・ゴロゾフが一等を獲得した（実現はされず）。レオニドフのプロジェクトでは単に与件をかたちにするのではなく、新たなプログラム上の翻案が見られるのが常であったが、ここでもそれ

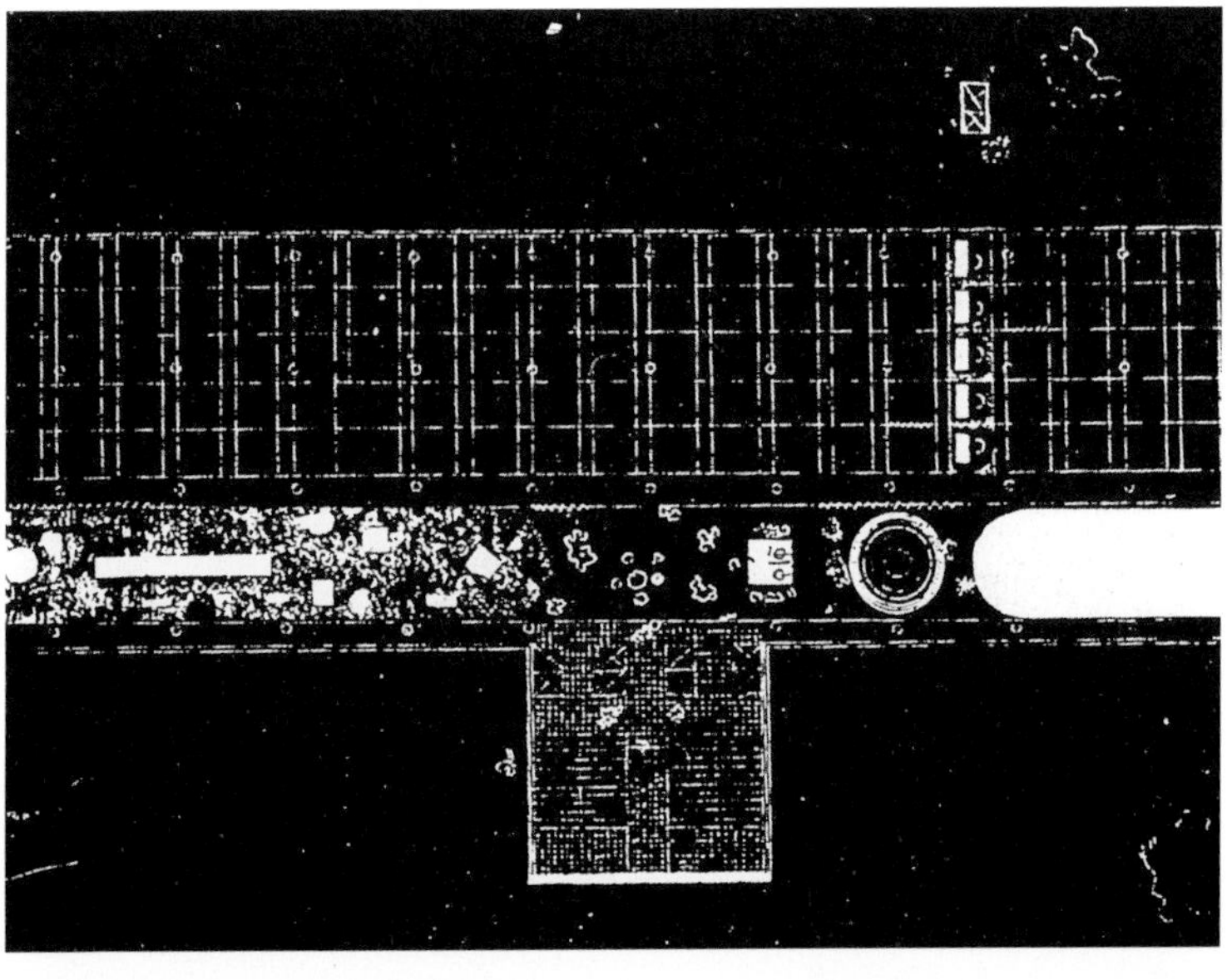

レオニドフ/
産業省
コンペ案,
モスクワ,
1928

は例外ではなく、このオフィス・ビルも彼の手にかかると進歩的な思想の孵化器でありシンクタンクであるということになる。レオニドフ自身はこう書いている。

「我々の条件下では、どんな新しい構造物も社会主義への一歩である。それは、労働と日常生活の新しい条件に適合するものでなくてはならない。これらの条件を無視する建築家は保守的である。労働はいやいやながら必要だからするものではなく、生活における目的の感覚である。肉体的、精神的条件は、全体として組織されるのでなければならない。組織的な建物の新しい方法の特徴／組織化された労働、労働と身体トレーニング、光、空気、組織化された休息と食事、高められたヴァイタリティ。組織的な建物の古い方法の特徴／閉じられた中庭、視線の逃げ場の不在、ちっぽけな個室、適切な採光、換気の欠如、バラックのような廊下、計画的な組織の不在、神経症、痔疾、低いヴァイタリティ、低い生産性」。

彼のデザインはツェントロソユーズに比べてもずっと高いタワーで、プランは例によって極めて単純であり、矩形のメイン・スペースとこれに直角なコアのブロックからなるT字形である。この建物の中では作業グループごとにフロアが割り当てられて、各フロアは背中合わせに二つの長いゾーンに分けられ、片側のゾーンがオフィス・スペースだが、もう一方の側には運動と軽食の取れる休息コーナー、読書室、シャワー、プールに小さな散歩場とトラックまでが設けられている。オフィス・スペースはパーティションの無い開放的な空間で作業単位の合い間はグリーンで分けられ、フロア同士は電話とコンヴェアで結ばれている。一階には会議室、クラブ、クローク、レセプションなどが設けられる。屋上には移動可能なプール、トラックなどがあり、そのすぐ下の最上階はゲストのための宿泊階で、これにアプローチするために別の専用エレベーターが建物本体から少し離したかたちで設けられている。上から四分の一くらいの高さの階でそこだけオープンになって、レストランと戸外での散歩のためのフロアとなっている。

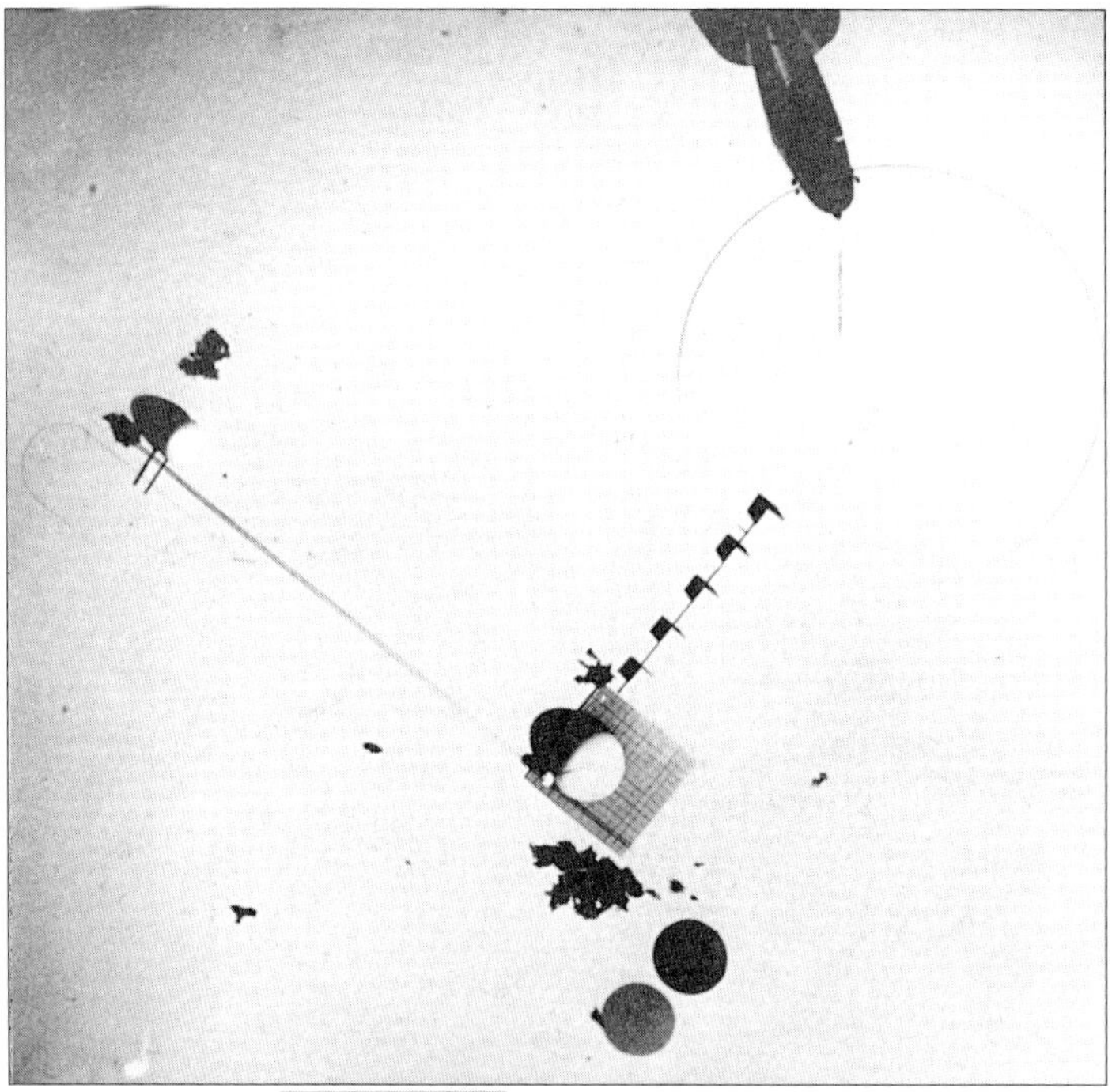

レオニドフ／
新しい
社会タイプの
クラブ
（モデル計画・A）
1928

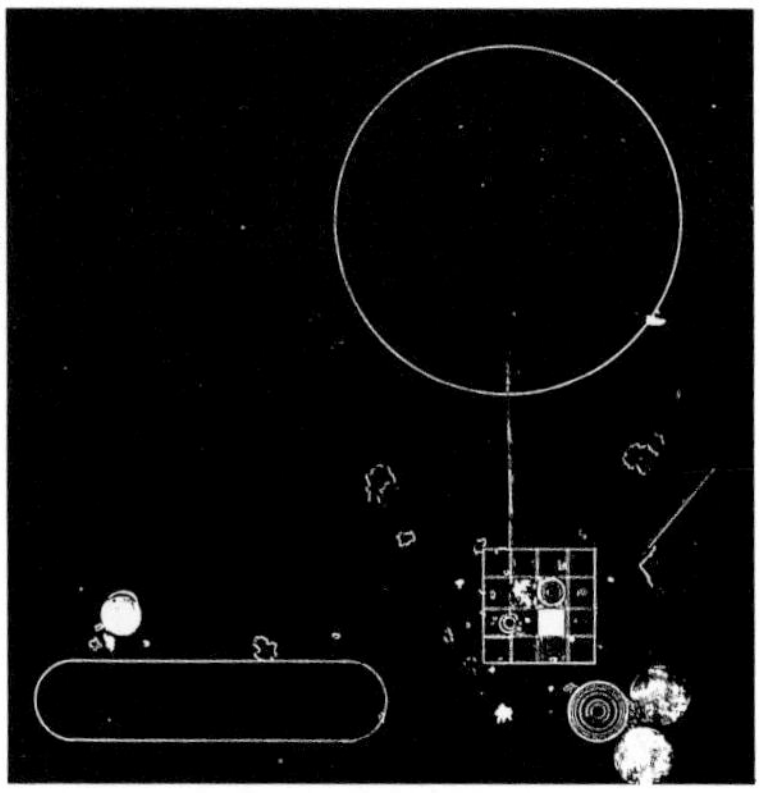

もしル・コルビュジエのツェントロソユーズ案にレオニドフからの影響が見てとれるとしたら、このプロジェクトはシルエットにおいてル・コルビュジエのもっと後のアルジェのスカイスクレーパーを思わせる。中のオフィススペースの考え方やガラスのカーテンウォールはミース・ファン・デル・ローエのユニヴァーサル・スペースとも同じである。だが、ミースはレオニドフのようにフロアの三分の一を休息のためのスペースに割くようなことはしなかった。このプロジェクトを特徴づけるとしたら、それは積層された空中庭園とユニヴァーサル・スペースの組み合わせだというべきだろう。しかし、このアイデアは明らかにコンペティションの要項を大幅に無視した理想主義的なものであり、そのために批判を浴びた。現実と理想と政治の間での力学は一九二〇年代の終わりには一層深刻な軋みを立てていくが、レオニドフはその中心に駆り出されていく。

3. 新しい社会タイプのクラブ

一九二八年にレオニドフは、翌年のOSAの主催する構成主義建築家会議のために、労働者クラブのモデル計画を二つ手がけている。AとBと呼ばれているニつのヴァリアントは、基本的に大きな違いがあるわけではない。すでに述べたように、レオニドフは具体的なプログラムをもったコンペティションのためのプロジェクトでも、そのプログラムを改変してしまうのが常であった。だから、このモデル・プロジェクトは新しいかたちの提案であるという以前に、新しいプログラム、新しい施設イメージの提案である。「社会のコンデンサー」として重要なプログラムと考えられてきた労働者クラブについても、レオニドフが既存の例や従来のコンペティションの標準的プログラムについて不満であったことは、〝SA（エス・アー）〟誌にこのプロジェクトが発表された際のテキストにはっきりと述べられている。「既存のクラブのタイプ」として題され、ここではヴォルフェンツォン（八章で触れた最初のドム・コムーナ・タイプのハウジングの設計者）によるモデル計画が引き合いに出されているが、ヴォルフェンツォンの計画は、二階建ての一千席のオーディトリウムをもつモデルで標準的な計画

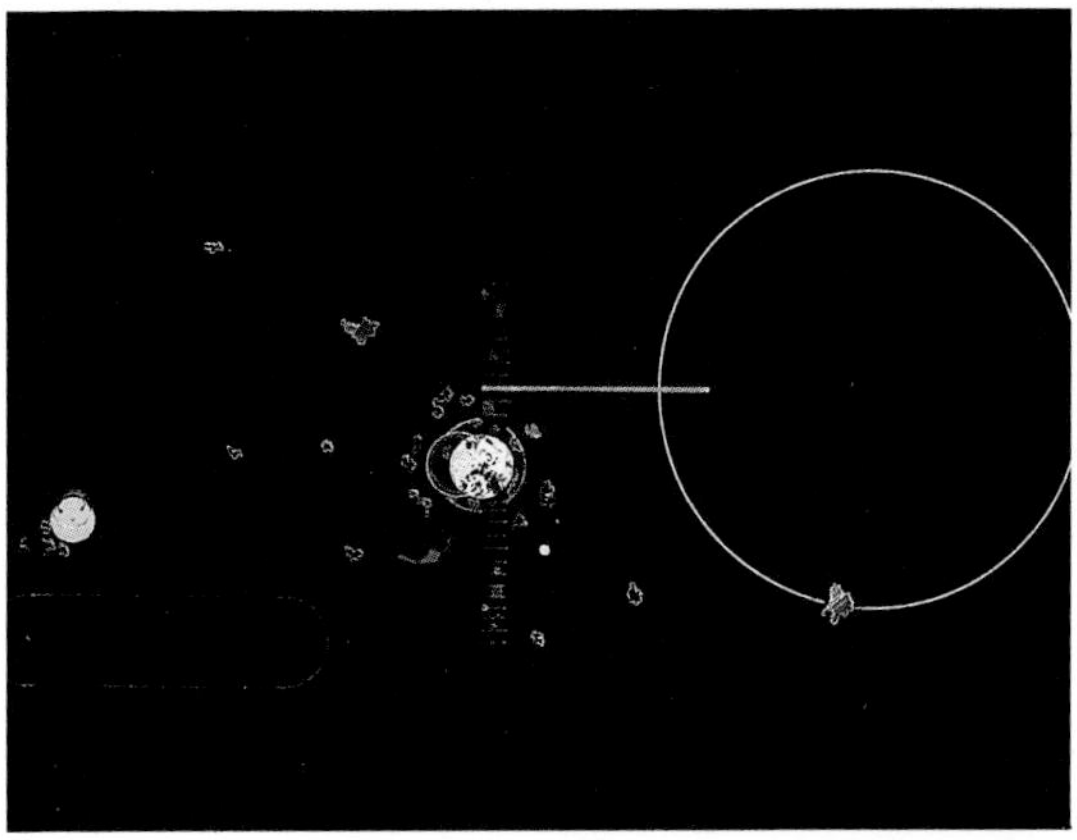

レオニドフ / 新しい社会タイプのクラブ（モデル計画・B）1928

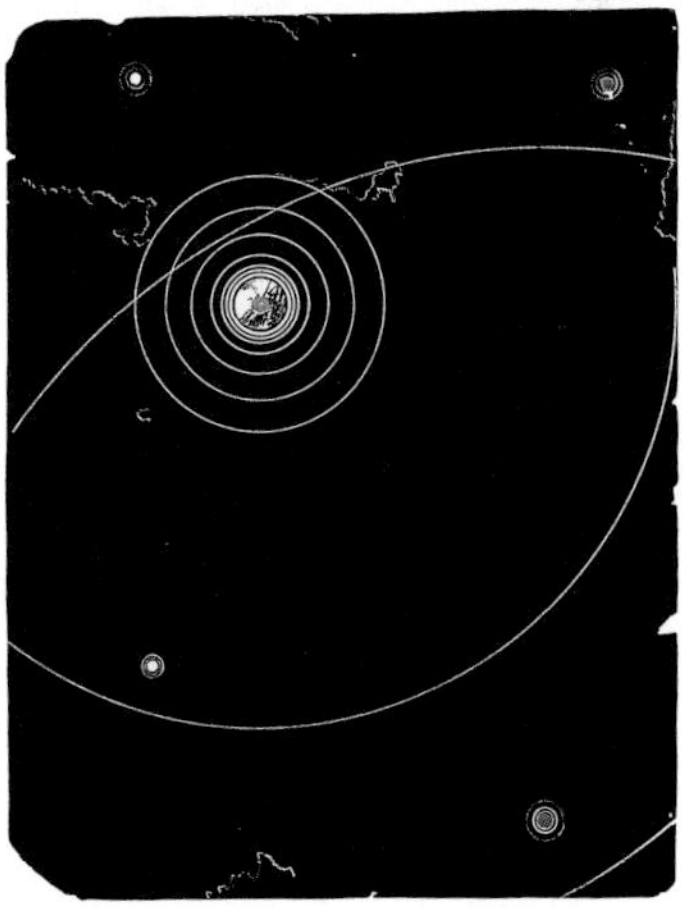

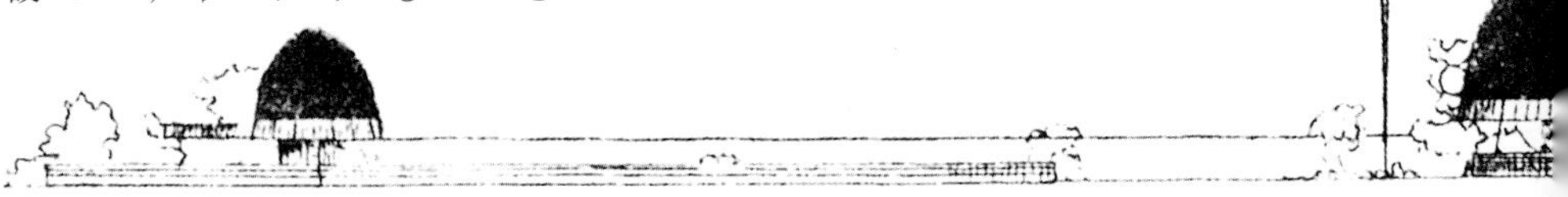

である。それに対してレオニドフは、こうコメントしている。「これからは、同志ヴォルフェンツォンが彼のクラブ・デザインにおいて労働者階級の文化的組織のいかなる問題を提示してもいないこと、いわんやそれを解決などしてないことは明らかである」。

それに対して、「ここで掲載されている作品は、まさに現代の科学とテクノロジーを通して新しい労働者階級の文化を建設することに出発点をとったものである」と述べられている。「新しい社会タイプのクラブ」と題された彼のプロジェクトは、具体的なアクティヴィティとしては、ライブラリー、トゥーリズム、ラボラトリー、レクチャー、スポーツ、軍事教練を兼ねたゲーム、ミュージアム・ワーク、ミーティング、社会－政治的なキャンペーン、展覧会や生産効率を高めるためのコンペティション、ニュース映画の上映、プラネタリウム、新しい生活様式の社会キャンペーンなどを想定している。要するに、クリエイティヴな自由時間活動のすべてといって過言ではない。そうしてみれば、これは単なるクラブというよりは、食べるための活動から解放された「自由の王国」のモデル単位の計画であるといってよいものである。レオニドフは、間もなく「ユートピア主義者」であるとして攻撃されることになるが、確かに特別に組織化されたセンターと高い資格をもった教師たちの学院によってラジオやテレビ、映画を通して指導されるというこのプログラムは、近代的コミュニケーション（メディア）・テクノロジーに基づいたユートピアであるといってもよい。

レオニドフ自身の記述に従うと、構成要素としては二千五百平方メートルの科学的植物園（要するにガラス張りの大温室——これには地方の博物誌、動物学のためのスペース、さらに展示・展覧会場、テニス、バスケット、クリケット、チェスなどのためのスペース、プール、子供やピオネールのためのス

ペース、マス・イヴェントやパレードのためのスペース、ラジオやニュース映画のスペースなどが付属する）と七百平方メートルのレクチャーホール兼プラネタリウム、二百平方メートルのライブラリーと読書室、八つのラボラトリー、グライダーやモータースポーツなどのためのオープン・エリア、付属施設をもった四百平方メートルのジム、スポーツ施設、遊び場とプールつきの子供のパヴィリオン、公園といった内容である。また戸外には大きなスクリーンが設けられて、ニュースやここでの活動成果などを映像として投影する。

彼がOSAの会議のために作成したプレゼンテーション・パネル（プロパガンダ・ポスター）には、ここで展開されるべきアクティヴィティ・イメージが示されて、「新しい社会タイプのクラブ」は、「何よりも指導的労働者の層（男性及び女性）の意識に依存する。通商組合は、新しい存在の要素を展開するような労働の行動システムを維持しなくてはならない」と書かれている。ここで注目すべきは、同じパネルの中で「建てられるべきでないもの」として、いくつかの写真やドローイングがバツ印をつけて提示されていることである。バツをつけるプレゼンテーションは、おそらくスイスの〝ABC〟誌のやり方を借りたと思われるが、それをつけられたのはメーリニコフのカウチュクやドゥレーヴォのクラブなどだった。他にもいくつかの建物が挙げられていて、それらはアヴァンギャルド風のデザインである。おそらくOSAの建築家の作品ではないだろうが、ここで問題になっているのはOSA対他のアヴァンギャルドという図式ではないだろう。レオニドフ対他のアヴァンギャルド総体ということ、つまり彼のポジションの絶対的新しさを示すものだったはずだ。この点に関しては、息子アンドレイの次のようなコメントが参照し得る。「彼は自分の作品の中に、間違いなくかなりの自由ともちろん新しいかたちを導入しました。もし彼のプランを——多分初期のものを——他の構成主義者たちのそれと比べてみると、彼のものが全く違ったものであることが即座に明らかになるでしょう。構成主義者たちは機械を極端に重要視していましたが、父にとっては機械は二義的なものだったのです」。「機械」というパラダイムで示されていたものは、もちろん形態的な類似性（メーリニコフのプロジェクトには、それが極端に出ることがままあった）だけではない。空間単位の配置、連結の原理、ひいては建築の基本的概念のモデルとしてもそれはあてはまる。構成主義者たちの機械モデルは、例えばドム・コムーナやここで問題になっている労働者クラブのように複合的なプログラムを緊密に組み立て、その機能別の分節の個々に違う幾何形態を与えそれらをつなげるというようなかたちに典型的に現われるが、レオニドフはそれらをはるかに開放的に分散させてしまった。要素間のつながりのいくつかは、すでに電子メディアによって置き換えられているし、全体は自然の中に融合されてしまって「機械」のような緊密な総体

レオニドフ／
OSA会議のための
プロパガンダ・
ポスター

としての姿はもっていない。むろん他の構成主義者たちからの影響がないわけではない。唯一形らしい形が見えるホールのパラボラ型の屋根は、同僚のバルシチとシニャフスキーがモスクワに建てたプラネタリウムのそれと機能も含めて同じである。しかし、全体のコンセプト、組織（建築的及び社会的な）に関するイメージは明らかに違っている。

"SA"誌にはこのプロジェクトの発表時にレオニドフのインタビューも掲載されているが、それは彼の特質を示すいくつかの興味深いコメントを含んでいる。まず、こうした計画の実現性について彼が全くオプティミスティックであったことがうかがえる。こうしたクラブを今どのくらいの数建てることができるのか、そしてどのくらいの費用がかかるのかという問いに、「ことの重要性と物理的可能性を考えると、大きいのがひとつと小さいのがひとつ、二つというくらいかな」、「キャパシティとしては二千五百人で、コストは計算していないけれど五、六千ルーブルというくらい（当時の彼のスケッチブックに買い物の計算が残っており、それだと卵が三・五ルーブル、キャビアが六・四ルーブルと書いてあるが、このクラブがその千倍程度で建つはずもない。これは桁が少なくとも三つくらい違っている数字ではないか？　レオニドフがこうした現実条件に本当に暗かったことはありそうなことである——引用者）じゃないか。」と答え、またこうしたクラブの建設を可能にする経済的、技術的可能性が整うのはいつかという問いに、「今日。今日的な技術と科学の成果を無視できて、それの助けで望ましい文化の組織化が可能であることを理解できないのは懐疑論者、保守派で伝統にしがみついている連中だけだ。自分の鼻より先は見えなくて、文化革命を旧態依然たるやり方ですべきだと言ってみたり、大地をトラクターではなくて木の鋤で耕せと言ってみたり、人民に工業化への熱狂を『芸術』を通して教えこまなくてはいけないとか言ってみたりする輩だけが、文化組織のための我々の提案のようなものを絵空事だと思いこめる」と答えていることにもそのオプティミズムは見える。このオプティミズム（それは必ずしも、保守反動のみが理解し得ない質のものではなかったはずだ）ないし先見性は、次のプロジェクトではっきりとした軋轢を惹き起こすことになる。興味深いもうひとつの問いは「あなたが異なった機能に対して同じ形態を用いることに対しては、フォルマリスティックな美学的考

レオニドフ／コロンブス・モニュメント・コンペ案, サント・ドミンゴ, 1929

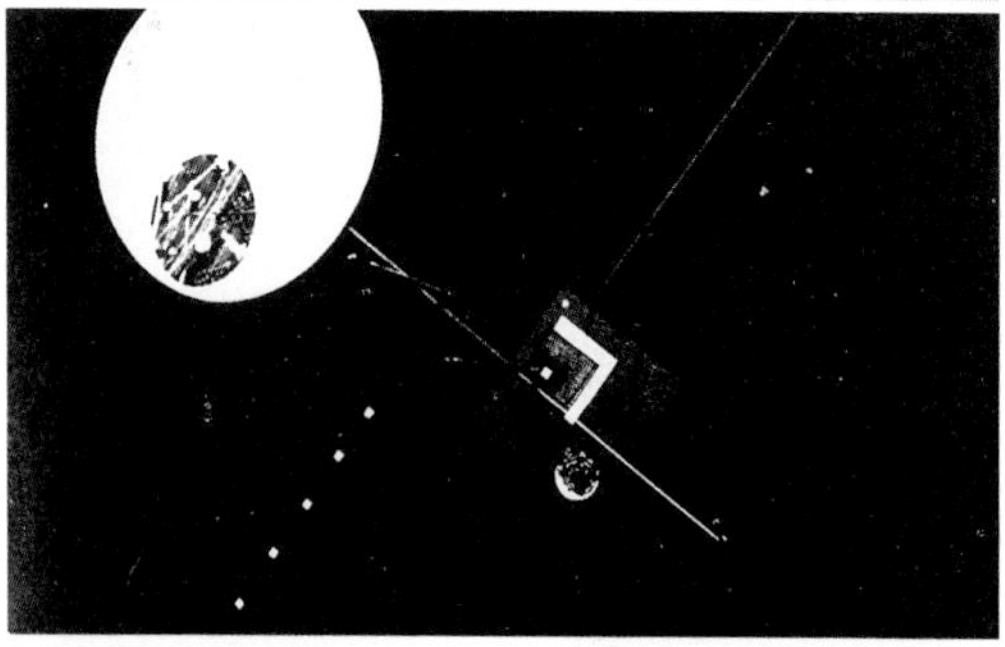

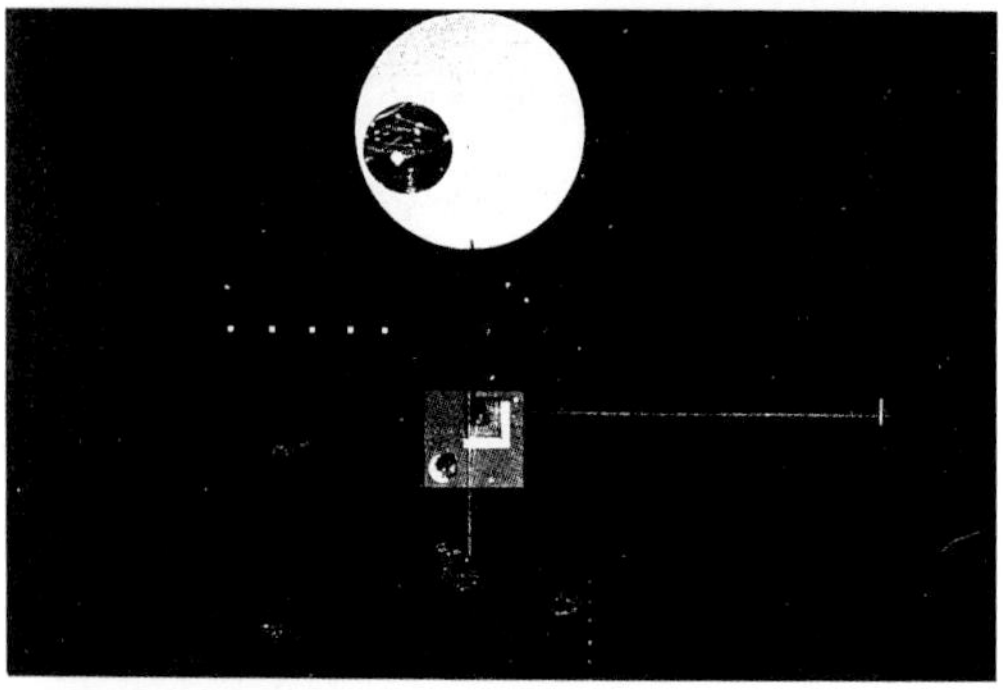

慮でなければどう考えるべきなのでしょう?」というもので、答は「その質問だと、あなたがまず外形にとらわれている、組織よりは趣味の事柄にとらわれているというように聞こえる。そうした質問が適切なのは、観念的な『芸術』としての建築が問題になっているときだけれども、我々にとっては形態は組織や、労働者のアクティヴィティの独立性や建設上のファクターの結果でしかない。批判すべき事柄は形態ではなくて文化の組織化の方法論なのだ」というものである。この答は少なくとも、普通にとる限りにおいては質問者の問いに真っ直ぐ答えたことにはなっていない。明らかに質問者(ギンスブルグ?)には、異なった機能には異なった形態が対応する(「形態は機能に従う」)という前提があるが、それをレオニドフの答は宙吊りにしてしまっている。レオニドフはフォルマリストであることをここで自ら否定しているし、機能(組織)こそが肝要なのだと言っているが、であればすでに機能主義のあり方(への了解)そのものがここで違ってしまっているのだ。しかし、本当に形態は問題ではなかったかも知れない、ということを示唆するのはもっと後の重工業省以後のプロジェクトである(十五章四節及び十七章四節)。

レオニドフのプロジェクト群を瞥見して印象づけられるのは、形態言語における相似性と同じくらい、

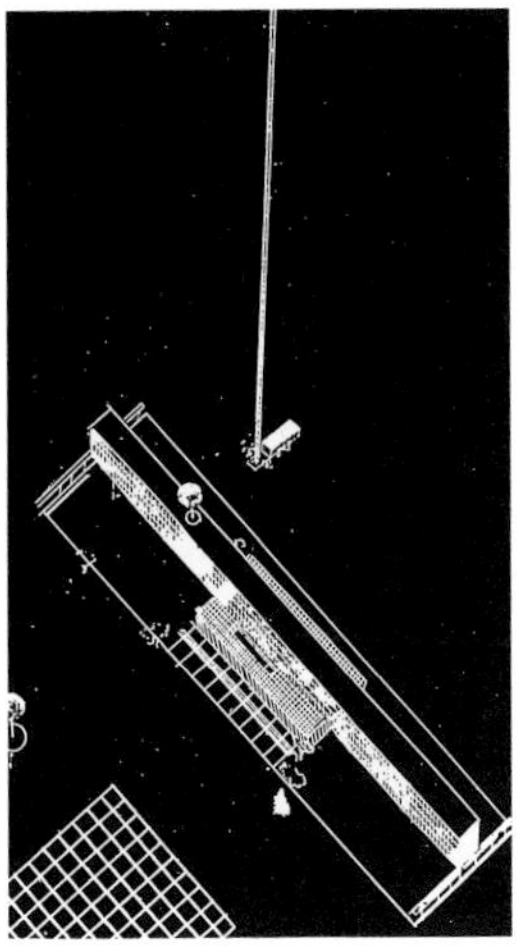

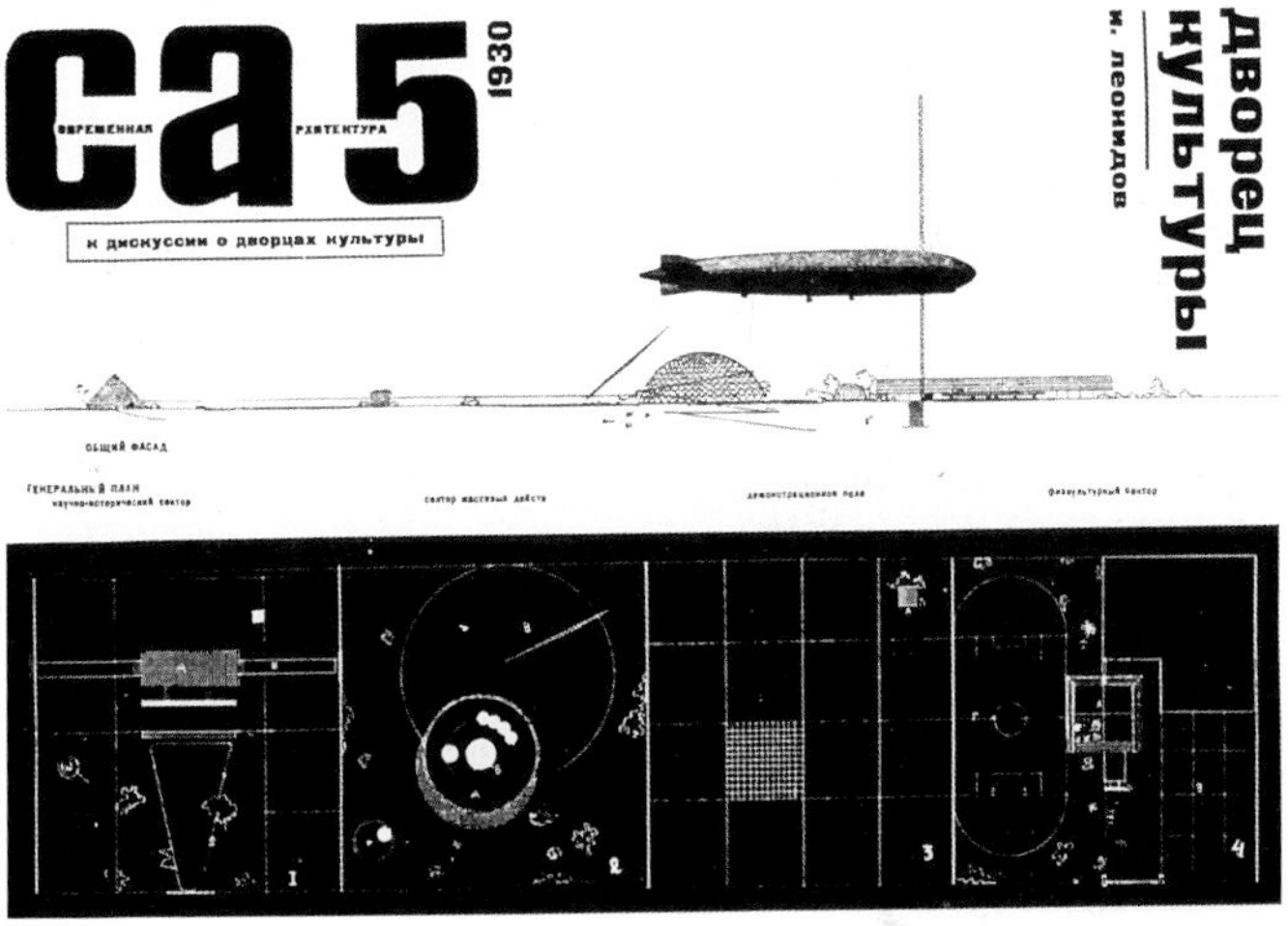

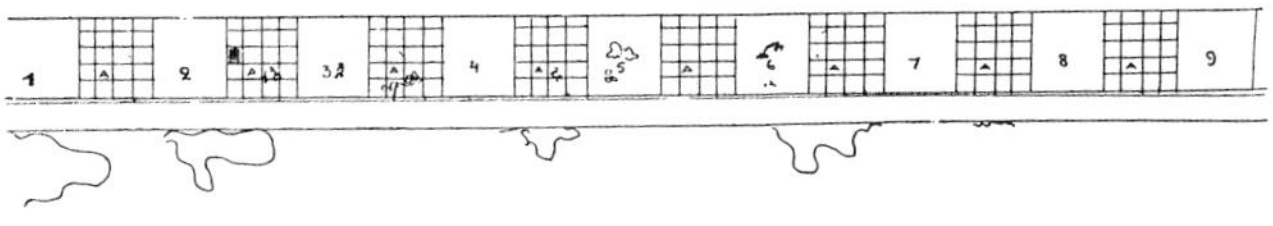

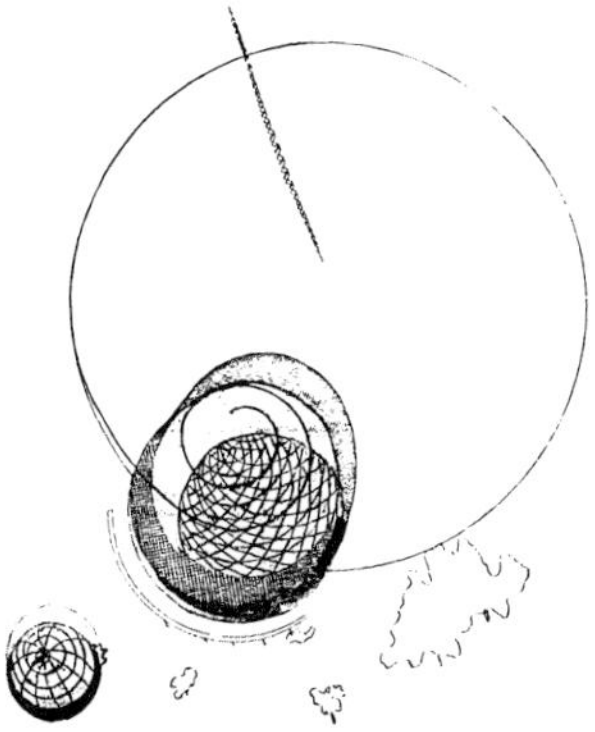

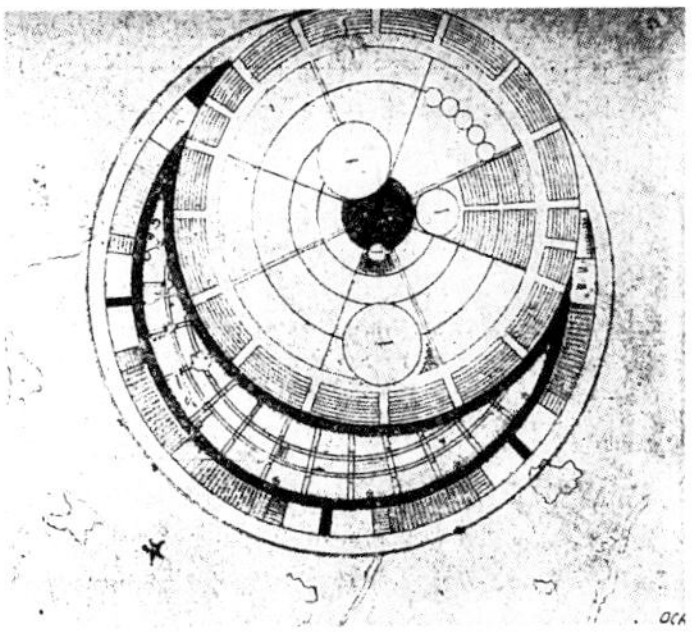

レオニドフ/
プロレタリア地区の文化宮殿
コンペ第一案,
モスクワ, 1930

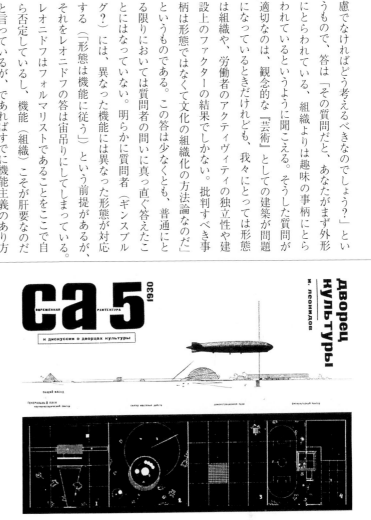

プログラムもまた著しく類似しているということである。どのプロジェクトも基本的には「レーニン研究所」のヴァリエーションなのだ。それらは人類の科学技術と知的想像のためのセンターであり、その意味でフランス革命時に「ヴィジョネール」と呼ばれた建築家たちが「理性の神殿」のヴァリエーションをおびただしく生産したことと酷似している。フランスとロシアの二つの大革命に共通して「球」という究極の形態が出現したことに注目をしたのは『中心の喪失』におけるゼードルマイヤーだが、ブレの「ニュートン記念碑」のプロジェクトとレオニドフの「レーニン研究所」の共通点は、ただ球が採用されたということにはとどまらない。レオニドフが述べているように、形態ではなくて、そこに投影されている組織（社会空間）へのヴィジョンこそが問題なのだ。

この意味で最も典型的な、そして「ニュートン記念碑」と比較すべきもうひとつのプロジェクトは、一九二九年の「コロンブス・モニュメント」への彼の応募案である。すでに五章でメーリニコフのこのコンペの応募案には触れたが、「新しい社会タイプのクラブ」のパネルでメーリニコフのプロジェクトに示したレオニドフの否定を念頭に置きながらこのモニュメントの両者の案を比べることも、興味深いものがある。メーリニコフ案が形態の発明に対して彼がもっていた異常な才能を示したものであり、大胆さにおいては極限的な形態が文字通りモニュメンタルに屹立するものであったのに対して、レオニドフの案では本当に中心は不在に近い。「レーニン研究所」のような球さえもここにはない。人目を惹くものとしてあるのは、三百メートルのテンション・ケーブルによって支えられる送信マストだが、これは当然、独創的な形態を与えられたモニュメントというには遠い。その周りにラジオ・ベースがあり、ラボやスタジオがあり、ガラス張りのコロンブス・ミュージアム（今度は熱帯という条件を反映してエア・スクリーンというアイデアが登場しているのが新機軸だ）があり、巨大なスクリーンにコロンブスの生涯が映し出され、サント・ドミンゴのこの敷地は世界中と、空港と港そして電信で結ばれる。つまり先端テクノロジーに基づいた科学ミュージアムとしてのこの「モニュメント」のあり方は、先の「クラブ」とひとつも変わるところはない。レオニドフは、あるいは彼がその施設の主役として思い描く人間像とは、明らかに人類史を総体として継承するコスモポリタンな人間なのだ。それはまた少なくともこの頃の社会主義が労働者階級に仮託し得た姿ではあった。

これに引き続いて一九三〇年に、レオニドフはこのヴァリエーションにもうひとつの例を加えている。モスクワの鉄鋼労連がモスクワ・プロレタリア地区の旧シモノフ修道院の跡地（おそらく三章で触れた一九二二年にモスソヴィエトとMAO［マオ＝モスクワ建築協会］が開催した集合住宅地のコンペティションの敷地と同じ）に建設を予定した文化宮殿のコンペティション案である。ここでは、昔の宗教施設を世俗の新しい労働者文化のセンターに置き換えることが眼目であった。そうした意味においても重要視されたこのコンペティションには、MAO、LAO（ラオ＝レニングラード建築家協会）、OSA、ASNOVA（アスノヴァ）、新生のARU（アル＝都市建築家同盟）やVOPRA（ヴォプラ＝プロレタリア建築家同盟）など多くの建築家組織が参加している。VKhUTEINやMVTU（モスクワ高等工科大学）、LIGI（レニングラード土木学院）なども参加した。

このコンペティションは二つの段階があって、後に述べるソヴィエト・パレスのときもそうだが、最初に与件を固めるためのいわばアイデア・コンペティション的なフェーズがあった。レオニドフはこの段階から案を作成している。しかしこの段階から、レオニドフの案は独自のプログラムである程度与えられていたガイドラインを逸脱していた。この与件は「膨大な回数の労働者代表の会議」を経て作られたものだが、そのためにかえって折衷的、最大公約数的なもので映画館、劇場、図書館などを含むコンプレックスをつくるという通常のプログラムとなっているのに対して、レオニドフは「新しい社会タイプのクラブ」のアイデアを展開した案を作成した。例によって全体はひとつの建物ではなく、ばらばらに分散されてランドスケープの中に振り撒かれているが、ただ振り撒かれているわけではなく、はじめてそれらが平面構成されたフレームワークの中に収められている。つまり異なったゾーンが四つの正方形のゾーンに収められており、その各々がまた必要に応じてもっと小さな正方形に再分割されている。これは敷地の形状にも合致していない（多分大きさも倍近くはみ出しているのではないか）、いわば抽象的なシェマだが、同じ年のマグニトゴルスクのコンペティションでさらに線状都市として展開される定住体のユニットと同じである。ここではそれらは、（一）科学と歴史センター、（二）マス・アクティヴィティ・センター、（三）デモンストレーション・フィールド、（四）身体文化センターとされている。建築施設は例によってミニマムなもので、中がさらに正方形に再分割されている線状の建物（科学と歴史センター）、円盤状の低層部分の上に載った大きなデモンストレーション・ホールと題されたドームともうひとつの小さなドーム（マス・アクティヴィティ・センター）、そしてこれも正方形に中が分割され三方にプールがめぐらされているピラミッド状の体育館（身体文化センター）があるという程度にすぎない。分節は極度に少なく、ほとんど図式といってよいようなものであることもいつもと同じである。彼は図面では読み取れないような情報を簡単に記述しているが、それによるとホールの床は回転式（おそらくドームごと低層部の円盤の上で回転する）で座席はその中に収納できるとか、ドームと低層部の円のずれたところの三日月形の部分はフォワイエでありホールに流れこむようになっているとか、プランに描きこまれている小さな円は可動（上下、左右に）のプラットフォームで、演壇やステージとして使えるという。つまりすべてができる限り可動でフレキシブルなセットのようになっている。その点ではかつての映画工場のプロジェクトと同じ線上にあり、実際彼は「工場や製造所、工業プラントなどは文化、政治教育を形成するのに基礎的なファクターとならなくてはならない」と書いている。だから最終的なものとして完結した形態は問題ではなく、この点でレオニドフの機能主義はミース・ファン・デル・ローエのユニヴァーサル・スペースとも全く異なったもので、むしろ一九六〇年代のアーキグラムやセドリック・プライスに似ているとも考えられる。

同じ一九三〇年の秋から暮れにかけては第二段階のコンペティションが行なわれて、レオニドフは修正案をつくっている。この第二案は現実の敷地にはまるように設計されているから第一案のようなフレームワークはもはやない。ドームのホールは依然として保持されていて、それにつながった矩形の低層部に小ステージ、プール、体操場などをもったフォワイエが収められている。他に別棟として小劇場、ピオネールの施設、託児所、クラブなどが設けられている。これにはごく簡単な配置図と中心施設のプランくらいしか残されていないが、この別棟（六角形がはじめて登場している）やその周りの幹線道路沿いのランドスケープは第一案のフォーマルな扱いに比べてもっとピクチャレスクで、あるいは二〜三年後から始まる不思議に折衷的でエキゾチックなイメージが、ここですでに萌芽として現われていたのかもしれない（十七章参照）。

このコンペティションのとくに第一案は彼がプログラムを大幅に改編してしまったことにより、多大な批判を巻き起こすことになった。しかしそれに触れるには、当時の政治的状況にも言及しなくてはならないので、十五章に改めて述べる。

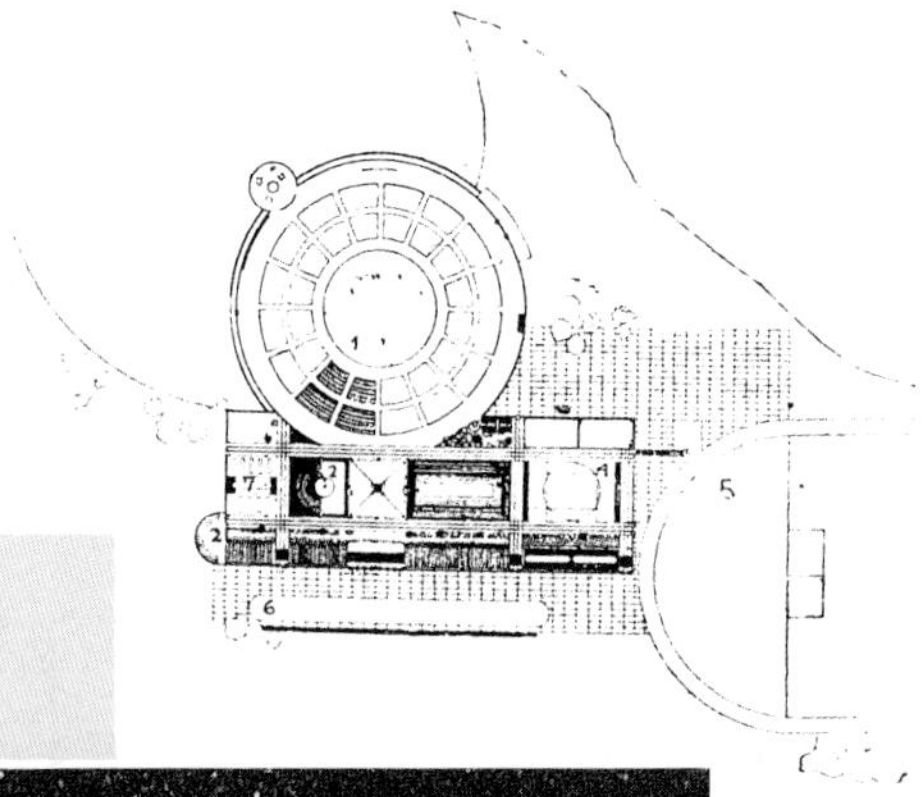

レオニドフ／
プロレタリア地区の
文化宮殿コンペ第二案，1930

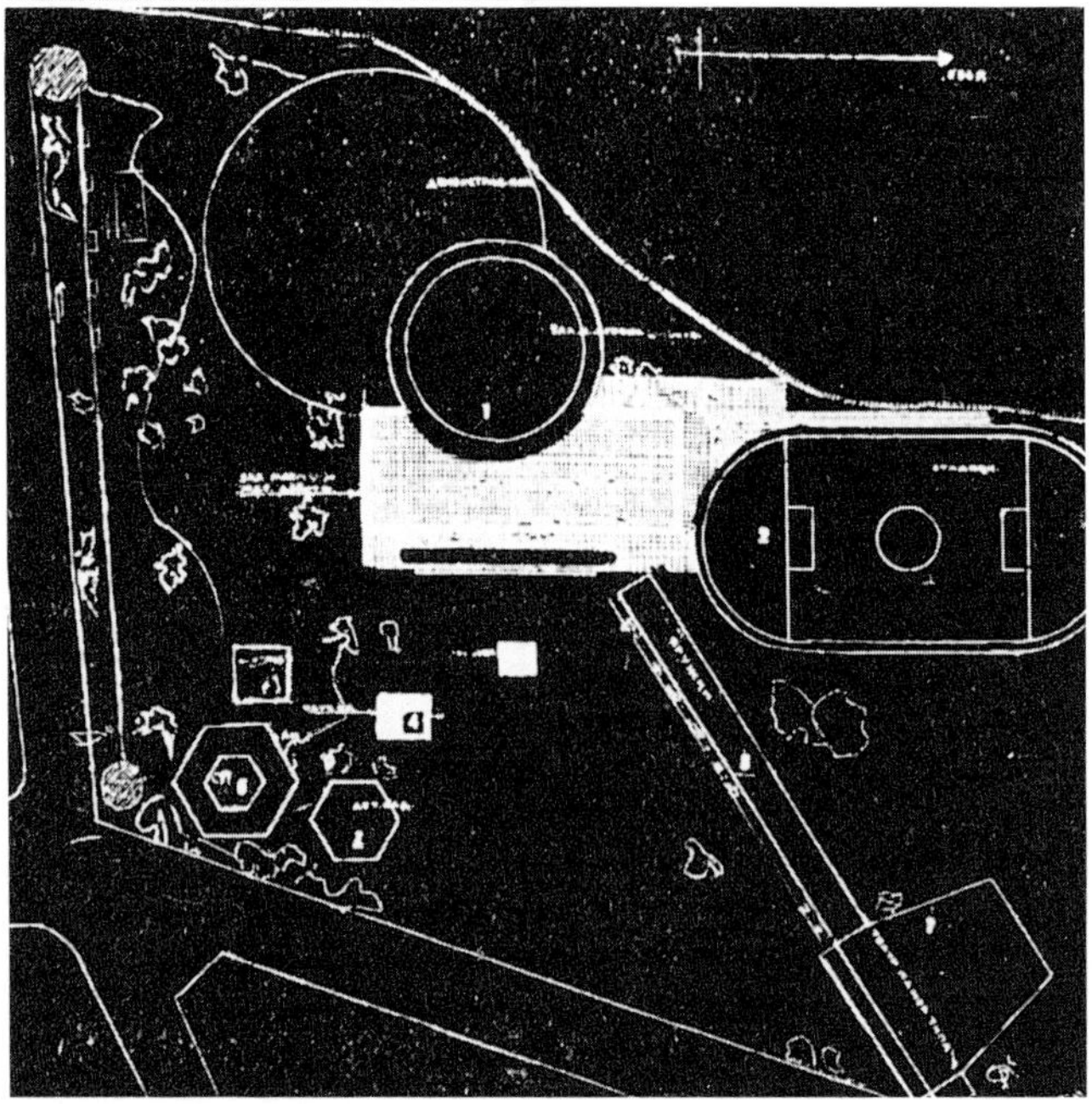

第十一章

地方都市の動向

1 イヴァノヴォ＝ヴォヅネセンスク
2 ハリコフ
3 中央アジアとアルメニア・グループ

11. イヴァノヴォ－ヴォツネセンスク

イヴァノヴォ－ヴォツネセンスクはイヴァノヴォ地区とヴォツネセンスク地区とが一八七一年に統合されてでき上がったが、当時からイヴァノヴォ地区では綿織物が隆盛しロシアのマンチェスターと呼ばれていた。先進工業地帯として労働運動は盛んで、学校、病院さらには人民の家など様々な施設が整備されていた。革命前の一九一二～一五年にはボンジャツキー工場に隣接する地区にサスシーノ田園都市が造営されたが、ここには託児所つきの大規模な病院コンプレックス（設計＝アダモヴィッチ）や九百席の劇場をもつ人民の家（設計＝マリノフスキー）が建設された。例えばロバート・オーエンのマンチェスターでの試みなどに連なる先駆的な労働者都市の試みといえる。この下地の上に、革命後の一九二四年にはソヴィエト体制下での最初期の労働者都市の造営が始められた。これは計画人口八千人を擁した組合ベースの管理運営による田園都市で、全体計画はこの分野の権威セミョーノフ（三章参照）があたり、レオニード・ヴェスニンがデザイン・チームのチーフとなった。田園都市の古典的図式に基づいて、真ん中に大きな公園をもち、中心部は八～一〇戸のアパート、周縁に近くなるにつれて戸建てに近いものになっていくというパターンであった。公共建築はレンガ造であったが、住宅は木造で、しかもプレファブ化されたパネルを多く用いる工法が採用された。これらはロシアでもはじめて標準化された工法が大規模に適用されたものとして歴史的な意義が高い。この竣工は一九二七年だが、その頃になると他にもこれと似た労働者住区ができ始め、そのネットワークのようなものが形成された。

当然こうした住区が充実されてくると公共の文化、福祉施設も伴って整備されてくる。市のプロレトクリトの組織が熱心に文化サークルのネットワーク化などを行ない、当初は改造された既存の施設をその活動の場所としていたが、徐々に新しい専用の施設も整備されてくる。前述のマリノフスキーの人民の家が完成したのは、ようやく一九二五年になってから（これはヴィクトル・ヴェスニンが引き継いで完成させた）であり、建築様式的にはすでに時代遅

マリノフスキー／サスシーノの人民の家, イヴァノヴォ－ヴォツネセンスク, 1915

セミョーノフ, チェルニシェフ（マスタープラン）／労働者住区, イヴァノヴォ－ヴォツネセンスク, 1924 - 27

ブロックマン／映画館, イヴァノヴォ－ヴォツネセンスク, 1930 - 31

L・ヴェスニン／織物工場のクラブ計画, イヴァノヴォ－ヴォツネセンスク, 1925

れであったが、規模としては大規模なものであった。それ以外にももっと新しい施設の構想として注目すべきは一九二四年に開催された「レーニン人民の家」のコンペティションで、すでに触れたゴロゾフの大胆な応募案などが提出された。これは実質的な結果にはつながらなかったが、一九二〇年代の後半にはイヴァノヴォ地区全体で数十単位の労働者クラブがつくられている。中には千席を超す規模の劇場もあったし、ロパーティン設計のサーカスに至っては、当時最大の三千席にのぼる大きさであった。これは木造による直径五〇メートルの大キューポラをもつもので、オーディトリウムとしても使えるようにアリーナを中心からずらして設定している。一九三〇年には大劇場のコンペティションが催される。これはソヴィエト・パレスを頂点とするこの時期の一連の大規模ホールのコンペティションの一環（最も似たものとしては一九三一年のスヴェルドルロフスクの劇場コンペティションがある）だが、目立つものとしてはイリヤ・ゴロゾフの劇的な効果をもった案がある。これはスヴェルドルロフスクの劇場コンペティション案と並んで、ゴロゾフがいまだ「モダン」なスタイルでデザインした最後期に属するもので、ソヴィエト・パレスのコンペティションではもう古典回帰が始まっている。しかしこれらの劇場案でも、ヴォキャブラリーはともかく、シンメトリカルでモニュメンタルなコンポジションはすでにその萌芽をうかがわせている。しかし、同時にここでは劇場の前の広場とも一体的になり、マス・デモンストレーションの一部としても用いられ得るように、舞台に車が入っていけるようになっていたり、舞台後ろの戸外の壇上テラスが、広場と有機的に結合されるようなプラニングになっている。

このコンペティションに勝利を収めたのはVOPRA（ヴォプラ＝プロレタリア建築家同盟）のウラソフで、一九三一〜三三年にかけて建設が行なわれた。これに関してもゴロゾフの場合と同じことがあてはまる。ウラソフはそれ以後のスターリン期で最もはっきりと折衷主義の方へ転向した建築家の一人であり、その意味でモルドヴィノフやアラビヤンと並んでVOPRAの典型的な建築家だが、この頃にはその路線はいまだ定

ロパーティン, セルゲイ・ミノフィエフ / サーカス,
イヴァノヴォ−ヴォツネセンスク, 1931 - 33

I・ゴロゾフ / 大劇場コンペ案,
イヴァノヴォ−ヴォツネセンスク, 1930

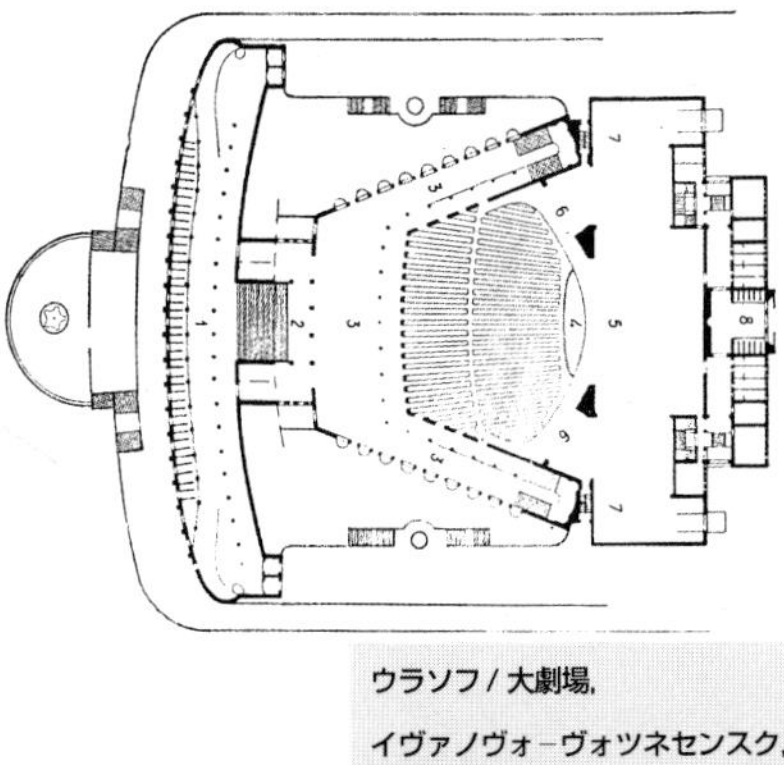

ウラソフ / 大劇場,
イヴァノヴォ−ヴォツネセンスク,
1931 - 33

着しておらず、例えば次節で取り上げるハリコフの大劇場のコンペティション（一九二九年）の案などは完全に構成主義風のものだが（出来は決して悪くない）、この劇場も、衣の陰に古典主義のコンポジションが透けて見えるといった類のものである。他にはイヴァノヴォ－ヴォツネセンスク地域の性格からして工場建築に見るべきものがあるのは当然で、一九二六～二七年のソ連時代では最初の大規模工場としてスタバロフスキー設計のジェルジンスキー工場が、一九二七～二八年にはグラドコフとニコラーエフ設計の「赤のタルカ」工場がつくられた。一九二八年になるとヨーロッパでも最大級の紡績工場「ドニエプルストロイ紡績工場」が着工した。また郊外にはブルツェンベルグ設計のIVGRES電力センターがつくられ、ここには大規模なガラス面の扱いが見られる。労働者住区の中にも新建築は当然進出しており、またそれはこの地域の先進的な労働者たちにいち早く受け入れられたといわれるが、一九二九年にはARU（アル＝都市建築家同盟、元ASNOVA［アスノヴァ＝合理主義建築家同盟］）の主要建築家の一人フリードマンによるアパートがつくられた。これは四階建て（一部七階）で、「船の家」というニックネームの通り近代建築には多い船舶を思わせる形態だが、材料もあいまってむしろメンデルゾーンの作品を思わせるポピュリスト風のものである。それよりはるかに大規

V・ヴェスニン / Ivsel 銀行,
イヴァノヴォ－ヴォツネセンスク,
1927 - 28

フリードマン「船の家」
イヴァノヴォ－ヴォツネセンスク, 1929 - 30

ブルツェンベルグ / IVGRES 電力センター,
イヴァノヴォ－ヴォツネセンスク,
1927 - 31

フォーミン / フルンゼ工科大学,
イヴァノヴォ－ヴォツネセンスク, 1928 - 34

I・ゴロゾフ /
住宅団地,
イヴァノヴォ－
ヴォツネセンスク,
1929 - 31

模なものとして、一九二九～三二年にかけてI・ゴロゾフが四百戸という大規模な住宅団地を建設している。これはコンペティションの一等案だが、原案では中規模の劇場やスポーツ・グラウンドをもつ充実した労働者コミューンであった。実現案ではこの内容はやや後退しているが、幼稚園や店舗などのサーヴィス施設の整ったもので、住棟のデザインもゴロゾフとしては控えめなものながらリズミックな分節が美しい。

これら以外に触れておくべきものとしては、ヴィクトル・ヴェスニンのIvsel銀行の建物（一九二七～二八年）やフォーミンによるフルンゼ工科大学の建物（一九二八～三四年）がある。前者は簡素なモダニズムだが、アレクサンドルの参加がないためかむしろ堅実さの方が前面に立っていることはすでにヴェスニンの項で述べた。後者は、コンペティションの結果つくられたもので、ギンスブルグの応募案についてはこれも七章の一節ですでに言及したが、フォーミンの実現案は、彼の典型的なスタイルである「赤のドリス」様式によっている。

2. ハリコフ

一九三一年にキエフに移るまでウクライナ共和国の首都であったハリコフでは、その性格上数多くの重要な行政の建物が建設された。とりわけ一九二〇年代の後半になると、それまで優位だった伝統派に代わって新建築派が勢力を強めていった。これにはプロレトクリト組織などを通じて文化運動の支持の果たした役割が少なくない。一九二八年にはOSA（オサ＝現代建築家同盟）のハリコフ支部がつくられた。その主要なメンバーには、ステンベルグ

上下：ジェルジンスキー広場，ハリコフ

（会長）、マロゼモフ、ミリニス、ヤノヴィツキ、ロポヴォク、カシヤーノフなどがいた。モスクワ、レニングラードに次いで有力なOSAの支部であったといえる。この年には『ハリコフのプロレタリア』紙が新建築支持のキャンペーンを張ったし、芸術関係のジャーナリズムとしては『新しいヒエラルキー』誌があり、これにはタトリンやガンなどが登場していた。教育機関の変遷などもモスクワのVKhUTEMAS（ヴフテマス＝国立高等芸術技術工房）と似たような流れをたどっており、一九一九年に組織された自由アトリエが一九二五年に絵画、彫刻、建築の三学科からなるHHI（ハリコフ芸術学院）に改組されたが、ここでも一九二七年以降はステンベルグのリーダーシップ下で新建築派がヘゲモニーを握っていった。一九二一年に組織されたハリコフ工科学校でも似たような流れが起きている。これらの新建築の発揚の場になったのは、旧市街に隣接して建設された新都心部だったが、その中心は約一二ヘクタールに及ぶ世界最大級の大きさをもつジェルジンスキー広場である。この広場は旧市街から来る幹線道路から引き込まれたかたちでつくられた矩形の部分と、その奥につくられた巨大なロータリー状の円形広場から成り立っており、この円形広場からは新市街に放射状の道路が延伸している。円形広場の閉じた三方には三つの巨大な官庁建築がつく

ベログルド/
Gosprom コンペ案, 1925

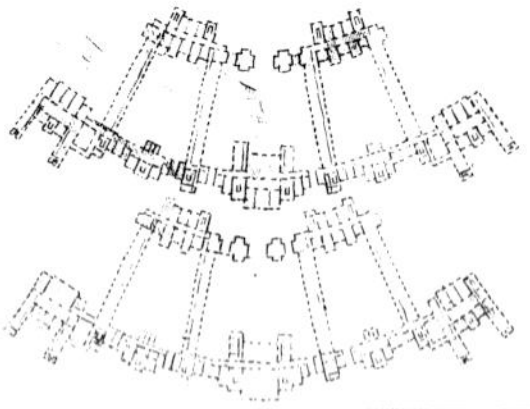

ステンベルグ/
Gosprom コンペ案, 1925

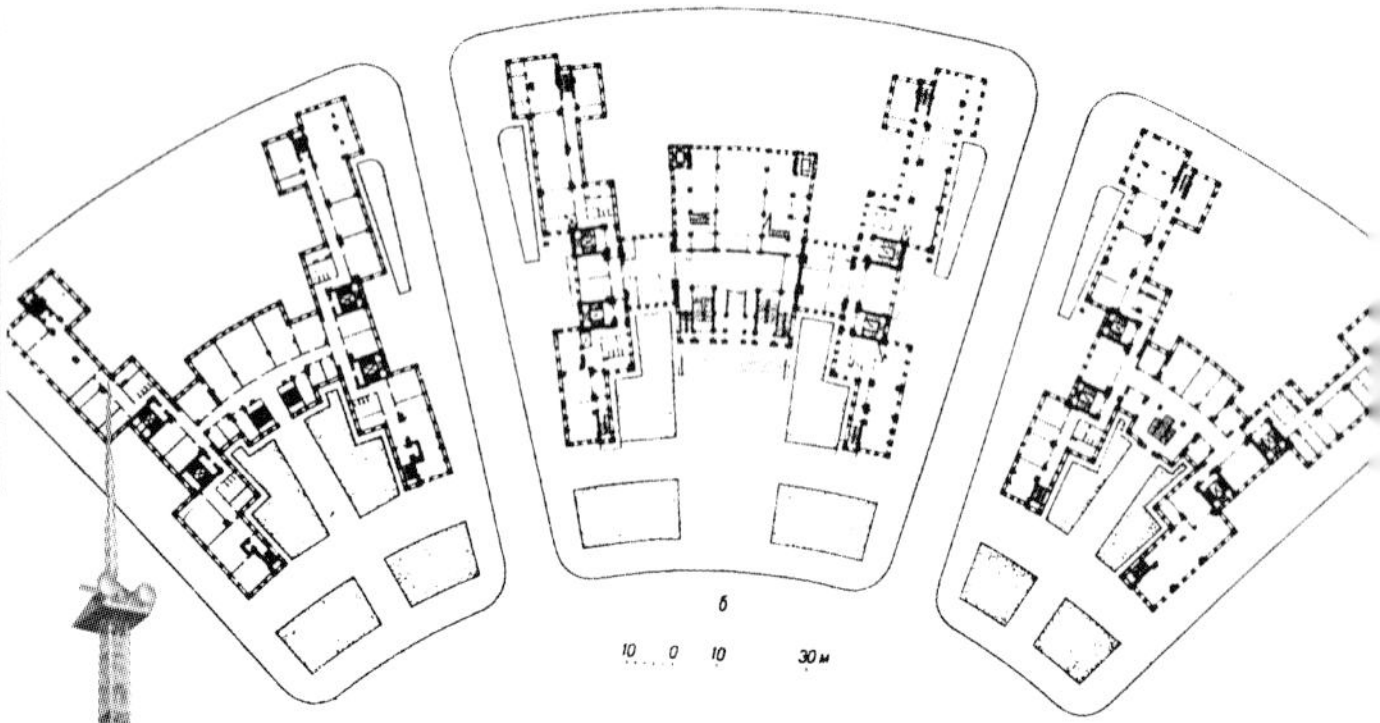

上・左2点：
セラフィーモフ,
クラヴェッツ,
フェリガー/
Gosprom, ハリコフ,
1925 - 28

られたが、これは当時のモスクワにもいまだ見られない規模のもので、広場の大きさに釣り合ったものである。

その三つのうちで中央を占めるのが、中でも最大のGosprom（ゴスプロム＝工業省）の建物で、これは一九二五年に行なわれたコンペティションの結果レニングラードのセラフィーモフ、クラヴェッツ、フェリガーのチームが勝利を収めて、一九二八年まで建設されたものである。これは三つの街区にまたがり、道路の上を長さ三〇メートルにも及ぶブリッジで渡すというものである。ベログルドや地元のステンベルグ案等の他の応募案を見ても全体の印象は極めてよく似ているから、これはプログラムから来るところが大きかったと思われる。このプログラムでは、中に入るトラストのおのおのが独立しながらしかも統合されなければならないという要求があった。そのために垂直に独立の塔のようなものが不揃いに並び、それを水平の低層部分やブリッジがつなぐというかたちで全体が構成されている。マレーヴィチの「アルキテクトン」を思わせるという評もあるが、いずれにせよ、当時ソヴィエトのみならずヨーロッパでもこれほどの規模の建物は他になかったと思われるメガストラクチャーであり、ブリッジ共々に、この特異なシルエットは極めて未来的なものとして市

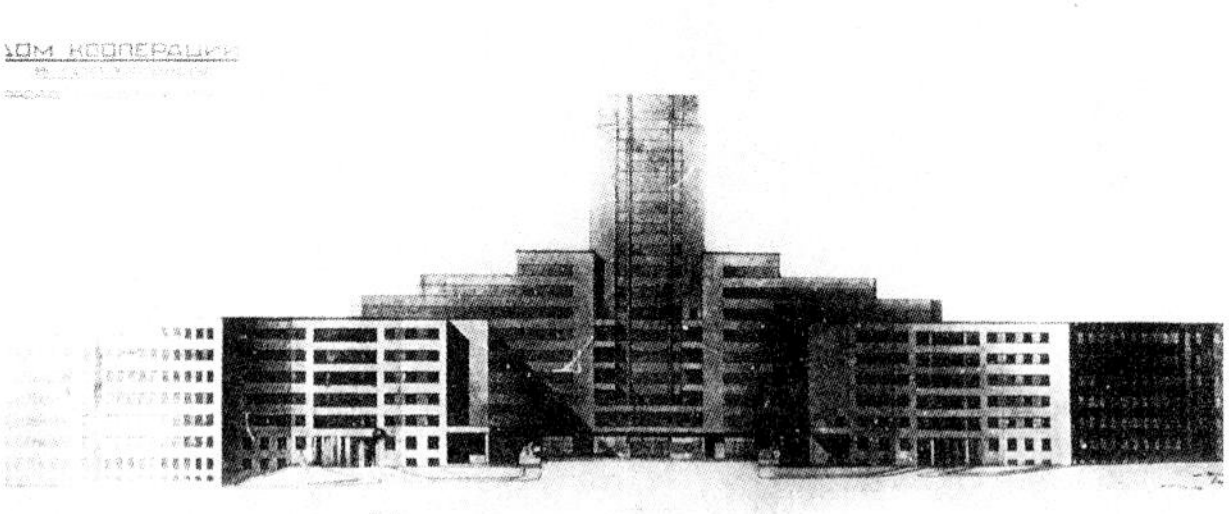

ヤノヴィツキ/
国際ホテル, ハリコフ, 1930 - 36

セラフィーモフ/
計画省, ハリコフ, 1930 - 32

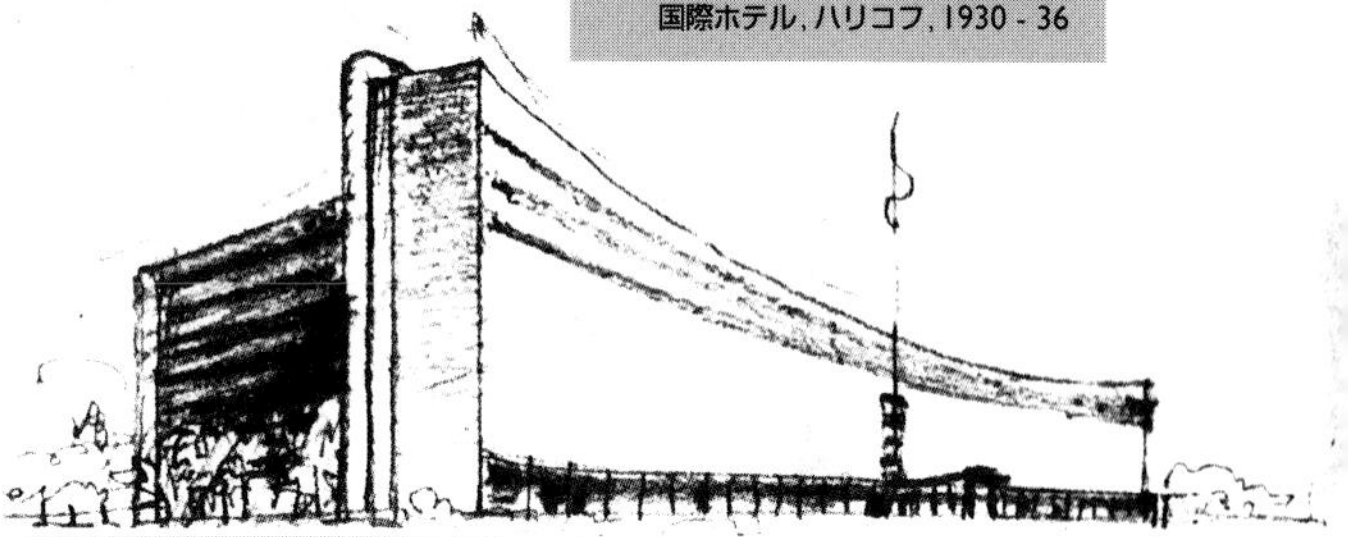

ヴェスニン兄弟/
計画省コンペ案, ハリコフ, 1930

ドミトリエフ,
ムンツ/組合省,
ハリコフ,
1929 - 34

セラフィーモフ,
クラヴェッツ,
フェリガー/
Gosprom,
ハリコフ,
1925 - 28

民に映じたはずである。

これに次いで、Gospromに向かって左隣にはドミトリエフとムンツによる組合省の建物が一九二九～三四年にかけて、右隣にはセラフィーモフによる計画省の建物が一九三〇～三二年にかけてつくられた。後者のコンペティションにはヴェスニン兄弟なども案を応募している。これらの建物もGospromと平面の取り方などは似ているし、全体として一体的に広場を形成するようなヴォリュームとなっているが、プログラムもあってかより単純化され、そのために印象的にはもっとスタティックかつクラシックである。それは建築界全体が一九三〇年代にさしかかって方向転換していたこととも関わるかもしれない。広場の矩形部には、地元の建築家たちによる建物、つまりヤノヴィツキによる国際ホテル（一九三〇～三六年）やステンベルグによる党中央委員会の建物（一九三〇～三二年）などがある。これらにもとりわけ新機軸というほどのものは見出すことはできないが、堅実な近代建築である。

他の公共建築としては旧市街の駅前につくられた郵便局があり、これはコンペティションの結果モルドヴィノフの案が採用された（一九二八～三〇年）。モルドヴィノフといえば、VOPRA（ヴォプラ）のリーダーとして後に構成主義者やとりわけレオニドフの弾劾にまわるイデオロギー至上主義者だが、この

モルドヴィノフ／
郵便局, ハリコフ, 1928 - 30

ドミトリエフ／
文化宮殿, ハリコフ, 1927 - 30

建物では少なくとも外観に関しては完全な新建築である（内観は現在では後に変更されたかそれとも建設のさなかで変更されたか定かではないが、かなり装飾的で外観とは一致していない）。また組合省の設計者ドミトリエフはもうひとつ千五百席規模の劇場をもつ鉄道労働者の文化宮殿（一九二七～三〇年）を建てている。これはメーリニコフのカウチュク・クラブを思わせるシンメトリックだがダイナミックな外観をもつ建物で、この場合も内部はより様式的である。労働者クラブとしてはステンベルグ、ミリニス、マロゼモフのOSAチームによる建設労働者クラブ（一九二七～二九年）なども新建築の成果である。

この種のプログラムとして重要なのは一九三〇年に行なわれた大劇場の国際コンペティションである。四千席という大規模な、しかも多重的な機能への可変的なアダプタビリティをとくに要求されたこの劇場のコンペティションには、一二の国から一四〇を超す応募案（うち三分の二は国外からの応募）が寄せられた。国外からの応募者でめぼしいところでは、グロピウス、ブロイヤー、ペルツィッヒなどのドイツ勢がおり、とりわけブロイヤーの案などは見事にエレガントなものだが、それらを押えて国外組の最優秀を勝ち得たのは全く無名だった日本の川喜多煉七郎（四席）である。従来川喜多の案は順位以上に評価の高いもので、言及、引用されることが多いという点ではヴェスニン案、ブロイヤー案に次いでいる。ここでも、オープン・コンペティションと同時に招待コンペティションが行なわれており、前者の一等三案（アメリカのケストナー、ドイツのシュトリツィッヒ、地元ウクライナ共和国のアファナーシェフ、フリードマン、ステンベルグらのGlavproekt［グラフプロエクト］のチーム）と後者の六案がこれらと同格とされたが、そのうちで最優秀と認められたのがヴェスニン兄弟案である。

ヴェスニンの案は大きなドームをもつオーソドックスだが見事な案で、彼らはこれとほぼ同じデザインをすぐ後のモスクワ・プロレタリア地区の文化宮殿案の大劇場部分（ここだけがつくられなかった）に用いている。アレクサンド

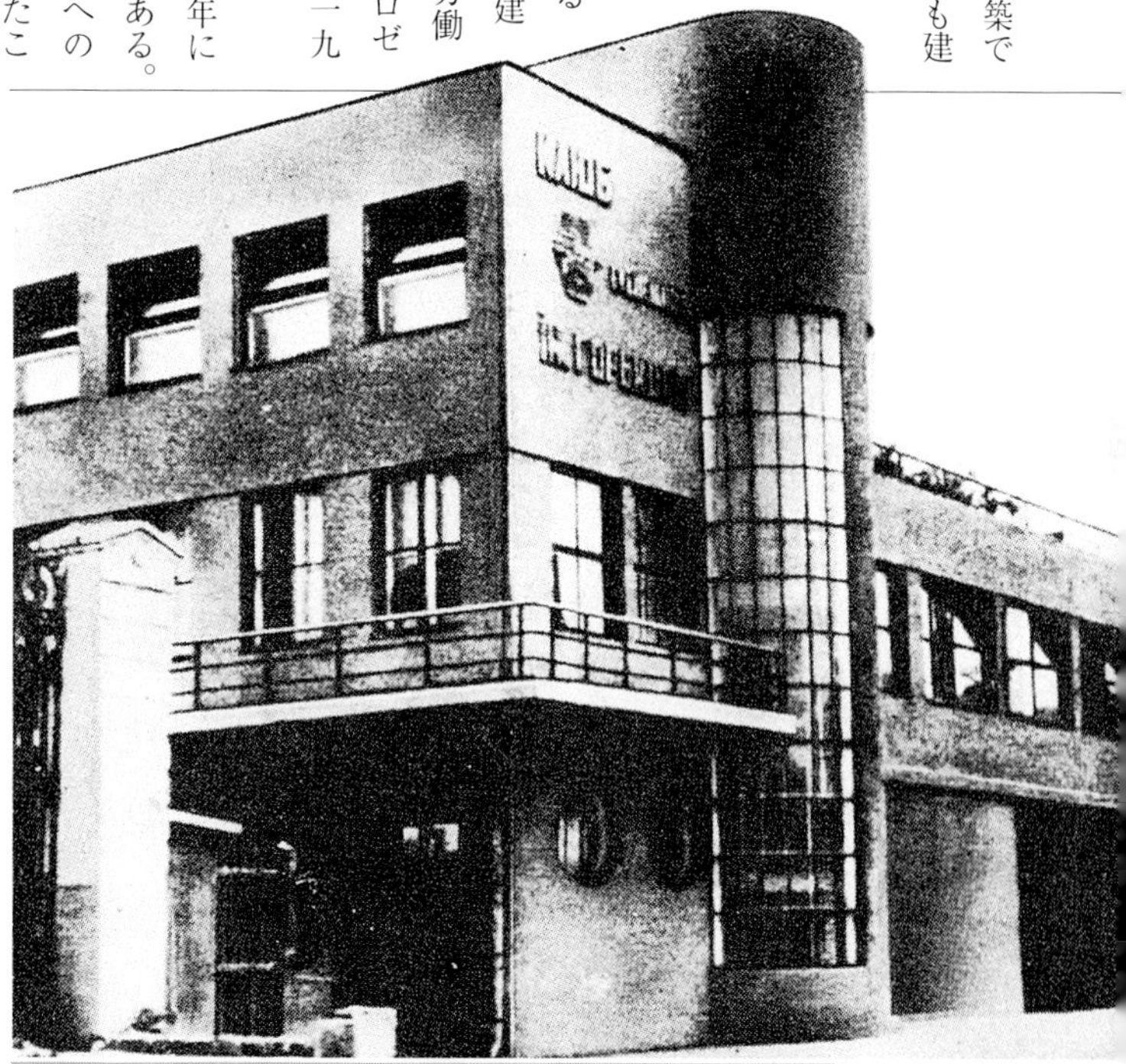
ステンベルグ, ミリニス, マロゼモフ / 建設労働者クラブ, ハリコフ, 1927 - 29

ル・ヴェスニンは、後年このデザインを会心作のひとつに挙げている。このコンペティションでは、ヴェスニン案や海外の案の他にも、VOPRA（ボルバチェフスキー、ブーニン、サレスカヤ、クルクローヴァ、トゥルクス）、同じくVOPRA（ウラソフ）、ARU（アファナーシェフ、コスチェンコ、モヴショヴィッツ、フリードマン）らの案も力作である。ウラソフの案は実施されたイヴァノヴォ＝ヴォツネセンスクのものよりもはるかに純正な構成主義風のデザインで、ヴェスニン案に似たドームを頂いたデザインであった。最終的にはハリコフ市ソヴィエトは、ヴェスニン兄弟に対してモルドヴィノフとタチンを加えた共同プロジェクトとして最終案をまとめることを要求した。モルドヴィノフによるOSAへの攻撃は当時すでに激しいものであったから、この協働は不可思議だが、実際にはすぐ後のソヴィエト・パレス・コンペティションでもA・ヴェスニンとモルドヴィノフの共同指導による学生案があるから偶然ではない。これは両様に解釈することが可能である。つまり、VOPRAが構成主義理論は批判しながらも様式的にはいまだそれに追従していたこの時点では、メーリニコフやレオニドフはともかく、ヴェスニンまでを決定的な敵にまわす気はモルドヴィノフにはまだなかったとも考えられるし、また、キャサリン・クックが推測しているように、モルドヴィノフが地

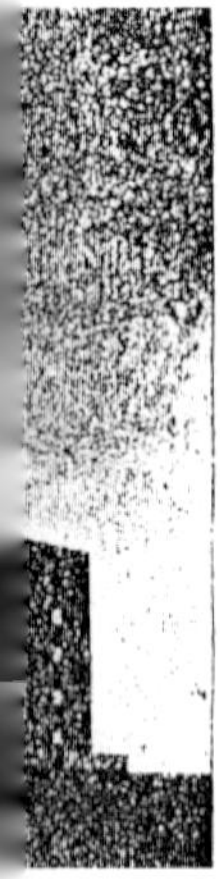

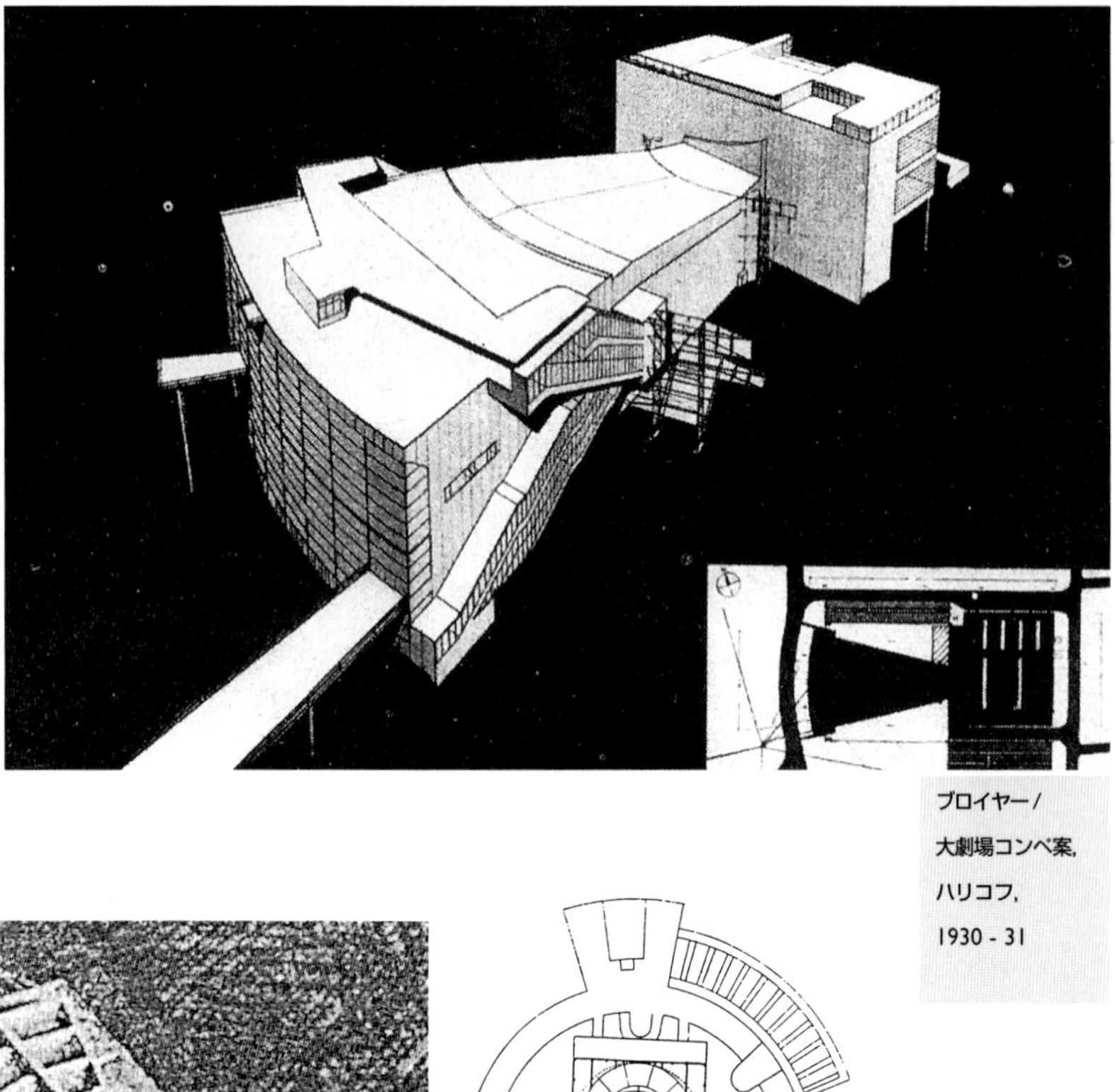

ブロイヤー/
大劇場コンペ案,
ハリコフ,
1930 - 31

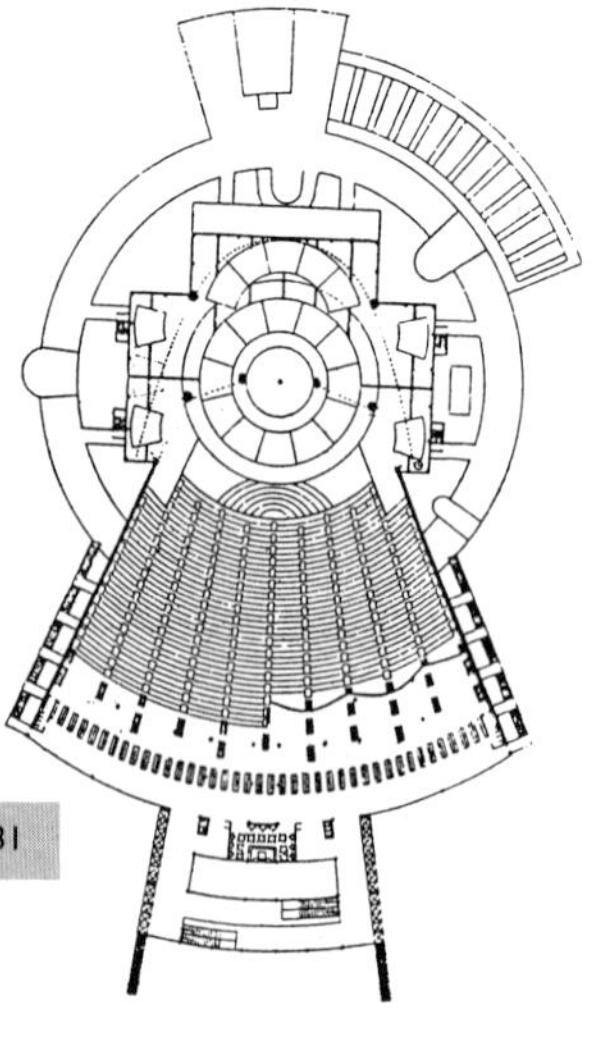

川喜多煉七郎/大劇場コンペ案, ハリコフ, 1930 - 31

元出身であることを利用してこの大家に無遠慮な干渉を企てたとも考えられる。モルドヴィノフ自身は新しいモニュメンタリティと豊かさをつけ加えようとしたのだと述べているが、変更案（いくつかのヴァリアントがあるが）では当初案の円形平面が矩形になり、キューポラも消滅、ファサード自体はまだモダンではあっても、正面には社会主義リアリズム風の大レリーフがつけられた。しかし、この案にしてもウクライナの首都がハリコフからキエフに移転したために、結局は実現されることなく終わっている。クックは、そうなってほっとしたのは案外（不本意な妥協を強いられた）ヴェスニン兄弟自身ではないかと述べているが、このヴァリアントのアルカイズム化されたモダニズムは、実際にはソヴィエト・パレスの兄弟たちの（モルドヴィノフは関わらない）案にも通じていくものである。

ハリコフの新街区には当然労働者住区も主要な部分を占めており、この中には新しい様式の住棟も少なくはない。しかし、ハリコフに限らず住宅は厳しい経済的条件下でつくられているから、一部のモデル住棟（ギンスブルグのチームがつくったようなもの）を除けば、表現面や計画面で特筆するようなものはむしろ少ない。しかし、コンヴェンショナルなものと並んでドム・コムーナ的なものも計画されており、代表的なものとしては、学生のための「巨人」と名

ヴェスニン兄弟,
モルドヴィノフ /
大劇場コンペ
最終案,
ハリコフ,
1930-31

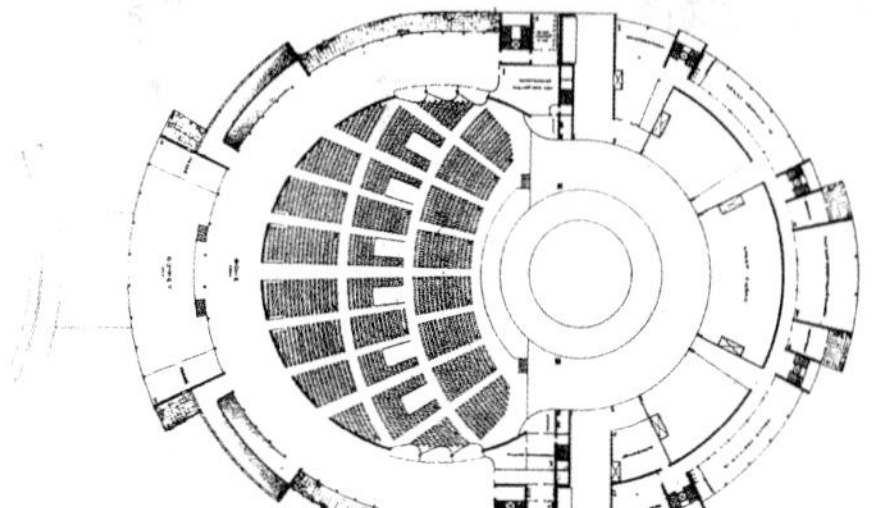

右・下：ヴェスニン兄弟 / 大劇場コンペ案,
ハリコフ, 1930 - 31

づけられたもの（設計＝モロキン、イコニコフ、一九三〇年代のはじめ）やウェグマンによる「光線」と名づけられたドム・コムーナ（比較的大きな商店を含むもの、一九二九～三二年）などがある。後者はドローイングで見るとル・コルビュジエのイムーブル・ヴィラを彷彿とさせる美しいデザインだが、実施されたものはコンポジションも簡略化されているし材料などでの貧しさも隠し難い。

こうしたものをベースにしてアリョーシンらによる大規模な「新ハリコフ」街区の整備構想が打ち出された。第一次五カ年計画の中でつくられた数多くの新都市計画のひとつである。これは、ハリコフの中心市街地から八キロのところに立地しているトラクター工場に付属したエリアに、二～三千戸のブロックを単位とした総計五万人の計画人口をもつハウジング・コンビナートをつくるという計画で、一九二九年に計画、一九三〇年には着工という迅速な運びで、一九三三年には一段落している。しかし、これは、計画論的に見ると「ソツゴロド（社会主義都市）」とうたってはいるものの、タイプとしてはラディカルなハウジング・コミューンというよりは、むしろ通常の郊外住宅団地というような形態に近い。実際、マホメドフなどはその回帰の中間形態であると位置付けている。これは五カ年計画の実施の中で多くの新都市が従わざるを得なかった方向性だが、このことは次章のテーマである。

上下：ウェグマン / 共同住宅「光線」, ハリコフ, 1929 - 32

3. 中央アジアとアルメニア・グループ

イスラム圏を中心とする中央アジアの共和国は、ボルシェヴィキ政権の初期でもそして現在でも民族紛争の絶えない地域だが、ここにしても新建築の息吹とは無縁ではあり得なかった。当然、北のロシアなどとは全く気候的にも歴史－文化的背景からいっても異なった国々である。新建築がこうした異質の風土に直面したおそらくはじめての例で、オイル・ダラー・ミリオネア諸国に西欧や日本の建築家の目が向けられるようになるのははるかに後のことである。当然これらの国におけるローカルな伝統的建築様式はこうした背景から形成されたものであり、西欧のボザールのようなアカデミズムに叛旗を翻したモダニストたちにとってもむしろ挑戦しにくいものであったはずで、戦後西欧の建築家が中近東に進出し始めたときのプロジェクトは、例えばフランク・ロイド・ライトにせよむしろ珍妙な折衷的言語が目立つという具合であった。背景に不案内なだけに切り込みにくいところだったかもしれない。ソヴィエト圏は中近東に比べれば北の高原地帯であり、宗教的、文化的にもっと入り組んでいるということも含めて、多少事情は違ったにせよ、モダニズム建築による真摯な試みがなされた最初の例であるといってよい。

この地域における近代建築の最初期の導入は、すでに言及したように中央からの、つまりヴェスニン兄弟（アゼルバイジャンのアプセロン、バクー＝七章二節参照）やギンスブルグ（彼はキャリアの初期にクリミア半島のサーヴェイを行なっている。建築の実現例としてはアルマ・アタの政庁舎＝七章一節参照）の参入というかたちで開始された。彼らのプロジェクトには、確かにモダンなヴォキャブラリーの中に、ローカルな気候条件に合わせた改変をもたらそうという試みを見出すことができる。それらは全体としてみれば明らかにモダン（＝インターナショナル）であり、個別に細部を見ればローカル（＝ナショナル）なのだ。これは、いわば原則論において社会主義、個別論においては民族自決を容認するという政策（レーニンが立てて、自らがこの地方

上下：アリョーシン

「新ハリコフ」街区整備, 1929 - 30

の出身であったスターリンがむしろ踏みにじった原則）にも似ている。いわばオーソドックスでリーズナブルなモダニズムのいき方である。

これに対して全く異なったタイプのアプローチが現われるのが一九三〇年代に入ってからのことで、構成主義的な機械の言語とは完全に異なった、遊牧民族の言語の翻案が見られるそれは、いわばポスト構成主義とも呼べるようなフェーズなのだが、カルムイコフやブーニンなどこのフェーズの主役に関しては後にまた触れる（十三章二、三節）。ここではその中間にあった人々、つまりこの地元の出身でありながらオーソドックスなモダニズム（構成主義）で仕事を始めた人々について触れておこう。実をいえば、彼らはこの頃以降のソヴィエト建築の動向に対して決定的な――それもネガティヴな――影響を及ぼすことになる一団である。それについては十五章において詳しく述べるが、政治的には結局デマゴーグ集団としかなり得なかった彼らも、その初期の仕事には見るべきものがある。従来はその政治的な側面に目を奪われすぎて、その建築

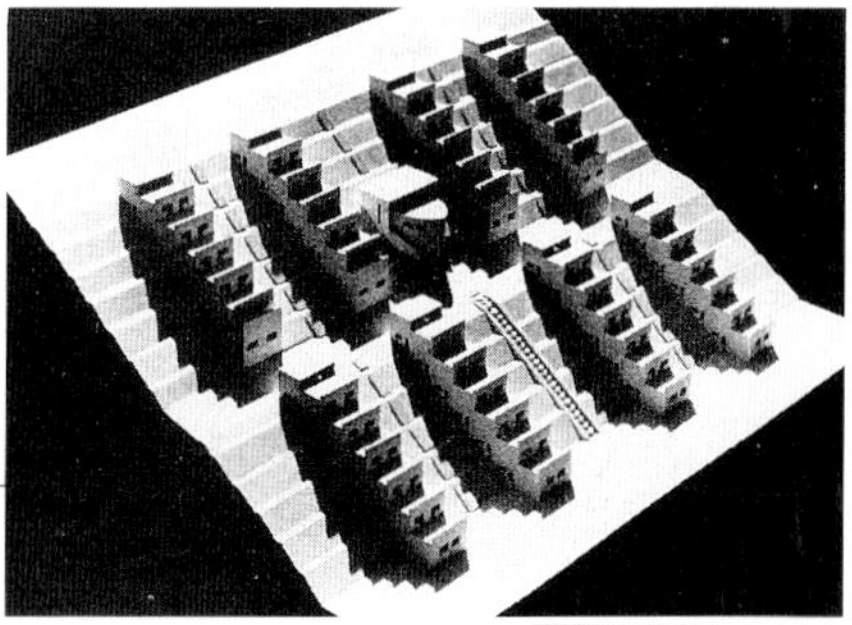

マズマニヤン／段丘ハウジング，カファン，1929

コチャール，マズマニヤン，マルカリャン，サラヤン／文化宮殿コンペ案，1933

アラビヤン，マズマニヤン／ハウジング，イェレヴァン

的な仕事の評価は無視されがちであったが、それは公正とはいえない。

この集団とは、アルメニア出身でモスクワに上り、VKhUTEMAS（ヴフテマス）でヴェスニン、ラドフスキー、ゴロゾフ、メーリニコフらに師事した（しかし後に見るように、すぐ叛旗を翻すに至った）グループ、ミハイロフ・マズマニヤン、ゲオルギー・コチャール、カル・アラビヤンなどである。彼らは世代的にはレオニドフ、ブロフ、バルシチなどと同じだが、アルメニア・グループの方が地方出身ということで何らかのハンデがあったのか、VKhUTEMAS（VKhUTEIN［ヴフテイン＝国立高等芸術技術学院］）では、卒業年次——三人とも一九二九年卒業——では三〜五年ほど後になる。アルメニアにはすでに二章で述べたように、タマニヤンというアカデミストによる折衷的なネオ＝アルメニア・スタイルがあった。彼を中心としたこのローカルな旧派に対してマズマニヤンらの若手がまだ在学中か卒業したてにもかかわらず論戦を挑んだのが、一九二八年から二九年にかけてである。一九二九年の卒業年次には、彼らはMVTU（モスクワ高等工科大学）卒業のモルドヴィノフらと共にVOPRAを結成し、直ちにVOPRAアルメニア支部をつくる。彼らはとりわけ過去の宗教的ないし支配階級の建

コチャール / ジェルジンスキー・クラブ, イェレヴァン, 1934

アラビヤン, コチャール, マズマニヤン / 建築労働者クラブ, イェレヴァン, 1934

築、装飾様式を用いようとする旧派に対して、もっと民衆的なものに立脚した建築を求めるべきだとした。装飾モチーフや形態ではなく、風土や生活様式が育んできた建築－空間形式（タイポロジー）や伝統的構法のエッセンスをこそ取り入れるべきだというマズマニヤンらの主張は、それがVOPRA的な、つまり過度に革命主義的なレトリックによって展開されたものであったとしても、主張自体としては極めて真っ当なモダニスト的なものである。むしろ西欧や日本では戦後になってはじめてこの種の主張が展開されたこと（イタリアにおける歴史的街並みの再評価や日本における伝統－民衆建築論争）を考えれば、彼らのいき方は歴史に先駆けたものであったと言うこともできる。実際に、開放的な近代建築の様式は、ナチス・ドイツなどでは政治的な悪意を含めてだが南方的（ムスリム風）な様式と取られたりしていた。その意味でオープン・テラスやバルコニー、ロッジア、中庭などを多用したヴェスニン、ギンスブルグらやVOPRAも含めてのモダニストたちのこの頃の作品は全くオーセンティックな近代建築の枠組に過不足なく収まるものだった。

作品のレベルという点でもこの頃の彼らのそれには見るべきものがいくつかある。おそらく彼らの才能は決してブロフやバルシチなどに見劣りするものではなかったはずである。マズマニヤン、コチャール、アラビヤンの三人は、卒業後すぐにアルメニアの首都イェレヴァンに比較的大規模な建設労働者のクラブやハウジングをつくっている。ハウジングにはマズマニヤンとコチャールの共作による団地とアラビヤンとマズマニヤンの二人の共作の団地とがあり、前者では中庭を囲う矩形の配置の連続が特徴的であり、後者は「チェス盤」というニックネームが示すとおり、ソリッドな面と深く間口の広いロッジアをもつものである。コチャールはやや遅れて一九三四年に竣工したジェルジンスキー・クラブやレニナカンのソヴィエト協会組織の建物なども設計している。これらはデザインとしては特筆するほどの出来映えというわけではないにせよ、彼らのキャリアを考えればこれだけの仕事を委ねられたということ自体が、アルメニアにおいて新建築が十二分に認められていたことを証拠立てている。

デザインとしてより興味深いのは、実現されずに終わった同時期のプロジェクトで、コチャール、マズマニヤン、マルカリャ、サファリヤンたちのイェレヴァンの労働宮殿のコンペティション（一九三二年）、アラビヤン、マズマニヤンの共同住宅プロジェクトなどは、構成主義的な意味で第一級の出来映えということができる（しかし、それは構成主義者たちを政治的に攻撃していた彼らにとってはジレンマでもあったわけだが）。もっと風土性に富んだプロジェクトとしても、マズマニヤンのカファンの段状の集合住宅の計画（一九二九年――段状のものは一九五〇～六〇年前後になると西欧でも数多く出現し、ポピュラーな手法となるが、この時期にはほとんど類似例がなかったのではないか？）や、一九二八～二九年頃のVKhUTEIN時代（ラドフスキー・アトリエ）には、マズマニヤンのモスクワの文化と休息の公園の、構成主義的な緊密な機械のメタファーから脱したより開放的なプロジェクトや、これは後に述べる「ポスト・ドム・コムーナ」のヴィジョンにもつながる住宅のプロジェクト（マズマニヤンのものとコチャールのものとがある）などがあり、それらは新しいフェーズへの可能性を瞥見させるプロジェクトである。おそらく、彼らもまたレオニドフ、ブロフ、バルシチなど同世代の俊英と並んで、風土的にも社会プログラム的にも、緊密・厳格な社会－建築的組織のイメージ（集産－共同主義と機械のメタファー）に立脚した構成主義のヴィジョンの次の段階への入口までには到達していたと思われる。しかし、皮肉なことに、階級的視点へと脅迫的に駆り立てるVOPRAの政治主義は、その芽を自ら摘むに至ったのだった。

第十二章

都市計画論争

1　第二次都市計画論争の端緒――ユーリー・ラリン
2　「都市派」と建築的シェマ
3　「非都市派」とミリューチン
4　第一次五カ年計画とニュータウン

1. 第二次都市計画論争の端緒

ユーリー・ラリン

とりわけ旧ソヴィエト連邦の場合のように、基本的に緊密で合理的な計画性への信仰に基づいた社会では、生活形態をめぐる住居形式の問いかけはそれ自体としては完結され得ない。あるいは都市自体の議論ですら完結しない。それはすぐに国土全体の再編成の問題につながっていってしまう。上部構造（生活）は下部構造全体との関わりの上でしか変革はなし得ず、社会主義的人間、社会主義的住居とは、社会主義的都市、社会主義的国土の問題の不可欠な一環になる。

この構図は革命直後の復興期におけるレーニンの有名な定式「電化＋ソヴィエト＝共産主義」に集約されている。つまり全国土に電力、電線網（エネルギーとコミュニケーションのネットワーク）をめぐらすことによってしか、この果てしなく広いロシアの大地に社会主義連邦共和国は成立し、保持され得ないとボルシェヴィキの首領は考えたのである。H・G・ウェルズはこうしたレーニンを評して「電化のユートピアに陥ったクレムリンの夢想者」と言った。この夢想に従ってGoelro（ゴエルロ＝ロシア電化国家委員会）プランと呼ばれる電化計画が練り上げられ、一方では全土的な地域－国土計画としてGosplan（ゴスプラン＝国家計画委員会）による計画が立てられた。全体としてはGoelroとGosplanの連動である。こうした国土から都市に至る定住体の問題は、一九二八年からの第一次五カ年計画の開始に伴って共産主義的生活様式の論争が激化していく中で中心的な命題となっていく。

五カ年計画下で造営された工業センターは、ソヴィエトにおける最初の「社会主義的」生産基地であると同時に、生産基地それ自体としてもほとんど最初のものであった。当然、そこには（社会主義的）理念と（資本主義以前の）現場との乖離が介在してくる。工業化というモメントと社会主義イデオロギーの貫徹とは、前者を通して後者を全うするというかけ声ほどにはスムーズに接ぎ木し得るものではない。すでにこの問題には政治指導者層内での闘争が絡んできていた。トロツキーら「左翼反対派」はこの五カ年計画が開始される前年の一九二七年には党から追放されていたし、次いで一九二八〜二九年にはブハーリンら「右翼反対派」の追放が行なわれる。しかし、政治路線上の選択に少なからず連動していたとしても、都市や建築に関わる論争に直結したわけではない。まだそこまでに話が及ぶ前に二、三年のタイム・ラグがあり、次節以下に述べる「都市派」－「非都市派」の論争も、ミリューチンの「ソツゴロド」も、この一貫したとは言い難い政治状況をバックにして展開された。例えば、一九三〇年の五月に決定的な転身の証と言える党中央の生活様式の変革をめぐる決定（十五章一節参照）がなされた後ですら、同じ党中央は一方で「すべてを転覆し、再建することは可能か？　然り、あらゆる可能性がある」というような「革命的」アピールを行なっていたのである。

三章で触れたような第一次の都市計画論争が、とにかく新たに形成された社会主義国家の中での都市造営、とりわけ既存の大都市周辺に田園都市的な郊外定住地をつくることをGoelroのインフラ整備と連動してどうとらえるかという問題であったのに対して、第二次の論争の背景はこの第一次五カ年計画の発動、つまり生産中心主義路線の中での新工業都市の造営というテーマと分かち難く絡み合っていた。

それら新工業都市は既存の大都市近くというよりは、工業原料及び交通、エネルギー輸送網との関係で立地が決まる。政府内では、輸送効率の関係という点で、集中論を唱える輸送人民委員（運輸大臣にあたる）のベソノフと、分散論をとるGosplanのストルムリンの間で意見が割れていたが、ここではとりあえず分散論的な地域計画が主流を占め、具体的にはウラル地方などにいくつもの重工業都市が建設されていった。スターリングラード、マグニトゴルスク、アフトストロイなどがそれである。

それらの新都市を、明日ではなく今日のうちにも、今はただの原野でしかない所につくっていかなくてはならないのだが、同時に、ドム・コムーナが理念的な問題と現実のニーズの逼迫との間に立っていたように、これらの都市もまた、社会主義的な都市が資本主義のそれとどう違うのかという問題に同時に答える必要があった。いうなれば火事場で議論をしなくてはならないという立場にアヴァンギャルドたちは置かれていた。これはソヴィエト体制自体が根本に抱えている問題であった。五カ年計画に先行するGoelroプランに対しても、パオロ・チェッカレッリは、結局既存の材料に対するオルタナティヴを用意するというよりは、それで何とかやりくりするというのが実情であり、理念的な先進性と現実面の保守性を併せもったものだったと述べている。

この問題に関して、次節で見る「都市派」の理論的支柱サブソヴィッチは、こう書いている。「現実の中にいかなる根ももっていない中間形態を飛び越して、すぐに社会主義都市の創造に着手する必要がある。それを案出し得るのは、現在の国家の社会主義的再整備に納得しない者のみである」。とはいえ、共産主義の未来を見越したトータルな議論を、泥土とバラックの現実を少しでも改善するという現実的な試みの中で行なうことは、ほとんど無謀に近いといっていい。現実とのギャップは埋めようもなく、悪いことには拡がってすらいた。百家争鳴はこの拡がりゆくギャップがある決定を呼び起こす前の束の間の花火であった。

三章三節にも触れたユーリー・ラリンが、この点に関してある意味ではバランスのよい見方を提供している。「ある意味では」と限定づけたのは、この時代においてはすべての見解が何らかの政治的選択たらざるを得なかったから、バランスのよいといっても不偏不党の中立の立場ということを意味しているわけではないからだ。現にラリンは党中央委員の一人だったから、これは明らかにひとつの政治的立場からの発言である。ただ、彼の立場はアヴァンギャルドよりは現実的だったが、すぐ後には左翼偏向を批判されたようにデマゴーグ的な反動分子とも違っていたという点で、この時代の見取り図を思い描くには都合がよいというだけの話である。ラリンのアヴァンギャルドとの距離は、アナトール・コップの著書『都市を変え、生活を変えよ』のラリンを扱った章のタイトルに要約される。つまり「都市の変革なしの生活の変革」のテーゼである。

ラリンは一九二〇年代の終わりに体制の目標変更が行なわれたということを示唆している。つまり革命の熱狂が冷却し現実の障害が少なくないことがわかってくるにつれ、コロンタイの言うような意味での「地上のパラダイス」ははるかに遠いという認識が生まれたというのである。現実に、STROIKOM（ストロイコム＝ロシア建設委員会）チームの実験的な試みや以下に見るような都市の解体をめぐるラディカルな議論や提案の傍らで、住宅事情全体は改善の気配が見られるどころか悪化していった。それは、工業化も端緒についたばかりの後進国において、先進国に先駆けて社会主義革命を行なったソヴィエト・ロシアにおけるジレンマであった。革命直後の一時しのぎのはずだったバラックも一向に用済みになる様子もなく、第一次五カ年計画下につくられていった新工業都市もまた、アヴァンギャルドたちのデザインとはほど遠く、ほとんどがただのバラックの集合であった。そればかりか、モスクワですら例えば目抜き通りのひとつであるトヴェルスカヤ街でも、四八二室に二千五百人が押し込まれるというような状態が一九三〇年においてなお存在していた。第一次五カ年計画自体をすら危うくしかねないこうした状態に対してとり得る方法は二つある。ひとつはあくまで革命的な目標を目指し、現実の困窮は耐え忍ぶべしとする立場。もうひとつはまず現実的な部分から手をつけていくべしとする立場である。前者がアヴァンギャルド、後者がラリンの立場である。また十四章に述べるような西欧の建築家たちの導入は、この両者をいわば調停するようなかたちで、しかも基本的には後者に従いながら行なわれた。

第一次五カ年計画は重工業を中心とする国の基幹産業及び鉄道、道路、水路、水道、電気、電信などのインフラストラクチャーと住宅を中心とする生活の基盤整備を課題にしていたが、徐々に両者の間の均衡が前者に傾こうとしていた。それは五カ年計画自体の遅滞としても表われていたが、ここでエコノミスト、政策家としてのラリンは明確に工業優先の立場をとる。彼にとってはそれのみが五カ年計画を保証するものであった。このことは生活様式の革新に背を向けることを自動的に意味してはいない。あくまでそれを現実の枠組の中で行なっていくべきだとするのが彼の立場である。つまり一切を生産全体の中での合理的な配分としてとらえるので、その立場からすればイデオロギー的にある部分を突出させることは「左翼日和見主義」の危険なデマゴギーであった。ラリンのテーゼは、「住居を生産にむけて旋回せよ」とするものであった。この場合、「住居」を「生活」と言い換えてもよい。ラリンにとっての生活様式の変革とは、生活の生産管理化である。生産を生活時間の改変というかたちで合理化していくと、クズミンのプラン（八章四節参照）ほどには極端ではないまでも、家族形態にも変化を及ばさざるを得ない。ラリンの提出した作業仮説によると、男（のみ）が日中の数時間を労働に費やすという資本主義的なやり方の代りに、男女を問わず一日に八時間の三交替制を取り、休日も日曜に集中することなく分散してローテーション化すれば、生産現場は不休で活動を行なうことができる、つまり生産効率は倍化、三倍化するということになる。

ラリンは確かにアヴァンギャルドと共にプチブル的なアパート形式には批判を加えたが、ドム・コムーナは彼の関心事ではなかった。ラリンの路線は、彼が一九三〇年の共産主義アカデミーの会議で述べたように「体育館のついた共同住宅を建てるというようなことではなく、補助的な労働力を省約化することに限った共同施設をもつこと」であった。その中では、既存の都市という前提条件は触れられぬままである。善きにつけ悪しきにつけ、ラリンの立場はイデオローグというよりはテクノクラートのそれであり、したがって彼は青年層に盛んだった――そしてかつてトロツキーが「明日の胚種」と呼んだ――コミューンの活動には共感を示さなかった。彼にとっては、コミューンは全体には関わってこない一部のはね上がりでしかなかったからである。コミューン的形式は将来の共産主義の時代まで待つべきであるというのが彼の意見で、それをラリンはこう記している。「若い労働者は何を目指すのかを明らかにすべきである。自分たちのみで理想的な生活を送ろうとするのか、それとも大人の多くの大衆と共に共同生活様式の中に統合されるのかを」「重要なのは理想を求めて今の古いタイプのアパートを去ることではなく、それを変えていくためのイニシアティヴを取ることである」。

しかし、ラリンのテーゼでは、社会主義国家にとって応えねばならぬ多くの問題が「現実」の名の下に積み残しにされている。彼のヴィジョンは、ある意味では高度管理化された生産体制という点につきてしまう。そうすると、資本主義になくて社会主義にあるのは、競争の代わりに国家による統制を旨とするところから由来する、高度管理の可能性だけだということになりかねない。ラリン自身がそうだったということではないにせよ、彼のヴィジョンは、実際にある程度そうなったように、強化すれば一九三〇年代のスターリン体制を含んだ統制主義的なディストピアのヴィジョンに行きあたりかねないし、稀釈化すると西側の後を追うだけということになる。いずれにせよ、それで議論が汲み尽くし得ぬことは明白である。社会主義思想にとってみれば、都市はそれ自体封建制から脱皮した資本主義によって造営されたもので、『反デューリング論』でのエンゲルスの指摘をまつまでもなく、農村との対立の構造をも含めて様々な矛盾と搾取構造の結集したものであった。これらの矛盾を「止揚」し、新しい型の定住体を生み出すことなくしてその社会体制は社会主義的と呼び得るだろうか？――こうした問いは不可避のものである。ラリンのような見解は、いかにそれが現実主義的なものであろうとこの問いに応えるものではない。問いは、いずれのかたちであるにせよ、資本主義的な都市形態の廃止を要求する。そこから新たな論争が開始される――しかしその現実の困難な前提条件は解消しないままで。

2.
「都市派」と建築的シェマ

新しい、社会主義的な都市と国土のあり得べき姿とは何か？　この時代のインターディシプリナリーな議論の白熱化の中核はこの問いにあった。例えばエコノミスト、ギンツブルグやプレオブラジェンスキーは、労働力（つまり既存都市）よりも電力が中心であり、電力センターを全国に分散しその周辺に生産基地を造営していけば、必然的に人口も分散し、やがて都市と農村の差異を解消していくことにつながると主張した。これは、明らかにエンゲルスが『住宅問題』で述べた次のような古典的論点の延長である。

「交通機関の必然的な発達とあいまって、人口を極度にまで全国的均一分布し、工業と農業の最密接な協和を図ることによってのみ――もちろん資本主義制度を廃止することを前提とする――数千年間ほとんど不変の泥土に培われた隔離と無知識の状態から農民は救済されるであろう」。

このような分散論は、以下に述べる「都市派」と「非都市派」の論争の中でもとくに後者への影響を与えた。

「都市派」と「非都市派」の論争といっても、エンゲルスのテクスト中に明記されているように、ブルジョワ的な意味での「都市」は、当然ながらもはや問題にされていない。「都市派」においてすら、そのような都市の解体は前提条件である。「都市派」をリードしていたのは、最高人民経済評議会の計画部局のエコノミスト、レオニード・サブソヴィッチであった。実際に第一次五カ年計画の立案にも関与した彼が目論んだのは、都市を社会主義的な集落ないし小都市に置き換えることである。大都市を暫時的に分散化し、工業と農業の融合のもとに四万人からせいぜい十万人程度の都市をつくっていくこと。しかしそれだけでは、ギリシアの昔からある都市の最適規模をめぐる議論から一歩も出ていない。VARNITSO（ソヴィエト連邦技術・科学労働者連合）の経済計画の問題に関する研究・調査部会に提出された「未来の都市と社会主義的生活の条件の組織」と題する一九二九年の公式レポートの中で展開されたサブソヴィッチの議論の新しさは、その都市（集住体）の社会的内容にある。彼はプチブル個人主義の廃止に向けて、日常サーヴィスの機械化、共同化、教育の社会化、女性の解放などを通して新しい定住体の論理を確立しようとした。「すべての発展はそれ固有の論理をもっている。資本主義は資本主義の。そして我々は我々の」。

サブソヴィッチのこうしたスタンスは、我々がこれまでたどってきたドム・コムーナの内容と一致する。サブソヴィッチのヴィジョンは、だからファランステール型の共同体ヴィジョンの終局地点である。巨大なドム・コムーナ群によって構成される住区が生産基地とセットになるかたちで「農工都市」（サブソヴィッチ）が構想される。このドム・コムーナでは、個々人のユニットは平均五、六平方メートルまで切り詰められる。この数字は当時のスタンダードと、数字だけ見ればさして違うものではない。ただし、それ以外のサーヴィス水準は全く異なっているから、むしろ当時のスタンダードがこれ以上切り詰めようもないレベルであったことを示すといった方が正確だろう。この最小限ユニットをベースにした個々人の結びつきは、独身であろうと結婚、同棲という形式をとろうと、またその解消を行なおうと自由である。このドム・コムーナは大都市の狭小、劣悪な環境ではなく、好ましい自然の中に置かれる――「近い将来に社会主義建設をひかえた我が国では、労働者が自然から切りはなされ、劣悪な衛生状態の中で働く必要はない」。この目標が電化と輸送網の整備による「距離の克服」、すなわち労働人口の合理的配分を通して達成されるという主張は、「非都市派」と変わりがない。ラジオの普及などによって大都市への文化の集中、独占も廃止され、農村も技術の投入、集団化の導入によって生産レベル、文化レベルも都市と差のないものとなっていくだろうとして、サブソヴィッチは「不衛生で異常に肥大化した都市でも、文化を欠いた未開の農村でもなく」、「別のジャンルのセンター」が生み出されていくだろうと述べている。つまり都市と農村の対立の止揚である。現実的には工業に比重が特化する場合（プロム・コンビナート）も、あるいは農業に特化してコルホーズ化する場合（アグロ・コンビナート）もあるにせよ、この原則論には基本的に変化がない。

このテーマはドム・コムーナに関しても変奏される。つまり生産・サーヴィスの集約化、機械化を通して自由時間が増大し、「肉体労働」と「精神労働」の差もまた解消されていくだろうというのである。子供たちは親と集団の二重の影響を受けるという現在の矛盾した状況から一方のみに解消され、「子供の都市」を形作る。親との関係は住棟を隣接させればある程度保たれるわけで、子供たちはその個性を最大限に生かす社会主義的教育を受けるべく独自の建物に収容されるべきである。――このようなサブソヴィッチのドム・コムーナ像は、八章四節に挙げたバルシチとウラディーミロフのハウジング・コンビナートの計画に酷似している。直接的な影響関係は定かではないが（バルシチらは、「都市派」対「非都市派」の論争時には、後述するように後者の側に立った）、当時の議論のうちのひとつの方向性を示すものといえるだろう。サブソヴィッチは二、三千人を収容する大ドム・コムーナ（住居コンビナート）を一五から二〇ほどつくり、それに様々な公共建築として五〇から最大限百くらい、それに小さな補助的施設を加えるとひとつの都市の基本的な姿ができるという。そこでは街区や道路が消失し、全体は公園の中の都市となるというのである。これはル・コルビュジエのヴィジョンを思わせるが、徹底した共同化のモメントを持ち込んでいるところと、都市の規模をル・コルビュジエのように「三百万人……」としていないところが異なっている。サブソヴィッチはラリンと同様に党中央に属し、第一次五カ年計画に対しても公的な発言力をもっていた。したがって、彼の議論は、少なくとも彼自身にとっては遠い将来の夢物語ではなかった。サブソヴィッチによれば、五年間（五カ年計画の一期分）の準備的な家庭生活の再配分の後には、「都市と田園の広大な社会主義的再配分」の時期となり、五カ年計画を二期経るならば生産量は四〇倍にも達し、建設量も一五年で八倍、一九四七～四八年には二五倍になると見込まれる。かくして近い将来「都市と田園の矛盾は完全に姿を消すだろう」。

前記の数字にも見られる（この手のものは当時よく見られた）ように、こうした見込みがあまりにオプティミスティックであったことは否定できないが、それでも大ドム・コムーナ派にも言い分があった。サブソヴィッチと並ぶ「都市派」のツェレンコは、現在つくられている住居の多くはすぐ使いものにならなくなりそうな代物ばかりだから（事実、多くのものはバラックでしかなかった）、大きな建物をつくることこそ、グリーンを増やし、道路も集約される（この場合、車も共同化しやすい）ことから面積が減少するというように合理的な配置を可能とするから、結局はこの方が有利だと主張している。大スケール化は（これは「非都市派」に反論するかたちで主張されている）、教育、文化などのサーヴィスを向上させる点でも有利で、それが個々人の自由な可能性を増大させることにもなるというのが彼の言い分である。ツェレンコは現今の共同住宅や子供の家の不評を承知の上で、しかしそれらの欠陥はすべての専門家の知恵を結集することでやがて解消されるはずだと主張する。「それをなし得ないならば、社会主義都市は、我々にとって失敗の証である新しい官僚制のイニシアティヴをつくりだすことにしかならないだろう。しかしすべての人々の協力は、我々にとってそうならぬことの保証である」。これは、あまりにも鮮やかなその後の状況の反転と対照的であり、それ故に失墜への予感を感じさせる一節ではあるまいか？

また集産化＝共同化には、当然大きな経済的メリットも期待することができる。当時の家族統計に基づいた議論によると、これによって三〇パーセントの余剰労働人口が生み出される。この四〇～五〇パーセントはその共同化された公共サーヴィスに再度吸収されるが、残りの五〇、六〇パーセントは完全に生産業に転向することが期待される。さらにこの家政から生産業への人口転出は、大都市の工業センターへの人口流入（労働者数に付帯する非生産的家族数）の歯止め策ともなる、というわけだ。Gosplan（ゴスプラン）のストルムリンも、一九三〇年に発表した「〈社会主義〉都市の問題」と題する論文中で、この共同化のメリットを「生活様式の変革」と関係づけながら論じている。つまり、電力センターの周辺につくられた定住体では大規模な地域暖房が伝統的なペチカを追放するだろうし、パンを各戸で焼くというような非能率的な習慣も、共同のパン工場にやがて取って代わられることで家事労働に費やされている時間を大幅に節約でき、その分を生産活動に振り向けることが可能となるというような議論である。ストルムリンの立場は、総体として性急な共同化は「危険なユートピア」として批判的だったが、「非都市派」の線状都市のように分散させてしまうことに対しては交通コストの点からの非効率を説き、工場はグリーンで囲みながらも都市の中心に置かれるべきだとするなど適正規模（Gosplanは最大十万人という基準を提示している）内での都市化を主張する点でサブソヴィッチに近いものと言える。

このような点に関しては、建築家たちがいかなるスタンスをとっていたかと言えば、「都市派」対「非都市派」の論争ではギンスブルグやバルシチら、つまりドム・コムーナ研究の中核にあったSTROIKOMチームは意外なことに後者に与したのだが、論争に加わるかどうかとは別に、サブソヴィッチらのドム・コムーナ－住居コンビナート路線は、当然のことながら移行期のアヴァンギャルド建築家たちのプロジェクトに多くの対応物を見出すことができる。典型的なものは八章四節ですでに言及したヴェスニン兄弟のクズネックやスターリングラードのプロジェクトで、これは単体のドム・コムーナにとどまらずそれを反復して大きな街区をつくっていくものだったから、まさに一五から二〇の大ドム・コムーナで……というサブソヴィッチのヴィジョンを具現化したものと言ってよい。前者は三万五千人という、サブソヴィッチの標準ではやや小さめの「都市」だが、生産というよりは新しい社会、政治センターとして計画されている。ドム・コムーナのひとつの単位としては、一つの家族用と二つの単身者用の住棟と社

ヴェスニン兄弟／住宅地計画，クズネック，1930

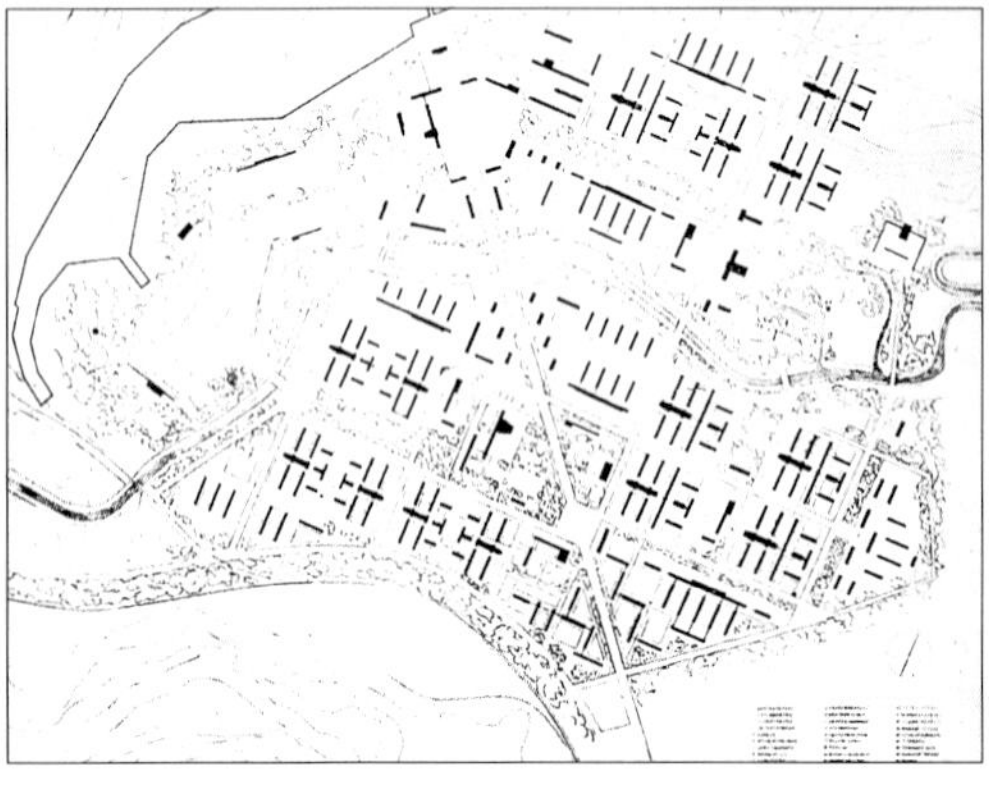

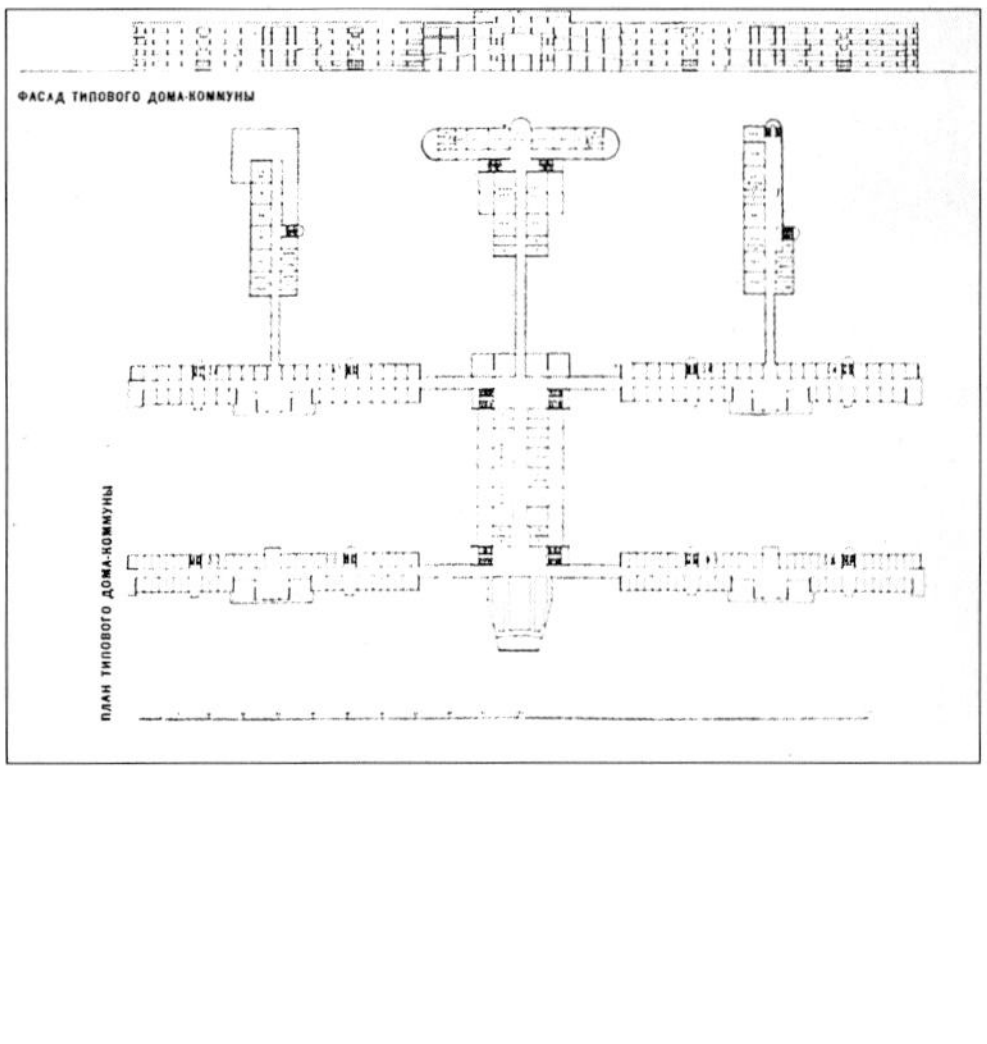

会施設、学校、幼稚園などをすべてギャラリーで結ぶものだった。実際、クズネックの計画の前年、一九二九年の暮れに出版されたヴィクトル・ヴェスニンの「新都市建設の条件」という論文ではこう書かれている。

「我々には将来の都市は、工業センターに付随した四万から五万人の小さな町を志向すべきだと思われる。アパート群は分散されるのではなく、住居部分に加えてクラブとかテイク・アウトのフード・センター、レストラン、幼稚園、学校などの公共利用のための建物をも包含した建築コンプレックスとして統合すべきである。これらのコンプレックスは今日のものよりも大きくあるべきで、交通幹線はこれらから離すべきである。当今の問題点は、大きな建物を建設すべきか、小さなもの（一人ないし二人用の）にすべきかということだが、我々は大きな建物を支持する」。

このコメントは明らかに「都市派」的であり、かつクズネックやスターリングラードの彼ら（どうもこれらにはヴィクトルではなく、他の二人が関与したようだが）の計画に直結しており、明らかにOSA（オサ＝現代建築家同盟）の同志ギンスブルグらの立場とは異なっている（この論文は『エコノミスト雑誌』に発表された。たまたまであったかもしれないが、“SA（エス・アー＝現代建築）”でなかったのはギンスブルグらへの遠慮があったのかもしれない）。

スターリングラードの計画では、三千二百人のコンプレックスが二〇あるヴァージョンと、二千六百人のコンプレックスが一二あるもっと小さいヴァージョンが作成されている。クズネックの計画はすでに言及したが、コンプレックスは千百人（八七〇人の大人、百人の学童、一四〇人の幼児）のヴァージョンと二千百人のものとが作成されている。

VKhUTEMAS（ヴフテマス＝国立高等芸術技術工房）では、一九二六年にラドフスキーがディプロマ・ユニットのテーマとして住居コンプレックスを取り上げている。OSAチームのこの方面での関心が主に内部の組織化であったのに対して、ラドフスキーのフォルマリスト的関心は、住棟コンプレックス、さらには街区－都市というマッスの配置の問題、つまりアーバン・デザイン的処理に向いていた。それは純粋に形態上の関心と社会化された空間の構成の問題との接点に位置していた。ASNOVA（アスノヴァ＝合理主義建築家同盟）の中でこの意見の調整がスムーズにいかないと、ラドフスキーは一九二八年には自らASNOVAから脱退し、「社会主義都市建設」を目指して分派ARU（アル＝都市建築家同盟）を結成している。そこから見ても、「フォ

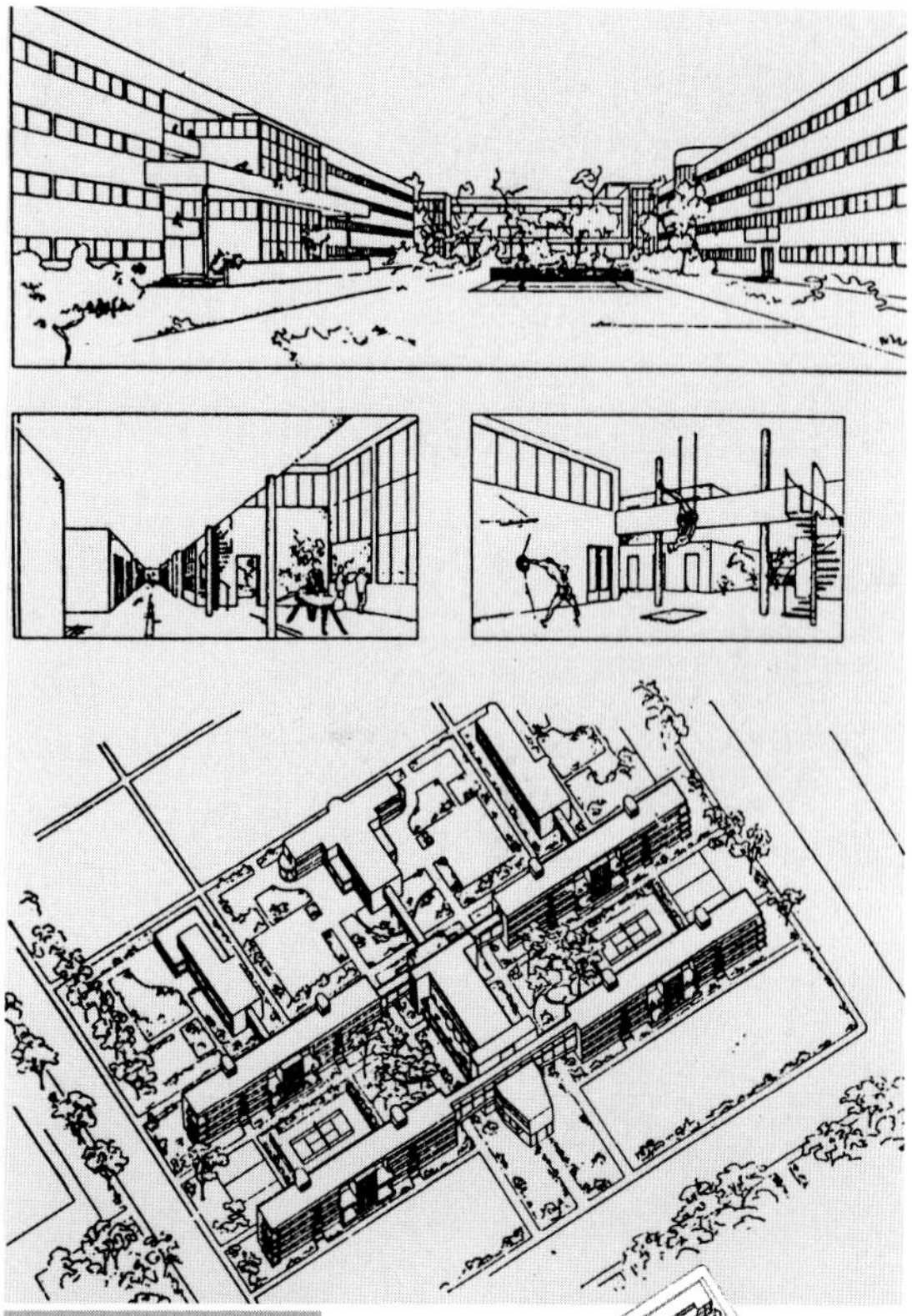

ヴェスニン兄弟／
住宅地計画,
クズネック, 1930

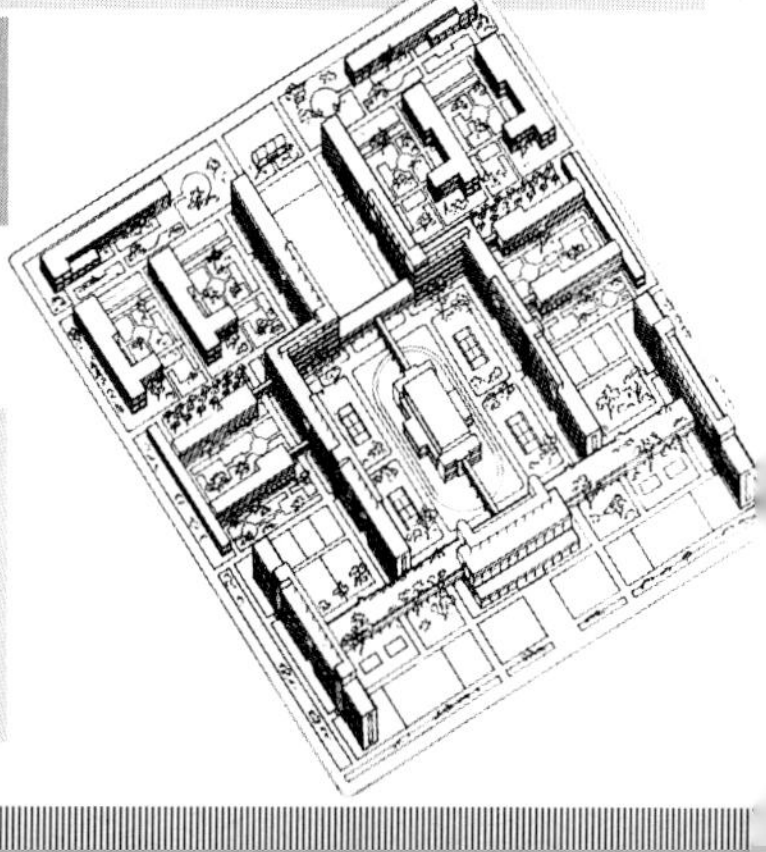

ヴェスニン兄弟／
ハウジング・
コミューン計画,
スターリングラード,
1930

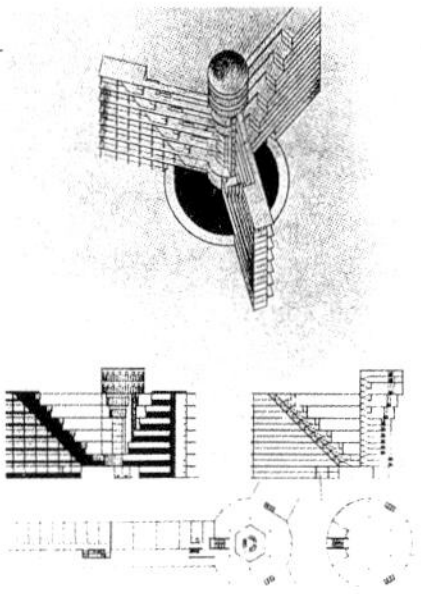

ヴァレンツォフ
[VKhUTEIN＝
ドクシェエフ・アトリエ] /
新都市計画, 1928

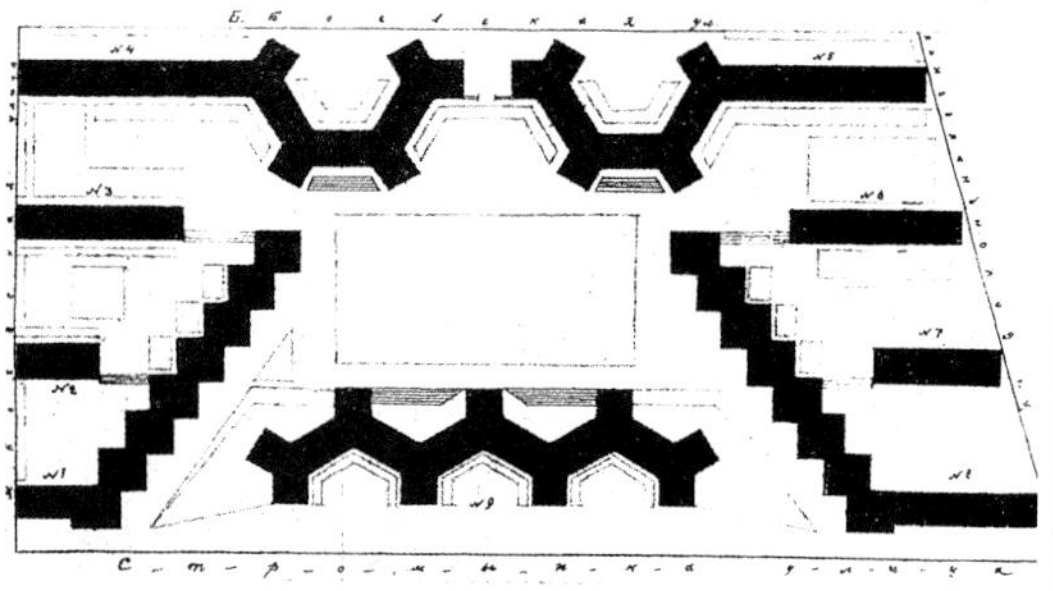

ラドフスキー /
住宅地計画,
モスクワ,
1924 - 25

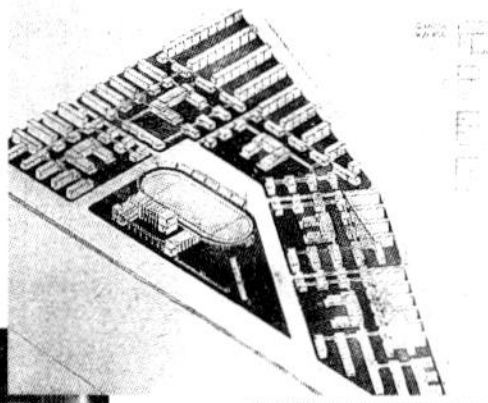

トゥルクス
[VKhUTEMAS＝
ラドフスキー・
アトリエ] /
住宅地計画,
モスクワ, 1926

ヴァレンツォフ [VKhUTEIN＝
ドクシェエフ・アトリエ] /
新都市計画, 1928

ラムツォフ [VKhUTEMAS＝ラドフスキー・アトリエ] /
住宅地計画, モスクワ, 1926

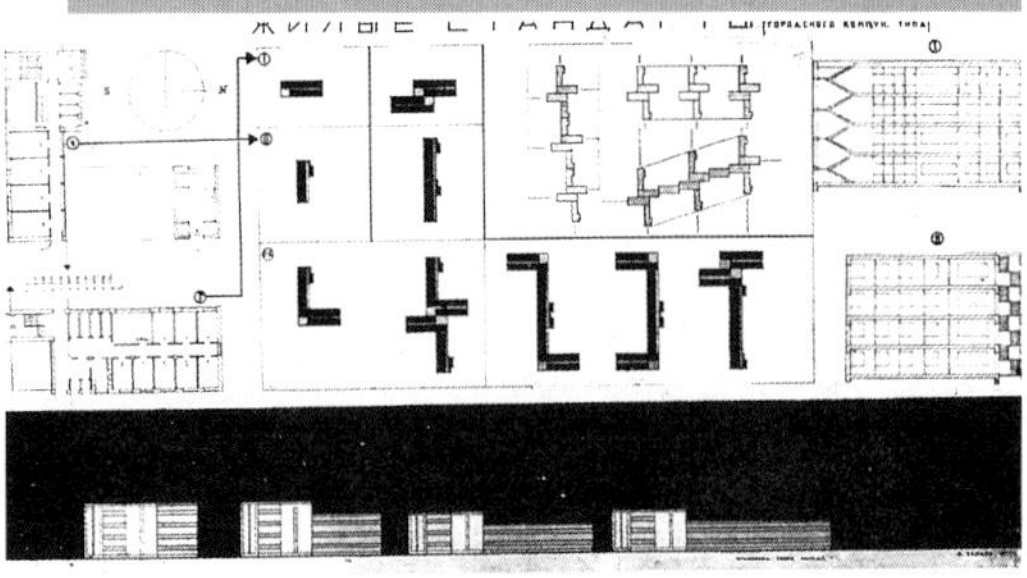

ラドフスキー /
トヴェルスカヤ街の住区,
モスクワ, 1930

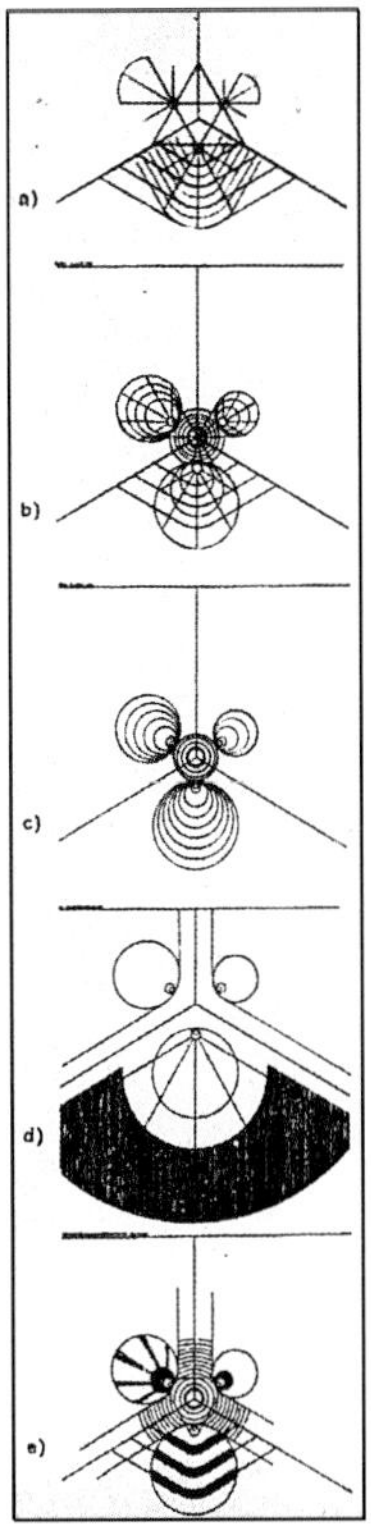

ヴァレンツォフ
[VKhUTEIN＝
ドクシェエフ・
アトリエ] /
新都市計画, 1928

ポポフ
[VKhUTEIN＝
ラドフスキー・
アトリエ] /
新都市の共同住宅計画,
1928

ラヴロフ [VKhUTEIN＝
ラドフスキー・アトリエ] /
線状都市計画, 1928

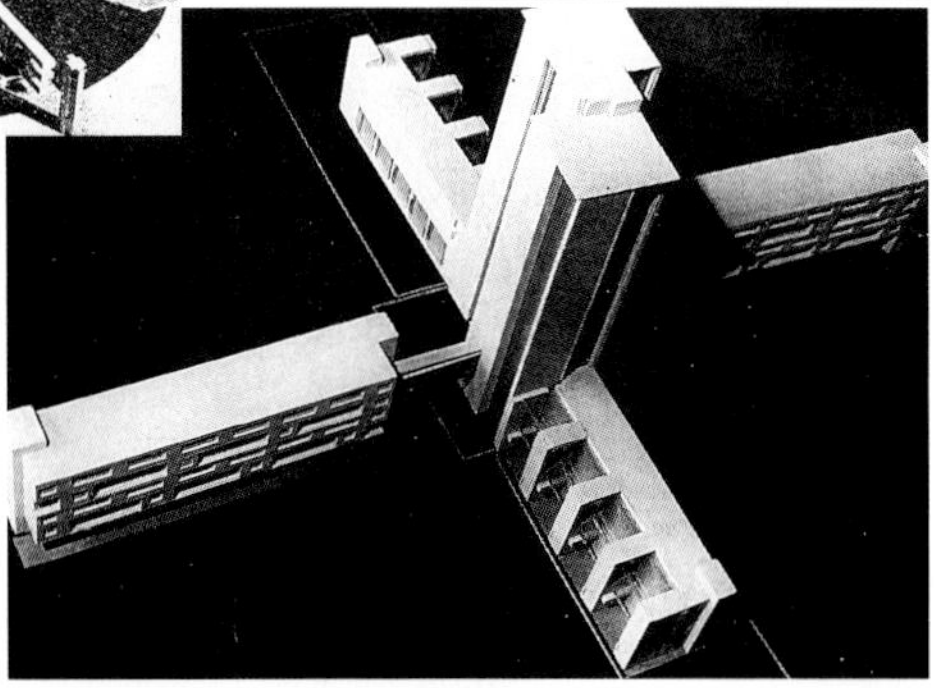

トラヴィン他 [ASNOVA] /
ジャボロフカの住居コンプレックス,
モスクワ, 1927 - 28

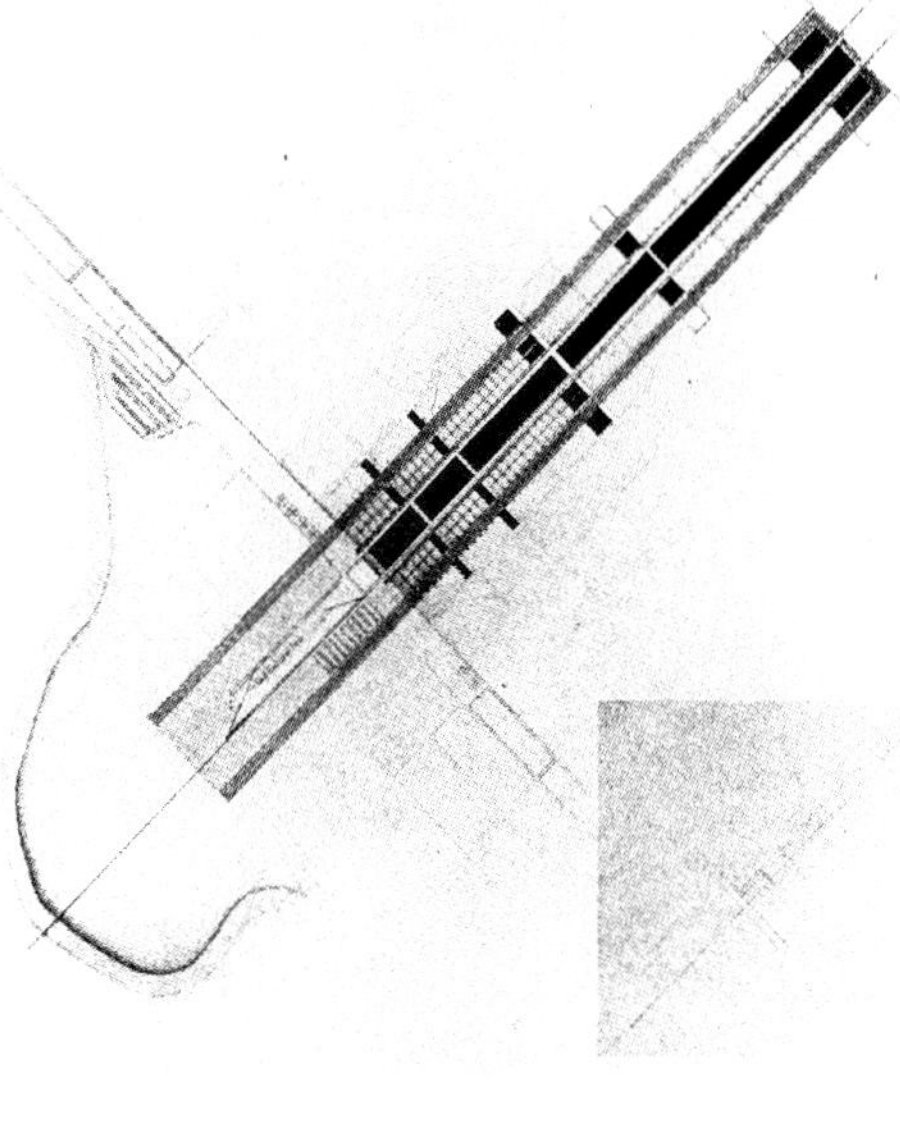

ラヴロフ [VKhUTEIN＝
ラドフスキー・アトリエ] /
線状都市計画, 1928

ルマリスト」ラドフスキーに社会的関心が欠如していたと見なすことは誤りだろう。

しかしまた、厳密に言えばラドフスキーの関心はサブソヴィッチらのそれとはかなり隔たったものである。彼はあくまで空間を物理的に構成していくことで、新しい都市や定住体の「形」を創出していけるという抱負をもっていた。ヴィエリ・クィリーチの言を引用しておくなら、それは「都市の形態と構造の統合性や建築が空間的にユニークな総体であること、空間芸術の心理的、組織的役割」がルナチャルスキー言うところの「国家共同体ひいては将来の全人類共同体の統合的部分としての都市共同体」にとって決定的であるとする「都市イデオロギーのある種の典型的テーマ」である。くだいて言えば、新しい形態が新しい容器たり得るという信念である。ルナチャルスキーの「我々の建築は新しい日常生活形態に対応するものでなくてはならない」というような発言がそれを裏書きしている。と同時に「フォルマリズム」という語句はこの当時、もはやかなり否定的なニュアンスをもっていたし、形態に依拠しすぎることは同じルナチャルスキーの一九三〇年の「社会主義都市の建築的形態」における次のような(ある意味でサブソヴィッチ批判を思わせる)発言にうかがわれる両義性に陥りかねない部分があった。つまり「社会主義都市とその街路を、同じような標準化された住居コミューンのつながりにしてしまうことは、大きな誤りであることは明記しておこう。……建物の形態はできるだけ兵営や雑踏のようにみすぼらしくなったり、暗くごみごみとしたものだったり、四角四面のものであったりしてはならない」と、この教育人民委員は語る。

ここまではラドフスキーらの理論と並行だが、次いでルナチャルスキーは、古典形態に関しても「それらが人間の歴史の幻想的な古典時代にのみ対応しているというのは真実でない。幾何学的形態——正方形、立方体、円、球など——は高度に合理的であり、その若干の変換がそれらを我々の形態言語の永続的要素へと換える。こうして古典建築の形態の大部分は本質的なものとなるのだ」と言う。モダニストの形態にも古典建築と通ずる要素や構成があったということは、レイナー・バンハムやコーリン・ロウの研究を通じてすでに目新しい発見ではないから、この発言をとりたてて危険と言うべきではないかもしれない。しかし、都市を形態的カテゴリーで論じ、それを古典の要素と比べるということは、容易にアカデミストの旧来の方法に口実を与えかねないものだし、事実そうなったことは指摘しておいてもよいだろう(この点に

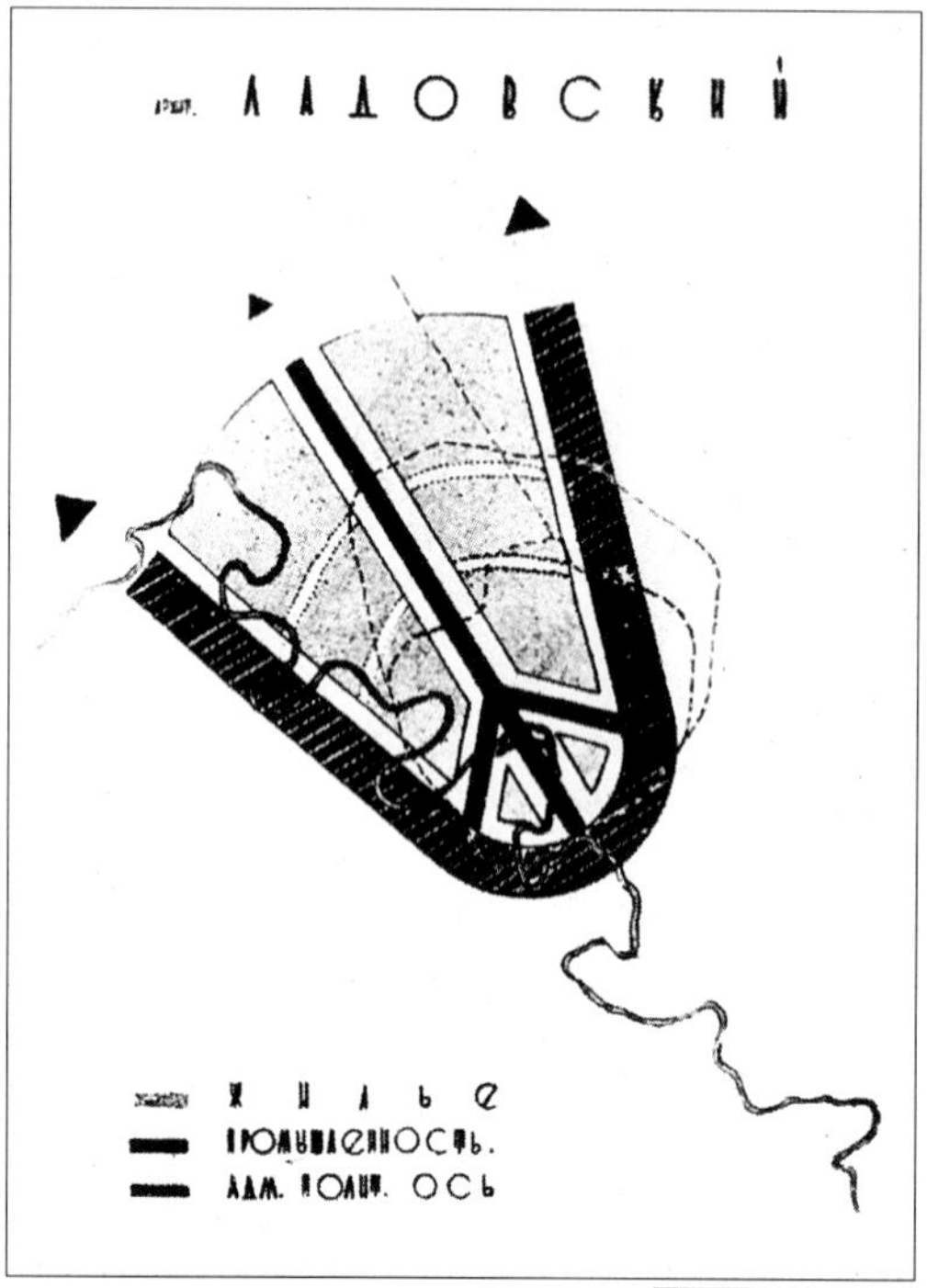

ラドフスキーのパラボラ, 1930

クラシルニコフ[VKhUTEMAS＝ヴェスニン・アトリエ]/新都市, 1928

関しては、もっと時代がはっきりと展開してからのドクシェエフのシェノグラフィックな街並み分析を見よ。十七章二節参照）。

とはいえ、当時のVKhUTEMAS（VKhUTEIN［ヴフテイン＝国立高等芸術技術学院］）の学生プロジェクトには、古典主義の定型からははるかに踏み出した新鮮なデザインが少なくない。――これは、VKhUTEINを訪れたルナチャルスキーをして、「君たちのデザインは未来の都市である」（つまり現在の都市ではない）と言わせるものだった。八章一節で触れたラドフスキー・アトリエのラヴロフやシルチェンコの計画あるいはドクシェエフ・アトリエのヴァレンツォフの計画などがその例である。実現されたものとしてはASNOVAメンバーのトラヴィン設計によるモスクワ、シャボロフカの住居コンプレックスやラドフスキーのモスクワ、ドヴェルスカヤ街の集合住宅がある。しかし、ASNOVA－ARUのこの時点での関心は主として配置コンポジションにあるので、個々の建築をとると後二者などもさして特筆すべきところはなく、むしろ後述する新都市のコンペティション案など大きな街区の計画の方に見るべきものが多い。

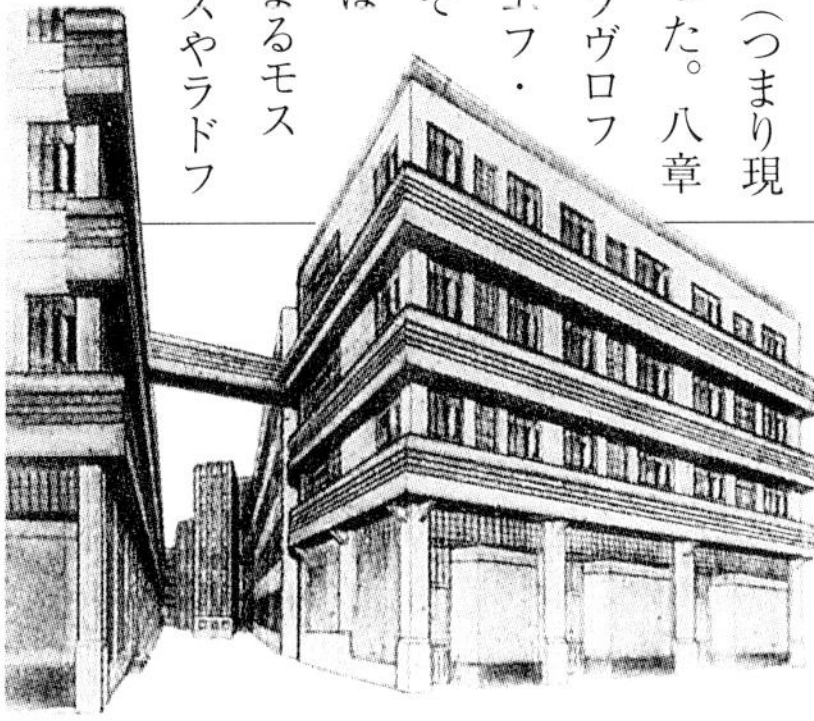

シルチェンコ
[VKhUTEMAS＝
ラドフスキー・アトリエ] /
住居コンプレックス計画,
1924 - 25

この点で記しておくべきものとしては、有名なラドフスキーのパラボラ型都市理論がある。これは都市のダイナミックな成長システムを考察したシェマで、すでに挙げたヴァレンツォフの新都市の計画もその探求の一環と見てよい。線状と放射環状の両システムの利点を併合したパターンで、社会センターの軸に沿って都市が柔軟に成長していくことを可能にするというものであった。彼によれば、中世都市のように成長が遅い場合には円形のパターンを取りやすく、資本主義の場合には矩形パターンが主だが、急速かつダイナミックな発展の見込まれる社会主義都市にはこの螺旋パターンが最も適切であるという。この成長する都市のパターンの理論は、第二次大戦後になってギリシアのドクシアデスが定式化するまではラドフスキー以外に着目したものはいないはず

クラシルニコフ
[VKhUTEMAS＝
A・ヴェスニン・
アトリエ] / 新都市,
1928

で、直接的な適用性はともかく、先駆的な業績である。ラドフスキーはこのアイデアを一九三〇年のモスクワ改造計画のコンペティションに応用している。また、彼の門下のシルチェンコのタシケントの計画も、工業ゾーンが住宅ゾーン及び都心を馬蹄形状に取り囲み、オープン・エンドな成長を行なうという同様なシェマに基づくものであった。ここでは明らかに既存の都市の解体ではなく、それを取り込みながら、新しい成長を許容するということが期待されている。新しいリングが前のものにもつながりながらそれを包囲するという螺旋形の特質は、新市街と旧市街とを混ぜ合わせながら織りあげていくには適したシェマであるということができる。

VKhUTEMASの学生のプロジェクトの中では、アレクサンドル・ヴェスニンのアトリエでのクラシルニコフの新都市の計画（一九二八年）もまた注目に値する。これは住宅ゾーンではなく、五十万人の国際的な行政、経済、社会センターの計画である。全体は図式的な円環－放射状パターンをしていて、中央の円形行政センターを、高層ビルを等間隔に配した五つの環状ゾーンで囲むというものである。五つのゾーンは周辺にいくほど高さが低くなるというシステムである。一見すると全くシェマティックでフォルマリストたちの計画とよく似て見えるが、クラシルニコフは"SA"一九二八年の第六号にこのプロジェクトに対する極めて詳細な分析レポートを寄せている。そこでクラシルニコフはソヴィエトの状況が合理的な建築と経済の計画を求めているのだから、建築家は昔ながらの方法、個人主義的な神秘への拝跪を超えなくてはならぬと主張しながら、彼の計画の全体を日射、通風、換気、断熱（建物の表面積に関わるパラメータ）、サーキュレーションの長さ（建物内部及び建物相互）、その他を厳格に数学化し、最大限の効率を最小限のヴォリュームで獲得したのが彼のプロジェクトだと説明している。このプロジェクトは機能主義を標榜する構成主義者らしい計画で、西欧でもバウハウスなどで数学的アプローチは存在していたにせよ、このクラシルニコフのものほど徹底していたものは例がないと思われる。――それにクラシルニコフの計画は、フォルマリスト的見地からしても洗練されたデザインであったことも特筆されてよい。

3.「非都市派」とミリューチン

これらの建築計画に見られるように、サブソヴィッチやツェレンコの「都市派」の理論には荷担しなかったとはいえ、ヴェスニンやその門下クラシルニコフ、またラドフスキー率いるフォルマリストたちがおのおの意味は違うにせよ、ある程度都市的な大規模建築志向であったのに比べて、より徹底的に都市の解体を主張したのは、社会学者オヒトヴィッチ及び彼と緊密に結びついたギンスブルグ、バルシチ、ウラディーミロフ、パステルナークなどOSA（オサ）の、とくに旧STROIKOM（ストロイコム）チームの主要メンバーだった。オヒトヴィッチは一九二九年から三〇年にかけていくつかの理論的テクストを書いた。すでにサブソヴィッチの項で述べたことから類推できるように、その骨子は新しいテクノロジーと電化を、ものよりはサーヴィス（機能）という平面でとらえることであった。彼は、もの（ハード）とサーヴィス（ソフト）は相対的であり、ある程度まで互換的であると考えていた。建築（ハード）が社会（ソフト）の構造に依拠しているというテーゼをオヒトヴィッチはそのように読み換えている。その間を媒介するのはテクノロジーである。住宅においても、彼はそのノルムと考えられているヴォリューム（サイズ）、温度、光などはすべて人間の生物的、心理的な必要によって決定された絶対的なものではなく、生産手段（テクノロジー）によって確定される相対的、慣習的なものにすぎないと考えた。

オヒトヴィッチは、その考え方を延長して、交通やコミュニケーションなどのテクノロジーの進歩は人間の住宅への依存度を低めるし、ひいては都市そのものにとって代わっていくとした。都市を都市たらしめているのは密度ではない。それは交通との関数である。言い換えれば、交通の進歩は都市の低密度化を促進し得る。家庭に集中していた家事を社会化して拡散すれば女性の解放化につながる。同様にすべての機能の拡散化は諸々の束縛からの解放を生み出す。働くのは集中の原理ではなく自由の原理である、とオヒトヴィッチはいう。サーヴィスの複合化（コンプレックス）としての定住体。

「しかし都市とはまたコンプレックスだったのではあるまいか？　都市を破壊しながらも新しい都市をつくってしまうのではあるまいか？　あえて用語を論じようというのであれば、結構。そのコンプレックスも都市であるとしよう。そこで、例えば共産主義の〈赤い惑星〉とでも言ってみようか？　しかし、ものごとを根底まで見るならば、このコンプレックスとは点でも、場所でも、都市でもなく、プロセスである。そしてこのプロセスが「非都市化」と呼ばれるものだ。（…中略…）非都市主義、それは遠心力に基づいたユニヴァーサルなプロセスなのだ」。「問題は、都市を農村に変えることでも、都市のディメンションを変えることでもなく、（…中略…）最大限にセンター部を分散することによって、都市『全般』を抹殺することである。抹消すべきものは、改良主義者の課題とするような都市の歪みではなく、この歪みの源である。（…中略…）都市と農村の両方を徹底的に変えてしまうことが問題であり、これが都市と農村の対立を解消することなのだ」（「都市の問題に向かって――建築的実現の理解のために」、〝SA〟一九二九年四号）。

オヒトヴィッチにとって、資本主義は問題を課すことと技術的手段を用意することはできても、それ以上に全面的に実行する力をもっていない。社会主義にはそれが可能である。したがって「我々左翼フォルマリストには無限の未来がある」。〝SA〟に発表されたこの「左翼フォルマリスト」というフレーズには、いわゆるフォルマリストのことではないという註が付されているが、この時期には「左翼」も「フォルマリスト」も危険なニュアンスを帯びていた――政治的な左翼反対派のリーダー、トロツキー、ジノヴィエフ、カーメネフはすでに失脚していたが、まだ隠然たる勢力をもっていた。「都市派」と「非都市派」の論争が左翼反対派の綱領と結びついたかたちで行なわれていたことは、見落としてはならない――ことを考えれば、オヒトヴィッチのこの発言は十二分に挑発的である。

アナトール・コップはこの都市論争を四期に分けて整理しているが、それによるとまず一九二九年の三月から八月の半年がラリン、サブソヴィッチ、オヒトヴィッチらの間で論争が起こった時期で、次いで同年末までが拡張期となり、多くの政府機関や大衆政治組織の中で議論が活発化しインターディシプリナリーな会議もGosplan（ゴスプラン）などで多くもたれた。一九三〇年の一〜三月までが第三期で「大衆の最も重要な参加」（コップ）が行なわれ、生活様式の共同化の問題が議論の中心となった。一方とくに「非都市派」のプロジェクトが多く生み出された時期でもある。それ以降が収拾期でとくに五月に後述する党中央の重要な決定がなされる。そして一九三一年には、「もはや反対派はいなかった」（同）。

この第三期にギンスブルグらは精力的にオヒトヴィッチの側に荷担したわけで、その中には、彼らがそれ以前に移行期として位置付けていた共同住宅をめぐる作業への自己批判と見られるものも存在している。例えば一九三〇年一、二号の"SA"の編集後記（おそらくギンスブルグの手による）は「非都市主義のために」と題されているが、それは「古い住宅を共同の、あるいは半私的な寝所――『近代化』された労働者の兵営――に置き換えようという『ドム・コムーナ』（ことばではコミューンだが、実際のところは兵営なのだ）の神話化された倫理性の建設の試みも、利用者や従業員、労働者をもはや満足させない。（…中略…）今や我々は『コミューン』というようなかたちで提案されているもの、つまり労働者の住居部を切り詰め、廊下や室内ギャラリー化しているものに対して失望をしている。『偽りのコミューン』では、労働者は彼の住居では眠ることを許されるだけにすぎない。それはヴァイタルな空間を切り詰めて、労働者大衆の不安をかきたてている」と書いている。

同誌（隔月刊）の前年の四号にはバルシチとウラディーミロフのハウジング・コミューン計画が、五号にはドム・ナルコムフィンが各々掲載されていたわけだから、この転回は驚くほど急激なものである（この一九二九年の四号には、すでにオヒトヴィッチによる前掲論文が掲載されている）。STROIKOMチームのテクノクラート的な性格はここではっきりとイデオローグとしての立場に置き換えられている。ドム・コムーナの「共同性」への夢想が現実ばなれしたもので、かえって労働者の生活を束縛するという認識がここでは明確に示されている。実際、同じ号に掲載されているパステルナークの「未来都市を巡る議論」では、サブソヴィッチのいうような大ドム・コムーナによる小都市というい き方では、大都市のメリットも田園のメリットも共に失わせてしまうのではないか、という批判が行なわれている。「率直に言うことにしよう。それは、社会主義的な地域分散問題を解消するものではないと」。

巨大な共同住宅――膨大で重々しくモニュメンタルで永続性があり、不動なものでは「何をなすべきなのか？　いかなる方向をとるべきなのか？」――ギンスブルグらが主張するのは、人口の分散（それは"SA"では一九二九年の第六号に「社会主義的計画と人口の地域的再配分」と題されたケース別の対応策を論じたレポートとして掲載されている）――に基づいた社会主義的住居をつくることである。それはドム・コムーナとは違っている。「マルクス主義の真の認識は共産主義的住宅から『人間的個性』を排除することを妨げるだろうし、共産主義を共同主義に置き換えることも妨げる。また都市が将来にわたって人間にとって有効な住の形態であると考えることを止めさせるであろう」。

ギンスブルグらの提唱するのは、広大な自然の中にふり撒かれる、安価でローカルな材料によってつくられ、独立性も高く可動でもあるような小住居である。それは「不必要な虚飾で塗り固められ、大地と都市に縛りつけられたプチブル個人主義の住居」とも、「偽りのコミューン」とも違って、「そのうちにおいて個人がその個性を発達させることのできる」ようなものなのだ。その内容は次章のテーマに引き継がれる。

一九二九年の暮れに、党の中央執行委員会付属の共産主義アカデミー（コム・アカデミー）で「社会主義的住居タイプと人口の社会主義的再配分」と題する討論が行なわれている。これは、オヒトヴィッチが問題提起報告をした後で、各分野の専門家が討議を行なったものである。記録を読むと会議は議論百出で、例えば生協の住居専門家であるヴァルタノフが、オヒトヴィッチのアイデアは「非現実的であり、我々の現実とか政策への科学的アプローチとは言えない。行政サーヴィスの組織化問題に関しても触れられていないし、将来の住居の建設によって課せられる問題に関しても無視している。何故なら、住居の発展に関する彼のテーゼの現実性を保証する何物もないからだ」と決めつけると、ギンスブルグが「同志ヴァルタノフの言い方はまさに犯罪的というものだ。彼の議論はあらゆる社会的パースペクティヴに欠けた狭い実践精神によって我々の仕事に有害なものだ」と切り返し、地方計画の専門家ヴァレツボフも「ヴァルタノフ同志の発言にはショックを受けた。我々実践家にとって、オヒトヴィッチ同志のような社会分析は極めて有用な視点を与えるものだ」と反論している。また教育の専門家ゴルドファルブが、自分も狭い実践主義の立場には反対であるとしながら、オヒトヴィッチ報告では移行期段階のヴィジョンが明快でないと指摘すれば、一方住宅局のベルソフも、この移行期には家族の果たす役割も無視できないとしつつも、長期的展望なしには移行期のヴィジョンは描けないと指摘した。さらにツェントロソユーズのリスは、基本的にはオヒトヴィッチ・テーゼは正しいとしながら、生産の分散や専門家のアトリエの誕生といったことは別に社会主義的ではないし、線状のシェマも現実的に有効かどうかと疑問を呈した。生協の住宅関係のライター、ロジェスキナもオヒトヴィッチ・テーゼは現実を飛び越しすぎで、大住居の方がセル的な住居よりやはり有効なのではないかと反論する、といった具合である。しかし、議論百出（当然の）にもかかわらず、後年のようにそれを政治的なラベル貼りによって清算するというやり方は見られないことには注目しておくべきだろう（やがて、前述したVOPRA［ヴォプラ＝プロレタリア建築家同盟］によるレオニドフ攻撃は、コム・アカデミーをもその政治的レトリックに巻き込んでいくのだが）。

このコム・アカデミーを中心に活動し、「都市派」、「非都市派」を代表するサブソヴィッチ、オヒトヴィッチに加え、この時期の都市計画論争に多大な影響力をもった人物にニコライ・ミリューチンがいる。彼の著した都市計画の書『ソツゴロド』（一九三〇年）は七千部印刷され、当時の外人コロニーにまで広く行き渡り、一部は国外にまでもち出されている。ドイツ語訳が直ちになされたらしいが、おそらく当時のドイツの政治情勢の急激な右傾化によって出版されるには至らなかった。しかし当時の“Bauwelt”（建築世界）”のような雑誌に紹介されたロシアの都市計画に関する論文には、必ずといってよいほどこの本への言及が行なわれている（完全かつオフィシャルな翻訳は、一九七一年のイタリア語訳、一九七四年の英語訳まで出ていないようである）。

ミリューチンの影響力の大きさの理由のひとつは、彼が古参のボルシェヴィキ幹部であったことにもよっている。スターリンの手に権力が集中していくまで、「レーニンの戦友」という権威は絶大であった。ミリューチンは一九二九年に都市計画に専念しようと決意して、それまでの職、つまりロシア共和国財務人民委員（蔵相）を辞した。『ソツゴロド』の序文には、当時ミリューチンは社会主義都市計画の政府コミッションの委員長であると記されている。ミリューチンは建築家でこそなかったが革命前にパートタイムのアート・スクールにも通っており、ギンスブルグとは極めて親しい仲で、「構成主義の新しい星」レオニドフのことも高く評価しており、彼がVOPRAなどからの非難にさらされた時にも弁護をかって出ている。“SA”誌が一九三〇年の第五号で廃刊の憂き目を見ると、その後身ともいうべき『ソヴィエト建築』（とはいえ、これは一グループの機関誌ではなくNarkompros［ナルコムプロス＝教育人民委員会］の発行物で、ミリューチンはルナチャルスキーの下でその副人民委員であった）の編集長を一九三四年まで務めた。

『ソツゴロド』は一九三〇年に出版されているが、その少し前にはルーニン編による社会主義的な都市計

ミリューチン／スターリングラードの機能シェマ, 1930

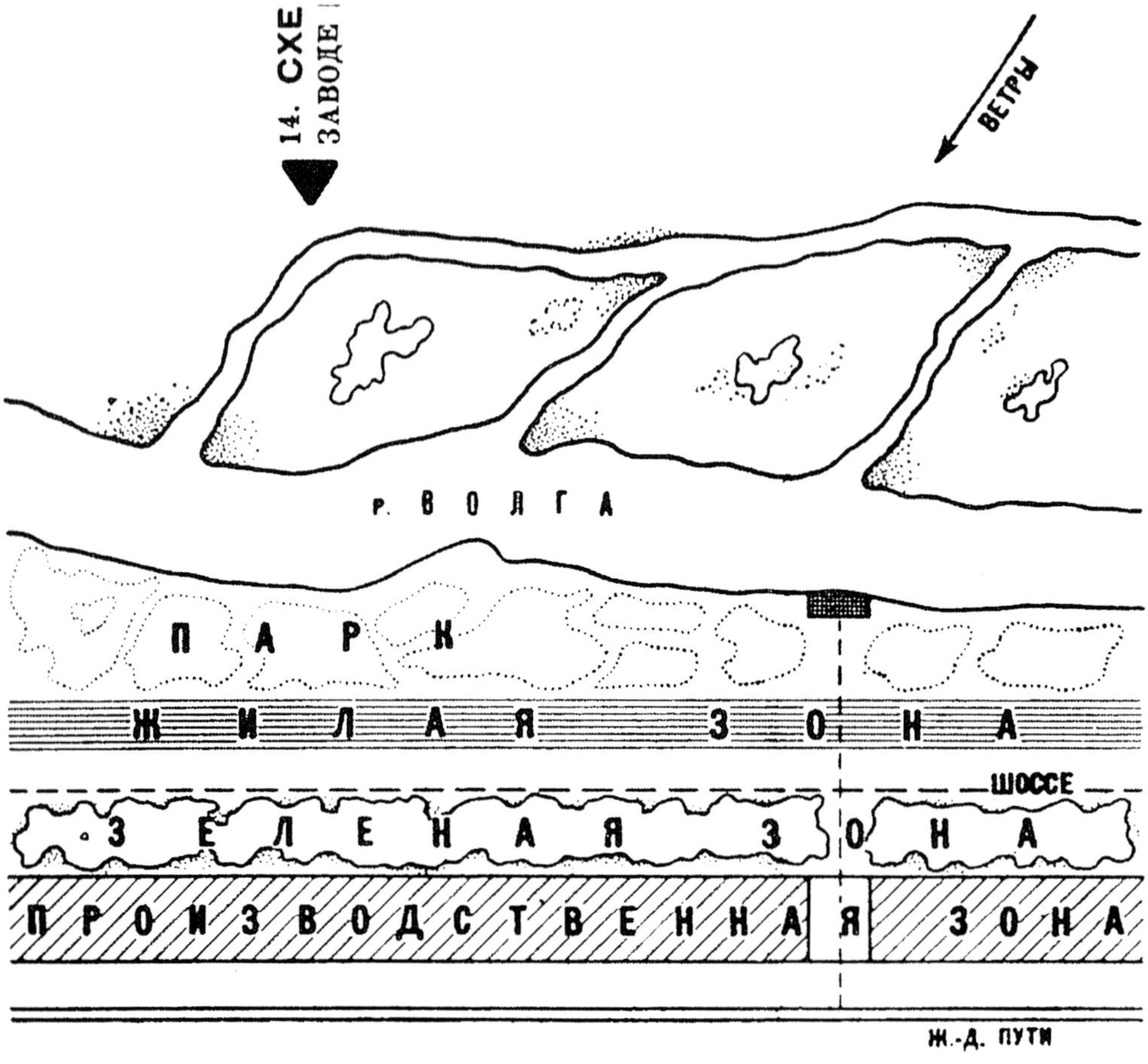

画と生活様式の問題に関わるアンソロジーが出され、ミリューチンも「新生活への闘争とソヴィエト都市計画」と題する小文を寄稿している。このアンソロジーのほかの寄稿者にはクループスカヤ、ジノヴィエフ、ルナチャルスキー、サブソヴィッチ、オヒトヴィッチ、ツェレンコ、ギンスブルグ、パステルナークらがいる。『ソツゴロド』は、それを発展させた「決定版」を意図したもので、「ソツゴロド」とは「社会主義」と「都市」を併せた合成語である。ミリューチンは革命後人口などの統計を扱うセクションにいたために、この本に最新の統計資料を用いることができた。

『ソツゴロド』は最も包括的な書物として、いわば教科書的な役割を果たしたといってよく、その中にはギンスブルグらSTROIKOMチームやレオニドフのマグニトゴルスク計画など構成主義者の計画、さらにはル・コルビュジエやハンネス・マイヤーなど西欧の計画も紹介がなされている。それに彼自身の計画も付されており、そこにはル・コルビュジエやギンスブルグの影響も顕著だが、後で触れるように彼のシェマは「非都市派」のそれとも違ったものであった。前書きを寄せている大ソ連百科事典省議長のメシュメリアコフの言にあるような「一九二九年から三〇年にかけての冬には、この問題に関しての熱い議論が様々な協会や組織でのスピーチやペーパーというかたちで百出した。現今にあっては、何処においてもこれらの問題への関心は途方もないものであることが分かっている。将来この関心は、我々の都市や住居の建設の比率にも増して増大するであろう」という現実があり、それに対して「不幸なことに我々はこの主題に関しての文献をもっていなかった。ほとんど新聞や雑誌の短い論文に限られていたのである。だからこの主題での新しい書物は歓迎されることなのだ」という状況が『ソツゴロド』のポジションを端的に示している。

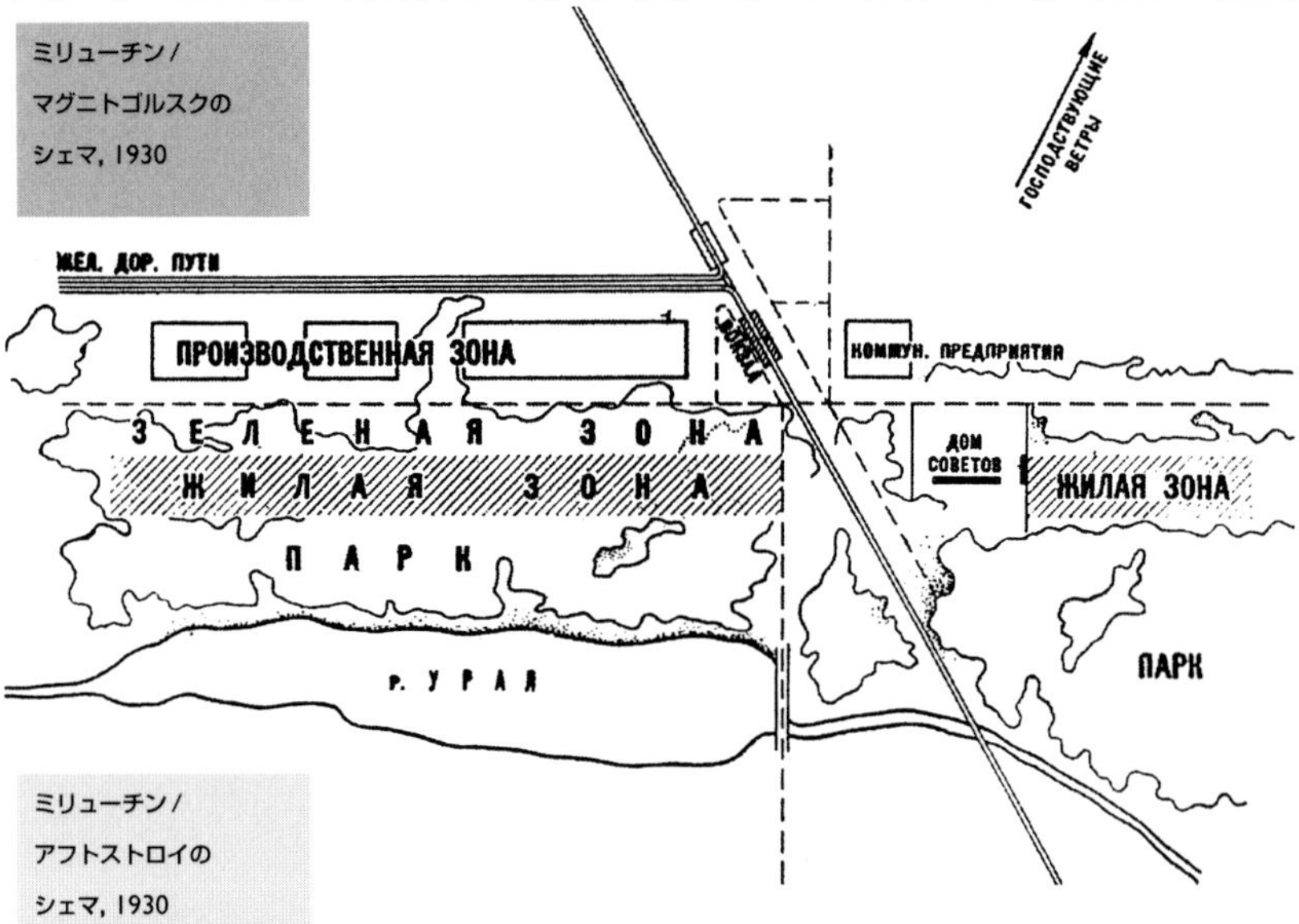

ミリューチン／マグニトゴルスクのシェマ, 1930

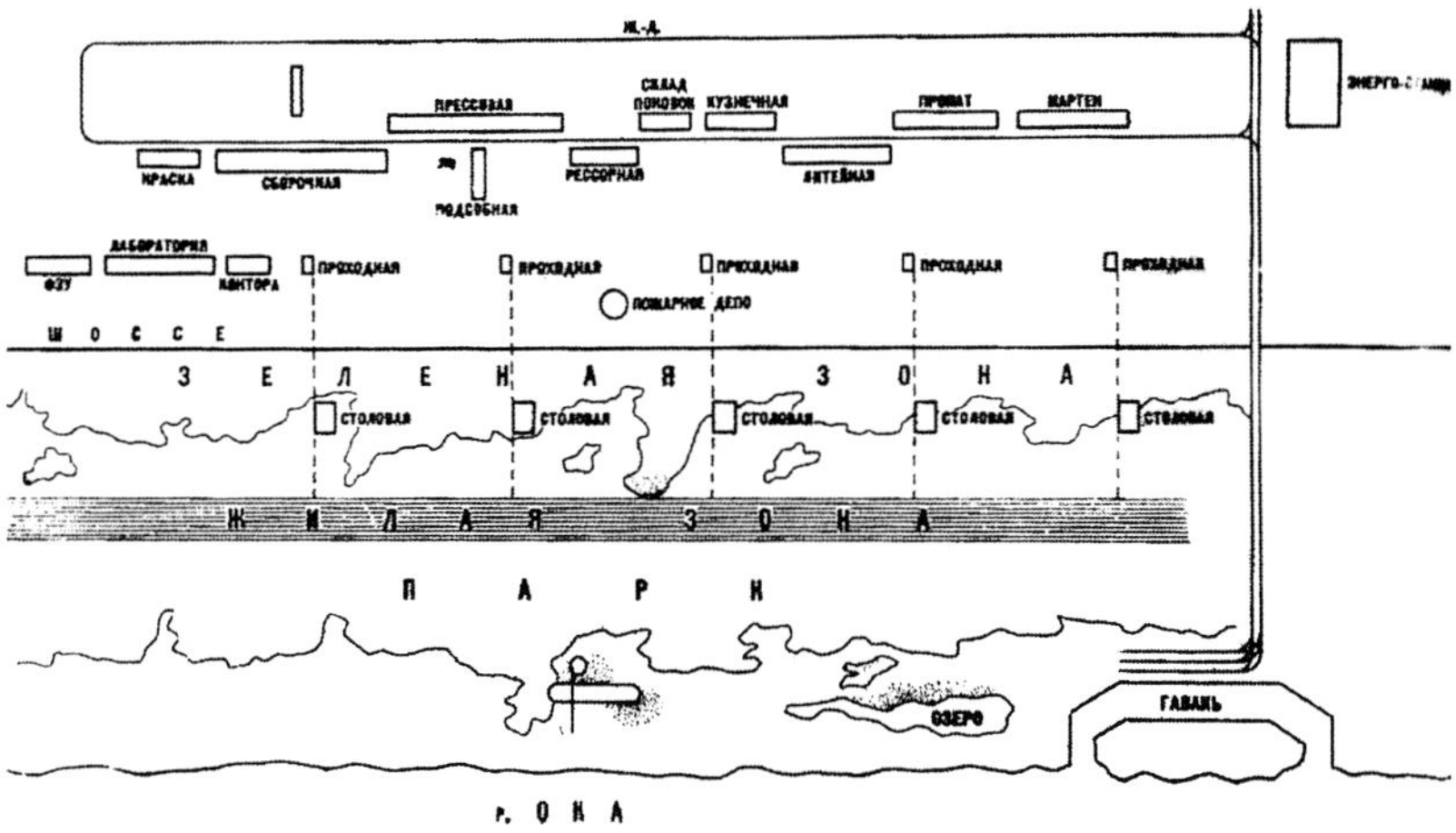

ミリューチン／アフトストロイのシェマ, 1930

ミリューチンは、彼の書物が全く同時代的に現実的であると考えていた。「我々の定住体の問題の解決を、それが十分に発達した社会主義のもとでの将来の住居として考えることは、根拠のないばかげたものであろう」。これは「非都市派」に投げかけられそうな（そして事実そうされた）批判だが、実際にはミリューチンがOSAのプロジェクトを多く取り上げたこの本に書いたことばである。何が現実的で何が夢物語かについての了解は、この時代には立場によって途方もなく散逸している。「我々は将来の発展した社会主義の都市を描くことは小説家に任せておくことにしよう」。『ソツゴロド』において、ミリューチンは立地論や計画の原理から共同生活及びその施設について、建物のロケーションや生活セルについて、それらのブロック・レイアウトについて、材料の選択や建設方法、建築のデザイン、コストなどについてといった具合に実に多くの面にわたって説明を加えている。ミリューチンはそれらについて、STROIKOMチームなどの案への矯正策などを含めてコメントを加えながらバランス・シートをつくっている。これはいわばソヴィエト版『ユルバニズム』といった類の書なのだ――ル・コルビュジエの本よりは詩的でなく、もっと実際的ではあるけれども。

ミリューチンの議論は本質的には非都市派のそれの批判的継承であり、その立場を受け入れている。「近代都市は商品社会の産物であり、それと共に死滅するだろう。そこに社会主義的な工業化された田園が出現する」というのが彼の立場である。ミリューチンにとって資本主義社会の田園都市やグリーンベルトなどの拡散論は、プロレタリアートの闘争を撓めようとする以外の意味はない有害なものであり、社会主義のみがそれを可能にする。「我々にとって都市化か非都市化かというような議論はあり得ない」。彼の計画を特徴づけているものに線状パターンがあるが、これはスペインのイ・マータなどの計画例があるからロシアの発明ではないし、レオニドフのマグニトゴルスクをはじめとするOSAチームが多くの新都市のコンペティションに用いた手法である。しかしそれを最も体系的に理論化したのはミリューチンであった。線状都市は、コミュニケーション網に沿って定住体―生産基地を配していくという「非都市派」の構想には全く適したパターンだった。ミリューチンは、レーニンのアメリカ的効率性への関心を共有しており、彼はこの線状パターンを「機能的なアセンブリーライン・システムは新しいプランニングに対する絶対的に必要な基盤である」と説明している。

ミリューチンはその原理を次の十項目に分けて説明している。

（一）生産単位と輸送ラインの合理的な結びつけ、機関のアセンブリー・ラインに従うこと。

（二）住居地域はそれとグリーンベルトで分けられながら平行的にあること、この生産帯は五百メートルほどの巾をもつが、職住は一〇～二〇分以内の歩行距離にすること。

（三）工場地域の後には鉄道を、生産と住居ラインの間にはハイウェイを。

（四）農業地域は住居地域のすぐ外に。

（五）農業・工業などのアクティヴィティには、それに各々の技術に関わる教育施設を付随させ、さらに行政、病院なども結びつけること。

（六）診療所は住居地域の内に、病院はその境界辺りでより衛生的な場所に。

(七) 学校は子供たちの宿舎と結びつけ、さらに文化・社会施設とも結びつけること。
(八) 共同サーヴィスが生産ゾーンに置かれること、またそれはコミュニティ・サーヴィスにも結びつけること。
(九) 工業ゾーンは倉庫を鉄道駅と結びつけて設けること。
(十) 将来の発展ゾーンを確保しておくこと。

こうして、鉄道、生産・共同サーヴィス、グリーン・ベルト、住居、公園+養育、農業・庭園の六つのゾーンを平行して、いわば金太郎アメ式に同一断面構成をもつものとして、線状に配していくパターンが取り上げられる。どの時点でも完結され、どこまでも延長ができるようなパターン。ダイナミックな成長のパターンとしてはラドフスキーのパラボラ・システムの向こうをはるものである。「非都市派」の線状パターンは、ミリューチンの緊密な組織性に比べてむしろ稀薄でより拡散的なものとなっていたり、少なくとも生産機能の線状システムにまでそれが徹底されていることは少ない。例えば次節で述べるマグニトゴルスク計画に関しても、ミリューチンはコンペティションでの三案(ブリリングの一等案、ギンスブルグらのSTROIKOMチーム案、レオニドフのOSA案)を比較している、ブリリング案は工場地区と住宅地区が各々固まった非線状案だし、他の二案は線状だがそこに生産機能は含まれていない(そのために通勤距離が長くなる)ことを批判して、そこまで含めた自案を示している。この他にもミリューチンはアフトストロイ及びスターリングラードに関しても私案を示しているが、そのシェマは同じ原理に基づいたものである。ミリューチンが思い描いていたのは本当の意味での流れ作業都市であり、実際彼はこれからはますますベルトコンヴェアによるシステムが主流になると言いつつ、平家で軽量な長い工場をつくり、それが作業と一致するばかりか寿命も機械と建物のそれとが一致するようなものが望ましいと言っている。

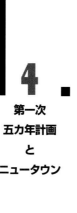

4. 第一次五カ年計画とニュータウン

第一次五カ年計画の施行された一九二八年から三二年までの期間は、他の西側の国々では困難な経済恐慌の時期にあたるが、ソヴィエト・ロシアでは、それがそれまでの常態であり、この期間はむしろ最初の離陸の期間であった。都市域の面積ということをひとつの指標として見ると、一九二八年を百とすると、一九三〇年には五百、一九三二年には千百という驚くべき上昇率を示す数字がある(W・W・ウィルソンによる『USSRにおけるニュータウン』[一九三二年]に掲載された数字)。この間に、五万~二十万の計画人口をもつ一七のニュータウンが計画された(数は定義によって変動するが、イリンなどが挙げている数字は三八である)。これは都市計画的には、世界的に見て当時他に類のない大きな、そして特異な「機会」である。一九三〇年代には大恐慌下において、公共投資の拡大=雇用機会の促進を目指して、世界的に、ナチス・ドイツでもイタリアでもニューディール下のアメリカでも、多くのニュータウンが計画、造営はされた。それらは大部分は自律的な農業志向の小コミユニティないし住宅都市であったが、ロシアのそれはもっと大きな工業都市——それ以前にはソヴィエトには実質そう呼び得るようなものはイヴァノヴォなど以外にはごく少数であった——を目指すものだった。おそらく工業化というモメントに加えて、第一次五カ年計画の開始される一九二八年当時には八百〜九百万に及んだといわれる農業余剰人口の吸収という目標もあったと思われる。

五カ年計画下でのニュータウン計画のいくつかはコンペティションとされ、OSA（オサ）やASNOVA（アスノヴァ）、VOPRA（ヴォプラ）などのチームが応募している。その後に主流となるアカデミックかつ古典的な都市計画手法によるグループは、この初期の時点では後に言及するドニエプルのダムへのジョルトフスキー、ゴルツら、あるいはシチューコらのチームの参加のように皆無であったわけではないにせよ、ニュータウン計画にはさしたる関与をしてはおらず、アヴァンギャルドが主流を占めていた。それは、この時点ではルナチャルスキー、ミリューチンに加えてサブソヴィッチ、ラリンらが党の中枢にいて、まだ実験的な試みを程度の差こそあれ推進していたことを示しているし、現にこれらのコンペティションはルナチャルスキーやミリューチンの肝入りによって進められたといわれる。こうしたニュータウンの代表的な地区をいくつか挙げれば、ドニ

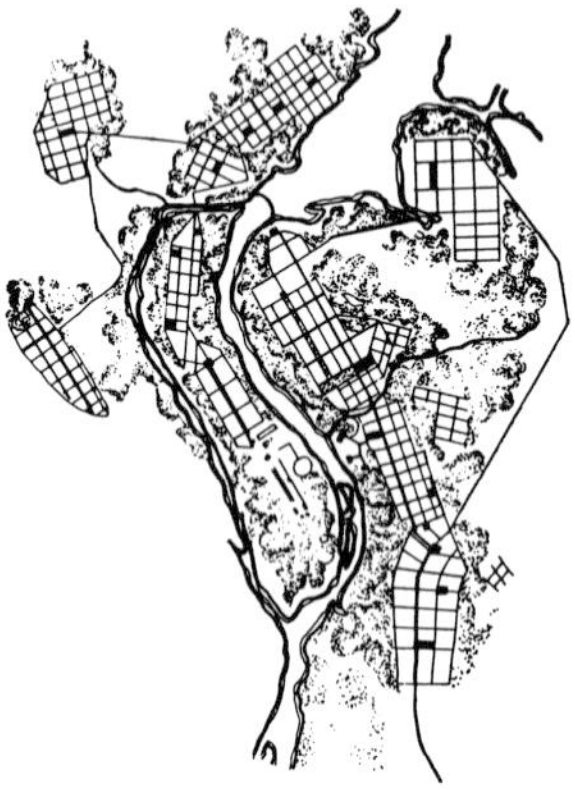

大ザプロジェ新都市, 1929 - 32

ヴェスニン兄弟, コリ, オル/
ドニエプルストロイ水力ダム, ドニエプル, 1929 - 31

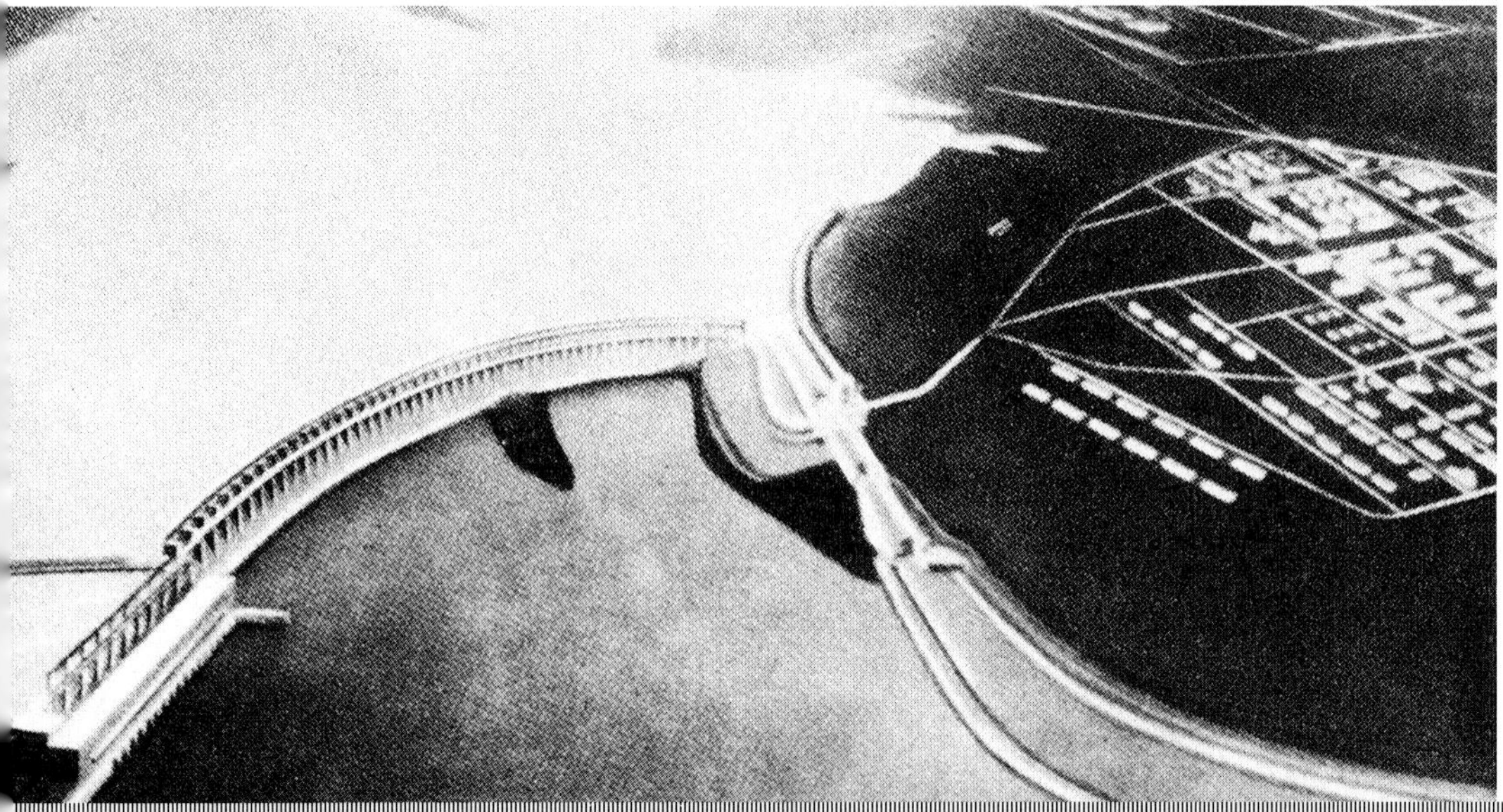

エプルやツヴィールの電力センター、マグニトゴルスクやクルボイーログの鉱業地区、スターリングラードやウラルのトラクター生産地区、スヴェルドロフスクの重機械生産地区、ロストフの農業機械生産地区、ベレズニクやモスクワ・ドンバスの化学工業地区などである。

これらのうち初期に手をつけられたのはドニエプルの水力ダムで、これはそれまでにあったソヴィエトの水力発電所と比べて一桁上の発電量（ツェノーアフシャールスカヤの火力発電所が一九二七年時点で五万八千キロだったのにドニエプルストロイは五五万八千キロの発電量を誇った）をもつもので、「ソ連における新世界建設の成功の最初の兆候」（マルコ・デ・ミケリス）というべきものであった。ドニエプルストロイは、黒海からバルト海を結ぶドニエプル運河をつくり、そこに大ダムを建設し、二十万人の定住体をつくるという計画である。ダム自体に関しては一九二九年にコンペティションの結果、ジョルトフスキー、シチューコらアカデミスト派を破ってヴェスニン・チームが一等を勝ち得ている。これにはルナチャルスキーの支持が大きかったとも言われる。さらにはこれを囲んで大ザプロジェ新都市が計画された。これはとりたてて目ざましいデザインとはいえず、イギリスの田園都市

やドイツのジードルング計画に範をとったものだが、地形上の理由から線状パターンを呈している。このザプロジェ（ドニエプルストロイ）に関して、マルコ・デ・ミケリスは「マニフェストとしての都市」であるよりは「実現された都市」であるといっている。つまりプラクティカルな関心の方が強いということである。

ミケリスのいう「マニフェストとしての都市」、つまり「社会のコンデンサー」的な意味での新都市の計画として興味深いのは、とりわけアフトストロイとマグニトゴルスクの二都市であり、次いでスターリングラード、ノヴォシビルスク、クズネックなどである。これらは事業としても第一次五カ年計画の目玉商品であり、また社会主義都市論争の実践の場であった。だが、いずれにせよ、「マニフェスト」色が強いか現実性が濃いかは、単純にどちらかに位置付けられる問題でもないしあくまで相対的なものにすぎない。何故なら、構想（コンペティションの方向性）において、あるいはドニエプルにおけるルナチャルスキーの関与のような、個別の政治指導者の思惑においては「マニフェスト」が強いということがあり得るにせよ、そしてそれらの結果が時には実施に移されたということが確かにあったにせよ、トータルとしてそれが一貫した施策として推進されていたということはできないからである。

ARU/アフトストロイ
コンペ案, 1929

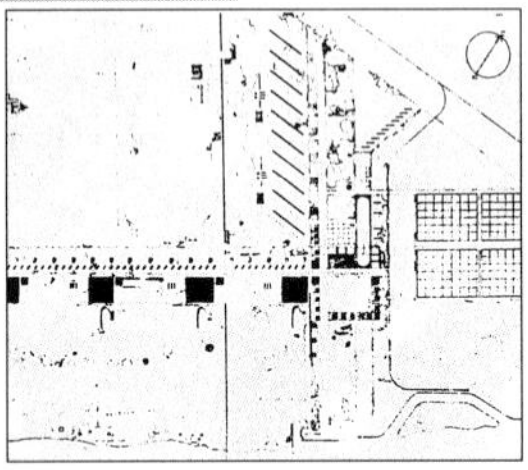

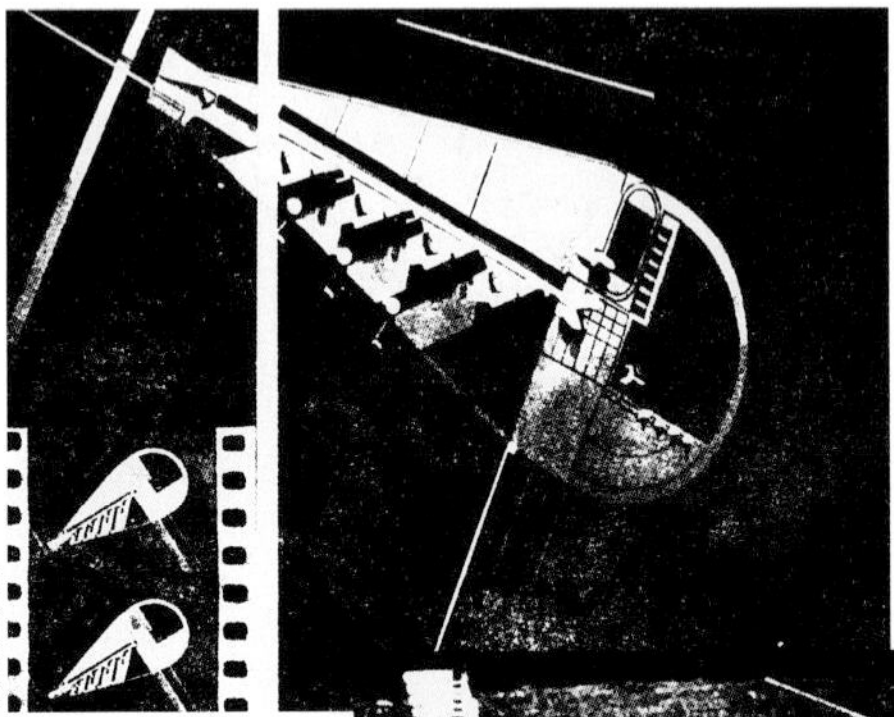

VKhUTEINチーム/
アフトストロイ・コンペ案, 1929

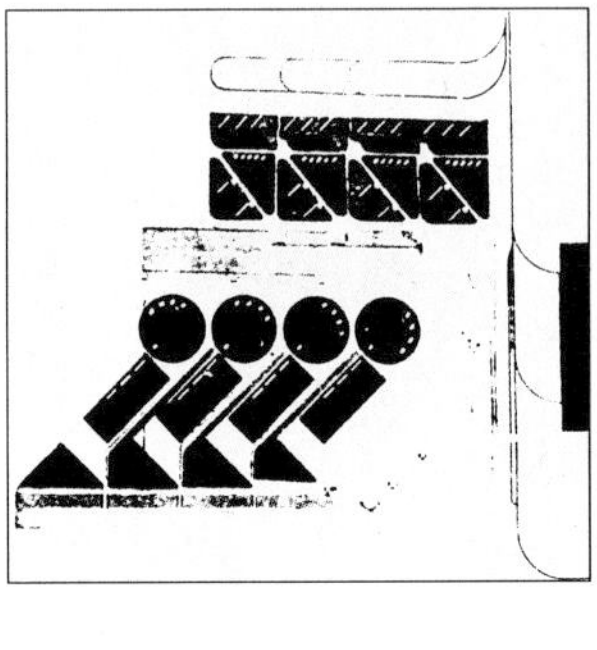

「マニフェスト」は、あったとしても、構想やまして理想とはかけ離れた現場の状況に直面せざるを得なかった。

アフトストロイはニジニ・ノヴゴロド辺境にある新しい自動車生産のセンターである。ここでは一九三二年頃には一四万台の生産が行なわれ、二万から三万五千の人口がそれに従事しており、アメリカのフォード社との提携で工場（生産ラインを実体化するそれらの最も大きなものは、一棟の長さ六百メートルに及んだ）もつくられた。フォードとの契約が結ばれ実施案が策定される前の一九二九年に、都市（もしくは都市コミューン）のコンペティションが実施された。その要項では、前述のミケリスの評価を借りれば、「労働組織機能としての都市構造の定義が、アヴァンギャルドの言語と手段によって表現されている」。つまり単に実際的な問題を処理するだけでなく、イデオロギーとしての社会主義都市の理念が表現されていなくてはならぬというわけである。求められたのは、基本的に前記の人数の労働者——これは女性を家事の社会化によって労働力に編入するという目論見を加味すると全人口がその倍（ふつうなら三倍）くらいであることを意味する——を、一人当り九平方メートル（これは当時の実際のスタンダードよりもかなり大きめな数字で、ある程度理想的といって言いすぎならば、モデル的なレベルを維持しようという事業者側の姿勢をそこに読むことができる）で収容する共同住宅に、クラブ、学校、党本部などの建物が散在化されることで新しい社会主義的都市のあり方を示すというものである。コンペティションはOSA、ARU（アル）、VKhUTEIN（ヴフテイン）の学生チーム、MVTU（モスクワ高等工科大学）のチーム、MAO（マオ＝モスクワ建築家協会）、Cekombank（チェコムバンク＝中央銀行）の技術部の六チームの指名制である。

提出された案はすべてアヴァンギャルド的なものであった。つまり新しい生活様式に基づいた一種の住居コンビナートの組織化である。OSAのチーム（ツィロフ、シニャフスキー、コマローヴァ、クラシルニコフ、ヤロヴキン）の案は二つの道路軸に沿って展開される線状都市である。VKhUTEINはラドフスキーの指導下のカルムイコフ、カプリンらのチームで、同じフォルマリスト系のARU（ラロフ、クルチコフ、ポポフ）の案と同じく、様々な形をした高、

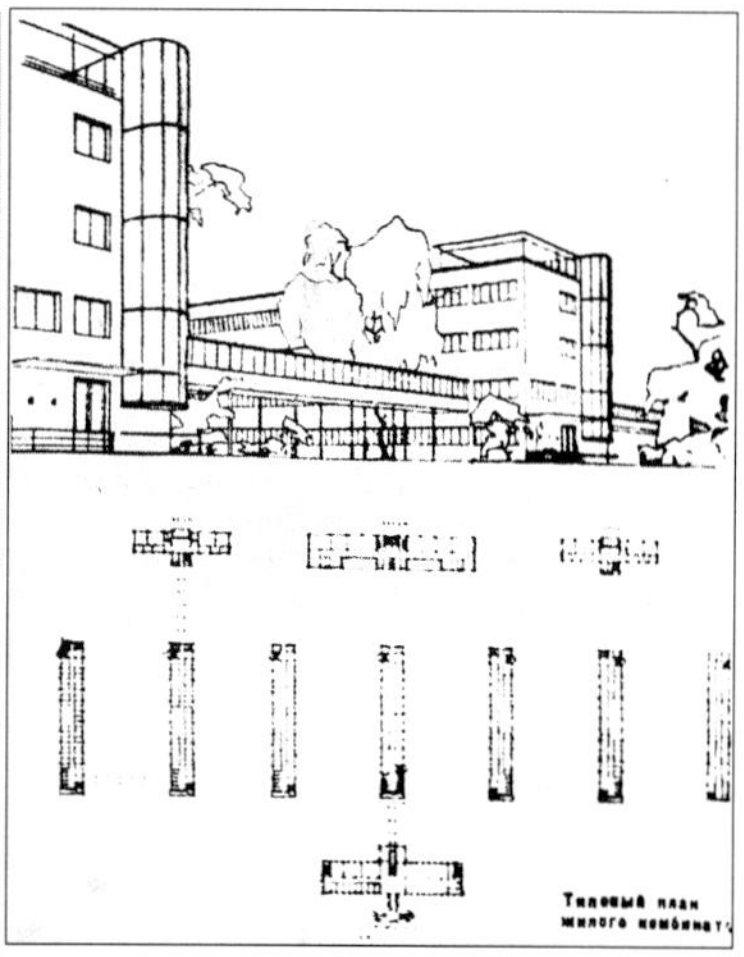

MVTUチーム／アフトストロイコンペ案, 1929

中、低の住棟がグラフィックな配置パターンにまとめあげられている。とくに前者の住棟のデザインは同じカルムイコフの南方のチャルジューイ計画（十三章三節参照）のような地方色を押し出したユニークなものではないものの、これまでのものよりも大胆な形をしているのが注目されるし、ARU案でも道路交差点の上に空中に持ち上げられた円筒形状のクラブが置かれている。モルドヴィノフ（VOPRA）指導下のMVTUの案は、MAOと共々にオーソドックスな基盤状パターン上に様々な構成要素を配し、その機能的関係の体系化を図ったものである。モルドヴィノフのその後の変節（レオニドフ弾劾の急先鋒となった）を見ると信じられぬくらい機能主義的で、結果的にはこれが一等案となって（OSA二等、MAO三等、ARU四等）、後にエルンスト・マイの率いる**Standartgorproekt**（スタンダルトゴルプロエクト）チーム（中央銀行の下部組織）の改訂を経て実現案となった。一九三〇年の夏にはすでに建設がはじまり、一九三二年末には五万人が入居している。住棟のデザインはオーソドックスだがモダンなものであり、他のニュータウンの悪戦苦闘ぶりに比べるとはるかに「マニフェスト」色の強いものとなっている。

コンペティションとしてさらに大がかりになったのは、ウラル－クズネック地方の工業化の結節点として計画されたマグニトゴルスクのコンペティションである。マグニトゴルスクという名前は、「マグニトナヤ・ゴラ」つまり「磁石の山」というところから来ている。良質な鉄鉱石の産地である。マグニトゴルスクの計画は、すでに一九二三年頃から**Gosplan**（ゴスプラン）のプログラムに載っていたが、計画が実効化されるのは第一次五カ年計画においてである。ここでは炭鉱と製鉄を結びつけるコンビナートをつくり出すために、一九二九年には鉄道とウラル運河とが開設され、一九三〇年にはアメリカ・クリーヴランドのマッキー社が技術顧問となり、二万人の労働者（と顧問団）が移植してきた。この地方での居住条件は劣悪を極め一九二七、八年には一人当り二平方メートルという床面積しかなかったし、それもテントやバラック、泥の小屋に寝起きするという有り様で、当然生産性向上にとっても大きな妨げとなったから、新都市マグニトゴルスクの建設は緊急を要するものだった。都市の建設が始まる前にすでに十万もの人々がそこに生活をしていたのである。既存のバラックでは到底必要に応じきれるものではなく、根本的な打開策として考えられた新都市は、上部計画団体**Sovnarchoz**（ソヴナルホーズ）の言うところの「社会主義居住センター建設の最初の試み」であり、「社会主義労働の新しい

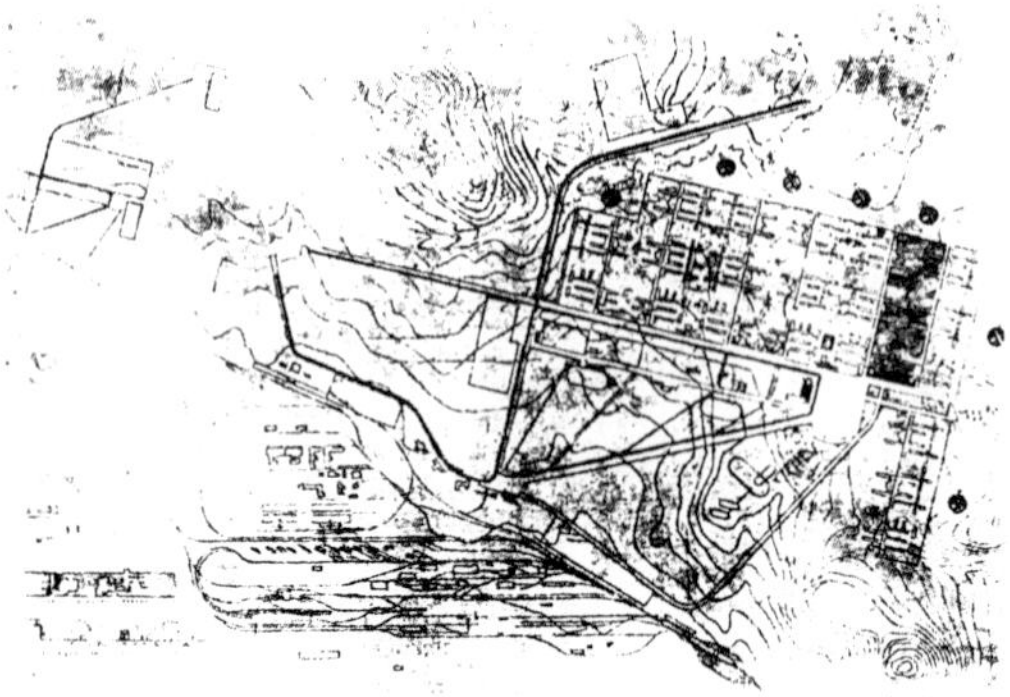

VKhUTEIN/マグニトゴルスク・コンペ案, 1930

形態と新しい方法の実験の実践的学校となるべきもの」であった。

一九二九年にはGorstroiproekt（ゴルストロイプロエクト＝都市建設委員会）によって、二五万人の都市建設が計画された。それはアヴァンギャルドの定式のように、住宅の共同化に基づいた合理化を図ると共に、ルナチャルスキーのいう「学校－労働」、つまり労働の中での技術者としての技能と資格を獲得していくということを目指していた。ストルムリンはGosplanの機関誌に発表された「社会主義都市の諸問題」の中で「近代の巨大な労働者のカテドラル」としての「労働都市」というテーゼを打ち出していたが、マグニトゴルスクは、少なくともイデーの点ではまさにこれである。

コンペティションでは千五百～三千人の住居タイプのコミューンをスタンダードとし、ひとつのセルを九平方メートルとして共同サーヴィスで補完していくという、すでに我々にはお馴染みのシェマに拠っていた。コンペティションには一七の案が寄せられた。多くの案は、グリーン及びサーキュレーション・ゾーンを緩衝地域として設け、幹線道路を骨格として工場地区と住宅地区を構造化していくというものであった。VKhUTEINのチームの案は、ヴェスニンのクズネックの案を思わせる大ドム・コムーナの反復による住区空間の形成の試みである。バルシチやオヒトヴィッチのSTROIKOMチームの案は典型的な非都市化された線状パターンによっており、次章で触れる翌年の彼らのグリーン・シティ計画と同一線上にある。そこでは巨大ドム・コムーナや公共建築群によるリジッドな空間構成はもはや否定されており、工場による都市の包囲というシェマも見られない。彼らはレポートにおいてもウラル川や人工湖などこの辺りの水資源の豊かさを強調しており、様々な果樹園や菜園を設けるとしている。

住居に関しては、

（一）高密の簡易バラック、

（二）石造などの建物で人工的に空気、水、などをコントロールしたもの、

（三）新しい技術によってプレファブ化したもの、

という三つのカテゴリーを提出し、（一）には衛生上の、（二）にはプランにおける自由度の問題が各々あるとして、（三）こそが「個人的な傾向も大幅に表

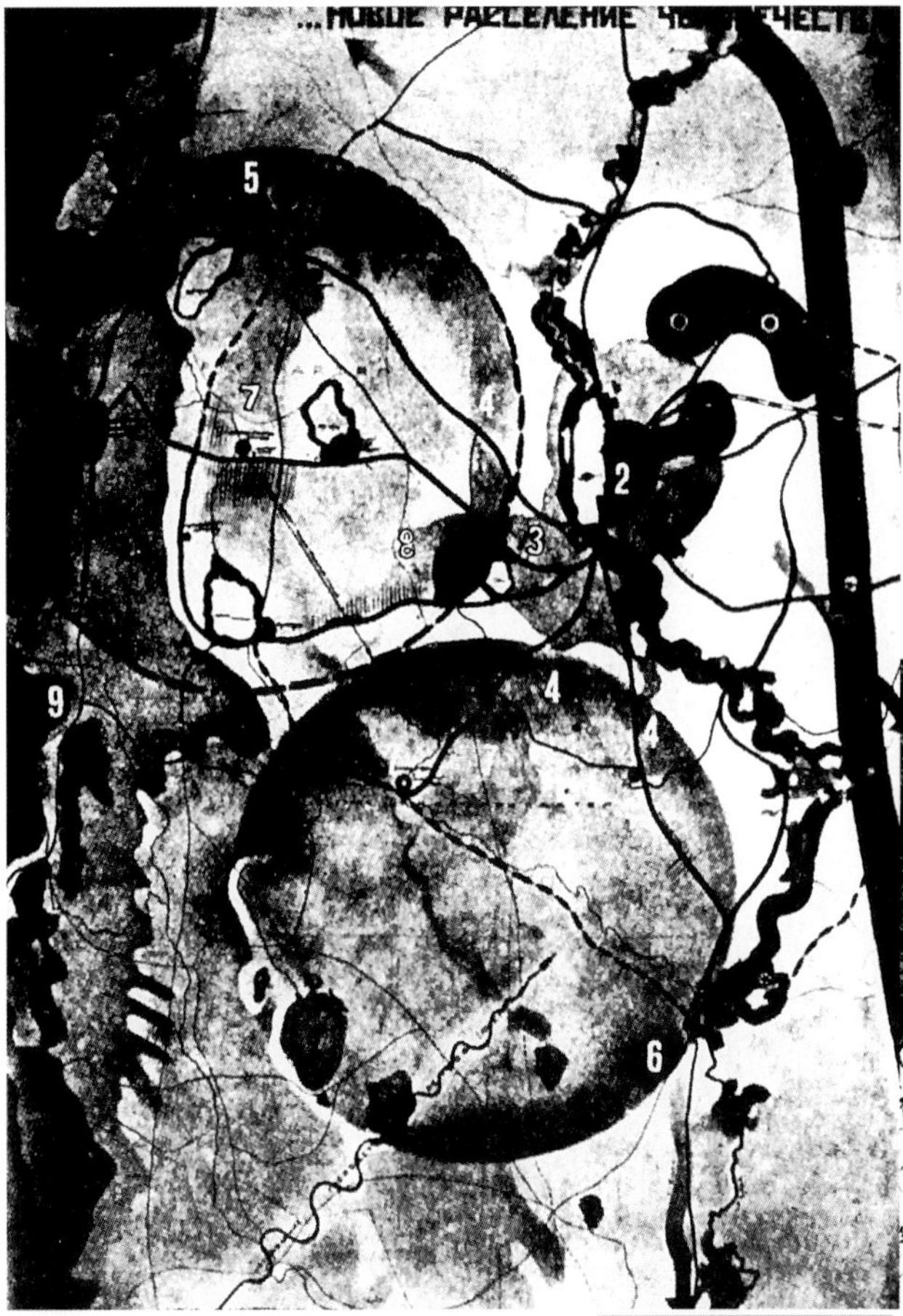

ストロイコム・チーム／マグニトゴルスクコンペ案, 1930

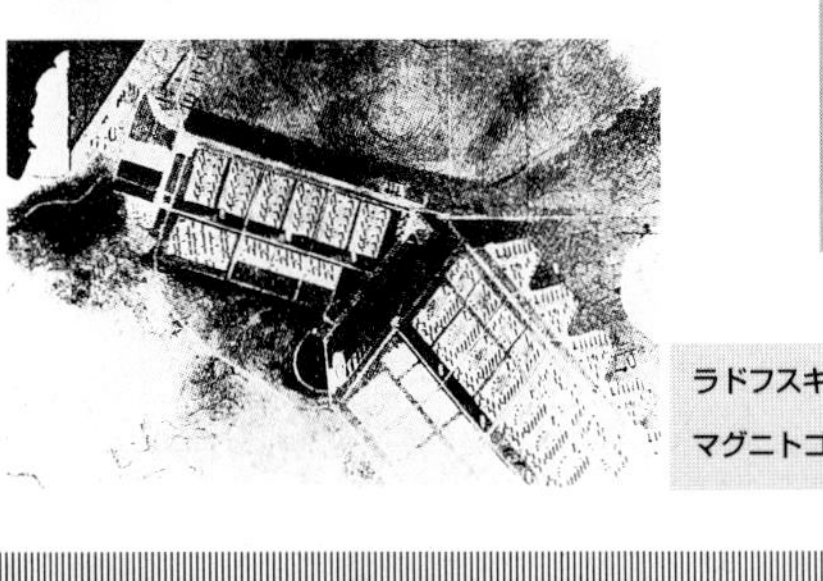

ラドフスキー・チーム［ASI］／マグニトゴルスク・コンペ案, 1930

現され得る」としている。彼らの方式ではローカルな材料によって標準化されるので、要綱で一人当り九平方メートル（コストにして千四百ルーブル）という基準がうたわれているのに対して、一四平方メートルに増やしなおかつ五百ルーブルという大幅なコスト・ダウンがはかれると主張している。そして「我々は、個々人の住戸は労働を深化、集中させるための場所であり、個性が社会的単位として独立し得るべきであり、自分の住戸ほど個性を完全に発揮し得る場所はないと信ずる者である」という。さすがにこれまでの研究実績の蓄積のためにこの案は、唯一現実の状況を十分に踏まえた上で提出された案となっている。この線状案に対してラドフスキー・チームの案はまたしても都市の発展形を主にして構想されたもので、「線状都市という下位形態から面状都市という上位形態へ」（ラドフスキー）として展開するものであった。

マグニトゴルスク・コンペティションの応募案中で最も有名なものはレオニドフの案である。これはSTROIKOMチームと同じく線状パターンに基づいているが、彼らの案が低密な「非都市」であるために、「線状」といっても細いゾーンが地形なりに蛇行しているのに対して、レオニドフの案はもっと大きな（正方形に分割された）幅をもったゾーンが、製鉄工場と巨大なソホーズの二極をつなぐかたちで一直線に収められている。レオニドフはこの正方形ユニットに公園やスポーツ施設、文化施設、そして住宅などをはめこんでいるわけだが、住宅は高層棟、低層棟共に同じ平面によっていて、正方形ユニットをさらに九つの小正方形に分割、隅の四つ以外をすべて共同の休憩、文化、コミュニケーション活動や運動のためのホールにあてた。四つの住戸ユニットはさらに二分割して、二人用の部屋を一階当りに八つとるという構成になっている。家族的な形式ではなく「生活の完全な共同化」を目指す寄宿舎タイプのドム・コムーナである。共同施設は別棟にしたがあえてギャラリーで結合することはせず、自然の中を通ってそれを意識し空気を満喫する方がよいという考え方をとっている。レオニドフ自身の説明によれば、「この住居は光と個々人の休憩を奪われ、自然から切り離されたバンガロー・ホテルのようなものではなく、個々人が自分を見失うことなく、しかもコミュニケーションの可能性を最大限に発揮するような小さな共同組織から成り立っており、それはさらにより大きなものへと連なるかたちをとっている」。

レオニドフのマグニトゴルスク計画はバルシチら非都市派の完全なる分散案

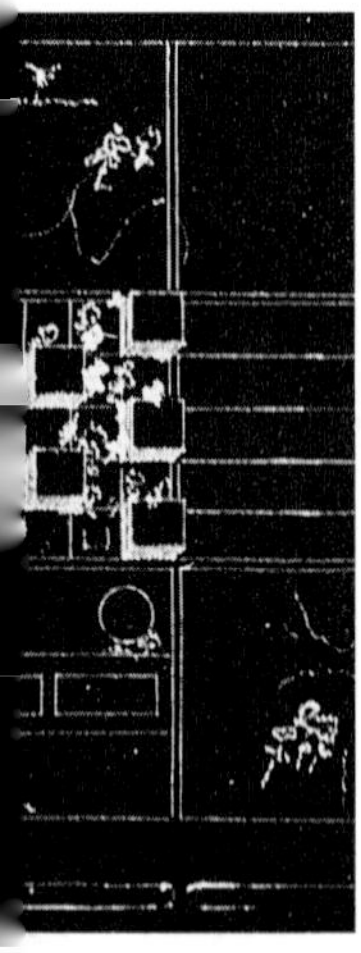

Дискуссия о социалистическом расселении
са 3 1930
пояснение к социалистическому расселению
при магнитогорском
химико-металлургическом комбинате
бригада оса
схема расположения города
организация жилой ячейки

レオニドフ［OSA］/
マグニトゴルスク・コンペ案, 1930

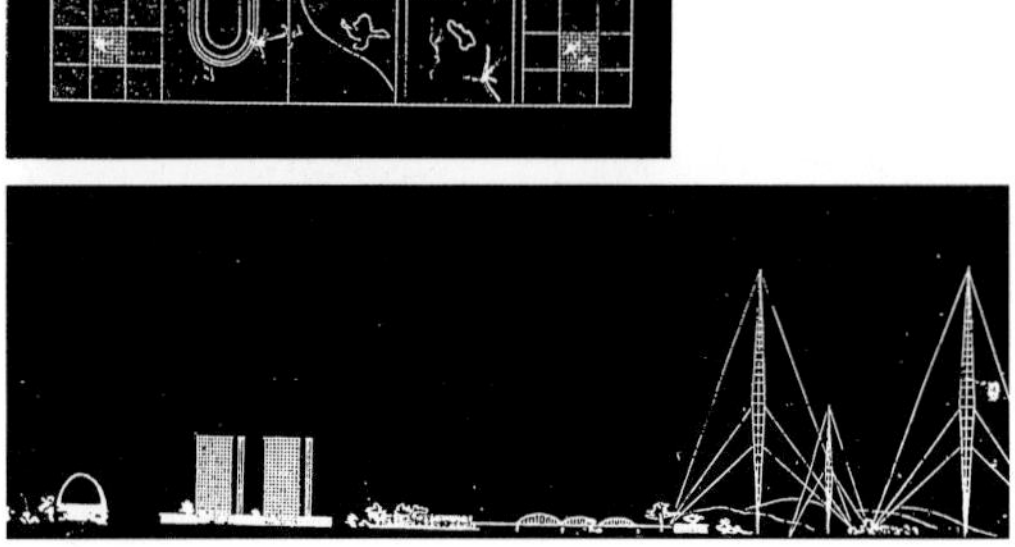

とも、大ドム・コムーナによる空間構成を目指す都市派の住居コミューンやラドフスキーらの方法とも違っている。ここではディテールはむしろ徹底的に省かれているし、ヴァリエーションも試されてはいないが——それは後述のレニングラードの学生コミューン・コンペティションやモスクワの文化宮殿や重工業省のコンペティションで追求されていく——、果てしなく延伸していくロシアの大地の上に、都市の喧騒とも田舎の退屈さとも異なったコズミックな空間が繰り広げられていく新しいヴィジョンを展開し得ている。それは「巨大なスカイスクレーパーのテクノロジーと自然主義の退行的夢想との結合」（ミケリス）であった。しかし、ルナチャルスキーとミリューチンの率いる審査団はどの案も要求に対して満足な解を見出せていないと結論づけた。ミリューチン自身の案がつくられたのはこのためである。

同時に、後にエルンスト・マイ旅団の項（十四章二節）にも述べるように、これらの計画は現実のマグニトゴルスクとは極めてかけ離れたイメージであった。何故なら「巨大な労働者のカテドラル」に変容されるべき現場の実態とは、泥や木のような前近代的な建築材料以外にはほとんど調達できず、鉄やコンクリート、ガラスなどが絶対的に不足している中でつくられた劣悪なバラックの中に、工業などに従事したこともない集団が寝起きしている、という光景であったはずだからだ。寝起きの場所をつくるにせよ、まともな意味での建設労働者はごく僅かで、農夫たちを速成の現場労働者に仕立てなければならなかった。彼らのほとんどは文盲であり、日が落ちた後に彼らに読み書きを教えることも並行的に行なわれた。ルナチャルスキーの「学校－労働」テーゼの実態である。マイは一般的にロシアの作業効率はひどくのんびりしているので、自分のモスクワの事務所の入

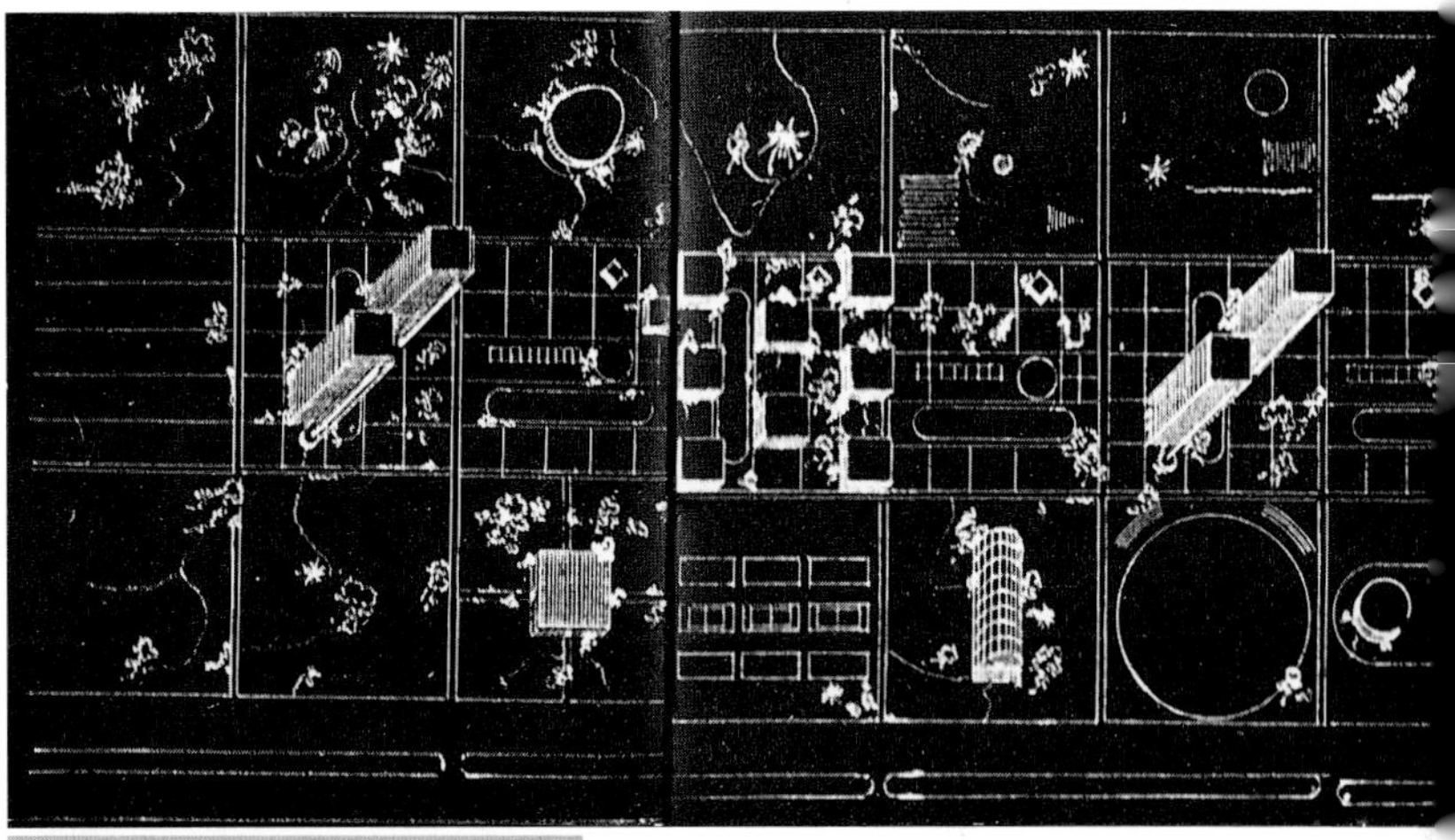

レオニドフ［OSA］/
マグニトゴルスク・コンペ案, 1930

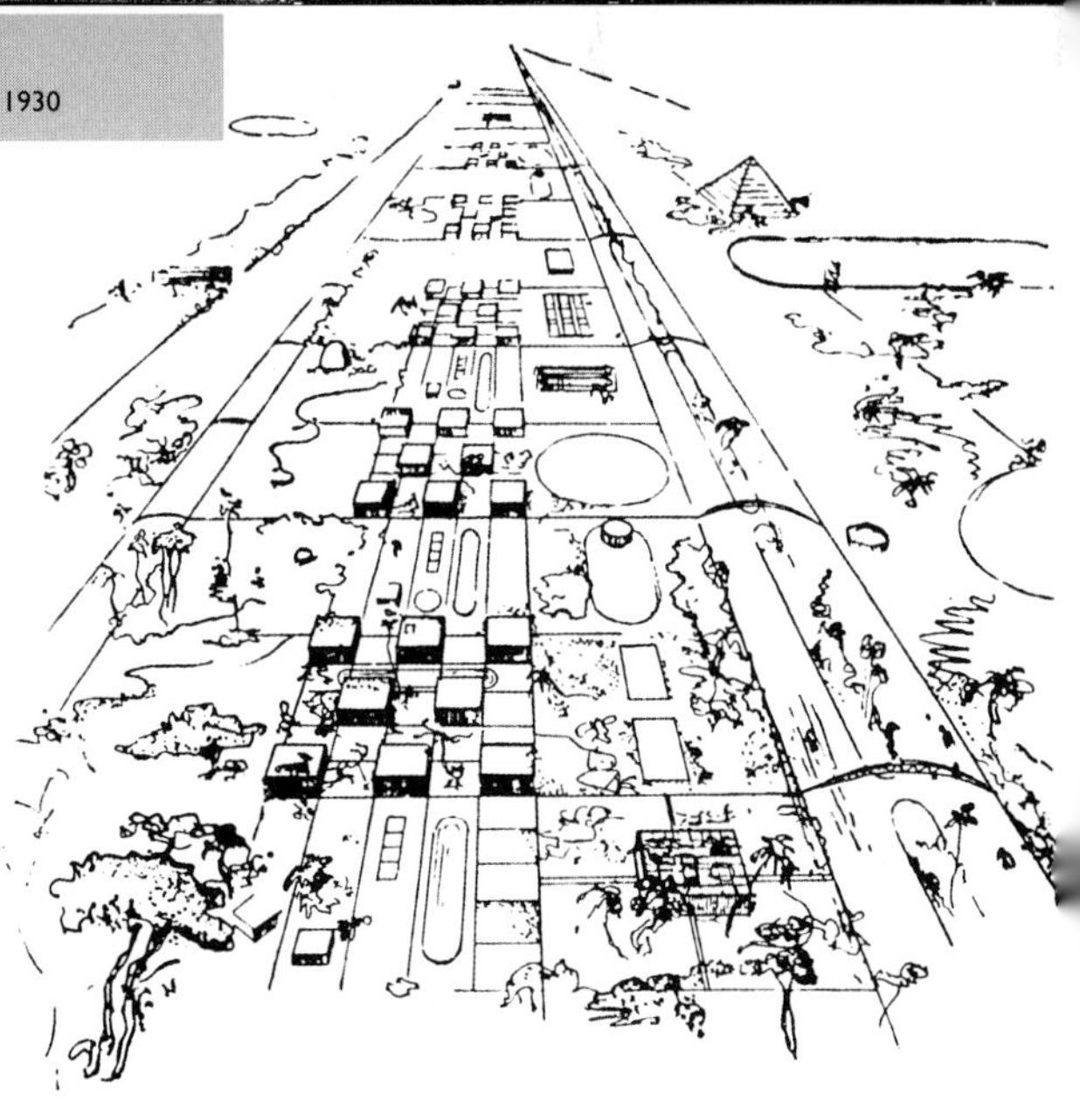

開発初期の
マグニトゴルスク

口に「明日に延ばすな！」（何をいっても、「明日」というのがロシア人たちの決まり文句であったから）というスローガンを掲げたといっている。ただし、マグニトゴルスクではそのスローガンも不要なくらい迅速な作業が進められたとはいっているが。

一九三〇年の六月、つまり十五章一節で述べる党中央の『生活様式の変革をめぐる決定』の出た直後に、コンペティションの結果とは関わりなく新マグニトゴルスクの最初の礎石が置かれる。その後も計画人口の変更などを経てLIIKS（レニングラード建築学院）のバラノフ、イヴァノフらが敷地をウラル河の右岸に移した新計画を作成、全体計画は、Giprogorでチェルヌイシェフの管轄となった。つまり、これだとマグニトゴルスク自体が各々都心部をもつ三つの分散都市になってしまう。その後のマイ旅団によるより集中的な方向への再転換などを経たが、結局現場の状況は決定的な「計画」の貫徹からは程遠く、暫定的な増殖の繰り返しというかたちで進行していった。それは「マニフェストとしての都市」という姿ではもとよりあり得ないものである。そして一九三七年になっても人口の半分はまだバラックの中に起居する状態から脱し得ていなかった。

現実性が勝ってはいるがバランスのとれた重要な建設的業績を上げたのは、西シベリヤのノヴォシビルスク（シベリアのシカゴと呼ばれたりする）である。ここではオビ河を挟んで旧都心とは反対側に、コンバイン工場を中心としたニュータウンが造営された。ウィルソンは、この都市の展開を一連のニュータウン事業の中でも「根本的に完全なる都市」だと言っている。マスター・プランはVOPRAのバベンコフ、ウラソフ、ポリャコフのチームである。新市街は二本の鉄道の中間に置かれ、工場ゾーンと住宅ゾーンは七五〇メートルのグリーン・ベルトによって隔たれている。住宅地は基本的に共同施設を備えたドム・コムーナ（四階建て）コンプレックスであり、この意味ではサブソヴィッチのヴィジョンに近いが、全体はやや線状のシェマに近い。この計画の折衷的な性格を印象づけているのは、三つのブールヴァードの二つが全体のグリッドに四五度をなす形で貫入している（バロック・タウンに特徴的なシェマだが、ミケリスはル・コルビュジエのヴォアザン計画やアメリカの都市——

VOPRAチーム
[バベンコフ,
ウラソフ,
ポリャコフ] /
ノヴォシビルスク
マスター・プラン,
1930

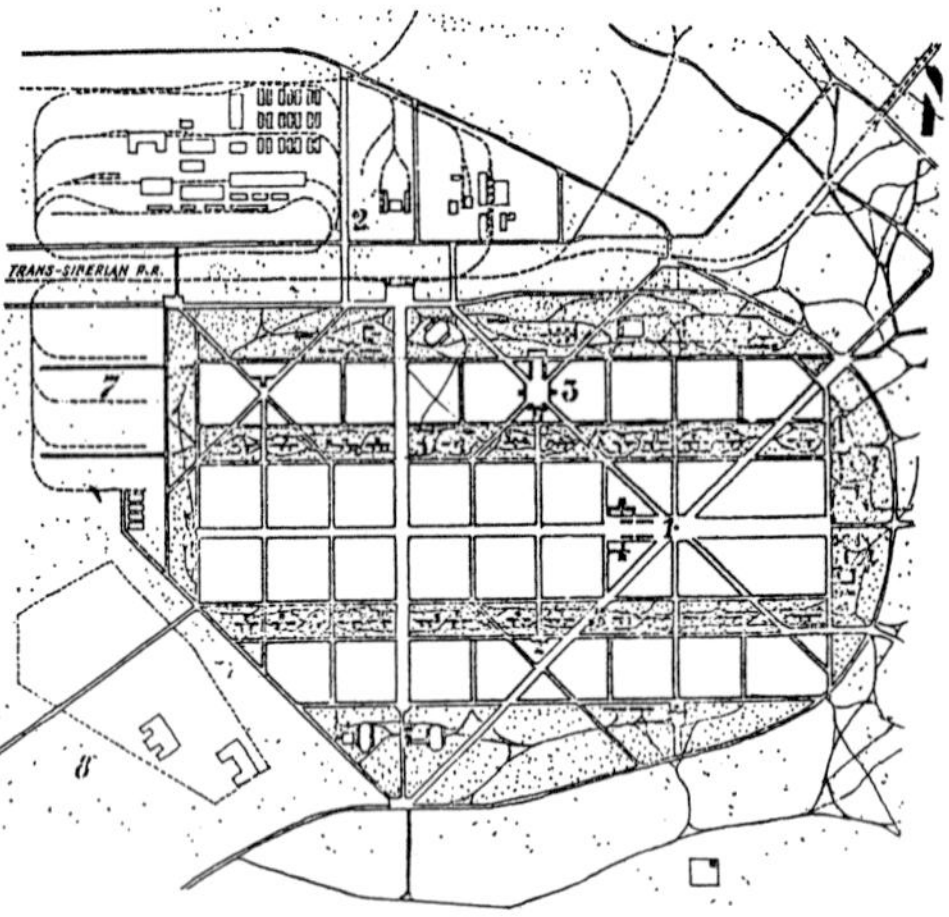

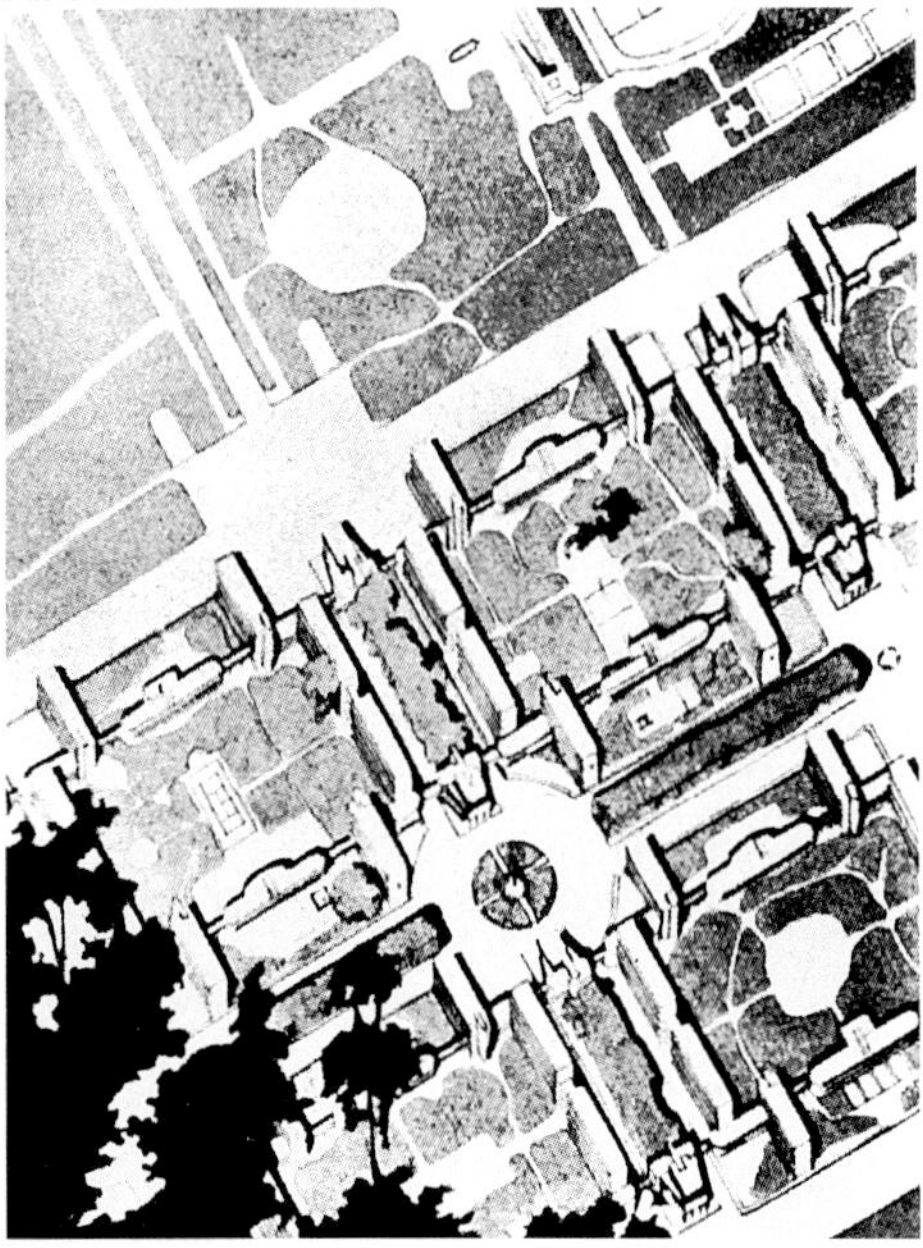

ワシントンやフィラデルフィア――からの影響を見ている）ことで、これは旧市街と新市街、二つの駅、新市街と厨房工場を各々結んでいる。全体に豊富な緑地とその中にとられたスポーツ施設群が目立っている。マスタープランナーのウラソフはつづいてその文化的中心である大劇場の設計も手がけた。

この建築の変貌については他のところで述べるが、この都市プラン自体、次のようなルナチャルスキーの社会主義都市に関わるイメージと近接した両義性をもっていると読むことは可能である。つまり、「社会主義都市の全体的なキャラクターとは、大なる多様性の下での一貫した統一性となるであろう。都市の中央広場にはあらゆる建物が再統合化されて、都市の心臓部を形成する。それは最大限のモニュメンタリティと最大限のヴァラエティをもち……」というわけだ。それはアヴァンギャルドと古典主義的ポピュリズムの間に立ち続けたこの教育人民員の典型的な言い方であり、「都市派」のシェマにも抵触はしないばかりか（「非都市派」のパステルナークなどもこの計画には注目していたと言われる）、一方では、実のところマルク・アントワーヌ・ロージェに代表される啓蒙期の古典的な都市のイメージにも（したがって後の「スターリンの都市」のそれにも）接続し得るものだった。

ヴォルガードン運河沿いの工業の集積地として造営

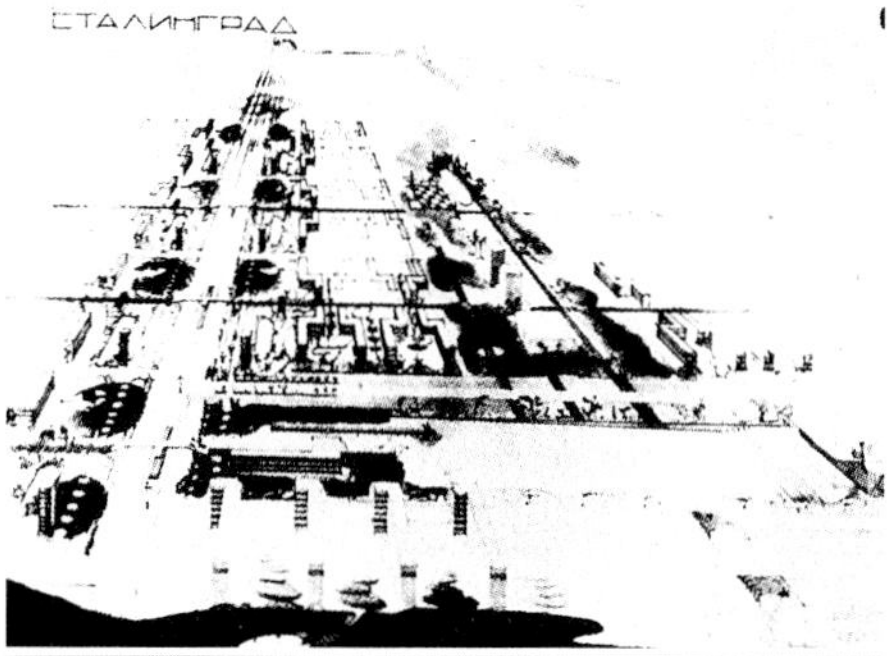

セミョーノフ＋ARU［ソボレフ, ポポフ］チーム／
スターリングラード・マスタープラン, 1929

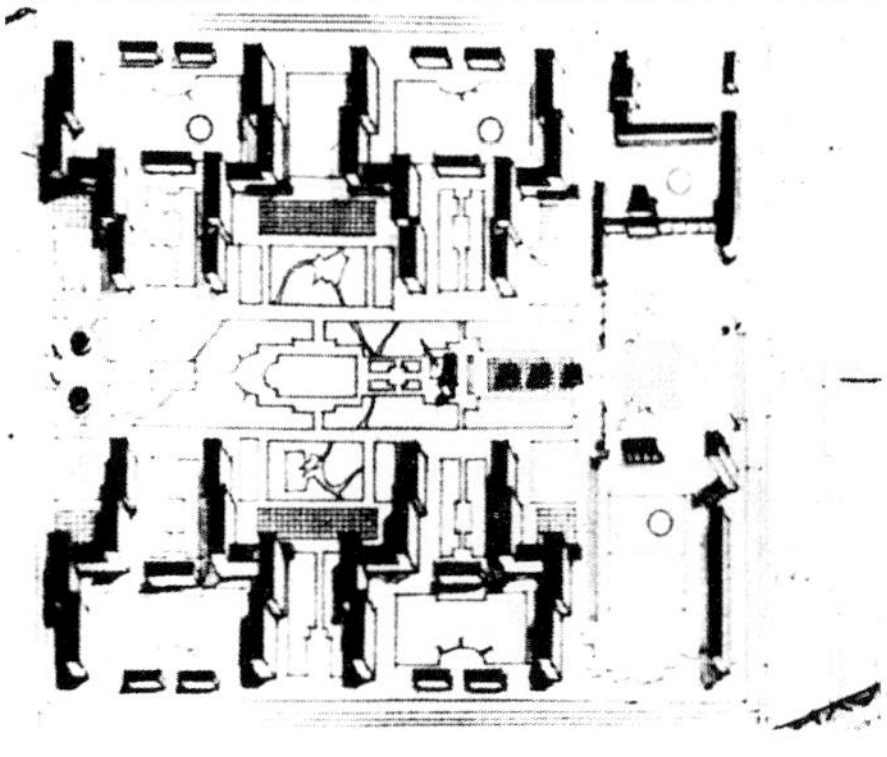

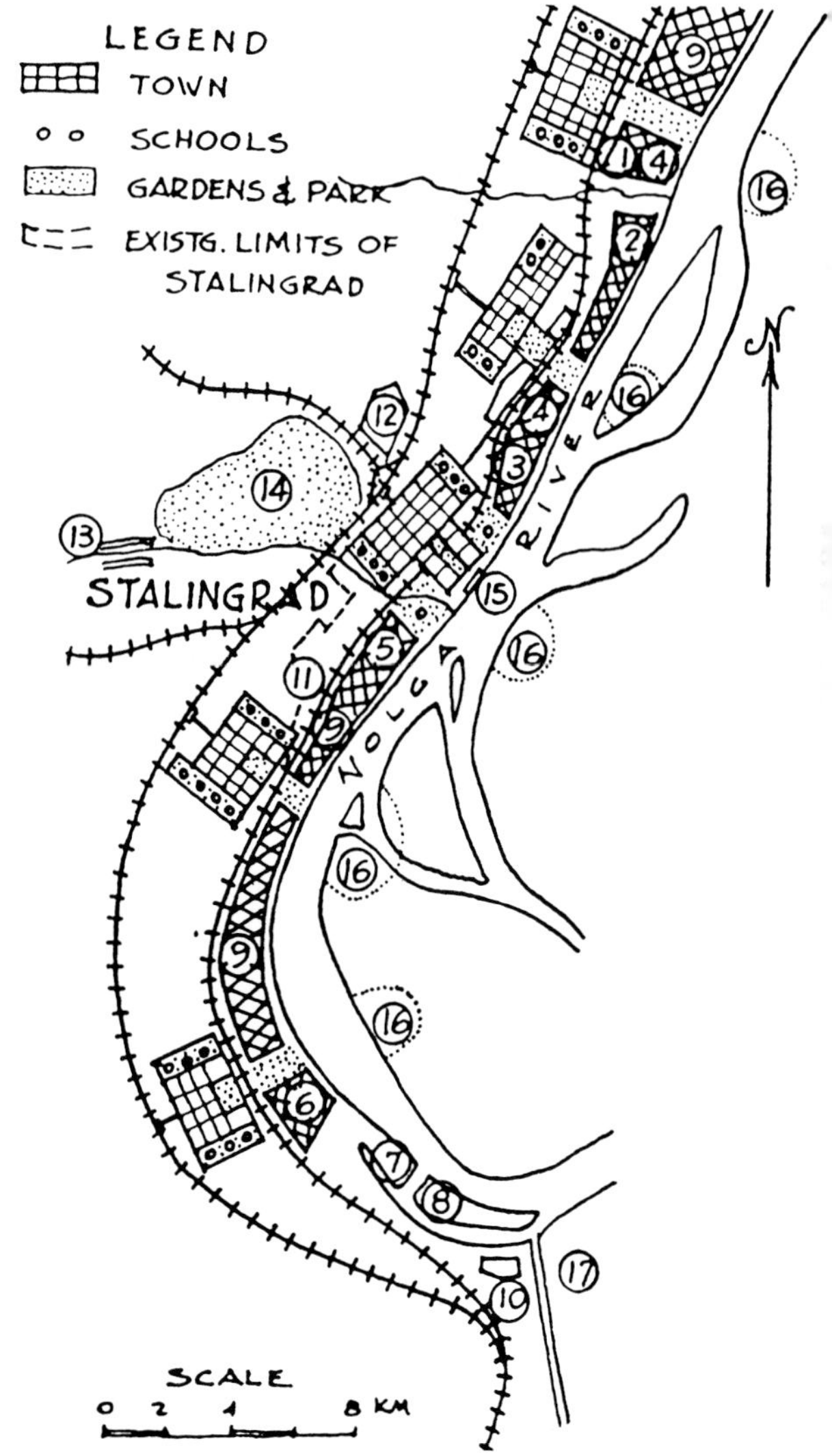

されたのがスターリングラードである。ノヴォシビルスクもそうだったが、この新都市の特徴ないし特殊条件は初期から五十万に達する、「非都市派」のみならず「都市派」や「田園都市」のイメージからしても過大な人口を引き受けなくてはならず、しかもその移植がかなり急速であったことである。ここにはすでに四〇キロ以上にわたって都市核らしいものの萌芽は存在していた。一九二九年の終わりから一九三〇年にかけてトラクター工場が建設された（うちひとつはフォードの指導によるもので、デトロイトのアルバート・カーンが計画を手がけた）ことで工業センターとしての重要性が高まり、地域を新都市として組織、構造化していく必要性が生じた。スターリングラードでは、丘陵と運河との間に挟まれた場所がさして広くなかったために線状のパターンを取ることは地理的必然だった。一九二九年にはセミョーノフがARUのソボレフ、ポポフと組んでマスタープランを作成した。このシェマは、基本的に連続して線状に発展した工場及び二本の鉄道に対して、五つの住宅地－都市部分が一定の間隔を置きながらぶら下がっていくというもので、各都市は七万五千〜九万人規模で、さらに八百、千六百、六千五百人という規模で住宅管区へとサブ・グルーピングがされている。言ってみれば線状都市シェマとコミュニティ理論に基づいた田園－衛星都市のシェマの折衷といってよい。一九三一年にマイがこの規模では各都市が独立性をもちすぎ線状シェマを分断してしまうといい、よりコンパクトな都市群の集合に分解してしまう案を提唱したが、結局計画の手直しよりも実際の人口増（一九三二年には早くも三〇万人に達していた）の方が速度が速く、いわばなし崩しの決着がついてしまうことになった。

これらのニュータウンは更地の上の新都市という意味ではミケリスの言うように「社会のコンデンサー」として興味深い実験場であったとしても、それはあくまで計画理念の上である。実際には第一義的な重要性を与えられたのは工場を中心とする生産センターであって、結局住宅地（都市）は所詮そのサポート部分でしかなく二義的な重要性をしか与えられなかったというのが実態である。当時のソヴィエトでは人はありあまっていたが、近代的工場は絶対的に不足していた。第一次五カ年計画におけるスターリン政府による後者の優先は単純な経済力学によるものであった。それは現実の政治の場では「理念」や「構想」よりも常に優先される。スターリンは、確かに「我が国の社会の建設は、労働者の生活水準の組織的改善にある」とは言ったが、それはあくまでこの順序を踏まえてのことであった。住環境にまで予算が回るのは、重工業における基盤が確立しソヴィエト経済の近代化が行なわれてからの話であった。それは資本主義の段階を経ずして社会主義革命に突入してしまった国にとっての不可避的な問題点であった。すでに五カ年計画の始まる前年、一九二七年の党大会では、住環境の問題でトロツキー、ジノヴィエフらの「左翼反対派」が労働者の（他の階級と比べての）住環境の劣悪さに対して連続的な改善を要求したのに対して、スターリンら多数派が生産重視の方針を採択していた。したがって、住環境予算の逼迫（全体予算の六・八四パーセントという水準）は五カ年計画の教書の中に書き込まれていたのである。都市計画論争は、こうしてすでに根底においては予算措置という点での方向性、及びもっと大きなところでは、左翼反対派の排除という体制における政治路線の方向性の大勢の決着のついたところでのいわば周辺での「個別」議論にすぎなかったのではないか？　だから、アヴァンギャルドの「構想」は現場ではほとんど効力をもち得なかったのだが、それは、彼らが結局体制の計算の上にのるだけのテクノクラートとはなり得なかった（事実彼らと左翼反対派は、危険なことに多くの共通点を有していた）証とはいえるだろう――リアル・ポリティクスから遊離してしまったという致命的な弱点をも含めて。

第十三章

ユートピアの風景

1　グリーン・シティ・コンペティション
2　ポスト・ドム・コムーナのヴィジション
3　イカルスの翼

1.1. グリーン・シティ・コンペティション

「都市派」と「非都市派」との論争及び間もなくその強制的な幕引きが行なわれようとしていた時期一九二九年に、重要なコンペティションが行なわれた。これはモスクワから遠く離れた場所にある工業都市ではなく、モスクワの近郊にリゾート都市を計画するというもので、「緑のモスクワ（グリーン・シティ）」と呼ばれた。首都の問題は都市計画論争が結論を見ない限りいわば棚上げにされた状態であったから、このコンペティションは、周縁でしかも補完的機能であったにせよはじめてそこに踏みいる機会を提供した。『ストロイテリッツォヴォ・モスクヴィ』誌などにはシェスタコフ・プランの見直しとかゴルヌイによるル・コルビュジエの提案（次章参照）の検討などが掲載され始めていた頃である。

このコンペティションを主唱したのは「プラウダ」である。プログラムは十万人のためのレクリエーション、文化、児童施設を備えたリゾート地区を、一万五千ヘクタールの敷地のうち一万一千ヘクタールを残しながら計画するというものであった。これは大規模とはいえ、郊外の週末ダーチャ（別荘）町の計画であったにすぎなかったのかもしれない。しかし、時はまさに都市計画論争の白熱していた時期である。主催者の思惑がどうあれ、建築家たちにとっては絶好の実験場を提供することになってしまった。

一位を獲得したのはラドフスキーらの案である。この案が最もコンペティションの要項を忠実に実行していたと言われている。ラドフスキーは都市の発展シェマを決定づけるものとして交通体系に関心をもっていたが、ここでは中央を縦貫する幹線道路から左右に持ち出されたループ上の街路を中心に、コンパクトなリゾートタウンが展開されている。この道路体系は「木の幹と枝」というコンセプトであった。このネットワークの中に、彼のチームはスポーツ施設やホテルなどのサーヴィス施設を配し、さらに様々なツーリストのためのダーチャを構想している。次節で述べるようにこのダーチャ群はそれ自体として興味を惹かれるものだが、全体としては穏健な案というべきだろう。

ARU（アル＝都市建築家同盟）からはラドフスキーに加えてフリードマンも案を応募している。これは同じように全体の配置シェマに腐心したものだが、ラドフスキーのよりもはるかにシステマティックではなくもっとピクチャレス

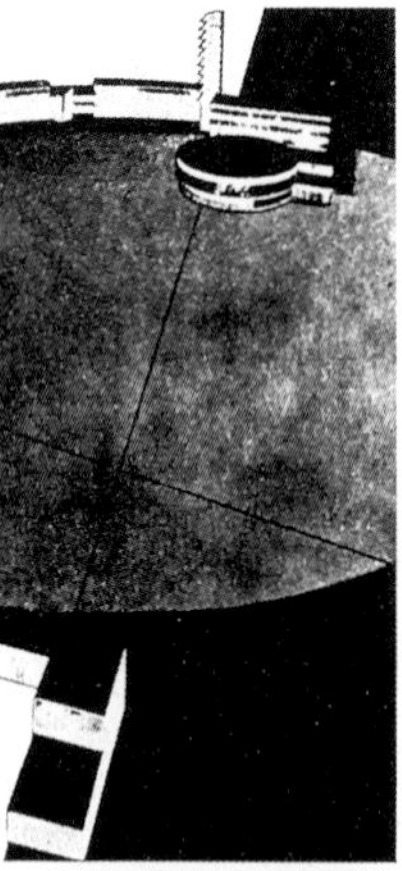

ラドフスキー [ARU] / 緑のモスクワ・コンペ案, 1930

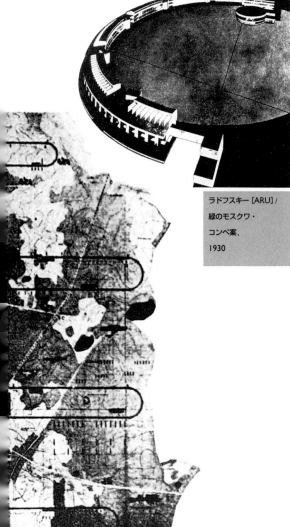

クなパターンをとっている。一種のアースワーク的な趣がないでもない計画である。建築的にも、中央を階段が貫いてその両脇に個室を並べたものを、さらに上下に積んだホテルの計画など興味深いものが見られる。彼の案では後述のギンスブルグ案と並んでプレファブリケーションも取り入れられていた。

このような案に比べてはるかに「異様」な案がメーリニコフのものである。フレデリック・スターは、逆説的なことに個人主義者メーリニコフの案こそ最も共同主義的なものであったと述べている。事実、メーリニコフの案にあってはあらゆる部分が社会的、共同主義的な意味合いを与えられている。全体としての社会的、都市的プログラムとしてはこの計画は決してラディカルではなく、むしろ疲弊した都会の労働者に休憩を与えるというコンペティション本来の主旨に従った「改良主義的なもの」（スター）にすぎず、後に述べるギンスブルグらのように、この計画を都市解体のパラダイムにしてしまおうなどという目論見がメーリニコフにあったとは思えない。

しかし、個々の部分を見る限りにおいて、これは最も風変わりな計画のひとつである。人々がここに電車で到着してからの行動パターンがいささか滑稽なほどに厳密なかたちで定式化されており、彼らはほとんどベルトコンヴェアに乗っているようにこのリゾートタウンで「休息」を生産される。域内交通として設定された電車によって、人々は中央の大きなホテルか周辺部のコッテージに導かれるのだが、この大ホテルはフーリエ風のコリドールをもつもので中央に洗濯や着替えのためのブロックが設けられているが、その両側に大ベッドルームがある。ここでは個人と集団との間の奇妙な調整装置（？）として意図された植生やネット、ガラス・スクリーンなどが設けられている。つまり、単なる大部屋でもなく、ましてブルジョワ的なホテルのように（？）小部屋の集合でもない、というわけだ。この寝室部分は固定のベッドが並べられているが「枕の必要をなくすために」床が傾いている。端部にはコントロール・ブースがあり、温度、湿度、気圧、香り、新鮮空気などの環境条件をコントロールしている。それに加えて、睡眠を深めるために葉ずれの音や波の音、音楽や詩なども流される。これは睡眠療法や睡眠中の学習効果などが研究されはじめた当時の科学情報を、メーリニコフが聞きかじったことによっている。メーリニコフによるなら、この建物は「睡眠のソナタ」だということになる。現在的観点からすればあながちそうとも言えないにせよ、当然このヴィジョンは滑稽かつ前科学的と評された。ある意味でこれは生産主義のカリカチュ

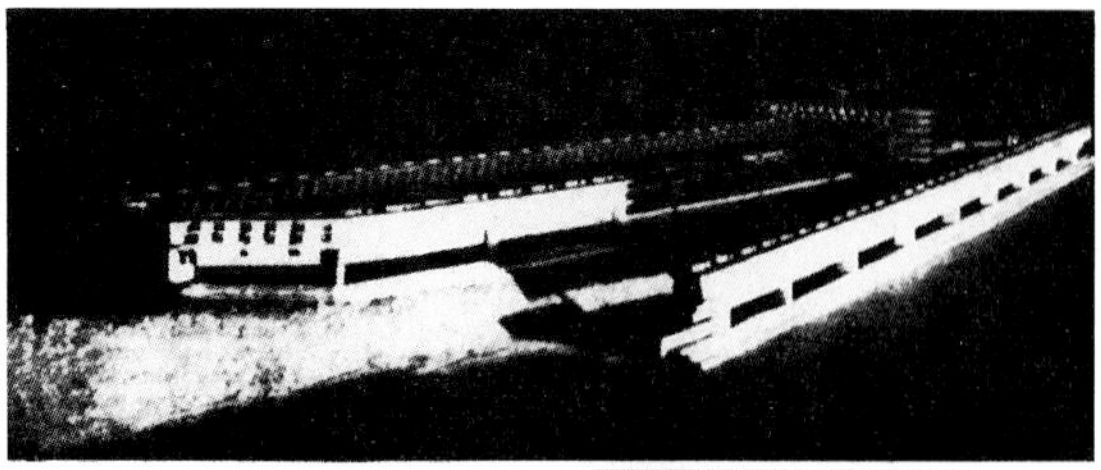

フリードマン［ARU］/ 緑のモスクワ・コンペ案, 1930

フリードマン［ARU］/ 緑のモスクワ・コンペ案, 1930

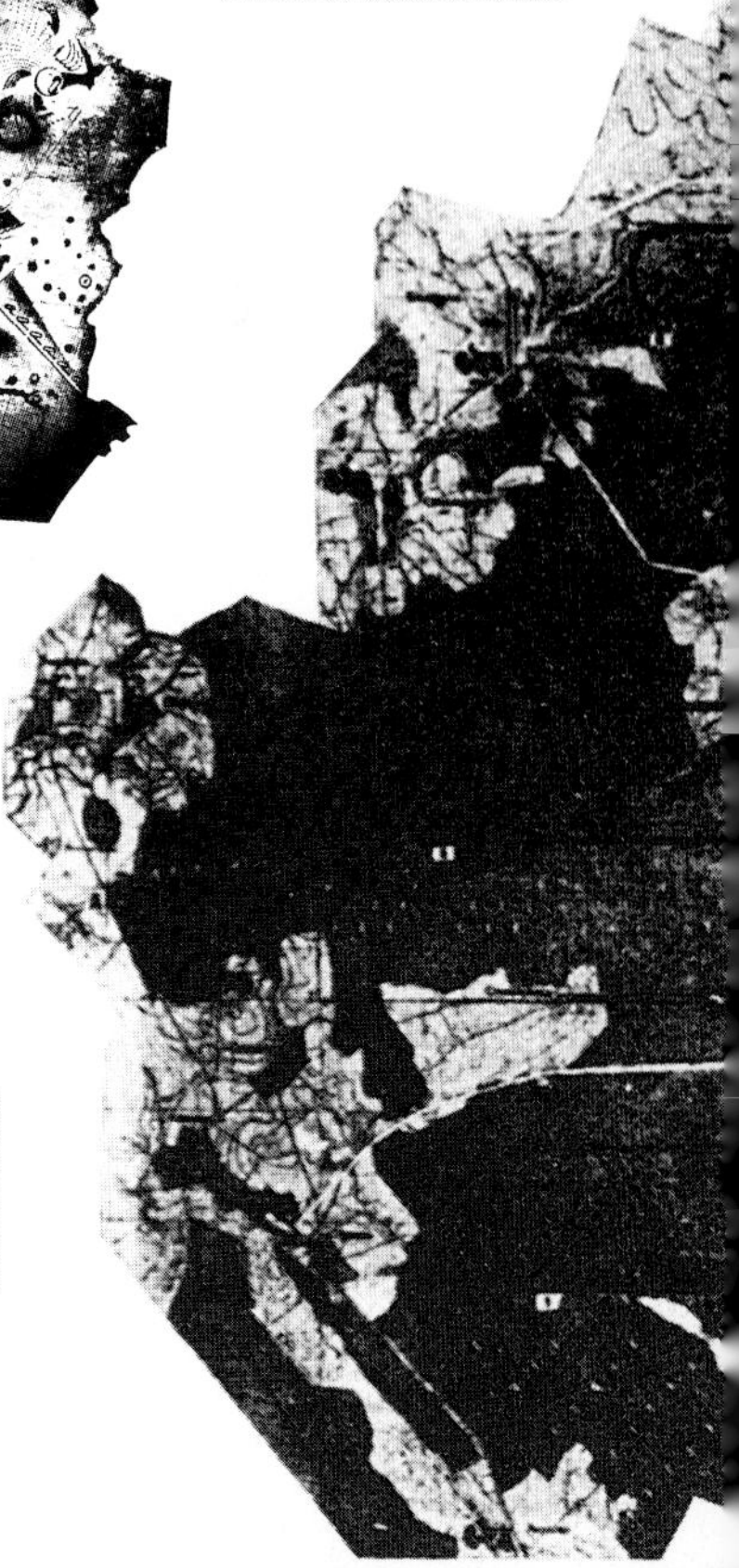

ラドフスキー［ARU］/ 緑のモスクワ・コンペ案, 1930

ア的裏返しであったとすら言うことができる。グリーン・シティには、これもフーリエ風に動物が放し飼いにされ（配置図に描き込まれている。――象すらも！）、森も日影をつくり出すように注意深く刈り込まれているが、その間のオープン・スペースにはソーラー・パヴィリオンが設けられたり、また風力エネルギーの装置なども考案されている。街の中央には「人間のフォルムを変えるための研究所」が設けられる。カンパネッラ風の、いわばお定まりのユートピア・ヴィジョンである。

このメーリニコフの案が気まぐれな個人的ヴィジョンに基づいていたのに対して、ギンスブルグらはこの機会を「非都市派」の理論の実践に改変してしまった。都市が騒音や埃、光の不足などをもっている限りにおいては、休憩のための緑の都市を田園の中につくることは不可欠であろうが、それは都市が既存のままである場合の、つまり「資本主義的な古典的矛盾と言うべき二重性」の現象であって、社会主義的なやり方とは都市そのものを解消することなのだ、と言うのである。この言明の背後には、ただ週末のための緑の都市をつくるだけでは、首都の人口は一層増加し、前者はそれを補完することにしかならない。ここで首都改造へののろしを上げておくことが絶対的に必要であるという意識が働いていたに違いない。実際に、"SA"（エス・アー＝現代建築）誌一九三〇年一、二号に発表されたバルシチとギンスブルグのテクストには、現在モスクワの人口は二百

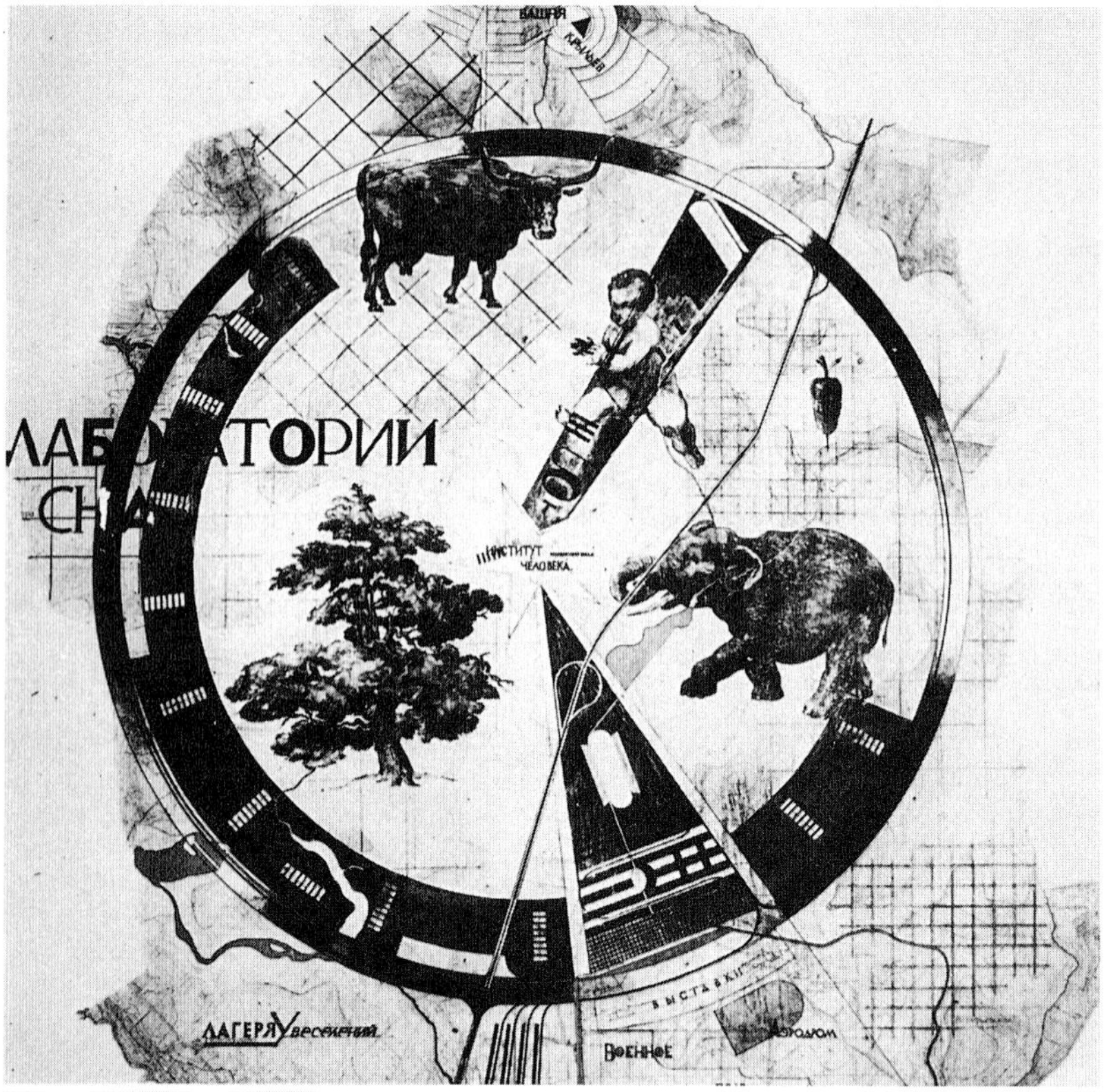

メーリニコフ/緑のモスクワ

コンペ案, 1930

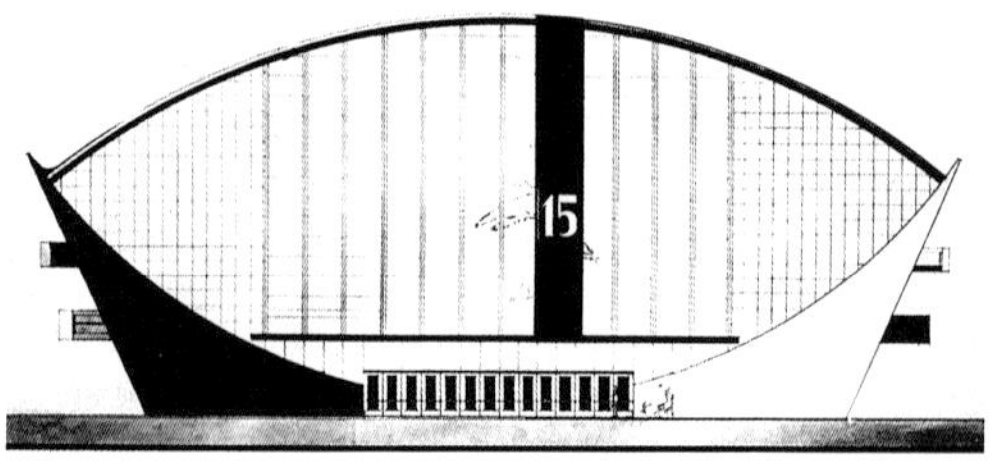

万だが、このまま増加し続ければ、既存の緑地も食いつぶされるに違いないと述べられている。こうした観点に立てば、そもそも休息のための都市というかたちで他の（通常の）都市から特化されるべきものはなく、すべての都市は同様に非都市化されることになる。したがって、この計画は、モスクワが分散の中で徐々に休憩のための中央公園に変えられていくためのモデルとなる。モスクワにあっては既存の構造物には最小限の資本投資にとどめ自然に消滅を待つとし、クレムリンなどの特徴的な部分だけは手を入れて残す。それ以外は大公園の中に行政、高等教育機関、サーヴィス施設、コンサート・ホール、スタジアム、プール、動物園、植物園などが残され、モスクワの最終的な人口は、その行政－文化の中心としての価値は保持しながら十万人程度まで落とされる。つまり、これはただの週末都市の提案ではなく、やがて行なわれる首都モスクワ改造計画へのあらかじめつくられたラディカルなオルタナティヴなのだ。彼らのことばを借りれば、それは「最も経済的」なモスクワの再建であり、「最もラディカルであると同時に現実的」な計画ということになる。

ギンスブルグらの案で興味深いのは生産第一主義からの脱皮が見られることで、生産の原理を消費に機械的にあてはめることは危険であると——おそらく

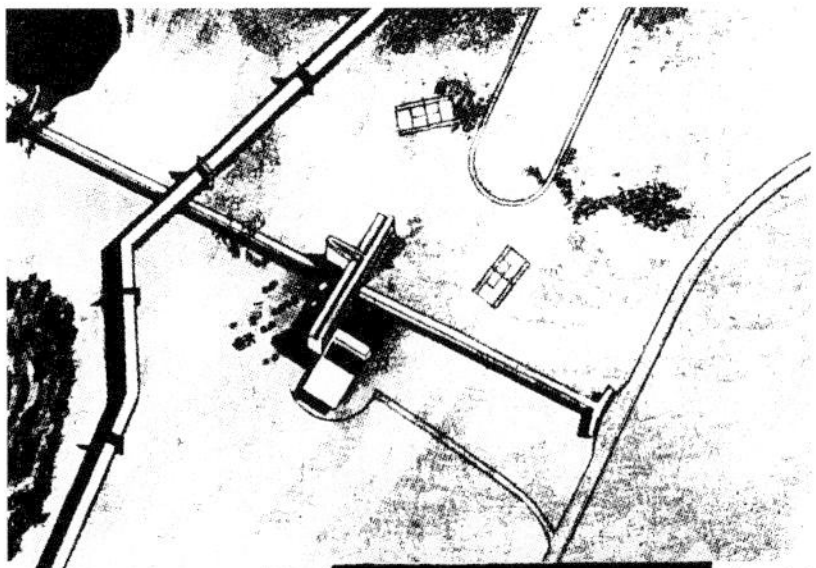

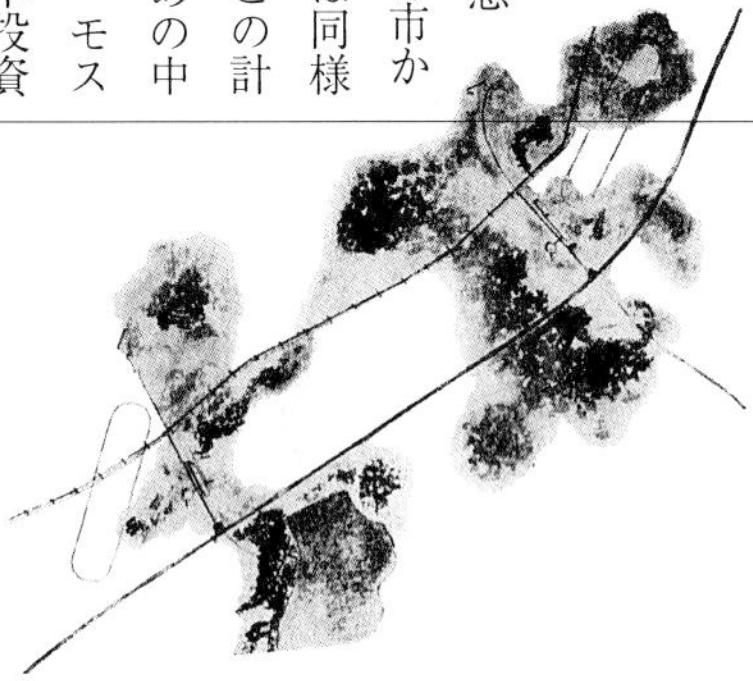

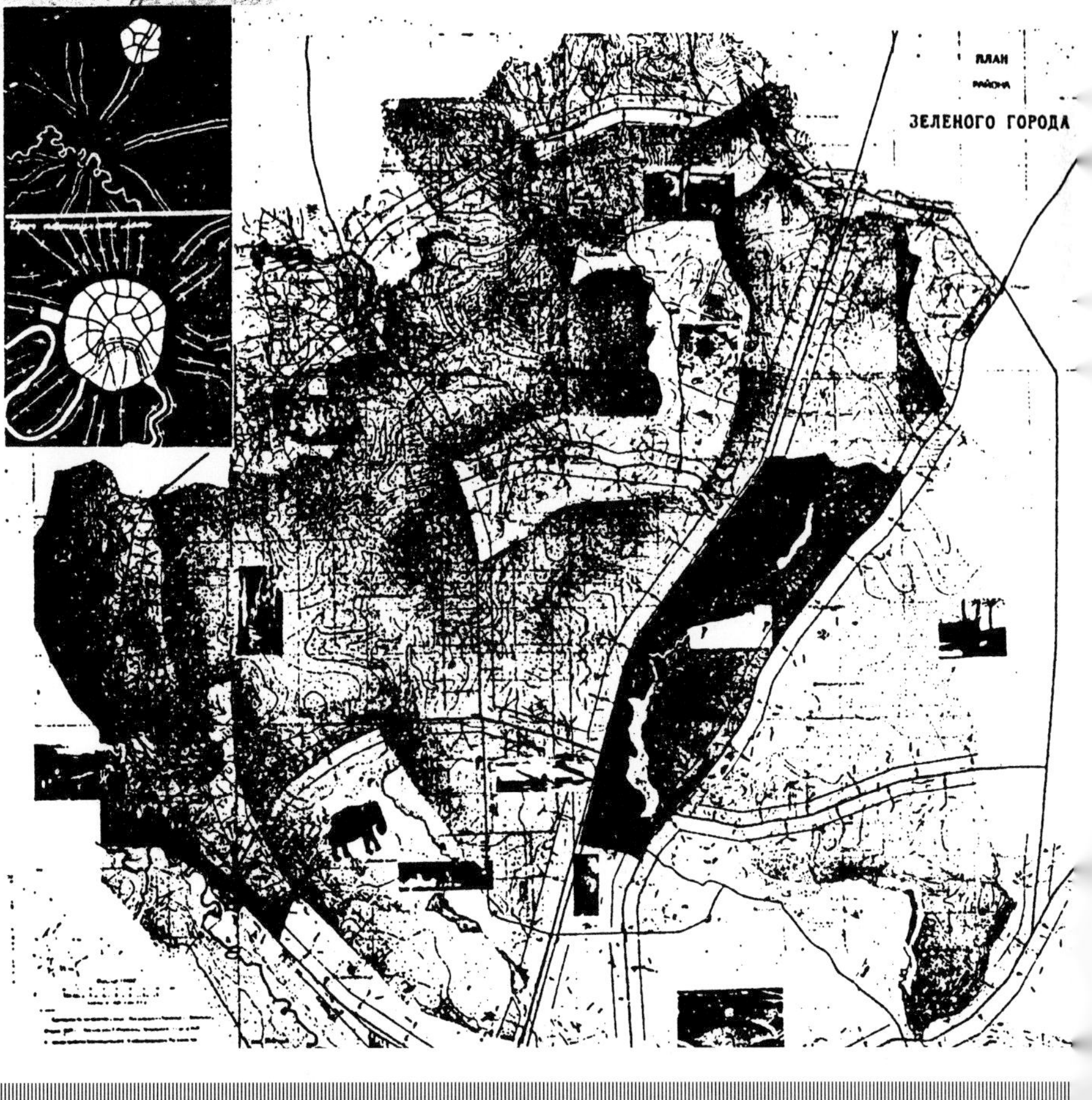

バルシチ，
ギンスブルグ［OSA］／
緑のモスクワ
コンペ案，
1930

クズミンやラリンを念頭に置きながら——明言している。つまり生産は物質的、標準的、画一的、非個人的であるのに対して、消費は多様的、特殊的、個人的であると言うのである。このテーマをこの時点のギンスブルグらがかたちとして表現し得たかどうかはともかくとして、ここで彼らがブルジョワ個人主義との闘いとは個人性を無に帰せということではない、と明記していることは注目に値する。

彼らはこの対象地の既存の軽工業や林業、農業などを効果的に利用しながら、菜園や果樹園、さらに製粉場、レストラン、メンザ（簡易食堂）などを再配分、ネットワーク化しながら、食糧供給サーヴィス網や学校網を、当然ながら線状シェマが基本に採用されている住宅ゾーンに絡ませ、その間に公園、行政センター、スポーツ・センター、社会教育センター、文化センター、展示場、動物園などを配している。

これらのプロジェクトでは、緑の中に置かれたいくつかの社会施設のデザインにも増して、ある意味で最も重要なのは住居セルである。何故ならそれが次節で述べるポスト・ドム・コムーナの原型となり得るものであったからだ。プログラムからして、ここではドム・コムーナ型のものは問題にならず、ダーチャ風の小屋（シェッド）が考えられなければならなかったわけだが、とりわけギンスブルグらのよう

緑のモスクワ・コンペ案，OSAチームの住居セル，1930

緑のモスクワ・コンペ案，メーリニコフのソーラー・パヴィリオン，1930

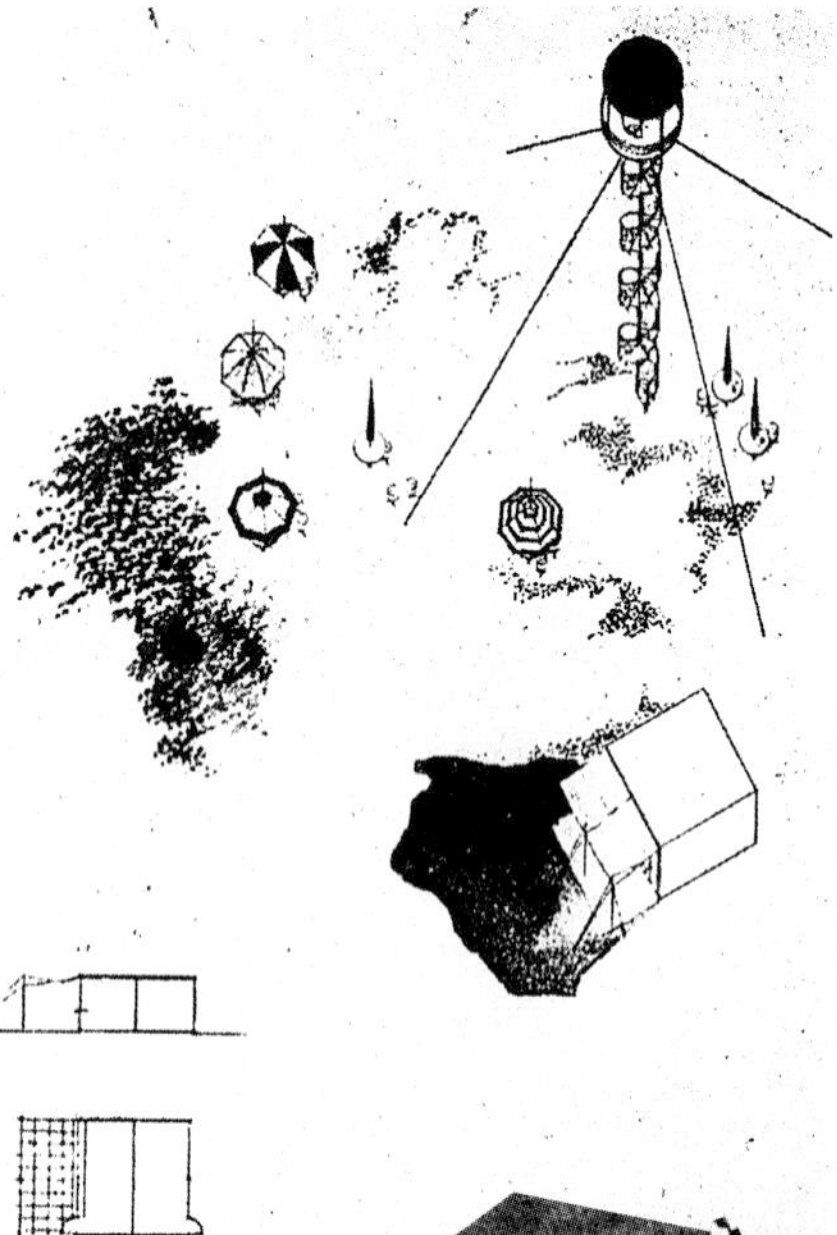

緑のモスクワ・コンペ案，OSAチームのツーリスト・インフォメーション 1930

緑のモスクワ・コンペ案，ラドフスキーのシェッド，1930

緑のモスクワ・コンペ案，カルムイコフのシェッド，1930

に、これを単なる週末の余暇都市というのではなく社会主義都市のモデル・タイプだと考えるなら、その住居もまた別荘ではなく一般の住居モデルとしての意味を獲得する。そこでは空気と天地と太陽との最大限の接触可能性が求められている。ラドフスキーらの案のシェッドには、これも次節の主役の一人でラドフスキーの門下であったカルムイコフによる、合理主義的なイメージからはずいぶんと隔たった風変わりなシェッドのヴァリアントがあるし、メーリニコフのも一種のソーラー・ハウスの原型として興味深いが、最も体系的なのはそれをSTROIKOM（ストロイコム＝ロシア建設委員会）チームの仕事の延長上に位置付けたギンスブルグのチームのもので、これは実際にモデル・ユニットが建設された。彼らの考えたセルの全体はドライ・コンストラクションで容易に組立て、解体ができる。セルは一人当り一二平方メートル（五四平方メートル―階段、バス、トイレを含む）で、共同住宅のものより大きいこの数字を維持することは、衛生的にも感性的にも非常に重要だとギンスブルグらは述べている。セルは二つの側面から採光をし、アコーデオン窓を引くと屋根付きのオープン・テラスともなる。それはまた横にいくつでもつないでいくことも可能であり、それが男女のセルであれば、絶対的に自発的な二人の人間のつながりを保証するものともなる。こうして「人間の個性を無限に延ばしていくこと」が「社会主義社会を性格づける最も高度なプロセス」であるというわけだ。この仕事には「社会主義的建築様体」部門でのギンスブルグらの作業が並行しており――それは本来人口分散計画と連動した研究プロジェクトであった――様々のタイプのセル・ユニットが計画された。STROIKOMユニットと違うのは、あくまで単独でも成り立ち得る（もしくはつくり得る）ユニットとして考えられている点である。

これらのプレファブ標準エレメントによる住居には、すでにいくつかの先例があった。たとえば、一九二四～二六年にはイヴァノヴォ－ヴォツネセンスクの「標準」行動協会によるプレファブ木造住宅（デザインとしてはまったく伝統的なもの）がつくられているし、一九二〇年代の末には様々なブロック造の実験なども行なわれていて、一九二九、三〇年にはハリコフ、一九三一～三三年にはクラマトルスクでそれを用いた住宅団地もまたつくられている。グリーン・シティは結局一等に選ばれたラドフスキー案をもとに建設が着手された。他の案も住戸ユニットとしてはその中に建設されることになった。モスクワからのアプローチ道路も延伸され実際に住戸のいくつかは建てられ始めたのだが、それ以上に進むことはなかった。流れは決定的に変わってしまったのだった。

2. ポスト・ドム・コムーナのヴィジョン

「グリーン・シティ」コンペティションで現われてきたようなタイプの住居セルは、ギンスブルグのチームとしてはSTROIKOM（ストロイコム）とはまた別にロシア共和国のGosplan（ゴスプラン＝国家計画委員会）でスタディされていたものである。地域計画―「非都市派路線」が目に入ってきて、STROIKOM的なドム・コムーナ路線からの転進が見られたというわけである。このような標準ユニットの場合、ともすれば画一的な箱に陥りやすいわけだし、ギンスブルグらの場合はあくまで技術的なアプローチ（基本的に木のフレームに樹脂系のパネルによるが、地場の材料に応じたヴァリエーションを想定していた）という色彩が濃厚だが、それを克服して新しい「個性」の表現を見出そうとする試みが同時期に見られ始める。そのひとつはレオニドフとそのVKhUTEIN（ヴフテイン＝国立高等芸術技術学院）での学生たちの、レニングラードの学生コミューンのコンペティション・プロジェクト（一九二九～三〇年）である。このコンペティションには幾人ものレオニドフの学生が応募していて内容も一律ではないが、どれもドム・コムーナ型とは違っている。明らかに「非都市派」的な文脈に則っているこれらの案は、ドローイングのスタイルに至るまでほぼ完全に師のそれを踏襲したもので、レオニドフ自身の個性が前面に出ている。彼自らがそれらに対する短いコメントを書いていることからもそれは知れるが、そこでは簡潔な要点のみが取り上げられている。

クズミン［VKhUTEIN＝指導レオニドフ］/学生コミューン・コンペ，レニングラード，1929-30．

「住居コミューンについてはいまだ十分な解決が与えられてはいない。ホテルのようなタイプの踏襲では新しい社会の要請に応えられない」。これらの学生たちの計画が留意しているのは、(a)新しい社会構造のシェマ、(b)コミューンの建築的組織の原理である。多くの計画ではコミューンを一〇～五〇～百人といった単位で再分割しており、個々人の寝室、休憩室、スタジオ、共有室、サーヴィス、そして映画・集会・会議・運動・大衆劇などのための中央室から構成されている。そこで追求されている目標は、

(一)住戸を人間の限定されたグループを基底として組織すること。一日のリズムを秩序だて、不必要な混雑、密集は避けること。
(二)自然との関係はあらゆる類の中庭を廃し、建築は四面的な組織を行なうこと。
(三)生活とメンバー相互の関係の最大限の自由。
(四)コミューンのメンバー間の同居の計画化の結果としての生活のトーンの組織化、などであるとしている。これらの原理はより大きな次元での住居ブ

ロックの計画に関しても有効であると述べられているから、これらは一種の都市ないし共同体のモデルとして考えられていることがわかる。案は一戸建て、低層、高層と多彩だが、いずれもレオニドフのマグニトゴルスク計画で登場するタイプである。案としてもクズミンのピロティの上にのった二階建ての円形住居や、パヴロフ兄弟のグリッドの中で住戸と中庭をとっていくという――戦後の計画には類例がいくつかあるが、この時期では稀な例である――案などはとりわけ魅力的である。

レオニドフ自身のプロジェクトがそうであるように、これらの計画案は構成主義的な複雑な、ないし緊密な幾何学的構成――機械にモデルをとった――ではなく、ごくシンプルな構成でありながら生産第一主義が陥りやすい画一性から自由であることが注目される。それはデザインとしてそうである以前に、そこに仮定されている居住者のイメージからしてそうなのである。彼らはもはや厳格な組織された共同体に組み込まれているというよりは、共同はしながらももっと自由な連合関係（アソシエーション）にある。その意味でこれらが前提にしているのは、明らかに生産主義的な段階の社会の次に来るべきものである。もちろん当時のソヴィエト社会が生産主義の段階にすら達していなかったことは確かであり、したがってこれらの案に対するレオニドフの案が、現

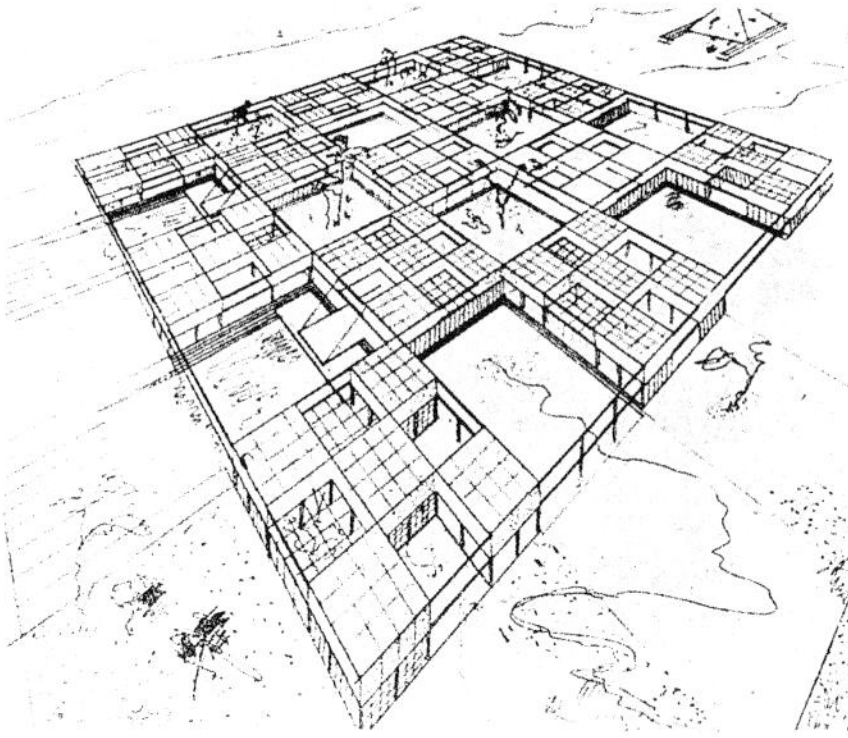

パヴロフ兄弟 [VKhUTEIN＝指導レオニドフ] / 学生コミューンコンペ, レニングラード, 1929 - 30

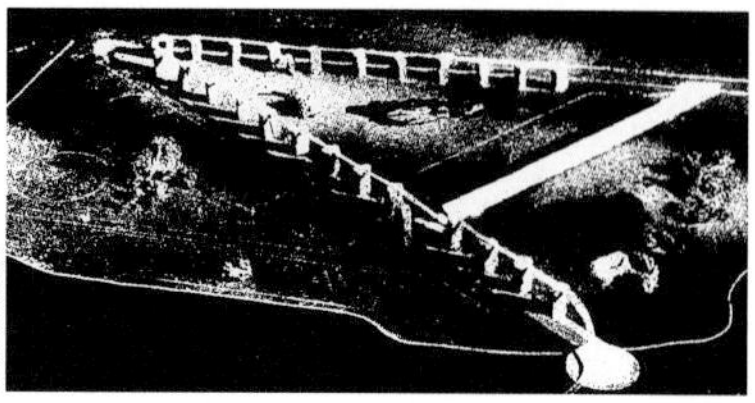

ピャンコフ [VKhUTEIN＝指導レオニドフ] / 学生コミューン・コンペ, レニングラード, 1929 - 30

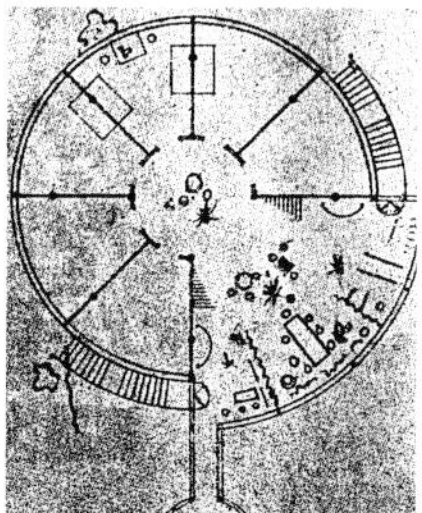

クズミン [VKhUTEIN＝指導レオニドフ] / 学生コミューンコンペ, レニングラード, 1929 - 30

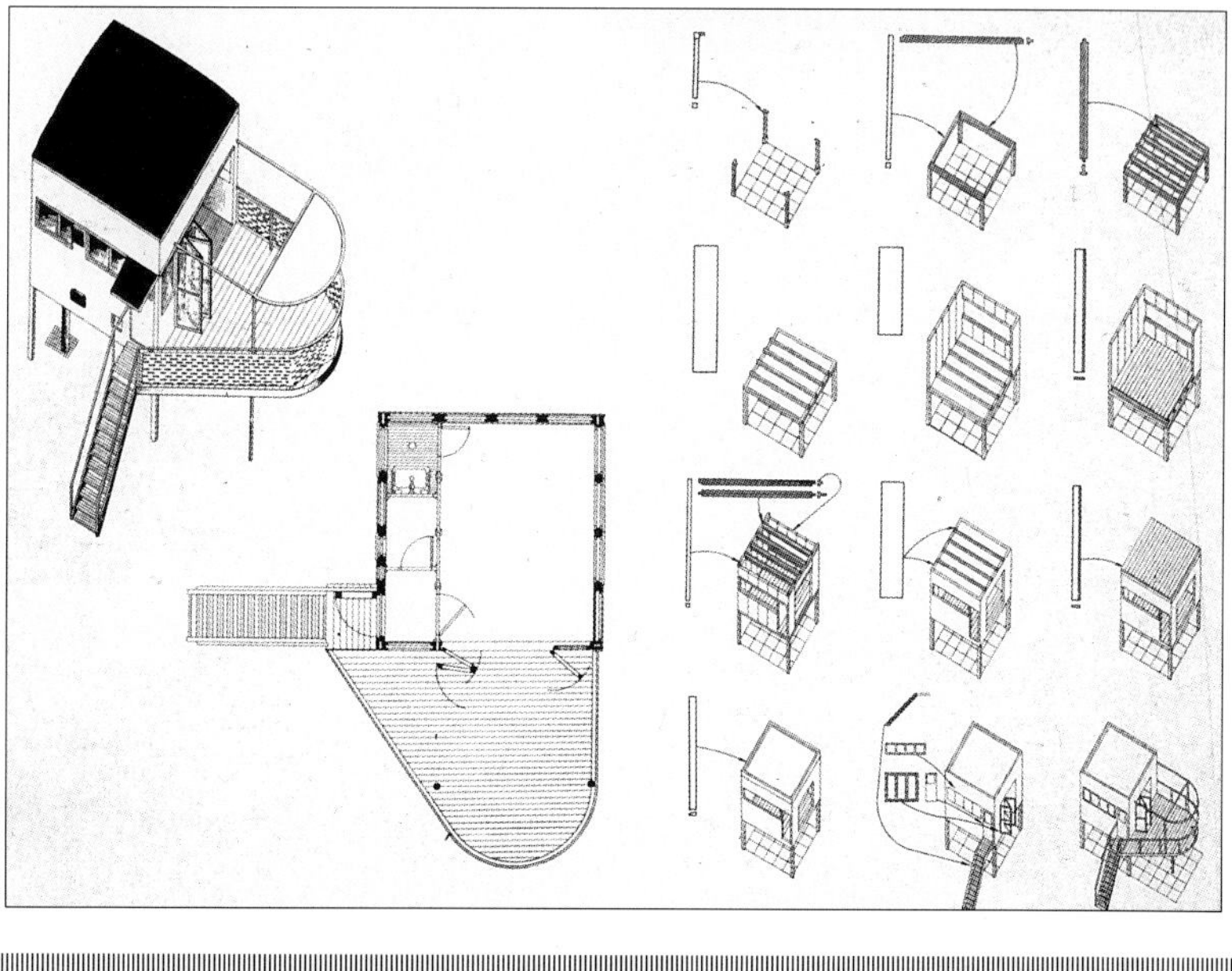

ギンズブルグ・チーム / 住居セル・スタディ

実遊離という咎めにはそれなりの正当性があったことは否定できないが、この矛盾はある意味で資本主義の段階を飛び越して社会主義化しようとするソヴィエト体制そのものの矛盾でもあり、単に若い建築家たちの現実離れとばかり言うわけにはいかない。いずれにせよ「非都市派」の主張一般と同様、彼らがこうしたヴィジョンを遠く将来においてでしか現実的ではないと考えていたのではなく、かなり近い時期に実現可能だしまたそうしなければならぬと考えていたことは間違いない。

これらの計画案は必ずしもレオニドフの周辺のみに限った傾向を示しているわけではなく、クズミンの円形住居のようなものは他にも類例が見られる。同じVKhUTEINのA・ヴェスニン・アトリエの、ソロコフの計画した湯治場のホテルのデザイン（一九二八年）も、円形の宿泊ユニットが一本脚のピロティの上に載っていて、カラ傘のような屋根がかかっているというものである。グリーン・シティ同様に、この場合も生産ではなく余暇、つまりフリータイムの新しい居住イメージのパラダイムを提供していることに注目しておくべきだろう。そのグリーン・シティのギンスブルグらの案にも、夏と冬のツーリスト小屋と題されたものに同じ一本脚の物見台のようなものがある。これらでは近代建築一般がもっていた重力への抵抗＝大地からの離脱というモチーフが、

ソロコフ [VKhUTEIN＝A・ヴェスニン・アトリエ] / 湯治場ホテル計画, 1928

ブーニン [VKhUTEIN＝ラドフスキー・アトリエ] / パラボラ型住居計画, 1930

ブーニン, クルグロワ/
カザフスタン地方の住宅計画,
1929 - 30

生産行為＝日常生活からの離脱というかたちに翻案されていることになる。

同じグリーン・シティ・コンペティションのラドフスキーの案の中でのパラボラ型のドームの載ったツーリスト小屋や、ラドフスキーの学生カルムイコフによる円錐屋根が載ったそのヴァリエーションとしての計画はすでに言及したものだが、同様なパラボラ型デザインではやはり、VKhUTEINのラドフスキー・アトリエのブーニンが洗練されたデザインを残している。この計画は後述のカルムイコフによるものとは対照的に北方の地方を想定した計画だが、ピロティの上に五層の共同住居が積層され最上階にガラスのドームがかかった体操場が載っている。またブーニンはカザフスタンを想定して一種のテラス・ハウスを計画している。これは断面的にも平面的にも三角形を組み合わせたもので、レオニドフらと同じ意味で個人主義的というわけではないにせよ、従来のドム・コムーナとは異なったタイポロジーが構想されていることは間違いない。カルムイコフでは南部の都市チャルジューイのコンペティションでもパラボラ・ドームの住宅が計画されていていかにも砂漠地帯に相応しいセルのデザインになっている。そのカルムイコフのキルギス地方の遊牧民（ノマド）のための様々な住居タイプのデザインには、明らかにメーリニコフの自邸のデザインの直接的な影響を見ることができる。

メーリニコフのこの住宅のデザイン（五章二節参照）は、すでに述べたようにアヴァンギャルド主流のそれとは大きく異なっていた。円筒形住居の計画はすでにメーリニコフでは一九二二年のスケッチにあり、円筒は彼が好んで用いたモチーフだったが、構成主義者たちの矩形好みと違ったというだけではなく、煉瓦積みに木造床という旧来のテクノロジーによっていることや、異様な窓といい、どの点からいってもこの住宅はモダニズム的ではなかった。少なくとも出来上がったときには、それは進歩主義的なアヴァンギャルドの路

カルムイコフ［VKhUTEIN＝ラドフスキー・アトリエ］/キルギス地方の遊牧民住居計画

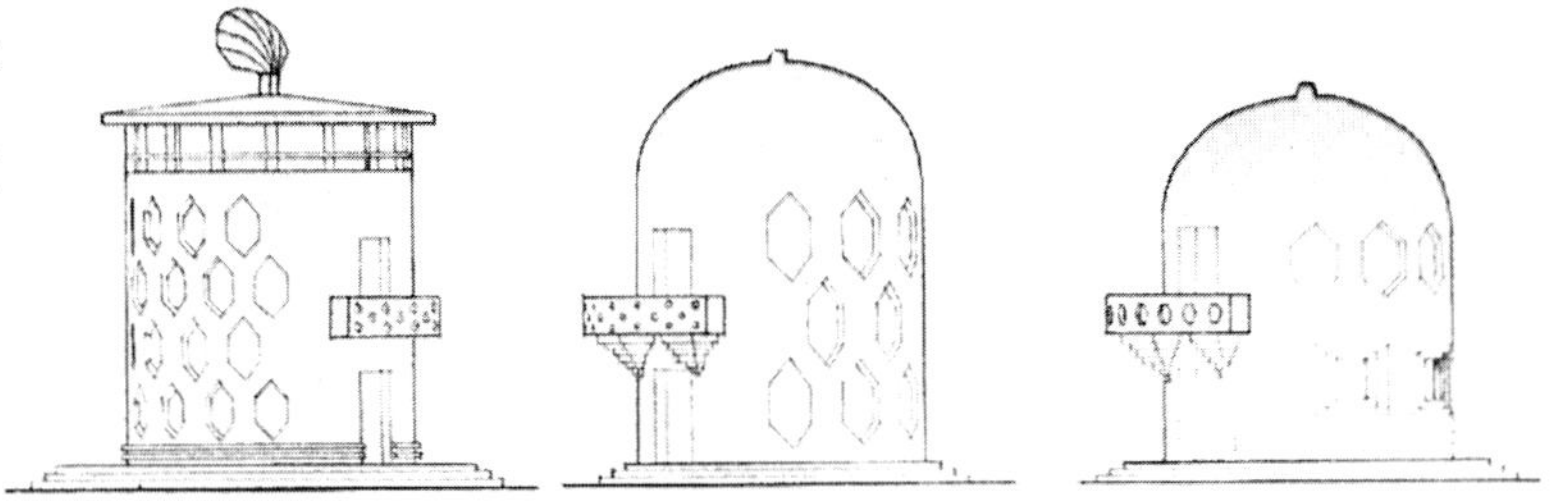

線からは大きく逸脱していた。また事実そのように批判されたが、実際にはVKhUTEMAS（ヴフテマス＝国立高等芸術技術工房）でもメーリニコフ邸が完成したのと同じ一九二七年の、ラドフスキー・アトリエのクルチコフやコチャールらの作品には円筒形住居のデザインが見られる。前述のカルムイコフのデザインを含めて追随者は出ていたのであり、政治的、立場的にはともかく言語の上では必ずしも孤立したものではなかった。この住宅は一九二七年当時はドム・コムーナへの動きと無縁なアウト・オブ・デートなものだったのが、二、三年後にはそれと名指しはされないものの、ポスト・ドム・コムーナのイメージの原像のひとつを提供したということはなかなか皮肉で興味深い事実で、掘り下げて考えておいてもよい問題である。

ブーニン（ASNOVA［アスノヴァ＝合理主義建築家同盟］）、カルムイコフ（ARU［アル］）、マズマニヤン、コチャール（共にVOPRA［ヴォプラ＝プロレタリア建築家同盟］）ら若い建築家の仕事では、おそらく彼らの出身にも関わると思われるが、先のキルギス遊牧民のためのカルムイコフの計画に代表されるように、モスクワやレニングラードなどロシアー西欧とは全く異なった風土のためのデザインが多く目につく。円筒形住居以外にも斜面上にたつ段状住宅や幾何学的パターンによって展開していくコート・ハウスなど、これも戦後になると西欧でも取り上げられだすデザインである。デザイン・ヴォキャブラリーの上からも、カルムイコフの段状テラス・ハウスなどは明らかにイスラム的な色彩が濃厚であって、構成主義者たちのデザインが強くもつ機械のメタファーとは全く異なっている。そしてまたこれらのローカルなデザインは基本的に反都市（西欧的な意味での）的であり、これも構成主義ーモダニズム的な文脈とは違っている。

メーリニコフの住宅もまた同様であって、モスクワの中心部に建ちながら、それは周囲に同化されることを拒む「異邦人」なのだ。一九二七年においては

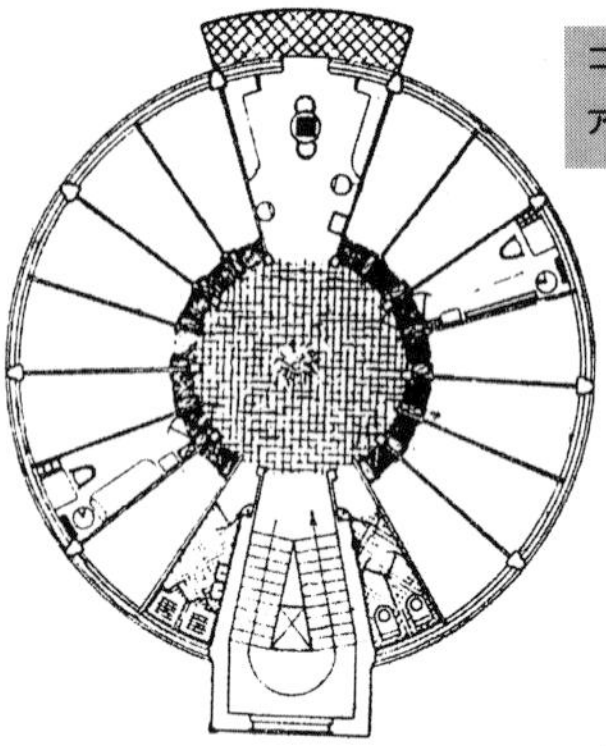
コチャール [VKhUTEIN＝ラドフスキー・アトリエ] / 円筒形住居計画, 1928

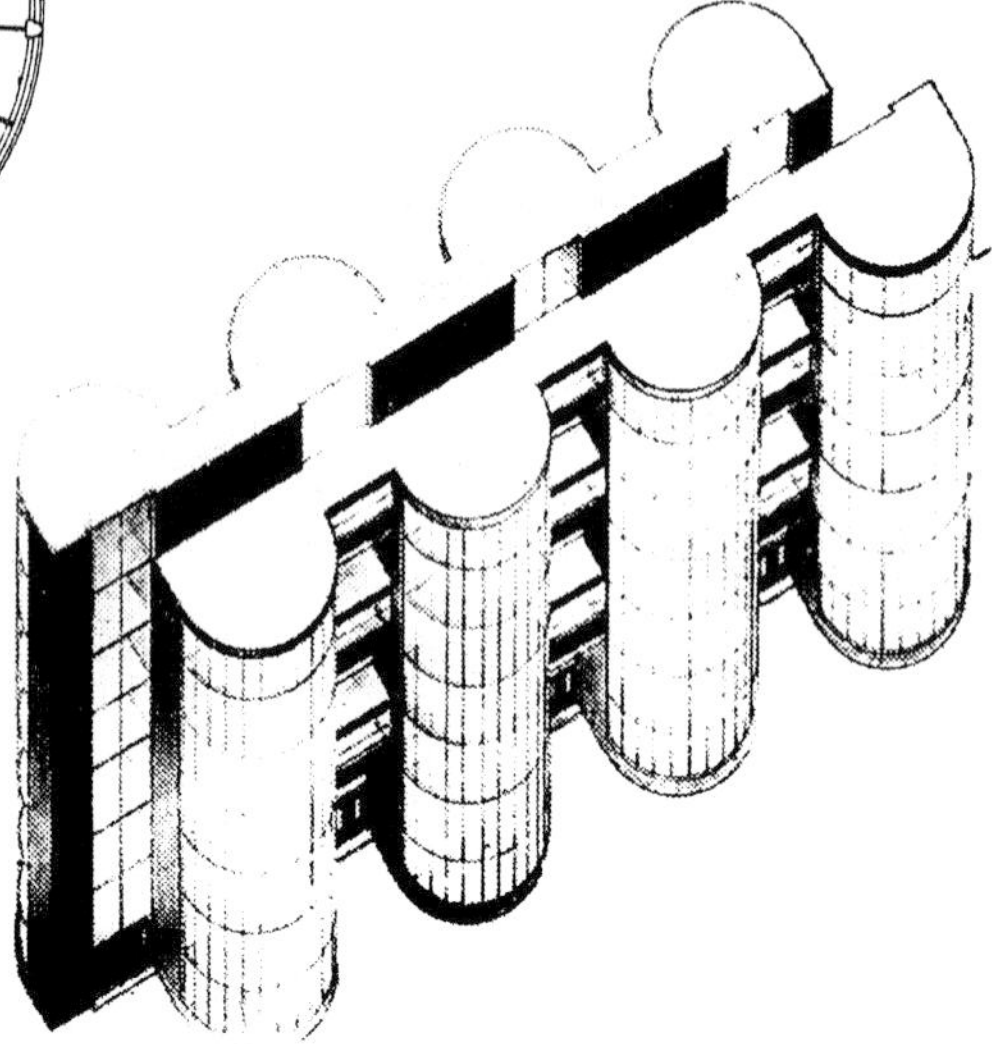
クルチコフ [VKhUTEIN＝ラドフスキー・アトリエ] / 学生寮計画, 1926 - 27

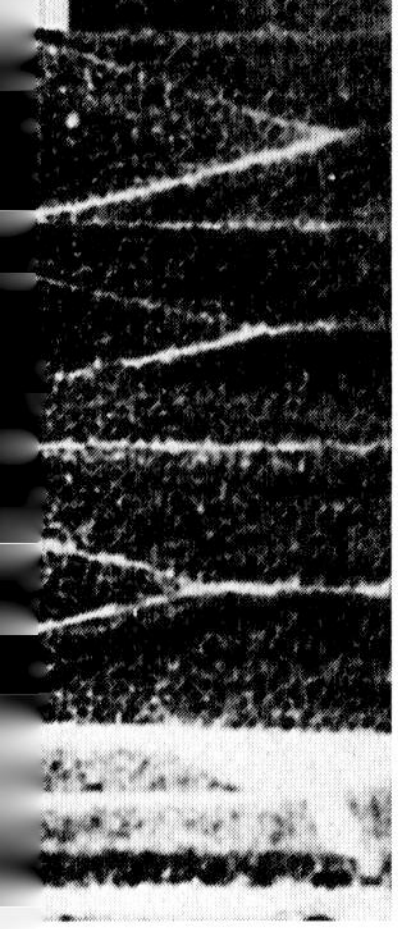
カルムイコフ, 段状テラス・ハウス計画

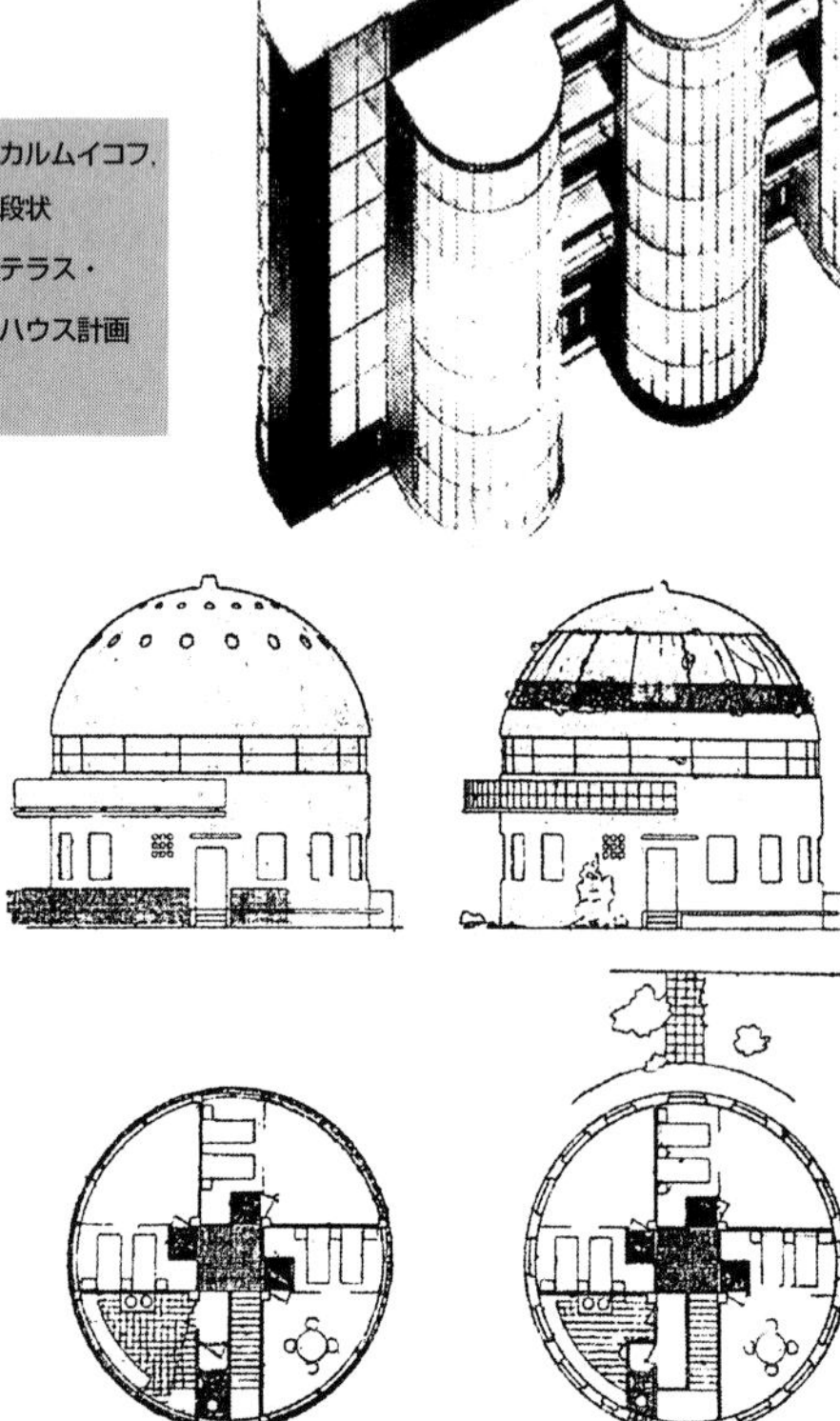
マズマニヤン [VKhUTEIN＝ラドフスキー・アトリエ] / 住居計画, 1928

同質的な運動形態をとっていたアヴァンギャルディズムにとって異分子だったこの住宅が、都市的な文脈や西欧的な文脈（これも前者のほぼ同義語に等しい）を外していく一九二九年からの論争と実践の過程で再び視野に入ってきたとしても不思議ではない。ローカルな材料、構法によっていたことも、この時期にはむしろタイムリーなものに見えてきたのではないか？　同じように個性の十分な発揮を標榜しながらも、ライバルのギンスブルグ――彼はメーリニコフの存在を“SA”誌上で無視しつづけた――が生産レベルの方に傾斜してそれらしい表現を見つけるのには失敗したのに対して、メーリニコフは求められる規範が多様化しつつあった時代には、ある典型的な解として再評価され得るモメントをもっていながら組織的、体系的、理論的なバックをもっていなかった。不幸にしてこれらのポスト・ドム・コムーナの多彩な展開は、これから肥沃化しようという矢先に芽をつまれてしまう。メーリニコフは反動にとって格好な標的にされてしまうし、VOPRAはデマゴーグ集団と化し、折角己の中の新しい萌芽を自らつぶしてしまった。おそらくこのヴィジョンが一九三〇年代に花開くことが可能であったとしたら、ロシア・アヴァンギャルド運動はポスト構成主義ともいうべき第二のフェーズをもち得たと思われるが、それは周縁における若干のミラージュ的イメージにとどまってしまったのである。

カルムイコフ, キルギス遊牧民のための計画

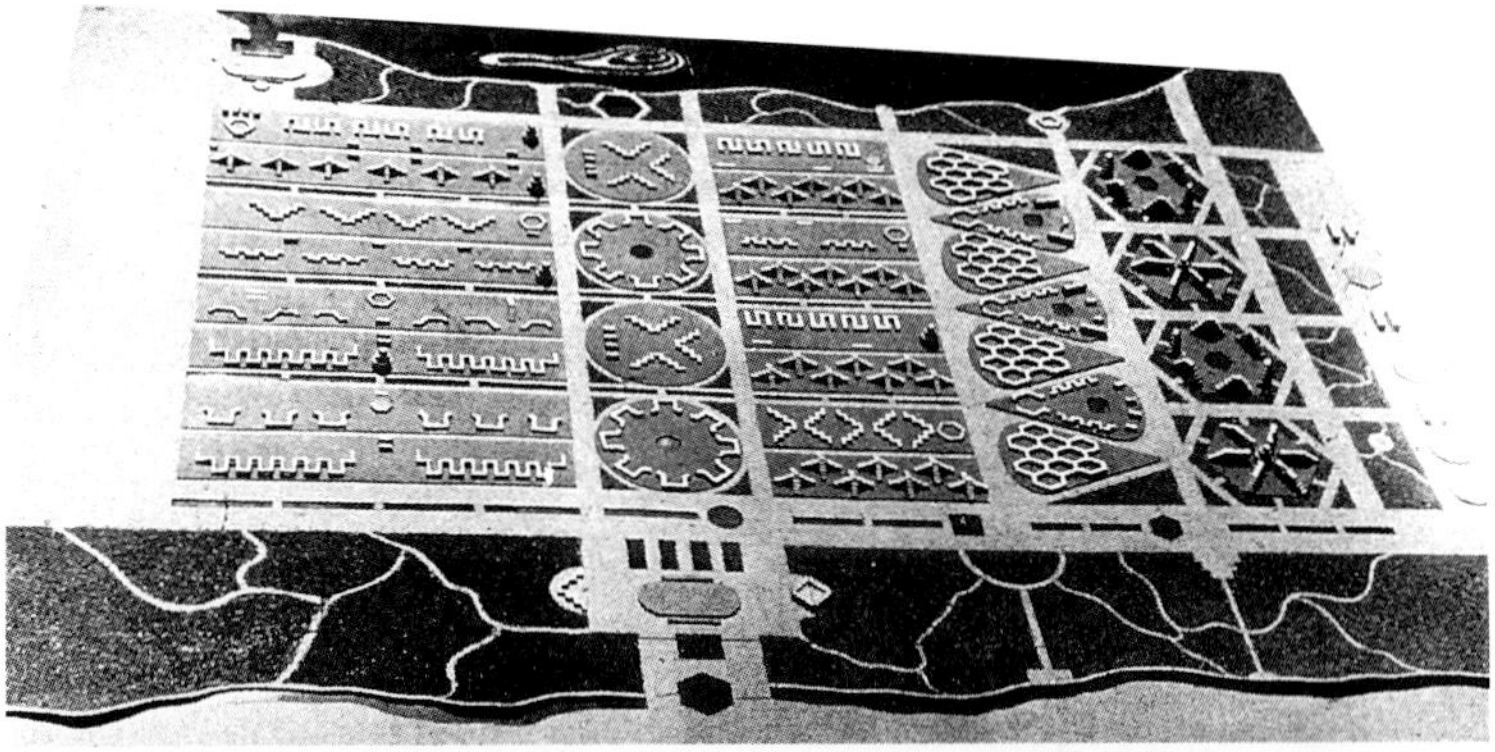

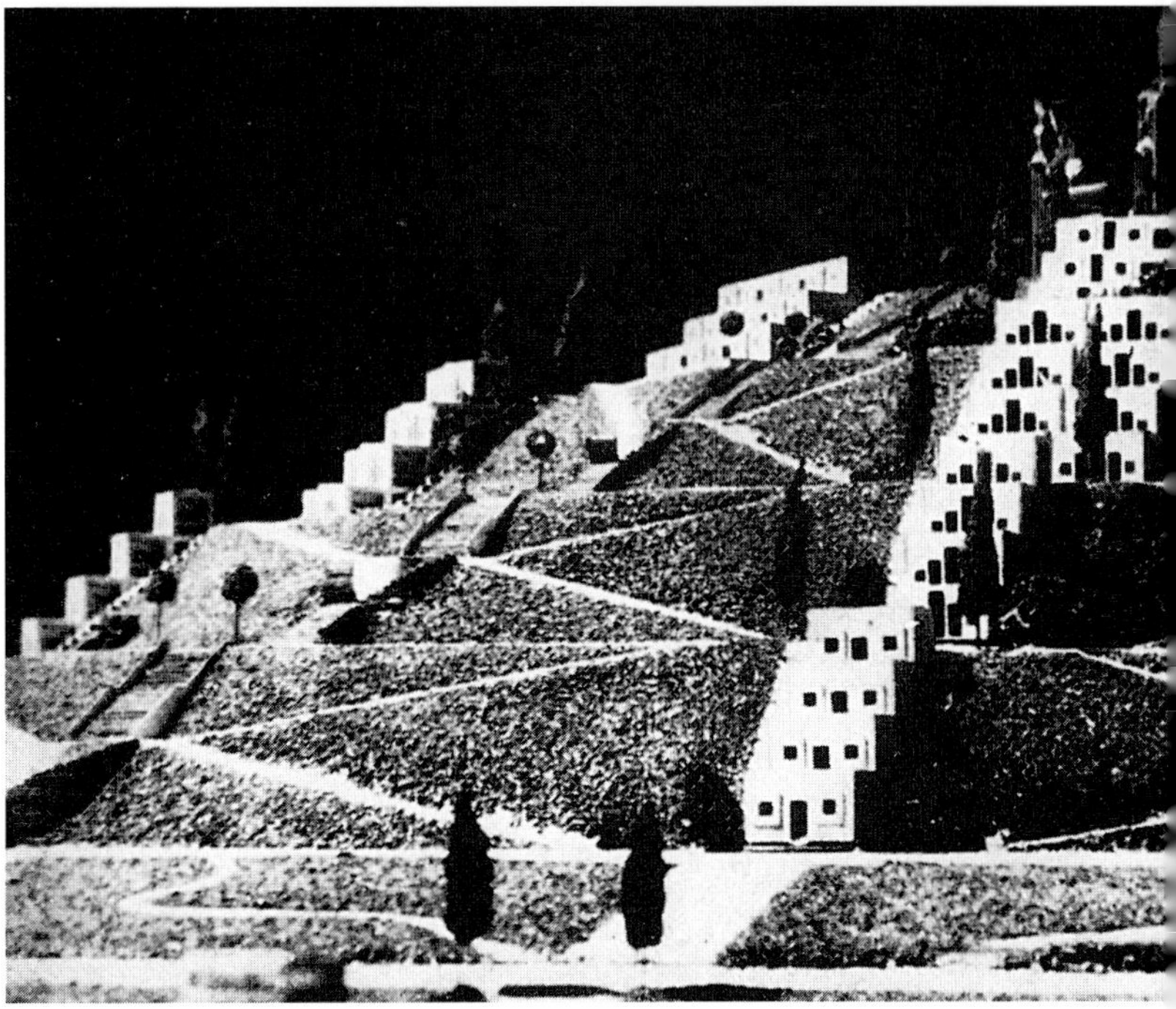

3. イカルスの翼

ポスト・ドム・コムーナのヴィジョンとは、都市の解体のそれと並行しつつ、ロシア・アヴァンギャルドの世界が新しいフェーズへと進もうとしていたこと

を示唆している。現実にそのような条件が整っていたかは別にして、ヴィジョンの上では、それは従来のアヴァンギャルドの言語とは違うものを示していた。十分なかたちの展開を見ることはなかったにせよ、それがオルタナティヴの可能性を提示したことは認められてよい。このオルタナティヴのひとつの特質は、構成主義の言語が緊密な組織の具現化としての機械のモデルに依拠していたのに対して、もっと自由な組織ないし反組織へのイメージを模索していたということにある。

このオルタナティヴは、美術においても並行的なものを探すことはできる。クリスティーナ・ロダーはそれを「有機的構成主義」と呼んでいる。私はそれにポスト・ドム・コムーナのヴィジョンをつなげ得ると思うので、この「有機的」ということばは——表現主義への連想を誘いすぎることもあって——好まないが、ロダーが挙げる美術におけるこの方向の担い手、つまりタトリンとミチューリクの作品に関する限り、確かに「有機的」な装いをとっていることは間違いない。そして注目しておくべきことは、これが単なる構成主義への反動とは違うということである。有機主義ということばに通常連想される主観性とは違って、この新しいフェーズは必ずしも反合理ということではなかった。オルタナティヴということばが、アンチテーゼということばよりも相応しいのはそのためである。ロダーのことばを聞いておこう。

「タトリンもミチューリクも共に、彼らのデザインの仕事に関しては、同時代的なテクノロジーの世界や機械の形態からよりも、有機的形態や、自然の世界からインスピレーションを得ていた。すでに確立された幾何的なテクノロジーの形態による機械的な作品を拒否しつつ、彼らは構成主義の基本原理（テクトニクス、ファクトゥーラ、コンストルクツィヤという原理）を保持し、それをテクノロジカルなかたちそれ自体の基盤にあるもの、テクノロジーの根底を探求するところまで延長しようとしたのである」。

つまり、ポスト・メカニクス・テクノロジーのイメージというわけだ。タトリンは、もちろん一章で述べたように「構成主義の父」と目すべき存在である。ここで言うのは、父としての、《第三インターナショナル記念塔》を設計したタトリンではなく、「空中自転車」と呼ばれた奇妙なオブジェ、《レタトリン》を制作したタトリンである（これが真に《第三インターナショナル記念塔》から《レタトリン》への転身と言えるものかは後に記述する）。この呼称は「レタト」というロシア語が飛ぶという意味をもつこと、そしてもちろ

ん彼の名前から来ている。タトリンは、助手のソトニコフやパヴィリノフと共に、一九二九年から三一年にかけてこの《レタトリン》の三つのヴァージョンを制作した。これは個人用の人力飛行機で、レオナルド・ダ・ヴィンチ以来連綿とつづく飛行機械の発明の系譜に属するものであり、その点では作者が他ならぬタトリンでなければ美術史の文脈には登場しないであろうような類のものである（それを「美しい」とはいっても、あらゆるこの種の「機械」は、後に引用する彼自身のことばにもあるように確かにそれ自体美しいのだから。「美」と「美術」は別のものである）。我々にとって興味深いのはそれが構成主義の父による構成主義へのアンチ・テーゼとしてつくられたからだが、そうはいっても、タトリンは構成主義をVOPRA（ヴォプラ）などプロレタリア派のように「芸術の否定」の故に否認したのではない。逆に構成主義が直角の装飾様式に堕したといって否認したのである。タトリンはこう書いている。「私の装置は、生きた有機的なかたちの利用という原理の上に構築されている。これらの形態の観察から、私は最も審美的なかたちとは、事実最も経済的なかたちであるという結論に導かれたのである」。

《レタトリン》は獣皮とか絹、木、鯨の骨、コルクなどの自然の材料を用いてつくられた。素材からしても、それは構成主義的な機械へのオルタナティヴであった。とっくに飛行機が実用化されていた時期に、この《レタトリン》は動力に頼らず人力によることとされていた。マシニズムからは最も遠い「機械」である。タトリンはこう語っている。「この夢はイカルスと同じくらい古いものだ。（……中略……）私もまた人が飛ぶという感覚を取り戻したいと思ったのだ。これを我々は、飛行機による機械的な飛行によって奪われてしまっている。そこで我々は身体が空に浮かんでいるという感覚をもてないではないか」。いわばハンググライダーのようなものだが、タトリンは同時にこれが単なる功利的な発明品ではなく、あくまで美的な意識（前述したように「形」の美ではないはずだが）によって制作された美術品だと言っている。構成主義的な直角の美学へのアンチテーゼとして着想されてもいるのである。この飛行機械はロシアの飛行機の父、ツィオルコフスキーのコンサルテーションまで経た後に一度だけテスト飛行をされた（飛んだという話は残っていない）が、もちろん生産ラインにはのらずじまいだった。タトリン自身は、その後も死ぬまでこのアナクロニスティックなイカルスの機械の研究をつづけた。飛ぶことのない機械とは、またロシア・アヴァンギャルド全体の命運を象徴する

タトリン/
《レタトリン》
1932

かのようである。

《レタトリン》は唯一の例外的なプロジェクトであったわけではない。むしろそれは、一九二一年にミチューリクがつくった《クルリヤ》ないし《レタン》と呼ばれる飛行機械に先行されている。これは《ヴォルノヴィク》と言われる「交通機械」のひとつのヴァージョンで、彼は一九三〇年から一九三五年にかけてその陸用や水中用のヴァージョンを計画している。有節動物のようなかたちをした乗合自動車（あるいは潜航艇）である。これらについてはまた後に触れるが、タトリンを含めてこれらのプロジェクトにヒントを与えたのは未来派の詩人、フレーブニコフだった。未来派の中で、彼はマヤコフスキーが代表した都会的なものとは対極にあるロシア的、直感主義的な傾向を代表する人物である。つまりアヴァンギャルド正統からのオルタナティヴと言うなら、まずフレーブニコフがそうだったと言うべきだろう。

マヤコフスキーと同じように、フレーブニコフも詩人という枠のみには収まりきらない人物だった。彼は未来都市や未来の環境に関するヴィジョンも思い描いていた。そのうちで最も具体的にヴィジュアルなのは『家（ドム）と我々』と題する文章に付されたスケッチである。これが一九三〇年に出版されたアンソロジーだが、このアンソロジー中には一九一五〜一六年と日付けをうたれたスケッチもあり、この『家と我々』も一九二〇年頃のものではないかとロダーは推測している。ここではフレーブニコフは一三の異なったタイプの住居のスケッチを描いている。例えば、その中にはチェス住宅と呼ばれているものがあり、それはハニカム状の金属構造が「ステクロ・ハトゥイ」と呼ばれるガラスの小屋（ハット）を収めるものとしてイメージされている。この構造物はあちこちに置いてある、いわばステーションであり、住人はガラスの小屋の方だけ抜き出して汽車ないし汽船で何処にでも運び、それを現地のチェス住宅にはめ込むというものである。いわば遊牧民（ノマド）的なヴィジョンであり、その意味で、プリミティヴなかたちではあったとしても、明らかにポスト・ドム・コムーナのヴィジョンに結びつき得るものだ。

他のものもこの手のヴァリエーションで、キャビンを含むリングが繋留されるためのポール住居という類のものである。どのヴァージョンもハニカムやラチスなど、ソリッドではない構造物によっていることが目を惹く。それは、もっと広げてみればフレーブニコフの「成長する有機体としての都市」という概念にまで行き着くし、一方単語の中にも「重い」ものと「軽い」ものとの区

ミチューリク《クルリヤ》1921

フレーブニコフ『家と我々』のスケッチ，1920頃

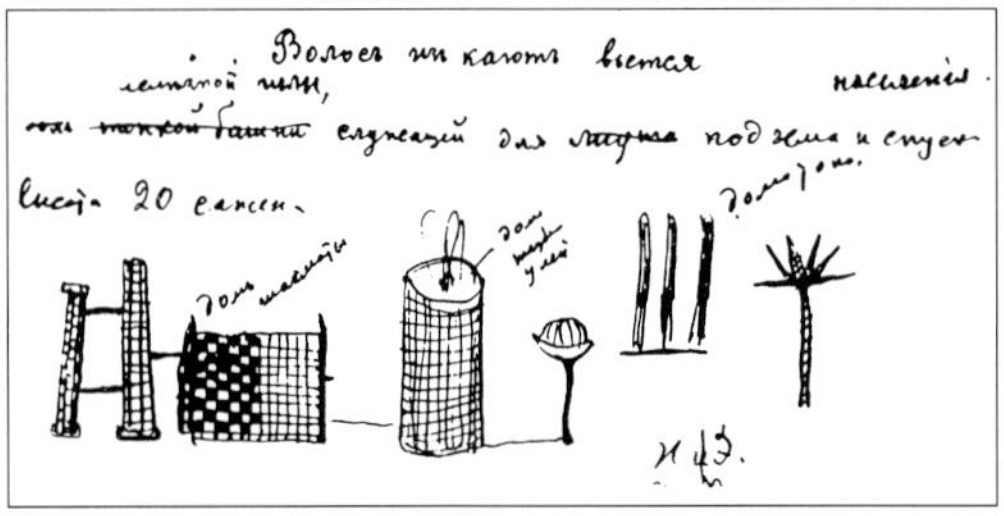

別を行ない、前者の連合によって詩作を組み立てようとした彼の詩人としてのヴィジョンにもいき着く。ハニカムのような透け透けの構造物の中に収められるガラスの住居というフレーブニコフのヴィジョンは、タトリンの第三インターのモニュメントにおけるスチール・ラチスの中に浮かべられたガラスの立体に似ているが、これは偶然の一致でしかないかもしれない。ただタトリンは実際にフレーブニコフと協働する機会はあった。一九一七年のフレーブニコフの『死の過ち』、『空中での十三人』、『レーニン夫人』の三作のためのプロダクションだが、これは実現されなかった。しかし、一九二二年のフレーブニコフの死の翌年、タトリンはフレーブニコフの最晩年の詩『ザンゲジ』（出版された時の装丁を担当したのはミチューリクである）のためのセットをデザインしている。『ザンゲジ』はフレーブニコフの「ザウームヌィ・ヤズィック（超意味言語）」の実験のひとつだったが、タトリンによれば、このセット・デザインは、ことばを造形的な素材だと見なすフレーブニコフの考えの具現化だったという。「ことばによるコンストラクションと並行して物質によるコンストラクションを導入することが意図されたのだ」。「フレーブニコフは音を要素として取り扱った。こうした音の本性を示すために、私は異なった処理をされた異なった素材による表面を取り上げた」。結果は、タトリンに典型的な「物体と素材のカルト」とでもいうようなものだった。反レリーフを大きく引き伸ばして、その分透け透けに近くなったものといってもよい。この素材やテクスチャーへの固執は、最初からタトリンを特徴づけているものだった。直角への固執は彼のものではなく、むしろマレーヴィチのものである。こうしてみれば、《第三インターナショナル記念塔》からタトリンを構成主義の父と考えてしまうこと、あるいは《第三インターナショナル記念塔》をそのような文脈で読んでしまうこと自体に疑義をさしはさむこともできない話ではない。リシツキーらがそこに純粋な構成主義とは違ったロマン主義（表現主義）の匂いをかぎつけた（彼らの場合には否定的に）のは、その点に関わるものだったかもしれない。確かに《第三インターナショナル記念塔》は、それがスチールを想定していたことと言い、その中に浮かぶ直方体や三角錐と言い、構成主義的だが、この部分はタトリンにはむしろ珍しい例外である。実際にその他の彼の仕事には、素材にせよ形にせよ構成主義と重なるところはあまりない。そして彼自身こう語っている。

「私はロトチェンコを非常に好いてはいるが、彼は私を理解することなく、誤っ

タトリン『ザンゲジ』のためのセット，1923

た幾何学的な思考法の道をいってしまった。『オブジェクト』で彼らは私のことを構成主義の父と呼んでいる。私はそうであったことはない。（…中略…）私は芸術で機械をつくりたかったので、芸術を機械化したかったのではない」。

問題は誰が誰を超えたかというようなことではない。ロトチェンコにとっては、芸術を捨てることは誤解の産物などではなかったはずである。この意味からすれば、やはりタトリンはむしろ「古」かったと言うべきである。しかし、メーリニコフの自邸がそうであったように、古い水脈も別のシチュエーションでは別の意味をもって浮上し、別の線へと連なるのである。

ミチューリクの仕事は、タトリンのそれよりもはるかに体系的なフレーブニコフへの理解に支えられていたということができる。フレーブニコフの五感とそれを超えた世界という概念を、ミチューリクは第六感として定式化して自らの作品の基本原理としていた。直感的な認識によって自然の本質に迫るといういき方である。そこに芸術のレゾン・デートルを求めるいき方は、明らかに社会に対する道具的な見方としての構成主義の哲学とは別のものである。ミチューリクにとって、機械的生産手段の芸術への導入は、この第六感への道を閉ざすという意味で悪しきものだった。

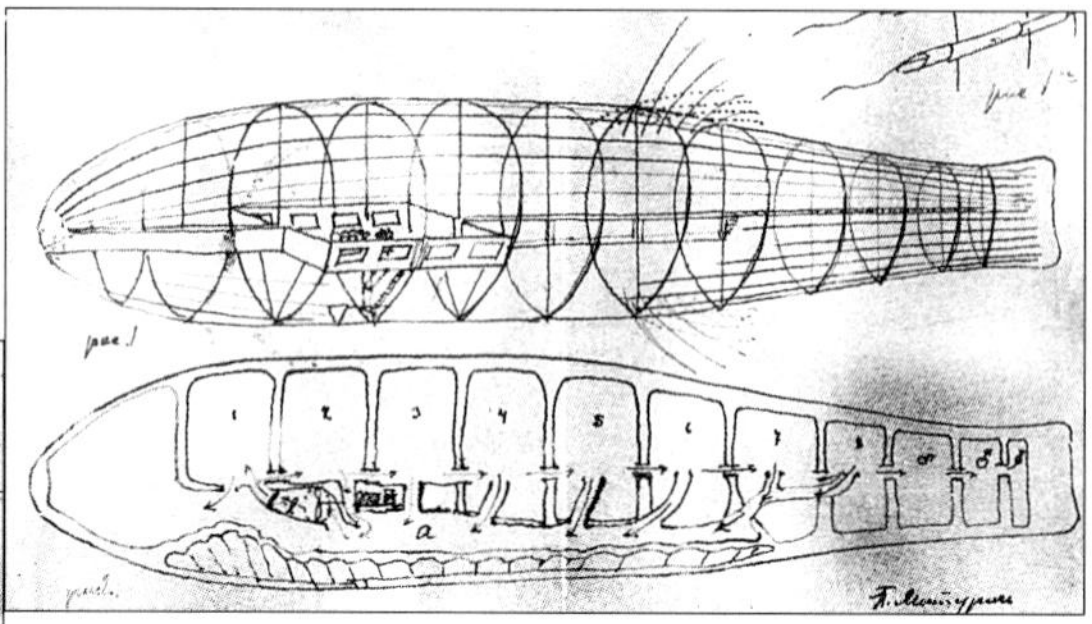

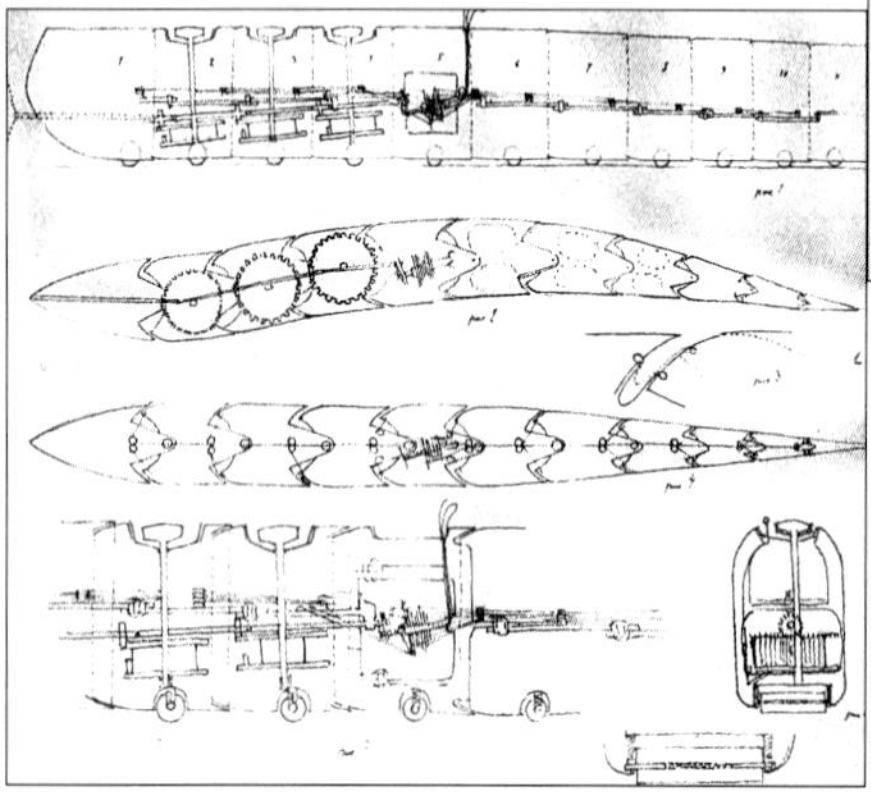

ミチューリク
《ヴォルノヴィク》
1930 - 35

クルチコフ [VKhUTEMAS＝ラドフスキー・アトリエ] / 《空飛ぶ都市》計画, 1928

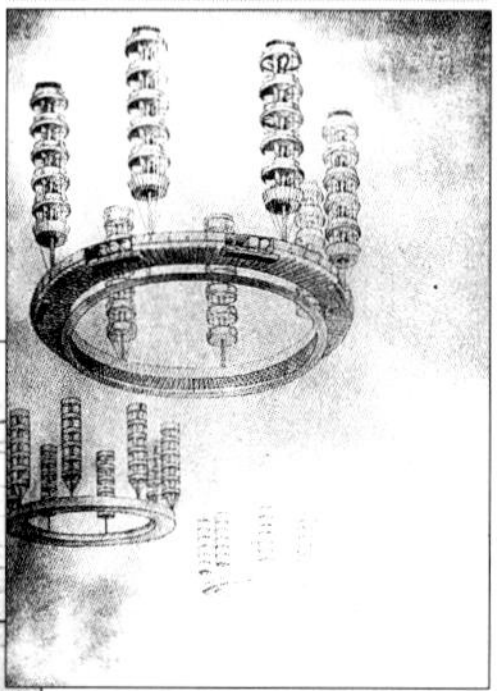

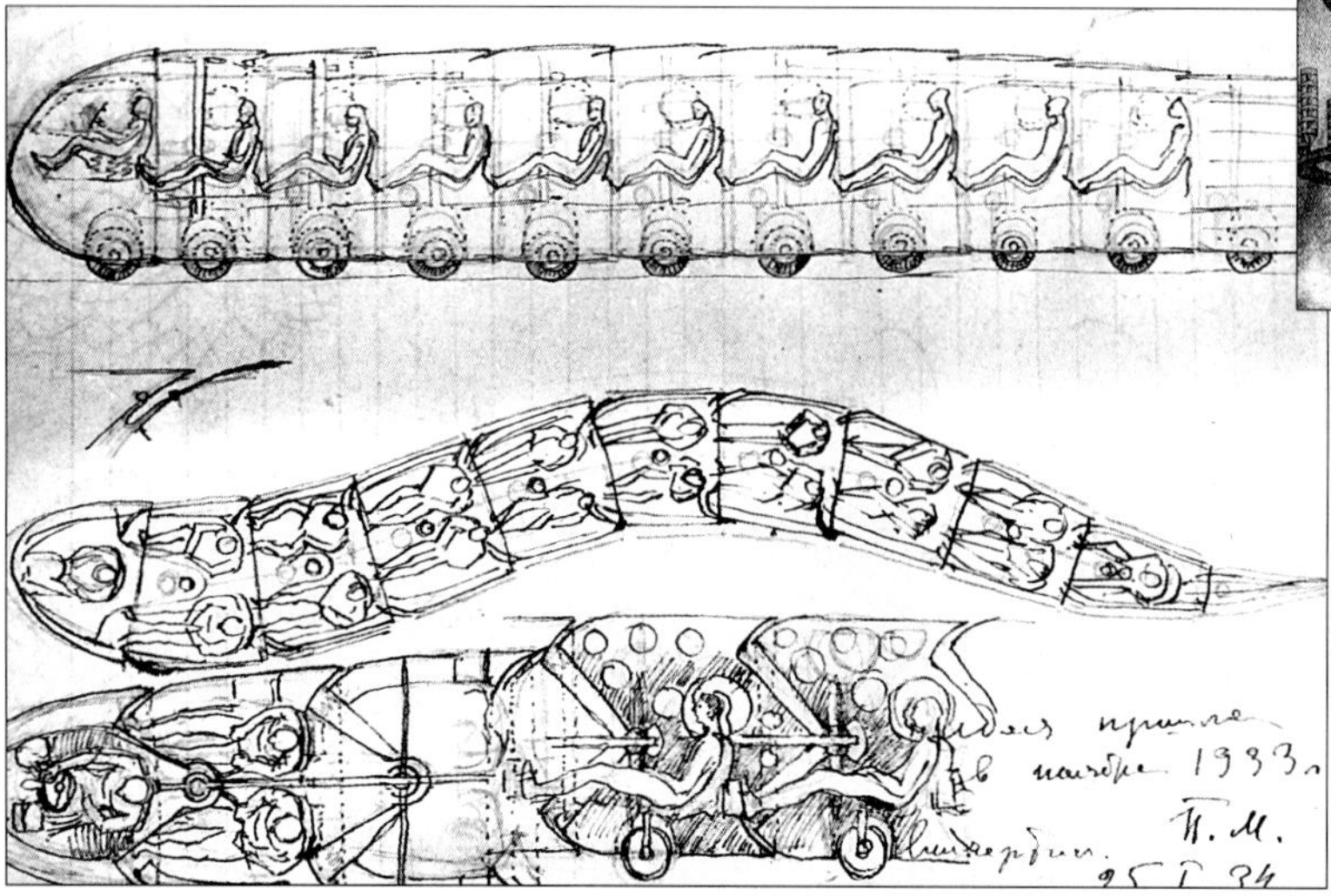

ミチューリク
《ヴォルノヴィク》
1930 - 35

しかし、重要なのは、これが単なる芸術至上主義であったというよりは、むしろ現実への感覚を研ぎ澄ますための方法としてミチューリクによって考えられていたことで、飛行機械のようなものに対する彼の関心はそこから発している。もちろん、それは工学的な意味での機械テクノロジーへの熱狂などではない。この手のものの制作を彼は一九一四年という早い時点から試みている。記録に残っている最初のモデルは一九二一年のものだが、もっと早い時点でのモデルも存在していた可能性はある。この制作の過程でミチューリクはフレーブニコフとも意見を交換している。詩人の反応は空を扱うことへの歓迎の念と、しかし技術的な事柄は自分には不明なことだから、それ以上ミチューリクのアイデアを議論することはできないというようなものだったらしい。ミチューリクの考えでは曲線は直線よりももっとエネルギーを生み出し得るかたちだというもので、そこから「波動テクノロジー（ヴォルノヴァヤ・テクニカ）」と名付ける原理を導いた。《ヴォルノヴィク》の名はここから由来している。「波打つ機構」といった

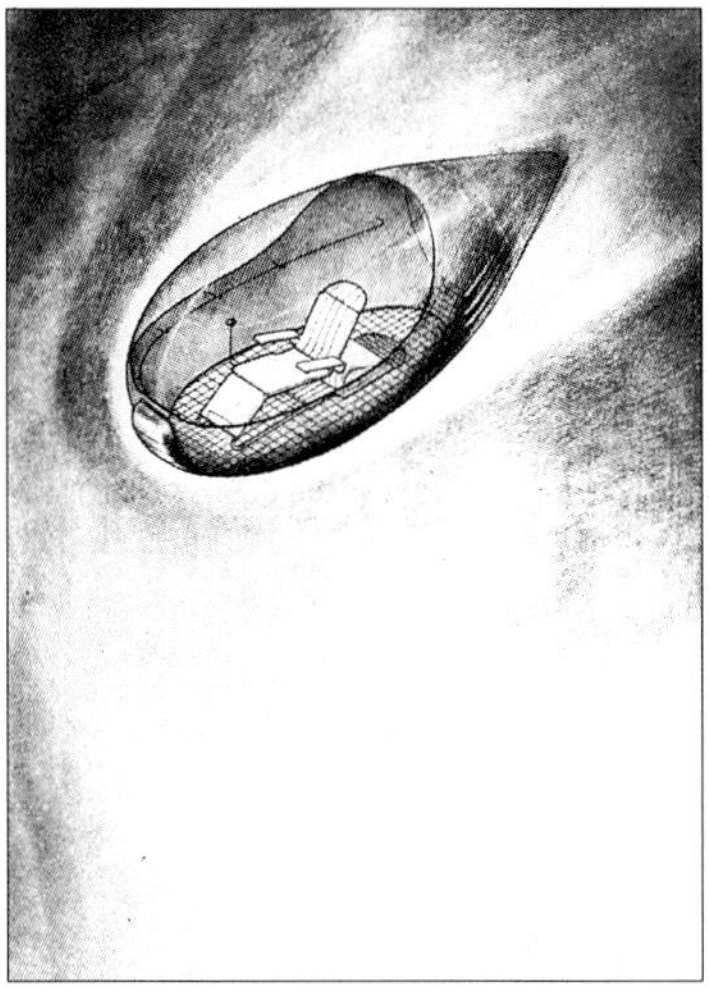

クルチコフ
[VKhUTEMAS＝ラドフスキー・アトリエ]／
《空飛ぶ都市》計画，
1928

カルムイコフ
[VKhUTEMAS＝ラドフスキー・アトリエ]／
《サターン》計画，
1929

ほどの意味である。

これらの飛行機械への夢想は、VKhUTEMAS（ヴフテマス）のラドフスキー・アトリエにおけるクルチコフの《空飛ぶ都市》（一九二八年）の計画や、その単位としての個人用のスペース・カプセルのドローイング、そして同門のカルムイコフの赤道上の空中に地球を巻いたかたちで計画された《サターン》（一九二八年）のドローイングなどにも接続されている。もちろん、これらの若い建築家たちのプロジェクトでは、アーティストたちの場合のようなかたちや、自然に対する直感主義的なアプローチが問題になっていたわけではなく、ある意味ではもっと単純にSF的なヴィジョンであったから、この接続の仕方は影響関係を含めて直接的なものではない。しかし同じカルムイコフの南方の（チャルジューイ［現チャルジョウ］）都市計画（一九三二年）や遊牧民の住居の、それ自体何もSF的なヴィジョンではないプロジェクトまでをも含み込んで一緒に見れば、そこには構成主義のハードコアとは別な夢想のかたちが、クルチコフのようなウルトラ技術主義であれ、タトリンやミチューリクのようなプリミティヴィズムであれ、（複数の）傍流として存在していたのだということは感知することができる。

ARUチームとしてクリンプシンと協働したカルムイコフのチャルジューイの計画は、中央アジアのトルク

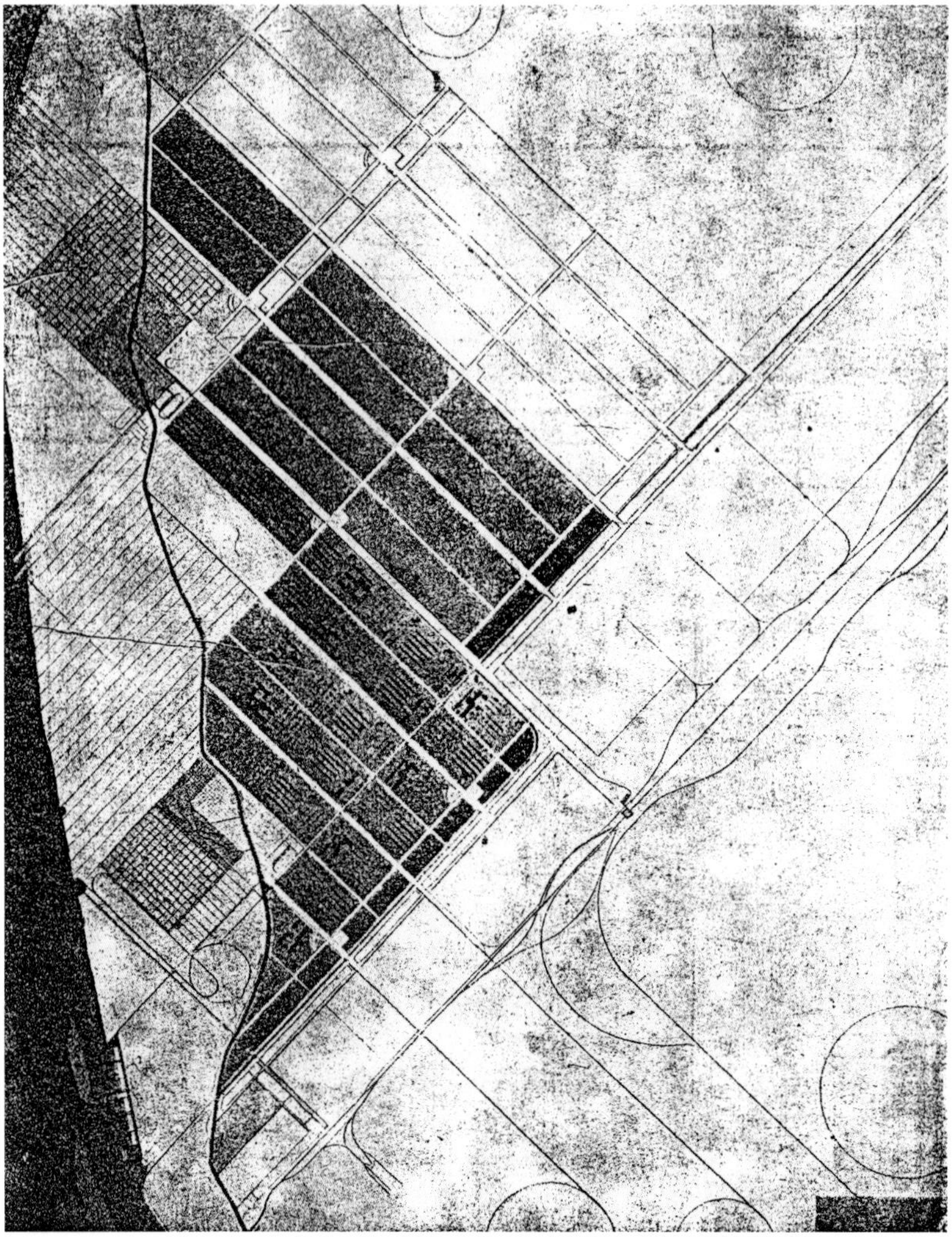

カルムイコフ,
クリンプシン/
「チャルジューイ」計画
全体図,
1932

メンの一州都に対する新市街地及び住居の計画である。チャルジューイは鉄道の敷設によって、中央アジアの交通上の拠点となることが予想されていた。この陸路がヨーロッパからインドに至る最短経路となるからである。猛暑の乾燥地帯であるこの地では、寒冷地のロシアなどとは全く異なった方法を採らなくてはならないことは自明である。それは気候・風土のみならず、家族形態などを含む生活習慣の点でも別天地の計画である。

カルムイコフは機能的な分析からゾーニング及びインフラストラクチャーの原理を導いているが、道路網はシンプルな矩形システムで、それ自体は通常の解法だが、とりわけ道路が埃を運んでしまう乾燥地帯では、その距離の最小化は重要であると述べており、またオリエンテーションは北風及び北西風をまともに受けないようなかたちになっている。それに加えて灌漑、緑地の提供という目的を含めて幹線運河及びサブの放水用の水路が重要なインフラストラクチャーとなっており、ゾーンとしては工業地区は鉄道沿いに、文化－サーヴィス・ゾーンは運河沿いに計画されている。その間に展開される住居－サーヴィス建物群の方は標準化された単一のものの繰り返しというシェマを避けている。つまり、カルムイコフによれば住居は標準化されたとしても、様々なタイプの組み合わせによって多様性が生み出されることが意図されている。それは平坦で起伏に乏しい地形に起こりやすい景観上の単調さを避けるためである。

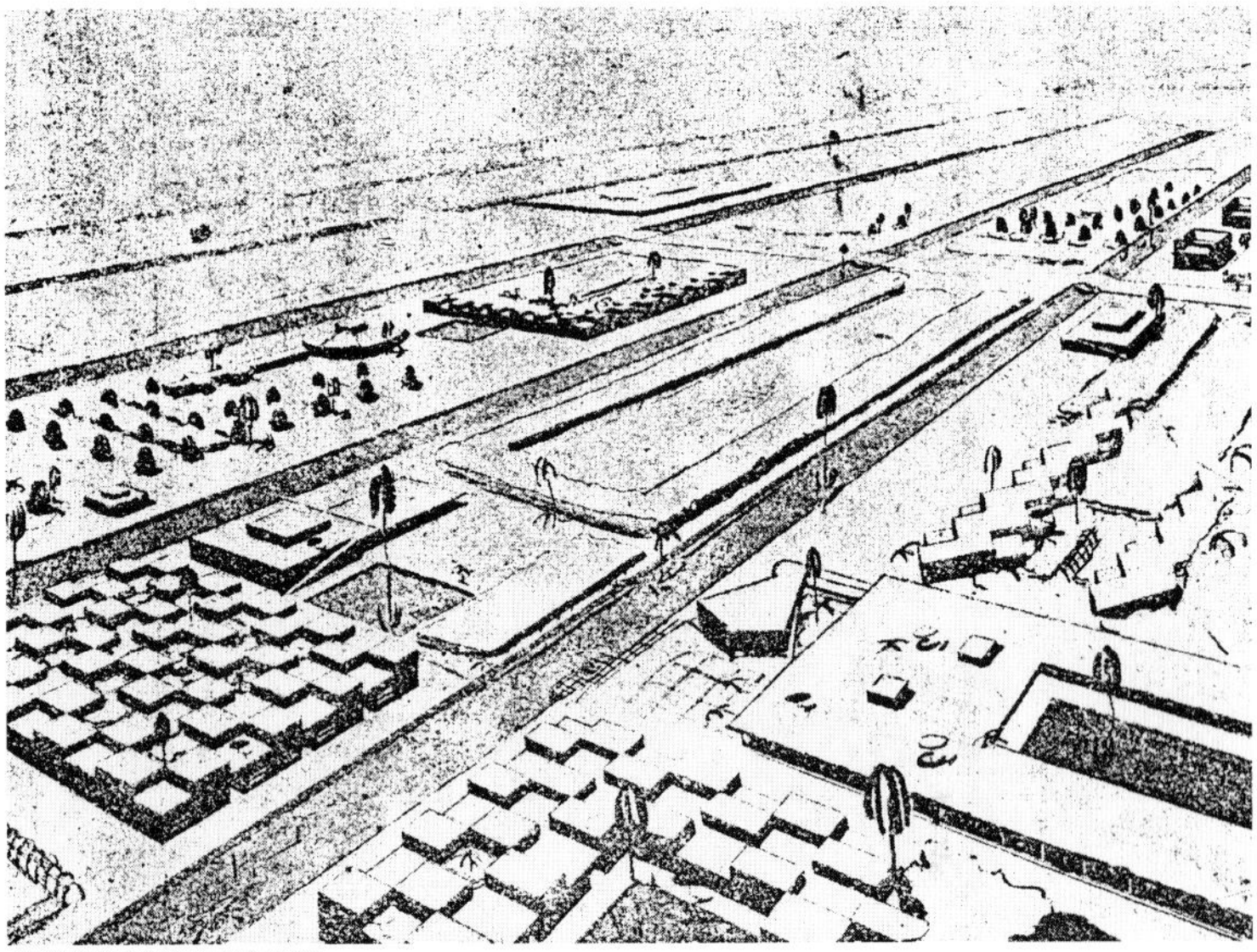

カルムイコフ，
クリンプシン／
住宅地鳥瞰図

「今必要なのは柔軟なタイプを作成することである。それは一連のヴァリアントや建築上のコンビネーションを与え、あるいは、生活習慣の新しい諸特性、新しい経済的な手段（設備、工法、材料）の考慮から生ずる、新しい生活様式との全面的な交替を許容さえするようなものである」。つまり、目指されるのは、「生活習慣の組織の最大限の変化を可能とするために、住居における社会－生活習慣のシェマを創造すること」である。これらは、最初のところに

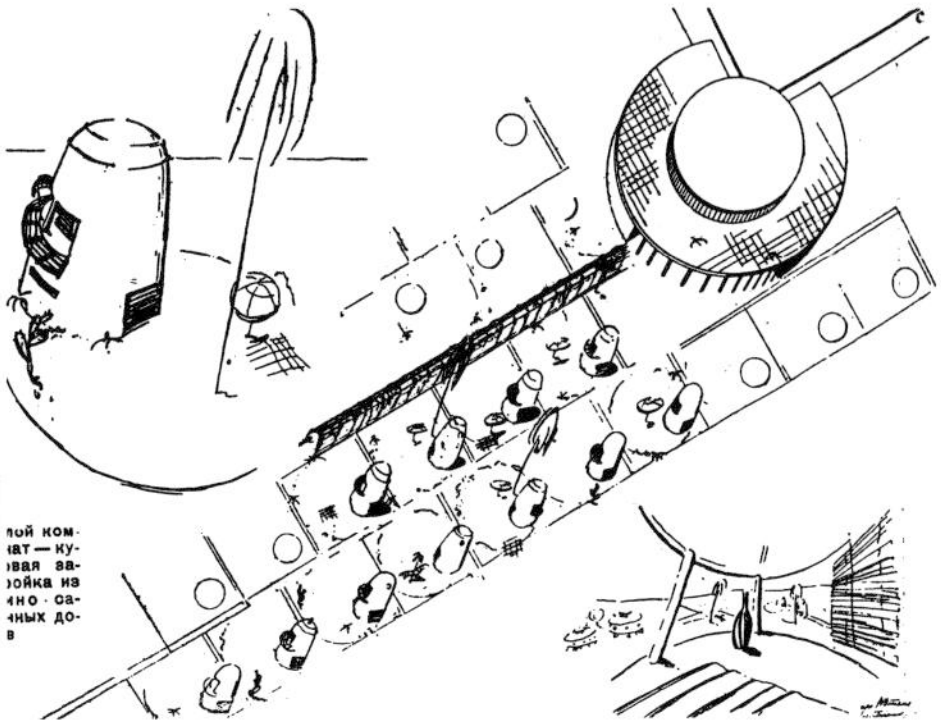

カルムイコフ，
クリンプシン／
住居ユニット

引用したロダーのことばにあるような、合理的な分析に基づき、構成主義の原理は踏まえながらもその機械的な原理とは別の姿を追求したプロジェクトなのだ。

住居建築自体は「ポスト・ドム・コムーナ」の章でも触れたが、構成主義者の住居機械のイメージからは遠く、そして《レタトリン》とは同じようにプリミティヴな素材、つまりレンガや地場のアシ、ポプラ、柳などの木材を主として用いている。ポスト・ドム・コムーナがある種の個人主義的なヴィジョンにつながっていると前述したが、カルムイコフはここではそのような言い方はしていない。何故ならこの地方ではイスラム的な家族主義が根強いから、個人住居より前に集住化の促進が必要だというのである。しかし、ここで提案されているのは巨大なドム・コムーナではなく、あくまで様々なタイプのヴァリエーションを伴ったかたちの低層（地震地帯でプリミティヴな工法のため二階以下にしたという）住居である。しかし、それら、とくにパラボラの住居などは単なる旧来の風土様式の折衷的な翻案というのとははっきりと一線を画したデザインであり（フランク・ロイド・ライトをはじめとして、多くの近代建築の巨匠たちがイスラム圏のデザインでは躓いている）、かつ構成主義的な機械のパラダイムからは免れている。その意味で、カルムイコフのヴィジョンこそは、ポスト・ドム・コムーナのそれの中でもとりわけフレーブニコフの「家」に近接している。

都市形態ということで言えば、ミチューリクも「街の道のダイナミズム」という論文を一九三〇年代に書いている。街が自然が生い立つようにして成長するべきで、波動ダイナミックスがそこでの主導原理となるべきだというのである。

「街の全体は隣接する円によって形成されるネットのようにしてカット・アウトされる。各々の弧には、曲線路に従ったいかなる方向にも最短経路が設けられる。このことは直交システムには欠けている点で、弧のまん中に住居地区が設けられる。そうなると、都市は人間の動きにとってまるで透明なものであるかのようになってくる。同時に、道路体系というものは消失するだろう。家のファサードというものもなくなるだろう。しかし、このことは、建築とその芸術的な面まで消失するだろうということを意味するものではない」。

ロダーは、ミチューリクのアプローチについて、建築的なトレーニングのなさの故に技術性に欠けているから「非都市派」のヴィジョンのヴァリアントとは正確には分類しかねるものだが、「テクトニクス、ファクトゥーラ、コンストルクツィヤ」という構成主義の原理から独自のものを発展させたことは否定できないと言っている。そしてこの自然観が今日でいうオルタナティヴ・テクノロジーの観念に近いとも述べている。カルムイコフのチャルジューイもまた、同様な意味で「非都市派」のヴィジョンとは違っている。

しかし、これらが現実的な処方箋であったかどうか、すぐれて経済的、技術的基盤が用意されていたかどうかは別にして、構成主義が都市の問題を期に、それまでのテクノロジー主導の集散主義－機械主義のイメージから脱しようとしていたいき方とやはり並行的な動きと見るべきものである。これらのオルタナティヴは、正確に言えば、「ポスト」ではない。構成主義に代表されるアヴァンギャルドの正統に対して、それからずれたフェーズは常に大なり小なり存在していたと考えるべきである。「ずれた」という以外には、それは有機主義であったり、ポスト・ドム・コムーナであったり、必ずしも統一的なオルタナティヴが存在していたというよりも様々な諸フェーズがあったと言うべきだろう。むしろ構成主義のようなかたちでひとつの傾向が圧倒的に主流となり得たということの方が芸術運動としては例外的なので、それをつくり上げた革命直後の状況的な特殊性と理解すべきではないか？

第十四章

国際的コネクション

1 ル・コルビュジエとソ連
2 中欧コネクション
3 その他のコネクション

11. ル・コルビュジエとソ連

ル・コルビュジエとソヴィエト・ロシアとのつながりは、彼がアメデ・オザンファンと共同編集していた『エスプリ・ヌーヴォー』誌当時にまで遡ることができる。ヨーロッパ・アヴァンギャルドのトランス・ジャンルの紹介誌であった『エスプリ・ヌーヴォー』には、タトリンのタワーやVKhUTEMAS（ヴフテマス＝国立高等芸術技術工房）のラドフスキー・アトリエの造形演習、プーニの論文などが掲載されていた。一章でも触れたように、リシツキーもこのプーニの論文に反駁するかたちで論文の掲載を計画していたが、これは果たされずその内容は結局ドイツで出版されることになった。しかしリシツキーとル・コルビュジエの間ではそのための文通が行なわれていた。ル・コルビュジエも後に『今日の装飾芸術』に収録された『エスプリ・ヌーヴォー』誌の論文で構成主義に関する言及を行なっている。とはいえ最初はむしろオザンファンの方がロシアに熱中していたらしく、ル・コルビュジエの方は「機械に似せようということしかしない芸術（構成主義の誤り）」というようなむしろ否定的なコメントではあったが、この時点でのル・コルビュジエあるいはヨーロッパのロシア・アヴァンギャルドに関わる知識はまだ限定的なものだったし、とりわけ建築に関してはソヴィエト自体の中でようやくかたちをなし始めたという様子であったことを考慮に入れておくべきだろう。構成主義の機械拝跪という前記のル・コルビュジエのコメントと対比的で面白いのは、フォルマリストの一人ドクシェエフが「観念－理想主義化された技術工学主義」として「西欧の構成主義建築家（例えばル・コルビュジエ－ソーニエ）」と述べていることである。

いずれにせよ、ル・コルビュジエの仕事はソヴィエト国内でも急速に注目を浴びるようになった。最初の田園都市のひとつだったソコルの建築家マルコフニコフなどもル・コルビュジエの初期の仕事に関心をもっていた。最も彼に共感をもち、かつ方法的にも近かったのはギンスブルグである。彼の『様式と時代』とル・コルビュジエの『建築をめざして』は、多くの点で並行的な著作であったし、ギンスブルグは〝SA（エス・アー＝現代建築）〟誌にル・コルビュジエの作品を精力的に

ル・コルビュジエとオリガ・カーメネヴァ（左端＝ブロフ）

M・タウト/ツェントロソユーズ・コンペ案, モスクワ, 1928

ヴェスニン兄弟/ツェントロソユーズコンペ案, モスクワ, 1928

紹介した。彼の名前はソヴィエト国内でもよく知られるようになった。ごく初期の段階ですら、イリヤ・エレンブールグはル・コルビュジエ宛の手紙（一九二三年十月）でトロツキーが『エスプリ・ヌーヴォー』のことを共感をもって語っていたと書いている。ル・コルビュジエの最初の訪ソは一九二八年の十月のことで、ツェントロソユーズ（組合総連合）の招きで、その新しい本部の建物のコンペティションに参加するためであった。『プラウダ』紙にも「今日のヨーロッパの建築思想の最もブリリアントな代表者」というデヴィット・アルキンによる紹介が掲載されたし、彼を囲むレセプションや都市計画をめぐる会議が開催され、そこには人民教育委員ルナチャルスキーやVOKS（海外文化交流協会）の会長オリガ・カーメネヴァ（トロツキーの妹）が列席した。ル・コルビュジエはモスクワにいわば「鳴り物入り」で登場したのである。ツェントロソユーズのコンペティションは、この時代のソヴィエトのコンペティションに特有のものだが一度限りのものではなく、すでに国内のオープン・コンペティションが行なわれており、これではすぐ傍らの敷地にGostorg（ゴストルグ＝ロシア共和国貿易省）の建物を完成させていたヴェリコフスキーが一等を獲得していた。しかし、これではことが決せずに、第二回目の招待コンペティションが行なわれた。

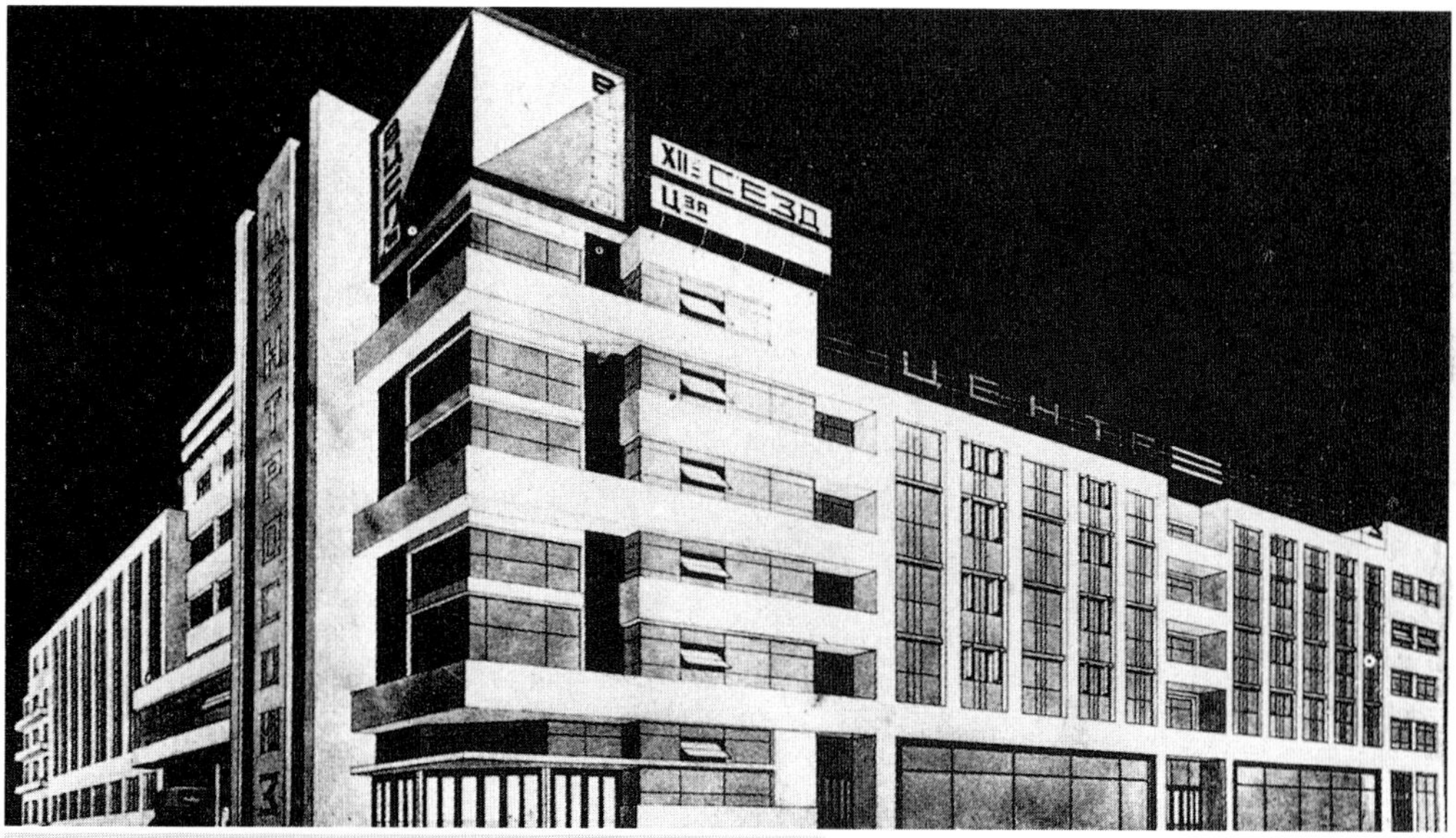

ヴェリコフスキー/ツェントロソユーズ・コンペ案, モスクワ, 1928

ル・コルビュジエ/ツェントロソユーズコンペ案, モスクワ, 1928

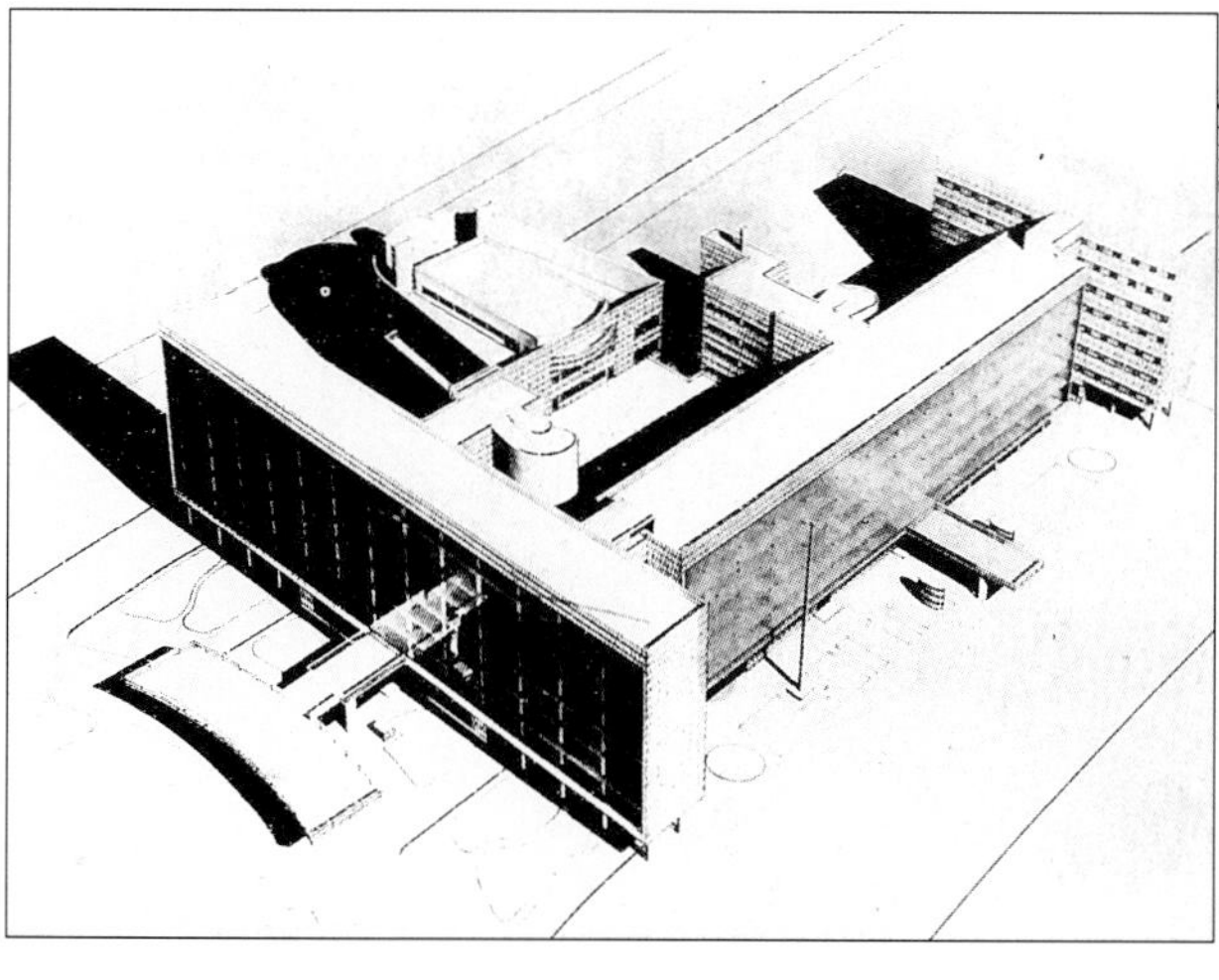

ル・コルビュジエ/ツェントロソユーズ改訂版, 1929

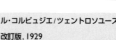

ル・コルビュジエが招待されたのはこの段階であり、他に参加したのはベルリンのマックス・タウト、ロンドンのトマス・テート、そしてツェントロソユーズ内部の建設部のチームである。ル・コルビュジエの案は最終的な彼の実現案と大きく異なるものではなく、おおむね「コ」の字（敷地の関係で一辺だけはかなり短い）のシンプルなスラブ状のオフィス棟が紡錘状の平面の大会議場を囲むというシェマである。しかし、これでも決せず、第三回目のコンペティションが行なわれた。参加者はヴェスニン兄弟（おそらくヴィクトルとレオニードのみ）、レオニドフ、ニコルスキー、オル、ジョルトフスキー、サモイロフとナーマン（エンジニア）、パステルナーク及びウラディーミロフの率いるOSA（オサ＝現代建築同盟）のチーム、そして海外からはル・コルビュジエに加えてベーレンスが招待された。

諸種の情報を見ると、この頃には少なくともOSA中心のアヴァンギャルド・サークルでは、ル・コルビュジエに勝たせようという暗黙の了解があったように思われる。アレクサンドル・ヴェスニンがあえてコンペティションには加わらなかったこと（彼がことをしかけたのではないかというのが私の推測である）、すでに触れたように参加者でもあったレオニドフをル・コルビュジエがアドヴァイザーにしようとしたこと、ジョルトフスキーの案が何故か公表されなかったこと、そして、何よりニコルスキー、ナーマン、オル、サモイロフらのコンペティション参加者が「西欧の現代建築思想の領袖がモスクワの最大の仕事の依頼を受けることは、我々の観点では、停滞している建築に活を入れる偉大な一歩である」という異例のアピールを出していることからも推測し得る。ル・コルビュジエ案自体も前回の案と比べて、会議場を九〇度回転したこと、そしてスラブ状のオフィス棟にピロティをつけて開放性を高めたことにより明らかに改善されている。しかし、ここではまだことは決しない。建築サークルでの明らかなル・コルビュジエへの後押しに比べて、主催者側ではなお躊躇があり、かつこの時点でホールが大きくなるなどプログラムが一部で手直しされるに至った。ル・コルビュジエ側ではナーマンやコリがパリに赴き、案の修正を図った。驚くべきことはこの修正によって、案はデザインとしても一層改善されたということである。ル・コルビュジエはこの段階で有名な「精確な呼吸」をするファサード、つまり中に空調を施した空気を通した二重ガラスのカーテンウォールのアイデアを付加している。

結局一九二九年の四月になってツェントロソユーズ側は正式にル・コルビュジエ案を、若干の修正を加えた上で採用することに決定する。ル・コルビュジエはこの機会に多くのロシア・アヴァンギャルドと知己を得た。とりわけヴェスニン、ギンスブルグらのOSAグループとの交流が深かった。彼は当時ヴ

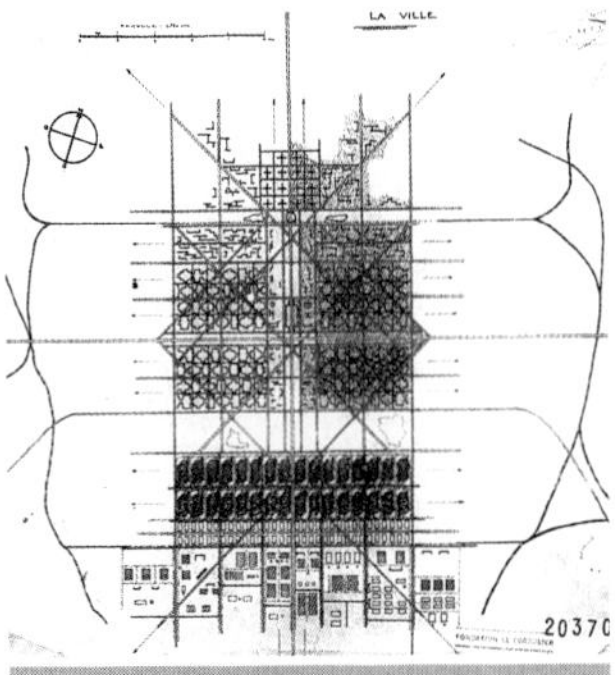

ル・コルビュジエ「モスクワへの返答」より都市のプラン，1930

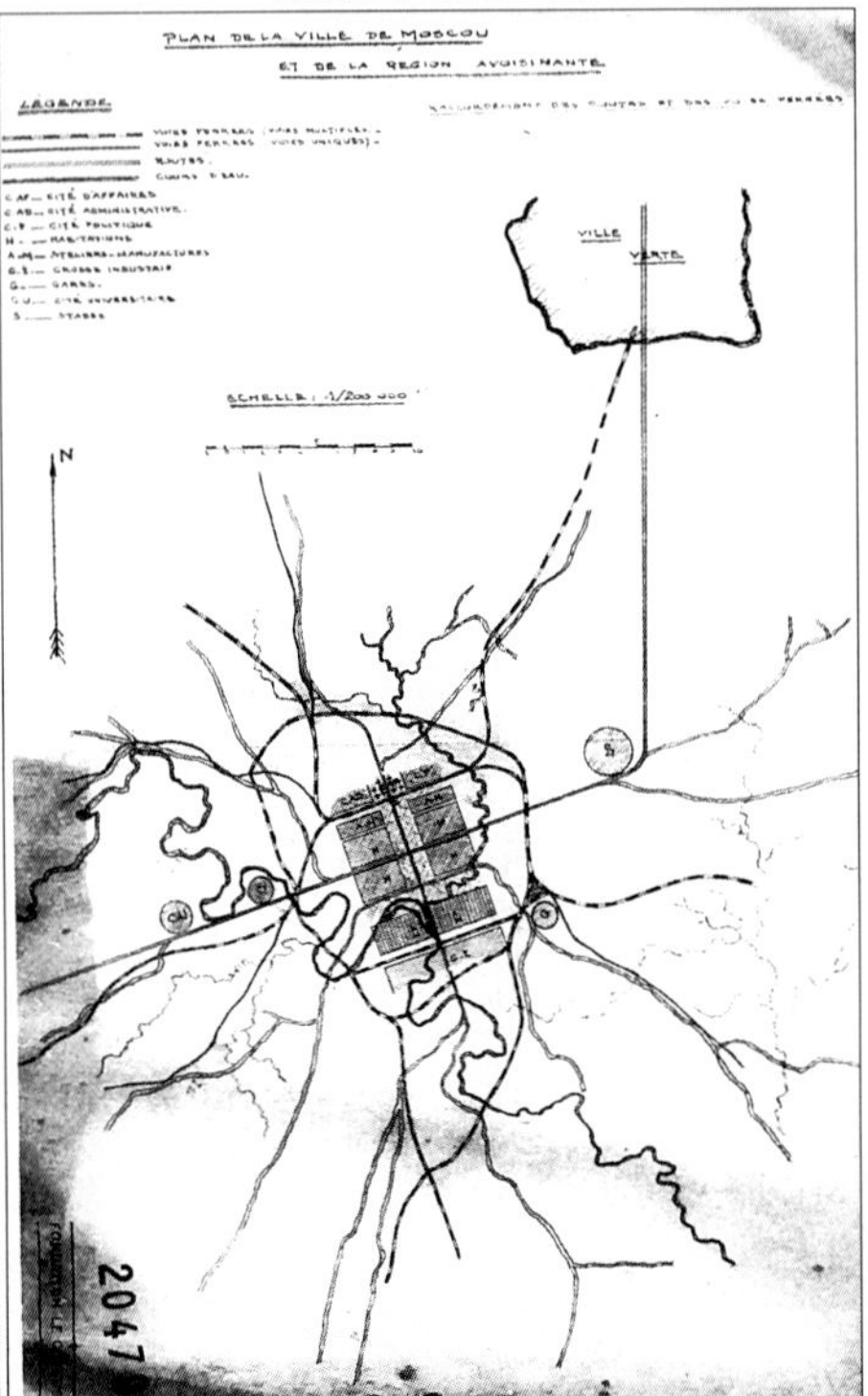

ェスニンが計画していたレーニン図書館のコンペティション案を「壮麗で、生気に富み、楽しげで、心地よく、幸福な」案（反構成主義者からの批判とは正反対の形容）と述べていたし、若いレオニドフを「構成主義の星にして希望」と賞讃した。助手を務めたコリ（彼はドニエプルのダムではヴェスニン兄弟の助手を務めていた）は別にしても、ブロフは何処でもル・コルビュジエの傍らに現われ、さながらグルーピーのようだったという。ブロフが映画『全線』の「ル・コルビュジエ風」のセットをデザインしていたことから、エイゼンシュテインとの交流ももたれた。かつて交流のあったリシツキーがかえって彼の「個人主義」や「偽機能主義」に対して批判的であった（それは後者の『マンダネウム』に対する批判で頂点に達する）のに対して、ギンスブルグらはドイツの建築家のドグマティズムに対してル・コルビュジエの明断さを賞讃するといった具合であった。本来の「構成主義」のメンバーではなかったリシツキーの方が、そうであったギンスブルグよりも構成主義的な批判をしているというのは、なかなかに興味深い事実である。ASNOVA（アスノヴァ＝合理主義建築家同盟）のドクシェエフは、何故ル・コルビュジエの「美学的ピューリズム」と構成主義の「功利主義」の違いを見ないのかと、正しくも指摘していた。とはいえギンスブルグたちにしても手放しで西欧の同僚に接していたわけではない。ギンスブルグにとって、ル・コルビュジエのヴィジョンは、西欧においては結局それを支えるべき社会的な背景を欠いたものであり、それ故に彼は個人主義的になることを宿命づけられているのだった。社会主義者であれば当然の認識であるとは言えるだろう。

この相違が最も鮮明に浮き彫りにされるのは、建築以上に都市についてであった。すでに十二章で述べたように、当時は都市計画に関わる最もラディカルな論争の真っ最中であったからである。とりわけ彼の三度目の訪ソである一九三〇年の初めは、この思想が「緑のモスクワ（グリーン・シティ）」のコンペティションをめぐって具体的に議論されていた時期である。彼はこの

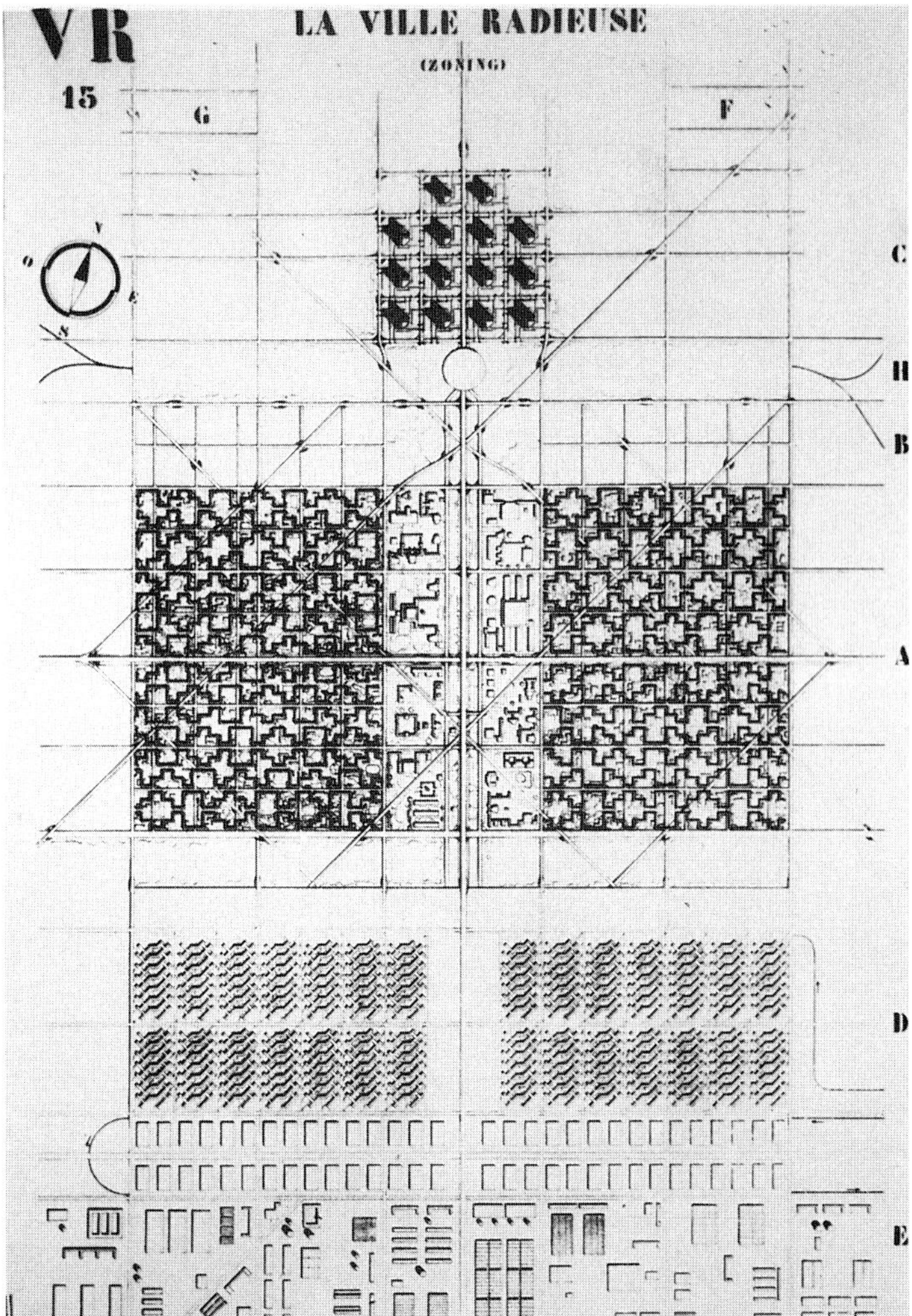

ル・コルビュジエ「輝く都市」1933

ル・コルビュジエ / モスクワと隣接地域（右上に「緑のモスクワ」の敷地が示されている）, 1930

コンペティションに関する意見を求められ、要項のフランス語訳も手渡されていた。既存の都市の徹底的な改変の必要性を主張することにおいて、彼の立場がアヴァンギャルドたちと重なるものであったこと、あるいは彼自身のそれまでの計画自体がロシア人たちに影響を与えていたことはほぼ間違いはない。またル・コルビュジエ自身、「グリーン・シティ」のアイデアに魅せられていたことを否定できない。だが、同時に、彼の望んでいたことは「既存の（病んだ）都市」の解体であり、都市自体の解体ではなかった。モスクワは、そして他の大都市も、正確な都市機能と緑地の再配分によれば再生し得るというのが彼の立場である。ル・コルビュジエは、彼の意見書を提出すると共にギンスブルグへの私信の中でもOSA＝「非都市派」のヴィジョンに対する批判を書いている。「モスクワの非都市化のプロジェクトのひとつでは、『グリーン・シティ』の森の中に藁ぶきの小屋を建てるという。ブラヴォー、素晴らしい！（…中略…）ウィークエンドのためだというなら。けれども、小屋を建てることでモスクワを壊せるんだというようなことはおっしゃらぬことだ」。ギンスブルグはこれに対して、フランスの同僚に対する敬意は保ちながらも、彼のやり方では「資本主義流に都市を保つ」ことにしかならないと反論している。

この数週間後、ル・コルビュジエは、コリを通して

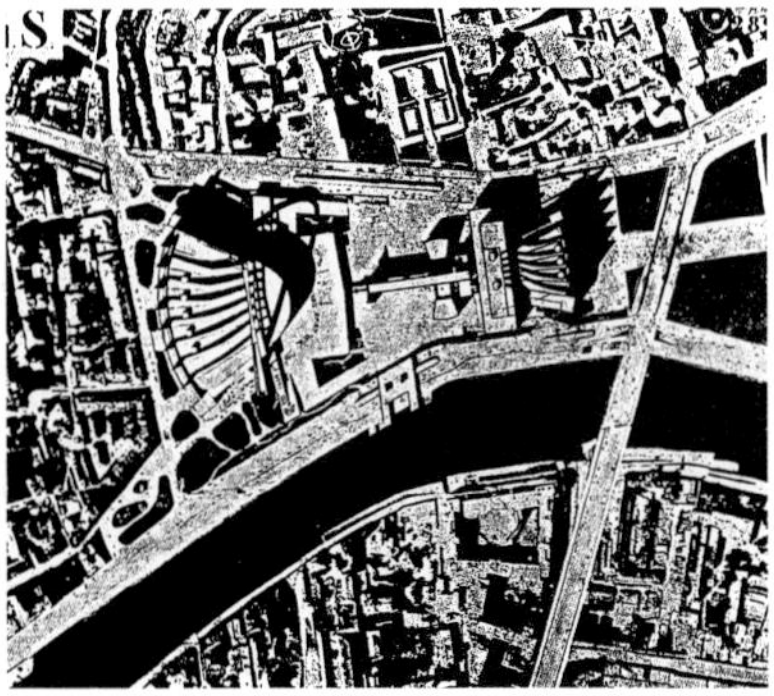

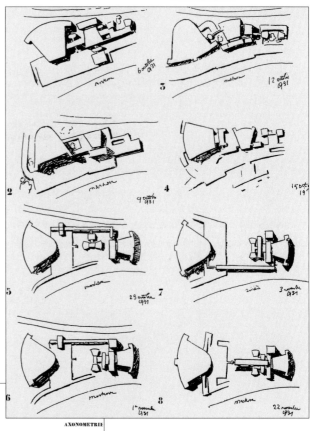

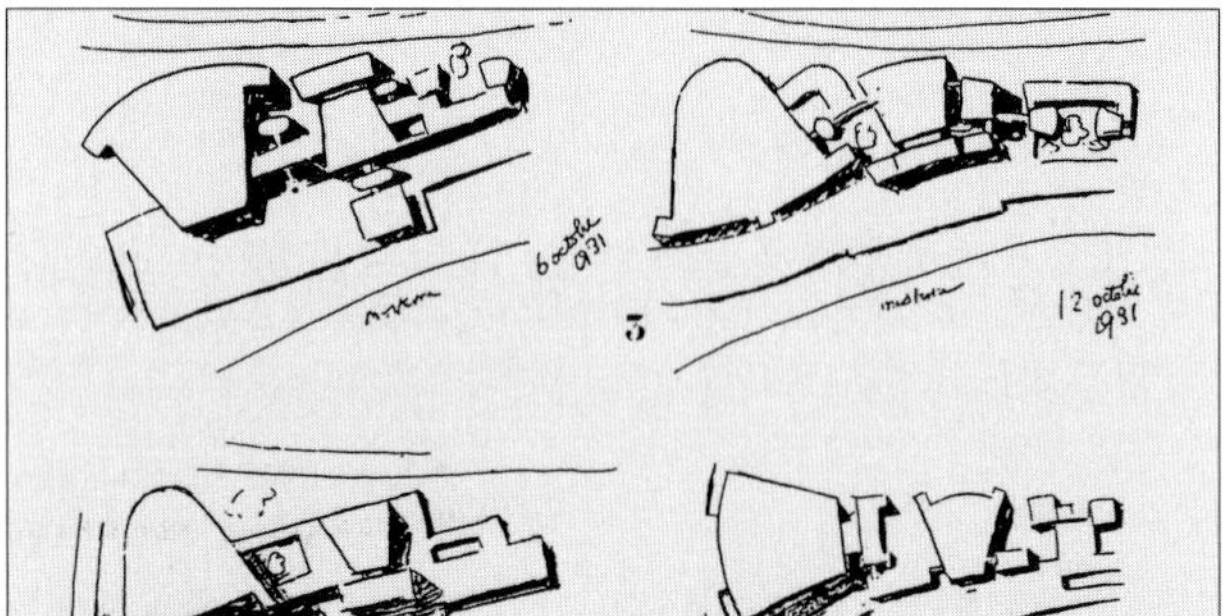

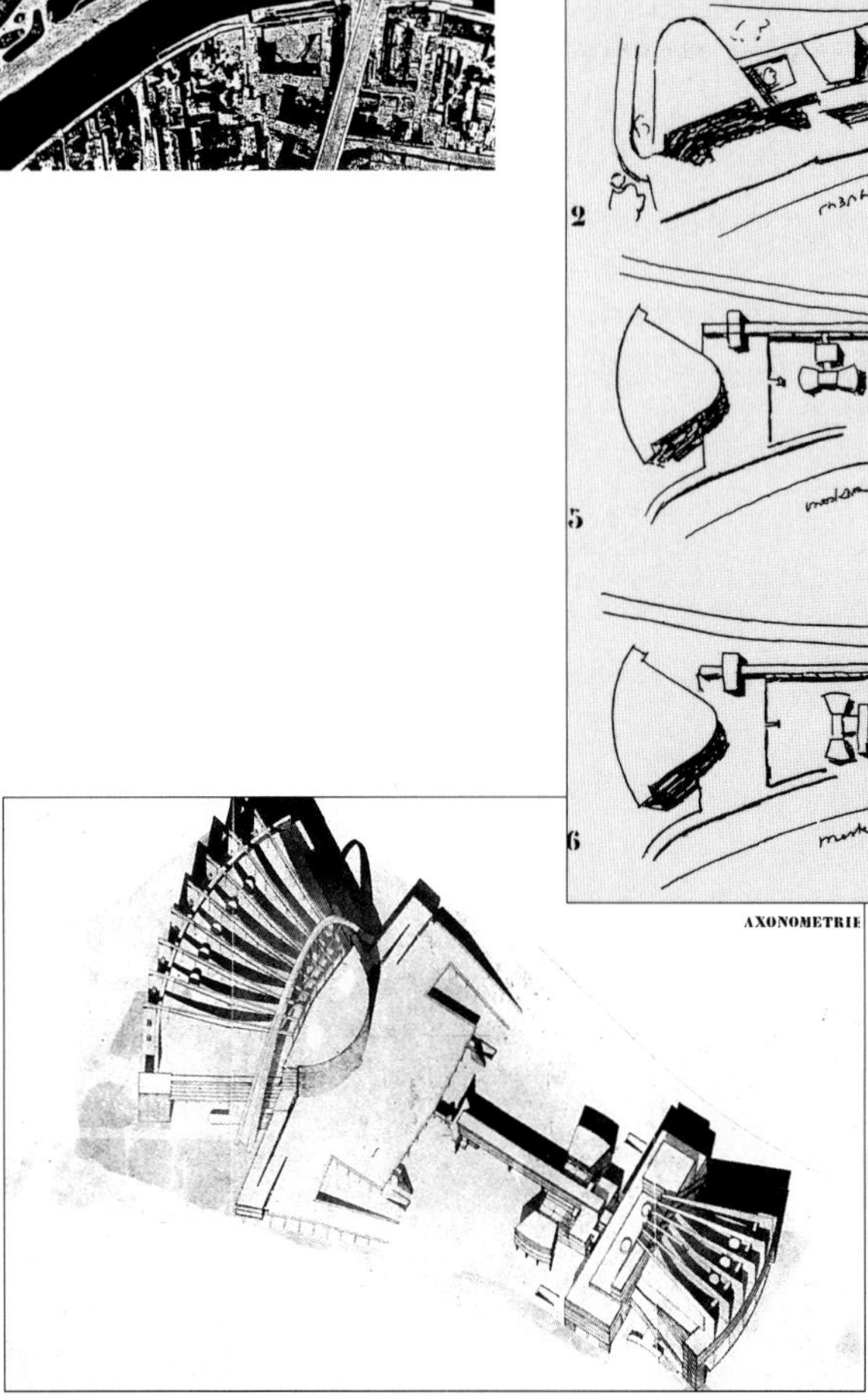

ル・コルビュジエ/
ソヴィエト・パレス
コンペ案,
モスクワ,
1931 - 32

「将来のモスクワの社会主義的拡張計画委員会」の長であるセルゲイ・ゴルヌイからモスクワへのコンサルテーションを行なわないかという打診を受け取った。ゴルヌイは第一次五カ年計画の中での首都の、将来発展を規制していく方針づくりに従事する中で、ASNOVA、OSA、エルンスト・マイらの建築家グループを含む様々な専門家たちにコンサルテーションを依頼しており、これもその一環であった。コンサルテーションといってもアンケートに近いもので、ゴルヌイはこれらの人々に対して三〇項目にわたる質問のリストを送り回答を求めたのである。しかし、六週間をかけてル・コルビュジエが作成した「モスクワへの返答」と題されたレポートは、はるかにその答の域を超えたもので、六六ページのレポートと二一の図版を含む事実上の計画書である。それはギンスブルグらの「緑のモスクワ」(その場所と彼のモスクワ計画の位置関係を記したスケッチがある——つまり、彼はそれに本当にウィークエンドのための場所を割り当てたわけだ)と対抗する彼の都市改造の理論を全面展開したものであり、後の一九三三年に『輝く都市』としてまとめられるものの骨子であった。ル・コルビュジエによれば、「新しい世界の胎児」たるモスクワは西欧の大都市と違ってまだ仮設的な都市であり、明快な都市構造というものを欠いている。「それ故にモスクワの都市計画とは、放射－集中状の構造を施し得るものでなくてはならない」。この計画では、例によってクレムリンをはじめとする歴史的な遺構は保存されるものの(とはいっても図面ではどこがその部分なのか明確ではない)他は完全に建て直されることになっており、その再建は、対角斜線を含む直交グリッドの上に、厳密な機能的ゾーニングによって北から政治－行政ゾーン、大使館－ホテルゾーン、住居地域、製造業ゾーン、重工業ゾーンを配分していくものである。眼目はあくまでも業務中枢機能にあ

ル・コルビュジエ/ソヴィエト・パレス・コンペ案, モスクワ, 1931 - 32

り、工業は地方に分散していくものと考えてはいる（これは一九三〇年代後半の彼の国土ー地方計画の理論を先駆している）が、一応全部のレパートリーを備えたマルチ・ファンクショナルな都市としての構想である。交通機関としては都心部への自動車乗り入れに関しては規制し、マストランジットとしては地下鉄を、冬場でも気候に影響されないという理由で重視している。この計画では業務と並んで、住宅機能が重視されている。明らかにロシアのドム・コムーナのインパクトがなかったはずはない。しかし、彼は家庭サーヴィスの集約化は図りながらも、ロシア人たちのような極端な共同化には抵抗し、閉じられたプライバシーの自律性を尊重するという――ロシア人たちからすれば西欧個人主義的な――いき方を踏襲している。住棟はグリーンの中を屈曲しながら連続していく、彼が「歯型（redents）」と呼んだタイプのものである。それは後のユニテ・ダビタシオンの原型をなすものであった。

つまり、ここでは彼の都市計画のヴォキャブラリーが、ワンセットとして展開されていることになる。ここまで体系的な計画は、これまでの彼の都市計画では存在していなかった。事実、ル・コルビュジエ自身、これと比べればかつてのヴォアザン計画は基本的に業務都市であり、都市全体にまで展開されたものではなかったと述べている。本来ここまでの回答を要求されたものでなかったこともあって、あるいはコリによれば、使いだった彼もゴルヌイも病気でありレポートの授受が遅れたということもあって、モスクワ・サイドの解答は半年以上も遅れた。それは結局一九三一年に出版されたゴルヌイの著作の中に掲載され、さらには一九三三年にル・コルビュジエの『ユルバニズム』のロシア語訳と共に出版された。ゴルヌイは結局ル・コルビュジエは西欧個人主義に立脚しているという定型化した批判を繰り返した。この半年の間、つまり一九三〇年の五月には党中央の都市計画論争に対する決定が出されていることはおそらく偶然ではない（コリがいう彼自身とゴルヌイの「病気」も、それに関わるものかもしれない）。ル・コルビュジエ自身は、この間に構想をさらに一般化したかたちで練り上げ、「合理的住戸」というタイトルで開かれた十一月の末のブリュッセルでの、第三回CIAM（シアム＝近代建築国際会議）においてプレゼンテーションを行なった。「輝く都市」がそれである。そしてこのCIAMでは、次の大会はモスクワで開かれるだろうという発表が行なわれた（しかし、これは決して実現されることなく会議は地中海の洋上で開かれることになる）。

ル・コルビュジエのソヴィエトとの接触の最後のものは、ソヴィエト・パレスの設計競技である。このコンペティション全般については後にまた触れるが、ル・コルビュジエの構想はその中間段階に対して応募されたもので、作業は一九三一年の半ばから始められた。これはル・コルビュジエのプロジェクト中でもとりわけ独創的な「力業」であった。ツェントロソユーズでも見られた紡錘状平面の二つの大ホールは、その屋根がドラマティックな吊り構造で支えられている。大きな方の一万五千人のホールに至っては巨大なパラボラ型のアーチがそれを支えている。ツェントロソユーズでの成功のためか、彼は自分がこの重要な建物の設計を委託されるだろうという思い込みをしていた節がある。「私のプロジェクトはモスクワでのあらゆる労働サークルで一致した好意を勝ち得ていた。それは実現に適したものだという宣言さえされた（すごい仕事だ）。私の耳には、もはや決定がなされたという知らせすら届いていた」と一九三五年の私信に彼は書いている。しかし、OSAが一致して彼の後押しをした三年前とはもはや事情が違っていた。あけて一九三二年の一月の『プラウダ』紙には、彼の案はその「工業主義」の故に受け入れられ難いものだというコメントが掲載された。ル・コルビュジエは、ルナチャルスキーに対して失望の念を表明する手紙を送った。「我々がソヴィエト連邦に期待をかけているのは、権威と建設と指導性でありました。なぜならこうした例とは、最も高貴かつ純正な判断を表わすものだからです。そしてそうでないなら?　であればもはやソヴィエト連邦とは存在せず、いかなる教義も、何の神秘も、他の何ものも存在しないのです」。同時にCIAMもスターリンに対して抗議の書簡を送った。しかし、もはやすべてが決した後であり何もなす術はなかった。

2. 中欧コネクション

第一次五カ年計画が開始された一九二八年当時、ソヴィエト・ロシアは多くの技術者を必要とした。五カ年計画の骨子が大規模な工業、それも従来この国には欠けていた重工業の導入にあったから、先進国からの技術陣の導入は極めて重要なモメントであった。それ自体は全く非政治的な事柄であったが、こと建築や都市計画の分野に限って言えばこれは微妙な部分を含み込んでいた。この分野がとりわけ社会的な内容と通じており、現場の技術者ならともかくも、建築家や計画家は——ギンスブルグらが住宅の標準化という分野で遭遇したように——テクノクラートとしての面と自律したイデオローグとしての面とをもつからである。ル・コルビュジエの招請などとは異なったかたちでソヴィエトに渡ったとしても、この時代にソヴィエトを訪れた建築家たちの大部分は社会的、思想的に全くニュートラルな状態で赴いたわけではあり得ない。ここにはモダニズムの両義性が端的に現われている。まず渡ソした人々、つまりドイツからのエルンスト・マイをはじめとするフランクフルト・グループ(カウフマン、シュヴァーゲンシャイド、ヘーベブラント、シュッテ＝リホツキー、レイスティコフ)やブルーノ・タウト、スイス人グループとしてはハンネス・マイヤー、ハンス・シュミット、オランダのファン・ローヘン、マルト・スタムなどは、全員がモダニストに分類し得る。これは次節の東欧圏やル・コルビュジエ、アンドレ・リュルサなどフランスの建築家にまで広げても同じである。ソヴィエトにおいてはこの当時がアヴァンギャルドの最盛期だったとしても、オフィシャルにモダニズム路線が採択されたわけではない。MAO(マオ＝モスクワ建築協会)を基盤とするジョルトフスキーらのアカデミズム派の権威が揺らいだわけでもない。この招請は、おそらく招請側から見た場合と招請された側から見た場合では、根底においてかなり違ったニュアンスがあったのではないか?　つまり、招請側は、主に五カ年計画の中核をなす工業センターとしてのニュータウンの造営のために、彼らを純然たる請負技術者——テクノクラート——として呼んだのである。ヴィエリ・クィリーチは、この招請には、ロシア人建築家たちが「詩的」な側面に関心を払いすぎて、現実の実効性を等閑視しがちであったことへの制裁の意味があったとも取れなくはないと言っている。いずれにせよソヴィエト政府にとって彼らのイデオロギーは、ソヴィエト体制に好意的であることが必要ではあったとはいえ、必須のものではなかったはずだ。彼らの招請が一九三〇年五月の党中央の「生活様式に関する決定」の直後に行なわれたことは、明らかに偶然ではない。だから、西欧人「コンサルタント」に対しては、自律的な知識人としてのアヴァンギャルドを導入したというよりも、体制に好意的でさえあったら、後はやることをやってくれればそれでよいというようなニュアンスだったのではないか？　つまり、有害な「抽象論」から遠ざかり、その代わりにこれら「技術者」を導入するという構えである。クィリーチの言い方を借りれば、ここで都市の空間モデルはそのモデルとしての意味を失い、経済行政と化する。つまりアヴァンギャルド的な投企－計画はテクノクラート的な秩序の中に解消されてしまうのである。

しかし、呼ばれた方は、自らを技術者としてみることにためらいはなかったにせよ、この仕事を単なる請負業務としてだけは考えていなかったはずだ。彼らは西側で果たそうとして果たせなかった夢想を、彼らと理想を同じにしている新体制の下で実現しようという期待をもってやって来たはずである。おそらく、全く対照的であったと考えられるのはアメリカ人のチームで、デトロイトからやって来たアルバ

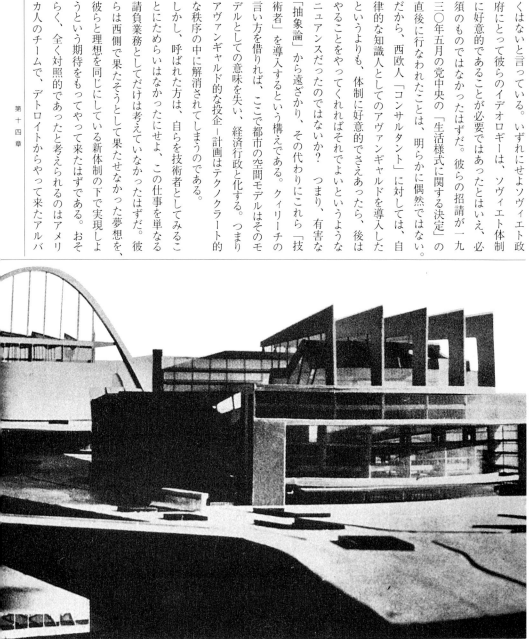

ート・カーンのチームは、ソヴィエト側の「期待」通りに純然たる技術者として、彼らのフォードのノウハウをスターリングラードやチェリヤビンスクのトラクター工場の建設に注ぎ込んだ。だから、前記のモダニズムの両義性とは正確にはヨーロッパ・モダニズムのそれというべきなのだ。

アメリカ・チームが自動車工場の専門家であったのに対して、主としてハウジングと都市計画にあたったのはドイツ・チームだったが、ドイツとロシアの間の交流はベルリンのファン・ディーメン画廊での大ロシア展以来かなり定常的なものであった。一九二三年にはアドルフ・ベーネが「新ロシア友の協会」のメンバー（他にはアインシュタイン、ハインリッヒ・マン、エルンスト・トラー、建築家としてはタウト、マイ、ペルツィッヒ、ベーレンスなどもメンバーだった）として訪ソしているし、一九二六年にはメンデルゾーンとタウトも訪ソし、前者はレニングラードに織物工場「クラースナヤ・ズナーミヤ（赤い旗）」も建設している。革命前にはベーレンスが同じ都市にドイツ大使館を建ててミース・ファン・デル・ローエがそれを担当したという例はあるが、革命後に海外の著名な建築家が手がけた建物としてはこれが最初であろう。しかし、これも結局はデザインというよりはメンデルゾーンの技術的実績（ルッケンヴァルデの工場）がかわれたにすぎなかったのか、それとも実施態勢が不備だったのか、実現はされたものの、メンデルゾーンの言によれば「台無しにされたかたち」であった。またタウトの方はこのときにモスソヴィエトによって住宅建設部会のコンサルタントに命名されている。

これに対してエルンスト・マイの招請は、まず第一次五カ年計画の中での都市開発の誘導及び規制手法に関わる会議へのコンサルタントとしてのものであった。彼はモスクワ、レニングラード、ハリコフ、ロストフ、ミンスクなどで講演を行なった。そのテーマは、「新都市」、「ドイツにおけるハウジングの現状」、「ハウジング建設における合理化」といったものだった。これが極めて現実的な課題であったことに注目しておく必要がある。同時期に進行していた「都市派」－「非都市派」の論争は、こうした技術的な解法とは全く異なった原理的な平面において闘わされていたのである。事実、渡ソチームの一員であったハンス・シュミットは、西欧建築家の「経験とよりリアリスティックな姿勢」がこうした状況下でもち得たポジティヴな意義について語っている。とりわけドイツ人たちの招請に関しては、一九二九年の一月に開かれた「ドイツ技術週間」というイヴェントが大きなきっかけとなったと伝えられるが、おそらくマイの連続講演もその一環として含まれていたと思われる。マイはこの際に小人数の専門家に対して、「ロシアの都市計画と住宅政策に関す

ル・コルビュジエ/ソヴィエト・パレスコンペ案，モスクワ，1931 - 32

メンデルゾーン/「赤い旗」織物工場，レニングラード，1925

る組織的提案」と題する追加講演をロシア政府から依頼されている。この講演の内容は広範なロシアのマスコミに掲載され、多くの反響を呼んだ。マイはこの提案を実施に移すべく、再びそして正式にロシアへの長期滞在を要請された。

一九三〇年十月に渡ソしたマイの一六人（ドイツの建築誌“Bauwelt（建築世界）”の記事では二一人のドイツ人建築家が赴く予定となっているが、シュミットやスタムのような外国人も含めて、この数が実数だったらしい）の「旅団（Brigade May）」は、フランクフルトでの大規模な田園ジードルンク建設を手がけたチームの主力である。マイ旅団に限らず、かなりの規模の建築家たちが新天地を踏んだことの背後には、ロシアへの期待もあったにせよ、ドイツでの深刻な大不況の影響があったことも指摘しておいてよいかもしれない。一九三〇年代の初めには本国では建築家の九〇パーセントは職を失っていたからである。このマイ旅団のメンバーの公募には千四百人もの応募があったという。またマイのフランクフルトでの仕事は、ナチスなど右翼からはボルシェヴィズムのショーピースと見なされていたから、国全体の右傾化から逃れるという政治的な動機もあったはずだ。しかし、その動機はともあれ、実績からしてもこのチームには組織として大きな期待がかけられたし、事実、数量的にも多くの計画を手がけて

マイ旅団［Standartgorproekt］/ 住宅の標準化計画, 1932

『ノイエ・フランクフルト』に掲載されたマイ旅団の訪ソを描くグラフィック

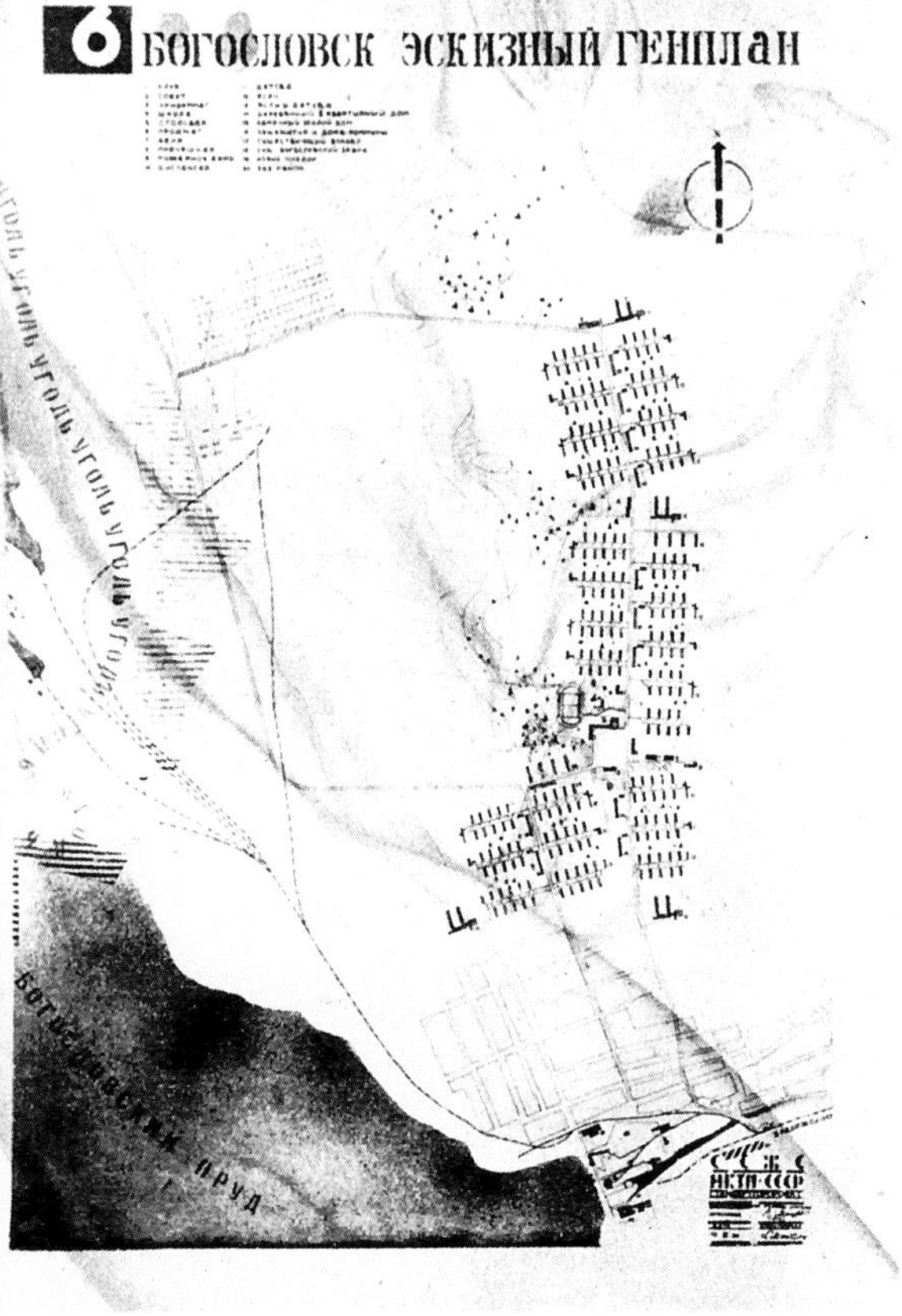

マイ旅団［Cekombank］/ マグニトゴルスク計画, 1930

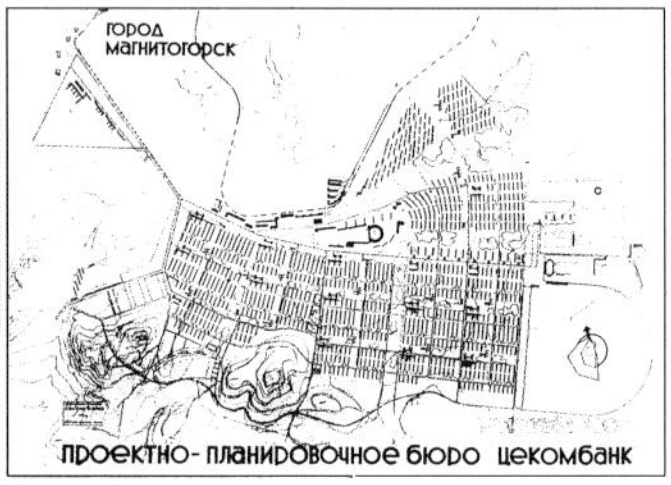

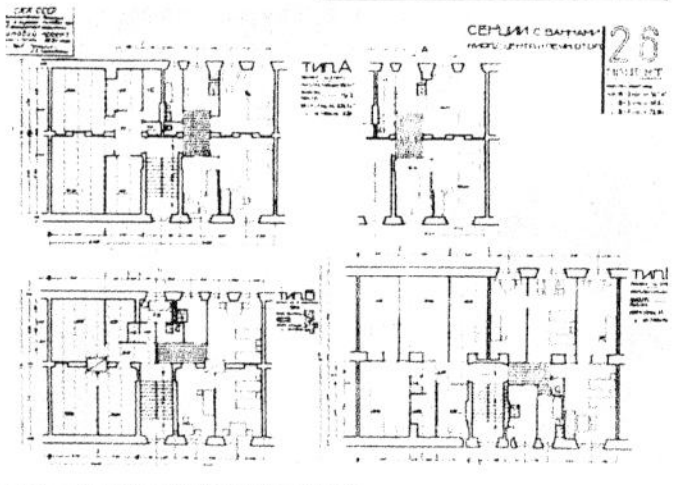

マイ旅団［Cekom-bank］/ マグニトゴルスクのアパート計画, 1931

マイ旅団［Standargorproekt］/ ボゴロフスク計画, 1932

いる。期待はドイツ本国においても同様で、マイのレポートは"Bauwelt"や"Frankfurter Zeitung（フランクフルト新聞）"などに掲載された。彼らは、気候や植生に関するベーシックなデータの作成というようなレベルから仕事を始めなくてはならなかったらしい。論争とその後の混乱のためにコンペティション以降いき場を失い、無原則に近いかたちで着工されていたマグニトゴルスクに対しても、マイの旅団は最終的な調停案の作成を求められた。これは到着後すぐに（「前もっての予告もなしに」とマイは書いている）行なわれた決定らしく、マイ旅団はモスクワから五千キロもの旅（鉄道で四日半！）に出なくてはならなかったし、最初のプランは、この車中でまとめられなければならない、といった有様だった。マイ旅団は、最初一九三〇年に**Cekombank**（チェコムバンク＝中央銀行）、次いで一九三一年、その下部機関である**Standartgorproekt**（スタンダルトゴルプロエクト＝規格住宅計画委員会）、さらに一九三三年から一九三四年には、新設の重工業省の下部機関**Gorstroiproekt**（ゴルストロイプロエクト＝都市建設委員会）に雇用されていたが、**Cekombank**は都市計画に関わるすべてのプロジェクトの財政面の管理をしていたから、マイらが求められたのはプロジェクトをチェックし、必要ならその代案を作成することである。彼らのグループにはロシア人技術者も加わって共同作業を営んでいた。マグニトゴルスクなどの彼らのプロジェクトは、機能ゾーニングに基づいてスラブ状の建物を等間隔に配していくというフランクフルト流のやり方（**Zeilenbau**＝列状配置）であった。ソヴィエトのアヴァンギャルドたちのラディカルな案に比べるとはるかに実際的な案である。彼らの提案には、**Gosplan**（ゴスプラン＝国家計画委員会）が七五パーセントを戸建てで建てるという指針を立てたのに対して、機が熟したらそれらを回廊でつなぎ、共同サーヴィス施設を付加していくというようなものも含まれていた。マイ旅団は、

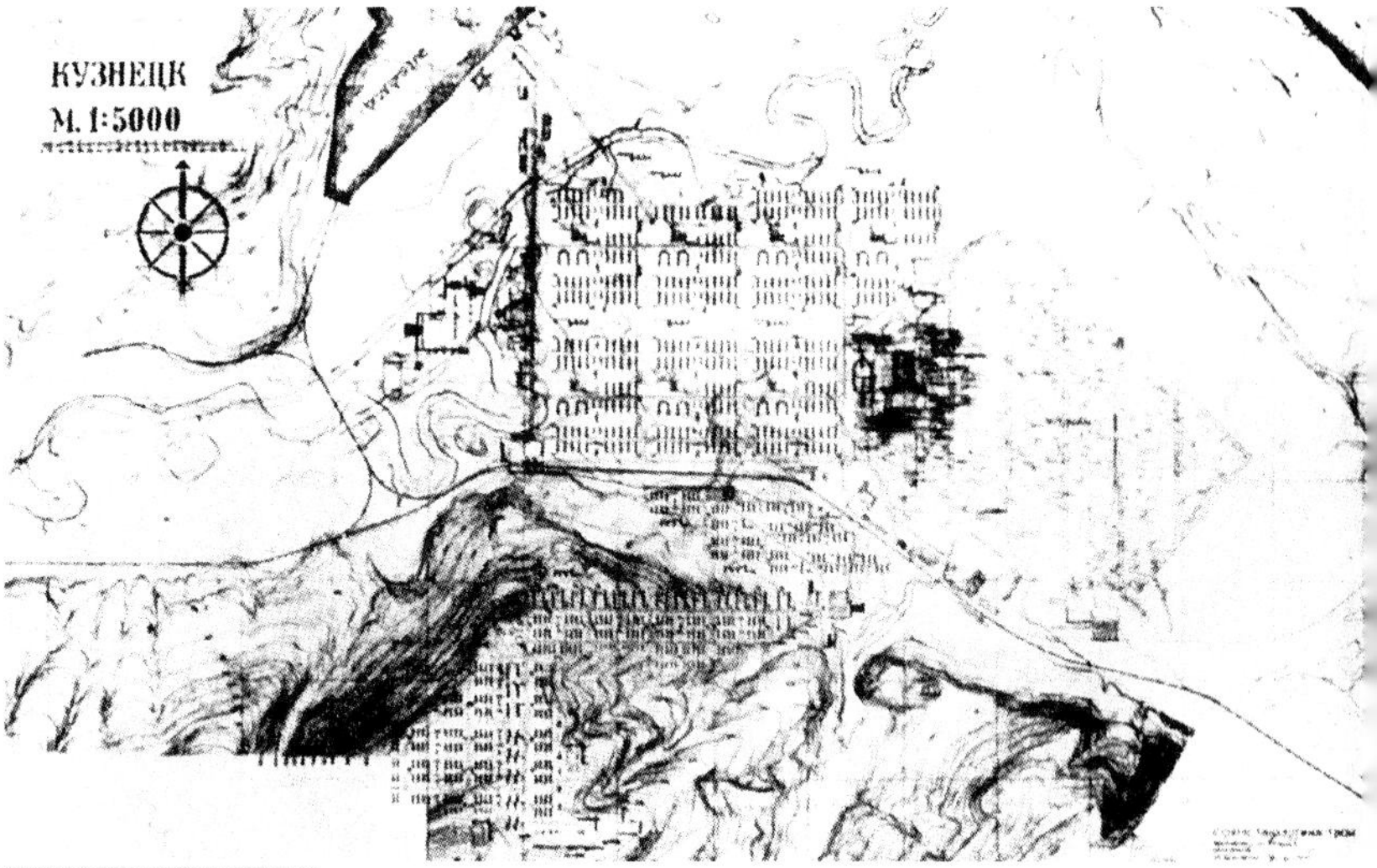

マイ旅団
[Standartgorproekt] /
クズネック計画, 1931

マイ旅団
[Standartgorproekt] /
プロコペクスク計画, 1932

コンクリートのパネルによるプレファブ実験（マグニトゴルスクなどでは木と泥を用いた工法による二階建ての「共同居間」などの提案も行なっている）から平面類型の提案まで行ないつつ、あくまで実際的でコンパクトな都市を計画するといういき方を他都市でも応用した。

こうしてマイ旅団は、例えば一九三一年の一月から七月までにアフトストロイ、ボゴロフスク、カラガンダ、ケメロヴォ、クズネック、ティルガン、プロコペクスク、シェグロフスク、レーニンスク、ニジニ・タジルなどの工場都市の計画に連続的に関わっている。そのために、彼らは広大なソヴィエトを精力的に動き回らなくてはならなかった。文字通りの「旅団」である。それらの「都市」の多くでは使える材料としては煉瓦と木材、粘土しか存在しておらず、労働力の質的水準も劣悪という条件下で、ともかくもシステマティックな整備を展開しようとするものだった。マイは多くのアイデアが（ロシア側から）提供されたが、そのどれも現場の知識が欠けていたために使い物にはならなかったといっている。マイらはそれを現場で何とか機能するように作り替えていかなくてはならなかった。「これは純然たる工房仕事だ」と彼は書いている。いわばブリコラージュである。この作業は、ある意味では「仮設的な都市に衛生的条件と必要施設の合理的配置を備わせ、社会主義都市としての体裁を与えようとするもの」（ミケリス）であった。イズムよりも応急手当の方が先行せざるを得なかった。一九三一年の六月に、CIAMの召集でマイは一時帰国し、ベルリンで「社会主義都市」に関する講演を行なっているが、彼はそこで「ソヴィエト連邦での建設は遊戯本能に従ったロマンティックな楽しみなどではなくて、生存をかけた争いなのです」と言っている。

マイ旅団に僅かに遅れてモスクワに着いたのは、バウハウスの二代目校長であったハンネス・マイヤーである。このスイス人建築家は、グロピウスによって彼の後継者として招かれたものの、その過激な政治色によって結局その座を追われた。マイヤーはWASI（ヴァシ＝高等建築・建設学院。VKhUTEIN［ヴフテイン＝国立高等芸術技術学院］の建築学科を基に一九三〇年に創立）の教職に招かれたのをきっかけに渡ソした。一九三一年の二月頃には彼のバウハウス時代の教え子たちも合流し、マイヤー旅団を結成した。総員八人で、次節で述べるアントン・ウルバンもその一員である。他の人々とはっきり違

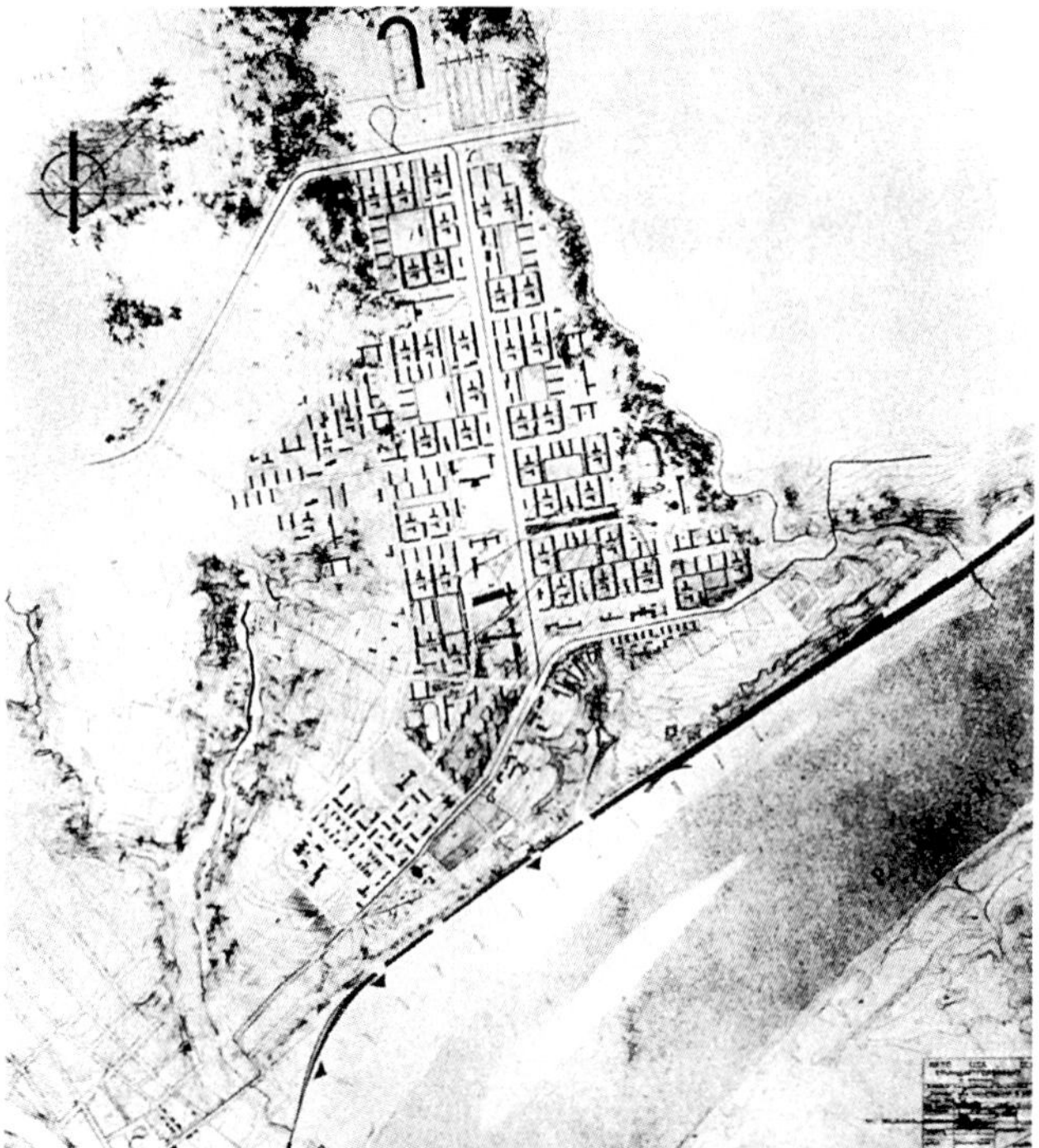

マイヤー旅団
[Standartgorproekt] /
ゴーリキー計画, 1932

ったのは、他の建築家たちが、社会主義にシンパシーはもっていたにせよ、「私は政治には興味がない」といったマイに代表されるように、あくまで技術コンサルタントとしての立場を取ったのに対して、マイヤーは政治的な理由を明確にしていたということである。「我々はロシアの同志たちに、私や私のグループを魂のないエクスパートであり、何らかの特権を要求しようとする者だなどとは考えないようにお願いしたい。我々は、仕事においても信条においても同志であり、その建設技術における経験と力と知識のすべてを社会主義と革命のために捧げる用意がある」というマイヤーのコメントがそれを端的に示している。実際にマイ・グループがかなりいい待遇（マイのサラリーはロシア人の同僚の一〇倍もの給料であった）だったのに対して、マイヤー・グループはかつかつの生活であったらしいが、マイヤーがVOPRA（ヴォプラ＝プロレタリア建築家同盟）に属したことも彼の政治性をよく示している。彼らは当初は、Giprovtus（ギプロットゥス＝高等技術教育学院建設委員会）に属し、教育施設のための仕事に従事した。これは、バウハウスでの行政的な実績（マイヤーは一九三一年にはその展覧会をモスクワで組織した）に加えて、マイヤーがスイス時代にはペーテル・シューレ（計画案）、そしてバウハウス時代にはベルナウの職業学校（実現）などの設計の経験があったことにもよっていると思われる。マイの一時帰国と同じ時期にマイヤーもまたドイツに戻り、プロレタリア建築展で講義を行なったりしているが、そこで彼はマイの仕事はまだまだ現実の表面をなぞっているにすぎないと述べている。「マイはある意味では理想的な仕事、つまり全く新しい都市の造営に従事しているわけです。それは『ケーキ』であります。私の語りたいのは『パン』の方です」。もちろんマイの仕事も「ケーキ」からはほど遠いものだった。マイヤーはその現実を——離れていれば当然に——知らなかったのかあるいは彼らの待遇への反感をもっていたのかもしれないし、マイ

マイヤー旅団/ビロビジャーン計画

3

は政治的にはフランクフルト市の社会民主党市政に与していたのだが、マイヤーをバウハウスから放逐したデッサウ市もまた社民党政権だったという事実から、共産党員と社民党員の反目が背後にあったということも充分あり得る。

一九三一年五月の〝Bauwelt〟誌にヴィルム・スタインの「〈社会主義都市〉の建設」と題する論文が掲載された。その内容は、鉄とガラスとコンクリートでつくられるべき社会主義的都市が、実際には単なる木の小屋でつくられていることに失望を表明するものであり、その事実は「共産主義の理論に打撃を与えるものだ」とするものだった。それに対してマイヤー・グループは強い反発を編集部に表明している。彼らによれば「住宅の問題は重要だが、社会主義都市にとって本質的な事柄ではない」のである。当時のドイツではナチス政権の誕生によって、強い反ソヴィエト・キャンペーンが行なわれていた（ナチス政府は、当然大不況に対する克服という点で、ソヴィエトよりも自らがうまくやっているということを印象づける必要があった）。共産主義者ではないマイヤすらボルシェヴィキのユダヤ人として攻撃されていたくらいである。マイヤーらの反発は当然だったと言えるだろう。それは、単なる個別論文の問題にとどまるものではなく、彼らにとってはソヴィエトを防衛するための行為であった。しかし、そうすることで、彼らはソヴィエト体制の全面的な代弁者となってしまった。自らの批判的なスタンスを維持することは、むしろブルジョワ的な個人主義でしかなかった。これは当時のラディカルな知識人たちにとっての最大の罠であったと言える。

タウトの渡ソはモスクワの都市計画局からの招請によるものであった。マルティン・ワグナーと組んでベルリンに労働者ジードルングを大量に実現した実績がかわれてという意味ではマイらと同様である。彼自身、「工業的な建物、もしくは工業化された建物が西欧に研究、視察、情報収集にやって来るロシアの建築家の最大の関心事であって、それはまた、西欧の建築家にロシア訪問が要請されるときの主要な問いかけでもあった」と書いているが、前述の「ドイツ技術週間」での彼の、「現在の建築とその工業的基盤」と題する講演が招請のきっかけをなしていた。彼はそれ以来ロシアへのアドヴァイザーとしていわば公認の立場にあった。その立場を超えた具体的な招請は一九三二年だが、翌年早々には〝Bauwelt〟誌にタウトがソヴィエトでの活動を休止したという記事が載っている。彼は元のベルリン工科大学での教職に戻るべく帰国するが、すでにナチス政権に代わっていた故国では「文化ボルシェヴィキ」の烙印を押されていたタウトは居つくことができず、六週間後に再びロシア（オデッサ）経由で、しかし今度は日本に向けて出国せざるを得なくなる。つまりタウトは最も早くソヴィエトに幻滅を感じた西欧の建築家の一人であった、といってよい。これは、初期からタウトが東方の革命に大きな期待をかけていたことの反動であったともいえる。

彼の主宰していた〝Frühlicht〟誌には、早くからタトリンの《第三インターナショナル記念塔》に関するエレンブールグの論文やジョルトフスキーの都市シェマなどロシアの情報が掲載されていたし、ソヴィエト訪問も一九二六年にモスクワでドイツの住宅事情に関する講演を行なうなどしていた。タウトの「社会主義」は必ずしもボルシェヴィズム的というよりははるかにアナーキズムないしポピュリズム的なものだったし、その「都市の解体」のヴィジョンも非都市派のそれと同様な違いを示すものだった。またタウトは一般的に言って合理的な解決には与しても、機能主義というかたちでそれを全面化することには常に批判的で、OSA（オサ）——ASNOVA（アスノヴァ）とすら外から見るとその違いはわからないといって——のモダニズムには必ずしも諸手をあげていたわけではないし、マイらの「科学主義」にも懐疑的であり、またル・コルビュジエのツェントロソユーズに関しては「偽合理主義的な曲芸」として批判的だったが、他方アカデミズムの時代錯誤にはさらに否定的であった。例えば一九二九年のテクストにはシチューコらのレーニン図書館案に対して「機能的な明晰性をモニュメンタリティのために犠牲にした」と批判している。しかしそれが彼の立場の相対的な独立性を築き上げたとしても、彼の側にソヴィエトへの強いシンパシーと期待があったこともまた否定できない。ソヴィエト側でも、例えばルナチャルスキーは彼のベルリンのブリッツ・ジードルングを見て「建設された社会主義だ」といったと伝えられる。

正式な渡ソ以前にも、彼は数回ソヴィエトを訪問し、いくつかのプロジェクトに関わっている。モスクワのMOSPS（モスクワ市労働組合評議会）の劇場初期計画（このプランはタウトが日本の伝統的劇場を翻案した花道やエプロンステージをもつものだった）やソコルヌイ・ゴラの住宅地計画、一九三一年のモスクワでのホテルのコンペティション応募案を作成している。この作業のために同年には一カ月モスクワに滞在し、暮れにもう一度訪ソして翌年二月のモスクワ移住を明らかにしている。ベルリンのGehag（住宅供給公社）でのマルティン・ワグナーとの仕事以来、タウトは建設行政の仕事に強い関心をもっており、モスクワでも公共建築及び住宅のコントロールに従事したいという気があったようで、「住宅及び公共建築のデザイン・建設監督局」のディレクターとして三〇人のチームを率いた。またタウトは一九三二年のモスクワ将来計画（十六章一節参照）の検討委員会の唯一の外国人委員となっている。

個別の計画としては、この年にタウトは前年にプレ・スタディを行なっていたディミトロフスカヤ街とストラストノゴ大路の交差点のアパートやオホトヌイ・リヤドのイントゥーリスト・ホテルのコンペティション案などを手がけている。後者では彼は他の参加者であったギンスブルグ及びシチューセフの二チームと組んで実施案を練ることを依頼されたようだが、その後の経緯は不明である。実際にはシチューセフのデザインによって——初期案とは随分違ったかたちで——建設され、ホテル・モスクワと命名された（十七章一節参照）。その他にもタウトは別のホテルの計画や中央葬儀場の計画にも従事しているが、結局何ものも実現することなく終わった。バーバラ・クライスは完璧にお膳立てのできていたドイツの環境に比べて、製図道具から電話や照明すらままならない外国に来て、彼らが理想とは大きく隔たった現実に適応するのははなはだ困難であったに違いないと書いている。

オランダの方は、モスクワでの第三インターナショナルに出席した画家ペーター・アルマがベルラーヘやリートフェルトと共に蘭ソ協会をつくっている。ベルラーヘは一九二四年には訪ソ、レーニン廟のデザインなどを手がけている（実現されたのはシチューセフのデザイン）。より具体的にも、オランダ人たちはドイツ人よりももっと初期からソヴィエトでの活動に携わっており、一九二〇年代の初めからシベリアなどでのコロニーの造営に技術者が関わっている。

レーニンと個人的に交流のあった技術者ルートハースが中央シベリヤのクズネック河沿いの炭坑コロニーを手がけ、また、名のある建築家としてはファン・ローヘン（彼は「革命的社会主義知識人同盟」のメンバーだった）が一九二五年以来シベリアのケメロヴォの都市計画に関わっている。彼は学校や共同厨房の建物などを建てているが、ミケリスはそれらをタウトなどと同じくアナルコ・ポピュリズム的な性格の強いものだといっている。

第一次五カ年計画の範囲で渡ソした人物としてはマルト・スタムがいる。すでに述べたようにスタムはスイスの雑誌〝ABC〟を通じてリシツキーと親しい関係にあり、彼を通してASNOVA（アスノヴァ）の準会員になっていたが、直接の訪ソのきっかけはその直前に彼がフランクフルトで活動をしていたということに起因するマイとの関係によるものである。彼はマイのチームとマグニトゴルスクの計画に携わった後で、〝ABC〟の同人であったシュミットと共にオルスクの計画を手がけたり、マケーフカの計画（一九三二―三三年）などに従事している。

西欧ではこれらのアヴァンギャルド建築家たちの立脚点はかなり大きな差があったはずだが、「技術者」としての立場を強いられ、現実的な制約がはなはだ大きかったソヴィエトでは、基本的には成果品に大きな違いはない。都市全体の計画、住宅地を中心とする地区計画、そして標準化の計画である。マイのような穏健な改良主義者のそれも、ハンネス・マイヤー（ニジニ・クリンスク、ゴーリキー、ビロビジャーン――最後のものだけはヘブライ人コミュニティとして特殊な計画だが）やマルト・スタム（マケーフカ、オルスク計画＝ハンス・シュミットとの協働）のようなラディカリストのそれもさして変わりはない。それらの計画のいくつかでは、実際にそれらしくモダンな住宅も少なからず建設されていたが、「社会のコンデンサー」といい得るようなものとはもはや違っている。

第二次五カ年計画の始まる一九三三年頃になると、第一次の成功で自信を得たソヴィエト政府は一転して排外的なかたちに傾斜していく。このショーヴィニズムは文化政策レベルでの反動とつながっていく。その最も決定的な出来事、つまりソヴィエト・パレスのコンペティションの結果（十五章二節参照）以降のスターリ

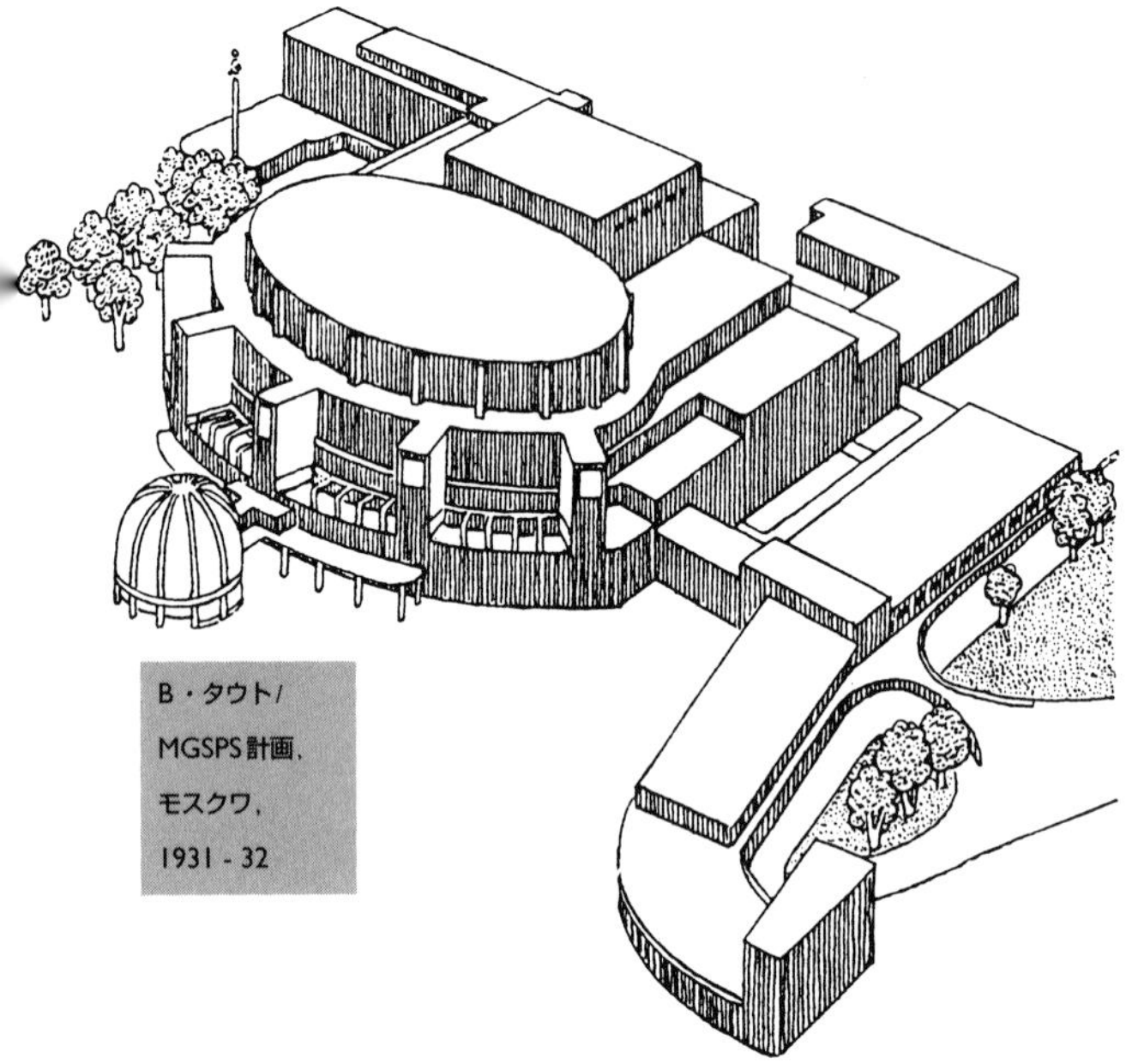

B・タウト/
MGSPS計画,
モスクワ,
1931 - 32

B・タウト/
イントゥーリスト・ホテル
コンペ案,
モスクワ, 1931 - 32

ン政権の過去回帰路線は、彼ら西欧建築家の側では一様に困惑の対象でしかなかった。マイのマグニトゴルスクへの提案も一九三二年の二月の最終案もまず西側のみが承認されず、七月の時点では「極端な図式主義と正当化し得ぬ幾何学主義」を批判され、暮れに出した最終案は無視される憂き目を見た。当惑の種のひとつは、最初は技術者としてのみ登用されたはずの彼らの仕事に対して、文化的にブルジョワ的退廃性を示すものという非難が投げつけられ始めたことで、マイのマグニトゴルスク計画でも、規則的な住棟の配置などが労働者の住環境に対する無関心（ニヒリズム）であるという議論がなされ、街路や広場の「顔つき（フィシオノミー）」に気を配るべきだという、その後の社会主義リアリズムの都市像を先駆ける論調が見られた。この年に始められたスタムとシュミットの南ウラルのオルスク計画などでは、彼らの計画はプラニングとしてのみ採用され、それにロシア人建築家が別のファサードを貼りつけるというようなことが起こった。表現に関しては外国人（ブルジョワ・ニヒリスト）には任せないというわけだ。彼らが純然たる技術者であれば、どうでもよいことであったかもしれないが、建築家にとってはそうはいっておれないことであったはずだ。ここでスタムは前のマケーフカの計画で批判された諸点、つまり住棟の間の街路スペースが単なる機能的な隣棟感覚からしか決められておらず、労働者の溜まり場がないというもの（これはマイの計画などにも加えられたポピュラーな視点だった）を消化して計画を改良していた。しかし問題はもはやそのレベルではなかったのである。もうひとつの極めて実際的な困難は、報酬の支払が国内完結を目指す政府の方針で外貨建てではなくなったことで、これは故国に家族を残してきた外国人建築家にとっては仕送りができないということを意味した。また仕事に関しても、彼らが計画したものは現場できちんと管理されて実行されるというのではなく、官僚的な作業区分によってそれは分断されてしまった。前述したような仕事場の環境の劣悪さも手伝って、外国人たちにはフラストレーションがつのったであろうことは容易に想像できる。現実に、全ソ建築家同盟の外国人部会のスポークスマンは、一九三二年当時

ファン・ローヘン／公共浴場，ケメロヴォ

ベルラーヘ／レーニン廟計画，モスクワ，1926

に「一致する意見として、外国人専門家たちの間では、仕事及び生活における孤立に起因する精神的な危機がある」と述べている。この事態に対する反応はまちまちであった。前述したようにタウトは一九三三年の初めには引き揚げているし、マイやスタムは一九三四年に帰国している。マイヤーは一九三七年まで、シュミットの方はもっと長く戦後までソヴィエト内にとどまっている。

この滞在期間は、彼らのスタンスについてはなはだ暗示的である。つまり状況に見切りをつけたものは早く帰国しているし、長く滞在したものは何とか新しい事態と折り合いを見出そうとしたのである。一九三三年にマイヤーは、ソヴィエト・パレス（このコンペティションには、彼がアドヴァイザーとして加わっていたウルバンら彼の旅団の案も応募していた）の結果に関して当惑を打ち明ける手紙を本国の妻に送っている。「私はイオファンのこの案には途方に暮れてしまった。ここ（前線——引用者註）では問題はもっと単純なのは喜ばしい限りだ。つまり建築はどうでもよく、戦いはパンとミルクと寝場所を求めてのものなのだ」。しかし、翌年プラハでチェコの「左翼戦線」（次節参照）との議論の際にマイヤーは大きく展開した見解を持ち出す。「現代の資本主義の国々の建築家が実践しているような建築における芸術の否定は、ブルジョワ文化の過ちの兆候であると思えます」。ここには明らかにVOPRAによる構成主義者たちへの批判のエコーが聞こえる。一九三五年に書かれた「生活への逃走」ではこうだ。「私は、我々の以前の芸術批判は資本主義的諸関係に根ざしていることを理解したのである。しかし、今や私は、社会主義建設の活動に従事している。人民のためにはプロレタリア芸術を起こさねばならぬ、という自明の理を学び直したのである」。この頃彼はすでに自分の旅団からは別れ、土木学院の東シベリア及び極東部長、次いで一九三四年に創設された建築アカデミーのハウジング建設部局の長を務めていた。そこでも住宅に対して歴史的、国民的なファサードを考慮することの重要性を強調する言説を残している。しかし、それはまさにかつての彼の〝ABC〟時代の同志スタムやシュミットのオルスク計画で、その部分だけはロシア人たちに仕事が委ねられたという事態を肯定することになる。であれば、彼らの存在価値は何処にあるのか？　一九三七年、すでにスイスに戻ったマイヤーは全ソ建築家同盟の第一回総会（十六章一節参照）でマイヤー旅団のソヴィエト・パレス応募案を批判したニコライ・コリに対して手紙を書き、こう述べている。「しかし、私は西ヨーロッパ人であります。（…中略…）然るが故に、私はソヴィエト建築の『国民的なもの』に対しては寄与す

スタム，シュミット［Gorstroiproekt］/
オルスク計画，1933 - 34

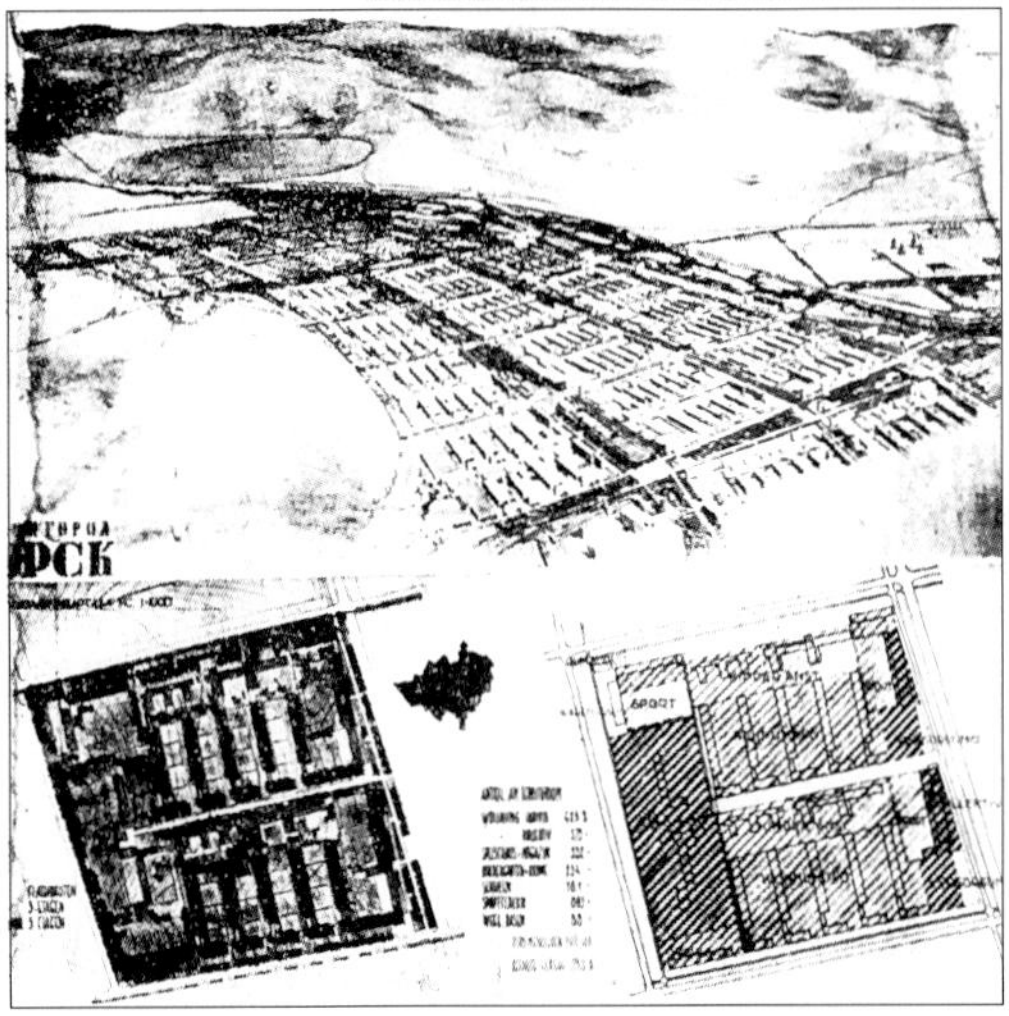

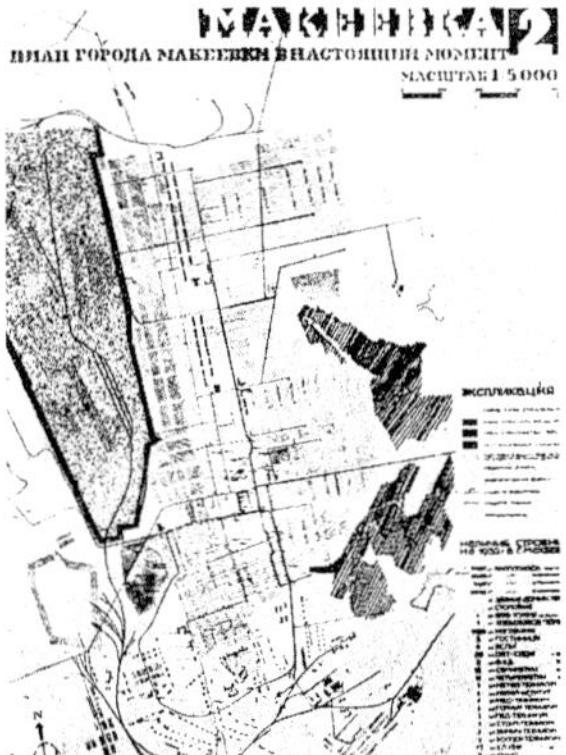

スタム/
マケーフカ
計画，
1932 -33

シュミット/
オルスク全体計画，
1933 - 34

ることを得ないのであります。あなたとあなたの同僚方にとっては、私はクールな合理主義者、方法論者にとどまるので、――それ故に不要な者でありましょう。だから私は身を引くのです」。

マイとマイヤーの旅団の残存部隊を率いたのはシュミットである。Gorstroiproektに属した彼らの主たる仕事は、オルスクの計画の継続であった。この改訂版のオルスク計画ではアヴァンギャルドの言語は姿を消し、もっと伝統的で、労働者のうち熟練労働者は一パーセント程度という事実上素人集団による建設にも耐える単純な工法、地場の材料から成り立つかたちからスタートして、徐々に街の態様を整えていくものであった。しかし、それは単純に過去主義というよりも、例えばドイツにおけるテセナウのやり方に近く、伝統的かついくぶんクラシックに見えたとしても、モニュメント・カルトや装飾過多からは最も遠いものだった（彼のこうした仕事は、戦後のイタリアのネオ・リアリズムを通して一九七〇年代のアルド・ロッシら「合理主義者」たちに少なからぬ影響を及ぼしている）。シュミットは、もっと前の一九三二年に「党と政府は、建築には多大の注目が払われていると主張してきた。しかし、党と政府は、何時建築の途とは皮相な装飾やコーニスを経由せねばならぬと言ったのだろうか？」と書いた。実際、彼の見解は最もソヴィエトの現実に同情的かつ柔軟なものであった。後年の彼は、ソヴィエト建築の文化的反動に対して、イオファンのソヴィエト・パレス案に代表されるようなそのドグマティズム化には批判的でありながらも、この展開はアヴァンギャルドの性急な芸術否定もあって、近代建築が工業製品と同一視されるようになり、ひいては建築のイデオロギー的な役割を否定する、つまり人間の意識に影響するようなものではなくなってしまったことに起因しているのではないかというコメントを行なっている。「今日の問題は、ロースによって定

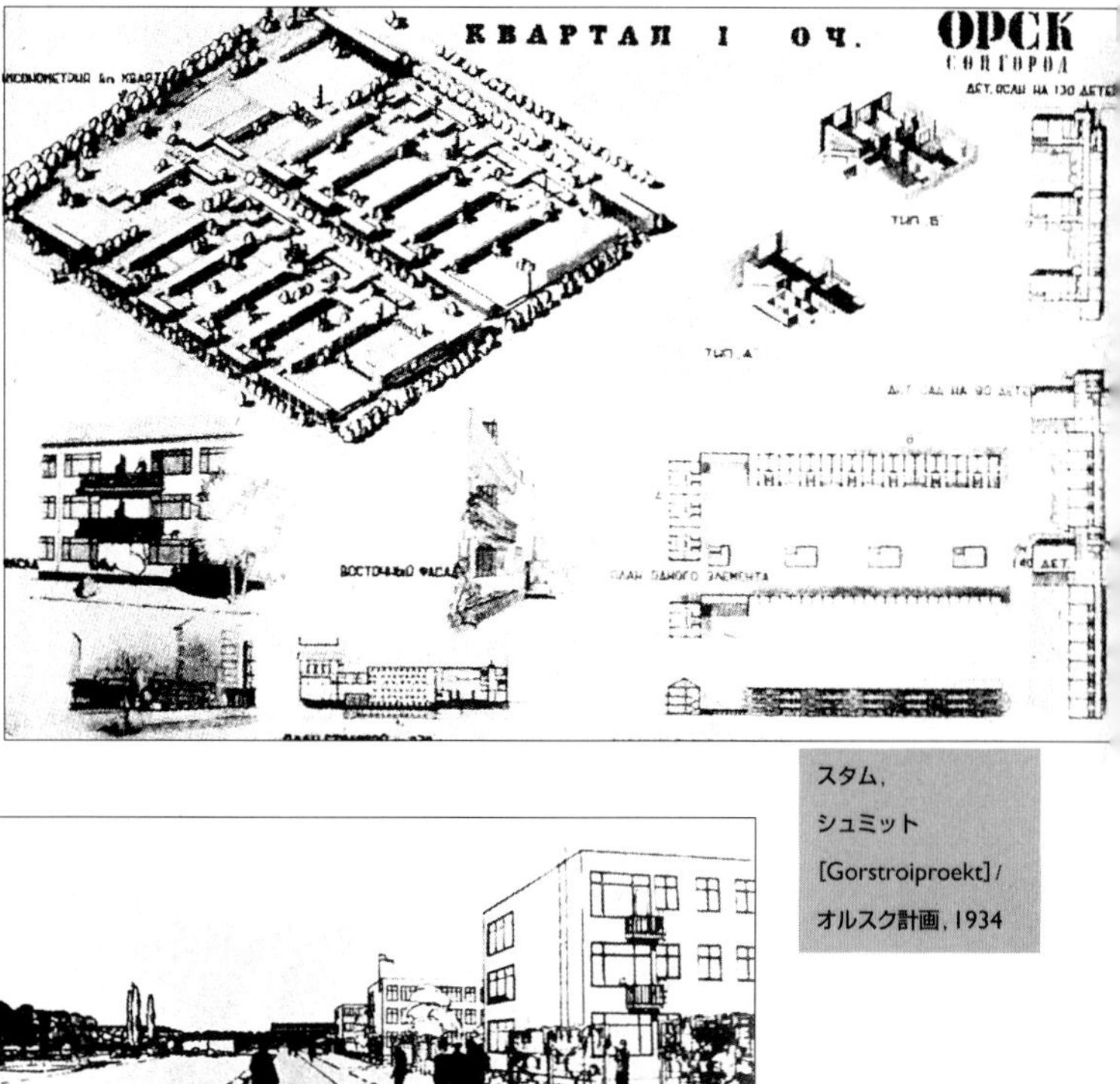

スタム，
シュミット
[Gorstroiproekt]/
オルスク計画，1934

スタム/
マケーフカ計画，
1932 - 33

式化された問題に、半世紀を経てなお結論を出しかねているところにあるのではないか？」一九三六年頃には、もはや外国のスパイであるかもしれない（これはスターリン政府には頻繁に用いられた内政用のレトリックだった）彼らにはまともな仕事は任せられない。シュミットは寡黙に厨房と店舗用の造作の標準化モデルのドローイングにうちこんだ。あたかも、もはや自らが積極的に夢の実現に参加する途はとうに絶たれてしまったこの時代の行き先を見とどけようとするかのように。全ソ建築家同盟の第一回大会が賑々しく開催された一九三七年の終わり、すでに大部分の旅団のメンバーはロシアを去った後、かつてマイ旅団のソヴィエト人メンバーであったモスタコフが『建築SSSR』誌に「建築家E・マイの醜い『遺産』」と題した論文を発表する。内容については、改めて引用するまでもないようなものだ。この「清算」はマイの計画に実際に参与したモスタコフにとって、生き残るに必要な「禊」であったのだろう。幕は引かれた。

3. その他のコネクション

東欧の中で、アヴァンギャルド運動という点で密接な関わりをもったのは、ポーランドとハンガリー、次いでチェコスロヴァキアである。ハンガリーはロシア型の社会主義革命が最も早く「輸出」された国である。しかし一九一九年の三月に成立したベラ・クーン内閣は八月には崩壊した。これと共に雑誌〝MA（今日）〟に結集したアヴァンギャルドの多くも国外で亡命生活を強いられた。彼らが政治信条において大部分社会主義的であったことも合わせて、政権と運命を共にしたという印象を与えるが、実のところはベラ・クーン自身が、彼らアヴァンギャルドに対しては「ブルジョワ的デカデンス」を非難していたのである。この意味では彼らはむしろ一九三〇年代のロシア・アヴァンギャルドの立場を先駆けていたといってよい。〝MA〟は亡命者たちによってウィーンで発行をつづけられたが、そこでは一九二〇年という早い時点でソヴィエトに旅したり、滞在したりするものも現われた。そのうちで歴史的にもっとも重要な働きをするのは——しかし、アヴァンギャルドにとってはむしろネガティヴなかたちでだが——建築理論家のイワン・マーツァである。彼は本来ハンガリー名ではヤノス・マーツァだが、ソヴィエトではよりロシアらしいイワンを名のった。彼は一九二九年に結成されたVOPRA（ヴォプラ）の理論的支柱として、皮肉にもベラ・

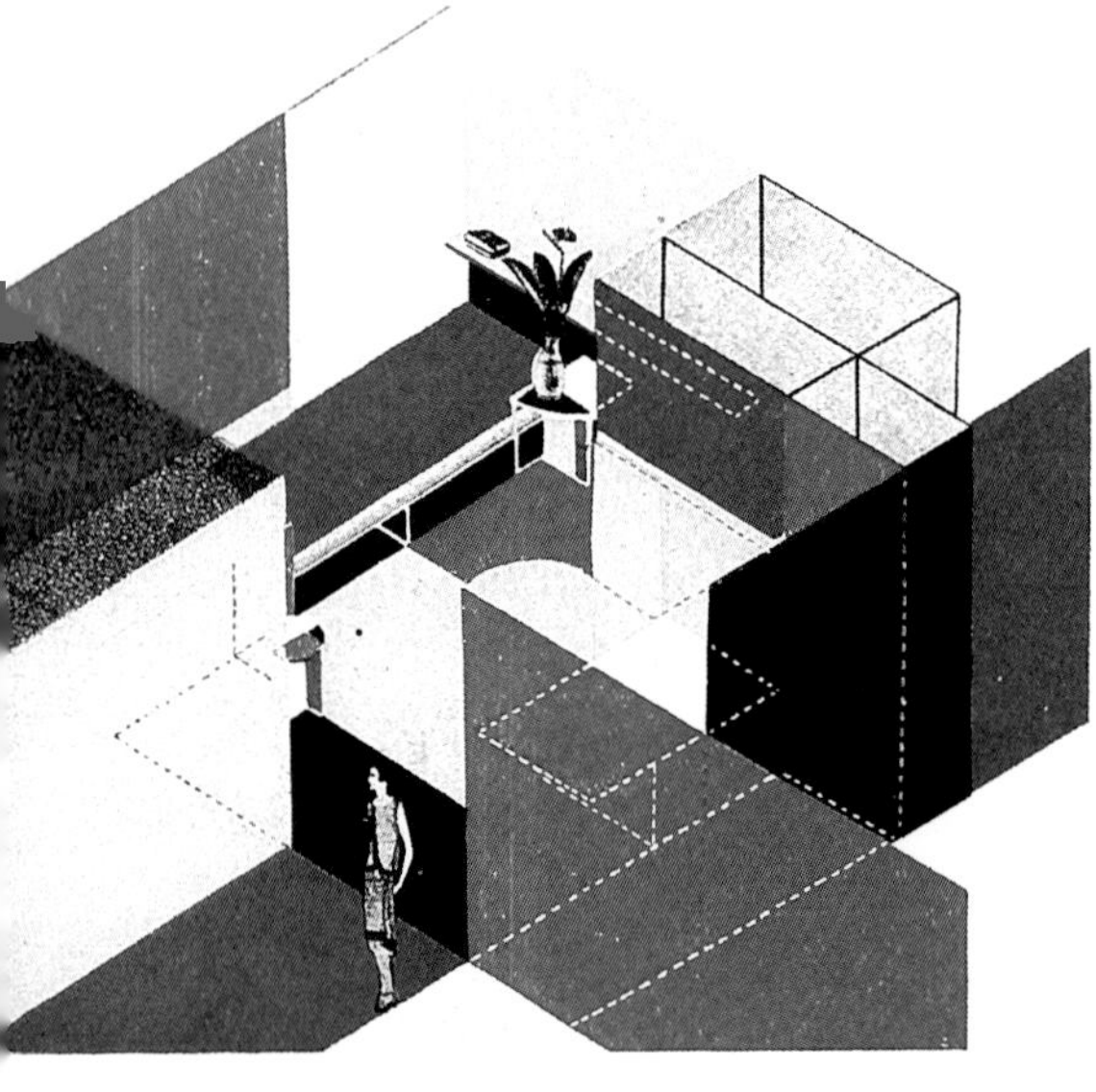

ストゥルツェミオンスキー，コルボ
《空間構成》1931

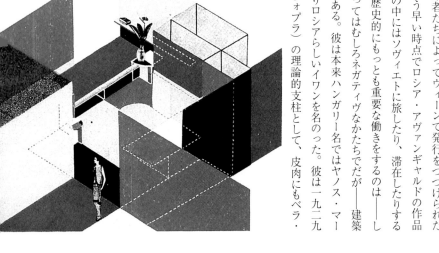

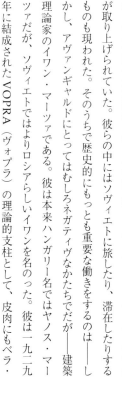

クーンと同じようなかたちで構成主義者のブルジョワ的デカダンスを咎める役を引き受けることになる。もう一人はアルフレッド・ケメヌイである。彼はINKhUK（インフーク＝芸術文化学院）での初期（一九二一年）の議論にも参画しているが、そのときのテーマがそうであったように、彼はOBMOKhU（オブモフ＝青年芸術家協会）の立場を支持した。彼は後にバウハウスでモホリ＝ナジに合流することになるが、モホリ＝ナジが東西の構成主義者のかけ橋的な立場となるのは、リシツキーとの交遊もさることながらケメヌイ経由の情報が果たした役割が少なくない。

ポーランドのアヴァンギャルド運動は、その中心的人物であったウラディスラヴ・ストゥルツェミオンスキーがサンクト・ペテルブルグの育ちで、革命後もIZO（イゾー＝教育人民委員会の美術局）やモスクワ芸術及び芸術産業評議会に属して働いていたことに影響を受けた。彼はタトリンの影響の濃い《物質試行》を一九一〇年代の終わりにモスクワなどの展覧会に出品している。一九二〇年に結婚した彼の妻カテルツァーナ・コルボ共々、彼らはOBMOKhUグループにも接触をもったし、マレーヴィチのUNOVIS（ウノヴィス＝新芸術の肯定）にもメンバーとして名を連ねている。彼は一九二二年に帰国し、一九二四年には構成主義者のグループBlok（ブロック）を結成した。彼やコルボが平面絵画を中心とするフォルムの革新にとどまったのに比べて、より生産主義的方向を目指したのはミエツラフ・シジューカである。彼は思想的にもポーランド共産党と密接な関係にあったが、純粋美術から離れ、タイポグラフィ、フォトモンタージュ、そして建築へと転じていった。彼の作品は一九二七年のOSAの〈国際建築展〉にシュルクセス、ザルノヴェルヴナ、カルチェフスキー、コジンスキーらの作品と共に出品された。

チェコスロヴァキアは先の二国に比べるとアヴァンギャルド運動との直接の関係は遅くにスタートしたが、ある意味ではそのつながりはより強固であった。この国では第一次大戦前からキュビズムなどのアヴァンギャルド運動が存在していたし、一九二〇年代のごく初期から、ロシアの構成主義に比すべきラディカルな「革命派」が存在していた。この運動は文学から美術、建築など広範囲な分野を含むもので、「DEVĚTSIL（デヴェトシル）」と呼ばれ、詩人－理論家であったカレル・タイゲがその中心人物であった。その建築家グループはARDEVを名のり、機関誌“Stavba（スタバ＝構成）”を発行していた。彼らはリシツキーらの“Veshch”や、ハンガリーのモホリ＝ナジらの“MA”グループとも緊密な連係をもっていた。さらに、それらと同じく、この運動も芸

タイゲ“DEVĚTSIL”の表紙デザイン，1922

術運動としてラディカルであったのみならず、政治的にも明確なマルクス主義路線をとっていた。

建築の分野において一九二三年以来"Stavba"誌を主宰し、アヴァンギャルド運動の柱としてきたタイゲは、またバウハウス（ハンネス・マイヤーの招請による）やCIAM（シアム）にも関わるなど国際的アヴァンギャルドの結節点として働いた。この頃の彼のテクスト「我々の基盤、我々の道」には「国際主義とポエティズム」というサブ・タイトルが付せられており、タイゲが自らを構成主義者とみなしていたことを示している。タイゲは一九二五年には訪ソ、以後様々な機会をとらえてこの東方の大国の運動を紹介している（一九二八年の『ロシア文化』、一九三六年の『ロシア建築』などの公刊）。この頃のタイゲはル・コルビュジエのマンダネウム・プロジェクトに対する有名な批判に代表されるように、国際アヴァンギャルド運動の最左派であったが、一九二九年には「左翼戦線」が彼のまわりに結成された。チェコ・アヴァンギャルド中での最左翼グループである。それによってARDEVグループは解体に追いやられた。この頃のタイゲは『建築の社会学に向けて』（一九三〇年）、『最小限住宅』（一九三二年）、『建築における右翼と左翼』（一九三四年）などを出版、ソヴィエトにおける情勢と連動しながら、その左翼傾斜、社会的側面の重視を著しくしている。このタイゲのラディカリズムは、アヴァンギャルド・グループの中でもある種の孤立も招いた。後に述べるクレイツァールなども、個人的な友情にもかかわらずタイゲには批判的であったグループに属している。この建築運動でタイゲと並んで主導的な立場にあったのはイーリー・クローハである。クローハは一九三〇年に訪ソ、帰国後精力的なオルグ活動を行ない、一九三三年には「社会主義建築家同盟」を結成、その初代会長に納まっている。クローハやタイゲはソヴィエトにおける右旋回には終始批判的だった。ハンネス・マイヤーがソヴィエトからプラハを訪れたとき、彼らと最も近いところにいたはずのこの人物が人民の装飾への要求に「理解」を示したことに対しても、彼らは驚倒しかつ批判を展開した。一九三七年の第一回全ソ建築家会議を前にして、クローハは「ソヴィエト建築の現実の問題」を、タイゲは「ソヴィエト建築の現実」をおのおの発表してその主張を明快にしている（クローハはずっと後の一九七三年になって、イージー・フルーザとの共著で『ソヴィエト・アヴァンギャルド建築』と題する大部の本も公刊している）。しかしそのイデオロギー色の故に彼らの後年は平坦なものではなかった。クローハは大学教授の職を追われたり一時は投獄すらされたし、タイゲは官憲の手にかかって逮捕される寸前に自ら命を絶った。

クローハ/現代文化展覧会場,ブルーノ,1928

クレイツァール/オリンピック・デパート,プラハ,1923 - 26

悲劇的だったのは彼らにはとどまらない。チェコ人の建築家で短期の旅行ではなく、長期の仕事のために最初期にソヴィエトに渡ったハンネス・マイヤーのバウハウスでの教え子、アントン・ウルバンは、マイヤー旅団の一員としてポヴィリエ共和国で働き、後にモスクワの建築学院の付属機関のメンバーとなり、マイヤーの退去後もソヴィエトに残り活動をつづけようとしていたが、一九三六年にはスパイの容疑で投獄され、二年後に獄死している。外国人に対する一般的なスパイ嫌疑というスターリン式統治法の実際の犠牲者である。

チェコ・アヴァンギャルドの主力メンバーとして訪ソした建築家としてはヤロミン・クレイツァールがいる。クレイツァールはタイゲの親しい同志でもあったが、後者のあまりにドグマティックな反芸術主義には必ずしも与しなかった。渡ソ当時学生にすぎなかったウルバンとは違って、彼は、オリンピック・デパート、プラハの組合本部の建物や、ヨーゼフ・スパレックとの協働によるブラチスラヴァの地方事務局、トレチンスクの温泉サナトリウムなどの設計によってチェコ・アヴァンギャルドの中核的な建築家としてのキャリアをすでにものしていながら、協力者スパレックと共に一九三二年に新天地に身を投じた。すでに彼の作品は一九二七年のOSAの展覧会にも出品されていたが、その延長としてか、彼らはモスクワのヴェスニンやギンスブルグのアトリエに属し、しばらくキスロヴォドスクのサナトリウムの仕事に携わった。しかし、彼は一九三六年には失意のうちに帰国している。クレイツァールと同時にソヴィエトに渡ったヨーゼフ・スパレックは、このときに友と共に帰国しているが、翌年に再びソヴィエトに渡り市民権を獲得、一九四二年に爆災がもとで死去するまでとどまった。二度目の渡ソ後は前述のサナトリウムの現場監督の仕事をし、一九三八年まではそこに滞在、スマナを経て一九四〇年頃にはモスクワ近郊に戻ったらしいが活動の詳細は不明である。

この二人に比べれば本国での実績というほどのものはないが、経歴として興味深いのはフランチュシェク・サマーで、彼はパリのル・コルビュジエのアトリエで、前川國男の下でニコライ・コリと共にツェントロソユーズやソヴィエト・パレスの仕事に従事している。一時的なロンドンでの仕事の後にサマーはツェントロソユーズの現場を見るためにソヴィエトに赴き、コリのアトリ

スパレック，ビュッキング，ギラー，ミュレローヴァ［左翼戦線チーム］/集合住宅地コンペ案，1930

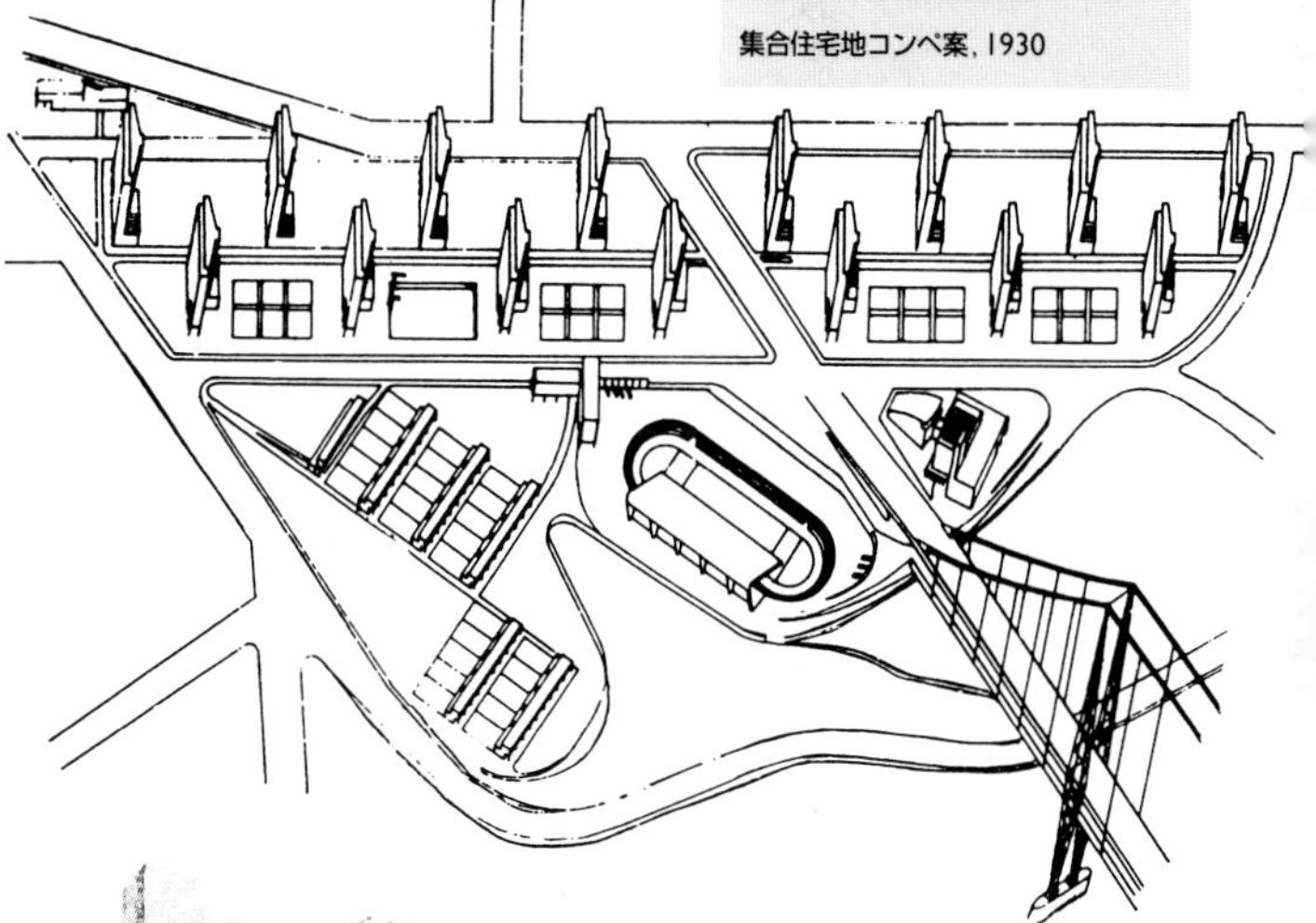

フォイエルシュタイン/ソヴィエト大使館，東京，1935

エに属した。コリに協力してサマーはMOSPSの劇場やミヤスニツカヤの地下鉄の駅（十七章三節参照）のデザインに従事しているが、やがてコリが「右傾」化していくうちに、それに反発したサマーは一九三六年にはギンスブルグのアトリエに移っている。彼はここでガグリーのサナトリウムの計画に従事しているが、これは実現されず、次いで同じアトリエにいたレオニドフに協力してクリミア南部海岸のプロジェクト（十七章四節参照）を手がけている。

一九三七年にソヴィエトを離れたサマーは同郷の先輩アントニン・レイモンドを頼って東京に移り、彼の計画を手伝っている（一九四二年にはイギリスに渡り、戦後に帰国）。レイモンド・コネクションでソヴィエトと関わりのあるチェコ人建築家はもう一人いる。ベドリッヒ・フォイエルシュタインである。

ここに出てくる他の多くの人々と同様、ユダヤ人であったフォイエルシュタインは、サマーとは逆に先に日本に来ている。来日は一九二六年で、レイモンドの下で聖路加病院などの計画に従事した。彼は構成主義風のステージ・セットの本を日本で出版などしているが、一九三一年に一時的にソヴィエトを訪問、一九三三年には東京のソヴィエト大使館を設計している。モデストなものだが、かなり構成主義的な建物だと言える。フォイエルシュタインは一九三六年に四四歳で自ら命を絶って、その才能を開花させずに終わった。

中欧やチェコスロヴァキアのコネクションが建築言語とイデオロギーとの関係性の上で成り立っていたのに比べて、まったく技術的であったのはアメリカのコネクションである。アメリカとソヴィエトのつながりには、もちろんジョン・リードに代表されるようにイデオロギー的なものも存在はしていたし、芸術の上でもロシアのそれに通じるようなアヴァンギャルディズムがアメリカになかったわけではない。しかし、こと建築に関してはそのようなものはロシア－ヨーロッパとは反対側の西海岸（ロスアンジェルス）にあった、シンドラーやノイトラのようなヨーロッパ移民の建築家の周りの小サークル（その中にはミリオネアで左翼という奇妙な人たちが何人かいた）を除けば存在していなかった。

一九三二年のニューヨークのMoMA（近代美術館）の有名な「インターナショナル・スタイル」と題した展覧会は、象徴的なことにソヴィエトの作品を含まなかったし、その主唱者、ヒッチコックとジョンソンはイデオロギーではなくスタイルにしか関心がなかった。いずれにせよ、アメリカの主だった建築家たちがロシアと関係をもつというようなことは全く起こらなかった。唯一きわめて密接な関係をもったのは、そういった「主流」からはずれてデトロイトのフォードの仕事を主に行なっていたアルバート・カーンの事務所である。

アルバート・カーンはいわゆるメインストリームの建築家として歴史に残っている人物ではないが、工場建築を中心にした技術的な構造物によってその時代のアメリカで最も「モダン」な仕事をしていた。フォーディズムはテーラ主義と並んでアメリカ的な効率主義の見本として当時のロシアにおいて喧伝されたもので、レーニンもそれには深い関心を寄せていた。実際に最初のフォーディズムの移入が行なわれたのはスターリングラードのトラクター工場である。この工場はデトロイトでカーン・カンパニーの監督下でプレファブ化され、船積みされて現場で組み立てられた。ソヴィエト・チームがデトロイトのカーン事務所をはじめて訪れたのは一九二九年の五月八日であったが、その二日後には設計開始、十日後に基本案承認、六月には設計完成といった猛烈な速さでことは進行した。カーン事務所からは六人のスタッフがスターリングラードで組み立て現場の監督を行なった。最初の予定では一九三一年か一九三二年に完成の予定であったのが、一九三〇年六月には竣工してしまうといった異例中の異例の速さであった。現場労働者の多くが未経験の素人同然だったことを考えれば、これは奇跡と言ってもよいようなものだ。カーンの事務所はこの目覚ましい成功によって、ソヴィエト中の三〇を越える都市で五〇以上のプラントを手がけることになった。

第十五章

アヴァンギャルドの転回点

1 VOPRAの成立と「文化革命」
2 ソヴィエト・パレス・コンペティション
3 組織の再編と個人弾劾の開始
4 重工業省コンペティション

1. VOPRAの成立と「文化革命」

一九二〇年代の最後期は、ドラスティックな政治上の転換やスターリン政権の基盤を固める第一次五カ年計画のスタート（一九二八年）もあって、大規模な建築コンペティションの施行がますます増加していった。一九二八年にはツェントロソユーズのコンペティションと共にレーニン図書館のコンペティションが行なわれている。これに先立つ一九二七年に図書館当局はVKhUTEMAS（ヴフテマス＝国立高等芸術技術工房）にアプローチ、学生たちによるディプロマ・プロジェクトとしてこのテーマに対するアイデアを募った。そのひとつがすでに述べたレオニドフの計画だが、コンペティションはそうした革新的なアイデアとは別に実施された。レーニンの名を冠したことといい、クレムリンの向かい側という立地といい、国家的に見ても重要な施設であることは間違いなく、それに相応しいキャラクターが求められたプロジェクトである。

四月に締め切られた第一次コンペティションはオープン部門と招待建築家とからなっていた。招待された建築家は、シチューコ、シチューセフ、技師のレールベルグそしてヴェスニン兄弟である。オープン部門では一〇の案が寄せられ、その勝者、ASNOVA（アスノヴァ＝合理主義建築家同盟）のフリードマン、フィドマン、マルコフ・チームとヴェスニン兄弟、シチューコ、シチューセフが第二次に進み、これは十一月に締め切られた。結果として勝利したのはシチューコ案で、これが実施案の基をつくった。この選択について、OSA（オサ＝現代建築家同盟）、ASNOVA、VOPRA（ヴォプラ＝プロレタリア建築家同盟）などはそれが折衷的で時代に則していないとして抗議行動を行ない、コンペ

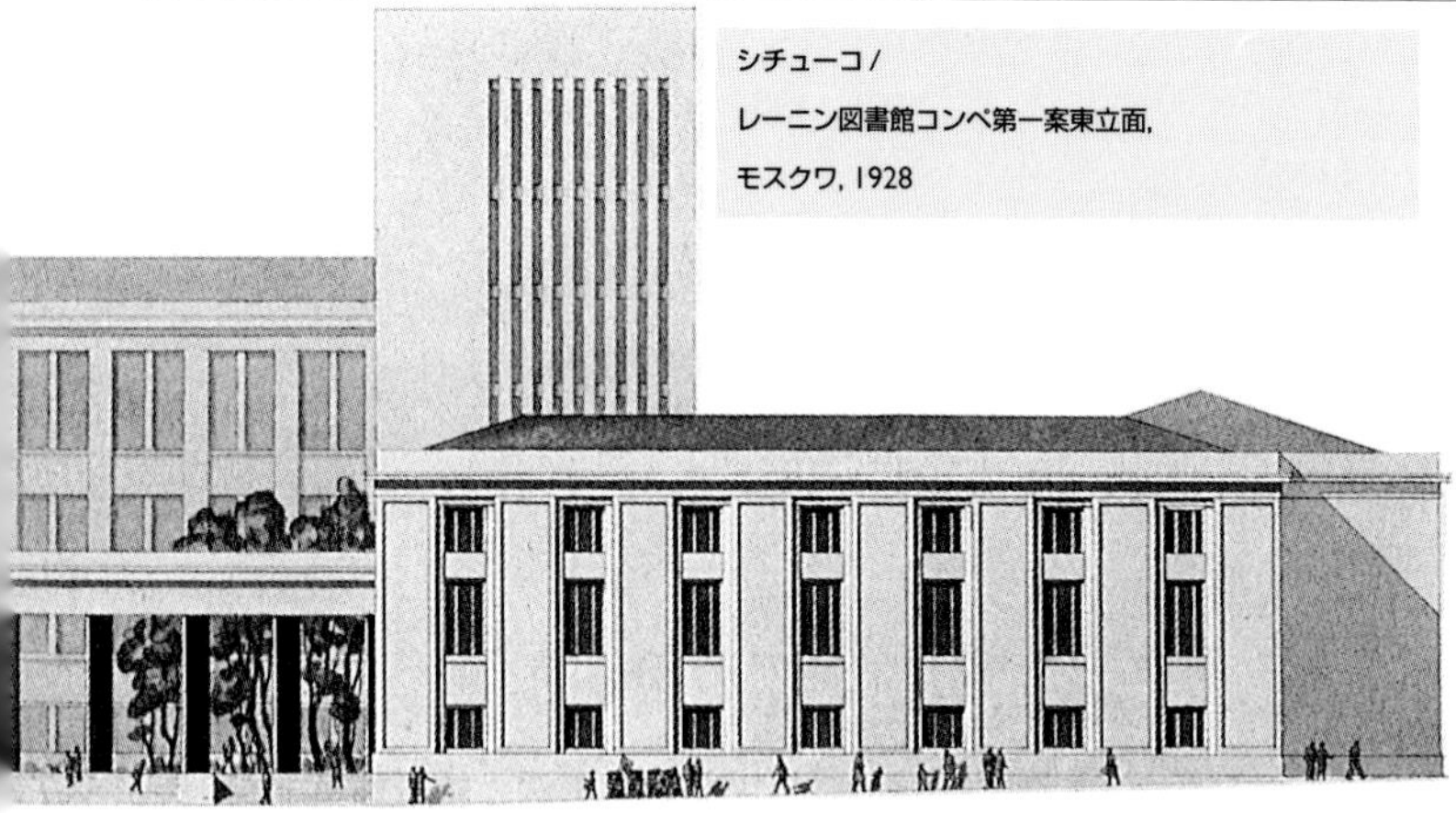

シチューコ／レーニン図書館コンペ第一案東立面，モスクワ，1928

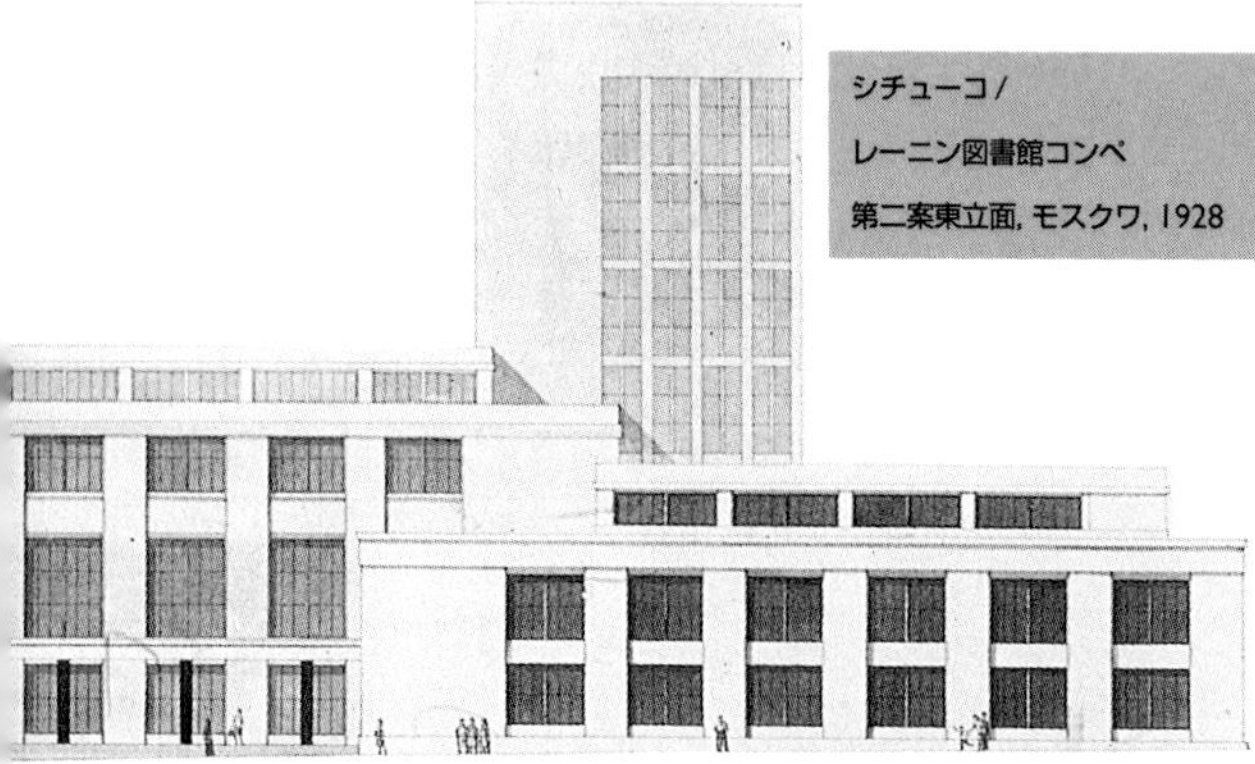

シチューコ／レーニン図書館コンペ第二案東立面，モスクワ，1928

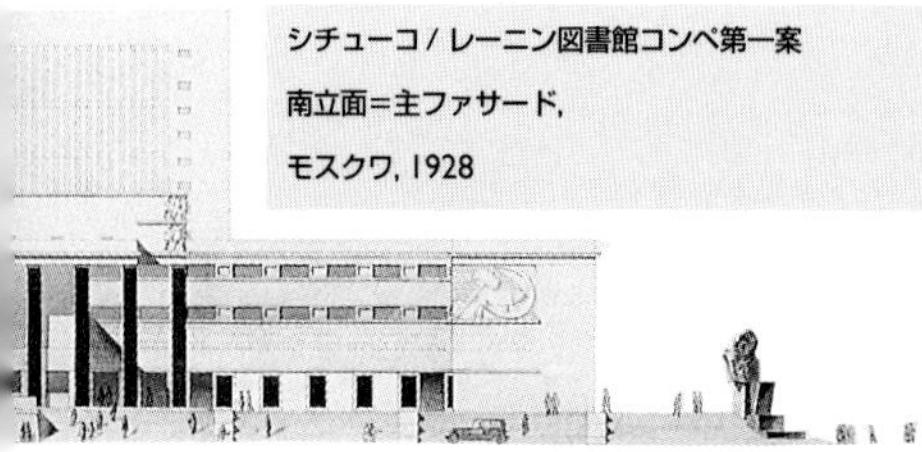

シチューコ／レーニン図書館コンペ第一案南立面＝主ファサード，モスクワ，1928

シチューコ,
ゲルフレイフ /
レーニン図書館
コンペ実現案,
モスクワ, 1928 - 41

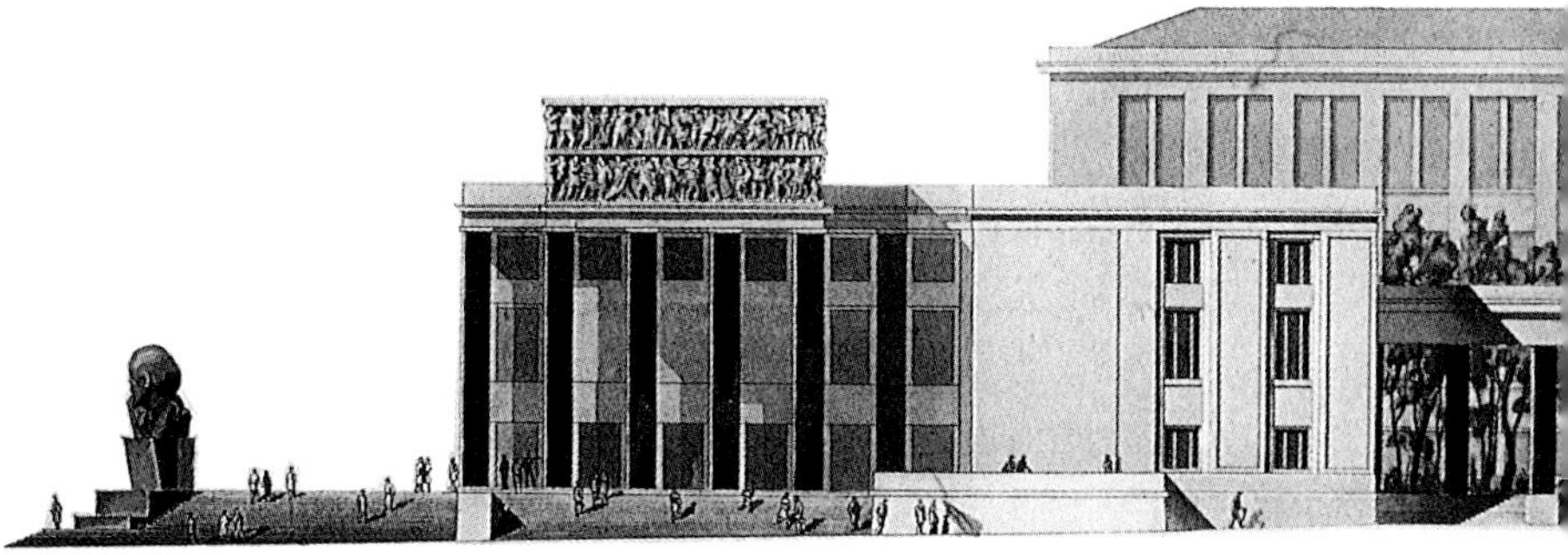

バシュコフ
[VKhUTEMAS] /
レーニン図書館
プレスタディ, 1927

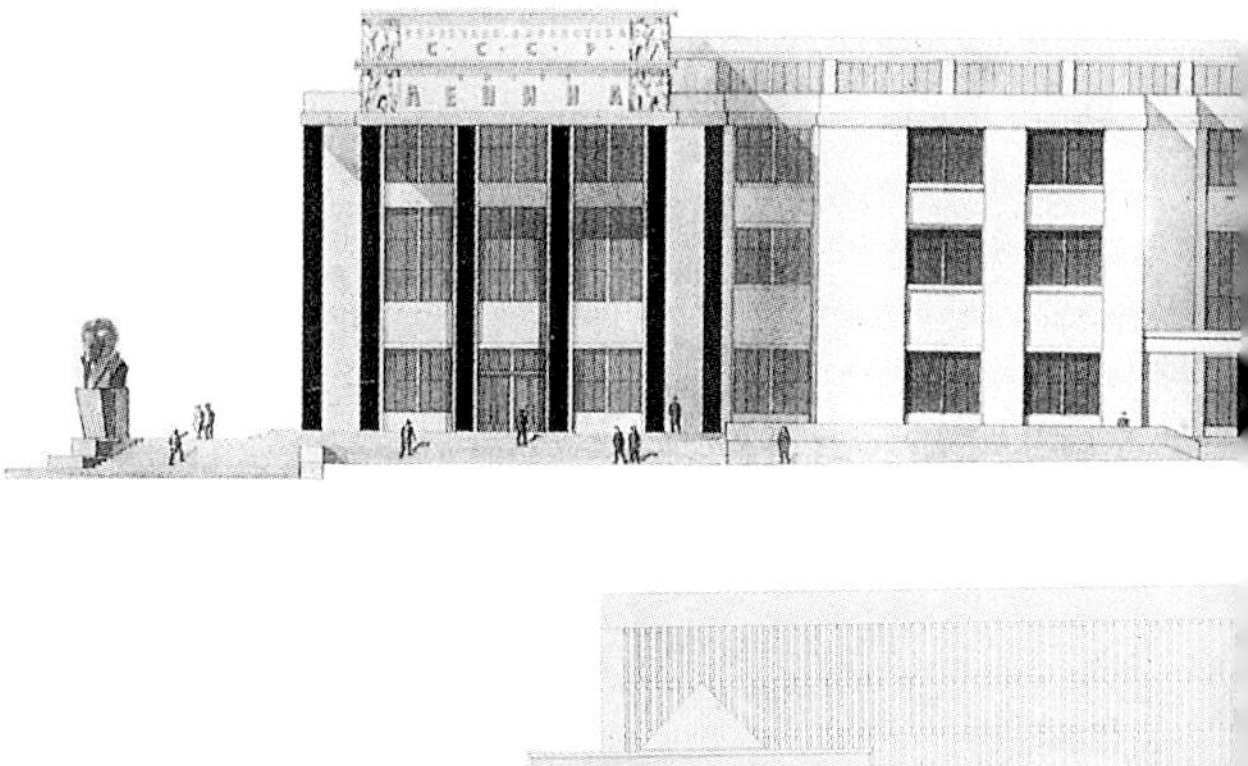

ティションのやり直しを求めている。穏健派のMAO（マオ＝モスクワ建築協会）ですらこの動きを支持したが、結果は改められることがなかった。この二つの段階での案の変化を見てみると、興味深い政治力学の働きがそこに透けてくる。シチューコとシチューセフの二案は、第一段階では革命前や一九三〇年代におけるような歴史主義に比べれば、かなり簡素化されたものではあったにせよ、明らかによりアカデミックなスタイルを採用しており、講評時に古臭さを批判されている。しかし、第二次では両者ともプランの骨格はほぼそのままで（この点に関しては前案とも似ている。コンペティションの条件としておおまかな平面構成の指定があったのかもしれない）、立面のスタイルをより簡素化しモダンな方向に近づけた。比べるとシチューセフの方が第一段階はより古典的、第二段階ではよりモダン（ほぼ構成主義風と言ってよい）というように振幅が大きい。ヴェスニンの両案は、他のオープン参加のものと並び完全にモダンないき方である。共に表現としては見事な完成度に達した案だが、第一段階のプランではサーキュレーションに難があり、そのため第二段階では後ろ側の高層部分の位置を移し、かつ前面のファサードの連続性を軽減させている。第一段階から第二段階への（よりモダンな方への）移行といい、それにもかかわらずシチューコの最も特徴のない案が勝利したことといい、その後の（VOPRAまでをも含む）抗議行動といい、このコンペティションの進行は当時の微妙な情勢を伝えている。そうした意味で、このコンペティションは中間段階での「左傾」化のモメントまで含めて、移行期の微妙な政治力学をよく代表するものだった。それは主として建築の「表現」的な面をめぐっての紆余曲折であり、次節で触れるソヴィエト・パレスのコンペティションで大きく拡大される問題のいわば小さな前触れとも言うべきものだった。この力学は、こうした面のみに限らず、「計画」的な面での、ある意味では政治体制にとってはるかに核心的な側面においてよりシビアなかたちをとり、それが間もなく表現的な平面にも再びはね返るというような道を辿ることになる。実際に、実現されたレーニン図書館の建物は当選案を基にシチューコがゲルフレイフとチームを組んで一九四一年までかかって完成したものだが、その一三年間の経過は、再び建物を完全に逆に戻すかたちに作用するに十分な期間だった。それは第一段階案の立面を基本にしてさらにコロネードを延ばすなど、より明確に古典主義を志向しており、その限りにおいては当初の案よりも完成度は高いデザインであったとは言えるが、もはや一九二〇年代的なものは痕跡さえもうかがうこと

シチューセフ／
レーニン図書館コンペ第二案，
モスクワ，1928

はできない。
計画のレベルでは、すでに述べたように集合（共同）住宅、さらに都市計画論争がその主たる舞台であったわけで、マグニトゴルスク・コンペティションが後者の最高潮時に合致したのだが、その高まりはいつまでも維持されなかった。論争が急速に沈静されていったからである。この論争は、もともと常に足元に爆弾を抱えながら進行していた。現実の条件と計画理念とのギャップは言うまでもなくそのひとつの要因だが、それだけではなく先に述べた表現面でのポレミックがあった。事実、他分野の芸術上のアヴァンギャルドはすでに一九二〇年の半ばには保守派やリアリズム派の攻撃の前に退潮を余儀なくされていたのだが、建築がそうでなかったのは、テクノロジーと社会の建設という、誰も否定できないモメントと関わっていたからである。都市計画においてこの事情が一層顕著であったことは言うまでもない。つまりそれらの延命は、アヴァンギャルド的姿勢のためというより、むしろそれにもかかわらず、テクノクラート的な側面の故に保証されていたのである。論争がその枠を超えはじめたとき、反動は必至だった。それに加えて、政治情勢の上でもすでにトロツキー、カーメネフ、ジノヴィエフら反対派を党中枢から追放したスターリン体制は、まだ党内外に根強く残存する左翼反対派を一掃し、磐石の体制を固める必要があった。実際の政敵のみならず多くのスケープゴートがつくられ、「外国の手先」や「トロツキスト」が社会主義体制を破壊すべく「サボタージュ」を行なったとされだしたのもこの頃である。そうした中のひとつ、チャフトゥ事件（一九二八年）に関して、スターリンは「こうしたチャフティストたちが我々の産業の到る所に巣くっている。（…中略…）ブルジョワ・インテリゲンツィアが従事しているサボタージュは、社会主義の発展にとって危険なものである。サボタージュが危険なのは、それが国際的資本主義と結びついているが故である」と述べた。大粛清が始まるのももう目前に迫っていた。

決定的なのは一九三〇年五月一六日付の党の中央委員会決定である。ここではとくに「生活様式に関する」議論が特定化してとらえられ、「都市派」―「非都市派」は実りのない議論を行ない、現実の建設を遅らせているとの批判がなされた。サブソヴィッチやラリンら「一部の同志たちは、社会主義的生活様式への運動に並行して、現実の障害を一飛びで越え、全く根拠のない極端主義的で半分夢想的な試みを企てており」、これは有害だというのがこの決定において宣告された事柄である。現実と未来への投機を求める議論の間にある種のギャップがあったことは確かだから、この批判は当を得ていないわけではない。議論は収拾のつかないかたちに広がりつつあった。必ずしもアヴァンギャルドたちの直接の責任とも言いきれないものもあったようで、"SA（エス・アー＝現代建築）"誌なども、誰もが夫、妻がそれぞれ別の車を保有する

シチューセフ／
レーニン図書館コンペ第一案，
モスクワ，1928

フリードマン，
フィドマン，
マルコフ／
レーニン図書館
コンペ案，
モスクワ，1928

だろうといった類のセンセーショナルで非現実的なあおり方をする一部報道に抗議を行なっているくらいである。しかし、例えばすでに述べたポスト・ドム・コムーナのヴィジョンのいくつか、クルチコフの「空飛ぶ都市」の計画やカルムイコフの《サターン》などは、この時点では犯罪的ととられても無理からぬほどに現実離れしていたことは間違いない。

党中央委員会決定が最初は理の通った批判というかたちをとったにしても、それはすでに存在していた反対勢力にとっては絶大なるお墨付きであったわけで、やがてアヴァンギャルドへの攻撃は単に行きすぎを咎めるといった調子のものからほとんどカリカチュア的な調子すら帯びることになった。反動は急速に大きな雪崩として広がっていった。展開がいかに急であったのかの証のひとつとして、前述の党中央委員会決定は五月二九日付の『プラウダ』紙に発表されたのだが、その一カ月前の四月二七日付の同紙には「新しい労働住居は生活様式の社会主義的再建のための道具とならねばならぬ（…中略…）共同食堂や洗い場などがない労働者住居などがあってはならない」という記事が載ったばかりだったという事実がある。行きすぎた「左翼的言辞をもってする日和見主義的な」「基盤をもたぬ半幻想的な極端な試み」に対する批判が、共同化というすでに党の基本方針となっていた目標までをも空洞化してしまうまでに長い時間は要しなかった。

モダニズム・アヴァンギャルドへのこの分野での批判は、すでに一九二七年頃から理論闘争の様相を呈していた。先に述べたように、当初は「表現」をめぐるものであった。例えば文芸評論家のシャラヴィンらは、芸術は建築を超えたものでなくてはならぬとして、技師の発明性に対して、芸術家の創造性の役割を強調していた。これ自体はガンらの構成主義の反芸術の立場をただ一八〇度引っくり返して戻したにすぎないから新しさはない。しかし違いは、ガンの宣言のときにはイデーの上でしか存在していなかった構成主義が、すでに具体的な成果を生み出していたことにある。シャラヴィンは構成主義にはイデオロギー的内容以外の感情、感覚の重要性が計算に入っていないと批判し、また、デザインを論じた別のテクストでロジンスカヤは、シュトゥットガルトの〈イス展〉に言及して、メタル製のイスは冬には寒々とし、白い壁はまるで手術室のようで人に憩いを与えぬと批判し、そうした意味においては「機能的イス」は芸術的でないばかりか機能的ですらもないと述べた。そして、「装飾なしのフォルムとは帝国主義段階のブルジョワ的概念であり、労働者階級を疎外するもの」であると断じている。

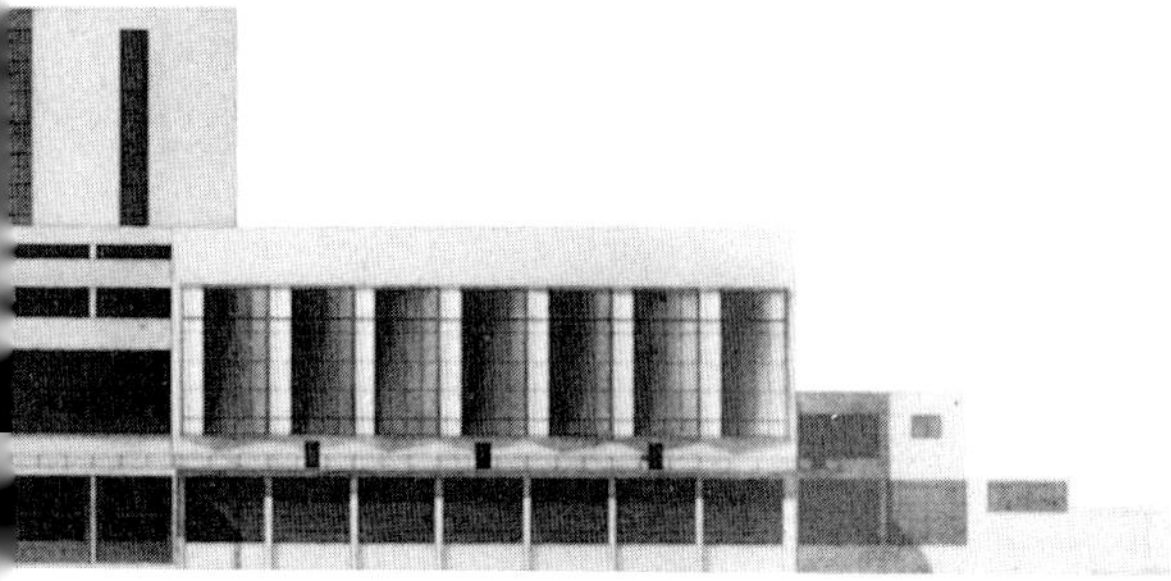

ヴェスニン兄弟 / レーニン図書館コンペ 第一案, モスクワ, 1928

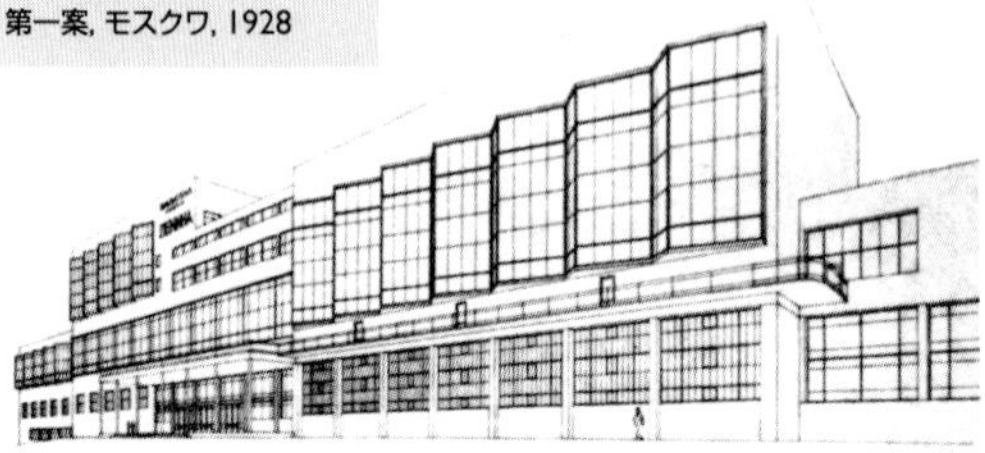

ヴェスニン兄弟 / レーニン図書館コンペ第二案, モスクワ, 1928

それ自体では必ずしも不当とも言えないこの批判も、例えば一九二九年に結成されたVOPRAが彼らの宣言で次のような論調で引きとると、デマゴギー的な色彩を帯びてくる。VOPRAからみれば構成主義者は技術主義と機械の魔術のフェティシズムに陥っており、故に「我々は構成主義とその抽象的発明性を拒否する」。そしてまた「我々は俗流唯物論と形式－技術主義的機能主義に立脚した構成主義の理論を拒否する」。さらに「我々は芸術的内容とその芸術的表現に特有の手段を無視しようとする構成主義を斥ける」。構成主義は西欧資本主義のニヒリズムの影響下にあり「その本性として我々には異質なものである」。

彼らが否定したいものが何かはわかった。しかし彼らは何をなし、何をつくり出したいのかと言えば、前述のロジンスカヤの批判もVOPRAのこの宣言も具体的な手がかりは何も与えない。VOPRAは主張する。「建築は新しい労働形態と生活様式（これらの一九二〇年代的キーワードはやがてVOPRAのヴォキャブラリーからはずされていく――引用者註）のプロパガンダをするもの、アジテーターであり、組織者たらねばならない」。これは、アナトール・コップも批判しているように、構成主義者たちの「社会のコンデンサー」のテーゼと少しも変っていない。VOPRAがつけ加えるのはただ「プロレタリア」性ということばだけだ。そしてこのプロレタリア性とは、アヴァンギャルドが古い残滓として捨て去ろうとしたものを拾い集めた塊の別名でしかない。「我々はその内容によって労働者階級のイデーと深い待望とを表現し、そのあらゆる感情領域、人間的思考のあらゆる情緒性を包含するようなプロレタリア芸術のためにある」。「プロレタリア建築は狭いスペシャリスト・サークルの排他的領域でなく数百万労働者のものたらねばならない」。「『芸術に死を』のスローガンをもってする構成主義の理論は誤っているのみならず、不吉ですらある。何故ならそれは労働者階級を芸術の領域において武装解除してしまうからだ」。

とは言っても、コップのようなモダニスト批評家がVOPRAに自家撞着的なデマゴギーをしか見出さないことは、必ずしも公平な評価とは言えないかもしれない。彼らは右（アカデミスト）と左（アヴァンギャルド）の両日和見主義に対して共に攻撃を加えているが、それはこのVOPRAの創立宣言に関する限り等価ではない。アカデミズムは封建時代のコピーであり、「商業－工業資本の時代の建築の中で広まったもの」にすぎず論外だが、アヴァンギャルドに関しては、彼らは「折衷、技術的ルーティンの克服、及び合理化、機能

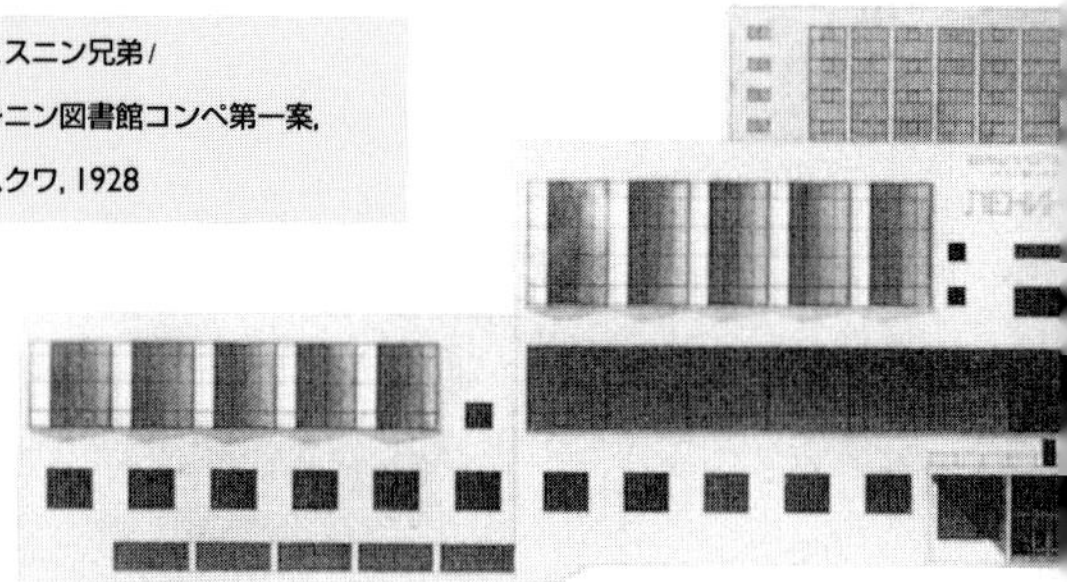

ヴェスニン兄弟/
レーニン図書館コンペ第一案,
モスクワ, 1928

ヴェスニン兄弟/
レーニン図書館コンペ
第二案, モスクワ, 1928

化、標準化そして工業技術のプロパガンダ等に構成主義（及びフォルマリズム）の果たした歴史的役割を認める」。しかし、「同時に構成主義が、折衷主義や革命前のフォルムへの批判から生まれたことを認めつつも、その理論や実践が左翼的言辞や『革命的』大言壮語を超え得ぬことを確信」するものだった。後段のくだりは、皮肉なことにアヴァンギャルドに対してより以上に彼ら自身のものとなるが、それはともかく、この批判に続いて彼らは構成主義のいき方は「計画性、合理性、圧制的工業化を目指す独占資本のメルクマール」と同じではないかという。この指摘は、実際のところ正しい。しかし、それは、この時期に国家の全体管理に基づく計画経済体制への移行が、ニューディールのアメリカでも、ワイマール末期のドイツの一部の社会民主主義者たちにおいても、それを裏返しにした国家社会主義（ナチズム）においても、そして他ならぬ第一次五カ年計画を推進していたソヴィエトそのものにおいても、同じように推進されていたことを前提にする限りにおいてである。つまり「独占資本」から国家資本主義への流れと（左右の）社会主義の近接という問題そのものにモダニズムが抜き差しならないかたちで関わっていることを認識しない限り、こうした問題意識はデマゴギーへと陥らざるを得ない。VOPRAのそれは典型的な例である。彼らが「建築における階級的役割を度外視し、共産社会においてしか可能でない超階級的建築をプロレタリアートに押しつけようとする試みを否定する」というとき、この命題は彼ら自身にはね返ってきてしまうのである。そしてこの問題が最もシビアなかたちで問われるに至ったのは、ソヴィエトにおける未曾有の大建設事業となるはずのソヴィエト・パレスのコンペティションであった。

2. ソヴィエト・パレス・コンペティション

ソヴィエト・アヴァンギャルド建築の転回点を示す出来事として、前節で扱った生活様式の改変をめぐる党中央委員会決定よりもはるかに象徴的であったのが、ソヴィエト・パレスのコンペティションである。何といっても、前者はやがてその針の穴が急速に拡大されていくとしても、この時点ではまだ行きすぎを咎めるといった類のものであった。それに対して、世界の共産主義運動の象徴としての建物のこのコンペティションは、革命以来の建築的営為の、いわば総決算である。その最終結果は、建築言語、つまりスタイルの上でのアヴァンギャルドの敗北を決定的に標すものだった。この「敗北」とは体制の寵を競う争いにおける敗北だが、ソヴィエトのような体制にとって、そして建築のような芸術形態にとって、敗北は死亡宣言に結びついていくものであった。この「死」は、必ずしも通例の建築史でそう書かれているように即時的なものではなく、次章にも取り上げるように、退潮にはなりつつも、それ以降もアヴァンギャルド建築は建てられていたのであり、最終的にアヴァンギャルド時代に幕を引くのは、一九三七年の第一回全ソ建築家会議だが、このコンペティションが最も劇的なかたちで転回点を示していたことは間違いがない。例えば、それ以降のスターリン時代の僭主VOPRA（ヴォプラ）

の建築スタイルは、数次に及ぶこのコンペティションの過程で全く一変していったのである。

このソヴィエト・パレス・コンペティションの着想のもとは、一九二二年の労働宮殿コンペティションである。巨大な集会ホールをつくることでソヴィエト、ひいては世界の社会主義勢力の象徴を具現化すること。このテーマは、一九二二年には内戦を経てソヴィエト社会が安定したというタイミングによって、一九三一年にはスターリン時代の本格的な幕開けをセレブレートするという目的によって、おのおの取り上げられた。一九三一年時点では、一九二九年に開かれたジュネーヴの国際連盟本部のコンペティションに対抗するという意識も介在していたに違いない。つまりソヴィエト・パレスは「赤の国際連盟」となるべき施設であった。敷地に選ばれたのは、クレムリンの西隣りのモスクワ河に面した場所である。ここにはナポレオン戦争での勝利を記念した巨大なロシア・ビザンチン式の教会が建っていたが、それを取り壊して敷地としたのである。ハンネス・マイヤーは国際連盟は敷地捜しだけで四年かかったが、ソヴィエト・パレスは四週間で決定が下された、と言っている。建物の規模とそれから発生が予想される交通量から言っても、この計画はすでにモスクワ再建の全体計画の重要な一環であり、カガノヴィッチは、「都市派」―「非都市派」の論争を棚上げにしてこの全体計画に取りかかりつつあった。機能的に言えば、基本的にこのソヴィエト・パレスは行政部門と文化部門とに分かれるが、最大の空間は二つの大集会ホールである。この規模や条件も変化するが、大きな方は一万五千人、小さな方でも六千人規模のもので、これは労働宮殿に倍するものであった。要項にはモニュメンタルなデザインであることが求められてはいたが、とくにスタイルの上での特定化は指示されていない。このことから、アヴァンギャルドへの批判が増えていたにもかかわらず、まだこの時点で党がはっきりした方針を固めていたわけではないことがうかがわれる。

ソヴィエトにおけるコンペティションが紆余曲折した過程を経ることが多いことはすでに述べたが、このコンペティションほどそれが錯綜した例はない。一度ではことは決せず、後述するように何次にわたったのかも不明のところがあるが、大雑把には三回、細かく拾えば五回に及んでいる。プログラムも、この過程で変化している。コンペティションを施行したのは、党中央委員会に属するソヴィエト・パレス建設委員会で、その議長はスターリンの腹心モロトフであり、他の評議委員には、カガノヴィッチ、ヴォロシロフ、ウファノフ、ウヌキゼらが名を連ねていた。彼らが審査をも務めたのである。

まず第一回の招待コンペティションは、一九三一年の二月にアナウンスされ、五月には締め切られて、七、八月には作品が展示に供された。これは最初から実現案を決めるものではなく、本コンペティションの条件を詰めるための準備段階であった。したがって第二段階以降とは条件そのものも異なり、基本的な部分を除いて細部は自由提案に近かった。この段階での招待者はむしろモダニスト陣営に比重が傾いており、ASNOVA（「アスノヴァ」バリヒンら）、そこから分離して間もないARU（「アル＝都市建築家協会」ベセダ、クルチコフ、ラヴロフら）、OSA（オサ）の後身SASS（「サス＝社会主義建設のための建築家センター」パヴロフ、クズネツォフら、当時モスクワにいなかったレオニドフの学生たちのプロジェクト）、ラドフスキー、ニコルスキー、フィドマン、そしてVOPRA（アラビヤン、モルドヴィノフら）及びシチューセフとイオファンなどである（キャサリン・クックはここにリュドヴィックとクラシンを加えている）。

VOPRAやシチューセフの案もまだこの段階ではモダニスト風であった。一〇年に及ぶイタリア滞在から帰国したアカデミスト陣営としてはまだ若い（当時四〇歳でギンスブルグよりも一歳年長なだけ）イオファンの案には、最終的に彼が勝利を収める案の片鱗がすでに見られるが、それでもこの段階ではレーニン像を載せた塔はいわばアタッチメントにすぎず、メインの建物はアカデミックというよりモダンなイメージが濃い（イオファン案ではもっとずんぐりした、最終案に近い案をこのフェーズのものとする記述があり、かつて『批評空間』誌での連載においては私もそれに従ったが、現在はどうもスタイルからいってこれは順序が逆であると考えるに至っている）。おそらく、この段階でのイオファンのイメージは、もう少し前に、すぐそばの川向こうの敷地に彼が建てた巨大なハウジング・コンプレックス「ウダルニク」（六章二節参照）に近接していたのではないか？

しかし八月の展覧会の結果出たオフィシャルな建設委員会の評は、応募案の大部分に対して批判的であった。『モスクワの建設』誌の八月号には、どの案もパレスの基盤をつくるには十分ではない、というコメントが載っている。SASS案は「メインの建物を敷地の角に置いたために、大部分を空き地にしてしまって活用していない、これは誤った敷地の利用の仕方である」。ARU案は敷地の範囲を越してしまっている。「同志たちの意見が敷地の不適当ということにあるのなら、全部の建物をデザインするには及ぶまい」。最もこの点で極端なのはSASSのもうひとつの案で、これは敷地そのものを全く別のレーニンの丘に移してしまっており、むしろこの地で同年に開催された「文化と休息の公園」のコンペティションとほとんど同じものになっている。同コンペティションのVKhUTEIN（ヴフテイン＝国立高等芸術技術学院）のシロフの案がこれと酷似しているが、この手の予件変更は彼らの師、レオニドフがよくしたものでもあった。ある程度の自由提案の余地があったといっても、ここではプログラムも大幅に改変されてしまっている。SASS案は、正しい敷地での案にしても建物よりも意図的に戸外のデモンストレーション・スペースに焦点を合わせており、このために建物を周りに追いやってしかもこの建物をガラス張りの外壁としたために、これでは会議には使えないと批判されている。最初からオルタナティヴ・プロジェクトの意味合いが濃く、批判されるのは覚悟の上であったと思われ、その点では生活様式の改革問題での争点をそのまま延長したような趣がある。ラドフスキー案には「与件で強調されている、屋外のパレードの空間をもたなくてはならないということを、表面的にしか考えていない」というコメントである。機能上の事柄でも、ジョルトフスキーの案、ARU、VOPRAの案は共々に建物相互を離しすぎたために、機能的連関の上で不都合であるとあげつらわれ、ASNOVA案の九〇メートル角で七〇メートル高さのホールは、視認度や音響効果の故に不都合であり、フリードマンの長いオープン・スタジアムも戸外では会議にならないと一蹴された。音響面での批判の点では、ラドフスキーのキューポラも同様である。

こうした機能上の難点のみではなく、スタイル、表現の上でも不適切が表明され、ARU案はまるで工場のようであり、ASNOVA案の巨大なキューブに付されたレーニンのレリーフは「モニュメント芸術といえる代物ではなく、ジョルトフスキーのは「ヴェルサイユ・スタイル」というわけだ。シチューセフ案は工業的な外観がソヴィエト・パレスには不適合であるとされた。これらの批判は、ある意味ではまともな批判であり、ジョルトフスキーのスタイルへの批判を含めてとりわけ反動的というにはあたらないが、SASS案を筆頭とするアヴァンギャルド案の出方が審査側に都市計画論争に続く不安、不信感を植えつけたとは言えるかもしれない。

第一次コンペティションに関するもうひとつのコメントは、『プロレタリア芸術のために』誌の九号に載ったミハイロフの論文である。これはVOPRAのイデオロギー路線上にあるもので、イオファン、クラシン、シチューセフの案を折衷主義、ASNOVA、ARU、SASS、ニコルスキー、フィドマンの案を「左翼主義」とし、前者は新しいソヴィエトの現実を表現していないし、後者は機能優先で芸術的効果を無視していると批判しており、VOPRAの案のみが「社会的内容性全体を出発点として」いるとされている。明らかに援護射撃を狙った論説である。

この第一次コンペティションに続いて、国際的に招待範囲を広げた第二次コンペティションが同年秋行なわれる。このフェーズに関しては、前の第一次コンペティションを数えずに（アナトール・コップ）、あるいは両者を混同して（アントニア・クンリフェ）、これを第一次コンペティションと呼ぶ人もいる。参加者は一二人。ほぼ固められたプログラムによって本格的なフェーズに移っていくわけだ。しかし、これは次のオープン・コンペティション段階にそのまま流れ込むので、独立的な要素は少なく（あるいは、後述するように、私はむしろこれはオープンの前にではなく、むしろ途中にさし挟まれた非独立フェーズと考えているが、ここでは断言を避けて、多くの記述にさしあたって従っておく）、この時点での招待者で第一次と共通しているのはイオファン、ジョルトフスキーだけである。他にはどちらかといえば土木スケールの仕事を多くしてきたクラシンがいるが、あとは国外からの招待組となり、ル・コルビュジエ、ペレ、グロピウス、メンデルゾーン、ペルツィッヒ、エストベリ、ブラシニのヨーロッパ勢、ラムとアーバンのアメリカ勢である。このうちエストベリは招待はされたものの報酬の点で折り合いがつかず、案を寄せていない（当時イギリスにいたリューベトキンをこの招待者に数えるものもいる。彼の案は確かに存在するが、オープン段階のものか、エストベリの代わりに招待されたのかははっきりしない）。ブラシニやアメリカ組のようなアカデミストも入っていたし、ペレもこの頃は古典主義回帰的な様相を呈してはいたが、基本的にはこの海外組の人選は随分とアヴァンギャルド志向である。反対にロシア側はOSA（SASS）やASNOVA、ARUなどがリストアップされていない。これはあるいは、都市計画でもロシアのアヴァンギャルドに業を煮やした党中央が、マイら西欧モダニストにしばらくは技術者としての期待をかけたということとも対応しているかもしれない。ロシア側のアヴァンギャルドは先の第一次段階ですでにエントリーしていたからということもあるかもしれないが、それでは第一次組のうちでもイオファンなどは何故残っていたのかが不明となる。第一次段階でもラドフスキーとニコルスキーを除けば、アヴァンギ

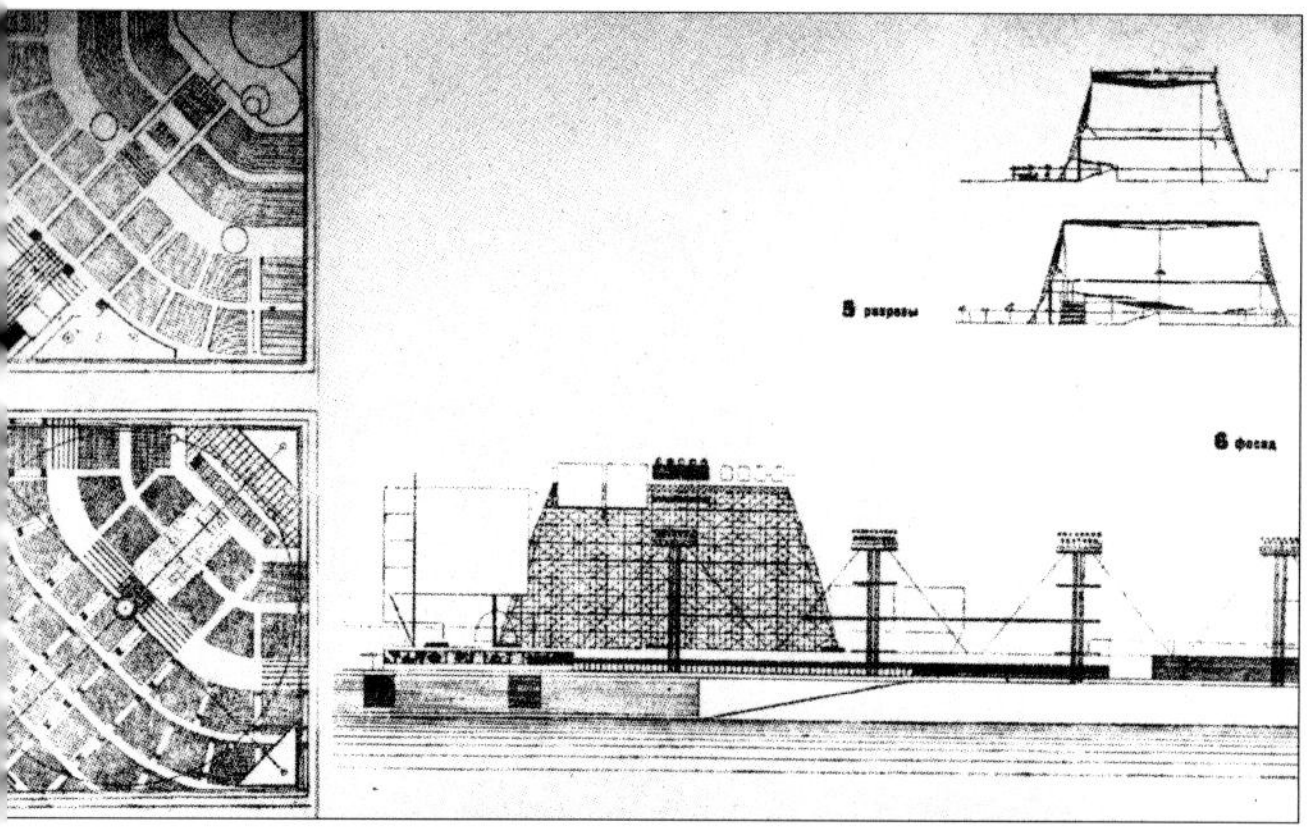

パヴロフ, クズネツォフ[SASS]/
ソヴィエト・パレス・コンペ
第一次案, 1931

バリヒン, プロハスカ,
トゥルクス
[ASNOVA]/
ソヴィエト・パレス・
コンペ第一次案,
1931

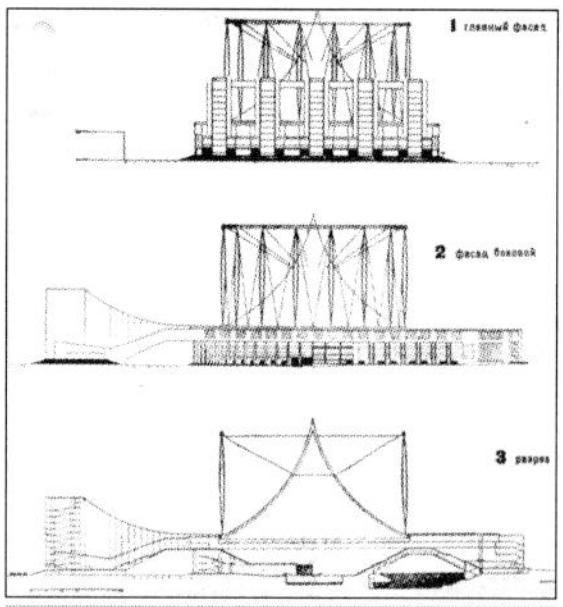

ニコルスキー/
ソヴィエト・パレス・コンペ第一次案,
1931

バリヒン, プロハスカ, トゥルクス
[ASNOVA]/ソヴィエト・
パレス・コンペ第一次案,
1931

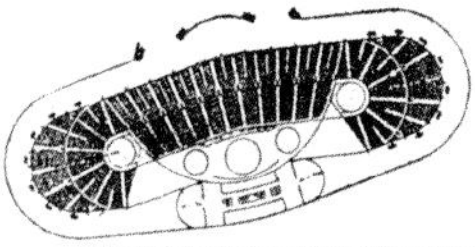

フィドマン/
ソヴィエト・パレス・コンペ
第一次案, 1931

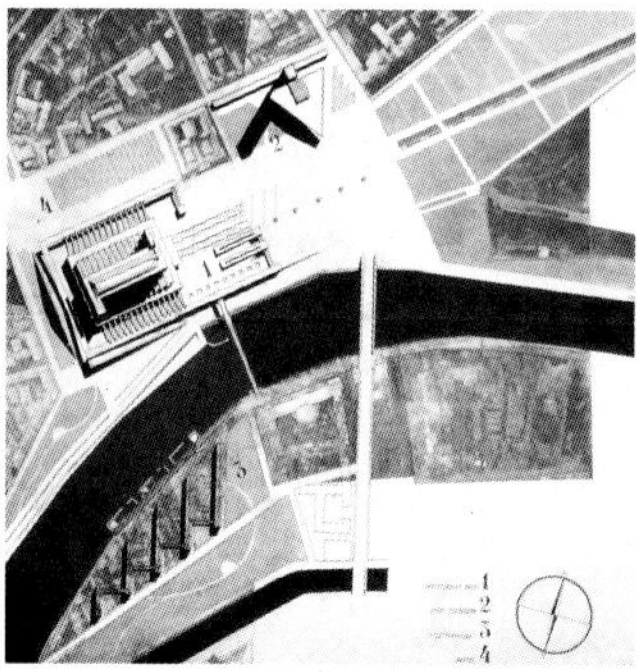

ベセダ, クルチコフ, ポポフ,
ラヴロフ [ARU]/
ソヴィエト・パレス・コンペ
第一次案, 1931

ベセダ, クルチコフ, ポポフ, ラヴロフ [ARU]/
ソヴィエト・パレス・コンペ第一次案, 1931

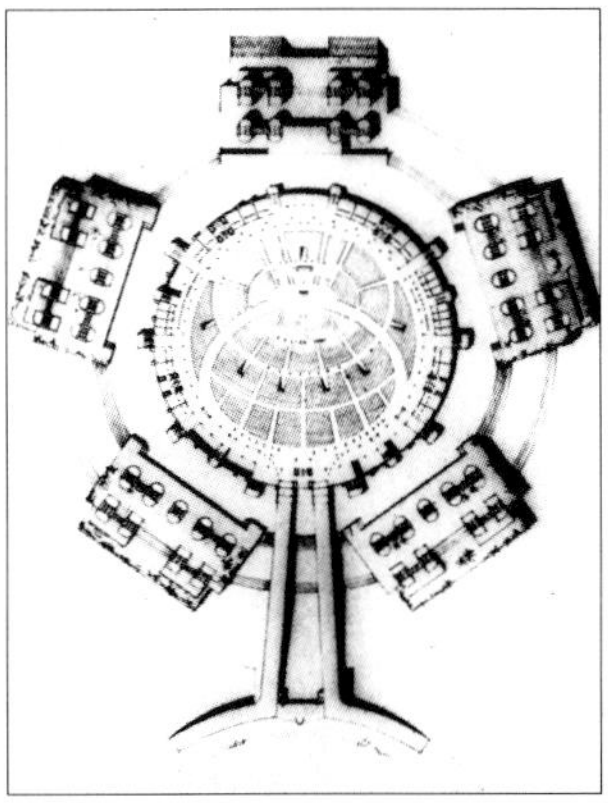

リュドヴィック/
ソヴィエト・パレス・コンペ
第一次案, 1931

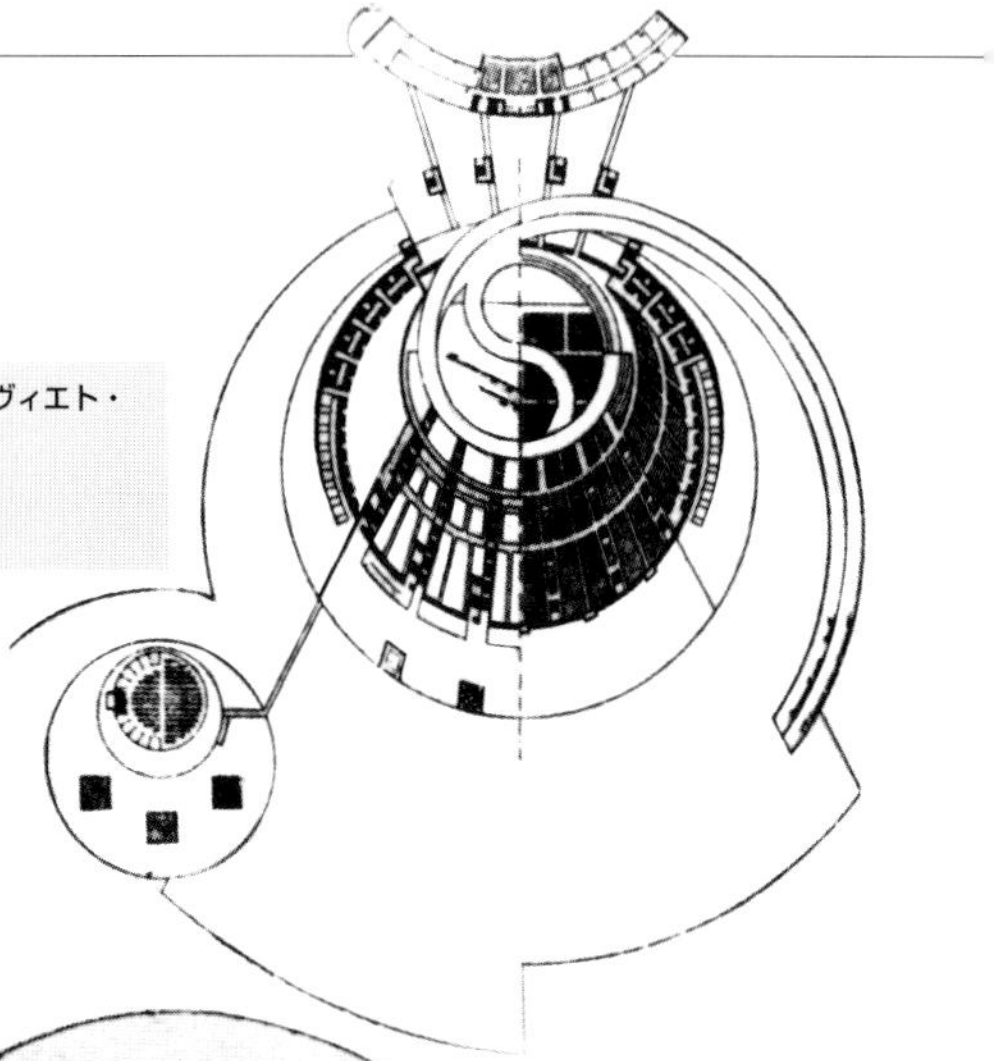

ラドフスキー/ソヴィエト・
パレス・コンペ
第一次案, 1931

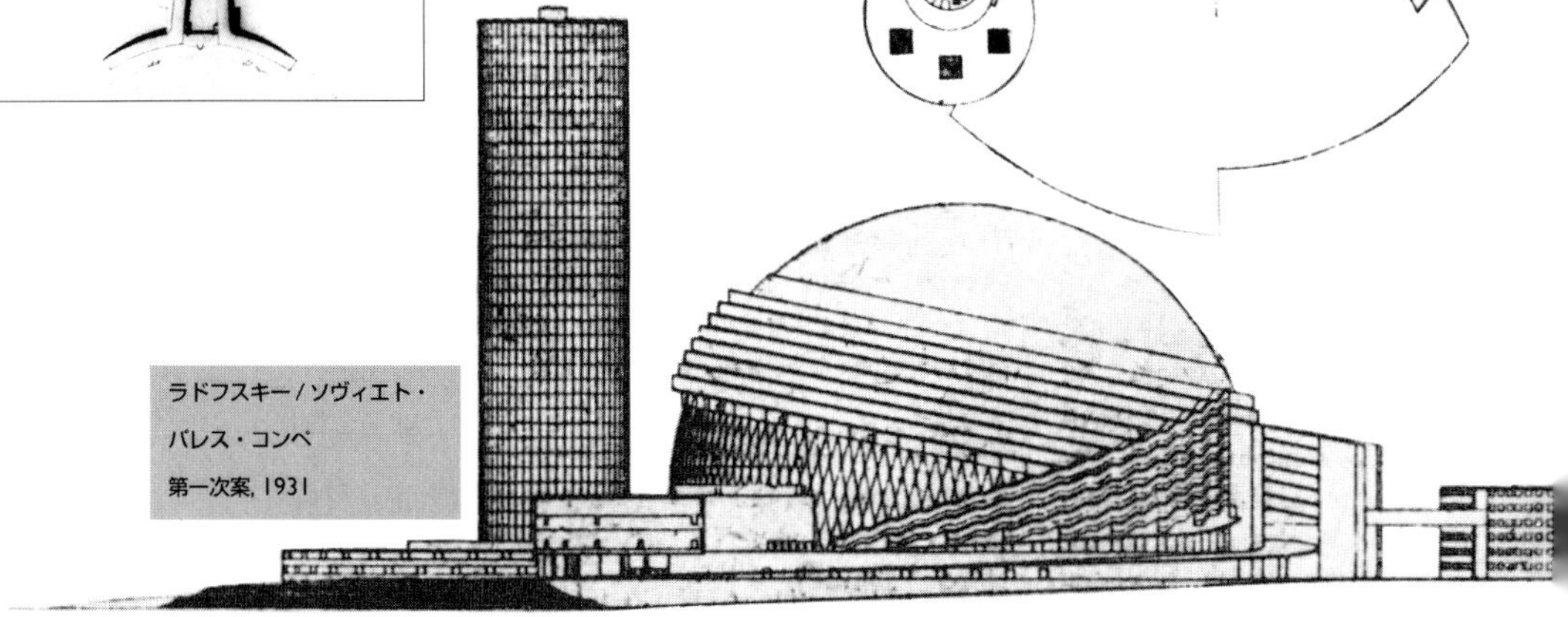

ラドフスキー/ソヴィエト・
パレス・コンペ
第一次案, 1931

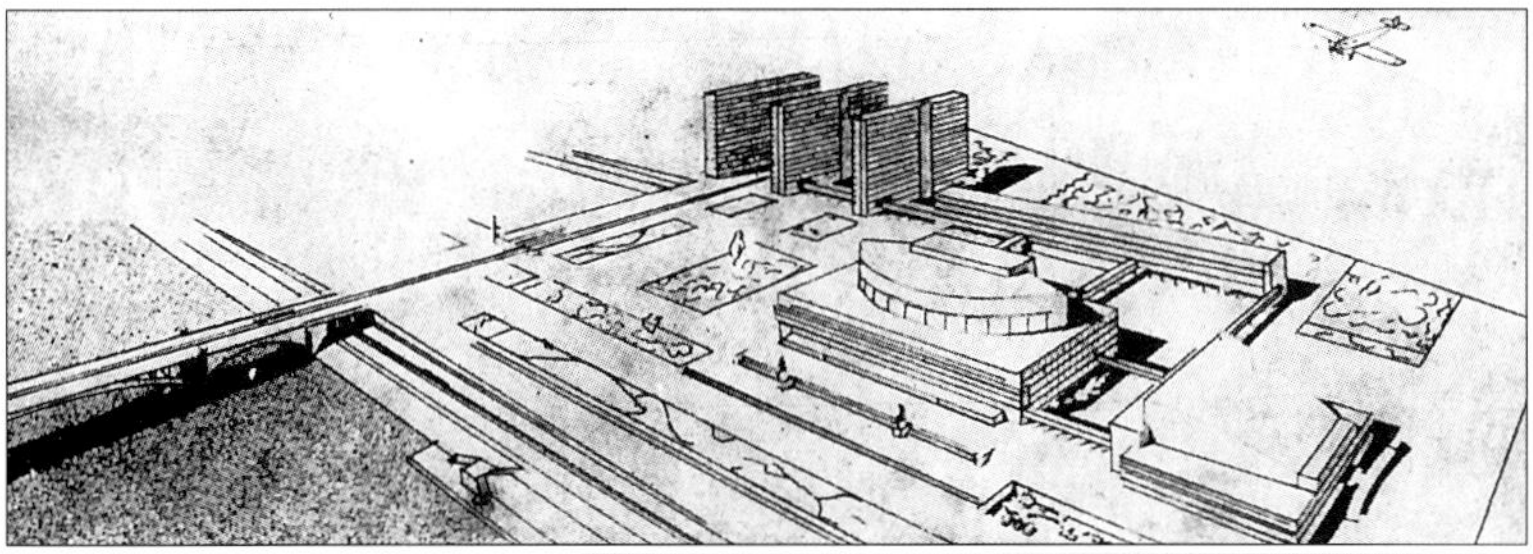

シチューセフ/ソヴィエト・パレス・コンペ第一次案, 1931

アラビヤン,
モルドヴィノフら[VOPRA]/
ソヴィエト・パレス・コンペ
第一次案, 1931

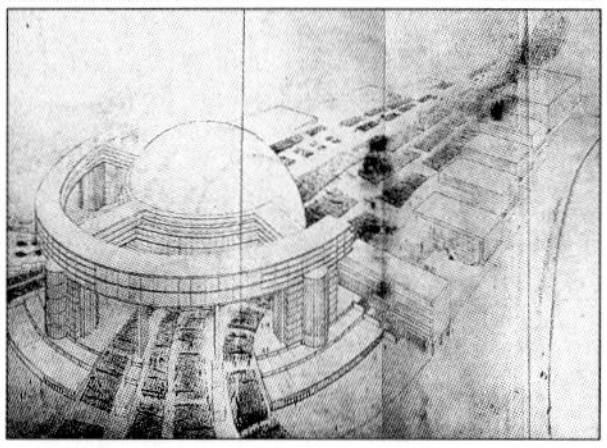

イオファン/ソヴィエト・パレス・コンペ第一次案, 1931

ャルドはほとんど学生か卒業したての若い人が中心だった（準備段階とすれば当然かもしれない）。次のオープン・フェーズ以降ではさすがにギンスブルグ、ヴェスニン、I・ゴロゾフ、メーリニコフらが加わってくるが、それでも全主要メンバーというほどではなく、後述するようなVOPRAのような「熱心さ」と比べると今ひとつノリが悪いように見えるのは、この頃のアヴァンギャルド批判の激化や、党中央の都市計画論争に対する中止勧告などが影響しているのかもしれないし、実際に、とりわけ都市の解体を模索していた構成主義者たちにとっては、SASS案が暗示しているように、この巨大でモニュメンタルな建築物というプログラムは素直に取り組み難いものであったかもしれない。

ただ、要項等にはとりたてて後ろ向き、反動的な調子があからさまであったわけではない。まだ転回は決定的ではない、しかし、それでも労働宮殿のときに比べると微妙なニュアンスの変化を認めることはできる。一九二二年のときにはこうだった。「労働宮殿はそれが胚胎するイデーに適合する豊かな局面を備えたものでなくてはならぬが、いかなる過去のスタイルにも属さない単純にして現代的なかたちによって表現されなくてはならない」。しかし、一九三一年には、ソヴィエト・パレスは「ソヴィエト建築史における断然のモメントであり、建築がそこか

ジョルトフスキー / 第二次コンペ案, 1931

メンデルゾーン / 第二次コンペ案, 1931

グロピウス / 第二次コンペ案, 1931

ペルツィッヒ / 第二次コンペ案, 1931

ら出発し、あらゆる造形芸術の統合の道を歩むような、生気に満ちた文脈」をつくり出すことが要求されている。「あらゆる造形芸術の統合」という命題は、この時期にかつてのレーニンによる歴史的遺産の継承というテーゼが盛んに取り上げられていたことを思い合わせると、一九二二年の「いかなる過去のスタイルにも属さない単純にして現代的なかたち」という言い回しに比べて、姿勢が後ろ向きになりつつあることを示唆するものととらえられぬことはない。

第二次コンペティションは、八月の展覧会の後すぐに招待が行なわれた。この第二次の締切りは最初十月二〇日に、次いで延長されて十二月の一日に設定されていた。第二次の参加者は、西欧の応募者を含めて第一次の案を知りながら案を作成するというメリットはあったが、それでも期間が短かすぎ結局一五日間延長されている。例えばル・コルビュジエ案が最終的にパリのソヴィエト大使館に搬入されたのは十二月二二日であり、かつ、年が明けても追加の材料が送付されるといった具合であった。しかし、この過程でコンペティションは、第三のオープン・コンペティション段階に流れ込んでいく。前に示唆したように、あるいは最初からオープンにすることが決まっており、それとは分けて招待者のみに声がかかったということなのかもしれない。というのも、オープン・コンペティションは第一次のコンペティションの展覧会に先立って七月三一日（別のデータでは一八日）に公募されており、データが別にあるものとしては、ル・コルビュジエが第二次の招待を受けたのはもっと後の九月だからだ。そうなると、先の十月二〇日の締切りは無茶な日付けであり、最初ここで第三次といっているオープン・フェーズの方が先に公募され、その後特定の建築家をとりわけ国外から招待することになって、締切りをそのために伸ばした、と考えるのが最も説得力のある推論である。いずれにせよ、この第二次と第三次段階は、独立的な二つのフェーズというよりは、ひとつながりのものとみなした方がよいかもしれない。

ブラシニ／第二次コンペ案, 1931

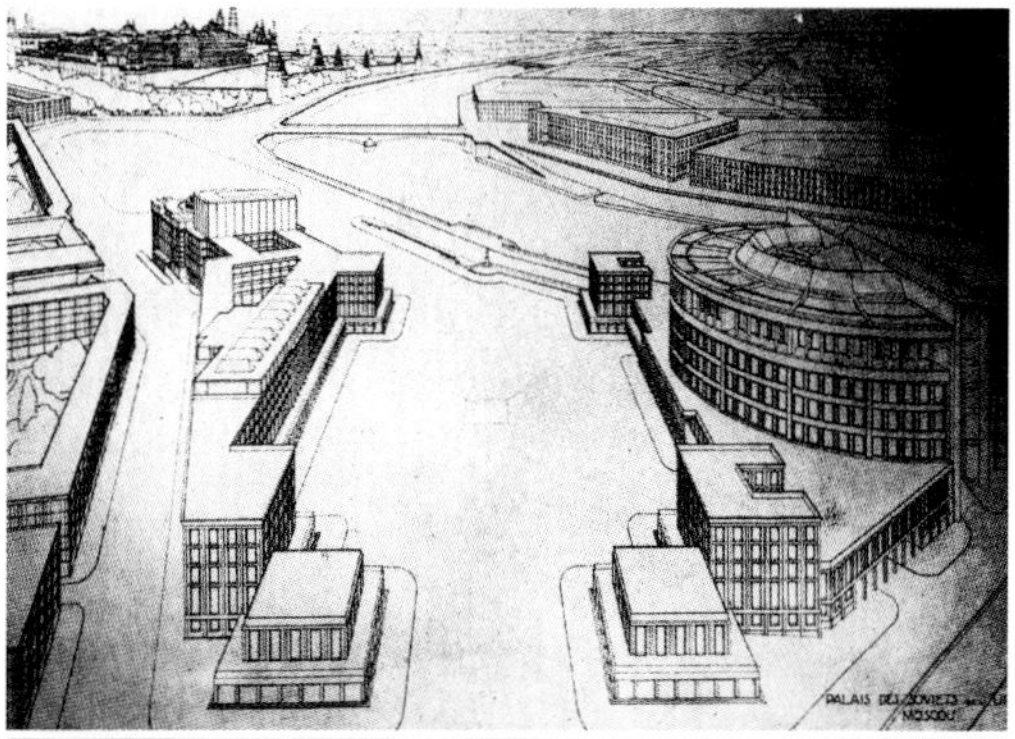
ペレ／第二次コンペ案, 1931

リューベトキン／第二次コンペ案, 1931

応募案は——これもいささか不明な点があるが——招待を含めて一六〇案にのぼり、このうち一三五案が企画に合格するものと認められ、一三案（別の数字では二四案）は全く問題外（企画違反）とされた。この他に、競争の枠外として一般の市民からの応募案が一一二にのぼった。つまり応募総数は二七二である。

結果は、明けて一九三二年の二月二八日に発表された。特等として三案が選ばれている。うち二案は国内招待組で、ジョルトフスキーとイオファンだったが、全く無名のアメリカのハミルトンが残りのひとつの席を占めた（賞金各一万二千ルーブル）。次いで二等、三等として各五案ずつが選ばれている。これについては資料によって混乱があり、一九三二年にソヴィエト建築家同盟編として発表されている『ソヴィエト・パレス』という冊子に準拠したアナトール・コップによると、二等は、VOPRA（アラビヤン、モルドヴィノフ、シンビルツェフ、カラ、レヴァーキン――この案は第一次に出たものとほぼ変わりない）、ウラソフ（彼もVOPRAのメンバー）指導下によるWASI（ヴァシ＝建築・建設学院。かつてのVKhUTEMAS［ヴフテマス］の改組されたもの）の学生案、「迷妄なしに」というグループ名によったローゼンフェルド、メイエルソン、ヴォルフェンツォンらの案、「労働者、農民、赤軍に」と題したラングバード（これもVOPRA）案、そしてアメリカからのカストナー、ストノロフの案（各一万ルーブル）、三等にはV・ヴェスニンとモルドヴィノフの指導下の学生案が二つ、これもVOPRAを名のるブーマジニイ等の案とオリエネフ等のWASIの案、それに「赤い星」と名のるリハチョフ案、「ソヴィエト一五回会議に」と名のるゴルツ等の案、クズネツォフ教授指導下の学生たちの案（各三千ルーブル）である。またアントニア・クンリフェの挙げているのは、これと同じソースによっていると付記されているにもかかわらず、一等はアラビヤンらのVOPRA案とジューコフ、チェチューリン案、ドディーツァ、ドゥーシキンのウクライナVOPRA案、二等はウラソフ下のVOPRA学生案、ラングバード、カストナー、ローゼンフェルドの各案（各五千ルーブル）、さらに三等が二つのVOPRA学生案を含む五つの案となっている。私の手元にある一九三二年の二―三号の『ソヴィエト建築』誌の記述はこれとも少し違い、一等とされているのは、アラビヤンらのVOPRA案とジューコフとチェチューリンの案のみである。

注目すべきは、外国招待者を含むアヴァンギャルドは、構成主義者にせよフォルマリストにせよ、このリスト中には見られないことである。しかし、同時に、この時点での数あるVOPRA系の入選案は、どれもまだモダニスト的であったということも注目されてよい。特等案も批判を免れたわけではない。ハミルトン案は、立面の単調さを、ジョルトフスキー案は古典と「封建」の要素を共に用いたが故の統一感の欠如やイデオロギー的表現の不適切を、そしてイオファン案はアメリカのスカイスクレーパー風の塔が「パレスの表現には適切でない」ことを審査評であげつらわれた。この頃から、後の社会主義リアリズムの論理のもつ特徴、つまり、何がそうであるかよりは何がそうでないかという言い方が目立ってくる。審査は「特定のスタイル」観に縛られないということを強調しているが、構成主義やフォルマリズムはその「そうでない」方に入ってくるのだ。クンリフェは、モダン派のデザインが明らかに審査団が自分たちの好まないもののイメージを固めるのに寄与したことは確かだといっており、その証拠として入選案の中に非対称の案が少ないこと、機能的な分離と結合の原理に基づいた案が見あたらないことを挙げている。

実際、前述のほぼオフィシャル・レポートといってよい『ソヴィエト・パレス』では、おおっぴらに構成主義やフォルマリズムに対して、階級的な基盤に立った建築を否定する「これらのシステムやグループの虚偽性を指摘する」べく、断固たる批判のキャンペーンを進めることが必要であると語られている。そして「ソヴィエトの建築家は過去の建築を否定してはならぬ」というのである。そして『芸術家旅団』誌の一九三二年の三号には、「ソヴィエト・パレスと建築的遺産」と題された論文が発表される。ここではオープン段階の諸案の分析が行なわれ、そのカテゴリー化が図られる。第一のものはVOPRAの案（おそらくアラビヤンらの案）のようなもので、それはルクソールの神殿のようなコンポジションや空間的要素を新しい文脈の中に置き換えているとされる。第二のものは過去の建築の空間やヴォリュームの扱いを新しい機能や材料にしたがって近代化するもので、シリヤのジグラットを思わせるASNOVA（バリヒンらの第一次コンペティション案のことか）のキューブがそれである。三番目のものは装飾的、形態的ディテールの機械的な翻案で、アメリカのスカイスクレーパーを模したイオファンの案がそれにあたる。最後のタイプは、過去のものの全体としてのリヴァイヴァルで、ある程度ペレの案もそうであり、またジョルトフスキーの案がこのタイプであるという。しかし、この段階ではどれが望ましいとは言っておらず、むしろどれもいまだレーニンの言った意味からは遠いというにすぎない。VOPRAやASNOVAの案まで歴史の再解釈に含み込まれ得るなら、それは何も語っていないに近いからである。問題はさらに繰り越しにされる。

一九三二年二月の結果発表にすぐ続いて、三月から七月にかけて第四次コンペティションが行なわれた。第三次の結果は、どれも実施につなげるには不十分として完全に宙吊りにされてしまう。第四次では、前段階の特等三案の再決戦というかたちをとるのが普通であろうが、国内のみの招待であり、ジョルトフスキーとイオファンは残ったものの、アメリカのハミルトンは姿を消している（ただし、キャサリン・クックは彼が自前の費用でモスクワに赴き、国案を手直ししたと書いている）。都市計画にも見られる明らかな外国離れ、国内重視路線のひとつのかたちであろう。招待されたのは一三のチームで、ジョルトフスキーとイオファンに加えて、シチューセフ、シチューコとゲルフレイフのチーム、アラビヤン、コチャール、モルドヴィノフ、シンビルツェフのVOPRA、ドディーツァ、ドゥーシキン、アンドレーエフのウクライナVOPRA、そしてヴェスニン兄弟、イリヤ・ゴロゾフ、ギンスブルグ、ラドフスキー、リュドヴィック、ウラソフのWASI学生チーム（これは事実上VOPRAに属している）である。ヴェスニン、ギンスブルグ、ゴロゾフなど旧OSAの大立者はここでようやく初登場ということになる（クンリフェは前段階で入賞もせず、レポートにも出てこない彼らの案がここで再登場するのは興味深いと言っているが、再登場ではなく初登場なのだ）。この段階では前段階と比べてさしたる与件の変更がなかったにもかかわらず、継続組の案にはかなり大きな方向転換が見られる——イゴール・カズスは、二つの大ホールをくっつけることがこの段階で禁じられたと書いているが、それは後述するように矛盾する記述と思われる。マス行進の重視という与件ははずされた。イオファン案は、塔が付属の尖塔ではなく、ずんぐりとした段状の建物となり、結果としてアルカイックな趣をはるかに増した。シチューセフやアラビヤンらVOPRA案では初期案のモダンなヴォキャブラリーが放棄され、ずっとモニュメンタルなスタイルになった。シチューセフの案はもうほぼ完全な十九世紀の古典主義リヴァイヴァルのそのままたリヴァイヴァルである。三本のタワーをもつVOPRA案は、それでも様式的なディテールはもたないことから

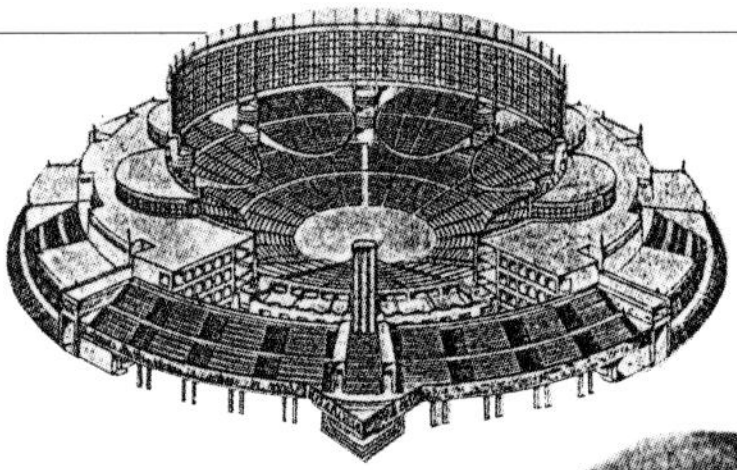

ラングバード［VOPRA］「労働者, 農民, 赤軍に」第三次コンペ案（オープン参加), 1931

ローゼンフェルド, メイエルソン, ヴォルフェンツォン「迷妄なしに」第三次コンペ案（オープン参加), 1931

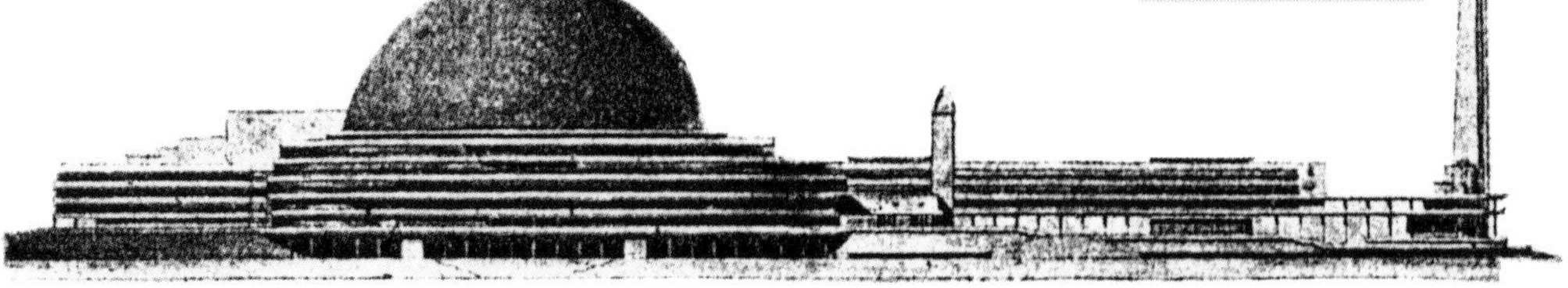

ブーマジニイ, ドゥケルスキー, プロソロフスキー, オニチュク［VOPRA＝指導V・ヴェスニン, モルドヴィノフ］/第三次コンペ案（オープン参加), 1931

ハミルトン/第三次コンペ案（オープン参加), 1931

［WASI＝指導ウラソフ］/第三次コンペ案（オープン参加), 1931

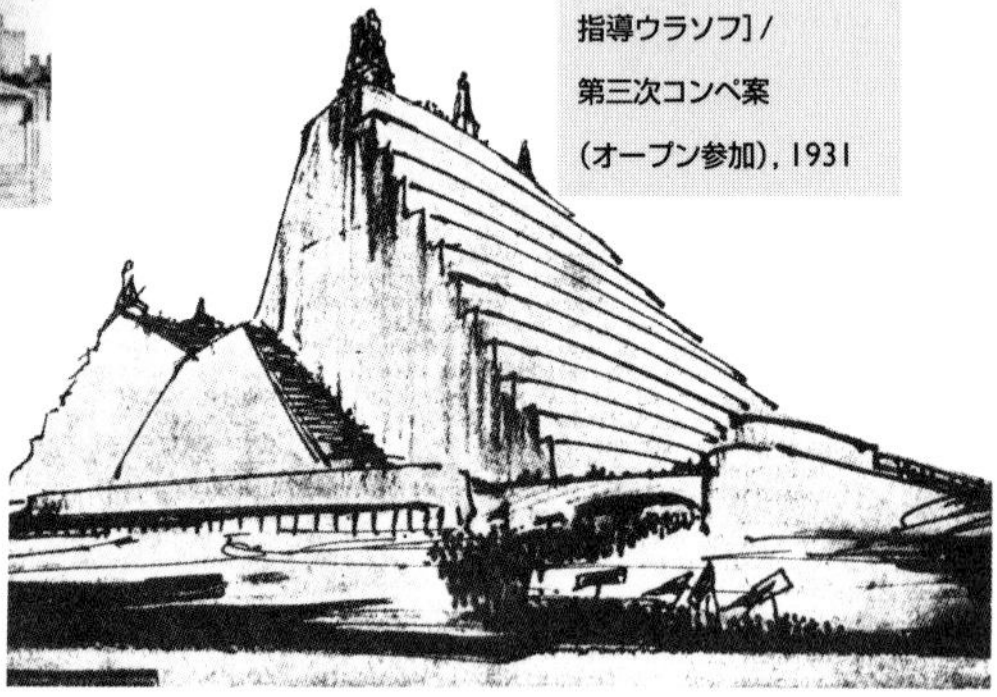

カストナー, ストノロフ/第三次コンペ案（オープン参加), 1931

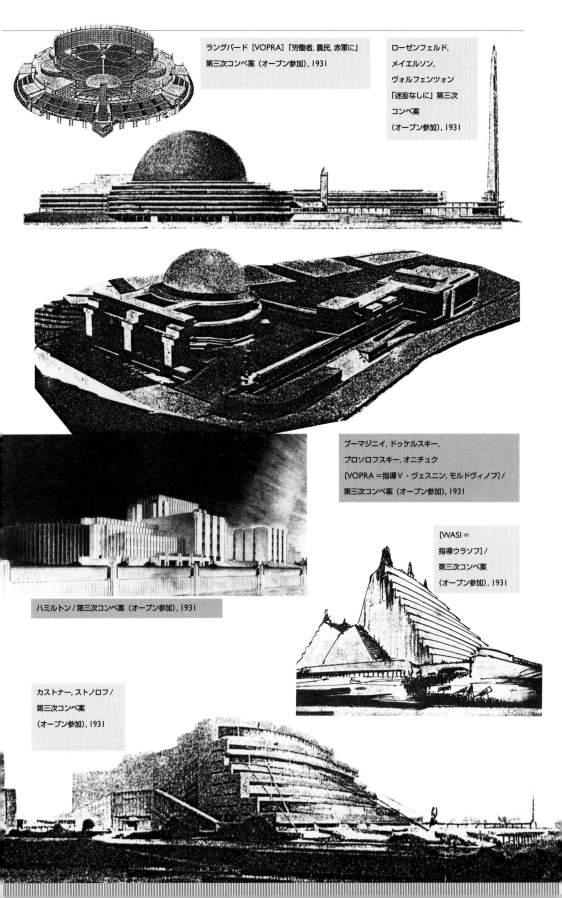

ドゥーシキン, ドディーツァ［ウクライナVOPRA］/ 第三次コンペ案（オープン参加）, 1931

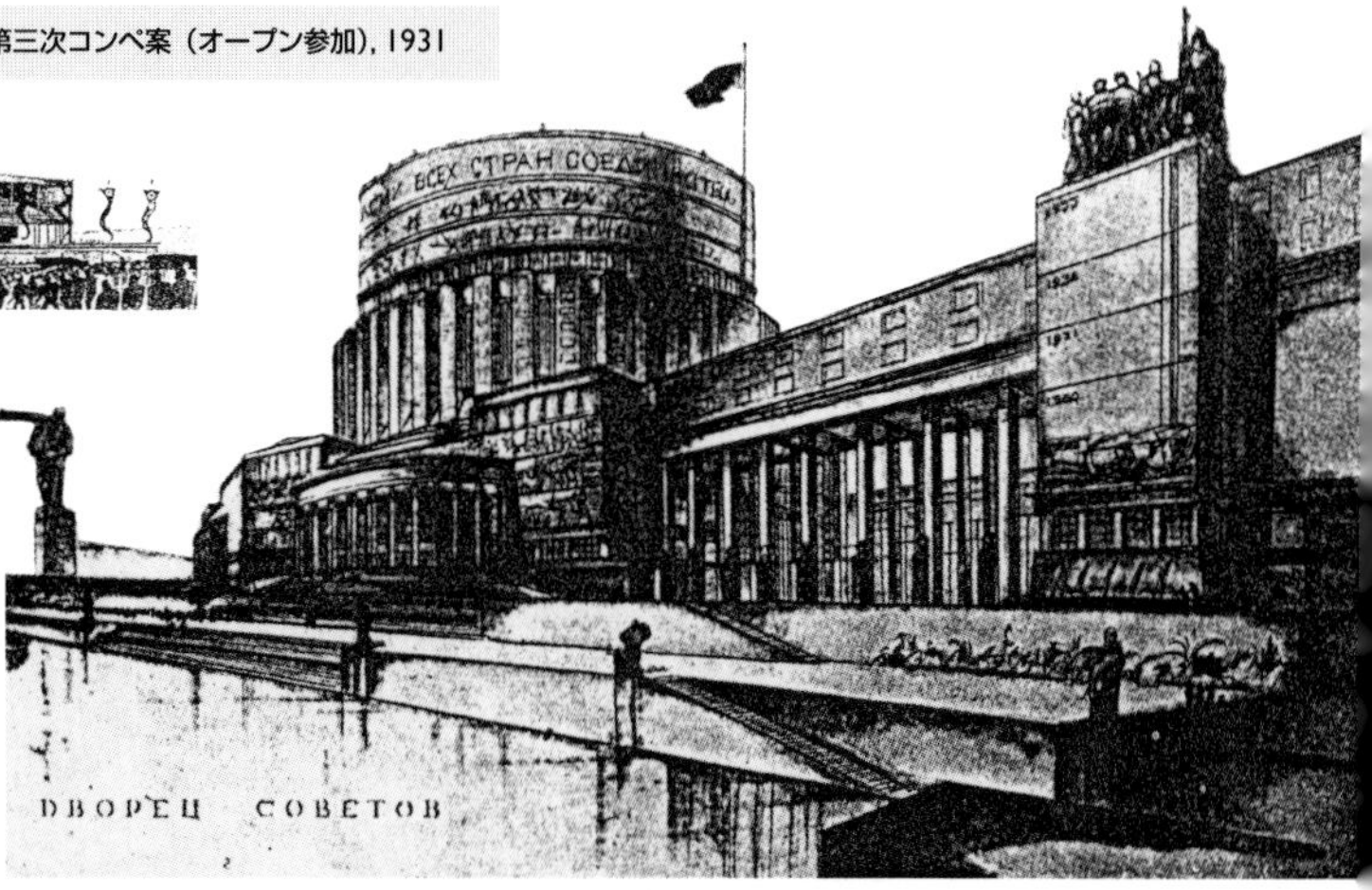

ジューコフ,
チェチューリン /
第三次コンペ案
（オープン参加）, 1931

オレノフ, ノヴァク,
ヴェシロフスカヤ,
スナメンスキー,
カルポフ［WASI
指導＝V・ヴェスニン,
モルドヴィノフ］/
第三次コンペ案
（オープン参加）, 1931

ゴルツ, ソボレフ, パルイシニコフ /
第三次コンペ案（オープン参加）, 1931

クズネツォフ教授指導下の
学生グループ
「うたとしての宮殿」
第三次コンペ案
（オープン参加）, 1931

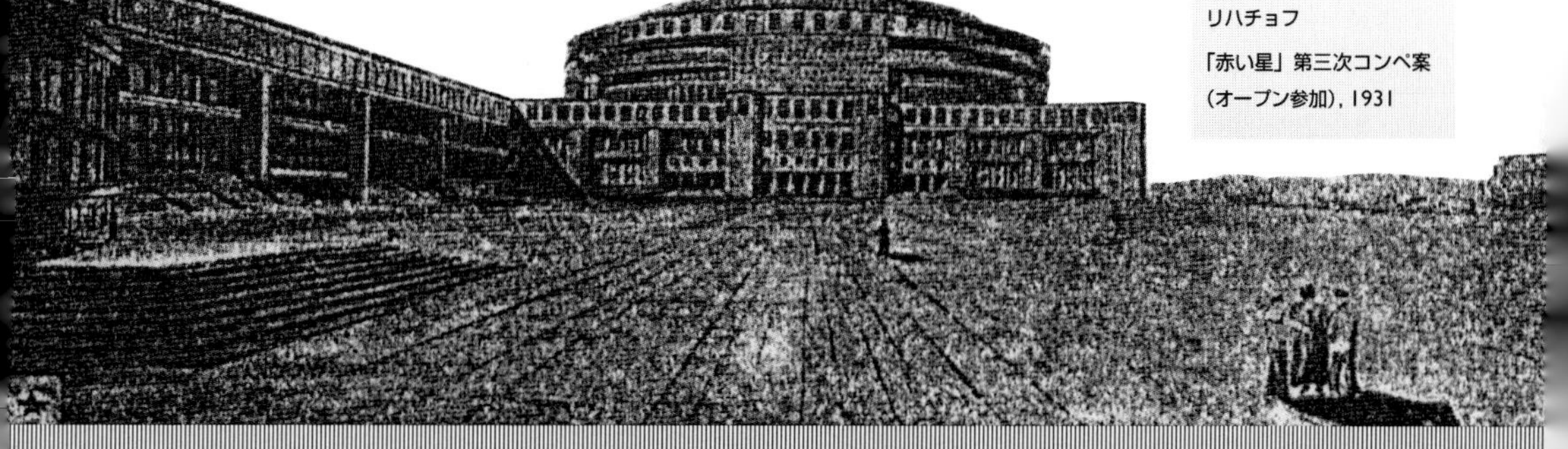

リハチョフ
「赤い星」第三次コンペ案
（オープン参加）, 1931

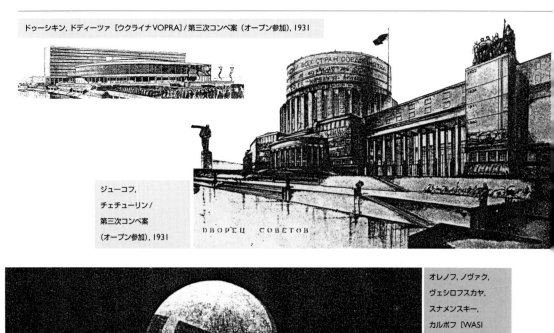

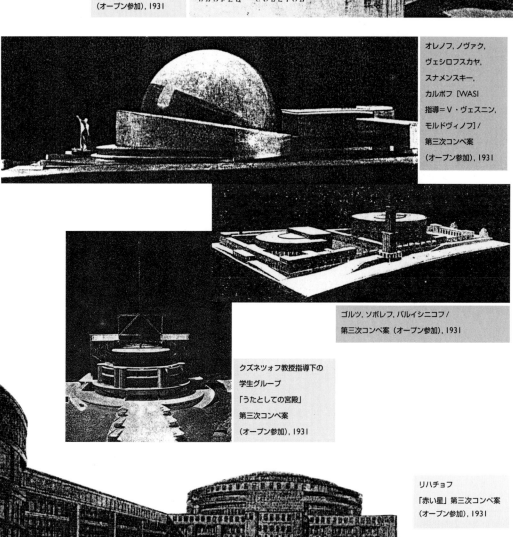

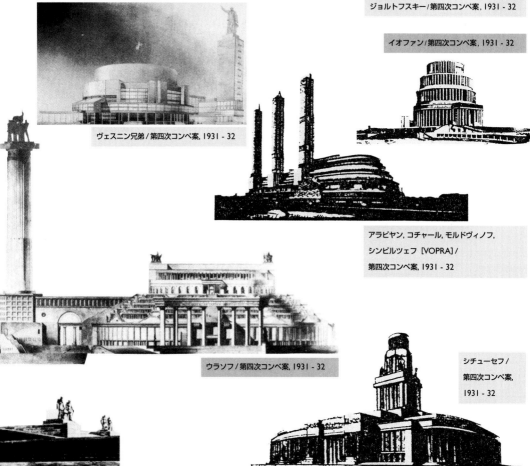

ジョルトフスキー/第四次コンペ案, 1931 - 32

ヴェスニン兄弟/第四次コンペ案, 1931 - 32

イオファン/第四次コンペ案, 1931 - 32

アラビヤン, コチャール, モルドヴィノフ,
シンビルツェフ [VOPRA]/
第四次コンペ案, 1931 - 32

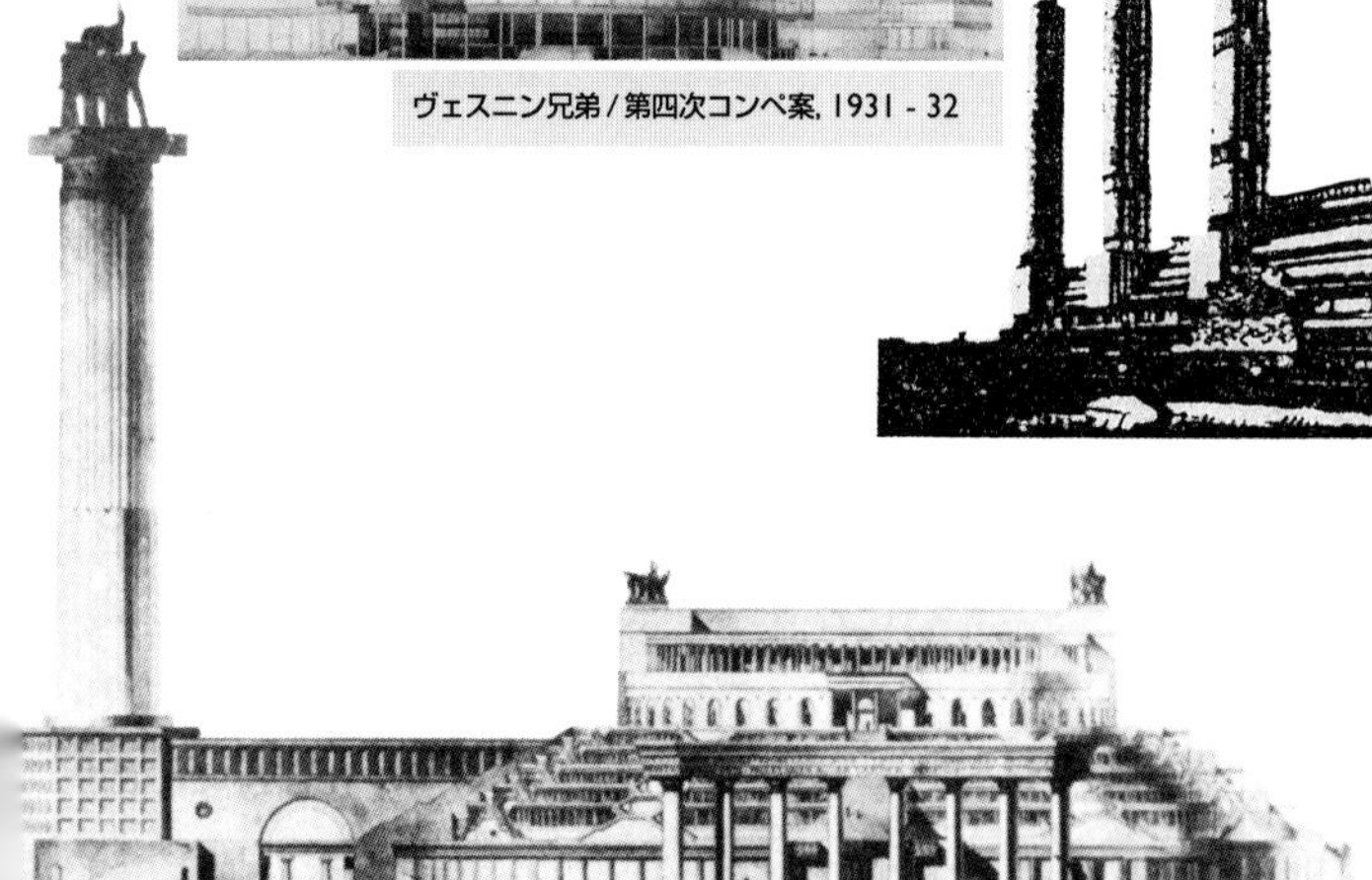

ウラソフ/第四次コンペ案, 1931 - 32

シチューセフ/
第四次コンペ案,
1931 - 32

I・ゴロゾフ/
第四次コンペ案, 1931 - 32

ラドフスキー / 第四次コンペ案, 1931 - 32

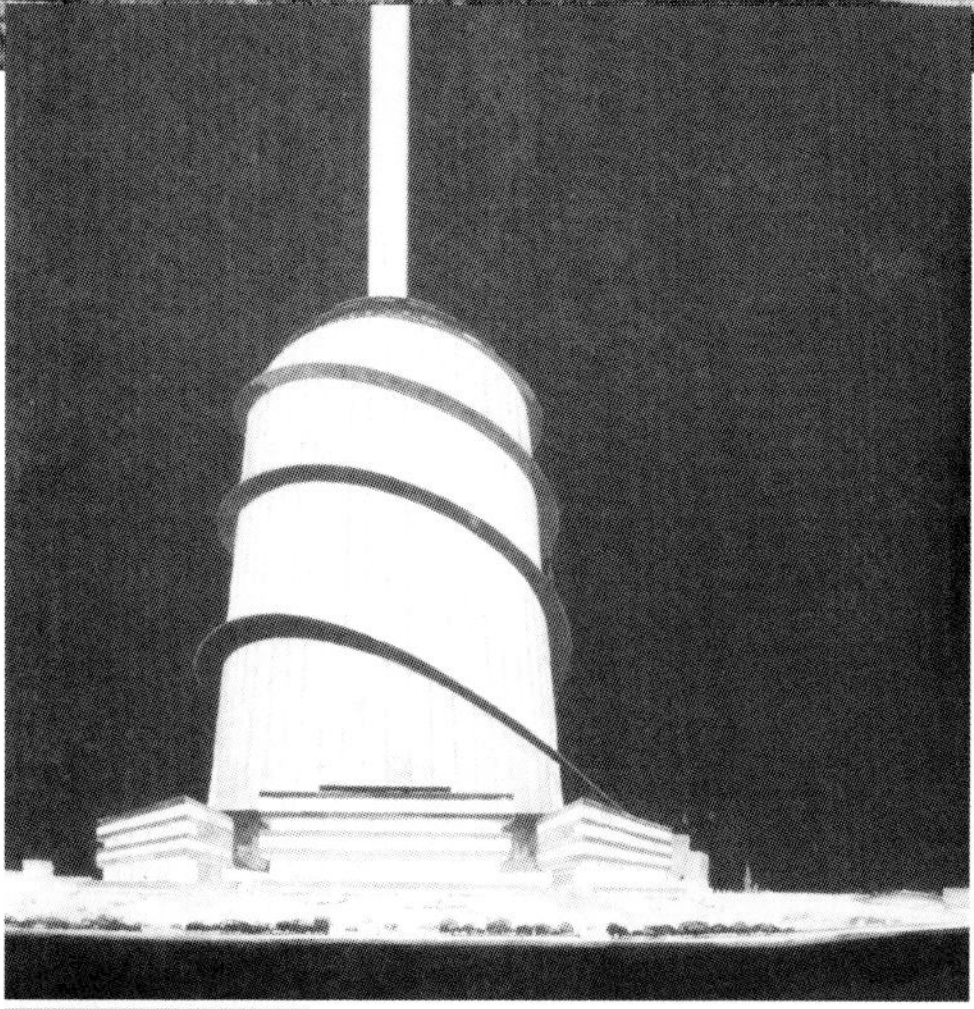

リュドヴィック / 第四次コンペ案, 1931 - 32

ギンスブルグ / 第四次コンペ案, 1931 - 32

辛うじてリヴァイヴァリズムからは一線を画しているが、印象的にはイオファンに負けないくらいアルカイックになった。ウクライナVOPRAチームの案は、半円形の段状のドラムの上に矩形の尖塔が載るといった構成で、同様な路線上にある。完全なアカデミズム路線への屈服ではないが、その気配はすでにすこぶる濃厚である。ヴェスニン兄弟の案は、円筒状の部分と矩形状の部分とに分かれそれをつなぐといった典型的な機能主義的分節法だが、後者の傍らに高い塔が置かれるという初期のイオファン案を思わせるアイデアが目につき、しかもここには巨大なレーニンの像が載っている。これはイオファンの最終案に現われるもので、社会主義リアリズムの典型的な手法と目されたものだが、その実ヴェスニンの方がアカデミストたちに先駆けてこのアイデアを採用している（ただし、これは次の最終案では除去される）。だが、しかし、ここでもことは決せず、最終フェーズへと持ち込まれる。

この最終フェーズでは、改めて与件に手直しが行なわれ、従来の二ホール＝二ウィング構成をよりモニュメンタルな単一建物に変更している。すでにいくつかの案はこの傾向に移行しており、改めてオフィシャルにそれが求められたということであろう。明らかにコンペティションの施行者側でも、機能性よりは記念性に大きな比重をかけ始めたと読むことができる。このフェーズは五つの案で競われた。VOPRA、ヴェスニン兄弟、イオファン、ジョルトフスキー、シチューコ＆ゲルフレイフである。VOPRAは二つのチームが合体してひとつになり、前フェーズでのウクライナVOPRAチームの案を基に、より濃厚に過去主義を刻印した「スターリン・スタイル」となった。イオファンの案の一番上には一八メートルの労働者像が載せられた。シチューコらの案は巨大に引き延ばされたヴェネツィアのドージェ宮である。ヴェスニン兄弟の案は前のとは全く違う一体案となった。前述のようにレーニン像は姿を消し（周辺から批判があった？）、基本的にはモダンと言える案だが、周辺にはモニュメンタルなコロネードがまわっている（因みにこの案のパースを描いたのはステンベルグ兄弟であった）。モルドヴィノフとの協働によるハリコフの大劇場の最終案を思わせるモニュメンタルな古典主義をモダンな衣でくるんだデザインと言ってよい。

そして一九三三年の五月、最終的にイオファンの案が当選案とされる。二一〇メートルの高さを誇るこの案は、ルナチャルスキーによれば、「古典建築を凌駕し、表現的でモニュメンタルな建物たろうとする」ものであった。『モスクワの建設』誌に載ったルナチャルスキーの論文には、世界の高層建築の比

上下：
メーリニコフ案

較図が付録として折り込まれていた。しかし、ことはこれでも決さなかった。同じ月に開かれたソヴィエト・パレス建設評議会で、スターリンが、彼としてはむしろ稀なかたちだが、直接ひとつのサジェスチョンを行なったのである。それは、上に載った労働者像を、二・五倍から四・五倍に引き延ばしてレーニン像に置き換えてはどうかというものである。これによってパレスは史上最大のペデスタル（台座）上の彫像となった。もはや意味のドラスティックな変更は誰の目にも明らかになった。合理的な計画社会の建設とその象徴ではなく、レーニン個人への崇拝（それは当然彼の「忠実な戦友」スターリンへのそれのための口実である）のためのモニュメントへ。イオファンは、この変更を受けて、シチューコ＆ゲルフレイフとの協働により最終案を一九三四年の一月一日までに、そして全実施図面を同年四月までにまとめることを要請された。後者の協働は、おそらくは彼らがかつて塔の上にレーニン像を置くというモニュメントのデザインを行なっていた（一章三節参照）というだけの理由であったと思われる。この変更によって、全体の高さは二二〇メートルから四一五メートルに伸びた。当時の世界最高の建物エンパイアー・ステート・ビルの四〇七メートルを超すかたちで設定がされたことは間違いない。敷地は一九三二年の春にはクリアランスされ建設が始まったが、一九四一年の六月には第二次大戦の開戦のために中断されるに至った。残されたのは巨大な基礎で、これは壊すこともままならず、モスクワ市民プールに転用されるに至った。

このソヴィエト・パレス・コンペティションはアヴァンギャルドの敗退を明確に刻印する事件として知られている。この過程で持ち出されるに至った「シンボリズム」、「芸術性」そして「歴史的遺産の継承」といった概念的道具立ては、確かにそれまでアヴァンギャルドがむしろ忌避した類のものではあった。しかし、初期のギンスブルグの理論的仕事が示すように、それは必ずしも絶対的に矛盾するというものではない。アカデミストのみならず、アヴァンギャルドにとっても、昂進化、抽象化されたかたちであれば答え得る課題であったはずだ（戦後すぐの国際建築運動は実際にそれを試みた）。問題は、それを

「誰のため」に「誰が」判断するかという別の事柄が政治的に持ち込まれたということだ。つまり、「プロレタリアート人民」の名のもとに、その「前衛」としての「党」が判断するという構図が入ってくると光景は一変する。つまり、それは芸術を政治の判断のもとに委ねるということであり、あけすけに言えばあらゆる芸術の「御用化」である。「生活様式論争」に対する党中央委員会の打ち切り決定以来、その構図は下地がつくられていた。そして、オープン・フェーズでのイオファン、ジョルトフスキー、ハミルトンの三案の特等、イオファンの最終案決定で、それはさらに決定的なかたちで具体化されたわけだが、ここでのアポリアのひとつはアヴァンギャルドは必ずしもそれに全力で抵抗を試みながらも圧殺されたというわけではないということにある。

例えば、I・ゴロゾフやメーリニコフの案は、すでに当初からもはやモダニズムの範疇に入らぬほどの大きな逸脱を見せていた。ゴロゾフの巨大な円筒はディテールにおいてもアルカイックなシンボリズムを強く漂わせていたし、メーリニコフの案はもっと極端にメガロマニアックなもので、正立、逆立の二つの巨大なピラミッドを巨人像が支えるというデザインだった。彼の意図では、正立のピラミッドは旧世界の秩序であり、逆立のピラミッドはそれを転倒した革命の秩序を表わす。この案はオープン・フェーズでの参加と思われるが、「ファナティックで妄想的な幻想」でしかないとされて不適格案の烙印をおされ、そのために応募案の出版からもはずされている。しかしその実、一九三〇年代的なものを先取りしイオファンの最終案とも少なからず共通した要素が見出されるものであった。スターは、「社会主義文化の探求がクリシェの規範体系として結晶化しようとしたときに、メーリニコフは社会主義リアリズムと同じイデオロギー上の目的が別のやり方でより促進させられることをずけずけと言ってしまった」のだと言っている。

彼らのこの「逸脱」は、実は外的な圧力による一時的かつ不承不承なそれなどではない。外圧が風向きを変えたことは確かに否定できないが、こうしたメガロマニアックなシンボリズムには「根」がある。それはすでに二章で言及したロマン的古典主義と呼ばれるもの、つまりブレやルドゥなどのフランス革命期の建築、及びそれに影響を受けた十九世紀のドイツ建築である。この分野での専門家であった美術史家イーゴリ・グラバーリとは、ゴロゾフやメーリニコフは師のシチューセフを通じて交流があったことは二章で触れたとおりである。プライマリーな幾何学的形態を機能分節と結びつけるというダイナミックな構成手法は、同様に機能的なアプローチを標榜した西欧のモダニズ

シチューコ/レーニン・モニュメント, 1924

最終案と世界の大建築との比較

ムと比べた場合のロシア・アヴァンギャルド建築の特徴だったが、それがロマン的古典主義からのインパクトであることは間違いなく、ゴロゾフやメーリニコフのソヴィエト・パレスのプロジェクトは、極端にメガロマニア化された「語る建築」（前述の革命建築について十九世紀につけられた形容）であった。前述のように、この二人がアヴァンギャルドの中ではとりわけフォルマリスト的なシンボリストであり、そのためにヴェスニンやギンスブルグらからは批判の対象にされていたとしても、そのヴェスニンの案もまた、この時期に至ると、両案共にロマン的古典主義の色合いを濃くしている。全くオーセンティックなモダニズムを貫徹し、なおかつ見事な出来映えであったギンスブルグのような例はあったとしても、すでに単なる外圧のみではなく、半ば無意識的な彼らの「地金」的な部分においてすら、地滑りは始まっていたのである。

1.3. 組織の再編と個人弾劾の開始

ソヴィエト・パレスのコンペティションが第四番目のフェーズ、つまり全体をひとつの巨大なコンプレックスにまとめるという条件の下で五つのチームが案を競うフェーズに移行しつつあった一九三二年の七月、全ソ建築家同盟なる組織が発足した。これは同年四月の全ソ文学・芸術組織統一令に倣ったものであった。すでにソヴィエト・パレス・コンペティションの始まったあたりからのアヴァンギャルド後退のひとつの組織形態上での帰結である。組織合流の動きは、一九三〇年に入って間もなく五月にVANO（ヴァノ＝全ソ科学的建築家同盟）という超党派的、ないし包括的な組織ができたあたりから始まっているが、しかしそれにしてもアヴァンギャルド諸組織は解消されたわけでもなくその中に独立性を保証されたかたちで加入していたのだし、単一の公認された教義が幅をきかせたわけでもない。

この時点での組織統合を阻んだのはむしろVOPRAだった。彼らはVANOを反VOPRA連合と見なしていたらしく、この横断組織には加わらなかった。その彼らが最終的には全ソ建築家同盟の組織的ヘゲモニーを握ったのだったが、それはもっと後になってからのことである。実のところ、この新生同盟が最初の全国大会を開き得たのは、それからずっと後の一九三七年になっ

イオファン，シチューコ，ゲルフレイフ／
共同最終案のレーニン像と自由の女神及び
1936年パリ万博・ソヴィエト館の彫刻の比較

ソヴィエト・パレス・コンペでの素人応募者による案, 1931

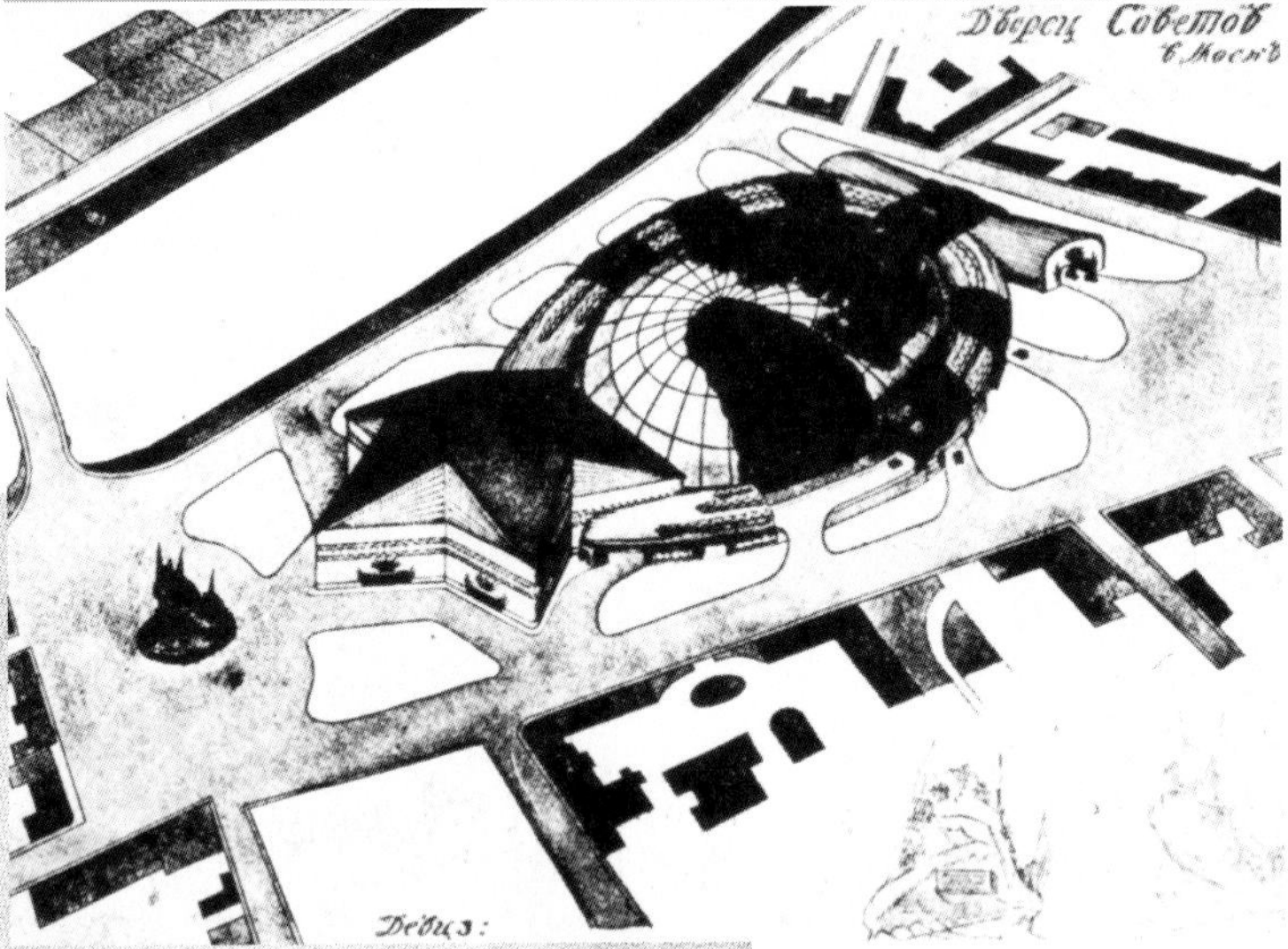

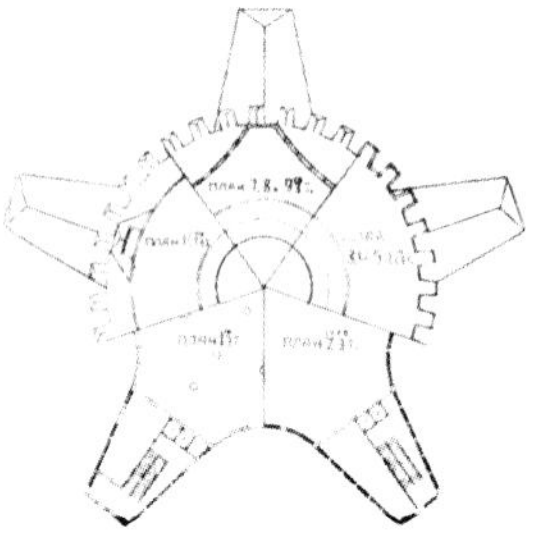

ソヴィエト・パレス・コンペでの
素人応募者による案, 1931

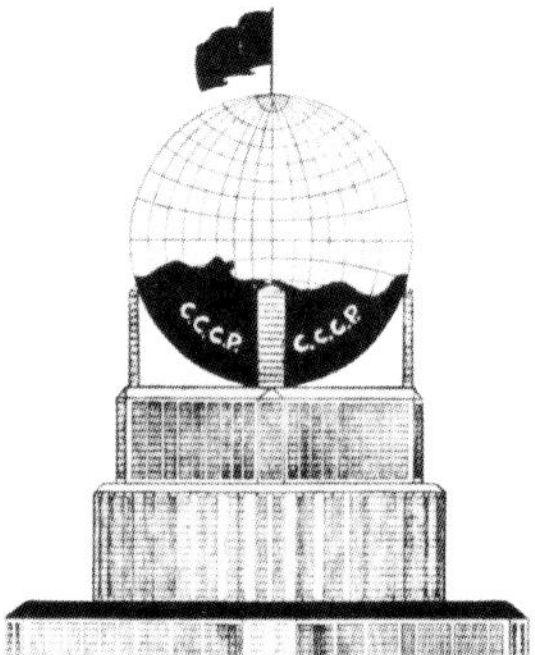

ソヴィエト・パレス・コンペでの
素人応募者による案, 1931

イオファン,
シチューコ,
ゲルフレイフ,
共同最終案,
1934

てからであった。この五年ものブランクは、異常と言わざるを得ない事態である。ナチス・ドイツの強制同化の迅速さ（一九三三年のナチス政権獲得直後）に比べて、「スターリンの建築」のヘゲモニーの確立は著しく手間取ったとは言える。何故か？　スターリンの方がヒトラーよりも民主的＝非強制的だったという問題ではない。それでは話が単純にすぎる。おそらくは、落ち着く先が明快ではないままに様々な綱引きがあって、その挙句に徐々に収まるところに収まっていった、というのが真相であろう。この綱引きに最も積極的な役割を果たしたのはVOPRAだったが、もともとアヴァンギャルドの組織などは離合集散が激しいのが通例であって、一九二三年につくられたフォルマリストの集団、ASNOVA（アスノヴァ）は、すでに一九二八年にリーダーのラドフスキーが自ら脱退、新たにARU（アル）をつくったりしていた。しかし、一九二九年のVOPRAの発足によって、ことは単に建築、都市計画上の理念を超えた文字通りの「政争」になっていった。しかもこれはまたVOPRAが向こう見ずに「政治主義的」であったとか「左翼小児病」的であったとかいうだけで済まされる問題でもない。現に、彼らにとっては、構成主義者たちこそが芸術を否定する極左的誤りを犯していたのだったから。この位置付けの可否はともかく、アヴァンギャルドの仕事全体が政治的－社会的イデオロギーに深くコミットしていたことは否定できない以上、この政争化はほとんど不可避であったと言わざるを得ない。

すでに書いてきたように、VOPRAのメンバーは基本的にはアヴァンギャルド第二世代と言うべき世代に属す人々が中心であった。彼らの真摯さを最初から疑わせるものは基本的にはない。アナトール・コップがしたような、建築的才能とは不釣り合いの政治的野心に満ちた根っからのデマゴーグ集団といわんばかりの位置付けには公正さと正確さが欠けていると言うべきであり、実際、十一章でも述べたように、とりわけコチャールやマズマニヤンといったアルメニア勢は独創的と言ってよい才能の持ち主であったし、後に権力を「簒奪」し、それをほしいままにしたような印象を与える「スターリンの建築家」の代表的（ボス的）存在、アラビヤンとモルドヴィノフの二人ですら、決して凡庸極まる才というわけでない。もし、この政争＝文化革命が進行しなかったら、そして彼らがその建築上の探究をスタート時の路線上に展開し続けたとしたら、文字通り第二世代のアヴァンギャルドとしてそのステータスを確保した可能性は十二分にあったはずだ。初期におけるコチャールらの仕事は、アルメニアにおける伝統主義・歴史主義的折衷に対し、新建築の枠組の中での地方性を表現していくという野心的なものだったし、モルドヴィノフのハリコフの郵便局コンペティション（一九二八年）の勝利などは、個人の勝利にはとどまらず、新建築派の伝統派に対する勝利を記念するものであったのだから。しかし、彼らはそれに「甘んじ」なかった。つまり、それでは十分に政治的ではなく、したがって「プロレタリア」的でもないと彼らは考えた。それでは何が政治的で、何がプロレタリア的か？　それは答えるに難しい問いであり、むしろはるかにやさしいのは、何がそうでないかという問い方の方である。VOPRAはこちらを選択した。そしてこれをさらに一層わかりやすくするのは、「何が」を「誰が」に置き換えることである。つまり、わかりやすく言えば、スケープゴートを仕立てることだ。主としてこの役割を引き受けさせられたのは二人の建築家であった。本人たちにとっては、当然迷惑千万な話には間違いないが、後世の人間にとっても不運だったのはこの二人がアヴァンギャルドの中でも格別にすぐれた才能、つまりメーリニコフとレオニドフであったという事実である。

VOPRAが彼らを攻撃対象に選んだときに、この二人の天才のキャリアは、少なくとも社会の前景においては、絶たれることを運命づけられたのである。何故この二人だったのか？　もちろん、推測でものを言わざるを得ない事柄だが、他のアヴァンギャルド、例えばヴェスニン兄弟はあまりにも人望がありすぎたし、VOPRAのメンバーの幾人かにとっては直接の師であったり上司であったりしたこと、ギンスブルグでは、さしあたって論争の対象にはしにくい、つまり文句のつけようのない住宅のプランニングや標準化の問題が主たるフィールドになりがちだったことなどがマイナス要因として考えられる。それに比べて、前記の二人にはより攻撃の対象になりやすい部分が存在していた。メーリニコフは一九二五年のパリの装飾博覧会での成功以来、例外的に多くの実現作に恵まれてきたが、そのために他の同僚の嫉妬をかっていたし、そして気質からいって集団行動には馴染まず、実質的にはどこの組織にも属していなかった。いわば最初から孤立無援状態にあった。彼より年少のレオニドフの方は、VOPRAと同世代で、しかも構成主義者たちのみならず広範なアヴァンギャルド・サークルから「新しい星」（ル・コルビュジエ）として注目を集めていた。それへの嫉妬があったかどうかはともかく、VOPRAからすればここは是非とも叩いておくべきポイントであったということは充分推測できる。そして、何よりもこの二人のデザインは、当時の技術的、経済的水準に照らして（あるいは現在のそれをもってでさえ）、破天荒であった。ときはまさに、スターリンの一国社会主義の帝国の成否を左右する第一次五カ年計画が進行中であり、スターリン政府は、反対派の決定的排除・地固めのために反サボタージュ闘争を行なっていた時期である。言うまでもなく、社会主義リアリズムはその後の組織統一の際の理論規範だが、リアリスティックでないということ（現実逃避）とは、この時期には消極的なサボタージュということではなく、意図的なサボタージュつまり、外国の反動勢力、及びそれと連動した国内の反対派（トロツキストやジノヴィエフ－カーメネフ派）による「反革命」行為を意味したから、「リアリズム」ということばには、単なる公的イデオロギーとして以上に「革命への忠節」という踏み絵的なニュアンスが込められていたのである。メーリニコフとレオニドフは、こうして、スタイルと現実性という二重の意味で反リアリズム＝反革命の刻印を押しやすかった。基本的に、この時期の論争は第一次五カ年計画のスタートと共に過熱化した「実現化された社会主義」への期待＝文化革命に対する反動という位置付けができる。そして、肝要なことは、その反動にしても、推進している人々にとっては反動どころか革命的行為そのものであったという厄介な点である。誰もが批判に対する明快な基準を持ち得ず、それ故、いつ誰が誰にどういう理由で攻撃されるかわからない、という状況が成立していた。大粛清の幕開けはまだ数年先であったが、批判の対象になりやすい点をもった人物には、常にスケープゴートにまつり上げられる危険がつきまとっていたのである。そして、アヴァンギャルドには、彼が文化革命に挺身してその言語を先鋭化していけばいくほど、一層それがヴァルネラブルな点ともなり得るという、いわば構造的なアポリアがつきまとっていた。

メーリニコフの例が典型的なそれである。彼の建築は表現主義的とも言えるような強い造形性を特徴としていたが、文化革命への共振はそれを一層独特のものとしていた。前にも触れたフランス革命のルドゥに代表される「語る建築」との類似性が、この頃のメーリニコフのデザインにはほとんど直喩的と言えるほどに濃厚であった。過剰なまでのシンボリズムへの思い入れがそのようなかたちをとることは、実際には彼のみのものではなく、ソヴィエト・パレス・コンペティションでの多くの素人応募者による案（もっと早く、一九二七年のレーニン図書館コンペティションにもすでにこの傾向が現われていた、とフレデリック・スターは書いている）にも見えることだが、それをメーリニコフほどに全面化したプロの建築家は他にいなかった。五章三節で触れたようなそれは、すでに機能主義的な抽象からは遠く、リアリズムとさえ言えたが、社会主義リアリズムのそれというよりは、ポップ・アート的なハイパーリアリズムという方がはるかに相応しいものである。そうはいっても、実際、このリアリズムは、文化革命のポピュリズム的側面、つまりスターリンの「偉業」への直接的かつわかりやすいシンボリックなセレブレーションという点では、社会主義リアリズムそのものとさして変わりがないとも言える。

OSA流のラディカルな機能主義やASNOVA流の抽象主義では共にハイカルチャーすぎてこのニーズに合わず、もっと率直かつモニュメンタルなスタイルが求められていたのだが、メーリニコフのこの時期の作品は確かにそれに極めて近接していたし、それがいかに一九二〇年代のアヴァンギャルドのセンスや現代の趣味からも遠いとしても、このメーリニコフの「転身」を保身のためとだけとっては当時の議論の真摯さを見落とすことになる、とスターは言う。それは正しい議論と言えるだろうが、問題は、そしてメーリニコフ個人にとっての悲劇は、この「転身」（むしろ本来あった傾向がきっかけを得て全面化したといった方が一層正確であろうが）が逆効果になってしまったということだ。

一九二九年以降のメーリニコフの作品は、そのほとんどが厳しい批判の対象にまつりあげられてしまった。ある批評家にとってはスヴォボダ・クラブは「フォルマリズムのブルジョワ・スタイル」であったし、彼の代表作、モスクワのルサコフ・クラブは逆に「左翼日和見主義」と評された。そのルサコフ・クラブを革命的だと賞讃し、自分のデザインの中でコピーまでしていたアレクサンドル・カラ（VOPRA）は、MOSPS（モスクワ市労働組合評議会）劇場案をやはり「左翼日和見」と非難した。この評は相互には明らかに矛盾しているが、左右の両翼の日和見を打つという当時の政治マヌーバーの定型からいけば、「右」だろうが「左」だろうがどうでもよかった。要するに叩く対象があればよかった。メーリニコフのデザインは、どちらのものにせよ、レッテル貼りに向いたものであったことだけは確かであった。スケープゴートとしてはそれで十分であった。メーリニコフはだんだん追い込まれていき、ソヴィエト・パレス・コンペティションでは同じ俎上にすら載せてもらえなかったことは前にも述べた通りである。

もう一人のレオニドフに対するキャンペーンははるかに組織的かつ執拗なものだった。モルドヴィノフはVOPRAの組織的浮沈をかけるかのように同世代の天才への攻撃を繰り返した。レオニドフのヴァルネラブルな箇所とは、メーリニコフのそれとは正反対のところであった。後者が表現の過剰に傾いていったのに対して、レオニドフのデザインは簡潔な本質のみに要約されていった。一切の建築的なディテールの省略されたそれは、ほとんど建築デザインというよりもグラフィック・デザインのようであった。ディテールの省略は因習からの解放を暗示した（レオニドフはそれを図面の白黒を反転させるという手法で強調した）が、別の角度から見ると、それはどうしたら現実の構造物に置き換え得るのかの手がかりを与えない、単なる製図板上の戯れと取られかねない面が確かにあった。そして、それはVOPRAの解釈でもあったのである。

一九三〇年の終わり頃から、レオニドフに対する組織的な批判が行なわれ始めた。まずその場となったのは、レオニドフ自身も教鞭をとっていたWASI（ヴァシ）であった。次いで、この問題は、IZO（イゾー＝教育人民委員会美術部局）の総会に持ち出された。この結果として総会決議が出されるが、その原案となったのはモルドヴィノフが提出した「建築におけるプチブルジョワ的傾向について──レオニドフ主義」と題するペーパーである（レオニドフ主義とは、思想としての主義ではなく、トロツキズムというのと同じ響きをもっていた。事実同一視されたこともある）。IZOの決議では、社会主義的な社会の再建にあたっての建築の科学的、技術的なアプローチに基づいた建設の促進の重要性について強調しながら、労働者階級の感情や思考に建築が与える影響の大きさが闘争を勝利に導くのに果たす役割について指摘、そこで激しい階級闘争が起こっているという。「主なる方向は、折衷主義、フォルマリズム、構成主義、そしてプロレタリア建築である。これらのうちで折衷派は反動的なウィングであり、フォルマリストと構成主義はプロレタリア建築の同伴者である」。「わが国の資本主義的な諸要素に対する大々的な社会主義的攻撃は、階級敵の側からの猛烈な反撃を引き起こしている。建築におけるブルジョワ的及びプチブルジョワ的傾向に対する闘争を、反動的集団や、同伴者から反動側に転落しつつある分子に抗して強めていくことが必要である」。つまりアカデミズムとの闘争と、もうひとつ、同伴者から反動側に転落していく分子、つまりレオニドフ主義に対する闘争が必要だというのだが、この決議の三分の二は実際には後者の非難に終始している。「レオニドフ主義とは、構成主義とフォルマリズムの否定的である部分を寄せ集めたものである。構成主義からは、それは建築における芸術的本質を否定する理論を受け継ぎ、芸術全般を否定することでプロレタリアートのこの分野での武器を取り上げてしまった。（……中略……）フォルマリズムからは、建築への拝跪を受け継ぎ、建築形態を抽象化し、その功利的内容から引き離し、設計の実務において建物が現実の生活の中でいかにつくられるのかという問題を、建築の経済の問題同様に無視している」。プログラムを無視し、クライアントを、建築を何も理解せぬものとして無視し、コストのこともまた無視する極左主義、「この発展における移行期を無視して、主観的にのみ理解し得る未来へとジャンプしてまう、こうしたことはすべて典型的なレオニドフ主義である」。それは唯物弁証法とは反対のものであり、「ブルジョワ個人主義の観念論と形而上的世界観から生じたものである」。

つまり、『大衆に芸術を』誌一九三〇年十二月号に発表されたモルドヴィノフのもうひとつの論文、「レオニドフ主義とその害悪」での要約によれば、レオニドフ主義はブルジョワ反動派（つまりアカデミスト）に並ぶ「プチブルジョワ的、ユートピア的フォルマリズム」だということになる。こちらの論文でも、当然ながら論拠に違いはない。ただより具体的に、レオニドフのプロジェクト、例えばレーニン研究所のデザインに言及し、いったい大地と一点だけで接する構造物などというものをどうやって建てるのか、有事のパニックにどうして対応するつもりなのか、コストは犯罪的な額になるのではないか等の批判が加えられている。また終わったばかりのプロレタリア地区の労働者クラブのコンペティション（十章三節参照）において、レオニドフが「新しい社会タイプのクラブ」と題して所与のプログラムを無視したこともまた、クライアント（社会の主としてのプロレタリアート）を無視した所業と断じている。このコンペティションの審査で、使用者側の金属工業労働者団からは確かにレオニドフ案に対するクレームがあったようで、「中のドア・ロックの注文をしたら、外の鍵をもってきてしまった。いったいそれは何の役にたつのか」と彼らが言ったとモルドヴィノフは書いている。そして、明らかに「彼の作品にはブルジョワ個人主義が書き込まれている」と言ったともつけ加えられている。確かに、『モスクワの建設』誌一九三一年一－二号に発表されたV・シエルバコフの論評でも、レオニドフは「疑いもなく才能のある建築家ではあるが、アナーキスト、プチブルジョワであり、抽象の真空の中で仕事をしている」と評されている。さらに、モルドヴィノフの攻撃は、他の若い学生たちの非現実的なプロジェクトにも及んでいる。彼らは「空飛ぶ都市」（名指しはされていないが、クルチコフ）のような危険な幻想に浸って社会の現実を無視している、それもまたレオニドフ主義の表われだというのである。モルドビノフの攻撃はスケープゴートを求めていた状況にはアピールし、ミリューチンなども加えて都市論争や生活様式－共同化問題で比較的にアヴァンギャルド寄りのスタンスをとっていた共産主義アカデミーをも動かし、彼の論点を公のものとして受け入れさせるに至った。

メーリニコフ/イントゥーリスト・ガレージ, 1934

この推移に関してはコップの解釈がなかなかうがったものなので紹介しておこう。まずVOPRAが構成主義＝レオニドフを標的としたことに関しては、若いVOPRAにとって、アカデミストの大家たち（安定した立場はもっていたが政治的に強固な理論はもたない）よりも、政治性が強くSTROIKOMチームのように公的組織の中にも立場を築きつつあった構成主義者たちの方がとって代わるによき標的であったというのである。そして構成主義者の中でも若いレオニドフは同年代のVOPRAにとってまず射ち落とすべきものであった。一方共産主義アカデミーについては、ミリューチンら古参ボルシェヴィキが、矛先が構成主義全体にまで拡大していくことをおそれて、レオニドフを別の意味でのスケープゴートにして妥協を図ったというのである。

冒頭に書いたVANOはこうした状況下で生まれた。その過程で、かつてはOSAを名のっていた構成主義者グループは再組織化してSASSを名のった。彼らがよりイデオロギー色の強い名前を欲したことは疑いない。そのSASSが前記の動きに反撃するかたちで、IZO決議の出たのと同じ『ソヴィエト建築』誌一九三一年一－二号で、SASSの総会決議を発表している。レオニドフ主義への攻撃はSASS全体への攻撃へと拡大するおそれがあったし、かつ彼らはその最も才能ある「寵児」を弁護しなくてはならなかったからでもある。彼等のよって立つところはこれまで構成主義者たちが最も一貫して追求してきたところ、つまり他派の追従を許さぬ分野としての建築の工業化の問題である。「SASSの全体会議は、建築の分野においてプチブルジョワ的傾向が最も露になるのは、工業化された方法の重要度を減らそうとし、それによって社会主義モデルに基づいた生活様式の最も早い再建を行なうという問題を素通りしてしまうところであるということに注目する必要がある、と考える」。「SASSは、同志レオニドフの作品は後ろ向きのモデルや建設方法、工業技術の業績を無視しようとする企てへの抗議であると考える」。レオニドフのプロジェクトの非現実性という非難に対しては、「SASSは、誤りであり、事実として間違っているばかりか、デマゴジックであると考える」。何故なら初期のレーニン研究所での誤り（確かに前述したようにOSAの機関誌“SA（エス・アー）”はその旨の批判を一九二七年のプロジェクト発表当時に掲載している）をすでに最近のプロジェクトで彼は克服しているのだと、彼等は弁護の論陣を張っている。その上で、確かにレオニドフには図式主義や経済面でのなおざり、グラフィックなわかりにくさなどの欠点（誰にでも大なり小なりある）はあるにせよ、それを補って余りある発明性の持ち主であり、欠点は建築界と労働者大衆の接触の深まりによって克服し得ることだという。同じような論旨は、構成主義に対して同情的な立場に立っていた批評家ロマン・ヒーゲルのような人からも、レオニドフは一九二〇年代には現実を超えたようなアプローチを行なう傾向が見られたが、一九三〇年代に入ってからは、「よりはっきりとした建築的バックボーンをもったアイデアによる、新しい作品群を提示するようになった」（『建築SSSR』誌一九三四年第九号に掲載された「若い建築の巨匠たち」と題する論文）という弁護の論陣が展開されている。

現在の時点からこれらの議論の可否を論じることに、さほどの意味があろう

とは思われない。レオニドフに対する批判も弁護もそれなりには正当性があった、としか言い様はない。プチブルジョワというラベルを貼ること自体に今日であれば意味はないが、当時の社会状況ではそれはそれなりの政治的機能を果たした。現実的か非現実的かという議論ですら結局は相対的なものでしかなく、観点によって評価は変わり得る。レオニドフの場合、その極度に省略化されたプレゼンテーションがそうした両義的な評価を引き起こす要因であったとは言えるだろう。それに対する（しかし遅すぎた）答を彼が出すのは、もう少し先の重工業省のコンペティションにおいてである（次節参照）。初期におけるVOPRAの反アヴァンギャルド・キャンペーンは実のところ彼ら自身の建築言語がアヴァンギャルド的なものであったから、そこからの出口は政治的なレトリックとしてしか見出すことはできなかった。つまり、アカデミズムよりはアヴァンギャルドを評価し、なおかつそれを乗り越えようとした、それなりに正統的とすら言える彼らのスタンスは、その政治主義から、彼らのではなく「党」の――「人民」の名における――路線として、ポピュリズム的なモチベーションに基づいた古典主義（的なるもの）が選択されたとき、もはや盲従する以外の途をもたなかった。急速に一九三〇年代的なものが全面化していったのは、スターリンの帝国が確立されていく過程でのマス革命の有様としては、ある意味で当然の成り行きであったともいえる。それは単純に、明快なある意志が、これも明快な、そしてそれとは相容れない、意志を圧殺していく過程としてだけとらえるべきではなく、近代大衆社会に特有な地滑り現象（マス・ヒステリー）であると考えるべきではないか？

このような政治マターに直結するかたちで分派抗争が先鋭化していく中で、職能の再組織化はその鎮静化を図るという意味もあってむしろ、VOPRAを除く諸派には歓迎された節もある。分派を形成していること自体が攻撃を招きかねないとあっては当然であろう。だから、文化革命の収束＝全ソ建築家同盟の発足は、必ずしも上からの強制同化＝組織の圧殺という面だけをもっていたわけではない。以後、私的な設計受注は不可能となり、新しい組織としてのARKhPLAN（アルヒプラン）が仕事の分配を司った。その長となったのは一九三〇年代に代表的スターリン官僚として権勢を振るうラーザリ・カガノヴィッチである。彼は当時モスクワ党委員会の第一書記でもあった。一九三三年には、モスクワでは市の評議会のもとで一二人の代表的建築家が自分のデザイン・スタジオを開設した。その中にはメーリニコフも含まれていた（第七スタジオの長として）のだから、反動は急激ではあったとしても、同じテンポで進められたわけではない。少なくとも、メーリニコフにとっては、過去数年に比べれば一時の平穏の時期であった（レオニドフはギンスブルグの第三スタジオで仕事をしていた）。メーリニコフの最後の実現作となったイントゥーリストのガレージのつくられたこの年には、ジノヴィエフとカーメネフの追放の解除などがあり、一九三四年の暮れのキーロフの暗殺が大粛清の引き金を引くまで、一時的な「なぎ」の状態にあったと言ってもよい。メーリニコフは、スタジオのディレクターとしての最初のレポートの中に「平穏な活動と創造的な作品という、結果に対する信念がもてるための条件が整えられた。（…中略…）計画を用意する手続きも簡略化され、厳格で論理的な秩序の下に置かれた。もはやスタイルに関するスコラ的で不毛な論争もない」と書いている。いかにも久々の平和を享受している様子がうかがわれる文章であるが、それは束の間ものでしかなかった。『被告――ソヴィエト大粛清の内幕』という本の中で、アレクス・ワイスベルグはこう書いている。「飢餓の年は終わり、経済制度は徐々に復興した。そしてロシア人民は、彼らの失われた自由を回復し得ると望み始めたのである。この情緒的な元気回復の作用は、一九三六年の八月に至り、ジノヴィエフとカーメネフ、及び彼らの一派に対する突如たる告発の公表によって中断された。ソヴィエト同盟の発展途上、新時代が開かれた――大粛清の時代が」。我々が目下扱っているのは、この時代のことである。

4. 重工業省コンペティション

一九三四年は、アヴァンギャルドにとっては希望のもてる最後の年であった。一九三三年には一旦落ち込みを見せたソヴィエト経済も持ち直す兆候を示し、一七回党大会は第一次五カ年計画終了を記念し、その成果を誇示すべくNarkomtiazprom（ナルコムチャツプロム＝重工業省）の建設が決定され、コンペティションが催された。敷地はクレムリンとレーニン廟の赤の広場をはさんだ向かい側、十九世紀の巨大な百貨店、グムが今なお建っている場所である。この頃ようやく最終案が確定されたソヴィエト・パレスに比べれば半分の規模であったとはいっても、全ハウジングの年間予算の半分に及ぶこの建物はやはり巨大なもので、ソヴィエト・パレスと並ぶ重要なコンペティションとなった。ソヴィエト・パレスのコンペティションの結果が必ずしもソヴィエト建築の全面的右旋回を標すものではなく、一九三七年までは紆余曲折があったことの証でもあるが、この指名コンペティションに招待された建築家たちは大部分がアヴァンギャルドであり、ヴェスニン兄弟とギンスブルグ（彼らは互いに相手の案のコンサルタントとしても記録されている。彼らの案が相互に似ているのはそのためかもしれない。共同のスタディをして案を二つ出したというわけだ）、その他には、レオニドフ、メーリニコフ、P・ゴロゾフ、フィドマン、ガンガー、ドムシュラック、ザスラヴィンスキー、コルシュノフといったメンバーで、いわゆるアカデミストの陣営からはイワン・フォーミン（協働＝ミンクス）のみが参加したにすぎない。しかし、このコンペティションも、例によって二次（一九三五年）、三次（一九三六年）と繰り返され、シチューセフ、シチューコ&ゲルフレイフ、モルドヴィノフ、ドムシュラック、ガンガーなどが案を作成している。

敷地からいったら、クレムリンや聖ワシリー寺院など歴史的建造物と直接向かい合うという点で、ソヴィエト・パレスよりも一層伝統色が求められそうな場所であり、右旋回の根拠のひとつが歴史的遺産の継承という問題であったことを思えばなおさらであるのに、重工業省というプログラムのせいなのか、あるいは党指導部のバランス感覚なのか、この人選はいまだにことが流動的であったことを示している。コンペティションの議論のされ方を見ると遺産の問題はやはり議論の中心であったが、その割には聖ワシリー寺院などの歴史的建造物は建築家が必要と考えるならば取り壊しも可能とされていた。しかし、この人選は、一方で状況が全く変わっていなかったことを示すわけでもなかった。すでにソヴィエト・パレスのコンペティションの最後の方のフェーズがそうであったように、地盤の変動はただ政治的なレベルにはとどまってはいなかったのである。

前者で全く間然とするところのないモダニスト的な案をつくったギンスブルグですら、今度は明らかにモニュメンタリティへの傾斜を示す案で応募した。ヴェスニン兄弟の応募案に至っては、ソヴィエト・パレスの際とは比較にならないほど、はっきりとメガロマニアックでモニュメンタルなスタイルへの傾斜を露にしている。このコンペティションの場合、ヴェスニンは四つのヴァリアントをつくっているが、それらを並べて見ると、後の案ほどよりモニュメンタルな方向へ傾斜していくのが明白に見てとれる。構成主義者のグループOSA（オサ）を代表しリードしてきた彼らにして、例えばギンスブルグが、グループ内のもう一人のスター、I・ゴロゾフの「構成主義のスタイル化」に対して五年ほど前に投げかけていた批判を無化してしまうかのような所業に今では走っていたのである。

それはもちろん、状況が強いた戦線の後退である。事実、一九三〇年代に入ってからのギンスブルグの理論的仕事は、それまでの住宅の標準化、合理化という共同の計画論的作業から歴史的遺産の評価の問題などへの拡大を余儀なくされていた。拡大といってもこれは明らかにしかけられた戦いに対する防衛的な論陣である。『建築SSSR』誌上で、ギンスブルグはこうした問題に対するキャンペーンを張っている。それは基本的に二つの問題に答えなければならなかった。つまりひとつは遺産継承の問題それ自体だが、それと同時に構成主義の方法は建築の芸術的な面、表現的な面をないがしろにしているというVOPRAをはじめとする反対派からの批判にも答えなければならなかったのである。

この歴史的遺産の評価と、階級意識にリンクした「芸術性」の評価という問題は、VOPRAにしても、有効な答を提出し得ないまま、結局、なし崩し的に彼らが封建反動と同一視した伝統的なアカデミストの言語へと回帰するに至らしめたアポリアであったが、ギンスブルグによれば歴史の摂取には三つの方法があって、ひとつは正確な復古、次には過去のものをプロポーションなどの点でモディファイする「折衷」で、これはギンスブルグの観点では過去の

ヴェスニン兄弟 / 重工業省コンペ第一案, モスクワ, 1934

ヴェスニン兄弟 / 重工業省コンペ第一案スケッチ, モスクワ, 1934

遺産の冒瀆でしかなかった。最後のものは過去のモニュメントの模倣ではなくそのコンポジションの法則を反復する傾向だが、ギンスブルグにとっては「コンポジションの永遠の法則などは存在していない。(…中略…) コンポジションのモードは世紀により、時代により変わっていく。そしてその時代に特有な性格、社会的基盤、心理、イデオロギーなどを反映していくのだ」ということになる。したがって、「建築的遺産の研究はプロジェクトにおけるコンポジションのテクニックを変えるというのではなく、過去の建築的遺産を同化し、芸術的想像力を産出するメカニズムを理解するためになされるのでなくてはならない」。

これは、その後も世界中でたびたび繰り返されることになる建築的伝統の継承にあたってのモダニスト的なポジショニングの例である。このテーゼに従うと、建築的遺産は現代のプロジェクトにとっての直接のヒントなり主導原理を与えるものではなく、一般的な原理上の研究対象でしかない。それが時代の社会的、技術的、経済的基盤に堅固に結びついていたことによって「芸術的想像力を産出」していたとするなら、それは現代ソヴィエトにとっての下部構造に基づいた方法論である「機能的」アプローチを正当化し得る。「機能的建築は単なるモードであることをやめている」。つまり社会の方向性と技術の反映の延長上に、正しく創造力を駆使した建築が生まれるというというわけだ。

一九三四年の『建築SSSR』誌（第二号）ではギンスブルグとヴィクトル・ヴェスニンの連名（ほぼ前者の手になると見られるが）で「現代建築の諸問題」と題する論文が発表されているが、その三部構成の第二部「建築の創造的原理」では、建築家が標準化やタイプ化の問題に参加すべきであるという従来からの主張と共に、自然や他の芸術

ヴェスニン兄弟 / 重工業省コンペ第二案, モスクワ, 1934

ヴェスニン兄弟 / 重工業省コンペ第三案, モスクワ, 1934

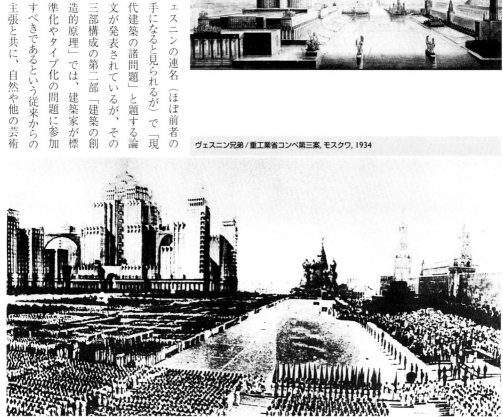

との結合、色彩についての研究に携わることの必要性が力説されている。これはギンスブルグのそれまでの歩みを思い起こすと微妙な立場である。確かに一〇年ほど前の彼は『建築におけるリズム』など歴史的建築物のコンポジションの法則の分析からキャリアを始めたのだから、これは一八〇度別な方向への転身などではない。だが、その後の構成主義陣営の確立が、とりわけラドフスキーらのフォルマリストとの理論的対峙、そして陣営内でのゴロゾフらとの闘争を通して行なわれていったことを思えば、それはやはり後退と言わざるを得ない事柄である。

実際、重工業省コンペティションでのギンスブルグ案では、確かに歴史的なヴォキャブラリーは直接には何処にも用いられてはいない。それを、現代建築のヴォキャブラリーを用いてもモニュメンタルな、あるいは表現的な建築であり得ることを示そうとする努力だということは（おそらく彼自身もまたそう思っていたであろうように）不可能ではあるまい。しかし、それでも、結果が明らかにソヴィエト・パレスでの彼の案に比べて「後退」であると感じさせるのは何故か？　それはまさに「表現的」な配慮が、機能的な配慮とは独立的に先行したからに他なるまい。現代建築のヴォキャブラリーと言ったが、実はそれ自体が理論的には自己矛盾である。なぜなら機能的アプローチにとっては、すべては帰納的に導かれなければならずアプリオリには何も存在し得ないはずだからだ。ギンスブルグの理論にとっては、機能と表現とは別のものではなくひとつのものだから、表現についてその独立性を――フォルマリストたちのように――語ったりすることは逆立ちしたことだったはずだが、今では彼自身が――かつて彼が「構成主義のスタイル化」として非難したI・ゴロゾフや問題外視したメーリニコフのように――逆立ちしているのである。何故なら、それ自体としてアプリオリに導かれた「表現的」な配慮とは結局、過去の原理に何処か倣わざるを得ないからだ。それがギンスブルグが理論上は否定した、「コンポジションの永遠の法則」に依拠することから自由であることは現実には難しい。それが二つのギンスブルグの案を、ヴォキャブラリーにもかかわらず、アルカイックに見せているものである。

そして、これもたびたび書いているように、いわゆるアカデミストの陣営においても、例えばこのコンペティションでのフォーミンの案がそうであるように、ヴォキャブラリー的には古いもののままではないことの方が多かったから、そうなってしまうと両者の間にはほとんど差らしい差はなくなる。アヴァンギャルドの案の方が新しい衣をまとっているだけ、一貫性の欠如が目立ってしまうというようなことにすらなりかねない。実際、フォーミンの案は、新しさは当然のこととしてさしたる独創性にも乏しいとはいうものの、そのアルカイズムにおいてギンスブルグやヴェスニンの案よりもむしろ首尾一貫しているということができる。

そのヴェスニンの案は、最初の方のヴァリアントではギンスブルグ案と同じく互いにブリッジで結ばれた四つのタワーを持つ構成で、ガラスのカーテン・ウ

ギンスブルグ／
重工業省コンペ案,
モスクワ, 1934

ォールなどよりモダンとすら言える外見をしているが、後のヴァリアントほどかさばった量塊となり、最終案などは何処を見ても構成主義的なところは微塵もない。それは典型的な社会主義リアリズムの建物、例えば戦後になってつくられたいわゆるスターリン・スカイスクレーパー（十七章五節参照）と酷似している。この頃の論争においても、ヴェスニンの立場は、ギンスブルグと同じようにあるいは彼の構成主義全体での象徴的立場からいけばそれ以上に、困難かつ防衛的にならざるを得ないものであった。一九三三年の全ソ建築家同盟での会議で、アレクサンドル・ヴェスニンは「ソヴィエト建築の目標と建築的遺産の問題」というスピーチを行なっている。テーマ自体が防衛的、つまり構成主義者としては積極的には定式化したくはない問題であったことはギンスブルグの場合と変わりはないし、したがってその論調もほとんど同じである。彼がなし得たのは、せいぜい遺産の「利用」という言い方を「同化」というより間接的で、それ故にアレンジの可能性のある言い方に置き換えることでしかなかった。

「まず何といっても、建築の歴史的な本性を学ぶことが必要である。つまり、建築にとって根本的に必要なもの——生き生きした過程の組織化、そして空間的構築の法則であるそれが前進的に展開し、発展する道であるアルキテクトニクスを。（…中略…）かつてのかたちの折衷的な使用は、我々の助けにはならないであろう。その代わりに我々がなすべきなのは、新しい内容に対応した新しい形態を求めることなのだ」。

これは原則論としてはもちろん正しい言い方であり、構成主義の考え方からしてもなんら逸脱的なものではないが、時代が明快なものを求めているときにはいかにも高踏的、抽象的でありすぎるものの言い方であった。そして実際のデザインでそのわかりやすさをモニュメンタルなかたちで表現しようとするときに、彼自身が自らの原則から逸脱せざるを得なかったことはギンスブルグの場合と変わりがなかった。これは単に外圧に屈したというよりは、時代の要求、「新しい内容」がポピュリズム的なシンボリズムを求めていたとするなら、構成主義者たちがそのような課題に応え損なったということでもある。もちろん、この前提に異議を唱えることはできないわけではない。しかし、それを単に独裁者一人の妄想のみに帰してしまうなら、それはギンスブルグやヴェスニンを含めてそれに答えようとした人々の努力を無視してしまうことになる。時代のアポリアはもっと構造的なものであったというべきであろう。このような案の傾向をメガロマニアックと形容するとすれば、それを最も極端

フォーミン／
重工業省コンペ案、
モスクワ, 1934

な形にして見せたのはやはりメーリニコフであった。彼の案では、全体（地上四〇階）を高く見せるために、赤の広場側に一六階分のドライエリア（ここはホールや工業博物館にあてられる）が設けられ、また、このドライエリアを脇に見下ろすかたちで逆に六三メートルの高さまで上昇していく圧倒的な大階段が二つ設けられている。しかもこの大階段の入口にはゲートを示す巨大な円筒形が架けられているが、これが昔のルドゥの計画（テルッソンの館やデュバリー夫人の館）の援用であることは疑いない。全体のプランは二つのV字が交差する形をなしているが、このVはローマ数字の五、つまり五カ年計画の五を象徴化したものである。この手のシンボリズム自体はマニエリズム建築などに先例がないわけではなくメーリニコフの体質をよく示しているが、何といってもそのスケールが巨大である。建物の軒の部分には、工場でハンマーを振るい、機械部品を運ぶ労働者の彫像がつけられているが、それが古典建築の人物柱やアトラス像からきていることは明白である（彼のソヴィエト・パレスの案でもアトラスが正立、逆立二つのピラミッドを持ち上げていたことは前に触れた）。

多くの批評家にとってこれが極めて風変わりな、何と判断してよいか当惑させるようなものと映ったことは間違いない。それは、結局公的には受け入れら

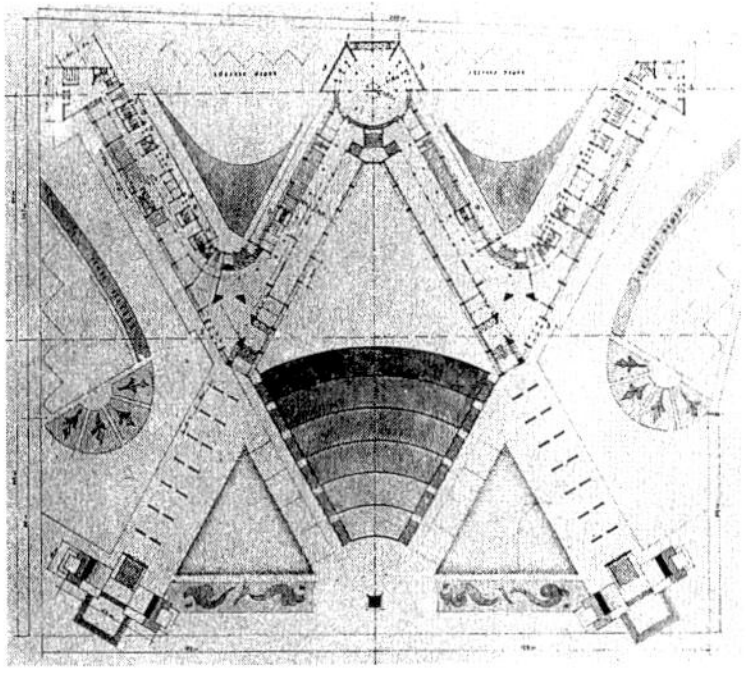

メーリニコフ/重工業省コンペ案, モスクワ, 1934

れずに終わってしまった。翌年の公式発表では、この案はあらゆるイデオロギーを欠いた革新のための革新であり、アクロバットであり、抽象的なフォルマリスト・ファンタジーであるということになった。発表の際の編集子は、メーリニコフが社会主義リアリズムの基盤に則り、彼の広大な才能を正しく導くよう希望するとつけ加えるありさまであった。

しかし、彼の一九二〇年代の終わりのハイパーリアリズムが、わかりやすいシンボリズムという点で社会主義リアリズムに通じているとすでに書いたが、このメガロマニア自体もイオファンによるソヴィエト・パレスの最終案がそうであるように、公式のスターリンのスタイルと言い得るものの中に潜在的に含まれていたのだから、この案がどうして、そして何処が社会主義リアリズムとは違うのかは必ずしも明白には言えない。またメーリニコフ自身も、これを時代の求めるところに真摯に応えた作品として、かつての代表作、ルサコフ・クラブやパリ装飾博覧会のソヴィエト館と同様に誇りにしていたという。実際、モスクワの一二のアトリエの長の各々が身上書の提出を求められたとき、メーリニコフは建築が社会主義建設に遅れをとっていると述べているが、組織的には一匹狼であり、思想的にはマルクス主義というよりははるかにアナーキスト的な気質の持ち主だったとしても、彼の建築は、そう評されたようにただ単に脱イデオロギー的なフォルマリズムではなかったと思われるし、またその逆に、彼のメガロマニア的逸脱を単純に外圧に屈した迎合であるとか、日和見であるとかも言えない。

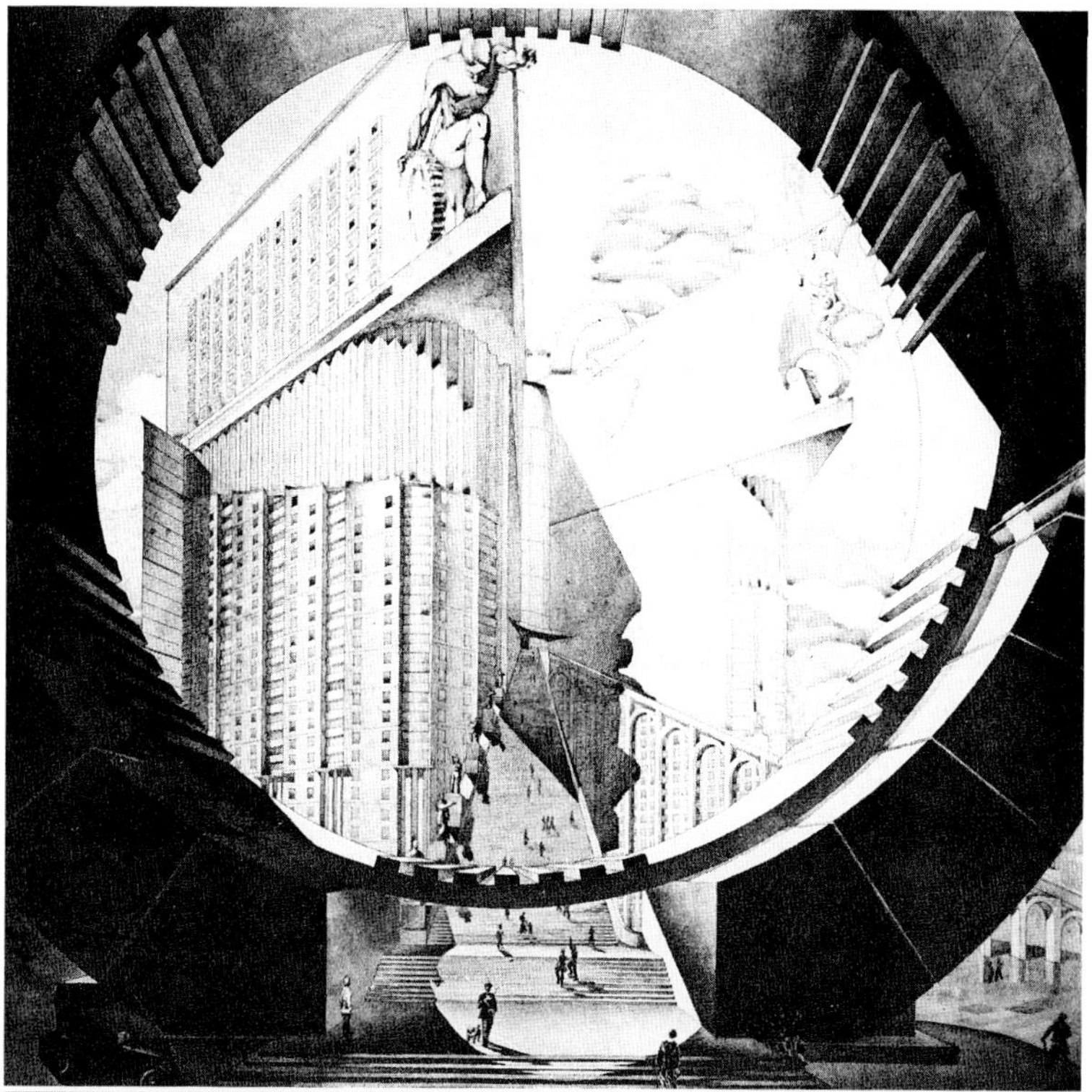
メーリニコフ／重工業省コンペ案, モスクワ, 1934

だが、いかにそれなりに誠実な答ではあったとしても、そして彼以外にはなし得ない特異なデザインではあったとしても、メーリニコフの案は今日的な感性から見てやはり時代錯誤を否めない。その意味でこのコンペティションで唯一、全く独創的かつ新しいヴィジョンを提出したのはレオニドフだった。これは真に天才的という形容に恥じない驚異的な案であり、二十世紀の生んだ

シチューコ／重工業省コンペ案, モスクワ, 1934

最も重要なプロジェクトに数え上げるべきデザインである。この案は基本的に三本のタワーからなり、それらは共通の基壇でつなげられている。タワーは三本とも違った平面形をしており、メイン・タワーは矩形平面だが上部がガラスのカーテン・ウォールとステンレス・スティールのアンテナ状の構造物（レオニドフ自身の説明ではテラス）によって冠飾されている。二本目のタワーは円形平面によっているが、立面は上下が膨らんで中間部が撓んだような形になっており、表面はガラス・ブロックによっておおわれている。これは夜間の照明の効果を考えたもので、ハーン・マホメドフは、後のフランク・ロイド・ライトによるジョンソン・ワックスのタワーと同じアイデアだと言っている。しかし、タワーの規模はもちろんジョンソン・ワックスの比ではない。アンドレイ・ゴザクの解釈ではこれは戦勝記念塔のコンポジションに由来しているというが、確かにこの塔の各部に取り付けられた不思議なバルコニーを、例えばロシアにおける新古典主義の最大の例であるトマス・ド・トモンのペテルブルグ旧証券取引所の前に置かれた、船が取りつけられたコラムなどとも比較することは的はずれではあるまい。第三のタワーは等辺のY字形を曲面にした平面形をしているが、立面は極めてシンプルなものになっている。この三幅対（トリアッド）はキャサリン・クックの解釈だとポゴスト、つまり古いロシアの村の宗教的中心などによく見られる、三つの異なった塔を重ね合わせるという手法の翻案だという。つまり、極めて熟慮した直訳的ではない、伝統や歴史、さらにはロシア的な心性との対話がここでは企てられているのだ。しかもそれは、同時に重工業省と五カ年計画のセレブレーションという全く正反対のテーマにも答えようとしていたのである。それは、ギンスブルグやヴェスニンが、理論上は定式化し得ても実現化はなし得なかったものであったとすら言えるプロジェクトなのだ。けだし、この案に感嘆したアレクサンドル・ヴェスニンが、このかつての教え子の計画の模型を家に持ち帰ってしまったというのもうなずけるエピソードである。

レオニドフ自身が『建築SSSR』誌（一九三四年第一〇号）に寄せた覚え書きによると、彼はクレムリンと聖ワシリー寺院という既存の歴史的モニュメントとの対応を第一に考えていた。彼の意見では、新しい重工業省の建物こそクレムリンと赤の広場の建物の「優しく崇高な音楽」に編入される「強い響きを持った新しい要素」であり、両者は後者の主導の下に一体となってシンフォニーを奏でることになる。

「飾り立てた派手派手しいものではなく、単純で緊密、ハーモニアスでダイナミックな内容が、重工業省の複合体の基盤でなくてはならない」。「歴史的モチーフは芸術的コントラストの原則に基づいて、この主導的オブジェクトにコンポーネントとして従属するのでなくてはならない」。

このプロジェクトは、それまでのレオニドフのプロジェクトとはいくつかの点で違っているように見える。まず何といっても、これまでのものがほとんどディテールの省かれたグラフィカルなものであったのに対して、ここでは十分に細部まで描きこまれた「リアル」なイメージが提示されている。グラフィズムとしてのファンタジーではなくて「本物」の建築なのである。それまではエッ

レオニドフ/重工業省コンペ案, モスクワ, 1934

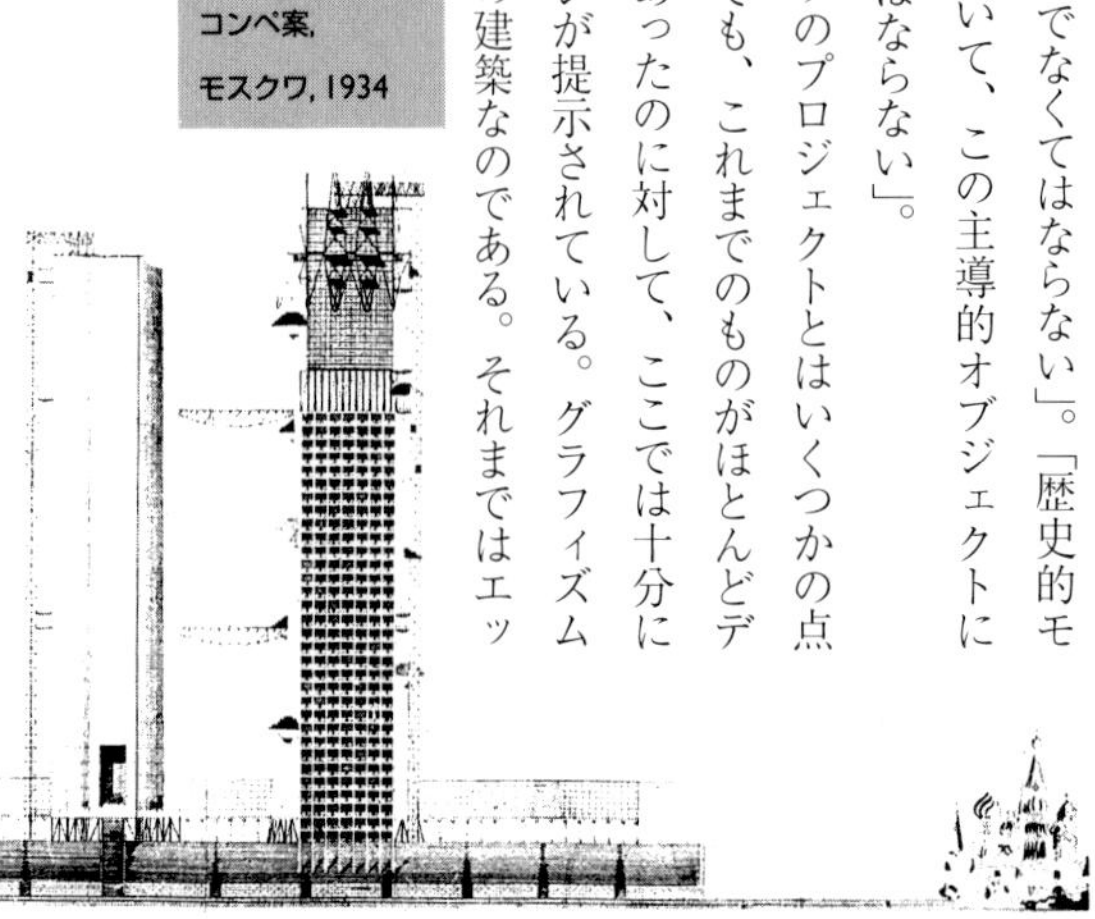

センスしか提示されなかった彼のイメージが、ここでは具体的にそれも全く間然するところのないかたちで表現されている。この建物に関して見事な分析を書いているレム・コールハースとヘリット・オールチュイスは、以前のものよりプログラム的ファンタジーや形態的純粋さは少ないと書いているが、描きこみの程度が違うので簡単な比較はできないと言うべきではないだろうか？　それまでの計画も、細部を具体化していけばこうなったのかもしれないのである。いずれにしてもこのプロジェクトによって、レオニドフは建築家としての彼の能力をはじめて十二分に提示して見せたといってよい。

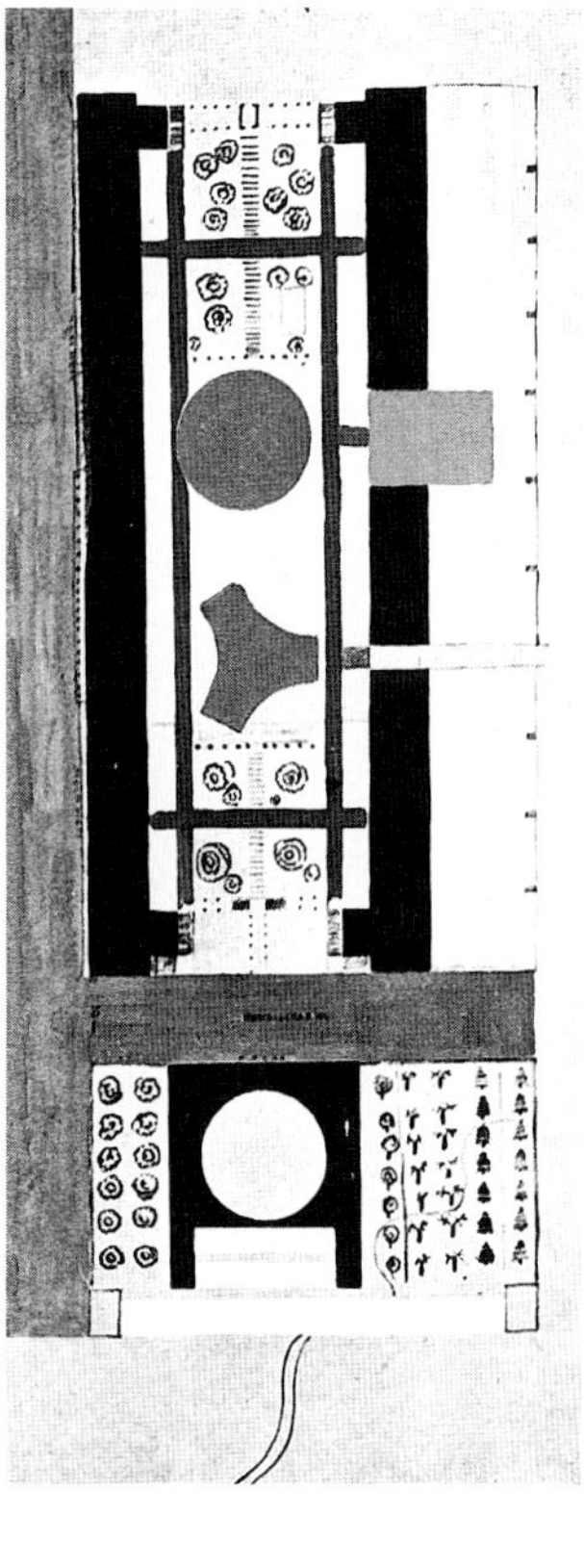

このプロジェクトのもうひとつの特徴は、やはりこのリアルという点に関わるが、クレムリン周辺の都市的コンテクストの読みこみが行なわれているという点である。これまでの彼のプロジェクトでは、例えばプロレタリア地区に計画された「新しい社会タイプのクラブ」の計画にせよ、敷地の条件はむしろ完全に脱色されていた。都市の中なのに、あたかも遮るものとてない無限に広がる「タブラ・ラサ」としての広大なロシアの大地に計画されたかのようにそれらは描かれていた。しかし、この重工業省の計画では「歴史的構造物とのシンフォニー」とは単なるキャッチフレーズではなく、全体のシンフォニー化のために周到な配慮が織り込まれていることを見落としてはならない。例えば、三つのタワーの外壁には当然ガラスが用いられているが、用い方が各々違っている。第一のタワーでは、頂上部を除けば、ガラスは石のフレームの中にはめ込まれるといったノーマルな扱いだが、第三のタワーではガラスと石の比重は等しくなり、第二の円形タワーでは全面がガラス（ブロック）化されている。大きなガラス面が建築において当時モダンな表情の象徴のように考えられていたことを思えば、この扱いの違いは「クレンムリンから未来へのグラデーション」を示すものである、という

コールハースらの読みは十分説得力がある。つまり、これは過去から未来へ架橋する時間の推移をも織り込んだシンフォニーとしてのプロジェクトだというわけだ。第二のタワーのところどころに設けられた黄金色のバルコニーもまた、モダニズムのヴォキャブラリーから大きくはずれたロシア的な表情を建物に付与しながら、クレムリンや聖ワシリー寺院と対話している。

タワーだけが問題なのではない。足下の庭園（重工業省を挟んでクレムリンの反対側の裏と南側に既存建物を取り壊して計画された）のデザインもまた注目に値する。これは赤の広場に対する自然の対置物であるというのがコールハースらの読みだが、そこにはおよそモダニズムの庭園イメージ、例えばル・コルビュジエの言うようなピュアな「緑」のそれとはかけ離れた光景が展開している。つまり、そこでは曲がりくねった小道にぶら下がるようなかたちで小さな円形劇場やトラック、貝殻形のベンチ、五角形や六角形のパヴィリオン、噴水、抽象や具象のとりどりのモニュメントなどの、異質でピクチャレスクな要素がふり撒かれている。実際には、この路線はすでに一九三二〜三三年のモスクワ、エルミタージュ庭園のプロジェクトなどに見られるもので、その後の彼のプロジェクトにはこの奇妙に折衷的なランドスケープはむしろ主流をなすものとなるが、いずれ

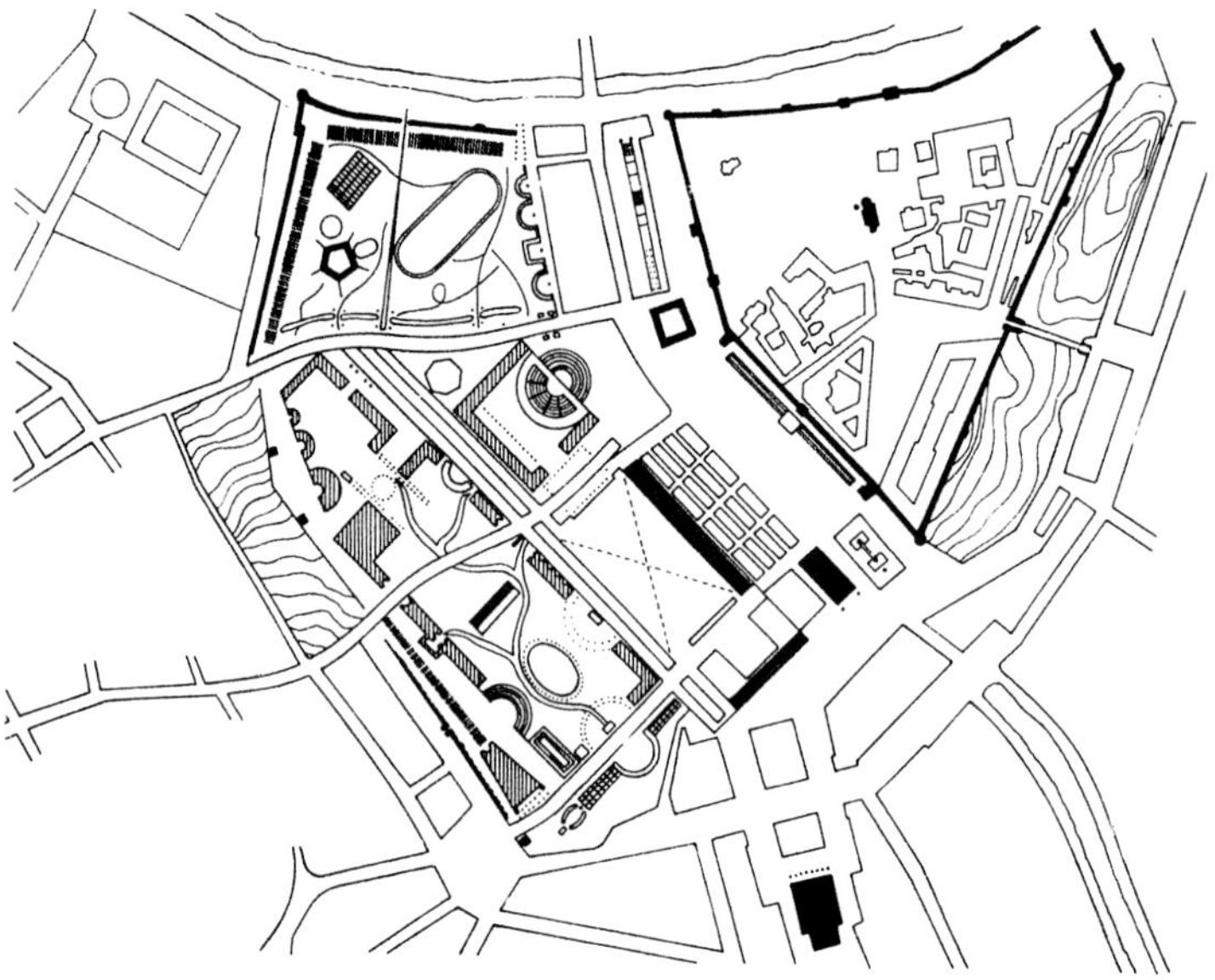

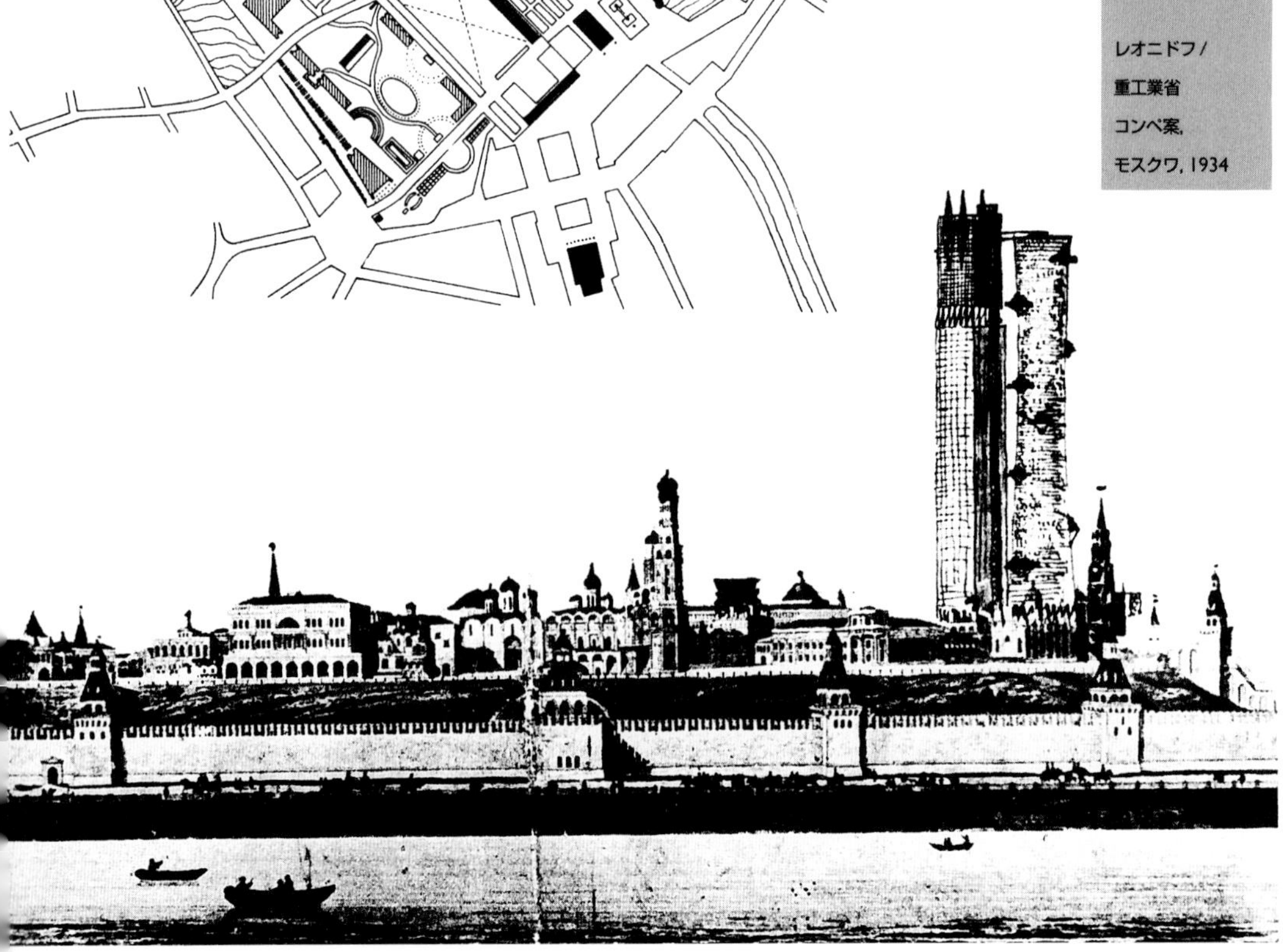

レオニドフ／
重工業省
コンペ案,
モスクワ, 1934

にせよ、それらのコンポジションはむしろローマ風であったり、ボザール風であったりするし、ときにはエキゾティックであったりすらする。もはやピュアなモダニズムとは遠く、敢えて言えばヘドニスティック（快楽主義的）で折衷的であるとさえ言える。歴史上の様々な光景が、ちょうどコンピュータでランダム・アクセスした結果のように無造作に並べられる（ちなみにこのアイデアを、コールハースはパリのラ・ヴィレット公園のコンペティションに用いている）。つまり、それは解放された、すべての歴史の遺産を収穫する、人類の歴史の主としてのプロレタリアートというヴィジョンを表明しているとも言える。

もうひとつの新しい要素は、三本のタワーとは別にもっと低い、いわば第二のタワーをずっと扁平にしたような中間がパラボラ型にくびれたドラムで、これは重工業省の職員のためのクラブの上部構造物として構想されているが、この曲線形はそれまでのレオニドフのプロジェクトには登場しなかったもので、彼自身がこれからの建築にはこうした曲線や曲面が必要だと述べているいわば新機軸で、後のブラジリアを思わせるが、形だけではなくこのドラムには不思議な多色模様がつけられており、明らかに西欧的なモダニズムよりは、彼が少年期に教育を受けたロシア・イコンをはじめとする民族的な装飾パターンを思わせる。これはレオニドフの構想では軸線上に位置しているボリショイ劇場の伝統的な建物と対応するものであった。

これらの新しいデザイン要素は明らかに彼への批判に答えることと、このプロジェクトの敷地上、プログラム上の条件への具体的な対応によって出てきたもので、それは建築的にはほとんど奇跡的な解答といってもよいものだったが、ロシア・アヴァンギャルド建築の総決算とも言うべきこの空前の天才的なデザインをもってしても、ときを変えるには至らなかった。コンペティションは具体的には何の成果も生み出さず（何故か一等案のアナウンスすら行なわれなかった）、もはや議論は少なくとも初期にはそうであったように生産的なレベルではなく、デマゴギーのレベルにまで落ち込んでいたのである。彼らの努力と少なくともレオニドフの見事な解答にもかかわらず、メーリニコフとレオニドフへの評価は少しも変わらなかった。『建築SSSR』誌の一九三四年の第一〇号にはこのコンペティションの紹介が載ったが、編集者の言として以下のような小文が掲載されている。

「我々は応募案中で、とりわけ二つの案に注目する必要がある。全くユートピア的かつフォルマリスティックな性格の案であるそれらとは、建築家レオニドフとメーリニコフの案である。これらのプロジェクトは、我々に、ソヴィエト建築の発展においてユートピア主義が強制的な美徳のように思われていたとき、そして建築的抽象の創造が『進歩的』な建築思考を示すものであったときを思い起こさせる。今日では、同志レオニドフやメーリコフのそれのようなプロジェクトは偶発的な時代錯誤の類のように見えるし、彼らの芸術的、空間的創造における際だった才能と、ドラフトマンシップにおける否定しがたい技術的練達を誤った用い方をしているこの作者たちに対し、苛立たしい失望の感情を喚起するにすぎない」。

同じ号にはリシツキーのコメントも掲載されている。彼は、この二人とフォルマリストのフィドマン以外の案をむしろ内容と感情のない、まるでアメリカの商業事務所の作品のようだと一蹴、メーリニコフとレオニドフのみが「疑いもなく芸術家であり、仕事を深いところで感じ取り、プロジェクトの内部で生き、イメージを構築している」と評価している。しかし、「表現的な面では彼らは十分ではない」。何故なら、メーリニコフは「全く完結したオブジェクトを与えようとした結果、彼にとって残念としか言いようのない無趣味さと地方主義に陥ってしまった」。一方レオニドフはと言えば、「クレムリン、聖ワシリー寺院そして新しい建物からなる新しい複合体に統一を与えようとした唯一の人物だが、実際的な面では一種のステージセットの域を出なかった」。この評価の仕方にはアヴァンギャルドの一員としてのリシツキーの立場も感じられる一方、最後のコメントなどは明らかにレオニドフの側に見られる努力に対して不当と言わざるを得ない軽視の仕方だが、別のアロノヴィッチの論文（『モスクワの建設』誌一九三四年第一〇号）では、重工業省と赤の広場の関係、つまり彼が最も心を砕いたはずの問題すら「ただ素通りされている」ということになり、タワー群の部分は「グラフィックで二次元的であり、三次元の空間の中で建設可能なようなものではない」ということになってしまう。しかし、もはや議論の時期は、少なくともレオニドフやメーリニコフにとっては「終わって」いたのだ。

これに先立つ半年ほど前、レオニドフが『建築SSSR』に発表した「建築家のパレット」という文章では、技術的アプローチの重要性がフランスの土木技術者フレシネへの言及なども併わせて力説されており、それが新しい「スタイル」と「コンポジション」を切り拓くのだという主張がなされているが、もはやこの理に適った議論も空しかった。二年の後、一九三六年のはじめに、レオニドフはモスクワの建築家評議会で釈明を求められてこう答えた。「人は私に対して多くのイズムを数え上げている。いわく構成主義者、フォルマリスト、図式主義者等々。本質的には私は常に構成主義者であったし、構成主義のグループと共に働いてきた。（…中略…）私は物事を現実的かつ具体的にするべく全力を尽くしてきた。我々は社会主義を信じなければならない。そしてそのために若干のファンタジーをもつことは、罪ではない」。そしてその翌年には、ようやく第一回の全ソ建築家同盟の総会が開かれた。ひとつの時代の幕がおり、新しい時代の幕が上がった。もちろん、その主役は交代していた。

第十六章

終局の構図

1　一国社会主義の方へ
2　第一回全ソ建築家同盟総会
3　アヴァンギャルドの転向の諸相

一国社会主義の方へ

反動は、しかし急激といっても一夜にして成立したわけではない。ソヴィエト・パレスの最終案はスターリン体制が選んだ帰結を示しているが、そこに落ち着き、「社会主義リアリズム論」が定着するまでには様々な曲折があった。建築においては最終的に「ことが終わって」しまうのは一九三七年の全ソ建築家同盟総会である。それまでは移行期で、アヴァンギャルド的なプロジェクトはまだつくられ続けた。とりわけ、各地で大規模なクラブ（それまでのものをしのぐ規模）や、一層大きな劇場建築のコンペティションが行なわれたことが目を惹く。明らかに、これらはその総決算としてのソヴィエト・パレスの計画へと連なっていくものだが、五カ年計画とスターリンの勝利をセレブレートすると同時に、ソヴィエト社会の安定と成熟の指標になるものでもあったことも否定できない。むしろこの時期こそ最も肥沃な結実があったとすらいえるかもしれない。すでに述べたイヴァノヴォ－ヴォツネセンスクやハリコフあるいはスヴェルドロフスクの大劇場のコンペティションは、その一環をなすものであった。一九三二年のスヴェルドロフスクの大劇場コンペティションは、ほぼハリコフと同規模のもので多くのすぐれた応募案が並んだという点では他のものをしのぐコンペティションであったかもしれない。これらではソヴィエト・パレスと並んで、マス・デモンストレーションを演出するという気分が濃厚である。クルチコフ、ラヴロフ、ポポーヴァの案では印象的な軸状の建物が広場側に飛び出しているし、ラドフスキーの案も円形の腕状のランプで中庭を囲い込んでいる。I・ゴロゾフの案はホールそのものが多面利用のために可伸式のもので様々な配置ヴァリエーションを考えたものだが、広場側のダイナミックなキャンティ・レバーが人目を惹くデザインだった。ここには広場側へのプロジェクターが仕掛けられている。ギンスブルグの案も可変式のオーディトリウムでグロピウスのトータル・シアターを思わせるが、それはリシツキーによるメイエルホリド劇場のためのインスタレーション案（一九二八～二九年）などこの時代に共通な試みである。劇場では他にもモスクワのMOSPS（モスクワ市労働組合評議会）劇場の計画やネミロヴィッチ－ダンシェンコ劇場の計画が行なわれたが、ハリコフやスヴェルドロフスクも含めて実現はしていない。

クルチコフ, ラヴロフ, ポポーヴァ / 大劇場コンペ案, スヴェルドロフスク, 1932

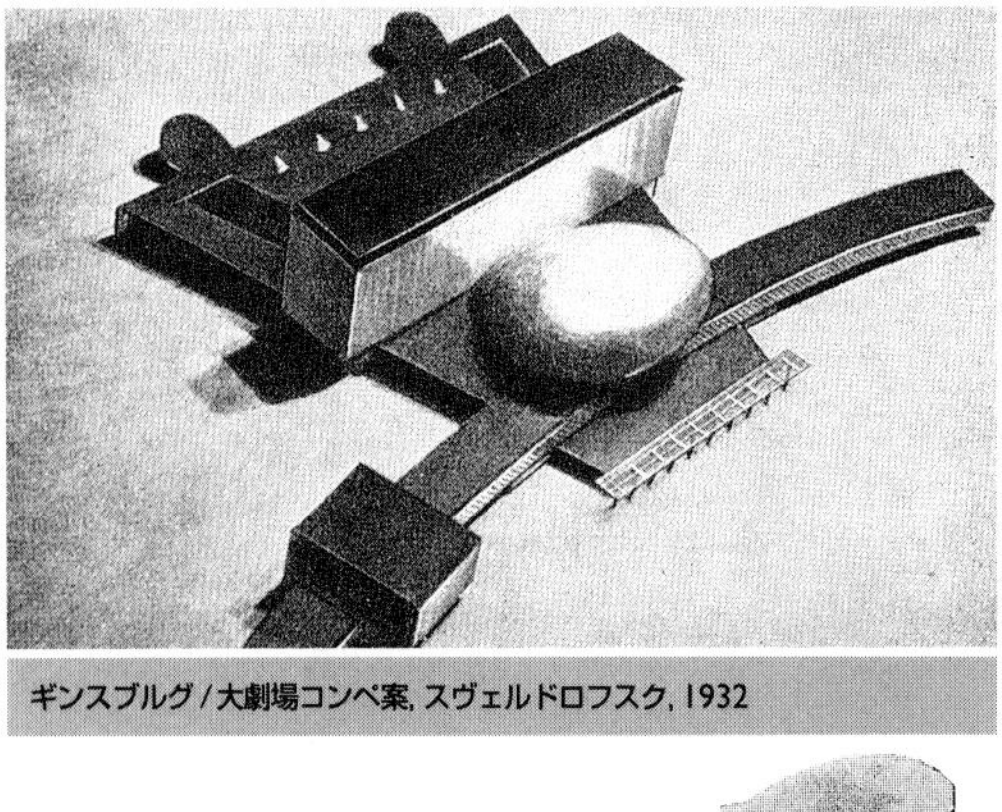

ギンスブルグ / 大劇場コンペ案, スヴェルドロフスク, 1932

G・バルヒン / 大劇場コンペ案, スヴェルドロフスク, 1932

しかしその他にも、重要な建物がこの時期に竣工してきた。パンテレイモン・ゴロゾフによるプラウダの本社屋（一九三〇～三五年）、ヴェスニン兄弟によるプロレタリア地区の文化宮殿（現リハシェフ・クラブ、一九三一～三七年）、ドミトリエフによるハリコフの組合省（一九二九～三四年）、シチューセフによるナルコムゼン（一九二九～三三年）、シチューコとゲルフレイフによるロストフ・アン・ドンの劇場（一九三〇～三五年）、ミリニスによるモスクワの「鎌とハンマー」クラブ（一九二九～三三年）などである。とりわけ最初の二つの建物は、構成主義の作品中でも規模的にも質的にも重要な成果に挙げられるものであった。プロレタリア地区の文化宮殿は、レオニドフの案が物議をかもした「新しい社会タイプのクラブ」と銘打ったコンペティションの後、ヴェスニンがこの結果とは別に設計に取りかかったものである。本来の計画ではクラブと一千席のホールの棟及び四千席の大ホールの二棟からなるコンプレックスだったが、実現したのは前者だけである。デザインとしては前者は一九三二年バクー近郊のステパン・ラージン・クラブ（実現せず）に、後者はハリコフの大劇場案に酷似している。

これらの建物は、「アカデミスト」シチューセフやシチューコの建物をも含めて、設計時期を反映してほとんどモダンと言えるもので、それ故にでき上がってすぐに批判の対象に挙げられがちであった。現場の進行が少し遅れた、例えばグリンベルグ設計のノヴォシビルスクの大パノラマ－プラネタリウム劇場などでは一九三一年のコンペティション案では典型的な構成主義の様式であったのに対して、竣工（年次は不詳だが、一九三〇年代の後半であろう）した建物には、基本的構成は同じでありながら多くの列柱がつけ加えられ、極めて古典主義的な建物に見えるように変更したというようなことが起こった。もっと典型的な「転換」例は、すでに言及したシチューコとゲルフレイフによるレーニン図書館の実施案である。こうしてまず「表現」の分野で始まっ

ラドフスキー／大劇場コンペ案, スヴェルドロフスク, 1932

I・ゴロゾフ／大劇場コンペ案, スヴェルドロフスク, 1932

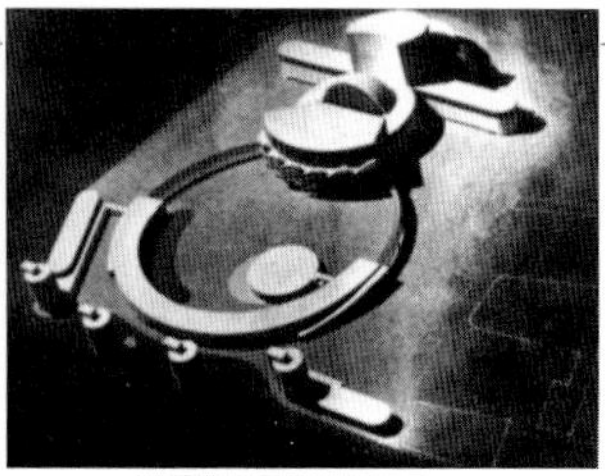

ラドフスキー /
MOSPS 劇場
コンペ案,
モスクワ, 1932

リシツキー / メイエルホリド劇場のための
インスタレーション案, 1928 - 29

ギンスブルグ /
ネミロヴィッチ -
ダンシェンコ劇場コンペ案,
モスクワ, 1933

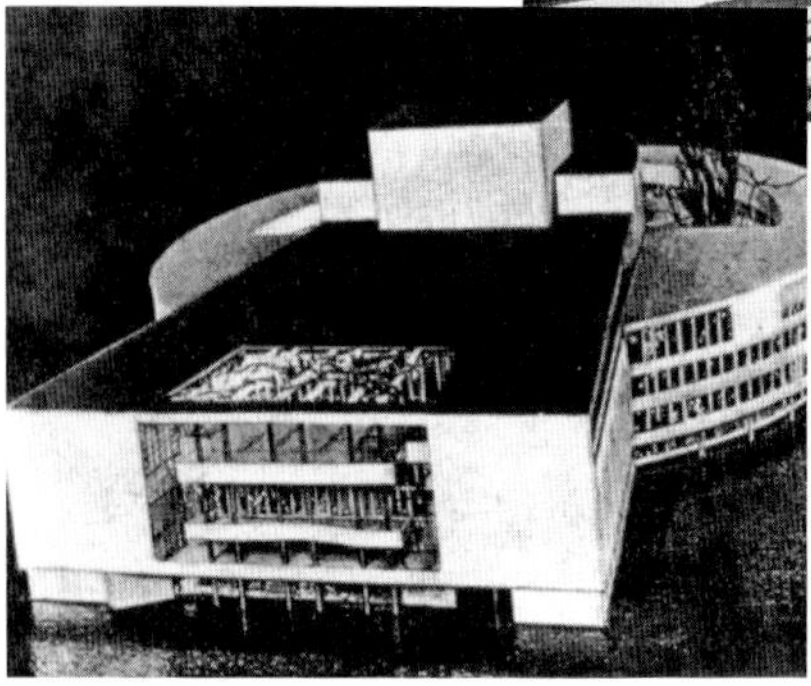

ヴェスニン兄弟 /
ネミロヴィッチ -
ダンシェンコ劇場
コンペ案,
モスクワ, 1933

P・ゴロゾフ / プラウダ本社屋, モスクワ, 1930 - 35

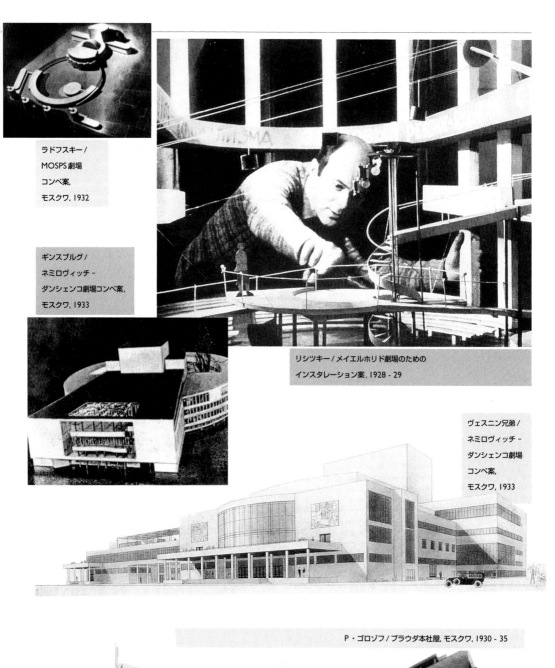

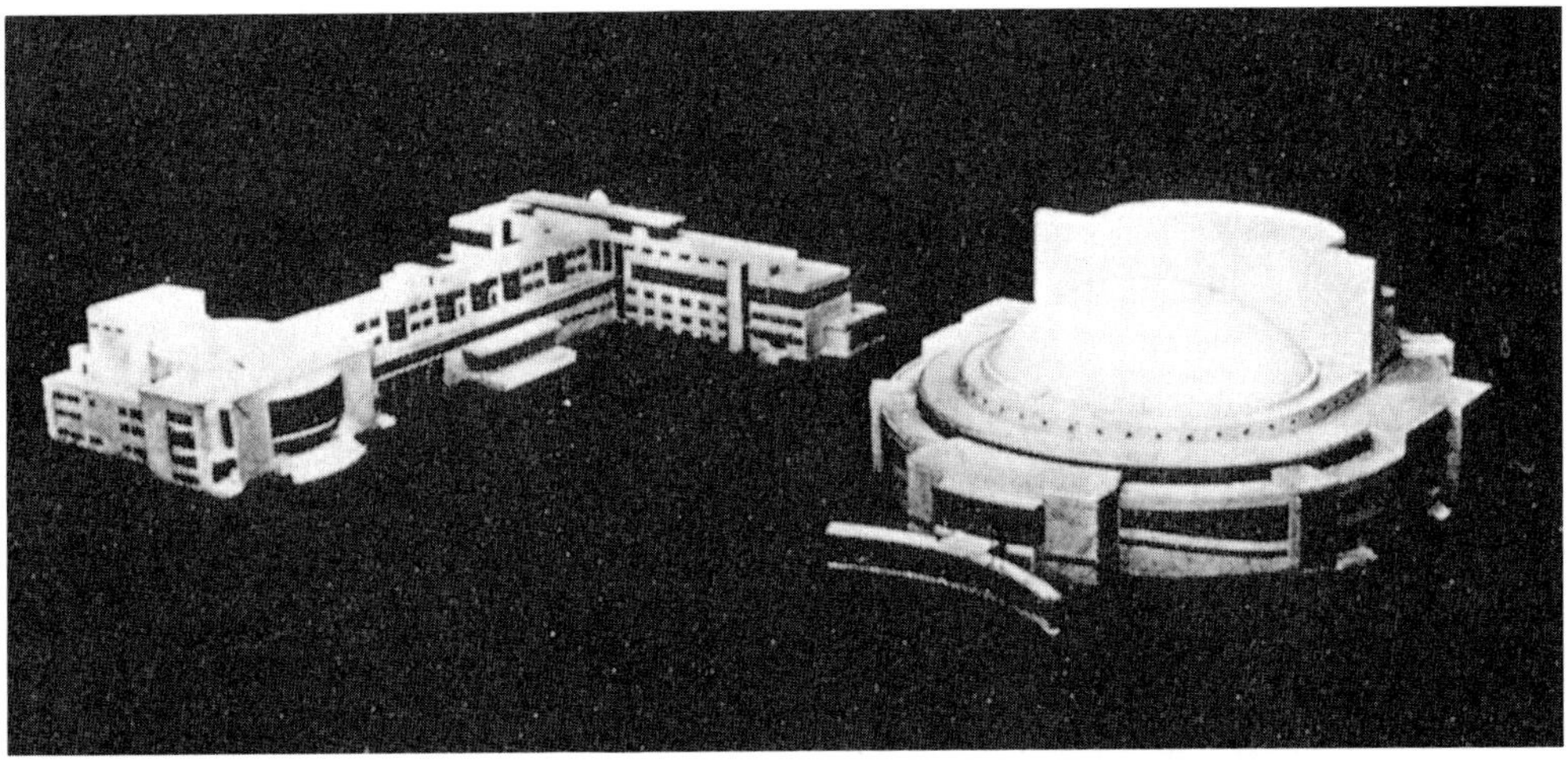

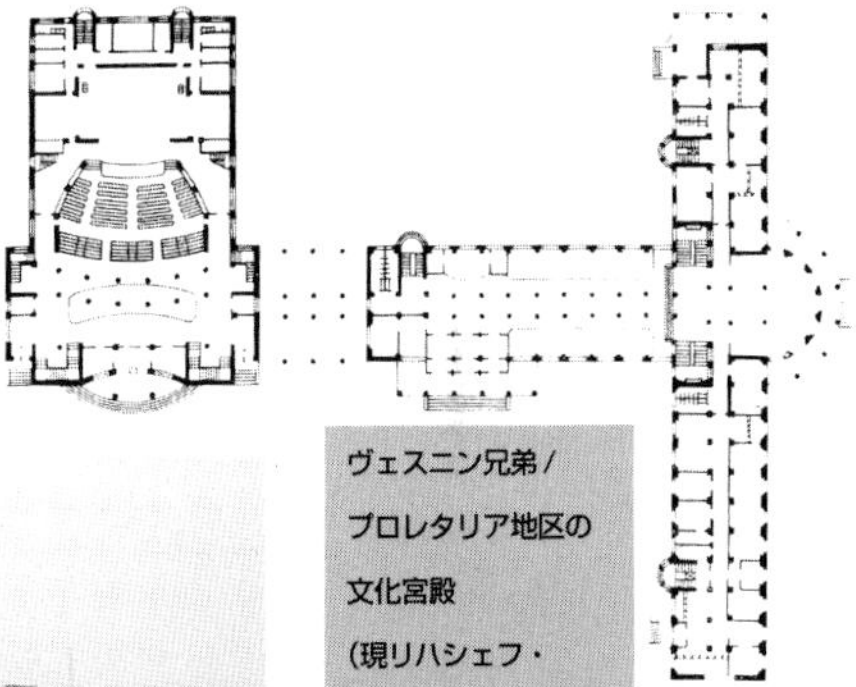

ヴェスニン兄弟/
プロレタリア地区の
文化宮殿
(現リハシェフ・
クラブ), モスクワ,
1931 - 37

た反動は、すぐに「計画」の範疇にまで拡がっていった。

もちろんこの分野でも、党中央の決定以前にもアヴァンギャルドへの批判は出ていた。一九三〇年四月の『革命と文化』誌に載ったチェルニアの論文では、「都市派」と「非都市派」の論争は核心不在のままスコラ的議論に陥っており、日常性から遊離してしまうことで問題を紛糾させることにしかなっていないと批判されている。彼は長年の矛盾はそう速やかには解消し得ないもので、人間の慣習や道徳を抽象的に受けとることはサボタージュにつながると批判する。彼は、長い道に沿って個人住居を展開していくというのは「不毛なユートピア」、「危険なファンタジー」であり、集団的形態を否定することもまた、まだプチブルが支配し強力な外敵に脅かされている我が国では大きな過ちであると、「非都市派」を批判している。その一方で、サブソヴィッチの「都市主義」もまた、工業も農業も区別なく同じパターンをとり、諸条件を無視した上で五、六年のうちにそれを達成しようとするのは「誤りで、ユートピア的かつ犯罪的」であるとしている。このような批判は、「決定」の後はさらに強い調子のものとなっていく。

ここでの議論に決定的な方向づけを与えたのは典型的なスターリン官僚のタイプであるラーザリ・カガノヴィッチである。彼が一九三一年六月の党大会で行なった演説は、その後のソヴィエト建築・都市計画の方向性を決定づけるものであった。この党大会は「モスクワ及び他のソヴィエト都市の都市経済」の問題を取り上げていた。これが意味するのは新しい社会主義定住体に関する議論の終焉である。カガノヴィッチにとって一九二〇年代のアヴァンギャルドの議論は「バカげた」「おしゃべり」であり時間の無駄づかいでしかなかった。都市－田園の矛盾の解消というテーゼは、都市の概念自体の修復、手直しを目指すという意味であって、都市の解体を意味するわけではない。そのようなことを主張するのはマルクス－レーニン主義を偽る無能な理論家（ここでは主にミリューチンを指している）どもだけである、とカガノヴィッチは主張した。彼の主張では、「都市の解体」が国家のそれにつながる危険なテーゼであるのに対して、モスクワを代表とする「我々

シチューコ, ゲルフレイフ / 大劇場, ロストフ・アン・ドン, 1930 - 35

グリンベルグ / 大パノラマ－プラネタリウム劇場, ノヴォシビルスク, 1931 - 1930 年代後半

の都市は、とりわけ革命的な役割を演じている」。何故なら、「ソヴィエト連邦の都市は、社会的、政治的観点からしてすでに社会主義都市なのだ。十月革命の勃発以来、我々がブルジョワジーから財を剝ぎ取り、生産手段が共有のものとなって以来、我々の都市は社会主義的となっていたのだ」。都市の解体というようなことを主張している輩は、この重要な事柄を忘れているし、その主張は「政治的にも有害である。それは、まるで、我々が国家の消滅というような問題に実際的に片をつけてしまうことを望んでいるかのようである。……我々はいつの日か国家が消滅するであろうことはわきまえている。しかし、今日では我々は国家を強化するのだ。今日我々はプロレタリアート国家のすべての力を、それを囲む階級敵との闘争のために単一のこぶしに集中するのだ」。この集中論は、ダイレクトに都市計画的に翻案すれば、首都への政治、経済、文化諸力の集中ということを意味する。第一次五カ年計画においては驚くべきことにモスクワの計画が含まれていなかった。それは議論がオープン・エンドにされていたことを示唆しているが、この党大会以来、モスクワは「社会主義都市」として計画しなおされる。つまり都市論争が目指していた原則論は棚上げとなり、都市計画は実践の対象となる。

それがいかなる種類の「実践」なのかはともかくとして、このカガノヴィッチ演説に対する反応をフォローすると、『建築SSSR』誌の一九三二年二–三月号にはミリューチンの「自己批判」を掲載している。ミリューチンはここではVOPRA（ヴォプラ＝プロレタリア建築家同盟）やカガノヴィッチの批判にほぼ全面的に屈伏しており、合理主義者（ASNOVA［アスノヴァ＝合理主義建築家同盟］）＝トロツキスト、機能主義者（OSA［オサ＝現代建築家同盟］）＝メカニスト、「非都市派」＝メンシェヴィキ的であって、自分がこの論争に携わっていた当時ははっきりとしていなかったがこれらの「階級的本質」は明確であり、カガノヴィッチ報告がボルシェヴィキ的観点から明らかにしているとおりだという始末である。生活様式の点においてだけは一定の必要性を留保し、ブルジョワ的建築もこれまでの歴史的遺産同様に評価すべき進

シチューコ, ゲルフレイフ / レーニン図書館, 1928

グリンベルグ / 大パノラマ – プラネタリウム劇場, ノヴォシビルスク, 1931 – 1930年代後半

歩性はあると述べながらも、古代建築の研究は必要であり（以前にはルナチャルスキーのように進歩的な人物ですらそんなことを言っていると批判していたのに）、カガノヴィッチがモスクワの非集中化に関わる根無し草的計画の作者の一人に自分を数えたのは正しく、今や自分はこの過ちを正し「ある種のトロツキスト的立場を隠しもっている都市計画家の立場を正さざるを得ない」というわけである。

とにかく一九三一年六月一五日の党大会決定では、前述のカガノヴィッチ演説を受けて次に挙げるような定式化がなされる。「社会主義的な新しい生活を組織化する問題に関しては、社会主義経済によって与えられるボルシェヴィキ的発展のリズムに反抗し、労働者、農民、大衆のための物質的、文化的サーヴィスを再組織化することに反対する右翼日和見主義とも、新しい様式の提案や計画のすべてに介入してくる左翼日和見主義の逸脱（個人厨房の廃止、消費の共同化の人工的組織化など）とも闘わなくてはならぬ。党は、後ろに引き戻し再建を失敗に終わらせようと試みる右翼日和見主義にも、現在の歴史的時期の具体的な条件を考えに入れず、それによって右翼日和見主義を利している左翼日和見主義にも断固たる態度をとるものである。レーニン的な路線に従って、党は都市経済の再建と発展に著しい成果を上げてきた。この基盤に則って既存の都市は、文化、技術、経済のセンターに変身させられ、数十数百の新しい社会主義都市が建設されるだろう」。これが基調であり、お墨付きである。そしてそれ以降の議論には大なり小なり「同志スターリン」と「同志カガノヴィッチ」の語句の引用と左右両翼の日和見主義への弾劾というスタイルが定着する。

カガノヴィッチ報告は既存都市の修復を新都市造営よりも優位に置いたわけだが、その延長上にAPU（モスクワ計画局）はモスクワ将来計画の作成を七つのチームに対して要請した。一九三二年の五、六月にはこれらの案が公開され論争の材料を提供した。参加チームは外人チームが三つで、マイ、ハンネス・マイヤー、クルト・マイヤーが各々率いており、他のソ連人チームはクラシン、クラチュク、ラドフスキー、VOPRA（バブロフ、カルポヴァ、キチャコフ、ヴァシーリエフ、フリドランド）の四チームである。ラドフスキーは以前と同じパラボラ・パターンを採用したが、この時期ではもはやギンスブルグたちのグリーン・シティのようなラディカルな解は現われない――参加者には四〇パーセントまでは取り壊し－再建を前提としてもよいという条件が与えられたのだが――。メンバーを見てもまだこの時期では合理的な都市構造の

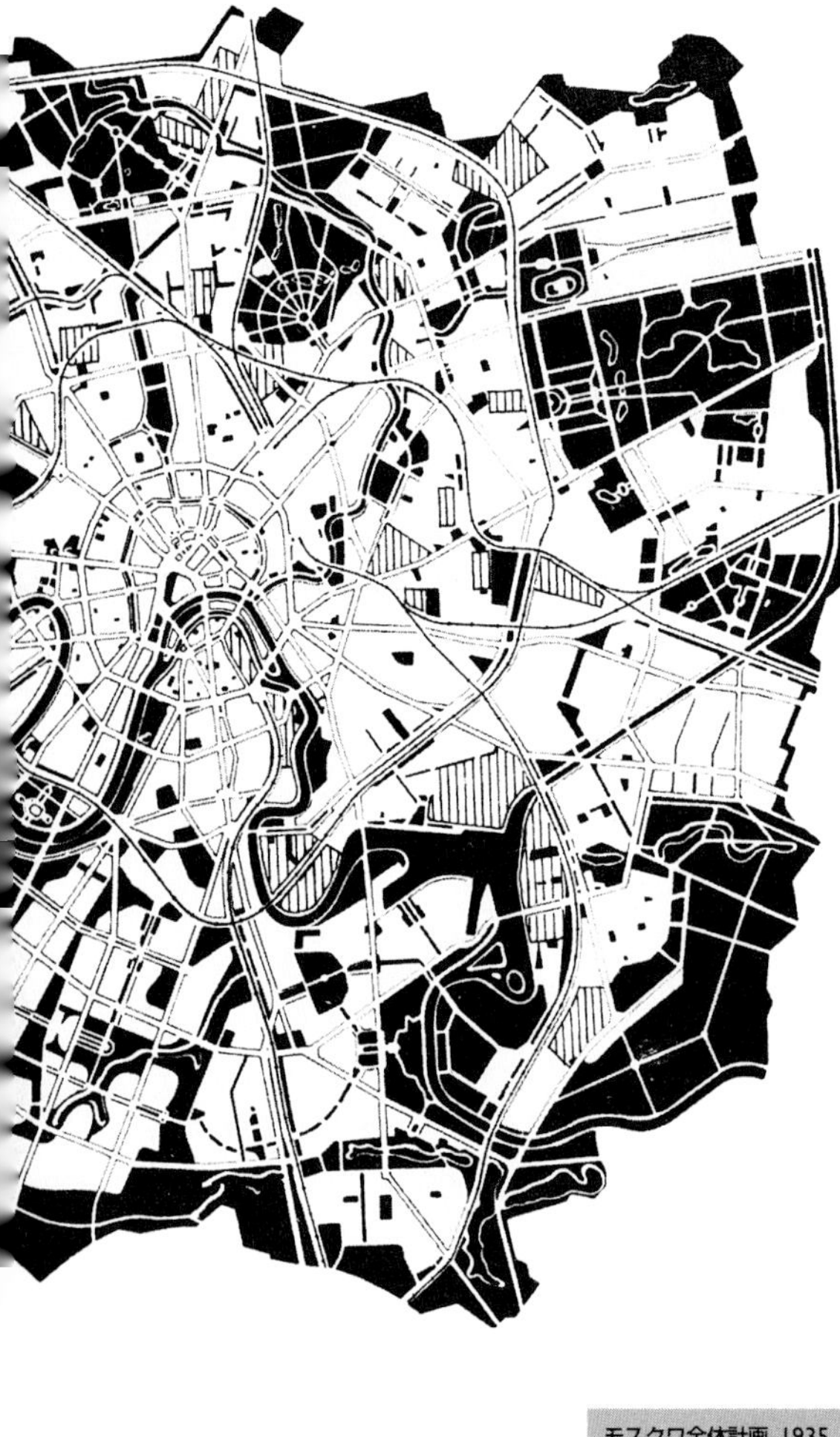

モスクワ全体計画, 1935

組織化というレベルに落ち着いており、VOPRAの案も含めてとりたててアカデミックな路線への後退は見られない。
そのVOPRA案は、五つの自立的な部分（両端に工業地区を置く平行ゾーン）から構想された「限定されない複合体都市」で、図式化してみると線状都市のシェマを長手方向では切り取り、横断方向では長くしたというようなもので、都心部にはこの横断方向とは直角（つまり南西―北東軸）に幹線道路がつくられている。クラシンの案は、放射―環状の既存の構造を、鉄道、地下鉄、自動車路の整備によってより強化するというもので外郭環状道路の南東部に工業地区をまとめており、最も常識的な案といえる。クラチュク案は、住居都市、科学都市、農業都市、病院都市、軍事都市など、明快な性格をもった地区から構成され、とりわけ東側への発展軸を強くもった案である。放射―環状システムは都心部に限って保持されている。ラドフスキーは前述したようにパラボラ・シェマを繰り返し、その外側に工業ゾーンを配置した。既存の南東部の工業地区を起点とするこの生産ゾーンに取り囲まれながら、パラボラが北西方向に拡大していくというパターンである。

ロシア人チームの案がいずれも程度こそ違え、明快な図式的パターンを採っているのに対して、西欧人チームはもっと現実的であった。マイ・チームの「集合都市」は、既存のモスクワの構造を改良し、システムを与えていくというもので、ドラスティックな構造変換ではなく、あちこちに微妙に手を入れて建て直していくといったもので、何段階かに分けて外郭部に百万単位の住居コンビナートを整備し、都心部から住宅をなくしていくということを骨子としている。これらの住居コンビナート（コンパクト都市）は、生産拠点および都心部とは効率的な交通システムで結ばれる。基本的には、これは衛星都市のシェマである。ハンネス・マイヤーの案では衛星都市群は南東部に比重を置いて配置され、それによって既存のモスクワの都市の環状構造が南東に引き伸ばされた楕円状に変えられている。都心部は六つの地区に分けられるが、これらは自律的に様々な機能をもち、南東の新市街地は機能が特化されたゾーンである。クルト・マイヤーの案は基本的に放射構造を保持した案で、マイのものやクラシン案と似ている。

このアイデア・コンペティションの後、モスソヴィエトの計画局がこの問題を管理するようになると、都市計画上の問題は計画局長でベテランの計画家セミョーノフの下でさらに現実的な路線をたどる。都市の問題は空間や表象、イデオロギーのそれから切り離されたテクノクラート的な「技術」の範疇として自律する。空間や表象の問題は、逆にそうした全体構造とは別にそのサブ・システムとしての（つまり全体に溯行することなく）造型上の課題とされてしまう。アカデミストやそのスタイルを取り入れた旧VOPRAなどによる既存の広場や街路の修景の数々がその例である。それはちょうどギンスブルグらが、その共同住宅研究を、やはり空間や表象の問題とは切り離された標準化や体系化など、純技術面に限ってのみ継続を許された状況と似ている。社会主義リアリズムの理論家ツァペンコは「ソヴィエト都市建設の実践のすべては、我々に、我が都市計画は都市の拡散化、断片化、建設自体の拡散化等々に抗して行なわれていることを確信させる」と書いている。全面的にかつての問題意識が埒外に置かれてしまっていることの確認である。

政治力学は組織の改編の上でも表われている。一九三〇年にはすでにASNOVA、OSA（当時、すでにSASS［社会主義建設のための建築家センター］と改組していた）、ARU（アル＝都市建築家同盟）、MAO（マオ＝モスクワ建築協会）などがMOVANO（モヴァノ＝全ソ科学的建築家同盟モスクワ支部）としてひとつの屋根に入っていたが、VOPRAだけはそれに加入せず、ドグマティックなマヌーバーを繰り返していた。一九三二年の四月に文学・芸術組織統一令が出されると、七月にはそれに応えてすべての組織を統合した全ソ建築家同盟が結成される。同盟が第一回の総会を開くのは実にその五年後だが、その間に残存していたモダニスト的要素――計画から建設、竣工までの期間が長いためもあって路線変更の進行するこの時期にもモダンな建物はつくられ続けた――は徐々に払拭されていった。一九三三〜三四年頃には、一国社会主義路線の下に排外主義に傾斜していったこの国から「外人技術者」たちの多くが出国していった。希望と善意から後進ロシアの辺境にやって来たにちがいない彼らの業績についても、前出の「建築家エルンスト・マイの恥ずべき遺産」という記事のような忘恩的といい得る評価がなされていった。この「遺産」とは「建築の概念から人間をしめ出した」ようなもの、「ソヴィエト人民の文化的発展を無視して……人間の個性を生物学的、技術的必要性の総体として再構成しよう」とするようなものだというのである。一九三四年にモスクワで開催されるはずだった――テーマは機能的都市、合理的住居などであった――CIAM（シアム＝近代建築国際会議）も不可能となり、主役となるべきロシア人たちを欠いたままの会議は地中海洋上でアテネ憲章を採択した。それに対して同年の党大会ではスターリンが、コルホーズなどを通じて我々は社会主義経済の基盤をつくりあげた、と宣言した。革命はすでに完遂された過去に属し、社会主義は現実のものだというのだから、賞揚されるのはその確認であり賛美でしかない。それ以外は反革命であって、サボタージュである。スターリンは現に「左翼的なモラル」はデカダンであり、家族の解体

マイ・チーム／
モスクワ将来計画コンペ案,
1932

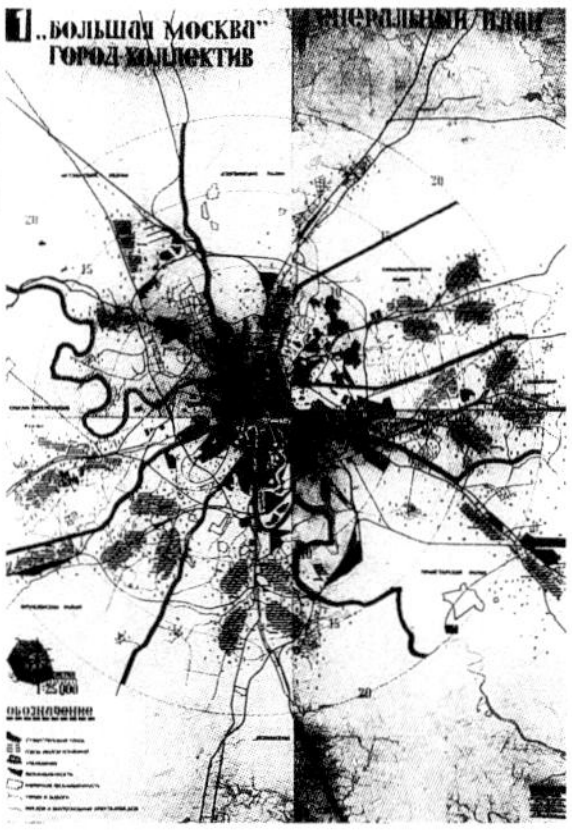

K・マイヤー・チーム／
モスクワ将来計画コンペ案, 1932

H・マイヤー・チーム／
モスクワ将来計画コンペ案, 1932

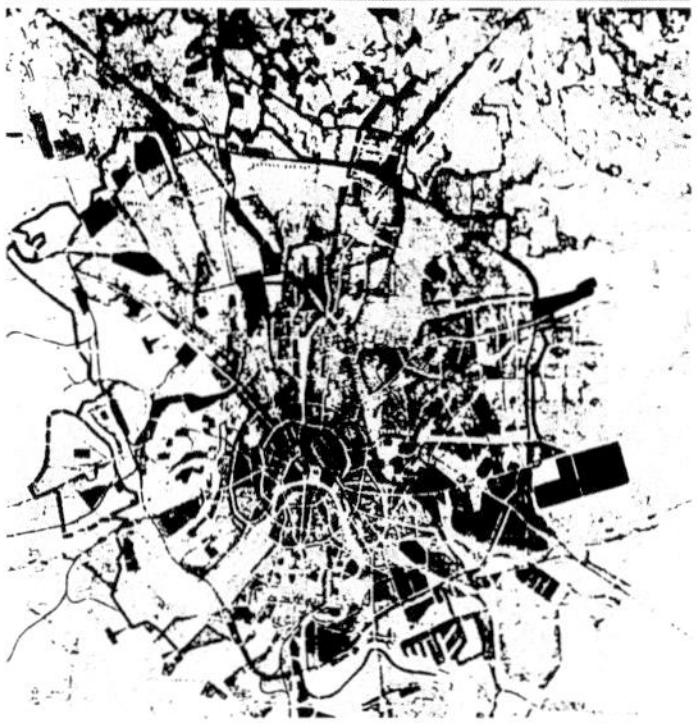

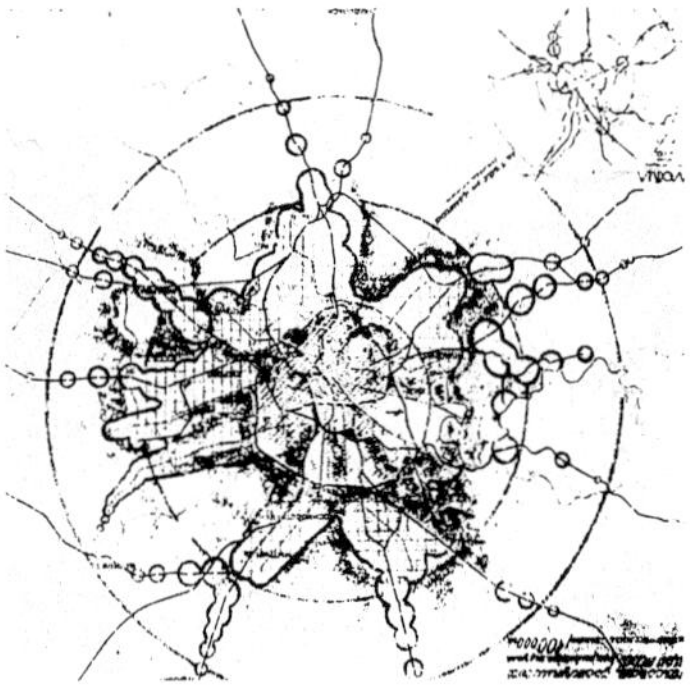

クラシン・チーム／
モスクワ将来計画コンペ案,
1932

も危険な逸脱だときめつけた。採用されるべきものは「新しい生活の活動的な建設者である」「ヒーロー」（ジダーノフ）を描く「社会主義リアリズム」である。すでに一九三二年のハリコフでの文学者会議で登場していたこの理論は、「高い芸術的意義をもち、社会主義の勝利と国際的プロレタリアートの英雄的な意気に貫かれ、共産党のヒロイズムと偉大な意志を反映したもの」でなくてはならなかった。イオファンのソヴィエト・パレスの一等案とはまさにそうした要求に合致したものであった。

2. 第一回全ソ建築家同盟総会

この微妙な移行期に象徴的だったのは、共に一九三四年に竣工した二つの建物、即ちル・コルビュジエによるツェントロソユーズ（ただし一部の工事は遅れ、完全に竣工したのは一九三六年くらいらしい）と、ジョルトフスキーによるモスクワのマホヴァヤ街のアパート（クレムリンの向かい、設計開始一九三二年）である。すでに述べたようにツェントロソユーズは国際コンペティションの結果、ル・コルビュジエ案に決定、絶大な期待がかかりながら工事が始まったが、途中から彼の現場管理が許されぬ状況となり、紆余曲折を経ながらも原設計からの大幅の変更は被ることはなしに竣工した。傍らにヴェリコフスキー設計のゴストルグやシチューセフのナルコムゼンがあるが、それらと比べてもル・コルビュジエの建物ははっきりと周りの空気まで違って感じられるくらいにル・コルビュジエ的、ラテン的である。

しかし、この建物をめぐる雰囲気は着工前と竣工後では全く一変していた。ロシア側においてル・コルビュジエの助手を務めた構成主義者のニコライ・コリは、一九三五年にル・コルビュジエに送った手紙の中で、「できる限りパリでつくられたオリジナルの図面の意図を汲むように、あらゆる努力を払って現場管理をつづけてきた」が、「モスクワでは考え方が変わって」、「人民の

クラチュク / モスクワ将来計画コンペ案, 1932

VOPRA / モスクワ将来計画コンペ案, 1932

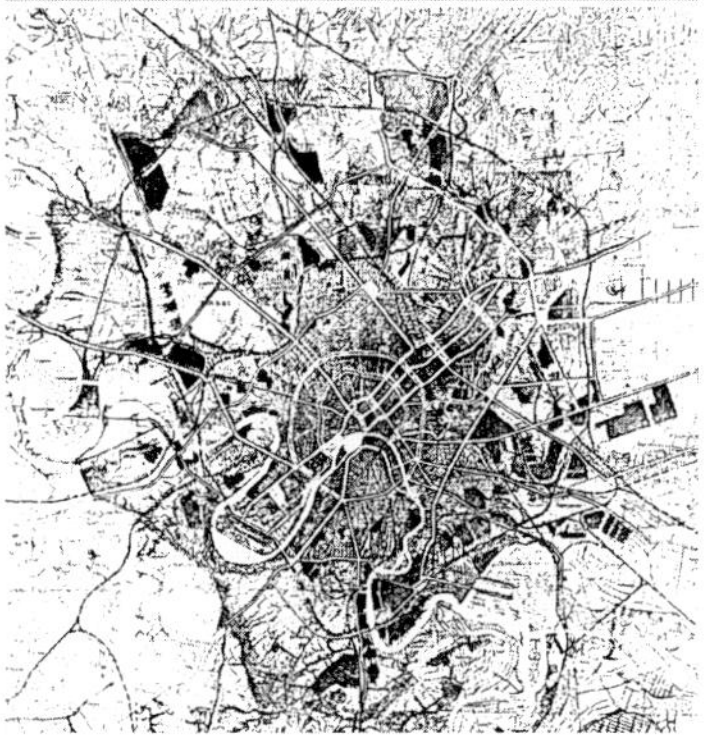

ラドフスキー / モスクワ将来計画コンペ案, 1932

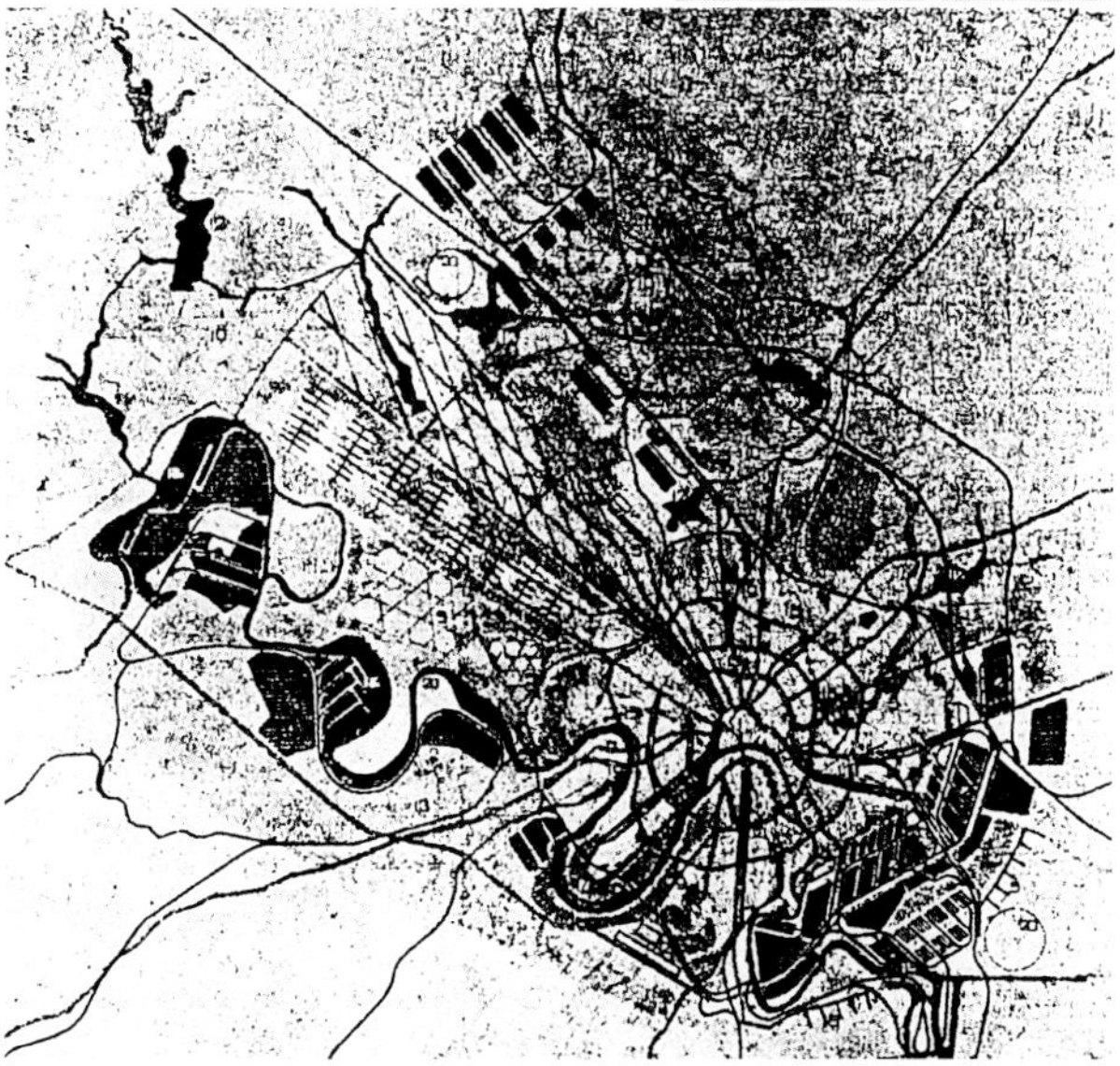

ための建築をつくるという方向に」なってきており、自分は「この建物のコンセプトとは全く正反対の方向の攻撃と直面せざるを得なかったのです」と書いている。明らかにこのコリの弁明には歯切れの悪いところがある（現にル・コルビュジエは、自分のコントロールの届かないところでこの助手が、自らの立場を良くするために勝手な変更を加えているのではないかという疑いを持っていた）。「人民のための建築」と「この建物のコンセプト」が何故「正反対」なのか？ 同じコリが、ソヴィエト・パレスのコンペティションでのル・コルビュジエ案の落選の際には「ここにはものを見ない目があります」などと書いていたのだが、今やそういった批判的なスタンスはもっと保身的なレトリックに置き換えられている。

実際にその前年、建物がほぼ完成した際に『建築SSSR』誌がそれに関する四つの論文を掲載しているが、コリの論文は一層歯切れの悪いもので、彼は「この建物は建築史のみならず、ル・コルビュジエ自身にとっても過ぎ去った時期のものとして見られるべきである」と述べている。同じくかつてはモダニズムの「ヒーロー」にすり寄っていた建築家の中からも、例えばセルゲイ・コジンは、この建物は「冷たく、単調で、不愉快な代物」であり、その中では「人は緊張状態に置かれて、自動的に喜びもなく働かなくてはならない」と書く始末だった。興味深いのは、代表的なアカデミストのイワン・フォーミンの方がむしろ冷静かつ彼なりに公正な見方をしていたことで、フォーミンは、ル・コルビュジエの建物がそれを用いる人の喜びよりもガラス面と凝灰岩の面とのコントラストの方に重きを置いているし、貧しさを示していると言いながらも（これは近代建築一般に対して伝統主義者なら当然もちそうな疑義である）、その光とピロティの効果はすぐれたものであり、利点と欠点を区別しながらの真剣な研究に値するものだとしている（ただし、結論としてはもはや繰り返すべきではないものという評価ではあったが）。構成主義のリーダー、アレクサンドル・ヴェスニンは、さすがに西欧の天才的な同僚への敬意を崩すことはなかった。彼はこの建物を「モスクワに今世紀に建てられた最もすぐれた建物」であると評価し、一九三六年のモスクワ建築家会議（おそらく翌年の第一回全ソ建築家同盟総会の下準備として開かれたもの）での歴史的傑作の単純性をめぐる議論のさなか（ヴェスニンはここで「単純さ」と思考停止でしかない「単純主義」とは違うと主張していた）で、ローマのパンテオンやブルネレスキのパッツィ家の礼拝堂が例に引かれた際に、VOPRA（ヴォプラ）のモルドヴィノフにツェントロソユーズはどうかと突っ込まれると、動ずることもなく「私はル・コルビュジエの建物の多くはブルネレスキと同じレベルにあると思っている」と答えた。

しかし、ブルネレスキと比較されるような評価を一般に受けたのはジョルトフスキーによる純正にパラディオ風なパラッツォの方であった。それは多くの建築雑誌等に取り上げられほぼ絶賛を博したのである。クレムリンに向かい合った一等地に建てられたこのアパートは、ジャイアント・コラムをもつ全く歴史的な様式によっており、その限りにおいては見事な様式的洗練を示すものであった。しかし、立地から言ってもそうだが、この建物は党の高級官僚のためのアパートであり（今ではイントゥーリストの建物となっている）、それは元々貴族主義的なジョルトフスキーのスタイルには合致したプログラムだが、少なくともポピュリスト的な意味で「人民のための建築」らしいところはひとつもない。東京において、似たような様式による岡田信一郎設計の明治生命館がこれも皇居の向かいという同様な立地に建てられたのが二、三年後だから、ジョルトフスキーのこの建物が世界的に見てとりわけアナクロニズムであったというわけでないが、ル・コルビュジエの建物とのコントラストが著しいことは間違いない。——そのことを知った今から見るといささか皮肉なことだが、ソヴィエト・パレスのコンペティションの当時、何とか自案を通そうとしたル・コルビュジエは、彼とは全く相容れないアカデミストであるはずのジョルトフスキーと会っている。そしてこの「才能に満ちた真に真摯な」建築家と「モダニストを自称する西欧での私の同僚たちの大部分とよりずっと良い建築論議をした」とルナチャルスキーに書き送っている。——この老大家はそれまでもそうしたスタイルに忠実ではあったが、この建物の脚光の当たり方はまた格別であった。それは紆余曲折を経て、社会主義リアリズムの規範として公式に認められるに至ったということを意味している。それまでも彼は一大権威だったには違いないが、それ以後ほとんど不可侵の存在とされていくのはこの建物がきっかけであった。

この不可侵ぶりがどのようなものであったかは、例えば後の一九五三年のジョルトフスキーの八五歳の誕生日の際に書かれたテクスト（著者はレーベデフとスカヤン）に典型的に見ることができる。テクストの性格上、この老大家の生涯を振り返るという構成で、例えばソヴィエト・パレスの計画についてはこう述べられている。「（ジョルトフスキーの案は）その頃の彼のすべての仕事と同様に、断固としてブルジョワ・コスモポリタニズムや生気なき構成主義に対立した。形式主義がリアリスティックなロシア建築に対立し、優秀な作家でさえ、構成主義の影響を受けていたときにあって、ジョルトフスキーの不屈なそして熱烈な戦いは、美しく印象深い建築のために、そして古典ロシア及び世界の建築遺産の創造的活用のために、社会主義リアリズム建築の形式の上に重要な役割を果した」。そしてこの「進歩」的「伝統」の「最も進んだ成果」がマホヴァヤ街のアパートで、この建物は「そのファサードのモニュメンタリティにおいて、また輪郭の彫りの深さにおいて、構成主義の無感覚さに意識的に対立した」。「ジョルトフスキーのすぐれた芸術的才能は、物

ル・コルビュジエ／ツェントロソユーズ，モスクワ，1936

ジョルトフスキー／マホヴァヤ街のアパート，モスクワ，1934

事を深く科学的に分析するという彼の立派な特性と巧みに結びついている。彼の鋭く知識欲に富む頭脳は、古典遺産のもつ衰えることのない魅力の根源を絶えず求めている」。「ジョルトフスキーは、古典及び古典性に対する新しい概念を提起している。彼は伝統的なかたちやオーダー構成による手法の中ではなく、建築のもつ真実性、明瞭性、及びその生気の中に古典芸術性を見ている」。「全ソ同盟の多くの建築家が、それぞれの想像の問題に関してこのすぐれた建築家に助言を仰いでいる。彼は愛と大いなる準備をもって、若い建築家に自己の知識と自己の多年にわたる経験とを譲り渡している。国民に対する大いなる愛情と、高い憂国意識とは、不屈の仕事に従事しているこの老建築家を鼓舞している」。

これはスターリン期に典型的に見られる類型的な個人崇拝の文章であり、言うまでもなくスターリン自身に振り向けられたレトリックの援用である。ただスターリンにあってジョルトフスキーになかったのは「個人崇拝」への意思であり、ジョルトフスキーの神格化は、本人の意思とはかかわりなく、そうした対象をつくり出すことを都合好しとした政治的情勢によるものであった。ジョルトフスキーの名声は社会主義圏を越えることはほとんどなかったが、それはともかくとして、こうした社会主義リアリズムのポレミックのスタイルの画一性は、当然建築自体のそれにも関わるものであったと言える。メドヴェージェフはこの手のスタイルが始まったのは一九二〇年代の終わりだと言っているが、それが全面化しだしたのもちょうどこの頃だった。

ジョルトフスキー／
地域ソヴィエト庁舎，
ソチ，1936

ジョルトフスキー／
モスソヴィエトの
劇場，モスクワ，
1930年代半ば

ツェントロソユーズの正面が面している通りはミヤスニツカヤ通りと呼ばれていたが、竣工の前後にキーロフ通りと改名された。これは一九三四年の暮れに暗殺されたレニングラードの州委員会第一書記キーロフの名を取ったものである。この暗殺については前にも言及したが、今日では、彼の人気（その直前の第一七回党大会での中央委員会選出に際して、スターリンに反対投票をした代議委員が二七〇名に及んだ――因みにこれはスターリンを除こうとするほとんど最後の合法的機会であった――のに対して、キーロフへの反対票は僅かの三票であった）に嫉妬したスターリンの陰謀であったと観測されているが、当時スターリン政権によってその黒幕とされたのは、トロツキー追放後のスターリンに対抗し得た唯一の勢力であったジノヴィエフとカーメネフであり、当時ツェントロソユーズの管理部員であったジノヴィエフは、ツェントロソユーズにおいて暗殺事件の報告演説を行なった直後に自ら逮捕されたとされている。ここでいうツェントロソユーズが新装なったル・コルビュジエの建物であった可能性は、確証はされないが（前述のようにまだ幾分の工事を残していた）、高いと言える。もしキーロフ通りの命名がその暗殺の濡れ衣を着せられたジノヴィエフとこの建物との関わりと何らかの関係（一種の悪魔払い的なネーミング）があったとするならツェントロソユーズの象徴性は一層増すことになるが、これはもちろんただの深読みの仮説以上ではない。しかし、いずれにせよこの逮捕がその後の大粛清の決定的な幕開けであったことは疑う余地がない。

一九三五年のはじめに開かれたジノヴィエフやカーメネフら「旧反対派」に対する最初の公判では、結局キーロフ暗殺に対する彼らの直接の責任を立証できずに終わったが、その後全党組織内で「懺悔」と「誤謬の告白」のカンパニアが行なわれた、とメドヴェージェフは書いている。例えばメイエルホリド劇場に熱中したというようなことまでその「懺悔」の対象であった（因みにメイエルホリド自身の銃殺は一九四〇年である）。スターリンは経済の著しい改善とそれに伴う人民の支持をバックにして、一方における粛清の進行と他方における自らへの個人崇拝を煽った。一九三六年にはキーロフ事件は蒸し返され、旧反対派は再度被告席に駆り出されて、全世界を驚かせることになった有罪の告白を「進んで」行ない、それがさらに、スターリン以下への暗殺計画に始まる、トロツキー派と結んだ国家転覆の企ての前ぶれでしかなかったとさえ告白した。新聞では旧トロツキー派（で今は「悔悟」した）を含む人々の、反革命派にはいかなる慈悲をも示すべきではないというヒステリックな投書が相次いで掲載され、この「人民」のアピールはその通りに「実行」された。

このような時期に一九三二年の創設以来大幅に遅れていた全ソ建築家同盟の第一回総会が開かれるのが一九三七年だが、この遅れ自体、こうした政治情勢の変化を反映していたと思われる。実際、この会議は本来一九三五年に開かれる予定で、一九三四年十一月には一連の予備討論を経た上で予備会議的に第一回全ソ建築家同盟会議が召集されている。予備討論は比較的和気あいあいだったらしいが、この予備会議の方ではすでに一カ月後のキーロフ暗殺の雰囲気を人々が感じ取っていたかのように雰囲気が一変していたという。総会が延びたのは明らかに暗殺事件以降の政治情勢の反映と見なすのが自然だろう（重工業省のコンペティションの結果が宙吊りになったのも、同じ理由であったかもしれない）。この予備会議では、後の情勢がかなりはっきりと予告されていた。レオニドフとメーリニコフへの攻撃は相変わらず、というよりも一層激しさを増しており、レオニドフは発言を許されず、メーリニコフに至っては参加要請すらされなかった。ヴェスニンやギンスブルグもまたニヒリスト呼ばわりをされた。これには建築に関するイデオロギー上の対立だけが絡んでいたわけではない。VOPRAやアカデミストの一部にすら同様の批判は加えられたのだが、それは民族問題とも関係していた。つまり、全ソということになると各共和国が平等に代表権をもつが、そうなるとアルメニアとかグルジア出身の会員が総計すると数の上ではロシア側（各共和国に支部を設けてはいたが、多くの構成主義者はロシア人であった）を上回り、彼らが運営上のヘゲモニーを握ってしまうという事態が生じた。彼ら小数民族にとっては、中央から来たアヴァンギャルド（ヴェスニンやギンスブルグは一九二〇年代後半には仕事を取るという意味ではエスタブリッシュされていた）やアカデミストが地方の仕事ももっていってしまうという「恨み」もあったらしい。フレデリック・スターは、これを「モスクワへの復讐」と形容している。

次いで一九三五年の五月にはレニングラードで第二回会議が開催されたが、ここでは、フォルマリズム（この場合は一切のアヴァンギャルド的傾向を指す）と復古主義を同盟者であり、「共にその主の世界観から引き出された誤りを代表するもの」とする位置付けが行なわれた。ここでいう「主」とはトロツキーのことである。つまりフォルマリズムとアカデミズムとは共にトロツキズムに通じているというわけだ。これは事実上「人民の敵」と名指されたに等しい。ここではアヴァンギャルドのみではなく、とりわけ地元での権威であったアカデミスト、イワン・フォーミンが「復古主義者」の代表として攻撃の的になった。粛清のさ中では「人民の敵」の告発側の人物が翌日は被告席にまわることはしばしばあったから、誰がこのトロツキストのリストに挙がるかは予測し難いことであったはずだ。スターリンがキーロフの後任に任命したのが、悪名高いアンドレイ・ジダーノフである。一九三六年の一月の『プラウダ』には、ショスタコーヴィッチのオペラ『ムツェンスクのマクベス夫人』（作曲一九三二年、初演一九三四年）に対するジダーノフの有名な批判「音楽の代わりの荒唐無稽」が掲載された。情人と通じて夫と舅を殺させる女性をヒロインとしたこのオペラは、社会主義社会にはあるはずもない退廃した主題をもった、音楽というよりは「雑音」と呼ぶべき「反ソヴィエト的」作品であり、フォルマリスト的かつトロツキスト的であるというわけだ。この手の批判は当然建築にも波及しないはずもなく、共産主義青年同盟の機関紙『コムソールスカヤ・プラウダ』では、二度にわたってメーリニコフへの攻撃が掲載された。そのうちのひ

とつは、かつてメーリニコフの後ろ盾でもあったシチューセフの手によるものである。このアカデミストは、メーリニコフのフォルマリズムはソヴィエト的生活のニーズに応えるものではないと述べた。一九三六年の三月の『プラウダ』では再びジダーノフ署名の論文が掲載されたが、これはフォルマリズムの罪を負った芸術家はソヴィエト人民からの支持を期待できないという主旨のもので、公のパージの始まりと見なされている。

こうした情勢下で一九三七年の一月一六日にようやく第一回の全ソ建築家同盟総会が開催された。アナトール・コップの言い回しを使うと、総会はその後の会議のすべてを特徴づけるような雰囲気で始められた。つまり、最初に会の名誉総裁のリストの読み上げがあったのだが、スターリンのところ(おそらく最初?)で彼を讃える大拍手がおき、その後のリストを読み上げられなくなったというのである。読み上げる役は構成主義のリーダーであったヴィクトル・ヴェスニンだが、彼がこの会議で果した役割はほとんどそれ以上のものではなかった。弟アレクサンドルもまたその選出に関わっただけの「名誉職」であった(三兄弟の長兄レオニードは一九三三年に亡くなっている)。来賓挨拶に立ったのはカガノヴィッチだったが、彼はプロレタリアートはただ単に住むのではなく、美しい家に住むことを欲するのだ、都市もまた欧米の資本主義都市よりももっと美しいものにしなければならないと演説した。どのような家や都市がプロレタリアートにとって相応しいのかといった問いかけは、ただ「美しい」ということばで逆に不問に付されてしまった。「ただ単に住むのでなく」という言い方は、明らかに機能主義＝構成主義への牽制である。こうしたカガノヴィッチの紋切り型かつ愚昧主義的な言い方は、前述の経済面での成功を印象づけるために打ち出されていた、生活はより「楽しく」なったという有名なスローガンのヴァリエーションでもある。粛清とこの一般向けのスローガンとの対照はグロテスクとしか言いようがないが、それが会議の主調をなしていたのである。実際、総会は傍目から見る限りは、和やかなあるいは同志的な雰囲気につつまれていたらしい。フレデリック・スターの記述がそれを伝えているので引用

メーリニコフ/
イズヴェスチャヤ
職員住宅団地計画,モスクワ,1935

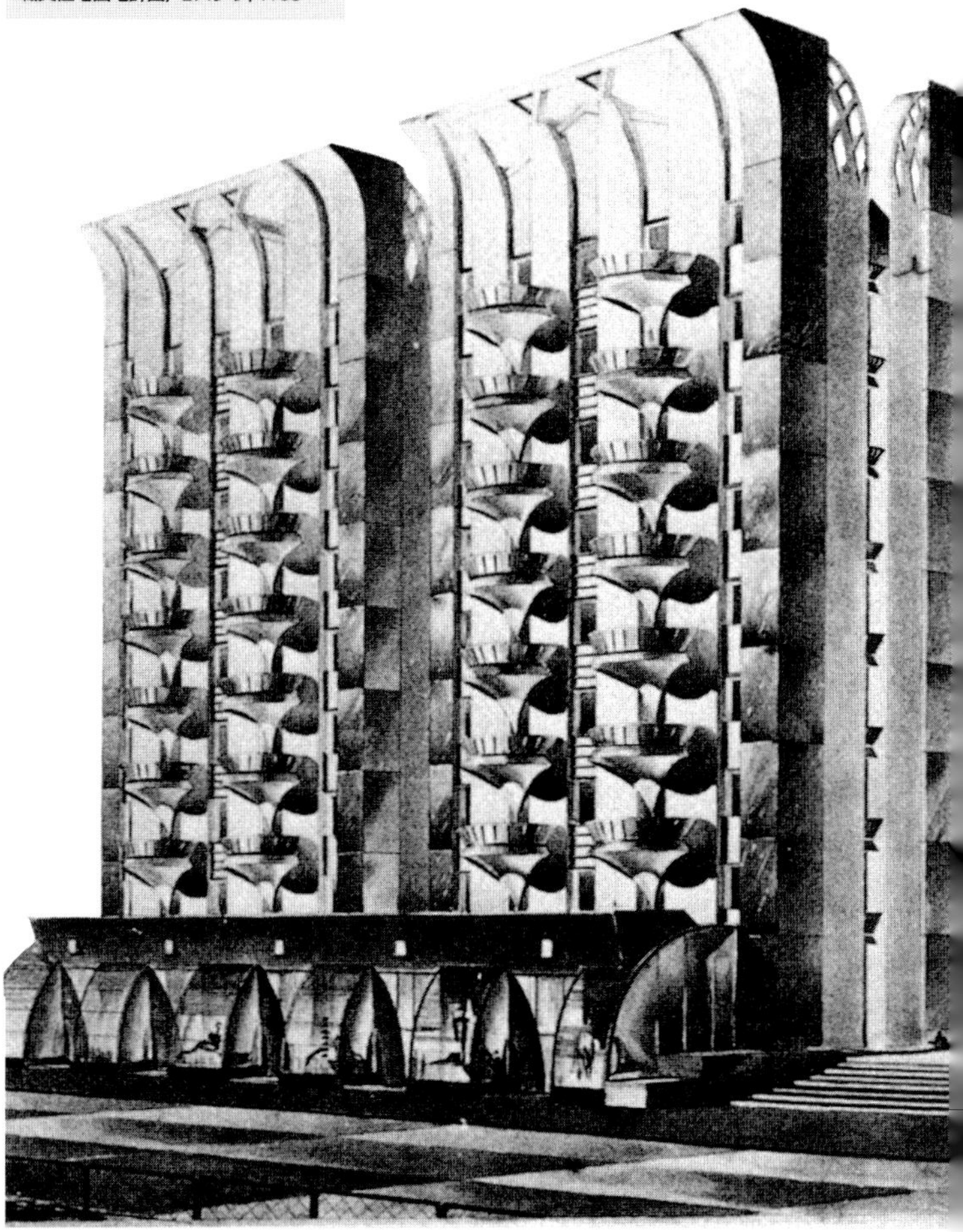

しておこう。「壇上には、革命以来のソヴィエト建築のほとんどすべての代表者が並んでいた。メーリニコフの昔のパトロン、シチューセフが、つい先頃彼を最悪の選良主義者と非難したかつてのプロレタリア運動のメンバー（元VOPRAということ――引用者）と和気あいあいで並んで座っていた。構成主義者のギンスブルグやヴェスニンもおり、彼らの機関誌〝SA（エス・アー＝現代建築）〟の誌上でしばしば告発した当の相手に愛想よくミネラル・ウォーターを注いでいた。各共和国からの熱狂的な建築家たちが、国中の最近の建設分野の業績に関する輝かしいレポートを読み上げていた。柱の間（総会の会場――引用者）で領袖たちがうなずきだすと、赤軍鍛錬アカデミーのコーラスが沸き上がり代表団をもてなしていた。完成したばかりのモスクワ―ヴォルガ運河や各組合のモスクワ支部の郊外団地への視察や、モスクワの最新のホテルで催された宴会が座を盛り上げていた。海外代表団が総会に対する挨拶を送り、会議のモットーとなった『人間への関心』に合わせて『親愛なる同志スターリン』に乾杯をしていた」。スターは、こうした雰囲気が感染性のものであったらしいと言いながら、招待者の一人であったフランク・ロイド・ライトが「誰がこのようなリベラルで心の広い人々を愛せずにいられよう？……彼らの間には親愛なライバル意識しかないようだ」と帰国後のレポートで述べていることに言及しながら、「これほどに真実から遠いことはあり得なかった」と言っている。

事実、今や同盟の理事長として会議の実質的な権力を握った元VOPRAのアラビヤンは、カガノヴィッチ演説を受けるかたちで、この会議の目的が「計画のサボタージュの根絶にある」としながら、ギンスブルグのグループが我々の都市に「哀れな木造の掘っ建て小屋や水族館もどきの住居、トルコ風呂もどきの住居、機械もどきの住居」をつくったという非難の演説をした。前にも述べたように「サボタージュ」とはこの時代にあっては国家転覆の企てのことを指していたから、この告発は深刻な結果をも引き起こし得た。実際にはそこまでは行かずに、ギンスブルグはヴェスニンと共にこの後も責任ある立場を任されはしたが、それは住宅の標準化の全く技

第一回の全ソ建築家同盟総会におけるアラビヤンの演説風景, 1937

術的な事柄に限ってのことである。つまり、純然たるテクノクラートとしてであり、イデオローグとしてではなかった。これはそもそもの起源において構成主義が芸術や個人を否定し、無私の技術者たらんとしたことを思えばいささかも逸脱ではなかったとも言えることだが、実際には大きな皮肉だったという他はない。このことについては、後にもう一度立ち返って議論することにしよう。アラビヤンは構成主義全体にその攻撃を拡げていった。「彼らは長い間、左翼的な言い回しとその芸術に関わる主要かつ革命的、社会主義的な大言壮語の背後に隠れていた。しかし、構成主義者たちが、その西欧における同僚たち共々に、ブルジョワの退廃した文化の代表者であることには何の疑いもない」。さらにメーリニコフのようなフォルマリストが現実の生活を無視し、彫刻のような建築を実験的に試みたといって非難を続けた。次いでシチューセフが壇上に立った。この老獪なアカデミストは敢えて他派攻撃のようなことは慎み（それは一時的に彼がアヴァンギャルドを庇護したという廉で自分にはね返ってきかねないものであったろう）、ソヴィエト建築は、霊感を得るために西欧とくにアメリカを見直さなければならないと論じた。これはスターリン期の様式に近年スターリン・デコという俗称がつくような、様式的なアメリカ（アール・デコないしそれ以前のスカイスクレーパー）傾斜の前兆をなす発言である。最後に彼は若い建築家が「盲目的に古典を模倣すること」に対する訓戒で結んだが、アメリカからのゲスト、シモン・ブレーネは「この言を尊敬すべきシチューセフ氏から聞くのは実に意味深長である。何となれば近年の彼の作品は完全に古典的な趣のデザインのみであったことを思い浮かべるからである」とコメントしている。そして三番目に立ったニコライ・コリ、かのル・コルビュジエの助手だった元構成主義者は、「ソヴィエトの人民は、世界の人民の中で最も幸福な人民である」が故に、その建築は「深くオプティミスティックかつ楽しいものでなくてはならない」と演説した。彼は今や社会主義リアリズムの信奉者である。「社会主義リアリズムとはノルムや抽象的カノンではない。（……中略……）狭い見方とは、その本性において建築家に対してその芸術言語、創造性、様々

なスタイルへの理解を豊かにしていく無限の可能性をもった社会主義リアリズムとは無縁のものである」。コリはこの大会で全ソ建築家同盟の総裁に選ばれた。

この発言は、逆の立場からではあるがすでに指摘した社会主義リアリズム理論の性格を端的に物語っている。つまり、それは融通無碍といえば聞こえはいいが、要するに何がそれでないかとは言うが、何がそうであるかとは決して言わない理論なのだ。社会主義リアリズム理論のもと、単一のスターリン・スタイルとでもいうようなものがあって、それが一枚岩的に建築界を支配したということではない。ジョルトフスキーのスタイルはそのあり得るひとつの形態であったにすぎない。そうした意味では、建築におけるスターリン期は、スタイルの点からいっても典型的なオポチュニズムの時代であった。左右のオポチュニズムを叩くという定式によってその正統性を主張はしたが、本当はその「真ん中」こそ最もオポチュニスティックであったのだ。「左右」は必ずペアであったから、批判は「左」、つまりアヴァンギャルドのみを叩いたのではない。ファサーディズムも、装飾過剰も、過去の盲目的な模倣も批判はされた。しかし、それはそのようなものの繁茂をとどめることになりはしなかったし、全ソ建築家同盟の執行部がそのようなものを実践することの妨げにもならなかった。そうなったのはフルシチョフによるスターリン批判以降であり、それはフルシチョフ自身が同じ全ソ建築家同盟総会で、公に建築家たちが装飾的なスタイルをとることで無駄に国家の予算を費やしていると批判したからである。

スターリン政権は、この点に関してはむしろ「芸術表現上の自由」を尊重した。アヴァンギャルド・スタイルに対してすらも、例えばスターリン自身がそれを禁忌とするということが起こったわけではない。スターリン政府がアヴァンギャルドを圧殺したというような言い方は、その意味では言いすぎである（メイエルホリドのように「人民の敵」として抹殺された建築家が、少なくともメジャーな人々からは、出たわけでもない）。しかし、「過去の盲目的模倣」と「歴史的遺産の批判的摂取」とが結局は主観的な判断上の違いでしかなかったのに比べて、「ブルジョワ個人主義の芸術否定」の表われとしての「構成主義」がどのようなものであるかはもっとはっきりと特定できる。オポチュニスティックな「多様なスタイルへの理解」（コリ）の幅の埒外にそれは出てしまった。カガノヴィッチ（建築サークルでは、「同志スターリン」と「同志カガノヴィッチ」は、しばしばペアで呼ばれた）が「美しい家を」と言えば、それは事実上アヴァンギャルディズムへの禁忌を意味するものであった。ヴェスニン（アレクサンドルかヴィクトルか、文献によって違うのではっきりとしない）ですら、全ソ建築家同盟総会で構成主義は過去のフェーズに属することを認めざるを得ず、「建築における構成主義を打破するには建築に社会主義を適用することを必要とする」と述べた。「その方法は科学的たるを必要とする」という条件つきではあったが。ヴェスニンもギンスブルグも過去の誤りよりは新しい「社会主義リアリズム」の途を探るべきだと論じたわけだが、彼らにとって本来構成主義はスタイルではなく、同時代の即物的条件への科学的アプローチの姿勢であったから、スタイルとしてのそれを過去のものと認めることは必ずしも矛盾ではない。とりわけ、愚昧主義の結果であれ、それが人民の求めるものでないと極め付けられたからにはそれを固守することは、本来左翼人民主義的であった彼らには困難であった。それに対して、一九三九年の会議でモルドヴィノフがソヴィエト・パレス・コンペティションでのイオファン案の選択に関して語っていることは、やはり本来同じモチベーションから発していたとしても、すでに何の陰りも屈託も消滅しているという意味で、やはり無残という他はないものだ。彼は応募者の誰もがソヴィエト・パレスのとるべき垂直性に思いが至らなかったのに、党のみが賢明な選択を行なったというのである。モルドヴィノフの演説は、当然のように「我らの指導者、偉大なスターリン万歳！」で締め括られたのだった。

3. アヴァンギャルドの転向の諸相

ギンスブルグらが全ソ建築家同盟総会の後、ほとんどテクノクラートとしてだけ活動を許されたという事実は、建築という分野の特殊さを物語っている。何故なら一九三〇年代のこの急速な反動化によるアヴァンギャルド勢力の失墜は、むしろ他分野に比べれば随分遅く来たものだったからだ。ロシア・アヴァンギャルド芸術のかなり多くの部門、とくに革命前から多くの成果を上げてきた文学（フォルマリズムの詩学研究をも含めて）や美術などのアヴァンギャルドは、一九二〇年代の前半にすでに失速状態であった。美術の場合は本来の意味での美術、つまり絵画や彫刻を否定することから構成主義などが成立してきたのだから当然とも言えるが、一九二〇年代後半のアヴァンギャルドは、建築を含め、ポスター、写真、映画など伝統的な芸術表現とは異なった実用性の強い分野にシフトしていった。建築におけるアヴァンギャルディズムが美術よりも長く「延命」していったのは、それが進歩したテクノロジーによってソヴィエト社会を組織、構造化するという、スターリン政権にとっても基本的に毫も否定するところのない課題を推進するものであったからである。この時点の建築は、奇妙なことに、正統的な構成主義者にとってもスターリン政権にとっても、「表現」ではなかった。ASNOVA（アスノヴァ）のようなフォルマリストたち、メーリニコフのような表現主義者、また伝統的な規範を信奉するアカデミストたちにとってはそうではなかったとしても、それは政治的には、あるいは日常的な利用者にとってみれば看過し得るようなものであった、というわけだ。だから、一九三〇年代になって「芸術としての建築」という命題が復活し、「美しい家」が求められ、プロレタリアートに相応しい「表現」を要求され、構成主義の芸術否定をブルジョワ・ニヒリズムと糾弾されたとき、構成主義者たちは少なくとも建前としてはそうした概念を否定してきただけに反駁すべき根拠をもたなかった。言ってみれば自縄自縛的な陥穽である。

それだけにアヴァンギャルドの反応も一様ではなかった。皆が皆、これまでもするとそのように記述されてきたように、政治的圧力の前に沈黙を余儀なくされたというのでもない。その例としてミハイル・バルヒンの述懐を挙げておこう（これが収録されているのは、これまでもたびたび言及してきたアナトール・コップの『スターリン期の建築』の巻末で、ここではN・バルヒンとなっているが、文脈からいってミハイルの誤りと思われる）。六章二節で取り上げた父グレゴリーの協働者でもあったミハイルも、単独でメイエルホリド劇場のプロジェクトなどを手がけた建築家で、これは疑う余地のないモダン・スタイルによっている。

「一九二〇年代の終わりのことからお話しましょう。私は学校を一九二九年に終えました。私はヴェスニンについたのですが、それは彼が機能主義者であったからというばかりでなく、彼が父のよい友人でもあったからです。一九二九年以前から、建築家たちは単独で働くことを好むようになっていました。彼らは全く自分たちだけでことをなし、自分たちのプロジェクトが他の誰のものにも似ないであってほしいと思っていたのです。絶えず新しさ、それも過去に何も負っていないような新しさを欲していたのです。でき上がったプロジェクトから見れば、プロジェクトごとの違いなどというものはそんなになかったのですけれども。（…中略…）あらかじめばらばらに作業をしながらも、着想は異なっていたはずなのに、明らかに構成主義のスクールのようなものが見てとれたのです。つまり、構成主義者と合理主義者の理論は異なっていたのですが、彼らの実践はさほど違うようには見えなかった。理論的な水準での統一が始まったのは一九三〇年代になってからです。一九三〇年には形態の水準ではル・コルビュジエの影響（例えば水平窓の採用など）で統一性が見てとれます。それはそれである意味では良かったのです。というのはそれは、全く早くつくれるような建築であったわけですから。けれども他方において見れば、それは建設の明らかな単純主義という部分で建築を退化させてしまうという面もあったのです。一九二〇年代を批判しようというのではありません。創造という面では、それは極めて生産的でした。しかし、一九二〇年代の終わりには息切れしてきたのです。毎回毎回新しいものをつくり出すことに疲れてきたのです。この時期には、全世界が明日にも世界革命が始まるだろうと思っていましたし、全世界がそれに向かって動いていたのです。この時期には、ソ連には一群の建築家たちがいました（革命に向かってアジテーションをしていたVOPRA［ヴ

バルシチ,
シニャフスキー/
プラネタリウム,
モスクワ, 1929

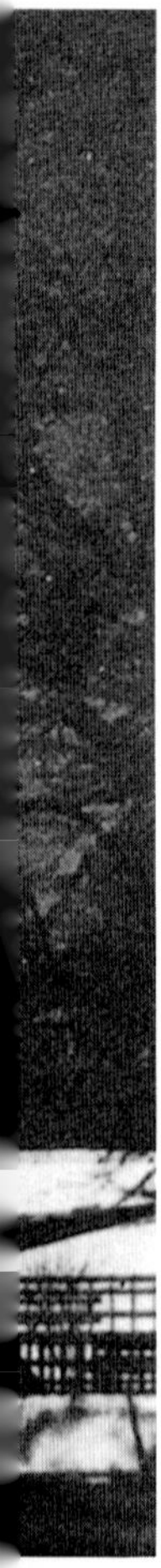

ォプラ」などのことか？——引用者）。こうしたときにソヴィエト・パレスのコンペティションがあったのです。しかし、建築家たちは一九二〇年代の探究で疲れ切っていました。もはやそれがどんなものであるかつくり出すための充分なバネがなくなっているという感じだったのです。（…中略…）こんな時に私たちはジョルトフスキーに向かい合ったのです。我々が創造のバネを失っているときに、一人静かに泰然としていたのがジョルトフスキーだったのです。ジョルトフスキーは、我々に古典芸術を研究することが必要であると説きました。そして我々の好みには反しながらも、見よう見まねで古典の遺産を研究し出してみると、我々は全く未知の世界の発見に夢中になってしまったのです。『我々野蛮人は今や自分を文明化しているんだ』というわけです。事実、何がなされてきたのかを知ることなしに新しいものなんかつくれるはずはないのです」。

このような記述をどれほどまともに取るべきかについて、我々は確たる基準をもっているわけではない。それはことばどおりであったかもしれないし、内心の屈折を糊塗する発言だったかもしれない（彼がメーリニコフのイズヴェスチャヤ職員住宅団地計画に対してなした批判的なコメントは、メーリニコフ攻撃の格好の材料として用いられた）。しかし、皆が皆どちらかであったわけではないだろう。STROIKOM（建設委員会）チームでギンスブルグの極めて才能のある助手であり、OSA（オサ）の中核メンバーであったミハイル・バルシチのコメントもまた興味深いもので、先のバルヒンへの言及も含んでいるのでいささか長くなるがここで引用しておく。バルシチは実作においてもシニャフスキーとの協働で構成主義の最も優れた作品のひとつであるモスクワのプラネタリウム（一九二九年、今日では大幅に改変され、面影をとどめない）などをつくっているが、一九二〇年代から三〇年代の変わり目での困難について、新建築には材料や技術面で難しい状況であり、木造を強いられたからフラット・ルーフにすることは難しかった（防水上の理由）し、施工の水準も貧弱であったこと、大衆の趣味がなかなかついてこなかったことなどを語りながら、こう言っている。

バルシチ, シニャフスキー／
プラネタリウム, モスクワ, 1929

「ここでの過去回帰は、単独の建築的問題には帰し難い深い理由によっているのです。とくに要求されたのは、イデオロギー的な回帰でした。この点では、私には核心をつくことだと思われるものについて強調しておきたいと思います。ジョルトフスキーについて語っておきたいのです。彼は後ろ向きの運動については何の役割を果してもいませんでした。彼は過去主義の傾向のイデオローグでは決してありませんでした。人が彼を基盤に据えて、あの時代のイデオロギー的な偏向をつくり上げたのです。

一九三〇年代にジョルトフスキーは、建築家自身の組織‐行政化については関心をもっていませんでした。この時期に『美しい家』についてのコンペティションが行なわれたのです。この時にジョルトフスキーは、イントゥーリストの建物（前に述べたマホヴァヤ街のアパートのこと――引用者註）の彼のプロジェクトを提出したのです。そしてこのプロジェクトは木造の家を提出した若い建築家たちの作品と並べられたのです。イントゥーリストの建物は、一九三〇年代の転回点を形作っています。この時期には多くの建築家たちが途方に暮れていました。例えばバルヒンなどは今まで自分が盲目のように建築をつくってきたことを発見したのです。つまり、建築文化というものを全く欠いていたし、いきあたりばったりで仕事をしていたということを。ジョルトフスキーではそれが反対だったのです。ですから、建築文化における自分たちの空隙を発見した若い構成主義者たちはそれを学ぼうとして彼の方を向いたというわけです。それが、ブロフとかゴルツ、バルシチ、シニャフスキー、ウラソフその他の連中の場合です。（…中略…）建築家たちは一人で仕事をすることを拒み、ジョルトフスキーのもとで働きたいといったのです。ジョルトフスキーのもとへ赴いたのが構成主義者たちであったというのは、極めて自然なことでした。というのは彼らはこの領域では何も知らなかったからです。（…中略…）実際には、ジョルトフスキーにはそんなに仕事があったというわけではありません。これに対して、他の建築家、チェチューリンなどは大きな役割を果していました。彼は大向こうに受けそうな建築をつくっていました。彼は、豊かな建築をつくらなければならない、というのも人民は豊かさと豪華さを求めているからだ、と言っていました。

（…中略…）ジョルトフスキーは確固たる点を探究しており、スタイルの概念には一家言もっていました。建築と自然の関係とか、ハーモニーやプロポーションの必要性を発見していたわけですが、ジョルトフスキーは古典主義をスタイルとしてではなくイデーの組織化された展開であると考えていたのです」。バルシチのコメントは一九二〇年代の仕事に関しても極めて冷静で、いささかもおもねるところのないものだから、バルヒンのそれにもまして信用の置けるものといってよさそうに思える。建築家同盟の総会で何の役割も果さなかったジョルトフスキーへの帰依は、むしろ無風地帯への避難であったようにも見える。彼へのその後の崇拝の高まりは、彼がスターリンの場合のように新しい風潮の政治的中心にいたからではなく、むしろそれをはずれたところにいたからであったからかもしれない。つまり、この老大家が構成主義からと同じくらい、新しいスターリン官僚の建築家たちからも遠いところにいた、ということによっていたのかも。しかし、この「帰依」にしてもやはり一様なものではなかったようだ。

最も興味深い例は、このバルシチのコメントにも名前の出てくるアンドレイ・ブロフである。ブロフもまたバルシチとほぼ同じ構成主義の第二世代を代表する才能で、エイゼンシュテインが『全線』で「ル・コルビュジエ風の」コルホーズの建物を登場させたとき、そのセットをデザインしたのが彼であることはすでに述べた。実際、ル・コルビュジエの訪ソ時の写真にはブロフがつき添っているシーンがよく見られる。彼はこの反動後も仕事にはむしろ恵まれていた。元構成主義者としては異例にといってもよいくらいである。一九四〇～四一年にモスクワのレニングラード大通りに豪奢なアパートをデザインしている。これはそばに建っているジョルトフスキーのものと並んでモスクワの高級アパートとして知られるもので、前記のインタビューの続きでバルシチはこの建物について「建築のプロポーションの階梯についての含蓄の深さを示すもの」と言っているが、プレファブ化されたパネルを用いて細かいレリーフ状の装飾を付しているこの擬ルネサンス風の建物は、明らかにもっとピュアなジョルトフスキーのものに比べて装飾過剰な折衷的デザインであり、モダニスト的見地からすると堕落以外の何物でもないようなデザインだが、実はブロフはバルシチが言うように「含蓄の深さ」を披歴するためだけにそれをやったのではなく、むしろ当時の「スタイル」への皮肉、あてこすりとして敢えて偽悪的にそれを試みていたきらいがある。彼のヤルタの保養地の

ブロフ／
レニングラード大通りのアパート，モスクワ

ブロフ／
ヤルタ海岸修景計画，
1945

海岸のプロジェクトでは、一見、典型的にスターリン期のデザインのように見えてその「嘲笑的に用いた装飾の背後には、手つかずのモダニズムが残されている」（ジャン＝ルイ・コーエン）。これは真偽を含めて話題になったショスタコーヴィッチのインタビューに見られた面従腹背のシニシズム（先に挙げたジダーノフの批判に答えて社会主義リアリズムの原理に従い、英雄的人民の闘争を描いたといわれ、事実大成功をもたらした第五交響曲が、実はあてこすりのヒロイズムであったというような）に近いものであった。

このブロフの例とは逆で、おそらくバルシチの例とも違うものもある。先に触れたフランク・ロイド・ライトのレポートでは、スターによって引用された部分に続いてこう書かれている。「世俗的な報酬で彼らは暮らしているのではなく、経済的には独立の生計を立てている。それが彼らの望む報酬である。一人の成功が他のものを傷つけるようなことは絶対にない。かえってそれが仲間の成功の飛び石になる」。スターが書いていたように、確かに「これほど真実から遠いことはない」。何故なら全ソ建築家同盟の総会に示されたポリティクスのうちには、路線上、思想上の問題に加えて、明らかに個人的な感情も紛れ込んでいたからだ。スターは、例えば、メーリニコフに対して加えられた攻撃の少なからぬものが個人的な嫉妬や怨恨によるものだとしている。アラビヤンがそうだし、やはりバルシチの発言の中に出てくるゴルツがそうだというのである。

アラビヤンは建築教育を遅くになってから受けた。二〇歳にして党員であった彼はアルメニアの党から奨学金を得てモスクワに出て、二五歳にしてはじめてVKhUTEMAS（ヴフテマス＝国立高等芸術技術工房）で建築教育を受けた。彼の教師にはASNOVAサークルのラドフスキーとドクシェエフがいるが、メーリニコフもまた短期間彼の教師であった。スターはアラビヤンが理屈ばかりいう出来の悪い生徒であり、そのために師弟の間で摩擦があった（「彼はそのような微妙な美学とは無縁であった」というのがスターの言い方である）と推測している。いずれにせよ事実として残されているのは、前にも紹介したことだが、一九二〇年代の終わりにVKhUTEMASの記念冊子をつくる際に、学生編集委員であったアラビヤンがメーリニコフの業績を除いてしまったことである。

もう一人のゴルツは、教育過程からジョルトフスキー及びシチューセフの庇護下にあったことまで、メーリニコフと同じ途を歩んだいわば同窓である（メーリニコフよりは三歳年少だが、バルシチたちよりは一世代前）。しかしその同じ途は一九二三年の全ソ農業手工業博覧会までで、この博覧会で最初の成功を博しその後スターとなったメーリニコフに対して、ゴルツはずっとジョルトフスキーの助手にとどまっていた。以前に取り上げたジョルトフスキーの火力発電所の設計などは彼の担当作品である。それ以降の一九二〇年代後半のキャリアにおいては、二人の間には天と地ほどの差がついていた。ゴルツはこの一九三七年の全ソ建築家同盟総会で次のような明らかな個人攻撃を展開している。「フォルマリズムが話題となると、普通糾弾されるのはメーリニコフとレオニドフである。しかし、二人の間には本質的な違いがある。レオニドフは誠実な人間である。彼は自分の芸術を愛している。仮に彼が過ちを犯したにせよ、それは彼が我々の現実から遊離したということで説明できる。メーリニコフは、しかし全く別の事柄である。なぜなら彼の中には誠実な性格が見当たらないからだ。彼は才能のある人だが、自分の芸術に対する愛などはない。彼は自己満足をしており、人が自己満足をしてしまったときには生命は置き忘れられるのだ」。こうしたメーリニコフらへのスケープゴート的な魔女狩りとバルシチらの純真な古典への回帰、そしてブロフのシニシズムと様々なものを含みながら、ソヴィエト建築はこの一九三七年の総会をもって完全に別のフェーズへと移っていく。「スターリンの建築」と呼び得る方向へ。

第十七章

宴の後

1 「スターリンの建築」

2 モニュメンタルな都市

3 地下鉄——「社会主義のショーウィンドウ」

4 建築ファンタジア（2）

5 スターリン・スカイスクレーパー

「スターリンの建築」

クレムリンの周りは、その立地的な重要性から様々な象徴的な大建築物のコンペティションに敷地を提供した。一九二三年の労働宮殿のコンペティション（東北側の斜向かい）然り、一九三一〜三二年のソヴィエト・パレス（北西側の斜向かい）然り、一九三四年の重工業省（東の赤の広場を挟んだ向かい）然りである。これらのどれも実現されることはなかったが、労働宮殿の想定敷地には、現在ホテル・モスクワが建っている。これはシチューセフの設計によるものだが、この建物に関してはロシア人好みの小話が残っている。この建物の正面を見ると、構成的には対称的なのだが、右と左とではよく見ると様式が違う。古い建物なら、例えばシャルトルのカテドラルでも、両側の尖塔部が違った様式になっているが、これは建設の時期が長期にまたがってしまったために、その間に建築様式が変化してしまったことによっている。このホテル・モスクワの場合にはもちろんそのようなことはない。この小話によると、デザインがほぼ終了した時点で、スターリンに対してお伺いがたてられたというのである。古典的な様式ともっと中世風の様式とどちらをこの基本構成の上に載せるべきか、と。スターリンは結局どちらともはっきりとした返事をしなかった。お伺いをたてた方は、受け取りように窮して、結局左と右とでそれを共に半分ずつ残すことにしたというのだ。

シチューセフ／ホテル・モスクワ，モスクワ，1938

お伺いをたてたのが設計者シチューセフ本人であったのかどうかははっきりしないし、第一、この手の小話の信憑性がどの程度あるものかももちろん疑わしい限りである。しかし、真偽のほどはともかく、このエピソードは「スターリンの建築」のポリティクスについてなにがしかのものを要領よく示している。多少ともソヴィエト建築史を知る人なら、この建物が明らかに一九三〇年代以降の建築的な風土を反映したものであることをすぐに見て取れるであろう。フランク・ロイド・ライトはそれを「世界中の大都市に見られる」様式であるという意味で「メトロポリタン・スタイル」と呼ぶべきだと言っている。これは八〇パーセントは正しい観察だが、残りの二〇パーセントにおいてこの作品は明らかに独特の「スターリンの建築」なのだ。しかし、それは、その呼称が示唆するように明白な独裁者の意志によってそうなのではなく、その不在にもかかわらずそうなのである。「スターリン」は、このポリティクスのいわば虚の中心を形作っている。ヒトラーのように、政治指導者としては異常に建築に対して関心を抱いていた独裁者の下ですら、建築様式総体に対する一枚岩的な強制同化が行なわれたわけではないことは、すでに拙著『未完の帝国』で指摘しておいた。そこでは「ナチス・ドイツの建築」、つまり、そのようなものであって、そのようなものでしかあり得ないカテゴリーとしてのナチスの建築のようなものは存在しないと述べておいたが、このことはスターリン政権下のソヴィエト・ロシアの建築についても妥当する。社会主義リアリズムの議論において、それが何であるかはついに具体的に記述されず、それが何でないかだけが語られたとはすでに書いたが、実のところでは、上記のホテル・モスクワに採用されたものを含めて、ほとんどあらゆるスタイルがこの「でないもの」のリストに挙がった。だから、社会主義リアリズムをめぐる議論は、不在の中心＝核をめぐるタマネギの皮むきに近い行為であった。この自家撞着性は、ナチス・ドイツにもあまり見られない事柄である。しかし、その議論のされ方はともかくとして、排除されたものだけははっきりとしている。つまり近代建築様式だけは、「プロレタリアートの芸術性への要求」に応えぬブルジョワ的ニヒリズムの名のもとに、ほぼ完全に「スターリンの建築」からははずされたのである。そしてその他の、やはり批判の対象に挙がった他の諸々の様式は、存続した。しかし、当然、ただ存続しただけではない。この時代特有のイデオロギー的なバイアスをうけたのである。それは「プロレタリアートのヒロイズム」に対応する、昂進されたシンボリズム、つまりメガロマニアと呼ばれる現象である。実を言えば、このメガロマニアもまた「スターリンの建築」に固有の現象ではない。もちろんナチスの建築もまた、多くそのような特徴をもっていたし、日本においても帝冠様式と呼ばれる奇妙な様式的折束が、やはりこうした特質を示して、軍国主義イデオロギーの建築的表現として語られることが多い。

しかし、メガロマニアは、いわゆる全体主義国家に特有の現象ですらないのである。こういった現象を取り上げたフランコ・ボルシの著書のタイトルに“The Monumental Era”とあるように、この同時代には、政治体制のいかんを問わず、アメリカであろうが、イギリス、フランスであろうが、また北欧にもこのような特徴が顕著に見られる。それはライトのいうコマーシャルなメトロポリタン・スタイル（これはむしろもう少し前のボザール様式を念頭に置いている）をもっと古典主義の方に引き戻したようなものだが、明らかにこれらの現象は、国家や権威の統合的な強い表現を時代が、政治、経済上のシステムの違いを越えて、求めていたことを意味している。前記のボルシは、「ヒトラー自身、新しい思想が勃興し、それが集団的な意識に受け入れられるときには、イデオロギーをモニュメンタルな構築物に翻案することで建築が有用であることに気づいていた。建築の教化能力はいつでも認められていたから、支配的な政治、社会、宗教的システムのシンボルとしてそれを聖化するのにシールを貼ることが、意識的になされた。しかしこの機能を満たすのに必要な駆動力を与えたのは、常に、建築家たちというよりは社会の改革者たちの方であった」と述べている。

それは、正確には、（権威主義の）「様式」という風に呼ぶべきものではない。同じようにメガロマニアックでも、その様式には様々なものが見られたし、近代様式ですらそれと必ずしも矛盾するものであったわけではない。ル・コルビュジエがヴィシー政府の、そしてミース・ファン・デル・ローエがナチス・ドイツの建築をおのおの公式に代表したとしても不思議はなかったのである。現にこの二人の巨匠も一時期はその地位を獲得しようと努めた節があるし、彼らの様式に「新秩序」をセレブレートするようなモニュメンタリティが欠けていたわけでもない。そしてイタリアのファシズム下においては、モダニストたちの少なからぬ部分が、近代様式の中に明らかにザッハリッヒな機能主義とは別のモニュメンタルな新様式としての可能性を見出そうとしていた。だから、メガロマニアは、スタイルと言うべきではなく、むしろモードといった方がいい。様々のイデオロジカルなシニフィエで満たし得る、強力な「空のシニフィアン」としてのモードであるといった方が。

ソヴィエト建築における新しい局面について、フランスの建築家アンドレ・リュルサ（一九三四〜三七年にソヴィエト滞在）が一九三四年の“**Art vivant**”誌に「ソヴィエト連邦からの帰還」と題してレポートを書いている（つまり彼はその後再び渡ソしたわけだ）。リュルサは一九二〇年代のフランスにおいてル・コルビュジエと並ぶモダニスト・アヴァンギャルドであった。そして思想的には必ずしもはっきりとしなかった（それ故にイタリアの批評家ペルシコに、「ル・コルビュジエのポレミックを乗り越えつつも、ル・コルビュジエの建築に言及することこそ、批評にとって焦眉の急である。それから何故、近代建築はジュネーヴではボルシェヴィキ、パリの『ユマニテ』紙上ではファシスト、モスクワではプチブルジョワなのかということも解明されなければならぬ」と書かれた）ル・コルビュジエとは違って、筋金入りのコミュニストであった。彼の代表作ヴィユジュイフのカール・マルクス学校（一九三三年竣工）は完全なモダニズム建築である。構成主義的と言ってもよい。しかし、その次の年に書かれたこのレポートでは、はっきりと変化が刻印されている。

「従って、ソヴィエト連邦では建築の展開の第二段階に達している。それがとりわけに興味深い時期であるのは、今や、単に功利的な建物ではなく、偉大なる建設の時期に入ろうとしているからである。膨大なモニュメントがつくられ、新しい街が丸ごとつくられ、この場合、外観の問題は新しい重要性をもってくるのだ。建築家たちは深刻な問いかけに直面している。彼らがつくることを求められているこれらの劇場やクラブ、ソヴィエト・パレスなどは、構成主義様式、つまり基礎的な機能的考慮にあまりにも支配されているこの、むしろプリミティヴな様式によって実現され得るのか、という問いである」。

これまで述べてきたように、この時点では、モスクワの空気はまだ決定的に転回していたわけではない。リュルサもまた、西側に比べて技術的、経済的に進んだテクノロジーを用いるのに不利な状況下にあったロシアにおいては、構成主義が現実に無理を生じざるを得なかったことを指摘すると共に、「コラ

リュルサ／科学アカデミー
コンペ案, モスクワ, 1934

ムやコーニスや彫刻の下に現在の無力を隠している」古典主義をも批判していた。「前者（構成主義）の失敗は、後者（新古典主義者）に勝利を与えるものではなかった。何故ならこれまで見てきたように、問題は単に美学的なものではなく、我々があらゆる技術的な発展の問題において常に行きあたるすべてのこの種の議論の下にあるものだからだ」。

リュルサがほぼ同時期か幾分前に招請された他の西欧の建築家と異なっていたのは、後者がほとんどが技術者として、つまり第一次五カ年計画下での、とくに新都市造営に際しての実務上の専門的指導やアドヴァイスを行なうことを求められたのに対して、リュルサは、彼の思想のせいもあってか、表現的、象徴的な建築への関与を求められたことにある。これは、五カ年計画が第一次から第二次に移ったのに伴い、前記の引用句にあるように「ソヴィエト連邦の建築の展開」も「第二段階」にさしかかっていたからでもあった。カガノヴィッチに対して彼が提出したレポートではこう書かれていた。

「ソヴィエトのプロレタリアートには、文化面で何を自分たちが求めているのかを即座に知ることはできないので、あれやこれやの芸術形態を欲しているのだと具体的に述べることは不可能であり、それを満足させるためにこの方向での探究がなされねばなりません。建築のことに限って言いますと、これまでにある伝統といったら、富裕なブルジョワジーかすでに衰亡した宗教的イデオロギーを表現する建物以外のものはないために、プロレタリアートがこうしたもののもつ偽りの奢侈に一時的に魅惑され、その過ちに気づかないということは理解しやすいことであります」。

観察としては冷静かつ客観的なコメントと言うことができるかもしれない。ここで言及されている事柄は、一九三七年の全ソ建築家同盟総会のオープニング演説でカガノヴィッチが述べた、プロレタリアートが欲する「美しい家」とほぼ同義の内容だからである。しかし、それはすでにVOPRA（ヴォプラ＝プロレタリア建築家同盟）でも語っていたことである。そしてその理解しやすい「過ち」を超えて何をつくるべきかは、結局はリュルサにとっても提示することができなかった。彼が同じ一九三四年にデザインしたモスクワの科学アカデミーのコンペティション応募案は、確かに「偽りの奢侈」（十六章で触れたブロフのアパートのデザインはそれを偽悪的に強調していた）こそないものの、基本的にはモダン化された古典主義的なコンポジションでしかない。それはVOPRAや構成主義を「清算」しようとした時期のヴェスニンやギンスブルグのプロジェクトと結局は同じ路線であった。そして「スターリンの建築」は、こうした「理解しやすい過ち」への批判的意識をも含み込みながらも、まさにその方向へとなし崩しにされていったのである。

リュルサの「ソ連邦からの帰還」の二年後に全く同じタイトルをもった本が出版されている。作家アンドレ・ジイドによるものである。「ソヴィエト連邦に対する賛嘆と愛着」にもかかわらず現地で実際に体験した失望感を書いたこのテクストは、「意見を変えたのが私であるのか、或いはソヴィエトであるのか、そのいずれであるか」と正面きって問うたことで名高いが、この問いはリュルサとジイドの立場の決定的な分水嶺であった。ソヴィエトそのものが消滅した現在においては、このジイドの問いかけはもはや問いですらなくなっているが、むしろ興味深いのは、こうしたコメントがほとんど驚愕によって迎えられたという当時の現実の方である。つまり知識人にとって、ソヴィエト

での出来事に異議を唱えること、そこにコンフォルミズムを見ることがいかに困難であったかというこのトラップの方が。ジイドのテクストには、先のリュルサのそれと極めて似た一節がある。「大多数というものは——譬え最良の要素から成り立っていても——ある芸術作品を評価する場合、そこに含まれているところの新しいものや、力のあるものや、調子のはずれたものや、人を当惑させるようなものを決して喜ばないものである。その代わりに、彼らは『見覚えのある』もの、すなわち通俗的なものしか喜ばないのである。かつてブルジョワ的な通俗さ（バナリテ）があったように、革命的な通俗さもあることを知ることが肝要だ。そして、最も健全な、また最も安定した理論であるとしても、通俗さがそれにもたらす画一的なものは、決してひとつの作品に大きな価値や永続性を与えるものではない」。これは、それ自体としては、むしろ常識的なモダニスト的見解と言うべきだろう。

しかし、リュルサにとっては、同様な見解をもちながらも、ジイドと違ってソヴィエトの現実になにがしかの現実的寄与をなそうと試みたときに、彼自身もそのコンフォルミズムから脱却できなかったという点にアポリアがある。それは大衆状況というすぐれて近代的な条件と、個人を超えた共同体の芸術言語への希求との間に生じた矛盾であったと言えるだろう。近代建築は当然、大衆状況を前提に成立したものであり、その限りでは非個人主義的で匿名的なスタイルとしての条件を保有していたが、同時に、それは真正の芸術性を獲得するためには極めてすぐれた個人の建築家の能力を要請するものであった。それが欠けたときにはかつての共同体的な言語であった古典主義のそれとは違って、単にバナルで匿名的なものとなりがちであり、しかも、この違いはむしろ大衆的には理解し難いものであった。つまり、近代建築は、ジイドのことばを借りるなら、新しいという意味ではあまりにも「見覚えのない」ものだったが、しかし同時に低い方の鞍部で越えてしまいやすいという意味ではすぐに「見覚えのあるもの」と化しやすいものでもあった。それでは、大衆的なセレブレーションのために記号とはなりにくい。一九三〇年代の政治－社会状況下で古典主義や民族主義的な言語がメガロマニアックな装いの下に出現したのは、こうした理由によっていた。実をいえば、古典主義が前提としていた共同体とは、正確には二十世紀的な大衆の総計などではなかったはずで、それがこの拡大された古典主義を錯誤的なパロディに見せているものだろうが、それは大衆（プロレタリアート）と共同体（ソヴィエト国家）——これはドイツで言えばゲルマン民族とナチス体制というように変奏される——の一致という感覚が成り立つ神話的な領域では、当然パロディなどとは認識されないはずである。「スターリンの建築」と呼ばれ得るものは、大衆状況に関与しようとするならその中に入ることを余儀なくされる、そのような魔法陣のひとつであった。

2. モニュメンタルな都市

建築におけるモニュメント・カルトと密接に手を携えたのは、都市計画における伝統的な大路（マジストラールィ）街区（クラヴァタールィ）概念への回帰である。つまり、中庭を抱え込んだブロック状に建築化された街区を都市の基本的な構成単位として、それを街路でつないでいく、あるいは、建築ブロックのソリッドなヴォリュームによって、都市空間を内側の中庭と外側の街路というかたちに切り取っていく、そしてその街路のうちでとくに広い大路を都市の基本骨格とするという手法である。それは「社会主義都市」のあり方として喧伝されたものであったが、その実は伝統的な西欧都市の造営の仕方、とくにそれをマクロなかたちで実現した十九世紀の定型を踏襲したにすぎない。ただナポレオン三世とオースマン市長が開いたパリのブルヴァールが、本来パリ・コミューンの経験に鑑みて、軍隊の敏速な移動を容易たらしめるのと逆にバリケードの設営を困難にすることを目指していたのに対して、「スターリンの都市」はもっとはっきりとイデオロギー的なデモンストレーション効果を目指していた。「『社会主義リアリズム』の都市形態」という論文の中で、ジャン＝ルイ・コーエンは「反動の最も暗い暗黒期や第二次大戦後のスターリニズムの文化的退行のフェーズには同じような（アヴァンギャルド時代のようなという意味――引用者註）弁証法が見出されないといってみても無駄である。当時のものも、近代的テクノロジーの（相対的な）展開の故に惹き起こされた別種の矛盾ではあるのだ。したがって、この二〇年間の都市政策と建築論議の中に異なったモメントをつくりだしたものを把握することこそが肝要である。以前は構成主義者であった建築家たちの勝ち誇った調子の言説（その転向が進んでのものであろうと、力に屈してのものであろうと）やら、諸々の歴史的スタイルの言語をさらってみるだけで満足してしまわないことが不可欠である。実際に、退行的ではあるにせよ真摯な分析に値するこうした建築によってこそ、都市のすべてがゼロから建設され、拡張され、そして改造されていったのである。問題は、『呪われた』建築を後付け的に復権するというようなことにあるのではなく、それらがソヴィエト都市に対してなした具体的な機能や、スターリニズムの大衆イデオロギーや政治とどのような関係にあったかを明らかにすることである」と書いている。

このコーエンのコメントの背後には、いわゆるポスト・モダニズムが、基本的にはモダニズムの都市像に対する批判から発し、ヨーロッパ都市の伝統的形態の再評価へと結びついていく中で、それが一九三〇年代以降の東欧の都市のあり様への評価ともつながっていった事実がある。このことは、左翼ポピュリズムから発しながら、それ以降もチャールズ皇太子のモダニズム批判発言へとも結果するという不可思議な左―右翼野合の構図となって今なお保たれているが、因みにそれに対して日本の都市の街並みが商業主義という文脈以上のイデオロギー的意味をもって争点になることが稀なのは、考察に値する事柄だと言うべきであろう。ソヴィエトにおけるアヴァンギャルディズムの衰退が、都市の解体をめぐる一九二〇年代の都市解体論争の強権的な幕引きに始まったことは、先に言及したが、ソヴィエト連邦は社会主義国なのだからソヴィエト都市もまたそのままで社会主義的なのだ、というカガノヴィッチの議論ほど「スターリンの建築」を端的に性格づけているものはない。これはもちろんデマゴギーそのものであるようなトートロジーだが、コンフォルミズムをビューロクラシーの必要与件であると考えれば、ある意味ではすこぶる現実主義的で、「技術主義」的な選択である。つまり、そこではもはや決着のつきにくいイデオロギー上の論争は完全に棚上げにして、ゴールの方は論争の余地なく自動的に設定した上で、そこへ向かう具体的な方策のみに関心を絞ろうとしているからである。

こうして見れば、前章にも述べた一九三二年のモスクワ改造全体計画のコンペティションが、ほぼ同時期のソヴィエト・パレスのコンペティションと同様、建築の表現面で意味したものに対応するデモンストレーション偏重の結果になったのは当然の成り行きだった。最も現実主義的なエルンスト・マイの機能的な案などは、事実ソヴィエトのベテラン・プランナー、セミョーノフの高く評価するところであったにもかかわらず、先に言及したような第二次五カ年計画の文脈、つまり表現面での「人民の要求」に応えるというところには当然のことながら欠けていた。第一次五カ年計画の開始時であれば歓迎されたであろうようなこの提案も、「スターリンの建築」という魔法陣の形成されたこの時点では、すでに人民の心理的、芸術的欲求には何も応えることのない、「ブルジョワ・ニヒリズムに通じるもの」となっていた。

セミョーノフが計画局長としてまとめ、一九三五年に承認された前記大モスクワ計画は、「都市の計画と建設のための完璧に現実主義的な」ものであり、一方社会主義リアリズムの理論家ツァペンコの言を借りれば「ソヴィエト都市建設の実践のすべては、我々に、我が都市計画は都市の拡散化、断片化、建設自体の拡散化等々に抗して行なわれていることを確信させる」ものであった。拡散化云々はアヴァンギャルドによる都市解体のアイデアに言及したものであるから、ここでは、既存都市への集中という現状への追認が、社会主義体制の積極的な選択であるかのように語られているのである。それは現実的な選択であったかもしれないが（しかし、それが設定した人口密度は平均百人／ヘクタール、最大五百人／ヘクタールだったが、当時の実態は密集地域において一千人／ヘクタールにも及び、この基準は何の現実的な意味ももつことなく途中でうち捨てられた）、同時にそれに社会主義体制の勝利を重ね合わせてセレブレートしようとするとき、強くコンフォルミズム的な色彩を帯びる。プランナー、デザイナーの立場からすれば、この選択は、もはやそれ以外のかたちの発案の余地を許さぬという意味で、所与のレールの上で問題にいかに対処するかというテクノクラート的な解法でしかない。実際、革命前からの実務家であったセミョーノフなどは、アヴァンギャルド期には半引退状態であったのが、イデオロギー的に無色なベテランとして再登場させられたわけで、この状況下では適材であった。といって彼らテクノクラートの仕事を過小評価するわけにはいかない。なぜなら数値的な統計分析処理などに基づく近代的都市計画手法の施工という意味で、彼らは世界の先鞭をつけていたからである。その意味でソヴィエト都市計画が「科学的な」ものであったという言い方は間違いではない。

しかし、体制及び「人民」の立場からすれば、この舞台は全くイデオロギー的な表象空間であった。ここでは、背後の「計画」と表層の「表象」との完璧な二重性が支配している。構成主義においては一体的であったものが、こ

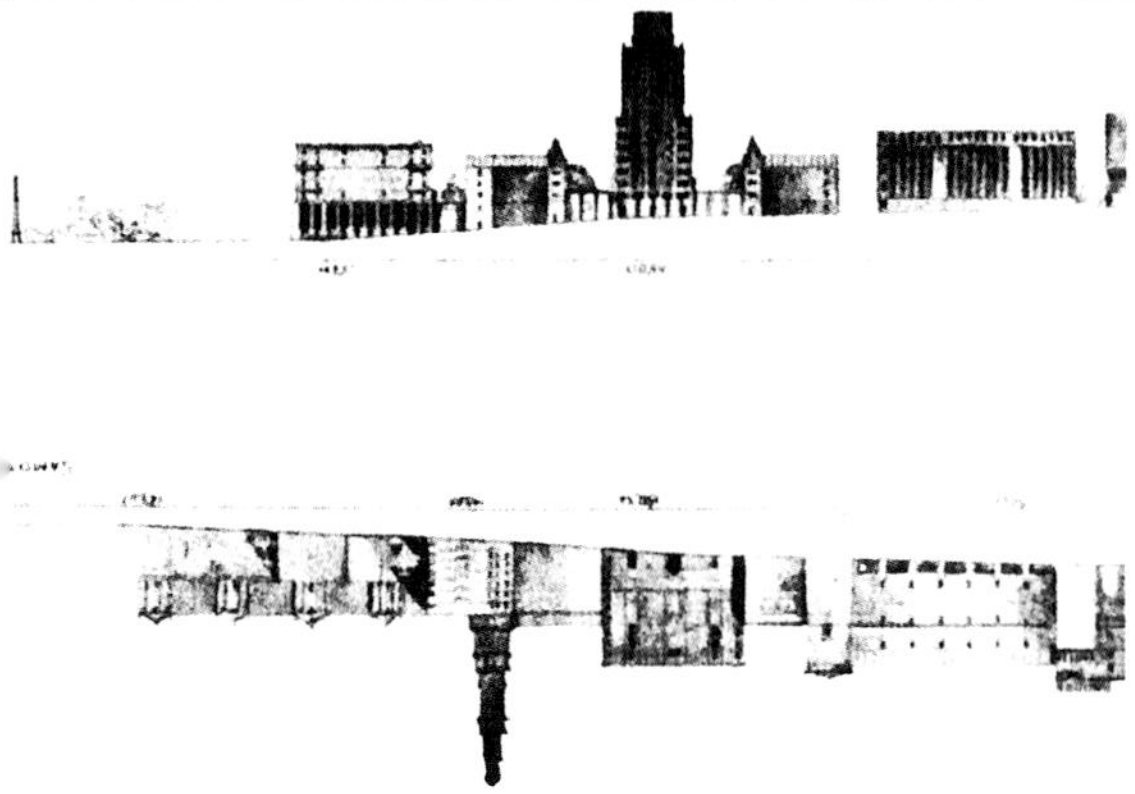

モルドヴィノフ/
ゴーリキー通りの
アパート, モスクワ,
1935

こでは明確に役割分担させられているが、それによって、「スターリンの建築」は己の位置を確定している。もちろん、表層の部分の方にである。つまり、それは全体の社会や都市像を部分（断片）から新たに問うのではなく、むしろその確定された全体の中に、サブセットとして過不足なく、あるいはスケールにおいてのみ突出したそのショーピースとして収まることのみを要請される。それが一九三〇年代以降ソヴィエトの理論家たちによって強調された建築と都市のアンサンブルの理論である。伝統的都市に範をとった（ギリシアやローマなどの古代都市の研究も奨励された）このアンサンブルによって、ソヴィエト・プロレタリアートは全人類的な歴史的遺産の後継者となり得るというわけだ。この点を典型的に表明しているのは、第一回全ソ建築家同盟の総会でのマズマニヤン（元VOPRA［ヴォプラ］のメンバー。一九三〇年前後には多くの独創的なプロジェクトをものしている）の発言である。「資本主義国の建築家たちは、我が党と政府が若い建築家をギリシアやイタリアに送るのを見て驚いている。……我々はそれに対してこう答える、確かにアクロポリスはあなたがたの領域にあるが、その継承者は我々なのだ、と」。

具体的には、建築が歴史的な様式を拡大したスケールで反復したように、都市もまた従来のモスクワの放射－集中状のパターンを強化するようなかたちで造営されていったのである。典型的な例としては、クレムリンから北西に延びるゴーリキー通りの入口にモルドヴィノフの設計による、古典主義をベースとしながらもオーセンティックとは言い難い、折衷的なディテール（民族主義の装い）をかぶせた長大なアパート（下層は商店やオフィスが入る）が一九三五年に造営された。これがパリにおけるシャンゼリゼやリュー・ド・リヴォリ、ベルリンにおけるウンター・デン・リンデン、ウィーンにおけるリングシュトラッセなど十九世紀の西欧の大首都の「偉容」を再現しようとしたものであることは、言うまでもない。事実、モルドヴィノフはこの通りをモスクワのシャンゼリゼと呼んだが、前に言及したレニングラード大路（これはゴーリキー通りの延長である）のブロフやジョルトフスキーのアパート（建設は大戦を挟んだ一九四〇年代）などもまたこの路線上のものであり、それは同じ通りにモルドヴィノフの指導下にゴルツやチェチューリンがつくったアパート群（一九三九～四〇年）に先行されている。このような都市の美装は、目抜き通りに準じる地区においても、不良住宅の廃棄、新しい建物への建て替えというかたちでの市街地整備として推進された。それもまた西ヨーロッパの大都市が十九

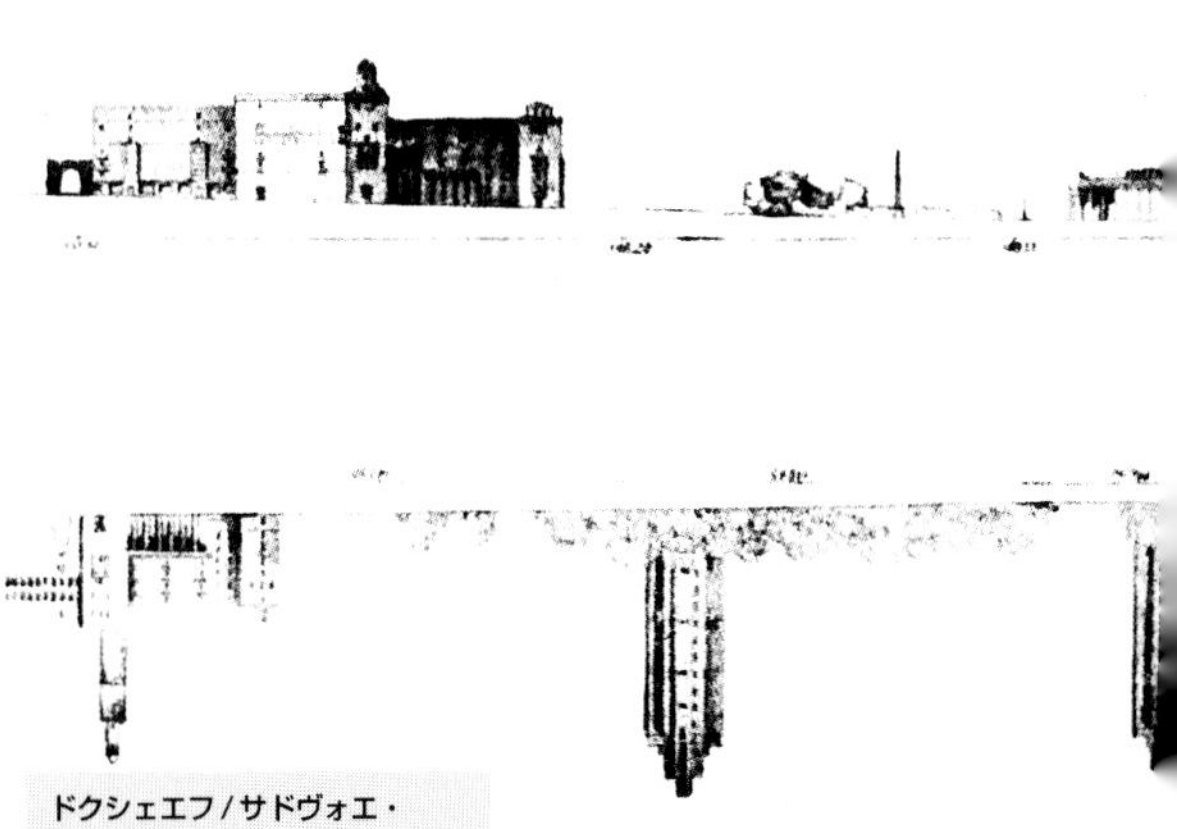

ドクシェエフ／サドヴォエ・コリツォの修景スタディ, 1937

ジョルトフスキー／レニングラード大路のアパート, モスクワ, 1940年代

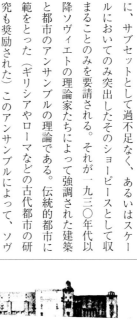

世紀に推進したのと同じいき方である。ということは、すでにそれが新しい社会的–経済的（敢えて政治的とは言わないまでも）現実には合致しない方式であったことを示している。

「この新首都は、もはや自分の物理的構造のうちに社会主義的な性格を示そうというのではなく、陳腐なまでに国家の要求に応えようとするものであった」と前出のコーエンは書いている。これが全く現実路線であり、アヴァンギャルドのイデオロギー過剰とは異なったものだという立論は、テクノクラート的な観点からも成立はしない。何故ならセミョーノフは「モスクワは中心と郊外の良好な結合を手にするスケールを超えてしまった。その結果として現今の中心部を保持しながら地域の大規模な拡張を行なうことは不可能になってしまった」と述懐しているが、彼が意図した、様々な修正手段を講じて都市各部の均衡をとるという方向は、郊外（かつてのハウジングコミューンのようなもの）よりも圧倒的に都心部を偏重するという方向に「歪められた」のである。社会主義リアリズムの都市理論は、資本主義の投機性は合理的な都市空間の再編成を不可能にし、それは社会主義の計画性によってのみ成し遂げられるという原則論を立てたが、それは明らかにここでは成立していない図式である。

「スターリンの建築」とは、このアルカイックでメガロマニアな都市の舞台を強化すべく動員された役者たちである。このシェノグラフィを方法化するために、一九三〇年代の半ばには大路沿いの「観相術（physiognomy）」のスタディをクラチュクとポリヤコフらが、またかつてのASNOVA（アスノヴァ＝合理主義建築家同盟）の幹部であったドクシェエフが展開している。クラチュクらは、マイやヒルベルザイマーなどの近代的な都市空間のつくり方を批判しながら、この都市アンサンブルの概念を持ち出しているが、それは先にも述べたように、ほぼ半世紀後のポスト・モダニストの立論を正確に先駆している。確かに既存の都市の中での建築の連続性という概念は近代都市計画の中には欠落していたものであり（それは旧来の秩序を拒むという積極的な意味ももたないわけではなかったが）、一九七〇年代にコンテクスチュアリズムと称して新しい概念のように賞揚されたものも、この理論のうちに先取りされていたことは事実である。

一九三〇年代の後半以降には、モスクワ再開発のいわゆるスターリン・プランとして、モスクワ河沿いの多くのモニュメンタルなアパート群や都市アンサンブルの要としての多くの広場の計画、さらに公園などの修景要素の計画がなされている。モスクワ河岸沿いではいくつかの地区が後述のモスソヴィエト

メーリニコフ／ゴンチャルナヤ堤計画, モスクワ, 1934

メーリニコフ／ルツニキ大道路橋計画, モスクワ, 1935

のデザイン・アトリエに持ち込まれ、ヴェスニン、シチューセフ、メーリニコフらがプロジェクトをつくっている。いずれも極めて壮大なもので、アルカイックなマンハッタンといった趣が強い。この中には橋の計画なども含まれており、この点でもマンハッタンを連想させる。このアメリカニズムは、同時期にシチューセフのかつての門下生でコロンビア大学で教鞭をとっていたオルタルツェフスキーが帰国したこととも関わっている。フレデリック・スターは、メーリニコフのゴンチャルナヤ堤の計画におけるサンクンの道路の扱い（川に平行に走る道路をアパート群と堤よりも低くしている）、ルツニキの大道路橋のデザインには、オルタルツェフスキーによって知識を得たマンハッタンのリヴァーサイド・ドライヴやウェストサイド・フリーウェイ、そしてヘルズ・ゲート・ブリッジなどのアイデアが採り込まれていると述べている。アメリカニズムへの熱狂は、少なくとも戦前は米ソ二極対立構造が際立っていたわけではないこともあって、メーリコフのみならず、シチューセフなどにも行きわたっていた。メーリニコフ門下でVOPRAを経由し、建築アカデミーの総裁を務めたウラソフなどは、冷戦構造が定着したスターリン死後の一九五五年にアメリカ（具体的にはニューヨークのスカイスクレーパー）礼賛を咎められて失脚する有様であった。これらのプロジェクトは、少し前のソヴィエト・パレスのコンペティションの最終フェーズや同時期の重工業省（それも考えようによっては赤の広場の整備計画の一環である）のコンペティションと、当然ながらよく似た趣を呈している。ヴェスニンとギンスブルグの協働作業によるコテルニチェスカヤ及びゴンチャルナヤ堤の計画は、個々のヴォキャブラリーはモダンながら全体としてはモニュメンタルな外貌を示しているし、メーリニコフの場合はよりアルカイックな趣が強くなり、部分的には極めて幻想的かつ折衷的な要素が導入されている。前記のルツニキの橋のデザインなどはマンハッタニズムの背後にピラネージ、あるいはユヴァーラやビビエナなど後期バロックのシェノグラフィを連想させるものだし、ゴンチャルナヤ堤のデザインにははっきりと中国風のレストランが導入されている。バロック的なシェノグラフィと言えば、ウラソフによるゴーリキー公園のデザイン（一九三四〜三六年）はその最たるもので、幻想的だが、同時にはっきりとキッチュな折衷主義によってこれもマンハッタニズム（レム・コールハースが『錯乱のニューヨーク』で強調したルナ・パークのようなメトロポリスの快楽的イコニズム）を示している。それらはほとんど「新しいバビロン」としてのマンハッタンのもうひとつのヴァージョンであり、その意味では、そのアルカ

メーリニコフ / ゴンチャルナヤ堤計画,
モスクワ, 1934

イズムにもかかわらず、やはりすぐれてマス・ソサエティの産物である。これらのメガロマニアックな計画については、よく見れば認められる個々の違いにもかかわらず、全体の印象としては驚くほど似ているとも言えるが、実現したシチューセフのものなどはやはり前記のものよりも凡庸であり、メーリニコフやヴェスニンの手によってつくられていたら、憂鬱な時代錯誤は払拭できないまでもそれなりのショーピースになったではあろうと思われる。

広場としては、もう少し前の一九三一年に同じモスクワで五つの広場がモデル的に選ばれてデザインされたのを皮切りに、一九三〇年代を通していくつもの整備計画が行なわれた。ここでも時代を経るに従ってアルカイズムへの傾斜がはっきりと認められる。一九三一年の計画では七人の建築家たちが提案を行なっている。メーリニコフのアルバート広場、レオニドフ、エルミーロフ、パヴロフ、クズミンなどSASS（社会主義建設のための建築家センター）チームのセルプルホフ広場、ラドフスキー、フリードマン、イオヘレス、カルムイコフなどARU（アル＝都市建築家同盟）チームのトゥルブナーヤ広場、アリモフ、ブーニン、ドルガノフ、ASNOVA－VOPRAチームのイリイチ広場、クルブロフ、シチヴェレフ、ロジェンバウムらのVOPRAチームのクレスチアンスキー広場の提案などは、どれも伝統的な広場のつくり方とは異なった自律的な幾何秩序を埋め込んでいくことによって新しい都市的な文脈をつくり出そうというものであった（例によってレオニドフ案などは「左翼主義的逸脱」を攻撃された）が、一九三四年のフォーミンのスハレフスカヤ広場の計画や一九三五年の諸計画、例えば、メシュコフ、ジェルズコヴィッチらのアルバート広場、タラライのニキツカヤ広場、ドディーツァのキエフ広場、チェルヌイショフとゴルドスタインのソヴィエト広場のそれなどは、もうはっきりと旧来の都市アンサンブルの考えに基づいたものである。ここでは前記モスクワ河沿いのものとは違って、アメリカ・モデルはもともと土台が異なっているから適用できず、伝統的な意味でヨーロッパ的である。

他の大都市でも事情は似たりよったりであった。キエフでは、ウラソフらによる極めて装飾的な環状メインストリート（クレシシャーチク）がデザインされ、ミンスクではアンドロソフとトラーテンベルグによる都心部の計画に基づいて、その上にバルイシニコフとバルシチ（共にもとOSA［オサ＝現代建築家同盟］）のレーニン大路のアンサンブルをはじめとして、ルバネンコとゴルボフスキーによる駅広場、などが造営された。戦後の一九五三年の「建築アンサンブル理論の若干の問題」と題する論文中でホドジャーエフは前者についてこう書

ヴェスニン兄弟,
ギンスブルグ/
コテルニチェスカヤ堤計画,
モスクワ, 1934

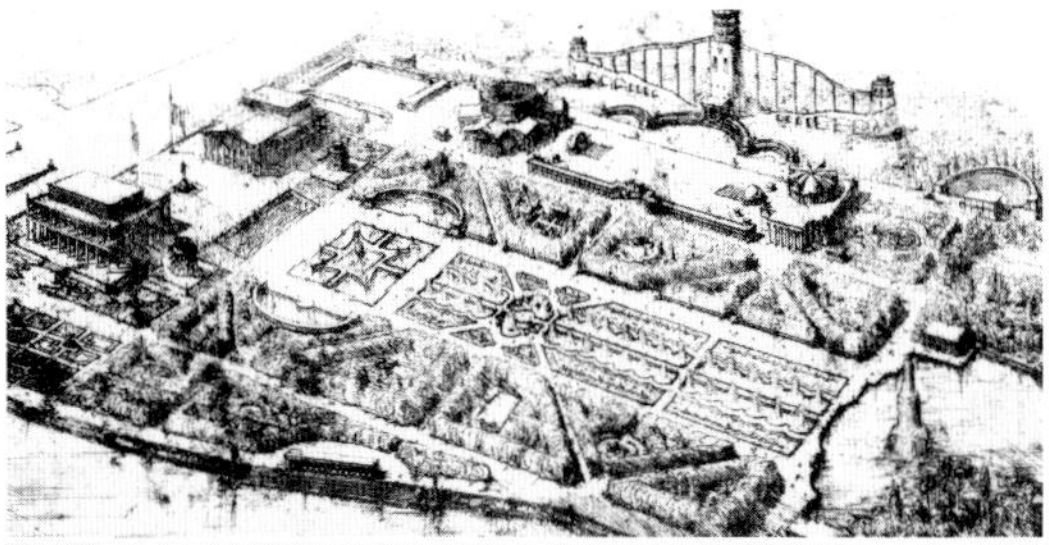

ウラソフ/ゴーリキー公園計画, モスクワ, 1934 - 36

シチューセフ/ロストフ堤のアパート,
モスクワ, 1930年代終り

いている。「例えば、キエフの主要幹線道路であるクレシシャーチクを取って見るならば、ただ幹線道路の交通的な意義だけが、その新たにつくられているアンサンブルの形象を規定しているのでないことは明らかである。キエフの中心幹線道路を形成する個々の建物の使命も、いまだそれを完全に規定することができないということもまた明らかである。クレシシャーチクのアンサンブルの使命は、ウクライナの首都の快活な美しい街路、デモンストレーションや民族的な行進のために予定された街路、ウクライナ民族の幸福な生活をその明快な芸術的外観によって生き生きと表現した道路、そういった街路をつくるということと緊密に結びついている。まさにその思想が、クレシシャーチクの建築の基礎を、その性格を、街路の横断面その他を条件づけなければならなかったのである」。同時にこの論文では、キエフやミンスクでは、幹線道路と広場などのコーディネーション（アンサンブルとしての問題）に難があると批判もしている。それは車などの条件がなかった頃の、しかも造営に長い時間をかけていた頃の手法を短期間に実施したための無理もあったとは考えられるが、それにしても、例えばミンスクの駅広場とモスクワのレーニン大路のアパート群を比べて見れば、いかに同じようなイメージが何処でも反復されたかが明白に感知できる。それがアンサンブル上

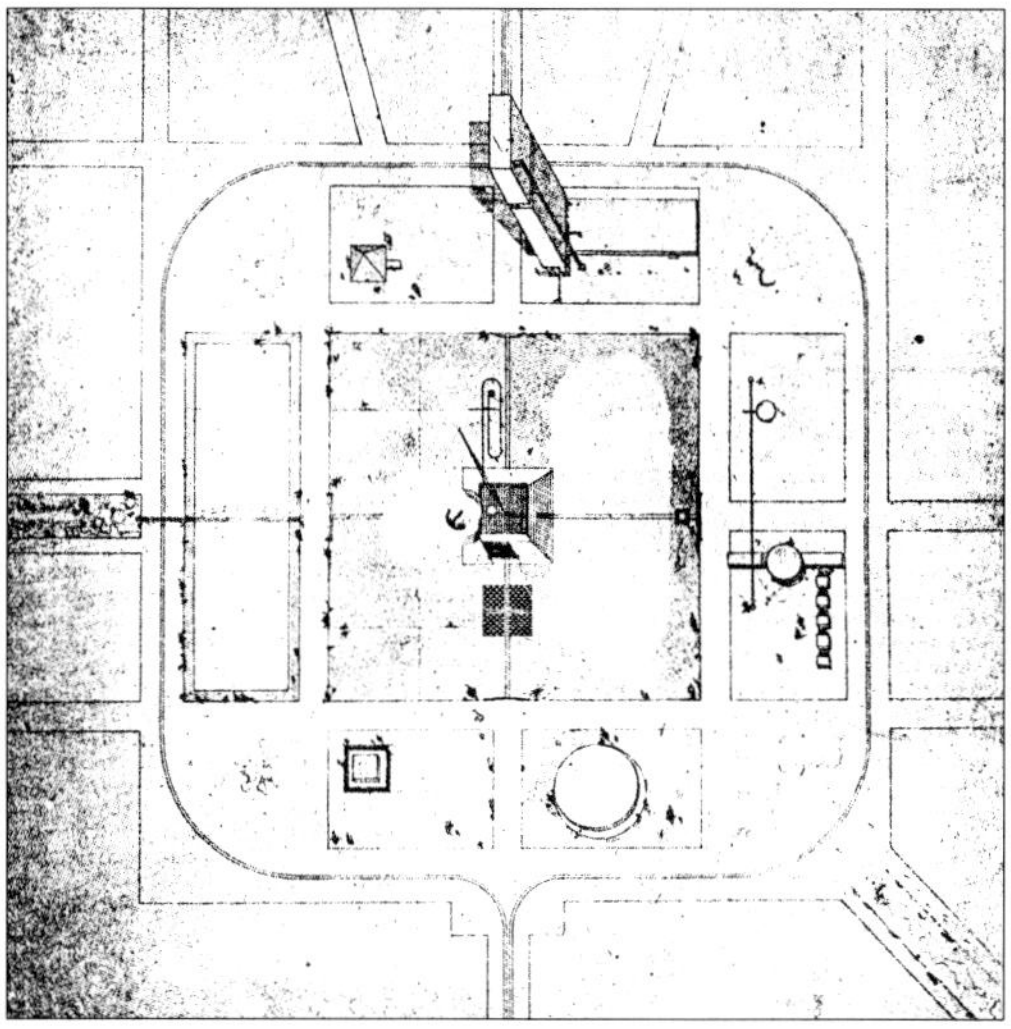

SASSチーム／
セルプルホフ広場,
モスクワ, 1931

メーリニコフ／
アルバート広場計画, モスクワ, 1931

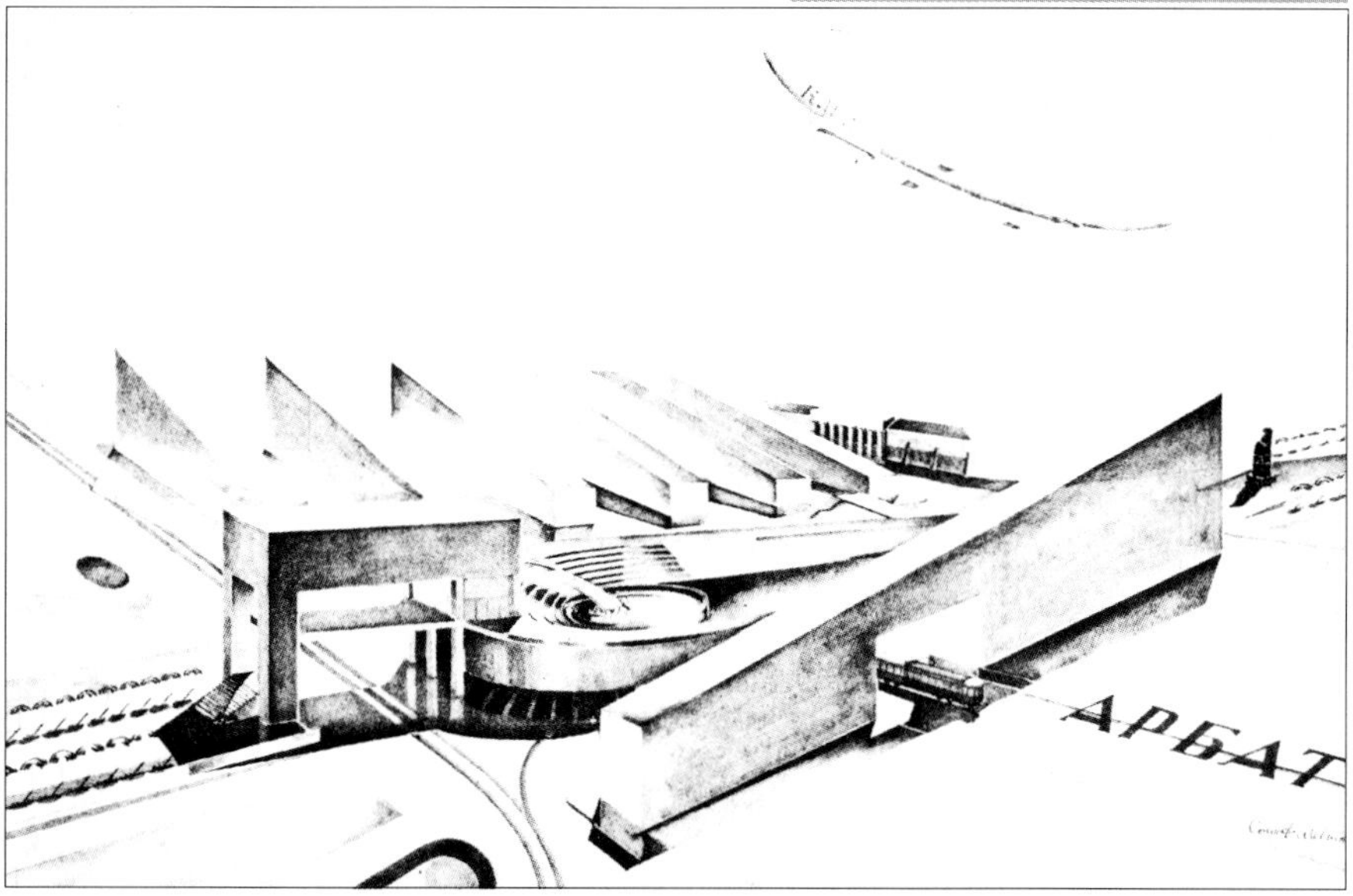

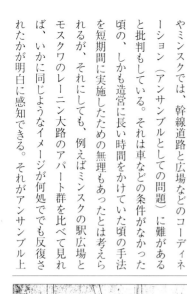

の「批判」こそあれ、「幸福な生活」を「生き生きとして表現」した例だとすれば、これはやはりコンフォルミズムと呼ぶしかないものではある。それはこれらの歴史的都市においてだけではなく、スターリングラード（大戦中の破壊の後、一九四四年にアラビヤンとシンビルツェフ、ポリャコフらの再建マスタープランがつくられた）やマグニトゴルスクのような新興工業都市においてさえも同様であった。前に取り上げたブロフのヤルタの計画も、こうした修景的な都市改造の一環である。

これらの都市像の中心を占めるメガロマニア自体は、論争の余地なく受け入れられていたわけではない。むしろそれに対する批判は定期的に打ち上げられていた。例えば第一回全ソ建築家同盟総会でも、Gosplan（ゴスプラン＝国家計画委員会）の長のスミルノフがルドネフの設計によるアゼルバイジャンの政庁舎のモニュメンタリズム過多を攻撃している。しかし、それが何の効果も生み出さなかったことは、「ファサーディズム」や「盲目的な歴史主義」に対するそれと同じである。スミルノフの批判は経済的、計画的な全体の枠組を考慮すべきGosplanの長としては当然の発想であろう。この意味では、「スターリンの建築」をビューロクラシー主導のものとだけ片づけるのは、明らかに一面的な単純化である。先に述べたような「計画」と「表象」との二重性は当然その遂行者のレベルでも二重の構造を要求するからだ。自律的なイデオロギー上の判断機能をもたないという意味ではビューロクラシーとは変わらないし（とはいえ、この性格はもちろんもっと一般的なものだ）、事実組織としてはそのような枠組をもったにせよ、スターリン体制下では非匿名的な「スターシステム」はむしろ明確に保持された。匿名的どころか、この頃ほど建築家がマスコミの前面に登場した時期はむしろ少ない。それは例えばモスソヴィエトの一二のアトリエ（このシステムは一九三二年のはじめに確立された）に代表された。この代表者たち、ジョルトフスキー（第一アトリエ）、シチューセフ（第二）、フォーミン（第三）、ゴロゾフ（第四）、ラドフスキー次いでフリードマン（第五）、コリ（第六）、メーリニコフ（第七、ただし彼への批判の激化と共に間もなく廃止）、ココリン（第一〇）、クリュコフ（第一一）、ブロフ（第一二）などは、第二のアカデミーというべき権威性を付与されたのである（興味深いことには、ここに見られる名前は、すべてもとのアカデミストかアヴァンギャルドであり、旧VOPRAのメンバーは見られない。彼らはこれとは別の組織に属して権力を振るったと思われる）。このシステムはそこへのメジャーな仕事の集中及びそしてそれ

ARUチーム / トゥルブナーヤ広場, モスクワ, 1931

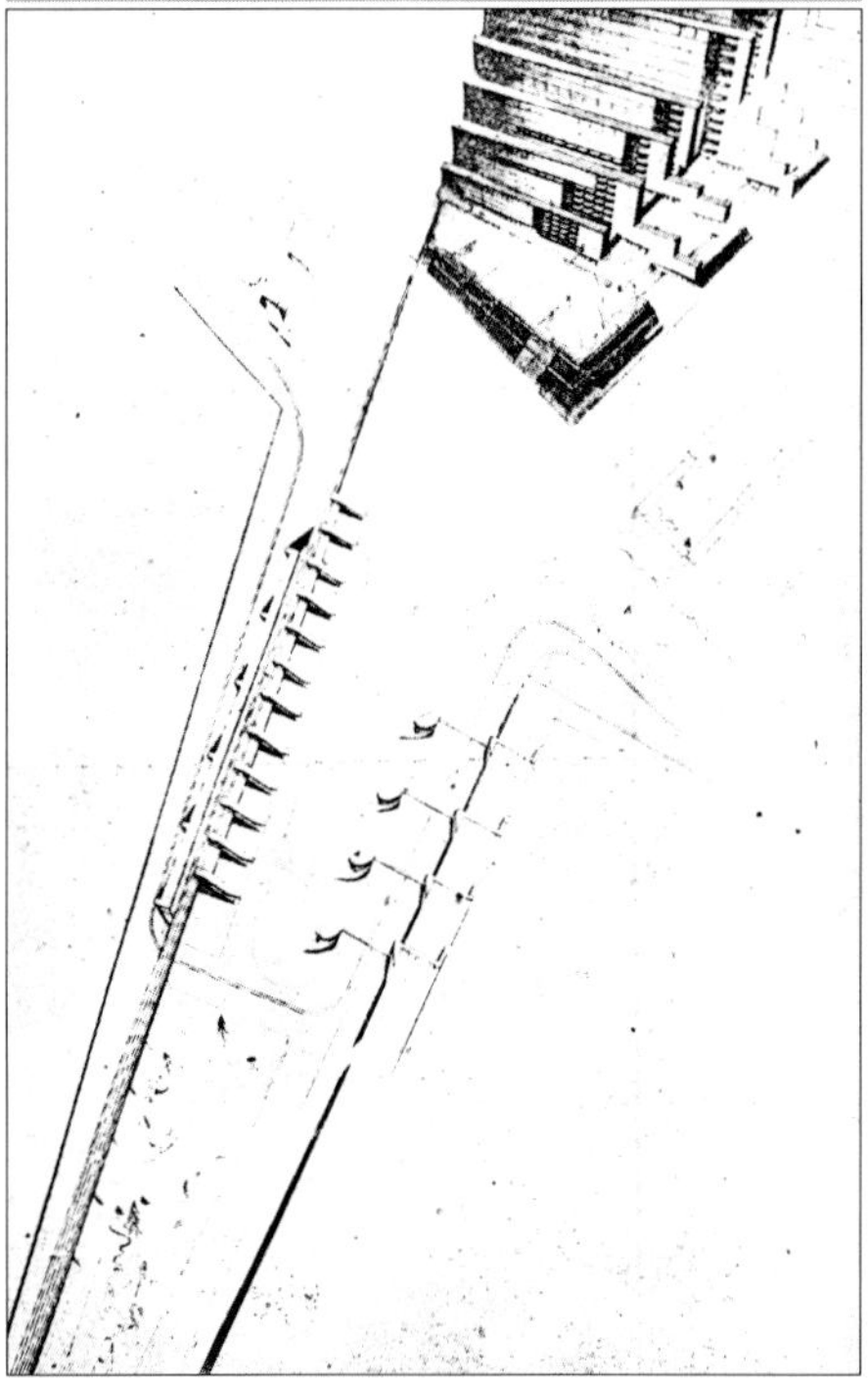

に見合う報酬の額からすれば、ほとんど資本主義国のエスタブリッシュされたコマーシャルな大事務所のあり方と変わるところはない。事実シチューセフなどはそのような廉で非難されたし、他にもゴロゾフ、フリードマン、グリンベルグ、ラングバードなどが批判の対象となっているが、シチューセフ以外のこれらの面々がほとんど元ASNOVAのメンバーだったのは、政治的な意味によっているとコップは推測している。つまり、ここでのコンフォルミズムとは、決して一切の内部批判を欠如させた一枚岩的なものではなく、再三言うように、その限りでは民主的な相互批判も、その裏返しとしての名声や虚栄を目指す内部権力闘争も、資本主義国と変わらないかたちで備えながらのものであったと言える。これを統制主義と厳密に言い得るものかどうかは定かではないが、ナチズムやファシズムを含めて、二十世紀の全体主義のポリティクスには、おおむねこのような両面性がつきまとうのが常である。アナトール・コップは、この時代の建築はどれをとっても同じようなものなので、年代記的にたどってみても意味はないと言っているが、画一性＝差異の抹消をその特徴として挙げることも、一般に考えられるほど容易ではない。画一性に対する批判は、むしろこの時代に精力的に繰り広げられたキャンペーンのひとつであったからだ。

それはとりわけ、都市景観上の問題としてあてはまるものであったが、この場合に槍玉にあがったのは、近代都市計画的な配置手法、つまり、アパート群を南面させて適正な隣棟間隔を置きながら平行に配置していく方法である。これだと街路には各建物の妻側が向くので、建物のファサードが街路空間を確定するというような伝統的なかたちにはならない。加えて内部優先にすれば、同機能のものは見えがかりも均質なものとなりがちである。ポスト・モダンのモダニズム批判と全く同じようなこの点からの反画一性＝伝統的な都市アンサンブルの賞揚が、一九三〇年代には盛んにキャンペーンされた。先に言及した都市の観相術的なスタディとは、これに応えようとするものであった。この都市アンサンブル理論からいけば、モニュメンタルな建築群と、大路、さらには広場など多彩な都市的公共空間のレパトリーを形成することこそ、貧弱かつ画一的な近代都市計画とは一線を画した、変化と差異と「個性」に満ちた偉大な都市空間を与えるものであった。先に挙げたマズマニヤンの発言にあるような、全歴史の継承者としてのソヴィエト・プロレタリアートという位置付け、つまり「歴史の終わり＝ポストヒストリー」というストーリーをこれに加えれば、コップの言うように年代記的な違いはもはや生じないのは当

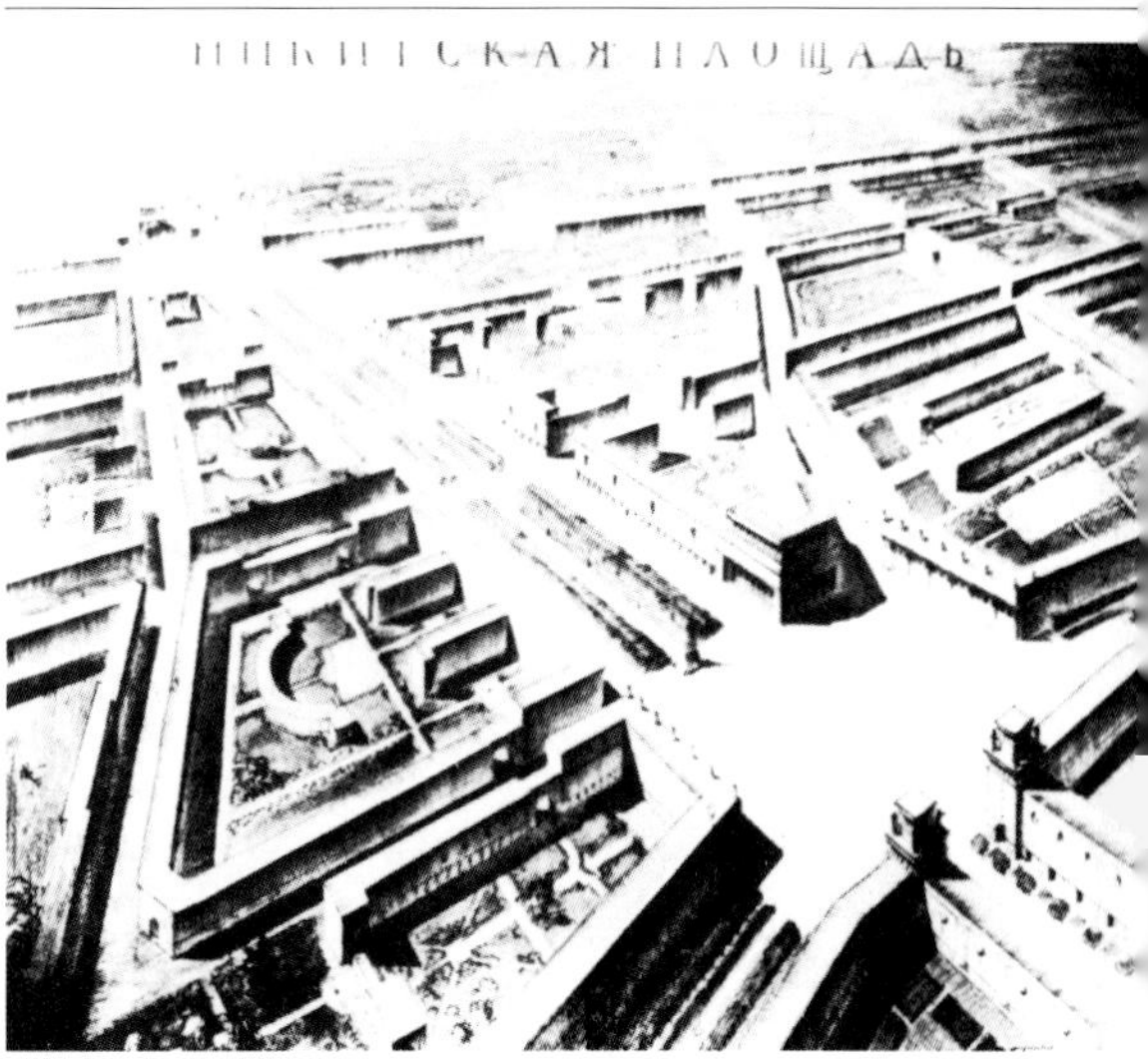

タラライ / ニキツカヤ広場, モスクワ, 1935

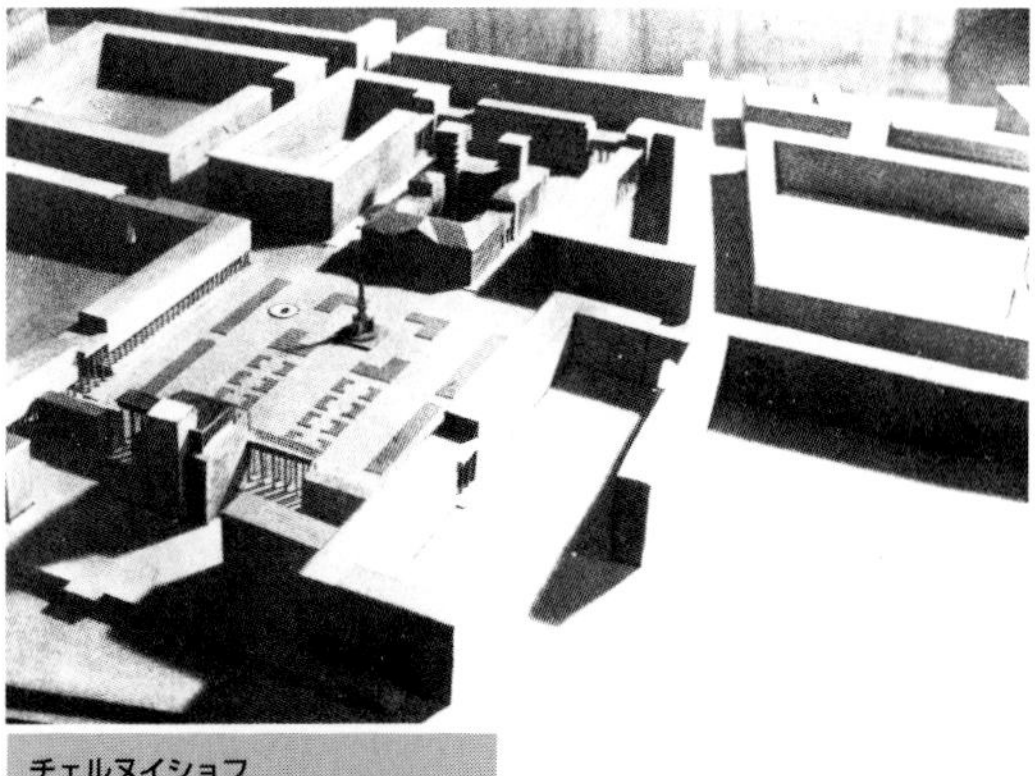

チェルヌイショフ, ゴルドスタイン / ソヴィエト広場, モスクワ, 1935

フォーミン / スハレフスカヤ広場, モスクワ, 1934

然ということにもなる。これが「スターリンの建築」という魔法陣のボーダーコンディションである。コップの批判は明らかにモダニスト的なものだが、彼の側からは画一性と見えるものが、魔法陣の中にいるものにとっては個性と変化に見え、逆にモダニズムは画一性そのもの（ブルジョワ・ニヒリズム）と映ずる。一例を挙げると、オランダから来たマルト・スタム（彼もリュルサに劣らずコミュニストであった）のマケーフカのプランの典型的な南面平行配置は、まさにこのような理由で、伝統的なタイプの配置に取って代わられたのである。ここでは、差異がどの水準でとらえられているかにおいて決定的な相違がある。「スターリンの建築」におけるそれは、わかりやすいモニュメンタルなシンボリズムなのだ。そこが、一方においてアルカイックだが、他方においては近代のマス・ソサエティにも対応しているという二重性になっている。

いささか曖昧に「ファシズム」的な建築と呼ばれるものがある。単調な繰り返しとヒューマン・スケールを超えたメガロマニアによってそう呼ばれるのだが、それが全体主義に固有のものではないにせよ、確かに軍隊的なヒエラルキー感覚が膨大に積み重ねられることに抵抗をもたず、かえって規範意識を覚える感覚が社会一般に広まっていれば、そのような様式（マス・ソサエティにおける官僚組織にとってはむしろ「機能的」な解法である）が生み出されるのは当然の成り行きである。そうした意味で例えば、冒頭に挙げたホテル・モスクワの向かいにつくられた、ラングマン設計のソ連邦諸省庁ソヴィエト（一九三五年）やルドネフとムンツによるフルンゼ軍事アカデミー（一九三二〜三七年）のような建物は典型的にこのカテゴリーに属するミリタントな性格をもった建築である。

しかし、「画一性」を嫌いもっと「多様な内容」を目指したソヴィエト建築では、別種のシンボリズムも見ることができる。アラビヤンとシンビルツェフが設計した赤軍の劇場（一九三四〜四〇年）はその例である。これは絶大

ドブロヴォルスキー, ソツァンスキー, プリマーク, マリノフスキー / クレシシャーチク, キエフ, 1950 - 64

戦勝広場, 1945 - 50

アンドロソフ, トラーテンベルグ / ミンスク都心計画

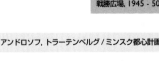

な権力を振るったアラビヤンの実作としては数少ないメジャーワークで、フランク・ロイド・ライトはこれを「古い様式に生命を吹き込んで、新しい劇場の設計に非凡な腕を示している」と述べている（彼はアラビヤンによって案内、饗応されているから、外交辞令のようでもある）が、後期バロック風といったところの外観及びプラン（同時期には、前に取り上げたバリヒンがリシツキーと協力しながら行なっていたメイエルホリド劇場の計画――結局実現されず――も進んでいたのだが、それに比べるまでもなく、古典的な客席と舞台の分離はここでは問われることなく遵守されている）に加えて、ここでの「売り」は星形の平面である。さらに、この星形はそれを囲んでいるコリント式の列柱の断面にまで及んでいる（この部分と全体の照応は「有機的な」「新しい」「建築の展開」だとされた）。これは明らかに「赤い星」の建築的直訳である。それはフランス革命前後の建築がそう形容されたような意味での「語る建築」であるが、後者がそうであったようなヴィジオネールな趣はこの建物には欠けている。ヴィジオネールのそれが一種の新しい言語創造の試みであったのに対して、ここでは建築は基本的に、すでに語られてしまったものを追認するかたちで語っているにすぎない。その意味でアナトール・コップがこの劇場の「豪華な」金銀の装飾に関して言うように、これはトロツキーの赤軍の伝統というよりも、むしろ帝政軍のそれにつながっているという感想が出たとしても不思議はない。そしてこのことは、単にアラビヤンの建物のみにあてはまることではない。

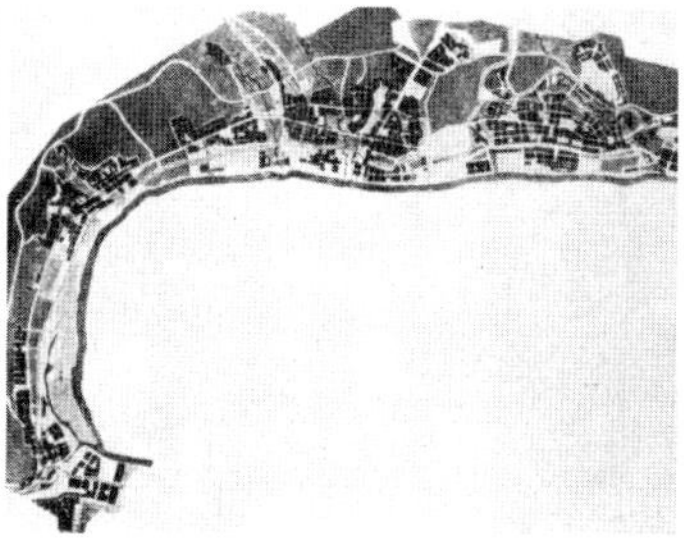

アラビヤン, シンビルツェフ, ポリャコフ / スターリングラード再建マスタープラン

3. 地下鉄

「社会主義のショーウィンドウ」

スターリン体制下での建築的業績のうちで最も著名なものは、モスクワの地

ルドネフ, ムンツ / アゼルバイジャン政庁舎, バクー, 1949

ルバネンコ, ゴルボフスキー / 駅広場, ミンスク, 1945 - 50

下鉄の造営であろう。とりわけて建築に関心のない人々でもこの地下鉄の「豪奢さ」は知っている。観光パンフレットの類にもそれに関する記述が抜けることはまずない。これは、偶然の所産ではなく、まさにスターリン政府の意図したことの結果である。即ち、この地下鉄は「社会主義のショーウィンドウ」として計画されたのである。都市的大量輸送機関としての地下鉄そのものは、すでに一九二四年に遡った時点（新モスクワ計画）に構想されていた。革命後の急速な人口の首都流入によって、モスクワの人口は一九一七年と比べて一九三〇年にはほぼ倍に膨れ上がり、道路、交通事情は急速に悪化していったから、その整備は焦眉の急であった。電車やバスなどの地上公共輸送機関はやはり定量のほぼ倍の輸送量をこなさなくてはならなかったのである。しかし、計画が党中央委員会決定として出されたのは、大分遅れて一九三一年の六月である。これまでもたびたび触れているように、これはソヴィエト建築界における急転回の時期に一致している。この地下鉄の事業決定は、現にモスクワの「社会主義的再建」に向けての事業の一環として行なわれたわけだが、それはアヴァンギャルド的な「ソツゴロド（社会主義都市）」の概念とは無縁の、既存都市の梃入れ以外の何物でもなかった。一九三二年には技術陣が西欧の事業を視察に出かけ、一九三三年のはじめには着工、最初の路線が開通したのは一九三五年の五月である。この路線は、総延長一一・九キロに一三の駅を擁するものであった。それはその後二〇年間で六五キロ、駅数四五にまで成長するに至る。

「我々の地下鉄計画は、例えばドニエプルの電力センターのような他の社会主義的事業と共に、ブルジョワどもの目にはすこぶる懐疑的なものと映るであろうことはよく心得ている」とカガノヴィッチは述べているが、確かにこの時代のロシアには物資も、技術も、熟練労働力も不足していたと見なされていたから、その実行が「懐疑的」に映っても無理からぬものであるかもしれない。しかし、ソヴィエト・ロシアはそれをやりとげた。それがイデオロギー的

ラングマン/
ソ連邦諸省庁
ソヴィエト,
モスクワ, 1935

アラビヤン,
シンビルツェフ/
赤軍劇場, モスクワ,
1934 - 40

にはなんら「社会主義的」などではなくとも、あるいは政府の側にいかに政治的デモンストーレションとしての意図があったろうとしても、これが一大「業績」であったことは確かに否定し得るべくもない。最も困難なのは、信頼できる手の確保であったらしい。第一次五カ年計画から第二次に移っていったこの時期には、前にも述べたように、一国社会主義イデオロギーのためにあからさまな排外主義が支配的となり、海外から招請された専門家たちも多くは帰国させられ、技術も労働力もソヴィエト・ロシアの国内の力だけで自立し得ることを示す必要があった。しかし、新しい技術自体は傑出した技術者が一定数いれば何とかなるものだったし、その意味で建築、土木工学の分野ではソヴィエトに技術がなかったというのは誤りだが、それに対応する労働力ということになると、時間をかけて社会全体の底上げを図ることが必要であり、そのため実際に、事業決定がなされるとすぐに労働者の募集が行なわれた。多くはコムソールから調達された、つまり「思想的」に選ばれ、鍛えられていたはずのこれら労働者を着工までの少ない年月で地下鉄造営の技術的労働者としてトレーニングするというようなことまで行ないつつ、この工事が完遂された。純国産の人材と物資のみで行なわれたこの事業の成功が、同時期の西欧が大不況下にあえいでいたのと比べて、社会主義の勝利の証と映ったとしても無理からぬことであろう。しかし、この地下鉄の造営において、最も表面的な注目を浴びたのは、地下鉄道そのものの技術や、ひどく深いところまで掘りこんだ（そのために照明不足のエスカレーターだと、ほとんど行き着く先が見えない）防衛上の理由などではなく、その駅舎の華麗な「デザイン」であった。文字通り「ショーウィンドウ」の部分である。これらの設計にはモスソヴィエトの建築アトリエがあたった。中心になったのはクラヴェッツのアトリエで、ここがメトロプロイェクト（地下鉄計画）を統括したが、彼らが行なうのはあくまで統括業務であり、個々の設計は他の建築家もコンペティション等で起用されている。

ルドネフ，ムンツ／
フルンゼ軍事アカデミー，
モスクワ，1932 - 37

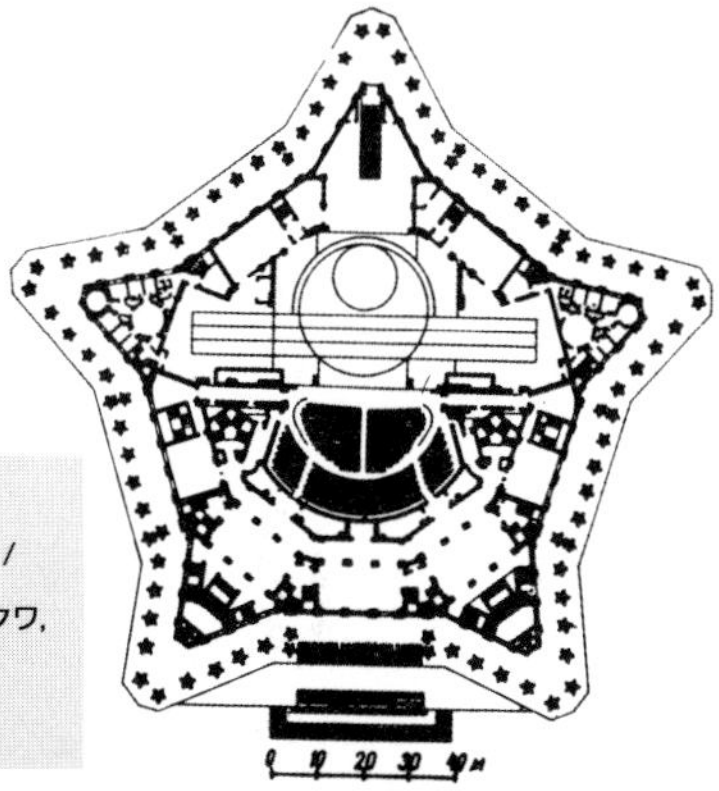

アラビヤン，
シンビルツェフ／
赤軍劇場，モスクワ，
1934 - 40

地下鉄駅舎の建築には二つの種類があって、ひとつは地上のエントランス・パヴィリオンで、もうひとつはプラットフォームである。あとはこれら二つをつなぐ通路があるが、これは従属的なものでしかない。これらの二つは必ずしも一人の手によって統一的にデザインされるのではなく、むしろ別々の手によってデザインされることも少なくなかった。エントランス・パヴィリオンの中には、合理主義者の領袖であったラドフスキーの手による数少ない実現作のひとつ、クラスナヤ・ヴォロータ（今日のレールモントフスカヤ）駅やニコライ・コリのミヤスニツキ・ヴォロータ（今日のキーロフスカヤ）のような重要な例もあり、これらはいずれも数少ないモダン・スタイルによるものだが、いわゆる「ショーウィンドウ」としての中核を占めるのはプラットフォームの方である。プラットフォームには基本的に二つのタイプがあって、比較的浅いところに設けられた駅ではフラットな天井をもち、二列の柱によって支えられるというタイプ、深いところに設けられた駅では同様に二列の列柱だが、天井がヴォールト状になっており、それが真ん中の幅広の部分と両脇の狭い部分との三連になるタイプというような基本形式になっていた。

具体的な設計は前述のようにまちまちだが、初期のイニシアティヴを取ったのはコンペティションで勝利を収めたコリのアトリエとフォーミンのアトリエである。コリはミヤスニツキ・ヴォロータやスモーレンスカヤ、フォーミンはクラスナヤ・ヴォロータやジェルジンスカヤを建設した。これに見るとおり、コリはミヤスニツキ・ヴォロータのエントランスからプラットフォームまでのすべてをデザインしているが、クラスナヤ・ヴォロータはエントランスがラドフスキー、プラットフォームがフォーミンという別の、それも全く異なるスタイルの建築家たちによってデザインされている。

建設時期が物語るように、地下鉄建築においてもモダン・スタイルからいわゆるアカデミスト的なスタイルへと方向転換が行なわれていくソヴィエト建築界の趨勢が最もはっきりと現われた。それはこの事業が担うイデオロギー的

ラドフスキー／
地下鉄エントランス・
パヴィリオン，
クラスナヤ・
ヴォロータ，
モスクワ，1935

な機能からいっても当然のことであり、社会主義の勝利を駅を利用する一般市民に印象づけるためには、「表現的、象徴的価値」の高い、つまり大理石などの高価な材料（といっても当時はむしろその方がスティールなどよりも入手しやすい状況にあったのだが）や、シャンデリアなども含む豊富な装飾や彫刻を用いた擬古典的なスタイルが必要とされたのはうなずけることだが、それはまた同時に価値観のラディカルな転倒という意味での文化革命のヴィジョンがもはやお蔵入りしてしまったことをも証拠立てている。典型的にこの「転向」を示すものはクラスナヤ・ヴォロータのためのイリヤ・ゴロゾフの計画案で、これはパエスツムの遺跡を思わせる、低い、圧迫的なプロポーションをもつ「神殿」状のデザインである。一九二〇年代には最も新奇な構成主義「イメージ」を提供する建築家の一人であったゴロゾフの変容ぶりはソヴィエト・パレスのコンペティションの頃からのものだが、この地下鉄駅のデザインはその極北を示している（ただし、これは彼が革命直後に展開していたロマン的古典主義への回帰ではある）。

しかし、アカデミズムへの回帰といっても、個々の駅舎の建築は、スターリン期の建設事業一般のメガロマニアの中では規模的には小さなものであったから、前記のフォーミンを除けばアカデミストの大家たちはこの分野にはあまりタッチしてはいない。ジョルトフスキーは全く関わりをもたなかったし、シチューコとゲルフレイフは、彼らが手がけていたレーニン図書館前のエントランスにコンサルテーションをした程度で、シチューセフも同じようなかたちでカザン駅やホテル・モスクワ前の地下鉄駅に関与したにすぎない。フォーミンは一九三六年に彼の第三アトリエのレポートとして古典の遺産の重要性を主張したが、この年には亡くなってしまうので、以後の地下鉄の駅のデザインは、むしろ若い世代の建築家の手に移っていく。代表的なのはチェチューリンとドゥーシキンの二人で、彼らは世代で言えばレオニドフと重なる建築

コリ／地下鉄エントランス・パヴィリオン，ミヤスニツキ・ヴォロータ，モスクワ，1935

家で、この仕事を手がけ始めた頃はまだ三〇歳をいくらも出ていなかった。抜擢といってよい。チェチューリンはコムソモルスカヤやキエフスカヤ、ドゥーシキンはとりわけ評判の高かったドヴォレツ・ソヴェトフ（今日のクロポトキンスカヤ）やマヤコフスカヤをおのおの手がけた。マヤコフスカヤ駅でのデザインは、一九三九年のニューヨーク世界博覧会にも模型が出品されたところから見ると、地下鉄駅のデザインの中でも白眉として考えられたようで、事実今日の目で見ても、この時代の建物の多くが陰鬱なばかりにマッシヴでおよそ繊細さや色彩に欠けているのに比べて、はるかに「良く」できたデザインであることは間違いない。ここでは例外的にスティールが用いられ、そのために全体的にほっそりとした軽いプロポーションが達成された。これは明らかにドゥーシキンのデザイナーとしての能力を示すもので、従来社会主義リアリズムと言えば、個人の能力以前に単なるパスティッシュとして一蹴されるきらいが多かったが、アヴァンギャルドの芸術否定というような命題が、当時の歴史的文脈ではともあれ、今日的には意味を喪失している以上、それはあまりに乱暴な議論であると言うべきであろう。実際、一般的にいって地下鉄駅の主なもの（後の郊外のものなどははるかに手を抜いたものが多い）は、これに限らず、同時代の大建築それも同一作家のものと比べてもすぐれたものが多いと言っておくのが公平な見方であろう。贅沢な材料を駆使したこけ威しといって言えないことはないが、少なくとも当今のポスト・モダン建築の多くに比べても数段上等であるということは間違いない。フランク・ロイド・ライトはモスクワの地下鉄に比べるとニューヨークの地下鉄はまるで下水溝だといったが、彼のモスクワでの発言は往々にして割り引く必要があるといっても、これはある程度額面どおり受け取り得るのではないか？　少なくとも、ドゥーシキンの装飾家としての才はニューヨーク・アール・デコのテラコッタの魔術師、イライ・ジャック・カーンと比肩し得るものがあるように思える。

マヤコフスカヤ駅のプラットフォームでは、さらにあちこちに設けられたドーム天井にはディネカのモザイクが用いられ、その天井には首都の空の二四時間が描かれているが、このドームが示すように、これらの駅舎のデザインでは、ソヴィエト建築のこの頃の特徴のひとつとなる建築と彫刻、絵画の協働も推進された。総合芸術としてソヴィエト・プロレタリアートの勝利をセレブレートするというわけだ。例のイオファンらのソヴィエト・パレス最終案も、上に載せられた巨大なレーニン像をはじめとして、無数の彫刻で飾ら

フォーミン／
地下鉄プラットフォーム，
クラスナヤ・ヴォロータ，
モスクワ，1934 - 35

チェチューリン／地下鉄プラットフォーム，モスクワ，1937

れていたが、こうした状況への伏線を張るべく一九三二年には建築家と彫刻家との合同会議が開かれたりしている。これはある意味では革命直後のレーニンによる革命記念モニュメント・キャンペーンの焼き直しといってもよい。これらのキャンペーンにおいては、歴史上の様々な革命的な人物たちの具象的な彫刻がソヴィエトの津々浦々に計画され、かなりの数が建立されたが、VKhUTEMAS（ヴフテマス＝国立高等芸術技術工房）などでも結局アヴァンギャルドたちは彫刻や絵画のセクションから他の金工やグラフィックなどのセクションに移っていったから、古典的な意味での「画家」や「彫刻家」として活動を続けていた人々（とくに後者）の大多数はこのリアリズム路線に乗っていた人々であり、彼らにとっては、このような公共のモニュメンタルな建築においてスターリン体制や労働者の世界をヒロイックに表現するという課題は、まさに水を得た魚というところであった。コリがイニシアティヴを取っていた第一線区では、この「芸術」路線はさしたる実効性を上げなかったが、一九三八年にオープンした第二線区では画家、彫刻家の起用が大々的になされた。革命広場駅では一八の英雄的な彫刻が設けられ、スヴェルドロフ駅では劇場の歴史がレリーフで展開され、アエルポルト（空港）駅では航空に関係のある様々なシンボルやキャラクターが動員された。つまり、それ自体がいわば一種のストリート・シアターのようになっていたのである。この、豊かな装飾性と結びついたわかりやすいシンボリズムと啓蒙性は、スタイルという意味では必ずしも正確には特定しがたい社会主義リアリズムの典型的な特質である。

I・ゴロゾフ／
地下鉄プラットフォーム，
クラスナヤ・
ヴォロータ計画，
モスクワ，1934

ドゥーシキン／
地下鉄
プラットフォーム，
マヤコフスカヤ，
モスクワ，1935

4. 建築ファンタジア（2）

ロシアにおける一九二〇年代の「建築ファンタジー」に関しては、チェルニホフを中心にすでに述べたが、アヴァンギャルド建築の冬の時代になると、この分野が再び重要なものとして浮上し始める。つまり、アヴァンギャルドの言語はすでに失効したが、かといって「スターリン建築」の方へとは転向しきれない、あるいはそれを許されなかった人々にとっての最後の拠り所としてそれが登場してくるのである。当然、それが背負うものは、同じ「ファンタジー」という括り方をしたとしても一九二〇年代のものとは異なったトーンを帯びる。それがいかにもロシア的なトーンであるのは、一九二〇年代のインターナショナリズムからの転身を、彼らとしてもなにがしかのかたちで求めていたことを示唆しているように思われる。ちょうど十九世紀の帝政時代のロシア文学が背負っているような暗さがそこでは支配的である。ここでは集団の言語は、階級のそれにせよ、イデオローグのそれにせよ、もはや存在はしていない。しかしそれは、必ずしも「排除された者」の個人的な秘められた言語というだけではなく、これまでに述べてきたアヴァンギャルドの言語とアカデミズムの言語とがどこかで通底していたことにも関わり、あえて言えばその通底路の傍らに開いた特異な脇道のようなものなのだ。しかし、この脇道はもちろん先へと抜けていくものではなかった。

ヤコフ・チェルニホフは、おそらく一九二〇年代の終わり頃からすでに述べたシュプレマティズムないし構成主義的なドローイングとは別の雰囲気をもっ

チェルニホフ
『建築的物語』より

チェルニホフ
「共産主義の宮殿」1934 - 41

たドローイングを描き始めていた。彼の教科書的なテクストには、建築やコンポジションの歴史をひもとくといったニュアンスがあったわけだが、これらのドローイングは、そのような現代とは異なったイメージを説明するためのイラストレーションとして始められたのではないかと思われるが、それはかつてのフィッシャー・フォン・エルラッハやピラネージの仕事がそうであったように、アカデミックなアプローチとはほど遠い、想像上の古代の風景へと変化していった。つまり反対の方向にベクトルを向けられた「建築ファンタジー」である。そしてチェルニホフは、そこにも未来の風景と同様な魅力を見出していったのである。彼の自伝的テクストには、「古代の廃墟と化した建築は、それが現代の我々には構築的な観点にせよ他の点にせよ、もはや直接の用に立つものではないにもかかわらず、人類が造営した環境の発展の歴史の中で、最も興味深い段階を示すものである。全くグラフィックな手段によって遠い過去に遡ってみることは、建築的内容における絵画的なもの、そして現代の機械化された建築的環境とは対照的なものを求める我々の欲求を反映するものになる」と書かれている。これらのシリーズは「建築的物語」と題された。それは『建築ファンタジー』の頃に描かれたと思われる『工業の物語』とタイトルの上でもペアをなしているが、そこに描かれているのは、すでに工業的な未来ではなく、時代も知れない廃墟のような奇怪な風景である。むしろ最近であれば我々にも親しい終末論的な廃墟の風景に近いとさえ言い得るし、タイトルにある「物語（スカズキ）」ということば自体、近年の「物語る建築（ナレーティヴ・アーキテクチャー）」の概

チェルニホフ
「建築的ロマンス」より
《アッシリアのまち》

チェルニホフ「建築的ロマンス」より

チェルニホフ
「大祖国戦争のパンテオン」
1942 - 45

念と全く同じである。チェルニホフが説明しているように、それらはあらゆる時代の伝説やエピソードからヒントを得て自由に構成されたイメージなのだ。その系列に属するものに「建築的ロマンス」と題されたシリーズがあり、それらは一九二七年頃から描きためられたものと思われるが、その中には様々な時代の様々な場所における「古代の町の風景」が取り上げられている。むろん、これも全くイマジナリーな風景でしかない。テクストからしても、描き始められた時代からしても、これらはチェルニホフ自身のイニシアティヴによって制作されたもので、後にアヴァンギャルドに加えられた外圧とは関わりがないことは明白である。

外圧といえば、彼もまた、他のアヴァンギャルドと同じく一九三〇年代中頃以降は厳しい指弾の対象とされ、一九三五年にはその著作が図書館から締め出され、出版計画をキャンセルされるなどのはめに陥った。この頃のチェルニホフの仕事において注目すべき作品に「共産主義の宮殿」（一九三四年～四一年）、そして大戦の後期に描かれた「大祖国戦争のパンテオン」（一九四二年～四五年）と題されたものがある。これらの「宮殿」や「パンテオン」（いずれも複数形）は、その発掘者でもあるキャサリン・クックの言うように「建築における社会主義リアリズムに関する新しい公式の教義に対する彼の

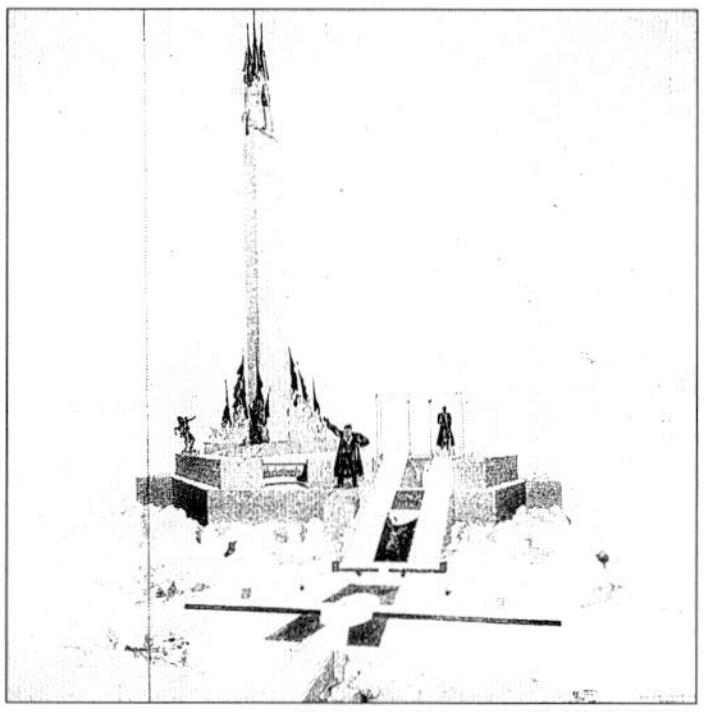

レオニドフ／
ペレコップの
英雄記念塔計画, 1941

レオニドフ／
集団農場の文化宮殿計画,
1935

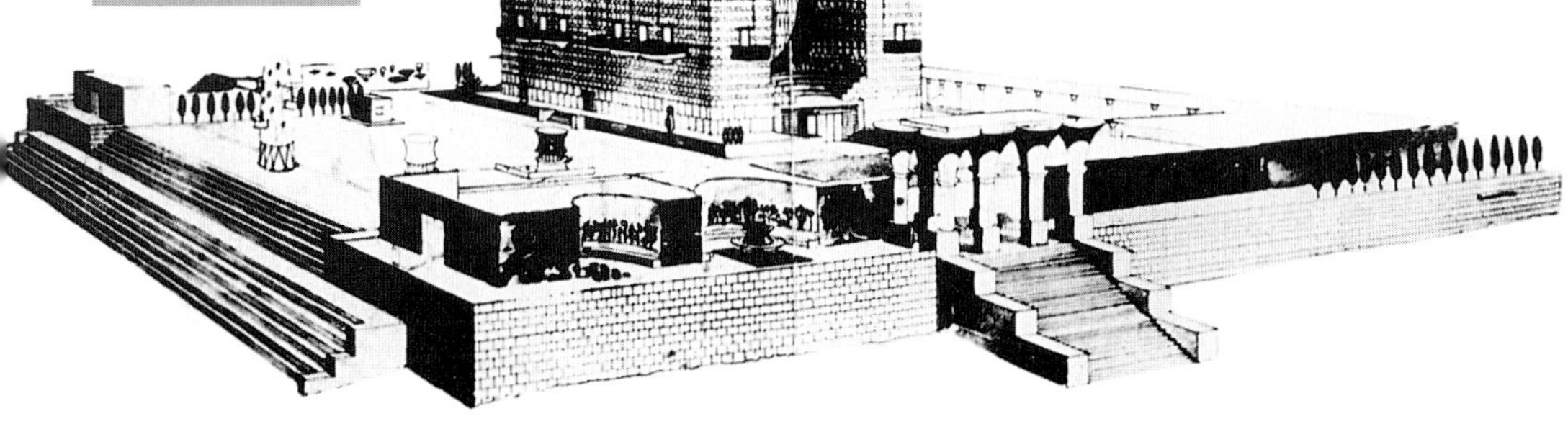

応答」であることは間違いない。そこに見られるのは、モニュメンタルな尖塔やアルカイックな列柱など、「スターリンの建築」と共通の要素である。しかし、またそのアルカイズムはすでにその前からチェルニホフが打ち込んでいた世界を一層具体化したものであるとも言うことができるのである。

しかしこの第二の「建築ファンタジー」が公式のスタイルと共通した方向をもったとしても、そしてそれがチェルニホフ流の「社会主義リアリズム」のかたちであったとしても、政治的、社会的には何の変化をも彼にもたらすことはなかった。一九三八年にチェルニホフはスターリンに宛てた手紙を書いた。それは、孫のアンドレイの言い方を借りれば、「彼の一生に意味を与える活動から完全に締め出されたと感じている創造的な人間の哀れな姿を示す」ものである。その一部を引用しておこう。

「不運なことに、私はいかなる同情や助けも受けることはできませんでした。——私は無情で苛烈を極めた追放にあっているのです。フォルマリズムや純然たる幻想を弄んでいるという重大な告発のために、私は、建築的な諸問題に関する高度なアカデミックな活動も、また建築設計に関わる実務や教育につくことも、あらゆる可能性を奪われてしまっています。私は全くあなたの御心のままであり、あなたがお示しになった、我が国を建設するという使命に関しての、明快かつ確固たる原理に対して全生命を抛つ覚悟であります。私が耐え忍んでいる盲目的かつ敵意に満ちた圧殺と、現に起きているような、あらゆる現実の仕事から私を締め出そうという意識的な企ては、私の創造的なエネルギーと力を無益に費やし、破壊しようとしているのです。(…中略…)ヨシフ・ヴィサリオノヴィッチ、私を建築におけるアカデミック及び実務的な仕事にお返し下さるよう、伏してお願い申し上げます」。

この手紙も、もちろん何ももたらすことはなかった。失意の天才ドラフトマンはその一一年後に心臓発作のために没した。

失意のアヴァンギャルドは、もちろん、最初から周縁にいたにすぎないチェルニホフのみにとどまったわけではない。VOPRAからの攻撃にさらされた二人、

レオニドフ／
集団農場の文化宮殿計画, 1935

レオニドフ／
イズヴェスチヤ計画,
1939 - 40

レオニドフとメーリニコフの後半生もまた似たようなものだった。そしてこの時期の彼らの仕事もまた、「建築ファンタジー」と名づけられるようなものだった。しかもそれらは確かにある意味で社会主義リアリズムと呼び得る特徴を備えていた。チェルニホフの場合がそうであったように、それを外圧のためだけととることは、必ずしも正確ではないように思える。きっかけがそうであったことは疑いないが、そこにはむしろ彼らの心情の基底にあったものが、一九二〇年代以上に色濃いかたちで反映されている。チェルニホフの描いた古代のロシアの街の風景がそうであったように、レオニドフたちもこの時期にロシア的というより他ない「ファンタジー」を生み出している。ただ彼らの場合、チェルニホフと違って「ファンタジー」は建築的なプロジェクトと並行的に生み出されている。これらの仕事はごく最近までほとんど評価の対象にならなかったが、近年になって光のあたるところに出始めてきたように思える。

重工業省プロジェクト以降のレオニドフは、主に重工業省のギンスブルグのアトリエに属しての仕事で、この師の庇護の下の活動だった。そこで、彼は重工業省にも見えていた歴史主義的な装いやコンポジションを急速に明らかにしていく。そしてヴォキャブラリーの点でも、重工業省ではごく控えめに示唆されていたにすぎない東洋的（ロシアのみならず中東

レオニドフ / クリミヤ半島
リゾート開発計画, 1937

や極東まで）な色彩が濃厚である。あるいは西欧でも、イタリア・バロックのやや東洋的な庭園のコンポジションなどが採り入れられている。建築的なプロジェクトとしてこの後期の仕事として目立つものは、一九三五年つまり重工業省コンペティションの翌年の集団農場（コルホーズ）のための文化宮殿の計画と、一九三九～四〇年のイズヴェスチヤのための計画（工場とオフィスのコンプレックス）である。文化宮殿の計画は、一見して古代バビロン、ないしエジプトの神殿といった趣の計画だが、実のところ、一九二〇年代の彼の単線で描かれたプロジェクトと基本線は変わるところはないので、かつての計画のあるものもディテールをこのような形でつけていけば似たようなものとなり得た、と見ることもできなくはない。ジョルトフスキーの主催したコンペティションへの応募作品であるイズヴェスチヤの計画は、六角形平面をした、よりイタリア・ルネサンス風の（カプラローラのヴィラ・ファルネーゼからの直接のヒントがあったかもしれない）折衷的デザインで、審査委員への配慮もあったとは思えるが、この場合も、下部の重い組石的な表現と上部のガラスの軽快な部分との対比には、重工業省のメインタワーを想起させるものがある。重工業省のモチーフという点では、一九四一年のペレコップの英雄記念塔の二つあるうちのひとつのヴァージョンでは、

レオニドフ / 重工業省
サナトリウム付属庭園, 1938

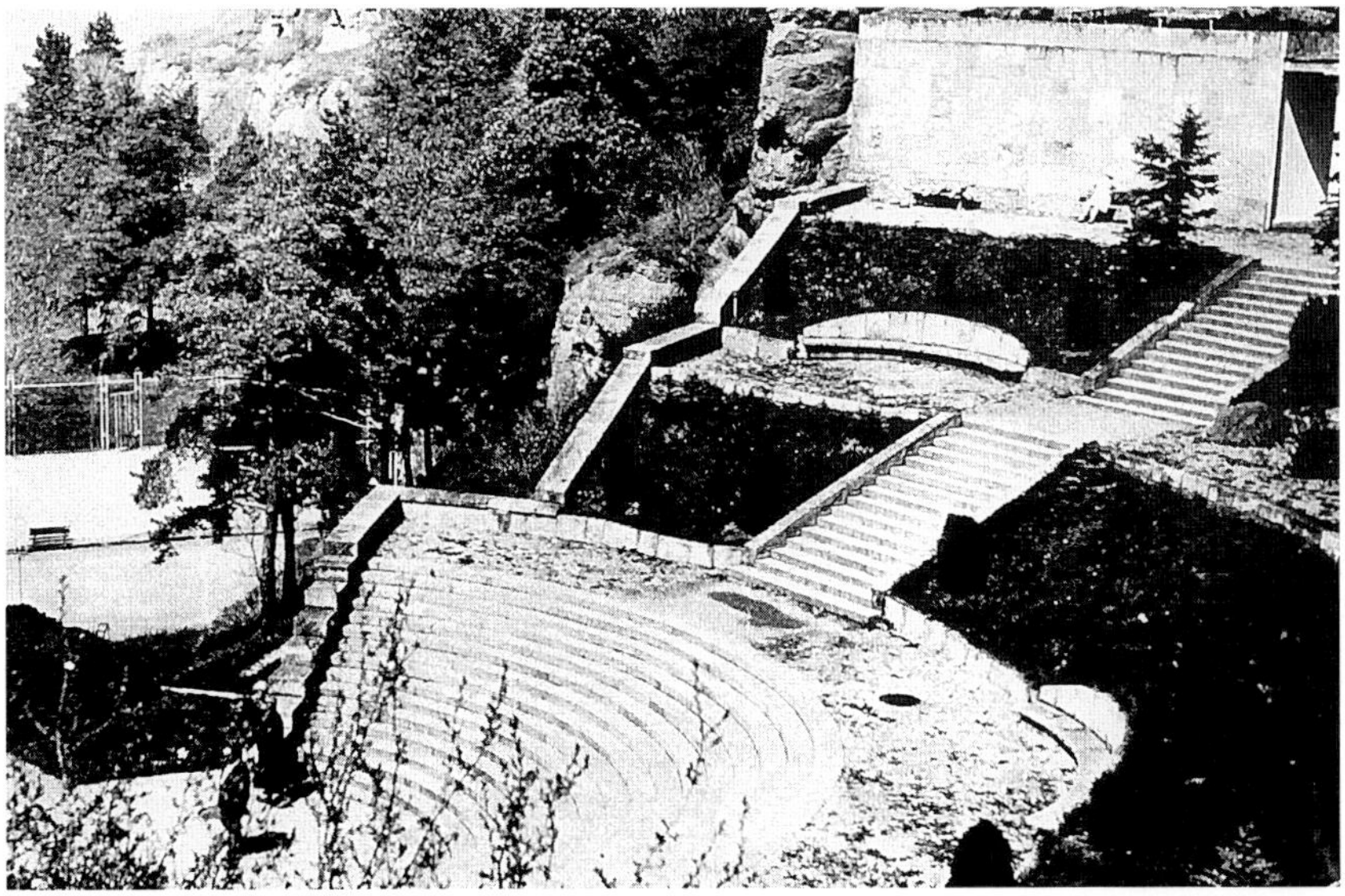

この時代のトレードマークであるレーニン像の背後に、三本（トリアディック）のタワーがそびえている。重工業省の計画のコンセプト上の最大の眼目は、それが歴史の全過程を象徴的に表現することであったことはすでに述べたが、コルホーズの文化宮殿にはピラミッド（これも一九二〇年代に愛好されたモチーフ）やメソポタミアのミナレットなどが壁画として描かれ、広場に置かれたくびれた円筒（重工業省での職員クラブの形）や球体（もちろんレーニン研究所。ただし立面に出てくるが透視図には見えないので、これも壁画かもしれない）などとシンクロナイズしている。

この時期でのレオニドフの仕事の最も中核的な部分をなしたのは、クリミヤ半島の南部のリゾート開発関係の仕事である。これらは「建築ファンタジー」ではなく、実際の開発プロジェクトのマスタープランだが、そこに示されたのは重工業省計画で暗示された異国的なランドスケープが、細密画的に、そして地域スケールにまで拡大されたファンタジーである。彼が手がけたのはヤルタの上に広がるダルサンの丘などの全体計画であり、とりわけそのパノラマ的なイメージの開発だったが、それは構成主義的な美学とははるかに遠く、イタリア・ルネサンスや東洋風の庭園、そして丘の一番高いところには、明らかにアクロポリス的な構造物を含んでいる。しかし古いイコン画のように板の上に絵の具で描かれた少なくない数のドローイングに見られるそれらは、すべてがファンタジーというに相応しい独特の神話的な風景に変容されている。この頃の彼はヘッケルの『自然の芸術形態』を座右の書にしていたというが、植物や雪などの自然の風物を装飾モチーフとして取り込むという手法は一九〇〇年前後にはポピュラーないき方で、ごく初期のル・コルビュジエなどにも見られるものだが、レオニドフはそのような古い手法に回帰しながら独特の世界に達した。それは社会主義リアリズムの風

景とも言えるが、同時にもっと古いロシアの、つまり彼の生まれ故郷の村が今世紀のはじめにはまだそれを保っていたような、心象風景でもある。それをやはり田舎の村で生まれたチェルニホフの「古代の村」のドローイング・シリーズと比べることは興味深い示唆を与える。

この風景は、別のプロジェクトでごく限定されたかたちで実現された。ギンスブルグが手がけていた重工業省の職員サナトリウムの付属庭園（一九三八年）の階段である。これが、それまでのクリミアのプロジェクトと同様に丘陵地に建てられたために、ここでは多くの階段と踊り場、東屋のようなものがつくられた。このキスロドフスクの階段について、息子のアンドレイ・レオニドフは、それがただ一晩で一気呵成にデザインされたが、実施設計と施工の過程でいかに父がディテールに細心の注意を払ったかを書いている。彼が批判された図式主義とは正反対のものだった、と。しかしそのハイライトになるはずだった、雪の結晶のような「クリスタルの噴水」は実現されずに終わった。

レオニドフによる一九三五年のコルホーズの文化宮殿の壁画に見られた世界史的なヴィジョンは、翌一九三六年に手がけたモスクワのピオネール宮殿の改修計画（実施）での、シューホフのラジオ・タワーや飛行船、自転車に乗る人、電話をかける人を描いたテクノロジーをテーマとする壁画としても引き継がれたが、次いでクリミアのプロジェクトのひとつである大アルテックのピオネールキャンプ・プロジェクトでは、もっと拡大され、地面に北と南の両半球を描き、それにマゼランのたどった航路を描き込んで、子供たちに世界の地理を学ばせるというアイデアに展開されている。ここでもまた、五角形や半円形のモチーフが到るところに反復され、エキゾティックな風景をつくっていることは、それまでのクリミア・プロジェクトと変わらない。しかし、またその基本的アイデアにおいて、このプロジェクトは、「新しい社会タイプのクラブ」や「文化宮殿」、また非都市派のシェマにも似ているし、すでに述べたように、ランドスケープとしても文化宮殿や重工業省の計画に萌芽の出ていたものである。アンドレイによれば、父レオニドフはこのプロジェクトについて、「子供たちがそこここをたどりながら自然について学ぶ、そうすれば彼らは自分で別の時代や文化のいろいろなスタイルのパヴィリオンをつくりだすだろう」と語ったという。このような教訓的なアイデアもまた、一九二〇年代の文化宮殿に関する考え方そのままであり、何も変わっていない。教訓性は歴史上のユートピア・プロジェクトには常に備わっていたものだが、レオニドフはそれをカンパネッラの『太陽の都』（そこにも多くの教訓的な壁画が現われる）から採っている。そし

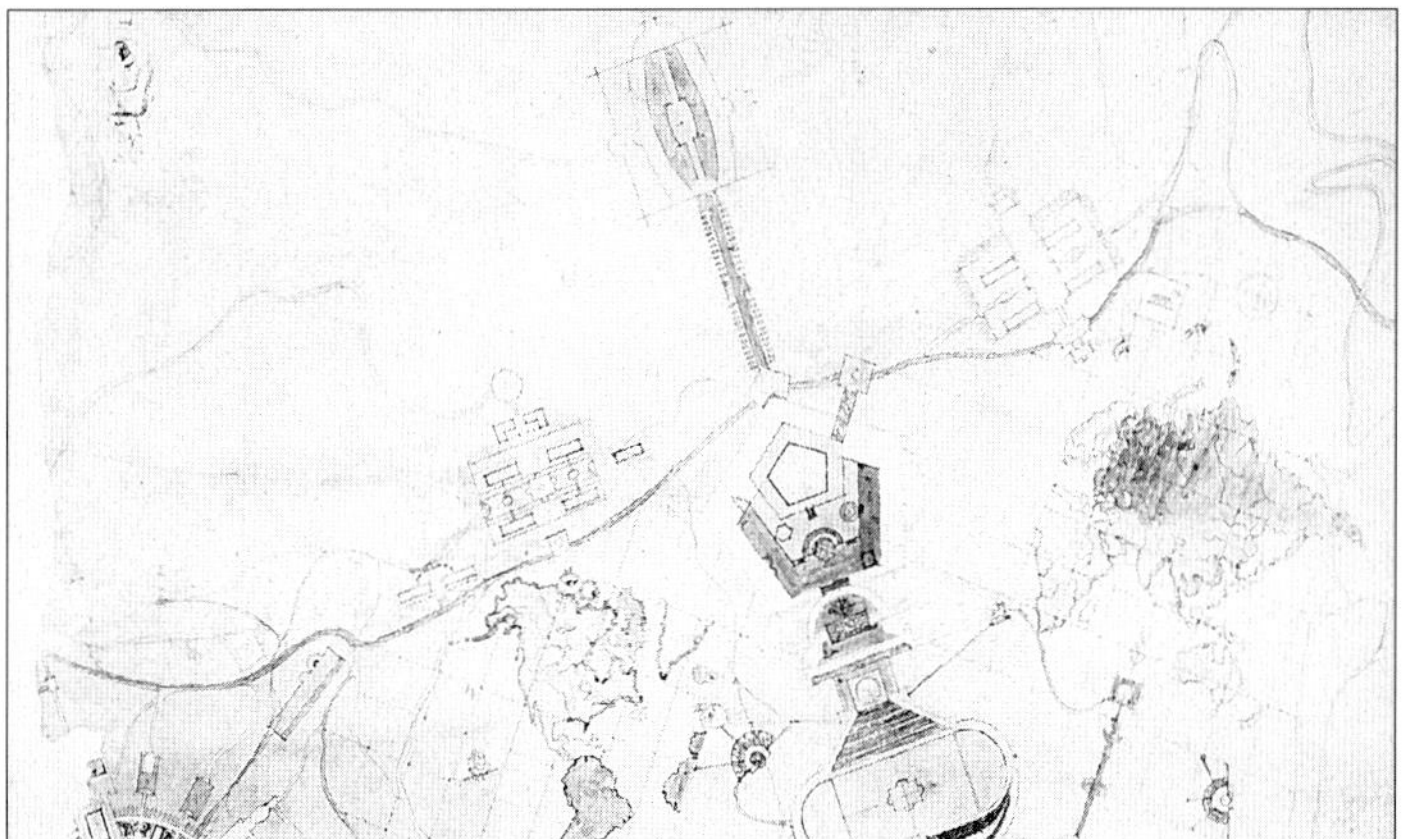

レオニドフ／
大アルテックのピオネール
キャンプ計画, 1936

て彼はクリミア半島のプロジェクトに従事していた頃から、このアイデアをフルに展開すべき構想に浸り出す。それがレオニドフの最後のそして最大の「建築ファンタジー」とも言うべき、そしてその名もカンパネッラの本と同じ、「太陽の都」のプロジェクトである。

このプロジェクトは、モスクワで万国博覧会が開かれるという話をきっかけにして始められた。噂では、それは国際連盟の建物群を中心にして造営されるという。レオニドフはこの噂をもとにそれを一部とした壮大な「太陽の都」の計画を練りあげようとした。もちろん売り込みのためではなく、カウンター・プロジェクトとしてであり、そのために彼が想定した敷地は、モスクワどころかインドないしその近くの島であった。アンドレイによれば、インドはレオニドフにとって人類の母なる土地であったという。あるいは、彼は周りの人々から計画を公にすることは不利な状況をもたらすと言われていたようだから、当初は万博その他の具体的計画として構想していたものを、具体化を断念し、その代わりにだんだん現実の外に築き上げ、積み上げられたこれらのイメージを、いつしか「太陽の都」と名づけるようになったのかもしれない。実際に、大戦後のレオニドフは建築的な仕事への関与の道はほとんど閉ざされてしまったようで、むしろ彼は展覧会のインスタレーションなどをしていたらしいが、そうした中で、この計画は完成されることなく、彼の死まで続けられた。晩年はアルコール中毒になっていたレオニドフは、一九五九年に酒を買いに出かけた途中で車に跳ねられて、不遇な晩年を突然断ち切られた。

「太陽の都」は、そのようなわけで明快な全体像を持っている計画ではない。国連センターと名づけられた中心部のイメージとその部分や独立的なイメージの集積である。その意味ではコルホーズの文化宮殿の壁画の発展したものだといってもよい。そこには明らかに重工業省計画を偲ばせるトリアディックのタワ

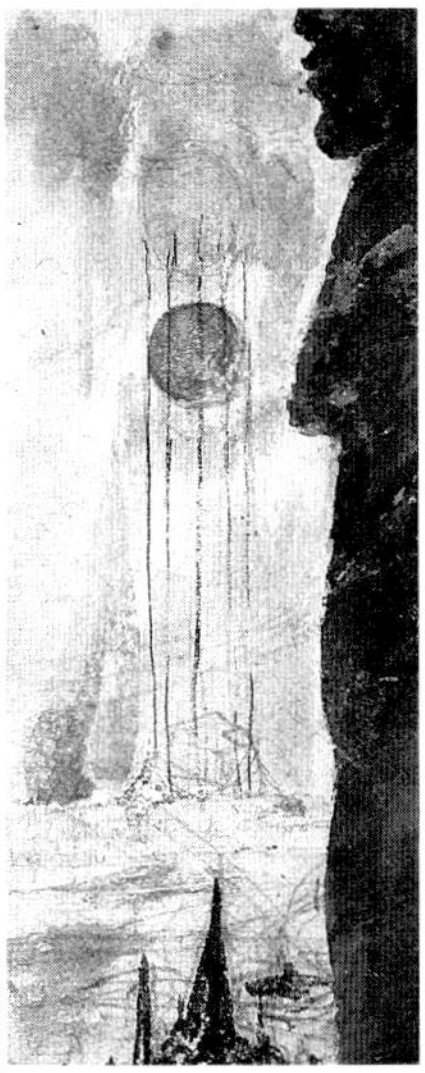

レオニドフ
「太陽の都」計画,
1943 - 59

ー群や球体のパヴィリオン、ピラミッドなど、構成主義期の彼が好んで用いたモチーフが、キスロドフスクで彼が果せなかった「クリスタルの噴水」やおそろしくロシア的なゲート、そして異様な形をしたストゥパ風のパゴダなどと共存している。そして、その中心には黄金の輝く「太陽」の球体が都の全体を照らし出している。それは重工業省のモチーフでもあった人類史の統合であると同時に、この天才の生涯を走馬灯のように要約するファンタジーでもあった。

メーリニコフの一九三〇年中頃のメガロマニアックな都市的プロジェクトについてはすでに述べたが、彼は一九三七年の第一回全ソ建築家同盟総会以来一九七四年の没年まで、ほぼ四〇年近く事実上の引退状態に追い込まれた。とりわけ一九四四年までは、全く定職というものもたない状態で、この間に彼は絵画を描いて過ごした。画題はいかにも社会主義リアリズムに受けそうなものだったが、いったん押された烙印は簡単には取り去られることがなかった。この時期にメーリニコフもまたレオニドフのように、いくつかの「建築ファンタジー」と呼べるようなものを描いている。かつては対立した二人ではあったが、これらはむしろいくつかの点で似通ってさえいる。ひとつは著しいロシア色であり、もうひとつはそのメガロマニアックかつ折衷的な性格である。メガロマニアは単に形やスケール感の上だけでそうなのではなく、政治的なユートピア性においてもそうであった。これもまた社会主義リアリズムの特徴でもあった。インドに敷地を仮託したレオニドフの「太陽の都」のように、メーリニコフはコーカサスに場所を想定した《世界の首都》というスケッチを残している。そこにはかつてのコロンブス・モニュメントやソヴィエト・パレスの正立、逆立のピラミッド形態が、より濃厚にバベルの塔の雰囲気を伴って再現されている。戦後にある程度の失地回復がなされてからも、仕事の面でははかばかしい展開があったわけではなかった。スターリン没後の一九五〇年代の中頃に描かれたスケッチでは、これも「太

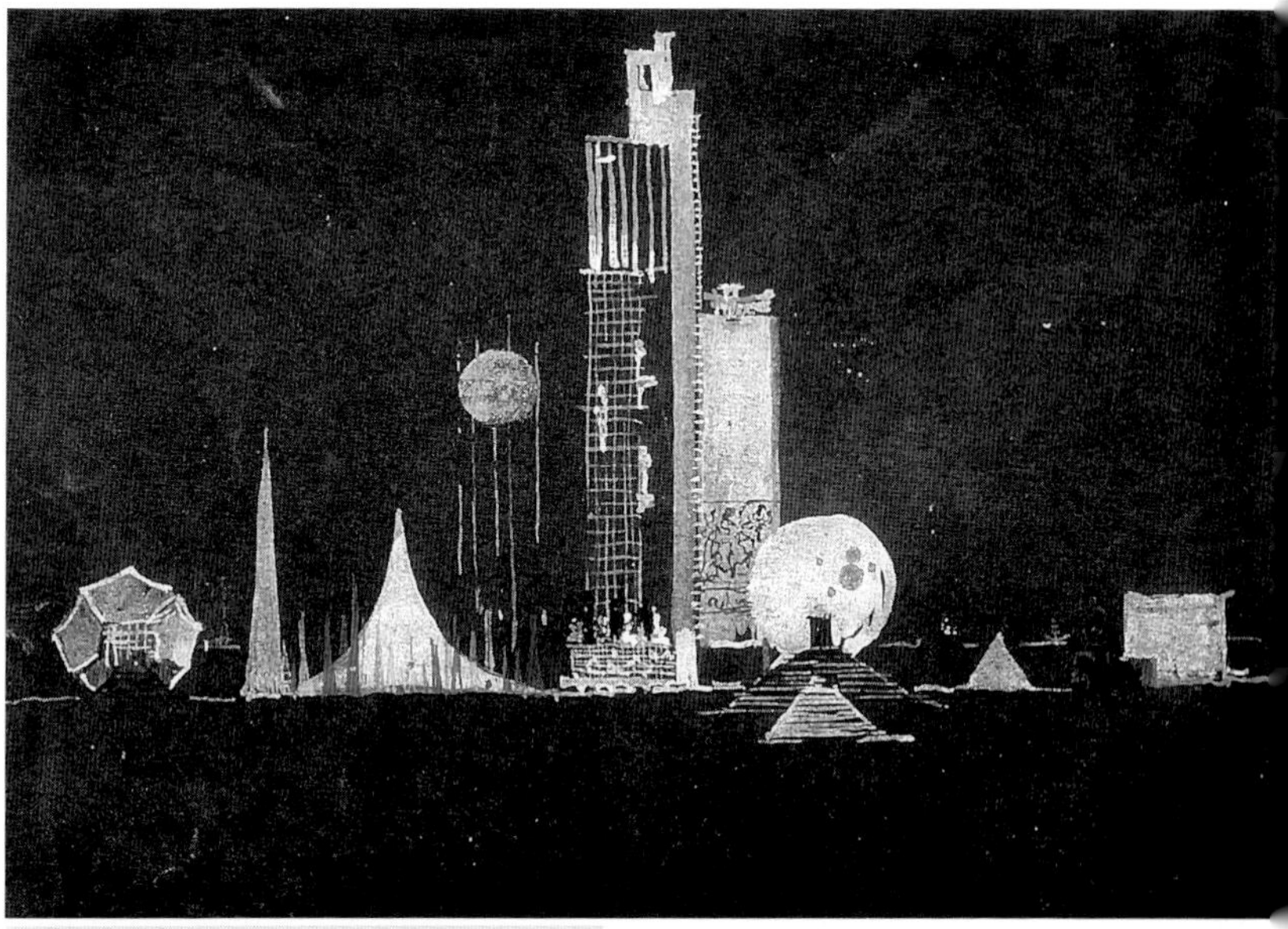

レオニドフ「太陽の都」計画（国際連盟本部），1957 - 58

陽の都」がそうであったように、メーリニコフのかつての作品が幻影のように立ち並んでいる姿が描かれている。幻影というよりは、亡霊のように、といった方が相応しいかもしれない。

5. スターリン・スカイスクレーパー

「スターリンの建築」の最後を飾るものは、いまだにモスクワのタウンスケープを決定的に支配している建築群、つまり一九四九年から建設の始まったスカイスクレーパー群である。これらはアメリカへの追従と呼ばれることを嫌ったのか、スカイスクレーパーとは呼ばれずに、単に「高層住宅」（住宅だけではなかったのに）と呼ばれたが、ここにもソヴィエト建築を特徴づけているアメリカへのアンビヴァレンツは示されている。アメリカに追いつくこと、しかしそれは独自性、さらには優越性（見かけの上だけでも）を保ちながらでなくてはならない、というわけだ。これは別にスターリン時代に限った現象ではない。マンハッタンとのアンビヴァレンツは、マレーヴィチのマンハッタンの光景にシュプレマティズムのオブジェをコラージュした作品にもうかがえるし、もっと典型的なのはリシツキーの「雲の鐙」と呼ばれている一連のプロジェクトである。これは彼の滞独時代から帰国直後にかけての構想で、そのためにドイツ語で“Wolkenbügel”と呼ばれたが、ドイツ語ではスカイスクレーパー（空をひっかくもの）は“Wolkenkratzer（雲をひっかくもの）”と訳されているので、リシツキーのこの「コピー」は、明らかにそのもじりであり、実際に一章六節でも触れたように、リシツキーはこの計画を水平のスカイスクレーパーとして考えていた。アメリカでは経済効率から上に伸ばすなら、社会主義ソヴィエトでは横に延ばす、という理屈である。高さを競うという点では、もちろんタトリンの第三インターナショナル記念塔の計画があって、エッフェル塔をしのぐ高さとして想定されたこの塔がアヴァンギャルド期を切り拓いたものであるとするなら、それを閉じたイオファンのソヴィエト・パレスの案は当時完成されたばかりのエンパイアー・ステート・ビルをしのぐ高さとして構想された点でも、またそこに採用された言語の点でもマンハッタニズムへのアンビヴァレントな参照性を露わにしつつ、一方ではタトリンのタワーへの裏返し（ヴォイドからソリッドへ）でもあったわけだが、この計画が着工しなが

メーリニコフ「世界の首都」計画

らも大戦で中止に追いやられたことから、スターリン政府のアメリカニズムへの野望をついに完遂するものとして、この戦後のスカイスクレーパー群があったと位置付けることは不当ではない。

さらに、もし、イオファンのソヴィエト・パレスをタトリンのタワーの裏返しと読むことが可能なら、このスカイスクレーパー群の方はリシツキーのそれの裏返しとも読むことが可能である。何故ならリシツキーの計画は、単独の建物としての構想ではなく、モスクワの中心市街地を環状に包囲するような地点に複数配置されるというアーバン・デザイン上の戦略的な位置付けがあった。これは昔のパリでいえばルドゥの数十にのぼる建物がそうであったような、市のゲートとしてのシンボリックな役割をもつわけだが、スターリン・スカイスクレーパーは、この果されなかったリシツキーの「首都を包囲する」という構想をそのまま引き継いだ（わけではないだろうが）かのようなかたちに配置されている。

これらの事業は、「同志スターリンのイニシアティヴ」によって始められたとされている。この時代には何でも大事業はこういうかたちで形容されていたわけだから、本当にスターリン自身のイニシアティヴによっていたのかはわかりようもなく、「スターリンの建築」の「スターリン」とはそのような不在の中心であるとは前に書いたことだが、政府にとって、ソヴィエト・パレスや地下鉄造営がソヴィエト経済の確立をデモンストレートする手段であったように、この事業がソヴィエトの戦災復興を内外に誇示するための方策であったことは間違いない。当時の御用理論家であったツァペンコは、高層建築を建てることはソヴィエト建築家にとっての夢であったが、それが今「党と政府の断固たる努力によって現実のものとなった」と言っている。

つくられた八つのスカイスクレーパーは、以下のようなものだった。

（一）「クラスナヤ・ヴォロータ」の近くのオフィス・アパート＝一六階建て・高さ一三四メートル（建築家はA・ドゥーシキン、V・メッェンツェフ）

（二）蜂起広場のアパート＝一六階建て・高さ一五九メートル（建築家はM・ポソヒン、A・ミドイアンツ）

（三）コテルニチェフスクヤ堤のアパート・オフィス＝一七階建て・高さ一七六メートル（建築家はS・チェチューリン）

（四）コムソモルスカヤ広場のアパート＝一七階建て・高さ一三八メートル（建築家はL・ポリャコフ、A・ボレツキ）

（五）スモーレンスク広場の外務省＝二〇階建て・高さ一七〇メートル（建築家はV・ゲルフレイフ、M・ミンクス）

メーリニコフ「建築ファンタジー」1955頃

（六）クリミヤ広場のホテル・ウクライナ＝二六階建て・高さ一七〇メートル（建築家はA・モルドヴィノフ）

（七）「ナ・ザリャージエ」のオフィス＝二二階建て・高さ二七五メートル（建築家はS・チェチューリン）

（八）レーニン丘のモスクワ大学＝二六階建て・高さ二三九メートル（建築家はL・ルドネフ、P・アブロシモフ、A・ハリコフ、S・チェルヌイショフ）

このリストが示すように、四百メートルを超すはずだったイオファンのソヴィエト・パレスに比べれば低いとしても、どれもモスクワの市街地の中では際立った高さである。さらに階数に比して高さが異常な数字になっている。どれも程度の差こそあれ、上に尖塔をつけて、いわば嵩上げをしている（これはニューヨークのスカイスクレーパーでも同じである）としても、それらを割り引いても階高は平均七〜八メートル、極端なのは一〇メートルにまで及ぶ（ホテル・ウクライナのみ六メートルくらい）と考えられ、現代の超高層オフィス・ビルの平均階高はせいぜい四メートルくらいだから、この数字はその倍以上にのぼる。当時の構造技術上の理由はあったにしても、基本的にひどく贅沢なつくりであったと言うことができる。

建築家の顔ぶれでいえば、リストが示すように、これらのスカイスクレーパーは、チェチューリンがダブっている他は、すべて異なった建築家の手によってつくられている。アカデミストの大家のうち、シチューセフ（一九四九年没）やフォーミン（一九三六年没）はすでに亡く、半ば神格視されていたジョルトフスキーは存命だったが、老齢だったことと、おそらくは後述のように超高層という条件と彼の様式との乖離もあって、名を連ねていないが、ソヴィエト・パレス最終案の建築家の一人であり、またレーニン図書館の設計者の一人であったゲルフレイフがフォーミンのパートナーでもあったミンクスと組

ドゥーシキン, メツェンツェフ「クラスナヤ・ヴォロータ」の近くのオフィス・アパート, モスクワ

ゲルフレイフ, ミンクス / 外務省, モスクワ

ソヴィエト・パレスとスカイスクレーパー群の林立するモスクワの風景

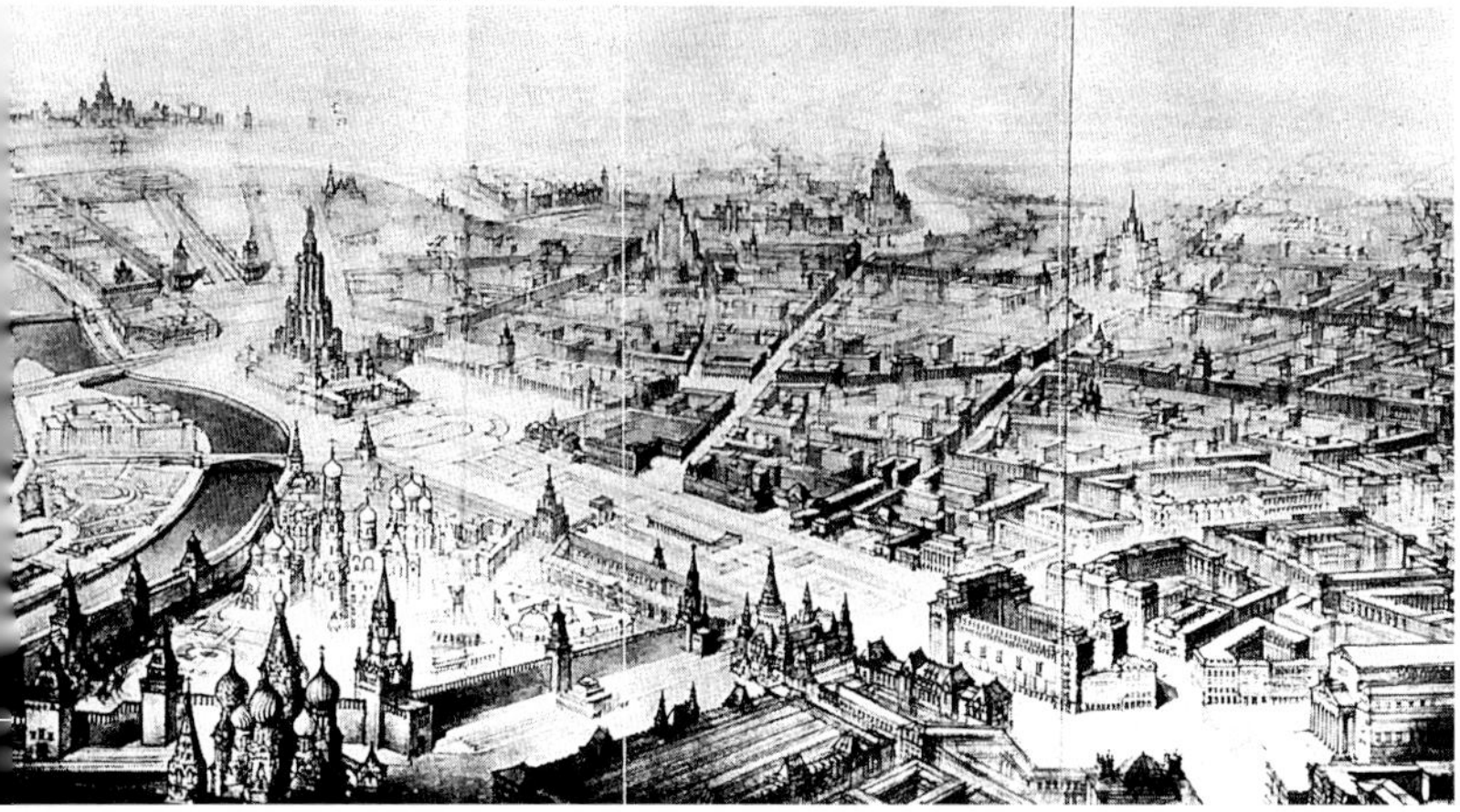

んでいるし、ルドネフもこの世代の擬古典主義の建築家である。新しい権力中枢を握っていた元VOPRA（ヴォプラ）からはモルドヴィノフが、そしてさらに若い世代からはチェチューリンやドゥーシキンなど、地下鉄の駅舎の仕事で抜擢された人々の名前が見える。アナトール・コップはこれらのリストが新権力ブロックであり、例えば、言語学や生物学の分野で起こっていたことと同様な現象だと、いかにも「スターリンの建築」にデマゴギー以外のものを見ようとしない彼らしいコメントを述べている。

これらのタワーについてもうひとつ極めて特徴的なことは、どれも印象においてすこぶる似通っているということだ。建築家がほとんど皆異なっており、それも世代的にもかなり分散しているにもかかわらず、ちょっと見ただけでは、どれがどれだか区別をつけるのは容易ではない。しかし、さらに、仔細に見れば、どれもスタイルの上では必ずしも同じではなく、あるものはクラシックが基本になっているが、他のものはもっとゴシック風のディテールが目立つ。しかし、全体の印象においては、これらの微小な差異は抹消されてしまっている。外装の石がほとんど同じものを使用していることも、その一要因ではあろう。前出のツァペンコがこの超高層に対する様式的なことを論じていて、古典のオーダーは八〜一〇階建てですでにうまくいかないと指摘している。古

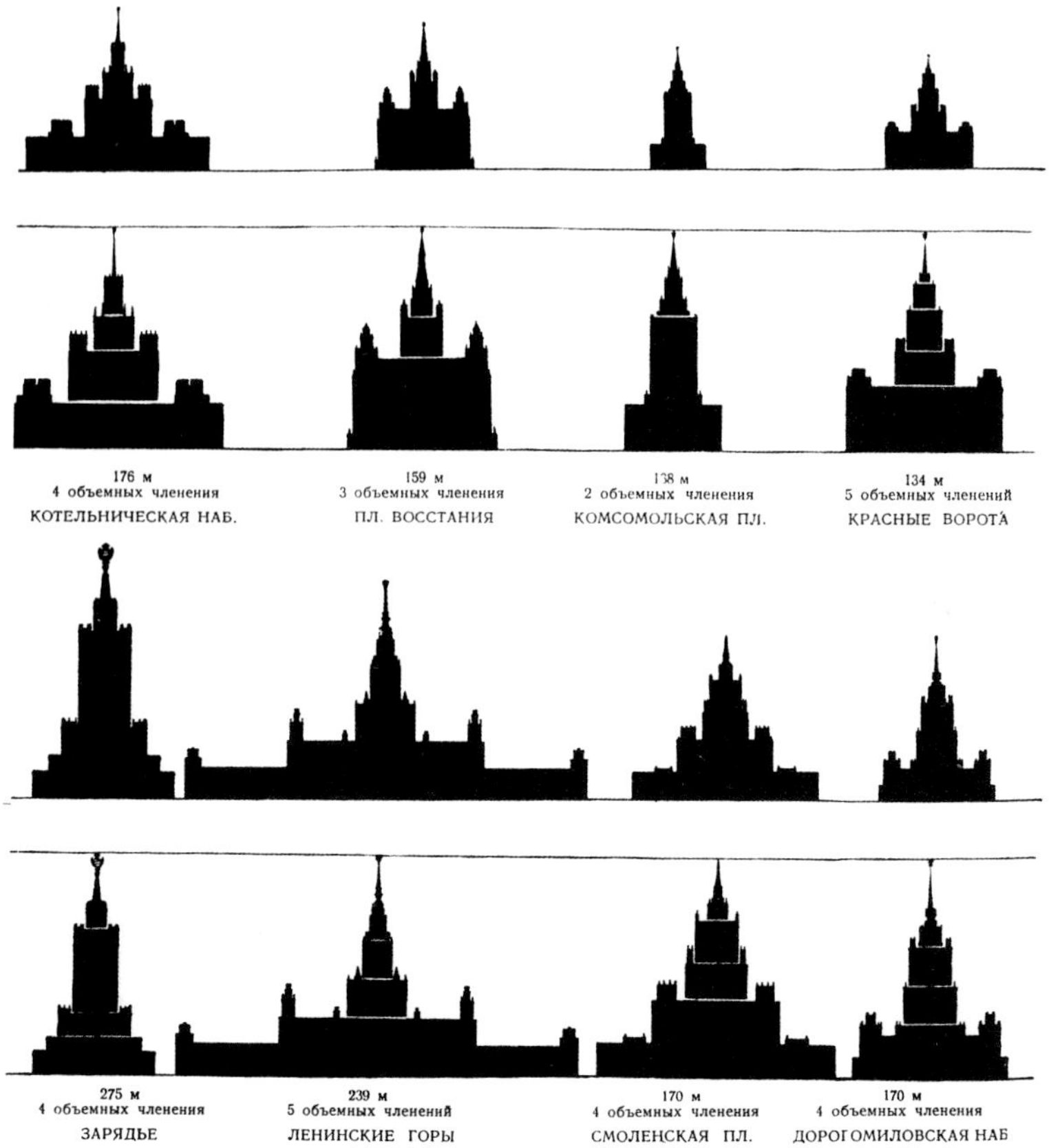

スターリン・スカイスクレーパーのシルエット
（各々のプロジェクトは，まず上段で正確なプロポーションで，下段で高さを揃えたかたちで示されている）．

ルドネフ，アブロシモフ，ハリコフ，チェルヌイショフ／モスクワ大学，モスクワ

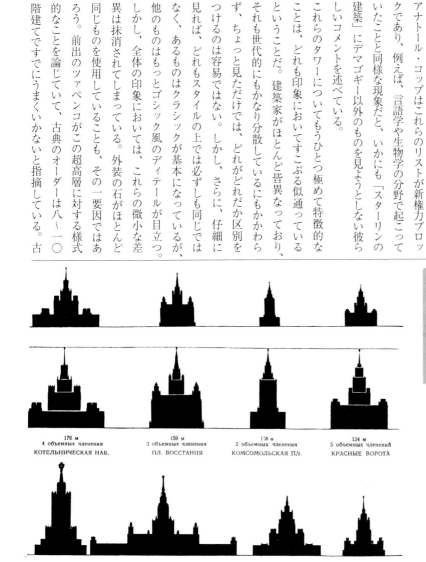

典古代の神殿は平屋であったわけだから、そのためにつくられたクラシックの言語を高い建物に応用するにはもとより工夫がいる。ルネサンスは三つのオーダーを三つの階に応用するという発明をし、ミケランジェロはジャイアント・オーダーによってそれをさらに高いものにも応用可能にする方法を見つけたが、それ以降は効果的な手法は発見されておらず、何とか破綻をきたさないようにするのが精一杯であったが、超高層となるとそれも危ない。初期のニューヨークのスカイスクレーパーは、フランスのボザール仕込みの建築家たちのおそろしく稚拙で不格好な「直訳」風であったが、結局本来の様式的な純正さを犠牲にして、これを調整するというかたちで落ち着いていった。前述の尖塔は、それを補完するような工夫でもあったはずだ。こうなれば、クラシックもゴシックもまたその他のソースも、本来のままでは存在しないのだから、むしろ全体の圧倒的なスケールの方が全面化する。似通った印象になるのはそのためで、これはスターリン・スカイスクレーパーに限ったことではなく、どこの国でも同様である。その意味でフランク・ロイド・ライトがこれを「メトロポリタン・スタイル」と呼ぶべきだと（彼の場合は軽蔑的に）述べたのは妥当な見解であろう。少なくとも、ヴォキャブラリーの上で無理な「スターリン・デコ」という形容よりも——そちらの方はスターリン現象がアメリカの消費文化と同じ根をもっているということを示す点でのメリットはもっているが——実態に即している。すぐれて二十世紀の大衆化現象のひとつの特殊な現われとしての「スターリンの建築」が、その最後期にこの「メトロポリタン・スタイル」を典型的なかたちで身にまとおうとしたのは示唆的である。

これらのプロジェクトが従来のソヴィエトの都市計画、なかんずくその景観上の研究などによっていたことは確かである。先に触れたように、古典的な意味での都市空間、とりわけ十九世紀のヨーロッパの首都改造のようなものが、今や都市と田園の対立の解消というような命題を清算して、「社会主義都市」の勝利を無媒介的に喧伝しようとする一九三〇年代以降のソヴィエト都市のモデルとなったわけだが、彼らはその壮大な都市空間を冠飾するものを必要とした。都市のモニュメンタリティや都市のシルエットに関する多くの論稿やキャンペーンが生み出されたが、このスカイスクレーパー群はいわばその最終的な具現化である。それらの論拠のひとつは、都市に方向性を与えるというものであった。つまり、ランドマークを与えるということだが、実のところは、前述のようにすべてが印象として同じようなものになってしまったために、結果として、この機能的な説明は必ずしも十分に説得力のあるものにはなっていない。しかし、モスクワ中心市街地のどこにいてもこれらのいくつかは平均的な街並みの彼方に、それらを睥睨するかのように屹立して見える。それがソヴィエト都市の「同志スターリンのイニシアティヴ」による建設活動の勝利を大衆的に目に見えるようなものとしていることは間違いない。

いつ頃のものかは不明だが、中心にイオファンのソヴィエト・パレスが屹立し、周辺にこれらのスカイスクレーパー群の見えるモスクワの市街地の光景を描いたドローイングが残されている。この図版の説明によると、ソヴィエト・パレスは一九四六年の改正版によるものだとあるから、イオファンのタワーは、スカイスクレーパー群が始まった時期にもなお工事継続の可能性があったのかもしれない。そうであれば、この両事業の連関性は一層明快である。そして、考えてみれば、これら「スターリン建築の華」の代わりに、中心にタトリンの、《第三インターナショナル記念塔》が、周縁にリシツキーの「雲の鐙」群が配置されている光景を思い描くことも可能なわけだが、その場合、これら二つの光景は、完璧なまでに陰画と陽画の関係をなすことになるだろう。しかし、実際に歴史的空間の中に刻まれたのは、その陰画の方の、それも中心をフットプリント以外には欠いて不在のままにしてしまった、光景である。それは宴の後の終章にはいかにも相応しい光景と言ってよいのかもしれない。

第　十　八　章

ポスト・スクリプト

「意図せざる皮肉」

ポスト・スクリプト：「意図せざる皮肉」

Ⅱ. ポストスクリプト

「意図せざる皮肉」

一九五四年にスターリンが没すると、フルシチョフが手早く権力を手中にし、スターリン批判を展開して世の驚愕を引き起こすが、この批判に対しては「スターリンの建築」もまた例外でいることはできなかった。一九五四年の十一月三〇日から十二月七日にかけて、党中央委員会と省評議会は、モスクワで建築技術・行政関係者の会議を開いた。その場で新書記長フルシチョフは、建築家たちが人民の要求を忘れ、コストや利便性を無視して華美に走ったと弾劾した。もちろん、この「華美」は、スターリン期においては「人民の要求」(「人民は美しい家を欲している」とカガノヴィッチがそれを要言していた)によってつくられることになっていたものだったが。

この批判は、ある程度はこれまでも行なわれていたものである。「スターリンの建築」は必ずしも言説の完全な強制同化によっていたわけではない。むしろ絶えざる批判はソヴィエトの御家芸のようなものだった。しかし、これまではアヴァンギャルドに対して以外はそれがさしたる実効性をもたらさなかったのに対して、「不在の中心」をなしていた独裁者が没すると、同じ批判内容が全く異なった効果をもたらし始めた。

会議に先立って『建築SSSR』誌十一月号には、前出のルドネフが「形式主義と古典について」と題した論文を発表し、「気まぐれにディテールをひどく大きくしたり、不合理なまでオーダー・システムを『引き延ばし』たりする、広く行きわたった傾向のために我々の手にしたものは、外観的な建築と内部的な建築の断絶である。これらすべては、ソヴィエト建築におけるリアリスティックな方向の正しい発展をぶち壊し、建設の工業的な迅速な方法を根づかせることにブレーキをかける形式主義的な反動的傾向を生んだのである。これら形式主義的な傾向の起こる主要な原因は、過去の文化遺産の摂取というスローガンが、創造的ではなく、単純にしか受け取られなかった、ということに帰するのである。我々はしばしば、生活と建設の新しい諸条件を理解することなく、過去の経験を無批判に利用した。それは、高くつく誤謬、すなわち、偽りのモニュメンタリティ、思いつきの芸術的形象を満足させるための工業化の拒否、そういった誤りに導いたのである」と述べている。

このコメントが面白いのは、その内容以上に、前に言及したように、当のルドネフ（ファースト・ネームに至るまで同じだから別人ではなかろう）が、五年前に完成したアゼルバイジャンの市庁舎でその放埒を非難されていたことである。ルドネフは、このテクストの中で、ドゥーシキンによる二つの地下鉄駅「ノボオスラボードスカヤ」と「ソヴィエト・パレス」を比べて、「大きな断絶を感じる。そしてその際の比較は、後になって建てられた停車場の方に分があるものとしてはなされないだろう」と書き、さらに「同じことが、L・ポリャコフの設計によって三年かかって建てられた停車場『カルージスカヤ』と『アルバートスカヤ』についても言えるのである。不可欠のリズムの感覚は失われ、古典的な慎ましさはバロックの放埒さへと代わっている」とつけ加えている。

ここに自己保身を見るのか、真摯な自己批判を見るのか、それを判断するに十分な材料は今のところ私たちには欠けている。しかし、このフルシチョフ時代の「スターリン批判」は、ルドネフのテクストの最後の引用部に見えるように、必ずしも、アヴァンギャルドの時代への再転向などではないことには注目しておく必要がある。ルドネフは古典的な精神からのバロック的逸脱について語っているにすぎない。それをかつてアヴァンギャルドに向けられたのと同じ「形式主義」ということばで括っていたということは興味深いが、それは再び「社会主義リアリズム」をオープン・エンドの議論の中に投げこんだということ以上のものではなかった。事実、ルドネフのテクストには、この「歴史的遺産の摂取」における誤りは、「ある材料とか、ある規模とかのものに使われた形式を、新しい技術的な、造形的な特性をもった材料の上に、機械的にもってくるやり方である」と、ほとんどギンスブルグ（この構成主義のリーダーはその三年前に没していた）が書きそうなことを述べているが、しかし、そこで意図されていたこと、あるいはあるべき姿としてイメージされていたことはやはりギンスブルグの場合とはずいぶん違ったものであった。

ドゥーシキンやポリャコフの地下鉄駅については、同じ号に載ったカザーリノヴァによる「建築物のテクトニカ」という論文にも言及されている。彼女にとってもドゥーシキンの「マヤコフスカヤ駅」は鋳物のチューブと金属柱による構造形式を考慮して「建築課題を正しく、革新的に解決した実例となり得る」が、もっと後のポリャコフによる「アルバートスカヤ駅」は、技術的にはもっと進歩した構造によっているにもかかわらず、建築家が「重圧感を与え、同時にやたらな装飾性を与えたため、構造を間違って表現した実例となっている」。

彼女にとっての理想的な建築家はやはりジョルトフスキーであり、決してヴェスニンでもギンスブルグでもなかった。ジョルトフスキーこそは、例えばプレキャストの大パネルによる建築に対しても、その条件に合うようなかたちに調整しながら、古典の精神を正しく、誇張なしに運用できる真の建築家であった（それに対して、他の凡百の建築家たちはその特性を無視してかえって古典の表面的形状を誇張して、材料の濫費をもたらした）というわけだ。この観点は、好意的に取れば、アナトール・コップをはじめとする従来のモダニスト的観点からすれば、古典的なヴォキャブラリーを用いておれば皆が皆ただのパスティッシュという、それ自体としてはスターリン時代の反モダニズムキャンペーンの単純な裏返しとは違う、古典建築にも技術や構造性と形式の対応性があり、合理的建築理論とは別に近代が始めたわけではなく、極論すればヴィトルヴィウスの昔からあったタイプのものであるということを確認させるものだと言えないことはない。しかし、もっと悪意に取れば、結局は、この時点で「スターリンの建築」を、ちょうどフルシチョフがこの時期を「個人崇拝」の誤りに帰着させてしまったのと同じように、一時の（したがって是正は可能な）誇張の誤りにすぎないというかたちでの「トカゲの尻尾切り」を意図したものだと言えないこともない。切られたのはモルドヴィノフやウラソフ、アラビヤンなど、元VOPRAのリーダーたちである。

いくどかの雪解けと反動が交替した後の一九六二年、フルシチョフは再び文化批判の長い演説を行なっている。書記長はスターリン主義の行きすぎに言及した後にエレンブールグやエフトゥシェンコをも攻撃した後、突然メーリニコフのルサコフ・クラブに矛先を向け、それを「背徳と同じように醜悪で不快な建物」と呼んだ。フレデリック・スターは、この演説に言及しながら、フルシチョフが次にメーリニコフの仇敵であったアラビヤンの赤軍劇場をも同様な「フォルマリズム」として槍玉にあげたことを、「意図せざる皮肉」と呼んでいる。我々は記述をこの時点で止めることになるが、この清算の仕方の曖昧さは、それ自体、結局「スターリンの建築」そのものの曖昧さにつながっていると言わざるを得ない。

補章

魔方陣に囚われたアヴァンギャルド

0 前口上

1 計画と政治

2 サブソヴィッチ「左翼主義」の両義性

3 「磁力の山」のリアリティ

4 オヒトヴィッチ文化革命の顛末

10. 前口上

本書の初版（一九九三）以降、私はロシア・アヴァンギャルド研究から離れていた。ロシア語が出来ないという研究者としては致命的な限界もあったが、関心もそれに留まるものではなかったからだ。しかし、この時期の前後には、この分野での転換がいくつか行なわれていた。その新しい動向はソ連の崩壊によるドラスティックな背景の変革—アーカイブへのアクセスが自由になったという事柄も含まれる—によっても惹き起こされた。この新版に先んじて出版された本田晃子氏による優れた著作『天体建築論 レオニドフとソ連邦の紙上建築時代』（東京大学出版会、二〇一四）もその一環で、邦人著者によって海外の論考に引けを取らない労作が公刊されたことは真に同慶の至りだが、それに加えて、フメリニツキーやパヴェルヌィなど海外在住のロシア人研究者による著作がある。本田氏にはこの動向についての情報提供や意見交換のご好意に与ったが、これらにはむしろ三〇年代のいわゆる社会主義リアリズムに主眼を当てた論考が多い。先鞭を切った感のある美学者グロイスの本『全体芸術様式スターリン』（［原書、一九九三］邦訳＝亀山郁夫・古賀義顕、現代思潮社 二〇〇〇）は、アヴァンギャルドと社会主義リアリズムの対立というよりもむしろ前者が後者を用意したとする連続説で知られる。単純な断絶説は私もとるものではないが、グロイスの説は九〇年前後のロシア文学におけるポストモダンの議論と重ねながら自分たちの立ち位置を定めるべく、歴史的先例に彼の言う所の「社会的精神分析」を施したという感が強い。それ自体が「ソッツアート」の一形態といった具合だ。アートでやるから新説のように見えるが、政治的な議論で見れば、十把一絡げにレーニン主義がスターリン主義を生み出したといっているようなもので、問題はもっと先にある、という思いが残る。パヴェルヌィの本 "Architecture in the age of Stalin - Culture Two"［原書＝一九八五、英語版＝二〇〇二］、これにはグロイスが序文を寄せている）は連続説ではなく、逆に両者を二つの文化類型化して比較したものである。スターリン文化の相対な認知という点ではグロイスに重なっているが、多岐にわたる資料と部分部分の衒学的ともいえる分析は機智に富み一読に価する。「社会的精神分析」としてはグロイスよりはこちらをとりたいものの、対比の枠組自体はそれほど意表をつくものではないので、相対化以上に新しい光を当てたとはいい難い（フメリニツキーはごく一部のテクストを読み得ただけだが、後述）。

新しい動向のもう一つの中心はアメリカを中心とする西側で、ソ連史一般では、七〇年頃からオーストラリア出身のシェイラ・フィッツパトリックを中心とする「修正学派 revisionist」が台頭する。少なくない本の一つも邦訳がないのだが、彼女は、大粛清を含む「上からの革命」の執行を中心に据える従来の全体主義史観を、社会・文化学的分析に依拠した「下からの革命」を見ることで批判＝修正するものだが、私には、ポストモダンから逆さ眼鏡で見た上記のロシア人たちの議論よりもフィットする。そこで折角の増補の機会をいただいたのを僥倖とし、そうした新しい動向を入れながら、二〇年後の増補を付け加えておくことにしたい。

ただ、増補といってもごく限定された紙面だし、現在の関心を外して書くのも難しい。今の私の関心は、「汎計画学」と仮に名付けて二〇世紀を「計画の世紀」として総括するもので、二〇、三〇年代のロシアは当然重要なイシューとなる。ロシア・アヴァンギャルドの歴史的意義が、造形的な問題には留まらず、世界（社会）の変革への意志にあったとするなら、建築家や都市計画家を社会技術者と呼び変えることも可能で、そうしてみれば、初版において政治と経済計画の関連についての記述が少なかったのは、重要な遺漏であった。グロイスや『全体主義芸術』（[原書＝一九九四] 邦訳＝貝澤哉、水声社、二〇〇七）のゴロムシトクはアヴァンギャルドの権力志向を鬼の首を取ったかのように論っているが、範囲を汎計画行為まで広げれば当たり前の指摘で、そもそもマヤコフスキーは一〇月革命を「我らの革命」といったはずだ。この増補では、そういう関心を背景にして第一次の五カ年計画を巡る政治状況を書きつつ、後半では本編でも中心的な事項であった都市計画（生活様式）論争の二人の主役、エコノミストのレオニド・サブソヴィッチと社会学者ミハイル・オヒトヴィッチに話を絞りこんでいく事にしたい。

1.
計画と政治

本書のようにアヴァンギャルドを中心にしてしまう視点からは盲点に入りがちだが、ボリシェヴィキによる一党独裁体制の樹立の後も、政府機関に関わった社会技術者たちは政治的（最）左翼であったわけではない。ボリシェヴィキの大多数は革命時三〇から四〇歳代（レーニンが四七歳）で、かつ中核は職業的な革命家であった。彼らが国家の要職を占めても、実務能力には大きな限界があった。そもそも党員職員と非党員職員とでは受けていた教育のレヴェルからして違っていたのである。レーニンがこの問題に意識的であったことは第三章第二節でも触れたが、技術者一般に関しては党内でもブルジョア技術者を排する左派と、レーニン、トロツキーとの論戦があった（中嶋毅『テクノクラートと革命権力』岩波書店、一九九九、参照）。"Soviet Economists of the Twenties" (Cambridge University Press. 1972.) で、ナウム・ヤスニィは、「レーニンがGosplan＝国家計画委員会を招請した際にそれを起草すべく招集された人々は非共産主義者であった。（…中略…）〈プラウダ〉に一九二一年二月二二日に掲載した計画に関する論文で、レーニンはなおも共産主義の計画家に対する軽視を示している」と書いている。〈プラウダ〉論文で「空疎なおしゃべり」と酷評されたのは、ともに当時VSNKh＝全ソ国民経済会議の幹部だったウラディミール・ミリューチン及びユーリ・ラリンの二人である（前者は十二章で取り上げられているニコライ・ミリューチンとは別人だが、後者はその章の一節で取り上げている）。

一方ヤスニィに「専門家」とされているのは、元のメンシェヴィキやナロードニキ派である（上記の引用文でヤスニィが「共産主義の」といっているのは、ボリシェヴィキ派という意味だが、実はミリューチンもラリンもメンシェヴィキからの転向組ではあった）。レーニンの元では、後の五カ年計画の策定に関わる諸機関、即ちGosplan（実質上の経済・軍事内閣STO＝労働国防会議の下部機関）でも、VSNKh（当初中央計画機関。徐々に管理機関となり、計画機能はGosplanに移管）でも、財務委員会（大蔵省）や国内通商委員会（通産省）、国立銀行、セントロソユース（組合総連合）でも、既に政治党派としては追放されていたウラディミール・グロマン、ウラディミール・バザロフ、アブラム・ギンスブルク、そして農業・食料問題の専門家で、景気循環論で有名なニコライ・コンドラチェフらのエコノミストが要職を占めていた。前三者はかつてメンシェヴィキに関わりがあり、コンドラチェフはエスエル党の主要メンバーであった。彼らはNEPを背景に実務的な国民経済計画を建てるべく登用された。グロマンとバザロフは一九二三年一一月二一日のGosplanの総会で経済を全体の均衡システムとして捉えるペーパーを発表、特にグロマンはそれを調整数字（年次獲得目標）を通して組み立てようとした。これは後のレオンチェフの産業連関表を先駆している。

元々ボリシェヴィキは都市プロレタリアートの党である。しかし人口構成にせよ産業構成にせよ、革命直後には工業化の基盤が成立していなかった。戦時共産主義期には都市での食料が欠乏し、レーニンは過酷を極める農村収奪策をとったが、その失敗の認識から導入されたNEP下では、現実の成果を上げ出した市場的農業と必要な物資を輸入するための資本を欠く工業化の割合をどうするかは論争の的であった。前者を固定してしまえば社会主義の途は遠くなるが、工業化の資本も農業の収穫しか頼るものはなく、均衡は合理的な計画予測というよりも政治的選択により、レーニンの死後は工業化重視の左派（トロツキー、プレオブラジェンスキー）と農村経済を基盤とする右派（ブハーリン、ルイコフ、トムスキー、スターリン）らが論争を繰り返していた。ボリシェヴィキの指導者達は時に応じて方針を右に左に替えるが、それは経済に関する認識や思想の違いだけではなく政争にも起因していた（この動機の見極めは不可能に近い）。第一次五カ年計画は、中間派であったカーメネフ、ジノヴィエフと組んでトロツキーを排除、ついで右派と組んでカーメネフらを排除したスターリンが、突如として第二の戦時共産主義への回帰とも言い得る過激な工業化及び農業の集団化に方向転換し、今度は右派を排除していく中で立案されていった。それは構想としては、不倶戴天の敵であったはずのトロツキーのものを剽窃したとも言え、トロツキー自身はそれが似て非なるものであることを強調したが、トロツキー派の有力者がスターリンの軍門に下る口実ともなったのである。

一九二五年前後から構想されていた五カ年計画は、主に工業ではVSNKhが（作成の中心人物はギンスブルグ）、農業関連はNarkomzem（農業省／同コンドラチェフ）が作成し、それらがGosplanに持ち込まれる。アレク・ノーヴは、エコノミストたちは「不備な統計と格闘しながら、並外れた独創性をもって作業していた」と書いているが（『ソ連経済史』［原書＝一九六九］邦訳＝石井規衛ほか、岩波書店、一九八二）、ギンスブルグも、そもそもグロマンらの均衡論が適応出来る条件が備わっていなかったと言っている。均衡派のGosplanと農業派のNarkomzemでも方針は違ったが、いずれにせよ、これらの初期案はともに承認されず、Gosplan内部に長期計画の中央委員会（TSKPP）が設けられ、基準案（オトプラヴノイ・ヴァリアント）と呼ばれる現実案と最適案（オプティマリヌイ・ヴァリアント）と呼ばれる理想（無謀？）案の二案がつくられた。同じ目標を前者は六年、後者は五年で達成するというもので、「国家計画委員会や最高国民経済会議の専門家は野心的な成長目標を採用するよう絶え間ない圧力を受けた。（…中略…）現在の時点でふりかえればいうまでもなく、当時においてすらどうしてこれが現実的であると看なしえたのか、想像し難い」（ノーヴ）。これ以降、上記のエコノミストたちは計画作成から外されていくが、最適案も基本的にはより政治主導であったVSNKhの案が元である。ことを複雑にした外的要因のひとつは、二七―二八年の冬の農村の状況が極度に悪化し、計画調達と市場調達の農産物価格の格差が極端に拡がったことである。右派は農村への譲歩を主張したが、スターリンはかつてを上まわる農村の収奪をすべく、階級としての富農（確固たる定義というより、むしろ、ためにする定義というニュアンスが強かった）の根絶を主張し、一挙に重工業重視への急激な「左」旋回を行う。

第一次五カ年計画は二九年四月の第十六回党協議会を経て、同一二月の第十五回党大会にかけられ、VSNKhの前議長、当時のソ連邦人民委員会議長

（首相にあたる）で、指導者中最も工業に詳しかったルイコフが報告を行なった。党協議会において時間を遡る形で採用されたのは最適案で、更にその後もスターリンは工業化のために従来の四倍もの巨大な投資を行おうと「計画」した。大会では計画の発足を認めただけで、数値目標や各部門の均衡は「戦略的な位置によって決せられる」という、恣意的な運用に開かれた位置付けであった。一二月党大会の翌月には、ルイコフは人民委員会議長職から解任され、ブハーリンやトムスキーも失脚、スターリン独裁体制はほぼ完成される。

この独裁体制を寿ぐ第一次五カ年計画は、ドニェプル水力発電所、マグニトゴルスクとクズニェーツの金属総合企業、ウラル機械工場、ロストフ農業機械工場等々それなりに「輝かしい」成果に欠けていたわけではない（といってもこれらには五カ年計画以前からの計画もあり、たとえばドニエプルはトロツキーの推進していた事業で、当初スターリンは金がかかりすぎるという理由でそれに反対していた）。同時期に西欧では世界大恐慌が起こったために、これらの業績は社会主義の「計画経済」の未来を約束するように見えた。それは同時期の建築や都市計画の動向と似ていなくもない。つまり人民に社会主義の建設の成功を見せつけるためのショーピースへの傾斜である。しかし、舞台裏の状況は別で、翌冬の農村事情は一層悪化し、大恐慌で輸入事情も極端に悪化した。にもかかわらず、スターリンはこの逆境を計画のスローダウンではなくアップで乗り切ろうとした。「計画にはこだわらず、計画の中でかかげられている目標を超過達成することが望ましいこととされた」とノーヴは言うのだが、「計画」が可能性の予測に基づかないなら、計画でなく空想か妄想の領域である（当時のソ連の経済が計画経済と言えるものではなかった事に関しては、谷江幸雄『ソ連経済の神話』［法律文化社、一九九七］の特に第二章。ただし同書では計画への政治介入については言及がない）。この方向転換は、三〇年六月の第一六回党大会で更に具体化された。紙面の都合上数字を挙げる余裕はないが、これは無謀以前だった。再びノーヴを引用するなら「『大躍進』」という急速な工業化計画は、未曾有の混乱とテロルを通じて、一定の工業を建設することを可能とした。しかし、その帳尻合わせも、厳密に算出することはできない。およそ非科学的・非統計的な行政的手法が適用され、反対する者は『階級敵』とされた」。これが本書一二―一三章で述べたアヴァンギャルドの都市計画提案の政治的背景である。

最初に「階級敵」とされたのは、前記の経済計画の専門家たちで、グロマンやバザロフの均衡理論は急激な経済シフトに壊滅的な打撃を与えるべく導入された破壊工作として非難された。弾劾者R・ヴァイスベルグがGosplanの二九年一二月の会合で読み上げたペーパーでは、「革命の大義は至高の法則であり、この法の求める所では、我々は均衡を破り無視することを受け入れねばならない」とされる。もはや計画などではなく反計画＝デマゴギーなのだ。達成された大工事も古代さながらの強制労働によるところが少なくなかった。以後計画の失敗や誤算はすべて立案者側の問題ではなく、社会主義建設に反対するトロツキストや外国側、の陰謀、サボタージュによるものとされる。Gosplan、VSNKh、Narkomzem（農業省）やNarkomfin（大蔵省）など関連部局では大規模なパージが行われ、上記のエコノミスト達も逮捕される。彼らはその後の粛清の嵐を生き残る事はなかった（スターリンが彼らの処断について具体的に指示をしていたことは、ラーズ・リーほか編『スターリン極秘書簡　モトロフあて　一九二五年―一九三六年』岡田良之助、萩原直訳　大月書店、一九九六、参照）。

本稿では大粛清に関して詳説はしないが、サイモン・セバーグ・モンテフィオーリがそれについて「五カ年計画が工業生産を割り当てたようにして殺戮するやり方が当然のように採用された」と書いていることだけは引用しておこう（『スターリン―赤い皇帝と廷臣たち』（上・下）［原書＝二〇〇三］邦訳＝染谷徹、白水社、二〇一〇）。計画も殺戮も数字上の辻褄合わせでなされたのだ。当該箇所以外にも随分センショーナルな書き方をした本ではあるが、これに言及したのは、以下に取り上げる都市派・非都市派の論争のリーダー二人もまた、このグロテスクな政治イヴェントの陰で消えていったからである。それは本編が書かれた時点では私も知る事がなく、従って書かれずに終わったが、個人の悲劇のみならず、当時のアヴァンギャルドの立ち位置により近づかせてくれる事実なのだ。

スターリンの左旋回が左旋回たる所以は、メガロマニアックな生産主義だけではない。それが社会主義都市たらねばならないとしたからだ。やがて社会主義化の完遂の宣言に従って、それに棹さす如何なる動向も無謬の党に対する反抗として位置付けられる。このスターリン文化革命のテーゼは一見実にアヴァンギャルド的なテーマで、冒頭に言及したグロイスの設定の仕方にも似ている。このアンビヴァレンツを体現した一人が、本編第十二章第二節で、五カ年計画に平行する都市計画論争においてヴェスニン兄弟と協働した都市派の理論的リーダーとして書かれた、レオニド・サブソヴィッチである。

12. サブソヴィッチ「左翼主義」の両義性

本書執筆当時サブソヴィッチのそれまでのキャリアについては分かっていなかったが、最初に触れたフメリニッキーによる〝Леонид Сабсович или Кто придумал обобществление быта? レオニド・サブソヴィッチ　あるいは誰が生活の社会化を招来したのか〟（二〇〇八）である程度のことは分かった。フメリニッキーは、本田晃子氏によれば、スターリン期の建築が完全にスターリンと党のヘゲモニーによって確定されたとする二冊の本（未読）を二〇〇七年に出したが、この（別の）テクストで登場するサブソヴィッチは、アヴァンギャルド（の同盟者）どころかスターリン側のデマゴーグとして書かれている。前述のヤスニィの本でもスターリンの「インフレ」計画の「推進者」、グロマンやバザロフを糾弾する面々の一人として言及されており、このこと自体は間違いではないだろう。彼は一九二四年当時、VSNKhにおいてギンスブルグを長とする経済計画局の鉄鋼業部の責任者だった。計画案を作成する側にいながら、それを攻撃する側に立ったわけだ。フメリニッキーは、サブソヴィッチが目標数字のフレームアップを主張しながら、ルイコフを「過まてる同志」として執拗に攻撃したことを指摘している。インフレ数字を呑むか呑まないかを体制への忠誠度のバロメータとしたスターリン派の典型的なやり口ではある。サブソヴィッチは、二九年の三月、上述の党協議会の直前に、『ソヴィエト連邦の一五年』と題した本を出版しており、紙も不足していた当時にミリューチンの『社会主義都市Sotzgord』の初版が七〇〇〇部であったのに対して、第二、第三版だけで数万部を刷ったという。更にこの年には「未来の都市と社会主義的生活様式の組織」が、翌三〇年には『ソヴィエト連邦の十年』が出た。フメリニッキーはこの厚遇を「上からの強力な支持」に由来すると書いている。

テクストでは名前は挙げられていないものの、「上」が当時VSNKhの議長であったヴァレリヤン・クイビシェフであった可能性は高い。元は軍医学校を放校になった革命家でエコノミストではないが、スターリンの経済顧問格ともいわれた人物である。フメリニッキーは『ソヴィエト連邦の一五年』の第三版のあとがきの次のような一節を引用している。「一五年以内に先進資本主義国に追いつき、我が社会の階級組織を破壊し、USSRに社会主義を実現するのだ。これは多くの人々から信じられず、幻想的で、非実際的と言われたが、Gosplan全体計画委員会のみが、私の仮説を実際の「生産規模の仮説」として機関誌『計画経済』に(半分だが)掲載し、全く別に『ソ連邦の一五年』を出版した」。前記のモンテフィオーリは、三三年にスターリンが五カ年計画の「偉業」の達成を宣言した際に「ゴスプランの議長だったクイビシェフは、五カ年計画の数字と現実の辻褄合わせという不可能な仕事に追われ」た、と書いている。つまりサブソヴィッチはスターリン/クイビシェフの左旋回=冒険主義路線におもねりながら右翼反対派の追い落としの急先鋒を務めたというわけだ。クイビシェフは、前記二九年四月の党協議会では同時に演説したルイコフを横目で見ながら、「発展のテンポを引き下げようとするのは『小ブルジョア的動揺』のあらわれであると述べて右派路線を攻撃した」(中嶋、前掲書)。当時もはや政治的に中立な立場などは存在しないという空気が世論を完全に支配していた。確かに同じサブソヴィッチのあとがきの以下のような一節は、スターリン指導下の社会主義建設の事業への懐疑に一切の有無を言わせない典型的なデマゴギーに見える。「成功しない者、自身を変えることの出来ない者、生活と歩調を合わせ、労働者階級とともに歩くことの出来ない者は歴史のゴミ箱に投げ捨てられるだろう。このゴミ箱にはかつてメンシェヴィキやエスエルが、そして近年ではトロツキー反対派が投げ捨てられた。このゴミ箱には間もなく右翼反対派のすべての懐疑者ども、党を急激な国の工業化の道から逸らせ、歴史の歯車を止めようとする者どもが放り込まれ、我が国における社会主義の発達へとあらゆるもの歩調のスピードアップを導くだろう」。問題はフメリニツキーのテクストの後半である。ここではスターリンのレトリックでもある社会主義都市に関するサブソヴィッチのテクストが詳細に引用され、地の文は簡単なコメントでつないでいるにすぎない。本編でも書いたように、都市派の眼目は、ブルジョア的な集合住宅ではない、社会主義的な新しい生活様式の容器としての巨大な共同住宅である。同じ時期のヴェスニン兄弟(三〇二―三〇三頁)やバルシチら(二四六頁)のハウジングコミューンがその例で、そこでは確かに(ブルジョア的な)家族形態と全く異なる「共同生活形態」が営まれることになっていた。

たとえば『未来の都市と社会主義的な日常生活の組織化』という文章で、その形態をサブソヴィッチはこう描く。「社会化された生活の主たる特徴……は実質的には次のように還元出来る。公共サービス、労働者の日常のニーズ―公共調理(商業厨房)、ケイタリング(酒保、現在の休暇村やゲストハウスのような形ですべての食事を全人口に供給すること)、公共の洗濯場や浴場、機械化され中央化されたクリーニング等々、公共教育と上の世代の育成を公共の支出で幼児から労働世代まで行うこと、成人した労働者のあらゆる家政のニーズのための社会セキュリティと社会化されたサービスは義務労働サービスと見合うもの、家事と育児からの女性の完全な解放、そして公共の義務労働における男性と同様な完全雇用、労働時間の短縮とともに労働者が享受すべき質量ともに著しく向上する文化的ニーズへの、社会―義務労働への対価としての幅広い公共サービス」。

それをフメリニツキーは強制労働キャンプと変わらない生活だと非難する。「雑用(家事への隷属)は「社会的必要性」に、つまり強制労働に取って代わられなくてはならない。事実、その方が隷属な訳だが」。この批判はその実、当時アヴァンギャルド一般に投げかけられた批判と実に似ている。それを行ったのは、党の中心にいて、実際の首都の官僚的コントロールにも腕を振るったカガノヴィッチ(本論二一六―四二七頁)、あるいはこの時期に台頭する反アヴァンギャルドの「プロレタリア」派VOPRA（同第一五章第一節）であった。彼らは新しい生活様式への問いを封印してしまう。フメリニツキーのテクストでは、スターリン派的なデマゴギーとそのデマゴギーの対象になったもの（アヴァンギャルド）が無媒介的につなげられている。あるいは別のごく最近のテクストでは、ヴェスニンのような教養人が彼（サブソヴィッチ）のような跳ね返りの理論に惹かれたはずはない、と根拠を示さない断言をする始末である。最初に触れたパヴェルヌイは、アヴァンギャルドと社会主義リアリズム（文化1と文化2）の比較対照で、家族制に関しては、集合＝共同的志向の文化1に対して、個別志向の文化2は伝統的な家族志向になるという。これはラジカルな家族否定論を咎めた党中央委決定と合致する。だとするとサブソヴィッチのは文化1的な言説だが、フメリニツキーの議論の前半と後半ではサブソヴィッチの位置付けが反転している。まるで一切のラジカリズムはデマゴギーであり、アヴァンギャルドというカテゴリーはないかのようだ。

フメリニツキーのテクストでのことの顛末は次のようだ。都市計画論争に終止符を打った党中央委の声明（三〇年五月一六日付け）の後、「サブソヴィッチはソ連の公式の歴史から消えた。我々は、いつ彼が死んだかそれが自然死であったか――当時の状況からしてあまりありそうもないが――も知らない」。スターリン派のデマゴーグがスターリン体制によって粛清されたという、いかにもシンパシーに欠けた総括である。

今の所推測に過ぎないが、都市計画―生活様式論争の急速な幕引きは、党中央委声明の一月後にその正式局員となり――それまでは投票権のない局員候補――、かつ同時期にモスクワ州の第一書記になり首都経営の実権を握ったカガノヴィッチの介入の本格化によってなされたと考えてよいのではないか。専門家の政策介入を排しようとしていた彼はミリューチンやサブソヴィッチを「えせ理論家」として攻撃しているから、クイビシェフも庇いきれなくなったのかもしれない。クイビシェフはこの後一一月にVSNKhからGosplanへと転じているが、前者の後任はオルジョニキッゼで、これはVSNKhの「ブルジョア専門家」への締め付けの強化のためともいわれる。背景はともあれ、ミイラ取りがミイラになったという、粛清期には珍しくない（そもそも後の大粛清の執行人であったNKVD＝内務人民委員部長官のヤゴダやエジョフも同じ運命をたどった）紆余曲折については、フメリニツキーも明らかにしていない。

13.「磁力の山」のリアリティ

サブソヴィッチ個人に関しては、フメリニツキーの議論には私としてはまだ納得がいかないわけだが、それよりも問題はむしろ、スターリン主義とアヴァンギャルドに対しての、グロイス的な十把一絡げ議論はこのケースではどうなのか、第一次五カ年計画に関して指導者（スターリン）と民衆の関連はどうであったのか、にある。従ってこのミッシングリンクに関してはもう少し輪を広げて推論を試みてよう。目的（社会主義建設）は絶対的に正しく、それを領導する党は無謬であるというテーゼからすべてを帰納するなら、現実に現れるのは一種の倒錯だが、その様相を見るには、上からの政策や計画よりも、下からの目線で生活の平面を概観してみることが効果的である。

サブソヴィッチは以下のようにも書いている。「そこで私は同じマグニトゴルスクのプラントで予定している生産性とはどのようなものなのか、と問う。もし我々が最新鋭のテクノロジーをもってプラントを建てるならば、生産性が先進資本主義諸国に劣るということはあり得ない。（…中略…）我々が経済の社会主義的組織が資本主義のそれに対して圧倒的な利点、つまりより生産的、安価でより経済的であることを信じるならばそれは不可避的に勝利するだろう。となれば、社会主義的な生活様式もまた資本主義的生活様式よりも安価で経済的で、従って勝つであろうといわねばならない」。ではそのマグニトゴルスクの現実はどうであったのか？

本論でも書いたように（三二三、三六一、三六四頁）、現地の状況はアヴァンギャルドのヴィジョンとはかけ離れていた。これに関しては、ステファン・コトキンの"Magnetic Mountain - Stalinism as a Civilization", University of California Press, 1955. Magnetic Mountainはマグニトゴルスクのロシア語の原義）という六二〇頁に渡る労作がある。世界最大の製鉄所を公言したマグニトゴルスクが造営されていく様の多面的な記述で実に興味深い。詳細があるだけに、どれほど悲惨な現実であったとしても、如何にしてこれが労働者達にとっての「ユートピア」たり得たのかにかえって瞥見を与えてくれる。フメリニツキーやグロイスの図式的な総括ではこの機微は現れてこない。

そもそも元々薄い技術者層を内戦や文化革命で更に薄くしてしまったソ連の技術力ではプラントの設計もままならず、この「社会主義のカテドラル」は資本主義の巣窟アメリカ・クリーヴランドのマッキー社に設計委託された。四年かかって現地チームが何も出来なかったのに彼らは二カ月で完全な設計図の納入を要求されたが、一六回党大会に間に合わせるために現地ではもう建設が見切り発車しており、図面と現場は火事場騒ぎで、しかも建設労働者は未経験な農民達だから、「完成」しても故障続きですぐに操業停止だったりという具合であったらしい。壮大な工業基地を予期してやって来た人々も、何日もかかる鉄道の旅の挙げ句、途中下車と思ったら終点で、そこで見たのはただ茫洋と広がるステップと散在する小屋だけで、人々は流罪も同然の境遇だった。都市計画のドイツのマイのチームは全権委任をされ、線状都市案（本論三六〇頁）をもって現地に乗り込んだところ、敷地の起伏のために案をやり直さなくてはならなかった。彼らの五階建てのスーパーブロックのハウジングは廊下と寝室のみからなり、食事を含めた他の機能はすべて共同化されている。つまりサブソヴィッチが記述しているようなプランで、これは二九年一一月のロシア共和国政府のSovnarkom（人民評議会）の綱領に合わせたものだが、現場は図面通りには全く事が運ばず、この冬の厳しい現場で暖房設備が飛ばされてしまった。建設要員も資材も予算も工場優先で行われ、元々住宅産業が遅れているソヴィエトの現実では、構想も計画も成り立たない。失意のマイ旅団は現地から撤退するのだが、マイの建物は何の飾りも施そうという気もない兵営みたいな代物と悪評を買う（パヴェルヌイは、当時のマイの協同者マルコフの、マイの誤りは建築から人間を排除してしまった事だという言を引用している）。これもまたフメリニツキーによるサブソヴィッチの構想へのコメントと酷似している。しかし、ここで適用されるべき基準はそのような「人間（ブルジョア）」的な判断だろうか？　農民達にとって、それは単に見た事すらなく、従って適切な感想などもちようもないものだったのではないか？　プラントの非効率はさておき、操業が始まると流入労働者も飛躍的に増加していく。住居の方はといえば、兵舎どころか、木造のキャビンならましな方で、多くの人々は厳冬ですらキャビンのあき待ちのテントに居住を余儀なくされた。キャビンすら個室はなく布などで間仕切りをする始末で、マイのデザインと比べるどころのレヴェルではなかったはずだ。上に引用したサブソヴィッチの記述は、図版を伴わないために、こうした「現実」の描写のようにも、ヴェスニンらのプロジェクトに連動しているようにも見える。現実の最前線では、パヴェルヌイのいう二つの文化類型は融解して、最下辺からいくらも離陸していない現実と最過激のイデオロギーが重なって見える――フメリニツキーはそれをただ平坦に重ねて批判している訳だが。一方、時の経過とともに、今日のゲーティッド・コミュニティのようなエリート階層のための街区が現れ、絶対的に貧困で、従ってそれなりの平等な労働者街区との先鋭な「階級」的対比を体現する。そして大プラントともに、このスーパーブロックの大路と植生、噴水などが新しい社会都市の威容として喧伝された。ショーピースが実態と違っていた事は言うまでもない。

コトキンに影響を与えたのが最初に触れたフィッツパトリックだが、彼女は三〇年代のソ連社会に登場するスターリン的なものの考え方は「現在を想像の未来というプリズムを通して見るという傾向から発する」という（実証主義の論者達からはこういう記述は認められないだろうが）。「社会主義リアリズムの世界観からすると、掘りかけの水の通っていない溝も荷を満載した艀で一杯の運河を意味し、教会の廃墟もコルホーズのクラブハウスになり兼ねない。そしてプロジェクトが五カ年計画の中に書き入れられたとなれば、それはそれ以上具体的な獲得努力の必要もなしでもいいような、魔法の創造の行為になる」(“The Cultural Front - Power and Culture in Revolutionary Russia”, Cornel University Press, 1992)。ならば「磁力の山Magnetic Mountain」が「魔法の山Magic Mountain」と化しても不思議はない。そもそもコンペの当時から、工場プラントを機能させるための労働者数（熟練度を含む生産効率）と住宅の戸数との連動性のような基本的な計画諸元の摺り合わせすら存在していなかった。「マグニトゴルスクは逆説的にも、殆ど計画にも関わらず建設された計画都市だった」(コトキン)。

魔法の秘密の一つはおそらく農村の現実である。スターリンが第一次五カ年計画の達成を誇り、ソヴィエト・パレスや重工業省（Gosplanの再組織化されたもの）の壮大なコンペを行っていた時、農村では収奪に起因する大飢饉が続いて、ウクライナだけでも数百万に及ぶ餓死者を出した。マグニトゴルスクに流れ込んだ農民は故郷でよりましな生活をしていたわけではない。そこに彼らには検証のしようもない社会主義の絶対正義に裏付けられた未来への約束がなされれば、あるいはその裏返しとして、シャフトゥイ事件のでっち上げ以来の「専門家」への不信、外国及び内なる階級敵あるいは大テロルの脅威を煽られるなら、そこで魔法が発効しても不思議はない。「当時はもちろん決して相容れないと考えられていたそれぞれの論者達の立場がじっさいには比較的近かった」とグロイスは言うが、「比較的近かった」だけで済まされる問題とは思えない。このマゾヒスティックな魔方陣の中では、サブソヴィッチがアヴァンギャルドであったのか、あるいは（都市派も含めて）裏切られたスターリン主義のデマゴーグでしかなかったのか、もしくはともに「左翼ラジカリズム」であったのかは、今のところ答えようがないアポリア（難問）で、ただこの不条理な政治空間の歪みを今の我々のパラダイムで簡単に総括は出来まいというしかない。

4. オヒトヴィッチ：文化革命の顛末

これにつづく大粛清の時期には、行状のみならず出自が問題にされた。これは底辺にいる人々のルサンチマンを晴らす行為でもあった。粛清された人々に「階級敵」というラヴェルが貼られたのはそのためである。旧階級を解体し、新階級（官僚）に置き換える作業は、社会的なモビリティの再加速でもある。底辺の（元）農民のこれ以上暗くなりようがない未来も、

「同志諸君、生活は楽になった」とスターリンに言われれば、明るく見える。しかしそれだけではない。工業社会は技術官僚という新しい階級を必要とする。政権が排除してしまった穴は誰かに埋められなければならない。フィッツパトリックは、上からの革命に対して下からの革命を重要視する。建築の分野でそれを埋めようとしたのはVOPRA（第十五章第一節参照）であった。グロイスが「社会主義リアリズムを創り出したのは大衆ではない」というのは正しいが、「アヴァンギャルドの実験を経たきわめて教養のある、経験豊かなエリートたちが大衆の名を借りて社会主義リアリズムを創り出した」というのは、老大家＝アカデミストたちには当てはまるとしても、「魔女狩り」の主体であった新世代には当てはまらない。「社会技術者」たちも「経験豊かなエリートたち」も抹殺されてしまったことは既に述べた通りである。

最初に触れたように、レーニンの時代には非ボリシェヴィキの知識人は相対的に活動を保証されていた。文化政策でこれを庇護したのはルナチャルスキーである。しかし二七年頃からこのフィッツパトリックいう所の「ソフト」路線は攻撃に曝されていく。アヴァンギャルド路線は（政治的）右派と重なって見られたのである。芸術イデオロギーにおける左派がここでは右派とされ、逆に新しい言語を見つけ損ない、やがてリバイバリストとなっていく若いプロレタリア派が左派になるという捻れ現象が生じる。この捻れた「階級闘争」の間で犠牲になった人物の一人が、都市計画論争でサブソヴィッチの向こうを張ったオヒトヴィッチである。彼には帝政時代の官僚の子という出自上の負い目があった。二八年にもトロツキストとして除名されたことがあり、VOPRAにとっては絶好の標的である。彼についてはヒュー・ハドソンJr.による論考"Terror in soviet Architecture: The Murder of Mikhail Okhitovich"〈Slavic Review〉vol. 51, no. 3, 1992）を参考しながら論を進める。

オヒトヴィッチはサブソヴィッチのキャンペーンと重なる二九年頃にSA誌などに、発達した輸送機関とコミュニケーション網によれば、もはや伝統的な都市は必要なくなるという反集中論を書いて注目を浴びた。彼と長時間の討論をした後ギンスブルグは非都市派に転じたと言われる。オヒトヴィッチは三〇年四月に創設されたVANOの科学教育部門の長になるが、三三年には党の方針への不服従で党を二度目の除名となる。その後の活動でもトロツキズムとの未清算を疑われ、クイビシェフの死（三五年一月）後の追悼演説でスターリンの旧悪の糾弾をしたとVOPRAのメンバーから密告された。クイビシェフの急死は、前年暮れのキーロフ暗殺の捜査の陣頭指揮を執ると宣言した直後だったが、この事件以後、かつての反対派への糾弾は激化し、一旦失脚したがまだ力を保有していたカーメネフやジノヴィエフらも再度法廷に引き出され処刑される。これはスターリン体制の恐怖政治の故だけではない。とりわけ地方は悲惨な状況にあったにもかかわらず、あるいはその故にこそ、それを反対派の策謀と結びつけて聞かされた民衆レヴェルでの怒りも大きかったはずだ。コトキンは、マグニトゴルスクの工場労働者が反対派への極刑判決に驚喜し、「奴らを溶鉱炉にぶち込め」と叫んだと記している。

建築界での反オヒトヴィッチ・キャンペーンはこのひとつの形態であった。ソヴィエト建築家同盟での欠席裁判で、オヒトヴィッチはアラビヤンやモルドヴィノフらVOPRAのメンバーの指弾に曝される。モルドヴィノフは個別の厨房をもつ彼ら（非都市派）のハウジングの構想は資本主義のそれと毫も変わらず、社会主義的性格を欠いていて、むしろ社会ファシズムに通じる反革命であると断じた（では都市派の共同住宅はどうなのか？）。スターリンの社会ファシズム論の鸚鵡返しのレトリックで、勃興しつつあるスターリン建築に対して、イタリアやドイツの全体主義の建築との類似を主張するオヒトヴィッチとでは話が全くすれ違う。

しかし、VOPRAのチェルカスキは、オヒトヴィッチを放置しておけば重要な脅威につながりかねず、「これが将来の我々すべてに教訓となるように最も過酷な措置をとらなければならない事は明白である」と述べた。過酷な措置の必要性とは大粛清の渦中で頻繁に繰り返された題目であった。伝統の継承の問題に関しても農民の建築（ヴァナキュラー）のそれを主張するオヒトヴィッチの議論は労働者階級が新しい伝統を作り得ないとする反革命的言説と断罪される有様で、デマゴギーがデマゴギーを呼び、オヒトヴィッチを野放しにした責任追求（議長アラビヤンまでその対象とされた）へと歯止めなく広がる。会はオヒトヴィッチの罪状の告発状を送り、オヒトヴィッチは逮捕され、三七年に強制キャンプで死亡する。次いでギンスブルグの協働者であったソロモン・リサゴールもまたトロツキストとして逮捕、処刑される。

パヴェルヌイは、リサゴール告発の際に現れたアレクサンドル・ヴェスニンの発言を引用している。リサゴールをリュドヴィックが糾弾したとされる雑誌論文に触れながら、ヴェスニンは「この論文をリュドヴィックが書いたとは思わない」と述べた。「私は彼を善良かつ品性のある人物として長年知っているし、その彼が（場内の笑い）突然このようなことをするとは思えない」。パヴェルヌイはつづける。「ヴェスニンの陳述は実にセンセーショナルなものだ。彼はリュドヴィック論文は本人が書いたものではなく、かつての構成主義者で、『善良かつ品性のある』この人物が、何らかの理由によって心ならずもサインをしながら、この論文を巡る討議には参加しまいと決断したのだ、と主張している。ここには考えるに価するものがある。参列する建築家たち（労働者でも農民でも党官僚でもなく建築家たち）の反応は『笑い』なのだ」。聴衆は、リュドヴィックが『善良』であるが故に書きもしないテクストに署名したと知っていたが故に失笑した、とパヴェルヌイはいう。ともあれ、ヴェスニンはこの弁護によって自らもトロツキストと呼ばれる危険を犯したのだ。

オヒトヴィッチ事件は、もし非都市派が都市派より更に左（トロツキスト？）であったとすれば、サブソヴィッチの件よりは明確である。しかし、それだけでことが「総括」し得るのだろうか？　この果てしないパージの連鎖は必ずしもアヴァンギャルドのみを対象とはしておらず、文学において VOPRAにあたるRAPPのリーダーたちも、前記ヤゴダとの関係もあって粛清された。ソヴィエト・パレス・コンペの勝者ボリス・イオファンもまたゲシュタポの跳梁を許したと告発される始末で（留学経験があったからか）、オヒトヴィッチ狩りの「功」で建築家同盟の組織委員会の議長となったアレクサンドロフもまたトロツキストとして同盟から追放された。

ギンスブルグは助手のリサゴールは失ったが粛清を生き延びた。この時期に彼のバックにいたのは、既に権力を失っていたミリューチンではなく、VSNKh改組後の重工業省の長「セルゴ」・オルジョニキッゼであったという。彼もスターリンの同郷の廷臣だが、大粛清の年一九三七年に自殺を遂げている。これはそうでないという憶測もあり、この点でサブソヴィッチの庇護者（？）クイビシェフと似ている。この二人はスターリンの農業政策の失敗に対してキーロフを書記長に据える策謀をしたともいわれる。ともに不審死をしたということが疑いを呼び寄せるのは致し方ないだろう。オルジョニキッゼはまたマグニトゴルスクのプロジェクトの総責任者でもあった。ソ連における社会計画を巡る連鎖の影は果てしなく暗く、今は常識では理解出来ないことが起こっていたという陳腐な総括しか出来そうもない。それを思えば、二〇年前のこの旧著の書き方は随分牧歌的だったかもしれない。

あとがき

ソヴィエト・ロシアのアヴァンギャルド建築に魅せられたのは、二〇年以上も前の学生時代に遡る。それについての本を書きたいと思い立ってからも一五年にはなる。その間にその一部を含む『近代建築のアポリア』（パルコ出版）や、ロシアの集合住宅及び都市計画のみを扱った『希望の空間』（住まいの図書館出版局、本書の同じテーマを扱った部分はそれをかなり踏襲している）を出し、またナチス・ドイツの建築という並行した主題を扱ったものとして『未完の帝国』（小山明氏との共著、福武書店）などを出版してきた。さらに本書の後ろ三分の一を形成する、主として一九三〇年代に関する記述は、「スターリンの建築」として『批評空間』誌に連載したものの加筆修正版である。そういった意味で、これらの総決算である本書は短くはなかった宿題の解答である。

申し分ない出来と思っているわけではない。著者の私にはロシア語が自由にできないというハンデがある。歴史的な事象を書こうというものにとっては致命的なハンデとも呼ぶべきかもしれない。そのことを否定するつもりはない。その点で私を超える相応しい人材が将来出現してくれる可能性は十分あるとは思っているし、期待もしている。私が利用できたのは、日本語をはじめとして、英語、ドイツ語、フランス語、イタリア語など、アクセスし得ることばに訳された一次文献、及びそれらによる二次文献である。その他重要と思われるものに関してロシア語の専門家を煩わせた文献もあるが、量的には限りがある。しかし、幸いなことに、欧米ではこのようなマテリアルや研究書は、近年ロシア・アヴァンギャルドへの注目度が高まるのに比例して、かなりの量のものが出ている。最初はこれらのうち適当な通史の翻訳でもよいのではないかと思っていた。しかし、どれを読んでも、記述対象の拡がりの点なり、論ずる視点なりにおいて、おのおの長短があり、必ずしも決定的なものはない。通史をものしているアナトール・コップやハーン・マホメドフは、前者は今となってはあまりにモダニスト史観だし、後者も基本的に同様なばかりか突っ込みが足りない。論点としては興味深いものを提供しているヴィエリ・クィリーチやマンフレッド・タフーリ、あるいはフレデリック・スター、ジャン＝ルイ・コーエンらの仕事は限られた対象をしか扱っていない。おそらく最もバランスがよい著作だろうと予想されるキャサリン・クックのものは、出版予告から月日が経過してもいまだ公刊されていない。かなりの量になる一次資料のアンソロジーなどを読み合わせても、これらの先例以外の論じ方はあると感じられた。それが私なりの視点によってまとめた著書を上梓してみようと思い立った理由である。「ポスト・ドム・コムーナ」と私が呼んだフェーズへの注目や、アカデミスト＝「スターリンの建築」への視点などは、表面にこそ出ていないが、著作者としての現代の状況への意識との関わりをも含めて、かなり独自なものがあるとも自負している。

アヴァンギャルド建築と銘打ってはいるが、記述はそれまでに至る美術の動向からそれ以後のスターリン時代まで、狭義の意味でのデザインだけではなく、かなり包括的な取り上げ方をしている。原稿用紙にして一千枚を超す本書のヴォリュームをもってしても、個々のケースに関しては、当然すべてにわたって概略以上に踏み込むことは難しかったが、全体の展望を提示するには充分な記述を行なったつもりだ。

この著作の執筆には、前記の連載を含めると三年以上の月日がかかっている。この三年の間にソヴィエト連邦が消滅するという、執筆開始時には予想だにしなかった事態が起こった。アヴァンギャルドも、あるいは「スターリンの建築」も、事実としてはとうの昔に歴史上の出来事と化していたには違いないが、こうしてその背景が消滅してしまったことに関しては、ある種の感慨をもたないではおれない。

しかし、歴史のページがめくられたということは、必ずしも、これらの事象がその生命をまったく失ってしまったことを意味するものではない。歴史的な状況とはトータルなものとして受け止めるべきであって、ある部分のみを容易に取り出してしまうことは避けなくてはならないが、それでも、むしろ現代の状況に鋭敏な人ほど、ここで記述されているような事柄が、歴史の彼岸に属するのではなく、今日的なアクチュアリティをもつことに気づかずにはおれないはずである。我が国ではほじめてのこの分野での通史ということで、記述としては基本的に平易かつ包括的ないき方をとったが、そのようなプロブレマティックも欠かさないように心がけたつもりである。

この本の出版にあたっては、INAX文化推進部の星野典子さんと編集に当たっていただいた都市デザイン研究所の荻原富雄さんのお二人の励ましとご助力が大きかった。原稿量も図版数も多い厄介なこの本の編集の実務でご苦労をおかけしたのは、荻原さんと共に同研究所の橘淳子さんである。このお三方には、『テクノロジカルなシーン』や『12のアーバン・デザイン』などでもお世話になったし、これ以降に公にされる予定の仕事でもお世話になっている。巻末の人名索引の作成等に関しては、私の秘書、小川晶子嬢の手を煩わせた。また『スターリンの建築』の連載時からの担当者である福武書店『批評空間』編集長、山村武善さんは『近代建築のアポリア』以来のおつき合いで、今回もご援助をいただいた。『希望の空間』の内容の収録を快く許していただいた、住まいの図書館出版局の植田実さんのご好意にも触れておかなくてはならない。他にも多くの方の献身的なご助力で本書は成立した。皆さんには改めて感謝を申し上げておきたい。

一九九三年九月

八束はじめ

人 名 索 引

ア

アーバン，ジョセフ……385
アイヘンヴァリド……138
アインシュタイン，アルベルト……359
アクショーノフ，イワン……79, 83
アセーエフ，ニコライ……45
アダモヴィッチ，ミハイル……280
アピシュコフ，V・P……62
アファナーシェフ，キリール……287, 288
アブロシモフ，パーヴェル……482
アラビヤン，カル……175, 228, 236, 248, 281, 293, 294, 384, 390, 391, 402, 438, 439, 446, 460, 462, 463, 488
アリトマン，ナターン……14, 16, 25, 29, 32, 45
アリモフ，レオニード……458
アリョーシン，パーヴェル……224, 290
アルヴァートフ，ボリス……22, 32, 34, 35, 37, 38
アルキン，アルカージー……153
アルヒペンコ，アレクサンドル……45
アルプ，ハンス……50 - 52
アルベルティ，レオン・バッティスタ……64
アルマ，ペーター……365
アロノヴィッチ……265, 420
アンウィン，レイモンド……96
アントコリスキー，マルク……2
アンドレーエフ，(VOPRA)……391
アンドレーエフ，レオニード……253
アンドロソフ……458

イ

イヴァニツキ……103
イヴァノフ，コンスタンチン……324
イヴァノフ，フセヴォロド……235
イオファン，ボリス……207, 216, 253, 368, 369, 384, 385, 389, 391, 396 - 398, 415, 431, 441, 468, 480 - 482, 484
イオヘレス……458
イコニコフ……290
イシェレノフ，ニコライ……72
今井兼次……69
イヨガンソン，カール……25, 28, 32
イリン，L・A……223, 315

ウ

ヴァールジン……174
ヴァシーリエフ，ニコライ……57, 428
ヴァルタノフ……311
ヴァレツボフ……311
ヴァレンツォフ，トリフォン……153, 209
ヴィオレ=ル・デュク……145
ウィグリー，マーク……74
ヴィットヴァー，ハンス……54
ヴィトルヴィウス，ポリオ・マルクス……488
ヴィノグラードフ，ヴィクトル……20
ウィルソン……315, 324
ウェーバー，マックス……96
ウェグマン，ゲオルギー……147, 208, 211, 220, 235, 290
ヴェスニン，アレクサンドル……10, 12, 16, 24, 28, 31, 78, 79, 81, 84, 85, 94, 130, 132 - 141, 143, 146, 147, 149 - 151, 162, 167, 173, 183, 190 - 192, 203, 212, 216, 218, 225, 226, 231, 260, 261, 265, 269, 283, 287, 293, 294, 308, 336, 373, 388, 399, 410, 412, 413, 416, 432, 435 - 438, 440, 442, 451, 458, 488
ヴェスニン，ヴィクトル……94, 138, 141, 147, 150, 190, 216, 280, 283, 303, 411, 437, 440
ヴェスニン，レオニード……94, 105, 135, 141, 147, 150, 190, 226, 265, 280, 437
ヴェスニン兄弟……21, 63, 71, 91. 94, 100, 120, 121, 129, 135 - 141, 143, 146, 150, 156, 164, 165, 190, 191, 193, 204, 208, 210, 216 - 219, 225, 227, 246, 247, 268, 287 - 289, 291, 302, 352, 353, 376, 391, 396, 399, 403, 409, 412, 423, 457
ウエッソン，ロバート……111
ヴェリコフスキー，ボリス……210 - 212, 351, 431
ウェルズ，H・G……254, 296
ヴェルヌ，ジュール……254
ヴェルフリン，ハインリッヒ……39, 65, 144
ヴェロネーゼ，ボニファーチオ……71
ヴォルコフ，アレクサンドル……231
ヴォルショク，ユーリ……65
ヴォルドーコ，イワン……153
ヴォルフェンツォン，ゲオルギー……231, 271, 390
ヴォロシロフ……383
ヴォロティンツェヴァ，ニーナ……147, 208
ウダリツォーヴァ，ナジェージダ……6, 9, 25, 31, 127, 132
ウダリツォーヴァ夫妻……28
ウヌキゼ……383
ウファノフ……383
ウマンスキー，コンスタンチン……43
ウラソフ，アレクサンドル……281, 288, 324, 390, 391, 444, 457, 458, 488
ウラディーミロフ，ヴヤチェスラフ……147, 193, 208, 219, 220, 228, 234, 235, 241, 247, 268, 301, 310, 352
ヴルーベリ，ミハイル……3, 5
ウルニッシュ，ボリス……224
ウルバン，アントン……362, 368, 373
ヴント，ヴィルヘルム……152

エ

エイジコヴィッチ，サミュイル……231
エイゼンシュテイン，セルゲイ……227, 353, 445
エーステレン……51
エクステル，アレクサンドラ……5, 14, 31, 86, 132, 253
エストベリ，ラグナー……385
エセーニン，セルゲイ……45, 46
エッフェル，ギュスターヴ……157
エフィモフ，イワン……127, 132, 151, 153
エフトゥシェンコ，エヴゲーニー……488
エルミーロフ，ウラディーミル……458
エルモラーエヴァ，ヴェーラ……10

エルラッハ，フィッシャー・フォン……471
エレンブールグ，イリヤ……20, 43 - 45, 47 - 49, 52, 53, 169, 351, 364, 488
エンゲルス，フリードリッヒ……18, 299, 300
エンゲルマイヤー，P・K……65
エンシチュ……97

オ

オーエン，ロバート……280
オースマン，ジョルジュ・ウジェーヌ……453
オールチュイス，ヘリット……417
オザンファン，アメデ……49, 350
オスメルキン，アレクサンドル……131, 132
オヒトヴィッチ，ミハイル……308, 309, 311, 313, 321
オフヤニコフ……224
オリエネフ……390
オル，アンドレイ……87, 234, 235, 268, 352
オルタルツェフスキー……457
オルデンバーグ，クレス……186
オルブリッヒ，ジョセフ・マリア……57
オルロフ……147

カ

カーメネヴァ，オリガ……351
カーメネフ，レフ……90, 171, 309, 379, 403, 408, 409, 435
カールセン，ゲンリッヒ……162
カーン，アルバート……326, 358, 374
カーン，イライ・ジャック……468
カウフマン，エミール……59, 357
カガノヴィッチ，ラーザリ……383, 408, 426 - 428, 437, 438, 440, 451, 453, 464, 486
カザーリノヴァ……487
カサック……51, 52
カシヤーノフ……284
カズス，イゴール……391
カストナー……390
ガデ，ジュリアン……67
カプラローラ……475
カプリン……319
ガボ，ナウム……39, 40, 45, 46, 50
カラ，アレクサンドル……175, 390, 404
カライ……51, 52
ガラズリン，V・A……98
ガリバルディ，G……18
カルチェフスキー……371
カルポヴァ……428
カルムイコフ，ヴィクトル……178, 292, 319, 320, 333, 337, 338, 346 - 348, 380, 458
カレンギ……58
川喜多煉七郎……287
ガン，アレクセイ……28 - 33, 38, 49, 53, 144, 147, 149, 237, 284, 380
ガンガー……409
ガンス，アベル……267
カンディンスキー，ワシリー……15, 24, 25, 39, 40, 72, 152
カンパネッラ……330, 477, 478

キ

キースラー，フレデリック……53, 252
キーロフ，セルゲイ……90, 408, 434, 436
キヴァエフ……134
キセリョフ，ヴィクトル……132
キチャコフ……428
キデケル，ラーザリ……251, 254
キュッペルス，ゾフィ……53
キリーロフ，ウラディーミル……190, 191
ギルター，イシドール……222
ギンスブルグ，モイセイ……22, 58, 64, 65, 86 - 89, 91, 94, 139, 141 - 150, 155, 164, 167, 170, 173, 175, 178, 183, 190, 192, 193, 200 - 203, 208, 210, 212, 216 - 220, 224 - 227, 233, 237, 239 - 242, 244, 257, 265, 266, 269, 289, 291, 294, 302, 303, 308, 310 - 313, 315, 329 - 334, 336, 339, 350, 352 - 354, 357, 365, 373, 374, 388, 391, 397, 399, 403, 408, 410 - 416, 422, 428, 429, 435, 436, 438, 440, 441, 443, 451, 457,474, 477, 479, 488
ギンツブルグ……299

ク

クィリーチ，ヴィエリ……104, 105, 107, 120, 223, 240, 306, 357, 358
クーン，ベラ……370
グェルチョ，アントニオ・デル……5
クシネル，ボリス……23, 32, 35, 37
クズネツォフ，アレクサンドル……91, 383
クズネツォフ，パーヴェル……127, 390
クズミン，イワン……153, 155
クズミン，ニコライ……245 - 247, 298, 332
クック，キャサリン……88, 140, 165, 168, 169, 212, 288, 289, 384, 391, 416
クプリーン，アレクサンドル……253
クライス，バーバラ……365
クラヴェッツ，サミュイル……285, 465
クラシルニコフ，ニコライ……134, 147, 208, 220, 308, 319
クラシン，ゲルマン……162, 171, 384, 385, 428
クラチュク，ウラディーミル……428, 456
グラド……228
グラドコフ，ボリス……86, 167, 209, 248, 282
グラバーリ，イーゴリ……59, 178, 398
クリチェフスキー，ダヴィッド……222
クリュコフ，ミハイル……460
クリュン（クリュコフ），イワン……9, 13, 25, 31, 131, 132
クリンスキー，ウラディーミル……23, 25 - 27, 72, 129, 132, 140, 151, 154 - 156, 162, 164, 222
クリンプシン……346
グリンベルグ，アレクサンドル……94, 224, 225, 423, 461
クループスカヤ（レーニン未亡人）……113, 115, 116, 244, 245, 313
クルクローヴァ……288
グルシェンコ，ヨシフ……209
クルチコフ，ゲオルギー……153, 319, 338, 346, 380, 383, 406, 422

クルチザノフスキー……102
クルチス，グスタフ……10, 137
クルチョーヌイフ，アレクセイ……7, 13, 121
クルチンスキー……96
クルブロフ……458
クレイツァール，ヤミロール……372, 373
グレーフ……52, 53
グレコ，エル……71
グレゴヴィッチ……117
クレストフニコフ……225
クレンツェ，レオン・ファン……59
クローハ，イーリー……372
グロス，ゲオルグ……44
黒田辰男……29
グロピウス，ワルター……94, 127, 287, 362, 385, 422
クロポトキン……101
クンリフェ，アントニア……385, 390, 391

ケ

ゲヴーェジ，ルートヴィッヒ……3
ゲゲロ，アレクサンドル……123, 140, 222, 223
ケストナー……287
ゲデス，パトリック……96
ケメヌイ，アルフレッド……51, 371
ゲラシモフ，アレクサンドル……127
ゲルスタイン，ジュリアン……241
ゲルフェルド，セミョン……153
ゲルフレイフ，ウラディーミル……190, 203, 216, 378, 391, 396, 397, 409, 423, 467, 481, 482
ゲルマン……102

コ

コーエン，ジャン=ルイ……446, 453, 456
コーガン，ピョートル……225
ゴーギャン，ポール……4
ゴーゴリ，ニコライ……44
ゴーリキー，マキシム……253
コールハース，レム……417 - 419, 457
コクトー，ジャン……78
ココリン，ヴィクトル……460
ゴザク，アンドレイ……416
コジャヌイ……102
コジン，セルゲイ……87, 225, 432
コジンスキー，ウラディーミル……371
コスチェンコ……288
コスマチェフスキー……178
ゴダン，ジャン・バプティソト……178
コチャール，ゲオルギー……228, 236, 293, 338, 391, 402
コップ，アナトール……68 - 70, 110, 111, 203, 212, 240, 297, 309, 381, 385, 390, 402, 406, 437, 441, 461 - 463, 483, 488
コネンコフ，セルゲイ……127
コマローヴァ，リディヤ……134, 147, 319
コリ，ニコライ……88, 106, 122, 352 - 354, 356, 368, 373, 374, 431, 432, 439, 440, 460, 466, 469
ゴリュビエフ，アレクサンドル……232
コルサコフ，リムスキー……4
コルシェフ……153, 224
コルシュノフ……225, 409
ゴルツ，ゲオルギー……316, 390, 444, 446, 455
コルツェフ，ミハイル……209
コルツェンツェフ……119
ゴルドスタイン……458
ゴルドファルブ……311
ゴルヌイ，セルゲイ……328, 355, 356
コルボ，カテルツァーナ……371
ゴルボフスキー……458
コルンフェルド，ヤコブ……208
コロヴィン，コンスタンチン……2 - 4
ゴロゾフ，イリヤ……62, 64, 68, 75, 76, 86, 89 - 91, 94, 105, 108, 122, 129. 134, 137, 140, 141, 143, 146, 147, 151, 164, 165, 173, 182, 183, 191, 192, 200 - 204, 206, 207, 211, 212, 218, 220, 222, 224, 225, 232, 247, 265, 281, 283, 293, 388, 391, 398, 399, 410 - 412, 422, 460, 461, 467
ゴロゾフ，パンテレイモン……64, 87, 190, 269, 409, 423
ゴロゾフ兄弟……121, 208, 210
コロレフ，ボリス……23, 25
コロンタイ，アレクサンドラ……113 - 116, 298
ゴンチャローヴァ，ナターリヤ……4 - 6, 40

サ

サーニナ，リディヤ……38
サクーリン，ボリス……104, 105, 107, 109
ザスラヴィンスキー……409
サド侯爵……114
サファリヤン，サミュエル……294
サブソヴィッチ，レオニード……297, 300 - 302, 306, 308, 309, 313, 316, 324
サマー，フランチュシェク……373, 374
サモイロフ，アナトーリー……268, 352
ザルツマン……248
ザルノヴェルヴナ……371
サレスカヤ，リュボーフィ……153, 288
サン・シモン……104
サンテリア，アントニオ……255

シ

ジイド，アンドレ……451, 452
シェーネ・V・I……157
シェーンベルグ……24
シェスタコフ，ヴィクトル……78, 84, 106, 107, 328
シェフチェンコ，アレクサンドル……6, 23, 72, 127
シェフテリ，フョードル……57, 62, 86, 90
ジェルズコヴィッチ……458
シェルバコフ，V……406
シェンケヴィッチ，アナトーリー……145, 147
シクロフスキー，ヴィクトル……20, 21, 45, 49, 192
シジューカ，ミエツラフ……371
ジダーノフ，アンドレイ……431, 436, 437, 446
シチヴェレフ……458
シチューキン，セルゲイ……57
シチューコ，ヴィクトル……15, 76, 77,

88, 123, 146, 190, 203, 216, 316, 317, 365, 376, 378, 391, 396, 397, 409, 423, 467
シチューセフ，アレクセイ……59, 63, 67 - 69, 75, 86, 87, 89 - 91, 100 - 102, 104 - 109, 122, 123, 129, 140, 142, 191, 205, 209, 210, 212, 215, 365, 376, 378, 384, 385, 391, 398, 409, 423, 431, 437, 438, 439, 446,448, 457, 458, 460, 461, 467, 482
シッツ，イワノフ……60
シテーレンベルグ，ダヴィード……14, 39, 45, 46, 127
シニャフスキー，ミハイル……157, 260, 261, 274, 319, 443, 444
ジノヴィエフ，グリゴーリー……309, 313, 326, 379, 403, 408, 409, 435
シャガール，マルク……5, 10, 40, 41, 91
シャピロ，テヴェル……14, 20
シャラヴィン……380
ジャンヌレ（ル・コルビュジエ）……49
シュヴァーゲンシャイド……357
シュヴィッタース，クルト……51, 53, 81
ジューコフ，A……390
シューホフ，ウラディーミル……157, 160 - 162, 231, 264, 477
シュッテ=リホツキー，グレーテ……357
シュトリツィッヒ……287
シュペール，アルベルト……253
シュペングラー，オズワルド……145
シュミット，ハンス……54, 357, 359, 360, 368 - 370
シュルクセス……371
ショスタコーヴィッチ，ドミートリー……436, 446
ジョルトフスキー，イワン……15, 58, 63 - 72, 75, 86 - 90, 94, 101 - 105, 109, 129, 143, 146, 147, 151, 156, 168, 201, 203 - 205, 210, 268, 316, 317, 352, 357, 364, 384, 385, 389 - 391, 396, 398, 431 - 434, 440, 443 - 445, 455, 460, 467, 475, 488
ジョンソン，フィリップ……374
白井晟一……63
ジリー，フリードリッヒ……75, 173
シルチェンコ，アレクサンドル……153, 307, 308
シロトキン……71
シロフ……384
シンケル，カール・フリードリッヒ……59, 67, 77
シンビルツェフ，ワシリー……134, 390, 391, 460, 462

ス

スエチン，ニコライ……10, 170, 251
スクリャービン，アレクサンドル……24
スター，フレデリック……68, 87, 106, 121, 137, 169, 172, 173, 175, 177 - 179, 184, 186, 329, 398, 404, 436, 437, 446, 457, 488
スターリン（ヨシフ，ヴィサリオノヴィッチ）……18, 94, 102, 112, 115 - 117, 128, 292, 312, 326, 379, 383, 396, 402 - 404, 408, 422, 428, 430, 434 - 437, 440, 445, 448, 473, 479, 481, 484, 486, 487
スタイン，ヴィルム……364
スタバロフスキー……282
スタム，マルト……51, 54, 357, 360, 366 - 368, 462
ステパーノヴァ，ヴァルヴァーラ……25, 28, 29, 31, 34, 38 - 49, 78, 81, 82, 84, 85, 128, 130
ステンベルグ兄弟
（ゲオルギー，ウラディーミル）……25, 28, 38, 45, 80, 130, 228, 283 - 285, 287, 396
ストゥルツェミオンスキー，ウラディスラヴ……371
ストーズ……252
ストノロフ……390
ストラヴィンスキー，ユヴェナーリ……4
ストリョガレフ，アナトーリー……25
ストルムリン……297, 302, 321
スパスキー，ユーリー……153
スパレック，ヨーゼフ……373
スミルノフ，ニコライ……38, 460

セ

ゼードルマイヤー，ハンス……59, 166, 276
関曠野……113
セザンヌ，ポール……5, 71
セマシュコ，ニコライ……102, 112-115
セミョーノヴァ，エレーナ……134
セミョーノフ，ウラディーミル……96 - 99, 102, 103, 142, 280, 326, 429, 454, 456
セラフィーモフ，セルゲイ……119, 285, 286
セロフ，ヴァレンティン……2, 3
セロフキン……147

ソ

ソーモフ，コンスタンチン……3
ソコロフ，ニコライ……147, 336
ソトニコフ，アレクセイ……341
ソボレフ，イワン……147, 208, 225, 234, 235, 326
ソロドフニコフ……100
ゾンバルト，ウェルナー……96

タ

タイーロフ，アレクサンドル……45, 79, 85
タイゲ，カレル……371 - 373
タウト，ブルーノ……73, 91, 101, 108, 150, 175, 216, 357, 359, 364, 365, 368
タウト，マックス……51, 268, 352
タチン……288
タトリン，ウラディーミル……10 - 15, 18, 20 - 25, 33, 36 - 40, 44, 49, 53, 71, 72, 78, 91, 128, 137, 148, 162, 167, 171, 214, 216, 284, 340 - 343, 346, 350, 364, 371, 480, 484
谷口吉郎……63
タフーリ，マンフレッド……46, 82, 83, 101, 103, 121, 124
タマニヤン（タマコフ），アレクサンドル……63, 69, 70, 293
タラブーキン，ミハイル……22, 25, 35, 37, 67, 80, 83, 130

タラライ……458
ダンカン，イサドラ……45
丹下健三……63

チ

チェチューリン，ドミートリー……390, 444, 455, 467, 468, 483
チェッカレッリ，パオロ……297
チェホーニン，セルゲイ……15
チェルニア……426
チェルニホフ，ヤコフ……178, 255, 257, 258, 469, 474, 477
チェルヌイシェフスキー……2, 18, 110
チェルヌイショフ，セルゲイ……121, 209, 324, 458, 482
チチャコーヴァ姉妹（オリガ，ガリーナ）……38
チノヴェヴァ……253
チャールズ皇太子……453
チャイコフ，ヨシフ……127
チャシニク，イリヤ……10
チュジャク，ニコライ……36
チュチューリン，S……481, 482
チュミ，バーナード……162, 258

ツ

ツァペンコ，ミハイル……429, 481, 483
ツァラ，トリスタン……52
ツアルキンド……115
ツィオルコフスキー，コンスタンチン・E……341
ツィロフ……319
ツェリンスキー……215
ツェレンコ，A……301, 308, 313
ツルゲーネフ……2

テ

ディアギレフ，セルゲイ……2 - 4, 6
ディカンスキー，マシュー……96, 97, 100
ティツィアーノ……71
ディネカ，アレクサンドル……468
ティントレット……71
テート，トマス……268, 352
テプリツキ……225
デュベリール，グリゴリー……102

ト

ドイッチャー，アイザック……117
ドゥーシキン，A……390, 391, 467, 468, 481, 483, 487
ドゥースブルグ，テオ・ファン……49, 51 - 54
トヴェルスコイ，レフ……119, 123
トゥホルスキー……44
ドゥルガス，マルガリータ・アフタフェヴァ……86
トゥルクス，ミハイル……153, 231, 288
ドクシアデス……307
ドクシェエフ，ニコライ……64, 65, 129, 132, 151, 153, 155, 164, 171, 178, 307, 350, 353, 446, 456
ドディーツァ，ヤコブ……390, 391, 458
トポロヴァ……91
ドミトリエフ，アレクサンドル……23, 99, 228, 286, 287, 423
ドムシュラック……409
ドムブロスキー，シギスムンド……72
トモン，トマス・ド……59, 416
トラー，エルンスト……359
トラーテンベルグ……458
トラヴィン，ニコライ……153
トリオレ，エルザ……45
ドルガノフ……458
トルストイ，レフ……2, 111
トルベツコイ……223
ドレヴィン，アレクサンドル……25, 28, 31, 131, 132, 153
トロツキー，ノイ……68, 94, 123, 223
トロツキー，レオン……22, 77, 113, 174, 221, 296, 299, 309, 326, 379, 435, 436, 463
トロハ，イーリ……157

ナ

ナーマン……352
ナフマン……268
ナポレオン三世……453

ニ

ニコラーエフ，イワン……65, 147, 208, 247, 282
ニコルスキー，アレクサンドル……123, 147, 223, 268, 352, 383, 385

ネ

ネステロフ，ミハイル……24

ノ

ノヴィツキー，パーヴェル……128
ノルフェルト……87

ハ

ハートフィールド，ジョン……43
バーネット，ジョン……268
バイエフ，ニコライ……70
ハイネ，ハインリッヒ……18
パヴィリノフ……341
ハウスマン，ラウール……44, 49, 50
パヴロフ，レオニード……383, 458
パヴロフ兄弟……335
バクスト，レオン……3, 4
パシーニ，エルンスト……244
パスート，クリスチーナ……45, 51
パステルナーク，アレクサンドル……45, 219, 233, 235, 241, 268, 308, 310, 313, 325
バッハ，J・S……24
ハディド，ザハ……258
バビチェフ，アレクセイ……25, 33, 130
バフチン，ミハイル……65
パブロフ，ヴィクトル……428
バベンコフ，ドミトリ……324
ハミルトン……389 - 391, 398
パラディオ，アンドレア……64, 67, 145
バラノフ，ニコライ……324
バリ，アレクサンドル……160
ハリコフ，S……482
バリヒン，ヴィクトル……157, 222, 383, 391, 463

バリュー，ヨースト……51
バルイシニコフ，ミハイル……222, 458
バルシチ，ミハイル……134, 147, 157, 193, 208, 211, 241, 247, 260, 274, 293, 294, 301, 302, 308, 310, 321, 322, 330, 443 - 446, 458
バルチェフ，アルメン……222
バルビエ，フランソワ……178
バルヒン，グリゴリー……103, 153, 206, 209 - 212, 225, 441 - 443,
バルヒン，ミハイル……441, 442
ハワード，エベネザー……96, 97
バン，ステファン……44
バンハム，レイナー……49, 50, 59, 67, 306

ヒ

ピアチェンティーニ，マルチェロ……67
ヒーゲル，ロマン……147, 156, 157, 255, 258, 407
ピカソ，パブロ……4, 6, 8, 11, 71
ヒッチコック，ヘンリー・ラッセル……374
ヒトラー，アドルフ……402, 449
ビビエナ，フェルディナン・マリア……457
ピョートル大帝……3, 62, 70
ピラネージ，ジョバンニ・バッティスタ……58, 75, 255, 257, 457, 471
ヒルベルザイマー，ルードヴィッヒ……53, 456

フ

ファヴォルスキー，ウラディーミル……128
ファント・ホッフ，ロベルト……252
ブイコヴァ，ナジェージダ……153
フィセンコ，アナトーリー……147, 208
フィドマン，ウラディーミル……23, 72, 153, 376, 383, 385, 409, 420
フィロソフォフ，ドミートリー……3
プーニ，イワン……12, 44, 45, 47, 51, 350
ブーニン，アンドレイ……153, 288, 292, 337, 338, 458
ブーニン，ニコライ……14, 19 - 23, 49,
ブーマジニイ……390
フーリエ，シャルル……110, 121, 178, 329
フェヴラリスキー……83
フェリガー，マルク……285
フェリス，フュー……254 - 255
フォイエルシュタイン，ベドリッヒ……374
フォイノフ……225
フォークト，アドルフ・マックス……20, 59, 62, 137
フォード，ヘンリー……149
フォーミン，イワン……63, 66 - 69, 75, 97, 100, 119, 123, 138, 164 - 166, 168, 169, 174, 205 - 207, 210, 214, 283, 409, 412, 432, 436, 458, 460, 467, 482
ブド，ピョートル……153
ブニャーチャン，N……70
ブハーリン，ニコライ……101, 102, 112, 174, 296
フファエフ，アレクサンドル……208, 232
ブブノーヴァ，ヴァルヴァーラ……25, 26
フョードロフ，パンテレイモン……64, 99, 131
プライス，セドリック……278
ブラシニ，アルマンド……385
ブラック，ジョルジュ……8
ブラフォフ，ニコライ……2
ブラマンテ・ドナト……144
フランケッティ……24
ブリーク，オシップ……23, 31 - 33, 35, 37, 45, 130, 134
ブリーク，リーリヤ……45
フリードマン，ダニイル……138, 225, 287, 288, 328, 376, 384, 458, 460, 461
フリドランド……428
ブリューソヴァ，ナジェージダ……25, 29
ブリューゾフ，ワレーリー……253
ブリリング……315
フルーザ，イージー……372
ブルーニ，レフ……14, 128
ブルーニ兄弟……20
ブルガーニン，ニコライ……176, 178
フルシチョフ，ニキータ……440, 486 - 488
ブルシュキン，ダヴィッド……119
ブルジョア，ヴィクトル……169
ブルツェンブルグ……282
ブルネレスキ，フィリッポ……432
ブルヒャルツ……52
ブルリューク，ウラディーミル……39
ブルリューク兄弟……5, 6
ブレ，エチエンヌ=ルイ……58, 59, 61, 166, 173, 187, 215, 276, 398
ブレーネ，シモン……439
フレーブニコフ，ヴェリミール……5 - 7, 121, 253, 342 - 345, 348
プレオブラジェンスキー，E・A……101, 299
フレシネ……157, 420
プレハーノフ，ゲオルギー……145
ブロイヤー，マルセル……287
プロヴァンサル，アンリ……60
プローホロヴァ，ミリザ……153
フローロフ……134
ブローン，エドワード……84
プロトポポフ，ドミートリー……96 - 98
ブロフ，アンドレイ……87, 147, 208, 227, 293, 294, 353, 444 - 446, 455, 460

ヘ

ペヴスナー，アントン……39, 40, 50, 56, 57
ペヴスナー兄弟……39
ベーネ，アドルフ……359
ヘーベブラント……357
ベールイ，アンドレイ……45
ベーレンス，ペーター……67, 268, 352, 359
ペステル……9
ベセダ，ニコライ……383
ベソノフ……297
ヘッケル，エルネスト……476
ペティット，H・M……254
ペトラシェフスキー……110
ペトロフ=ヴォートキン，クジマー……151, 153
ベヌア，アレクサンドル……3, 4
ベリンスキー，ヴィサリオン……110, 112
ベルソフ……311
ペルツィッヒ，ハンス……287, 359, 385
ベルニーニ，ジャン・ロレンツオ……145

ベルラーヘ，ヘンドリックス ……365
ペレ，オーギュスト ……67, 172, 385
ペレコップ ……475
ペレチャコヴィッチ，M ……100
ベログルド，アンドレイ ……121
ペン ……228

ホ

ボウルト，ジョン ……5, 38
ボグスラフスカヤ，クサーナ ……44
ボグダノフ，アレクサンドル ……168
ポゾヒン，M ……481
ボッチオーニ，ウンベルト ……11
ホドジャーエフ ……458
ボナッツ，パウル ……205, 206
ポポーヴァ，リュボーフィ ……6, 9, 10, 12, 13, 15, 16, 25 - 28, 34, 38, 71, 78 - 86, 128, 131 - 133, 149, 170, 253, 422
ポポフ，E・M ……107, 153, 241, 319, 326
ボリソフスキー，ゲオルギー ……153
ポリャコフ，L ……324, 456, 460, 481, 487
ボルシ，フランコ ……449
ボルバチェフスキー，イワン ……153, 288
ボレツキ，A ……481
ポレノフ，ワシリー ……2
ホロステンコ ……147
ボロトニコフ，A・V ……157
ボンセット，I・K（ドゥースブルグ）……52

マ

マース ……52
マーツァ，イワン ……370
マイ，エルンスト ……244, 320, 323, 326, 355, 357, 359 - 370, 385, 428, 429, 453, 456
マイヤー，クルト ……428, 429
マイヤー，ハンネス ……54, 313, 357, 362, 363, 366, 368, 372, 373, 383, 428, 429
マイヨール ……157
前川國男 ……63, 373
マカロフ，パーヴェル ……58, 162
マシュコフ，イリヤー ……127
マズマニヤン，ミハイル ……228, 293, 294, 338, 402, 455, 461
マチス，アンリ ……4, 6, 71
マッキントッシュ，チャールズ・レイニー ……57
松本興作 ……206
マプー，ゲオルギー ……72, 151
マフノー ……112
マホメドフ，セリム・ハーン……29, 40, 60, 63, 64, 68, 71, 85, 128, 132, 139, 140, 214, 221, 226, 262, 290, 416
マモントフ，サーヴヴァ ……2
マヤコフスキー，ウラディーミル ……5, 9, 14, 16, 17, 46, 48, 78, 94, 112, 116, 148, 164, 165, 174, 237, 342
マリノフスキー ……280
マリャーノフ ……46
マルカリャ，オガネス ……294
マルクス，カール ……18, 110, 113
マルコフ，ドミートリー ……376
マルコフニコフ，ニコライ ……103, 108, 350
マレ=ステヴァン ……172
マレーヴィチ，カジミール ……4, 5, 7 - 17, 23, 31, 38, 39, 41, 42, 44, 49, 78, 214, 250 - 255, 258, 263, 265, 285, 343, 371, 480
マロゼモフ，イワン ……228, 284, 287
マン，ハインリッヒ ……359
マンスーロフ ……38

ミ

ミース・ファン・デル・ローエ，ルードヴィッヒ ……53, 137, 141, 220, 271, 278, 359, 449
ミケランジェロ ……65, 484
ミケリス，マルコ・デ ……317 - 319, 323, 324, 326, 362, 366
ミチューリク，ピョートル ……128, 340, 342 - 345, 348
ミッテルマン ……193
ミドイアンツ ……481
ミハイロフ，アレクセイ ……385
ミュンスターベルグ，フーゴー ……152
ミリニス，イグナチ ……224, 228, 284, 287, 423
ミリューチン，ニコライ ……102, 178, 244, 296, 311 - 316, 323, 406, 426, 427
ミレル，グレゴリー・リボォーヴィッチ ……38
ミロリョーヴァ，アレクサンドラ ……38
ミンクス，ミハイル ……409, 481

ム

村野藤吾 ……63
村山知義 ……153
ムンツ，オスカール ……65, 286, 462

メ

メイエルソン，ヨシフ・アイジコヴィ ……20, 222, 390
メイエルホリド，フセヴォロド ……9, 38, 78 - 80, 82 - 85, 435, 440
メーリニコフ，コンスタンチン ……59, 60, 64, 66 - 68, 72, 75, 86, 88, 89, 91, 105, 106, 117, 120 - 122, 129, 134, 137, 138, 140, 146, 151, 153, 155, 164, 166 - 188, 190, 192, 200, 203, 204, 207, 210, 212, 216, 218, 225, 258, 265, 273, 276, 287, 288, 293, 329, 330, 333, 337 - 339, 344, 388, 398, 399, 403, 404, 408, 409, 412, 414, 415, 420, 435 - 439, 441, 443, 446 - 458, 460, 474, 479, 480, 488
メシュコフ ……458
メシュメリアコフ ……313
メツェンツェフ ……481
メドヴェージェフ，ロイ ……434, 435
メドゥネツキー，コンスタンチン ……25, 28, 29, 33, 38, 45, 80, 130
メンデルゾーン，エーリッヒ ……282, 385

モ

モヴショヴィッツ ……288
モーザー，カール ……269

モスタコフ……370
モチャロフ，セルゲイ……153
モホリ=ナジ，ラズロ……51 - 53, 371
モルドヴィノフ，アルカディ……190, 281, 286, 288, 289, 293, 320, 384, 390, 391, 396, 402, 404 - 406, 409, 432, 441, 455, 482, 483, 488
モロキン，サバーヴァ……290
モロトフ，V……383
モンドリアン，ピエト……54

ヤ

ヤクーロフ，ゲオルギー……53, 171, 216
ヤコブソン，ロマーン……45, 49
ヤノヴィツキ……284, 286
ヤロヴキン……319

ユ

ユヴァーラ，フィリッポ……58, 457
ユスフニー……44

ヨ

吉田五十八……63

ラ

ライスマン……228
ライト，フランク・ロイド……291, 348, 416, 438, 446, 448, 449, 463, 468, 484
ライヒ，ヤコブ……115, 225
ラヴィンスキー，アントン……25, 130, 132 - 135, 137
ラヴロフ，ヴィターリー……153, 246, 307, 383, 422
ラッサール，フェルデナン……18
ラッチュ……72
ラドフスキー，ニコライ……22, 23, 25, 26, 32, 33, 47, 64, 65, 68, 72 - 75, 89 - 91, 129, 132 - 134, 141, 150 - 157, 164, 165, 170, 175, 209, 265, 293, 303, 306 - 308, 315, 319, 322, 323, 328, 333, 337, 338, 383, 384, 391, 402, 412, 422, 428, 429, 446, 458, 460, 466
ラファエロ……145
ラム，ウィリアム・F……385
ラムツォフ，イワン……89, 91, 153, 209, 231
ラリオーノフ，ミハイル……4 - 8, 40, 172
ラリン，ユーリー……116, 230, 297 - 299, 301, 309, 316, 332
ラロフ……319
ラングバード，ヨシフ……390, 461
ラングマン，アルカディ……462
ランメル，R・M……254

リ

リード，ジョン……374
リートフェルト，アンドレイ……365
リーフェンシュタール，レニ……267
リサゴール，ソロモン……241
リシツキー，ラーザリ……10, 17, 20, 21, 40 - 54, 60 - 62, 89 - 91, 94, 106, 112, 137, 142, 152 - 154, 166, 182, 222, 250, 263, 343, 350, 353, 366, 371, 420, 422, 463, 480, 481, 484
リス……311
リハチョフ……390
リヒター，ハンス……51 - 53
リヤレヴィッチ，マリアン……100
リューベトキン，ベルトルド……385
リュドヴィック，ゲンリッチ……384, 391
リュルサ，アンドレ……357, 450 - 452, 462

ル

ル・コルビュジエ……60, 63, 88, 142, 145, 146, 149, 150, 153, 164, 171, 172, 176, 177, 190, 200, 207, 227, 235, 242, 244, 245, 267 - 269, 271, 290, 313, 324, 328, 350 - 357, 365, 372, 385, 389, 418, 431 - 433, 435, 439, 442, 449, 450, 476
ル・フォーコニエ，アンリ……6
ルードヴィク……91
ルートハース……366
ルーニン……312
ルクリェーデフ，アレクセイ……153
ルドゥ，クロード＝ニコラ……58, 59, 61, 62, 75, 91, 166, 184, 185, 214, 215, 398, 404, 481
ルドネフ，レフ……15, 179, 460, 462, 482, 483, 486, 487
ルナチャルスキー，アナトーリー……14, 15, 22, 46, 47, 116, 128, 164, 168, 169, 306, 307, 313, 316 - 318, 321, 323, 325, 351, 357, 365, 396, 428, 433
ルバネンコ，ボリス……458
ルフリャデフ……72

レ

レイスティコフ……357
レイモンド，アントニン……374
レヴィタン，イサーク……3
レヴァーキン……390
レーニン（ウラディーミル，イリイチ）……15, 18, 19, 46, 65, 71, 75, 76, 86, 102 - 105, 110, 113, 115, 116, 128, 162, 168,174, 187, 214, 263, 291, 296, 312, 374, 376, 389, 391, 397, 469
レーピン，イリヤ……2
レーベデフ……433
レールベルグ……376
レオナルド・ダ・ヴィンチ……65, 341
レオニドフ，アンドレイ……477
レオニドフ，イワン……5, 111, 147, 162, 166, 193, 208, 218, 248, 261 - 271, 313, 315, 320, 322, 334 - 337, 352, 353, 374, 376, 383, 384, 403 - 409, 415, 416, 419, 420, 423, 435, 446, 458, 467, 474, 477 - 479

ロ

ロウ，コーリン……67, 206, 306
ローザノヴァ，オリガ……9, 13, 15, 126, 253
ローザノフ，ワシーリー……228
ロージェ，マルク・アントワーヌ……325
ロース，アドルフ……57, 94, 204, 369

ローゼンフェルド……390
ローゼンベルグ，ハロルド……145
ロート，エミール……54
ローヘン，ファン……357, 366
ロジェスキナ……311
ロジェンバウム……458
ロジンスカヤ……380, 381
ロダー，クリスティーナ……11, 17, 19, 23, 35, 78, 80, 81, 131, 132, 340, 348
ロダン……61
ロッシ，アルド……369
ロトチェンコ，アレクサンドル……10, 13 - 15, 23 - 25, 28, 29, 31, 32, 36, 48, 53, 72, 77, 86, 130 - 134, 166, 170, 172, 173, 181, 343, 344
ロポヴォク……284
ロライト，アルトゥール……141, 147, 153, 155, 162

ワ

ワイスベルグ，アレクス……409
ワグナー，マルティン……364, 365
ワルグローヴァ……153

組織団体出版物索引

A—Z

"ABC" 誌……54, 153, 273, 366
ABC……53, 368
APU（モスクワ計画局）……428
ARDEV……371, 372
ARKhPLAN（アルヒプラン）……408
"Art Vivant" 誌……450
ARU（アル＝都市建築家協会）……157, 277, 282, 288, 303, 307, 319, 320, 326, 328, 338, 346, 383 - 385, 402, 430, 458
ASNOVA（アスノヴァ＝合理主義建築家同盟）……23, 28, 65, 72, 73, 89 - 91, 129, 133, 143, 147, 148, 150 - 157, 162, 164, 170, 174, 175, 178, 203, 209, 231, 265, 277, 282, 303, 307, 316, 338, 353, 355, 365, 366, 376, 383 - 385, 391, 402, 404, 427, 430, 441, 446, 456, 461
"ASNOVA通信" 誌……152, 154
ASNOVA - VOPRAチーム……458
"Bauwelt" 誌……311, 361, 364
Blok（ブロック）……371
Cekombank（チェコムバンク＝中央銀行）……319, 361
CIAM（シアム＝近代建築国際会議）……269, 356, 357, 362, 372, 430
Dermetfak（デルメトファク）……127, 133
DEVĚTSIL（デヴェトシル）……371
Eksportkhleb（エクスポルトフレブ＝穀物輸出局）……209
"Frankfurter Zeitung（フランクフルト新聞）"……361
Frühlicht誌……364
"G" 誌……52 - 54
Gehag（住宅供給公社）……365
Gipprogor……324
Giprovtus（ギプロットウス＝高等技術教育学院委員会）……363
Goelro（ゴエルロ＝ロシア電化国家委員会）……102, 104, 119, 296, 297
Gorstroiproekt（ゴルストロイプロエクト＝都市建設委員会）……321, 361, 369
Gosplan（ゴスプラン＝国家計画委員会）……102, 186, 296, 297, 302, 310, 320, 321, 334, 361, 460
Gosplom（ゴスプロム＝工業省）……285, 286
Gostorg（ゴストログ＝ロシア共和国貿易省）……210, 268, 351
Glavproekt（グラフプロエクト）……287
GUKh（内務人民委員会都市部）……102
HHI（ハリコフ芸術学院）……284
INKhUK（インフーク＝芸術文化学院）……23 - 25, 28 - 29, 31 - 33, 35, 37 - 39, 47, 48, 72, 77, 126, 130, 132 - 135, 147, 151, 154, 371
——LEFグループ……133
——LEF建築グループ……134
INKhUKレポート……34
IZO（イゾー＝教育人民委員会の美術部局）……8, 14, 15, 17, 19, 23, 39, 46, 47, 72, 101, 126, 128, 371, 405, 406,
IZO——芸術と生産部会……126
LAO（ラオ＝レニングラード建築家協会）……277
"LEF（レフ＝芸術左翼戦線）" 誌……32, 46, 94, 130, 134, 148, 174
LEF（レフ＝芸術左翼戦線）……36, 38, 130, 134, 148, 174, 260
LIGI（レニングラード土木技術学院）……209, 277
LIIKS（レニングラード建築学院）248, 324
"MA（今日）" 誌……370
MA（今日）グループ……51, 52, 54, 371
MAO（マオ＝モスクワ建築協会）……57 - 67, 86, 90, 105, 107, 120, 142, 148, 164, 175, 212, 213, 276, 277, 319, 320, 357 - 378, 430
MAP（マップ＝モスクワ・プロレタリア作家協会）……174
MERZ……81
"MERZ" 誌……53
Metfak（メトファク＝金属工房）……36
MIGI（モスクワ土木学院）……76
MOSPS（モスプス＝モスクワ市労働組合評議会）……37, 188, 374, 404, 422
MOUJVZ（モスクワ絵画・彫刻・建築学校）……126, 128, 151
MOVANO（モヴァノ＝全ソ科学的建築家同盟モスクワ支部）……147, 430
MPI（モスクワ工学院）……76
MUNI（モスクワ不動産委員会）……107, 108
MVTU（モスクワ高等工科大学）……76, 107, 142, 147, 209, 277, 288, 293, 319, 320
Narkomtiazprom（ナルコムチャツプロム＝重工業省）……262, 409
Narkomfin（ナルコムフィン＝財務人民委員会）……241, 242
Narkompros（ナルコムプロス＝教育人民委員会）……14, 64, 72, 101, 312
Narkomsen（ナルコムセン＝農業省）……70, 205, 209
NKZdraf（公共衛生人民委員会住居部）……102
OBMAS（オブマス＝合同左翼工房）……102, 133, 134, 155, 203
OBMOKhU（オブモフ＝青年芸術家協会）……25, 31, 33, 38, 371
OSA（オサ＝現代建築家同盟）……91, 134, 142, 143, 146 - 148, 150 - 152, 155, 156, 162, 164, 170, 171, 174, 175, 177, 178, 188, 190, 203, 208, 209, 211, 212, 216, 218, 220, 223, 227, 231, 233, 234, 236, 239, 247, 258, 265, 268, 269, 271, 273, 277, 283, 284, 287, 303, 308, 314 - 316, 319, 352, 354, 355, 357, 365, 371, 373, 376, 383, 385, 391, 404, 406, 407, 410, 427, 430, 443, 458
OSA＝非都市派……54
Rabfk（ラブファク＝労働者大学）……205
RAP（ラップ＝ロシア・プロレタリア作家協会）……174
Rusgertorg（ルスゲルトルグ＝独ソ通商協会）……219
"SA（エス・アー＝現代建築）" 誌……136, 139, 142, 146, 148, 149, 175, 200, 233, 235, 240, 244, 258, 265, 271, 274, 308 - 310, 312, 330, 339, 350, 379, 407, 438
SASS（サス＝社会主義建設のための建築家

センター）……147, 383 - 385, 388, 406, 407, 430, 458
Sinskulptarkh（シンスクルプタルフ＝彫刻と建築の統合問題解決委員会……23, 151
Sovnarchoz（ソヴナルホーズ）……320
SOVNARKOM（ソヴナルコム＝人民委員会評議会）……19
"SSS（建築）"誌……142, 143
Standartgorproekt（スタンダルトゴルプロエクト＝企画住宅計画委員会）……319, 361
"Stavba（スタバ＝構成）"誌……371, 372
STROIKOM（ストロイコム＝ロシア共和国建設委員会）……193, 233, 235 - 247, 298, 302, 308, 310, 313 - 315, 321, 322, 333, 334, 406, 443
SVOMAS（スヴォマス＝国立自由芸術スタジオ）……25, 126, 260
"The Monumental Era"……449
UNOVIS（ウノヴィス＝新芸術の肯定）……10, 38, 39, 41, 250, 254, 255, 371
VANO（ヴァノ＝全ソ科学的建築家同盟）……399, 406
VARNITSO（ソヴィエト連邦技術・科学労働者連合）……300
"Veshch（ヴェシチ）"誌……16, 31, 46 - 48, 52, 152, 371
"Veshch／Gegenstand／Objet"誌……48
VKhUTEIN（ヴフテイン＝国立高等芸術技術学院）……133, 248, 265, 277, 283, 288, 294, 307, 319, 321, 334, 336, 337, 362, 384
VKhUTEMAS（ヴフテマス＝国立高等芸術技術工房）……25, 29, 36, 43, 47, 64, 76, 77, 89, 102, 116, 126 - 130, 133 - 135, 141, 142, 147, 153, 155, 175, 200, 203, 209, 225, 231, 235, 248, 260, 262, 265, 267, 284, 293, 303, 307, 308, 338, 346, 350, 376, 390, 446, 469
——第一部会（ジョルトフスキー派）……129
——第二部会（ラドフスキー派）……129
『VKhUTEMASの建築』……175, 265
VOKS（海外文化交流協会）……351
VOPRA（ヴォプラ＝プロレタリア建築家同盟）……175, 178, 228, 235, 236, 247, 248, 277, 281, 286, 288, 293, 294, 311, 312, 316, 320, 324, 338, 339, 341, 363, 368, 370, 376, 378, 381, 382, 384, 385, 388 - 391, 399, 402 - 406, 408, 410, 427 - 430, 432, 435, 438, 442, 451, 455, 457, 458, 473, 483, 488
——アルメニア支部……288, 293
——ウクライナ支部……391, 396
VSNKh（国民経済最高評議会）……37
VSNM（ソヴィエト国家経済最高委員会）……119
VTsSPS（全連邦労働組合中央評議会）……37
WAP（ワップ＝全ロシア・プロレタリア作家協会）……174
WASI（ヴァシ＝高等建築・建設学院）……362, 390, 391, 405,
Zhivsklptarkh（ジフスクルプタルフ＝絵画・彫刻と建築の統合問題解決委員会）……23, 25, 47, 72, 74, 151

あ行

アーキグラム……9, 278
アルメニア・グループ……293
青い鳥……44
青騎士……5, 6
青薔薇グループ……4
『新しい生活様式と性の問題』……114
『新しい道徳性と労働者階級』……114
『新しい人間のために』……112
『新しいヒエラルキー』誌……284
『新しいロシア芸術，1914年から1919年まで』……43
『アリストグラフィア』……256

『家（ドム）と我々』……253, 342
『イズヴェスチヤ』紙……90, 107
イタリア未来派……32, 47
移動派……2, 3, 4,

ヴィテブスク・グループ……38
ヴォリューム，素材，コンストラクション・スタジオ……20

『エクスプリマティカ』……256
『エコノミスト雑誌』……303
『エスプリ・ヌーヴォー』誌……49, 60, 89 142, 143, 153, 350, 351
「エレメンタリスト宣言」……50

オブジェクティヴ分析作業グループ……25, 28,131
オブジェクティヴィスト作業グループ……28, 31, 48

か行

『絵画からテクスタイルへ』……34
『解決すべき社会的実験と住宅問題』……96
『輝く都市』……244, 355
『革命建築』……59
革命的社会主義知識人同盟……366
『革命と新しい構築の課題＝共同住宅』……66
『革命と文化』誌……426
『家族と共産国家』……114
ガラスの鎖……43
ガン・グループ……49

『幾何学的製図教程』……256
「機能的方法と形態」……148, 149
「キュビズム及び未来派からシュプレマティズムへ」……9
共産主義アカデミー（コム・アカデミー）……298, 310, 311, 406
共産主義青年同盟……436
『共産主義のABC』……101
共同住宅合理化の研究・作業グループ……236
ギレア派……6, 8
「近代建築の国際戦線」……148
「近代建築の目標設定」……148, 149

クーボ・フトゥリズム（立体未来派）……4, 6, 8, 16, 73, 81, 140, 167
『空中での十三人』……343
『グラフィックの表現』……256
「クリミアにおけるタルタル芸術」……142

『クンストブラット』誌……89

「形式主義と古典について」……486
『芸術家旅団』誌……391
「芸術軍への指令」……16
芸術世界……3 - 5, 39, 48
『芸術世界』誌……4
芸術労働者組合……14
芸術労働者評議会……43
ケストナー協会……52
「研究, 教育における方法としての構成主義」……148
『現代建築の基礎』(『ソヴィエト新興建築学のイデオロギー的原理』)……255, 256, 258
「現代建築の諸問題」……411
「現代建築の明細票とパースペクティヴ」……200
『建築SSSR』誌……370, 407, 410, 411, 416, 420, 427, 432, 486
『建築および機械の形態のコンストラクション』……258
建築家作業グループ……28
『建築家』誌……97
『建設産業』誌……164, 265
「建築家のパレット」……421
「建築的思考の新しい方法」……148
『建築的ミニチュア』……256
『建築ファンタジー』……257, 258
『建築における右翼と左翼』……372
『建築における物理的基盤の役割』……65
「建築における構成主義」……148, 150
「建築におけるプチブルジョワ的傾向について――レオニドフ主義」……405
『建築におけるリズム』……87, 143, 257, 412
『建築の社会学に向けて』……372
『建築ファンンタジー、101のコンポジション』……255, 257, 471
『建築をめざして』……88, 142, 145, 177, 350

『工業の建築』……256, 471
構成主義インターナショナル……49, 51 - 53
「構成主義インターナショナル宣言」……52 - 53
構成主義(者)グループ……31 - 35, 38 - 40, 65, 123, 130, 131, 141, 150 - 153, 155, 202, 273, 294, 371, 372, 381, 403, 406, 407
『構成主義芸術論集』……29
構成主義建築家グループ……24
「構成主義について」……34
構成主義第一作業グループ……28, 31, 38
合理主義的都市計画推進協会……109
国際構成主義……49
国際田園都市協会……98
『コミューンの芸術』誌……20, 23
『コムソールスカヤ・プラウダ』紙……436
コムフートゥイ(共産未来派)……32
『今日の装飾芸術』……350

さ行

『最近のソヴェト建築』……255
『最後のタブロー』……36
『最小限建築』……372
『錯乱のニューヨーク』……457
『ザンゲジ』……343

『自然の芸術形態』……476
「シカゴ・フレーム」……206
実験的建築工房……129
『死の過ち』……343
社会主義建築家同盟……372
「<社会主義都市>の建設」……364
「『社会主義リアリズム』の都市形態」……453
自由アトリエ……284
住宅及び公共建築のデザイン・建設監督局……365
『住宅問題』……299
シュプレマティスト・グループ……15
シュプレムス……8, 9
シュプレマティスト・サークル……9
『シュプレムス』誌……9, 13
ジョルトフスキー派……129
新アカデミー……129, 203
「新生活への闘争とソヴィエト都市計画」……313
『神殿か工場か?』……23
『新文化に向けて』……119
『人民の友』……110
新ロシア友の協会……359

『スターリン時代の建築』……203, 441
『ストロイテリッツォヴォ・モスクヴィ』誌……328
ストロガノフ応用芸術学校……25, 127

『西欧の没落』……145
「生活様式の問題」……112
『生産における芸術』……23
セザンヌ派……5, 132
全ソ建築家同盟……399, 408, 413, 415, 432, 434 - 437, 440, 441, 446, 451, 455, 460, 479

『ソツゴロド』……102, 178, 244, 311 - 314
『ソヴィエト・アヴァンギャルド建築』……372
『ソヴィエト建築』誌……312, 313, 390, 406
「ソヴィエト建築の現実の問題」……372
『ソヴェト建築思想』……255
『ソヴィエト・パレス』……390
ソヴィエト・パレス建設委員会……383
「ソヴィエト連邦からの帰還」……450, 451

た行

『第一機械時代の理論とデザイン』……49, 59
『大衆に芸術を』誌……405
ダイヤのジャック派……5, 127
ダダ……49
ダダイスト……43, 51
タトリン派……15

チームX……179
『地方自治社会主義と都市生活の発展』……96
『中心の喪失』……59, 166, 276
彫刻家作業グループ……28

ツァラ・グループ……52
〈ツィト〉……38

ディアギレフ・サークル……4
デ・スティール……49, 51 - 53, 252
『デ・スティール』誌……49, 50, 52
田園都市協会……98, 102, 103, 109

『都市と革命』……203
『都市の解体』……101
『都市の建設，その計画と美』……100
『都市の整備』……96
「都市の問題に向かって——建築的実現の理解のために」……309
都市派……297, 301 - 303, 308 - 310, 323, 325, 326, 328, 359, 379, 426
都市派−非都市派……102, 296, 300 - 302, 309, 311, 325, 326, 328, 359, 379, 383, 426
『都市問題』誌……96, 97
『都市を変え、生活を変えよ』……297
土木技術者協会……100

な行

『何をなすべきか？』……110, 113

ニジニ・ノヴゴロド芸術スタジオ……24
『二〇世紀の神話』……145

ネオ・プリミティヴィズム……4 - 6, 8, 41

ノヴェンバー・グループ……51, 52

は行

バウハウス……47, 53, 126, 127, 201, 362 - 364, 371 - 373,
『ハリコフのプロレタリア』紙……284
ハリコフ工科学校……284
『反デューリング論』……299

『被告——ソヴィエト大粛清の内幕』……409
非都市派……102, 111, 301, 302, 309, 310, 313 - 315, 322, 325 - 326, 328, 330, 334, 336, 348, 354, 359, 379, 426, 427
『批評空間』……384
『表象から構成へ』……31

フォルマリスト（合理主義者）……7, 151 - 155, 203, 258, 309, 439, 441
『プラウダ』紙……90, 102, 244, 301, 351, 357, 380, 436 - 437
フランス派……5
ブルトン・グループ……52
『プロレタリアートと左翼芸術』……35
プロレタリア派……174
『プロレタリア芸術のために』誌……385
プロレトクリト（プロレタリア文化連合）……37, 46, 280, 283
『文学と革命』……174

ペトログラード・グループ……38

ま行

マイ旅団……323, 324, 360 - 363, 369, 370, 429
マイヤー旅団……362 - 364, 368, 369, 373
「街の道のダイナミズム」……348
マモントフ・サークル……2, 3
マレーヴィチ・サークル……10

『未完の帝国』……205, 449
「未来の都市と社会主義的生活の条件の組織」……300
未来派……6, 7, 8, 36, 46, 116, 165, 253, 342

モスクワ芸術及び芸術産業評議会……371
モスクワ建築家会議……432
モスクワ国立第一美術スタジオ……9
『モスクワの建設』誌……164, 268, 384, 396, 406, 420
モスソヴィエト……120, 147, 173, 175, 230, 232, 234, 429, 456
『モロック』……253

や行

「USSRの人民の国民的建築」……148
『USSRにおけるニュータウン』……315
『ユマニテ』紙……450
『ユルバニズム』……314, 356

『ヨーロッパ・ロシアにおける都市と田園』……96
『様式と時代』……65, 88, 143 - 146, 148, 149, 220, 350

ら行

ラドフスキー派……129

「リアリスト宣言」……39, 40

『ルドゥからル・コルビュジエ』……61

『レーニン主義と労働者クラブ』……221
『レーニン夫人』……343
レイヨニズム……7
「レオニドフ主義とその害悪」……405
レニングラード交通・コミュニケーション学院……256

『労働者住宅と労働者田園都市』……103
『労働者の生活の光と影』……115
『ロシア——世界革命のための建築』……21
『ロシア建築』……372
「ロシア建築の三つの方向」……171
『ロシア構成主義』……11
ロシア田園都市協会……98
ロシア派……5, 6
ロシア・バレエ団……3, 4
『ロシア文化』……372
ロトチェンコ派……77
『ロバと尻尾と標的』……7
ロバの尻尾派……5, 6, 8

わ行

「我々の基盤，我々の道」……372
『我々は生きる』……117

＊「 」＝論文，『 』＝書籍刊行物

参考文献

（●＝著書or雑誌，——＝前掲書中の関連論文）

原資料（雑誌）

● *Современная Архитектура* (SA), 1926-31
註＝この雑誌名はロシア語表記ではCAと略されるが、ロシア語のCはローマ字のSにあたり、OSAなど他の略語同様ここではSAと西欧風に表記する。

● *Советская Архитектура* (Sovetskaja Arkhtektura), 1932-34

全体に関わるもの

● Anatole Senkevitch Jr., *Soviet Architecture: A Bibliographical Guide to Source Material*, University Press of Virginia, 1974

● *Avantgarde 1900-1923: Russisch-sowjetische Architektur*（カタログ）, Deutsche Verlag-Anstalt, 1991

● *Architectural Drawings of the Russian Avant-garde*（カタログ）, The Museum of Modern Art, New York ,1990

——Catherine Cooke, "Image in Context"

● *Soviet Architecture 1917-1987*（カタログ）, Art Unlimited Books, 1989

● *Utopies et réalites en URSS 1917-1934: Agit-prop design architecture*, Centre Georges Pompidou, 1980

● Stephanie Barron & Mauice Tuchman ed., *The Avant-Garde in Russia1910-1930: New Perspective*（カタログ）, Los Angeles County Museum/MIT Press, 1980

● Severi Blomstedt & Kristiina Paatero ed., *Neuvostomaan Arkkitehturia/Soviet Architeuture 1917-1987*（カタログ）, Museum of Finnish Architecture, 1988

● *Art into Life: Russian constructivism 1914-1932*, Rizzoli, 1990

● *Socialismo, città, architettura URSS 1917-1937: Il contributo degli architetti europei*, Officina Edizioni, 1976

● Jean-Louis Cohen, Marco De Michelis & Manfred Tafuri, *URSS 1917-1978: La ville l'architecture*, L'Équerre Éditeur/Officina Edizioni, 1979

● Catherine Cooke & Igor Kazus, *Soviet Architectural Competitions 1920s-1930s*, Phaidon Press, 1992

● Vittorio De-Feo, *U.R.S.S. Architettura 1917-1936*, Editore Reuniti, 1963

● Moisej Ginzburg, *Saggi sull'architettura costruttivista*, ed. Emilio Battista, Feltrinelli Editore ,1977

● Anatole Kopp, *Changer la vie, Changer la ville: De la vie nouvelle aux problèmes urbains U.R.S.S. 1917-1932*, Union Générale d'Éditions, 1975

● Anatole Kopp, *Town and Revolution*, Braziller-Thames and Hudson, 1967/1971

● Anatole Kopp, *L'architecture de la période stalinienne*, Press universitaires de Grenoble, 1978

● Anatole Kopp ed., *Architecture et mode de vie*, Presses universitaires de Grenoble, 1979

● Barbara Kreis, *Moskau 1917-35 vom Wohnungsbau zum Stätebau*, Edition Marzona, 1985

● Jiři Kroha & Jiři Hruza, *Sovêtská Architektoniká Avangarda*, Odeon, 1973

● El Lissitzky, *Russia: An Architecture for World Revolution*, MIT Press, 1970（邦訳＝『建築と革命』彰国社, 1983）

● Selim O. Chan-Magomedov, *Pioniere der sowjetischen Architektur*, Löcker, 1983

● Selim O. Magomedov, *Vkhutemas Moscou 1920-1930*, Éditions du Regrand, 1990

● Marco de Michelis & Ernest Passini, *La città sovietica 1925-1937*, Marsilio Editori, 1976

● N. A. Miliutin, *Sotsgorod*, ed. Arthur Sprague, MIT Press, 1974

● Vieri Quilici, *Città russa e città sovietica*, Gabriele Mazotta editore, 1976

● Vieri Quilici, *L'architettura del costruttivismo*, Editori Laterza, 1969/78

● Vieri Quilici, *L'architettura sovietica contemporanea*, Cappelli, 1965

● O. A. Shvidkovsky, *Building in the USSR 1917-1932*, Studio Vista, 1971

● Adolf-Max Vogt, *Revolutions Architektur 1917/1789*, Verlag M. DuMont Schauberg, 1974

● Paolo Ceccarelli ed., *La costruzione della città sovietica 1929-1931*, Marsilio Editori, 1970

● "Russian Avant-Garde Art and Architecture," ed. Cahterine Cooke *Architectural Design* No.53, 1983

● "The Avant-Garde, Russian Architecture in the Twenties," *Architecural Design* No.93, 1991

● "Sozialistishce Architektur? Architecture socialiste? UdSSR/URSS 1917-1932," *archithese* 7, Verlag Arthur Niggli AG, 1973

● *Casabella-Continuita* 4, 1962

——Ernest Rogers, "Russia, contenuo e forma"

——Guido Canella, "Attesta per l'architettura"

● 『芸術と革命』(カタログ), 西武美術館, 1982
● 『芸術と革命 II』(カタログ), 西武美術館, 1987
● 水野忠夫『マヤコフスキー・ノート』中央公論社, 1973
● 水野忠夫『ロシア・アヴァンギャルド』パルコ出版, 1985
● ロマン・ヒーゲル、ヤコフ・チェルニホフ『最近のソヴィエト建築』ナウカ社, 1934
● ジョン・ボウルト編著『ロシア・アヴァンギャルド芸術』岩波書店, 1988 (原著, 1976)
● 五十殿利治, 土肥美夫編『コンストルクツィア――構成主義の展開』国書刊行会, 1991
● 「特集: ロシア・アヴァンギャルド芸術」『芸術倶楽部』1-2月号, 1974
● 八束はじめ『近代建築のアポリア』パルコ出版, 1986

建築家のモノグラフ

● Andrei Gozak & Andrei Leonidov, *Ivan Leonidov*, Academy Editions, 1988
● Andrei Gozak, "Ivan Leonidov - Aurinkokaupungin arkkitehti," *Arkkitehti* (*Finnish Architectural Review*) 4-5, 1987
● P. A. Aleksandrov & S. Khan-Magomedov, *Ivan Leonidov*, Franco Angeli Editore, 1975
● Selim Khan-Magomedov, *Moisej Ginzburg*, Franco Angeli Editore, 1972-75
● Selim Khan-Magomedov, *Alexander Vesnin and Russian Constructivism*, RIzzoli, 1986
● S. O. Chan-Magomedov, "Nikolai Ladovsky—An ideology of rationalism," *Lotus* 20, 1978
● Frederick Starr, *Melnikov Solo Architect in a mass society*, Princeton University Press, 1978
● Arthur Wortmann ed., *Melnikov: The Muscles of Invention*, Van Hezik-Fonds 90 Roterdam, 1990
● *El Lissitzky* (カタログ), Galerie Gmurzynska, 1976
● Sophie Lissitzky-Küppers, *El Lissitzky*, Thames and Hudson, 1967/68
● *Владимир Алексеевич Шуко 1878-1939* (カタログ), Советский художник, 1980

I章

● *Art into Life*, op. cit.
——Anatoli Strigalev, "The Art of Constructivists: From Exhibition to Exhibition, 1914-1932"
——Selim O. Khan-Magomedov, "Early Constructivism: From Representation to Construction"
——Christina Lodder, "Constructivism and Productivism in the 1920s"
——Stephen Bann, "Russian Constructivism and Its European Resonance," *Avangarde 1900-1923*, op. cit.
——Christian Schädlich, "Das deutsche Echo auf die russisch-sowjetische Avandgarde der Kunst und Architektur"
● Barron & Tuchman, *The Avant-Garde in Russia...*, op. cit.
● Camila Gray, *The Russian Experiment in Art 1863-1922*, Thames and Hudson, 1962
● Christina Lodder, *Russian Constructivism*, Yale University Press, 1983
● John Willett, *Art & Politics in The Weimar Period*, Pantheon Books, 1978
● *Suprématisme* (カタログ), Galerie Jean Chauvelin, 1977
● Jean-Hubert Martin, *Malévitch*, Centre George Pompidou, 1980
● Larissa Alekseevna Zhadova, *Tatlin*, English ed. Rizzoli, 1984/1988
● German Karginov, *Rodtchenko*, French ed., Chêne, 1975/1977
● Magomedov, *Pioniere...*, op. cit.
——Schriften N. Ladovsky
● Joost Baljeu, *Theo Van Doesburg*, Macmillan Publishing, 1974
● Quilici, *L'architettura...*, 1969-78, op. cit.
——"La piattaforma di <Vešč>," *Vešč* 1-2, 1922
——B. Arvatov, "Critica a <Vešč>," *Pechat i Revoljucija* 7, 1922
——B. Kušner, "Gli organizzatori della produzione," 1922. etc.
● *Kurt Schwitters* (カタログ), Galerie Gmurzynska, 1978
● *El Lissitzky*, op. cit.
● Kestutis Paul Zygas, "The Magazine Veshch/Gegenstand/Objet," *Oppsitions* 5, 1976
● Jean-Louis Cohen, Le *Corbusier et la mystique de l'URSS*, Pierre Mardaga éditeur, 1987
● Lissitzky-Küppers, *El Lissitzky*, op. cit.
● Malevich, *Essays on art 1915-1933*, Borgens Forlag a-s, 1969/1971
● Magomedov, "Nikolai Ladovsky...," op. cit.
● *Architectural Design* No.53, 1983, op. cit.
——Christina Lodder, "The Costaxis Collection: New

Insights into the Russian Avant-Garde"
● Larisa A. Zadova, "La <tribuna di Lenin>," *Casabella* 5/6, 1979
●アントニオ・デル・グェルチョ『ロシア、ソヴィエトの前衛絵画』平凡社, 1973（原著, 1970）
●アレクセイ・ガン『構成主義芸術論』金星堂, 1927（原著, 1921）
●レイナー・バンハム『第一機械時代の理論とデザイン』鹿島出版会, 1976（原著, 1960）
●マンフレッド・タフーリ『球と迷路』パルコ出版, 1992（原著, 1980）
●五十殿, 土肥編,『コンストルクツィア…』前掲書
——イワン・プニー, クセニヤ・ボグスラーフスカヤ「シュプレマティスト宣言」
——カジミール・マレーヴィチ「立体主義、未来主義からシュプレマティズムへ」
——ニコライ・プーニン「記念碑について」
——ニコライ・プーニン「第三インターナショナル記念塔」
——ヴィクトル・シクロフスキー「第三インターナショナル記念塔」
——ナウム・ガボ, アントン・ペヴスナー「リアリズム宣言」
——INKhUK広報部「芸術文化研究所（INKhUK）の活動報告」
——M・アルヴァートフ「プロレタリアートと現代の芸術思潮」 etc.
●ジョン・ボウルト編著『ロシア・アヴァンギャルド芸術』前掲書
——ミハイル・ラリオーノフ, ナターリヤ・ゴンチャローヴァ「光線主義者と未来派宣言」
——エル・リシツキー「世界の再構築におけるシュプレマティズム」
——ボリス・アルヴァートフ「プロレタリアートと左翼芸術」
——ヴィクトル・ペルツォーフ「芸術と生産の接点で」 etc.
●『芸術倶楽部』前掲書
——カジミール・マレーヴィチ「34のドローイング」

2章

● *AA Quaterly* No. 2, 1979
——Evegeniia Kirichenko, "Theoretical Attitudes to Architecture in Russia 1830s-1910s"
——Christina Lodder, "Constructivist Theatre as Laboratory for an Architectural Aesthetic"
● *Avangarde 1900-1923*, op. cit.
——S. O. Chan-Magomedov, "Bedingungen und Besonderheiten in der Entstehung der Avangarde in der sowjetishcen Architektur"
——Evgenija Kiricenko, "Das Problem des Stils, des Genres und der Mittel in der russischen Architektur am Ende des 19. und am Anfang des 20. Jarhundert"
——Sergej G. Fedrov, "Der ›Protofunktionalisms‹ in der Petersburger Architektur Ende des 19. bis Anfang des 20. Jahrhundert"
——Dietrich W. Schmidt, "Expressionismus versus Klassizismus"
——Jurij Vol'čok; "Theorische Probleme der Wechselwirkung zwishcen Konstruktion und architektonischer Form und die Jahrhundertwende in Russland"
——Elke Pistorius, "Bemerkungen zur Theorie des Rationalismus der Frühenzwanziger Jahre"
——Margarita Astaf'eva Dlugač, "Die erste Allrussische Landwirtschaftausstellung"
——Igor Kazus, "Allrussischer Wettbewerb zum Projekt ›Palast der Arbeit‹ in Moskau 1922-1923"
● Barron & Tuchman, *The Avant-Garde in Russia*..., op. cit.
——Alma H. Law, "The Revolution in the Russian Theater"
——Kestutis Paul Zygas, "Cubo-Futurism and the Vesnin's Palace of Labor"
● Cohen, *Le Corbusier*...., op. cit.
● Kopp ed, *Architecture et mode de vie*, op. cit.
——Ivan Joltovski, "Classicisme, eclectisme et style"
——Ivan Fomin, "Revolution et tâches de la nouvelle construction"
——Aleksei Schtiussev, "Les pricipes de la construction architecturale." etc.
● Lodder, "Constructivism...," op. cit.
● Magomedov, "Nikolai Ladovsky...," op. cit.
● Magomedov, *Alexander Vesnin*..., op. cit.
● Starr, *Melnikov*..., op. cit.
● Vogt, *Revolutions*..., op. cit.
● Zhadova, *Tatlin*, op. cit.
● Catherine Cooke, "Professional Diversity and its Origins," *Architectural Design* No.53, 1983
● шуко, op. cit.
●『芸術倶楽部』前掲書
——フセヴォロド・メイエルホリド「〈堂々たるコキュ〉上演に関する手記及びビオメハニカ論」
——ニック・ウォーラル「〈堂々たるコキュ〉におけるメイ

エルホリドの創造」
● エドワード・ブローン『メイエルホリドの全体像』晶文社, 1982
● 佐藤恭子『メイエルホリド』早川書房, 1976
● 佐々木宏『近代建築の目撃者』新建築社, 1977
——「今井兼次, 1926-1927」

3章

● *Avangarde 1900-1923*, op. cit.
—— S. O. Magomedov, "Gartenstädte und Probleme des Arbeiterwohnungsbau"
● Kopp, *Changer la Vie...*, op. cit.
● Cohen, Michelis & Tafuri, *URSS 1917-1978*, op. cit.
——Catherine Cooke, "Le movement pour la cité-jardin en Russie"
● Kreis, *Moscau...*, op. cit.
● Ernesto Pasini, *La <casa comune> e il Narkomfin di Ginzburg*, Officina edizioni, 1980
● Vieri Quilici, "The Residential Commune from a Model of The Communitary Myth to a Productive Module," *Lotus* 8, 1974
● Quilici, *Città russa...*, op. cit.
● Shvidkovsky, *Building...*, op. cit.
——V. N. Beloussov, "V. N. Semenov"
● Starr, *Melnikov...*, op. cit .
● Manfred Tafuri, "Les premières hypothèses de planification urbaine dans la Russie soviétique: 1918-1925," *architehese* 7, 1973
● Tafuri, "Towards the <socialist city>: research and realisation in the Soviet Union between the NEP and the first five year plan," *Lotus* 9, 1975
● タフーリ『球と迷路』前掲書
● レオン・トロツキー『革命の創造力——トロツキー芸術論』柘植書房, 1978
● トロツキー『文化革命論』現代思潮社, 1979
● ロバート・ウェッソン『ソヴィエト・コミューン』河出書房新社, 1981
● ウィルヘルム・ライヒ『セクシュアル・レヴォルーション』現代思潮社, 1977
●『情況』2月号, 1991
——藤本和貴夫「党派とロシア革命」
——梶川伸一「農民反乱とボルシェヴィキ」

4章

● Barron & Tuchman, *The Avant-Garde in Russia...*, op. cit.
——Szymon Bojko, "Vkhutemas"
● Jean-Louis Cohen, "Les <purs>, les <appliques>, et les autres−les vhutemas, moscau 1920-1930," *AMC* 45
● Kopp, *Changer la Vie...*, op. cit.
● Lodder, *Constructivism...*, op. cit.
● *Architectural Design*, No.53, 1983, op. cit.
——Catherine Cooke, "<Form is a Function X>: The Development of The Constructivist Architect's Design Method"
● Ginzburg, *Saggi sull...*, op. cit.
——Ginzburg, *Il ritmo in Architettura*, 1922
——Ginzburg, *Lo stile e l'epoca. Problemi di architettura contemporanea*, 1923（邦訳＝『様式と時代——構成主義建築論』叢文閣, 1930）
● Kopp ed., *Architecture et mode de vie*, op. cit.
——Moisej Guinzburg, "Les nouvelles méthodes de la pense architecturale," *SA* 1, 1926
——Guinzburg, "La méthode fonctionnele et la forme," *SA* 4, 1926
——Guinzburg, "Bilan et perspectives de l'architecture contemporaine," *SA* 4-5, 1927
——"La vie de l'OSA," *SA* 4-5, 1927
——"Rapport de M. la Ginzburg à la première conférence de l'Union des architectes contemporains, le constructivisme en architecture," *SA* 5, 1928
—— Declaration de principe, *ASNOVA*
—— Nikolai Ladovsky, "Le laboratoire architectural psychotechnique."　etc.
● Magomedov, *Moisej Ginzburg*, op. cit.
● Magomedov, "Nikolai Ladovsky...," op. cit.
● Magomedov, *Alexander Vesnin...*, op. cit.
● Magomedov, *Pioniere...*, op. cit.
—— N. Ladovsky, "Grudlagen der Theoriebildung in der Architektur," 1926.　etc.
——A. Vesnin, "Credo," *Archiv INKhUK*, 1922.　etc.
——"Statut der ASNOVA," extract, 1923
——"Lösungen und Deklarationen," extract, *Iswestii ASNOVA S.1*, 1926
——"Zehn Jahre Oktober," extract, *SA* 4-5, 1927
——"Berichten gemäss den Berichten der ideologischen

Sektion, angenommen auf der ersten Konfrenz der OSA," extract, *SA* 3, 1928. etc.
● Magomedov, *Vkhutemas...*, op. cit.
● Quilici, *L'architettura...*, 1969/78, op. cit.
——N. Dokučaev, "La facoltà di architettura del Vchutemas," 1927
——N. Ladovskij, "Fondamenti per l'elaborazione di una teoria dell'architettura," *estratti*, 1926
——N. Dokučaev, "Note methodologiche per il corso su <Fondamenti dell'arte dell'architettura>," 1926. etc.
● *Architectural Design* No.93, 1991, op. cit.
——Nikolai Ladovsky, "The Working Group of Architects in Inkhuk"
——Ladovsky, "The Psyco-Technical Laboratory of Architecture"
● *Architectural Design* No.53 , 1983, op. cit.
——Cooke, op. cit .
● Rainer Gräfe & Ottmar Pertschi, "Un ingegnere rivoluzionnario: Vladimir Grigor'evich Šuchov 1853-1939," *Casabella* No.573, 1990
● Shivdkovsky, *Building...*, op. cit.
——V. Khazanova, "Vkhutemas, Vkhutein"
——A. Chinyakov, "The Vesnin Brothers"
——S. O. Khan-Magomedov, "N. A. Ladovsky "
——S. O. Khan-Magomedov, "M. Ya. Ginzburg"
● 五十殿, 土肥編, 『コンストルクツィア...』前掲書
——M・Ya・ギンスブルグ「建築における構成主義」*SA* 5, 1928
——アレクセイ・ガン「構成主義とは何か」*SA* 3, 1928
——ニコライ・ラドフスキー「建築理論構築の基礎——合理主義美学を主眼として」*Izvestja ASNOVA*, 1926. etc.

5章

● Wortmann, *Melnikov...*, op. cit.
——Arthur Wortmann, "Konstantin Melnikov and The Muscles of Invention"
——Otokar Mačel, "Melnikov and Soviet architecture"
——Anatoli Strigalev, "Konstantin Melnikov as a writer and theorist"
——Catherine Cooke, "Melnikov and his critics"
● Frederick Starr, "Konstantin Melnikov," *Architectural Design* No.7, 1969
● Starr, *Melnikov...*, op. cit.
● *Architectural Design* No.53, 1983, op. cit.
——Catherine Cooke, "Melnikov and The Constructivist: Two Approaches to Construction in Avant-Garde Architecture"
● *Architectural Design* No.93, 1991, op. cit.
——Cooke, op. cit.
——Konstantin Melnikov, "Lectures to the Military Academy"
——メーリニコフのパリ装飾博覧会ソヴィエト館に関するインタビュー
● *architehese* 7, op. cit.
——Joachim Petsch, "Melnikov's Pariser Ausstellungspavilion"
● Shvidkovsky, *Building...*, op. cit.
——Yu Gerchuk, "Konstantin Melnikov"
● 八束はじめ「雷鳴と稲妻のような住宅——メーリニコフ自邸」『都市住宅』2, 1985

6章

● *Architectural Design* No.53, 1983, op. cit.
—— Irina Kokkinnaki, "The First Exhibition of Modern Architecture in Moskow," *Architectural Design* No.93, 1991, op. cit.
——Cooke, op. cit.
——Ilia Golosov, "On Architectural Education"
——I. Golosov, "New Paths in Architecture"
● *Socialismo, città...*, op. cit.
——Manfred Tafuri, "Il Socialismo realizzato e la crisi delle avanguadie"
● Cooke, "Image in Context," op. cit.
● Kopp, *Town and Revolution*, op. cit.
● Magomedov, *Pioniere...*, op. cit.
——Aus Handschriften I. Golossows
● Magomedov, *Vkhutemas...*, op. cit.
——I. Golossov, "Le système d'enseignement de l'architecture: pour une pédagogie de l'architecture," 1920-21. etc.
● Shvidkovsky, *Building...*, op. cit.
——M. G. Barkhin, "G. B. Barkhin 1880-1969"
——V. V. Kyrilov, "Golosov brothers"

7章

● Barron & Tuchman, *The Avant-Garde in Russia...*, op. cit.
——Szymon Bojko, "Agit-Prop Art: The Streets were Their Theater"

● Kopp, *Town and Revolution*, op. cit.
● Lodder, *Russian Constructivism*, op. cit.
● Magomedov, *Moisej Ginzburg*, op. cit.
● Magomedov, *Pioniere...*, op. cit.
● Magomedov, *Alexander Vesnin...*, op. cit.
● Tafuri, *Towards the <socialist city>...*, op. cit.
● タフーリ『球と迷宮』前掲書

8章

● Kopp, *Changer la vie...*, op. cit.
● Kopp ed., *Architecture et mode de vie*, op. cit.
——"Réglementation type, établie par le tsentrojilstroi sur les masion - Communes dans les coopératives de logement"
——A. L. Pasternak, "Les formes nouvelles de l'habitat contemporain," *SA* 4-5, 1927
——N. Tchoujak, "L'art du mode de vie," *SA* 1, 1927
——F. Fediukaev, "Des cages , encore des cages ! " *Pravda* 1924/*SA* 1, 1927
——Réponse de O. D. Kameneva et réponse de M. Paouchikine, *SA* 1, 1927
——"Pour la rationalisation," *SA* 3, 1927/rédaction. etc.
● Ginzburg, *Saggi sull...*, op. cit.
——Ginzburg, "L 'abitazione," 1932
● Barbara Kreis, "The Idea of the Dom-Kommuna and the Dilemma of the Soviet Avant-Garde," *Opposition* 21, 1980
● Kreis, *Moskau...*, op. cit.
● *URSS 1917-1978*, op. cit.
——Magomedov, "Les nouveux types dans l'habitat et les équipements"
● Magomedov, *Moisej Ginzburg*, op. cit.
● Magomedov, *Pioniere..., op. cit.*
——"Entschliessung gemäss dem Bericht der Sektion für Plannug des Wohnungsbaus der OSA," *SA* 4, 1928
● Pasini, *La <casa comune>* ..., op. cit.
● Quilici, "The Residential Commune...," op. cit.

9章

● *Malévitch Architectones, peintures, dessins* (カタログ), Centre Geroges Pompidou, 1980
——Jean-Hubert Martin, "L'art sepr matiste de la volumo-construction"
● Quilici , *L'architettura del costruttivismo*, op. cit.
——K. Malevič, "L'architettura quel schiaffo al cemento armato," *Iskusstvo Kommuny* 1, 12/7, 1918
● *Architectural Design* No.53 , 1983, op. cit.
——Andrei Chernikhov, "<Artist Show Us Your World...>: Iakov Chernikhov 1889-1951"
——Catherine Cooke, "The Construction of Architectural and Machine Forms: Iakov Chernikhov's Approach to Design"
● "Russian Constructivism & Iakov Chernikhov," ed. Catherine Cook, *Architectural Design* No.59, 1989
● *Avangarde 1900-1923*, op. cit.
——Nina Smurova, "Urbanistische Phantasien in der künstlerischen Kultur Russland - Ende des 19., Anfang des 20. Jahrhundert"
● ヒーゲル, チェルニホフ『最近のソヴィエト建築』前掲書
——ヤコフ・チェルニホフ「建築ファンタジア」
● 「ヤコフ・チェルニホフと建築ファンタジー」, *PROCESS* 26, 1981

10章

● *Ivan Leonidov* (カタログ), op. cit.
● Gozak & A. Leonidov, *Ivan Leonidov*, op. cit.
● Gozak, *Ivan Leonidov...*, op. cit.
——Questions posed to comrade Leonidov on his lecture to the 1st congress of OSA, and comrade Leonidov's answers to them, *SA* 3, 1929
● Aleksandrov & Magomedov, *Ivan Leonidov*, op. cit.
● 八束はじめ「構成主義の星——イワン・レオニドフ」, 『季刊コラム』9, 1985

11章

● *URSS 1917-1978*, op. cit.
——I. Hlebnikv, "L'architecture de la commune ouvriére: Ivanovo 1917-1932"
——G. Goltz, "15 ans d'architecture à Harikov"
——S. O. Han-Magomedov, "Le recherche d'un <style national>: l'exemple l'Armenie"
● Харьков Архитектура, 1987
● 八束はじめ「初期モダニズムのメガストラクチャー——ハリコフ重工業省」『新建築』8月号, 1990

12章

● Ceccarelli ed., *La costruzione...*, op. cit.
——L. Sabsovic, "Il problema della città," *Planovoe khozistvo* 2, 1934

——A. Zelenko, "Il problema della costruzione delle città socialiste," *Planovoe khozistvo* 7, 1929
——V. Bazarov, "Principi della pianificazione urbanistica," *Planovoe khozistvo* 2, 1928. etc.
● Cohen, Michelis & Tafuri, *URSS 1917-1978*, op. cit.
——Marco de Michelis, "Ville fonctionelle, ville soviétique: une impossible rencontre"
● *Socialismo, città* ..., op. cit.
——Rita di Leo, "Dalla NEP al Piano"
——Franceso Dal Co, "Architetti e città — Unione Sovietica"
——Marco de Michelis, "L'organizzazione della città industriale nel Primo Piano Quinquennale"
● Kenneth Frampton, "Notes on Soviet Urbanism 1917-1932," *Architect Years Book* 12
● Magomedov, *Pioniere*..., op. cit.
——"Erste Deklaration der ARU," extract, *Architektura i Vkhutein* 1/1, 1929
——"Zweite Deklaration der ARU," extract, *Sovjetskaja Architektura* 1-2, 1931
● Magomedov, "Nikolai Ladovsky...," op. cit.
● Michelis & Passini, *La città sovietica*..., op. cit.
● Miliutin, *Sotsgorod*, op. cit.
● Kopp, *Changer la vie*..., op. cit.
● Kopp ed., *Architecure et mode de vie*, op. cit.
——Nikolaï Krassilnikov, "Problèmes de l'architecture contemporaine," *SA* 6, 1928
——N. Ladovsky, "La structure urbaine dynamique, 1930," *Stroitel'stvo Moskvy* 1, 1930
——Youri Larine, "La collectivisation du mode de vie dans les villes existantes," *Revolutsia i Kultura* 2/27, 1930
——L. Sabsovitch, "Les villes de l'avenir et l'organisation du mode de vie socialiste," *Moscow*, 1929
——Sabsovitch, "Pourquoi nous devons et pouvons construire des villes socialistes," *Revolutsia i Kultura* 1/1., 1930
——Sabsovitch, "Quelles villes devons-nous construire ?" extraits
——M. Okhitovitch, "Vers les problèmes de la ville," *SA* 4, 1929
——M. Ginzburg, "La reconstruction socialiste des villes exsitantes," *Revolutsia i Kultura* 1/1, 1930
——"La planification socialiste de la répartition territoriale de la population," extraits, SA 6, 1930
——"La repartition socialiste de la population et le type d'habitat socialiste," extraits, la discussion oraganisée à l'Académie communiste
—— I. Tchernia," Les pieds sur terre," réponse à Okhitovitch et critique de Sabsovitch, *Revolutsia i Kultura* 4/7, 1930
——G. S. Stroumiline, "Le problème des villes soviétiques," *Planovoje Khoziaistvo* 5/5, 1930
● Quilici, *Citta russà* ., op. cit.
● Shvidkovsky, *Building*..., op. cit.
——S. O. Khan-Magomedov, "N. A. Milyutin 1889-1942"
● ウィリアム・ウィルソン「C. C. C. P. における新設都市計画」『建築世界』26巻26号,1932
● ハンス・カンプマイヤー「ソヴィエトにおける都市計画」『国際建築』12巻2号 & 3号, 1936

13章

● Ceccarelli ed., *La costruzione*..., op. cit.
——M. Barsc, M. Ginzburg, "La città verde," *SA* 1-2 , 1930
● Kopp, *Changer la vie*..., op. cit.
● Kopp ed., *Architecture et mode de vie*, op. cit.
——M. Barchtch & M. Ginzburg, "La ville verte: la reconstruction socialiste de Moscou," *SA* 1-2, 1930
● Lodder, "Constructivism...," op. cit.
● Magomedov, "Nikolai Ladovsky...," op. cit.
● Aleksandrov & Magomedov, *Ivan Leonidov*, op. cit.
● Starr, *Melnikov*..., op. cit.
● Zhadova, *Tatlin*, op. cit.

14章

● *Art into Life*, op. cit.
——"The Constructivist Entanglement: Art into Politics, Politics into Art," Ceccarelli ed., *La costruzione*..., op. cit.
——Lettera di Le Corbusier a Moisej Ginzburg , *SA* 1-2 , 1930
● *Bruno Taut 1880-1938* (カタログ), Akademie der Künste, 1980
● *Socialismo, città*..., op. cit.
——Giorgio Ciucci, "Le Corbusier e Wright un URSS"
——Bruno Cassetti, "André Lurça in URSS: il recupero dell'architettuta come istituzione"
——Hans Schmidt, "I rapporti tra l'architettura sovietica e quella dei paesiocc identali tra il 1918 e il 1932"

——Kurt Junghans, "Gli architetti tedeschi durante la crisi rivoluzionaria 1917-1923"
——Vítêzlav Procházka, "L'attività degli architetti cecoslovacchi in URSS negli anni trenta"
——Gerrit Oorthuys, "Architetti olandesi e avanguardie russe 1919-1934"
● Kreis, *Moskau...*, op. cit.
● Michelis & Passini, *La città sovietica...*, op. cit.
● *Oppositions* 23, 1981
——Jean-Louis Cohen, "Le Corbusier and the Mystique of the U.S.S.R."
——Frederick Starr, "Le Corbusier and the U.S.S.R.: New Documentation"
● Quilici, *Città russa...*, op. cit.
● Cohen, *Le Corbusier...*, op. cit.
● Christian Borngräber, "Le Corbusier a Mosca, I clienti di Le Corbusier," *Rassegna 3*, 1980
● Borngräber, "Hans Schmidt und Hannes Meyer in Moskau," *Werk-Archithese* 23/24, 1978
● Hans Schumidt, "Contributi all'architettura 1924-1964," Franco Angeli Editore, 1974
● "Hans Schmidt 1893-1972," *Werk* 10, 1972
——Otto H. Senn, "Der Architekt Hans Schmidt"
——Manfred Tafuri, "Hans Schmidt - ein <radikaler> Architekt"
——Martin Steinmann, "Hans Schmidt: Zur Frage des Sozialistischen Realismus"
——Hans Schmidt, Ausgewälte Schriften
● El Lissitzky, *Russia...*, op. cit.
——Bruno Taut, "Russia's Architectural Situation"
——Ernst May, "Moskow: City Building in the USSR"
——Hans Schmidt, "The Soviet Union and Modern Architecture"
——Hannes Meyer, "Moscow: Construction, Construction Workers, and Technicians in the Soviet Union." etc.
● *Hannes Meyer, Bauen und Gesellschaft, Bauen, Briefe, Projekte*, VEB Verlag der Kunst, 1980
● Francesco Dal-Co ed., *Hannes Meyer, Scritti 1921-1942, Architettura o rivoluzione*, Marsilio, 1969
● Claude Schnaidt, "Hannes Meyer, Bauten, Projekte und Schriften," Verlag Arthur Negli AG, Teufen AR, 1965
● Simone Rümmele, *Mart Stam*, Artemis & Winkler Verlag, 1991
● Rostislav Svachá, *Devětsil: The Czech Avant-Garde of The 1920s and 1930s*（カタログ）, The Museum of Modern Art, Oxford and the Design Museum, London, 1990
● "Avantgarde zwischen West und Ost/L'avantgarde entre l'ouest et l'est," *Archithese* 11-12, 1980
● アンドレ・ジイド『ソヴィエト旅行記』第一書房, 1937
● 八束はじめ『近代建築のアポリア』前掲書

15章

● Aleksandrov & Magomedov, *Ivan Leonidov*, op. cit.
● Ceccarelli ed., *La costruzione...*, op. cit.
——Risoluzioni del C.C. del P.C. del 16 maggio 1930 sui compiti relativi alla trasformazione del modo di vita, *Pravada* 5/29, 1930
——Risoluzioni del plenum del C.C. del P.C. del 15 giugnio 1931 sull'economia urbana della citta di Mosca e sullo sviuppo dell'economia urbana dell'URSS
● Rem Koolhaas & Gerrit Oorthuys, "Ivan Leonidov's Dom Narkomtjazjprom, Moscow," *Opposition* 1
● Magomedov, "Nikolai Ladovsky...," op. cit.
● Catherine Cooke, "Ivan Leonidov: vision and historicism," *Architectural Design* No.6, 1986
● Cooke, "Image in Conetxt," op. cit.
● Cooke & Kazus, *Soviet...*, op. cit.
● Antonia Cunliffe, "The Competition for The Palace of Soviet in Moscow 1931-1933," *AA Quaterly* No.2, 1979
● Gozak & Leonidov, *Ivan Leonidov*, op. cit.
——A. Kuzmin, "Against irresponsible criticizm: about the attack on Leonidov's projects," *SA* 4, 1930
——A. Mordvinov, "Leonidovism and the harm it does," *Iskusttvo v massy* 12 , 1930. etc.
● Kopp ed., *architecure et mode de vie*, op. cit.
——La direction de l'OSA et le comité de rédation de S.A., "Lettre au comité de la revue <Krasnaja nov'>," *SA* 2, 1928
——"Critique du constructivisme," *SA* 1, 1928
——F. Chalavine & I. Lamozov, "Lettre ouverte de la revue <Krasnaja Nov'> a <CA>," repro, *SA* 3, 1928
——R. Khigel, "Sur l'ideologie du constructivisme dans l'architecture contemporaine," *SA* 3, 1928
——A. Mordvinov, "Brisons l'idéologie étrangère !" *Iskusstvo v massy* 12, 1930
——N. A. Milioutine, "Les objetctifs importants á l'étape actuelle de l'architecture soviétique," *Sovetskaja*

Arkhtektura 2-3, 1932
● Kopp, *L'architecture de la période stalinienne...*, op. cit.
● Magomedov, *Pioniere...*, op. cit.
——Deklarationen der VOPRA, extract, *Stroitelstowo Moskwy* 8, 1929
● Magomedov, *Alexander Vesnin...*, op. cit.
● Alberto Samona , *Il palazzo dei Soviet 1931-33* , Officina Edizioni , 1976
● Starr, *Melnikov...*, op. cit.
● Wortmann, *Melnikov...*, op. cit.
——Hans van Dijk, "The Prince cast out of his empire: Soviet Architecture and Melnikov"
——Wim van den Bergh, "The subversive House"
● 「ソヴィエト中央議場コンペ特集」『国際建築』第8巻10号, 1932
● アレクス・ワイスベルグ『被告——ソヴィエト大粛清の内幕』新泉社, 1972

16章

● Cohen, Michelis & Tafuri, *URSS 1917-1978*, op. cit.
——Anatole Kopp, "1937: le premier congrès des architectes de l'URSS"
● Cohen, *Le Corbusier* ..., op. cit.
● *Architectural Record* 10, 1937
——Frank Lloyd Wright, "Architecture and Life in the U.S.S.R."
——Simon Breines, "First Congress of Soviet Architects"
（共に邦訳は『国際建築』第13巻12号, 1937）
● Gozak & Leonidov, *Ivan Leonidov*, op. cit.
● Kopp, *L'architecture de la période stalinienne*, op. cit.
——Interview d'architectes, d'urbanistes et de planificateurs sovietiques et etrangers ayant travaille en U.R.S.S. pendent la période stalienne
● Michelis & Passini, *La città sovietica...*, op. cit.
● Quilici, *Città russa* ..., op. cit.
● Shvidkovsky, *Building...*, op. cit.
——V. Khazanova, "A. Burov 1900-57"
——V. Khazanova, "M. Barshch"
● Starr, *Melnikov...*, op. cit.
●ロイ・メドヴェーデフ『共産主義とは何か——スターリン主義の起源と終結』三一書房, 1973
●ソヴィエト建築研究会・藤井三郎訳編『ソヴィエト建築の理論』相模書房, 1955
——ゲ・レベーデフ, エヌ・スカヤン「偉大なるソヴィエトの建築家——イ・ヴェ・ジョルトフスキーの生誕85周年に際して」

17章

● *Socialismo, città...*, op. cit.
● Cohen, Michelis & Tafuri, *URSS 1917-1978*, op. cit.
——Jean-Louis Cohen, "La forme urbaine du <réalisme socialiste>"
——Christian Borngräber, "Constrctivistes et acadé mistes dans le Metro de Moscow"
● Borngräber, "The Moscow Metro," *Architectural Design* 8/9, 1979
● Anatole Kopp, "Moscow Metro," *Architectural Design* 7/8, 1980
● Borngräber, "Metro a la Retro," *Architectural Design* 3/4, 1981
● *Ivan Leonidov la citta del sole*, Oktagon Verlag, 1989
● Francesco Borsi, *The Monumental Era: European Architecture and design 1929-1939*," Rizzoli, 1987
● *AA Quaterly* No. 2, 1979, op. cit.
——Frederick Starr, "The Social Character of Stalinist Architecture," *Architectural Design* No.59 , 1989
——"Fantasies of The Ancient Architectural Landscape Late 20s- Early 40s"
● Kopp, *L'architecture de la période stalinienne...*, op. cit.
● Quilici, *Città russa...*, op. cit.
● Starr, *Melnikov...*, op. cit.
● 「ソヴィエト建築特集」『新建築』Vol.14, No.4, 1938
● 『ソヴィエト建築の理論』前掲書
——エル・ルジャーニン『ソヴィエト建築における古典摂取について』
——ゲ・ミネルヴィン『レーニンの反映理論とソヴィエト建築理論の諸問題』
——デ・ホドジャエフ『建築アンサンブル理論の若干の問題』
etc.
●八束はじめ, 小山明『未完の帝国』福武書店, 1991
●アンドレ・ジイド『ソ連邦からの帰還』

18章

● 『ソヴィエト建築の理論』前掲書
——エリ・ルドネフ「形式主義と古典について」
——ヴェ・カザリーノヴァ「建築物のテクトニカ」
●Starr, *Melnikov...*, op. cit.

八束はじめ　やつか・はじめ

1948年　山形県生まれ。

1979年　東京大学大学院工学研究科都市工学専攻博士課程中退、

磯崎アトリエ勤務(担当作品ロスアンゼルス現代美術館、つくばセンタービル等)

1985年　株式会社UPM(Urban Project Machine)設立

1988年　熊本アートポリスのディクレクターに就任

2003-2013年　芝浦工業大学教授

作品

1983年　『(1/2×2)×6』出展(AXIS)

1984年　岡部邸、『デザインニューウェーブ84』出展(銀座松屋)、SYNAPS計画

1985年　外川美容院、ARCHITECTURE MODEL REPERENCE展(岡崎珠子画廊)

1997年　白石マルチメディアセンター「アテネ」

1998年　文教大学越谷キャンパス「体育館3、8号館」

1999年　新潟県長岡市国営越後丘陵公園内「天・地・人のフォリー」

2002年　美里町文化交流センター「ひびき」

著書

1982年　『逃走するバベル 建築・革命・消費』朝日出版社

1983年　『ル・コルビュジエ』(20世紀思想家文庫)岩波書店

1985年　『批評としての建築 現代建築の読みかた』彰国社

1986年　『近代建築のアポリア 転向建築論序説』PARCO出版局

同年　『空間思考』弘文堂

1988年　『希望の空間 ロシア・アヴァンギャルドの都市と住宅』住まいの図書館出版局

1991年　『テクノロジカルなシーン 20世紀建築とテクノロジー』INAX

1992年　『八束はじめ』六耀社 - 設計作品の紹介

1993年　『ロシア・アヴァンギャルド建築』INAX

2001年　『ミースという神話 ユニヴァーサル・スペースの起源』彰国社

2005年　『思想としての日本近代建築』岩波書店

2011年　『メタボリズム・ネクサス』オーム社

2011年　『Hyper den-City:Tokyo Metabolism 2』LIXIL出版

奥付

[増補版]
ロシア・アヴァンギャルド建築|ARCHITECTURE OF RUSSIAN AVANT-GARDE|

1993年11月10日　初版発行
1999年5月1日　第2版発行
2015年3月20日　増補版発行

著者　八束はじめ

発行者　坂村格

発行　LIXIL出版　〒104-0031　東京都中央区京橋3-6-18　電話03-5250-6571　FAX03-5250-6549

印刷／製本　株式会社チューエツ

編集　メディア・デザイン研究所

増補版デザイン　鈴木一誌+山川昌悟

手動印字　井上聖昭

ISBN978-4-86480-307-6 C0052 ¥4500E